中华人民共和国
现行会计法律法规汇编

（2010 年最新版）

全国人大常委会法制工作委员会　审定

《中华人民共和国现行会计法律法规汇编》编委会　编

立信会计出版社
LIXIN ACCOUNTING PUBLISHING HOUSE

图书在版编目(CIP)数据

中华人民共和国现行会计法律法规汇编:2010年最新版/
《中华人民共和国现行会计法律法规汇编》编委会编.
—上海:立信会计出版社,2010.3

ISBN 978-7-5429-2480-3

Ⅰ.①中… Ⅱ.①中… Ⅲ.①会计法—汇编—中国
Ⅳ.①D922.269

中国版本图书馆CIP数据核字(2010)第045291号

责任编辑 王微宇
封面设计 博 文

中华人民共和国现行会计法律法规汇编(2010年最新版)

出版发行 立信会计出版社
地　　址 上海市中山西路2230号
邮　　编 200235
电　　话 (021)64411389
传　　真 (021)64411325
网　　址 www.lixinaph.com　　E-mail lxaph@sh163.net
网上书店 www.shix.net　　Tel (021)64411071
经　　销 各地新华书店

印　　刷 北京彩虹伟业印刷有限公司
开　　本 787毫米×1 092毫米 1/16
印　　张 62.5 插页4
字　　数 2 041千字
版　　次 2010年3月第1版
印　　次 2010年3月第1次
印　　数 1—5 000
书　　号 ISBN 978-7-5429-2480-3/D
定　　价 298.00元

前　言

财政部会计准则委员会颁布的包括一项基本会计准则和三十八项具体会计准则在内的会计准则体系，基本实现了与国际财务报告准则的趋同。目前，财政部会计准则委员会对我国会计准则与国际财务报告准则的全面趋同路线图征求意见。

新的会计准则体系首先在上市公司范围内施行，目前《企业会计准则》(2006)的实施范围不断扩大，并取得比较好的效果。为了保证新的企业会计准则体系的顺利实施，应对实施过程中发现的新问题，特别是与股权分置改革和国际金融危机相关的新问题，财政部、证监会、银监会、保监会、国资委等国家部委相继颁布了配合新的《企业会计准则》实施的配套法规。

新的审计准则体系及其应用指南的颁布，对于注册会计师行业的影响是深远的。为了促进这套审计准则体系的实施，财政部和中国注册会计师协会颁布了相应的配套法规，规范会计师事务所和注册会计师的行为。

行政、事业单位的会计法规体系与企业会计法规体系相对独立，但会计核算和财务管理相关法规种类繁多。行政、事业单位会计人员执行的是财政部以及国家机关事务管理局等部门颁布的相应法规。

我国近年来颁布的会计法规数目众多，本书只收录整理全国人大及其常务委员会发布的法律部、国务院以及中央部委等发布的法规，没有收录地方政府等发布的相关法规。目前，有些法规虽然没有被废止，但是应用的范围已经非常小，本书编者对此类法规采取的措施是只提供法规名称和文号。而对于当前应用广泛的会计法规，以及应用范围逐步扩大的会计法规，则给出法规以及配套法规原文。经过筛选，希望能够提供给读者一个包括企业会计法规、注册会计师行业法规和行政、事业单位法规在内的完备的会计和财务管理法规体系。

本书编者在对 2009 年版本进行修订时，增加了最新的会计法规，并对原有法规的编排进行了调整。由于水平有限，加上时间仓促，错误难免，请读者批评指正。

编　者

目　录

第一编　综合性会计法规

第一部分　《中华人民共和国会计法》及配套法规 …… 3
　一、中华人民共和国会计法 …… 3
　二、《中华人民共和国公司法》关于财务、会计的规定 …… 7
　三、财政部会计准则委员会工作大纲 …… 8
第二部分　综合性会计基础工作管理法规 …… 11
　一、会计基础工作规范化管理办法 …… 11
　二、会计基础工作规范 …… 14
　三、人民币银行结算账户管理办法 …… 23
　四、人民币银行结算账户管理办法实施细则 …… 30
　五、现金管理暂行条例 …… 35
　六、现金管理暂行条例实施细则 …… 38
　七、会计档案管理办法 …… 40
　八、会计电算化工作规范 …… 44
　九、财政部关于全面推进我国会计信息化工作的指导意见 …… 48
　十、会计信息统计分类具体规定 …… 51
第三部分　综合性会计人员管理法规 …… 60
　一、会计从业资格管理办法 …… 60
　二、会计专业技术资格考试暂行规定与实施办法 …… 64
　三、会计人员继续教育规定 …… 66
　四、总会计师条例 …… 70
　五、选拔和培养会计学术带头人后备人才的方案 …… 72
　六、全国会计领军(后备)人才培养十年规划 …… 74
　七、全国先进会计工作者评选表彰办法 …… 79
　八、中国会计学会个人会员分级管理办法(试行) …… 81
　九、关于推进省级会计人员管理系统建设的指导意见 …… 82
第四部分　综合性会计监督相关法规 …… 85
　一、财政部门实施会计监督办法 …… 85
　二、全国人民代表大会常务委员会法制工作委员会关于对“隐匿、销毁会计凭证、会计账簿、财务会计报告构成犯罪的主体范围”问题的答复意见 …… 91

第二编　企业会计法规

第五部分　综合性企业会计法规 …… 95
　一、企业财务会计报告条例 …… 95
　二、企业年度汇总会计信息报告制度 …… 99
　三、代理记账管理办法 …… 104
　四、中央企业财务决算报告管理办法 …… 106
　五、会计准则制定程序 …… 111
第六部分　企业会计准则 …… 112
　一、企业会计准则——基本准则 …… 112
　二、企业会计准则第1号——存货 …… 115

三、企业会计准则第 2 号——长期股权投资 …… 116
四、企业会计准则第 3 号——投资性房地产 …… 118
五、企业会计准则第 4 号——固定资产 …… 120
六、企业会计准则第 5 号——生物资产 …… 122
七、企业会计准则第 6 号——无形资产 …… 124
八、企业会计准则第 7 号——非货币性资产交换 …… 126
九、企业会计准则第 8 号——资产减值 …… 127
十、企业会计准则第 9 号——职工薪酬 …… 132
十一、企业会计准则第 10 号——企业年金基金 …… 133
十二、企业会计准则第 11 号——股份支付 …… 136
十三、企业会计准则第 12 号——债务重组 …… 137
十四、企业会计准则第 13 号——或有事项 …… 139
十五、企业会计准则第 14 号——收入 …… 140
十六、企业会计准则第 15 号——建造合同 …… 142
十七、企业会计准则第 16 号——政府补助 …… 144
十八、企业会计准则第 17 号——借款费用 …… 145
十九、企业会计准则第 18 号——所得税 …… 146
二十、企业会计准则第 19 号——外币折算 …… 148
二十一、企业会计准则第 20 号——企业合并 …… 150
二十二、企业会计准则第 21 号——租赁 …… 152
二十三、企业会计准则第 22 号——金融工具确认和计量 …… 155
二十四、企业会计准则第 23 号——金融资产转移 …… 163
二十五、企业会计准则第 24 号——套期保值 …… 166
二十六、企业会计准则第 25 号——原保险合同 …… 169
二十七、企业会计准则第 26 号——再保险合同 …… 172
二十八、企业会计准则第 27 号——石油天然气开采 …… 174
二十九、企业会计准则第 28 号——会计政策、会计估计变更和差错更正 …… 176
三十、企业会计准则第 29 号——资产负债表日后事项 …… 178
三十一、企业会计准则第 30 号——财务报表列报 …… 179
三十二、企业会计准则第 31 号——现金流量表 …… 182
三十三、企业会计准则第 32 号——中期财务报告 …… 184
三十四、企业会计准则第 33 号——合并财务报表 …… 186
三十五、企业会计准则第 34 号——每股收益 …… 189
三十六、企业会计准则第 35 号——分部报告 …… 191
三十七、企业会计准则第 36 号——关联方披露 …… 193
三十八、企业会计准则第 37 号——金融工具列报 …… 194
三十九、企业会计准则第 38 号——首次执行企业会计准则 …… 200
第七部分 企业会计准则应用指南 …… 202
一、财政部关于印发《企业会计准则——应用指南》的通知 …… 202
二、《企业会计准则第 1 号——存货》应用指南 …… 202
三、《企业会计准则第 2 号——长期股权投资》应用指南 …… 203
四、《企业会计准则第 3 号——投资性房地产》应用指南 …… 204
五、《企业会计准则第 4 号——固定资产》应用指南 …… 205
六、《企业会计准则第 5 号——生物资产》应用指南 …… 206
七、《企业会计准则第 6 号——无形资产》应用指南 …… 207
八、《企业会计准则第 7 号——非货币性资产交换》应用指南 …… 209

九、《企业会计准则第 8 号——资产减值》应用指南 …… 210
十、《企业会计准则第 9 号——职工薪酬》应用指南 …… 211
十一、《企业会计准则第 10 号——企业年金基金》应用指南 …… 212
十二、《企业会计准则第 11 号——股份支付》应用指南 …… 214
十三、《企业会计准则第 12 号——债务重组》应用指南 …… 215
十四、《企业会计准则第 13 号——或有事项》应用指南 …… 216
十五、《企业会计准则第 14 号——收入》应用指南 …… 217
十六、《企业会计准则第 16 号——政府补助》应用指南 …… 218
十七、《企业会计准则第 17 号——借款费用》应用指南 …… 220
十八、《企业会计准则第 18 号——所得税》应用指南 …… 221
十九、《企业会计准则第 19 号——外币折算》应用指南 …… 222
二十、《企业会计准则第 20 号——企业合并》应用指南 …… 223
二十一、《企业会计准则第 21 号——租赁》应用指南 …… 225
二十二、《企业会计准则第 22 号——金融工具确认和计量》应用指南 …… 226
二十三、《企业会计准则第 23 号——金融资产转移》应用指南 …… 228
二十四、《企业会计准则第 24 号——套期保值》应用指南 …… 229
二十五、《企业会计准则第 27 号——石油天然气开采》应用指南 …… 230
二十六、《企业会计准则第 28 号——会计政策、会计估计变更和差错更正》应用指南 …… 231
二十七、《企业会计准则第 30 号——财务报表列报》应用指南 …… 232
二十八、《企业会计准则第 31 号——现金流量表》应用指南 …… 277
二十九、《企业会计准则第 33 号——合并财务报表》应用指南 …… 285
三十、《企业会计准则第 34 号——每股收益》应用指南 …… 292
三十一、《企业会计准则第 35 号——分部报告》应用指南 …… 293
三十二、《企业会计准则第 37 号——金融工具列报》应用指南 …… 294
三十三、《企业会计准则第 38 号——首次执行企业会计准则》应用指南 …… 295
第八部分　财政部发布的实施会计准则配套规章 …… 298
一、企业会计准则解释第 1 号 …… 298
二、企业会计准则解释第 2 号 …… 300
三、企业会计准则解释第 3 号 …… 302
四、企业会计准则实施问题专家工作组意见(2007 年 2 月 1 日) …… 305
五、企业会计准则实施问题专家工作组意见(2007 年 4 月 30 日) …… 307
六、企业会计准则实施问题专家工作组意见(2008 年 1 月 21 日) …… 312
七、保险合同相关会计处理规定 …… 314
八、典当企业执行《企业会计准则》若干衔接规定 …… 316
九、财政部会计司关于非上市公司购买上市公司股权实现间接上市会计处理的复函 …… 318
第九部分　证监会发布的实施会计准则配套规章 …… 320
一、上市公司信息披露管理办法 …… 320
二、财务报告的一般规定 …… 327
三、净资产收益率和每股收益的计算及披露 …… 335
四、非经常性损益(2008) …… 336
五、创业板上市公司年度报告的内容与格式 …… 337
第十部分　其他部委发布的实施会计准则配套规章 …… 349
一、银监会关于银行金融机构全面执行《企业会计准则》的通知 …… 349
二、保监会关于保险业实施《企业会计准则》的通知 …… 351
三、国资委关于央企执行《企业会计准则》的通知 …… 352
四、国资委关于中央企业执行《企业会计准则》的补充通知 …… 356

五、商务部关于典当企业执行《企业会计准则》有关事项的通知 …… 357
六、中国保险监督管理委员会关于保险业实施《企业会计准则解释第 2 号》有关事项的通知 …… 358
第十一部分　企业适用的会计制度和核算办法 …… 360
一、企业会计制度 …… 360
二、施工企业会计核算办法 …… 388
三、民航企业会计核算办法 …… 392
四、新闻出版业会计核算办法 …… 394
五、铁路运输企业会计核算办法 …… 408
六、保险中介公司会计核算办法 …… 415
七、水运企业会计核算办法 …… 417
八、信托业务会计核算办法 …… 430
九、土地储备资金会计核算办法(试行) …… 433
第十二部分　企业涉税会计法规 …… 443
一、国家税务总局关于代征代扣税款会计核算问题的通知 …… 443
二、东北地区扩大增值税抵扣范围有关会计处理规定 …… 444
三、纳税人财务会计报表报送管理办法 …… 446
四、财政部 国家税务总局关于执行《企业会计准则》有关企业所得税政策问题的通知 …… 449
五、财政部 国家税务总局关于企业关联方利息支出税前扣除标准有关税收政策问题的通知 …… 450
六、财政部 国家税务总局关于全国实施增值税转型改革若干问题的通知 …… 450
七、国家税务总局关于开征烟叶税有关税收会计统计核算问题的通知 …… 452
八、国家税务总局关于确认企业所得税收入若干问题的通知 …… 452
九、企业研究开发费用税前扣除管理办法(试行) …… 454
第十三部分　其他企业会计法规 …… 457
一、上市公司股权分置改革相关会计处理暂行规定 …… 457
二、信贷资产证券化试点会计处理规定 …… 459
三、民航基础设施建设基金有关会计处理规定 …… 461
四、民航机场管理建设费征收管理方式改革后有关会计处理规定 …… 462
五、其他常用会计法规 …… 462
第十四部分　企业内部控制相关法规 …… 464
一、财政部关于印发企业内部控制标准委员会工作大纲和企业内部控制标准制定程序的通知 … 464
二、企业内部控制基本规范 …… 467
三、中央企业全面风险管理指引 …… 472
四、上海证券交易所上市公司内部控制指引 …… 479
五、深圳证券交易所上市公司内部控制指引 …… 483
第十五部分　企业会计人员管理法规 …… 489
一、中央企业总会计师工作职责管理暂行办法 …… 489
二、国有大中型企业总会计师岗位培训方案 …… 493
三、财政部等六部委关于开展国有大中型企业总会计师岗位培训的通知 …… 494
四、财政部关于开展高级会计人才培训的通知 …… 495
五、财政部关于高级会计人才培训实施方案 …… 496
六、证券业财务与会计人员执业行为规范 …… 498
第十六部分　企业财务管理法规 …… 501
一、企业财务通则 …… 501
二、企业国有资本与财务管理暂行办法 …… 508
三、中央企业国有资本收益收取管理暂行办法 …… 512
四、企业公司制改建有关国有资本管理与财务处理的暂行规定 …… 514

五、高危行业企业安全生产费用的财务管理暂行办法 …… 517
六、煤炭生产安全费用提取和使用管理办法 …… 520
七、关于规范煤矿维简费管理问题的若干规定 …… 521
八、其他企业相关财务法规 …… 522

第三编　注册会计师行业法规

第十七部分　注册会计师行业综合法规 …… 525
一、中华人民共和国注册会计师法 …… 525
二、关于加快发展我国注册会计师行业的若干意见 …… 528
三、委托会计师事务所审计招标规范 …… 532
四、国资委统一委托会计师事务所工作试行办法 …… 535
五、关于不再实施特定上市公司特殊审计要求的通知 …… 537
六、高新技术企业认定专项审计指引 …… 537
七、内部控制审核指导意见 …… 540
八、中国注册会计师协会关于规范注册会计师执行企业年度检验审计业务的通知 …… 545
九、企业集团会计报表审计指导意见 …… 546
第十八部分　中国注册会计师审计准则 …… 551
一、中国注册会计师鉴证业务基本准则 …… 551
二、中国注册会计师审计准则第 1101 号——财务报表审计的目标和一般原则 …… 557
三、中国注册会计师审计准则第 1111 号——审计业务约定书 …… 559
四、中国注册会计师审计准则第 1121 号——历史财务信息审计的质量控制 …… 560
五、中国注册会计师审计准则第 1131 号——审计工作底稿 …… 564
六、中国注册会计师审计准则第 1141 号——财务报表审计中对舞弊的考虑 …… 566
七、中国注册会计师审计准则第 1142 号——财务报表审计中对法律法规的考虑 …… 575
八、中国注册会计师审计准则第 1151 号——与治理层的沟通 …… 577
九、中国注册会计师审计准则第 1152 号——前后任注册会计师的沟通 …… 584
十、中国注册会计师审计准则第 1201 号——计划审计工作 …… 585
十一、中国注册会计师审计准则第 1211 号——了解被审计单位及其环境并评估重大错报风险 …… 587
十二、中国注册会计师审计准则第 1212 号——对被审计单位使用服务机构的考虑 …… 598
十三、中国注册会计师审计准则第 1221 号——重要性 …… 600
十四、中国注册会计师审计准则第 1231 号——针对评估的重大错报风险实施的程序 …… 602
十五、中国注册会计师审计准则第 1301 号——审计证据 …… 609
十六、中国注册会计师审计准则第 1311 号——存货监盘 …… 612
十七、中国注册会计师审计准则第 1312 号——函证 …… 615
十八、中国注册会计师审计准则第 1313 号——分析程序 …… 617
十九、中国注册会计师审计准则第 1314 号——审计抽样和其他选取测试项目的方法 …… 619
二十、中国注册会计师审计准则第 1321 号——会计估计的审计 …… 623
二十一、中国注册会计师审计准则第 1322 号——公允价值计量和披露的审计 …… 625
二十二、中国注册会计师审计准则第 1323 号——关联方 …… 628
二十三、中国注册会计师审计准则第 1324 号——持续经营 …… 630
二十四、中国注册会计师审计准则第 1331 号——首次接受委托时对期初余额的审计 …… 633
二十五、中国注册会计师审计准则第 1332 号——期后事项 …… 634
二十六、中国注册会计师审计准则第 1341 号——管理层声明 …… 636
二十七、中国注册会计师审计准则第 1401 号——利用其他注册会计师的工作 …… 637
二十八、中国注册会计师审计准则第 1411 号——考虑内部审计工作 …… 638

二十九、中国注册会计师审计准则第 1421 号——利用专家的工作 …… 640
三十、中国注册会计师审计准则第 1501 号——审计报告 …… 642
三十一、中国注册会计师审计准则第 1502 号——非标准审计报告 …… 644
三十二、中国注册会计师审计准则第 1511 号——比较数据 …… 649
三十三、中国注册会计师审计准则第 1521 号——含有已审计财务报表的文件中的其他信息 …… 650
三十四、中国注册会计师审计准则第 1601 号——对特殊目的审计业务出具审计报告 …… 651
三十五、中国注册会计师审计准则第 1602 号——验资 …… 654
三十六、中国注册会计师审计准则第 1611 号——商业银行财务报表审计 …… 656
三十七、中国注册会计师审计准则第 1612 号——银行间函证程序 …… 662
三十八、中国注册会计师审计准则第 1613 号——与银行监管机构的关系 …… 663
三十九、中国注册会计师审计准则第 1621 号——对小型被审计单位审计的特殊考虑 …… 667
四十、中国注册会计师审计准则第 1631 号——财务报表审计中对环境事项的考虑 …… 669
四十一、中国注册会计师审计准则第 1632 号——衍生金融工具的审计 …… 673
四十二、中国注册会计师审计准则第 1633 号——电子商务对财务报表审计的影响 …… 681
四十三、中国注册会计师审阅准则第 2101 号——财务报表审阅 …… 684
四十四、中国注册会计师其他鉴证业务准则第 3101 号——历史财务信息审计或审阅以外的鉴证业务 …… 688
四十五、中国注册会计师其他鉴证业务准则第 3111 号——预测性财务信息的审核 …… 695
四十六、中国注册会计师相关服务准则第 4101 号——对财务信息执行商定程序 …… 699
四十七、中国注册会计师相关服务准则第 4111 号——代编财务信息 …… 701
四十八、会计师事务所质量控制准则第 5101 号——业务质量控制 …… 703
第十九部分　会计师事务所管理法规 …… 714
一、会计师事务所审批和监督暂行办法 …… 714
二、会计师事务所(分所)执业证书管理办法 …… 721
三、财政部关于会计师事务所跨省设立分所有关注册管理事项的通知 …… 723
四、财政部、证监会关于会计师事务所从事证券、期货相关业务有关问题的通知 …… 724
五、会计师事务所从事基本建设工程预算、结算、决算审核暂行办法 …… 728
六、会计师事务所从事 H 股企业审计业务试点工作方案 …… 732
七、会计师事务所、资产评估机构、税务师事务所会计核算办法 …… 734
八、会计师事务所职业风险基金管理办法 …… 735
九、会计师事务所内部治理指南 …… 736
十、会计师事务所综合评价办法(试行) …… 742
十一、会计师事务所与资产评估机构证券期货相关业务监管责任制 …… 744
十二、最高人民法院关于审理涉及会计师事务所在审计业务活动中民事侵权赔偿案件的若干规定 …… 747
第二十部分　注册会计师管理法规 …… 750
一、注册会计师全国统一考试办法 …… 750
二、注册会计师注册办法 …… 751
三、中国注册会计师继续教育制度 …… 753
四、《中国注册会计师继续教育制度》补充规定 …… 756
五、关于《中国注册会计师继续教育制度》的说明 …… 757
六、注册会计师转所规定 …… 759
七、注册会计师执行证券、期货相关业务许可证管理规定 …… 763
八、《注册会计师执行证券、期货相关业务许可证管理规定》的补充规定 …… 766
九、关于证券期货审计业务签字注册会计师定期轮换的规定 …… 767
十、财政部关于注册会计师在审计报告上签名盖章有关问题的通知 …… 768

十一、中国注册会计师职业道德规范指导意见 …… 769
十二、中国注册会计师协会会员诚信档案管理暂行办法 …… 772
十三、中国注册会计师协会关于印发《中国注册会计师协会会员执业违规行为惩戒办法》、《中国注册会计师协会惩戒委员会暂行规则》、《中国注册会计师协会申诉委员会暂行规则》的通知 …… 774
十四、财政部会计司与香港特别行政区签署《内地与香港签署注册会计师部分考试科目相互豁免补充协议及扩大部分考试科目相互豁免受惠人员范围协议》…… 780

第四编　行政事业单位法规汇编

第二十一部分　行政事业单位会计制度 …… 785
一、财政总预算会计制度 …… 785
二、行政单位会计制度 …… 798
三、事业单位会计准则 …… 807
四、事业单位会计制度 …… 810
五、高等学校会计制度(试行) …… 824
六、中小学校会计制度(试行) …… 826
七、医院会计制度 …… 828
八、科学事业单位会计制度 …… 830
九、测绘事业单位会计制度 …… 832
十、工会会计制度及其新旧衔接规定 …… 834
十一、新型农村合作医疗基金会计制度 …… 858
第二十二部分　行政事业单位会计制度配套法规 …… 868
一、《财政总预算制度》暂行补充规定 …… 868
二、行政事业单位会计决算报告制度 …… 869
三、关于政府收支分类改革后行政单位核算问题的通知 …… 873
四、财政部关于政府收支分类改革后事业单位核算问题的通知 …… 873
五、财政部关于政府收支分类改革后财政总预算会计预算外资金财政专户会计核算问题的通知 …… 874
六、事业单位住房补贴处理补充规定 …… 875
七、事业单位住房基金和离退休经费会计核算规定 …… 876
八、行政事业单位工资和津贴补贴有关会计核算办法 …… 878
九、关于中央预算单位财政拨款结余资金归集调整及会计核算等事项的通知 …… 879
十、公务员医疗补助资金和离休干部医药费会计处理规定 …… 880
十一、预算外资金财政专户会计核算制度及其补充规定 …… 883
十二、财政部代理发行地方政府债券财政总预算会计核算办法 …… 889
十三、其他行政事业单位会计法规 …… 891
第二十三部分　行政事业单位综合性财务管理法规 …… 892
一、行政单位财务规则 …… 892
二、事业单位财务规则 …… 895
三、农业综合开发财务管理办法 …… 899
四、测绘事业单位财务制度 …… 903
五、医疗机构财务会计内部控制规定(试行) …… 909
六、中央预算单位银行账户管理暂行办法 …… 915
七、《中央预算单位银行账户管理暂行办法》补充规定 …… 916
八、中央部门财政拨款结余资金管理办法 …… 918
九、中央预算单位公务卡管理暂行办法 …… 920

十、其他行政事业单位财务管理办法 …… 924
第二十四部分 行政事业单位基本建设相关财务管理法规 …… 926
一、基本建设财务管理规定 …… 926
二、财政部关于解释《基本建设财务管理规定》执行中有关问题的通知 …… 930
三、财政部关于进一步加强中央基本建设项目竣工财务决算工作的通知 …… 931
四、建设工程价款结算暂行办法 …… 933
五、财政部关于加强和改进政府性基金年度财务决算和中央大中型基建项目竣工财务决算审批的通知 …… 937
六、财政部关于加强和改进政府性基金年度财务决算和中央大中型基建项目竣工财务决算审批的补充通知 …… 938
第二十五部分 行政事业单位国有资产管理相关法规 …… 940
一、全国人大行政单位国有资产管理暂行实施办法 …… 940
二、全国政协行政单位国有资产管理暂行实施办法 …… 944
三、中央垂直管理系统行政单位国有资产管理暂行实施办法 …… 948
四、行政单位国有资产管理暂行办法 …… 952
五、中央级事业单位国有资产管理暂行办法 …… 956
六、中央级事业单位国有资产处置管理暂行办法 …… 960
七、事业单位国有资产管理暂行办法 …… 965
八、行政事业单位资产清查暂行办法 …… 970
九、行政事业单位资产核实暂行办法 …… 973
第二十六部分 行政事业单位会计人员管理法规 …… 978
一、中央国家机关会计从业资格管理实施办法 …… 978
二、中央国家机关会计人员继续教育管理实施办法 …… 981

第一编

综合性会计法规

第一部分 《中华人民共和国会计法》及配套法规

一、中华人民共和国会计法

中华人民共和国会计法

（1985年1月21日第六届全国人民代表大会常务委员会第九次会议通过。根据1993年12月29日第八届全国人民代表大会常务委员会第五次会议《关于修改〈中华人民共和国会计法〉的决定》修正，1999年10月31日第九届全国人民代表大会常务委员会第十二次会议修订通过，自2000年7月1日起施行。）

第一章 总 则

第一条 为了规范会计行为，保证会计资料真实、完整，加强经济管理和财务管理，提高经济效益，维护社会主义市场经济秩序，制定本法。

第二条 国家机关、社会团体、公司、企业、事业单位和其他组织（以下统称单位）必须依照本法办理会计事务。

第三条 各单位必须依法设置会计账簿，并保证其真实、完整。

第四条 单位负责人对本单位的会计工作和会计资料的真实性、完整性负责。

第五条 会计机构、会计人员依照本法规定进行会计核算，实行会计监督。

任何单位或者个人不得以任何方式授意、指使、强令会计机构、会计人员伪造、变造会计凭证、会计账簿和其他会计资料，提供虚假财务会计报告。

任何单位或者个人不得对依法履行职责、抵制违反本法规定行为的会计人员实行打击报复。

第六条 对认真执行本法，忠于职守，坚持原则，做出显著成绩的会计人员，给予精神的或者物质的奖励。

第七条 国务院财政部门主管全国的会计工作。

县级以上地方各级人民政府财政部门管理本行政区域内的会计工作。

第八条 国家实行统一的会计制度。国家统一的会计制度由国务院财政部门根据本法制定并公布。

国务院有关部门可以依照本法和国家统一的会计制度制定对会计核算和会计监督有特殊要求的行业实施国家统一的会计制度的具体办法或者补充规定，报国务院财政部门审核批准。

中国人民解放军总后勤部可以依照本法和国家统一的会计制度制定军队实施国家统一的会计制度的具体办法，报国务院财政部门备案。

第二章 会计核算

第九条 各单位必须根据实际发生的经济业务事项进行会计核算，填制会计凭证，登记会计账簿，编制财务会计报告。

任何单位不得以虚假的经济业务事项或者资料进行会计核算。

第十条 下列经济业务事项，应当办理会计手续，进行会计核算：

（一）款项和有价证券的收付；

（二）财物的收发、增减和使用；

（三）债权债务的发生和结算；

（四）资本、基金的增减；

（五）收入、支出、费用、成本的计算；

（六）财务成果的计算和处理；

（七）需要办理会计手续、进行会计核算的其他事项。

第十一条 会计年度自公历1月1日起至12月31日止。

第十二条 会计核算以人民币为记账本位币。

业务收支以人民币以外的货币为主的单位，可以选定其中一种货币作为记账本位币，但是编报的财务会计报告应当折算为人民币。

第十三条　会计凭证、会计账簿、财务会计报告和其他会计资料，必须符合国家统一的会计制度的规定。

使用电子计算机进行会计核算的，其软件及其生成的会计凭证、会计账簿、财务会计报告和其他会计资料，也必须符合国家统一的会计制度的规定。

任何单位和个人不得伪造、变造会计凭证、会计账簿及其他会计资料，不得提供虚假的财务会计报告。

第十四条　会计凭证包括原始凭证和记账凭证。

办理本法第十条所列的经济业务事项，必须填制或者取得原始凭证并及时送交会计机构。

会计机构、会计人员必须按照国家统一的会计制度的规定对原始凭证进行审核，对不真实、不合法的原始凭证有权不予接受，并向单位负责人报告；对记载不准确、不完整的原始凭证予以退回，并要求按照国家统一的会计制度的规定更正、补充。

原始凭证记载的各项内容均不得涂改；原始凭证有错误的，应当由出具单位重开或者更正，更正处应当加盖出具单位印章。原始凭证金额有错误的，应当由出具单位重开，不得在原始凭证上更正。

记账凭证应当根据经过审核的原始凭证及有关资料编制。

第十五条　会计账簿登记，必须以经过审核的会计凭证为依据，并符合有关法律、行政法规和国家统一的会计制度的规定。会计账簿包括总账、明细账、日记账和其他辅助性账簿。

会计账簿应当按照连续编号的页码顺序登记。会计账簿记录发生错误或者隔页、缺号、跳行的，应当按照国家统一的会计制度规定的方法更正，并由会计人员和会计机构负责人（会计主管人员）在更正处盖章。

使用电子计算机进行会计核算的，其会计账簿的登记、更正，应当符合国家统一的会计制度的规定。

第十六条　各单位发生的各项经济业务事项应当在依法设置的会计账簿上统一登记、核算，不得违反本法和国家统一的会计制度的规定私设会计账簿登记、核算。

第十七条　各单位应当定期将会计账簿记录与实物、款项及有关资料相互核对，保证会计账簿记录与实物及款项的实有数额相符、会计账簿记录与会计凭证的有关内容相符、会计账簿之间相对应的记录相符、会计账簿记录与会计报表的有关内容相符。

第十八条　各单位采用的会计处理方法，前后各期应当一致，不得随意变更；确有必要变更的，应当按照国家统一的会计制度的规定变更，并将变更的原因、情况及影响在财务会计报告中说明。

第十九条　单位提供的担保、未决诉讼等或有事项，应当按照国家统一的会计制度的规定，在财务会计报告中予以说明。

第二十条　财务会计报告应当根据经过审核的会计账簿记录和有关资料编制，并符合本法和国家统一的会计制度关于财务会计报告的编制要求、提供对象和提供期限的规定；其他法律、行政法规另有规定的，从其规定。

财务会计报告由会计报表、会计报表附注和财务情况说明书组成。向不同的会计资料使用者提供的财务会计报告，其编制依据应当一致。有关法律、行政法规规定会计报表、会计报表附注和财务情况说明书须经注册会计师审计的，注册会计师及其所在的会计师事务所出具的审计报告应当随同财务会计报告一并提供。

第二十一条　财务会计报告应当由单位负责人和主管会计工作的负责人、会计机构负责人（会计主管人员）签名并盖章；设置总会计师的单位，还须由总会计师签名并盖章。

单位负责人应当保证财务会计报告真实、完整。

第二十二条　会计记录的文字应当使用中文。在民族自治地方，会计记录可以同时使用当地通用的一种民族文字。在中华人民共和国境内的外商投资企业、外国企业和其他外国组织的会计记录可以同时使用一种外国文字。

第二十三条　各单位对会计凭证、会计账簿、财务会计报告和其他会计资料应当建立档案，妥善保管。会计档案的保管期限和销毁办法，由国务院财政部门会同有关部门制定。

第三章　公司、企业会计核算的特别规定

第二十四条　公司、企业进行会计核算，除应当遵守本法第二章的规定外，还应当遵守本章规定。

第二十五条　公司、企业必须根据实际发生的经济业务事项，按照国家统一的会计制度的规定确认、计

量和记录资产、负债、所有者权益、收入、费用、成本和利润。

第二十六条　公司、企业进行会计核算不得有下列行为：

（一）随意改变资产、负债、所有者权益的确认标准或者计量方法，虚列、多列、不列或者少列资产、负债、所有者权益；

（二）虚列或者隐瞒收入，推迟或者提前确认收入；

（三）随意改变费用、成本的确认标准或者计量方法，虚列、多列、不列或者少列费用、成本；

（四）随意调整利润的计算、分配方法，编造虚假利润或者隐瞒利润；

（五）违反国家统一的会计制度规定的其他行为。

第四章　会计监督

第二十七条　各单位应当建立、健全本单位内部会计监督制度。单位内部会计监督制度应当符合下列要求：

（一）记账人员与经济业务事项和会计事项的审批人员、经办人员、财物保管人员的职责权限应当明确，并相互分离、相互制约；

（二）重大对外投资、资产处置、资金调度和其他重要经济业务事项的决策和执行的相互监督、相互制约程序应当明确；

（三）财产清查的范围、期限和组织程序应当明确；

（四）对会计资料定期进行内部审计的办法和程序应当明确。

第二十八条　单位负责人应当保证会计机构、会计人员依法履行职责，不得授意、指使、强令会计机构、会计人员违法办理会计事项。

会计机构、会计人员对违反本法和国家统一的会计制度规定的会计事项，有权拒绝办理或者按照职权予以纠正。

第二十九条　会计机构、会计人员发现会计账簿记录与实物、款项及有关资料不相符的，按照国家统一的会计制度的规定有权自行处理的，应当及时处理；无权处理的，应当立即向单位负责人报告，请求查明原因，作出处理。

第三十条　任何单位和个人对违反本法和国家统一的会计制度规定的行为，有权检举。收到检举的部门有权处理的，应当依法按照职责分工及时处理；无权处理的，应当及时移送有权处理的部门处理。收到检举的部门、负责处理的部门应当为检举人保密，不得将检举人姓名和检举材料转给被检举单位和被检举人个人。

第三十一条　有关法律、行政法规规定，须经注册会计师进行审计的单位，应当向受委托的会计师事务所如实提供会计凭证、会计账簿、财务会计报告和其他会计资料以及有关情况。

任何单位或者个人不得以任何方式要求或者示意注册会计师及其所在的会计师事务所出具不实或者不当的审计报告。

财政部门有权对会计师事务所出具审计报告的程序和内容进行监督。

第三十二条　财政部门对各单位的下列情况实施监督：

（一）是否依法设置会计账簿；

（二）会计凭证、会计账簿、财务会计报告和其他会计资料是否真实、完整；

（三）会计核算是否符合本法和国家统一的会计制度的规定；

（四）从事会计工作的人员是否具备从业资格。

在对前款第（二）项所列事项实施监督，发现重大违法嫌疑时，国务院财政部门及其派出机构可以向与被监督单位有经济业务往来的单位和被监督单位开立账户的金融机构查询有关情况，有关单位和金融机构应当给予支持。

第三十三条　财政、审计、税务、人民银行、证券监管、保险监管等部门应当依照有关法律、行政法规规定的职责，对有关单位的会计资料实施监督检查。

前款所列监督检查部门对有关单位的会计资料依法实施监督检查后，应当出具检查结论。有关监督检查部门已经作出的检查结论能够满足其他监督检查部门履行本部门职责需要的，其他监督检查部门应当加以利用，避免重复查账。

第三十四条　依法对有关单位的会计资料实施监督检查的部门及其工作人员对在监督检查中知悉的国家秘密和商业秘密负有保密义务。

第三十五条　各单位必须依照有关法律、行政法规的规定，接受有关监督检查部门依法实施的监督检查，如实提供会计凭证、会计账簿、财务会计报告和其他会计资料以及有关情况，不得拒绝、隐匿、谎报。

第五章　会计机构和会计人员

第三十六条　各单位应当根据会计业务的需要，设置会计机构，或者在有关机构中设置会计人员并指定会计主管人员；不具备设置条件的，应当委托经批准设立从事会计代理记账业务的中介机构代理记账。

国有的和国有资产占控股地位或者主导地位的大、中型企业必须设置总会计师。总会计师的任职资格、任免程序、职责权限由国务院规定。

第三十七条　会计机构内部应当建立稽核制度。

出纳人员不得兼任稽核、会计档案保管和收入、支出、费用、债权债务账目的登记工作。

第三十八条　从事会计工作的人员，必须取得会计从业资格证书。

担任单位会计机构负责人（会计主管人员）的，除取得会计从业资格证书外，还应当具备会计师以上专业技术职务资格或者从事会计工作三年以上经历。

会计人员从业资格管理办法由国务院财政部门规定。

第三十九条　会计人员应当遵守职业道德，提高业务素质。对会计人员的教育和培训工作应当加强。

第四十条　因有提供虚假财务会计报告，做假账，隐匿或者故意销毁会计凭证、会计账簿、财务会计报告，贪污，挪用公款，职务侵占等与会计职务有关的违法行为被依法追究刑事责任的人员，不得取得或者重新取得会计从业资格证书。

除前款规定的人员外，因违法违纪行为被吊销会计从业资格证书的人员，自被吊销会计从业资格证书之日起五年内，不得重新取得会计从业资格证书。

第四十一条　会计人员调动工作或者离职，必须与接管人员办清交接手续。

一般会计人员办理交接手续，由会计机构负责人（会计主管人员）监交；会计机构负责人（会计主管人员）办理交接手续，由单位负责人监交，必要时主管单位可以派人会同监交。

第六章　法 律 责 任

第四十二条　违反本法规定，有下列行为之一的，由县级以上人民政府财政部门责令限期改正，可以对单位并处三千元以上五万元以下的罚款；对其直接负责的主管人员和其他直接责任人员，可以处二千元以上二万元以下的罚款；属于国家工作人员的，还应当由其所在单位或者有关单位依法给予行政处分：

（一）不依法设置会计账簿的；

（二）私设会计账簿的；

（三）未按照规定填制、取得原始凭证或者填制、取得的原始凭证不符合规定的；

（四）以未经审核的会计凭证为依据登记会计账簿或者登记会计账簿不符合规定的；

（五）随意变更会计处理方法的；

（六）向不同的会计资料使用者提供的财务会计报告编制依据不一致的；

（七）未按照规定使用会计记录文字或者记账本位币的；

（八）未按照规定保管会计资料，致使会计资料毁损、灭失的；

（九）未按照规定建立并实施单位内部会计监督制度或者拒绝依法实施的监督或者不如实提供有关会计资料及有关情况的；

（十）任用会计人员不符合本法规定的。

有前款所列行为之一，构成犯罪的，依法追究刑事责任。

会计人员有第一款所列行为之一，情节严重的，由县级以上人民政府财政部门吊销会计从业资格证书。

有关法律对第一款所列行为的处罚另有规定的，依照有关法律的规定办理。

第四十三条　伪造、变造会计凭证、会计账簿，编制虚假财务会计报告，构成犯罪的，依法追究刑事责任。

有前款行为，尚不构成犯罪的，由县级以上人民政府财政部门予以通报，可以对单位并处五千元以上十万元以下的罚款；对其直接负责的主管人员和其他直接责任人员，可以处三千元以上五万元以下的罚款；属于国家工作人员的，还应当由其所在单位或者有关单位依法给予撤职直至开除的行政处分；对其中的会计人员，并由县级以上人民政府财政部门吊销会计从业资格证书。

第四十四条　隐匿或者故意销毁依法应当保存的会计凭证、会计账簿、财务会计报告，构成犯罪的，依法追究刑事责任。

有前款行为，尚不构成犯罪的，由县级以上人民政府财政部门予以通报，可以对单位并处五千元以上十万元以下的罚款；对其直接负责的主管人员和其他直接责任人员，可以处三千元以上五万元以下的罚款；属于国家工作人员的，还应当由其所在单位或者有关单位依法给予撤职直至开除的行政处分；对其中的会计人员，并由县级以上人民政府财政部门吊销会计从业资格证书。

第四十五条　授意、指使、强令会计机构、会计人员及其他人员伪造、变造会计凭证、会计账簿，编制虚假财务会计报告或者隐匿、故意销毁依法应当保存的会计凭证、会计账簿、财务会计报告，构成犯罪的，依法追究刑事责任；尚不构成犯罪的，可以处五千元以上五万元以下的罚款；属于国家工作人员的，还应当由其所在单位或者有关单位依法给予降级、撤职、开除的行政处分。

第四十六条　单位负责人对依法履行职责、抵制违反本法规定行为的会计人员以降级、撤职、调离工作岗位、解聘或者开除等方式实行打击报复，构成犯罪的，依法追究刑事责任；尚不构成犯罪的，由其所在单位或者有关单位依法给予行政处分。对受打击报复的会计人员，应当恢复其名誉和原有职务、级别。

第四十七条　财政部门及有关行政部门的工作人员在实施监督管理中滥用职权、玩忽职守、徇私舞弊或者泄露国家秘密、商业秘密，构成犯罪的，依法追究刑事责任；尚不构成犯罪的，依法给予行政处分。

第四十八条　违反本法第三十条规定，将检举人姓名和检举材料转给被检举单位和被检举人个人的，由所在单位或者有关单位依法给予行政处分。

第四十九条　违反本法规定，同时违反其他法律规定的，由有关部门在各自职权范围内依法进行处罚。

第七章　附　　则

第五十条　本法下列用语的含义：

单位负责人，是指单位法定代表人或者法律、行政法规规定代表单位行使职权的主要负责人。

国家统一的会计制度，是指国务院财政部门根据本法制定的关于会计核算、会计监督、会计机构和会计人员以及会计工作管理的制度。

第五十一条　个体工商户会计管理的具体办法，由国务院财政部门根据本法的原则另行规定。

第五十二条　本法自 2000 年 7 月 1 日起施行。

二、《中华人民共和国公司法》关于财务、会计的规定

中华人民共和国公司法(节选)

第一百六十四条　公司应当依照法律、行政法规和国务院财政部门的规定建立本公司的财务、会计制度。

第一百六十五条　公司应当在每一会计年度终了时编制财务会计报告，并依法经会计师事务所审计。

财务会计报告应当依照法律、行政法规和国务院财政部门的规定制作。

第一百六十六条　有限责任公司应当依照公司章程规定的期限将财务会计报告送交各股东。

股份有限公司的财务会计报告应当在召开股东大会年会的二十日前置备于本公司，供股东查阅；公开发行股票的股份有限公司必须公告其财务会计报告。

第一百六十七条　公司分配当年税后利润时，应当提取利润的百分之十列入公司法定公积金。公司法定公积金累计额为公司注册资本的百分之五十以上的，可以不再提取。

公司的法定公积金不足以弥补以前年度亏损的，在依照前款规定提取法定公积金之前，应当先用当年利润弥补亏损。

税后利润中提取法定公积金后，经股东会或者股东大会决议，还可以从税后利润中提取任意公积金。

亏损和提取公积金后所余税后利润，有限责任公司依照本法第三十五条的规定分配；股份有限公司按照股东持有的股份比例分配，但股份有限公司章程规定不按持股比例分配的除外。

股东大会或者董事会违反前款规定，在公司弥补亏损和提取法定公积金之前向股东分配利润的，股东

必须将违反规定分配的利润退还公司。

公司持有的本公司股份不得分配利润。

第一百六十八条　股份有限公司以超过股票票面金额的发行价格发行股份所得的溢价款以及国务院财政部门规定列入资本公积金的其他收入，应当列为公司资本公积金。

三、财政部会计准则委员会工作大纲

财政部关于印发《财政部会计准则委员会工作大纲》的通知

财会[2003]13号

国务院有关部委、有关直属机构，各省、自治区、直辖市、计划单列市财政厅(局)，新疆生产建设兵团财务局：

第二届财政部会计准则委员会第一次全体会议于2003年3月28日在北京召开，会议讨论通过了《财政部会计准则委员会工作大纲》和第二届财政部会计准则委员会专业委员会组成人员名单，现将工作大纲和会计准则委员会专业委员会组成人员名单印发。

附件1：财政部会计准则委员会工作大纲

财政部会计准则委员会工作大纲

第一章　委　员　会

第一条　财政部会计准则委员会(以下简称"委员会")是中国会计准则制定的咨询机构，旨在为制定和完善中国的会计准则提供咨询意见和建议。

第二条　委员会的委员由财政部聘任，委员应有广泛的代表性，包括政府有关部门、理论界、会计职业团体、中介机构和企业界等方面的代表。

第三条　委员会的主要职责包括：

(一) 对会计准则的总体方案、体例结构、立项等提供咨询建议；

(二) 对会计准则制定中重大会计处理方法的选择等提供咨询意见；

(三) 对财务会计概念框架等有关基础理论提供咨询意见；

(四) 对会计准则实施情况提供咨询并反馈有关信息。

第四条　委员会会议分为全体会议和专业委员会会议。

第五条　全体会议每年至少召开一次，讨论委员会工作及会计准则制定和实施中的重大事项，包括：委员会工作大纲，会计准则总体方案，会计国际协调，会计准则制定中的重大会计处理方法的选择，会计准则实施机制和其他重大事项。

全体会议及会议议题由秘书长提出，报经主席批准，具体工作由办公室负责。

全体会议由主席主持，全体委员参加，委员如因特殊情况无法参会的，应事先向主席或秘书长请假，并对会议所讨论的议题提供书面意见。

第六条　专业委员会会议根据需要不定期召开，讨论本专业委员会开展会计准则咨询工作的重要事项。

专业委员会会议及会议议题由专业委员会主任提出，报经秘书长批准，具体工作由办公室负责。

专业委员会会议由专业委员会主任主持，专业委员会全体委员参加，委员如因特殊情况无法参会的，应事先向专业委员会主任请假，并对会议所讨论的议题提供书面意见。

专业委员会召开专业委员会会议，专业委员会主任根据工作需要可特邀其他专业委员会委员参加；并邀请会计准则项目研究、制定的有关咨询专家及工作人员列席会议。

第七条　全体会议和专业委员会会议结束后，应对会议讨论的议题、讨论情况和结果，形成会议纪要，通过委员会办公室寄送委员，待委员确认后正式公布，同时提交会计准则制定机构。

第八条　委员会下设办公室，办公室设在财政部会计司。办公室主任由财政部会计司司长兼任。

第二章　委　　员

第九条　委员享有如下权利：

（一）参加委员会全体会议、专业委员会会议以及会计准则国际、国内研讨会，除特殊情况外，应在会议召开七至十个工作日前取得会议讨论的各种文件资料；

（二）对上述各种会议讨论的议题提出咨询意见；

（三）及时获得专业委员会对有关会计准则项目的研究报告，以及委员会、专业委员会和会计准则制定机构工作进展情况的报告；

（四）就会计准则制定与实施中的重大事项和重要问题，向会计准则制定机构提出建议；

（五）及时获得其他委员和有关方面对会计准则的咨询意见或建议，以及会计准则制定机构对咨询意见或建议采纳情况的说明；

（六）优先取得委员会或会计准则制定机构有关会计准则的文件和正式出版物。

第十条　委员应履行如下义务：

（一）按时出席委员会召开的全体会议和专业委员会会议，参加委员会举办的研讨会等各项活动；因故不能出席时，应按规定事先请假，并对会议所讨论的议题提供书面意见；

（二）按时完成委员会或专业委员会布置的工作任务；

（三）对会计准则制定机构提出需要咨询的问题发表意见；

（四）向会计准则制定机构通告会计准则实施中的问题；

（五）对委员会、专业委员会或会计准则制定机构要求保密的信息负责保密。

第三章　专业委员会

第十一条　委员会下设三个专业委员会：

（一）会计理论专业委员会

负责对财务会计概念框架等与会计准则相关的会计基础理论问题的研究提供咨询意见。

（二）企业会计专业委员会

负责对企业会计准则的研究、制定与实施提供咨询意见。

（三）政府及非营利组织会计专业委员会

负责对政府及非营利组织会计准则的研究、制定与实施提供咨询意见。

第十二条　专业委员会成员由委员组成，各专业委员会设一名主任和两名副主任，副主任协助主任工作。专业委员会主任由主席提名，专业委员会副主任和成员由专业委员会主任提名，报主席、秘书长同意后确定。

第十三条　专业委员会通过组成若干项目研究组开展咨询工作。

专业委员会主任应当根据会计准则制定计划，以及会计理论和会计实务中的重要问题，确定项目研究组及项目活动计划。

项目研究组设主持人一名，由专业委员会主任提名，从委员会聘请的会计准则咨询专家中选定。项目研究组主持人提出项目组成员及项目活动计划，报请专业委员会主任确定。专业委员会主任确定的项目组成员及项目活动计划，通过委员会办公室报秘书长同意后实施。

项目研究组在专业委员会主任、副主任的领导下开展咨询工作，主要活动包括两个方面：一是提交会计准则项目研究报告；二是对会计准则制定机构提交的会计准则讨论稿、征求意见稿和草案提出咨询意见。项目研究组成员可列席专业委员会召开的有关会议。

专业委员会及项目研究组可优先承担财政部立项的会计准则研究科研课题。

专业委员会对本委员会完成的准则项目研究报告，以及对会计准则讨论稿、征求意见稿和草案的咨询意见，应通过主任或副主任签字后提交会计准则制定机构。会计准则制定机构对委员个人征求对会计准则讨论稿、征求意见稿和草案的意见，可由委员直接反馈给会计准则制定机构。

第四章　委员会办事机构

第十四条　办公室作为委员会的办事机构，承担委员会的日常工作。

第十五条　委员会办公室的具体职能如下：

（一）在主席及秘书长的领导下，负责筹备委员会全体会议、专业委员会会议、研讨会等各种会议，准备会议材料并按照规定时间提交给委员；

（二）负责委员会与会计准则制定机构之间、委员会与委员之间、委员会与专业委员会之间的沟通与联络，以及相关资料和信息的传达和传递；

（三）跟踪管理专业委员会及项目研究组承担的会计准则项目科研课题；

（四）定期向委员会报告工作情况；

（五）管理委员会的财务；

（六）负责委员会与国际会计组织之间的联络，以及委员会主席或秘书长交办的其他工作。

第五章 经 费

第十六条 委员会经费的来源：

（一）政府补助；

（二）其他收入。

第十七条 委员会经费的用途：

（一）会计准则项目的课题研究经费；

（二）委员会及专业委员会召开各种会议的会议费用；

（三）对委员的工作补贴；

（四）其他相关费用。

第六章 附 则

第十八条 委员会的英文名称为：Chian Accounting Standards Committee，缩写为 CASC。

第十九条 本工作大纲经委员会全体会议通过，报财政部批准后实施。

附件2：第二届财政部会计准则委员会专业委员会组成人员名单

第二届财政部会计准则委员会专业委员会组成人员名单

（一）会计理论专业委员会

主　任：葛家澍

副主任：孙　铮　汤云为

成　员：刘玉廷　陈毓圭　张为国

（二）企业会计专业委员会

主　任：冯淑萍

副主任：汪建熙　贡华章

成　员：许善达　阎达五　刘玉廷　周勤业　朱祺珩

（三）政府及非营利组织会计专业委员会

主　任：楼继伟

副主任：阎达五　董大胜

成　员：许善达　张　通　刘玉廷

第二部分　综合性会计基础工作管理法规

一、会计基础工作规范化管理办法

财政部关于印发《会计基础工作规范化管理办法》的通知

（1997 年 7 月 10 日）

各省、自治区、直辖市、计划单列市财政厅(局)，国务院各部、委(财务司)：

为了加强会计基础工作，不断提高会计工作水平，巩固整顿会计工作秩序成果，进一步推动会计基础工作规范化的广泛开展，我部制定了《会计基础工作规范化管理办法》(以下简称《办法》)，现予印发。有关要求通知如下：

一、提高认识，切实重视和加强会计基础工作

会计基础工作是会计工作和财政经济工作的基本环节。从去年以来整顿会计工作秩序所暴露的问题看，一些单位放松对会计基础工作的管理，造成了会计基础工作不同程度的削弱、滑坡甚至混乱，助长了会计工作秩序的混乱，影响了单位经营管理的开展，削弱了会计职能作用的有效发挥。加强会计基础工作，不断提高会计工作水平，逐步实现会计基础工作规范化，是各级财政部门、业务主管部门和各单位的一项重要任务，也是建立正常会计工作秩序的重要突破口，也须切实抓紧抓好。

二、明确目标，有计划、有步骤地实现会计基础工作规范化

会计基础工作规范化的总体目标是：通过 3 到 5 年的努力，实行独立核算的各单位会计基础工作符合《会计法》和《会计基础工作规范》的要求，内部会计管理制度建立健全，记账、算账、报账工作符合制度要求，会计工作秩序规范有序，会计工作水平稳步提高。

各地区、各部门要在摸清本地区、本部门会计基础工作现状的基础上，制定规划和具体实施措施，有计划、有步骤地推进各基层单位的会计基础工作逐步实现规范化。各基层单位应当根据《会计法》和《会计基础工作规范》的要求进行检查、整改，健全内部各项会计管理制度，规范记账、算账、报账工作，建立良好的会计工作秩序。

三、要把抓会计基础工作与维护国家财经纪律结合起来

各地区、各部门在组织开展会计基础工作规范化中，要注意对基层单位遵守国家财经纪律情况的检查和考核。一方面，要把申请考核单位近二年是否存在违反国家财经纪律问题作为重要否决指标之一，列入考核检查标准中，并严格执行。另一方面，对取得会计基础工作规范化证书并且在近二年的税收财务物价大检查和其他专项检查中没有发现较大违反财经纪律的单位，可以在一定期限内免于税收财务物价大检查，具体由各级税收财务物价大检查办公室在确定年度重点检查单位时酌情掌握。财政部门的会计管理机构与税收财务物价大检查机构要加强协调，积极配合，严格把关，认真做好免检单位的审查工作。

四、加强管理和指导，保证会计基础工作规范化取得实效

（一）统一领导，分级管理。各省、自治区、直辖市、计划单列市财政厅(局)负责本地区各单位会计基础工作规范化的组织实施；国务院各业务主管部门负责直属单位会计基础工作规范化的组织实施。会计基础工作规范化考核、确认、发证、复查的管理权限，由各省、自治区、直辖市、计划单列市财政厅(局)和国务院各业务主管部门根据实际情况确定。在开展会计基础工作规范化中，要积极取得税务、工商等部门的支持和配合。

（二）加强管理，搞好服务。各地区、各部门要本着坚持质量和注重实效的原则，严格考核标准，规范工作程序，认真抓好考核、确认、复查等工作。对《办法》第四条规定的考核要求，各地区、各部门可以根据实际情况进一步细化和量化。要严格执行《办法》第八条关于否决指标的规定。同时，要抓好基层单位规范化前的整改和规范化后的巩固、提高等环节的工作，指导基层单位不断提高会计基础工作水平。在会计基础工作规范化考核、确认、发证、复查等工作中，严禁向基层单位乱收费、乱摊派。

（三）抓好基础，促进提高。会计基础工作规范化是会计工作最基本的要求。从我国会计基础工作的实际状况出发，当前应当集中精力抓好会计基础工作规范化建设，因此，我部近期暂不进行高于会计基础工作规范化要求的考核。会计基础工作较好或者规范化工作进展迅速的地区和部门，可以在《办法》基础上制定旨在进一步提高会计工作水平的更高考核层次和考核标准，报我部备案。

（四）建立联系点和信息交流制度。各级财政部门、业务主管部门要及时了解基层单位会计基础工作的开展和整改情况，对好的做法和经验要进行认真总结，广泛宣传和推广。各省、自治区、直辖市、计划单列市财政厅（局）和国务院各业务主管部门应当根据实际情况选择 3 到 5 个基层单位作为会计基础工作联系点，定期了解基础工作开展情况，听取对加强会计基础工作的意见。同时，要加强会计基础工作规范化方面的情况沟通和信息交流，各省、自治区、直辖市、计划单列市财政厅（局）和国务院各业务主管部门应当每半年向我部通报一次会计基础工作规范化开展情况。

以上通知，请予执行。执行中有什么问题，请及时与我部联系。

附件

会计基础工作规范化管理办法

第一条　为了加强会计基础工作，逐步实现会计基础工作规范化、科学化，不断提高会计工作水平，根据《中华人民共和国会计法》的规定，制定本办法。

第二条　国家机关、社会团体、企业、事业单位、其他经济组织和应当依法建账的个体工商户（以下简称各单位）应依据本办法的规定，加强会计基础工作，实现会计基础工作规范化。

第三条　各省、自治区、直辖市、计划单列市财政厅（局）负责本地区会计基础工作规范化的组织实施；国务院业务主管部门负责直属单位会计基础工作规范化的组织实施。

各地区会计基础工作规范化考核、确认、发证、复查等的管理权限，由各省、自治区、直辖市、计划单列市财政厅（局）根据实际情况确定；国务院业务主管部门直属单位的会计基础工作规范化考核、确认、发证、复查等管理权限，由国务院业务主管部门确定。

第四条　各单位会计基础工作达到下列要求的，可以向负责考核确认的财政部门或者业务主管部门（以下简称考核确认部门）申请取得会计基础工作规范化资格：

（一）法律规定必须建账的单位，应当根据有关法律和国家统一会计制度的规定设置总账、明细账、日记账和其他辅助性账簿，认真进行会计核算。经县以上税务机关核准可以不建账的单位不在此限。根据《代理记账管理暂行办法》的规定委托会计师事务所（审计师事务所）或者持有代理记账许可证书的其他代理记账机构进行代理记账的单位，应当视同建账。

（二）原始凭证的格式、内容、填制方法、审核程序等符合国家统一会计制度的规定。

（三）记账凭证的内容、填制方法、所附原始凭证以及更正错误凭证方法等符合国家统一会计制度的规定，经有关责任人员审核签章，字迹工整，摘要清楚，装订整齐。

（四）总账、明细账、日记账和其他辅助性账簿的设置、启用、登记、结账、更正错误方法等符合国家统一会计制度的规定，记账及时，关系对应，数字准确。

（五）各项经济业务通过单位统一的会计核算。

（六）账证、账账、账表、账实相符。现金和银行日记账按日逐笔顺序登记，结出余额，银行存款账与银行对账单及时核对、经调整无误。

（七）对外报送的财务报告根据登记完整、核对无误的会计账簿记录和其他有关资料编制，数字真实、计算准确、内容完整、说明清楚、报送及时，并经单位领导人、总会计师、会计机构负责人或者会计主管人员审阅签章。

（八）会计档案按照国家统一会计制度规定定期整理归档，妥善保管，调阅和销毁符合规定手续。

（九）建立并执行内部控制制度和其他内部会计管理制度，保证会计工作有序进行。

（十）会计人员持有会计证。会计工作交接手续符合国家统一会计制度的规定。

第五条　各单位应当根据《会计法》、《会计基础工作规范》和本办法第四条规定的要求进行对照检查和自行整改，在此基础上，向考核确认部门申请考核，并向考核确认部门提供下列资料：

（一）会计基础工作规范化规划和实施方案；

（二）对照标准进行检查整改的工作报告；

（三）考核确认部门要求提供的其他有关资料。

第六条 考核确认部门应当定期分批组织对申请考核单位的会计基础工作进行考核。考核程序应当符合下列要求：

（一）考核确认部门应当组织会计基础工作规范化考核小组。考核小组成员应当挑选坚持原则、作风正派、业务素质和政策水平较高的人员组成，并明确分工，实行质量责任制。

（二）制定考核计划，明确考核重点。考核小组要认真阅读申请单位提供的资料，全面了解申请单位的会计基础工作情况。在此基础上，深入现场作实地考核。对实行二级核算或者三级核算的单位进行考核确认时，对其二级核算单位的抽查考核面应达到50%，对三级核算单位的抽查考核面应达到20%。

（三）考核小组考核工作结束后，应当提出书面考核意见。考核意见的内容包括：申请单位会计基础工作的基本情况；考核中发现的主要问题及改进意见；考核结论；考核小组负责人签章等。

（四）考核小组的考核意见应当通知申请单位。

（五）申请单位对考核小组提出的改进意见，应当在限期内整改完毕，并经考核小组复核。

第七条 经考核或者复核符合会计基础工作规范化条件的单位，由考核确认部门验发会计基础工作规范化证书。

会计基础工作规范化证书由各省、自治区、直辖市、计划单列市财政厅（局）和国务院各业务主管部门印制。证书应当载明证书接受单位、验发证书部门、发证日期、证书编号等内容。

第八条 对申请考核单位会计基础工作存在下列情形之一的，不得确认为会计基础工作规范化单位：

（一）法律规定应当建账而没有建账，或者虽建账但长期不记账、不对账，造成账目严重混乱的；

（二）会计凭证不真实、不合法、不准确、不完整，情节严重的；

（三）账外设账，情节严重的；

（四）财务报告严重虚假，与有关会计账簿记录不对应，给国家和社会公众利益造成损失的；

（五）申请考核前二年内经政府有关部门检查确认有重大违反财经纪律问题的。

第九条 已经取得会计基础工作规范化证书的单位，由考核确认部门每二年进行一次复查。对会计基础工作明显削弱、达不到本办法第四条规定要求的单位，由考核确认部门责令其在三至六个月内进行整改；在规定期限内整改仍未取得明显成效的，由考核确认部门取消其会计基础工作规范化，收回会计基础工作规范化证书。

第十条 根据各省、自治区、直辖市、计划单列市财政厅（局）和国务院各业务主管部门的规划，凡是列入当年会计基础工作规范化范围而没有取得会计基础工作规范化单位证书的单位，当年不得参与先进会计工作集体和先进会计工作者评选，不得颁发其会计人员荣誉证书，不得参加高级会计师专业任职资格评审。

第十一条 考核确认部门在考核确认和复查中发现申请考核单位或被检查单位存在本办法第八条规定的情形，经为期三至六个月的整改仍未取得明显成效的，对负有直接责任的会计人员，可由当地财政部门作出或建议作出取消其会计证、会计专业技术任职资格的决定。被取消会计证、会计专业技术任职资格的会计人员，二年内不得重新参加会计证考试和会计专业技术任职资格考试或评审。

第十二条 对取得会计基础工作规范化证书、成效显著的单位，由负责组织考核确认的地区或部门给予精神和物质的奖励，表彰奖励成绩突出的有关人员。

第十三条 各省、自治区、直辖市、计划单列市税收财务物价大检查办公室核准应当配合搞好会计基础工作规范化管理工作，对取得会计基础工作规范化证书并且在近二年的税收财务物价大检查和其他专项检查中没有发现较大违反财经纪律的单位，可以在一定期限内免于税收财务物价大检查；具体工作由各级税收财务物价大检查办公室在确定年度重点检查名单时酌情掌握。

第十四条 考核确认部门应当建立会计基础工作规范化考核业务档案，记载考核确认、验发证书、复查等情况。

第十五条 已经采取其他形式考核确认会计基础工作的地区和部门，由各省、自治区、直辖市、计划单列市财政厅（局）和国务院业务主管部门根据本办法的要求和原则制定衔接办法。

第十六条 各省、自治区、直辖市、计划单列市财政厅（局）和国务院各业务主管部门可以根据本办法的规定制定具体实施方案，报财政部备案。

第十七条 本办法自发布之日起实行。

二、会计基础工作规范

财政部关于印发《会计基础工作规范》的通知

财会字[1996]19号

各省、自治区、直辖市、计划单列市财政厅(局),国务院有关部、委、局、总公司财务司:

为了加强会计基础工作,建立规范的会计工作秩序,不断提高会计工作水平,我部制定了《会计基础工作规范》(以下简称《规范》),现予以发布,请根据本地区、本部门会计基础工作的实际组织实施。实施中的有关要求如下:

一、要广泛宣传学习《规范》。《规范》是各单位和广大会计人员开展会计基础工作的基本标准,也是各级财政部门、业务主管部门检查会计基础工作情况的重要依据。因此,要结合《规范》的实施,广泛宣传加强会计基础工作的重要性和必要性,宣传会计基础工作各个方面的基本要求,统一各级领导和广大会计人员对会计基础工作的认识,使各单位的会计人员了解和掌握会计基础工作的各项要求,做好会计基础工作。

二、要把实施《规范》与整顿会计工作秩序、实现会计基础工作规范化结合起来。各级财政部门、业务主管部门要根据《国务院关于整顿会计工作秩序进一步提高会计工作质量的通知》精神,督促各单位按照《规范》的要求建账。同时,把贯彻《规范》的各项规定、促进会计基础工作规范化作为一项经常性工作,抓紧抓好。各单位的会计人员应当经常对照《规范》的要求进行自我检查和整改,以扎实、有序的会计基础工作,保证会计工作质量的提高和职能作用的有效发挥。

各地区、各部门在实施《规范》中有什么问题和意见,请及时向我部反映。

附件:会计基础工作规范

第一章 总 则

第一条 为了加强会计基础工作,建立规范的会计工作秩序,提高会计工作水平,根据《中华人民共和国会计法》的有关规定,制定本规范。

第二条 国家机关、社会团体、企业、事业单位、个体工商户和其他组织的会计基础工作,应当符合本规范的规定。

第三条 各单位应当依据有关法律、法规和本规范的规定,加强会计基础工作,严格执行会计法规制度,保证会计工作依法有序地进行。

第四条 单位领导人对本单位的会计基础工作负有领导责任。

第五条 各省、自治区、直辖市财政厅(局)要加强对会计基础工作的管理和指导,通过政策引导、经验交流、监督检查等措施,促进基层单位加强会计基础工作,不断提高会计工作水平。

国务院各业务主管部门根据职责权限管理本部门的会计基础工作。

第二章 会计机构和会计人员

第一节 会计机构设备和会计人员配备

第六条 各单位应当根据会计业务的需要设置会计机构;不具备单独设置会计机构条件的,应当在有关机构中配备专职会计人员。

事业行政单位会计机构的设置和会计人员的配备应当符合国家统一事业行政单位会计制度的规定。

设置会计机构,应当配备会计机构负责人;在有关机构中配备专职会计人员,应当在专职会计人员中指定会计主管人员。

会计机构负责人、会计主管人员任免,应当符合《中华人民共和国会计法》和有关法律的规定。

第七条 会计机构负责人、会计主管人员应当具备下列基本条件:

(一)坚持原则,廉洁奉公;

(二)具有会计专业技术资格;

(三)主管一个单位或者单位内一个重要方面的财务会计工作时间不少于2年;

（四）熟悉国家财经法律、法规、规章和方针、政策，掌握本行业业务管理的有关知识；

（五）有较强的组织能力；

（六）身体状况能够适应本职工作的要求。

第八条　没有设置会计机构和配备会计人员的单位，应当根据《代理记账管理暂行办法》委托会计师事务所或者有代理记账许可证书的其他代理记账机构进行代理记账。

第九条　大、中型企业、事业单位、业务主管部门应当根据法律和国家有关规定设置总会计师。总会计师由具有会计师以上专业技术资格的人员担任。

总会计师行使《总会计师条例》规定的职责、权限。

总会计师的任命（聘任）、免职（解聘）依照《总会计师条例》和有关法律的规定办理。

第十条　各单位应当根据会计业务需要配备持有会计证的会计人员。未取得会计证的人员，不得从事会计工作。

第十一条　各单位应当根据会计业务需要设置会计工作岗位。

会计工作岗位一般可分为：会计机构负责人或者会计主管人员，出纳，财产物资核算，工资核算，成本费用核算，财务成果核算，资金核算，往来结算，总账报表，稽核，档案管理等。开展会计电算化和管理会计的单位，可以根据需要设置相应工作岗位，也可以与其他工作岗位相结合。

第十二条　会计工作岗位，可以一人一岗、一人多岗或者一岗多人。但出纳人员不得兼管稽核、会计档案保管和收入、费用、债权债务账目的登记工作。

第十三条　会计人员的工作岗位应当有计划地进行轮换。

第十四条　会计人员应当具备必要的专业知识和专业技术，熟悉国家有关法律、法规、规章和国家统一会计制度，遵守职业道德。

会计人员应当按照国家有关规定参加会计业务的培训。各单位应当合理安排会计人员的培训，保证会计人员每年有一定时间用于学习和参加培训。

第十五条　各单位领导人应当支持会计机构、会计人员依法行使职责；对忠于职守，坚持原则，做出显著成绩的会计机构、会计人员，应当给予精神和物质的奖励。

第十六条　国家机关、国有企业、事业单位任用会计人员应当实行回避制度。

单位领导人的直系亲属不得担任本单位的会计机构负责人、会计主管人员。会计机构负责人、会计主管人员的直系亲属不得在本单位会计机构中担任出纳工作。

需要回避的直系亲属：夫妻关系、直系血亲关系、三代以内旁系血亲以及配偶亲关系。

第二节　会计人员职业道德

第十七条　会计人员在会计工作中应当遵守职业道德，树立良好的职业品质、严谨的工作作风，严守工作纪律，努力提高工作效率和工作质量。

第十八条　会计人员应当热爱本职工作，努力钻研业务，使自己的知识和技能适应所从事工作的要求。

第十九条　会计人员应当熟悉财经法律、法规、规章和国家统一会计制度，并结合会计工作进行广泛宣传。

第二十条　会计人员应当按照会计法律、法规和国家统一会计制度规定的程序和要求进行会计工作，保证所提供的会计信息合法、真实、准确、及时、完整。

第二十一条　会计人员办理会计事务应当实事求是、客观公正。

第二十二条　会计人员应当熟悉本单位的生产经营和业务管理情况，运用掌握的会计信息和会计方法，为改善单位内部管理、提高经济效益服务。

第二十三条　会计人员应当保守本单位商业秘密。除法律规定和单位领导人同意外，不能私自向外界提供或者泄露单位的会计信息。

第二十四条　财政部门、业务主管部门和各单位应当定期检查会计人员遵守职业道德的情况，并作为会计人员晋升、晋级、聘任专业职务、表彰奖励的重要考核依据。

会计人员违反职业道德的，由所在单位进行处罚；情节严重的，由会计证发证机关吊销其会计证。

第三节　会计工作交接

第二十五条　会计人员工作调动或者因故离职，必须将本人所经管的会计工作全部移交给接替人员。

没有办清交接手续的,不得调动或者离职。

第二十六条 接替人员应当认真接管移交工作,并继续办理移交的未了事项。

第二十七条 会计人员办理移交手续,必须及时做好以下工作:

(一) 已经受理的经济业务尚未填制会计凭证的,应当填制完毕。

(二) 尚未登记的账目,应当登记完毕,并在最后一笔余额后加盖经办人员印章。

(三) 整理应该移交的各项资料,对未了事项写出书面材料。

(四) 编制移交清册,列明应当移交的会计凭证、会计账簿、会计报表、印章、现金、有价证券、支票簿、发票、文件、其他会计资料和物品等内容;实行会计电算化的单位,从事该项工作的移交人还应当在移交清册中列明会计软件及密码、会计软件数据磁盘(磁带等)及有关资料、实物等内容。

第二十八条 会计人员办理交接手续,必须有监交人负责监交。一般会计人员交接,由单位会计机构负责人、会计主管人员负责监交;会计机构负责人、会计主管人员交接,由单位领导人负责监交,必要时可由上级主管部门派人会同监交。

第二十九条 移交人员在办理移交时,要按移交清册逐项移交;接替人员要逐项核对点收。

(一) 现金、有价证券要根据会计账簿有关记录进行点交。库存现金、有价证券必须与会计账簿记录保持一致。不一致时,移交人员必须限期查清。

(二) 会计凭证、会计账簿、会计报表和其他会计资料必须完整无缺,必须查清原因,并在移交清册中注明,由移交人员负责。

(三) 银行存款账户余额要与银行对账单核对,如不一致,应当编制银行存款余额调节表调节相符,各种财产物资和债权债务的明细账户余额要与总账有关账户余额核对相符;必要时,要抽查个别账户的余额,与实物核对相符,或者与往来单位、个人核对清楚。

(四) 移交人员经管的票据、印章和其他实物等,必须交接清楚;移交人员从事会计电算化工作的,要对有关电子数据在实际操作状态下进行交接。

第三十条 会计机构负责人、会计主管人员移交时,还必须将全部财务会计工作、重大财务收支和会计人员的情况等,向接替人员详细介绍。对需要移交的遗留问题,应当写出书面材料。

第三十一条 交接完毕后,交接双方和监交人员要在移交清册上签名或者盖章。并应在移交清册上注明:单位名称,交接日期,交接双方和监交人员的职务、姓名,移交清册页数以及需要说明的问题和意见等。

移交清册一般应当填制一式三份,交接双方各执一份,存档一份。

第三十二条 接替人员应当继续使用移交的会计账簿,不得自行另立新账,以保持会计记录的连续性。

第三十三条 会计人员临时离职或者因病不能工作且需要接替或者代理的,会计机构负责人、会计主管人员或者单位领导人必须指定有关人员接替或者代理,并办理交接手续。

临时离职或者因病不能工作的会计人员恢复工作的,应当与接替或者代理人员办理交接手续。

移交人员因病或者其他特殊原因不能亲自办理移交的,经单位领导人批准,可由移交人员委托他人代办移交,但委托人应当承担本规范第三十五条规定的责任。

第三十四条 单位撤销时,必须留有必要的会计人员,会同有关人员办理清理工作,编制决算。未移交前,不得离职。接收单位和移交日期由主管部门确定。

单位合并、分立的,其会计工作交接手续比照上述有关规定办理。

第三十五条 移交人员对所移交的会计凭证、会计账簿、会计报表和其他有关资料的合法性、真实性承担法律责任。

第三章 会计核算

第一节 会计核算一般要求

第三十六条 各单位应当按照《中华人民共和国会计法》和国家统一会计制度的规定建立会计账册,进行会计核算,及时提供合法、真实、准确、完整的会计信息。

第三十七条 各单位发生的下列事项,应当及时办理会计手续、进行会计核算:

(一) 款项和有价证券的收付;

(二) 财物的收发、增减和使用;

(三) 债权债务的发生和结算;

（四）资本、基金的增减；

（五）收入、支出、费用、成本的计算；

（六）财务成果的计算和处理；

（七）其他需要办理会计手续、进行会计核算的事项。

第三十八条　各单位的会计核算应当以实际发生的经济业务为依据，按照规定的会计处理方法进行，保证会计指标的口径一致、相互可比和会计处理方法的前后各期相一致。

第三十九条　会计年度自公历一月一日起至十二月三十一日止。

第四十条　会计核算以人民币为记账本位币。

收支业务以外国货币为主的单位，也可以选定某种外国货币作为记账本位币，但是编制的会计报表应当折算为人民币反映。

境外单位向国内有关部门编报的会计报表，应当折算为人民币反映。

第四十一条　各单位根据国家统一会计制度的要求，在不影响会计核算要求、会计报表指标汇总和对外统一会计报表的前提下，可以根据实际情况自行设置和使用会计科目。

事业行政单位会计科目的设置和使用，应当符合国家统一事业行政单位会计制度的规定。

第四十二条　会计凭证、会计账簿、会计报表和其他会计资料的内容和要求必须符合国家统一会计制度的规定，不得伪造、变造会计凭证、会计账簿，不得设置账外账，不得报送虚假会计报表。

第四十三条　各单位对外报送的会计报表格式由财政部统一规定。

第四十四条　实行会计电算化的单位，对使用的会计软件及其生成的会计凭证、会计账簿、会计报表和其他会计资料的要求，应当符合财政部关于会计电算化的有关规定。

第四十五条　各单位的会计凭证、会计账簿、会计报表和其他会计资料，应当建立档案，妥善保管。会计档案建档要求、保管期限、销毁办法等依据《会计档案管理办法》的规定进行。

实行会计电算化的单位，有关电子数据、会计软件资料等应当作为会计档案进行管理。

第四十六条　会计记录的文字应当使用中文，少数民族自治地区可以同时使用少数民族文字。中国境内的外商投资企业、外国企业和其他外国经济组织也可以同时使用某种外国文字。

第二节　填制会计凭证

第四十七条　各单位办理本规范第三十七条规定的事项，必须取得或者填制原始凭证，并及时送交会计机构。

第四十八条　原始凭证的基本要求是：

（一）原始凭证的内容必须具备：凭证的名称；填制凭证的日期；填制凭证单位名称或者填制人姓名；经办人员的签名或者盖章；接受凭证单位名称；经济业务内容；数量、单价和金额。

（二）从外单位取得的原始凭证，必须盖有填制单位的公章；从个人取得的原始凭证，必须有填制人员的签名或者盖章。自制原始凭证必须有经办单位领导人或者其指定的人员签名或者盖章。对外开出的原始凭证，必须加盖本单位公章。

（三）凡填有大写和小写金额的原始凭证，大写与小写金额必须相符。购买实物的原始凭证，必须有验收证明。支付款项的原始凭证，必须有收款单位和收款人的收款证明。

（四）一式几联的原始凭证，应当注明各联的用途，只能以一联作为报销凭证。

一式几联的发票和收据，必须用双面复写纸（发票和收据本身具备复写纸功能的除外）套写，并连续编号。作废时应当加盖“作废”戳记，连同存根一起保存，不得撕毁。

（五）发生销货退回的，除填制退货发票外，还必须有退货验收证明；退款时，必须取得对方的收款收据或者汇款银行的凭证，不得以退货发票代替收据。

（六）职工公出借款凭据，必须附在记账凭证之后。收回借款时，应当另开收据或者退还借据副本，不得退还原借款收据。

（七）经上级有关部门批准的经济业务，应当将批准文件作为原始凭证附件。如果批准文件需要单独归档的，应当在凭证上注明批准机关名称、日期和文件字号。

第四十九条　原始凭证不得涂改、挖补。发现原始凭证有错误的，应当由开出单位重开或者更正，更正处应当加盖开出单位的公章。

第五十条 会计机构、会计人员要根据审核无误的原始凭证填制记账凭证。

记账凭证可以分为收款凭证、付款凭证和转账凭证，也可以使用通用记账凭证。

第五十一条 记账凭证的基本要求是：

(一) 记账凭证的内容必须具备：填制凭证的日期；凭证编号；经济业务摘要；会计科目；金额；所附原始凭证张数；填制凭证人员、稽核人员、记账人员、会计机构负责人、会计主管人员签名或者盖章。收款和付款记账凭证还应当由出纳人员签名或者盖章。

以自制的原始凭证或者原始凭证汇总表代替记账凭证的，也必须具备记账凭证应有的项目。

(二) 填制记账凭证时，应当对记账凭证进行连续编号。一笔经济业务需要填制两张以上记账凭证的，可以采用分数编号法编号。

(三) 记账凭证可以根据每一张原始凭证填制，或者根据若干张同类原始凭证汇总填制，也可以根据原始凭证汇总表填制。但不得将不同内容和类别的原始凭证汇总填制在一张记账凭证上。

(四) 除结账和更正错误的记账凭证可以不附原始凭证外，其他记账必须附有原始凭证。如果一张原始凭证涉及几张记账凭证，可以把原始凭证附在一张主要的记账凭证后面，并在其他记账凭证上注明附有该原始凭证的记账凭证的编号或者附有原始凭证复印件。

一张原始凭证所列支出需要几个单位共同负担的，应当将其他单位负担的部分，开给对方原始凭证分割单，进行结算。原始凭证分割单必须具备原始凭证的基本内容：凭证名称、填制凭证日期、填制凭证单位名称或者填制人姓名、经办人的签名或者盖章、接受凭证单位名称、经济业务内容、数量、单价、金额和费用分摊情况等。

(五) 如果在填制记账凭证时发生错误，应当重新填制。

已经登记入账的记账凭证，在当年内发现填写错误时，可以用红字填写一张与原内容相同的记账凭证，在摘要栏注明“注销某月某日某号凭证”字样，同时再用蓝字重新填制一张正确的记账凭证，注明“订正某月某日某号凭证”字样。如果会计科目没有错误，只是金额错误，也可以将正确数字与错误数字之间的差额，另编一张调整的记账凭证，调增金额用蓝字，调减金额用红字。发现以前年度记账凭证有错误的，应当用蓝字填制一张更正的记账凭证。

(六) 记账凭证填制完经济业务事项后，如有空行，应当自金额栏最后一笔金额数字下的空行处至合计数上的空行处划线注销。

第五十二条 填制会计凭证，字迹必须清晰、工整，并符合下列要求：

(一) 阿拉伯数字应当一个一个地写，不得连笔写。阿拉伯金额数字前面应当书写货币币种符号或者货币名称简写和币种符号。币种符号与阿拉伯金额数字之间不得留有空白。凡阿拉伯数字前写有币种符号的，数字后面不得再写货币单位。

(二) 所有以元为单位(其他货币种类为货币基本单位，下同)的阿拉伯数字，除表示单价等情况外，一律填写到角分；无角分的，角位和分位可写“00”，或者符号“－”；有角无分的，分位应当写“0”，不得用符号“－”代替。

(三) 汉字大写数字金额如零、壹、贰、叁、肆、伍、陆、柒、捌、玖、拾、佰、仟、万、亿等，一律用正楷或者行书体书写，不得用○、一、二、三、四、五、六、七、八、九、十等简写字代替，不得任意自造简化字。大写金额数字到元或者角为止的，在“元”或者“角”字之后应当写“整”字或者“正”字；大写金额数字有分的，分字后面不写“整”或者“正”字。

(四) 大写金额数字前未印有货币名称的，应当加填货币名称，货币名称与金额数字之间不得留有空白。

(五) 阿拉伯数字金额中间有“0”时，汉字大写金额要写“零”字；阿拉伯数字金额中连续有几个“0”时，汉字大写金额中可以只写一个“零”字；阿拉伯数字金额元位是“0”，或者数字中间连续有几个“0”、元位也是“0”但角位不是“0”时，汉字大写金额可以只写一个“零”字，也可以不写“零”字。

第五十三条 实行会计电算化的单位，对于机制记账凭证，要认真审核，做到会计科目使用正确，数字准确无误。打印出的机制记账凭证要加盖制单人员、审核人员、记账人员及会计机构负责人、会计主管人员印章或者签字。

第五十四条 各单位会计凭证的传递程序应当科学、合理，具体办法由各单位根据会计业务需要自行规定。

第五十五条　会计机构、会计人员要妥善保管会计凭证。

(一) 会计凭证应当及时传递,不得积压。

(二) 会计凭证登记完毕后,应当按照分类和编号顺序保管,不得散乱丢失。

(三) 记账凭证应当连同所附的原始凭证或者原始凭证汇总表,按照编号顺序,折叠整齐,按期装订成册,并加具封面,注明单位名称、年度、月份和起讫日期、凭证种类、起讫号码,由装订人在装订线封签处签名或者盖章。

对于数量过多的原始凭证,可以单独装订保管,在封面上注明记账凭证日期、编号、种类,同时在记账凭证上注明"附件另订"和原始凭证名称及编号。

各种经济合同、存出保证金收据以及涉外文件等重要原始凭证,应当另编目录,单独登记保管,并在有关的记账凭证和原始凭证上相互注明日期和编号。

(四) 原始凭证不得外借,其他单位如因特殊原因需要使用原始凭证时,经本单位会计机构负责人、会计主管人员批准,可以复制。向外单位提供的原始凭证复制件,应当在专设的登记簿上登记,并由提供人员和收取人员共同签名或者盖章。

(五) 从外单位取得的原始凭证如有遗失,应当取得原开出单位盖有公章的证明,并注明原来凭证的号码、金额和内容等,由经办单位会计机构负责人、会计主管人员和单位领导人批准后,才能代作原始凭证。如果确实无法取得证明的,如火车、轮船、飞机票等凭证,由当事人写出详细情况,由经办单位会计机构负责人、会计主管人员和单位领导人批准后,代作原始凭证。

第三节　登记会计账簿

第五十六条　各单位应当按照国家统一会计制度的规定和会计业务的需要设置会计账簿。会计账簿包括总账、明细账、日记账和其他辅助性账簿。

第五十七条　现金日记账和银行存款日记账必须采用订本式账簿。不得用银行对账单或者其他方式代替日记账。

第五十八条　实行会计电算化的单位,用计算机打印的会计账簿必须连续编号,经审核无误后装订成册,并由记账人员和会计机构负责人、会计主管人员签字或者盖章。

第五十九条　启用会计账簿时,应当在账簿封面上写明单位名称和账簿名称。在账簿扉页上应当附启用表,内容包括:启用日期、账簿页数、记账人员和会计机构负责人、会计主管人员姓名,并加盖名章和单位公章。记账人员或者会计机构负责人、会计主管人员调动工作时,应当注明交接日期、接办人员或者监交人员姓名,并由交接双方人员签名或者盖章。

启用订本式账簿,应当从第一页到最后一页顺序编写页数,不得跳页、缺号。使用活页式账页,应当按账户顺序编号,并须定期装订成册。装订后再按实际使用的账页顺序编写页码,另加目录,记明每个账户的名称和页次。

第六十条　会计人员应当根据审核无误的会计凭证登记会计账簿。登记账簿的基本要求是:

(一) 登记会计账簿时,应当将会计凭证日期、编号、业务内容摘要、金额和有关资料逐项记入账内,做到数字准确、摘要清楚、登记及时、字迹工整。

(二) 登记完毕后,要在记账凭证上签名或者盖章,并注明已经登账的符号,表示已经记账。

(三) 账簿中书写的文字和数字上面要留有适当空格,不要写满格,一般应占格距的二分之一。

(四) 登记账簿要用蓝黑墨水或者碳素墨水书写,不得使用圆珠笔(银行的复写账簿除外)或者铅笔书写。

(五) 下列情况,可以用红色墨水记账:

1. 按照红字冲账的记账凭证,冲销错误记录;

2. 在不设借贷等栏的多栏式账页中,登记减少数;

3. 在三栏式账户的余额栏前,如未印明余额方向的,在余额栏内登记负数余额;

4. 根据国家统一会计制度的规定可以用红字登记的其他会计记录。

(六) 各种账簿按页次顺序连续登记,不得跳行、隔页。如果发生跑行、隔页,应当将空行、空页划线注销,或者注明"此行空白"、"此页空白"字样,并由记账人员签名或者盖章。

（七）凡需要结出余额的账户，结出余额后，应当在“借或贷”等栏内写明“借”或者“贷”等字样。没有余额的账户，应当在“借或贷”等栏内写“平”字，并在余额栏内用“0”表示。

现金日记账和银行存款日记账必须逐日结出余额。

（八）每一账页登记完毕结转下页时，应当结出本页合计数及余额，写在本页最后一行和下页第一行有关栏内，并在摘要栏内分别注明“过次页”和“承前页”字样；也可以将本页合计数及金额只写在下页第一行有关栏内，并在摘要栏内注明“承前页”字样。

对需要结计本月发生额的账户，结计“过次页”的本页合计数应当为自本月初起至本页末止发生额合计数；对需要结计本年累计发生额的账户，结计“过次页”的本页合计数应当为自年初起至本页末止的累计数；对既不需要结计本月发生额也不需要结计本年累计发生额的账户，可以只将每页末的余额转次页。

第六十一条 实行会计电算化的单位，总账和明细账应当定期打印。

发生收款和付款业务的，在输入收款凭证和付款凭证的当天必须打印出现金日记账、银行存款日记账，并在库存现金核对无误。

第六十二条 账簿记录发生错误，不准涂改、挖补、刮擦或者用药水消除字迹，不准重新抄写，必须按照下列方法进行更正：

（一）登记账簿时发生错误，应当将错误的文字或者数字划上红线注销，但必须使原有字迹仍可辨认；然后在划线上方填写正确的文字或者数字，并由记账人员在更正处盖章。对于错误的数字，应当全部划红线更正，不得只更正其中的错误数字。对于文字错误，可只划去错误的部分。

（二）由于记账凭证错误而使账簿记录发生错误，应当按更正的记账凭证登记账簿。

第六十三条 各单位应当定期对会计账簿记录的有关数字与库存实物、货币资金、有价证券、往来单位或者个人进行相互核对，保证账证相符、账账相符、账实相符。对账工作每年至少进行一次。

（一）账证核对。核对会计账簿记录与原始凭证、记账凭证的时间、凭证字号、内容、金额是否一致，记账方向是否相符。

（二）账账核对。核对不同会计账簿之间的账簿记录是否相符，包括：总账有关账户的余额核对，总账与明细账核对，总账与日记账核对，会计部门的财产物资明细账与财产物资保管和使用部门的有关明细账核对等。

（三）账实核对。核对会计账簿记录与财产等实有数额是否相符。包括：现金日记账账面余额与现金实际库存数相核对；银行存款日记账账面余额定期与银行对账单相核对；各种应收、应付款明细账账面余额与有关债务、债权单位或者个人核对等。

第六十四条 各单位应当按照规定定期结账。

（一）结账前，必须将本期内所发生的各项经济业务全部登记入账。

（二）结账时，应当结出每个账户的期末余额。需要结出当月发生额的，应当在摘要栏内注明“本月合计”字样，并在下面通栏划单红线。需要结出本年累计发生额的，应当在摘要栏内注明“本年累计”字样，并在下面通栏划单红线；十二月末的“本年累计”就是全年累计发生额。全年累计发生额下面应当通栏划双红线。年度终了结账时，所有总账账户都应当结出全年发生额和年末余额。

（三）年度终了，要把各账户的余额转到下一会计年度，并在摘要栏注明“结转下年”字样；在下一会计年度新建有关会计账簿的第一行余额栏内填写上年结转的余额，并在摘要栏注明“上年结转”字样。

第四节 编制财务报告

第六十五条 各单位必须按照国家统一会计制度的规定定期编制财务报告。

财务报告包括会计报表及其说明。会计报表包括会计报表主表、会计报表附表、会计报表附注。

第六十六条 各单位对外报送的财务报告应当根据国家统一会计制度规定的格式和要求编制。

单位内部使用的财务报告，其格式和要求由各单位自行规定。

第六十七条 会计报表应当根据登记完整、核结无误的会计账簿记录和其他有关资料编制，做到数字真实、计算准确、内容完整、说明清楚。

任何人不得篡改或者授意、指使、强令他人篡改会计报表的有关数字。

第六十八条 会计报表之间、会计报表各项目之间，凡有对应关系的数字，应当相互一致。本期会计报表与上期会计报表之间有关的数字应当相互衔接。如果不同会计年度会计报表中各项目的内容和核算方法有变更的，应当在年度会计报表中加以说明。

第六十九条 各单位应当按照国家统一会计制度的规定认真编写会计报表附注及其说明，做到项目齐全，内容完整。

第七十条 各单位应当按照国家规定的期限对外报送财务报告。

对外报送的财务报告，应当依次编写页码，加具封面，装订成册，加盖公章。封面上应当注明：单位名称，单位地址，财务报告所属年度、季度、月度、送出日期，并由单位领导人、总会计师、会计机构负责人、会计主管人员签名或者盖章。

单位领导人对财务报告的合法性、真实性负法律责任。

第七十一条 根据法律和国家有关规定应当对财务报告进行审计的，财务报告编制单位应当先行委托注册会计师进行审计，并将注册会计师出具的审计报告随同财务报告按照规定的期限报送有关部门。

第七十二条 如果发现对外报送的财务报告有错误，应当及时办理更正手续。除更正本单位留存的财务报告外，并应同时通知接受财务报告的单位更正。错误较多的，应当重新编报。

第四章 会计监督

第七十三条 各单位的会计机构、会计人员对本单位的经济活动进行会计监督。

第七十四条 会计机构、会计人员进行会计监督的依据是：

（一）财经法律、法规、规章；

（二）会计法律、法规和国家统一会计制度；

（三）各省、自治区、直辖市财政厅（局）和国务院业务主管部门根据《中华人民共和国会计法》和国家统一会计制度制定的具体实施办法或者补充规定；

（四）各单位根据《中华人民共和国会计法》和国家统一会计制度制定的单位内部会计管理制度；

（五）各单位内部的预算、财务计划、经济计划、业务计划等。

第七十五条 会计机构、会计人员应当对原始凭证进行审核和监督。

对不真实、不合法的原始凭证，不予受理。对弄虚作假、严重违法的原始凭证，在不予受理的同时，应当予以扣留，并及时向单位领导人报告，请求查明原因，追究当事人的责任。

对记载不准确、不完整的原始凭证，予以退回，要求经办人员更正、补充。

第七十六条 会计机构、会计人员伪造、变造、故意毁灭会计账簿或者账外设账行为，应当制止和纠正；制止和纠正无效的，应当向上级主管单位报告，请求作出处理。

第七十七条 会计机构、会计人员应当对实物、款项进行监督，督促建立并严格执行财产清查制度。发现账簿记录与实物、款项不符时，应当按照国家有关规定进行处理。超出会计机构、会计人员职权范围的，应当立即向本单位领导报告，请求查明原因，作出处理。

第七十八条 会计机构、会计人员对指使、强令编造、篡改财务报告行为，应当制止和纠正；制止和纠正无效的，应当向上级主管单位报告，请求处理。

第七十九条 会计机构、会计人员应当对财务收支进行监督。

（一）对审批手续不全的财务收支，应当退回，要求补充、更正。

（二）对违反规定不纳入单位统一会计核算的财务收支，应当制止和纠正。

（三）对违反国家统一的财政、财务、会计制度规定的财务收支，不予办理。

（四）对认为是违反国家统一的财政、财务、会计制度规定的财务收支，应当制止和纠正；制止和纠正无效的，应当向单位领导人提出书面意见请求处理。

单位领导人应当在接到书面意见起十日内作出书面决定，并对决定承担责任。

（五）对违反国家统一的财政、财务、会计制度规定的财务收支，不予制止和纠正，又不向单位领导人提出书面意见的，也应当承担责任。

（六）对严重违反国家利益和社会公众利益的财务收支，应当向主管单位或者财政、审计、税务机关报告。

第八十条 会计机构、会计人员对违反单位内部会计管理制度的经济活动，应当制止和纠正；制止和纠正无效的，向单位领导人报告，请求处理。

第八十一条 会计机构、会计人员应当对单位制定的预算、财务计划、经济计划、业务计划的执行情况进行监督。

第八十二条 各单位必须依照法律和国家有关规定接受财政、审计、税务等机关的监督，如实提供会计凭证、会计账簿、会计报表和其他会计资料以及有关情况，不得拒绝、隐匿、谎报。

第八十三条 按照法律规定应当委托注册会计师进行审计的单位，应当委托注册会计师进行审计，并配合注册会计师的工作，如实提供会计凭证、会计账簿、会计报表和其他会计资料以及有关情况，不得拒绝、隐匿、谎报，不得示意注册会计师出具不当的审计报告。

第五章 内部会计管理制度

第八十四条 各单位应当根据《中华人民共和国会计法》和国家统一会计制度的规定，结合单位类型和内部管理的需要，建立健全相应的内部会计管理制度。

第八十五条 各单位制定内部会计管理制度应当遵循下列原则：

（一）应当执行法律、法规和国家统一的财务会计制度。

（二）应当体现本单位的生产经营、业务管理的特点和要求。

（三）应当全面规范本单位的各项会计工作，建立健全会计基础，保证会计工作的有序进行。

（四）应当科学、合理，便于操作和执行。

（五）应当定期检查执行情况。

（六）应当根据管理需要和执行中的问题不断完善。

第八十六条 各单位应当建立内部会计管理体系。主要内容包括：单位领导人、总会计师对会计工作的领导职责；会计部门及其会计机构负责人、会计主管人员的职责、权限；会计部门与其他职能部门的关系；会计核算的组织形式。

第八十七条 各单位应当建立会计人员岗位责任制度。主要内容包括：会计人员工作岗位设置；各会计工作岗位的职责和标准；各会计工作岗位的人员和具体分工；会计工作岗位轮换办法；对各会计工作岗位的考核办法。

第八十八条 各单位应当建立账务处理程序制度。主要内容包括：会计科目及其明细科目的设置和使用；会计凭证的格式、审核要求和传递程序；会计核算方法；会计账簿的设置；编制会计报表的种类和要求；单位会计指标体系。

第八十九条 各单位应当建立内部牵制制度。主要内容包括：内部牵制制度的原则；组织分工；出纳岗位的职责和限制条件；有关岗位的职责和权限。

第九十条 各单位应当建立稽核制度。主要内容包括：稽核工作的组织形式和具体分工；稽核工作的职责、权限；审核会计凭证和复核会计账簿、会计报表的方法。

第九十一条 各单位应当建立原始记录管理制度。主要内容包括：原始记录的内容和填制方法；原始记录的格式；原始记录的审核；原始记录填制人的责任；原始记录签署、传递、汇集要求。

第九十二条 各单位应当建立定额管理制度。主要内容包括：定额管理的范围；规定和修订定额的依据、程序和方法；定额的执行；定额考核和奖惩办法等。

第九十三条 各单位应当建立计量验收制度。主要内容包括：计量检测手段和方法；计量验收管理的要求；计量验收人员的责任和奖惩办法。

第九十四条 各单位应当建立财产清查制度。主要内容包括：财产清查的范围；财产清查的组织；财产清查的期限和方法；对财产清查中发现问题的处理办法；对财产管理人员的奖惩办法。

第九十五条 各单位应当建立财务收支审批制度。主要内容包括：财务收支审批人员和审批权限；财务收支审批程序；财务收支审批人员的责任。

第九十六条 实行成本核算的单位应当建立成本核算制度。主要内容包括：成本核算的对象；成本核算的方法和程序；成本分析等。

第九十七条 各单位应当建立财务会计分析制度。主要内容包括：财务会计分析的主要内容；财务会计分析的基本要求和组织程序；财务会计分析的具体方法；财务会计分析报告的编写要求等。

第六章 附 则

第九十八条 本规范所称国家统一会计制度，是指由财政部制定、或者财政部与国务院有关部门联合制定、或者经财政部审核批准的在全国范围内统一执行的会计规章、准则、办法等规范性文件。

本规范所称会计主管人员，是指不设置会计机构、只在其他机构中设置专职会计人员的单位行使会计机构负责人职权的人员。

本规范第三章第二节和第三节关于填制会计凭证、登记会计账簿的规定，除特别指出外，一般适用于手工记账。实行会计电算化的单位，填制会计凭证和登记会计账簿的有关要求，应当符合财政部关于会计电算化的有关规定。

第九十九条　各省、自治区、直辖市财政厅(局)、国务院各业务主管部门可以根据本规范的原则，结合本地区、本部门的具体情况，制定具体实施办法，报财政部备案。

第一百条　本规范由财政部负责解释、修改。

第一百零一条　本规范自发布之日起实施。1984 年 4 月 24 日财政部发布的《会计人员工作规则》同时废止。

三、人民币银行结算账户管理办法

中国人民银行令

([2003]第 5 号)

为规范人民币银行结算账户的开立和使用，维护经济金融秩序稳定，中国人民银行制定了《人民币银行结算账户管理办法》，经 2002 年 8 月 21 日第 34 次行长办公会议通过，现予公布，自 2003 年 9 月 1 日起施行。

行长：周小川
2003 年 4 月 10 日

人民币银行结算账户管理办法

第一章　总　　则

第一条　为规范人民币银行结算账户(以下简称银行结算账户)的开立和使用，加强银行结算账户管理，维护经济金融秩序稳定，根据《中华人民共和国中国人民银行法》和《中华人民共和国商业银行法》等法律法规，制定本办法。

第二条　存款人在中国境内的银行开立的银行结算账户适用本办法。

本办法所称存款人，是指在中国境内开立银行结算账户的机关、团体、部队、企业、事业单位、其他组织(以下统称单位)、个体工商户和自然人。

本办法所称银行，是指在中国境内经中国人民银行批准经营支付结算业务的政策性银行、商业银行(含外资独资银行、中外合资银行、外国银行分行)、城市信用合作社、农村信用合作社。

本办法所称银行结算账户，是指银行为存款人开立的办理资金收付结算的人民币活期存款账户。

第三条　银行结算账户按存款人分为单位银行结算账户和个人银行结算账户。

(一) 存款人以单位名称开立的银行结算账户为单位银行结算账户。单位银行结算账户按用途分为基本存款账户、一般存款账户、专用存款账户、临时存款账户。

个体工商户凭营业执照以字号或经营者姓名开立的银行结算账户纳入单位银行结算账户管理。

(二) 存款人凭个人身份证件以自然人名称开立的银行结算账户为个人银行结算账户。邮政储蓄机构办理银行卡业务开立的账户纳入个人银行结算账户管理。

第四条　单位银行结算账户的存款人只能在银行开立一个基本存款账户。

第五条　存款人应在注册地或住所地开立银行结算账户。符合本办法规定可以在异地(跨省、市、县)开立银行结算账户的除外。

第六条　存款人开立基本存款账户、临时存款账户和预算单位开立专用存款账户实行核准制度，经中国人民银行核准后由开户银行核发开户登记证。但存款人因注册验资需要开立的临时存款账户除外。

第七条　存款人可以自主选择银行开立银行结算账户。除国家法律、行政法规和国务院规定外，任何单位和个人不得强令存款人到指定银行开立银行结算账户。

第八条　银行结算账户的开立和使用应当遵守法律、行政法规，不得利用银行结算账户进行偷逃税款、逃废债务、套取现金及其他违法犯罪活动。

第九条　银行应依法为存款人的银行结算账户信息保密。对单位银行结算账户的存款和有关资料，除国家法律、行政法规另有规定外，银行有权拒绝任何单位或个人查询。对个人银行结算账户的存款和有关资料，除国家法律另有规定外，银行有权拒绝任何单位或个人查询。

第十条　中国人民银行是银行结算账户的监督管理部门。

第二章　银行结算账户的开立

第十一条　基本存款账户是存款人因办理日常转账结算和现金收付需要开立的银行结算账户。下列存款人，可以申请开立基本存款账户：

（一）企业法人。

（二）非法人企业。

（三）机关、事业单位。

（四）团级（含）以上军队、武警部队及分散执勤的支（分）队。

（五）社会团体。

（六）民办非企业组织。

（七）异地常设机构。

（八）外国驻华机构。

（九）个体工商户。

（十）居民委员会、村民委员会、社区委员会。

（十一）单位设立的独立核算的附属机构。

（十二）其他组织。

第十二条　一般存款账户是存款人因借款或其他结算需要，在基本存款账户开户银行以外的银行营业机构开立的银行结算账户。

第十三条　专用存款账户是存款人按照法律、行政法规和规章，对其特定用途资金进行专项管理和使用而开立的银行结算账户。对下列资金的管理与使用，存款人可以申请开立专用存款账户：

（一）基本建设资金。

（二）更新改造资金。

（三）财政预算外资金。

（四）粮、棉、油收购资金。

（五）证券交易结算资金。

（六）期货交易保证金。

（七）信托基金。

（八）金融机构存放同业资金。

（九）政策性房地产开发资金。

（十）单位银行卡备用金。

（十一）住房基金。

（十二）社会保障基金。

（十三）收入汇缴资金和业务支出资金。

（十四）党、团、工会设在单位的组织机构经费。

（十五）其他需要专项管理和使用的资金。

收入汇缴资金和业务支出资金，是指基本存款账户存款人附属的非独立核算单位或派出机构发生的收入和支出的资金。

因收入汇缴资金和业务支出资金开立的专用存款账户，应使用隶属单位的名称。

第十四条　临时存款账户是存款人因临时需要并在规定期限内使用而开立的银行结算账户。有下列情况的，存款人可以申请开立临时存款账户：

（一）设立临时机构。

（二）异地临时经营活动。

(三) 注册验资。

第十五条　个人银行结算账户是自然人因投资、消费、结算等而开立的可办理支付结算业务的存款账户。有下列情况的,可以申请开立个人银行结算账户:

(一) 使用支票、信用卡等信用支付工具的。

(二) 办理汇兑、定期借记、定期贷记、借记卡等结算业务的。

自然人可根据需要申请开立个人银行结算账户,也可以在已开立的储蓄账户中选择并向开户银行申请确认为个人银行结算账户。

第十六条　存款人有下列情形之一的,可以在异地开立有关银行结算账户:

(一) 营业执照注册地与经营地不在同一行政区域(跨省、市、县)需要开立基本存款账户的。

(二) 办理异地借款和其他结算需要开立一般存款账户的。

(三) 存款人因附属的非独立核算单位或派出机构发生的收入汇缴或业务支出需要开立专用存款账户的。

(四) 异地临时经营活动需要开立临时存款账户的。

(五) 自然人根据需要在异地开立个人银行结算账户的。

第十七条　存款人申请开立基本存款账户,应向银行出具下列证明文件:

(一) 企业法人,应出具企业法人营业执照正本。

(二) 非法人企业,应出具企业营业执照正本。

(三) 机关和实行预算管理的事业单位,应出具政府人事部门或编制委员会的批文或登记证书和财政部门同意其开户的证明;非预算管理的事业单位,应出具政府人事部门或编制委员会的批文或登记证书。

(四) 军队、武警团级(含)以上单位以及分散执勤的支(分)队,应出具军队军级以上单位财务部门、武警总队财务部门的开户证明。

(五) 社会团体,应出具社会团体登记证书,宗教组织还应出具宗教事务管理部门的批文或证明。

(六) 民办非企业组织,应出具民办非企业登记证书。

(七) 外地常设机构,应出具其驻在地政府主管部门的批文。

(八) 外国驻华机构,应出具国家有关主管部门的批文或证明;外资企业驻华代表处、办事处应出具国家登记机关颁发的登记证。

(九) 个体工商户,应出具个体工商户营业执照正本。

(十) 居民委员会、村民委员会、社区委员会,应出具其主管部门的批文或证明。

(十一) 独立核算的附属机构,应出具其主管部门的基本存款账户开户登记证和批文。

(十二) 其他组织,应出具政府主管部门的批文或证明。

本条中的存款人为从事生产、经营活动纳税人的,还应出具税务部门颁发的税务登记证。

第十八条　存款人申请开立一般存款账户,应向银行出具其开立基本存款账户规定的证明文件、基本存款账户开户登记证和下列证明文件:

(一) 存款人因向银行借款需要,应出具借款合同。

(二) 存款人因其他结算需要,应出具有关证明。

第十九条　存款人申请开立专用存款账户,应向银行出具其开立基本存款账户规定的证明文件、基本存款账户开户登记证和下列证明文件:

(一) 基本建设资金、更新改造资金、政策性房地产开发资金、住房基金、社会保障基金,应出具主管部门批文。

(二) 财政预算外资金,应出具财政部门的证明。

(三) 粮、棉、油收购资金,应出具主管部门批文。

(四) 单位银行卡备用金,应按照中国人民银行批准的银行卡章程的规定出具有关证明和资料。

(五) 证券交易结算资金,应出具证券公司或证券管理部门的证明。

(六) 期货交易保证金,应出具期货公司或期货管理部门的证明。

(七) 金融机构存放同业资金,应出具其证明。

(八) 收入汇缴资金和业务支出资金,应出具基本存款账户存款人有关的证明。

（九）党、团、工会设在单位的组织机构经费，应出具该单位或有关部门的批文或证明。

（十）其他按规定需要专项管理和使用的资金，应出具有关法规、规章或政府部门的有关文件。

第二十条 合格境外机构投资者在境内从事证券投资开立的人民币特殊账户和人民币结算资金账户纳入专用存款账户管理。其开立人民币特殊账户时应出具国家外汇管理部门的批复文件，开立人民币结算资金账户时应出具证券管理部门的证券投资业务许可证。

第二十一条 存款人申请开立临时存款账户，应向银行出具下列证明文件：

（一）临时机构，应出具其驻在地主管部门同意设立临时机构的批文。

（二）异地建筑施工及安装单位，应出具其营业执照正本或其隶属单位的营业执照正本，以及施工及安装地建设主管部门核发的许可证或建筑施工及安装合同。

（三）异地从事临时经营活动的单位，应出具其营业执照正本以及临时经营地工商行政管理部门的批文。

（四）注册验资资金，应出具工商行政管理部门核发的企业名称预先核准通知书或有关部门的批文。

本条第（二）、（三）项还应出具其基本存款账户开户登记证。

第二十二条 存款人申请开立个人银行结算账户，应向银行出具下列证明文件：

（一）中国居民，应出具居民身份证或临时身份证。

（二）中国人民解放军军人，应出具军人身份证件。

（三）中国人民武装警察，应出具武警身份证件。

（四）香港、澳门居民，应出具港澳居民往来内地通行证；台湾居民，应出具台湾居民来往大陆通行证或者其他有效旅行证件。

（五）外国公民，应出具护照。

（六）法律、法规和国家有关文件规定的其他有效证件。

银行为个人开立银行结算账户时，根据需要还可要求申请人出具户口簿、驾驶执照、护照等有效证件。

第二十三条 存款人需要在异地开立单位银行结算账户，除出具本办法第十七条、十八条、十九条、二十一条规定的有关证明文件外，应出具下列相应的证明文件：

（一）经营地与注册地不在同一行政区域的存款人，在异地开立基本存款账户的，应出具注册地中国人民银行分支行的未开立基本存款账户的证明。

（二）异地借款的存款人，在异地开立一般存款账户的，应出具在异地取得贷款的借款合同。

（三）因经营需要在异地办理收入汇缴和业务支出的存款人，在异地开立专用存款账户的，应出具隶属单位的证明。

属本条第（二）、（三）项情况的，还应出具其基本存款账户开户登记证。

存款人需要在异地开立个人银行结算账户，应出具本办法第二十二条规定的证明文件。

第二十四条 单位开立银行结算账户的名称应与其提供的申请开户的证明文件的名称全称相一致。有字号的个体工商户开立银行结算账户的名称应与其营业执照的字号相一致；无字号的个体工商户开立银行结算账户的名称，由“个体户”字样和营业执照记载的经营者姓名组成。自然人开立银行结算账户的名称应与其提供的有效身份证件中的名称全称相一致。

第二十五条 银行为存款人开立一般存款账户、专用存款账户和临时存款账户的，应自开户之日起3个工作日内书面通知基本存款账户开户银行。

第二十六条 存款人申请开立单位银行结算账户时，可由法定代表人或单位负责人直接办理，也可授权他人办理。

由法定代表人或单位负责人直接办理的，除出具相应的证明文件外，还应出具法定代表人或单位负责人的身份证件；授权他人办理的，除出具相应的证明文件外，还应出具其法定代表人或单位负责人的授权书及其身份证件，以及被授权人的身份证件。

第二十七条 存款人申请开立银行结算账户时，应填制开户申请书。开户申请书按照中国人民银行的规定记载有关事项。

第二十八条 银行应对存款人的开户申请书填写的事项和证明文件的真实性、完整性、合规性进行认真审查。

开户申请书填写的事项齐全，符合开立基本存款账户、临时存款账户和预算单位专用存款账户条件的，银行应将存款人的开户申请书、相关的证明文件和银行审核意见等开户资料报送中国人民银行当地分支行，经其核准后办理开户手续；符合开立一般存款账户、其他专用存款账户和个人银行结算账户条件的，银行应办理开户手续，并于开户之日起5个工作日内向中国人民银行当地分支行备案。

第二十九条　中国人民银行应于2个工作日内对银行报送的基本存款账户、临时存款账户和预算单位专用存款账户的开户资料的合规性予以审核，符合开户条件的，予以核准；不符合开户条件的，应在开户申请书上签署意见，连同有关证明文件一并退回报送银行。

第三十条　银行为存款人开立银行结算账户，应与存款人签订银行结算账户管理协议，明确双方的权利与义务。除中国人民银行另有规定的以外，应建立存款人预留签章卡片，并将签章式样和有关证明文件的原件或复印件留存归档。

第三十一条　开户登记证是记载单位银行结算账户信息的有效证明，存款人应按本办法的规定使用，并妥善保管。

第三十二条　银行在为存款人开立一般存款账户、专用存款账户和临时存款账户时，应在其基本存款账户开户登记证上登记账户名称、账号、账户性质、开户银行、开户日期，并签章。但临时机构和注册验资需要开立的临时存款账户除外。

第三章　银行结算账户的使用

第三十三条　基本存款账户是存款人的主办账户。存款人日常经营活动的资金收付及其工资、奖金和现金的支取，应通过该账户办理。

第三十四条　一般存款账户用于办理存款人借款转存、借款归还和其他结算的资金收付。该账户可以办理现金缴存，但不得办理现金支取。

第三十五条　专用存款账户用于办理各项专用资金的收付。

单位银行卡账户的资金必须由其基本存款账户转账存入。该账户不得办理现金收付业务。

财政预算外资金、证券交易结算资金、期货交易保证金和信托基金专用存款账户不得支取现金。

基本建设资金、更新改造资金、政策性房地产开发资金、金融机构存放同业资金账户需要支取现金的，应在开户时报中国人民银行当地分支行批准。中国人民银行当地分支行应根据国家现金管理的规定审查批准。

粮、棉、油收购资金、社会保障基金、住房基金和党、团、工会经费等专用存款账户支取现金应按照国家现金管理的规定办理。

收入汇缴账户除向其基本存款账户或预算外资金财政专用存款户划缴款项外，只收不付，不得支取现金。业务支出账户除从其基本存款账户拨入款项外，只付不收，其现金支取必须按照国家现金管理的规定办理。

银行应按照本条的各项规定和国家对粮、棉、油收购资金使用管理规定加强监督，对不符合规定的资金收付和现金支取，不得办理。但对其他专用资金的使用不负监督责任。

第三十六条　临时存款账户用于办理临时机构以及存款人临时经营活动发生的资金收付。

临时存款账户应根据有关开户证明文件确定的期限或存款人的需要确定其有效期限。存款人在账户的使用中需要延长期限的，应在有效期限内向开户银行提出申请，并由开户银行报中国人民银行当地分支行核准后办理展期。临时存款账户的有效期最长不得超过2年。

临时存款账户支取现金，应按照国家现金管理的规定办理。

第三十七条　注册验资的临时存款账户在验资期间只收不付，注册验资资金的汇缴人应与出资人的名称一致。

第三十八条　存款人开立单位银行结算账户，自正式开立之日起3个工作日后，方可办理付款业务。但注册验资的临时存款账户转为基本存款账户和因借款转存开立的一般存款账户除外。

第三十九条　个人银行结算账户用于办理个人转账收付和现金存取。下列款项可以转入个人银行结算账户：

(一) 工资、奖金收入。

(二) 稿费、演出费等劳务收入。

(三) 债券、期货、信托等投资的本金和收益。

(四) 个人债权或产权转让收益。

(五) 个人贷款转存。

（六）证券交易结算资金和期货交易保证金。

（七）继承、赠与款项。

（八）保险理赔、保费退还等款项。

（九）纳税退还。

（十）农、副、矿产品销售收入。

（十一）其他合法款项。

第四十条 单位从其银行结算账户支付给个人银行结算账户的款项，每笔超过5万元的，应向其开户银行提供下列付款依据：

（一）代发工资协议和收款人清单。

（二）奖励证明。

（三）新闻出版、演出主办等单位与收款人签订的劳务合同或支付给个人款项的证明。

（四）证券公司、期货公司、信托投资公司、奖券发行或承销部门支付或退还给自然人款项的证明。

（五）债权或产权转让协议。

（六）借款合同。

（七）保险公司的证明。

（八）税收征管部门的证明。

（九）农、副、矿产品购销合同。

（十）其他合法款项的证明。

从单位银行结算账户支付给个人银行结算账户的款项应纳税的，税收代扣单位付款时应向其开户银行提供完税证明。

第四十一条 有下列情形之一的，个人应出具本办法第四十条规定的有关收款依据。

（一）个人持出票人为单位的支票向开户银行委托收款，将款项转入其个人银行结算账户的。

（二）个人持申请人为单位的银行汇票和银行本票向开户银行提示付款，将款项转入其个人银行结算账户的。

第四十二条 单位银行结算账户支付给个人银行结算账户款项的，银行应按第四十条、第四十一条规定认真审查付款依据或收款依据的原件，并留存复印件，按会计档案保管。未提供相关依据或相关依据不符合规定的，银行应拒绝办理。

第四十三条 储蓄账户仅限于办理现金存取业务，不得办理转账结算。

第四十四条 银行应按规定与存款人核对账务。银行结算账户的存款人收到对账单或对账信息后，应及时核对账务并在规定期限内向银行发出对账回单或确认信息。

第四十五条 存款人应按照本办法的规定使用银行结算账户办理结算业务。

存款人不得出租、出借银行结算账户，不得利用银行结算账户套取银行信用。

第四章 银行结算账户的变更与撤销

第四十六条 存款人更改名称，但不改变开户银行及账号的，应于5个工作日内向开户银行提出银行结算账户的变更申请，并出具有关部门的证明文件。

第四十七条 单位的法定代表人或主要负责人、住址以及其他开户资料发生变更时，应于5个工作日内书面通知开户银行并提供有关证明。

第四十八条 银行接到存款人的变更通知后，应及时办理变更手续，并于2个工作日内向中国人民银行报告。

第四十九条 有下列情形之一的，存款人应向开户银行提出撤销银行结算账户的申请：

（一）被撤并、解散、宣告破产或关闭的。

（二）注销、被吊销营业执照的。

（三）因迁址需要变更开户银行的。

（四）其他原因需要撤销银行结算账户的。

存款人有本条第（一）、（二）项情形的，应于5个工作日内向开户银行提出撤销银行结算账户的申请。

本条所称撤销是指存款人因开户资格或其他原因终止银行结算账户使用的行为。

第五十条　存款人因本办法第四十九条第(一)、(二)项原因撤销基本存款账户的,存款人基本存款账户的开户银行应自撤销银行结算账户之日起2个工作日内将撤销该基本存款账户的情况书面通知该存款人其他银行结算账户的开户银行;存款人其他银行结算账户的开户银行,应自收到通知之日起2个工作日内通知存款人撤销有关银行结算账户;存款人应自收到通知之日起3个工作日内办理其他银行结算账户的撤销。

第五十一条　银行得知存款人有本办法第四十九条第(一)、(二)项情况,存款人超过规定期限未主动办理撤销银行结算账户手续的,银行有权停止其银行结算账户的对外支付。

第五十二条　未获得工商行政管理部门核准登记的单位,在验资期满后,应向银行申请撤销注册验资临时存款账户,其账户资金应退还给原汇款人账户。注册验资资金以现金方式存入,出资人需提取现金的,应出具缴存现金时的现金缴款单原件及其有效身份证件。

第五十三条　存款人尚未清偿其开户银行债务的,不得申请撤销该账户。

第五十四条　存款人撤销银行结算账户,必须与开户银行核对银行结算账户存款余额,交回各种重要空白票据及结算凭证和开户登记证,银行核对无误后方可办理销户手续。存款人未按规定交回各种重要空白票据及结算凭证的,应出具有关证明,造成损失的,由其自行承担。

第五十五条　银行撤销单位银行结算账户时应在其基本存款账户开户登记证上注明销户日期并签章,同时于撤销银行结算账户之日起2个工作日内,向中国人民银行报告。

第五十六条　银行对一年未发生收付活动且未欠开户银行债务的单位银行结算账户,应通知单位自发出通知之日起30日内办理销户手续,逾期视同自愿销户,未划转款项列入久悬未取专户管理。

第五章　银行结算账户的管理

第五十七条　中国人民银行负责监督、检查银行结算账户的开立和使用,对存款人、银行违反银行结算账户管理规定的行为予以处罚。

第五十八条　中国人民银行对银行结算账户的开立和使用实施监控和管理。

第五十九条　中国人民银行负责基本存款账户、临时存款账户和预算单位专用存款账户开户登记证的管理。

任何单位及个人不得伪造、变造及私自印制开户登记证。

第六十条　银行负责所属营业机构银行结算账户开立和使用的管理,监督和检查其执行本办法的情况,纠正违规开立和使用银行结算账户的行为。

第六十一条　银行应明确专人负责银行结算账户的开立、使用和撤销的审查和管理,负责对存款人开户申请资料的审查,并按照本办法的规定及时报送存款人开销户信息资料,建立健全开销户登记制度,建立银行结算账户管理档案,按会计档案进行管理。

银行结算账户管理档案的保管期限为银行结算账户撤销后10年。

第六十二条　银行应对已开立的单位银行结算账户实行年检制度,检查开立的银行结算账户的合规性,核实开户资料的真实性;对不符合本办法规定开立的单位银行结算账户,应予以撤销。对经核实的各类银行结算账户的资料变动情况,应及时报告中国人民银行当地分支行。

银行应对存款人使用银行结算账户的情况进行监督,对存款人的可疑支付应按照中国人民银行规定的程序及时报告。

第六十三条　存款人应加强对预留银行签章的管理。单位遗失预留公章或财务专用章的,应向开户银行出具书面申请、开户登记证、营业执照等相关证明文件;更换预留公章或财务专用章时,应向开户银行出具书面申请、原预留签章的式样等相关证明文件。个人遗失或更换预留个人印章或更换签字人时,应向开户银行出具经签名确认的书面申请,以及原预留印章或签字人的个人身份证件。银行应留存相应的复印件,并凭以办理预留银行签章的变更。

第六章　罚　　则

第六十四条　存款人开立、撤销银行结算账户,不得有下列行为:

(一) 违反本办法规定开立银行结算账户。

(二) 伪造、变造证明文件欺骗银行开立银行结算账户。

(三) 违反本办法规定不及时撤销银行结算账户。

非经营性的存款人,有上述所列行为之一的,给予警告并处以1 000元的罚款;经营性的存款人有上述所列行为之一的，给予警告并处以 1 万元以上 3 万元以下的罚款；构成犯罪的，移交司法机关依法追究刑事责任。

第六十五条　存款人使用银行结算账户，不得有下列行为：

（一）违反本办法规定将单位款项转入个人银行结算账户。

（二）违反本办法规定支取现金。

（三）利用开立银行结算账户逃废银行债务。

（四）出租、出借银行结算账户。

（五）从基本存款账户之外的银行结算账户转账存入、将销货收入存入或现金存入单位信用卡账户。

（六）法定代表人或主要负责人、存款人地址以及其他开户资料的变更事项未在规定期限内通知银行。

非经营性的存款人有上述所列（一）至（五）项行为的，给予警告并处以 1 000 元罚款；经营性的存款人有上述所列（一）至（五）项行为的，给予警告并处以 5 000 元以上 3 万元以下的罚款；存款人有上述所列第（六）项行为的，给予警告并处以 1 000 元的罚款。

第六十六条　银行在银行结算账户的开立中，不得有下列行为：

（一）违反本办法规定为存款人多头开立银行结算账户。

（二）明知或应知是单位资金，而允许以自然人名称开立账户存储。

银行有上述所列行为之一的，给予警告，并处以 5 万元以上 30 万元以下的罚款；对该银行直接负责的高级管理人员、其他直接负责的主管人员、直接责任人员按规定给予纪律处分；情节严重的，中国人民银行有权停止对其开立基本存款账户的核准，责令该银行停业整顿或者吊销经营金融业务许可证；构成犯罪的，移交司法机关依法追究刑事责任。

第六十七条　银行在银行结算账户的使用中，不得有下列行为：

（一）提供虚假开户申请资料欺骗中国人民银行许可开立基本存款账户、临时存款账户、预算单位专用存款账户。

（二）开立或撤销单位银行结算账户，未按本办法规定在其基本存款账户开户登记证上予以登记、签章或通知相关开户银行。

（三）违反本办法第四十二条规定办理个人银行结算账户转账结算。

（四）为储蓄账户办理转账结算。

（五）违反规定为存款人支付现金或办理现金存入。

（六）超过期限或未向中国人民银行报送账户开立、变更、撤销等资料。

银行有上述所列行为之一的，给予警告，并处以 5 000 元以上 3 万元以下的罚款；对该银行直接负责的高级管理人员、其他直接负责的主管人员、直接责任人员按规定给予纪律处分；情节严重的，中国人民银行有权停止对其开立基本存款账户的核准，构成犯罪的，移交司法机关依法追究刑事责任。

第六十八条　违反本办法规定，伪造、变造、私自印制开户登记证的存款人，属非经营性的处以 1 000 元罚款；属经营性的处以 1 万元以上 3 万元以下的罚款；构成犯罪的，移交司法机关依法追究刑事责任。

第七章　附　　则

第六十九条　开户登记证由中国人民银行总行统一式样，中国人民银行各分行、营业管理部、省会（首府）城市中心支行负责监制。

第七十条　本办法由中国人民银行负责解释、修改。

第七十一条　本办法自 2003 年 9 月 1 日起施行。1994 年 10 月 9 日中国人民银行发布的《银行账户管理办法》同时废止。

四、人民币银行结算账户管理办法实施细则

中国人民银行关于印发《人民币银行结算账户管理办法实施细则》的通知

银发［2005］16 号

中国人民银行各分行、营业管理部、省会（首府）城市中心支行，各政策性银行、国有独资商业银行、股份制商

业银行,国家邮政局邮政储汇局:

现将《人民币银行结算账户管理办法实施细则》(以下简称《实施细则》)印发给你们,并就有关事项通知如下:

一、《国务院对确需保留的行政审批项目设定行政许可的决定》(国务院令[2004]412号)明确规定,"银行账户行政许可证核发"为人民银行职责范围内的行政许可项目。据此,《人民币银行结算账户管理办法》(以下简称《办法》)中所称"开户登记证"相应改为"开户许可证"。同时,《办法》第三十二条、第五十五条关于"银行撤销单位银行结算账户时应在其基本存款账户开户登记证上注明销户日期并签章"的规定以及第六十七条关于对该条第(二)项所列"开立或撤销单位银行结算账户,未按本办法规定在其基本存款账户开户登记证上予以登记、签章"的处罚规定不再适用。

二、在已运行人民币银行结算账户管理系统(以下简称"账户管理系统")的省(自治区、直辖市)使用《实施细则》规定的"开户许可证";尚未运行账户管理系统的省(自治区、直辖市),仍使用《中国人民银行关于实施〈人民币银行结算账户管理办法〉有关事项的通知》(银发[2003]163号)规定的"开户核准通知书"。

三、请中国人民银行各分行、营业管理部、省会(首府)城市中心支行将本通知转发至所在省(自治区、直辖市)的城市商业银行、农村商业银行、农村合作银行、城乡信用社和外资银行,并做好本省(自治区、直辖市)的宣传和培训等工作,确保《办法》和《实施细则》的有效实施。

实施中的情况和问题,请及时报告中国人民银行。

中国人民银行
二〇〇五年一月十九日

附件

人民币银行结算账户管理办法实施细则

第一章　总　　则

第一条　为加强人民币银行结算账户(以下简称"银行结算账户")管理,维护经济金融秩序稳定,根据《人民币银行结算账户管理办法》(以下简称《办法》),制定本实施细则。

第二条　《办法》和本实施细则所称银行,是指在中华人民共和国境内依法经批准设立,可经营人民币支付结算业务的银行业金融机构。

第三条　中国人民银行是银行结算账户的监督管理部门,负责对银行结算账户的开立、使用、变更和撤销进行检查监督。

第四条　中国人民银行通过人民币银行结算账户管理系统(以下简称"账户管理系统")和其他合法手段,对银行结算账户的开立、使用、变更和撤销实施监控和管理。

第五条　中国人民银行对下列单位银行结算账户实行核准制度:

(一)基本存款账户;

(二)临时存款账户(因注册验资和增资验资开立的除外);

(三)预算单位专用存款账户;

(四)合格境外机构投资者在境内从事证券投资开立的人民币特殊账户和人民币结算资金账户(以下简称"QFII专用存款账户")。

上述银行结算账户统称核准类银行结算账户。

第六条　《办法》中"开户登记证"全部改为开户许可证。开户许可证是中国人民银行依法准予申请人在银行开立核准类银行结算账户的行政许可证件,是核准类银行结算账户合法性的有效证明。

中国人民银行在核准开立基本存款账户、临时存款账户(因注册验资和增资验资开立的除外)、预算单位专用存款账户和QFII专用存款账户时分别颁发基本存款账户开户许可证、临时存款账户开户许可证和专用存款账户开户许可证(附式1)。

第七条　人民银行在颁发开户许可证时,应在开户许可证中载明下列事项:

(一)"开户许可证"字样;

(二)开户许可证编号;

（三）开户核准号；

（四）中国人民银行当地分支行账户管理专用章；

（五）核准日期；

（六）存款人名称；

（七）存款人的法定代表人或单位负责人姓名；

（八）开户银行名称；

（九）账户性质；

（十）账号。

临时存款账户开户许可证除记载上述事项外，还应记载临时存款账户的有效期限。

第八条 《办法》和本实施细则所称"注册地"是指存款人的营业执照等开户证明文件上记载的住所地。

第二章 银行结算账户的开立

第九条 存款人应以实名开立银行结算账户，并对其出具的开户申请资料实质内容的真实性负责，法律、行政法规另有规定的除外。银行应负责对存款人开户申请资料的真实性、完整性和合规性进行审查。中国人民银行应负责对银行报送的核准类银行结算账户的开户资料的合规性以及存款人开立基本存款账户的唯一性进行审核。

第十条 境外（含港澳台地区）机构在境内从事经营活动的，或境内单位在异地从事临时活动的，持政府有关部门批准其从事该项活动的证明文件，经中国人民银行当地分支行核准后可开立临时存款账户。

第十一条 单位存款人因增资验资需要开立银行结算账户的，应持其基本存款账户开户许可证、股东会或董事会决议等证明文件，在银行开立一个临时存款账户。该账户的使用和撤销比照因注册验资开立的临时存款账户管理。

第十二条 存款人为临时机构的，只能在其驻在地开立一个临时存款账户，不得开立其他银行结算账户。

存款人在异地从事临时活动的，只能在其临时活动地开立一个临时存款账户。

建筑施工及安装单位企业在异地同时承建多个项目的，可根据建筑施工及安装合同开立不超过项目合同个数的临时存款账户。

第十三条 《办法》第十七条所称"税务登记证"是指国税登记证或地税登记证。

存款人为从事生产、经营活动的纳税人，根据国家有关规定无法取得税务登记证的，在申请开立基本存款账户时可不出具税务登记证。

第十四条 存款人凭《办法》第十九条规定的同一证明文件，只能开立一个专用存款账户。

合格境外机构投资者申请开立 QFII 专用存款账户应根据《办法》第二十条的规定出具证明文件，无须出具基本存款账户开户许可证。

第十五条 自然人除可凭《办法》第二十二条规定的证明文件申请开立个人银行结算账户外，还可凭下列证明文件申请开立个人银行结算账户：

（一）居住在境内的中国公民，可出具户口簿或护照。

（二）军队（武装警察）离退休干部以及在解放军军事院校学习的现役军人，可出具离休干部荣誉证、军官退休证、文职干部退休证或军事院校学员证。

（三）居住在境内或境外的中国籍的华侨，可出具中国护照。

（四）外国边民在我国边境地区的银行开立个人银行账户，可出具所在国制发的《边民出入境通行证》。

（五）获得在中国永久居留资格的外国人，可出具外国人永久居留证。

第十六条 《办法》第二十三条第（一）项所称出具"未开立基本存款账户的证明"（附式 2）适用以下三种情形：

（一）注册地已运行账户管理系统，但经营地尚未运行账户管理系统的；

（二）经营地已运行账户管理系统，但注册地尚未运行账户管理系统的；

（三）注册地和经营地均未运行账户管理系统的。

第十七条 存款人为单位的，其预留签章为该单位的公章或财务专用章加其法定代表人（单位负责人）或其授权的代理人的签名或者盖章。存款人为个人的，其预留签章为该个人的签名或者盖章。

第十八条 存款人在申请开立单位银行结算账户时，其申请开立的银行结算账户的账户名称、出具的开户证明文件上记载的存款人名称以及预留银行签章中公章或财务专用章的名称应保持一致，但下列情形除外：

（一）因注册验资开立的临时存款账户，其账户名称为工商行政管理部门核发的"企业名称预先核准通知书"或政府有关部门批文中注明的名称，其预留银行签章中公章或财务专用章的名称应是存款人与银行在银行结算账户管理协议中约定的出资人名称；

（二）预留银行签章中公章或财务专用章的名称依法可使用简称的，账户名称应与其保持一致；

（三）没有字号的个体工商户开立的银行结算账户，其预留签章中公章或财务专用章应是个体户字样加营业执照上载明的经营者的签字或盖章。

第十九条 存款人因注册验资或增资验资开立临时存款账户后，需要在临时存款账户有效期届满前退还资金的，应出具工商行政管理部门的证明；无法出具证明的，应于账户有效期届满后办理销户退款手续。

第二十条 《办法》第二十七条所称"填制开户申请书"是指，存款人申请开立单位银行结算账户时，应填写"开立单位银行结算账户申请书"（附式3），并加盖单位公章。存款人有组织机构代码、上级法人或主管单位的，应在"开立单位银行结算账户申请书"上如实填写相关信息。存款人有关联企业的，应填写"关联企业登记表"（附式4）。存款人申请开立个人银行结算账户时，应填写"开立个人银行结算账户申请书"（附式5），并加其个人签章。

第二十一条 中国人民银行当地分支行在核准存款人开立基本存款账户后，应为存款人打印初始密码，由开户银行转交存款人。

存款人可到中国人民银行当地分支行或基本存款账户开户银行，提交基本存款账户开户许可证，使用密码查询其已经开立的所有银行结算账户的相关信息。

第二十二条 开户银行和存款人签订的银行结算账户管理协议的内容可在开户申请书中列明，也可由开户银行与存款人另行约定。

第二十三条 存款人符合《办法》和本实施细则规定的开户条件的，银行应为其开立银行结算账户。

第三章 银行结算账户的使用

第二十四条 《办法》第三十六条所称"临时存款账户展期"的具体办理程序是，存款人在临时存款账户有效期届满前申请办理展期时，应填写"临时存款账户展期申请书"（附式6），并加盖单位公章，连同临时存款账户开户许可证及开立临时存款账户时需要出具的相关证明文件一并通过开户银行报送中国人民银行当地分支行。

符合展期条件的，中国人民银行当地分支行应核准其展期，收回原临时存款账户开户许可证，并颁发新的临时存款账户开户许可证。不符合展期条件的，中国人民银行当地分支行不核准其展期申请，存款人应及时办理该临时存款账户的撤销手续。

第二十五条 《办法》第三十八条所称"正式开立之日"具体是指：对于核准类银行结算账户，"正式开立之日"为中国人民银行当地分支行的核准日期；对于非核准类单位银行结算账户，"正式开立之日"为银行为存款人办理开户手续的日期。

第二十六条 当存款人在同一银行营业机构撤销银行结算账户后重新开立银行结算账户时，重新开立的银行结算账户可自开立之日起办理付款业务。

第二十七条 《办法》第四十一条所称"有下列情形之一的"，是指"有下列情形之一"，且符合"单位从其银行结算账户支付给个人银行结算账户的款项每笔超过5万元"的情形。

第二十八条 《办法》第四十二条所称"银行应按第四十条、第四十一条规定认真审查付款依据或收款依据的原件，并留存复印件"是指：对于《办法》第四十条规定的情形，单位银行结算账户的开户银行应认真审查付款依据的原件，并留存复印件；对于《办法》第四十一条规定的情形，个人银行结算账户的开户银行应认真审查收款依据的原件，并留存复印件。

存款人应对其提供的收款依据或付款依据的真实性、合法性负责，银行应按会计档案管理规定保管收款依据、付款依据的复印件。

第二十九条 个人持出票人（或申请人）为单位且一手或多手背书人为单位的支票、银行汇票或银行本票，向开户银行提示付款并将款项转入其个人银行结算账户的，应按照《办法》第四十一条和本实施细则第二十八条的规定，向开户银行出具最后一手背书人为单位且被背书人为个人的收款依据。

第三十条 《办法》第四十四条所称“规定期限”是指银行与存款人约定的期限。

第四章 银行结算账户的变更与撤销

第三十一条 《办法》第四十六条所称“提出银行结算账户的变更申请”是指，存款人申请办理银行结算账户信息变更时，应填写“变更银行结算账户申请书”（附式7）。属于申请变更单位银行结算账户的，应加盖单位公章；属于申请变更个人银行结算账户的，应加其个人签章。

第三十二条 存款人申请变更核准类银行结算账户的存款人名称、法定代表人或单位负责人的，银行应在接到变更申请后的2个工作日内，将存款人的“变更银行结算账户申请书”、开户许可证以及有关证明文件报送中国人民银行当地分支行。

符合变更条件的，中国人民银行当地分支行核准其变更申请，收回原开户许可证，颁发新的开户许可证。不符合变更条件的，中国人民银行当地分支行不核准其变更申请。

第三十三条 存款人因《办法》第四十九条第（一）、（二）项原因撤销银行结算账户的，应先撤销一般存款账户、专用存款账户、临时存款账户，将账户资金转入基本存款账户后，方可办理基本存款账户的撤销。

第三十四条 存款人因《办法》第四十九条第（三）、（四）项原因撤销基本存款账户后，需要重新开立基本存款账户的，应在撤销其原基本存款账户后10日内申请重新开立基本存款账户。

存款人在申请重新开立基本存款账户时，除应根据《办法》第十七条的规定出具相关证明文件外，还应出具“已开立银行结算账户清单”（附式8）。

第三十五条 存款人申请撤销银行结算账户时，应填写“撤销银行结算账户申请书”（附式9）。属于申请撤销单位银行结算账户的，应加盖单位公章；属于申请撤销个人银行结算账户的，应加其个人签章。

第三十六条 银行在收到存款人撤销银行结算账户的申请后，对于符合销户条件的，应在2个工作日内办理撤销手续。

第三十七条 《办法》第五十四条所称交回“开户登记证”是指存款人撤销核准类银行结算账户时应交回开户许可证。

第三十八条 存款人申请临时存款账户展期，变更、撤销单位银行结算账户以及补（换）发开户许可证时，可由法定代表人或单位负责人直接办理，也可授权他人办理。

由法定代表人或单位负责人直接办理的，除出具相应的证明文件外，还应出具法定代表人或单位负责人的身份证件；授权他人办理的，除出具相应的证明文件外，还应出具法定代表人或单位负责人的身份证件及其出具的授权书，以及被授权人的身份证件。

第三十九条 对于按照《办法》和本实施细则规定应撤销而未办理销户手续的单位银行结算账户，银行应通知该单位银行结算账户的存款人自发出通知之日起30日内办理销户手续，逾期视同自愿销户，未划转款项列入欠悬未取专户管理。

第五章 银行结算账户的管理

第四十条 中国人民银行当地分支行通过账户管理系统与支付系统、同城票据交换系统等系统的连接，实现相关银行结算账户信息的比对，依法监测和查处未经中国人民银行核准或未向中国人民银行备案的银行结算账户。

第四十一条 账户管理系统中的银行机构代码是按照中国人民银行规定的编码规则为银行编制的，用于识别银行身份的唯一标识，是账户管理系统的基础数据。

中国人民银行负责银行机构代码信息的统一管理和维护。银行应按要求准确、完整、及时地向中国人民银行当地分支行申报银行机构代码信息。

第四十二条 中国人民银行应将开户许可证作为重要空白凭证进行管理，建立健全开户许可证的印制、保管、领用、颁发、收缴和销毁制度。

第四十三条 开户许可证遗失或毁损时，存款人应填写“补（换）发开户许可证申请书”（附式10），并加盖单位公章，比照《办法》和本实施细则有关开立银行结算账户的规定，通过开户银行向中国人民银行当地分支行提出补（换）发开户许可证的申请。申请换发开户许可证的，存款人应缴回原开户许可证。

第四十四条 单位存款人申请更换预留公章或财务专用章，应向开户银行出具书面申请、原预留公章或财务专用章等相关证明材料。

单位存款人申请更换预留公章或财务专用章但无法提供原预留公章或财务专用章的，应向开户银行出具原印鉴卡片、开户许可证、营业执照正本、司法部门的证明等相关证明文件。

单位存款人申请变更预留公章或财务专用章，可由法定代表人或单位负责人直接办理，也可授权他人办理。由法定代表人或单位负责人直接办理的，除出具相应的证明文件外，还应出具法定代表人或单位负责人的身份证件；授权他人办理的，除出具相应的证明文件外，还应出具法定代表人或单位负责人的身份证件及其出具的授权书，以及被授权人的身份证件。

第四十五条　单位存款人申请更换预留个人签章，可由法定代表人或单位负责人直接办理，也可授权他人办理。

由法定代表人或单位负责人直接办理的，应出具加盖该单位公章的书面申请以及法定代表人或单位负责人的身份证件。

授权他人办理的，应出具加盖该单位公章的书面申请、法定代表人或单位负责人的身份证件及其出具的授权书、被授权人的身份证件。无法出具法定代表人或单位负责人的身份证件的，应出具加盖该单位公章的书面申请、该单位出具的授权书以及被授权人的身份证件。

第四十六条　存款人应妥善保管其密码。存款人在收到开户银行转交的初始密码之后，应到中国人民银行当地分支行或基本存款账户开户银行办理密码变更手续。

存款人遗失密码的，应持其开户时需要出具的证明文件和基本存款账户开户许可证到中国人民银行当地分支行申请重置密码。

第六章　附　　则

第四十七条　本实施细则所称各类申请书，可由银行参照本实施细则所附申请书式样，结合本行的需要印制，但必须包含本实施细则所附申请书式样中列明的记载事项。

第四十八条　《办法》和本实施细则所称身份证件，是指符合《办法》第二十二条和本实施细则第十五条规定的身份证件。

第四十九条　本实施细则由中国人民银行负责解释、修改。

第五十条　本实施细则自2005年1月31日起施行。

附式1：开户许可证（基本存款账户）（略）
附式1：开户许可证（专用存款账户）（略）
附式1：开户许可证（临时存款账户）（略）
附式2：未开立基本存款账户证明（略）
附式3：开立单位银行结算账户申请书（略）
附式4：关联企业登记表（略）
附式5：开立个人银行结算账户申请书（略）
附式6：临时存款账户展期申请书（略）
附式7：变更银行结算账户申请书（略）
附式8：已开立银行结算账户清单（略）
附式9：撤销银行结算账户申请书（略）
附式10：补（换）发开户许可证申请书（略）

五、现金管理暂行条例

中华人民共和国国务院令

（第12号）

《现金管理暂行条例》已经1988年8月16日国务院第十八次常务会议通过，现予发布，自1988年10月1日起施行。

总理　李　鹏

1988年9月8日

现金管理暂行条例

第一章 总 则

第一条 为改善现金管理，促进商品生产和流通，加强对社会经济活动的监督，制定本条例。

第二条 凡在银行和其他金融机构(以下简称开户银行)开立账户的机关、团体、部队企业、事业单位和其他单位(以下简称开户单位)，必须依照本条例的规定收支和使用现金，接受开户银行的监督。

国家鼓励开户单位和个人在经济活动中，采取转账方式进行结算，减少使用现金。

第三条 开户单位之间的经济往来，除按本条例规定的范围可以使用现金外，应当通过开户银行进行转账结算。

第四条 各级人民银行应当严格履行金融主管机关的职责，负责对开户银行的现金管理进行监督和稽核。

开户银行依照本条例和中国人民银行的规定，负责现金管理的具体实施，对开户单位收支、使用现金进行监督管理。

第二章 现金管理和监督

第五条 开户单位可以在下列范围内使用现金：

(一) 职工工资、津贴；

(二) 个人劳务报酬；

(三) 根据国家规定颁发给个人的科学技术、文化艺术、体育等各种奖金；

(四) 各种劳保、福利费用以及国家规定的对个人的其他支出；

(五) 向个人收购农副产品和其他物资的价款；

(六) 出差人员必须随身携带的差旅费；

(七) 结算起点以下的零星支出；

(八) 中国人民银行确定需要支付现金的其他支出。

前款结算起点定为一千元。结算起点的调整，由中国人民银行确定，报国务院备案。

第六条 除本条例第五条第(五)、(六)项外，开户单位支付给个人的款项，超过使用现金限额的部分，应当以支票或者银行本票支付；确需全额支付现金的，经开户银行审核后，予以支付现金。

前款使用现金限额，按本条例第五条第(二)款的规定执行。

第七条 转账结算凭证在经济往来中，具有同现金相同的支付能力。

开户单位在销售活动中，不得对现金结算给予比转账结算优惠待遇；不得拒收支票、银行汇票和银行本票。

第八条 机关、团体、部队、全民所有制和集体所有制企业事业单位购置国家规定和专项控制商品，必须采取转账结算方式，不得使用现金。

第九条 开户银行应当根据实际需要，核定开户单位三天至五天的日常零星开支所需的库存现金限额。

边远地区和交通不便地区的开户单位的库存现金限额，可以多于五天，但不得超过十五天的日常零星开支。

第十条 经核定的库存现金限额，开户单位必须严格遵守。需要增加或者减少库存现金限额的，应当向开户银行提出申请，由开户银行核定。

第十一条 开户单位现金收支应当依照下列规定办理：

(一) 开户单位现金收入应当于当日送存开户银行。当日送存确有困难的，由开户银行确定送存时间；

(二) 开户单位支付现金，可以从本单位库存现金限额中支付或者从开户银行提取，不得从本单位的现金收入中直接支付(即坐支)。因特殊情况需要坐支现金的，应当事先报经开户银行审查批准，由开户银行核定坐支范围和限额。坐支单位应当定期向开户银行报送坐支金额和使用情况；

(三) 开户单位根据本条例第五条和第六条的规定，从开户银行提取现金，应当写明用途，由本单位财会部门负责人签字盖章，经开户银行审核后，予以支付现金；

(四) 因采购地点不固定，交通不便，生产或者市场急需，抢险救灾以及其他特殊情况必须使用现金的，开户单位应当向开户银行提出申请，由本单位财会部门负责人签字盖章，经开户银行审核后，予以支付现金。

第十二条　开户单位应当建立健全现金账目，逐笔记载现金支付。账目应当日清月结，账款相符。

第十三条　对个体工商户、农村承包经营户发放的贷款，应当以转账方式支付。对确需在集市使用现金购买物资的，经开户银行审核后，可以贷款金额内支付现金。

第十四条　在开户银行开户的个体工商户、农村承包经营户异地采购所需货款，应当通过银行汇兑方式支付。因采购地点不固定，交通不便必须携带现金的，由开户银行根据实际需要，予以支付现金。

未在开户银行开户的个体工商户、农村承包经营户异地采购所需货款，可以通过银行汇兑方式支付。凡加盖"现金"字样的结算凭证，汇入银行必须保证支付现金。

第十五条　具备条件的银行应当接受开户单位的委托，开展代发工资、转存储蓄业务。

第十六条　为保证开户单位的现金收入及时送存银行，开户银行必须按照规定做好现金收款工作，不得随意缩短收款时间。大中城市和商业比较集中的地区，应当建立非营业时间收款制度。

第十七条　开户银行应当加强柜台审查，定期和不定期地对开户单位现金收支情况进行检查，并按规定向当地人民银行报告现金管理情况。

第十八条　一个单位在几家银行开户的，由一家开户银行负责现金管理工作，核定开户单位库存现金限额。

各金融机构的现金管理分工，由中国人民银行确定。有关现金管理分工的争议，由当地人民银行协调、裁决。

第十九条　开户银行应当建立健全现金管理制度，配备专职人员，改进工作作风，改善服务设施。现金管理工作所需经费应当在开户银行业务费中解决。

第三章　法律责任

第二十条　开户单位有下列情形之一的，开户银行应当依照中国人民银行的规定，责令其停止违法活动，并可根据情节轻重处以罚款：

（一）超出规定范围、限额使用现金的；

（二）超出核定的库存现金限额留存现金的。

第二十一条　开户单位有下列情形之一的，开户银行应当依照中国人民银行的规定，予以警告或者罚款；情节严重的，可在一定期限内停止对该单位的贷款或者停止对该单位的现金支付：

（一）对现金结算给予比转账结算优惠待遇的；

（二）拒收支票、银行汇票和银行本票的；

（三）违反本条例第八条规定，不采取转账结算方式购置国家规定的专项控制商品的；

（四）用不符合财务会计制度规定的凭证顶替库存现金的；

（五）用转账凭证套换现金的；

（六）编造用途套取现金的；

（七）互相借用现金的；

（八）利用账户替其他单位和个人套取现金的；

（九）将单位的现金收入按个人储蓄方式存入银行的；

（十）保留账外公款的；

（十一）未经批准坐支或者未按开户银行核定的坐支范围和限额坐支现金的。

第二十二条　开户单位对开户银行作出的处罚决定不服的，必须首先按照处罚决定执行，然后可在十日内向开户银行的同级人民银行申请复议。同级人民银行应当在收到复议申请之日起三十日内作出复议决定。开户单位对复议决定不服的，可以在收到复议决定之日起三十日内人民法院起诉。

第二十三条　银行工作人员违反本条例规定，徇私舞弊、贪污受贿、玩忽职守纵容违法行为的，应当根据情节轻重，给予行政处分和经济处罚；构成犯罪的，由司法机关依法追究刑事责任。

第四章　附　　则

第二十四条　本条例由中国人民银行负责解释；施行细则由中国人民银行制定。

第二十五条　本条例自 1988 年 10 月 1 日起施行。1977 年 11 月 28 日发布的《国务院关于实行现金管理的决定》同时废止。

六、现金管理暂行条例实施细则

现金管理暂行条例实施细则

（一九八八年九月二十三日中国人民银行发布）

第一条 为了更好地贯彻执行国务院一九八八年发布的《现金管理暂行条例》，特制定本细则。

第二条 凡在银行和其他金融机构（以下简称开户银行）开立账户的机关、团体、部队、企业、事业单位（以下简称开户单位），必须执行本细则，接受开户银行的监督。开户银行包括：各专业银行，国内金融机构，经批准在中国境内经营人民币业务的外资、中外合资银行和金融机构。企业包括：国营企业、城乡集体企业（包括村办企业）、联营企业、私营企业（包括个体工商户、农村承包经营户）。

中外合资和合作经营企业原则上执行本细则，具体管理办法由人民银行各省、自治区、直辖市分行根据当地实际情况制订。

部队、公安系统所属的保密单位和其他保密单位的现金管理，原则上执行本细则。具体管理办法和其他单位可以有所区别（见第四条第二款）。

第三条 中国人民银行总行是现金管理的主管部门。各级人民银行要严格履行金融主管机关的职责，负责对开户银行的现金管理进行监督和稽核。

开户银行负责现金管理的具体执行，对开户单位的现金收支、使用进行监督管理。

一个单位在几家银行开户的，只能在一家银行开设现金结算户，支取现金，并由该家银行负责核定现金库存限额和进行现金管理检查。当地人民银行要协同各开户银行，认真清理现金结算账户，负责将开户单位的现金结算户落实到一家开户银行。

第四条 各开户单位的库存现金都要核定限额。库存现金限额应由开户单位提出计划，报开户银行审批。经核定的库存现金限额，开户单位必须严格遵守。

部队、公安系统的保密单位和其他保密单位的库存现金限额的核定和现金管理工作检查事宜，由其主管部门负责，并由主管部门将确定的库存现金限额和检查情况报开户银行。

各开户单位的库存现金限额，由于生产或业务变化，需要增加或减少时，应向开户银行提出申请，经批准后再行调整。

第五条 开户银行根据实际需要，原则上以开户单位三至五天的日常零星开支所需核定库存现金限额。边远地区和交通不发达地区的开户单位的库存现金限额，可以适当放宽，但最多不得超过十五天的日常零星开支。

对没有在银行单独开立账户的附属单位也要实行现金管理，必须保留的现金，也要核定限额，其限额包括在开户单位的库存限额之内。

商业和服务行业的找零备用现金也要根据营业额核定定额，但不包括在开户单位的库存现金限额之内。

第六条 开户单位之间的经济往来，必须通过银行进行转账结算。根据国家有关规定，开户单位只可在下列范围内使用现金：

（一）职工工资、各种工资性津贴；

（二）个人劳务报酬，包括稿费和讲课费及其他专门工作报酬；

（三）支付给个人的各种奖金，包括根据国家规定颁发给个人的各种科学技术、文化艺术、体育等各种奖金；

（四）各种劳保、福利费用以及国家规定的对个人的其他现金支出；

（五）收购单位向个人收购农副产品和其他物资支付的价款；

（六）出差人员必须随身携带的差旅费；

（七）结算起点以下的零星支出；

（八）确实需要现金支付的其他支出（见第十一条第（四）项）。

第七条 结算起点为一千元，需要增加时由中国人民银行总行确定后，报国务院备案。

第八条　除本条例第六条第(五)、(六)项外,开户单位支付给个人的款项中,支付现金每人一次不得超过一千元,超过限额部分,根据提款人的要求在指定的银行转为储蓄存款或以支票、银行本票支付。确需全额支付现金的,应经开户银行审查后予以支付。

第九条　转账结算凭证在经济往来中具有同现金相同的支付能力。开户单位在购销活动中,不得对现金结算给予比转账结算优惠的待遇;不得只收现金拒收支票、银行汇票、银行本票和其他转账结算凭证。

第十条　开户单位购置国家规定的社会集团专项控制商品,必须采取转账方式,不得使用现金,商业单位也不得收取现金。

第十一条　开户单位现金收支按下列规定办理:

(一) 开户单位收入现金应于当日送存开户银行,当日送存确有困难的,由开户银行确定送时间;

(二) 开户单位支付现金,可以从本单位现金库存中支付或者从开户银行提取,不得从本单位的现金收入中直接支付(即坐支);

需要坐支现金的单位,要事先报经开户银行审查批准,由开户银行核定坐支范围和限额。坐支单位必须在现金账上如实反映坐支金额,并按月向开户银行报送坐支金额和使用情况;

(三) 开户单位根据本细则第六条和第七条的规定,从开户银行提取现金的,应当如实写明用途,由本单位财会部门负责人签字盖章,并经开户银行审查批准,予以支付;

(四) 因采购地点不确定、交通不便、抢险救灾以及其他特殊情况,办理转账结算不够方便,必须使用现金的开户单位,要向开户银行提出书面申请。由本单位财会部门负责人签字盖章,开户银行审查批准后,予以支付现金。

第十二条　开户单位必须建立健全现金账目,逐笔记载现金支付,账目要日清月结,做到账款相符。不准用不符合财务制度的凭证顶替库存现金;不准单位之间相互借用现金;不准谎报用途套取现金;不准利用银行账户代其他单位和个人存入或支取现金;不准将单位收入的现金以个人名义存入储蓄;不准保留账外公款(即小金库);禁止发行变相货币,不准以任何票券代替人民币在市场上流通。

第十三条　对个体工商户、农村承包户发放的贷款,应以转账方式支付;对于确需在集市使用现金购买物资的,由承贷人提出书面申请,经开户银行审查批准后,可以在贷款金额内支付现金。

第十四条　在银行开户的个体工商户、农村承包经营户异地采购的货款,应当通过银行以转账方式进行结算。因采购地点不确定、交通不方便必须携带现金的,由客户提出申请,开户银行根据实际需要予以支付现金。

未在银行开户的个体工商户、农村承包经营户异地采购,可以通过银行以汇兑方式支付。凡加盖"现金"字样的结算凭证,汇入银行必须保证支付现金。

第十五条　具备条件的银行应当积极开展代发工资、转存储蓄业务。

第十六条　为保证开户单位的现金收入及时送存银行,开户银行必须按照规定做好现金收款工作,不得随意缩短收款时间。大中城市和商业比较集中的地区,要建立非营业时间收款制度。

第十七条　开户银行应当加强柜台审查,定期和不定期地检查开户单位执行国务院《现金管理暂行条例》和本细则的情况,并按规定向其上级单位和当地人民银行报告现金管理情况。

各级人民银行要定期不定期地对同级专业银行和其他金融机构(包括经营人民币业务的外资、中外合资银行和金融机构)的现金管理情况进行检查监督,并及时解决有关现金管理中的问题。

各开户单位要向银行派出的检查人员提供有关资料,如实反映情况。

第十八条　各开户单位的主管部门要定期和不定期地检查所属单位执行国务院《现金管理暂行条例》和本细则的情况,发现问题及时纠正,并将检查情况书面通知开户银行。

第十九条　各级银行要支持敢于坚持原则、严格执行现金管理的财会人员,对模范遵守国务院《现金管理暂行条例》和本细则的单位和个人应给予表彰和奖励。

第二十条　开户单位如违犯《现金管理暂行条例》,开户银行有权责令其停止违法活动,并根据情节轻重给予警告或罚款。

有下列情况之一的,给予警告或处以罚款:

(一) 超出规定范围和限额使用现金的,按超过额的百分之十至十三处罚;

(二) 超出核定的库存现金限额留存现金的,按超出额的百分之十至三十处罚;

（三）用不符合财务制度规定的凭证顶替库存现金的，按凭证额百分之十至三十处罚；

（四）未经批准坐支或者未按开户银行核定坐支额度和使用范围坐支现金的，按坐支金额的百分之十至三十处罚；

（五）单位之间互相借用现金的，按借用金额百分之十至三十处罚。

有下列情况之一的，一律处以罚款：

（六）保留账外公款的，按保留金额百分十至三十处罚；

（七）对现金结算给予比转账结算优惠待遇的，按交易额的百分之十至五十处罚；

（八）只收现金拒收支票、银行汇票、本票的，按交易额的百分之十至五十处罚；

（九）开户单位不采取转账结算方式购置国家规定的专项控制商品的，按购买金额百分之五十至全额对买卖双方处罚；

（十）用转账凭证套取现金的，按套取金额百分之三十至五十处罚；

（十一）编造用途套取现金的，按套取金额百分之三十至五十处罚；

（十二）利用账户替其他单位和个人套取现金的，按套取金额百分之三十至五十处罚；

（十三）将单位的现金收入以个人储蓄方式存入银行的，按存入金额百分之三十至五十处罚；

（十四）发行变相货币和以票券代替人民币在市场流通的，按发行额或流通额百分三十至五十处罚。

第二十一条 中国人民银行各省、自治区、直辖市分行根据本细则第二十条的原则和当地实际情况制订具体处罚办法。所得的罚没款项一律上缴国库。

第二十二条 开户单位如对开户银行的处罚决定不服，必须首先按照处罚决定执行，然后在十日内向当地人民银行申请复议；各级人民银行应自收到复议申请之日起三十日内作出复议决定。开户单位如对复议决定不服，应自收到复议决定之日起三十日内向人民法院起诉。

第二十三条 开户银行不执行或违犯《现金管理暂行条例》及本细则，由当地人民银行负责查处；当地人民银行根据其情节轻重，可给予警告、追究行政领导责任直至停止其办理现金结算业务等处罚。

银行工作人员违犯《现金管理暂行条例》和本细则，徇私舞弊、贪污受贿、玩忽职守纵容违法行为的，根据情节轻重给予行政处分和经济处罚；构成犯罪的，由司法机关依法追究刑事责任。

第二十四条 各开户银行要建立健全现金管理制度，配备专职人员，改进工作作风，改善服务设施，方便开户单位。现金管理工作所需经费应当在各开户银行业务费用中解决。

第二十五条 现金管理工作政策性强、涉及面广，各级银行要加强调查研究，根据实际情况，实事求是地解决各种问题，及时满足单位正常的、合理的现金需要。

第二十六条 本细则由中国人民银行总行负责解释。

本细则自一九八八年十月一日起施行，过去发布的各项规定同时废除，一律以《现金管理暂行条例》和本细则为准。

七、会计档案管理办法

财政部、国家档案局关于印发《会计档案管理办法》的通知

财会字[1998]32号

各省、自治区、直辖市、计划单列市财政厅（局）、档案局，新疆建设兵团，国务院各部委、各直属机构，国务院机关事务管理局，中共中央直属机关事务管理局：

财政部、国家档案局发布的《会计档案管理办法》自1984年实施以来，对加强单位会计档案管理、促进会计工作为单位经济和国家经济建设服务等方面发挥了积极的作用。随着我国社会主义市场经济的发展，经济和会计工作中的新情况、新问题不断出现，原会计档案管理规定已不适应经济发展和会计改革的要求。为此，财政部和国家档案局在总结《会计档案管理办法》实施情况和充分调查研究的基础上，依据《会计法》和《档案法》的有关规定，对《会计档案管理办法》进行了修订，现予印发，自1999年1月1日起施行。1984年6月1日财政部、国家档案局发布的《会计档案管理办法》自新办法实施之日起同时废止。请布置所属单位贯彻实施。

附件:《会计档案管理办法》

中华人民共和国财政部
国家档案局
一九九八年八月二十一日

附件:

会计档案管理办法

第一条　为了加强会计档案管理,统一会计档案管理制度,更好地为发展社会主义市场经济服务,根据《中华人民共和国会计法》和《中华人民共和国档案法》的规定,制定本办法。

第二条　国家机关、社会团体、企业、事业单位,按规定应当建账的个体工商户和其他组织(以下简称各单位),应当依照本办法管理会计档案。

第三条　各级人民政府财政部门和档案行政管理部门共同负责会计档案工作的指导、监督和检查。

第四条　各单位必须加强对会计档案管理工作的领导,建立会计档案的立卷、归档、保管、查阅和销毁等管理制度,保证会计档案妥善保管、有序存放、方便查阅,严防毁损、散失和泄密。

第五条　会计档案是指会计凭证、会计账簿和财务报告等会计核算专业材料,是记录和反映单位经济业务的重要史料和证据。具体包括:

(一)会计凭证类:原始凭证,记账凭证,汇总凭证,其他会计凭证。

(二)会计账簿类:总账,明细账,日记账,固定资产卡片,辅助账簿,其他会计账簿。

(三)财务报告类:月度、季度、年度财务报告,包括会计报表、附表、附注及文字说明,其他财务报告。

(四)其他类:银行存款余额调节表,银行对账单,其他应当保存的会计核算专业资料,会计档案移交清册,会计档案保管清册,会计档案销毁清册。

第六条　各单位每年形成的会计档案,应当由会计机构按照归档要求,负责整理立卷,装订成册,编制会计档案保管清册。

当年形成的会计档案,在会计年度终了后,可暂由会计机构保管一年,期满之后,应当由会计机构编制移交清册,移交本单位内部指定专人保管。出纳人员不得兼管会计档案。

移交本单位档案机构保管的会计档案,原则上应当保持原卷册的封装。个别需要拆封重新整理的,档案机构应当会同会计机构和经办人员共同拆封整理,以分清责任。

第七条　各单位保存的会计档案不得借出。如有特殊需要,经本单位负责人批准,可以提供查阅或者复制,并办理登记手续。查阅或者复制会计档案的人员,严禁在会计档案上涂画、拆封和抽换。

各单位应当建立健全会计档案查阅、复制登记制度。

第八条　会计档案的保管期限分为永久、定期两类。定期保管期限分为3年、5年、10年、15年、25年5类。

会计档案的保管期限,从会计年度终了后的第一天算起。

第九条　本办法规定的会计档案保管期限为最低保管期限,各类会计档案的保管原则上应当按照本办法附表所列期限执行。

各单位会计档案的具体名称如有同本办法附表所列档案名称不相符的,可以比照类似档案的保管期限办理。

第十条　保管期满的会计档案,除本办法第十一条规定的情形外,可以按照以下程序销毁:

(一)由本单位档案机构会同会计机构提出销毁意见,编制会计档案销毁清册,列明销毁会计档案的名称、卷号、册数、起止年度和档案编号、应保管期限、已保管期限、销毁时间等内容。

(二)单位负责人在会计档案销毁清册上签署意见。

(三)销毁会计档案时,应当由档案机构和会计机构共同派员监销。国家机关销毁会计档案时,应当由同级财政部门、审计部门派员参加监销。财政部门销毁会计档案时,应当由同级审计部门派员参加监销。

(四)监销人在销毁会计档案前,应当按照会计档案销毁清册所列内容清点核对所要销毁的会计档案;销毁后,应当在会计档案销毁清册上签名盖章,并将监销情况报告本单位负责人。

第十一条 保管期满但未结清的债权债务原始凭证和涉及其他未了事项的原始凭证，不得销毁，应当单独抽出立卷，应当在会计档案销毁清册和会计档案保管清册中列明。

正在项目建设期间的建设单位，其保管期满的会计档案不得销毁。

第十二条 采用电子计算机进行会计核算的单位，应当保存打印出的纸质会计档案。

具备采用磁带、磁盘、光盘、微缩胶片等磁性介质保存会计档案条件的，由国务院业务主管部门统一规定，并报财政部、国家档案局备案。

第十三条 单位因撤销、解散、破产或者其他原因而终止的，在终止和办理注销登记手续之前形成的会计档案，应当由终止单位的业务主管部门或财产所有者代管或移交有关档案馆代管。法律、行政法规另有规定的，从其规定。

第十四条 单位分立后原单位存续的，其会计档案应当由分立后的存续方统一保管，其他方可查阅、复制与其业务相关的会计档案；单位分立后原单位解散的，其会计档案应当经各方协商后由其中一方代管或移交档案馆代管，各方可查阅、复制与其业务相关的会计档案。单位分立中未结清的会计事项所涉及的原始凭证，应当单独抽出由业务相关方保存，并按规定办理交接手续。

单位因业务移交其他单位办理所涉及的会计档案，应当由原单位保管，承接业务单位可查阅、复制与其业务相关的会计档案，对其中未结清的会计事项所涉及的原始凭证，应当单独抽出由业务承接单位保存，并按规定办理交接手续。

第十五条 单位合并后原各单位解散或一方存续其他方解散的，原各单位的会计档案应当由合并后的单位统一保管；单位合并后原各单位仍存续的，其会计档案仍应由原各单位保管。

第十六条 建设单位在项目建设期间形成的会计档案，应当在办理竣工决算后移交给建设项目的接受单位，并按规定办理交接手续。

第十七条 单位之间交接会计档案的，交接双方应当办理会计档案交接手续。

移交会计档案的单位，应当编制会计档案移交清册，列明应当移交的会计档案名称、卷号、册数、起止年度和档案编号、应保管期限、已保管期限等内容。

交接会计档案时，交接双方应当按照会计档案移交清册所列内容逐项交接，并由交接双方的单位负责人负责监交。交接完毕后，交接双方经办人和监交人应当在会计档案移交清册上签名或者盖章。

第十八条 我国境内所有单位的会计档案不得携带出境。驻外机构和境内单位在境外设立的企业（简称境外单位）的会计档案，应当按照本办法和国家有关规定进行管理。

第十九条 预算、计划、制度等文件材料，应当执行文书档案管理规定，不适用本办法。

第二十条 各省、自治区、直辖市人民政府财政部门、档案管理部门，国务院各业务主管部门，中国人民解放军总后勤部，可以根据本办法的规定，结合本地区、本部门的具体情况，制定实施办法，报财政部和国家档案局备案。

第二十一条 本办法由财政部负责解释，自1999年1月1日起执行。1984年6月1日财政部、国家档案局发布的《会计档案管理办法》自本办法执行之日起废止。

附表一：企业和其他组织会计档案保管期限表

附表二：财政总预算、行政单位、事业单位和税收会计档案保管期限表

附表一：

企业和其他组织会计档案保管期限表

序号	档案名称	保管期限	备　注
一	会计凭证类		
1	原始凭证	15年	
2	记账凭证	15年	
3	汇总凭证	15年	
二	会计账簿类		
4	总账	15年	包括日记总账。

（续表）

序号	档案名称	保管期限	备　注
5	明细账	15年	
6	日记账	15年	现金和银行存款日记账保管25年。
7	固定资产卡片	固定资产报废清理后保管5年。	
8	辅助账簿	15年	
三	**财务报告类**		包括各级主管部门汇总财务报告。
9	月、季度财务报告	3年	包括文字分析。
10	年度财务报告(决算)	永久	包括文字分析。
四	**其他类**		
11	会计移交清册	15年	
12	会计档案保管清册	永久	
13	会计档案销毁清册	永久	
14	银行余额调节表	5年	
15	银行对账单	5年	

附表二：

财政总预算、行政单位、事业单位和税收会计档案保管期限表

序号	档案名称	保管期现			备　注
		财政总预算	行政单位事业单位	税收会计	
一	**会计凭证类**				
1	国家金库编送的各种报表及缴库退库凭证	10年		10年	
2	各收入机关编送的报表	10年			
3	行政单位和事业单位的各种会计凭证		15年		包括:原始凭证、记账凭证和传票汇总表。
4	各种完税凭证和缴、退库凭证			15年	缴款书存根联在销号后保管2年。
5	财政总预算拨款凭证及其他会计凭证	15年			包括:拨款凭证和其他会计凭证。
6	农牧业税结算凭证			15年	
二	**会计账簿类**				
7	日记账		15年	15年	
8	总账	15年	15年	15年	
9	税收日记账(总账)和税收票证分类出纳账		25年		
10	明细分类、分户账或登记簿	15年	15年	15年	
11	现金出纳账、银行存款账		25年	25年	
12	行政单位和事业单位固定资产明细账(卡片)				行政单位和事业单位固定资产报废清理后保管5年。

（续表）

序号	档案名称	保管期现			备注
		财政总预算	行政单位事业单位	税收会计	
三	**财务报告类**				
13	财政总预算	永久			
14	行政单位和事业单位决算	10 年	永久		
15	税收年报(决算)	10 年		永久	
16	国家金库年报(决算)	10 年			
17	基本建设拨、贷款年报(决算)	10 年			
18	财政总预算会计旬报	3 年			所属单位报送的保管 2 年。
19	财政总预算会计月、季度报表	5 年			所属单位报送的保管 2 年。
20	行政单位和事业单位会计月、季度报表		5 年		所属单位报送的保管 2 年。
21	税收会计报表(包括票证报表)			10 年	电报保管 1 年，所属税务机关报送的保管 3 年。
四	**其他类**				
22	会计移交清册	15 年	15 年	15 年	
23	会计档案保管清册	永久	永久	永久	
24	会计档案销毁清册	永久	永久	永久	

注：税务机关的税务经费会计档案保管期限，按行政单位会计档案保管期限规定办理。

八、会计电算化工作规范

会计电算化工作规范

财会字[1996]17 号

第一章 总 则

一、为了指导和规范基层单位会计电算化工作，推动会计电算化事业的健康发展，根据《中华人民共和国会计法》和《会计电算化管理办法》的规定，特制定本规范。各企业、行政、事业单位(简称各单位)可根据本规范的要求，制定本单位会计电算化实施工作的具体方案，搞好会计电算化工作。各级财政部门和业务主管部门可根据本规范，对基层单位开展会计电算化工作进行指导。

二、会计电算化是会计工作的发展方向，各级领导都应当重视这一项工作。大中型企业、事业单位和县级以上国家机关都应积极创造条件，尽早实现会计电算化；其它单位届应当逐步创造条件，适时开展会计电算化工作。

三、开展会计电算化工作，是促进会计基础工作规范化和提高经济效益的重要手段和有效措施。各单位要把会计电算化作为建立现代企业制度和提高会计工作质量的一项重要工作来抓。

四、会计电算化是一项系统工程，涉及单位内部各个方面，各单位负责人或总会计师应当亲自组织领导会计电算化工作，主持拟定本单位会计电算化工作规划，协调单位内各部门共同搞好会计电算化工作。

各单位的财务会计部门，是会计电算化工作的主要承担者，在各部门的配合下，财务会计部门负责和承担会计电算化的具体组织实施工作，负责提出实现本单位会计电算的具体方案。

五、各单位开展会计电算化工作，可根据单位具体情况，按照循序渐进、逐步提高的原则进行。例如：可先实现账务处理、报表编制、应收应付账款核算、工资核算等工作电算化，然后实现固定资产核算、存货核算、成本核算、销售核算等工作电算化，再进一步实现财务分析和财务管理工作电算化；在技术上，可先采用微机单机运行，然后逐步实现网络化。也可根据单位实际情况，先实现工作量大、重复劳动、见效快项目的电算化，然后逐步向其它项目发展。

六、各单位要积极支持和组织本单位会计人员分期分批进行会计电算化知识培训，逐步使多数会计人员掌握会计软件的基本操作技能，具备条件的单位，使一部分会计人员能够负责会计软件的维护，并培养部分会计人员逐步掌握会计电算化系统分析和系统设计工作。对于积极钻研电算化业务，技术水平高的会计人员，应该给予物质和精神奖励。

七、开展会计电算化工作的集团企业，应当加强对集团内各单位会计电算化工作的统筹规划，在各单位实现会计电算化的基础上，逐步做到报表汇总或合并报表编制工作的电算化，并逐步向集团网络化方向发展。

八、会计电算化工作应当讲求效益原则，处理好及时采用新技术和新设备与勤俭节约的关系，既不要盲目追求采用最新技术和先进设备，也不要忽视技术的发展趋势造成设备很快陈旧过时。对于一些投资大的会计电算化项目，有关部门应当加强监督指导。

九、各级财政部门应加强对基层单位会计电算化工作的指导，在硬软件选择、建立会计电算化内部管理制度方面，积极提出建议，帮助基层单位解决工作中遇到的困难，使会计电算化工作顺利进行。

十、会计电算化工作取得一定成果的单位，要研究并逐步开展其它管理工作电算化或与其它管理信息系统联网工作，逐步建立以会计电算化为核心的单位计算机管理信息系统，做到单位内部信息资源共享，充分发挥会计电算化在单位经营管理中的作用。

第二章　配备电子计算机和会计软件

一、电子计算机和会计软件是实现会计电算化的重要物质基础，各单位可根据实际情况和今后的发展目标，投入一定的财力，以保证会计电算化工作的正常进行。

二、各单位应根据实际情况和财力状况，选择与本单位会计电算化工作规划相适应的计算机机种、机型和系统软件及有关配套设备。实行垂直领导的行业、大型企业集团，在选择计算机机种、机型和系统软件及有关配套设备时，应尽量做到统一，为实现网络化打好基础。

具备一定硬件基础和技术力量的单位，可充分利用现有的计算机设备建立计算机网络，做到信息资源共享和会计数据实时处理。客户机/服务器体系具有可扩充性强、性能/价格比高、应用软件开发周期短等特点，大中型企事业单位可逐步建立客户机/服务器网络结构；采用终端/主机结构的单位，也可根据自身情况，结合运用客户机/服务器结构。

三、由于财务会计部门处理的数据量大、数据结构复杂、处理方法要求严格和安全性要求高，各单位用于会计电算化工作的电子计算机设备，应由财务会计部门管理，硬件设备比较多的单位，财务会计部门可单独设立计算机室。

四、配备会计软件是会计电算化的基础工作，选择会计软件的好坏对会计电算化的成败起着关键性的作用。配备会计软件的主要有选择通用会计软件、定点开发、通用与定点开发会计软件相结合三种方式，各单位应根据实际需要和自身的技术力量选择配备会计软件的方式。

1. 各单位开展会计电算化初期应尽量选择通用会计软件。选择通用会计软件的投资少，见效快，在软件开发或服务单位的协助下易于应用成功。

选择通用会计软件应注意软件的合法性、安全性、正确性、可扩充性和满足审计要求等方面的问题，以及软件服务的便利，软件的功能应该满足本单位当前的实际需要，并考虑到今后工作发展的要求。

各单位应选择通过财政部或省、自治区、直辖市、以及通过财政部批准具有商品化会计软件评审权的计划单列市财政厅(局)评审的商品化会计软件，在本行业内也可选择国务院业务主管部门推广应用的会计软件。

小型企业、事业单位和行政机关的会计业务相对比较简单，应以选择投资较少的微机通用会计软件为主。

2. 定点开发会计软件包括本单位自行开发、委托其它单位开发和联合开发三种形式。大中型企业、事业单位会计业务一般都有其特殊需要，在取得一定会计电算化工作经验以后，也可根据实际工作需要选择定点开发的形式开发会计软件，以满足本单位的特殊需要。

3. 会计电算化初期选择通用会计软件，会计电算化工作深入后，通用会计软件不能完全满足其特殊需要的单位，可根据实际工作需要适时配合通用会计软件定点开发配套的会计软件，选择通用会计软件与定点开发会计软件相结合的方式。

五、配备会计软件与计算机硬件的配置相适应，可逐步从微机单用户会计软件，向网络会计软件、客户机/服务器会计软件发展。

六、配备的会计软件应达到财政部《会计核算软件基本功能规范》的要求，满足本单位的实际工作需要。

七、会计核算电算化成功的单位，应充分利用现有数据进行会计分析和预测，除了选择通用会计分析软件，或定点开发会计分析软件外，还可选择通用表处理软件对数据进行分析。

八、部分需要选用外国会计软件的外商投资企业或其它单位，可选用通过财政部评审的外国商品化会计软件。选用未通过财政部评审在我国试用的外国会计软件，应确认其符合我国会计准则、会计制度和有关规章制度，具有中文界面和操作使用手册，能够按照我国统一会计制度要求，打印输出中文会计账证表，符合我国会计人员工作习惯，其经销单位具有售后服务能力。

第三章 替代手工记账

一、采用电子计算机替代手工记账，是指应用会计软件输入会计数据，由电子计算机对会计数据进行处理，并打印输出会计账簿和报表。替代手工记账是会计电算化的目标之一。

二、替代手工记账的单位，应具备以下条件：

1. 配备了适用的会计软件和相应的计算机硬件设备；

2. 配备了相应的会计电算化工作人员；

3. 建立了严格的内部管理制度。

三、具备条件的单位应尽快采用计算机替代手工记账。替代手工记账之前，地方单位应根据当地省、自治区、直辖市、计划单列市财政厅(局)的规定，中央直属单位应根据国务院业务主管部门的规定，计算机与手工并行三个月以上(一般不超过六个月)，且计算机与手工核算的数据相一致，并应接受有关部门的监督。

四、替代手工记账的过程是会计工作从手工核算向电算化核算的过渡阶段，由于计算机与手工并行工作，会计人员的工作强度比较大，各单位需要合理安排财务会计部门的工作，提高工作效率。

五、计算机与手工并行工作期间，可采用计算机打印输出的记账凭证替代手工填制的记账凭证，根据有关规定进行审核并装订成册，作为会计档案保存，并据以登记手工账簿。如果计算机与手工核算结果不一致，要由专人查明原因并向本单位领导书面报告。

六、记账凭证的类别，可以采用一种记账凭证或收、付、转三种凭证的形式；也可以在收、付、转三种凭证的基础上，按照经济业务和会计软件功能模块的划分进一步细化，以方便记账凭证的输入和保存。

七、计算机内会计数据的打印输出和保存是替代手工记账单位的重要工作，根据会计电算化的特点，各单位应注意以下问题：

1. 采用电子计算机打印输出书面会计凭证、账簿、报表的，应当符合国家统一会计制度的要求，采用中文或中外文对照，字迹清晰，作为会计档案保存，保存期限按《会计档案管理办法》的规定执行。

2. 在当期所有记账凭证数据和明细分类数据都存储在计算机内的情况下，总分类账可以从这些数据中产生，因此可以用“总分类账户本期发生额及余额对照表”替代当期总分类账。

3. 现金日记和银行存款日记账的打印，由于受到打印机条件的限制，可采用计算机打印输出的活页账装订成册，要求每天登记并打印，每天业务较少、不能满页打印的，可按旬打印输出。一般账簿可以根据实际情况和工作需要按月或按季、按年打印；发生业务少的账簿，可满页打印。

4. 在保证凭证、账簿清晰的条件下，计算机打印输出的凭证、账簿表格线可适当减少。

八、采用磁带、磁盘、光盘、微缩胶片等介质存储会计账簿、报表，作为会计档案保存的单位，应满足以下要求：

1. 采用磁带、磁盘、光盘、微缩胶片等介质存储会计数据，不再定期打印输出会计账簿，应征得同级财政部门的同意。

2. 保存期限同打印输出的书面形式的会计账簿、报表。

3. 记账凭证、总分类账、现金日记账和银行存款账日记账仍需要打印输出，还要按照有关税务、审计等管理部门的要求，及时打印输出有关账簿、报表。

4. 大中型企业应采用磁带、光盘、微缩胶片等介质存储会计数据，尽量少采用软盘存储会计档案。

九、替代手工记账后，各单位应做到当天发生业务，当天登记入账，期末及时结账并打印输出会计报表；要灵活运用计算机对数据进行综合分析，定期或不定期地向单位领导报告主要财务指标和分析结果。

第四章　建立会计电算化内部管理制度

一、开展会计电算化的单位应根据工作需要，建立健全包括会计电算化岗位责任制、会计电算化操作管理制度、计算机硬软件和数据管理制度、电算化会计档案管理制度的会计电算化内部管理制度，保证会计电算化工作的顺利开展。

二、建立会计电算化岗位责任制，要明确每各个工作岗位的职责范围，切实做到事事有人管，人人有专责，办事有要求，工作有检查。

会计电算化后的工作岗位可分为基本会计岗位和电算化会计岗位。基本会计岗位可包括：会计主管、出纳、会计核算各岗、稽核、会计档案管理等工作岗位。电算化会计岗位包括直接管理、操作、维护计算机及会计软件系统的工作岗位。

三、电算化会计岗位和工作职责一般可划分如下：

1. 电算主管：负责协调计算机及会计软件系统的运行工作，要求具备会计和计算机知识，以及相关的会计电算化组织管理的经验。电算化主管可由会计主管兼任，采用中小型计算机和计算机网络会计软件的单位，应设立此岗位。

2. 软件操作：负责输入记账凭证和原始凭证等会计数据，输出记账凭证、会计账簿、报表和进行部分会计数据处理工作，要求具备会计软件操作知识，达到会计电算化初级知识培训的水平；各单位应鼓励基本会计岗位的会计人员兼任软件操作岗位的工作。

3. 审核记账：负责对输入计算机的会计数据（记账凭证和原始凭证等）进行审核，操作会计软件登记机内账簿，对打印输出的账簿、报表进行确认；此岗要求具备会计和计算机知识，达到会计电算化初级知识培训的水平，可由主管会计兼任。

4. 电算维护：负责保证计算机硬件、软件的正常运行，管理机内会计数据；此岗要求具备计算机和会计知识，经过会计电算化各级知识培训；采用大型、小型计算机和计算机网络会计软件的单位，应设立此岗位，此岗在大中型企业中应由专职人员担任。

5. 电算审查：负责监督计算机及会计软件系统的运行，防止利用计算机进行舞弊；要求具备会计和计算机知识，达到会计电算化中级知识培训的水平，此岗可由会计稽核人员兼任；采用大型、小型计算机和大型会计软件的单位，可设立此岗位。

6. 数据分析：负责对计算机内的会计数据进行分析，要求具备计算机和会计知识，达到会计电算化中级知识培训的水平；采用大型、小型计算机和计算机网络会计软件的单位，可设立此岗位，由主管会计兼任。

四、实施会计电算化过程中，各单位可根据内部牵制制度的要求和本单位的工作需要，参照上条对电算化会计岗位的划分进行调整和设立必要的工作岗位。基本会计岗位和电算化会计岗位，可在保证会计数据安全的前提下交叉设置，各岗位人员要保持相对稳定。由本单位人员进行会计软件开发的，还可设立软件开发岗位。小型企事业单位设立电算化会计岗位，应根据实际需要对上条给出的岗位进行适当合并。

五、建立会计电算化操作管理制度，主要内容包括：

1. 明确规定上机操作人员对会计软件的操作工作内容和权限，对操作密码要严格管理，指点专人定期更换密码，杜绝未经授权人员操作会计软件；

2. 预防已输入计算机的原始凭证和记账凭证等会计数据未经审核而登记机内账簿；

3. 操作人员离开机房前，应执行相应命令退出会计软件；

4. 根据本单位实际情况，由专人保存必要的上机操作记录，记录操作人、操作时间、操作内容、故障情况等内容。

六、建立计算机硬件、软件和数据管理制度，主要内容包括：

1. 保证机房设备安全和计算机正常运行是进行会计电算化的前提条件，要经常对有关设备进行保养，保持机房和设备的整洁，防止意外事故的发生。

2. 确保会计数据和会计软件的安全保密，防止对数据和软件的非法修改和删除；对磁性介质存放的数据要保存双备份。

3. 对正在使用的会计核算软件进行修改、对通用会计软件进行升版和计算机硬件设备进行更换等工作，要有一定的审批手续；在软件修改、升版和硬件更换过程中，要保证实际会计数据的连续和安全，并由有关人员进行监督。

4. 健全计算机硬件和软件出现故障进行排除的管理措施，保证会计数据的完整性。

5. 健全必要的防治计算机病毒的措施。

七、建立电算化会计档案管理制度，主要内容包括：

1. 电算化会计档案，包括存储在计算机硬盘中的会计数据以其它磁性介质或光盘存储的会计数据和计算机打印出来的书面等形式的会计数据；会计数据是指记账凭证、会计账簿、会计报表（包括报表格式和计算公式）等数据。

2. 电算化会计档案管理是重要的会计基础工作，要严格按照财政部有关规定的要求对会计档案进行管理，由专人负责。

3. 对电算化会计档案管理要做好防磁、防火、防潮和防尘工作，重要会计档案应准备双份，存放在两个不同的地点。

4. 采用磁性介质保存会计档案，要定期进行检查，定期进行复制，防止由于磁性介质损坏，而使会计档案丢失。

5. 通用会计软件、定点开发会计软件、通用与定点开发相结合会计软件的全套文档资料以及会计软件程序，视同会计档案保管，保管期截止该软件停止使用或有利大更改之后的五年。

第五章 附 则

本规范由财政部会计司负责解释，自发布之日起实施。

九、财政部关于全面推进我国会计信息化工作的指导意见

财政部关于全面推进我国会计信息化工作的指导意见

财会[2009]6 号

国务院有关部委、有关直属机构，各省、自治区、直辖市、计划单列市财政厅（局），新疆生产建设兵团财务局：

信息化是当今世界发展的必然趋势，是推动我国现代化建设和经济社会变革的技术手段和基础性工程。党中央、国务院高度重视信息化工作，中共中央办公厅、国务院办公厅制定发布了《2006—2020 年国家信息化发展战略》（中办发[2006]11 号），对各部门、各地区提出了全面推进信息化建设的要求，并有计划有步骤地组织实施。会计信息化是国家信息化的重要组成部分。为了贯彻国家信息化发展战略，全面推进我国会计信息化工作，进一步深化会计改革，充分发挥会计在经济社会发展中的作用，现提出以下指导意见。

一、全面推进我国会计信息化工作的重要意义

《2006—2020 年国家信息化发展战略》明确指出，国家信息化发展的战略重点包括：推进国民经济和社会信息化、加强信息资源开发利用、推行电子政务、完善综合信息基础设施、提高国民经济信息应用能力等。全面推进会计信息化工作，是贯彻落实国家信息化发展战略的重要举措，对于全面提升我国会计工作水平具有十分重要的意义。

会计工作是经济社会发展的基础，直接关系到企事业单位会计信息质量和内部管理，国家宏观决策、社会管理和市场监管，以及市场经济秩序和社会公众利益等各个方面。随着社会主义市场经济不断完善和经济全球化，现代信息技术和网络技术的日益普及，会计工作应当按照国家信息化发展战略的要求，全面推进信息化建设。会计工作与信息化建设密切相关、相辅相成、相互促进。通过全面推进会计信息化建设，能够进一步提升会计工作水平，促进经济社会健康发展。

我国会计改革已经取得了显著成效和长足进展。企业会计准则实现了国际趋同并得到有效实施，企业内部控制规范体系建设基本完成，会计人员市场准入制度及会计人才评价体系业已建立，注册会计师行业管理全面加强，以委托代理记账为主要形式的农村会计服务已经启动，会计理论研究与会计教育水平逐步

提升，会计参与企事业单位和社会管理的作用不断加强。在新的形势下，全方位的会计改革与发展要求推进会计信息化建设，会计信息化建设本身也属于会计改革的重要内容，应当顺时应势、抓住机遇，全面推进会计信息化工程，为我国经济社会全面协调可持续发展作出应有的贡献。

二、全面推进我国会计信息化工作的目标和主要任务

全面推进我国会计信息化工作的目标是：力争通过 5—10 年左右的努力，建立健全会计信息化法规体系和会计信息化标准体系[包括可扩展商业报告语言（XBRL）分类标准]，全力打造会计信息化人才队伍，基本实现大型企事业单位会计信息化与经营管理信息化融合，进一步提升企事业单位的管理水平和风险防范能力，做到数出一门、资源共享，便于不同信息使用者获取、分析和利用，进行投资和相关决策；基本实现大型会计师事务所采用信息化手段对客户的财务报告和内部控制进行审计，进一步提升社会审计质量和效率；基本实现政府会计管理和会计监督的信息化，进一步提升会计管理水平和监管效能。通过全面推进会计信息化工作，使我国的会计信息化达到或接近世界先进水平。

根据以上目标，全面推进我国会计信息化工作的主要任务是：

（一）推进企事业单位会计信息化建设。一是会计基础工作信息化，会计基础工作涉及企事业单位管理全过程，只有基础工作信息化，才能为企事业单位全面信息化奠定扎实的基础；二是会计准则制度有效实施信息化，通过将相关会计准则制度与信息系统实现有机结合，自动生成财务报告，进一步贯彻执行相关会计准则制度，确保会计信息等相关资料更加真实、完整；三是内部控制流程信息化，根据企事业单位内部控制规范制度要求，将内部控制流程、关键控制点等固化在信息系统中，促进各单位内部控制规范制度的设计与运行更加有效，形成自我评价报告；四是财务报告与内部控制评价报告标准化，各企事业单位在贯彻实施会计准则制度、内部控制规范制度并与全面信息化相结合的过程中，应当考虑 XBRL 分类标准等要求，以此为基础生成标准化财务报告和内部控制评价报告，满足不同信息使用者的需要。

（二）推进会计师事务所审计信息化建设。一是财务报告审计和内部控制审计信息化，加强计算机审计系统的研发与完善，实现审计程序和方法等与信息系统的结合，全面提升注册会计师执业质量和审计水平；二是会计师事务所内部管理信息化，通过信息化手段实现会计师事务所内部管理的科学化、精细化，促进注册会计师行业做强做大，全面提升会计师事务所的内部管理水平和执业能力。

（三）推进会计管理和会计监督信息化建设。一是建立会计人员管理系统，创新会计人员后续教育网络平台，实现对全社会会计人员的动态管理；二是在全国范围内逐步推广无纸化考试，提高会计从业资格管理工作效率和水平；三是推进信息系统在会计专业技术资格考试工作中的应用，完善会计人员专业技术资格考试制度，切实防范考试过程中的舞弊行为；四是完善注册会计师行业管理系统，建立行业数据库，对注册会计师注册、人员转所、事务所审批、业务报备等实行网络化管理；五是推动会计监管手段、技术和方法的创新，充分利用信息技术提高工作效率，不断提升会计管理和会计监督水平。

（四）推进会计教育与会计理论研究信息化建设。一是建立会计专业教育系统，实时反映和评价会计专业学历教育情况，掌握会计专业学生的培养状况以及社会对会计专业学生的需求，改进教学方法和教学内容，促进会计专业毕业生最大限度地满足社会需求；二是建立会计理论研究信息平台，及时发布和宣传会计研究最新动态，定期统计、推介和评估有价值的会计理论研究成果，促进科研成果转化为生产力，以指导和规范会计理论研究，为会计改革与实践服务。

（五）推进会计信息化人才建设。一是完善会计审计和相关人员能力框架，在知识结构、能力培养中重视信息技术方面的内容与技能，提高利用信息技术从事会计审计和有关监管工作的能力；二是加强会计审计信息化人才的培养，着力打造熟悉会计审计准则制度、内部控制规范制度和会计信息化三位一体的复合型人才队伍。

（六）推进统一的会计相关信息平台建设。为了实现数出一门、资源共享的目标，应当构建以企事业单位标准化会计相关信息为基础，便于投资者、社会公众、监管部门及中介机构等有关方面高效分析利用的统一会计相关信息平台。该平台应当涵盖数据收集、传输、验证、存储、查询、分析等模块，具备会计等相关信息查询、分析、检查与评价等多种功能，为会计监管等有关方面预留接口，提供数据支持。在建立统一的会计相关信息平台过程中，应当关注信息安全。

三、全面推进我国会计信息化工作的措施和要求

（一）高度重视，加强领导

全面推进我国会计信息化工作是一项系统工程，涉及到会计改革和经济发展的各个领域，政策性强，技术要求高，社会效用大，应当高度重视，加强领导，统筹规划，有序推进。这项工作做好了，将会带动各地区会计工作水平的全面提升。各地区在会计信息化方面已经做了卓有成效的工作，如企事业单位会计电算化、会计从业资格无纸化考试、注册会计师行业管理系统建设、委托代理记账和会计集中核算等。根据新形势发展的要求，各地区需要从全局和战略高度出发，组织调查研究，总结已有经验，分析存在问题，提出本地区会计信息化建设的战略规划和具体措施。

各级财政部门应当根据本指导意见，结合本地区实际情况，组建本地区会计信息化委员会，加强对会计信息化工作的领导，将推进会计信息化工作列入会计改革与发展的重要议程，从组织领导、制度建设、专业管理、试点工作、人才培养等方面，有序推进本地区会计信息化工作。

（二）明确职责，协调配合

财政部作为我国会计主管部门，负责全国会计信息化工作的组织领导。一是建立和完善会计信息化法规制度体系并组织实施，及时制定或修订会计基础工作规范及其他相关会计信息化管理规定；二是制定会计信息化标准体系并组织实施，当前着重制定基于国家统一的会计准则制度的 XBRL 分类标准；三是制定并实施会计信息化人才培养规划，特别重视复合型会计信息化人才的培养；四是开展会计信息化国际交流与合作，积极参与国际会计信息化技术标准与规则的制定与协调；五是其他有关会计信息化管理工作。

财政部及各地财政部门应当加强与相关部门的协调与合作，整合资源，齐抓共管，形成合力，积极构建统一的会计相关信息平台，促进会计相关信息资源的综合利用，全面提升政府监管效能。

各地财政部门应当按照财政部的统一部署，认真组织实施好本地区会计信息化工作。

（三）重视人才，加快培养

各级财政部门应当采取切实有效措施，抓紧打造会计信息化人才队伍。全面推进会计信息化工作，人才是关键，推动企事业单位、注册会计师审计、会计管理和会计监督的信息化建设，构建统一的会计相关信息平台，都需要强有力的人才保障和技术支持。为此，应当充分利用学历教育、继续教育、实践锻炼、交流培训等途径和方式培养会计信息化人才，同时要建立和完善会计信息化人才选拔和评价机制，发现和选拔会计信息化人才，在此过程中，要重视会计信息化人才培养与选拔工作的投入，以完成会计信息化人才建设任务，确保会计信息化人才建设与全面推进会计信息化工作的要求相适应。

（四）组织试点，稳步推进

各级财政部门应当根据本指导意见做好全面推进会计信息化的试点工作。试点内容为全面推进会计信息化工作主要任务所涉及的范围。在组织试点工作中，既要防止一哄而起、盲目跟风，又要避免反应迟缓、贻误时机。试点单位的选择应当具有代表性，包括大型企事业单位和大型会计师事务所等。各级财政部门应当积极做好会计从业资格无纸化考试、会计人员管理系统建设、村级委托代理记账等试点和推广工作。试点工作应当制定方案，明确任务，精心组织，先易后难，稳步推进，务求实效。

在推进会计信息化工作中，应当重视发挥会计软件公司和有关服务商的技术支持作用，着力培育一个能够满足信息化发展需要的会计信息化服务产业，促进会计软件公司等提供的产品符合会计信息化法规制度和相关标准的要求。

（五）督促指导，强化监管

各级财政部门应当根据全面推进会计信息化工作的要求，加强对会计信息化建设的指导和监督，通过召开座谈会、现场会和组织经验交流等多种形式，推广先进经验，解决存在问题。在会计信息化工作不断推进过程中，应当督促和指导进展情况，监管会计信息化工作是否符合国家统一的会计准则制度、内部控制规范体系和会计信息化标准的要求，确保完成会计信息化各项任务，努力实现全面推进会计信息化工作的目标。

（六）加强宣传，营造氛围

各级财政部门应充分利用各种媒体，采取多种形式，加强对会计信息化工作的宣传，重点宣传会计信息化建设的意义、目标和主要任务，会计信息化有关法规制度和标准，会计信息化建设方面的重大举措、重要活动、示范企业、人才战略、典型案例，以及会计信息化领域的热点、难点和焦点问题，提高社会各界对会计信息化工作重要性的认识，增强企事业单位和相关人员对会计信息化的应用意识，转变观念、交流意见、普及知识、推广经验，为全面推进会计信息化工作营造良好的社会氛围和发展环境。

十、会计信息统计分类具体规定

财政部办公厅关于印发《会计信息统计分类具体规定》的通知

财办统[2002]23号

中央有关单位财务部门，中央管理企业，各省、自治区、直辖市、计划单列市财政厅(局)，上海、深圳市国有资产管理办公室：

为了进一步规范会计决算报表分析工作，根据国家质量监督检验检疫总局新颁布的国家标准《国民经济行业分类与代码》(GB/T4754—2002)，我们对《关于印发〈国有资本金统计分类具体规定(修订)〉的通知》(财统字[1998]3号)进行了重新修订，制定了新的《会计信息统计分类具体规定》，现印发给你们，请在2002年会计决算报表汇总分析工作中开始执行。现将有关情况说明如下：

一、为了保持会计决算分析口径的连续性，新的《会计信息统计分类具体规定》对原规定的行业分类方法基本保持不变，依据新的国家标准对具体分类中部分行业的编码范围作了相应调整和重新归类。

二、具体调整内容：

(一) 原森林工业中12大类“木、竹材采运业”调到农林牧渔业022中类。

(二) 原纺织工业171中类“纤维原料初步加工业”中的5个小类合并调入农林牧渔业0512类(农产品初加工服务)。

(三) 原军工工业39大类(武器弹药制造业)变更为3 663小类。

(四) 其他工业新增43大类(废弃资源和废旧材料回收加工业)，将原6 290小类分解。

(五) 交通运输及仓储业中原58大类(其他交通运输业)取消，新增57大类(装卸搬运和其他运输服务业)；原社会服务业751中类调入53大类(城市公共交通业)。

(六) 批发和零售、餐饮业中原65大类(商业经纪与代理业)变更为638中类，更名为贸易经纪与代理。

(七) 为便于对会计决算数据进行分析、利用，将原石油工业和石化工业合并为石油和石化工业。

(八) 增加“信息技术服务业”大类，主要包括信息传输服务业、计算机服务业和软件业。

(九) 原竞争性行业中“石化工业”和“烟草工业”调入垄断性行业。

(十) 其他具体行业划分的编码范围根据新的行业标准进行了相应调整和重新归类。

(十一) 为与国家开发建设西部政策相衔接，将原经济带划分中的西部边远地区扩充为12个省、区、市。具体调整范围是：将原东部沿海地区的重庆市、广西壮族自治区，原中部内陆地区的内蒙古自治区调入西部边远地区。

三、本规定自发布之日起执行，原《国有资本金统计分类具体规定》同时废止。

四、各部门、各地区在本规定具体执行过程中，如有问题，请及时函告财政部统计评价司。

附件：会计信息统计分类具体规定

附件：

会计信息统计分类具体规定

为规范会计信息统计分析工作，建立科学和统一的分类标准，深入开发会计决算数据，根据国家质量监督检验检疫总局新颁布的国家标准《国民经济行业分类与代码》(GB/T4754—2002)，对会计信息统计分类统一作如下规定：

一、基本分类

本规定以国家标准《国民经济行业分类与代码》(GB/T4754—2002)的基本分类为依据，参照国家有关部门经济管理工作习惯用法，对会计信息统计分为七大类。

(一) 按产业结构划分：分为第一产业、第二产业、第三产业。

(二) 按产业作用划分：分为基础性行业、一般生产加工行业、商贸服务及其他行业。

(三) 按产业特征划分：分为垄断性行业、竞争性行业、公益性及其他行业。

(四) 按产业管理部门划分：分为农林牧渔业、工业、建筑业、地质勘查及水利业、交通运输及仓储业、邮电通信业、批发和零售、餐饮业、金融业、房地产业、信息技术服务业和社会服务业。其中：工业产业包括：煤炭工业、石油和石化工业、冶金工业、建材工业、化学工业、森林工业、食品工业、烟草工业、纺织工业、医药工业、机械工业、军工工业、电子工业、电力工业、市政公用工业及其他工业；批发和零售、餐饮业包括：内贸、外贸、粮食企业、餐饮。

（五）按具体行业划分：根据国家标准《国民经济行业分类与代码》（GB/T4754—2002）中的大类、中类和小类标识划分。

（六）按经济带划分：分为东部沿海地区、中部内陆地区、西部边远地区。

（七）按行政区域划分：分为华北、东北、华东、中南、西南和西北地区。

二、具体划分

（一）按产业结构划分

分　类	范围及标识代码	备　注
第一产业	农业（01） 林业（02） 畜牧业（03） 渔业（04） 水利管理业（79）	
第二产业	工业（06～46） 建筑业（47～50）	
第三产业	农林牧渔服务业（05） 交通运输、仓储和邮政业（51～59） 信息传输、计算机服务和软件业（60～62） 批发和零售、住宿和餐饮业（63～67） 金融业（68～71） 房地产业（72） 租赁和商务服务业（73～74） 科学研究、技术服务和地质勘查业（75～78） 环境和公共设施管理业（80～81） 居民服务和其他服务业（82～83） 教育（84） 卫生、社会保障和社会福利业（85～87） 文化、体育和娱乐业（88～92） 公共管理和社会组织（93～97） 国际组织（98）	

（二）按产业作用划分

分　类	范围及标识代码	备　注
一、基础性行业	采掘业（06～11） 原材料制造业（25、31、32、33、261） 电力、煤气及水的生产和供应业（44～46）	

（续表）

分　类	范围及标识代码	备　注
一、基础性行业	建筑业(472、48) 交通运输、仓储和邮政业(51～59) 电信业(601)	
二、一般生产加工行业	农林牧渔业(01～04) 一般加工制造业 建筑业(49、47、50)	不含261、472 (13～24、26～30、34～43)
三、商贸服务及其他行业	农林牧渔服务业(05) 信息传输、计算机服务和软件业(60～62) 批发和零售、住宿及餐饮业(63～67) 金融业(68～71) 房地产业(72) 租赁和商务服务业(73～74) 科学研究、技术服务和地质勘查业(75～78) 水利、环境和公共设施管理业(79～81) 居民服务和其他服务业(82～83) 教育(84) 卫生、社会保障和社会福利业(85～87) 文化、体育和娱乐业(88～92) 公共管理和社会组织(93～97) 国际组织(98)	不含601

（三）按产业特征划分

分　类	范围及标识代码	备　注
一、垄断性行业	石油工业(07) 石化工业(25) 烟草工业(16) 船舶及浮动装置制造(375) 航空航天器制造(376) 核工业(0933) 武器弹药制造(3663) 电力工业(44)不含443 铁路运输业(51) 航空运输业(55) 邮政业(59)	

（续表）

分　类	范围及标识代码	备　注
一、基础性行业	电信和其他信息传输服务业(60)不含 602	
	金融业(68～71)	
二、竞争性行业	煤炭工业(06、45)	
	冶金工业(08、09、32、33)	不含 0933
	建材工业(10、31、341、345)	不含 102、103
	化学工业(102、26、28、29、30)	
	森林工业(20)	
	食品工业(13、14)	
	纺织工业(17)	
	机械工业(34、35、36、37、39、41)	不含 341、345、375、376、3663
	电子工业(40)	
	其他工业(11、15、18、19、21～24、42、43、103)	
	建筑业(47～50)	
	道路运输业(52)	
	水上运输业(54)	
	管道及其他运输业(56～57)	
	仓储业(58)	
	互联网信息服务(602)	
	计算机服务业(61)	
	软件业(62)	
	房地产业(72)	
	批发和零售、住宿和餐饮业(63～67)	
	租赁和商务服务业(73～74)	
三、公益性及其他行业	市政公用业(443、46)	
	城市公共交通业(53)	
	科学研究和综合技术服务业(92、93)	
	科学研究、技术服务和地质勘查业(75～78)	
	水利、环境和公共设施管理业(79～81)	
	居民服务和其他服务业(82～83)	
	教育(84)	
	卫生、社会保障和社会福利业(85～87)	
	文化、体育和娱乐业(88～92)	
	公共管理和社会组织(93～97)	
	国际组织(98)	
	农林牧渔业(01～05)	

（四）按产业管理部门划分

分　　类	范围及标识代码	备　　注
一、农林牧渔业	01～05	
二、工业	06～46	
1. 煤炭工业	06、45	
2. 石油和石化工业	07、25	
3. 冶金工业	08、09、32、33	不含 0933
4. 建材工业	10、31、341、345	不含 102、103
5. 化学工业	102、26、28、29、30	
6. 森林工业	20	
7. 食品工业	13、14	
8. 烟草工业	16	
9. 纺织工业	17	
10. 医药工业	27	
11. 机械工业	34、35、36、37、39、41	不含 341、345、375、376、3663
12. 军工工业	0933、375、376、3663	
13. 电子工业	40	
14. 电力工业	441、442	
15. 市政公用业	443、46	
16. 其他工业	103、11、15、18、19、21～24、42、43	
三、建筑业	47～50	
四、地质勘查及水利业	78、79	
五、交通运输及仓储业	51～58	
六、邮电通信业	59、601	
七、批发和零售、餐饮业	63～65、67	
其中：内贸	行业会计制度代码为 02	
外贸	行业会计制度代码为 12	
粮食企业	631、6521	
餐饮业	67	
八、金融业	68～71	
九、房地产业	72	
十、信息技术服务业	60～62	不含 601
十一、社会服务业	66、73、74、80～83、92	
十二、其他行业	84～91、93～98	

（五）按具体行业划分

分　类	范围及标识代码	备　注
一、农林牧渔业	农业(01) 林业(02) 畜牧业(03) 渔业(04) 农林牧渔服务(05)	
二、工业	采掘业(06～11) 制造业(13～43) 电力、煤气及水的生产和供应业(44～46)	
（一）煤炭工业	煤炭开采和洗选业(06) 煤气生产和供应业(45)	
（二）石油和石化工业	石油和天然气开采业(07) 石油加工及炼焦业(25)	
（三）冶金工业	黑色金属矿采选业(08) 有色金属矿采选业(09) 黑色金属冶炼(32) 有色金属冶炼(33)	 不含 0933
（四）建材工业	非金属矿采选业(10) 非金属矿物制品业(31) 结构性金属结构制品(341) 建筑用、安全用金属制品制造(345)	不含 102、103
（五）化学工业	化学矿采选业(102) 化学原料及化学制品制造业(26) 化学纤维制造业(28) 橡胶制品业(29) 塑料制品业(30)	
（六）森林工业	木材加工及木、竹、藤、棕、草制品业(20)	
（七）食品工业	食品加工业(13) 食品制造业(14)	
（八）烟草工业	烟叶复烤业(161) 卷烟制造业(162) 其他烟草加工业(169)	
（九）纺织工业	纺织业(17)	
（十）医药工业	医药制造业(27)	
（十一）机械工业	金属制品业(34)	不含 341、345

（续表）

分　类	范围及标识代码	备　注
（十一）机械工业	普通机械制造业(35)	
	专用设备制造业(36)	
	交通运输设备制造业(37)	不含 375、376
	电气机械及器材制造业(39)	
	仪器仪表及文化、办公机械制造业(41)	
	稀有放射性金属矿采选业(0933)	
（十二）军工工业	船舶工业(375)	
	航空航天器工业(376)	
	武器弹药制造业(3663)	
（十三）电子工业	通信设备、计算机及其他电子设备制造业(40)	
（十四）电子工业	电力生产业(441)	
	电力供应业(442)	
（十五）市政公用工业	蒸汽、热水生产和供应业(443)	
	自来水的生产和供应业(46)	
（十六）其他工业	采盐业(103)	
	其他矿采选业(11)	
	饮料制造业(15)	
	纺织服装、鞋、帽制造业(18)	
	皮革、毛皮、羽毛(绒)及其制品业(19)	
	家具制造业(21)	
	造纸及纸制品业(22)	
	印刷业、记录媒介的复制(23)	
	文教体育用品制造业(24)	
	工艺品及其他制造业(42)	
	废弃资源和废旧材料回收加工业(43)	
三、建筑业	房屋和土木工程建筑业(47)	
	建筑安装业(48)	
	建筑装饰业(49)	
	其他建筑业(50)	
四、地质勘查及水利业	地质勘查(78)	
	水利管理(79)	
五、交通运输及仓储业	铁路运输业(51)	
	道路运输业(52)	
	城市公共交通业(53)	
	水上运输业(54)	

（续表）

分 类	范围及标识代码	备 注
五、交通运输及仓储业	航空运输业(55)	
	管道运输业(56)	
	装卸搬运和其他运输服务业(57)	
	仓储业(58)	
六、邮电通信业	邮政业(59)	
	电信业(601)	
七、批发和零售、餐饮业	贸易业(63～65)	
	餐饮业(67)	
(一) 贸易业	商业贸易(63、65)	不含 631、636 ～ 639、6521、656、657
	粮油贸易(631、6521)	
	物资贸易(636、637、639、656、657)	
	贸易经纪与代理(638)	
1. 商业贸易	商业批发(63)	不含 631、636～639
	商业零售(65)	不含 6521、656、657
2. 粮油贸易	粮油批发(631)	
	粮油零售(6521)	
3. 物资贸易	物资批发(636、637、639)	
	物资零售(656、657)	
4. 贸易经纪与代理	贸易经纪与代理(638)	
(二) 餐饮业	餐饮业(67)	
八、金融业	银行业(68)	
	证券业(69)	
	保险业(70)	
	其他金融活动(71)	
九、房地产业	房地产业(72)	
十、信息技术服务业	信息传输服务业(60)	不含 601
	计算机服务业(61)	
	软件业(62)	
十一、社会服务业	住宿业(66)	
	租赁业(73)	
	商务服务业(74)	
	居民服务业(82)	
	环境管理业(80)	
	公共设施管理业(81)	

（续表）

分　类	范围及标识代码	备　注
十一、社会服务业	娱乐业(92) 其他服务业(83)	
十二、卫生体育福利业	卫生(85) 体育(91) 社会保障业(86) 社会福利业(87)	
十三、教育文化广播业	教育(84) 新闻出版业(88) 广播、电视、电影和音像业(89) 文化艺术业(90)	
十四、科学研究和技术服务业	研究与试验发展(75) 专业技术服务业(76) 科技交流和推广服务业(77)	
十五、机关社团及其他	中国共产党机关(93) 国家机构(94) 人民政协和民主党派(95) 群众团体、社会团体和宗教组织(96) 基层群众自治组织(97) 国际组织(98)	

（六）按经济带划分

1. 东部沿海地区：北京、天津、河北、辽宁、上海、江苏、浙江、福建、山东、广东、海南、大连、宁波、厦门、青岛、深圳(16个省、市)。

2. 中部内陆地区：山西、吉林、黑龙江、安徽、江西、河南、湖北、湖南(8个省)。

3. 西部边远地区：重庆、四川、贵州、云南、广西、内蒙古、西藏、陕西、甘肃、青海、宁夏、新疆(12个省、区、市)。

（七）按行政区域划分

1. 华北地区：北京、天津、河北、山西、内蒙古(5个省、区、市)。

2. 东北地区：辽宁、吉林、黑龙江、大连(4个省、市)。

3. 华东地区：上海、江苏、浙江、安徽、福建、江西、山东、宁波、厦门、青岛(10个省、市)。

4. 中南地区：河南、湖北、湖南、广东、广西、海南、深圳(7个省、区、市)。

5. 西南地区：重庆、四川、贵州、云南、西藏(5个省、区、市)。

6. 西北地区：陕西、甘肃、青海、宁夏、新疆(5个省、区)。

三、适用范围

（一）会计决算报表数据的汇总和分析。

（二）清产核资数据的汇总和分析。

（三）根据会计决算数据测算企业效绩评价和保值增值标准值及比较系数。

第三部分　综合性会计人员管理法规

一、会计从业资格管理办法

中华人民共和国财政部令

（第 26 号）

《会计从业资格管理办法》已经部务会议讨论通过，现予公布，自 2005 年 3 月 1 日起施行。

部长　金人庆

二〇〇五年一月二十二日

会计从业资格管理办法

第一章　总　则

第一条　为了加强会计从业资格管理，规范会计人员行为，根据《中华人民共和国会计法》（以下简称《会计法》）及相关法律的规定，制定本办法。

第二条　申请取得会计从业资格证书适用本办法。

在国家机关、社会团体、公司、企业、事业单位和其他组织（以下统称单位）从事下列会计工作的人员必须取得会计从业资格：

（一）会计机构负责人（会计主管人员）；

（二）出纳；

（三）稽核；

（四）资本、基金核算；

（五）收入、支出、债权债务核算；

（六）工资、成本费用、财务成果核算；

（七）财产物资的收发、增减核算；

（八）总账；

（九）财务会计报告编制；

（十）会计机构内会计档案管理。

第三条　各单位不得任用（聘用）不具备会计从业资格的人员从事会计工作。

不具备会计从业资格的人员，不得从事会计工作，不得参加会计专业技术资格考试或评审、会计专业职务的聘任，不得申请取得会计人员荣誉证书。

第四条　除本办法另有规定外，县级以上地方人民政府财政部门负责本行政区域内的会计从业资格管理。

第五条　财政部委托中共中央直属机关事务管理局、国务院机关事务管理局按照各自权限分别负责中央在京单位的会计从业资格的管理。

新疆生产建设兵团财务局负责所属单位的会计从业资格的管理。

财政部委托铁道部负责铁路系统的会计从业资格的管理。

第六条　财政部委托中国人民武装警察部队后勤部和中国人民解放军总后勤部分别负责中国人民武装警察部队、中国人民解放军系统的会计从业资格的管理。

第二章　会计从业资格的取得

第七条　国家实行会计从业资格考试制度。

第八条　申请参加会计从业资格考试的人员，应当符合下列基本条件：

（一）遵守会计和其他财经法律、法规；

（二）具备良好的道德品质；

（三）具备会计专业基础知识和技能。

因有《会计法》第四十二条、第四十三条、第四十四条所列违法情形，被依法吊销会计从业资格证书的人员，自被吊销之日起5年内（含5年）不得参加会计从业资格考试，不得重新取得会计从业资格证书。

因有提供虚假财务会计报告，做假账，隐匿或者故意销毁会计凭证、会计账簿、财务会计报告，贪污、挪用公款，职务侵占等与会计职务有关的违法行为，被依法追究刑事责任的人员，不得参加会计从业资格考试，不得取得或者重新取得会计从业资格证书。

第九条　会计从业资格考试科目为：财经法规与会计职业道德、会计基础、初级会计电算化（或者珠算五级）。

会计从业资格考试大纲由财政部统一制定并公布。

第十条　申请人符合本办法第八条规定且具备国家教育行政主管部门认可的中专以上（含中专，下同）会计类专业学历（或学位）的，自毕业之日起2年内（含2年），免试会计基础、初级会计电算化（或者珠算五级）。

前款所称会计类专业包括：

（一）会计学；

（二）会计电算化；

（三）注册会计师专门化；

（四）审计学；

（五）财务管理；

（六）理财学。

第十一条　省、自治区、直辖市、计划单列市财政厅（局），新疆生产建设兵团财务局，中共中央直属机关事务管理局、国务院机关事务管理局、铁道部、中国人民武装警察部队后勤部和中国人民解放军总后勤部（以下简称中央主管单位），按照本办法第四条、第五条、第六条规定的管理范围负责组织实施会计从业资格考试的下列事项：

（一）制定会计从业资格考试考务规则；

（二）组织会计从业资格考试命题；

（三）实施考试考务工作；

（四）监督检查会计从业资格考试考风、考纪。

省、自治区、直辖市、计划单列市财政厅（局），新疆生产建设兵团财务局和中央主管单位应当公布会计从业资格考试的报名条件、报考办法、考试科目、考务规则及考试相关要求，并将会计从业资格考试试题于考试结束后30日内报财政部备案。

第十二条　会计从业资格考试收费标准按照国家物价管理部门的有关规定执行。

第十三条　会计从业资格考试全科合格的申请人，可以向会计从业资格考试所在地的县级以上地方财政部门、新疆生产建设兵团财务局和中央主管单位（以下简称"会计从业资格管理机构"）申请会计从业资格证书。县级以上地方财政部门会计从业资格证书的颁发权限由各省、自治区、直辖市、计划单列市财政部门确定。

申请会计从业资格证书时，应当填写《会计从业资格证书申请表》，并持下列材料：

（一）考试成绩合格证明；

（二）有效身份证件原件；

（三）近期同一底片一寸免冠证件照两张。

符合本办法第十条规定条件，且财经法规与会计职业道德考试成绩合格的申请人，还需持学历或学位证书原件（香港特别行政区、澳门特别行政区、台湾地区居民及外国居民的学历或学位须经中华人民共和国教育行政主管部门认可）。

第十四条　申请人可以通过委托代理人申请会计从业资格证书。

申请人应当对其申请材料实质内容的真实性负责。

第十五条 申请人的申请材料齐全、符合规定形式的,会计从业资格管理机构应当当场受理;申请材料不齐全或者不符合规定形式的,会计从业资格管理机构应当当场或者5日内一次告知申请人需要补正的全部内容,逾期不告知的,自收到申请材料之日起即为受理。

会计从业资格管理机构受理或者不予受理会计从业资格证书申请,应当出具书面证明,同时注明日期,并加盖本机构专用印章。

第十六条 会计从业资格管理机构能够当场作出决定的,应当当场作出颁发会计从业资格证书的书面决定;不能当场作出决定的,应当自受理之日起20日内对申请人提交的申请材料进行审查,并作出是否颁发会计从业资格证书的决定;20日内不能作出决定的,经会计从业资格管理机构负责人批准,可以延长10日,并应当将延长期限的理由告知申请人。

第十七条 会计从业资格管理机构作出准予颁发会计从业资格证书的决定,应当自作出决定之日起10日内向申请人颁发会计从业资格证书。

会计从业资格管理机构作出不予颁发会计从业资格证书的决定,应当说明理由,并告知申请人享有依法申请行政复议或者提起行政诉讼的权利。

第十八条 财政部统一规定会计从业资格证书样式和编号规则。

省、自治区、直辖市、计划单列市财政厅(局)和新疆生产建设兵团财务局、中央主管单位负责会计从业资格证书的印制、编号和颁发,并于年度终了后30日内将上年度会计从业资格证书颁发情况报财政部备案。

第十九条 会计从业资格证书是具备会计从业资格的证明文件,在全国范围内有效。持有会计从业资格证书的人员(以下简称"持证人员")不得涂改、转让会计从业资格证书。

第三章 会计从业资格管理

第二十条 持证人员应当接受继续教育,提高业务素质和会计职业道德水平。

持证人员每年参加继续教育不得少于24小时。

第二十一条 财政部负责制定并公布持证人员继续教育大纲。

省、自治区、直辖市、计划单列市财政厅(局)和新疆生产建设兵团财务局、中央主管单位负责制定持证人员继续教育培训规划并组织实施。

第二十二条 会计从业资格管理机构应当加强对持证人员继续教育工作的监督、指导。

各单位应鼓励持证人员参加继续教育,保证学习时间,提供必要的学习条件。

第二十三条 会计从业资格证书实行注册登记制度。

持证人员从事会计工作,应当自从事会计工作之日起90日内,填写注册登记表,并持会计从业资格证书和所在单位出具的从事会计工作的证明,向单位所在地或所属部门、系统的会计从业资格管理机构办理注册登记。持证人员离开会计工作岗位超过6个月的,应当填写注册登记表,并持会计从业资格证书,向原注册登记的会计从业资格管理机构备案。

第二十四条 持证人员在同一会计从业资格管理机构管辖范围内调转工作单位,且继续从事会计工作的,应当自离开原工作单位之日起90日内,填写调转登记表,持会计从业资格证书及调入单位开具的从事会计工作的证明,办理调转登记。

持证人员在不同会计从业资格管理机构管辖范围调转工作单位,且继续从事会计工作的,应当填写调转登记表,持会计从业资格证书,及时向原注册登记的会计从业资格管理机构办理调出手续;并自办理调出手续之日起90日内,持会计从业资格证书、调转登记表和调入单位开具的从事会计工作证明,向调入单位所在地区的会计从业资格管理机构办理调入手续。

第二十五条 会计从业资格管理机构应当建立持证人员从业档案信息系统,及时记载、更新持证人员下列信息:

(一)持证人员相关基础信息和注册、变更、调转登记情况;

(二)持证人员从事会计工作情况;

(三)持证人员接受继续教育情况;

(四)持证人员受到表彰奖励情况;

(五)持证人员因违反会计法律、法规、规章和会计职业道德被处罚情况。

持证人员的学历或学位、会计专业技术职务资格以及前款第(一)至第(五)项内容发生变更的,可以持相关有效证明和会计从业资格证书，向所属会计从业资格管理机构办理从业档案信息变更。

第二十六条 会计从业资格管理机构应当将申请会计从业资格证书和办理会计从业资格证书注册、变更、调转登记的条件、程序、期限以及需要提交的材料和相关申请登记表格示范文本等在办公场所公示。相关申请登记表格应当置放于会计从业资格管理机构办公场所，免费提供。申请人也可以从会计从业资格管理机构指定网站下载。

第二十七条 会计从业资格管理机构应当对下列情况实施监督检查：

（一）从事会计工作的人员持有会计从业资格证书并注册登记情况；

（二）持证人员从事会计工作和执行国家统一的会计制度情况；

（三）持证人员遵守会计职业道德情况；

（四）持证人员接受继续教育情况。

会计从业资格管理机构在实施监督检查时，持证人员应当如实提供有关情况和材料，各有关单位应当予以配合。

第二十八条 会计从业资格管理机构应当对开展会计人员继续教育培训单位进行监督和指导，规范培训市场，确保培训质量。

第二十九条 单位和个人对违反本办法规定的行为有权检举，会计从业资格管理机构应当及时核实、处理，并为检举人保密。

第四章 法律责任

第三十条 参加会计从业资格考试舞弊的，由会计从业资格管理机构取消其该科目的考试成绩；情节严重的，取消其全部考试成绩。

第三十一条 用假学历、假证书等手段得以免试考试科目并取得会计从业资格证书的，由会计从业资格管理部门撤销其会计从业资格。

第三十二条 持证人员未按照本办法规定办理注册、调转登记的，会计从业资格管理机构责令其限期改正；逾期不改正的，予以公告。

第三十三条 持证人员有《会计法》第四十二条、第四十三条、第四十四条所列违法违纪情形之一，由会计从业资格管理机构按照《会计法》的规定予以处理并向社会公告。

第三十四条 会计从业资格管理机构发现单位任用（聘用）未经注册、调转登记的人员从事会计工作的，应责令其限期改正；逾期不改正的，予以公告。

单位任用（聘用）没有会计从业资格证书人员从事会计工作的，由会计从业资格管理机构依据《会计法》第四十二条的规定处理。

第三十五条 会计从业资格管理机构及其工作人员在实施会计从业资格管理中滥用职权、玩忽职守、徇私舞弊的，依法给予行政处分。

第三十六条 会计从业资格管理机构工作人员违反本办法第二十九条规定，将检举人姓名和检举材料转给被检举单位和被检举人个人的，由所在单位或者有关单位依法给予行政处分。

第五章 附 则

第三十七条 省、自治区、直辖市、计划单列市财政厅（局）、新疆生产建设兵团财务局和中央主管单位可以根据本办法制定具体实施办法，报财政部备案。

第三十八条 香港特别行政区、澳门特别行政区、台湾地区居民及外国居民申请取得会计从业资格证书，适用本办法。

第三十九条 农村集体经济组织会计从业资格的管理可参照本办法执行。

第四十条 本办法自2005年3月1日起施行。财政部2000年5月8日发布的《会计从业资格管理办法》（财会字[2000]5号）、2000年9月13日发布的《〈会计从业资格管理办法〉若干问题解答（一）》（财会[2000]13号）、2002年7月25日发布的《〈会计从业资格管理办法〉若干问题解答（二）》（财办会[2002]28号）同时废止。

附表1：中华人民共和国会计从业资格证书申请表（略）

附表2：中华人民共和国会计从业资格注册、变更、调转登记表（略）

二、会计专业技术资格考试暂行规定与实施办法

中华人民共和国财政部、人事部关于修订印发《会计专业技术资格考试暂行规定》及其实施办法的通知

财会[2000]11号

各省、自治区、直辖市财政厅(局)、人事(人事劳动)厅(局),新疆生产建设兵团,国务院各部委、直属机构:

为了完善会计专业技术资格考试制度,科学、客观、公正地评析会计专业人员的学识水平和业务能力,财政部、人事部对原《会计专业技术资格考试暂行规定》和《会计专业技术资格考试暂行规定实施办法》进行了修订。现将修订后的《会计专业技术资格考试暂行规定》及《会计专业技术资格考试实施办法》印发你们,请遵照执行。

各地区、各部门在组织实施中有何问题,请及时函告财政部、人事部。

附件:1. 会计专业技术资格考试暂行规定

2. 会计专业技术资格考试实施办法

中华人民共和国财政部
中华人民共和国人事部
二〇〇〇年九月八日

附件1:

会计专业技术资格考试暂行规定

第一条 为加强会计专业队伍建设,提高会计人员素质,科学、客观、公正地评价会计专业人员的学识水平和业务能力,完善会计专业技术人才选拔机制,根据《中华人民共和国会计法》和《会计专业职务试行条例》的有关规定,制定本暂行规定。

第二条 通过全国统一考试,取得会计专业技术资格的会计人员,表明其已具备担任相应级别会计专业技术职务的任职资格。用人单位可根据工作需要和德才兼备的原则,从获得会计专业技术资格的会计人员中择优聘任。

第三条 会计专业技术资格实行全国统一组织、统一考试时间、统一考试大纲、统一考试命题、统一合格标准的考试制度。

第四条 会计专业技术资格实行全国统一考试后,不再进行相应会计专业技术职务任职资格的评审工作。

第五条 会计专业技术资格分为:初级资格、中级资格和高级资格。取得初级资格,单位可根据有关规定按照下列条件聘任相应的专业技术职务:

(一) 助理会计师:大专毕业担任会计员职务满2年;中专毕业担任会计员职务满4年;不具备规定学历,担任会计员职务满5年。

(二) 不符合上述条件的人员,只可聘任会计员职务。取得中级资格并符合国家有关规定,可聘任会计师职务。高级资格(高级会计师资格)实行考试与评审结合的评价制度,具体办法另行规定。

第六条 报名参加会计专业技术资格考试的人员,应具备下列基本条件:

(一) 坚持原则,具备良好的职业道德品质;

(二) 认真执行《中华人民共和国会计法》和国家统一的会计制度,以及有关财经法律、法规、规章制度,无严重违反财经纪律的行为;

(三) 履行岗位职责,热爱本职工作;

(四) 具备会计从业资格,持有会计从业资格证书。

第七条 报名参加会计专业技术初级资格考试的人员,除具备本规定第六条所列的基本条件外,还必须具备教育部门认可的高中毕业以上学历。

第八条 报名参加会计专业技术中级资格考试的人员,除具备本规定第六条所列的基本条件外,还必

须具备下列条件之一：

（一）取得大学专科学历，从事会计工作满5年。

（二）取得大学本科学历，从事会计工作满4年。

（三）取得双学士学位或研究生班毕业，从事会计工作满2年。

（四）取得硕士学位，从事会计工作满1年。

（五）取得博士学位。

第九条 对通过全国统一考试，取得经济、统计、审计专业技术中、初级资格的人员，并具备本规定第六条所列的基本条件，均可报名参加相应级别的会计专业技术资格考试。

第十条 会计专业技术资格考试工作，由财政部、人事部共同负责。财政部负责拟定的考试科目、考试大纲、考试命题、编写考试用书，组织实施考试工作，统一规划考前培训等有关工作。人事部负责审定考试科目、考试大纲和试题，会同财政部对考试工作进行检查、监督、指导和确定合格标准。各地的考试工作，由当地财政部门、人事部门共同负责。

第十一条 会计专业技术初级、中级资格考试合格者，即由各省、自治区、直辖市、新疆生产建设兵团人事（职改）部门颁发人事部统一印制，人事部、财政部用印的会计专业技术资格证书。该证书全国范围有效。各地在颁发证书时，不得附加任何条件。

第十二条 会计专业技术资格实行定期登记制度。资格证书每3年登记一次。持证者应按规定到当地人事、财政部门指定的办事机构办理登记手续。

第十三条 取得会计专业技术资格的人员，应按照财政部的有关规定，接受相应级别会计人员的继续教育。

第十四条 有下列情形之一的，由会计考试管理机构吊销其会计专业技术资格，由发证机关收回其会计专业技术资格证书，2年内不得再参加会计专业技术资格考试：

（一）伪造学历、会计从业资格证书和资历证明。

（二）考试期间有违纪行为。

第十五条 本规定报名条件中所规定的从事会计工作年限，其截止日期为考试报名年度当年年底前。

第十六条 本规定适用于国家机关、社会团体、企业、事业单位和其他组织持有会计从业资格证书的人员。境外人员申请参加会计专业技术资格考试的有关办法，经国务院有关部门批准后，另行规定。

第十七条 本规定由财政部、人事部按职责分工负责解释。

第十八条 本规定自印发之日起施行。财政部、人事部于1992年3月21日联合颁布的《会计专业技术资格考试暂行规定》同时废止。

财政部、人事部、全国会计专业技术资格考试领导小组及其办公室下发的有关会计专业技术资格考试的规定，与本规定不符的，以本规定为准。

附件2：

会计专业技术资格考试实施办法

根据《会计专业技术资格考试暂行规定》（以下简称《暂行规定》），制定本实施办法。

一、资格考试组织领导

财政部、人事部联合成立全国会计专业技术资格考试办公室，负责考试日常管理工作。办公室设在财政部会计司。

各省、自治区、直辖市财政厅（局）、人事（职改）部门和新疆生产建设兵团根据《暂行规定》第十条规定，组织实施本地区的考试工作。

二、考试科目的设置

（一）会计专业技术初级资格考试科目为：初级会计实务、经济法基础2个科目。

参加初级资格考试的人员必须在一个考试年度内通过全部科目的考试。

（二）会计专业技术中级资格考试科目为：中级会计实务（一）、中级会计实务（二）、财务管理、经济法4个科目。

会计专业技术中级资格考试以2年为一个周期，参加考试的人员必须在连续的2个考试年度内通过全部科目的考试。部分科目合格后，由当地考试管理机构核发成绩通知单。

三、考试日期和时间

（一）考试日期：会计专业技术资格考试，原则上每年举行一次。考试日期一般为每年5月最后一个星期六、星期日。如遇特殊情况需要调整考试时间，财政部、人事部将会及时通知各地。

（二）考试时间：初级资格考试分2个半天进行，初级会计实务科目为3小时，经济法基础科目为2.5小时；中级资格考试分4个半天进行，中级会计实务（一）、中级会计实务（二）、经济法、财务管理4个科目均为2.5小时。

四、考试报名

（一）报名时间：一般为每年的9～10月底。原则上在距考试日期3个月前准许补报，具体补报办法由各地根据实际情况研究确定。

（二）报名地点：由各地企业专业技术资格考试管理机构确定，在报名开始前1个月公布。

（三）报名条件：参加考试的人员必须符合《暂行规定》中与报考资格有关的各项条件。

（四）报名手续：凡符合报名条件并申请参加会计专业技术资格考试的人员，均由本人提出申请，单位核实，持学历证书、身份证、会计从业资格证书的原件和"报名登记表"于规定期限内到当地会计专业技术资格考试管理机构设置的报名地点报名。经审核合格后，发给准考证。考生凭准考证在规定的时间和地点参加考试。

中央和国务院各部门及其直属单位的人员参加考试，实行属地管理原则。

五、考场设置

考场原则上设在省辖市以上中心城市或行政专职公署所在地的大、中专院校或高考定点学校。考生比较集中，考场安排困难，确需在县设置初级资格考场的，须经省级会计专业技术资格考试管理机构批准，并报全国会计考试办公室备案。

六、考试培训

各地要认真做好培训工作，组织培训要有计划。培训单位必须具备场地、师资、教材等条件。各地会计专业技术资格考试管理机构应当加强对培训单位的管理，实行培训单位资格登记备案制度。

培训必须坚持与考试分开的原则，参与培训工作的人员不得参加考试命题及考试组织管理工作；应考人员参加培训坚持自愿原则。

七、考试用书

会计专业技术资格考试所用的考试大纲、指定用书和有关辅导材料，由财政部组织编写、出版和发行。任何单位和个人不得盗用财政部的名义编写、出版发行各种考试用书和复习资料。

八、考试纪律

要严格执行考试考务工作的有关规章和纪律，切实做好试卷的命题、印刷、发送和保管过程中的保密工作，必须严格遵守保密制度，严防泄密。要严肃考场纪律。考试工作人员要坚决执行回避制度。对于违反考试纪律和有关规定者，要严肃处理，并追究领导责任。

财政部将对考试考务工作制定一系列规章、制度，保证会计专业技术资格考试工作健康有序的进行。

九、本实施办法自印发之日起施行

财政部、人事部于1992年3月21日联合颁布的《暂行规定》实施办法同时废止。

三、会计人员继续教育规定

财政部关于印发《会计人员继续教育规定》的通知

财会[2006]19号

中共中央直属机关事务管理局，铁道部、国务院机关事务管理局，解放军总后勤部、武警部队后勤部，各省、自治区、直辖市、计划单列市财政厅（局），新疆生产建设兵团财务局：

为了贯彻落实《会计法》关于"会计人员应当遵守职业道德，提高业务素质。对会计人员的教育和培训工作应当加强"的规定，进一步推进会计人员继续教育工作，我部根据《会计法》和《会计从业资格管理办法》

(财政部令第 26 号),制定了《会计人员继续教育规定》,现予印发,请遵照执行。

附件:会计人员继续教育规定

中华人民共和国财政部
二〇〇六年十一月二十日

会计人员继续教育规定

第一章　总　　则

第一条　为推进会计人员继续教育科学化、制度化、规范化,培养造就高素质的会计队伍,提高会计人员专业胜任能力,根据《中华人民共和国会计法》和《会计从业资格管理办法》(财政部令第 26 号)的规定,制定本规定。

第二条　会计人员继续教育必须紧密结合经济社会发展和会计行业发展要求,统筹规划,分类指导,强化服务,注重质量,全面推进会计人才队伍建设,为经济社会和会计行业发展提供人才保证和智力支持。

第三条　会计人员继续教育应当遵循下列基本原则:

(一) 以人为本,按需施教。把握会计行业发展趋势和会计人员从业基本要求,突出提升会计人员专业胜任能力,引导会计人员更新知识、拓展技能,提高解决实际问题的能力。

(二) 突出重点,提高能力。会计人员继续教育面向会计队伍,创造人人皆受教育、人人皆可成才的环境,全面提高会计人员整体素质。同时,突出高层次会计人才培养和提高综合能力培训,进一步改善会计队伍人才结构和知识结构。

(三) 加强指导,创新机制。在统筹规划的前提下,有效利用各方面教育资源,引导社会办学单位参与会计人才继续教育,并不断创新继续教育内容,改进继续教育方式,提高继续教育质量,逐步形成政府部门规划指导、社会办学单位积极参与、用人单位支持督促的会计人员继续教育新格局。

第二章　管理体制

第四条　财政部负责全国会计人员继续教育的管理。

(一) 制定全国会计人员继续教育规划;

(二) 制定全国会计人员继续教育制度;

(三) 制定全国会计人员继续教育大纲;

(四) 组织开发、评估、推荐全国会计人员继续教育重点教材;

(五) 组织全国高级会计人员培训和会计人员继续教育师资培训;

(六) 指导、督促各地区和有关部门会计人员继续教育工作的开展。

第五条　各省、自治区、直辖市、计划单列市财政厅(局)负责本地区的会计人员继续教育的组织管理工作。

(一) 依据全国会计人员继续教育制度,制定本地区的会计人员继续教育实施办法;

(二) 制定本地区会计人员继续教育规划并组织实施;

(三) 确定本地区各级财政部门对会计人员继续教育的具体职责和管理权限;

(四) 组织推荐适合本地区的会计人员继续教育教材,或者选用财政部统一组织开发、推荐的全国会计人员继续教育重点教材;

(五) 组织本地区各类会计人才培训和会计人员继续教育师资培训;

(六) 指导、监督本地区会计人员继续教育工作,规范会计培训市场。

第六条　中共中央直属机关事务管理局、国务院机关事务管理局、铁道部、中国人民武装警察部队后勤部、中国人民解放军总后勤部(以下简称中央主管单位)比照会计从业资格管理体制,分别负责中央在京单位、铁路系统、中国人民武装警察部队系统、中国人民解放军系统会计人员继续教育的组织实施工作。

中央主管单位组织会计人员继续教育的职责,比照本规定第五条执行。

第七条　会计人员所在单位负责组织和督促本单位的会计人员参加继续教育。

会计人员所在单位应当遵循教育、考核、使用相结合的原则,支持、督促并组织本单位会计人员参加继续教育,保证学习时间,提供必要的学习条件。

第三章 继续教育对象

第八条 会计人员享有参加继续教育的权利和接受继续教育的义务。

第九条 会计人员继续教育的对象是取得并持有会计从业资格证书的人员。

第十条 会计人员继续教育分为高级、中级、初级三个级别。

（一）高级会计人员继续教育的对象为取得或者受聘高级会计专业技术资格（职称）及具备相当水平的会计人员；

（二）中级会计人员继续教育的对象为取得或者受聘中级会计专业技术资格（职称）及具备相当水平的会计人员；

（三）初级会计人员继续教育的对象为取得或者受聘初级会计专业技术资格（职称）的会计人员，以及取得会计从业资格证书但未取得或者受聘初级会计专业技术资格（职称）的会计人员。

第十一条 会计人员每年接受培训（面授）的时间累计不应少于24小时。

会计人员由于病假、在境外工作、生育等原因，无法在当年完成接受培训时间的，可由本人提供合理证明，经归口管理的当地财政部门或中央主管单位（以下简称继续教育管理部门）审核确认后，其参加继续教育时间可以顺延至以后年度完成。

第四章 继续教育的内容与形式

第十二条 会计人员继续教育的内容主要包括会计理论、政策法规、业务知识、技能训练和职业道德等。

（一）会计理论继续教育，重点加强会计基础理论和应用理论的培训，提高会计人员用理论指导实践的能力；

（二）政策法规继续教育，重点加强会计法规制度及其他相关法规制度的培训，提高会计人员依法理财的能力；

（三）业务知识培训和技能训练，重点加强履行岗位职责所必备的专业知识和经营管理、内部控制、信息化等方面的培训，提高会计人员的实际工作能力和业务技能；

（四）职业道德继续教育，重点加强会计职业道德的培训，提高会计人员职业道德水平。

第十三条 会计人员继续教育的形式以接受培训为主。在职自学是会计人员继续教育的重要补充。

会计人员可以自愿选择参加继续教育主管部门认可的接受培训的形式：

（一）参加在继续教育主管部门备案并予以公布的会计人员继续教育机构组织的会计培训；

（二）参加继续教育主管部门组织的会计人员继续教育师资培训和会计培训；

（三）参加会计人员所在单位组织的会计类脱产培训；

（四）参加会计、审计、统计、经济专业技术资格考试，以及注册会计师、注册资产评估师、注册税务师考试；

（五）继续教育主管部门认可的其他形式。

继续教育主管部门应当按照管理权限，定期公布会计人员继续教育机构名称等相关信息。

第十四条 鼓励会计人员参加在职自学。在职自学形式包括：

（一）参加普通院校或成人院校会计、审计、财务管理、理财学、会计电算化、注册会计师专门化、会计硕士专业学位（MPAcc）等国家承认的相关专业学历教育；

（二）独立完成通过地（市）级以上（含地、市级）财政部门或会计学术团体认可的会计类研究课题或在省级以上（含省级）经济类报刊上发表会计类论文；

（三）系统地接受会计业务相关的远程教育和网上培训；

（四）其他在职自学形式。

会计人员所在单位应当对会计人员在职自学提出要求，并提供必要的条件。

第十五条 开展会计人员继续教育应当根据会计人员的特点，综合运用讲授式、研究式、案例式、模拟式、体验式等教学方法，提高培训效果和质量。

第十六条 推广网络教育、远程教育、电化教育，提高会计人员继续教育教学和管理的信息化水平。

第五章 继续教育机构

第十七条 加强会计人员继续教育机构建设，构建分工明确、优势互补、布局合理、竞争有序的会计人员继续教育网络。充分发挥国家会计学院、中华会计函授学校、会计学术团体、县级以上财政部门及中央主管单位会计人员培训基地(中心)等教育资源在会计人员继续教育中的主渠道作用,鼓励、引导高等院校、科研院所等社会办学单位参与会计人员继续教育工作。

第十八条　会计人员继续教育机构必须同时符合下列条件:

(一) 具备承担培训工作相适应的教学场所和设施;

(二) 拥有与承担培训工作相适应的师资队伍和管理力量;

(三) 能够完成所承担的培训任务,保证培训质量。

第十九条　会计人员继续教育机构应当根据会计人员继续教育统一规划,改进培训方式,科学设置培训内容,加强教学管理,提高教学水平。

第六章　师资、教材

第二十条　从事会计人员继续教育工作的师资,应当具有良好的职业道德修养、较高的理论政策水平、扎实的专业知识基础,有一定的实际工作经验,掌握现代教育培训理论和方法,具备胜任教学、科研工作的能力。

(一) 承担高级会计人员继续教育任务的教学人员,一般应具备教授职称、高级专业技术资格,或者为具备相应水平的专家。

(二) 承担中级会计人员继续教育任务的教学人员,一般应具备副教授以上(含副教授)职称、高级专业技术资格,或者为具备相应水平的专家。

(三) 承担初级会计人员继续教育任务的教学人员,一般应具备讲师以上(含讲师)职称、中级以上(含中级)专业技术资格,或者为具备相应水平的专家。

第二十一条　加强会计人员继续教育教材建设,逐步形成会计人员继续教育教材体系,以适应不同级别会计人员继续教育的需要。

第二十二条　坚持会计人员继续教育教材的开发与利用相结合,做到一纲多本、编审分开。加强教材开发的针对性和实用性。提倡会计人员继续教育教材开发社会化,鼓励社会上有能力的部门和单位按照统一的会计人员继续教育大纲,参与编制会计人员继续教育教材。

第二十三条　继续教育管理部门应当加强对会计人员继续教育教材的编写、评估、推荐、出版、发行、使用情况的管理和监督。

第二十四条　参加继续教育的会计人员自愿选择会计人员继续教育教材。

任何部门、单位和个人不得向会计人员强行推销、搭售培训教材。

第七章　考核与检查

第二十五条　继续教育主管部门应当加强对会计人员参加继续教育情况的考核,并将考核结果作为评选先进会计工作者、颁发会计人员荣誉证书等的依据之一。

对未按规定参加继续教育或者未完成接受培训时间的会计人员,继续教育主管部门应当督促其接受继续教育;对无正当理由仍不参加继续教育的,可采取适当方式向社会公布。

第二十六条　会计人员所在单位应当将会计人员参加继续教育情况作为会计人员任职、晋升的依据之一。

第二十七条　会计人员继续教育实行登记管理。会计人员按照要求接受培训,考核合格并取得相关证明后,应在 90 天内持《会计人员从业资格证书》及相关证明向继续教育主管部门办理继续教育事项登记。

继续教育主管部门应当加强会计人员业务档案、诚信档案建设,如实记载会计人员接受继续教育情况。

第二十八条　继续教育主管部门应当定期对继续教育机构的会计人员继续教育情况进行检查、评估,并将检查、评估结果以适当方式向社会公布。

第二十九条　会计人员继续教育机构有下列情形之一的,由继续教育主管部门责令限期整改;逾期不改正的,由继续教育主管部门予以通报:

(一) 采取虚假、欺诈等手段招揽生源的;

(二) 以会计人员继续教育名义组织境内外公费旅游或者进行其他高消费活动的;

(三) 违反国家有关规定擅自印发学历或学位证书、资格证书或培训证书的;

(四) 违反本规定的其他行为。

第三十条 继续教育主管部门应当将各单位会计人员继续教育情况列入《会计法》执行情况检查、会计从业资格情况检查的内容。

第八章 附 则

第三十一条 各省、自治区、直辖市、计划单列市财政厅(局),中共中央直属机关事务管理局、国务院机关事务管理局、铁道部、中国人民武装警察部队后勤部、中国人民解放军总后勤部可根据本规定制定具体实施办法,并报财政部备案。

第三十二条 本规定由财政部负责解释。

第三十三条 本规定自2007年1月1日起施行。财政部1998年1月23日公布的《会计人员继续教育暂行规定》(财会字[1998]4号)、1998年11月9日印发的《财政部关于开展中央单位会计人员继续教育工作有关问题的通知》(财会字[1998]69号)同时废止。

四、总会计师条例

中华人民共和国国务院令

(第72号)

《总会计师条例》已经一九九〇年十二月十四日国务院第七十四次常务会议通过,现予发布,自发布之日起施行。

总理 李 鹏

一九九〇年十二月三十一日

第一章 总 则

第一条 为了确定总会计师的职权和地位,发挥总会计师在加强经济管理、提高经济效益中的作用,制定本条例。

第二条 全民所有制大、中型企业设置总会计师;事业单位和业务主管部门根据需要,经批准可以设置总会计师。

总会计师的设置、职权、任免和奖惩,依照本条例的规定执行。

第三条 总会计师是单位行政领导成员,协助单位主要行政领导人工作,直接对单位主要行政领导人负责。

第四条 凡设置总会计师的单位,在单位行政领导成员中,不设与总会计师职权重叠的副职。

第五条 总会计师组织领导本单位的财务管理、成本管理、预算管理、会计核算和会计监督等方面的工作,参与本单位重要经济问题的分析和决策。

第六条 总会计师具体组织本单位执行国家有关财经法律、法规、方针、政策和制度,保护国家财产。

总会计师的职权受国家法律保护。单位主要行政领导人应当支持并保障总会计师依法行使职权。

第二章 总会计师的职责

第七条 总会计师负责组织本单位的下列工作:

(一)编制和执行预算、财务收支计划、信贷计划,拟订资金筹措和使用方案,开辟财源,有效地使用资金;

(二)进行成本费用预测、计划、控制、核算、分析和考核,督促本单位有关部门降低消耗、节约费用、提高经济效益;

(三)建立、健全经济核算制度,利用财务会计资料进行经济活动分析;

(四)承办单位主要行政领导人交办的其他工作。

第八条 总会计师负责对本单位财会机构的设置和会计人员的配备、会计专业职务的设置和聘任提出方案;组织会计人员的业务培训和考核;支持会计人员依法行使职权。

第九条 总会计师协助单位主要行政领导人对企业的生产经营、行政事业单位的业务发展以及基本建设投资等问题作出决策。

总会计师参与新产品开发、技术改造、科技研究、商品(劳务)价格和工资奖金等方案的制定;参与重大经济合同和经济协议的研究、审查。

第三章　总会计师的权限

第十条　总会计师对违反国家财经法律、法规、方针、政策、制度和有可能在经济上造成损失、浪费的行为，有权制止或者纠正。制止或者纠正无效时，提请单位主要行政领导人处理。

单位主要行政领导人不同意总会计师对前款行为的处理意见的，总会计师应当依照《中华人民共和国会计法》第十九条的规定执行。

第十一条　总会计师有权组织本单位各职能部门、直属基层组织的经济核算、财务会计和成本管理方面的工作。

第十二条　总会计师主管审批财务收支工作。除一般的财务收支可以由总会计师授权的财会机构负责人或者其他指定人员审批外，重大的财务收支，须经总会计师审批或者由总会计师报单位主要行政领导人批准。

第十三条　预算、财务收支计划、成本和费用计划、信贷计划、财务专题报告、会计决算报表，须经总会计师签署。

涉及财务收支的重大业务计划、经济合同、经济协议等，在单位内部须经总会计师会签。

第十四条　会计人员的任用、晋升、调动、奖惩，应当事先征求总会计师的意见。财会机构负责人或者会计主管人员的人选，应当由总会计师进行业务考核，依照有关规定审批。

第四章　任免与奖惩

第十五条　企业的总会计师由本单位主要行政领导人提名，政府主管部门任命或者聘任；免职或者解聘程序与任命或者聘任程序相同。

事业单位和业务主管部门的总会计师依照干部管理权限任命或者聘任；免职或者解聘程序与任命或者聘任程序相同。

第十六条　总会计师必须具备下列条件：

（一）坚持社会主义方向，积极为社会主义建设和改革开放服务；

（二）坚持原则，廉洁奉公；

（三）取得会计师任职资格后，主管一个单位或者单位内一个重要方面的财务会计工作时间不少于三年；

（四）有较高的理论政策水平，熟悉国家财经法律、法规、方针、政策和制度，掌握现代化管理的有关知识；

（五）具备本行业的基本业务知识，熟悉行业情况，有较强的组织领导能力；

（六）身体健康，能胜任本职工作。

第十七条　总会计师在工作中成绩显著，有下列情形之一的，依照国家有关企业职工或者国家行政机关工作人员奖惩的规定给予奖励：

（一）在加强财务会计管理，应用现代化会计方法和技术手段，提高财务管理水平和经济效益方面，取得显著成绩的；

（二）在组织经济核算，挖掘增产节约，增收节支潜力，加速资金周转，提高资金使用效果方面，取得显著成绩的；

（三）在维护国家财经纪律，抵制违法行为，保护国家财产，防止或者避免国家财产遭受重大损失方面，有突出贡献的；

（四）在廉政建设方面，事迹突出的；

（五）有其他突出成就或者模范事迹的。

第十八条　总会计师在工作中有下列情形之一的，应当区别情节轻重，依照国家有关企业职工或者国家行政机关工作人员奖惩的规定给予处分：

（一）违反法律、法规、方针、政策和财经制度，造成财会工作严重混乱的；

（二）对偷税漏税、截留应当上交国家的收入，滥发奖金、补贴，挥霍浪费国家资财，损害国家利益的行为，不抵制、不制止、不报告，致使国家利益遭受损失的；

（三）在其主管的工作范围内发生严重扣误，或者由于玩忽职守，致使国家利益遭受损失的；

（四）以权谋私，弄虚作假，徇私舞弊，致使国家利益遭受损失，或者造成恶劣影响的；

（五）有其他渎职行为和严重错误的。

总会计师有前款所列行为，情节严重，构成犯罪的，由司法机关依法追究刑事责任。

第十九条 单位主要行政领导人阻碍总会计师行使职权的，以及对其打击报复或者变相打击报复的，上级主管单位应当根据情节给予行政处分。情节严重，构成犯罪的，由司法机关依法追究刑事责任。

第五章 附 则

第二十条 城乡集体所有制企业事业单位需要设置总会计师的，参照本条例执行。

第二十一条 各省、自治区、直辖市，国务院各部门可以根据本条例的规定，结合本地区、本部门的实际情况制定实施办法。

第二十二条 本条例由财政部负责解释。

第二十三条 本条例自发布之日起施行。1983 年 10 月 18 日国务院批转国家经济委员会、财政部《关于国营工业、交通企业设置总会计师的几项规定（草案）》、1978 年 9 月 12 日国务院发布的《会计人员职权条例》中有关总会计师的规定同时废止。

五、选拔和培养会计学术带头人后备人才的方案

财政部关于批转中国会计学会关于选拔和培养全国高级会计人才——会计学术带头人后备人才的方案的通知

财会[2005]16 号

各省、自治区、直辖市、计划单列市财政厅（局），有关单位：

为贯彻落实《中共中央国务院关于进一步加强人才工作的决定》，适应社会主义市场经济发展对高级会计人才的需求，财政部决定在全国范围内公开选拔和培养高级会计人才，并委托中国会计学会牵头组织会计学术带头人后备人才的选拔和培养工作。现将《中国会计学会关于选拔和培养全国高级会计人才——会计学术带头人后备人才的方案》转发给你们，请认真组织落实。

附件：

中国会计学会关于选拔和培养全国高级会计人才——会计学术带头人后备人才的方案

一、总体目标

为贯彻落实《中共中央、国务院关于进一步加强人才工作的决定》，加快高素质会计理论研究人才队伍的建设，充分发挥会计科研教学人才的示范和辐射效用，提升我国会计理论研究和教学水平，受财政部委托，中国会计学会具体负责选拔和培养高级会计人才——会计学术带头人后备人才（以下简称“会计学术带头人后备人才”）的组织实施工作。

从 2005 年开始，每两年在全国范围内进行一次选拔，每次选拔 30 人。培养方式主要以举办培训班、召开研讨会和开展课题研究为主，每两年为一个培养周期，由中国会计学会对各培养对象的学习、工作和研究情况进行跟踪管理。

二、组织领导

为了加强对会计学术带头人后备人才选拔培养工作的领导，中国会计学会成立“选拔和培养全国高级会计人才——会计学术带头人后备人才工作领导小组”（以下简称“领导小组”），负责组织领导全国会计学术带头人后备人才的选拔和培养工作。

领导小组下设“选拔和培养全国高级会计人才——会计学术带头人后备人才工作领导小组办公室”（以下简称“领导小组办公室”），设于中国会计学会秘书处，实施会计学术带头人后备人才的选拔和培养工作，具体研究起草会计学术带头人后备人才的选拔和培养政策，建立会计学术带头人后备人才人才库，负责对培养对象的学习、工作和研究情况进行跟踪管理。

三、会计学术带头人后备人才选拔的基本条件

会计学术带头人后备人才的选拔，坚持德才兼备的原则。要把政治素质好，善于发挥团队精神，有较强

组织协调能力，同时又具备扎实的专业理论功底，治学严谨、富有创见、能准确把握本学科领域前沿发展动态，成绩显著且有发展潜力的优秀会计科研教学专业人才挖掘和选拔出来，进行跟踪培养。

参加会计学术带头人后备人才的选拔的基本条件如下：

1. 贯彻实践"三个代表"重要思想，坚持科学发展观，热爱会计科研、教育事业，有良好的职业道德和敬业精神。

2. 拥有经济、管理类专业博士学位。

3. 具有 8 年以上的会计科研、教学工作经历，具有副高以上职称。

4. 在国家一级刊物上发表两篇以上论文或出版一本以上专著。

5. 具备熟练运用外语进行听说读写方面交流的能力，或具有 1 年或 1 年以上国外学习、科研、教学或工作经历。

6. 年龄原则上不超过 40 周岁。

四、选拔方式与程序

会计学术带头人后备人才采取个人报名申请、单位审核推荐、各地会计学会复审、全国统一考试、专家评议确定的方式进行选拔。

1. 个人报名申请。凡有意参加会计学术带头人后备人才选拔培养的，由本人填写《全国高级会计人才——会计学术带头人后备人才申请表》(可从中国会计学会网站 www. asc. net. cn 下载)。提交申请表的同时，提交本人具有代表性、公开发表的两篇论文(复印件)或一本论著。

2. 单位审核推荐。设有会计专业的高等院校和可单独招收会计专业硕士研究生的科研单位以及 3 家国家会计学院，对本单位提出申请的人员，按照有关要求进行严格审核后，向所在地的省、自治区、直辖市的会计学会报名(每个推荐单位可报 1～2 名)。

3. 各省、自治区、直辖市会计学会复审。各省、自治区、直辖市会计学会应当组织力量对各单位推荐人员的基本条件进行复审，并将复审合格的申请人相关材料，于 2005 年 12 月 25 日前统一报送中国会计学会。中国会计学会将于 2006 年 1 月 5 日将确定的参加考试人员通知考生所在单位及本人。

4. 组织统一考试。中国会计学会对各单位推荐人选进行集中考试。考试采用闭卷方式进行，考试时间为 3 个半小时。2006 年度的选拔考试时间为 1 月 21 日。考试地点另行通知。

考试由领导小组办公室统一组织命题，考试范围包括经济理论基础，专业理论(分会计、审计、财务三个方向)和专业英语。

5. 专家评议确定。领导小组办公室组织专家根据各单位报送的推荐材料以及各位参选人员的考试成绩进行综合评审，确定培训人选。入选名单将于 2006 年 2 月底前向社会公布，2006 年 4 月中旬正式启动培养计划。

五、会计学术带头人后备人才的培养与跟踪管理

为了加快会计学术带头人后备人才培养，造就一批高素质的会计教学和科研人才队伍，促进会计和科研人才多出成果、快出成果、出好成果，中国会计学会将主要从以下几个方面开展工作：

1. 建立"全国高级会计人才——会计学术带头人后备人才库"。人才库将对会计学术带头人后备人才的学习情况、学术研究领域、业绩情况等建档，实行动态跟踪管理。

2. 组织各种形式的培训班，聘请与会计学科相关的其他学科领域的著名专家、学者、教授举办讲座，以拓宽会计学术带头人后备人才的视野、开拓研究思路。

3. 召开各种形式的研讨会，组织会计学术带头人后备人才就会计领域以及会计法规建设中的热点、重点和难点问题进行协同研究，为其深化研究提供借鉴和参考。

4. 对于财政部资助的重点会计科研项目，在课题立项与经费支持上适当倾斜；优先向中国社会科学基金会和中国自然科学基金会等推荐申请国家级课题，为会计学术带头人后备人才开展科学研究活动创造良好的外部条件。

5. 研究成果优先推荐在《会计研究》上发表；免费获取《会计研究》、《会计研究动态》以及其他中国会计学会出版的研究资料。

6. 建议各单位在评聘职称时优先考虑。

7. 引入竞争机制。根据培养对象在培养周期的综合表现，对于政治思想过硬、事业心强、科研成果突出、社会贡献大的，财政部将授予“全国高级会计人才——会计学术带头人”称号。对于已进入全国高级会计人才——会计学术带头人后备人才库的人员，两年的培养周期后，可以继续参加下一周期的培养。

8. 积极打造“全国高级会计人才——会计学术带头人”品牌。凡取得“全国高级会计人才——会计学术带头人”称号者，推荐为财政部会计准则委员会咨询专家、中国会计学会学术委员，优先参加财政部、中国会计学会组织的政策咨询和科研、学术等活动。

附表：全国高级会计人才——会计学术带头人后备人才申请表(略)

六、全国会计领军(后备)人才培养十年规划

财政部关于印发《全国会计领军(后备)人才培养十年规划》的通知

财会[2007]8号

中共中央直属机关事务管理局，铁道部、国务院机关事务管理局，中国人民解放军总后勤部财务部，中国人民武警部队财务部，各省、自治区、直辖市财政厅(局)，新疆生产建设兵团财务局，各省、自治区、直辖市注册会计师协会，各省、自治区、直辖市会计学会，北京、上海、厦门国家会计学院：

为了贯彻落实国家人才强国战略，切实加强会计领军(后备)人才培养工作，建立健全会计领军人才培养机制，实现会计领军人才培养的规范化、系统化、科学化，我部制定了《全国会计领军(后备)人才培养十年规划》(以下简称《规划》)，现予以印发。

该《规划》适用于财政部组织的全国高级会计人才培养工作，也可作为各地财政部门和各中央主管单位组织和开展本地区、本部门、本系统高级会计人才培养工作参考。

附件：全国会计领军(后备)人才培养十年规划

财政部

二〇〇七年五月八日

附件：

全国会计领军(后备)人才培养十年规划

一、指导思想

坚持以科学发展观和社会主义和谐社会理论为指导，认真贯彻科教兴国、人才强国战略，以能力建设为核心，遵循人才成长规律，立足国际前沿，创新培养机制，严格科学管理，着力培养一批具有国际视野和战略思维的复合型高层次会计人才，打造一支适应我国经济社会全面持续健康发展和会计事业国际发展战略要求的领军人才队伍，促进我国会计人才整体素质的全面提升，为推动经济社会和会计事业发展提供充足的人才储备和强大的智力支持。

二、培养目标及任务

(一) 总体目标

从服务经济社会发展需要出发，在合理预计当前及未来一段时期深化改革、扩大开放和加快发展，以及国有企业、会计师事务所国际化发展战略、行政事业单位深化改革、占领国际会计理论前沿阵地等对高端会计人才的需求，充分考虑现阶段我国开展高层次会计人才培训能力的基础上，按照会计领军人才的能力框架和素质要求，开展全国会计领军(后备)人才培养工作。在全国范围内，有计划地分别企业类、行政事业类、注册会计师类、学术类4类，争取用10年左右的时间，培养1 000名左右会计领军人才，担负会计行业的领军重任。

会计领军人才应当具有恪守诚信、敬业爱岗、甘于奉献的道德品质；形成科学系统、结构合理、学养深厚的知识体系；具备精于理财、善于管理、勇于创新的工作能力；作出推动发展、促进和谐、壮大行业的社会贡献；享有社会认同、行业肯定、备受推崇的良好声誉；实现由执行者向管理者、领导者、决策者的转变。这些人才应当在深化经济体制改革、维护市场经济秩序、强化组织内部管理、提高资源配置效率、推动会计理论和实务创新、塑造会计行业民族品牌、推进会计事业国际化发展等方面积极发挥引领和辐射作用，进而形成高端会计人才团队，推动我国会计队伍整体素质的全面提升。

（二）具体任务

根据会计领军（后备）人才培养工作的总体目标，结合不同领域的实际情况，会计领军（后备）人才培养工作的具体任务为：

1. 适应大中型企业、境内外上市公司加快发展、强化管理对高层次财务会计人才的需求，带动全国企业会计人员整体素质的提高，着力培养450名左右在大型企业或重要经济领域担任财务负责人的企业类会计领军人才。积极发挥这些人才在深化企业内部改革，建立健全现代企业制度，增强企业核心竞争力，保障企业做强做大，推动企业实施“走出去”战略，促进经济社会和谐发展等方面的重要作用。

2. 适应我国财政体制改革和事业单位体制改革对高层次会计人才的迫切需要，带动和引导各级重点行政事业单位加强财务管理，着力培养100名左右在行政事业单位或相关重要领域担任财务负责人的行政事业类会计领军人才。积极发挥这些人才在深化行政事业单位体制改革，优化资源配置，加强财政、财务管理，推动依法行政、依法理财，提高财政资金使用效益等方面的重要作用。

3. 适应完善社会主义市场经济体制的要求，加快我国注册会计师行业的发展，促进注册会计师业务水平的全面提升，推动会计师事务所做强做大，着力培养350名左右具备国际资本市场认可的专业资格、具有国际竞争力的注册会计师类会计领军人才。积极发挥这些人才在规范会计服务市场，增强行业竞争力，促进行业全面发展，打造行业民族品牌，推动行业实施“走出去”战略等方面的重要作用。

4. 适应建立有中国特色和国际影响的会计理论体系的要求，充分发挥理论研究、学科建设对会计改革与发展的理论支持作用，着力培养100名左右在会计学科担任学术带头人的学术类会计领军人才。积极发挥这些人才在加强会计理论研究，培养优秀会计人才，打造学术研究团队，占据国际学术前沿，提升会计学科地位等方面的重要作用。

三、组织分工

（一）成立全国会计领军（后备）人才培训工作领导小组（以下简称领导小组）。领导小组设主任1名，由分管会计工作的部领导担任；副主任若干名，由财政部会计司、中国注册会计师协会、中国会计学会以及北京、上海、厦门三家国家会计学院等单位负责人担任；人才使用单位代表若干名，由大型企业总会计师、会计师事务所负责人、行政事业单位财务负责人、会计理论资深专家组成。

领导小组负责规划、指导全国会计领军（后备）人才培养工作。具体负责指导会计领军（后备）人才培训网络建设，构建会计领军（后备）人才联合培养机制，建立各类会计领军（后备）人才培训沟通机制，协调各类会计领军（后备）人才培养工作，加强对外宣传，督促、指导各单位贯彻、落实领导小组的决议。

（二）会计领军（后备）人才培训采取“分类培养，联合打造”的模式。财政部会计司、中国注册会计师协会、中国会计学会分别是企业类、行政事业类、注册会计师类和学术类会计领军（后备）人才培训的管理部门，依托北京、上海、厦门三家国家会计学院具体实施培训。

1. 财政部会计司具体负责组织协调企业类、行政事业类会计领军（后备）人才的选拔培养工作，研究制定企业类、行政事业类会计领军人才能力框架，组织设计培训方式，协调开发培训教材，建立企业类、行政事业类会计领军（后备）人才信息库，对企业类、行政事业类学员实行跟踪管理，指导国家会计学院开展企业类、行政事业类会计领军（后备）人才培训工作。

2. 中国注册会计师协会具体负责组织协调注册会计师类会计领军（后备）人才的选拔培养工作，研究制定注册会计师类会计领军人才能力框架，组织设计培训方式，协调开发培训教材，建立注册会计师类会计领军（后备）人才信息库，对注册会计师类学员实施跟踪管理，指导国家会计学院开展注册会计师类会计领军（后备）人才培训工作。

3. 中国会计学会具体负责组织协调学术类会计领军（后备）人才的选拔培养工作，研究制定学术类会计领军人才能力框架，组织设计培训方式、协调开发培训教材，建立学术类会计领军（后备）人才信息库，对学术类学员实行跟踪管理，指导国家会计学院开展学术类会计领军（后备）人才培训工作。

4. 北京、上海、厦门三家国家会计学院协助培训管理部门做好学员选拔、能力框架建设等工作，负责会计领军（后备）人才培训的实施。具体负责协助培训管理部门组织学员选拔、参与研究制定会计领军人才能力框架、开发培训课程、结业考核、学员档案库建设等教务管理工作。

四、学员选拔

按照“高起点、高标准、高质量”的要求，分为4类人才，确定报名条件，严格选拔程序，认真组织选拔工作。

（一）财政部会计司、中国注册会计师协会、中国会计学会分别组织企业类、行政事业类、注册会计师类和学术类会计领军（后备）人才的选拔工作。以公开、公平、公正的方式，从全国在职的高层次会计人员、注册会计师、会计理论工作者中，挑选诚实守信、年富力强、潜力较大的人员进行培养，一般每1～2年选拔一次。

加强与用人单位在人才培养上的合作，广泛听取学术名家、用人单位的意见，重点吸收影响较大、贡献突出的青年会计俊才和各单位、各行业财会后备人才。

（二）学员选拔应当经过申报、笔试、面试等程序，重点考察申请人的知识结构、专业素养、外语水平、分析创新能力、政策把握能力、组织协调能力、交际沟通能力、应变能力等素质。笔试环节采取"统一命题、统一考试、闭卷作答、统一评阅"的方式；面试环节采取结构化面试等方式。

（三）培训管理部门根据考生选拔成绩，按照从高到低的顺序，择优录取培训班学员。

五、培训组织

（一）培训周期

每届培训班的培训周期为6年，分为3个考核周期。第一个考核周期为培训的第1～3年，第二个考核周期为培训的第4～5年，第三个考核周期为培训的第6年。

1. 第一个考核周期为知识拓展阶段。该周期以组织教学、跟踪管理为主，着重培养学员的专业素养，努力提高学员的理论水平、管理意识以及分析判断、沟通协调、团队精神等方面素质，提升学员的道德修养、职业使命感及社会责任感，为学员实现从执行者向管理者、领导者、决策者的转变夯实基础。该周期的主要任务是：

(1) 拓展知识结构。根据会计领军人才能力框架，以课堂教学为主要教学手段，主要围绕提高学员理论水平、管理意识以及分析判断、沟通协调、团队精神等方面素质的要求，科学设计培训课程，聘请国内外一流师资，以案例教学为主要形式，讲授科学理论、科学知识、科学方法。

(2) 锻炼研究能力。通过多种渠道为学员提供参与财会法规、准则制度的研究和咨询的机会，提升学员发现问题、分析问题、解决问题的能力。鼓励学员在公开刊物发表论文和出版专著，扩大学员及会计领军（后备）人才培养项目的社会影响。

(3) 培养自学能力。根据会计领军人才能力框架要求，安排自学任务，促进学员边干边学，边学边干，学以致用，学用相长。

(4) 突出碰撞交流。开展形式多样的交流互动活动，利用现代化技术，构建学员交流碰撞、信息沟通的远程网络平台，增强学员的凝聚力；利用专题讨论、课题研究、咨询策划、实地考察等多种形式，培养学员的团队合作能力。

(5) 加强跟踪管理。建立跟踪管理机制，及时了解学员动态，督促学员完成各项培训任务。

(6) 实施考核淘汰。通过科学的考核评价机制，依据学员参与培训情况、提交培训成果质量、理论修养、开拓创新意识、工作业绩、岗位胜任情况、获奖情况、单位满意度等方面以及学员的综合素质和能力，客观评价学员的发展潜力，形成量化考核结果，实施考核淘汰。因客观条件限制不能继续参加培训项目的学员，终止培训。本周期期末择优产生优秀学员进入下一周期。

2. 第二个考核周期为能力提升阶段。该周期以高层次论坛、大跨度交流为主，着重培训学员的综合素质，努力提高学员的决策能力、沟通能力，扩展学员的视野，为学员实现从执行者向管理者、领导者、决策者的角色转变集聚能量。该周期的主要任务是：

(1) 完善知识网络。根据经济社会发展的新形势、新要求，国际会计行业发展新趋势，会计理论及组织管理理论的新成果、新动态，结合高端会计人才能力素质要求，围绕提高学员的文化底蕴、决策能力、沟通能力等方面素质的要求，不定期发放自学教材、安排案例研究任务等，激发学员在成才过程中的自我完善、自我提升潜能，逐步熟悉哲学、文化、历史等知识和宏观政策，掌握沟通与协调技巧、决策技巧、人力资源管理等知识，提升学员的思维能力、创新能力、决策能力。

(2) 开阔学员视野。邀请国际顶尖专家学者和跨国公司、国际性组织高级官员等，不定期举办高层次专题讲座和高层次论坛等，提高学员的战略意识、全局观念，进一步开阔学员的视野。

(3) 开展境外培训。组织学员到境外知名院校、国际性组织、跨国企业实地考察、学习，通过与外国同行的交流，了解境外会计行业发展的最新信息、学术动态以及先进的管理经验，提高学员的涉外沟通能力，建立学员与境外同行的沟通联系渠道。同时,创造条件促成学员利用国家留学基金以及单位基金等到国外访问、学习。

(4) 深化沟通交流。积极拓展会计领军(后备)人才与其他类型人才的沟通交流渠道,形成会计人才与其他类型人才的互动机制。积极开展学员与国有大型企业、跨国公司、国际性组织或研究机构的高层管理人员、科研人员以及国家人才管理部门领导之间的交流。

(5) 加强理论研究。激发学员主动思考和理论创新的热情,提升学员洞察问题的能力,开展重点案例研究,通过案例竞赛、成果交流等形式,引导学员掌握先进、科学的研究方法,提高研究质量,边工作、边研究、边提高,邀请学员参与财会法规、准则制度的研究、制订,使更多的学员在学术造诣上得到社会的认可和肯定。

(6) 实施考核淘汰。通过科学的考核评价机制,依据学员参加论坛和专题讲座情况、科研成果质量及发表情况、自学课程完成情况、境外培训情况、理论修养、开拓创新意识、工作业绩、岗位胜任情况、获奖情况、单位满意度等方面以及学员的综合素质和能力,客观评价学员的发展潜力,形成量化考核结果,实施考核淘汰。因客观条件限制不能继续参加培训项目的学员,终止培训。本周期期末择优产生优秀学员进入下一周期。

3. 第三个考核周期为使用提高阶段。该周期以工作实践、推荐使用为主,着重加强对学员的使用,在持续打造学员各项能力的同时,强调对学员实际工作能力的考察,强化对学员的使用,发挥优秀学员的带动作用,提升学员在行业中的知名度和影响力,重点培养、精品打造,帮助学员实现从执行者向管理者、领导者、决策者的角色转变。该周期的主要任务是:

(1) 组织实地考察。组织专家赴学员所在单位,考察学员在单位的实际工作情况,详细了解学员在规范内部管理、保障资产安全、提高工作质量、参与战略决策、实现发展目标等方面的实际工作能力,听取单位领导对学员的评价,督促学员更好地开展本职工作。

(2) 安排返校授课。根据学员提交的课题研究成果,安排学员参与国家会计学院日常培训教学和会计领军(后备)人才培训授课任务。聘请学员担任后期培训学员的课题辅导专家,进行课外跟踪辅导。

(3) 参与专业研究。聘任学员成为财政部会计准则委员会、企业内部控制标准委员会、中国注册会计师协会、中国会计学会各专业或专门委员会等机构的成员,主持承担相关专业国家级课题的研究工作,参与准则、制度、标准的研究、制定工作,不断提升理论研究能力和创新能力。

(4) 建立推举机制机。加强与中介机构、科研院所、大专院校以及国家有关人才使用、管理部门的沟通与合作,努力向国家人才(专家)库推荐会计领军(后备)人才。鼓励并支持学员参加国家级人才选拔,促使学员成为国有大型企事业和行政单位总会计师、具有国际竞争力的会计师事务所合伙人、享受政府津贴的专家,进入国家级人才库。

(5) 出版研究成果。整理出版学员课题研究成果,形成会计领军(后备)人才培训系列成果,扩大培训影响,提升学员的社会知名度。

(6) 实施考核淘汰。通过科学的考核评价机制,依据学员承担教学任务完成情况、研究成果社会影响及认可程度、参与制度准则制定情况、承担国家级科研课题情况、开拓创新意识、工作业绩、职务晋升情况、获奖情况、参加国家人才选拔情况、单位满意度等,结合学员的综合素质和整体能力,客观评价学员的发展潜力,形成量化考核结果。根据考核结果,本周期期末择优产生优秀学员,进入人才库,并发相关证书。

(二) 培训方式

培训期间实行集中培训与在职学习实践相结合、课堂教学与应用研究相结合的培训方式,通过建立学习、研究、实践、交流平台,系统学习知识,强化能力建设,不断完善学员知识结构,全面培养和提升学员的综合素质。

培训由集中培训和跟踪管理两部分组成。集中培训的地点为北京、上海、厦门三家国家会计学院。结合会计领军(后备)人才工作实际,集中培训采取短期、多次集中的培训方式,每年举办若干次短期集中培训。每个培训周期的首次集中培训时间一般为 1 个月左右,以后各次集中时间为 15 天以内。集中培训结束即进入跟踪管理阶段。

1. 集中培训

集中培训以课堂教学、专题讲座、专题研讨等方式为主,通过在国家会计学院的学习和交流,夯实基础理论、优化知识结构,完善研究方法、更新经营理念、拓展管理视野。通过培训和综合考察,确定学员在职学习的方向和参与科研、实践的具体任务。

(1) 课堂教学与专题讲座。以会计领军人才能力要求为指引,合理安排培训课程,以案例教学为主要培训方式,积极聘请国内外一流的专家、学者、国家政策制定机构领导担任培训授课教师,重点讲授科学理论、科学知识、科学方法,逐步建立以会计理论知识为核心,覆盖社会学、管理学、经济学、法学、哲学、历史及人文学等多学科的知识网络体系,积极打造精品课程。

(2) 课堂互动与专题研讨。建立课堂互动、课后讨论的培训模式,加强师生间、学员间的沟通与交流,及时消化培训内容,让学员在碰撞中吸收知识,拓展视野,不断提升。

(3) 实地参观考察。有计划地安排学员到大型企事业单位、国际性组织、知名高校和研究机构参观、考察,邀请单位高层管理人员介绍管理经验,引导学员从实践中学习。

(4) 网络信息交流。构建网络交流平台,以网络为载体,拓宽教学手段和方式,增强学员之间的交流互动。

(5) 不断创新培训方式。利用拓展训练、野餐会、班会、体育比赛、模拟教学等多种手段,构建学员的团队意识。

2. 跟踪管理

跟踪管理以学员在职自学为主。通过建立会计领军(后备)人才学习、研究、实践、交流平台,引导学员在集中培训结束后,持续进行在职学习,完成培训管理部门规定的自学任务,定期参与专属网络论坛的讨论,按时参加培训管理部门要求的各项活动,定期向培训管理部门报送学习心得体会、业绩报告、专业论文、案例研究报告、调研报告、考察报告等,边工作,边学习,进一步提升学员理论联系实际、解决实际问题的能力。

(1) 实施动态跟踪管理。建立会计领军(后备)人才信息库和培训学员档案,详细记录学员在培训期间的各项表现。加强与学员的联系,随时掌握学员动态,在培训周期内,培训管理部门或国家会计学院每年与学员联系1～2次,跟踪了解学员学习、工作、科研等情况,定期编辑出版学员动态。

(2) 敦促学员完成自学任务。结合会计领军(后备)人才能力要求,安排一定的自学任务,要求学员利用业余时间认真完成学习指定阅读书目、承担部级或行业研究课题、取得国际资本市场认可的专业资格等自学任务,通过不断学习,掌握相应的理论知识、科学方法,增强学员发现问题、分析问题、解决问题的能力,提高学员的专业水平和综合能力。

(3) 安排学员参与制度建设和行业建设工作,组织优秀学员参加财政部、财政部会计准则委员会、企业内部控制标准委员会、中国注册会计师协会、中国会计学会、国家会计学院等组织机构的课题项目、准则制度征求意见、学术会议等活动,给学员提供进一步施展才能的平台。

(4) 安排课外跟踪辅导。建立跟踪辅导交流平台和联系机制,增强学员与教师之间、学员与学员之间的联系。培训管理部门会同国家会计学院根据学员的研究方向,安排导师或前期学员对后期学员进行跟踪课外辅导,帮助学员理解、掌握相关知识。

(5) 鼓励优秀学员返校讲课。国家会计学院根据学员的研究方向及提交论文的学术质量,定期择优选拔学员参与国家会计学院日常培训以及会计领军(后备)人才培训的授课任务,反哺国家会计学院和会计领军(后备)人才培训项目。

(6) 开展案例研讨。结合重点案例,组织学员开展研究,引导学员到实践中去总结学习,并就研究成果进行交流讨论。开展案例研究竞赛,深化案例研究工作,提高案例研究质量,形成一批精品研究报告。

(7) 开设网络课堂。国家会计学院将利用培训专属网站,开辟网络课堂,定期将优秀课程制成课件上网,供学员学习。同时,利用网络搭建学员沟通平台,实现培训结束后继续交流碰撞。

(8) 举办高层次论坛。培训管理部门及国家会计学院定期举办高层次论坛,邀请国内外知名学者和企业家进行专题演讲,组织学员研讨交流。每位学员可以根据需要选择参加,但每年参加的论坛数量不得少于1次。

(9) 建立后续跟踪评价体系。定期了解学员完成培训后的岗位职业变化,听取学员对学习课程的建议,为测评培训实施效果提供基础数据。

3. 联合培养

搭建4类会计领军(后备)人才的沟通桥梁,通过开展联合集中培训、举办合作论坛、学术交流、网络互动等方式,加强4类会计领军(后备)人才间的沟通与交流,促进4类会计领军(后备)人才间的学习合作、业务合作、知识整合，打造会计领军(后备)人才联合团队。

(1) 建立联合培训沟通机制。各培训管理部门定期沟通会计领军(后备)人才培训情况，交流培训经验，共同研究改进会计领军(后备)人才培养的政策、措施、办法。

(2) 举办联合集中培训。每年举办一次联合集中培训，时间为3～5天，采取“授课与交流相结合，以交流讨论为主”的培训模式。开设专题讲座，聘请国内外一流的专家、学者授课；打通学员类别，开展交流讨论。通过联合集中培训，增强各类人才之间的横向联系，丰富各类人才的知识网络，开阔学员视野。

(3) 举办合作论坛。以国家会计学院为依托，不定期举办合作论坛，就学员关心的问题进行讨论，实现信息共享，交流碰撞提升。论坛按地区、行业、专业等类别组织，学员根据需要自愿参加，并邀请社会知名专家、学者、大型企事业单位高层管理人员、国家政策制定机构高层领导参加。

(4) 搭建网络沟通平台。在各类会计领军(后备)人才培训分别自办专属网络沟通平台的基础上，由上海国家会计学院牵头建设4类学员公共网络沟通平台，实现4类学员的远程互动，加强各类学员、教师之间的联系。

(5) 引导、鼓励学员成立跨类别学习组织。积极发挥学员在学习合作、工作合作等方面的主观能动性，鼓励学员自发成立各种跨类别的学习、交流、互助型学习组织，构建会计领军(后备)人才学习团队。

(三) 培训管理

实行激励与约束相结合的培训管理机制，建立健全培训管理办法，引导学员按照培训方案完成培训任务，按照考核周期，对学员参加集中培训情况、完成指定自学任务情况、返校讲课情况、发表学术论文情况、参加论坛情况、参加网络交流情况、工作业绩、职务晋升情况、获奖情况、单位满意度等进行量化考核，结合学员的综合素质和发展潜力，按照考核淘汰机制，选拔产生优秀人才。

(四) 培训经费

财政部会计司、中国注册会计师协会、中国会计学会分别承担企业类、行政事业类、注册会计师类、学术类会计领军(后备)人才培训选拔阶段的全部费用以及跟踪培训期间需发生的相关费用；北京、上海、厦门国家会计学院承担集中培训期间的全部教学、管理费用以及跟踪培训期间发生的相关费用；其他培训所需费用由学员所在单位根据自身情况适当承担。

六、学员使用

坚持“培养与使用相结合”的指导思想，建立与国家有关人才使用部门问题的沟通合作机制，加强与人才所在单位的沟通，积极向国有大型企业、行政事业单位、国际性组织、国家人才库推荐优秀学员。吸纳优秀学员成为财政部会计准则委员会、企业内部控制标准委员会、中国注册会计师协会、中国会计学会等专业机构的成员。

七、加强国际合作

牢固树立为大型企业集团、大型会计师事务所“走出去”战略服务、占领国际会计理论前沿阵地的战略意识，高度重视人才培养的国际合作，加强会计人才培养的国际间经验、技术、人员的交流与合作，推荐优秀学员赴境外考察、实习、研修。鼓励学员到世界知名院校、研究机构、企业、组织进行访问交流。创造条件促进学员取得国际资本市场认可的专业资格，不断提高行业的国际化水平。积极解决国内专业技术资格、职业资格与国际专业资格的互认问题，为会计领军(后备)人才的成长、成才创造更加广阔的空间。

八、探索可持续发展模式

通过创新会计领军(后备)人才培养使用机制，总结积累会计领军(后备)人才培养经验，按照学员选拔、重点培养、精品打造、定向举荐、发展提升的领军人才发展路径。通过拓展领军人才成长发展渠道，加速领军人才价值创造，扩大领军人才社会影响，塑造领军人才品牌形象，实现领军人才可持续发展。

七、全国先进会计工作者评选表彰办法

财政部关于印发《全国先进会计工作者评选表彰办法》的通知

财会[2007]7号

中共中央直属机关事务管理局，铁道部，国务院机关事务管理局，解放军总后勤部、武警部队后勤部，各省、

自治区、直辖市、计划单列市财政厅(局),新疆生产建设兵团财务局:

为了评选表彰在社会主义市场经济中做出突出业绩和重大贡献的先进会计工作者,树立当代会计工作者楷模,塑造会计行业良好形象,激励广大会计工作者崇尚诚信、依法理财、锐意创新、敬业奉献,我部根据《中华人民共和国会计法》及相关法律的规定,制定了《全国先进会计工作者评选表彰办法》,现予印发,请遵照执行。

附件:全国先进会计工作者评选表彰办法

附件:

全国先进会计工作者评选表彰办法

第一章 总 则

第一条 为了评选表彰在社会主义市场经济建设中做出突出业绩和重大贡献的先进会计工作者,树立当代会计工作者楷模,塑造会计行业良好形象,激励广大会计工作者崇尚诚信、依法理财、锐意创新、敬业奉献,根据《中华人民共和国会计法》及相关法律的规定,制定本办法。

第二条 财政部负责组织全国先进会计工作者的评选表彰工作,一般每3年组织1次。

未经财政部批准,其他部门和单位不得组织全国性会计工作者评选表彰活动。

第三条 财政部负责成立全国先进会计工作者评选表彰领导小组(以下简称领导小组),全面指导评选表彰工作,并负责评选表彰名额的确定和评选最终结果的审定。

领导小组下设办公室,负责落实领导小组的工作决议、组织专家评审委员会对推荐的候选人进行评审、承担评选表彰的组织实施、沟通协调等各项管理工作。

各地区、各部门应当设立相应领导机构和办事机构,负责本地区、本部门的评选表彰工作。

第二章 评选范围和条件

第四条 全国先进会计工作者评选范围包括:在国家机关、企业、事业单位、社会团体和其他经济组织中持有会计从业资格证书、从事会计工作的人员,以及从事会计事务管理、会计科研及教学、注册会计师业务的人员。

第五条 凡认真执行会计法律、法规,模范遵守职业道德,忠于职守、坚持原则、诚实守信、爱岗敬业、廉洁奉公,在会计工作中做出显著成绩,在社会上、行业内得到广泛认同,并具备下列条件之一的会计工作者,均可参加评选:

(一)在参与本单位重大经济事项预测、决策、控制、分析等方面卓有成效,为制定发展战略、加强经济管理、健全内部控制、提高经济效益做出重大贡献的;

(二)在加强财务会计管理和制度建设方面有创新、有突破,取得显著效果,或在省级以上(含省级)范围内推广应用的;

(三)长期工作在会计岗位第一线,爱岗敬业、任劳任怨,坚持原则、善于理财,并在认真执行会计基础工作规范,切实提高会计信息质量,充分发挥会计职能作用等方面业绩突出的;

(四)在杜绝经济犯罪,避免铺张浪费,保护国家和公共财产,保护投资者、债权人、社会公众合法利益,维护社会主义市场经济秩序和国家财经纪律等方面事迹突出的;

(五)在会计理论研究、教书育人方面卓有建树,取得重大科研成果,为构建我国会计理论和方法体系、发展会计教育事业做出突出贡献的;

(六)在办理注册会计师业务中执业谨慎、勤勉尽责,努力维护行业形象和声誉,并为行业改革与发展做出显著成绩的;

(七)除上述条件以外在会计工作中作出重大贡献的。

第六条 因执业活动违法、违纪受过行政处罚或刑事处罚,或因直接过失给本单位造成不利后果和不良影响的会计工作者,不得参加评选。

第三章 评选方式和机构

第七条 评选工作按照从事会计工作、从事会计事务管理、会计科研及教学、注册会计师业务四个系列进行评选。

评选工作采取各地区、各部门推荐与财政部集中审核相结合、专家评议与社会公众投票相结合的方式。

其中，专家评议意见的评定权重占70%，社会公众投票的评定权重占30%。

第八条 全国先进会计工作者的评选机构分为评定机构和推荐机构。

(一) 评定机构。领导小组及其组织的专家评审委员会。专家评审委员会由有关政府部门、会计理论和实务界的专家、学者组成。专家评审委员会成员不得作为全国先进会计工作者候选人。

(二) 推荐机构。按照现行会计管理体制，由各省、自治区、直辖市、计划单列市财政厅(局)，新疆生产建设兵团财务局，中共中央直属机关事务管理局、国务院机关事务管理局、铁道部、中国人民解放军总后勤部和中国人民武装警察部队后勤部(以下简称中央主管单位)负责推荐。

第四章 评选程序

第九条 符合评选条件的会计工作者经所在单位推荐，并经业务主管部门核实其先进事迹后，由业务主管部门向推荐机构申报有关材料，经评审后产生推荐候选人。没有业务主管部门的，由所在单位向推荐机构直接申报有关材料。

第十条 推荐机构对拟推荐的候选人应根据其申报材料向其所在单位及行使监管职责的有关部门进行核实，如征求纪检、监察、财税、审计、国有资产管理、证券监督管理等部门的意见；对注册会计师行业的候选人，由省级注册会计师协会(含深圳市注册会计师协会)组织评选后向同级财政部门推荐。

第十一条 推荐机构对经审查无异议的候选人应当填写、整理有关材料，报送领导小组办公室。

领导小组办公室按照评选条件，对候选人资格、事迹材料等进行审查、确认，并组织专家评审委员会，根据评选条件，结合候选人的事迹逐一进行评比，遴选出正式候选人；同时，通过有关新闻媒体进行社会公众投票。

领导小组办公室组织专家评审委员会对入围的候选人进行评议和无记名投票，并结合社会公众投票情况，形成评审结果，报领导小组审定，产生全国先进会计工作者。

第五章 表彰与罚则

第十二条 通过评选获得表彰的会计工作者，由财政部授予“全国先进会计工作者”荣誉称号、颁发荣誉证书，并给予必要的物质奖励。

第十三条 通过弄虚作假等手段骗取荣誉称号的，撤销其称号、收回其荣誉证书和相应的物质奖励，并在10年内不得参加财政部门组织的会计工作者评选表彰活动。

第六章 附则

第十四条 各省、自治区、直辖市、计划单列市财政厅(局)，新疆生产建设兵团财务局和中央主管单位参照本办法，制定本地区、本部门的评选表彰办法，报财政部备案。

第十五条 本办法由财政部负责解释。

第十六条 本办法自发布之日起施行。

八、中国会计学会个人会员分级管理办法(试行)

中国会计学会个人会员分级管理办法(试行)

2009年10月22日

第一条 为加大个人会员服务力度，满足会员职业发展的需求，全面提升会员专业水平，造就高素质会员队伍，更好地为我国经济发展服务，根据《中国会计学会章程》规定，制定本办法。

第二条 中国会计学会个人会员分为会员、高级会员和资深会员三个级别。

(一) 凡从事会计相关工作并具备中级职称2年以上(含2年，下同)，或取得会计学博士学位，或取得注册会计师执业资格并在会计师事务所从业2年以上，或在政府部门从事会计管理工作5年以上者，可申请并经批准成为会员。

(二) 凡从事会计相关工作并具备副高级及以上职称，或中小型会计师事务所合伙人，或在政府部门从事会计管理工作并取得一定理论或实务研究成果者，可申请并经批准成为高级会员。

(三) 凡在大型企业集团公司担任总会计师(财务总监)并具备高级职称，或在大专院校、科研单位担任省级以上财务会计学科带头人并具备教授或研究员职称，或大型会计师事务所合伙人，或在全国性会计专业组织、省级以上政府部门主管会计工作并具有上述相当水平的会计工作者，可申请并经批准成为资深会员。

第三条 本会理事为本会高级会员。本会常务理事为本会资深会员。

第四条 个人会员职称发生变化，符合晋升条件，本人申请并经审核批准后，可晋升高一级会员；个人会员连续5年热心学会工作，积极参加或组织相关活动的，由本人申请并经审核批准，可破格晋升高一级会员。

第五条 按照本办法和动态分类管理的原则，对个人会员分级建档管理，并通过网络办理相应会员级别的申请确认工作。

第六条 所有个人会员均可享有下列服务：

（一）免费获得《会计最新动态》及《会计研究动态》电子版；

（二）免费获得《会计研究》会刊，投稿时同等条件优先选用；

（三）免费浏览《会计研究》及下载会议、学术论文等文献资料；

（四）优惠获得会员升级所需知识及能力框架的培训或相关辅导资料；

（五）优惠参加本会为会员举办的后续教育培训并作为后续教育学时；

（六）优先参加本会组织的学术会议。

第七条 高级会员除了享有为会员提供的服务外，可享有以下增值服务：

（一）申请成为本会专业委员会委员；

（二）申请并优先获得财政部或本会立项的重点会计科研课题；

（三）优惠获得高级会员升级所需知识及能力框架的培训或相关辅导资料；

（四）优惠参加本会为高级会员举办的后续教育培训并作为后续教育学时；

（五）优先参加本会组织的专题学术研讨活动。

第八条 资深会员除了享有为高级会员提供的服务外，还可享有以下增值服务：

（一）免费参加本会组织的会计改革和实务问题高层研讨，如总会计师论坛、学术峰会等；

（二）代表本地区或行业就有关会计法规制度的制定与实施提供政策建议；

（三）申请并优先获得财政部或本会立项的重大会计科研课题；

（四）与本会共同组织本地区或本行业资深会员开展会员活动。

（五）优惠参加本会为资深会员举办的后续教育培训并作为后续教育学时。

第九条 本会将不断改进和完善个人会员服务方式和内容，构建个人会员服务的资讯平台、专业发展平台、科研活动平台和高端研讨平台。

（一）资讯平台，包括《会计研究》、《会计最新动态》、《会计研究动态》、专业会议论文、会员人才交流信息、网络图书馆或资料库等信息。

（二）专业发展平台，包括会员晋级培训、后续教育培训等。会员晋级培训有助于会员知识更新，为向高一级晋升创造条件。后续教育培训是利用本会的智力优势，提供会计准则、内部控制等最新政策与业务的专题培训，满足后续教育需求。

（三）科研活动平台，包括本会及各专业委员会的专题研讨活动、重点会计科研课题研究、相关专题调研活动等。

（四）高端研讨平台。包括总会计师系列论坛、会计前沿理论研讨会等方式，针对我国会计改革与发展中的重大理论与实务问题进行深入研讨，为决策部门提供有价值的政策建议。

第十条 个人会员应遵守本会章程，执行本会个人会员管理办法，维护本会的合法权益。

第十一条 各级别会员缴纳会费的金额暂不作调整，每人每年200元，也可预交会费。

第十二条 本办法自发布之日起试行。

九、关于推进省级会计人员管理系统建设的指导意见

关于推进省级会计人员管理系统建设的指导意见

财会[2009]13号

中共中央直属机关事务管理局，国务院机关事务管理局，铁道部，中国人民解放军总后勤部财务部，中国人

民武装警察部队后勤部，各省、自治区、直辖市、计划单列市财政厅（局），新疆生产建设兵团财务局：

为认真贯彻落实中共中央办公厅、国务院办公厅制定发布的《2006—2020年国家信息化发展战略》（中办发[2006]11号）和财政部印发的《关于全面推进我国会计信息化工作的指导意见》（财会[2009]6号）文件精神，推动我国会计人员管理信息化进程，进一步提升会计管理效率，提高会计人员管理水平，现就省级会计人员管理系统建设提出以下指导意见。

一、省级会计人员管理系统建设的重要意义

《财政部关于全面推进我国会计信息化工作的指导意见》明确指出，推进会计管理和会计监督信息化建设，推动会计监管手段、技术和方法的创新，建立会计人员管理系统，实现对全社会会计人员的动态管理，不断提升会计管理和会计监督水平。建立会计人员管理系统，实现会计人员管理信息化，是贯彻国家信息化、会计信息化的重要举措，对于全面提升会计人员管理水平具有重要的意义。

省、自治区、直辖市、计划单列市财政部门、新疆生产建设兵团财务局和中央会计从业资格有关管理部门会计人员管理系统（以下简称"省级会计人员管理系统"）建设，是建立全国会计人员管理系统的前提和基础。省级会计人员管理系统建成与否、建设质量，直接影响全国会计人员管理系统的建设速度、建成质量，是关键所在。因此，省级财政部门和中央会计从业资格有关管理部门应当高度重视，加强领导，明确职责，保障供给，尽快建立和完善本地区、本部门的会计人员管理系统，为全国会计人员管理系统建设奠定扎实基础。

二、省级会计人员管理系统建设的总体目标

省级会计人员管理系统建设，应当依据国家和本省会计法规和相关管理制度，利用现代化数据技术、系统接口技术、网络传输技术、数据加密技术等，建立适应本地区、本部门需要的会计人员信息管理系统，满足快速高效地处理日常会计管理的各项业务，实现本区域会计人员管理网络化、信息化、无纸化，保证与财政部、各省级之间以及与社会之间会计管理资源的数据共享、信息共享，促进会计管理人性化、公开化、科学化。

省级会计人员管理系统建设，应当满足本地区业务管理及财政部的要求。为保证数据安全性，会计人员基本信息和基础数据维护管理功能应当在财政内网实现，对社会和广大会计人员提供服务的功能可在财政外网实现。

三、省级会计人员管理系统建设的基本原则

省级会计人员管理系统的建设，要按照"统一指导、领导负责、分别实施"的总体要求，有效开展系统建设工作。在建设过程中，要认真遵循财政部的统一指导，各省级财政部门领导同志牵头组织实施，会计管理机构具体负责组织系统建设工作；同时，还必须遵循以下原则：

（一）实用性原则

省级会计人员管理系统建设要最大限度地满足会计人员管理实际工作的需要。系统总体设计应充分考虑当前会计人员管理的各业务层次、各环节管理中数据处理的便利性和可行性，最大限度地做到管理简单、界面简洁、使用方便。系统一般应包括会计从业资格无纸化考试模块（含报名、缴费、考试、发证等功能）、会计从业资格管理模块（含继续教育管理、奖惩诚信记录管理等）、会计专业技术资格管理模块（含初、中、高及正高级会计专业技术资格管理等）、会计人员调转、会计人员基本信息变更等功能模块，实现基础数据及其变动情况在模块间的联动、共享，并可实时统计、查询。

（二）先进性原则

省级会计人员管理系统建设应采用当今国际、国内最先进和成熟的计算机软、硬件技术与设备，确保新建立的系统能够最大限度地适应日后业务发展的需求。系统的设计应当充分考虑系统运行后数据量大、实时性强的特点，采取必要技术和手段，保证系统的有效正常运行。系统建设应保证便捷的后期维护功能，并根据不同系统架构，应用不同的维护技术。

（三）可扩展性原则

省级会计人员管理系统建设应充分考虑在结构、容量、通信能力、产品升级、处理能力、数据库、软件开发等方面具备良好的可扩展性和灵活性，预留与全国会计人员管理系统的各个功能接口（接口标准另行下发）。与全国会计人员管理系统的功能接口一般应包括：全国会计管理统一数据平台接口、会计从业资格考试数据接口（用于接收无纸化考试题库）、会计人员跨省调转接口、会计专业技术资格系统接口（含初、中、高及正高级专业技术资格接口)、会计人员奖惩诚信记录数据接口等。

(四) 安全性原则

省级会计人员管理系统在硬件上应采用必要的网络安全保护措施,保证系统安全运转;在数据存储、传递过程中应采用必要的数字加密技术,保证数据安全传输;在操作上应采用分层权限控制及完备的系统日志审核和数据备份机制,保证信息系统的机密性和完整性。

(五) 时效性原则

基础数据是会计人员管理系统实现功能的有效保证。省级会计人员管理系统建设中要充分考虑基础数据的时效性,切实保证基础数据全面及时传递、更新和维护,保证财政部与省级会计人员管理系统中的会计人员基础数据及时同步。

(六) 统一性原则

省级会计人员管理系统建设应当尽可能充分利用金财工程建设成果,做到经费有保障,技术有支持。在系统建设过程中,要充分利用现有资源,本着节约办事的原则,参考其他地区或部门较为成熟的系统建设经验,既可以采取自主开发方式,也可以通过政府采购等方式选择其他地区或部门已开发成熟的、较完善的系统。

建设省级会计人员管理系统,要求在数据层次与全国会计人员管理系统对接。财政部经整理形成了十七张代码表,各省级系统建设应按照附表中的要求进行定义,以便能顺利实现系统间数据交换。

四、省级会计人员管理系统建设的总体要求

(一) 提高认识,加强领导,精心安排,周密实施

本次系统建设工作是一项涉及全国广大会计人员的政策性很强的工作。各级财政部门务必予以高度重视,切实加强组织领导,保证必要的资金和物质投入,严格按照财政部的统一部署,以服务广大会计人员为宗旨,组织精干力量,配备责任心强、熟悉会计管理的人员,投入到省级会计人员管理系统开发建设中。

(二) 严格按照要求采集会计人员基础信息

为保证全国会计人员信息管理系统基础数据采集的准确性和完整性,各省级会计管理机构在系统开发建设时,应严格按照《会计人员基本信息表》(见附表1-17)的数据标准提供基础数据。为方便管理,各省级会计管理机构可根据自身的实际情况在会计人员基本信息表的基础上进行一定的数据项扩充。已经建立省级会计人员管理系统的,应当采取多种行之有效的方法,在3年内逐步按照新要求采集和核实会计人员基础信息,建立会计人员纸质、电子档案。

(三) 确保省级会计人员管理系统对全国系统适时对接,数据同步

各省级会计管理机构应当于2010年12月31日前完成系统开发建设工作,实现省内联网,保证全国会计人员管理系统能够适时对接。全国会计人员管理系统建成运行中,各省级会计管理机构应当在每个工作日结束后,将会计人员信息数据库中的变动数据,同步至全国会计人员管理系统的主数据库中。

(四) 省际间会计人员调转管理系统应当满足财政部调转平台的需求

财政部负责建设全国会计人员跨省调转平台,实现省际间会计人员的调转。省级会计人员管理系统应当留有会计人员调转平台接口,同时按照财政部提供的会计人员调转信息标准,对本地区、本部门、本系统的系统进行调整改造,确保能按照接口标准导入导出会计人员调转信息。省内调转系统由各省级会计管理机构自行开发建设。

在执行过程中,如有疑问或建议,请及时反馈。

联系人:

会计司 胡兴国 010-68552544,huxingguo@mof.gov.cn

万文翔 010-68553024,wanwenxiang@mof.gov.cn

信息中心 关伟文 010-68553128,guanweiwen@mof.gov.cn

王玉林 010-68553111,wangyulin@mof.gov.cn

附件:代码表(略)

第四部分　综合性会计监督相关法规

一、财政部门实施会计监督办法

中华人民共和国财政部令

（第10号）

现公布《财政部门实施会计监督办法》，自公布之日起施行。

部长　项怀诚

2001年2月20日

财政部门实施会计监督办法

第一章　总　则

第一条　为规范财政部门会计监督工作，保障财政部门有效实施会计监督，保护公民、法人和其他组织的合法权益，根据《中华人民共和国会计法》、（以下简称《会计法》）、《中华人民共和国行政处罚法》（以下简称《行政处罚法》）、《企业财务会计报告条例》等有关法律、行政法规的规定，制定本办法。

第二条　国务院财政部门及其派出机构和县级以上地方各级人民政府财政部门（以下统称财政部门）对国家机关、社会团体、公司、企业、事业单位和其他组织（以下统称单位）执行《会计法》和国家统一的会计制度的行为实施监督检查以及对违法会计行为实施行政处罚，适用本办法。

当事人的违法会计行为依法应当给予行政处分的，执行有关法律、行政法规的规定。

第三条　县级以上财政部门负责本行政区域的会计监督检查，并依法对违法会计行为实施行政处罚。

跨行政区域行政处罚案件的管辖确定，由相关的财政部门协商解决；协商不成的，报请共同的上一级财政部门指定管辖。

上级财政部门可以直接查处下级财政部门管辖的案件，下级财政部门对于重大、疑难案件可以报请上级财政部门管辖。

第四条　财政部门对违法会计行为案件的处理，应当按照本办法规定的程序，经审查立案、组织检查、审理后，作出处理决定。

第五条　财政部门应当在内部指定专门的机构或者在相关机构中指定专门的人员负责会计监督检查和违法会计行为案件的立案、审理、执行、移送和案卷管理等工作。财政部门内部相关机构或者职责的设立，应当体现案件调查与案件审理相分离、罚款决定与罚款收缴相分离的原则。

第六条　财政部门应当建立健全会计监督制度，并将会计监督与财务监督和其他财政监督结合起来，不断改进和加强会计监督工作。

第七条　任何单位和个人对违法会计行为有权检举。

财政部门对受理的检举应当及时按照有关规定处理，不得将检举人姓名和检举材料转给被检举单位和被检举人个人。

第八条　财政部门及其工作人员对在会计监督检查工作中知悉的国家秘密和商业秘密负有保密义务。

第二章　会计监督检查的内容、形式和程序

第九条　财政部门依法对各单位设置会计账簿的下列情况实施监督检查：

（一）应当设置会计账簿的是否按规定设置会计账簿；

（二）是否存在账外设账的行为；

（三）是否存在伪造、变造会计账簿的行为；

（四）设置会计账簿是否存在其他违反法律、行政法规和国家统一的会计制度的行为。

第十条 财政部门依法对各单位会计凭证、会计账簿、财务会计报告和其他会计资料的真实性、完整性实施监督检查，内容包括：

（一）《会计法》第十条规定的应当办理会计手续、进行会计核算的经济业务事项是否如实在会计凭证、会计账簿、财务会计报告和其他会计资料上反映；

（二）填制的会计凭证、登记的会计账簿、编制的财务会计报告与实际发生的经济业务事项是否相符；

（三）财务会计报告的内容是否符合有关法律、行政法规和国家统一的会计制度的规定；

（四）其他会计资料是否真实、完整。

第十一条 财政部门依法对各单位会计核算的下列情况实施监督检查：

（一）采用会计年度、使用记账本位币和会计记录文字是否符合法律、行政法规和国家统一的会计制度的规定；

（二）填制或者取得原始凭证、编制记账凭证、登记会计账簿是否符合法律、行政法规和国家统一的会计制度的规定；

（三）财务会计报告的编制程序、报送对象和报送期限是否符合法律、行政法规和国家统一的会计制度的规定；

（四）会计处理方法的采用和变更是否符合法律、行政法规和国家统一的会计制度的规定；

（五）使用的会计软件及其生成的会计资料是否符合法律、行政法规和国家统一的会计制度的规定；

（六）是否按照法律、行政法规和国家统一的会计制度的规定建立并实施内部会计监督制度；

（七）会计核算是否有其他违法会计行为。

第十二条 财政部门依法对各单位会计档案的建立、保管和销毁是否符合法律、行政法规和国家统一的会计制定的规定实施监督检查。

第十三条 财政部门依法对公司、企业执行《会计法》第二十五条和第二十六条的情况实施监督检查。

第十四条 财政部门依法对各单位任用会计人员的下列情况实施监督检查：

（一）从事会计工作的人员是否持有会计从业资格证书；

（二）会计机构负责人（会计主管人员）是否具备法律、行政法规和国家统一的会计制度规定的任职资格。

第十五条 国务院财政部门及其派出机构和省、自治区、直辖市财政部门依法对会计师事务所出具的审计报告的程序和内容实施监督检查。

第十六条 财政部门实施会计监督检查可以采用下列形式：

（一）对单位遵守《会计法》、会计行政法规和国家统一的会计制度情况进行全面检查；

（二）对单位会计基础工作、从事会计工作的人员持有会计从业资格证书、会计人员从业情况进行专项检查或者抽查；

（三）对有检举线索或者在财政管理工作中发现有违法嫌疑的单位进行重点检查；

（四）对经注册会计师审计的财务会计报告进行定期抽查；

（五）对会计师事务所出具的审计报告进行抽查；

（六）依法实施其他形式的会计监督检查。

第十七条 财政部门实施会计监督检查，应当执行《财政检查工作规则》（财政部财监字[1998]223号）和本办法规定的工作程序、要求，保证会计监督检查的工作质量。

第十八条 在会计监督检查中，检查人员应当如实填写会计监督检查工作记录。

会计监督检查工作记录应当包括下列内容：

（一）检查工作记录的编号；

（二）被检查单位违法会计行为发生的日期、记账凭证编号、会计账簿名称和编号、财务会计报告名称和会计期间、会计档案编号；

（三）被检查单位违法会计行为主要内容摘录；

（四）会计监督检查工作记录附件的主要内容和页数；

（五）其他应当说明的事项；

（六）检查人员签章及填制日期；

（七）检查组长签章及日期。

前款第(四)项所称会计监督检查工作记录附件应当包括下列材料：

（一）与被检查事项有关的会计凭证、会计账簿、财务会计报告等会计资料的复印件；

（二）与被检查事项有关的文件、合同、协议、往来函件等资料的复印件；

（三）注册会计师及其会计师事务所出具的审计报告、有关资料的复印件；

（四）其他有关资料。

第十九条　财政部门实施会计监督检查，可以在被检查单位的业务场所进行；必要时，经财政部门负责人批准，也可以将被检查单位以前会计年度的会计凭证、会计账簿、财务会计报告和其他有关资料调回财政部门检查，但须由组织检查的财政部门向被检查单位开具调用会计资料清单，并在三个月内完整退还。

第二十条　财政部门在被检查单位涉嫌违法的证据可能灭失或者以后难以取得的情况下，经财政部门负责人批准，可以对证据先行登记保存，并应当在七日内对先行登记保存的证据作出处理决定。

第二十一条　国务院财政部门及其派出机构在对有关单位会计资料的真实性、完整性实施监督检查过程中，发现重大违法嫌疑时，可以向与被检查单位有经济业务往来的单位查询被检查单位开立账户的金融机构查询有关情况。向与被检查单位有经济业务往来的单位查询有关情况，应当向国务院财政部门或者其派出机构负责人批准，并持查询情况许可证明；向被检查单位开立账户的金融机构查询情况，应当遵守《关于财政部及其派出机构查询被监督单位有关情况若干具体问题的通知》(财政部、中国人民银行财监字[2000]39号)的规定。

第二十二条　检查组应当在检查工作结束后十日内，将会计监督检查报告、会计监督检查工作记录及其附件、被检查当事人提出的书面意见提交组织检查的财政部门。

会计监督检查报告应当包括下列内容：

（一）检查的范围、内容、形式和时间；

（二）被检查单位的基本情况；

（三）检查组检查工作的基本情况；

（四）当事人的违法会计行为和确认违法事实的依据；

（五）对当事人给予行政处罚的建议；

（六）对当事人给予行政处分的建议；

（七）对涉嫌犯罪的当事人提出移送司法机关的建议；

（八）其他需要说明的内容；

（九）检查组组长签章及日期。

第二十三条　财政部门对于检查组提交的会计监督检查报告及其他有关材料应当按照本办法第四章的有关规定进行审理，并作出处理决定。

第三章　处理、处罚的种类和适用

第二十四条　财政部门在会计监督检查中实施行政处罚的种类包括：

（一）警告；

（二）罚款；

（三）吊销会计从业资格证书。

第二十五条　财政部门对违法会计行为查实后，应当责令当事人改正或者限期改正，并依法给予行政处罚。

第二十六条　当事人有下列情形之一的，财政部门应当依法从轻给予行政处罚：

（一）违法会计行为是初犯，且主动改正违法会计行为、消除危害后果的；

（二）违法会计行为是受他人胁迫进行的；

（三）配合财政部门查处违法会计行为有立功表现的；

（四）其它依法应当从轻给予行政处罚的。

第二十七条　当事人有下列情形之一的，财政部门应当依法从重给予行政处罚：

（一）无故未能按期改正违法会计行为的；

（二）屡查屡犯的；

（三）抗拒、阻挠依法实施的监督，不如实提供有关会计资料和情况的；

（四）胁迫他人实施违法会计行为的；

（五）违法会计行为对单位的账务状况和经营成果产生重大影响的；

（六）以虚假的经济业务事项或者资料为依据进行会计核算，造成会计信息严重失实的；

（七）随意改变会计要素确认标准、计量方法，造成会计信息严重失实的；

（八）违法会计行为是以截留、挪用、侵占、浪费国家财政资金为目的的；

（九）违法会计行为已构成犯罪但司法机关免予刑事处罚的。

第二十八条 财政部门在对本办法第九条、第十条、第十一条、第十二条、第十三条、第十四条规定的内容实施会计监督检查中，发现当事人有《会计法》第四十二条第一款所列违法会计行为的，应当依照《会计法》第四十二条的规定处罚。

第二十九条 财政部门在对本办法第九条、第十条、第十一条、第十二条、第十三条规定的内容实施会计监督检查中，发现当事人有伪造、变造会计凭证、会计账簿或者编制虚假财务会计报告的，应当依照《会计法》第四十三条的规定处理。

第三十条 财政部门在对本办法第九条、第十条、第十一条、第十二条、第十三条规定的内容实施会计监督检查中，发现有隐匿或者故意销毁依法应当保存的会计凭证、会计账簿、财务会计报告的违法会计行为的，应当依照《会计法》第四十四条的规定处理。

第三十一条 财政部门在实施会计监督检查中，发现被检查单位的有关人员有授意、指使、强令会计机构、会计人员及其他人员伪造、变造或者隐匿、故意销毁依法应当保存的会计凭证、会计账簿，编制虚假财务会计报告行为的，应当依照《会计法》第四十五条的规定处理。

第三十二条 财政部门在会计监督检查中发现单位负责人对依法履行职责的会计人员实行打击报复的，应当依照《会计法》第四十六条的规定处理。

第三十三条 财政部门对本办法第十五条规定的内容实施监督检查时，发现注册会计师及会计师事务所出具审计报告的程序和内容违反《中华人民共和国注册会计师法》规定的，应当依照《中华人民共和国注册会计师法》的有关规定处理。

第三十四条 财政部门认为违法会计行为构成犯罪的，应当依照有关规定移送司法机关处理。

第三十五条 财政部门的工作人员在实施会计监督中，有下列行为之一的，依法给予行政处分；构成犯罪的，依法追究刑事责任：

（一）滥用职权的；

（二）玩忽职守、徇私舞弊的；

（三）索贿受贿的；

（四）泄露国家秘密、商业秘密的。

第四章 行政处罚程序

第三十六条 财政部门对违法会计行为实施行政处罚，应当按照本章规定的程序办理。

第三十七条 财政部门对公民、法人和其他组织检举的违法会计行为案件，应当予以审查，并在七日内决定是否立案。

第三十八条 财政部门对违法会计行为案件的下列内容予以审查：

（一）违法事实是否清楚；

（二）证据是否确凿；

（三）其他需要审查的内容。

第三十九条 财政部门对符合下列条件的违法会计行为案件应当予以立案：

（一）有明确的违法会计行为、违法会计行为人；

（二）有可靠的事实依据；

（三）当事人的违法会计行为依法应当给予行政处罚；

（四）属于本机关管辖。

第四十条 财政部门对违法会计行为案件审查后，认为不符合立案条件的，应当告知检举人，并将审查意见存档；认为案件依法应当由其他部门管辖的，及时将案件材料移送有关部门。

第四十一条　对下列违法会计行为案件，财政部门可以直接立案：

（一）在会计监督检查中发现的；

（二）在其它财政监督检查中发现的；

（三）在日常财政管理工作中发现的；

（四）上级财政部门指定办理、下级财政部门上报的；

（五）有关部门移送的。

第四十二条　财政部门对按照本办法第三十七条、第三十九条和第四十一条（三）、（四）、（五）项规定立案的违法会计行为案件，应当按照本办法第二章规定的程序实施会计监督检查。

第四十三条　财政部门应当建立违法会计行为案件的审理制度。

财政部门应当指定专门的机构或者在相关机构中指定专门的人员，负责对已经立案并实施会计监督检查的案件按照本章规定的程序审核检查提交的有关材料，以确定是否对当事人给予行政处罚以及对当事人的处罚种类和幅度。

第四十四条　财政部门对违法会计行为案件的审理应当依照有关法律、行政法规和规章的规定进行，并遵循实事求是、证据确凿、程序合法、错罚相当的原则。

第四十五条　案件审理人员应当对违法会计行为案件的下列内容进行审查：

（一）实施的会计监督检查是否符合法定程序；

（二）当事人的违法事实是否清楚；

（三）收集的证明材料是否真实、充分；

（四）认定违法会计行为所适用的依据是否正确；

（五）建议给予的行政处罚种类和幅度是否合法和适当；

（六）当事人陈述和申辩的理由是否成立；

（七）需要审理的其他事项。

第四十六条　案件审理人员对其审理的案件可以分别作出下列处理：

（一）对会计监督检查未履行法定程序的，经向财政部门负责人报告并批准后，采取必要的弥补措施。

（二）对违法事实不清、证据不充分的。中止审理，并通知有关检查人员予以说明或者补充、核实有关的检查材料。必要时，经财政部门负责人批准，可另行组织调查、取证。

（三）对认定违法会计行为所适用的依据、建议给予的行政处罚的种类和幅度不正确、不适当的，提出修改意见。

（四）对审理事项没有异议的，签署同意意见。

第四十七条　财政部门根据对违法会计行为案件的审理结果，分别作出下列处理决定：

（一）违法事实不能成立的，不得给予行政处罚。

（二）违法会计行为轻微，依法不予行政处罚的，不予行政处罚。

（三）违法事实成立，依法应当给予行政处罚的，作出行政处罚决定。

（四）违法会计行为应当给予行政处分的，将有关材料移送其所在单位或者有关单位，并提出给予行政处分的具体建议。

（五）按照有关法律、行政法规和规章的规定，违法行为应当由其他部门实施行政处罚的，将有关材料移送有关部门处理。

（六）认为违法行为构成犯罪的，将违法案件有关材料移送司法机关处理。

第四十八条　财政部门对当事人没有违法会计行为或者违法会计行为轻微依法不予行政处罚的，应当制作会计监督检查结论，送达当事人，并根据需要将副本抄送有关单位。

会计监督检查结论包括下列内容：

（一）财政部门的名称；

（二）检查的范围、内容、形式和时间；

（三）对检查事项未发现违法会计行为或者违法会计行为轻微依法不予行政处罚的说明；

（四）要求当事人限期改正违法会计行为的期限；

（五）其他需要说明的内容。

第四十九条 财政部门对违法会计行为依法作出行政处罚决定后，应当制作会计监督行政处罚决定书，送达当事人，并根据需要将副本抄送有关单位。

会计监督行政处罚决定书应当载明下列事项：

（一）当事人名称或者姓名、地址；

（二）违反法律、行政法规、国家统一的会计制度的事实和证据；

（三）要求当事人限期改正违法会计行为的期限；

（四）行政处罚决定及其依据；

（五）行政处罚的履行方式和期限；

（六）当事人不服行政处罚决定，申请行政复议或者提起行政诉论的途径和期限；

（七）作出行政处罚决定的财政部门的名称、印章；

（八）作出行政处罚决定的日期、处罚决定文号；

（九）如果有附件应当说明附件的名称和数量。

第五十条 财政部门在作出行政处罚决定之前，应当告知当事人作出行政处罚决定的事实、理由及依据。当事人有权进行陈述和申辩。

财政部门应当充分听取当事人的意见，并应当对当事人提出的事实、理由和证据进行复核；当事人提出的事实、理由或者证据成立的，财政部门应当采纳。

财政部门不得因当事人申辩而加重处罚。

第五十一条 财政部门作出较大数额罚款、吊销会计从业资格证书的行政处罚决定之前，应当告知当事人有要求听证的权利；当事人要求听证的，应当按照《财政部门行政处罚听证程序实施办法》（财政部财法字[1998]18 号）的规定组织听证。

第五十二条 听证程序终结后，财政部门应当根据本办法第四十七条的规定作出处罚决定。

第五十三条 财政部门应当在接到会计监督检查报告之日起三十日内作出处理决定，并送达当事人；遇有特殊情况可延长至六十日内送达当事人。

第五十四条 财政部门依法作出行政处罚决定后，应当在规定的期限内履行行政处罚决定。

当事人对行政处罚决定不服申请行政复议或者提起行政诉讼的，行政处罚不停止执行，但法律、行政法规另有规定的除外。

第五十五条 当事人逾期不申请行政复议或者不提起行政诉讼又不履行处罚决定的，由作出行政处罚决定的财政部门申请人民法院强制执行。

第五十六条 当事人到期不缴纳罚款的，作出处罚决定的财政部门可以按照《行政处罚法》的有关规定对当事人加处罚款。

当事人对加处罚款有异议的，应当先缴纳罚款和因逾期缴纳罚款所加处的罚款，再依法申请行政复议或者提起行政诉讼。

第五十七条 案件结案后，案件审理人员应当做好案件材料的立卷归档工作。

第五十八条 财政部门应当建立违法会计行为案件备案制度。

县级以上地方财政部门对适用听证程序、提起行政诉讼和上级财政部门指定办理的案件，应当在结案后三十日内向上一级财政部门备案。

第五章 附 则

第五十九条 本办法所称"违法会计行为"，是指公民、法人和其它组织违法《会计法》和其他有关法律、行政法规、国家统一的会计制度的行为。

本办法所称"违法会计行为案件"，是指财政部门发现的或者受理的公民、法人和其它组织涉嫌有违法会计行为的案件。

第六十条 本办法所称"当事人"，是指财政部门实施会计监督检查的单位及其对会计行为直接负责的主管人员和其他直接责任人员。

第六十一条 本办法第五十一条所称"较大数额罚款"，是指对个人处以两千元以上罚款、对法人或者其他组织处以五万元以上罚款。

各省、自治区、直辖市通过的地方法规对"较大数额罚款"的限额另有规定的，可以不受上述数额的限制。

第六十二条　本办法所称"限期改正"的期限原则上为十五日。有特殊原因需要延长的，由组织检查的财政部门决定。

第六十三条　本办法所称的"日"，均指有效工作日。

第六十四条　各省、自治区、直辖市、计划单列市财政部门、新疆生产建设兵团可以依照本办法制定具体的实施办法，报国务院财政部门备案。

第六十五条　本办法自发布之日起施行。

二、全国人民代表大会常务委员会法制工作委员会关于对"隐匿、销毁会计凭证、会计账簿、财务会计报告构成犯罪的主体范围"问题的答复意见

全国人民代表大会常务委员会法制工作委员会关于对"隐匿、销毁会计凭证、会计账簿、财务会计报告构成犯罪的主体范围"问题的答复意见

法工委复字[2002]3号

审计署：

你署2001年11月22日来函(审函[2001]126号)收悉，经研究，现答复如下：

根据全国人大常委会1999年12月25日刑法修正案第一条的规定，任何单位和个人在办理会计事务时对依法应当保存的会计凭证、会计账簿、财务会计报告，进行隐匿、销毁，情节严重的，构成犯罪，应当依法追究其刑事责任。

根据刑事诉讼法第十八条关于刑事案件侦查管辖的规定，除法律规定的特定案件由人民检察院立案侦查以外，其他刑事案件的侦查应由公安机关进行。隐匿、销毁会计凭证、会计账簿、财务会计报告，构成犯罪的，应当由公安机关立案侦查。

第二编

企业会计法规

第五部分　综合性企业会计法规

一、企业财务会计报告条例

中华人民共和国国务院令

（第 287 号）

现公布《企业财务会计报告条例》，自 2001 年 1 月 1 日起施行。

总理　朱镕基

二〇〇〇年六月二十一日

企业财务会计报告条例

第一章　总　　则

第一条　为了规范企业财务会计报告，保证财务会计报告的真实、完整，根据《中华人民共和国会计法》，制定本条例。

第二条　企业（包括公司，下同）编制和对外提供财务会计报告，应当遵守本条例。

本条例所称财务会计报告，是指企业对外提供的反映企业某一特定日期财务状况和某一会计期间经营成果、现金流量的文件。

第三条　企业不得编制和对外提供虚假的或者隐瞒重要事实的财务会计报告。

企业负责人对本企业财务会计报告的真实性、完整性负责。

第四条　任何组织或者个人不得授意、指使、强令企业编制和对外提供虚假的或者隐瞒重要事实的财务会计报告。

第五条　注册会计师、会计师事务所审计企业财务会计报告，应当依照有关法律、行政法规以及注册会计师执业规则的规定进行，并对所出具的审计报告负责。（相关资料：实务指南）

第二章　财务会计报告的构成

第六条　财务会计报告分为年度、半年度、季度和月度财务会计报告。

第七条　年度、半年度财务会计报告应当包括：

（一）会计报表；

（二）会计报表附注；

（三）财务情况说明书。

会计报表应当包括资产负债表、利润表、现金流量表及相关附表。

第八条　季度、月度财务会计报告通常仅指会计报表，会计报表至少应当包括资产负债表和利润表。国家统一的会计制度规定季度、月度财务会计报告需要编制会计报表附注的，从其规定。

第九条　资产负债表是反映企业在某一特定日期财务状况的报表。资产负债表应当按照资产、负债和所有者权益（或者股东权益，下同）分类分项列示。其中，资产、负债和所有者权益的定义及列示应当遵循下列规定：

（一）资产，是指过去的交易、事项形成并由企业拥有或者控制的资源，该资源预期会给企业带来经济利益。在资产负债表上，资产应当按照其流动性分类分项列示，包括流动资产、长期投资、固定资产、无形资产及其他资产。银行、保险公司和非银行金融机构的各项资产有特殊性的，按照其性质分类分项列示。

（二）负债，是指过去的交易、事项形成的现时义务，履行该义务预期会导致经济利益流出企业。在资产负债表上，负债应当按照其流动性分类分项列示，包括流动负债、长期负债等。银行、保险公司和非银行金融机构的各项负债有特殊性的，按照其性质分类分项列示。

（三）所有者权益，是指所有者在企业资产中享有的经济利益，其金额为资产减去负债后的余额。在资产负债表上，所有者权益应当按照实收资本（或者股本）、资本公积、盈余公积、未分配利润等项目分项列示。

第十条 利润表是反映企业在一定会计期间经营成果的报表。利润表应当按照各项收入、费用以及构成利润的各个项目分类分项列示。其中，收入、费用和利润的定义及列示应当遵循下列规定：

（一）收入，是指企业在销售商品、提供劳务及让渡资产使用权等日常活动中所形成的经济利益的总流入。收入不包括为第三方或者客户代收的款项。在利润表上，收入应当按照其重要性分项列示。

（二）费用，是指企业为销售商品、提供劳务等日常活动所发生的经济利益的流出。在利润表上，费用应当按照其性质分项列示。

（三）利润，是指企业在一定会计期间的经营成果。在利润表上，利润应当按照营业利润、利润总额和净利润等利润的构成分类分项列示。

第十一条 现金流量表是反映企业一定会计期间现金和现金等价物（以下简称现金）流入和流出的报表。现金流量表应当按照经营活动、投资活动和筹资活动的现金流量分类分项列示。其中，经营活动、投资活动和筹资活动的定义及列示应当遵循下列规定：

（一）经营活动，是指企业投资活动和筹资活动以外的所有交易和事项。在现金流量表上，经营活动的现金流量应当按照其经营活动的现金流入和流出的性质分项列示；银行、保险公司和非银行金融机构的经营活动按照其经营活动特点分项列示。

（二）投资活动，是指企业长期资产的购建和不包括在现金等价物范围内的投资及其处置活动。在现金流量表上，投资活动的现金流量应当按照其投资活动的现金流入和流出的性质分项列示。

（三）筹资活动，是指导致企业资本及债务规模和构成发生变化的活动。在现金流量表上，筹资活动的现金流量应当按照其筹资活动的现金流入和流出的性质分项列示。

（相关资料：实务指南）

第十二条 相关附表是反映企业财务状况、经营成果和现金流量的补充报表，主要包括利润分配表以及国家统一的会计制度规定的其他附表。

利润分配表是反映企业一定会计期间对实现净利润以及以前年度未分配利润的分配或者亏损弥补的报表。利润分配表应当按照利润分配各个项目分类分项列示。

第十三条 年度、半年度会计报表至少应当反映两个年度或者相关两个期间的比较数据。

第十四条 会计报表附注是为便于会计报表使用者理解会计报表的内容而对会计报表的编制基础、编制依据、编制原则和方法及主要项目等所作的解释。会计报表附注至少应当包括下列内容：

（一）不符合基本会计假设的说明；

（二）重要会计政策和会计估计及其变更情况、变更原因及其对财务状况和经营成果的影响；

（三）或有事项和资产负债表日后事项的说明；

（四）关联方关系及其交易的说明；

（五）重要资产转让及其出售情况；

（六）企业合并、分立；

（七）重大投资、融资活动；

（八）会计报表中重要项目的明细资料；

（九）有助于理解和分析会计报表需要说明的其他事项。

第十五条 财务情况说明书至少应当对下列情况作出说明：

（一）企业生产经营的基本情况；

（二）利润实现和分配情况；

（三）资金增减和周转情况；

（四）对企业财务状况、经营成果和现金流量有重大影响的其他事项。

第三章 财务会计报告的编制

第十六条 企业应当于年度终了编报年度财务会计报告。国家统一的会计制度规定企业应当编报半年度、季度和月度财务会计报告的，从其规定。

第十七条 企业编制财务会计报告，应当根据真实的交易、事项以及完整、准确的账簿记录等资料，并按照国家统一的会计制度规定的编制基础、编制依据、编制原则和方法。

企业不得违反本条例和国家统一的会计制度规定，随意改变财务会计报告的编制基础、编制依据、编制原则和方法。

任何组织或者个人不得授意、指使、强令企业违反本条例和国家统一的会计制度规定，改变财务会计报告的编制基础、编制依据、编制原则和方法。

第十八条　企业应当依照本条例和国家统一的会计制度规定，对会计报表中各项会计要素进行合理的确认和计量，不得随意改变会计要素的确认和计量标准。

第十九条　企业应当依照有关法律、行政法规和本条例规定的结账日进行结账，不得提前或者延迟。年度结账日为公历年度每年的 12 月 31 日；半年度、季度、月度结账日分别为公历年度每半年、每季、每月的最后一天。

第二十条　企业在编制年度财务会计报告前，应当按照下列规定，全面清查资产、核实债务：

（一）结算款项，包括应收款项、应付款项、应交税金等是否存在，与债务、债权单位的相应债务、债权金额是否一致；

（二）原材料、在产品、自制半成品、库存商品等各项存货的实存数量与账面数量是否一致，是否有报废损失和积压物资等；

（三）各项投资是否存在，投资收益是否按照国家统一的会计制度规定进行确认和计量；

（四）房屋建筑物、机器设备、运输工具等各项固定资产的实存数量与账面数量是否一致；

（五）在建工程的实际发生额与账面记录是否一致；

（六）需要清查、核实的其他内容。

企业通过前款规定的清查、核实，查明财产物资的实存数量与账面数量是否一致、各项结算款项的拖欠情况及其原因、材料物资的实际储备情况、各项投资是否达到预期目的、固定资产的使用情况及其完好程度等。企业清查、核实后，应当将清查、核实的结果及其处理办法向企业的董事会或者相应机构报告，并根据国家统一的会计制度的规定进行相应的会计处理。

企业应当在年度中间根据具体情况，对各项财产物资和结算款项进行重点抽查、轮流清查或者定期清查。

第二十一条　企业在编制财务会计报告前，除应当全面清查资产、核实债务外，还应当完成下列工作：

（一）核对各会计账簿记录与会计凭证的内容、金额等是否一致，记账方向是否相符；

（二）依照本条例规定的结账日进行结账，结出有关会计账簿的余额和发生额，并核对各会计账簿之间的余额；

（三）检查相关的会计核算是否按照国家统一的会计制度的规定进行；

（四）对于国家统一的会计制度没有规定统一核算方法的交易、事项，检查其是否按照会计核算的一般原则进行确认和计量以及相关账务处理是否合理；

（五）检查是否存在因会计差错、会计政策变更等原因需要调整前期或者本期相关项目。

在前款规定工作中发现问题的，应当按照国家统一的会计制度的规定进行处理。

第二十二条　企业编制年度和半年度财务会计报告时，对经查实后的资产、负债有变动的，应当按照资产、负债的确认和计量标准进行确认和计量，并按照国家统一的会计制度的规定进行相应的会计处理。

第二十三条　企业应当按照国家统一的会计制度规定的会计报表格式和内容，根据登记完整、核对无误的会计账簿记录和其他有关资料编制会计报表，做到内容完整、数字真实、计算准确，不得漏报或者任意取舍。

第二十四条　会计报表之间、会计报表各项目之间，凡有对应关系的数字，应当相互一致；会计报表中本期与上期的有关数字应当相互衔接。

第二十五条　会计报表附注和财务情况说明书应当按照本条例和国家统一的会计制度的规定，对会计报表中需要说明的事项作出真实、完整、清楚的说明。

第二十六条　企业发生合并、分立情形的，应当按照国家统一的会计制度的规定编制相应的财务会计报告。

第二十七条　企业终止营业的，应当在终止营业时按照编制年度财务会计报告的要求全面清查资产、核实债务、进行结账，并编制财务会计报告；在清算期间，应当按照国家统一的会计制度的规定编制清算期间的财务会计报告。

第二十八条 按照国家统一的会计制度的规定，需要编制合并会计报表的企业集团，母公司除编制其个别会计报表外，还应当编制企业集团的合并会计报表。

企业集团合并会计报表，是指反映企业集团整体财务状况、经营成果和现金流量的会计报表。

第四章 财务会计报告的对外提供

第二十九条 对外提供的财务会计报告反映的会计信息应当真实、完整。

第三十条 企业应当依照法律、行政法规和国家统一的会计制度有关财务会计报告提供期限的规定，及时对外提供财务会计报告。

第三十一条 企业对外提供的财务会计报告应当依次编定页数，加具封面，装订成册，加盖公章。封面上应当注明：企业名称、企业统一代码、组织形式、地址、报表所属年度或者月份、报出日期，并由企业负责人和主管会计工作的负责人、会计机构负责人(会计主管人员)签名并盖章；设置总会计师的企业，还应当由总会计师签名并盖章。

第三十二条 企业应当依照企业章程的规定，向投资者提供财务会计报告。

国务院派出监事会的国有重点大型企业、国有重点金融机构和省、自治区、直辖市人民政府派出监事会的国有企业，应当依法定期向监事会提供财务会计报告。

第三十三条 有关部门或者机构依照法律、行政法规或者国务院的规定，要求企业提供部分或者全部财务会计报告及其有关数据的，应当向企业出示依据，并不得要求企业改变财务会计报告有关数据的会计口径。

第三十四条 非依照法律、行政法规或者国务院的规定，任何组织或者个人不得要求企业提供部分或者全部财务会计报告及其有关数据。

违反本条例规定，要求企业提供部分或者全部财务会计报告及其有关数据的，企业有权拒绝。

第三十五条 国有企业、国有控股的或者占主导地位的企业，应当至少每年一次向本企业的职工代表大会公布财务会计报告，并重点说明下列事项：

(一) 反映与职工利益密切相关的信息，包括：管理费用的构成情况，企业管理人员工资、福利和职工工资、福利费用的发放、使用和结余情况，公益金的提取及使用情况，利润分配的情况以及其他与职工利益相关的信息；

(二) 内部审计发现的问题及纠正情况；

(三) 注册会计师审计的情况；

(四) 国家审计机关发现的问题及纠正情况；

(五) 重大的投资、融资和资产处置决策及其原因的说明；

(六) 需要说明的其他重要事项。

第三十六条 企业依照本条例规定向有关各方提供的财务会计报告，其编制基础、编制依据、编制原则和方法应当一致，不得提供编制基础、编制依据、编制原则和方法不同的财务会计报告。

第三十七条 财务会计报告须经注册会计师审计的，企业应当将注册会计师及其会计师事务所出具的审计报告随同财务会计报告一并对外提供。

第三十八条 接受企业财务会计报告的组织或者个人，在企业财务会计报告未正式对外披露前，应当对其内容保密。

第五章 法律责任

第三十九条 违反本条例规定，有下列行为之一的，由县级以上人民政府财政部门责令限期改正，对企业可以处 3 000 元以上 5 万元以下的罚款；对直接负责的主管人员和其他直接责任人员，可以处 2 000 元以上 2 万元以下的罚款；属于国家工作人员的，并依法给予行政处分或者纪律处分：

(一) 随意改变会计要素的确认和计量标准的；

(二) 随意改变财务会计报告的编制基础、编制依据、编制原则和方法的；

(三) 提前或者延迟结账日结账的；

(四) 在编制年度财务会计报告前，未按照本条例规定全面清查资产、核实债务的；

（五）拒绝财政部门和其他有关部门对财务会计报告依法进行的监督检查，或者不如实提供有关情况的。

会计人员有前款所列行为之一，情节严重的，由县级以上人民政府财政部门吊销会计从业资格证书。

第四十条　企业编制、对外提供虚假的或者隐瞒重要事实的财务会计报告，构成犯罪的，依法追究刑事责任。

有前款行为，尚不构成犯罪的，由县级以上人民政府财政部门予以通报，对企业可以处5 000元以上10万元以下的罚款；对直接负责的主管人员和其他直接责任人员，可以处3 000元以上5万元以下的罚款；属于国家工作人员的，并依法给予撤职直至开除的行政处分或者纪律处分；对其中的会计人员，情节严重的，并由县级以上人民政府财政部门吊销会计从业资格证书。

第四十一条　授意、指使、强令会计机构、会计人员及其他人员编制、对外提供虚假的或者隐瞒重要事实的财务会计报告，或者隐匿、故意销毁依法应当保存的财务会计报告，构成犯罪的，依法追究刑事责任；尚不构成犯罪的，可以处5 000元以上5万元以下的罚款；属于国家工作人员的，并依法给予降级、撤职、开除的行政处分或者纪律处分。

第四十二条　违反本条例的规定，要求企业向其提供部分或者全部财务会计报告及其有关数据的，由县级以上人民政府责令改正。

第四十三条　违反本条例规定，同时违反其他法律、行政法规规定的，由有关部门在各自的职权范围内依法给予处罚。

第六章　附　　则

第四十四条　国务院财政部门可以根据本条例的规定，制定财务会计报告的具体编报办法。

第四十五条　不对外筹集资金、经营规模较小的企业编制和对外提供财务会计报告的办法，由国务院财政部门根据本条例的原则另行规定。

第四十六条　本条例自2001年1月1日起施行。

二、企业年度汇总会计信息报告制度

企业年度汇总会计信息报告制度

财统[2000]12号

第一章　总　　则

第一条　为进一步加强我国企业会计信息的采集与管理工作，规范企业会计信息编报程序，逐步建立科学、规范的企业年度会计信息报告工作体系，根据《中华人民共和国会计法》和《企业财务会计报告条例》等有关法律、法规规定，制定本制度。

第二条　本制度所称的企业年度汇总会计信息报告是指依法应当向政府财政部门提供财务报告的企业，在每个会计年度终了，向政府财政部门报告并反映企业经营年度内的财务状况、经营成果、现金流量、财政资金缴拨、资产存量与质量等方面信息的文件，也是企业向财政部门报送的年度决算报告。

第三条　企业年度汇总会计信息报告制度的内容主要包括企业会计信息编报范围、报告内容、工作组织、编制汇总、审核上报以及数据核查、数据管理等。

第四条　通过建立与我国经济管理工作相适应的企业年度汇总会计信息报告制度，收集汇总各级各类企业的财务会计信息和资产经营管理信息，掌握企业财务经营成果、资本运营质量、社会贡献程度、资产积累规模等基本数据资料，满足国家财务会计监督、经济管理及改革、结构调整等制定有关政策的信息需要。

第二章　编制范围

第五条　企业年度汇总会计信息报告编报范围包括全部国有及国有控股企业和城镇集体企业。

第六条　本制度所称国有及国有控股企业包括：

（一）国有独资企业或公司，指非公司制的国有独资工厂、商店、矿山等企业以及由国家或国有企业作为唯一出资人的公司制企业。

（二）国有控股企业，指国家或国有企业作为出资人之一，国有投资份额占其资本比例具有支配或控制地位的各类股份有限公司和有限责任公司，以及各类合资、合作经营企业。

（三）其他拥有国家投资的企业，主要包括实行企业化管理的国有事业单位，国家或国家投资企业开办的各类境外企业、办事机构，各级行政事业单位投资开办的各类企业或经济实体。

第七条 本制度所称城镇集体企业主要包括国家批准的建制镇以上城镇（含建制镇）中，在各级工商行政管理机关登记注册为集体所有制性质的各类集体企业。具体包括：

（一）集体企业和集体企业控股的联合经济组织、股份合作制企业。

（二）各类集体企业改制为合资合作、股份制的企业，具体指集体或集体组织作为出资人之一，集体性质的投资份额占其资本比例具有支配地位或控制作用的各类股份制公司，以及各类合资、合作经营企业。

（三）各级供销社及其在农村设立的基层单位。

（四）其他以各种形式占有、使用、代管集体资产的企业或单位。

第八条 编报企业年度汇总会计信息报告时，应明确基本填报单位。基本填报单位是指编制企业年度汇总会计信息报告的基层企业，应同时具备下列条件：

（一）具有独立企业法人资格。

（二）独立核算。

（三）能独立编制完整的资产负债表。

特殊部门、行业的基本填报单位由财政部另行规定。

第九条 各类企业应按照产权管理级次逐级确定基层企业编报范围。企业基本填报单位统一确定为：大型企业（含大型企业集团）下属填报对象为第三级以上（含第三级）企业，第三级以下企业并入第三级填报；中小型企业下属填报对象为子公司以上企业（含子公司），子公司以下企业并入子公司填报。

第十条 编报年度汇总会计信息报告的企业范围包括国民经济行业中的农、林、牧、渔业，采掘业，制造业，电力、煤气及水的生产和供应业，房地产业，建筑业，地质勘察业，水利管理业，交通运输、仓储及邮电通信业，批发和零售贸易、餐饮业，社会服务业以及其他国民经济行业中的工商类企业。

第三章 报告内容

第十一条 企业年度汇总会计信息报告内容主要包括企业年度汇总会计报表、会计报表附注、财务情况说明书、数据软盘（包括各类磁介质或光介质）企业年度汇总会计报表内容包括：

（一）报表封面。

（二）资产负债表、利润及利润分配表、现金流量表三张主表。

（三）应上交应弥补款项表、基本情况表、股份有限公司主要指标表和国有资产总量及保值增值情况表等四张附表。

（四）特殊行业的有关补充指标表。

报表的数据软盘（包括基础数据、合并或汇总数据）随同报告上报。

第十二条 企业年度汇总会计报表封面内容主要包括企业名称、法定代表人、财务负责人、通讯联络方式等文字信息，以及企业统一代码、隶属关系、行业、规模、组织形式等相关标准代码。

第十三条 企业年度汇总会计报表主表、附表和行业补充指标表遵循国家统一颁布的会计制度规定的编制原则、方法，同时结合国家对企业财务管理、资产管理、效绩评价、国有资本保值增值考核以及特殊行业企业财务决算批复等需要，设定报表格式和指标项目。主表、附表各类企业均需填报，行业补充指标表仅由规定的特殊行业的企业填报。

第十四条 会计报表附注内容包括：报表编制基础、编制依据、编制原则和方法，以及其他需特别说明的有关报表编制事项。

第四章 工作组织

第十五条 企业年度汇总会计信息报告的管理部门为财政部，即由财政部负责设计企业年度汇总会计报表格式，开发报表操作软件，制定编报工作制度，组织全国企业年度汇总会计报表的布置、培训、收集、汇总工作，对各地区、各部门企业年度汇总会计信息报告工作予以指导。

第十六条 企业年度汇总会计报表由财政部依据企业会计核算制度，结合年度内财务资产管理等各项业务的实际需求统一制定，于每年第四季度统一下发。

第十七条 企业年度汇总会计报表操作软件由财政部按照统一制定的报表格式组织开发、测试和维护，随同报表一并下发使用。

第十八条　企业年度汇总会计信息报告工作按财务关系或产权关系分别组织实施。

(一) 中央部门、中央企业(集团)负责组织实施本部门、本企业(集团)所属企业年度汇总会计信息报告的编报工作，包括报表、软件的下发、布置、收集、审核、汇总及会计信息资料建档建库工作，并将所属企业年度汇总会计信息报告上报财政部。

(二) 地方财政部门负责组织实施本地区所属企业年度汇总会计信息报告的编报工作，包括报表、软件的下发、布置、收集、审核、汇总及会计信息资料建档建库工作，并将本地区企业年度汇总会计信息报告上报财政部。

第十九条　企业年度汇总会计信息报告组织管理部门的专项工作经费按照分级管理、分级负担原则，由各级财政部门在本级部门预算中列支。

第五章　填报与汇总

第二十条　所有列入报表编制范围的企业应在全面清查资产、核实债务并进行年终决算的基础上，按照财政部规定组织报表填报和数据处理，在规定时间内上报。报表编制的统一时间点为每年的12月31日。

第二十一条　编报企业应依据财政部统一下发的报表格式、编制说明及软件操作的要求，认真填制报表封面标识和有关报表指标，逐户录入计算机。

(一) 报表封面信息应按照国家统一标准和财政部的统一规定如实填报。

(二) 报表的各项指标应按照报表编写说明、指标解释等统一规定，根据企业年终会计决算总账及有关明细账资料和财产清查盘点有关资料据实填列。

(三) 报表编制完毕后，须经企业主管领导审查，在报表封面加盖公章，最后由单位负责人、主管会计工作负责人、会计机构负责人和报表编制人员签字并盖章。设置总会计师的企业，还应由总会计师签字并盖章。

第二十二条　各类企业在报送企业年度汇总会计信息报告前，必须聘请社会中介机构对年度汇总会计报表进行审计，并将审计报告随同企业年度汇总会计信息报告报送财政部门。

第二十三条　各级财政部门、企业主管部门和企业集团应对所属各企业上报的企业年度汇总会计报表按规定的叠加汇总和合并汇总两种方式进行汇总。

(一) 在不具有产权关系(即没有投资与被投资关系)企业间进行报表汇总时采用简单的叠加汇总方式。

(二) 在以产权为纽带组成的企业集团内部或具有投资与被投资关系母子公司间进行报表汇总时必须采用合并汇总方式。

第二十四条　企业年度汇总会计报表叠加汇总方式是指将不同企业编制的报表所有项目按报表表式直接加总，不做任何调整，形成部门或区域的企业年度汇总会计报表。

第二十五条　企业年度汇总会计报表合并汇总方式是指企业集团或母子公司对内部往来项目或重复项目进行必要调整后，形成集团型企业或母子公司企业年度汇总会计报表，具体应按照财政部编制合并会计报表的有关规定执行。

第六章　审核与上报

第二十六条　各级财政部门、企业主管部门、企业(集团)必须认真组织好各级汇总会计报表、数据软盘等资料的检查复核，确保上报数据资料真实、准确和规范。

第二十七条　审核工作的主要内容包括：填报范围是否全面，报表编制方法是否符合国家统一的会计制度和财务资产管理的规章制度，是否符合年度汇总会计报表各项统一规定要求，报表填报项目及指标是否准确，报表数据和软盘数据是否一致，分户报表、汇总报表与有关工作表数据的相关关系，汇总数据、分析数据与有关综合经济管理部门所公布相关数据是否存在差异等。

第二十八条　基层企业应首先审核本企业上报报表和相关数据资料是否符合有关制度、规章以及其他的政策规定，审核数据录入是否规范，汇总方法是否正确。对经审核无误后的企业汇总会计报表按照财务隶属关系或产权关系逐级上报。

第二十九条　各级财政部门、企业主管部门、企业(集团)应对下级企业或部门上报的企业年度会计信息报告进行审核。

(一) 审核报表的各项内容、指标是否真实、合理,金额单位是否正确,有无漏填项目,上报手续是否符合规定。

(二) 审核实际汇编户数与录入计算机户数是否一致,以及年度间增减变化情况。

(三) 审核汇总报表数据与分户报表数据是否按照规定的要求相互衔接。

(四) 审核企业报表数据中的重点指标(比如企业户数、资产总额、利润总额、职工人数、工资总额等指标),与有关综合经济管理部门所公布相关数据是否一致。

(五) 企业是否按规定聘请中介机构进行年度报表审计,是否附报完整的审计报告。

第三十条 审核工作应采取人工审核与计算机软件审核相结合的方式,根据实际情况采取自行核对、集中会审、委托审核等。

(一) 自行核对:企业在上报年度汇总会计信息报告前应自行将本单位报表、软盘以及有关数据资料,按统一规定的审核内容进行逐项复核。

(二) 集中会审:各级财政部门或企业主管部门、企业(集团)组织专门力量对汇编范围内的企业报表、软盘及相关资料,按照统一的标准及要求进行集中对账或分户复核。

(三) 委托审核:由财政部门指定的中介机构对特定企业报表数据进行抽查。

第三十一条 各级财政部门(或授权中介机构)应对各企业上报的企业年度汇总会计信息报告进行认真审核并签字盖章,凡发现漏报、错报、虚报、瞒报等情况,以及数据软盘与报表数据不一致等,应要求该企业立即纠正,经企业主管领导审核同意后,限期重新上报。

第三十二条 各级财政部门、企业主管部门和企业(集团)对所属企业报表数据审核无误后,应在统一规定的时间内按照上下级关系、产权关系或财务隶属关系,采取自下而上方式层层汇总上报。

地方财政部门、中央主管部门和中央企业(集团)编制的企业年度汇总会计信息报告,应于次年 4 月底前上报财政部。

第三十三条 按产权关系上报的应遵照以下规定:

(一) 对投资份额占 50%以上,或不占 50%以上但拥有相对控股权或通过其他方式拥有控制权的企业,其报表由拥有控股或实际控制权的企业(单位)负责收集、汇总和上报。

(二) 投资各方股份均等的企业,其报表由协议主管部门或投资企业负责收集、汇总和上报,同时将该企业的报表抄送各投资方。

第七章 数据核查

第三十四条 数据核查是指企业会计信息管理部门对企业上报的年度会计信息数据的真实性和完整性进行抽样核查,目的是为了促进提高企业会计信息质量,加强会计信息的管理,为政府经济决策提供可靠的数据资料。

第三十五条 数据核查工作原则按照统一要求、分级管理组织进行,中央企业(集团)由财政部组织核查,地方企业由地方财政部门组织核查。

对地方上报的会计信息资料财政部将组织样本抽查。

第三十六条 对于中央企业的核查,核查工作人员由财政部从专业检查机构和中介审计机构抽调;地方企业的核查人员由地方财政部门确定。

对从中介审计机构抽调核查工作人员要实行回避制度,如与被核查企业有业务关系的中介机构不能参与核查该企业。

第三十七条 核查时间为各级汇总会计报表完成后的一个月之内。

第三十八条 各级核查样本不少于本级汇总户数的 5%。样本采集采取定向选择与随机抽取相结合的办法确定。定向选择是指根据企业上报的会计年报数据情况,将数据存在明显问题的企业列为核查对象;随机抽取是通过计算机随机确定核查样本。

第三十九条 核查的内容主要包括资产负债表、利润及利润分配表、现金流量表、国有资产总量及保值增值情况表、基本情况表和有关决算补充指标表的内容是否真实完整。并与中介机构的审计报告进行核对,验证中介机构的审计质量。

第四十条 被核查企业必须依法接受监督检查,如实提供核查所需的会计凭证、会计账簿、财务会计报告和其他会计资料以及有关情况,不得拒绝、隐匿和谎报。

第四十一条　核查工作结束后，各地财政部门和专员办要将数据核查情况进行总结，将总结报告、分户情况和工作底稿一并上报财政部。

第四十二条　实行核查结果通报制度，核查结果的汇总情况在全国通报，各级核查结果在本级范围内通报。通报形式可以发文通报，也可以在有关媒体上通报。

第八章　数据资料管理

第四十三条　企业数据资料包括各类报表数据、报表附注、财务情况说明书、编制说明、汇编资料和存储于计算机和软(光)盘等介质中的数据、文字。

第四十四条　各级财政部门和中央部门、企业(集团)负责保存企业上报的各类会计年度数据资料和计算机介质资料。企业单户纸质数据资料保存期15年，区域和行业的纸质汇总数据资料保存期15年，计算机介质数据资料永久保存。

第四十五条　各级财政部门要指定专门机构对企业上报的数据资料进行管理和维护，配备必要的计算机处理人员，明确相应机构和人员的职责。

第四十六条　各级财政部门在每个年度汇总工作结束后，应及时对本地区所属各类企业数据资料进行归类整理、建档建库，各类报表、编制说明等有关资料应装订成册；企业的软盘数据资料要在计算机中全套保存，以便随时查阅，同时备份两套，分别存放；储存企业数据的计算机应专用，加强维护和保养，未经单位领导批准，禁止与外部联网。

第四十七条　各级财政部门要建立企业各类数据资料密级管理制度。对企业分户数据要严格保密，对外向有关企业监管部门提供数据资料需有公函请求并经领导批准；对区域和行业的汇总数据经财政部门领导批准可以在本行政区域内发布，但涉及国防、军事、安全等国家保密领域的信息资料不得对外发布；各级财政部门不得发布上级财政部门范围内的会计汇总数据信息。

第四十八条　各级财政部门在企业会计数据资料汇总完毕后，要及时对有关数据进行整理分析，并上报同级政府。同时要加强专题研究分析，提出有关政策建议，供各级政府领导进行决策参考。

第四十九条　各级财政部门会计信息管理专门机构和人员，要按照数据共享的原则，做好部门内部的企业会计信息服务工作，满足财政、资产与财务管理工作的需要，及时提供有关企业数据资料。

第九章　工 作 责 任

第五十条　财政部负责设计会计信息报表格式，开发统一的计算机软件，并组织全国会计信息资料的收集、汇总与管理工作。

第五十一条　地方各级财政部门负责本地区企业会计信息资料的收集、汇总、上报和管理工作。

第五十二条　国务院有关部门、中央企业(集团)负责本部门、本企业(集团)企业会计信息资料的收集、汇总、报送和管理工作。

第五十三条　根据有关法律、法规，各级财政部门有权要求有关部门和企业按照财政部制定的统一的报表格式，提供企业基本会计信息资料。

第五十四条　对数据填报工作中存在的弄虚作假、拒报和有意漏报行为的，按照《中华人民共和国会计法》第四十二、四十三条和《企业财务会计报告条例》第四十条的规定，依情节轻重予以处罚。

对授意、指使、强令企业财务会计人员做假账，编制和提供虚假会计年报的企业法人代表或主要负责人，除依据《中华人民共和国会计法》第四十五条和《企业财务会计报告条例》第四十一条进行处罚外，属国有和国有控股企业的，由各级财政部门将情况通报给企业领导班子管理部门，作为劣迹记录在案。

第五十五条　从事会计信息管理的人员要具备高度的责任心和从事企业会计信息管理所需的财务、统计和计算机知识，同时加强业务知识培训，不断提高企业会计信息管理人员的业务素质。

第五十六条　各级财政部门的工作人员在会计信息的收集、汇总、审核与管理过程中，滥用职权、玩忽职守、泄露国家机密和企业商业秘密，构成犯罪的，依法追究刑事责任；尚不构成犯罪的，依法给予行政处分。

第五十七条　对无正当理由，拖延提供企业会计年报以及数据差错严重的，由各级财政部门给予通报；对在企业会计信息收集、汇总、审核和管理工作中成绩突出的单位和个人，财政部门应给予表扬。

第十章　附　　则

第五十八条　各地财政部门可依据本制度，结合各自实际，制定相应的实施细则，并报财政部备案。

第五十九条　本制度是针对一般工商企业年度汇总会计信息报告编报工作而制定的基本规范，对金融企业可参照执行。

第六十条　本制度由财政部负责解释。

第六十一条　本制度自 2001 年 1 月 1 日起实行，原国家国有资产管理局 1997 年 10 月 9 日发布的《国有资产年度统计报告制度》同时废止。

三、代理记账管理办法①

中华人民共和国财政部令

（第 27 号）

《代理记账管理办法》已经部务会议讨论通过，现予公布，自 2005 年 3 月 1 日起施行。

部长　金人庆

二〇〇五年一月二十二日

代理记账管理办法

第一条　为了加强代理记账机构的管理，规范代理记账业务，促进代理记账行业的健康发展，根据《中华人民共和国会计法》及其他法律、法规的规定，制定本办法。

第二条　设立代理记账机构，以及委托人委托代理记账机构办理代理记账业务，适用本办法。

本办法所称代理记账机构是指从事代理记账业务的中介机构。

本办法所称委托人是指委托代理记账机构办理会计业务的单位。

本办法所称代理记账是指代理记账机构接受委托办理会计业务。

第三条　申请设立除会计师事务所以外的代理记账机构，应当经所在地的县级以上人民政府财政部门（以下简称审批机关）批准，并领取由财政部统一印制的代理记账许可证书。具体审批机关由省、自治区、直辖市、计划单列市人民政府财政部门确定。

第四条　设立代理记账机构，除国家法律、行政法规另有规定外，应当符合下列条件：

（一）3 名以上持有会计从业资格证书的专职从业人员；

（二）主管代理记账业务的负责人具有会计师以上专业技术职务资格；

（三）有固定的办公场所；

（四）有健全的代理记账业务规范和财务会计管理制度。

第五条　申请代理记账资格，应当向审批机关提交申请报告并附送下列材料：

（一）机构的协议或者章程；

（二）从业人员身份证明、会计从业资格证书，主管代理记账业务的负责人具备会计师以上专业技术职务资格的证明材料；

（三）主管代理记账业务的负责人、持有会计从业资格证书的专职从业人员在机构专职从业的书面承诺；

（四）办公地址及办公用房产权或者使用权证明；

（五）代理记账业务规范和财务会计管理制度；

（六）工商行政管理部门核准机构名称的有关材料。

第六条　审批机关应当自受理申请之日起 20 日内决定批准或者不批准。20 日内不能作出决定的，经审批机关负责人批准可延长 10 日，并应当将延长期限的理由告知申请人。

第七条　审批机关经审查符合法定条件的，应当自作出批准决定之日起 10 日内向申请人下达批准文件、颁发代理记账许可证书。审批机关决定不予批准的，应当向申请人下达书面决定，说明理由，并告知申请人享有依法申请行政复议或者提起行政诉讼的权利。

---

①　如果企业聘请代理记账机构代为处理会计业务，就要选择具备相应资质的机构，所以编者把本办法放到企业综合性会计法规里边。

省级以下人民政府财政部门作出批准决定的，审批机关应当将批准文件抄送所在地省级人民政府财政部门。

第八条 申请人经批准取得代理记账许可证书后，应当依法办理工商登记。

第九条 代理记账机构应当在办公场所的显著位置放置代理记账许可证书。

第十条 代理记账机构名称、主管代理记账业务负责人、办公地点发生变更的，应当依法向审批机关办理变更登记。

第十一条 依法应当设置会计账簿但不具备设置会计机构或会计人员条件的单位，应当委托代理记账机构办理会计业务。

第十二条 代理记账机构可以接受委托，受托办理委托人的下列业务：

（一）根据委托人提供的原始凭证和其他资料，按照国家统一的会计制度的规定进行会计核算，包括审核原始凭证、填制记账凭证、登记会计账簿、编制财务会计报告等；

（二）对外提供财务会计报告；

（三）向税务机关提供税务资料；

（四）委托人委托的其他会计业务。

第十三条 委托人委托代理记账机构代理记账，应当在相互协商的基础上，订立书面委托合同。委托合同除应具备法律规定的基本条款外，应当明确下列内容：

（一）委托人、受托人对会计资料真实性、完整性承担的责任；

（二）会计资料传递程序和签收手续；

（三）编制和提供财务会计报告的要求；

（四）会计档案的保管要求及相应的责任；

（五）委托人、受托人终止委托合同应当办理的会计交接事宜。

第十四条 委托代理记账的委托人应当履行下列义务：

（一）对本单位发生的经济业务事项，应当填制或者取得符合国家统一的会计制度规定的原始凭证；

（二）应当配备专人负责日常货币收支和保管；

（三）及时向代理记账机构提供真实、完整的原始凭证和其他相关资料；

（四）对于代理记账机构退回的要求按照国家统一的会计制度规定进行更正、补充的原始凭证，应当及时予以更正、补充。

第十五条 代理记账机构及其从业人员应当履行下列义务：

（一）按照委托合同办理代理记账业务，遵守有关法律、行政法规和国家统一的会计制度的规定；

（二）对在执行业务中知悉的商业秘密应当保密；

（三）对委托人示意其作出不当的会计处理，提供不实的会计资料，以及其他不符合法律、行政法规和国家统一的会计制度规定的要求，应当拒绝；

（四）对委托人提出的有关会计处理原则问题应当予以解释。

第十六条 代理记账机构为委托人编制的财务会计报告，经代理记账机构负责人和委托人签名并盖章后，按照有关法律、行政法规和国家统一的会计制度的规定对外提供。

第十七条 委托人对代理记账机构在委托合同约定的范围内的行为承担责任。

代理记账机构对其专职从业人员和兼职从业人员的业务活动承担责任。

第十八条 县级以上人民政府财政部门对代理记账机构及其从事代理记账业务情况实施监督检查。

第十九条 代理记账机构应当于每年4月30日之前，向审批机关报送下列材料：

（一）代理记账机构基本情况表（附表）；

（二）营业执照、办公用房产权或者使用权证明；

（三）专职及兼职从业人员身份证明、会计从业资格证书、会计专业技术职务资格证书。

第二十条 代理记账机构采取欺骗手段获得代理记账许可证书的，由审批机关撤销其代理记账资格。

代理记账机构在经营期间达不到本办法规定的设立条件的，由县级以上人民政府财政部门责令其在不超过2个月的期限内整改；逾期仍达不到规定条件的，由审批机关撤回代理记账资格。

第二十一条 代理记账机构有下列情形之一的，审批机关应当办理注销手续，并收回批准证书或予以公告：

（一）代理记账机构依法终止的；

（二）代理记账机构的行政许可被依法撤销或撤回的；

（三）法律、法规规定的应当注销行政许可的其他情形。

第二十二条 代理记账机构有下列情形之一的，由县级以上人民政府财政部门责令其改正，拒不改正的，予以公告：

（一）违反本办法第九条、第十条规定的；

（二）违反本办法第十五条、第十九条规定又不向审批机关说明原因的。

第二十三条 代理记账机构及其从事代理记账业务人员在办理业务中违反会计法律、行政法规和国家统一的会计制度规定的，由县级以上人民政府财政部门依据《中华人民共和国会计法》及相关法规的规定处理。

代理记账机构违反本办法和国家有关规定造成委托人会计核算混乱、损害国家和委托人利益，委托人故意向代理记账机构隐瞒真实情况或者委托人会同代理记账机构共同提供不真实会计资料的，应当承担相应法律责任。

第二十四条 对于未经批准从事代理记账业务的，由县级以上人民政府财政部门责令其改正，并予以公告。

第二十五条 县级以上人民政府财政部门及其工作人员在实施行政管理过程中，滥用职权、玩忽职守、徇私舞弊的，依法给予行政处分；构成犯罪的，依法追究刑事责任。

第二十六条 本办法规定的审批期限均以工作日计算，不含法定节假日。

第二十七条 省级人民政府财政部门可以根据本办法制定具体实施办法，报财政部备案。

第二十八条 外商投资代理记账机构的申请按照本办法和其他有关规定办理。

第二十九条 本办法自 2005 年 3 月 1 日起施行，财政部 1994 年 6 月 23 日发布的《代理记账管理暂行办法》[(94)财会字第 24 号]同时废止。

四、中央企业财务决算报告管理办法

国务院国有资产监督管理委员会令

（第 5 号）

《中央企业财务决算报告管理办法》已经国务院国有资产监督管理委员会第 12 次主任办公会议审议通过，现予公布，自公布之日起施行。

国务院国有资产监督管理委员会主任　李荣融

二〇〇四年二月十二日

中央企业财务决算报告管理办法

第一章　总　则

第一条 为加强国务院国有资产监督管理委员会（以下简称国资委）所出资企业（以下简称企业）的财务监督，规范企业年度财务决算报告编制工作，全面了解和掌握企业资产质量、经营效益状况，依据《企业国有资产监督管理暂行条例》和国家有关财务会计制度规定，制定本办法。

第二条 企业编制上报年度财务决算报告应当遵守本办法。

第三条 本办法所称年度财务决算报告，是指企业按照国家财务会计制度规定，根据统一的编制口径、报表格式和编报要求，依据有关会计账簿记录和相关财务会计资料，编制上报的反映企业年末结账日资产及财务状况和年度经营成果、现金流量、国有资本保值增值等基本经营情况的文件。

企业财务决算报告由年度财务决算报表、年度报表附注和年度财务情况说明书，以及国资委规定上报的其他相关生产经营及管理资料构成。

第四条　除涉及国家安全的特殊企业外，企业年度财务决算报表和报表附注应当按照国家有关规定，由符合资质条件的会计师事务所及注册会计师进行审计。

会计师事务所出具的审计报告是企业年度财务决算报告的必备附件，应当与企业年度财务决算报告一并上报。

第五条　国资委依法对企业年度财务决算报告的编制工作、审计质量等进行监督，并组织对企业财务决算报告的真实性、完整性进行核查。

第二章　财务决算报告的编制

第六条　企业及各级子企业在每个会计年度终了，应当严格按照国家财务会计制度及相关会计准则规定，在全面财产清查、债权债务确认、资产质量核实的基础上，认真组织编制年度财务决算报告，以全面、完整、真实、准确反映企业年度财务状况和经营成果。

本办法所称各级子企业包括企业所有境内外全资子企业、控股子企业，以及各类独立核算的分支机构、事业单位和基建项目。

第七条　企业及各级子企业编制年度财务决算报告应当遵循会计全面性、完整性原则，并符合下列规定：

（一）企业财务决算报告应当以经营年度内发生的全部经济业务事项及会计账簿为基础进行编制，全面、完整反映企业各项经济业务的收入、成本（费用）以及现金流入（出）等状况，不得漏报；

（二）企业不得存有未反映在财务决算报告中的财务、会计事项，不得有账外资产或设立账外账，不得以任何理由设立"小金库"；

（三）企业应当按规定将各级子企业全部纳入年度财务决算编制范围，以全面反映企业的财务状况；

（四）企业所属经营性事业单位应当按照规定要求执行统一的企业会计制度；暂未执行企业会计制度的所属事业单位，应当将相关财务决算内容一并纳入企业财务决算范围，以完整反映企业的经营成果；

（五）企业所属基建项目应当按照规定要求与企业财务并账；暂未并账的，应当将基建项目的相关财务决算内容一并纳入企业财务决算范围，以完整反映企业的资产状况。

第八条　企业及各级子企业编制年度财务决算报告应当遵循会计真实性、准确性原则，并符合下列规定：

（一）企业财务决算报告应当以经过核对无误的相关会计账簿进行编制，做到账实相符、账证相符、账账相符、账表相符；

（二）企业编制财务决算报告应当根据真实的交易事项、会计记录等资料，按照规定的会计核算原则及具体会计处理方法，对各项会计要素进行合理确认和计量；

（三）企业应当严格遵守会计核算规定，不得应提不提、应摊不摊或者多提多摊成本（费用），造成企业经营成果不实，影响企业财务决算报告的真实性；

（四）企业不得采取利用会计政策、会计估计变更，以及减值准备计提、转回等方式，人为掩饰企业真实经营状况；不得计提秘密减值准备，影响企业财务决算报告的真实性；

（五）企业应当客观地反映实际发生的资产损失，以保证财务决算报告的真实、可靠。

第九条　企业及各级子企业应当遵循会计稳健性原则，按有关资产减值准备计提的标准和方法，合理预计各项资产可能发生的损失，定期对计提的各项资产减值准备逐项进行认定、计算。

第十条　企业及各级子企业编制财务决算报告应当遵循会计可比性原则，编制基础、编制原则、编制依据和编制方法及各项财务指标口径应当保持前、后各期一致，各年度期间财务决算数据保持衔接，如实反映年度间企业财务状况、经营成果的变动情况。

第十一条　除国家另有规定外，企业及各级子企业所执行的会计制度应当按照国家财务会计制度的有关规定和要求保持一致；因特殊情形不能保持一致的，应当事先报国资委备案，并陈述相关理由。

第十二条　企业及各级子企业的各项会计政策、会计估计一经确定，不得随意变更；因特殊情形发生较大变更的，应当事先报国资委备案，并陈述相关理由。

第十三条　企业在年度财务决算报告编制中，对报表各项指标的数据填报不得遗漏，报表内项目之间和表式之间各项指标的数据应当相互衔接，保证勾稽关系正确。

第三章　财务决算报表的合并

第十四条　集团型企业应当按照国家财务会计制度有关规定，将各级子企业年度财务决算进行层层合并，逐级编制企业集团年度财务决算合并报表。企业年度财务决算合并报表范围包括：

（一）执行企业会计制度的境内全部子企业；

（二）境外（含香港、澳门、台湾地区）子企业；

（三）所属各类事业单位；

（四）各类基建项目或者基建财务（含技改，下同）；

（五）按照规定执行金融会计制度的子企业；

（六）所属独立核算的其他经济组织。

第十五条　企业编制年度财务决算合并报表，应当将企业及各级子企业之间的内部交易、内部往来进行充分抵销，对涉及资产、负债、所有者权益、收入、成本和费用、利润及利润分配、现金流量等财务决算的相关指标数据均应当按照合并口径进行剔除。

第十六条　各级子企业执行的会计制度与企业总部不一致的，企业总部在编制财务决算合并报表时，应当按照国家统一会计制度的规定和要求将企业总部或者子企业的财务决算的数据进行调整，然后再进行企业财务决算报表的合并工作。

第十七条　企业所属合营子企业应当按照比例合并方式进行企业财务决算报表的合并工作；国有投资各方占等额股份的子企业，应当由委托管理一方按合并会计报表制度进行合并，或者按照股权比例进行企业财务决算报表的合并。

第十八条　企业财务决算报表合并过程中，境外子企业与企业总部会计期间或者会计结账日不一致时，应当以企业总部的会计期间和会计结账日为准进行调整。因特殊情形暂不能进行调整的，企业应当事先报国资委备案，并在报表附注中予以说明。

第十九条　凡年度内涉及产权划转的企业，财务决算报表合并原则上应当以企业年末结账日的产权隶属关系确定。结账日尚未办理产权划转手续的，由原企业合并编制；结账日已办理完产权划转关系的，由接收企业合并编制。

第二十条　按照国家财务会计有关规定，符合下列情形之一的，各级子企业可以不纳入年度财务决算合并报表范围，但企业应当向国资委报备具有法律效力的文件或者经济鉴证证明：

（一）已宣告破产的子企业；

（二）按照破产程序，已宣告被清理整顿的子企业；

（三）已实际关停并转的子企业；

（四）近期准备售出而短期持有其半数以上权益性资本的子企业；

（五）非持续经营的、所有者权益为负数的子企业；

（六）受所在国或地区外汇管制及其他管制，资金调度受到限制的境外子企业。

企业财务决算报表合并范围发生变更，应当于年度结账日之前，将变更范围及原因报国资委备案。

第四章　财务决算信息的披露

第二十一条　为便于理解企业财务决算报表，了解和分析企业资产质量、财务状况，核实企业真实经营成果，企业应当在报表附注和财务情况说明书中，对企业财务决算报表和财务决算合并报表的重要内容进行详尽说明和披露。

企业财务决算报告所披露的信息内容应当真实、全面、详尽，不得隐瞒企业有关重大违规事项。

第二十二条　企业财务决算的报表附注应当重点披露以下内容：

（一）企业报告期内采用的主要会计政策、会计估计和合并财务决算报表的编制方法；报告期内会计政策、会计估计变更的内容、理由、影响数额；

（二）财务决算报表合并的范围及其依据，将未纳入合并财务决算报表范围的子企业资产、负债、销售收入、实现利润、税后利润以及对企业合并财务决算报告的影响分户列示；

（三）企业年内各种税项缴纳的有关情况；

（四）控股子企业及合营企业的情况；

（五）财务决算报表项目注释。企业在财务决算合并报表附注中，除对财务决算合并报表项目注释外，还应当对企业总部财务决算报表的主要项目注释；

（六）子企业与企业总部会计政策不一致时对财务决算合并报表的影响；

(七) 关联方关系及其交易的披露；

(八) 或有事项、承诺事项及其资产负债表日后事项；

(九) 重大会计差错的调整；

(十) 按照规定应当披露的有助于理解和分析报表的其他重要财务会计事项，以及国资委要求披露的其他专门事项。

第二十三条 企业财务情况说明书应当重点说明下列内容：

(一) 企业生产经营的基本情况；

(二) 企业预算执行情况及实现利润、利润分配和企业盈亏情况；

(三) 企业重大投融资及资金变动、周转情况；

(四) 企业重大改制、改组情况；

(五) 重大产权变动情况；

(六) 对企业财务状况、经营成果和现金流量、资本保全等有重大影响的其他事项；

(七) 上一会计年度企业经营管理、财务管理中存在的问题及整改情况；

(八) 本年度企业经营管理、财务管理中存在的问题，拟采取的整改措施；

(九) 其他情况。

第二十四条 企业及各级子企业对外提供的财务决算数据应当与报送国资委的财务决算报告数据及披露的财务信息保持一致。

第五章 财务决算的审计

第二十五条 为保证企业年度财务状况及经营成果的真实性，根据财务监督工作的需要，国资委统一委托会计师事务所对企业年度财务决算进行审计。

第二十六条 国资委统一委托会计师事务所，按照“公开、公平、公正”的原则，采取国资委公开招标或者企业推荐报国资委核准等方式进行。其中，国有控股企业采取企业推荐报国资委核准的方式进行。

第二十七条 国资委暂未委托会计师事务所进行年度财务决算审计工作的企业，应当按照“统一组织、统一标准、统一管理”的原则，经国资委同意，由企业总部依照有关规定采取招标等方式委托会计师事务所对企业及各级子企业的年度财务决算进行审计。

第二十八条 企业年度财务决算审计内容应当包括企业财务决算报表中的资产负债表、利润及利润分配表、现金流量表、所有者权益变动表等相关指标数据和报表附注，以及国资委要求的其他重要财务指标有关数据。

编制财务决算合并报表的企业，其财务决算合并报表应当纳入审计范围。

第二十九条 企业及各级子企业应当根据会计师事务所及注册会计师提出的审计意见进行财务决算调整；企业对审计意见存有异议且未进行财务决算调整的，应当在上报财务决算报告时，向国资委提交说明材料。

第三十条 会计师事务所及注册会计师出具的审计报告应当按照有关规定，对企业违反国家财务会计制度规定或者未按注册会计师意见进行调整的重大会计事项进行披露。

第三十一条 企业应当为会计师事务所及注册会计师开展财务决算审计、履行必要的审计程序、取得充分审计证据提供必要的条件和协助，不得干预会计师事务所及注册会计师的审计业务，以保证审计结论的独立、客观、公正。

第三十二条 境外子企业年度财务决算审计工作按照所在国家或地区的规定进行。为适应境外子企业的特殊性，企业应当建立和完善对境外子企业的内审制度，并出具内审报告，保证境外子企业财务决算数据的真实性、完整性。

第三十三条 对于涉及国家安全的特殊子企业，以及国家法律法规未规定须委托会计师事务所进行审计的有关单位，企业应当建立和完善对其年度财务决算内审制度，并出具内审报告，以保证财务决算数据的真实性、完整性。

第六章 财务决算报告的报送

第三十四条 企业应当按财务关系或者产权关系负责各级子企业财务决算报告的组织、收集、审核、汇总、合并等工作，并按规定及时将企业年度财务决算报告报送国资委。

第三十五条 企业向国资委报送的年度财务决算报告应当做到"统一编报口径、统一编报格式、统一编报要求"。

(一) 符合国资委规定的报表格式、指标口径要求；

(二) 使用统一下发的财务决算报表软件填报各项财务决算数据；

(三) 按照要求报送纸质文件和电子文档的财务决算报表、报表附注、财务情况说明书、审计报告及国有资本保值增值说明等资料。

第三十六条 企业财务决算报告的报送级次如下：

(一) 企业集团除报送企业合并财务决算报告外，还应当报送企业总部及二级子企业的分户财务决算报告，二级以下子企业财务决算数据应当并入第二级子企业报送；

设立境外子企业的企业集团，应当报送境外子企业的分户财务决算报告；

(二) 企业总部设立在境外的企业集团，除报送合并财务决算报告外，还应当报送企业总部及所属二级以上子企业的分户财务决算报告；

(三) 级次划分特殊的企业集团财务决算报告报送级次由国资委另行规定。

第三十七条 企业财务决算报告具体内容如下：

(一) 企业集团(含企业总部设在境外企业集团)应当报送合并财务决算报告(含报表附注、财务情况说明书、国有资本保值增值情况说明等材料)和审计报告的纸质文件及电子文档；

(二) 企业集团总部及二级子企业应当报送财务决算报告(含报表附注、财务情况说明书、国有资本保值增值情况说明等材料)和审计报告的电子文档；

(三) 企业集团应当附报三级子企业年度财务决算报表的电子文档。

第三十八条 企业应当以正式文函向国资委报送财务决算报告。文函主要包括下列内容：

(一) 年度财务决算工作组织情况；

(二) 企业年度间主要财务决算数据的变化情况；

(三) 纳入企业财务决算合并的范围；

(四) 对于被出具非标准无保留意见审计报告的企业，应当对有关情况进行说明；

(五) 需要说明的其他有关情况。

第三十九条 企业财务决算报告应当加盖企业公章，并由企业的法定代表人、总会计师或主管会计工作的负责人、会计机构负责人签名并盖章。

企业报送的财务决算报告及附送的各类资料应当按顺序装订成册，材料较多时应当编排目录，注明备查材料页码。

第四十条 企业主要负责人、总会计师或主管会计工作的负责人等应当对企业编制的财务决算报告真实性、完整性负责。承办企业年度财务决算审计业务的会计师事务所及注册会计师对其出具的审计报告真实性、合法性负责。

第四十一条 企业报送财务决算报告后，国资委应当在规定时间内对企业资产质量、财务状况及经营成果进行核批，并依据核批后的财务决算报告进行企业负责人业绩考核、企业绩效评价和企业国有资产保值增值结果确认等工作，有关办法另行制定。

第七章 罚 则

第四十二条 企业报送的财务决算报告内容不完整、信息披露不充分，或者数据差错较大，造成财务决算不实，以及财务决算报告不符合规范要求的，由国资委责令其重新编报，并予以通报批评。

第四十三条 在财务决算编制工作中弄虚作假、提供虚假财务信息，以及严重故意漏报、瞒报，尚不构成犯罪嫌疑的，由国资委责令改正，并依照《中华人民共和国会计法》、《企业国有资产监督管理暂行条例》和《企业财务会计报告条例》等有关法律法规予以处罚；有犯罪嫌疑的，依法移送司法机关处理。

第四十四条 会计师事务所及注册会计师在企业财务决算报告审计工作中参与做假账，或者在审计程序、审计内容、审计方法等方面存在严重问题和缺陷，造成审计结论失实的，国资委应当禁止其今后承办企业财务决算审计业务，并通报或者会同有关部门依法查处；有犯罪嫌疑的，依法移送司法机关处理。

第四十五条 国资委相关工作人员在对企业财务决算信息的收集、汇总、审核和管理过程中徇私舞弊，造成重大工作过失或者泄露国家机密或企业商业秘密的，依法给予行政处分；有犯罪嫌疑的，依法移送司法机关处理。

第八章　附　　则

第四十六条　各省、自治区、直辖市国有资产监督管理机构可以参照本办法,制定本地区相关工作规范。

第四十七条　本办法自公布之日起施行。

五、会计准则制定程序

财政部关于印发《会计准则制定程序》的通知

财会[2003]21号

国务院有关部委、有关直属机构,各省、自治区、直辖市、计划单列市财政厅(局),新疆生产建设兵团财务局:

为了进一步做好会计准则制定工作,增强会计准则制定的透明度,广泛征求社会意见和建设,我们制定了《会计准则制定程序》,现印发给你们。

2003年7月10日

附件:会计准则制定程序

会计准则制定程序

一、为了进一步做好会计准则制定工作,增强会计准则制定的透明度,广泛征求社会意见和建议,特制定本程序。

二、财政部会计司(以下简称"会计司")负责会计准则的草拟工作,实行项目起草组负责制。项目起草组原则上以会计司各处为单位组成,吸收相关人员参加。

三、草拟的会计准则分为讨论稿、征求意见稿、草案和送审稿。

四、会计准则的制定过程分为立项阶段、起草阶段、公开征求意见阶段和发布阶段。

(一) 立项阶段

会计司根据我国经济发展的需要,提出会计准则立项意见,向会计准则委员会和有关方面征求意见。会计准则立项意见应包括对立项的背景和理由做出说明。

会计司根据会计准则委员会和有关方面的意见和建议,对会计准则立项意见组做出修改调整,按规定程序报财政部领导批准后正式立项。

会计司将立项情况向会计准则委员会通报,并向社会公布。

会计准则委员会应根据需要,结合确定的会计准则立项和立项意见,成立项目研究组,开展课题研究,形成研究报告。

(二) 起草阶段

会计准则项目立项后,会计司应即组成项目起草组,并将项目起草组的成员及有关情况向会计准则委员会通报。

项目起草组根据所承担的会计准则项目,及时提出工作计划和时间表,在有关研究报告和实际调查研究的基础上,起草完成讨论搞,由会计司提交会计准则委员会征求意见,修改后形成征求意见稿。

(三) 公开征求意见阶段

会计司应通过向各省、自治区、直辖市和计划单列市财政厅(局)以及国务院有关业务主管部门印发征求意见稿、在会计准则委员会网站和其他主要媒体上公布、召开座谈会、研讨会等形式,向社会广泛征求意见。

项目起草组应对公开征求的意见进行汇总,并根据反馈意见对征求意见稿进行修改,形成草案,由会计司再次提交会计准则委员会征求意见。

(四) 发布阶段

项目起草组根据会计准则委员会的意见对草案进行修改,形成送审稿,会计司按规定程序报送财政部领导审定后,由财政部发布并组织实施。

五、已经发布实施的会计准则,如需进行重大修订,修订程序同上。

六、本程序自财政部发布之日起生效。

第六部分　企业会计准则

一、企业会计准则——基本准则

中华人民共和国财政部令

（第 33 号）

根据《国务院关于〈企业财务通则〉、〈企业会计准则〉的批复》（国函[1992]178 号）的规定，财政部对《企业会计准则》（财政部令 5 号）进行了修订，修订后的《企业会计准则——基本准则》已经部务会议讨论通过，现予公布，自 2007 年 1 月 1 日起施行。

部长　金人庆

二〇〇六年二月十五日

基本准则

第一章　总　　则

第一条　为了规范企业会计确认、计量和报告行为，保证会计信息质量，根据《中华人民共和国会计法》和其他有关法律、行政法规，制定本准则。

第二条　本准则适用于在中华人民共和国境内设立的企业（包括公司，下同）。

第三条　企业会计准则包括基本准则和具体准则，具体准则的制定应当遵循本准则。

第四条　企业应当编制财务会计报告（又称财务报告，下同）。财务会计报告的目标是向财务会计报告使用者提供与企业财务状况、经营成果和现金流量等有关的会计信息，反映企业管理层受托责任履行情况，有助于财务会计报告使用者作出经济决策。

财务会计报告使用者包括投资者、债权人、政府及其有关部门和社会公众等。

第五条　企业应当对其本身发生的交易或者事项进行会计确认、计量和报告。

第六条　企业会计确认、计量和报告应当以持续经营为前提。

第七条　企业应当划分会计期间，分期结算账目和编制财务会计报告。

会计期间分为年度和中期。中期是指短于一个完整的会计年度的报告期间。

第八条　企业会计应当以货币计量。

第九条　企业应当以权责发生制为基础进行会计确认、计量和报告。

第十条　企业应当按照交易或者事项的经济特征确定会计要素。会计要素包括资产、负债、所有者权益、收入、费用和利润。

第十一条　企业应当采用借贷记账法记账。

第二章　会计信息质量要求

第十二条　企业应当以实际发生的交易或者事项为依据进行会计确认、计量和报告，如实反映符合确认和计量要求的各项会计要素及其他相关信息，保证会计信息真实可靠、内容完整。

第十三条　企业提供的会计信息应当与财务会计报告使用者的经济决策需要相关，有助于财务会计报告使用者对企业过去、现在或者未来的情况作出评价或者预测。

第十四条　企业提供的会计信息应当清晰明了，便于财务会计报告使用者理解和使用。

第十五条　企业提供的会计信息应当具有可比性。

同一企业不同时期发生的相同或者相似的交易或者事项，应当采用一致的会计政策，不得随意变更。确需变更的，应当在附注中说明。

不同企业发生的相同或者相似的交易或者事项，应当采用规定的会计政策，确保会计信息口径一致、相互可比。

第十六条　企业应当按照交易或者事项的经济实质进行会计确认、计量和报告，不应仅以交易或者事项的法律形式为依据。

第十七条　企业提供的会计信息应当反映与企业财务状况、经营成果和现金流量等有关的所有重要交易或者事项。

第十八条　企业对交易或者事项进行会计确认、计量和报告应当保持应有的谨慎，不应高估资产或者收益、低估负债或者费用。

第十九条　企业对于已经发生的交易或者事项，应当及时进行会计确认、计量和报告，不得提前或者延后。

第三章　资　　产

第二十条　资产是指企业过去的交易或者事项形成的、由企业拥有或者控制的、预期会给企业带来经济利益的资源。

前款所指的企业过去的交易或者事项包括购买、生产、建造行为或其他交易或者事项。预期在未来发生的交易或者事项不形成资产。

由企业拥有或者控制，是指企业享有某项资源的所有权，或者虽然不享有某项资源的所有权，但该资源能被企业所控制。

预期会给企业带来经济利益，是指直接或者间接导致现金和现金等价物流入企业的潜力。

第二十一条　符合本准则第二十条规定的资产定义的资源，在同时满足以下条件时，确认为资产：

（一）与该资源有关的经济利益很可能流入企业；

（二）该资源的成本或者价值能够可靠地计量。

第二十二条　符合资产定义和资产确认条件的项目，应当列入资产负债表；符合资产定义、但不符合资产确认条件的项目，不应当列入资产负债表。

第四章　负　　债

第二十三条　负债是指企业过去的交易或者事项形成的、预期会导致经济利益流出企业的现时义务。

现时义务是指企业在现行条件下已承担的义务。未来发生的交易或者事项形成的义务，不属于现时义务，不应当确认为负债。

第二十四条　符合本准则第二十三条规定的负债定义的义务，在同时满足以下条件时，确认为负债：

（一）与该义务有关的经济利益很可能流出企业；

（二）未来流出的经济利益的金额能够可靠地计量。

第二十五条　符合负债定义和负债确认条件的项目，应当列入资产负债表；符合负债定义、但不符合负债确认条件的项目，不应当列入资产负债表。

第五章　所有者权益

第二十六条　所有者权益是指企业资产扣除负债后由所有者享有的剩余权益。

公司的所有者权益又称为股东权益。

第二十七条　所有者权益的来源包括所有者投入的资本、直接计入所有者权益的利得和损失、留存收益等。

直接计入所有者权益的利得和损失，是指不应计入当期损益、会导致所有者权益发生增减变动的、与所有者投入资本或者向所有者分配利润无关的利得或者损失。

利得是指由企业非日常活动所形成的、会导致所有者权益增加的、与所有者投入资本无关的经济利益的流入。

损失是指由企业非日常活动所发生的、会导致所有者权益减少的、与向所有者分配利润无关的经济利益的流出。

第二十八条　所有者权益金额取决于资产和负债的计量。

第二十九条　所有者权益项目应当列入资产负债表。

第六章　收　　入

第三十条　收入是指企业在日常活动中形成的、会导致所有者权益增加的、与所有者投入资本无关的经济利益的总流入。

第三十一条 收入只有在经济利益很可能流入从而导致企业资产增加或者负债减少、且经济利益的流入额能够可靠计量时才能予以确认。

第三十二条 符合收入定义和收入确认条件的项目，应当列入利润表。

第七章 费 用

第三十三条 费用是指企业在日常活动中发生的、会导致所有者权益减少的、与向所有者分配利润无关的经济利益的总流出。

第三十四条 费用只有在经济利益很可能流出从而导致企业资产减少或者负债增加、且经济利益的流出额能够可靠计量时才能予以确认。

第三十五条 企业为生产产品、提供劳务等发生的可归属于产品成本、劳务成本等的费用，应当在确认产品销售收入、劳务收入等时，将已销售产品、已提供劳务的成本等计入当期损益。

企业发生的支出不产生经济利益的，或者即使能够产生经济利益但不符合或者不再符合资产确认条件的，应当在发生时确认为费用，计入当期损益。

企业发生的交易或者事项导致其承担了一项负债而又不确认为一项资产的，应当在发生时确认为费用，计入当期损益。

第三十六条 符合费用定义和费用确认条件的项目，应当列入利润表。

第八章 利 润

第三十七条 利润是指企业在一定会计期间的经营成果。利润包括收入减去费用后的净额、直接计入当期利润的利得和损失等。

第三十八条 直接计入当期利润的利得和损失，是指应当计入当期损益、会导致所有者权益发生增减变动的、与所有者投入资本或者向所有者分配利润无关的利得或者损失。

第三十九条 利润金额取决于收入和费用、直接计入当期利润的利得和损失金额的计量。

第四十条 利润项目应当列入利润表。

第九章 会计计量

第四十一条 企业在将符合确认条件的会计要素登记入账并列报于会计报表及其附注（又称财务报表，下同）时，应当按照规定的会计计量属性进行计量，确定其金额。

第四十二条 会计计量属性主要包括：

（一）历史成本。在历史成本计量下，资产按照购置时支付的现金或者现金等价物的金额，或者按照购置资产时所付出的对价的公允价值计量。负债按照因承担现时义务而实际收到的款项或者资产的金额，或者承担现时义务的合同金额，或者按照日常活动中为偿还负债预期需要支付的现金或者现金等价物的金额计量。

（二）重置成本。在重置成本计量下，资产按照现在购买相同或者相似资产所需支付的现金或者现金等价物的金额计量。负债按照现在偿付该项债务所需支付的现金或者现金等价物的金额计量。

（三）可变现净值。在可变现净值计量下，资产按照其正常对外销售所能收到现金或者现金等价物的金额扣减该资产至完工时估计将要发生的成本、估计的销售费用以及相关税费后的金额计量。

（四）现值。在现值计量下，资产按照预计从其持续使用和最终处置中所产生的未来净现金流入量的折现金额计量。负债按照预计期限内需要偿还的未来净现金流出量的折现金额计量。

（五）公允价值。在公允价值计量下，资产和负债按照在公平交易中，熟悉情况的交易双方自愿进行资产交换或者债务清偿的金额计量。

第四十三条 企业在对会计要素进行计量时，一般应当采用历史成本，采用重置成本、可变现净值、现值、公允价值计量的，应当保证所确定的会计要素金额能够取得并可靠计量。

第十章 财务会计报告

第四十四条 财务会计报告是指企业对外提供的反映企业某一特定日期的财务状况和某一会计期间的经营成果、现金流量等会计信息的文件。

财务会计报告包括会计报表及其附注和其他应当在财务会计报告中披露的相关信息和资料。会计报表至少应当包括资产负债表、利润表、现金流量表等报表。

小企业编制的会计报表可以不包括现金流量表。

第四十五条　资产负债表是指反映企业在某一特定日期的财务状况的会计报表。

第四十六条　利润表是指反映企业在一定会计期间的经营成果的会计报表。

第四十七条　现金流量表是指反映企业在一定会计期间的现金和现金等价物流入和流出的会计报表。

第四十八条　附注是指对在会计报表中列示项目所作的进一步说明，以及对未能在这些报表中列示项目的说明等。

第十一章　附　　则

第四十九条　本准则由财政部负责解释。

第五十条　本准则自 2007 年 1 月 1 日起施行。

二、企业会计准则第 1 号——存货

企业会计准则第 1 号——存货

第一章　总　　则

第一条　为了规范存货的确认、计量和相关信息的披露，根据《企业会计准则——基本准则》，制定本准则。

第二条　下列各项适用其他相关会计准则：

（一）消耗性生物资产，适用《企业会计准则第 5 号——生物资产》。

（二）通过建造合同归集的存货成本，适用《企业会计准则第 15 号——建造合同》。

第二章　确　　认

第三条　存货，是指企业在日常活动中持有以备出售的产成品或商品、处在生产过程中的在产品、在生产过程或提供劳务过程中耗用的材料和物料等。

第四条　存货同时满足下列条件的，才能予以确认：

（一）与该存货有关的经济利益很可能流入企业。

（二）该存货的成本能够可靠地计量。

第三章　计　　量

第五条　存货应当按照成本进行初始计量。存货成本包括采购成本、加工成本和其他成本。

第六条　存货的采购成本，包括购买价款、相关税费、运输费、装卸费、保险费以及其他可归属于存货采购成本的费用。

第七条　存货的加工成本，包括直接人工以及按照一定方法分配的制造费用。

制造费用，是指企业为生产产品和提供劳务而发生的各项间接费用。企业应当根据制造费用的性质，合理地选择制造费用分配方法。

在同一生产过程中，同时生产两种或两种以上的产品，并且每种产品的加工成本不能直接区分的，其加工成本应当按照合理的方法在各种产品之间进行分配。

第八条　存货的其他成本，是指除采购成本、加工成本以外的，使存货达到目前场所和状态所发生的其他支出。

第九条　下列费用应当在发生时确认为当期损益，不计入存货成本：

（一）非正常消耗的直接材料、直接人工和制造费用。

（二）仓储费用（不包括在生产过程中为达到下一个生产阶段所必需的费用）。

（三）不能归属于使存货达到目前场所和状态的其他支出。

第十条　应计入存货成本的借款费用，按照《企业会计准则第 17 号——借款费用》处理。

第十一条　投资者投入存货的成本，应当按照投资合同或协议约定的价值确定，但合同或协议约定价值不公允的除外。

第十二条　收获时农产品的成本、非货币性资产交换、债务重组和企业合并取得的存货的成本，应当分别按照《企业会计准则第 5 号——生物资产》、《企业会计准则第 7 号——非货币性资产交换》、《企业会计准则第 12 号——债务重组》和《企业会计准则第 20 号——企业合并》确定。

第十三条 企业提供劳务的，所发生的从事劳务提供人员的直接人工和其他直接费用以及可归属的间接费用，计入存货成本。

第十四条 企业应当采用先进先出法、加权平均法或者个别计价法确定发出存货的实际成本。

对于性质和用途相似的存货，应当采用相同的成本计算方法确定发出存货的成本。

对于不能替代使用的存货、为特定项目专门购入或制造的存货以及提供劳务的成本，通常采用个别计价法确定发出存货的成本。

对于已售存货，应当将其成本结转为当期损益，相应的存货跌价准备也应当予以结转。

第十五条 资产负债表日，存货应当按照成本与可变现净值孰低计量。

存货成本高于其可变现净值的，应当计提存货跌价准备，计入当期损益。

可变现净值，是指在日常活动中，存货的估计售价减去至完工时估计将要发生的成本、估计的销售费用以及相关税费后的金额。

第十六条 企业确定存货的可变现净值，应当以取得的确凿证据为基础，并且考虑持有存货的目的、资产负债表日后事项的影响等因素。

为生产而持有的材料等，用其生产的产成品的可变现净值高于成本的，该材料仍然应当按照成本计量；材料价格的下降表明产成品的可变现净值低于成本的，该材料应当按照可变现净值计量。

第十七条 为执行销售合同或者劳务合同而持有的存货，其可变现净值应当以合同价格为基础计算。

企业持有存货的数量多于销售合同订购数量的，超出部分的存货的可变现净值应当以一般销售价格为基础计算。

第十八条 企业通常应当按照单个存货项目计提存货跌价准备。

对于数量繁多、单价较低的存货，可以按照存货类别计提存货跌价准备。

与在同一地区生产和销售的产品系列相关、具有相同或类似最终用途或目的，且难以与其他项目分开计量的存货，可以合并计提存货跌价准备。

第十九条 资产负债表日，企业应当确定存货的可变现净值。以前减记存货价值的影响因素已经消失的，减记的金额应当予以恢复，并在原已计提的存货跌价准备金额内转回，转回的金额计入当期损益。

第二十条 企业应当采用一次转销法或者五五摊销法对低值易耗品和包装物进行摊销，计入相关资产的成本或者当期损益。

第二十一条 企业发生的存货毁损，应当将处置收入扣除账面价值和相关税费后的金额计入当期损益。存货的账面价值是存货成本扣减累计跌价准备后的金额。

存货盘亏造成的损失，应当计入当期损益。

第四章 披　露

第二十二条 企业应当在附注中披露与存货有关的下列信息：

（一）各类存货的期初和期末账面价值。

（二）确定发出存货成本所采用的方法。

（三）存货可变现净值的确定依据，存货跌价准备的计提方法，当期计提的存货跌价准备的金额，当期转回的存货跌价准备的金额，以及计提和转回的有关情况。

（四）用于担保的存货账面价值。

三、企业会计准则第2号——长期股权投资

企业会计准则第2号——长期股权投资

第一章 总　则

第一条 为了规范长期股权投资的确认、计量和相关信息的披露，根据《企业会计准则——基本准则》，制定本准则。

第二条 下列各项适用其他相关会计准则：

（一）外币长期股权投资的折算，适用《企业会计准则第19号——外币折算》。

（二）本准则未予规范的长期股权投资，适用《企业会计准则第22号——金融工具确认和计量》。

第二章 初始计量

第三条 企业合并形成的长期股权投资，应当按照下列规定确定其初始投资成本：

(一) 同一控制下的企业合并，合并方以支付现金、转让非现金资产或承担债务方式作为合并对价的，应当在合并日按照取得被合并方所有者权益账面价值的份额作为长期股权投资的初始投资成本。长期股权投资初始投资成本与支付的现金、转让的非现金资产以及所承担债务账面价值之间的差额，应当调整资本公积；资本公积不足冲减的，调整留存收益。

合并方以发行权益性证券作为合并对价的，应当在合并日按照取得被合并方所有者权益账面价值的份额作为长期股权投资的初始投资成本。按照发行股份的面值总额作为股本，长期股权投资初始投资成本与所发行股份面值总额之间的差额，应当调整资本公积；资本公积不足冲减的，调整留存收益。

(二) 非同一控制下的企业合并，购买方在购买日应当按照《企业会计准则第 20 号——企业合并》确定的合并成本作为长期股权投资的初始投资成本。

第四条 除企业合并形成的长期股权投资以外，其他方式取得的长期股权投资，应当按照下列规定确定其初始投资成本：

(一) 以支付现金取得的长期股权投资，应当按照实际支付的购买价款作为初始投资成本。初始投资成本包括与取得长期股权投资直接相关的费用、税金及其他必要支出。

(二) 以发行权益性证券取得的长期股权投资，应当按照发行权益性证券的公允价值作为初始投资成本。

(三) 投资者投入的长期股权投资，应当按照投资合同或协议约定的价值作为初始投资成本，但合同或协议约定价值不公允的除外。

(四) 通过非货币性资产交换取得的长期股权投资，其初始投资成本应当按照《企业会计准则第 7 号——非货币性资产交换》确定。

(五) 通过债务重组取得的长期股权投资，其初始投资成本应当按照《企业会计准则第 12 号——债务重组》确定。

第三章 后续计量

第五条 下列长期股权投资应当按照本准则第七条规定，采用成本法核算：

(一) 投资企业能够对被投资单位实施控制的长期股权投资。

控制，是指有权决定一个企业的财务和经营政策，并能据以从该企业的经营活动中获取利益。投资企业能够对被投资单位实施控制的，被投资单位为其子公司，投资企业应当将子公司纳入合并财务报表的合并范围。

投资企业对子公司的长期股权投资，应当采用本准则规定的成本法核算，编制合并财务报表时按照权益法进行调整。

(二) 投资企业对被投资单位不具有共同控制或重大影响，并且在活跃市场中没有报价、公允价值不能可靠计量的长期股权投资。

共同控制，是指按照合同约定对某项经济活动所共有的控制，仅在与该项经济活动相关的重要财务和经营决策需要分享控制权的投资方一致同意时存在。投资企业与其他方对被投资单位实施共同控制的，被投资单位为其合营企业。

重大影响，是指对一个企业的财务和经营政策有参与决策的权力，但并不能够控制或者与其他方一起共同控制这些政策的制定。投资企业能够对被投资单位施加重大影响的，被投资单位为其联营企业。

第六条 在确定能否对被投资单位实施控制或施加重大影响时，应当考虑投资企业和其他方持有的被投资单位当期可转换公司债券、当期可执行认股权证等潜在表决权因素。

第七条 采用成本法核算的长期股权投资应当按照初始投资成本计价。追加或收回投资应当调整长期股权投资的成本。被投资单位宣告分派的现金股利或利润，确认为当期投资收益。投资企业确认投资收益，仅限于被投资单位接受投资后产生的累积净利润的分配额，所获得的利润或现金股利超过上述数额的部分作为初始投资成本的收回。

第八条 投资企业对被投资单位具有共同控制或重大影响的长期股权投资，应当按照本准则第九条至第十三条规定，采用权益法核算。

第九条 长期股权投资的初始投资成本大于投资时应享有被投资单位可辨认净资产公允价值份额的，不调整长期股权投资的初始投资成本；长期股权投资的初始投资成本小于投资时应享有被投资单位可辨认净资产公允价值份额的，其差额应当计入当期损益，同时调整长期股权投资的成本。

被投资单位可辨认净资产的公允价值，应当比照《企业会计准则第 20 号——企业合并》的有关规定确定。

第十条 投资企业取得长期股权投资后，应当按照应享有或应分担的被投资单位实现的净损益的份额，确认投资损益并调整长期股权投资的账面价值。投资企业按照被投资单位宣告分派的利润或现金股利计算应分得的部分，相应减少长期股权投资的账面价值。

第十一条 投资企业确认被投资单位发生的净亏损，应当以长期股权投资的账面价值以及其他实质上构成对被投资单位净投资的长期权益减记至零为限，投资企业负有承担额外损失义务的除外。

被投资单位以后实现净利润的，投资企业在其收益分享额弥补未确认的亏损分担额后，恢复确认收益分享额。

第十二条 投资企业在确认应享有被投资单位净损益的份额时，应当以取得投资时被投资单位各项可辨认资产等的公允价值为基础，对被投资单位的净利润进行调整后确认。

被投资单位采用的会计政策及会计期间与投资企业不一致的，应当按照投资企业的会计政策及会计期间对被投资单位的财务报表进行调整，并据以确认投资损益。

第十三条 投资企业对于被投资单位除净损益以外所有者权益的其他变动，应当调整长期股权投资的账面价值并计入所有者权益。

第十四条 投资企业因减少投资等原因对被投资单位不再具有共同控制或重大影响的，并且在活跃市场中没有报价、公允价值不能可靠计量的长期股权投资，应当改按成本法核算，并以权益法下长期股权投资的账面价值作为按照成本法核算的初始投资成本。

因追加投资等原因能够对被投资单位实施共同控制或重大影响但不构成控制的，应当改按权益法核算，并以成本法下长期股权投资的账面价值或按照《企业会计准则第 22 号——金融工具确认和计量》确定的投资账面价值作为按照权益法核算的初始投资成本。

第十五条 按照本准则规定的成本法核算的、在活跃市场中没有报价、公允价值不能可靠计量的长期股权投资，其减值应当按照《企业会计准则第 22 号——金融工具确认和计量》处理；其他按照本准则核算的长期股权投资，其减值应当按照《企业会计准则第 8 号——资产减值》处理。

第十六条 处置长期股权投资，其账面价值与实际取得价款的差额，应当计入当期损益。采用权益法核算的长期股权投资，因被投资单位除净损益以外所有者权益的其他变动而计入所有者权益的，处置该项投资时应当将原计入所有者权益的部分按相应比例转入当期损益。

第四章 披 露

第十七条 投资企业应当在附注中披露与长期股权投资有关的下列信息：

（一）子公司、合营企业和联营企业清单，包括企业名称、注册地、业务性质、投资企业的持股比例和表决权比例。

（二）合营企业和联营企业当期的主要财务信息，包括资产、负债、收入、费用等合计金额。

（三）被投资单位向投资企业转移资金的能力受到严格限制的情况。

（四）当期及累计未确认的投资损失金额。

（五）与对子公司、合营企业及联营企业投资相关的或有负债。

四、企业会计准则第 3 号——投资性房地产

企业会计准则第 3 号——投资性房地产

第一章 总 则

第一条 为了规范投资性房地产的确认、计量和相关信息的披露，根据《企业会计准则——基本准则》，制定本准则。

第二条 投资性房地产，是指为赚取租金或资本增值，或两者兼有而持有的房地产。

投资性房地产应当能够单独计量和出售。

第三条 本准则规范下列投资性房地产：

（一）已出租的土地使用权。

（二）持有并准备增值后转让的土地使用权。

（三）已出租的建筑物。

第四条 下列各项不属于投资性房地产：

（一）自用房地产，即为生产商品、提供劳务或者经营管理而持有的房地产。

（二）作为存货的房地产。

第五条 下列各项适用其他相关会计准则：

（一）企业代建的房地产，适用《企业会计准则第15号——建造合同》。

（二）投资性房地产的租金收入和售后租回，适用《企业会计准则第21号——租赁》。

第二章 确认和初始计量

第六条 投资性房地产同时满足下列条件的，才能予以确认：

（一）与该投资性房地产有关的经济利益很可能流入企业；

（二）该投资性房地产的成本能够可靠地计量。

第七条 投资性房地产应当按照成本进行初始计量。

（一）外购投资性房地产的成本，包括购买价款、相关税费和可直接归属于该资产的其他支出。

（二）自行建造投资性房地产的成本，由建造该项资产达到预定可使用状态前所发生的必要支出构成。

（三）以其他方式取得的投资性房地产的成本，按照相关会计准则的规定确定。

第八条 与投资性房地产有关的后续支出，满足本准则第六条规定的确认条件的，应当计入投资性房地产成本；不满足本准则第六条规定的确认条件的，应当在发生时计入当期损益。

第三章 后续计量

第九条 企业应当在资产负债表日采用成本模式对投资性房地产进行后续计量，但本准则第十条规定的除外。

采用成本模式计量的建筑物的后续计量，适用《企业会计准则第4号——固定资产》。

采用成本模式计量的土地使用权的后续计量，适用《企业会计准则第6号——无形资产》。

第十条 有确凿证据表明投资性房地产的公允价值能够持续可靠取得的，可以对投资性房地产采用公允价值模式进行后续计量。采用公允价值模式计量的，应当同时满足下列条件：

（一）投资性房地产所在地有活跃的房地产交易市场；

（二）企业能够从房地产交易市场上取得同类或类似房地产的市场价格及其他相关信息，从而对投资性房地产的公允价值作出合理的估计。

第十一条 采用公允价值模式计量的，不对投资性房地产计提折旧或进行摊销，应当以资产负债表日投资性房地产的公允价值为基础调整其账面价值，公允价值与原账面价值之间的差额计入当期损益。

第十二条 企业对投资性房地产的计量模式一经确定，不得随意变更。成本模式转为公允价值模式的，应当作为会计政策变更，按照《企业会计准则第28号——会计政策、会计估计变更和差错更正》处理。

已采用公允价值模式计量的投资性房地产，不得从公允价值模式转为成本模式。

第四章 转换

第十三条 企业有确凿证据表明房地产用途发生改变，满足下列条件之一的，应当将投资性房地产转换为其他资产或者将其他资产转换为投资性房地产：

（一）投资性房地产开始自用。

（二）作为存货的房地产，改为出租。

（三）自用土地使用权停止自用，用于赚取租金或资本增值。

（四）自用建筑物停止自用，改为出租。

第十四条 在成本模式下，应当将房地产转换前的账面价值作为转换后的入账价值。

第十五条 采用公允价值模式计量的投资性房地产转换为自用房地产时，应当以其转换当日的公允价值作为自用房地产的账面价值，公允价值与原账面价值的差额计入当期损益。

第十六条 自用房地产或存货转换为采用公允价值模式计量的投资性房地产时，投资性房地产按照转换当日的公允价值计价，转换当日的公允价值小于原账面价值的，其差额计入当期损益；转换当日的公允价值大于原账面价值的，其差额计入所有者权益。

第五章 处 置

第十七条 当投资性房地产被处置，或者永久退出使用且预计不能从其处置中取得经济利益时，应当终止确认该项投资性房地产。

第十八条 企业出售、转让、报废投资性房地产或者发生投资性房地产毁损，应当将处置收入扣除其账面价值和相关税费后的金额计入当期损益。

第六章 披 露

第十九条 企业应当在附注中披露与投资性房地产有关的下列信息：

（一）投资性房地产的种类、金额和计量模式。

（二）采用成本模式的，投资性房地产的折旧或摊销，以及减值准备的计提情况。

（三）采用公允价值模式的，公允价值的确定依据和方法，以及公允价值变动对损益的影响。

（四）房地产转换情况、理由，以及对损益或所有者权益的影响。

（五）当期处置的投资性房地产及其对损益的影响。

五、企业会计准则第4号——固定资产

企业会计准则第4号——固定资产

第一章 总 则

第一条 为了规范固定资产的确认、计量和相关信息的披露，根据《企业会计准则——基本准则》，制定本准则。

第二条 下列各项适用其他相关会计准则：

（一）作为投资性房地产的建筑物，适用《企业会计准则第3号——投资性房地产》。

（二）生产性生物资产，适用《企业会计准则第5号——生物资产》。

第二章 确 认

第三条 固定资产，是指同时具有下列特征的有形资产：

（一）为生产商品、提供劳务、出租或经营管理而持有的；

（二）使用寿命超过一个会计年度。

使用寿命，是指企业使用固定资产的预计期间，或者该固定资产所能生产产品或提供劳务的数量。

第四条 固定资产同时满足下列条件的，才能予以确认：

（一）与该固定资产有关的经济利益很可能流入企业；

（二）该固定资产的成本能够可靠地计量。

第五条 固定资产的各组成部分具有不同使用寿命或者以不同方式为企业提供经济利益，适用不同折旧率或折旧方法的，应当分别将各组成部分确认为单项固定资产。

第六条 与固定资产有关的后续支出，符合本准则第四条规定的确认条件的，应当计入固定资产成本；不符合本准则第四条规定的确认条件的，应当在发生时计入当期损益。

第三章 初始计量

第七条 固定资产应当按照成本进行初始计量。

第八条 外购固定资产的成本，包括购买价款、相关税费、使固定资产达到预定可使用状态前所发生的可归属于该项资产的运输费、装卸费、安装费和专业人员服务费等。

以一笔款项购入多项没有单独标价的固定资产，应当按照各项固定资产公允价值比例对总成本进行分配，分别确定各项固定资产的成本。

购买固定资产的价款超过正常信用条件延期支付，实质上具有融资性质的，固定资产的成本以购买价款的现值为基础确定。实际支付的价款与购买价款的现值之间的差额，除按照《企业会计准则第17号——借款费用》应予资本化的以外，应当在信用期间内计入当期损益。

第九条 自行建造固定资产的成本,由建造该项资产达到预定可使用状态前所发生的必要支出构成。

第十条 应计入固定资产成本的借款费用,按照《企业会计准则第17号——借款费用》处理。

第十一条 投资者投入固定资产的成本,应当按照投资合同或协议约定的价值确定,但合同或协议约定价值不公允的除外。

第十二条 非货币性资产交换、债务重组、企业合并和融资租赁取得的固定资产的成本,应当分别按照《企业会计准则第7号——非货币性资产交换》、《企业会计准则第12号——债务重组》、《企业会计准则第20号——企业合并》和《企业会计准则第21号——租赁》确定。

第十三条 确定固定资产成本时,应当考虑预计弃置费用因素。

第四章 后续计量

第十四条 企业应当对所有固定资产计提折旧。但是,已提足折旧仍继续使用的固定资产和单独计价入账的土地除外。

折旧,是指在固定资产使用寿命内,按照确定的方法对应计折旧额进行系统分摊。

应计折旧额,是指应当计提折旧的固定资产的原价扣除其预计净残值后的金额。已计提减值准备的固定资产,还应当扣除已计提的固定资产减值准备累计金额。

预计净残值,是指假定固定资产预计使用寿命已满并处于使用寿命终了时的预期状态,企业目前从该项资产处置中获得的扣除预计处置费用后的金额。

第十五条 企业应当根据固定资产的性质和使用情况,合理确定固定资产的使用寿命和预计净残值。

固定资产的使用寿命、预计净残值一经确定,不得随意变更。但是,符合本准则第十九条规定的除外。

第十六条 企业确定固定资产使用寿命,应当考虑下列因素:

(一) 预计生产能力或实物产量;

(二) 预计有形损耗和无形损耗;

(三) 法律或者类似规定对资产使用的限制。

第十七条 企业应当根据与固定资产有关的经济利益的预期实现方式,合理选择固定资产折旧方法。

可选用的折旧方法包括年限平均法、工作量法、双倍余额递减法和年数总和法等。

固定资产的折旧方法一经确定,不得随意变更。但是,符合本准则第十九条规定的除外。

第十八条 固定资产应当按月计提折旧,并根据用途计入相关资产的成本或者当期损益。

第十九条 企业至少应当于每年年度终了,对固定资产的使用寿命、预计净残值和折旧方法进行复核。

使用寿命预计数与原先估计数有差异的,应当调整固定资产使用寿命。

预计净残值预计数与原先估计数有差异的,应当调整预计净残值。

与固定资产有关的经济利益预期实现方式有重大改变的,应当改变固定资产折旧方法。

固定资产使用寿命、预计净残值和折旧方法的改变应当作为会计估计变更。

第二十条 固定资产的减值,应当按照《企业会计准则第8号——资产减值》处理。

第五章 处 置

第二十一条 固定资产满足下列条件之一的,应当予以终止确认:

(一) 该固定资产处于处置状态。

(二) 该固定资产预期通过使用或处置不能产生经济利益。

第二十二条 企业持有待售的固定资产,应当对其预计净残值进行调整。

第二十三条 企业出售、转让、报废固定资产或发生固定资产毁损,应当将处置收入扣除账面价值和相关税费后的金额计入当期损益。固定资产的账面价值是固定资产成本扣减累计折旧和累计减值准备后的金额。

固定资产盘亏造成的损失,应当计入当期损益。

第二十四条 企业根据本准则第六条的规定,将发生的固定资产后续支出计入固定资产成本的,应当终止确认被替换部分的账面价值。

第六章 披 露

第二十五条 企业应当在附注中披露与固定资产有关的下列信息:

(一) 固定资产的确认条件、分类、计量基础和折旧方法。

（二）各类固定资产的使用寿命、预计净残值和折旧率。

（三）各类固定资产的期初和期末原价、累计折旧额及固定资产减值准备累计金额。

（四）当期确认的折旧费用。

（五）对固定资产所有权的限制及其金额和用于担保的固定资产账面价值。

（六）准备处置的固定资产名称、账面价值、公允价值、预计处置费用和预计处置时间等。

六、企业会计准则第 5 号——生物资产

第一章　总　　则

第一条　为了规范与农业生产相关的生物资产的确认、计量和相关信息的披露，根据《企业会计准则——基本准则》，制定本准则。

第二条　生物资产，是指有生命的动物和植物。

第三条　生物资产分为消耗性生物资产、生产性生物资产和公益性生物资产。

消耗性生物资产，是指为出售而持有的、或在将来收获为农产品的生物资产，包括生长中的大田作物、蔬菜、用材林以及存栏待售的牲畜等。

生产性生物资产，是指为产出农产品、提供劳务或出租等目的而持有的生物资产，包括经济林、薪炭林、产畜和役畜等。

公益性生物资产，是指以防护、环境保护为主要目的的生物资产，包括防风固沙林、水土保持林和水源涵养林等。

第四条　下列各项适用其他相关会计准则：

（一）收获后的农产品，适用《企业会计准则第 1 号——存货》。

（二）与生物资产相关的政府补助，适用《企业会计准则第 16 号——政府补助》。

第二章　确认和初始计量

第五条　生物资产同时满足下列条件的，才能予以确认：

（一）企业因过去的交易或者事项而拥有或者控制该生物资产；

（二）与该生物资产有关的经济利益或服务潜能很可能流入企业；

（三）该生物资产的成本能够可靠地计量。

第六条　生物资产应当按照成本进行初始计量。

第七条　外购生物资产的成本，包括购买价款、相关税费、运输费、保险费以及可直接归属于购买该资产的其他支出。

第八条　自行栽培、营造、繁殖或养殖的消耗性生物资产的成本，应当按照下列规定确定：

（一）自行栽培的大田作物和蔬菜的成本，包括在收获前耗用的种子、肥料、农药等材料费、人工费和应分摊的间接费用等必要支出。

（二）自行营造的林木类消耗性生物资产的成本，包括郁闭前发生的造林费、抚育费、营林设施费、良种试验费、调查设计费和应分摊的间接费用等必要支出。

（三）自行繁殖的育肥畜的成本，包括出售前发生的饲料费、人工费和应分摊的间接费用等必要支出。

（四）水产养殖的动物和植物的成本，包括在出售或入库前耗用的苗种、饲料、肥料等材料费、人工费和应分摊的间接费用等必要支出。

第九条　自行营造或繁殖的生产性生物资产的成本，应当按照下列规定确定：

（一）自行营造的林木类生产性生物资产的成本，包括达到预定生产经营目的前发生的造林费、抚育费、营林设施费、良种试验费、调查设计费和应分摊的间接费用等必要支出。

（二）自行繁殖的产畜和役畜的成本，包括达到预定生产经营目的（成龄）前发生的饲料费、人工费和应分摊的间接费用等必要支出。达到预定生产经营目的，是指生产性生物资产进入正常生产期，可以多年连续稳定产出农产品、提供劳务或出租。

第十条　自行营造的公益性生物资产的成本，应当按照郁闭前发生的造林费、抚育费、森林保护费、营林设施费、良种试验费、调查设计费和应分摊的间接费用等必要支出确定。

第十一条 应计入生物资产成本的借款费用，按照《企业会计准则第 17 号——借款费用》处理。消耗性林木类生物资产发生的借款费用，应当在郁闭时停止资本化。

第十二条 投资者投入生物资产的成本，应当按照投资合同或协议约定的价值确定，但合同或协议约定价值不公允的除外。

第十三条 天然起源的生物资产的成本，应当按照名义金额确定。

第十四条 非货币性资产交换、债务重组和企业合并取得的生物资产的成本，应当分别按照《企业会计准则第 7 号——非货币性资产交换》、《企业会计准则第 12 号——债务重组》和《企业会计准则第 20 号——企业合并》确定。

第十五条 因择伐、间伐或抚育更新性质采伐而补植林木类生物资产发生的后续支出，应当计入林木类生物资产的成本。

生物资产在郁闭或达到预定生产经营目的后发生的管护、饲养费用等后续支出，应当计入当期损益。

第三章 后续计量

第十六条 企业应当按照本准则第十七条至第二十一条的规定对生物资产进行后续计量，但本准则第二十二条规定的除外。

第十七条 企业对达到预定生产经营目的的生产性生物资产，应当按期计提折旧，并根据用途分别计入相关资产的成本或当期损益。

第十八条 企业应当根据生产性生物资产的性质、使用情况和有关经济利益的预期实现方式，合理确定其使用寿命、预计净残值和折旧方法。可选用的折旧方法包括年限平均法、工作量法、产量法等。生产性生物资产的使用寿命、预计净残值和折旧方法一经确定，不得随意变更。但是，符合本准则第二十条规定的除外。

第十九条 企业确定生产性生物资产的使用寿命，应当考虑下列因素：

（一）该资产的预计产出能力或实物产量；

（二）该资产的预计有形损耗，如产畜和役畜衰老、经济林老化等；

（三）该资产的预计无形损耗，如因新品种的出现而使现有的生产性生物资产的产出能力和产出农产品的质量等方面相对下降、市场需求的变化使生产性生物资产产出的农产品相对过时等。

第二十条 企业至少应当于每年年度终了对生产性生物资产的使用寿命、预计净残值和折旧方法进行复核。使用寿命或预计净残值的预期数与原先估计数有差异的，或者有关经济利益预期实现方式有重大改变的，应当作为会计估计变更，按照《企业会计准则第 28 号——会计政策、会计估计变更和差错更正》处理，调整生产性生物资产的使用寿命或预计净残值或者改变折旧方法。

第二十一条 企业至少应当于每年年度终了对消耗性生物资产和生产性生物资产进行检查，有确凿证据表明由于遭受自然灾害、病虫害、动物疫病侵袭或市场需求变化等原因，使消耗性生物资产的可变现净值或生产性生物资产的可收回金额低于其账面价值的，应当按照可变现净值或可收回金额低于账面价值的差额，计提生物资产跌价准备或减值准备，并计入当期损益。上述可变现净值和可收回金额，应当分别按照《企业会计准则第 1 号——存货》和《企业会计准则第 8 号——资产减值》确定。

消耗性生物资产减值的影响因素已经消失的，减记金额应当予以恢复，并在原已计提的跌价准备金额内转回，转回的金额计入当期损益。

生产性生物资产减值准备一经计提，不得转回。

公益性生物资产不计提减值准备。

第二十二条 有确凿证据表明生物资产的公允价值能够持续可靠取得的，应当对生物资产采用公允价值计量。采用公允价值计量的，应当同时满足下列条件：

（一）生物资产有活跃的交易市场；

（二）能够从交易市场上取得同类或类似生物资产的市场价格及其他相关信息，从而对生物资产的公允价值作出合理估计。

第四章 收获与处置

第二十三条 对于消耗性生物资产，应当在收获或出售时，按照其账面价值结转成本。结转成本的方法包括加权平均法、个别计价法、蓄积量比例法、轮伐期年限法等。

第二十四条 生产性生物资产收获的农产品成本,按照产出或采收过程中发生的材料费、人工费和应分摊的间接费用等必要支出计算确定,并采用加权平均法、个别计价法、蓄积量比例法、轮伐期年限法等方法,将其账面价值结转为农产品成本。收获之后的农产品,应当按照《企业会计准则第 1 号——存货》处理。

第二十五条 生物资产改变用途后的成本,应当按照改变用途时的账面价值确定。

第二十六条 生物资产出售、盘亏或死亡、毁损时,应当将处置收入扣除其账面价值和相关税费后的余额计入当期损益。

第五章 披 露

第二十七条 企业应当在附注中披露与生物资产有关的下列信息:

(一) 生物资产的类别以及各类生物资产的实物数量和账面价值。

(二) 各类消耗性生物资产的跌价准备累计金额,以及各类生产性生物资产的使用寿命、预计净残值、折旧方法、累计折旧和减值准备累计金额。

(三) 天然起源生物资产的类别、取得方式和实物数量。

(四) 用于担保的生物资产的账面价值。

(五) 与生物资产相关的风险情况与管理措施。

第二十八条 企业应当在附注中披露与生物资产增减变动有关的下列信息:

(一) 因购买而增加的生物资产;

(二) 因自行培育而增加的生物资产;

(三) 因出售而减少的生物资产;

(四) 因盘亏或死亡、毁损而减少的生物资产;

(五) 计提的折旧及计提的跌价准备或减值准备;

(六) 其他变动。

七、企业会计准则第 6 号——无形资产

企业会计准则第 6 号——无形资产

第一章 总 则

第一条 为了规范无形资产的确认、计量和相关信息的披露,根据《企业会计准则——基本准则》,制定本准则。

第二条 下列各项适用其他相关会计准则:

(一) 作为投资性房地产的土地使用权,适用《企业会计准则第 3 号——投资性房地产》。

(二) 企业合并中形成的商誉,适用《企业会计准则第 8 号——资产减值》和《企业会计准则第 20 号——企业合并》。

(三) 石油天然气矿区权益,适用《企业会计准则第 27 号——石油天然气开采》。

第二章 确 认

第三条 无形资产,是指企业拥有或者控制的没有实物形态的可辨认非货币性资产。

资产满足下列条件之一的,符合无形资产定义中的可辨认性标准:

(一) 能够从企业中分离或者划分出来,并能单独或者与相关合同、资产或负债一起,用于出售、转移、授予许可、租赁或者交换。

(二) 源自合同性权利或其他法定权利,无论这些权利是否可以从企业或其他权利和义务中转移或者分离。

第四条 无形资产同时满足下列条件的,才能予以确认:

(一) 与该无形资产有关的经济利益很可能流入企业;

(二) 该无形资产的成本能够可靠地计量。

第五条 企业在判断无形资产产生的经济利益是否很可能流入时,应当对无形资产在预计使用寿命内可能存在的各种经济因素作出合理估计,并且应当有明确证据支持。

第六条 企业无形项目的支出,除下列情形外,均应于发生时计入当期损益:

（一）符合本准则规定的确认条件、构成无形资产成本的部分；

（二）非同一控制下企业合并中取得的、不能单独确认为无形资产、构成购买日确认的商誉的部分。

第七条　企业内部研究开发项目的支出，应当区分研究阶段支出与开发阶段支出。

研究是指为获取并理解新的科学或技术知识而进行的独创性的有计划调查。

开发是指在进行商业性生产或使用前，将研究成果或其他知识应用于某项计划或设计，以生产出新的或具有实质性改进的材料、装置、产品等。

第八条　企业内部研究开发项目研究阶段的支出，应当于发生时计入当期损益。

第九条　企业内部研究开发项目开发阶段的支出，同时满足下列条件的，才能确认为无形资产：

（一）完成该无形资产以使其能够使用或出售在技术上具有可行性；

（二）具有完成该无形资产并使用或出售的意图；

（三）无形资产产生经济利益的方式，包括能够证明运用该无形资产生产的产品存在市场或无形资产自身存在市场，无形资产将在内部使用的，应当证明其有用性；

（四）有足够的技术、财务资源和其他资源支持，以完成该无形资产的开发，并有能力使用或出售该无形资产；

（五）归属于该无形资产开发阶段的支出能够可靠地计量。

第十条　企业取得的已作为无形资产确认的正在进行中的研究开发项目，在取得后发生的支出应当按照本准则第七条至第九条的规定处理。

第十一条　企业自创商誉以及内部产生的品牌、报刊名等，不应确认为无形资产。

第三章　初始计量

第十二条　无形资产应当按照成本进行初始计量。外购无形资产的成本，包括购买价款、相关税费以及直接归属于使该项资产达到预定用途所发生的其他支出。

购买无形资产的价款超过正常信用条件延期支付，实质上具有融资性质的，无形资产的成本以购买价款的现值为基础确定。实际支付的价款与购买价款的现值之间的差额，除按照《企业会计准则第17号——借款费用》应予资本化的以外，应当在信用期间内计入当期损益。

第十三条　自行开发的无形资产，其成本包括自满足本准则第四条和第九条规定后至达到预定用途前所发生的支出总额，但是对于以前期间已经费用化的支出不再调整。

第十四条　投资者投入无形资产的成本，应当按照投资合同或协议约定的价值确定，但合同或协议约定价值不公允的除外。

第十五条　非货币性资产交换、债务重组、政府补助和企业合并取得的无形资产的成本，应当分别按照《企业会计准则第7号——非货币性资产交换》、《企业会计准则第12号——债务重组》、《企业会计准则第16号——政府补助》和《企业会计准则第20号——企业合并》确定。

第四章　后续计量

第十六条　企业应当于取得无形资产时分析判断其使用寿命。

无形资产的使用寿命为有限的，应当估计该使用寿命的年限或者构成使用寿命的产量等类似计量单位数量；无法预见无形资产为企业带来经济利益期限的，应当视为使用寿命不确定的无形资产。

第十七条　使用寿命有限的无形资产，其应摊销金额应当在使用寿命内系统合理摊销。

企业摊销无形资产，应当自无形资产可供使用时起，至不再作为无形资产确认时止。

企业选择的无形资产摊销方法，应当反映与该项无形资产有关的经济利益的预期实现方式。无法可靠确定预期实现方式的，应当采用直线法摊销。

无形资产的摊销金额一般应当计入当期损益，其他会计准则另有规定的除外。

第十八条　无形资产的应摊销金额为其成本扣除预计残值后的金额。已计提减值准备的无形资产，还应扣除已计提的无形资产减值准备累计金额。使用寿命有限的无形资产，其残值应当视为零，但下列情况除外：

（一）有第三方承诺在无形资产使用寿命结束时购买该无形资产。

（二）可以根据活跃市场得到预计残值信息，并且该市场在无形资产使用寿命结束时很可能存在。

第十九条　使用寿命不确定的无形资产不应摊销。

第二十条 无形资产的减值，应当按照《企业会计准则第8号——资产减值》处理。

第二十一条 企业至少应当于每年年度终了，对使用寿命有限的无形资产的使用寿命及摊销方法进行复核。无形资产的使用寿命及摊销方法与以前估计不同的，应当改变摊销期限和摊销方法。

企业应当在每个会计期间对使用寿命不确定的无形资产的使用寿命进行复核。如果有证据表明无形资产的使用寿命是有限的，应当估计其使用寿命，并按本准则规定处理。

第五章 处置和报废

第二十二条 企业出售无形资产，应当将取得的价款与该无形资产账面价值的差额计入当期损益。

第二十三条 无形资产预期不能为企业带来经济利益的，应当将该无形资产的账面价值予以转销。

第六章 披露

第二十四条 企业应当按照无形资产的类别在附注中披露与无形资产有关的下列信息：

（一）无形资产的期初和期末账面余额、累计摊销额及减值准备累计金额。

（二）使用寿命有限的无形资产，其使用寿命的估计情况；使用寿命不确定的无形资产，其使用寿命不确定的判断依据。

（三）无形资产的摊销方法。

（四）用于担保的无形资产账面价值、当期摊销额等情况。

（五）计入当期损益和确认为无形资产的研究开发支出金额。

八、企业会计准则第7号——非货币性资产交换

企业会计准则第7号——非货币性资产交换

第一章 总则

第一条 为了规范非货币性资产交换的确认、计量和相关信息的披露，根据《企业会计准则——基本准则》，制定本准则。

第二条 非货币性资产交换，是指交易双方主要以存货、固定资产、无形资产和长期股权投资等非货币性资产进行的交换。该交换不涉及或只涉及少量的货币性资产（即补价）。

货币性资产，是指企业持有的货币资金和将以固定或可确定的金额收取的资产，包括现金、银行存款、应收账款和应收票据以及准备持有至到期的债券投资等。

非货币性资产，是指货币性资产以外的资产。

第三条 非货币性资产交换同时满足下列条件的，应当以公允价值和应支付的相关税费作为换入资产的成本，公允价值与换出资产账面价值的差额计入当期损益：

（一）该项交换具有商业实质；

（二）换入资产或换出资产的公允价值能够可靠地计量。

换入资产和换出资产公允价值均能够可靠计量的，应当以换出资产的公允价值作为确定换入资产成本的基础，但有确凿证据表明换入资产的公允价值更加可靠的除外。

第二章 确认和计量

第四条 满足下列条件之一的非货币性资产交换具有商业实质：

（一）换入资产的未来现金流量在风险、时间和金额方面与换出资产显著不同。

（二）换入资产与换出资产的预计未来现金流量现值不同，且其差额与换入资产和换出资产的公允价值相比是重大的。

第五条 在确定非货币性资产交换是否具有商业实质时，企业应当关注交易各方之间是否存在关联方关系。关联方关系的存在可能导致发生的非货币性资产交换不具有商业实质。

第六条 未同时满足本准则第三条规定条件的非货币性资产交换，应当以换出资产的账面价值和应支付的相关税费作为换入资产的成本，不确认损益。

第七条 第七条企业在按照公允价值和应支付的相关税费作为换入资产成本的情况下，发生补价的，应当分别下列情况处理：

（一）支付补价的，换入资产成本与换出资产账面价值加支付的补价、应支付的相关税费之和的差额，

应当计入当期损益。

(二) 收到补价的,换入资产成本加收到的补价之和与换出资产账面价值加应支付的相关税费之和的差额,应当计入当期损益。

第八条　企业在按照换出资产的账面价值和应支付的相关税费作为换入资产成本的情况下,发生补价的,应当分别下列情况处理:

(一) 支付补价的,应当以换出资产的账面价值,加上支付的补价和应支付的相关税费,作为换入资产的成本,不确认损益。

(二) 收到补价的,应当以换出资产的账面价值,减去收到的补价并加上应支付的相关税费,作为换入资产的成本,不确认损益。

第九条　非货币性资产交换同时换入多项资产的,在确定各项换入资产的成本时,应当分别下列情况处理:

(一) 非货币性资产交换具有商业实质,且换入资产的公允价值能够可靠计量的,应当按照换入各项资产的公允价值占换入资产公允价值总额的比例,对换入资产的成本总额进行分配,确定各项换入资产的成本。

(二) 非货币性资产交换不具有商业实质,或者虽具有商业实质但换入资产的公允价值不能可靠计量的,应当按照换入各项资产的原账面价值占换入资产原账面价值总额的比例,对换入资产的成本总额进行分配,确定各项换入资产的成本。

第三章　披　露

第十条　企业应当在附注中披露与非货币性资产交换有关的下列信息:

(一) 换入资产、换出资产的类别。

(二) 换入资产成本的确定方式。

(三) 换入资产、换出资产的公允价值以及换出资产的账面价值。

(四) 非货币性资产交换确认的损益。

九、企业会计准则第8号——资产减值

企业会计准则第8号——资产减值

第一章　总　则

第一条　为了规范资产减值的确认、计量和相关信息的披露,根据《企业会计准则——基本准则》,制定本准则。

第二条　资产减值,是指资产的可收回金额低于其账面价值。

本准则中的资产,除了特别规定外,包括单项资产和资产组。

资产组,是指企业可以认定的最小资产组合,其产生的现金流入应当基本上独立于其他资产或者资产组产生的现金流入。

第三条　下列各项适用其他相关会计准则:

(一) 存货的减值,适用《企业会计准则第1号——存货》。

(二) 采用公允价值模式计量的投资性房地产的减值,适用《企业会计准则第3号——投资性房地产》。

(三) 消耗性生物资产的减值,适用《企业会计准则第5号——生物资产》。

(四) 建造合同形成的资产的减值,适用《企业会计准则第15号——建造合同》。

(五) 递延所得税资产的减值,适用《企业会计准则第18号——所得税》。

(六) 融资租赁中出租人未担保余值的减值,适用《企业会计准则第21号——租赁》。

(七)《企业会计准则第22号——金融工具确认和计量》规范的金融资产的减值,适用《企业会计准则第22号——金融工具确认和计量》。

(八) 未探明石油天然气矿区权益的减值,适用《企业会计准则第27号——石油天然气开采》。

第二章　可能发生减值资产的认定

第四条　企业应当在资产负债表日判断资产是否存在可能发生减值的迹象。

因企业合并所形成的商誉和使用寿命不确定的无形资产，无论是否存在减值迹象，每年都应当进行减值测试。

第五条 存在下列迹象的，表明资产可能发生了减值：

（一）资产的市价当期大幅度下跌，其跌幅明显高于因时间的推移或者正常使用而预计的下跌。

（二）企业经营所处的经济、技术或者法律等环境以及资产所处的市场在当期或者将在近期发生重大变化，从而对企业产生不利影响。

（三）市场利率或者其他市场投资报酬率在当期已经提高，从而影响企业计算资产预计未来现金流量现值的折现率，导致资产可收回金额大幅度降低。

（四）有证据表明资产已经陈旧过时或者其实体已经损坏。

（五）资产已经或者将被闲置、终止使用或者计划提前处置。

（六）企业内部报告的证据表明资产的经济绩效已经低于或者将低于预期，如资产所创造的净现金流量或者实现的营业利润（或者亏损）远远低于（或者高于）预计金额等。

（七）其他表明资产可能已经发生减值的迹象。

第三章 资产可收回金额的计量

第六条 资产存在减值迹象的，应当估计其可收回金额。

可收回金额应当根据资产的公允价值减去处置费用后的净额与资产预计未来现金流量的现值两者之间较高者确定。

处置费用包括与资产处置有关的法律费用、相关税费、搬运费以及为使资产达到可销售状态所发生的直接费用等。

第七条 资产的公允价值减去处置费用后的净额与资产预计未来现金流量的现值，只要有一项超过了资产的账面价值，就表明资产没有发生减值，不需再估计另一项金额。

第八条 资产的公允价值减去处置费用后的净额，应当根据公平交易中销售协议价格减去可直接归属于该资产处置费用的金额确定。

不存在销售协议但存在资产活跃市场的，应当按照该资产的市场价格减去处置费用后的金额确定。资产的市场价格通常应当根据资产的买方出价确定。

在不存在销售协议和资产活跃市场的情况下，应当以可获取的最佳信息为基础，估计资产的公允价值减去处置费用后的净额，该净额可以参考同行业类似资产的最近交易价格或者结果进行估计。

企业按照上述规定仍然无法可靠估计资产的公允价值减去处置费用后的净额的，应当以该资产预计未来现金流量的现值作为其可收回金额。

第九条 资产预计未来现金流量的现值，应当按照资产在持续使用过程中和最终处置时所产生的预计未来现金流量，选择恰当的折现率对其进行折现后的金额加以确定。

预计资产未来现金流量的现值，应当综合考虑资产的预计未来现金流量、使用寿命和折现率等因素。

第十条 预计的资产未来现金流量应当包括下列各项：

（一）资产持续使用过程中预计产生的现金流入。

（二）为实现资产持续使用过程中产生的现金流入所必需的预计现金流出（包括为使资产达到预定可使用状态所发生的现金流出）。

该现金流出应当是可直接归属于或者可通过合理和一致的基础分配到资产中的现金流出。

（三）资产使用寿命结束时，处置资产所收到或者支付的净现金流量。该现金流量应当是在公平交易中，熟悉情况的交易双方自愿进行交易时，企业预期可从资产的处置中获取或者支付的、减去预计处置费用后的金额。

第十一条 预计资产未来现金流量时，企业管理层应当在合理和有依据的基础上对资产剩余使用寿命内整个经济状况进行最佳估计。

预计资产的未来现金流量，应当以经企业管理层批准的最近财务预算或者预测数据，以及该预算或者预测期之后年份稳定的或者递减的增长率为基础。企业管理层如能证明递增的增长率是合理的，可以以递增的增长率为基础。

建立在预算或者预测基础上的预计现金流量最多涵盖 5 年，企业管理层如能证明更长的期间是合理的,可以涵盖更长的期间。

在对预算或者预测期之后年份的现金流量进行预计时,所使用的增长率除了企业能够证明更高的增长率是合理的之外,不应当超过企业经营的产品、市场、所处的行业或者所在国家或者地区的长期平均增长率,或者该资产所处市场的长期平均增长率。

第十二条　预计资产的未来现金流量,应当以资产的当前状况为基础,不应当包括与将来可能会发生的、尚未作出承诺的重组事项或者与资产改良有关的预计未来现金流量。

预计资产的未来现金流量也不应当包括筹资活动产生的现金流入或者流出以及与所得税收付有关的现金流量。

企业已经承诺重组的,在确定资产的未来现金流量的现值时,预计的未来现金流入和流出数,应当反映重组所能节约的费用和由重组所带来的其他利益,以及因重组所导致的估计未来现金流出数。其中重组所能节约的费用和由重组所带来的其他利益,通常应当根据企业管理层批准的最近财务预算或者预测数据进行估计;因重组所导致的估计未来现金流出数应当根据《企业会计准则第 13 号——或有事项》所确认的因重组所发生的预计负债金额进行估计。

第十三条　折现率是反映当前市场货币时间价值和资产特定风险的税前利率。该折现率是企业在购置或者投资资产时所要求的必要报酬率。

在预计资产的未来现金流量时已经对资产特定风险的影响作了调整的,估计折现率不需要考虑这些特定风险。如果用于估计折现率的基础是税后的,应当将其调整为税前的折现率。

第十四条　预计资产的未来现金流量涉及外币的,应当以该资产所产生的未来现金流量的结算货币为基础,按照该货币适用的折现率计算资产的现值;然后将该外币现值按照计算资产未来现金流量现值当日的即期汇率进行折算。

第四章　资产减值损失的确定

第十五条　可收回金额的计量结果表明,资产的可收回金额低于其账面价值的,应当将资产的账面价值减记至可收回金额,减记的金额确认为资产减值损失,计入当期损益,同时计提相应的资产减值准备。

第十六条　资产减值损失确认后,减值资产的折旧或者摊销费用应当在未来期间作相应调整,以使该资产在剩余使用寿命内,系统地分摊调整后的资产账面价值(扣除预计净残值)。

第十七条　资产减值损失一经确认,在以后会计期间不得转回。

第五章　资产组的认定及减值处理

第十八条　有迹象表明一项资产可能发生减值的,企业应当以单项资产为基础估计其可收回金额。企业难以对单项资产的可收回金额进行估计的,应当以该资产所属的资产组为基础确定资产组的可收回金额。

资产组的认定,应当以资产组产生的主要现金流入是否独立于其他资产或者资产组的现金流入为依据。同时,在认定资产组时,应当考虑企业管理层管理生产经营活动的方式(如是按照生产线、业务种类还是按照地区或者区域等)和对资产的持续使用或者处置的决策方式等。

几项资产的组合生产的产品(或者其他产出)存在活跃市场的,

即使部分或者所有这些产品(或者其他产出)均供内部使用,也应当在符合前款规定的情况下,将这几项资产的组合认定为一个资产组。

如果该资产组的现金流入受内部转移价格的影响,应当按照企业管理层在公平交易中对未来价格的最佳估计数来确定资产组的未来现金流量。

资产组一经确定,各个会计期间应当保持一致,不得随意变更。

如需变更,企业管理层应当证明该变更是合理的,并根据本准则第二十七条的规定在附注中作相应说明。

第十九条　资产组账面价值的确定基础应当与其可收回金额的确定方式相一致。

资产组的账面价值包括可直接归属于资产组与可以合理和一致地分摊至资产组的资产账面价值,通常不应当包括已确认负债的账面价值,但如不考虑该负债金额就无法确定资产组可收回金额的除外。

资产组的可收回金额应当按照该资产组的公允价值减去处置费用后的净额与其预计未来现金流量的现值两者之间较高者确定。

资产组在处置时如要求购买者承担一项负债(如环境恢复负债等)、该负债金额已经确认并计入相关资产账面价值,而且企业只能取得包括上述资产和负债在内的单一公允价值减去处置费用后的净额的,为了比较资产组的账面价值和可收回金额,在确定资产组的账面价值及其预计未来现金流量的现值时,应当将已确认的负债金额从中扣除。

第二十条　企业总部资产包括企业集团或其事业部的办公楼、电子数据处理设备等资产。总部资产的显著特征是难以脱离其他资产或者资产组产生独立的现金流入,而且其账面价值难以完全归属于某一资产组。

有迹象表明某项总部资产可能发生减值的,企业应当计算确定该总部资产所归属的资产组或者资产组组合的可收回金额,然后将其与相应的账面价值相比较,据以判断是否需要确认减值损失。

资产组组合,是指由若干个资产组组成的最小资产组组合,包括资产组或者资产组组合,以及按合理方法分摊的总部资产部分。

第二十一条　企业对某一资产组进行减值测试,应当先认定所有与该资产组相关的总部资产,再根据相关总部资产能否按照合理和一致的基础分摊至该资产组分别下列情况处理:

(一) 对于相关总部资产能够按照合理和一致的基础分摊至该资产组的部分,应当将该部分总部资产的账面价值分摊至该资产组,再据以比较该资产组的账面价值(包括已分摊的总部资产的账面价值部分)和可收回金额,并按照本准则第二十二条的规定处理。

(二) 对于相关总部资产中有部分资产难以按照合理和一致的基础分摊至该资产组的,应当按照下列步骤处理:

首先,在不考虑相关总部资产的情况下,估计和比较资产组的账面价值和可收回金额,并按照本准则第二十二条的规定处理。

其次,认定由若干个资产组组成的最小的资产组组合,该资产组组合应当包括所测试的资产组与可以按照合理和一致的基础将该部分总部资产的账面价值分摊其上的部分。

最后,比较所认定的资产组组合的账面价值(包括已分摊的总部资产的账面价值部分)和可收回金额,并按照本准则第二十二条的规定处理。

第二十二条　资产组或者资产组组合的可收回金额低于其账面价值的(总部资产和商誉分摊至某资产组或者资产组组合的,该资产组或者资产组组合的账面价值应当包括相关总部资产和商誉的分摊额),应当确认相应的减值损失。减值损失金额应当先抵减分摊至资产组或者资产组组合中商誉的账面价值,再根据资产组或者资产组组合中除商誉之外的其他各项资产的账面价值所占比重,按比例抵减其他各项资产的账面价值。

以上资产账面价值的抵减,应当作为各单项资产(包括商誉)的减值损失处理,计入当期损益。抵减后的各资产的账面价值不得低于以下三者之中最高者:该资产的公允价值减去处置费用后的净额(如可确定的)、该资产预计未来现金流量的现值(如可确定的)和零。

因此而导致的未能分摊的减值损失金额,应当按照相关资产组或者资产组组合中其他各项资产的账面价值所占比重进行分摊。

第六章　商誉减值的处理

第二十三条　企业合并所形成的商誉,至少应当在每年年度终了进行减值测试。商誉应当结合与其相关的资产组或者资产组组合进行减值测试。

相关的资产组或者资产组组合应当是能够从企业合并的协同效应中受益的资产组或者资产组组合,不应当大于按照《企业会计准则第 35 号——分部报告》所确定的报告分部。

第二十四条　企业进行资产减值测试,对于因企业合并形成的商誉的账面价值,应当自购买日起按照合理的方法分摊至相关的资产组;难以分摊至相关的资产组的,应当将其分摊至相关的资产组组合。

在将商誉的账面价值分摊至相关的资产组或者资产组组合时,应当按照各资产组或者资产组组合的公允价值占相关资产组或者资产组组合公允价值总额的比例进行分摊。公允价值难以可靠计量的,按照各资产组或者资产组组合的账面价值占相关资产组或者资产组组合账面价值总额的比例进行分摊。

企业因重组等原因改变了其报告结构,从而影响到已分摊商誉的一个或者若干个资产组或者资产组组合构成的,应当按照与本条前款规定相似的分摊方法,将商誉重新分摊至受影响的资产组或者资产组组合。

第二十五条　在对包含商誉的相关资产组或者资产组组合进行减值测试时，如与商誉相关的资产组或者资产组组合存在减值迹象的，应当先对不包含商誉的资产组或者资产组组合进行减值测试，计算可收回金额，并与相关账面价值相比较，确认相应的减值损失。再对包含商誉的资产组或者资产组组合进行减值测试，比较这些相关资产组或者资产组组合的账面价值(包括所分摊的商誉的账面价值部分)与其可收回金额，如相关资产组或者资产组组合的可收回金额低于其账面价值的，应当确认商誉的减值损失，按照本准则第二十二条的规定处理。

第七章　披　露

第二十六条　企业应当在附注中披露与资产减值有关的下列信息：

(一) 当期确认的各项资产减值损失金额。

(二) 计提的各项资产减值准备累计金额。

(三) 提供分部报告信息的，应当披露每个报告分部当期确认的减值损失金额。

第二十七条　发生重大资产减值损失的，应当在附注中披露导致每项重大资产减值损失的原因和当期确认的重大资产减值损失的金额。

(一) 发生重大减值损失的资产是单项资产的，应当披露该单项资产的性质。提供分部报告信息的，还应披露该项资产所属的主要报告分部。

(二) 发生重大减值损失的资产是资产组(或者资产组组合，下同)的，应当披露：

1. 资产组的基本情况。

2. 资产组中所包括的各项资产于当期确认的减值损失金额。

3. 资产组的组成与前期相比发生变化的，应当披露变化的原因以及前期和当期资产组组成情况。

第二十八条　对于重大资产减值，应当在附注中披露资产(或者资产组，下同)可收回金额的确定方法。

(一) 可收回金额按资产的公允价值减去处置费用后的净额确定的，还应当披露公允价值减去处置费用后的净额的估计基础。

(二) 可收回金额按资产预计未来现金流量的现值确定的，还应当披露估计其现值时所采用的折现率，以及该资产前期可收回金额也按照其预计未来现金流量的现值确定的情况下，前期所采用的折现率。

第二十九条　第二十六条(一)、(二)和第二十七条(二)第2项信息应当按照资产类别予以披露。资产类别应当以资产在企业生产经营活动中的性质或者功能是否相同或者相似为基础确定。

第三十条　分摊到某资产组的商誉(或者使用寿命不确定的无形资产，下同)的账面价值占商誉账面价值总额的比例重大的，应当在附注中披露下列信息：

(一) 分摊到该资产组的商誉的账面价值。

(二) 该资产组可收回金额的确定方法。

1. 可收回金额按照资产组公允价值减去处置费用后的净额确定的，还应当披露确定公允价值减去处置费用后的净额的方法。资产组的公允价值减去处置费用后的净额不是按照市场价格确定的，应当披露：

(1) 企业管理层在确定公允价值减去处置费用后的净额时所采用的各关键假设及其依据。

(2) 企业管理层在确定各关键假设相关的价值时，是否与企业历史经验或者外部信息来源相一致；如不一致，应当说明理由。

2. 可收回金额按照资产组预计未来现金流量的现值确定的，应当披露：

(1) 企业管理层预计未来现金流量的各关键假设及其依据。

(2) 企业管理层在确定各关键假设相关的价值时，是否与企业历史经验或者外部信息来源相一致；如不一致，应当说明理由。

(3) 估计现值时所采用的折现率。

第三十一条　商誉的全部或者部分账面价值分摊到多个资产组、且分摊到每个资产组的商誉的账面价值占商誉账面价值总额的比例不重大的，企业应当在附注中说明这一情况以及分摊到上述资产组的商誉合计金额。

商誉账面价值按照相同的关键假设分摊到上述多个资产组、且分摊的商誉合计金额占商誉账面价值总额的比例重大的，企业应当在附注中说明这一情况，并披露下列信息：

(一) 分摊到上述资产组的商誉的账面价值合计。

（二）采用的关键假设及其依据。

（三）企业管理层在确定各关键假设相关的价值时，是否与企业历史经验或者外部信息来源相一致；如不一致，应当说明理由。

十、企业会计准则第 9 号——职工薪酬

企业会计准则第 9 号——职工薪酬

第一章 总 则

第一条 为了规范职工薪酬的确认、计量和相关信息的披露，根据《企业会计准则——基本准则》，制定本准则。

第二条 职工薪酬，是指企业为获得职工提供的服务而给予各种形式的报酬以及其他相关支出。职工薪酬包括：

（一）职工工资、奖金、津贴和补贴；

（二）职工福利费；

（三）医疗保险费、养老保险费、失业保险费、工伤保险费和生育保险费等社会保险费；

（四）住房公积金；

（五）工会经费和职工教育经费；

（六）非货币性福利；

（七）因解除与职工的劳动关系给予的补偿；

（八）其他与获得职工提供的服务相关的支出。

第三条 下列各项适用其他相关会计准则：

（一）企业年金基金，适用《企业会计准则第 10 号——企业年金基金》。

（二）以股份为基础的薪酬，适用《企业会计准则第 11 号——股份支付》。

第二章 确认和计量

第四条 企业应当在职工为其提供服务的会计期间，将应付的职工薪酬确认为负债，除因解除与职工的劳动关系给予的补偿外，应当根据职工提供服务的受益对象，分别下列情况处理：

（一）应由生产产品、提供劳务负担的职工薪酬，计入产品成本或劳务成本。

（二）应由在建工程、无形资产负担的职工薪酬，计入建造固定资产或无形资产成本。

（三）上述（一）和（二）之外的其他职工薪酬，计入当期损益。

第五条 企业为职工缴纳的医疗保险费、养老保险费、失业保险费、工伤保险费、生育保险费等社会保险费和住房公积金，应当在职工为其提供服务的会计期间，根据工资总额的一定比例计算，并按照本准则第四条的规定处理。

第六条 企业在职工劳动合同到期之前解除与职工的劳动关系，或者为鼓励职工自愿接受裁减而提出给予补偿的建议，同时满足下列条件的，应当确认因解除与职工的劳动关系给予补偿而产生的预计负债，同时计入当期损益：

（一）企业已经制定正式的解除劳动关系计划或提出自愿裁减建议，并即将实施。

该计划或建议应当包括拟解除劳动关系或裁减的职工所在部门、职位及数量；根据有关规定按工作类别或职位确定的解除劳动关系或裁减补偿金额；拟解除劳动关系或裁减的时间。

（二）企业不能单方面撤回解除劳动关系计划或裁减建议。

第三章 披 露

第七条 企业应当在附注中披露与职工薪酬有关的下列信息：

（一）应当支付给职工的工资、奖金、津贴和补贴，及其期末应付未付金额。

（二）应当为职工缴纳的医疗保险费、养老保险费、失业保险费、工伤保险费和生育保险费等社会保险费，及其期末应付未付金额。

（三）应当为职工缴存的住房公积金，及其期末应付未付金额。

（四）为职工提供的非货币性福利，及其计算依据。

（五）应当支付的因解除劳动关系给予的补偿，及其期末应付未付金额。

（六）其他职工薪酬。

第八条　因自愿接受裁减建议的职工数量、补偿标准等不确定而产生的或有负债，应当按照《企业会计准则第13号——或有事项》披露。

十一、企业会计准则第10号——企业年金基金

企业会计准则第10号——企业年金基金

第一章　总　　则

第一条　为了规范企业年金基金的确认、计量和财务报表列报，根据《企业会计准则——基本准则》，制定本准则。

第二条　企业年金基金，是指根据依法制定的企业年金计划筹集的资金及其投资运营收益形成的企业补充养老保险基金。

第三条　企业年金基金应当作为独立的会计主体进行确认、计量和列报。

委托人、受托人、托管人、账户管理人、投资管理人和其他为企业年金基金管理提供服务的主体，应当将企业年金基金与其固有资产和其他资产严格区分，确保企业年金基金的安全。

第二章　确认和计量

第四条　企业年金基金应当分别资产、负债、收入、费用和净资产进行确认和计量。

第五条　企业年金基金缴费及其运营形成的各项资产包括：货币资金、应收证券清算款、应收利息、买入返售证券、其他应收款、债券投资、基金投资、股票投资、其他投资等。

第六条　企业年金基金在运营中根据国家规定的投资范围取得的国债、信用等级在投资级以上的金融债和企业债、可转换债、投资性保险产品、证券投资基金、股票等具有良好流动性的金融产品，其初始取得和后续估值应当以公允价值计量：

（一）初始取得投资时，应当以交易日支付的成交价款作为其公允价值。发生的交易费用直接计入当期损益。

（二）估值日对投资进行估值时，应当以其公允价值调整原账面价值，公允价值与原账面价值的差额计入当期损益。

投资公允价值的确定，适用《企业会计准则第22号——金融工具确认和计量》。

第七条　企业年金基金运营形成的各项负债包括：应付证券清算款、应付受益人待遇、应付受托人管理费、应付托管人管理费、应付投资管理人管理费、应交税金、卖出回购证券款、应付利息、应付佣金和其他应付款等。

第八条　企业年金基金运营形成的各项收入包括：存款利息收入、买入返售证券收入、公允价值变动收益、投资处置收益和其他收入。

第九条　收入应当按照下列规定确认和计量：

（一）存款利息收入，按照本金和适用的利率确定。

（二）买入返售证券收入，在融券期限内按照买入返售证券价款和协议约定的利率确定。

（三）公允价值变动收益，在估值日按照当日投资公允价值与原账面价值（即上一估值日投资公允价值）的差额确定。

（四）投资处置收益，在交易日按照卖出投资所取得的价款与其账面价值的差额确定。

（五）风险准备金补亏等其他收入，按照实际发生的金额确定。

第十条　企业年金基金运营发生的各项费用包括：交易费用、受托人管理费、托管人管理费、投资管理人管理费、卖出回购证券支出和其他费用。

第十一条　费用应当按照下列规定确认和计量：

（一）交易费用，包括支付给代理机构、咨询机构、券商的手续费和佣金及其他必要支出，按照实际发生的金额确定。

（二）受托人管理费、托管人管理费和投资管理人管理费，根据相关规定按实际计提的金额确定。

（三）卖出回购证券支出，在融资期限内按照卖出回购证券价款和协议约定的利率确定。

（四）其他费用，按照实际发生的金额确定。

第十二条 企业年金基金的净资产，是指企业年金基金的资产减去负债后的余额。资产负债表日，应当将当期各项收入和费用结转至净资产。

净资产应当分别企业和职工个人设置账户，根据企业年金计划按期将运营收益分配计入各账户。

第十三条 净资产应当按照下列规定确认和计量：

（一）向企业和职工个人收取的缴费，按照收到的金额增加净资产。

（二）向受益人支付的待遇，按照应付的金额减少净资产。

（三）因职工调入企业而发生的个人账户转入金额，增加净资产。

（四）因职工调离企业而发生的个人账户转出金额，减少净资产。

第三章 列 报

第十四条 企业年金基金的财务报表包括资产负债表、净资产变动表和附注。

第十五条 资产负债表反映企业年金基金在某一特定日期的财务状况，应当按照资产、负债和净资产分类列示。

第十六条 资产类项目至少应当列示下列信息：

（一）货币资金；

（二）应收证券清算款；

（三）应收利息；

（四）买入返售证券；

（五）其他应收款；

（六）债券投资；

（七）基金投资；

（八）股票投资；

（九）其他投资；

（十）其他资产。

第十七条 负债类项目至少应当列示下列信息：

（一）应付证券清算款；

（二）应付受益人待遇；

（三）应付受托人管理费；

（四）应付托管人管理费；

（五）应付投资管理人管理费；

（六）应交税金；

（七）卖出回购证券款；

（八）应付利息；

（九）应付佣金；

（十）其他应付款。

第十八条 净资产类项目列示企业年金基金净值。

第十九条 净资产变动表反映企业年金基金在一定会计期间的净资产增减变动情况，应当列示下列信息：

（一）期初净资产。

（二）本期净资产增加数，包括本期收入、收取企业缴费、收取职工个人缴费、个人账户转入。

（三）本期净资产减少数，包括本期费用、支付受益人待遇、个人账户转出。

（四）期末净资产。

第二十条 附注应当披露下列信息：

（一）企业年金计划的主要内容及重大变化。

（二）投资种类、金额及公允价值的确定方法。

（三）各类投资占投资总额的比例。

（四）可能使投资价值受到重大影响的其他事项。

附录：

资产负债表

会年金01表

编制单位：　　　　　　　　　　年　月　日　　　　　　　　　　单位：元

资　　产	行次	年初数	期末数	负债和净资产	行次	年初数	期末数
资产：				负债：			
货币资金				应付证券清算款			
应收证券清算款				应付受益人待遇			
应收利息				应付受托人管理费			
买入返售证券				应付托管人管理费			
其他应收款				应付投资管理人管理费			
债券投资				应交税金			
基金投资				卖出回购证券款			
股票投资				应付利息			
其他投资				应付佣金			
其他资产				其他应付款			
				负债合计			
				净资产：			
				企业年金基金净值			
				资产总计			
资产总计				负债和净资产总计			

净资产变动表

会年金02表

编制单位：　　　　　　　　　　年　月　　　　　　　　　　单位：元

项　　目	行次	本月数	本年累计数
一、期初净资产			
二、本期净资产增加数			
（一）本期收入			
1. 存款利息收入			
2. 买入返售证券收入			
3. 公允价值变动收益			
4. 投资处置收益			
5. 其他收入			
（二）收取企业缴费			
（三）收取职工个人缴费			

（续表）

项　　目	行次	本月数	本年累计数
（四）个人账户转入			
三、本期净资产减少数			
（一）本期费用			
1. 交易费用			
2. 受托人管理费			
3. 托管人管理费			
4. 投资管理人管理费			
5. 卖出回购证券支出			
6. 其他费用			
（二）支付受益人待遇			
（三）个人账户转出			
四、期末净资产			

十二、企业会计准则第11号——股份支付

企业会计准则第11号——股份支付

第一章　总　　则

第一条　为了规范股份支付的确认、计量和相关信息的披露，根据《企业会计准则——基本准则》，制定本准则。

第二条　股份支付，是指企业为获取职工和其他方提供服务而授予权益工具或者承担以权益工具为基础确定的负债的交易。

股份支付分为以权益结算的股份支付和以现金结算的股份支付。

以权益结算的股份支付，是指企业为获取服务以股份或其他权益工具作为对价进行结算的交易。

以现金结算的股份支付，是指企业为获取服务承担以股份或其他权益工具为基础计算确定的交付现金或其他资产义务的交易。

本准则所指的权益工具是企业自身权益工具。

第三条　下列各项适用其他相关会计准则：

（一）企业合并中发行权益工具取得其他企业净资产的交易，适用《企业会计准则第20号——企业合并》。

（二）以权益工具作为对价取得其他金融工具等交易，适用《企业会计准则第22号——金融工具确认和计量》。

第二章　以权益结算的股份支付

第四条　以权益结算的股份支付换取职工提供服务的，应当以授予职工权益工具的公允价值计量。

权益工具的公允价值，应当按照《企业会计准则第22号——金融工具确认和计量》确定。

第五条　授予后立即可行权的换取职工服务的以权益结算的股份支付，应当在授予日按照权益工具的公允价值计入相关成本或费用，相应增加资本公积。

授予日，是指股份支付协议获得批准的日期。

第六条　完成等待期内的服务或达到规定业绩条件才可行权的换取职工服务的以权益结算的股份支付，在等待期内的每个资产负债表日，应当以对可行权权益工具数量的最佳估计为基础，按照权益工具授予日的公允价值，将当期取得的服务计入相关成本或费用和资本公积。

在资产负债表日，后续信息表明可行权权益工具的数量与以前估计不同的，应当进行调整，并在可行权日调整至实际可行权的权益工具数量。

等待期，是指可行权条件得到满足的期间。

对于可行权条件为规定服务期间的股份支付，等待期为授予日至可行权日的期间；对于可行权条件为规定业绩的股份支付，应当在授予日根据最可能的业绩结果预计等待期的长度。

可行权日，是指可行权条件得到满足、职工和其他方具有从企业取得权益工具或现金的权利的日期。

第七条 企业在可行权日之后不再对已确认的相关成本或费用和所有者权益总额进行调整。

第八条 以权益结算的股份支付换取其他方服务的，应当分别下列情况处理：

（一）其他方服务的公允价值能够可靠计量的，应当按照其他方服务在取得日的公允价值，计入相关成本或费用，相应增加所有者权益。

（二）其他方服务的公允价值不能可靠计量但权益工具公允价值能够可靠计量的，应当按照权益工具在服务取得日的公允价值，计入相关成本或费用，相应增加所有者权益。

第九条 在行权日，企业根据实际行权的权益工具数量，计算确定应转入实收资本或股本的金额，将其转入实收资本或股本。

行权日，是指职工和其他方行使权利、获取现金或权益工具的日期。

第三章 以现金结算的股份支付

第十条 以现金结算的股份支付，应当按照企业承担的以股份或其他权益工具为基础计算确定的负债的公允价值计量。

第十一条 授予后立即可行权的以现金结算的股份支付，应当在授予日以企业承担负债的公允价值计入相关成本或费用，相应增加负债。

第十二条 完成等待期内的服务或达到规定业绩条件以后才可行权的以现金结算的股份支付，在等待期内的每个资产负债表日，应当以对可行权情况的最佳估计为基础，按照企业承担负债的公允价值金额，将当期取得的服务计入成本或费用和相应的负债。

在资产负债表日，后续信息表明企业当期承担债务的公允价值与以前估计不同的，应当进行调整，并在可行权日调整至实际可行权水平。

第十三条 企业应当在相关负债结算前的每个资产负债表日以及结算日，对负债的公允价值重新计量，其变动计入当期损益。

第四章 披 露

第十四条 企业应当在附注中披露与股份支付有关的下列信息：

（一）当期授予、行权和失效的各项权益工具总额。

（二）期末发行在外的股份期权或其他权益工具行权价格的范围和合同剩余期限。

（三）当期行权的股份期权或其他权益工具以其行权日价格计算的加权平均价格。

（四）权益工具公允价值的确定方法。

企业对性质相似的股份支付信息可以合并披露。

第十五条 企业应当在附注中披露股份支付交易对当期财务状况和经营成果的影响，至少包括下列信息：

（一）当期因以权益结算的股份支付而确认的费用总额。

（二）当期因以现金结算的股份支付而确认的费用总额。

（三）当期以股份支付换取的职工服务总额及其他方服务总额。

十三、企业会计准则第12号——债务重组

企业会计准则第12号——债务重组

第一章 总 则

第一条 为了规范债务重组的确认、计量和相关信息的披露，根据《企业会计准则——基本准则》，制定本准则。

第二条 债务重组，是指在债务人发生财务困难的情况下，债权人按照其与债务人达成的协议或者法院的裁定作出让步的事项。

第三条 债务重组的方式主要包括：

(一) 以资产清偿债务；

(二) 将债务转为资本；

(三) 修改其他债务条件，如减少债务本金、减少债务利息等，不包括上述(一)和(二)两种方式；

(四) 以上三种方式的组合等。

第二章 债务人的会计处理

第四条 以现金清偿债务的，债务人应当将重组债务的账面价值与实际支付现金之间的差额，计入当期损益。

第五条 以非现金资产清偿债务的，债务人应当将重组债务的账面价值与转让的非现金资产公允价值之间的差额，计入当期损益。

转让的非现金资产公允价值与其账面价值之间的差额，计入当期损益。

第六条 将债务转为资本的，债务人应当将债权人放弃债权而享有股份的面值总额确认为股本(或者实收资本)，股份的公允价值总额与股本(或者实收资本)之间的差额确认为资本公积。

重组债务的账面价值与股份的公允价值总额之间的差额，计入当期损益。

第七条 修改其他债务条件的，债务人应当将修改其他债务条件后债务的公允价值作为重组后债务的入账价值。重组债务的账面价值与重组后债务的入账价值之间的差额，计入当期损益。

修改后的债务条款如涉及或有应付金额，且该或有应付金额符合《企业会计准则第 13 号——或有事项》中有关预计负债确认条件的，债务人应当将该或有应付金额确认为预计负债。重组债务的账面价值，与重组后债务的入账价值和预计负债金额之和的差额，计入当期损益。

或有应付金额，是指需要根据未来某种事项出现而发生的应付金额，而且该未来事项的出现具有不确定性。

第八条 债务重组以现金清偿债务、非现金资产清偿债务、债务转为资本、修改其他债务条件等方式的组合进行的，债务人应当依次以支付的现金、转让的非现金资产公允价值、债权人享有股份的公允价值冲减重组债务的账面价值，再按照本准则第七条的规定处理。

第三章 债权人的会计处理

第九条 以现金清偿债务的，债权人应当将重组债权的账面余额与收到的现金之间的差额，计入当期损益。债权人已对债权计提减值准备的，应当先将该差额冲减减值准备，减值准备不足以冲减的部分，计入当期损益。

第十条 以非现金资产清偿债务的，债权人应当对受让的非现金资产按其公允价值入账，重组债权的账面余额与受让的非现金资产的公允价值之间的差额，比照本准则第九条的规定处理。

第十一条 将债务转为资本的，债权人应当将享有股份的公允价值确认为对债务人的投资，重组债权的账面余额与股份的公允价值之间的差额，比照本准则第九条的规定处理。

第十二条 修改其他债务条件的，债权人应当将修改其他债务条件后的债权的公允价值作为重组后债权的账面价值，重组债权的账面余额与重组后债权的账面价值之间的差额，比照本准则第九条的规定处理。

修改后的债务条款中涉及或有应收金额的，债权人不应当确认或有应收金额，不得将其计入重组后债权的账面价值。

或有应收金额，是指需要根据未来某种事项出现而发生的应收金额，而且该未来事项的出现具有不确定性。

第十三条 债务重组采用以现金清偿债务、非现金资产清偿债务、债务转为资本、修改其他债务条件等方式的组合进行的，债权人应当依次以收到的现金、接受的非现金资产公允价值、债权人享有股份的公允价值冲减重组债权的账面余额，再按照本准则第十二条的规定处理。

第四章 披 露

第十四条 债务人应当在附注中披露与债务重组有关的下列信息：

(一) 债务重组方式。

（二）确认的债务重组利得总额。

（三）将债务转为资本所导致的股本（或者实收资本）增加额。

（四）或有应付金额。

（五）债务重组中转让的非现金资产的公允价值、由债务转成的股份的公允价值和修改其他债务条件后债务的公允价值的确定方法及依据。

第十五条　债权人应当在附注中披露与债务重组有关的下列信息：

（一）债务重组方式。

（二）确认的债务重组损失总额。

（三）债权转为股份所导致的投资增加额及该投资占债务人股份总额的比例。

（四）或有应收金额。

（五）债务重组中受让的非现金资产的公允价值、由债权转成的股份的公允价值和修改其他债务条件后债权的公允价值的确定方法及依据。

十四、企业会计准则第13号——或有事项

企业会计准则第13号——或有事项

第一章　总　　则

第一条　为了规范或有事项的确认、计量和相关信息的披露，根据《企业会计准则——基本准则》，制定本准则。

第二条　或有事项，是指过去的交易或者事项形成的，其结果须由某些未来事项的发生或不发生才能决定的不确定事项。

第三条　职工薪酬、建造合同、所得税、企业合并、租赁、原保险合同和再保险合同等形成的或有事项，适用其他相关会计准则。

第二章　确认和计量

第四条　与或有事项相关的义务同时满足下列条件的，应当确认为预计负债：

（一）该义务是企业承担的现时义务；

（二）履行该义务很可能导致经济利益流出企业；

（三）该义务的金额能够可靠地计量。

第五条　预计负债应当按照履行相关现时义务所需支出的最佳估计数进行初始计量。

所需支出存在一个连续范围，且该范围内各种结果发生的可能性相同的，最佳估计数应当按照该范围内的中间值确定。

在其他情况下，最佳估计数应当分别下列情况处理：

（一）或有事项涉及单个项目的，按照最可能发生金额确定。

（二）或有事项涉及多个项目的，按照各种可能结果及相关概率计算确定。

第六条　企业在确定最佳估计数时，应当综合考虑与或有事项有关的风险、不确定性和货币时间价值等因素。

货币时间价值影响重大的，应当通过对相关未来现金流出进行折现后确定最佳估计数。

第七条　企业清偿预计负债所需支出全部或部分预期由第三方补偿的，补偿金额只有在基本确定能够收到时才能作为资产单独确认。确认的补偿金额不应当超过预计负债的账面价值。

第八条　待执行合同变成亏损合同的，该亏损合同产生的义务满足本准则第四条规定的，应当确认为预计负债。

待执行合同，是指合同各方尚未履行任何合同义务，或部分地履行了同等义务的合同。

亏损合同，是指履行合同义务不可避免会发生的成本超过预期经济利益的合同。

第九条　企业不应当就未来经营亏损确认预计负债。

第十条　企业承担的重组义务满足本准则第四条规定的，应当确认预计负债。同时存在下列情况时，表明企业承担了重组义务：

（一）有详细、正式的重组计划，包括重组涉及的业务、主要地点、需要补偿的职工人数及其岗位性质、预计重组支出、计划实施时间等；

（二）该重组计划已对外公告。

重组，是指企业制定和控制的，将显著改变企业组织形式、经营范围或经营方式的计划实施行为。

第十一条 企业应当按照与重组有关的直接支出确定预计负债金额。

直接支出不包括留用职工岗前培训、市场推广、新系统和营销网络投入等支出。

第十二条 企业应当在资产负债表日对预计负债的账面价值进行复核。有确凿证据表明该账面价值不能真实反映当前最佳估计数的，应当按照当前最佳估计数对该账面价值进行调整。

第十三条 企业不应当确认或有负债和或有资产。

或有负债，是指过去的交易或者事项形成的潜在义务，其存在须通过未来不确定事项的发生或不发生予以证实；或过去的交易或者事项形成的现时义务，履行该义务不是很可能导致经济利益流出企业或该义务的金额不能可靠计量。

或有资产，是指过去的交易或者事项形成的潜在资产，其存在须通过未来不确定事项的发生或不发生予以证实。

第三章 披 露

第十四条 企业应当在附注中披露与或有事项有关的下列信息：

（一）预计负债。

1. 预计负债的种类、形成原因以及经济利益流出不确定性的说明。

2. 各类预计负债的期初、期末余额和本期变动情况。

3. 与预计负债有关的预期补偿金额和本期已确认的预期补偿金额。

（二）或有负债（不包括极小可能导致经济利益流出企业的或有负债）。

1. 或有负债的种类及其形成原因，包括已贴现商业承兑汇票、未决诉讼、未决仲裁、对外提供担保等形成的或有负债。

2. 经济利益流出不确定性的说明。

3. 或有负债预计产生的财务影响，以及获得补偿的可能性；无法预计的，应当说明原因。

（三）企业通常不应当披露或有资产。但或有资产很可能会给企业带来经济利益的，应当披露其形成的原因、预计产生的财务影响等。

第十五条 在涉及未决诉讼、未决仲裁的情况下，按照本准则第十四条披露全部或部分信息预期对企业造成重大不利影响的，企业无须披露这些信息，但应当披露该未决诉讼、未决仲裁的性质，以及没有披露这些信息的事实和原因。

十五、企业会计准则第14号——收入

企业会计准则第14号——收入

第一章 总 则

第一条 为了规范收入的确认、计量和相关信息的披露，根据《企业会计准则——基本准则》，制定本准则。

第二条 收入，是指企业在日常活动中形成的、会导致所有者权益增加的、与所有者投入资本无关的经济利益的总流入。

本准则所涉及的收入，包括销售商品收入、提供劳务收入和让渡资产使用权收入。

企业代第三方收取的款项，应当作为负债处理，不应当确认为收入。

第三条 长期股权投资、建造合同、租赁、原保险合同、再保险合同等形成的收入，适用其他相关会计准则。

第二章 销售商品收入

第四条 销售商品收入同时满足下列条件的，才能予以确认：

（一）企业已将商品所有权上的主要风险和报酬转移给购货方；

（二）企业既没有保留通常与所有权相联系的继续管理权，也没有对已售出的商品实施有效控制；

（三）收入的金额能够可靠地计量；

（四）相关的经济利益很可能流入企业；

（五）相关的已发生或将发生的成本能够可靠地计量。

第五条　企业应当按照从购货方已收或应收的合同或协议价款确定销售商品收入金额，但已收或应收的合同或协议价款不公允的除外。

合同或协议价款的收取采用递延方式，实质上具有融资性质的，应当按照应收的合同或协议价款的公允价值确定销售商品收入金额。

应收的合同或协议价款与其公允价值之间的差额，应当在合同或协议期间内采用实际利率法进行摊销，计入当期损益。

第六条　销售商品涉及现金折扣的，应当按照扣除现金折扣前的金额确定销售商品收入金额。现金折扣在实际发生时计入当期损益。

现金折扣，是指债权人为鼓励债务人在规定的期限内付款而向债务人提供的债务扣除。

第七条　销售商品涉及商业折扣的，应当按照扣除商业折扣后的金额确定销售商品收入金额。

商业折扣，是指企业为促进商品销售而在商品标价上给予的价格扣除。

第八条　企业已经确认销售商品收入的售出商品发生销售折让的，应当在发生时冲减当期销售商品收入。

销售折让属于资产负债表日后事项的，适用《企业会计准则第29号——资产负债表日后事项》。

销售折让，是指企业因售出商品的质量不合格等原因而在售价上给予的减让。

第九条　企业已经确认销售商品收入的售出商品发生销售退回的，应当在发生时冲减当期销售商品收入。

销售退回属于资产负债表日后事项的，适用《企业会计准则第29号——资产负债表日后事项》。

销售退回，是指企业售出的商品由于质量、品种不符合要求等原因而发生的退货。

第三章　提供劳务收入

第十条　企业在资产负债表日提供劳务交易的结果能够可靠估计的，应当采用完工百分比法确认提供劳务收入。

完工百分比法，是指按照提供劳务交易的完工进度确认收入与费用的方法。

第十一条　提供劳务交易的结果能够可靠估计，是指同时满足下列条件：

（一）收入的金额能够可靠地计量；

（二）相关的经济利益很可能流入企业；

（三）交易的完工进度能够可靠地确定；

（四）交易中已发生和将发生的成本能够可靠地计量。

第十二条　企业确定提供劳务交易的完工进度，可以选用下列方法：

（一）已完工作的测量。

（二）已经提供的劳务占应提供劳务总量的比例。

（三）已经发生的成本占估计总成本的比例。

第十三条　企业应当按照从接受劳务方已收或应收的合同或协议价款确定提供劳务收入总额，但已收或应收的合同或协议价款不公允的除外。

企业应当在资产负债表日按照提供劳务收入总额乘以完工进度扣除以前会计期间累计已确认提供劳务收入后的金额，确认当期提供劳务收入；同时，按照提供劳务估计总成本乘以完工进度扣除以前会计期间累计已确认劳务成本后的金额，结转当期劳务成本。

第十四条　企业在资产负债表日提供劳务交易结果不能够可靠估计的，应当分别下列情况处理：

（一）已经发生的劳务成本预计能够得到补偿的，按照已经发生的劳务成本金额确认提供劳务收入，并按相同金额结转劳务成本。

（二）已经发生的劳务成本预计不能够得到补偿的，应当将已经发生的劳务成本计入当期损益，不确认提供劳务收入。

第十五条 企业与其他企业签订的合同或协议包括销售商品和提供劳务时，销售商品部分和提供劳务部分能够区分且能够单独计量的，应当将销售商品的部分作为销售商品处理，将提供劳务的部分作为提供劳务处理。

销售商品部分和提供劳务部分不能够区分，或虽能区分但不能够单独计量的，应当将销售商品部分和提供劳务部分全部作为销售商品处理。

第四章 让渡资产使用权收入

第十六条 让渡资产使用权收入包括利息收入、使用费收入等。

第十七条 让渡资产使用权收入同时满足下列条件的，才能予以确认：

（一）相关的经济利益很可能流入企业；

（二）收入的金额能够可靠地计量。

第十八条 企业应当分别下列情况确定让渡资产使用权收入金额：

（一）利息收入金额，按照他人使用本企业货币资金的时间和实际利率计算确定。

（二）使用费收入金额，按照有关合同或协议约定的收费时间和方法计算确定。

第五章 披 露

第十九条 企业应当在附注中披露与收入有关的下列信息：

（一）收入确认所采用的会计政策，包括确定提供劳务交易完工进度的方法。

（二）本期确认的销售商品收入、提供劳务收入、利息收入和使用费收入的金额。

十六、企业会计准则第 15 号——建造合同

企业会计准则第 15 号——建造合同

第一章 总 则

第一条 为了规范企业（建造承包商，下同）建造合同的确认、计量和相关信息的披露，根据《企业会计准则——基本准则》，制定本准则。

第二条 建造合同，是指为建造一项或数项在设计、技术、功能、最终用途等方面密切相关的资产而订立的合同。

第三条 建造合同分为固定造价合同和成本加成合同。

固定造价合同，是指按照固定的合同价或固定单价确定工程价款的建造合同。

成本加成合同，是指以合同约定或其他方式议定的成本为基础，加上该成本的一定比例或定额费用确定工程价款的建造合同。

第二章 合同的分立与合并

第四条 企业通常应当按照单项建造合同进行会计处理。但是，在某些情况下，为了反映一项或一组合同的实质，需要将单项合同进行分立或将数项合同进行合并。

第五条 一项包括建造数项资产的建造合同，同时满足下列条件的，每项资产应当分立为单项合同：

（一）每项资产均有独立的建造计划；

（二）与客户就每项资产单独进行谈判，双方能够接受或拒绝与每项资产有关的合同条款；

（三）每项资产的收入和成本可以单独辨认。

第六条 追加资产的建造，满足下列条件之一的，应当作为单项合同：

（一）该追加资产在设计、技术或功能上与原合同包括的一项或数项资产存在重大差异。

（二）议定该追加资产的造价时，不需要考虑原合同价款。

第七条 一组合同无论对应单个客户还是多个客户，同时满足下列条件的，应当合并为单项合同：

（一）该组合同按一揽子交易签订；

（二）该组合同密切相关，每项合同实际上已构成一项综合利润率工程的组成部分；

（三）该组合同同时或依次履行。

第三章 合 同 收 入

第八条 合同收入应当包括下列内容：

（一）合同规定的初始收入；

（二）因合同变更、索赔、奖励等形成的收入。

第九条　合同变更，是指客户为改变合同规定的作业内容而提出的调整。合同变更款同时满足下列条件的，才能构成合同收入：

（一）客户能够认可因变更而增加的收入；

（二）该收入能够可靠地计量。

第十条　索赔款，是指因客户或第三方的原因造成的、向客户或第三方收取的、用以补偿不包括在合同造价中成本的款项。索赔款同时满足下列条件的，才能构成合同收入：

（一）根据谈判情况，预计对方能够同意该项索赔；

（二）对方同意接受的金额能够可靠地计量。

第十一条　奖励款，是指工程达到或超过规定的标准，客户同意支付的额外款项。奖励款同时满足下列条件的，才能构成合同收入：

（一）根据合同目前完成情况，足以判断工程进度和工程质量能够达到或超过规定的标准；

（二）奖励金额能够可靠地计量。

第四章　合 同 成 本

第十二条　合同成本应当包括从合同签订开始至合同完成止所发生的、与执行合同有关的直接费用和间接费用。

第十三条　合同的直接费用应当包括下列内容：

（一）耗用的材料费用；

（二）耗用的人工费用；

（三）耗用的机械使用费；

（四）其他直接费用，指其他可以直接计入合同成本的费用。

第十四条　间接费用是企业下属的施工单位或生产单位为组织和管理施工生产活动所发生的费用。

第十五条　直接费用在发生时直接计入合同成本，间接费用在资产负债表日按照系统、合理的方法分摊计入合同成本。

第十六条　合同完成后处置残余物资取得的收益等与合同有关的零星收益，应当冲减合同成本。

第十七条　合同成本不包括应当计入当期损益的管理费用、销售费用和财务费用。

因订立合同而发生的有关费用，应当直接计入当期损益。

第五章　合同收入与合同费用的确认

第十八条　在资产负债表日，建造合同的结果能够可靠估计的，应当根据完工百分比法确认合同收入和合同费用。

完工百分比法，是指根据合同完工进度确认收入与费用的方法。

第十九条　固定造价合同的结果能够可靠估计，是指同时满足下列条件：

（一）合同总收入能够可靠地计量；

（二）与合同相关的经济利益很可能流入企业；

（三）实际发生的合同成本能够清楚地区分和可靠地计量；

（四）合同完工进度和为完成合同尚需发生的成本能够可靠地确定。

第二十条　成本加成合同的结果能够可靠估计，是指同时满足下列条件：

（一）与合同相关的经济利益很可能流入企业；

（二）实际发生的合同成本能够清楚地区分和可靠地计量。

第二十一条　企业确定合同完工进度可以选用下列方法：

（一）累计实际发生的合同成本占合同预计总成本的比例。

（二）已经完成的合同工作量占合同预计总工作量的比例。

（三）实际测定的完工进度。

第二十二条　采用累计实际发生的合同成本占合同预计总成本的比例确定合同完工进度的，累计实际发生的合同成本不包括下列内容：

（一）施工中尚未安装或使用的材料成本等与合同未来活动相关的合同成本。

（二）在分包工程的工作量完成之前预付给分包单位的款项。

第二十三条 在资产负债表日，应当按照合同总收入乘以完工进度扣除以前会计期间累计已确认收入后的金额，确认为当期合同收入；同时，按照合同预计总成本乘以完工进度扣除以前会计期间累计已确认费用后的金额，确认为当期合同费用。

第二十四条 当期完成的建造合同，应当按照实际合同总收入扣除以前会计期间累计已确认收入后的金额，确认为当期合同收入；同时，按照累计实际发生的合同成本扣除以前会计期间累计已确认费用后的金额，确认为当期合同费用。

第二十五条 建造合同的结果不能可靠估计的，应当分别下列情况处理：

（一）合同成本能够收回的，合同收入根据能够收回的实际合同成本予以确认，合同成本在其发生的当期确认为合同费用。

（二）合同成本不可能收回的，在发生时立即确认为合同费用，不确认合同收入。

第二十六条 使建造合同的结果不能可靠估计的不确定因素不复存在的，应当按照本准则第十八条的规定确认与建造合同有关的收入和费用。

第二十七条 合同预计总成本超过合同总收入的，应当将预计损失确认为当期费用。

第六章 披 露

第二十八条 企业应当在附注中披露与建造合同有关的下列信息：

（一）各项合同总金额，以及确定合同完工进度的方法。

（二）各项合同累计已发生成本、累计已确认毛利（或亏损）。

（三）各项合同已办理结算的价款金额。

（四）当期预计损失的原因和金额。

十七、企业会计准则第16号——政府补助

企业会计准则第16号——政府补助

第一章 总 则

第一条 为了规范政府补助的确认、计量和相关信息的披露，根据《企业会计准则——基本准则》，制定本准则。

第二条 政府补助，是指企业从政府无偿取得货币性资产或非货币性资产，但不包括政府作为企业所有者投入的资本。

第三条 政府补助分为与资产相关的政府补助和与收益相关的政府补助。

与资产相关的政府补助，是指企业取得的、用于购建或以其他方式形成长期资产的政府补助。

与收益相关的政府补助，是指除与资产相关的政府补助之外的政府补助。

第四条 下列各项适用其他相关会计准则：

（一）债务豁免，适用《企业会计准则第12号——债务重组》。

（二）所得税减免，适用《企业会计准则第18号——所得税》。

第二章 确认和计量

第五条 政府补助同时满足下列条件的，才能予以确认：

（一）企业能够满足政府补助所附条件；

（二）企业能够收到政府补助。

第六条 政府补助为货币性资产的，应当按照收到或应收的金额计量。

政府补助为非货币性资产的，应当按照公允价值计量；公允价值不能可靠取得的，按照名义金额计量。

第七条 与资产相关的政府补助，应当确认为递延收益，并在相关资产使用寿命内平均分配，计入当期损益。但是，按照名义金额计量的政府补助，直接计入当期损益。

第八条 与收益相关的政府补助，应当分别下列情况处理：

（一）用于补偿企业以后期间的相关费用或损失的，确认为递延收益，并在确认相关费用的期间，计入

当期损益。

（二）用于补偿企业已发生的相关费用或损失的，直接计入当期损益。

第九条　已确认的政府补助需要返还的，应当分别下列情况处理：

（一）存在相关递延收益的，冲减相关递延收益账面余额，超出部分计入当期损益。

（二）不存在相关递延收益的，直接计入当期损益。

第三章　披　露

第十条　企业应当在附注中披露与政府补助有关的下列信息：

（一）政府补助的种类及金额。

（二）计入当期损益的政府补助金额。

（三）本期返还的政府补助金额及原因。

十八、企业会计准则第17号——借款费用

企业会计准则第17号——借款费用

第一章　总　则

第一条　为了规范借款费用的确认、计量和相关信息的披露，根据《企业会计准则——基本准则》，制定本准则。

第二条　借款费用，是指企业因借款而发生的利息及其他相关成本。

借款费用包括借款利息、折价或者溢价的摊销、辅助费用以及因外币借款而发生的汇兑差额等。

第三条　与融资租赁有关的融资费用，适用《企业会计准则第21号——租赁》。

第二章　确认和计量

第四条　企业发生的借款费用，可直接归属于符合资本化条件的资产的购建或者生产的，应当予以资本化，计入相关资产成本；其他借款费用，应当在发生时根据其发生额确认为费用，计入当期损益。

符合资本化条件的资产，是指需要经过相当长时间的购建或者生产活动才能达到预定可使用或者可销售状态的固定资产、投资性房地产和存货等资产。

第五条　借款费用同时满足下列条件的，才能开始资本化：

（一）资产支出已经发生，资产支出包括为购建或者生产符合资本化条件的资产而以支付现金、转移非现金资产或者承担带息债务形式发生的支出；

（二）借款费用已经发生；

（三）为使资产达到预定可使用或者可销售状态所必要的购建或者生产活动已经开始。

第六条　在资本化期间内，每一会计期间的利息（包括折价或溢价的摊销）资本化金额，应当按照下列规定确定：

（一）为购建或者生产符合资本化条件的资产而借入专门借款的，应当以专门借款当期实际发生的利息费用，减去将尚未动用的借款资金存入银行取得的利息收入或进行暂时性投资取得的投资收益后的金额确定。

专门借款，是指为购建或者生产符合资本化条件的资产而专门借入的款项。

（二）为购建或者生产符合资本化条件的资产而占用了一般借款的，企业应当根据累计资产支出超过专门借款部分的资产支出加权平均数乘以所占用一般借款的资本化率，计算确定一般借款应予资本化的利息金额。资本化率应当根据一般借款加权平均利率计算确定。

资本化期间，是指从借款费用开始资本化时点到停止资本化时点的期间，借款费用暂停资本化的期间不包括在内。

第七条　借款存在折价或者溢价的，应当按照实际利率法确定每一会计期间应摊销的折价或者溢价金额，调整每期利息金额。

第八条　在资本化期间内，每一会计期间的利息资本化金额，不应当超过当期相关借款实际发生的利息金额。

第九条　在资本化期间内，外币专门借款本金及利息的汇兑差额，应当予以资本化，计入符合资本化条

件的资产的成本。

第十条 专门借款发生的辅助费用，在所购建或者生产的符合资本化条件的资产达到预定可使用或者可销售状态之前发生的，应当在发生时根据其发生额予以资本化，计入符合资本化条件的资产的成本；在所购建或者生产的符合资本化条件的资产达到预定可使用或者可销售状态之后发生的，应当在发生时根据其发生额确认为费用，计入当期损益。

一般借款发生的辅助费用，应当在发生时根据其发生额确认为费用，计入当期损益。

第十一条 符合资本化条件的资产在购建或者生产过程中发生非正常中断、且中断时间连续超过3个月的，应当暂停借款费用的资本化。在中断期间发生的借款费用应当确认为费用，计入当期损益，直至资产的购建或者生产活动重新开始。如果中断是所购建或者生产的符合资本化条件的资产达到预定可使用或者可销售状态必要的程序，借款费用的资本化应当继续进行。

第十二条 购建或者生产符合资本化条件的资产达到预定可使用或者可销售状态时，借款费用应当停止资本化。在符合资本化条件的资产达到预定可使用或者可销售状态之后所发生的借款费用，应当在发生时根据其发生额确认为费用，计入当期损益。

第十三条 购建或者生产符合资本化条件的资产达到预定可使用或者可销售状态，可从下列几个方面进行判断：

（一）符合资本化条件的资产的实体建造（包括安装）或者生产工作已经全部完成或者实质上已经完成。

（二）所购建或者生产的符合资本化条件的资产与设计要求、合同规定或者生产要求相符或者基本相符，即使有极个别与设计、合同或者生产要求不相符的地方，也不影响其正常使用或者销售。

（三）继续发生在所购建或生产的符合资本化条件的资产上的支出金额很少或者几乎不再发生。

购建或者生产符合资本化条件的资产需要试生产或者试运行的，在试生产结果表明资产能够正常生产出合格产品、或者试运行结果表明资产能够正常运转或者营业时，应当认为该资产已经达到预定可使用或者可销售状态。

第十四条 购建或者生产的符合资本化条件的资产的各部分分别完工，且每部分在其他部分继续建造过程中可供使用或者可对外销售，且为使该部分资产达到预定可使用或可销售状态所必要的购建或者生产活动实质上已经完成的，应当停止与该部分资产相关的借款费用的资本化。

购建或者生产的资产的各部分分别完工，但必须等到整体完工后才可使用或者可对外销售的，应当在该资产整体完工时停止借款费用的资本化。

第三章 披　露

第十五条 企业应当在附注中披露与借款费用有关的下列信息：

（一）当期资本化的借款费用金额。

（二）当期用于计算确定借款费用资本化金额的资本化率。

十九、企业会计准则第18号——所得税

企业会计准则第18号——所得税

第一章 总　则

第一条 为了规范企业所得税的确认、计量和相关信息的列报，根据《企业会计准则——基本准则》，制定本准则。

第二条 本准则所称所得税包括企业以应纳税所得额为基础的各种境内和境外税额。

第三条 本准则不涉及政府补助的确认和计量，但因政府补助产生暂时性差异的所得税影响，应当按照本准则进行确认和计量。

第二章 计税基础

第四条 企业在取得资产、负债时，应当确定其计税基础。资产、负债的账面价值与其计税基础存在差异的，应当按照本准则规定确认所产生的递延所得税资产或递延所得税负债。

第五条 资产的计税基础，是指企业收回资产账面价值过程中，计算应纳税所得额时按照税法规定可

以自应税经济利益中抵扣的金额。

第六条　负债的计税基础，是指负债的账面价值减去未来期间计算应纳税所得额时按照税法规定可予抵扣的金额。

第三章　暂时性差异

第七条　暂时性差异，是指资产或负债的账面价值与其计税基础之间的差额；未作为资产和负债确认的项目，按照税法规定可以确定其计税基础的，该计税基础与其账面价值之间的差额也属于暂时性差异。

按照暂时性差异对未来期间应税金额的影响，分为应纳税暂时性差异和可抵扣暂时性差异。

第八条　应纳税暂时性差异，是指在确定未来收回资产或清偿负债期间的应纳税所得额时，将导致产生应税金额的暂时性差异。

第九条　可抵扣暂时性差异，是指在确定未来收回资产或清偿负债期间的应纳税所得额时，将导致产生可抵扣金额的暂时性差异。

第四章　确　　认

第十条　企业应当将当期和以前期间应交未交的所得税确认为负债，将已支付的所得税超过应支付的部分确认为资产。

存在应纳税暂时性差异或可抵扣暂时性差异的，应当按照本准则规定确认递延所得税负债或递延所得税资产。

第十一条　除下列交易中产生的递延所得税负债以外，企业应当确认所有应纳税暂时性差异产生的递延所得税负债：

（一）商誉的初始确认。

（二）同时具有下列特征的交易中产生的资产或负债的初始确认：

1. 该项交易不是企业合并；

2. 交易发生时既不影响会计利润也不影响应纳税所得额（或可抵扣亏损）。

与子公司、联营企业及合营企业的投资相关的应纳税暂时性差异产生的递延所得税负债，应当按照本准则第十二条的规定确认。

第十二条　企业对与子公司、联营企业及合营企业投资相关的应纳税暂时性差异，应当确认相应的递延所得税负债。但是，同时满足下列条件的除外：

（一）投资企业能够控制暂时性差异转回的时间；

（二）该暂时性差异在可预见的未来很可能不会转回。

第十三条　企业应当以很可能取得用来抵扣可抵扣暂时性差异的应纳税所得额为限，确认由可抵扣暂时性差异产生的递延所得税资产。但是，同时具有下列特征的交易中因资产或负债的初始确认所产生的递延所得税资产不予确认：

（一）该项交易不是企业合并；

（二）交易发生时既不影响会计利润也不影响应纳税所得额（或可抵扣亏损）。

资产负债表日，有确凿证据表明未来期间很可能获得足够的应纳税所得额用来抵扣可抵扣暂时性差异的，应当确认以前期间未确认的递延所得税资产。

第十四条　企业对与子公司、联营企业及合营企业投资相关的可抵扣暂时性差异，同时满足下列条件的，应当确认相应的递延所得税资产：

（一）暂时性差异在可预见的未来很可能转回；

（二）未来很可能获得用来抵扣可抵扣暂时性差异的应纳税所得额。

第十五条　企业对于能够结转以后年度的可抵扣亏损和税款抵减，应当以很可能获得用来抵扣可抵扣亏损和税款抵减的未来应纳税所得额为限，确认相应的递延所得税资产。

第五章　计　　量

第十六条　资产负债表日，对于当期和以前期间形成的当期所得税负债（或资产），应当按照税法规定计算的预期应交纳（或返还）的所得税金额计量。

第十七条　资产负债表日，对于递延所得税资产和递延所得税负债，应当根据税法规定，按照预期收回该资产或清偿该负债期间的适用税率计量。

适用税率发生变化的，应对已确认的递延所得税资产和递延所得税负债进行重新计量，除直接在所有者权益中确认的交易或者事项产生的递延所得税资产和递延所得税负债以外，应当将其影响数计入变化当期的所得税费用。

第十八条　递延所得税资产和递延所得税负债的计量，应当反映资产负债表日企业预期收回资产或清偿负债方式的所得税影响，即在计量递延所得税资产和递延所得税负债时，应当采用与收回资产或清偿债务的预期方式相一致的税率和计税基础。

第十九条　企业不应当对递延所得税资产和递延所得税负债进行折现。

第二十条　资产负债表日，企业应当对递延所得税资产的账面价值进行复核。如果未来期间很可能无法获得足够的应纳税所得额用以抵扣递延所得税资产的利益，应当减记递延所得税资产的账面价值。

在很可能获得足够的应纳税所得额时，减记的金额应当转回。

第二十一条　企业当期所得税和递延所得税应当作为所得税费用或收益计入当期损益，但不包括下列情况产生的所得税：

（一）企业合并。

（二）直接在所有者权益中确认的交易或者事项。

第二十二条　与直接计入所有者权益的交易或者事项相关的当期所得税和递延所得税，应当计入所有者权益。

第六章　列　　报

第二十三条　递延所得税资产和递延所得税负债应当分别作为非流动资产和非流动负债在资产负债表中列示。

第二十四条　所得税费用应当在利润表中单独列示。

第二十五条　企业应当在附注中披露与所得税有关的下列信息：

（一）所得税费用（收益）的主要组成部分。

（二）所得税费用（收益）与会计利润关系的说明。

（三）未确认递延所得税资产的可抵扣暂时性差异、可抵扣亏损的金额（如果存在到期日，还应披露到期日）。

（四）对每一类暂时性差异和可抵扣亏损，在列报期间确认的递延所得税资产或递延所得税负债的金额，确认递延所得税资产的依据。

（五）未确认递延所得税负债的，与对子公司、联营企业及合营企业投资相关的暂时性差异金额。

二十、企业会计准则第19号——外币折算

企业会计准则第19号——外币折算

第一章　总　　则

第一条　为了规范外币交易的会计处理、外币财务报表的折算和相关信息的披露，根据《企业会计准则——基本准则》，制定本准则。

第二条　外币交易，是指以外币计价或者结算的交易。外币是企业记账本位币以外的货币。外币交易包括：

（一）买入或者卖出以外币计价的商品或者劳务；

（二）借入或者借出外币资金；

（三）其他以外币计价或者结算的交易。

第三条　下列各项适用其他相关会计准则：

（一）与购建或生产符合资本化条件的资产相关的外币借款产生的汇兑差额，适用《企业会计准则第17号——借款费用》。

（二）外币项目的套期，适用《企业会计准则第24号——套期保值》。

（三）现金流量表中的外币折算，适用《企业会计准则第31号——现金流量表》。

第二章 记账本位币的确定

第四条 记账本位币，是指企业经营所处的主要经济环境中的货币。

企业通常应选择人民币作为记账本位币。业务收支以人民币以外的货币为主的企业，可以按照本准则第五条规定选定其中一种货币作为记账本位币。但是，编报的财务报表应当折算为人民币。

第五条 企业选定记账本位币，应当考虑下列因素：

(一) 该货币主要影响商品和劳务的销售价格，通常以该货币进行商品和劳务的计价和结算；

(二) 该货币主要影响商品和劳务所需人工、材料和其他费用，通常以该货币进行上述费用的计价和结算；

(三) 融资活动获得的货币以及保存从经营活动中收取款项所使用的货币。

第六条 企业选定境外经营的记账本位币，还应当考虑下列因素：

(一) 境外经营对其所从事的活动是否拥有很强的自主性；

(二) 境外经营活动中与企业的交易是否在境外经营活动中占有较大比重；

(三) 境外经营活动产生的现金流量是否直接影响企业的现金流量、是否可以随时汇回；

(四) 境外经营活动产生的现金流量是否足以偿还其现有债务和可预期的债务。

第七条 境外经营，是指企业在境外的子公司、合营企业、联营企业、分支机构。

在境内的子公司、合营企业、联营企业、分支机构，采用不同于企业记账本位币的，也视同境外经营。

第八条 企业记账本位币一经确定，不得随意变更，除非企业经营所处的主要经济环境发生重大变化。

企业因经营所处的主要经济环境发生重大变化，确需变更记账本位币的，应当采用变更当日的即期汇率将所有项目折算为变更后的记账本位币。

第三章 外币交易的会计处理

第九条 企业对于发生的外币交易，应当将外币金额折算为记账本位币金额。

第十条 外币交易应当在初始确认时，采用交易发生日的即期汇率将外币金额折算为记账本位币金额；也可以采用按照系统合理的方法确定的、与交易发生日即期汇率近似的汇率折算。

第十一条 企业在资产负债表日，应当按照下列规定对外币货币性项目和外币非货币性项目进行处理：

(一) 外币货币性项目，采用资产负债表日即期汇率折算。因资产负债表日即期汇率与初始确认时或者前一资产负债表日即期汇率不同而产生的汇兑差额，计入当期损益。

(二) 以历史成本计量的外币非货币性项目，仍采用交易发生日的即期汇率折算，不改变其记账本位币金额。

货币性项目，是指企业持有的货币资金和将以固定或可确定的金额收取的资产或者偿付的负债。

非货币性项目，是指货币性项目以外的项目。

第四章 外币财务报表的折算

第十二条 企业对境外经营的财务报表进行折算时，应当遵循下列规定：

(一) 资产负债表中的资产和负债项目，采用资产负债表日的即期汇率折算，所有者权益项目除"未分配利润"项目外，其他项目采用发生时的即期汇率折算。

(二) 利润表中的收入和费用项目，采用交易发生日的即期汇率折算；也可以采用按照系统合理的方法确定的、与交易发生日即期汇率近似的汇率折算。

按照上述(一)、(二)折算产生的外币财务报表折算差额，在资产负债表中所有者权益项目下单独列示。

比较财务报表的折算比照上述规定处理。

第十三条 企业对处于恶性通货膨胀经济中的境外经营的财务报表，应当按照下列规定进行折算：

对资产负债表项目运用一般物价指数予以重述，对利润表项目运用一般物价指数变动予以重述，再按照最近资产负债表日的即期汇率进行折算。

在境外经营不再处于恶性通货膨胀经济中时，应当停止重述，按照停止之日的价格水平重述的财务报表进行折算。

第十四条 企业在处置境外经营时，应当将资产负债表中所有者权益项目下列示的、与该境外经营相关的外币财务报表折算差额，自所有者权益项目转入处置当期损益；部分处置境外经营的，应当按处置的比例计算处置部分的外币财务报表折算差额，转入处置当期损益。

第十五条 企业选定的记账本位币不是人民币的，应当按照本准则第十二条规定将其财务报表折算为人民币财务报表。

第五章 披露

第十六条 企业应当在附注中披露与外币折算有关的下列信息：

（一）企业及其境外经营选定的记账本位币及选定的原因，记账本位币发生变更的，说明变更理由。

（二）采用近似汇率的，近似汇率的确定方法。

（三）计入当期损益的汇兑差额。

（四）处置境外经营对外币财务报表折算差额的影响。

二十一、企业会计准则第20号——企业合并

企业会计准则第20号——企业合并

第一章 总则

第一条 为了规范企业合并的确认、计量和相关信息的披露，根据《企业会计准则——基本准则》，制定本准则。

第二条 企业合并，是指将两个或者两个以上单独的企业合并形成一个报告主体的交易或事项。

企业合并分为同一控制下的企业合并和非同一控制下的企业合并。

第三条 涉及业务的合并比照本准则规定处理。

第四条 本准则不涉及下列企业合并：

（一）两方或者两方以上形成合营企业的企业合并。

（二）仅通过合同而不是所有权份额将两个或者两个以上单独的企业合并形成一个报告主体的企业合并。

第二章 同一控制下的企业合并

第五条 参与合并的企业在合并前后均受同一方或相同的多方最终控制且该控制并非暂时性的，为同一控制下的企业合并。

同一控制下的企业合并，在合并日取得对其他参与合并企业控制权的一方为合并方，参与合并的其他企业为被合并方。

合并日，是指合并方实际取得对被合并方控制权的日期。

第六条 合并方在企业合并中取得的资产和负债，应当按照合并日在被合并方的账面价值计量。合并方取得的净资产账面价值与支付的合并对价账面价值（或发行股份面值总额）的差额，应当调整资本公积；资本公积不足冲减的，调整留存收益。

第七条 同一控制下的企业合并中，被合并方采用的会计政策与合并方不一致的，合并方在合并日应当按照本企业会计政策对被合并方的财务报表相关项目进行调整，在此基础上按照本准则规定确认。

第八条 合并方为进行企业合并发生的各项直接相关费用，包括为进行企业合并而支付的审计费用、评估费用、法律服务费用等，应当于发生时计入当期损益。

为企业合并发行的债券或承担其他债务支付的手续费、佣金等，应当计入所发行债券及其他债务的初始计量金额。企业合并中发行权益性证券发生的手续费、佣金等费用，应当抵减权益性证券溢价收入，溢价收入不足冲减的，冲减留存收益。

第九条 企业合并形成母子公司关系的，母公司应当编制合并日的合并资产负债表、合并利润表和合并现金流量表。

合并资产负债表中被合并方的各项资产、负债，应当按其账面价值计量。因被合并方采用的会计政策与合并方不一致，按照本准则规定进行调整的，应当以调整后的账面价值计量。

合并利润表应当包括参与合并各方自合并当期期初至合并日所发生的收入、费用和利润。被合并方在合并前实现的净利润，应当在合并利润表中单列项目反映。

合并现金流量表应当包括参与合并各方自合并当期期初至合并日的现金流量。

编制合并财务报表时，参与合并各方的内部交易等，应当按照《企业会计准则第33号——合并财务报表》处理。

第三章　非同一控制下的企业合并

第十条　参与合并的各方在合并前后不受同一方或相同的多方最终控制的，为非同一控制下的企业合并。

非同一控制下的企业合并，在购买日取得对其他参与合并企业控制权的一方为购买方，参与合并的其他企业为被购买方。

购买日，是指购买方实际取得对被购买方控制权的日期。

第十一条　购买方应当区别下列情况确定合并成本：

（一）一次交换交易实现的企业合并，合并成本为购买方在购买日为取得对被购买方的控制权而付出的资产、发生或承担的负债以及发行的权益性证券的公允价值。

（二）通过多次交换交易分步实现的企业合并，合并成本为每一单项交易成本之和。

（三）购买方为进行企业合并发生的各项直接相关费用也应当计入企业合并成本。

（四）在合并合同或协议中对可能影响合并成本的未来事项作出约定的，购买日如果估计未来事项很可能发生并且对合并成本的影响金额能够可靠计量的，购买方应当将其计入合并成本。

第十二条　购买方在购买日对作为企业合并对价付出的资产、发生或承担的负债应当按照公允价值计量，公允价值与其账面价值的差额，计入当期损益。

第十三条　购买方在购买日应当对合并成本进行分配，按照本准则第十四条的规定确认所取得的被购买方各项可辨认资产、负债及或有负债。

（一）购买方对合并成本大于合并中取得的被购买方可辨认净资产公允价值份额的差额，应当确认为商誉。

初始确认后的商誉，应当以其成本扣除累计减值准备后的金额计量。商誉的减值应当按照《企业会计准则第8号——资产减值》处理。

（二）购买方对合并成本小于合并中取得的被购买方可辨认净资产公允价值份额的差额，应当按照下列规定处理：

1. 对取得的被购买方各项可辨认资产、负债及或有负债的公允价值以及合并成本的计量进行复核；

2. 经复核后合并成本仍小于合并中取得的被购买方可辨认净资产公允价值份额的，其差额应当计入当期损益。

第十四条　被购买方可辨认净资产公允价值，是指合并中取得的被购买方可辨认资产的公允价值减去负债及或有负债公允价值后的余额。被购买方各项可辨认资产、负债及或有负债，符合下列条件的，应当单独予以确认：

（一）合并中取得的被购买方除无形资产以外的其他各项资产（不仅限于被购买方原已确认的资产），其所带来的经济利益很可能流入企业且公允价值能够可靠地计量的，应当单独予以确认并按照公允价值计量。

合并中取得的无形资产，其公允价值能够可靠地计量的，应当单独确认为无形资产并按照公允价值计量。

（二）合并中取得的被购买方除或有负债以外的其他各项负债，履行有关的义务很可能导致经济利益流出企业且公允价值能够可靠地计量的，应当单独予以确认并按照公允价值计量。

（三）合并中取得的被购买方或有负债，其公允价值能够可靠地计量的，应当单独确认为负债并按照公允价值计量。或有负债在初始确认后，应当按照下列两者孰高进行后续计量：

1. 按照《企业会计准则第13号——或有事项》应予确认的金额；

2. 初始确认金额减去按照《企业会计准则第14号——收入》的原则确认的累计摊销额后的余额。

第十五条　企业合并形成母子公司关系的，母公司应当设置备查簿，记录企业合并中取得的子公司各项可辨认资产、负债及或有负债等在购买日的公允价值。编制合并财务报表时，应当以购买日确定的各项可辨认资产、负债及或有负债的公允价值为基础对子公司的财务报表进行调整。

第十六条　企业合并发生当期的期末，因合并中取得的各项可辨认资产、负债及或有负债的公允价值或企业合并成本只能暂时确定的，购买方应当以所确定的暂时价值为基础对企业合并进行确认和计量。

购买日后12个月内对确认的暂时价值进行调整的，视为在购买日确认和计量。

第十七条 企业合并形成母子公司关系的，母公司应当编制购买日的合并资产负债表，因企业合并取得的被购买方各项可辨认资产、负债及或有负债应当以公允价值列示。母公司的合并成本与取得的子公司可辨认净资产公允价值份额的差额，以按照本准则规定处理的结果列示。

第四章 披 露

第十八条 企业合并发生当期的期末，合并方应当在附注中披露与同一控制下企业合并有关的下列信息：

（一）参与合并企业的基本情况。

（二）属于同一控制下企业合并的判断依据。

（三）合并日的确定依据。

（四）以支付现金、转让非现金资产以及承担债务作为合并对价的，所支付对价在合并日的账面价值；以发行权益性证券作为合并对价的，合并中发行权益性证券的数量及定价原则，以及参与合并各方交换有表决权股份的比例。

（五）被合并方的资产、负债在上一会计期间资产负债表日及合并日的账面价值；被合并方自合并当期期初至合并日的收入、净利润、现金流量等情况。

（六）合并合同或协议约定将承担被合并方或有负债的情况。

（七）被合并方采用的会计政策与合并方不一致所作调整情况的说明。

（八）合并后已处置或准备处置被合并方资产、负债的账面价值、处置价格等。

第十九条 企业合并发生当期的期末，购买方应当在附注中披露与非同一控制下企业合并有关的下列信息：

（一）参与合并企业的基本情况。

（二）购买日的确定依据。

（三）合并成本的构成及其账面价值、公允价值及公允价值的确定方法。

（四）被购买方各项可辨认资产、负债在上一会计期间资产负债表日及购买日的账面价值和公允价值。

（五）合并合同或协议约定将承担被购买方或有负债的情况。

（六）被购买方自购买日起至报告期期末的收入、净利润和现金流量等情况。

（七）商誉的金额及其确定方法。

（八）因合并成本小于合并中取得的被购买方可辨认净资产公允价值的份额计入当期损益的金额。

（九）合并后已处置或准备处置被购买方资产、负债的账面价值、处置价格等。

二十二、企业会计准则第21号——租赁

企业会计准则第21号——租赁

第一章 总 则

第一条 为了规范租赁的确认、计量和相关信息的列报，根据《企业会计准则——基本准则》，制定本准则。

第二条 租赁，是指在约定的期间内，出租人将资产使用权让与承租人，以获取租金的协议。

第三条 下列各项适用其他相关会计准则：

（一）出租人以经营租赁方式租出的土地使用权和建筑物，适用《企业会计准则第3号——投资性房地产》。

（二）电影、录像、剧本、文稿、专利和版权等项目的许可使用协议，适用《企业会计准则第6号——无形资产》。

（三）出租人因融资租赁形成的长期债权的减值，适用《企业会计准则第22号——金融工具确认和计量》。

第二章 租赁的分类

第四条 承租人和出租人应当在租赁开始日将租赁分为融资租赁和经营租赁。

租赁开始日，是指租赁协议日与租赁各方就主要租赁条款作出承诺日中的较早者。

第五条 融资租赁，是指实质上转移了与资产所有权有关的全部风险和报酬的租赁。其所有权最终可能转移，也可能不转移。

第六条 符合下列一项或数项标准的，应当认定为融资租赁：

(一) 在租赁期届满时，租赁资产的所有权转移给承租人。

(二) 承租人有购买租赁资产的选择权，所订立的购买价款预计将远低于行使选择权时租赁资产的公允价值，因而在租赁开始日就可以合理确定承租人将会行使这种选择权。

(三) 即使资产的所有权不转移，但租赁期占租赁资产使用寿命的大部分。

(四) 承租人在租赁开始日的最低租赁付款额现值，几乎相当于租赁开始日租赁资产公允价值；出租人在租赁开始日的最低租赁收款额现值，几乎相当于租赁开始日租赁资产公允价值。

(五) 租赁资产性质特殊，如果不作较大改造，只有承租人才能使用。

第七条 租赁期，是指租赁合同规定的不可撤销的租赁期间。租赁合同签订后一般不可撤销，但下列情况除外：

(一) 经出租人同意。

(二) 承租人与原出租人就同一资产或同类资产签订了新的租赁合同。

(三) 承租人支付一笔足够大的额外款项。

(四) 发生某些很少会出现的或有事项。

承租人有权选择续租该资产，并且在租赁开始日就可以合理确定承租人将会行使这种选择权，不论是否再支付租金，续租期也包括在租赁期之内。

第八条 最低租赁付款额，是指在租赁期内，承租人应支付或可能被要求支付的款项(不包括或有租金和履约成本)，加上由承租人或与其有关的第三方担保的资产余值。

承租人有购买租赁资产选择权，所订立的购买价款预计将远低于行使选择权时租赁资产的公允价值，因而在租赁开始日就可以合理确定承租人将会行使这种选择权的，购买价款应当计入最低租赁付款额。

或有租金，是指金额不固定、以时间长短以外的其他因素(如销售量、使用量、物价指数等)为依据计算的租金。

履约成本，是指租赁期内为租赁资产支付的各种使用费用，如技术咨询和服务费、人员培训费、维修费、保险费等。

第九条 最低租赁收款额，是指最低租赁付款额加上独立于承租人和出租人的第三方对出租人担保的资产余值。

第十条 经营租赁是指除融资租赁以外的其他租赁。

第三章 融资租赁中承租人的会计处理

第十一条 在租赁期开始日，承租人应当将租赁开始日租赁资产公允价值与最低租赁付款额现值两者中较低者作为租入资产的入账价值，将最低租赁付款额作为长期应付款的入账价值，其差额作为未确认融资费用。

承租人在租赁谈判和签订租赁合同过程中发生的，可归属于租赁项目的手续费、律师费、差旅费、印花税等初始直接费用，应当计入租入资产价值。

租赁期开始日，是指承租人有权行使其使用租赁资产权利的开始日。

第十二条 承租人在计算最低租赁付款额的现值时，能够取得出租人租赁内含利率的，应当采用租赁内含利率作为折现率；否则，应当采用租赁合同规定的利率作为折现率。承租人无法取得出租人的租赁内含利率且租赁合同没有规定利率的，应当采用同期银行贷款利率作为折现率。

第十三条 租赁内含利率，是指在租赁开始日，使最低租赁收款额的现值与未担保余值的现值之和等于租赁资产公允价值与出租人的初始直接费用之和的折现率。

第十四条 担保余值，就承租人而言，是指由承租人或与其有关的第三方担保的资产余值；就出租人而言，是指就承租人而言的担保余值加上独立于承租人和出租人的第三方担保的资产余值。

资产余值，是指在租赁开始日估计的租赁期届满时租赁资产的公允价值。

未担保余值，是指租赁资产余值中扣除就出租人而言的担保余值以后的资产余值。

第十五条　未确认融资费用应当在租赁期内各个期间进行分摊。

承租人应当采用实际利率法计算确认当期的融资费用。

第十六条　承租人应当采用与自有固定资产相一致的折旧政策计提租赁资产折旧。

能够合理确定租赁期届满时取得租赁资产所有权的，应当在租赁资产使用寿命内计提折旧。

无法合理确定租赁期届满时能够取得租赁资产所有权的，应当在租赁期与租赁资产使用寿命两者中较短的期间内计提折旧。

第十七条　或有租金应当在实际发生时计入当期损益。

第四章　融资租赁中出租人的会计处理

第十八条　在租赁期开始日，出租人应当将租赁开始日最低租赁收款额与初始直接费用之和作为应收融资租赁款的入账价值，同时记录未担保余值；将最低租赁收款额、初始直接费用及未担保余值之和与其现值之和的差额确认为未实现融资收益。

第十九条　未实现融资收益应当在租赁期内各个期间进行分配。

出租人应当采用实际利率法计算确认当期的融资收入。

第二十条　出租人至少应当于每年年度终了，对未担保余值进行复核。

未担保余值增加的，不作调整。

有证据表明未担保余值已经减少的，应当重新计算租赁内含利率，将由此引起的租赁投资净额的减少，计入当期损益；以后各期根据修正后的租赁投资净额和重新计算的租赁内含利率确认融资收入。

租赁投资净额是融资租赁中最低租赁收款额及未担保余值之和与未实现融资收益之间的差额。

已确认损失的未担保余值得以恢复的，应当在原已确认的损失金额内转回，并重新计算租赁内含利率，以后各期根据修正后的租赁投资净额和重新计算的租赁内含利率确认融资收入。

第二十一条　或有租金应当在实际发生时计入当期损益。

第五章　经营租赁中承租人的会计处理

第二十二条　对于经营租赁的租金，承租人应当在租赁期内各个期间按照直线法计入相关资产成本或当期损益；其他方法更为系统合理的，也可以采用其他方法。

第二十三条　承租人发生的初始直接费用，应当计入当期损益。

第二十四条　或有租金应当在实际发生时计入当期损益。

第六章　经营租赁中出租人的会计处理

第二十五条　出租人应当按资产的性质，将用作经营租赁的资产包括在资产负债表中的相关项目内。

第二十六条　对于经营租赁的租金，出租人应当在租赁期内各个期间按照直线法确认为当期损益；其他方法更为系统合理的，也可以采用其他方法。

第二十七条　出租人发生的初始直接费用，应当计入当期损益。

第二十八条　对于经营租赁资产中的固定资产，出租人应当采用类似资产的折旧政策计提折旧；对于其他经营租赁资产，应当采用系统合理的方法进行摊销。

第二十九条　或有租金应当在实际发生时计入当期损益。

第七章　售后租回交易

第三十条　承租人和出租人应当根据本准则第二章的规定，将售后租回交易认定为融资租赁或经营租赁。

第三十一条　售后租回交易认定为融资租赁的，售价与资产账面价值之间的差额应当予以递延，并按照该项租赁资产的折旧进度进行分摊，作为折旧费用的调整。

第三十二条　售后租回交易认定为经营租赁的，售价与资产账面价值之间的差额应当予以递延，并在租赁期内按照与确认租金费用相一致的方法进行分摊，作为租金费用的调整。但是，有确凿证据表明售后租回交易是按照公允价值达成的，售价与资产账面价值之间的差额应当计入当期损益。

第八章　列　　报

第三十三条　承租人应当在资产负债表中，将与融资租赁相关的长期应付款减去未确认融资费用的差额，分别长期负债和一年内到期的长期负债列示。

第三十四条　承租人应当在附注中披露与融资租赁有关的下列信息：

（一）各类租入固定资产的期初和期末原价、累计折旧额。

（二）资产负债表日后连续三个会计年度每年将支付的最低租赁付款额，以及以后年度将支付的最低租赁付款额总额。

（三）未确认融资费用的余额，以及分摊未确认融资费用所采用的方法。

第三十五条　出租人应当在资产负债表中，将应收融资租赁款减去未实现融资收益的差额，作为长期债权列示。

第三十六条　出租人应当在附注中披露与融资租赁有关的下列信息：

（一）资产负债表日后连续三个会计年度每年将收到的最低租赁收款额，以及以后年度将收到的最低租赁收款额总额。

（二）未实现融资收益的余额，以及分配未实现融资收益所采用的方法。

第三十七条　承租人对于重大的经营租赁，应当在附注中披露下列信息：

（一）资产负债表日后连续三个会计年度每年将支付的不可撤销经营租赁的最低租赁付款额。

（二）以后年度将支付的不可撤销经营租赁的最低租赁付款额总额。

第三十八条　出租人对经营租赁，应当披露各类租出资产的账面价值。

第三十九条　承租人和出租人应当披露各售后租回交易以及售后租回合同中的重要条款。

二十三、企业会计准则第22号——金融工具确认和计量

企业会计准则第22号——金融工具确认和计量

第一章　总　则

第一条　为了规范金融工具的确认和计量，根据《企业会计准则——基本准则》，制定本准则。

第二条　金融工具，是指形成一个企业的金融资产，并形成其他单位的金融负债或权益工具的合同。

第三条　衍生工具，是指本准则涉及的、具有下列特征的金融工具或其他合同：

（一）其价值随特定利率、金融工具价格、商品价格、汇率、价格指数、费率指数、信用等级、信用指数或其他类似变量的变动而变动，变量为非金融变量的，该变量与合同的任一方不存在特定关系；

（二）不要求初始净投资，或与对市场情况变化有类似反应的其他类型合同相比，要求很少的初始净投资；

（三）在未来某一日期结算。

衍生工具包括远期合同、期货合同、互换和期权，以及具有远期合同、期货合同、互换和期权中一种或一种以上特征的工具。

第四条　下列各项适用其他相关会计准则：

（一）由《企业会计准则第2号——长期股权投资》规范的长期股权投资，适用《企业会计准则第2号——长期股权投资》。

（二）由《企业会计准则第11号——股份支付》规范的股份支付，适用《企业会计准则第11号——股份支付》。

（三）债务重组，适用《企业会计准则第12号——债务重组》。

（四）因清偿预计负债获得补偿的权利，适用《企业会计准则第13号——或有事项》。

（五）企业合并中合并方的或有对价合同，适用《企业会计准则第20号——企业合并》。

（六）租赁的权利和义务，适用《企业会计准则第21号——租赁》。

（七）金融资产转移，适用《企业会计准则第23号——金融资产转移》。

（八）套期保值，适用《企业会计准则第24号——套期保值》。

（九）原保险合同的权利和义务，适用《企业会计准则第25号——原保险合同》。

（十）再保险合同的权利和义务，适用《企业会计准则第26号——再保险合同》。

（十一）企业发行的权益工具，适用《企业会计准则第37号——金融工具列报》

第五条 本准则不涉及企业作出的不可撤销授信承诺(即贷款承诺)。但是,下列贷款承诺除外:

(一) 指定为以公允价值计量且其变动计入当期损益的金融负债的贷款承诺。

(二) 能够以现金净额结算,或通过交换或发行其他金融工具结算的贷款承诺。

(三) 以低于市场利率贷款的贷款承诺。

本准则不涉及的贷款承诺,适用《企业会计准则第 13 号——或有事项》。

第六条 本准则不涉及按照预定的购买、销售或使用要求所签订,并到期履约买入或卖出非金融项目的合同。但是,能够以现金或其他金融工具净额结算,或通过交换金融工具结算的买入或卖出非金融项目的合同,适用本准则。

第二章 金融资产和金融负债的分类

第七条 金融资产应当在初始确认时划分为下列四类:

(一) 以公允价值计量且其变动计入当期损益的金融资产,包括交易性金融资产和指定为以公允价值计量且其变动计入当期损益的金融资产;

(二) 持有至到期投资;

(三) 贷款和应收款项;

(四) 可供出售金融资产。

第八条 金融负债应当在初始确认时划分为下列两类:

(一) 以公允价值计量且其变动计入当期损益的金融负债,包括交易性金融负债和指定为以公允价值计量且其变动计入当期损益的金融负债;

(二) 其他金融负债。

第九条 金融资产或金融负债满足下列条件之一的,应当划分为交易性金融资产或金融负债:

(一) 取得该金融资产或承担该金融负债的目的,主要是为了近期内出售或回购。

(二) 属于进行集中管理的可辨认金融工具组合的一部分,且有客观证据表明企业近期采用短期获利方式对该组合进行管理。

(三) 属于衍生工具。但是,被指定且为有效套期工具的衍生工具、属于财务担保合同的衍生工具、与在活跃市场中没有报价且其公允价值不能可靠计量的权益工具投资挂钩并须通过交付该权益工具结算的衍生工具除外。

第十条 除本准则第二十一条和第二十二条的规定外,只有符合下列条件之一的金融资产或金融负债,才可以在初始确认时指定为以公允价值计量且其变动计入当期损益的金融资产或金融负债:

(一) 该指定可以消除或明显减少由于该金融资产或金融负债的计量基础不同所导致的相关利得或损失在确认或计量方面不一致的情况。

(二) 企业风险管理或投资策略的正式书面文件已载明,该金融资产组合、该金融负债组合、或该金融资产和金融负债组合,以公允价值为基础进行管理、评价并向关键管理人员报告。

在活跃市场中没有报价、公允价值不能可靠计量的权益工具投资,不得指定为以公允价值计量且其变动计入当期损益的金融资产。

活跃市场,是指同时具有下列特征的市场:

(一) 市场内交易的对象具有同质性;

(二) 可随时找到自愿交易的买方和卖方;

(三) 市场价格信息是公开的。

第十一条 持有至到期投资,是指到期日固定、回收金额固定或可确定,且企业有明确意图和能力持有至到期的非衍生金融资产。下列非衍生金融资产不应当划分为持有至到期投资:

(一) 初始确认时被指定为以公允价值计量且其变动计入当期损益的非衍生金融资产;

(二) 初始确认时被指定为可供出售的非衍生金融资产;

(三) 贷款和应收款项。

企业应当在资产负债表日对持有意图和能力进行评价。发生变化的,应当按照本准则有关规定处理。

第十二条 存在下列情况之一的,表明企业没有明确意图将金融资产投资持有至到期:

(一) 持有该金融资产的期限不确定。

（二）发生市场利率变化、流动性需要变化、替代投资机会及其投资收益率变化、融资来源和条件变化、外汇风险变化等情况时，将出售该金融资产。但是，无法控制、预期不会重复发生且难以合理预计的独立事项引起的金融资产出售除外。

（三）该金融资产的发行方可以按照明显低于其摊余成本的金额清偿。

（四）其他表明企业没有明确意图将该金融资产持有至到期的情况。

第十三条　金融资产或金融负债的摊余成本，是指该金融资产或金融负债的初始确认金额经下列调整后的结果：

（一）扣除已偿还的本金；

（二）加上或减去采用实际利率法将该初始确认金额与到期日金额之间的差额进行摊销形成的累计摊销额；

（三）扣除已发生的减值损失（仅适用于金融资产）。

第十四条　实际利率法，是指按照金融资产或金融负债（含一组金融资产或金融负债）的实际利率计算其摊余成本及各期利息收入或利息费用的方法。

实际利率，是指将金融资产或金融负债在预期存续期间或适用的更短期间内的未来现金流量，折现为该金融资产或金融负债当前账面价值所使用的利率。

在确定实际利率时，应当在考虑金融资产或金融负债所有合同条款（包括提前还款权、看涨期权、类似期权等）的基础上预计未来现金流量，但不应当考虑未来信用损失。

金融资产或金融负债合同各方之间支付或收取的、属于实际利率组成部分的各项收费、交易费用及溢价或折价等，应当在确定实际利率时予以考虑。金融资产或金融负债的未来现金流量或存续期间无法可靠预计时，应当采用该金融资产或金融负债在整个合同期内的合同现金流量。

第十五条　存在下列情况之一的，表明企业没有能力将具有固定期限的金融资产投资持有至到期：

（一）没有可利用的财务资源持续地为该金融资产投资提供资金支持，以使该金融资产投资持有至到期。

（二）受法律、行政法规的限制，使企业难以将该金融资产投资持有至到期。

（三）其他表明企业没有能力将具有固定期限的金融资产投资持有至到期的情况。

第十六条　企业将尚未到期的某项持有至到期投资在本会计年度内出售或重分类为可供出售金融资产的金额，相对于该类投资在出售或重分类前的总额较大时，应当将该类投资的剩余部分重分类为可供出售金融资产，且在本会计年度及以后两个完整的会计年度内不得再将该金融资产划分为持有至到期投资。但是，下列情况除外：

（一）出售日或重分类日距离该项投资到期日或赎回日较近（如到期前三个月内），市场利率变化对该项投资的公允价值没有显著影响。

（二）根据合同约定的定期偿付或提前还款方式收回该投资几乎所有初始本金后，将剩余部分予以出售或重分类。

（三）出售或重分类是由于企业无法控制、预期不会重复发生且难以合理预计的独立事项所引起。此种情况主要包括：

1. 因被投资单位信用状况严重恶化，将持有至到期投资予以出售；

2. 因相关税收法规取消了持有至到期投资的利息税前可抵扣政策，或显著减少了税前可抵扣金额，将持有至到期投资予以出售；

3. 因发生重大企业合并或重大处置，为保持现行利率风险头寸或维持现行信用风险政策，将持有至到期投资予以出售；

4. 因法律、行政法规对允许投资的范围或特定投资品种的投资限额作出重大调整，将持有至到期投资予以出售；

5. 因监管部门要求大幅度提高资产流动性，或大幅度提高持有至到期投资在计算资本充足率时的风险权重，将持有至到期投资予以出售。

第十七条　贷款和应收款项，是指在活跃市场中没有报价、回收金额固定或可确定的非衍生金融资产。企业不应当将下列非衍生金融资产划分为贷款和应收款项：

(一) 准备立即出售或在近期出售的非衍生金融资产。

(二) 初始确认时被指定为以公允价值计量且其变动计入当期损益的非衍生金融资产。

(三) 初始确认时被指定为可供出售的非衍生金融资产。

(四) 因债务人信用恶化以外的原因,使持有方可能难以收回几乎所有初始投资的非衍生金融资产。

企业所持证券投资基金或类似基金,不应当划分为贷款和应收款项。

第十八条　可供出售金融资产,是指初始确认时即被指定为可供出售的非衍生金融资产,以及除下列各类资产以外的金融资产:

(一) 贷款和应收款项。

(二) 持有至到期投资。

(三) 以公允价值计量且其变动计入当期损益的金融资产。

第十九条　企业在初始确认时将某金融资产或某金融负债划分为以公允价值计量且其变动计入当期损益的金融资产或金融负债后,不能重分类为其他类金融资产或金融负债;其他类金融资产或金融负债也不能重分类为以公允价值计量且其变动计入当期损益的金融资产或金融负债。

第三章　嵌入衍生工具

第二十条　嵌入衍生工具,是指嵌入到非衍生工具(即主合同)中,使混合工具的全部或部分现金流量随特定利率、金融工具价格、商品价格、汇率、价格指数、费率指数、信用等级、信用指数或其他类似变量的变动而变动的衍生工具。嵌入衍生工具与主合同构成混合工具,如可转换公司债券等。

第二十一条　企业可以将混合工具指定为以公允价值计量且其变动计入当期损益的金融资产或金融负债。但是,下列情况除外:

(一) 嵌入衍生工具对混合工具的现金流量没有重大改变。

(二) 类似混合工具所嵌入的衍生工具,明显不应当从相关混合工具中分拆。

第二十二条　嵌入衍生工具相关的混合工具没有指定为以公允价值计量且其变动计入当期损益的金融资产或金融负债,且同时满足下列条件的,该嵌入衍生工具应当从混合工具中分拆,作为单独存在的衍生工具处理:

(一) 与主合同在经济特征及风险方面不存在紧密关系;

(二) 与嵌入衍生工具条件相同,单独存在的工具符合衍生工具定义。

无法在取得时或后续的资产负债表日对其进行单独计量的,应当将混合工具整体指定为以公允价值计量且其变动计入当期损益的金融资产或金融负债。

第二十三条　嵌入衍生工具按照本准则规定从混合工具分拆后,主合同是金融工具的,应当按照本准则有关规定处理;主合同是非金融工具的,应当按照其他会计准则的规定处理。

第四章　金融工具确认

第二十四条　企业成为金融工具合同的一方时,应当确认一项金融资产或金融负债。

第二十五条　金融资产满足下列条件之一的,应当终止确认:

(一) 收取该金融资产现金流量的合同权利终止。

(二) 该金融资产已转移,且符合《企业会计准则第23号——金融资产转移》规定的金融资产终止确认条件。

终止确认,是指将金融资产或金融负债从企业的账户和资产负债表内予以转销。

第二十六条　金融负债的现时义务全部或部分已经解除的,才能终止确认该金融负债或其一部分。

企业将用于偿付金融负债的资产转入某个机构或设立信托,偿付债务的现时义务仍存在的,不应当终止确认该金融负债,也不能终止确认转出的资产。

第二十七条　企业(债务人)与债权人之间签订协议,以承担新金融负债方式替换现存金融负债,且新金融负债与现存金融负债的合同条款实质上不同的,应当终止确认现存金融负债,并同时确认新金融负债。

企业对现存金融负债全部或部分的合同条款作出实质性修改的,应当终止确认现存金融负债或其一部分,同时将修改条款后的金融负债确认为一项新金融负债。

第二十八条　金融负债全部或部分终止确认的,企业应当将终止确认部分的账面价值与支付的对价(包括转出的非现金资产或承担的新金融负债)之间的差额,计入当期损益。

第二十九条　企业回购金融负债一部分的，应当在回购日按照继续确认部分和终止确认部分的相对公允价值，将该金融负债整体的账面价值进行分配。分配给终止确认部分的账面价值与支付的对价（包括转出的非现金资产或承担的新金融负债）之间的差额，计入当期损益。

第五章　金融工具计量

第三十条　企业初始确认金融资产或金融负债，应当按照公允价值计量。对于以公允价值计量且其变动计入当期损益的金融资产或金融负债，相关交易费用应当直接计入当期损益；对于其他类别的金融资产或金融负债，相关交易费用应当计入初始确认金额。

第三十一条　交易费用，是指可直接归属于购买、发行或处置金融工具新增的外部费用。新增的外部费用，是指企业不购买、发行或处置金融工具就不会发生的费用。

交易费用包括支付给代理机构、咨询公司、券商等的手续费和佣金及其他必要支出，不包括债券溢价、折价、融资费用、内部管理成本及其他与交易不直接相关的费用。

第三十二条　企业应当按照公允价值对金融资产进行后续计量，且不扣除将来处置该金融资产时可能发生的交易费用。但是，下列情况除外：

（一）持有至到期投资以及贷款和应收款项，应当采用实际利率法，按摊余成本计量。

（二）在活跃市场中没有报价且其公允价值不能可靠计量的权益工具投资，以及与该权益工具挂钩并须通过交付该权益工具结算的衍生金融资产，应当按照成本计量。

第三十三条　企业应当采用实际利率法，按摊余成本对金融负债进行后续计量。但是，下列情况除外：

（一）以公允价值计量且其变动计入当期损益的金融负债，应当按照公允价值计量，且不扣除将来结清金融负债时可能发生的交易费用。

（二）与在活跃市场中没有报价、公允价值不能可靠计量的权益工具挂钩并须通过交付该权益工具结算的衍生金融负债，应当按照成本计量。

（三）不属于指定为以公允价值计量且其变动计入当期损益的金融负债的财务担保合同，或没有指定为以公允价值计量且其变动计入当期损益并将以低于市场利率贷款的贷款承诺，应当在初始确认后按照下列两项金额之中的较高者进行后续计量：

1. 按照《企业会计准则第 13 号——或有事项》确定的金额；

2. 初始确认金额扣除按照《企业会计准则第 14 号——收入》的原则确定的累计摊销额后的余额。

第三十四条　企业因持有意图或能力发生改变，使某项投资不再适合划分为持有至到期投资的，应当将其重分类为可供出售金融资产，并以公允价值进行后续计量。重分类日，该投资的账面价值与公允价值之间的差额计入所有者权益，在该可供出售金融资产发生减值或终止确认时转出，计入当期损益。

第三十五条　持有至到期投资部分出售或重分类的金额较大，且不属于第十六条所指的例外情况，使该投资的剩余部分不再适合划分为持有至到期投资的，企业应当将该投资的剩余部分重分类为可供出售金融资产，并以公允价值进行后续计量。重分类日，该投资剩余部分的账面价值与其公允价值之间的差额计入所有者权益，在该可供出售金融资产发生减值或终止确认时转出，计入当期损益。

第三十六条　对按照本准则规定应当以公允价值计量，但以前公允价值不能可靠计量的金融资产或金融负债，企业应当在其公允价值能够可靠计量时改按公允价值计量，相关账面价值与公允价值之间的差额按照本准则第三十八条的规定处理。

第三十七条　因持有意图或能力发生改变，或公允价值不再能够可靠计量，或持有期限已超过本准则第十六条所指"两个完整的会计年度"，使金融资产或金融负债不再适合按照公允价值计量时，企业可以将该金融资产或金融负债改按成本或摊余成本计量，该成本或摊余成本为重分类日该金融资产或金融负债的公允价值或账面价值。与该金融资产相关、原直接计入所有者权益的利得或损失，应当按照下列规定处理：

（一）该金融资产有固定到期日的，应当在该金融资产的剩余期限内，采用实际利率法摊销，计入当期损益。该金融资产的摊余成本与到期日金额之间的差额，也应当在该金融资产的剩余期限内，采用实际利率法摊销，计入当期损益。该金融资产在随后的会计期间发生减值的，原直接计入所有者权益的相关利得或损失，应当转出计入当期损益。

（二）该金融资产没有固定到期日的，仍应保留在所有者权益中，在该金融资产被处置时转出，计入当期损益。该金融资产在随后的会计期间发生减值的，原直接计入所有者权益的相关利得或损失，应当转出计入当期损益。

第三十八条　金融资产或金融负债公允价值变动形成的利得或损失，除与套期保值有关外，应当按照下列规定处理：

（一）以公允价值计量且其变动计入当期损益的金融资产或金融负债公允价值变动形成的利得或损失，应当计入当期损益。

（二）可供出售金融资产公允价值变动形成的利得或损失，除减值损失和外币货币性金融资产形成的汇兑差额外，应当直接计入所有者权益，在该金融资产终止确认时转出，计入当期损益。

可供出售外币货币性金融资产形成的汇兑差额，应当计入当期损益。采用实际利率法计算的可供出售金融资产的利息，应当计入当期损益；可供出售权益工具投资的现金股利，应当在被投资单位宣告发放股利时计入当期损益。

与套期保值有关的金融资产或金融负债公允价值变动形成的利得或损失的处理，适用《企业会计准则第24号——套期保值》。

第三十九条　以摊余成本计量的金融资产或金融负债，在终止确认、发生减值或摊销时产生的利得或损失，应当计入当期损益。但是，该金融资产或金融负债被指定为被套期项目的，相关的利得或损失的处理，适用《企业会计准则第24号——套期保值》。

第六章　金融资产减值

第四十条　企业应当在资产负债表日对以公允价值计量且其变动计入当期损益的金融资产以外的金融资产的账面价值进行检查，有客观证据表明该金融资产发生减值的，应当计提减值准备。

第四十一条　表明金融资产发生减值的客观证据，是指金融资产初始确认后实际发生的、对该金融资产的预计未来现金流量有影响，且企业能够对该影响进行可靠计量的事项。金融资产发生减值的客观证据，包括下列各项：

（一）发行方或债务人发生严重财务困难；

（二）债务人违反了合同条款，如偿付利息或本金发生违约或逾期等；

（三）债权人出于经济或法律等方面因素的考虑，对发生财务困难的债务人作出让步；

（四）债务人很可能倒闭或进行其他财务重组；

（五）因发行方发生重大财务困难，该金融资产无法在活跃市场继续交易；

（六）无法辨认一组金融资产中的某项资产的现金流量是否已经减少，但根据公开的数据对其进行总体评价后发现，该组金融资产自初始确认以来的预计未来现金流量确已减少且可计量，如该组金融资产的债务人支付能力逐步恶化，或债务人所在国家或地区失业率提高、担保物在其所在地区的价格明显下降、所处行业不景气等；

（七）债务人经营所处的技术、市场、经济或法律环境等发生重大不利变化，使权益工具投资人可能无法收回投资成本；

（八）权益工具投资的公允价值发生严重或非暂时性下跌；

（九）其他表明金融资产发生减值的客观证据。

第四十二条　以摊余成本计量的金融资产发生减值时，应当将该金融资产的账面价值减记至预计未来现金流量（不包括尚未发生的未来信用损失）现值，减记的金额确认为资产减值损失，计入当期损益。

预计未来现金流量现值，应当按照该金融资产的原实际利率折现确定，并考虑相关担保物的价值（取得和出售该担保物发生的费用应当予以扣除）。原实际利率是初始确认该金融资产时计算确定的实际利率。对于浮动利率贷款、应收款项或持有至到期投资，在计算未来现金流量现值时可采用合同规定的现行实际利率作为折现率。

短期应收款项的预计未来现金流量与其现值相差很小的，在确定相关减值损失时，可不对其预计未来现金流量进行折现。

第四十三条　对单项金额重大的金融资产应当单独进行减值测试，如有客观证据表明其已发生减值，应当确认减值损失，计入当期损益。对单项金额不重大的金融资产，可以单独进行减值测试，或包括在具有类似信用风险特征的金融资产组合中进行减值测试。

单独测试未发生减值的金融资产(包括单项金额重大和不重大的金融资产),应当包括在具有类似信用风险特征的金融资产组合中再进行减值测试。已单项确认减值损失的金融资产,不应包括在具有类似信用风险特征的金融资产组合中进行减值测试。

第四十四条 对以摊余成本计量的金融资产确认减值损失后,如有客观证据表明该金融资产价值已恢复,且客观上与确认该损失后发生的事项有关(如债务人的信用评级已提高等),原确认的减值损失应当予以转回,计入当期损益。但是,该转回后的账面价值不应当超过假定不计提减值准备情况下该金融资产在转回日的摊余成本。

第四十五条 在活跃市场中没有报价且其公允价值不能可靠计量的权益工具投资,或与该权益工具挂钩并须通过交付该权益工具结算的衍生金融资产发生减值时,应当将该权益工具投资或衍生金融资产的账面价值,与按照类似金融资产当时市场收益率对未来现金流量折现确定的现值之间的差额,确认为减值损失,计入当期损益。

第四十六条 可供出售金融资产发生减值时,即使该金融资产没有终止确认,原直接计入所有者权益的因公允价值下降形成的累计损失,应当予以转出,计入当期损益。该转出的累计损失,为可供出售金融资产的初始取得成本扣除已收回本金和已摊销金额、当前公允价值和原已计入损益的减值损失后的余额。

第四十七条 对于已确认减值损失的可供出售债务工具,在随后的会计期间公允价值已上升且客观上与确认原减值损失确认后发生的事项有关的,原确认的减值损失应当予以转回,计入当期损益。

第四十八条 可供出售权益工具投资发生的减值损失,不得通过损益转回。但是,在活跃市场中没有报价且其公允价值不能可靠计量的权益工具投资,或与该权益工具挂钩并须通过交付该权益工具结算的衍生金融资产发生的减值损失,不得转回。

第四十九条 金融资产发生减值后,利息收入应当按照确定减值损失时对未来现金流量进行折现采用的折现率作为利率计算确认。

第七章 公允价值确定

第五十条 公允价值,是指在公平交易中,熟悉情况的交易双方自愿进行资产交换或者债务清偿的金额。在公平交易中,交易双方应当是持续经营企业,不打算或不需要进行清算、重大缩减经营规模,或在不利条件下仍进行交易。

第五十一条 存在活跃市场的金融资产或金融负债,活跃市场中的报价应当用于确定其公允价值。活跃市场中的报价是指易于定期从交易所、经纪商、行业协会、定价服务机构等获得的价格,且代表了在公平交易中实际发生的市场交易的价格。

(一)在活跃市场上,企业已持有的金融资产或拟承担的金融负债的报价,应当是现行出价;企业拟购入的金融资产或已承担的金融负债的报价,应当是现行要价。

(二)企业持有可抵销市场风险的资产和负债时,可采用市场中间价确定可抵销市场风险头寸的公允价值;同时,用出价或要价作为确定净敞口的公允价值。

(三)金融资产或金融负债没有现行出价或要价,但最近交易日后经济环境没有发生重大变化的,企业应当采用最近交易的市场报价确定该金融资产或金融负债的公允价值。

最近交易日后经济环境发生了重大变化时,企业应当参考类似金融资产或金融负债的现行价格或利率,调整最近交易的市场报价,以确定该金融资产或金融负债的公允价值。

企业有足够的证据表明最近交易的市场报价不是公允价值的,应当对最近交易的市场报价作出适当调整,以确定该金融资产或金融负债的公允价值。

(四)金融工具组合的公允价值,应当根据该组合内单项金融工具的数量与单位市场报价共同确定。

(五)活期存款的公允价值,应当不低于存款人可支取时应付的金额;通知存款的公允价值,应当不低于存款人要求支取时应付金额从可支取的第一天起进行折现的现值。

第五十二条 金融工具不存在活跃市场的,企业应当采用估值技术确定其公允价值。采用估值技术得出的结果,应当反映估值日在公平交易中可能采用的交易价格。估值技术包括参考熟悉情况并自愿交易的各方最近进行的市场交易中使用的价格、参照实质上相同的其他金融工具的当前公允价值、现金流量折现法和期权定价模型等。

企业应当选择市场参与者普遍认同，且被以往市场实际交易价格验证具有可靠性的估值技术确定金融工具的公允价值：

（一）采用估值技术确定金融工具的公允价值时，应当尽可能使用市场参与者在金融工具定价时考虑的所有市场参数，包括无风险利率、信用风险、外汇汇率、商品价格、股价或股价指数、金融工具价格未来波动率、提前偿还风险、金融资产或金融负债的服务成本等，尽可能不使用与企业特定相关的参数。

（二）企业应当定期使用没有经过修正或重新组合的金融工具公开交易价格校正所采用的估值技术，并测试该估值技术的有效性。

（三）金融工具的交易价格应当作为其初始确认时的公允价值的最好证据，但有客观证据表明相同金融工具公开交易价格更公允，或采用仅考虑公开市场参数的估值技术确定的结果更公允的，不应当采用交易价格作为初始确认时的公允价值，而应当采用更公允的交易价格或估值结果确定公允价值。

第五十三条　初始取得或源生的金融资产或承担的金融负债，应当以市场交易价格作为确定其公允价值的基础。

债务工具的公允价值，应当根据取得日或发行日的市场情况和当前市场情况，或其他类似债务工具（即有类似的剩余期限、现金流量模式、标价币种、信用风险、担保和利率基础等）的当前市场利率确定。

债务人的信用风险和适用的信用风险贴水在债务工具发行后没有改变的，可使用基准利率估计当前市场利率确定债务工具的公允价值。债务人的信用风险和相应的信用风险贴水在债务工具发行后发生改变的，应当参考类似债务工具的当前价格或利率，并考虑金融工具之间的差异调整，确定债务工具的公允价值。

第五十四条　企业采用未来现金流量折现法确定金融工具公允价值的，应当使用合同条款和特征在实质上相同的其他金融工具的市场收益率作为折现率。金融工具的条款和特征，包括金融工具本身的信用质量、合同规定采用固定利率计息的剩余期间、支付本金的剩余期间以及支付时采用的货币等。

没有标明利率的短期应收款项和应付款项的现值与实际交易价格相差很小的，可以按照实际交易价格计量。

第五十五条　在活跃市场中没有报价的权益工具投资，以及与该权益工具挂钩并须通过交付该权益工具结算的衍生工具，满足下列条件之一的，表明其公允价值能够可靠计量：

（一）该金融工具公允价值合理估计数的变动区间很小。

（二）该金融工具公允价值变动区间内，各种用于确定公允价值估计数的概率能够合理地确定。

第八章　金融资产、金融负债和权益工具定义

第五十六条　金融资产，是指企业的下列资产：

（一）现金；

（二）持有的其他单位的权益工具；

（三）从其他单位收取现金或其他金融资产的合同权利；

（四）在潜在有利条件下，与其他单位交换金融资产或金融负债的合同权利；

（五）将来须用或可用企业自身权益工具进行结算的非衍生工具的合同权利，企业根据该合同将收到非固定数量的自身权益工具；

（六）将来须用或可用企业自身权益工具进行结算的衍生工具的合同权利，但企业以固定金额的现金或其他金融资产换取固定数量的自身权益工具的衍生工具合同权利除外。其中，企业自身权益工具不包括本身就是在将来收取或支付企业自身权益工具的合同。

第五十七条　金融负债，是指企业的下列负债：

（一）向其他单位交付现金或其他金融资产的合同义务；

（二）在潜在不利条件下，与其他单位交换金融资产或金融负债的合同义务；

（三）将来须用或可用企业自身权益工具进行结算的非衍生工具的合同义务，企业根据该合同将交付非固定数量的自身权益工具；

（四）将来须用或可用企业自身权益工具进行结算的衍生工具的合同义务，但企业以固定金额的现金或其他金融资产换取固定数量的自身权益工具的衍生工具合同义务除外。其中，企业自身权益工具不包括

本身就是在将来收取或支付企业自身权益工具的合同。

第五十八条　权益工具，是指能证明拥有某个企业在扣除所有负债后的资产中的剩余权益的合同。

二十四、企业会计准则第 23 号——金融资产转移

企业会计准则第 23 号——金融资产转移

第一章　总　　则

第一条　为了规范金融资产(含单项或一组类似金融资产)转移的确认和计量，根据《企业会计准则——基本准则》，制定本准则。

第二条　金融资产转移，是指企业(转出方)将金融资产让与或交付给该金融资产发行方以外的另一方(转入方)。

第三条　企业对金融资产转入方具有控制权的，除在该企业财务报表基础上运用本准则外，还应当按照《企业会计准则第 33 号——合并财务报表》的规定，将转入方纳入合并财务报表范围。

第二章　金融资产转移的确认

第四条　企业金融资产转移，包括下列两种情形：

(一) 将收取金融资产现金流量的权利转移给另一方。

(二) 将金融资产转移给另一方，但保留收取金融资产现金流量的权利，并承担将收取的现金流量支付给最终收款方的义务，同时满足下列条件：

1. 从该金融资产收到对等的现金流量时，才有义务将其支付给最终收款方。企业发生短期垫付款，但有权全额收回该垫付款并按照市场上同期银行贷款利率计收利息的，视同满足本条件。

2. 根据合同约定，不能出售该金融资产或作为担保物，但可以将其作为对最终收款方支付现金流量的保证。

3. 有义务将收取的现金流量及时支付给最终收款方。企业无权将该现金流量进行再投资，但按照合同约定在相邻两次支付间隔期内将所收到的现金流量进行现金或现金等价物投资的除外。企业按照合同约定进行再投资的，应当将投资收益按照合同约定支付给最终收款方。

第五条　企业应当将金融资产转移区分为金融资产整体转移和部分转移，并分别按照本准则有关规定处理。

第六条　金融资产部分转移，包括下列三种情形：

(一) 将金融资产所产生现金流量中特定、可辨认部分转移，如企业将一组类似贷款的应收利息转移等。

(二) 将金融资产所产生全部现金流量的一定比例转移，如企业将一组类似贷款的本金和应收利息合计的一定比例转移等。

(三) 将金融资产所产生现金流量中特定、可辨认部分的一定比例转移，如企业将一组类似贷款的应收利息的一定比例转移等。

第七条　企业已将金融资产所有权上几乎所有的风险和报酬转移给转入方的，应当终止确认该金融资产；保留了金融资产所有权上几乎所有的风险和报酬的，不应当终止确认该金融资产。

终止确认，是指将金融资产或金融负债从企业的账户和资产负债表内予以转销。

第八条　企业在判断是否已将金融资产所有权上几乎所有的风险和报酬转移给了转入方时，应当比较转移前后该金融资产未来现金流量净现值及时间分布的波动使其面临的风险。

企业面临的风险因金融资产转移发生实质性改变的，表明该企业已将金融资产所有权上几乎所有的风险和报酬转移给了转入方，如不附任何保证条款的金融资产出售等。

企业面临的风险没有因金融资产转移发生实质性改变的，表明该企业仍保留了金融资产所有权上几乎所有的风险和报酬，如将贷款整体转移并对该贷款可能发生的信用损失进行全额补偿等。

企业需要通过计算判断是否已将金融资产所有权上几乎所有的风险和报酬转移给了转入方的，在计算金融资产未来现金流量净现值时，应当考虑所有合理、可能的现金流量波动，并采用适当的现行市场利率作为折现率。

第九条 企业既没有转移也没有保留金融资产所有权上几乎所有的风险和报酬的(即不属于本准则第七条所指情形),应当分别下列情况处理:

(一) 放弃了对该金融资产控制的,应当终止确认该金融资产。

(二) 未放弃对该金融资产控制的,应当按照其继续涉入所转移金融资产的程度确认有关金融资产,并相应确认有关负债。

继续涉入所转移金融资产的程度,是指该金融资产价值变动使企业面临的风险水平。

第十条 企业在判断是否已放弃对所转移金融资产的控制时,应当注重转入方出售该金融资产的实际能力。转入方能够单独将转入的金融资产整体出售给与其不存在关联方关系的第三方,且没有额外条件对此项出售加以限制的,表明企业已放弃对该金融资产的控制。

第十一条 企业在判断金融资产转移是否满足本准则规定的金融资产终止确认条件时,应当注重金融资产转移的实质。

(一) 在附回购协议的金融资产出售中,转出方将予回购的资产与售出的金融资产相同或实质上相同、回购价格固定或是原售价加上合理回报的,不应当终止确认所出售的金融资产,如采用买断式回购、质押式回购交易卖出债券等。

(二) 转出方在金融资产转移后只保留了优先按照公允价值回购该金融资产的权利的(在转入方出售该金融资产的情况下),应当终止确认所转移的金融资产。

(三) 在采用保留次级权益或提供信用担保等进行信用增级的金融资产转移中,转出方只保留了所转移金融资产所有权上的部分(非几乎所有)风险和报酬且能控制所转移金融资产的,应当按照其继续涉入所转移金融资产的程度确认相关资产和负债。

第三章 金融资产转移的计量

第十二条 金融资产整体转移满足终止确认条件的,应当将下列两项金额的差额计入当期损益:

(一) 所转移金融资产的账面价值;

(二) 因转移而收到的对价,与原直接计入所有者权益的公允价值变动累计额(涉及转移的金融资产为可供出售金融资产的情形)之和。

因金融资产转移获得了新金融资产或承担了新金融负债的,应当在转移日按照公允价值确认该金融资产或金融负债(包括看涨期权、看跌期权、担保负债、远期合同、互换等),并将该金融资产扣除金融负债后的净额作为上述对价的组成部分。

企业与金融资产转入方签订服务合同提供相关服务的(包括收取该金融资产的现金流量,并将所收取的现金流量交付给指定的资金保管机构等),应当就该服务合同确认一项服务资产或服务负债。服务负债应当按照公允价值进行初始计量,并作为上述对价的组成部分。

第十三条 金融资产部分转移满足终止确认条件的,应当将所转移金融资产整体的账面价值,在终止确认部分和未终止确认部分(在此种情况下,所保留的服务资产应当视同未终止确认金融资产的一部分)之间,按照各自的相对公允价值进行分摊,并将下列两项金额的差额计入当期损益:

(一) 终止确认部分的账面价值;

(二) 终止确认部分的对价,与原直接计入所有者权益的公允价值变动累计额中对应终止确认部分的金额(涉及转移的金融资产为可供出售金融资产的情形)之和。

原直接计入所有者权益的公允价值变动累计额中对应终止确认部分的金额,应当按照金融资产终止确认部分和未终止确认部分的相对公允价值,对该累计额进行分摊后确定。

第十四条 根据本准则第十三条规定将所转移金融资产整体的账面价值按相对公允价值在终止确认部分和未终止确认部分之间进行分摊时,未终止确认部分的公允价值按照下列规定确定:

(一) 企业出售过与未终止确认部分类似的金融资产,或发生过与未终止确认部分有关的其他市场交易的,应当按照最近实际交易价格确定。

(二) 未终止确认部分在活跃市场上没有报价,且最近市场上也没有与其有关的实际交易价格的,应当按照所转移金融资产整体的公允价值扣除终止确认部分的对价后的余额确定。该金融资产整体的公允价值确实难以合理确定的,按照金融资产整体的账面价值扣除终止确认部分的对价后的余额确定。

第十五条 企业仍保留与所转移金融资产所有权上几乎所有的风险和报酬的,应当继续确认所转移金融资产整体，并将收到的对价确认为一项金融负债。

该金融资产与确认的相关金融负债不得相互抵销。在随后的会计期间，企业应当继续确认该金融资产产生的收入和该金融负债产生的费用。所转移的金融资产以摊余成本计量的，确认的相关负债不得指定为以公允价值计量且其变动计入当期损益的金融负债。

第十六条　企业既没有转移也没有保留金融资产所有权上几乎所有的风险和报酬，且未放弃对该金融资产控制的，根据本准则第九条规定确认的相关资产和负债，应当充分反映保留的权利和承担的义务。

第十七条　通过对所转移金融资产提供财务担保方式继续涉入的，应当在转移日按照金融资产的账面价值和财务担保金额两者之中的较低者，确认继续涉入形成的资产，同时按照财务担保金额和财务担保合同的公允价值（提供担保的取费）之和确认继续涉入形成的负债。财务担保金额，是指企业所收到的对价中，将被要求偿还的最高金额。

在随后的会计期间，财务担保合同的初始确认金额应当在该财务担保合同期间内按照时间比例摊销，确认为各期收入。因担保形成的资产的账面价值，应当在资产负债表日进行减值测试。

第十八条　企业因卖出一项看跌期权或持有一项看涨期权，使所转移金融资产不符合终止确认条件，且按照摊余成本计量该金融资产的，应当在转移日按照收到的对价确认继续涉入形成的负债。

所转移金融资产在期权到期日的摊余成本和继续涉入形成的负债初始确认金额之间的差额，应当采用实际利率法摊销，计入当期损益；同时，调整继续涉入所形成负债的账面价值。相关期权行权的，应当在行权时，将继续涉入形成负债的账面价值与行权价格之间的差额计入当期损益。

第十九条　企业因持有一项看涨期权使所转移金融资产不满足终止确认条件，且按照公允价值计量该金融资产的，应当在转移日仍按照公允价值确认所转移金融资产，同时按照下列规定计量继续涉入形成的负债：

（一）该期权是价内或平价期权的，应当按照期权的行权价格扣除期权的时间价值后的余额，计量继续涉入形成的负债。

（二）该期权是价外期权的，应当按照所转移金融资产的公允价值扣除期权的时间价值后的余额，计量继续涉入形成的负债。

第二十条　企业因卖出一项看跌期权使所转移金融资产不满足终止确认条件，且按照公允价值计量该金融资产的，应当在转移日按照该金融资产的公允价值和该期权行权价格之间的较低者，确认继续涉入形成的资产；同时，按照该期权的行权价格与时间价值之和，确认继续涉入形成的负债。

第二十一条　企业因卖出一项看跌期权和购入一项看涨期权（即上下期权）使所转移金融资产不满足终止确认条件，且按照公允价值计量该金融资产的，应当在转移日仍按照公允价值确认所转移金融资产；同时，按照下列规定计量继续涉入形成的负债：

（一）该看涨期权是价内或平价期权的，应当按照看涨期权的行权价格和看跌期权的公允价值之和，扣除看涨期权的时间价值后的金额，计量继续涉入形成的负债。

（二）该看涨期权是价外期权的，应当按照所转移金融资产的公允价值总额和看跌期权的公允价值之和，扣除看涨期权的时间价值后的金额，计量继续涉入形成的负债。

第二十二条　企业应当对因继续涉入所转移金融资产形成的有关资产确认相关收入，对继续涉入形成的有关负债确认相关费用。继续涉入所形成的相关资产和负债不应当相互抵销，其后续计量适用《企业会计准则第 22 号——金融工具确认和计量》。

第二十三条　企业仅继续涉入所转移金融资产一部分的，应当比照本准则第十三条的规定处理。

第二十四条　企业向金融资产转入方提供了非现金担保物（如债务工具或权益工具投资等）的，企业和转入方应当按照下列规定处理：

（一）转入方按照合同或惯例有权出售该担保物或将其再作为担保物的，企业应当将该非现金担保物在资产负债表中重新归类，并单独列示。

（二）转入方已将该担保物出售的，转入方应当就归还担保物义务，按照公允价值确认一项负债。

（三）企业违约，丧失了赎回担保物权利的，应当终止确认该担保物；转入方应当按照公允价值将该担保物确认为一项资产。转入方已出售该担保物的，转入方应当终止确认归还担保物的义务。

（四）除上述（三）所涉及的情况外，企业应当继续将担保物确认为一项资产。

二十五、企业会计准则第 24 号——套期保值

企业会计准则第 24 号——套期保值

第一章 总 则

第一条 为了规范套期保值的确认和计量，根据《企业会计准则——基本准则》，制定本准则。

第二条 套期保值（以下简称套期），是指企业为规避外汇风险、利率风险、商品价格风险、股票价格风险、信用风险等，指定一项或一项以上套期工具，使套期工具的公允价值或现金流量变动，预期抵销被套期项目全部或部分公允价值或现金流量变动。

第三条 套期分为公允价值套期、现金流量套期和境外经营净投资套期。

（一）公允价值套期，是指对已确认资产或负债、尚未确认的确定承诺，或该资产或负债、尚未确认的确定承诺中可辨认部分的公允价值变动风险进行的套期。该类价值变动源于某类特定风险，且将影响企业的损益。

（二）现金流量套期，是指对现金流量变动风险进行的套期。该类现金流量变动源于与已确认资产或负债、很可能发生的预期交易有关的某类特定风险，且将影响企业的损益。

（三）境外经营净投资套期，是指对境外经营净投资外汇风险进行的套期。境外经营净投资，是指企业在境外经营净资产中的权益份额。

第四条 对于满足本准则第三章规定条件的套期，企业可运用套期会计方法进行处理。

套期会计方法，是指在相同会计期间将套期工具和被套期项目公允价值变动的抵销结果计入当期损益的方法。

第二章 套期工具和被套期项目

第五条 套期工具，是指企业为进行套期而指定的、其公允价值或现金流量变动预期可抵销被套期项目的公允价值或现金流量变动的衍生工具，对外汇风险进行套期还可以将非衍生金融资产或非衍生金融负债作为套期工具。

第六条 企业在确立套期关系时，应当将套期工具整体或其一定比例（不含套期工具剩余期限内的某一时段）进行指定，但下列情况除外：

（一）对于期权，企业可以将期权的内在价值和时间价值分开，只就内在价值变动将期权指定为套期工具；

（二）对于远期合同，企业可以将远期合同的利息和即期价格分开，只就即期价格变动将远期合同指定为套期工具。

第七条 企业通常可将单项衍生工具指定为对一种风险进行套期，但同时满足下列条件的，可以指定单项衍生工具对一种以上的风险进行套期：

（一）各项被套期风险可以清晰辨认；

（二）套期有效性可以证明；

（三）可以确保该衍生工具与不同风险头寸之间存在具体指定关系。

套期有效性，是指套期工具的公允价值或现金流量变动能够抵销被套期风险引起的被套期项目公允价值或现金流量变动的程度。

第八条 企业可以将两项或两项以上衍生工具的组合或该组合的一定比例指定为套期工具。

对于外汇风险套期，企业可以将两项或两项以上非衍生工具的组合或该组合的一定比例，或将衍生工具和非衍生工具的组合或该组合的一定比例指定为套期工具。

对于利率上下限期权或由一项发行的期权和一项购入的期权组成的期权，其实质相当于企业发行的一项期权的（即企业收取了净期权费），不能将其指定为套期工具。

第九条 被套期项目，是指使企业面临公允价值或现金流量变动风险，且被指定为被套期对象的下列项目：

（一）单项已确认资产、负债、确定承诺、很可能发生的预期交易，或境外经营净投资；

（二）一组具有类似风险特征的已确认资产、负债、确定承诺、很可能发生的预期交易，或境外经营净

投资；

（三）分担同一被套期利率风险的金融资产或金融负债组合的一部分（仅适用于利率风险公允价值组合套期）。

确定承诺，是指在未来某特定日期或期间，以约定价格交换特定数量资源、具有法律约束力的协议。预期交易，是指尚未承诺但预期会发生的交易。

第十条 被套期风险是信用风险或外汇风险的，持有至到期投资可以指定为被套期项目。被套期风险是利率风险或提前还款风险的，持有至到期投资不能指定为被套期项目。

第十一条 企业集团内部交易形成的货币性项目的汇兑收益或损失，不能在合并财务报表中全额抵销的，该货币性项目的外汇风险可以在合并财务报表中指定为被套期项目。

企业集团内部很可能发生的预期交易，按照进行此项交易的主体的记账本位币以外的货币标价（即按外币标价），且相关的外汇风险将影响合并利润或损失的，该外汇风险可以在合并财务报表中指定为被套期项目。

第十二条 对于与金融资产或金融负债现金流量或公允价值的一部分相关的风险，其套期有效性可以计量的，企业可以就该风险将金融资产或金融负债指定为被套期项目。

第十三条 在金融资产或金融负债组合的利率风险公允价值套期中，可以将某货币金额（如人民币、美元或欧元金额）的资产或负债指定为被套期项目。

第十四条 企业可以将金融资产或金融负债现金流量的全部指定为被套期项目。但金融资产或金融负债现金流量的一部分被指定为被套期项目的，被指定部分的现金流量应当少于该金融资产或金融负债现金流量总额。

第十五条 非金融资产或非金融负债指定为被套期项目的，被套期风险应当是该非金融资产或非金融负债相关的全部风险或外汇风险。

第十六条 对具有类似风险特征的资产或负债组合进行套期时，该组合中的各单项资产或单项负债应当同时承担被套期风险，且该组合内各单项资产或单项负债由被套期风险引起的公允价值变动，应当预期与该组合由被套期风险引起的公允价值整体变动基本成比例。

第三章 套期确认和计量

第十七条 公允价值套期、现金流量套期或境外经营净投资套期同时满足下列条件的，才能运用本准则规定的套期会计方法进行处理：

（一）在套期开始时，企业对套期关系（即套期工具和被套期项目之间的关系）有正式指定，并准备了关于套期关系、风险管理目标和套期策略的正式书面文件。该文件至少载明了套期工具、被套期项目、被套期风险的性质以及套期有效性评价方法等内容。

套期必须与具体可辨认并被指定的风险有关，且最终影响企业的损益。

（二）该套期预期高度有效，且符合企业最初为该套期关系所确定的风险管理策略。

（三）对预期交易的现金流量套期，预期交易应当很可能发生，且必须使企业面临最终将影响损益的现金流量变动风险。

（四）套期有效性能够可靠地计量。

（五）企业应当持续地对套期有效性进行评价，并确保该套期在套期关系被指定的会计期间内高度有效。

第十八条 套期同时满足下列条件的，企业应当认定其为高度有效：

（一）在套期开始及以后期间，该套期预期会高度有效地抵销套期指定期间被套期风险引起的公允价值或现金流量变动；

（二）该套期的实际抵销结果在80%至125%的范围内。

第十九条 企业至少应当在编制中期或年度财务报告时对套期有效性进行评价。

第二十条 对利率风险进行套期的，企业可以通过编制金融资产和金融负债的到期时间表，标明每期的利率净风险，据此对套期有效性进行评价。

第二十一条 公允价值套期满足运用套期会计方法条件的，应当按照下列规定处理：

（一）套期工具为衍生工具的，套期工具公允价值变动形成的利得或损失应当计入当期损益；套期工具为非衍生工具的，套期工具账面价值因汇率变动形成的利得或损失应当计入当期损益。

（二）被套期项目因被套期风险形成的利得或损失应当计入当期损益，同时调整被套期项目的账面价值。被套期项目为按成本与可变现净值孰低进行后续计量的存货、按摊余成本进行后续计量的金融资产或可供出售金融资产的，也应当按此规定处理。

第二十二条　对于金融资产或金融负债组合一部分的利率风险公允价值套期，为符合本准则第二十一条（二）的要求，企业对被套期项目形成的利得或损失可按下列方法处理：

（一）被套期项目在重新定价期间内是资产的，在资产负债表中资产项下单列项目反映（列在金融资产后），待终止确认时转销；

（二）被套期项目在重新定价期间内是负债的，在资产负债表中负债项下单列项目反映（列在金融负债后），待终止确认时转销。

第二十三条　满足下列条件之一的，企业不应当再按照本准则第二十一条的规定处理：

（一）套期工具已到期、被出售、合同终止或已行使。

套期工具展期或被另一项套期工具替换时，展期或替换是企业正式书面文件所载明的套期策略组成部分的，不作为已到期或合同终止处理。

（二）该套期不再满足本准则所规定的运用套期会计方法的条件。

（三）企业撤销了对套期关系的指定。

第二十四条　被套期项目是以摊余成本计量的金融工具的，按照本准则第二十一条（二）对被套期项目账面价值所作的调整，应当按照调整日重新计算的实际利率在调整日至到期日的期间内进行摊销，计入当期损益。

对利率风险组合的公允价值套期，在资产负债表中单列的相关项目，也应当按照调整日重新计算的实际利率在调整日至相关的重新定价期间结束日的期间内摊销。采用实际利率法进行摊销不切实可行的，可以采用直线法进行摊销。

上述调整金额应当于金融工具到期日前摊销完毕；对于利率风险组合的公允价值套期，应当于相关重新定价期间结束日前摊销完毕。

第二十五条　被套期项目为尚未确认的确定承诺的，该确定承诺因被套期风险引起的公允价值变动累计额应当确认为一项资产或负债，相关的利得或损失应当计入当期损益。

第二十六条　在购买资产或承担负债的确定承诺的公允价值套期中，该确定承诺因被套期风险引起的公允价值变动累计额（已确认为资产或负债），应当调整履行该确定承诺所取得的资产或承担的负债的初始确认金额。

第二十七条　现金流量套期满足运用套期会计方法条件的，应当按照下列规定处理：

（一）套期工具利得或损失中属于有效套期的部分，应当直接确认为所有者权益，并单列项目反映。该有效套期部分的金额，按照下列两项的绝对额中较低者确定：

1. 套期工具自套期开始的累计利得或损失；

2. 被套期项目自套期开始的预计未来现金流量现值的累计变动额。

（二）套期工具利得或损失中属于无效套期的部分（即扣除直接确认为所有者权益后的其他利得或损失），应当计入当期损益。

（三）在风险管理策略的正式书面文件中，载明了在评价套期有效性时将排除套期工具的某部分利得或损失或相关现金流量影响的，被排除的该部分利得或损失的处理适用《企业会计准则第22号——金融工具确认和计量》。

对确定承诺的外汇风险进行的套期，企业可以作为现金流量套期或公允价值套期处理。

第二十八条　被套期项目为预期交易，且该预期交易使企业随后确认一项金融资产或一项金融负债的，原直接确认为所有者权益的相关利得或损失，应当在该金融资产或金融负债影响企业损益的相同期间转出，计入当期损益。但是，企业预期原直接在所有者权益中确认的净损失全部或部分在未来会计期间不能弥补时，应当将不能弥补的部分转出，计入当期损益。

第二十九条　被套期项目为预期交易，且该预期交易使企业随后确认一项非金融资产或一项非金融负债的，企业可以选择下列方法处理：

(一) 原直接在所有者权益中确认的相关利得或损失,应当在该非金融资产或非金融负债影响企业损益的相同期间转出,计入当期损益。但是,企业预期原直接在所有者权益中确认的净损失全部或部分在未来会计期间不能弥补时,应当将不能弥补的部分转出,计入当期损益。

(二) 将原直接在所有者权益中确认的相关利得或损失转出,计入该非金融资产或非金融负债的初始确认金额。

非金融资产或非金融负债的预期交易形成了一项确定承诺时,该确定承诺满足运用本准则规定的套期会计方法条件的,也应当选择上述两种方法之一处理。

企业选择了上述两种处理方法之一作为会计政策后,应当一致地运用于相关的所有预期交易套期,不得随意变更。

第三十条　对于不属于本准则第二十八条和第二十九条涉及的现金流量套期,原直接计入所有者权益中的套期工具利得或损失,应当在被套期预期交易影响损益的相同期间转出,计入当期损益。

第三十一条　在下列情况下,企业不应当再按照本准则第二十七条至第三十条的规定处理:

(一) 套期工具已到期、被出售、合同终止或已行使。

在套期有效期间直接计入所有者权益中的套期工具利得或损失不应当转出,直至预期交易实际发生时,再按照本准则第二十八条、第二十九条或第三十条的规定处理。

套期工具展期或被另一项套期工具替换,且展期或替换是企业正式书面文件所载明套期策略组成部分的,不作为已到期或合同终止处理。

(二) 该套期不再满足运用本准则规定的套期会计方法的条件。

在套期有效期间直接计入所有者权益中的套期工具利得或损失不应当转出,直至预期交易实际发生时,再按照本准则第二十八条、第二十九条或第三十条的规定处理。

(三) 预期交易预计不会发生。

在套期有效期间直接计入所有者权益中的套期工具利得或损失应当转出,计入当期损益。

(四) 企业撤销了对套期关系的指定。

对于预期交易套期,在套期有效期间直接计入所有者权益中的套期工具利得或损失不应当转出,直至预期交易实际发生或预计不会发生。预期交易实际发生的,应当按照本准则第二十八条、第二十九条或第三十条的规定处理;预期交易预计不会发生的,原直接计入所有者权益中的套期工具利得或损失应当转出,计入当期损益。

第三十二条　对境外经营净投资的套期,应当按照类似于现金流量套期会计的规定处理:

(一) 套期工具形成的利得或损失中属于有效套期的部分,应当直接确认为所有者权益,并单列项目反映。

处置境外经营时,上述在所有者权益中单列项目反映的套期工具利得或损失应当转出,计入当期损益。

(二) 套期工具形成的利得或损失中属于无效套期的部分,应当计入当期损益。

二十六、企业会计准则第 25 号——原保险合同

企业会计准则第 25 号——原保险合同

第一章　总　　则

第一条　为了规范保险人签发的原保险合同的确认、计量和相关信息的列报,根据《企业会计准则——基本准则》,制定本准则。

第二条　保险合同,是指保险人与投保人约定保险权利义务关系,并承担源于被保险人保险风险的协议。保险合同分为原保险合同和再保险合同。

原保险合同,是指保险人向投保人收取保费,对约定的可能发生的事故因其发生所造成的财产损失承担赔偿保险金责任,或者当被保险人死亡、伤残、疾病或者达到约定的年龄、期限时承担给付保险金责任的保险合同。

第三条　下列各项适用其他相关会计准则:

(一) 保险人签发的原保险合同产生的损余物资等资产的减值,适用《企业会计准则第 1 号——存货》。

（二）保险人向投保人签发的承担保险风险以外的其他风险的合同，适用《企业会计准则第 22 号——金融工具确认和计量》和《企业会计准则第 37 号——金融工具列报》。

（三）保险人签发、持有的再保险合同，适用《企业会计准则第 26 号——再保险合同》。

第二章 原保险合同的确定

第四条 保险人与投保人签订的合同是否属于原保险合同，应当在单项合同的基础上，根据合同条款判断保险人是否承担了保险风险。

发生保险事故可能导致保险人承担赔付保险金责任的，应当确定保险人承担了保险风险。

保险事故，是指保险合同约定的保险责任范围内的事故。

第五条 保险人与投保人签订的合同，使保险人既承担保险风险又承担其他风险的，应当分别下列情况进行处理：

（一）保险风险部分和其他风险部分能够区分，并且能够单独计量的，可以将保险风险部分和其他风险部分进行分拆。保险风险部分，确定为原保险合同；其他风险部分，不确定为原保险合同。

（二）保险风险部分和其他风险部分不能够区分，或者虽能够区分但不能够单独计量的，应当将整个合同确定为原保险合同。

第六条 保险人应当根据在原保险合同延长期内是否承担赔付保险金责任，将原保险合同分为寿险原保险合同和非寿险原保险合同。

在原保险合同延长期内承担赔付保险金责任的，应当确定为寿险原保险合同；在原保险合同延长期内不承担赔付保险金责任的，应当确定为非寿险原保险合同。

原保险合同延长期，是指投保人自上一期保费到期日未交纳保费，保险人仍承担赔付保险金责任的期间。

第三章 原保险合同收入

第七条 保费收入同时满足下列条件的，才能予以确认：

（一）原保险合同成立并承担相应保险责任；

（二）与原保险合同相关的经济利益很可能流入；

（三）与原保险合同相关的收入能够可靠地计量。

第八条 保险人应当按照下列规定计算确定保费收入金额：

（一）对于非寿险原保险合同，应当根据原保险合同约定的保费总额确定。

（二）对于寿险原保险合同，分期收取保费的，应当根据当期应收取的保费确定；一次性收取保费的，应当根据一次性应收取的保费确定。

第九条 原保险合同提前解除的，保险人应当按照原保险合同约定计算确定应退还投保人的金额，作为退保费，计入当期损益。

第四章 原保险合同准备金

第十条 原保险合同准备金包括未到期责任准备金、未决赔款准备金、寿险责任准备金和长期健康险责任准备金。

未到期责任准备金，是指保险人为尚未终止的非寿险保险责任提取的准备金。

未决赔款准备金，是指保险人为非寿险保险事故已发生尚未结案的赔案提取的准备金。

寿险责任准备金，是指保险人为尚未终止的人寿保险责任提取的准备金。

长期健康险责任准备金，是指保险人为尚未终止的长期健康保险责任提取的准备金。

第十一条 保险人应当在确认非寿险保费收入的当期，按照保险精算确定的金额，提取未到期责任准备金，作为当期保费收入的调整，并确认未到期责任准备金负债。

保险人应当在资产负债表日，按照保险精算重新计算确定的未到期责任准备金金额与已提取的未到期责任准备金余额的差额，调整未到期责任准备金余额。

第十二条 保险人应当在非寿险保险事故发生的当期，按照保险精算确定的金额，提取未决赔款准备金，并确认未决赔款准备金负债。

未决赔款准备金包括已发生已报案未决赔款准备金、已发生未报案未决赔款准备金和理赔费用准备金。

已发生已报案未决赔款准备金，是指保险人为非寿险保险事故已发生并已向保险人提出索赔、尚未结案的赔案提取的准备金。

已发生未报案未决赔款准备金，是指保险人为非寿险保险事故已发生、尚未向保险人提出索赔的赔案提取的准备金。

理赔费用准备金，是指保险人为非寿险保险事故已发生尚未结案的赔案可能发生的律师费、诉讼费、损失检验费、相关理赔人员薪酬等费用提取的准备金。

第十三条 保险人应当在确认寿险保费收入的当期，按照保险精算确定的金额，提取寿险责任准备金、长期健康险责任准备金，并确认寿险责任准备金、长期健康险责任准备金负债。

第十四条 保险人至少应当于每年年度终了，对未决赔款准备金、寿险责任准备金、长期健康险责任准备金进行充足性测试。

保险人按照保险精算重新计算确定的相关准备金金额超过充足性测试日已提取的相关准备金余额的，应当按照其差额补提相关准备金；保险人按照保险精算重新计算确定的相关准备金金额小于充足性测试日已提取的相关准备金余额的，不调整相关准备金。

第十五条 原保险合同提前解除的，保险人应当转销相关未到期责任准备金、寿险责任准备金、长期健康险责任准备金余额，计入当期损益。

第五章 原保险合同成本

第十六条 原保险合同成本，是指原保险合同发生的、会导致所有者权益减少的、与向所有者分配利润无关的经济利益的总流出。

原保险合同成本主要包括发生的手续费或佣金支出、赔付成本，以及提取的未决赔款准备金、寿险责任准备金、长期健康险责任准备金等。

赔付成本包括保险人支付的赔款、给付，以及在理赔过程中发生的律师费、诉讼费、损失检验费、相关理赔人员薪酬等理赔费用。

第十七条 保险人在取得原保险合同过程中发生的手续费、佣金，应当在发生时计入当期损益。

第十八条 保险人按照保险精算确定提取的未决赔款准备金、寿险责任准备金、长期健康险责任准备金，计入当期损益。

保险人应当在确定支付赔付款项金额的当期，按照确定支付的赔付款项金额，计入当期损益；同时，冲减相应的未决赔款准备金、寿险责任准备金、长期健康险责任准备金余额。

保险人应当在实际发生理赔费用的当期，按照实际发生的理赔费用金额，计入当期损益；同时，冲减相应的未决赔款准备金、寿险责任准备金、长期健康险责任准备金余额。

第十九条 保险人按照充足性测试补提的未决赔款准备金、寿险责任准备金、长期健康险责任准备金，计入当期损益。

第二十条 保险人承担赔偿保险金责任取得的损余物资，应当按照同类或类似资产的市场价格计算确定的金额确认为资产，并冲减当期赔付成本。

处置损余物资时，保险人应当按照收到的金额与相关损余物资账面价值的差额，调整当期赔付成本。

第二十一条 保险人承担赔付保险金责任应收取的代位追偿款，同时满足下列条件的，应当确认为应收代位追偿款，并冲减当期赔付成本：

（一）与该代位追偿款有关的经济利益很可能流入；

（二）该代位追偿款的金额能够可靠地计量。

收到应收代位追偿款时，保险人应当按照收到的金额与相关应收代位追偿款账面价值的差额，调整当期赔付成本。

第六章 列 报

第二十二条 保险人应当在资产负债表中单独列示与原保险合同有关的下列项目：

（一）未到期责任准备金；

（二）未决赔款准备金；

（三）寿险责任准备金；

（四）长期健康险责任准备金。

第二十三条 保险人应当在利润表中单独列示与原保险合同有关的下列项目：

(一) 保费收入；

(二) 退保费；

(三) 提取未到期责任准备金；

(四) 已赚保费；

(五) 手续费支出；

(六) 赔付成本；

(七) 提取未决赔款准备金；

(八) 提取寿险责任准备金；

(九) 提取长期健康险责任准备金。

第二十四条 保险人应当在附注中披露与原保险合同有关的下列信息：

(一) 代位追偿款的有关情况。

(二) 损余物资的有关情况。

(三) 各项准备金的增减变动情况。

(四) 提取各项准备金及进行准备金充足性测试的主要精算假设和方法。

二十七、企业会计准则第 26 号——再保险合同

企业会计准则第 26 号——再保险合同

第一章 总 则

第一条 为了规范再保险合同的确认、计量和相关信息的列报，根据《企业会计准则——基本准则》，制定本准则。

第二条 再保险合同，是指一个保险人(再保险分出人)分出一定的保费给另一个保险人(再保险接受人)，再保险接受人对再保险分出人由原保险合同所引起的赔付成本及其他相关费用进行补偿的保险合同。

第三条 本准则适用于保险人签发、持有的再保险合同。

保险人将分入的再保险业务转分给其他保险人而签订的转分保合同，比照本准则处理。

第四条 保险人签发的原保险合同，适用《企业会计准则第 25 号——原保险合同》。

第二章 分出业务的会计处理

第五条 再保险分出人不应当将再保险合同形成的资产与有关原保险合同形成的负债相互抵销。

再保险分出人不应当将再保险合同形成的收入或费用与有关原保险合同形成的费用或收入相互抵销。

第六条 再保险分出人应当在确认原保险合同保费收入的当期，按照相关再保险合同的约定，计算确定分出保费，计入当期损益；同时，原保险合同为非寿险原保险合同的，再保险分出人还应当按照相关再保险合同的约定，计算确认相关的应收分保未到期责任准备金资产，并冲减提取未到期责任准备金。

再保险分出人应当在资产负债表日调整原保险合同未到期责任准备金余额时，相应调整应收分保未到期责任准备金余额。

第七条 再保险分出人应当在确认原保险合同保费收入的当期，按照相关再保险合同的约定，计算确定应向再保险接受人摊回的分保费用，计入当期损益。

第八条 再保险分出人应当在提取原保险合同未决赔款准备金、寿险责任准备金、长期健康险责任准备金的当期，按照相关再保险合同的约定，计算确定应向再保险接受人摊回的相应准备金，确认为相应的应收分保准备金资产。

第九条 再保险分出人应当在确定支付赔付款项金额或实际发生理赔费用而冲减原保险合同相应准备金余额的当期，冲减相应的应收分保准备金余额；同时，按照相关再保险合同的约定，计算确定应向再保险接受人摊回的赔付成本，计入当期损益。

第十条 再保险分出人应当在原保险合同提前解除的当期，按照相关再保险合同的约定，计算确定分出保费、摊回分保费用的调整金额，计入当期损益；同时，转销相关应收分保准备金余额。

第十一条 再保险分出人应当在因取得和处置损余物资、确认和收到应收代位追偿款等而调整原保险

合同赔付成本的当期，按照相关再保险合同的约定，计算确定摊回赔付成本的调整金额，计入当期损益。

第十二条　再保险分出人应当在发出分保业务账单时，将账单标明的扣存本期分保保证金确认为存入分保保证金；同时，按照账单标明的返还上期扣存分保保证金转销相关存入分保保证金。

再保险分出人应当根据相关再保险合同的约定，按期计算存入分保保证金利息，计入当期损益。

第十三条　再保险分出人应当根据相关再保险合同的约定，在能够计算确定应向再保险接受人收取的纯益手续费时，将该项纯益手续费作为摊回分保费用，计入当期损益。

第十四条　对于超额赔款再保险等非比例再保险合同，再保险分出人应当根据再保险合同的约定，计算确定分出保费，计入当期损益。

再保险分出人调整分出保费时，应当将调整金额计入当期损益。

再保险分出人应当在能够计算确定应向再保险接受人摊回的赔付成本时，将该项应摊回的赔付成本计入当期损益。

第三章　分入业务的会计处理

第十五条　分保费收入同时满足下列条件的，才能予以确认：

（一）再保险合同成立并承担相应保险责任；

（二）与再保险合同相关的经济利益很可能流入；

（三）与再保险合同相关的收入能够可靠地计量。

再保险接受人应当根据相关再保险合同的约定，计算确定分保费收入金额。

第十六条　再保险接受人应当在确认分保费收入的当期，根据相关再保险合同的约定，计算确定分保费用，计入当期损益。

第十七条　再保险接受人应当根据相关再保险合同的约定，在能够计算确定应向再保险分出人支付的纯益手续费时，将该项纯益手续费作为分保费用，计入当期损益。

第十八条　再保险接受人应当在收到分保业务账单时，按照账单标明的金额对相关分保费收入、分保费用进行调整，调整金额计入当期损益。

第十九条　再保险接受人提取分保未到期责任准备金、分保未决赔款准备金、分保寿险责任准备金、分保长期健康险责任准备金，以及进行相关分保准备金充足性测试，比照《企业会计准则第25号——原保险合同》的相关规定处理。

第二十条　再保险接受人应当在收到分保业务账单的当期，按照账单标明的分保赔付款项金额，作为分保赔付成本，计入当期损益；同时，冲减相应的分保准备金余额。

第二十一条　再保险接受人应当在收到分保业务账单时，将账单标明的扣存本期分保保证金确认为存出分保保证金；同时，按照账单标明的返还上期扣存分保保证金转销相关存出分保保证金。

再保险接受人应当根据相关再保险合同的约定，按期计算存出分保保证金利息，计入当期损益。

第四章　列　报

第二十二条　保险人应当在资产负债表中单独列示与再保险合同有关的下列项目：

（一）应收分保账款；

（二）应收分保未到期责任准备金；

（三）应收分保未决赔款准备金；

（四）应收分保寿险责任准备金；

（五）应收分保长期健康险责任准备金；

（六）应付分保账款。

第二十三条　保险人应当在利润表中单独列示与再保险合同有关的下列项目：

（一）分保费收入；

（二）分出保费；

（三）摊回分保费用；

（四）分保费用；

（五）摊回赔付成本；

（六）分保赔付成本；

（七）摊回未决赔款准备金；

（八）摊回寿险责任准备金；

（九）摊回长期健康险责任准备金。

第二十四条 保险人应当在附注中披露与再保险合同有关的下列信息：

（一）分入业务各项分保准备金的增减变动情况。

（二）分入业务提取各项分保准备金及进行分保准备金充足性测试的主要精算假设和方法。

二十八、企业会计准则第27号——石油天然气开采

企业会计准则第27号——石油天然气开采

第一章 总 则

第一条 为了规范石油天然气(以下简称油气)开采活动的会计处理和相关信息的披露，根据《企业会计准则——基本准则》，制定本准则。

第二条 油气开采活动包括矿区权益的取得以及油气的勘探、开发和生产等阶段。

第三条 油气开采活动以外的油气储存、集输、加工和销售等业务的会计处理，适用其他相关会计准则。

第二章 矿区权益的会计处理

第四条 矿区权益，是指企业取得的在矿区内勘探、开发和生产油气的权利。

矿区权益分为探明矿区权益和未探明矿区权益。探明矿区，是指已发现探明经济可采储量的矿区；未探明矿区，是指未发现探明经济可采储量的矿区。

探明经济可采储量，是指在现有技术和经济条件下，根据地质和工程分析，可合理确定的能够从已知油气藏中开采的油气数量。

第五条 为取得矿区权益而发生的成本应当在发生时予以资本化。企业取得的矿区权益，应当按照取得时的成本进行初始计量：

（一）申请取得矿区权益的成本包括探矿权使用费、采矿权使用费、土地或海域使用权支出、中介费以及可直接归属于矿区权益的其他申请取得支出。

（二）购买取得矿区权益的成本包括购买价款、中介费以及可直接归属于矿区权益的其他购买取得支出。

矿区权益取得后发生的探矿权使用费、采矿权使用费和租金等维持矿区权益的支出，应当计入当期损益。

第六条 企业应当采用产量法或年限平均法对探明矿区权益计提折耗。采用产量法计提折耗的，折耗额可按照单个矿区计算，也可按照若干具有相同或类似地质构造特征或储层条件的相邻矿区所组成的矿区组计算。计算公式如下：

$$\text{探明矿区权益折耗额}=\text{探明矿区权益账面价值}\times\text{探明矿区权益折耗率}$$

$$\text{探明矿区权益折耗率}=\frac{\text{探明矿区当期产量}}{\text{探明矿区期末探明经济可采储量}+\text{探明矿区当期产量}}$$

第七条 企业对于矿区权益的减值，应当分别不同情况确认减值损失：

（一）探明矿区权益的减值，按照《企业会计准则第8号——资产减值》处理。

（二）对于未探明矿区权益，应当至少每年进行一次减值测试。

单个矿区取得成本较大的，应当以单个矿区为基础进行减值测试，并确定未探明矿区权益减值金额。单个矿区取得成本较小且与其他相邻矿区具有相同或类似地质构造特征或储层条件的，可按照若干具有相同或类似地质构造特征或储层条件的相邻矿区所组成的矿区组进行减值测试。

未探明矿区权益公允价值低于账面价值的差额，应当确认为减值损失，计入当期损益。未探明矿区权益减值损失一经确认，不得转回。

第八条 企业转让矿区权益的，应当按照下列规定进行处理：

（一）转让全部探明矿区权益的，将转让所得与矿区权益账面价值的差额计入当期损益。

转让部分探明矿区权益的，按照转让权益和保留权益的公允价值比例，计算确定已转让部分矿区权益账面价值，转让所得与已转让矿区权益账面价值的差额计入当期损益。

（二）转让单独计提减值准备的全部未探明矿区权益的，转让所得与未探明矿区权益账面价值的差额，计入当期损益。

转让单独计提减值准备的部分未探明矿区权益的，如果转让所得大于矿区权益账面价值，将其差额计入当期损益；如果转让所得小于矿区权益账面价值，以转让所得冲减矿区权益账面价值，不确认损益。

（三）转让以矿区组为基础计提减值准备的未探明矿区权益的，如果转让所得大于矿区权益账面原值，将其差额计入当期损益；如果转让所得小于矿区权益账面原值，以转让所得冲减矿区权益账面原值，不确认损益。

转让该矿区组最后一个未探明矿区的剩余矿区权益时，转让所得与未探明矿区权益账面价值的差额，计入当期损益。

第九条　未探明矿区（组）内发现探明经济可采储量而将未探明矿区（组）转为探明矿区（组）的，应当按照其账面价值转为探明矿区权益。

第十条　未探明矿区因最终未能发现探明经济可采储量而放弃的，应当按照放弃时的账面价值转销未探明矿区权益并计入当期损益。因未完成义务工作量等因素导致发生的放弃成本，计入当期损益。

第三章　油气勘探的会计处理

第十一条　油气勘探，是指为了识别勘探区域或探明油气储量而进行的地质调查、地球物理勘探、钻探活动以及其他相关活动。

第十二条　油气勘探支出包括钻井勘探支出和非钻井勘探支出。

钻井勘探支出主要包括钻探区域探井、勘探型详探井、评价井和资料井等活动发生的支出；非钻井勘探支出主要包括进行地质调查、地球物理勘探等活动发生的支出。

第十三条　钻井勘探支出在完井后，确定该井发现了探明经济可采储量的，应当将钻探该井的支出结转为井及相关设施成本。

确定该井未发现探明经济可采储量的，应当将钻探该井的支出扣除净残值后计入当期损益。

确定部分井段发现了探明经济可采储量的，应当将发现探明经济可采储量的有效井段的钻井勘探支出结转为井及相关设施成本，无效井段钻井勘探累计支出转入当期损益。

未能确定该探井是否发现探明经济可采储量的，应当在完井后一年内将钻探该井的支出予以暂时资本化。

第十四条　在完井一年时仍未能确定该探井是否发现探明经济可采储量，同时满足下列条件的，应当将钻探该井的资本化支出继续暂时资本化，否则应当计入当期损益：

（一）该井已发现足够数量的储量，但要确定其是否属于探明经济可采储量，还需要实施进一步的勘探活动；

（二）进一步的勘探活动已在实施中或已有明确计划并即将实施。

钻井勘探支出已费用化的探井又发现了探明经济可采储量的，已费用化的钻井勘探支出不作调整，重新钻探和完井发生的支出应当予以资本化。

第十五条　非钻井勘探支出于发生时计入当期损益。

第四章　油气开发的会计处理

第十六条　油气开发，是指为了取得探明矿区中的油气而建造或更新井及相关设施的活动。

第十七条　油气开发活动所发生的支出，应当根据其用途分别予以资本化，作为油气开发形成的井及相关设施的成本。

油气开发形成的井及相关设施的成本主要包括：

（一）钻前准备支出，包括前期研究、工程地质调查、工程设计、确定井位、清理井场、修建道路等活动发生的支出；

（二）井的设备购置和建造支出，井的设备包括套管、油管、抽油设备和井口装置等，井的建造包括钻井和完井；

（三）购建提高采收率系统发生的支出；

（四）购建矿区内集输设施、分离处理设施、计量设备、储存设施、各种海上平台、海底及陆上电缆等发生的支出。

第十八条　在探明矿区内，钻井至现有已探明层位的支出，作为油气开发支出；为获取新增探明经济可采储量而继续钻至未探明层位的支出，作为钻井勘探支出，按照本准则第十三条和第十四条处理。

第五章　油气生产的会计处理

第十九条　油气生产，是指将油气从油气藏提取到地表以及在矿区内收集、拉运、处理、现场储存和矿区管理等活动。

第二十条　油气的生产成本包括相关矿区权益折耗、井及相关设施折耗、辅助设备及设施折旧以及操作费用等。操作费用包括油气生产和矿区管理过程中发生的直接和间接费用。

第二十一条　企业应当采用产量法或年限平均法对井及相关设施计提折耗。井及相关设施包括确定发现了探明经济可采储量的探井和开采活动中形成的井，以及与开采活动直接相关的各种设施。采用产量法计提折耗的，折耗额可按照单个矿区计算，也可按照若干具有相同或类似地质构造特征或储层条件的相邻矿区所组成的矿区组计算。计算公式如下：

$$\text{矿区井及相关设施折耗额}=\text{期末矿区井及相关设施账面价值}\times\text{矿区井及相关设施折耗率}$$

$$\text{矿区井及相关设施折耗率}=\frac{\text{矿区当期产量}}{\text{矿区期末探明已开发经济可采储量}+\text{矿区当期产量}}$$

探明已开发经济可采储量，包括矿区的开发井网钻探和配套设施建设完成后已全面投入开采的探明经济可采储量，以及在提高采收率技术所需的设施已建成并已投产后相应增加的可采储量。

第二十二条　地震设备、建造设备、车辆、修理车间、仓库、供应站、通讯设备、办公设施等辅助设备及设施，应当按照《企业会计准则第4号——固定资产》处理。

第二十三条　企业承担的矿区废弃处置义务，满足《企业会计准则第13号——或有事项》中预计负债确认条件的，应当将该义务确认为预计负债，并相应增加井及相关设施的账面价值。

不符合预计负债确认条件的，在废弃时发生的拆卸、搬移、场地清理等支出，应当计入当期损益。

矿区废弃，是指矿区内的最后一口井停产。

第二十四条　井及相关设施、辅助设备及设施的减值，应当按照《企业会计准则第8号——资产减值》处理。

第六章　披　　露

第二十五条　企业应当在附注中披露与石油天然气开采活动有关的下列信息：

（一）拥有国内和国外的油气储量年初、年末数据。

（二）当期在国内和国外发生的矿区权益的取得、油气勘探和油气开发各项支出的总额。

（三）探明矿区权益、井及相关设施的账面原值，累计折耗和减值准备累计金额及其计提方法；与油气开采活动相关的辅助设备及设施的账面原价，累计折旧和减值准备累计金额及其计提方法。

二十九、企业会计准则第28号——会计政策、会计估计变更和差错更正

企业会计准则第28号——会计政策、会计估计变更和差错更正

第一章　总　　则

第一条　为了规范企业会计政策的应用，会计政策、会计估计变更和前期差错更正的确认、计量和相关信息的披露，根据《企业会计准则——基本准则》，制定本准则。

第二条　会计政策变更和前期差错更正的所得税影响，适用《企业会计准则第18号——所得税》。

第二章　会 计 政 策

第三条　企业应当对相同或者相似的交易或者事项采用相同的会计政策进行处理。但是，其他会计准则另有规定的除外。

会计政策，是指企业在会计确认、计量和报告中所采用的原则、基础和会计处理方法。

第四条　企业采用的会计政策，在每一会计期间和前后各期应当保持一致，不得随意变更。但是，满足下列条件之一的，可以变更会计政策：

（一）法律、行政法规或者国家统一的会计制度等要求变更。

（二）会计政策变更能够提供更可靠、更相关的会计信息。

第五条　下列各项不属于会计政策变更：

（一）本期发生的交易或者事项与以前相比具有本质差别而采用新的会计政策。

（二）对初次发生的或不重要的交易或者事项采用新的会计政策。

第六条　企业根据法律、行政法规或者国家统一的会计制度等要求变更会计政策的，应当按照国家相关会计规定执行。

会计政策变更能够提供更可靠、更相关的会计信息的，应当采用追溯调整法处理，将会计政策变更累积影响数调整列报前期最早期初留存收益，其他相关项目的期初余额和列报前期披露的其他比较数据也应当一并调整，但确定该项会计政策变更累积影响数不切实可行的除外。

追溯调整法，是指对某项交易或事项变更会计政策，视同该项交易或事项初次发生时即采用变更后的会计政策，并以此对财务报表相关项目进行调整的方法。

会计政策变更累积影响数，是指按照变更后的会计政策对以前各期追溯计算的列报前期最早期初留存收益应有金额与现有金额之间的差额。

第七条　确定会计政策变更对列报前期影响数不切实可行的，应当从可追溯调整的最早期间期初开始应用变更后的会计政策。

在当期期初确定会计政策变更对以前各期累积影响数不切实可行的，应当采用未来适用法处理。

未来适用法，是指将变更后的会计政策应用于变更日及以后发生的交易或者事项，或者在会计估计变更当期和未来期间确认会计估计变更影响数的方法。

第三章　会计估计变更

第八条　企业据以进行估计的基础发生了变化，或者由于取得新信息、积累更多经验以及后来的发展变化，可能需要对会计估计进行修订。会计估计变更的依据应当真实、可靠。

会计估计变更，是指由于资产和负债的当前状况及预期经济利益和义务发生了变化，从而对资产或负债的账面价值或者资产的定期消耗金额进行调整。

第九条　企业对会计估计变更应当采用未来适用法处理。

会计估计变更仅影响变更当期的，其影响数应当在变更当期予以确认；既影响变更当期又影响未来期间的，其影响数应当在变更当期和未来期间予以确认。

第十条　企业难以对某项变更区分为会计政策变更或会计估计变更的，应当将其作为会计估计变更处理。

第四章　前期差错更正

第十一条　前期差错，是指由于没有运用或错误运用下列两种信息，而对前期财务报表造成省略漏或错报。

（一）编报前期财务报表时预期能够取得并加以考虑的可靠信息。

（二）前期财务报告批准报出时能够取得的可靠信息。

前期差错通常包括计算错误、应用会计政策错误、疏忽或曲解事实以及舞弊产生的影响以及存货、固定资产盘盈等。

第十二条　企业应当采用追溯重述法更正重要的前期差错，但确定前期差错累积影响数不切实可行的除外。

追溯重述法，是指在发现前期差错时，视同该项前期差错从未发生过，从而对财务报表相关项目进行更正的方法。

第十三条　确定前期差错影响数不切实可行的，可以从可追溯重述的最早期间开始调整留存收益的期初余额，财务报表其他相关项目的期初余额也应当一并调整，也可以采用未来适用法。

第十四条　企业应当在重要的前期差错发现当期的财务报表中，调整前期比较数据。

第五章　披　　露

第十五条　企业应当在附注中披露与会计政策变更有关的下列信息：

（一）会计政策变更的性质、内容和原因。

（二）当期和各个列报前期财务报表中受影响的项目名称和调整金额。

（三）无法进行追溯调整的，说明该事实和原因以及开始应用变更后的会计政策的时点、具体应用情况。

第十六条 企业应当在附注中披露与会计估计变更有关的下列信息：

（一）会计估计变更的内容和原因。

（二）会计估计变更对当期和未来期间的影响数。

（三）会计估计变更的影响数不能确定的，披露这一事实和原因。

第十七条 企业应当在附注中披露与前期差错更正有关的下列信息：

（一）前期差错的性质。

（二）各个列报前期财务报表中受影响的项目名称和更正金额。

（三）无法进行追溯重述的，说明该事实和原因以及对前期差错开始进行更正的时点、具体更正情况。

第十八条 在以后期间的财务报表中，不需要重复披露在以前期间的附注中已披露的会计政策变更和前期差错更正的信息。

三十、企业会计准则第29号——资产负债表日后事项

企业会计准则第29号——资产负债表日后事项

第一章 总 则

第一条 为了规范资产负债表日后事项的确认、计量和相关信息的披露，根据《企业会计准则——基本准则》，制定本准则。

第二条 资产负债表日后事项，是指资产负债表日至财务报告批准报出日之间发生的有利或不利事项。财务报告批准报出日，是指董事会或类似机构批准财务报告报出的日期。

资产负债表日后事项包括资产负债表日后调整事项和资产负债表日后非调整事项。

资产负债表日后调整事项，是指对资产负债表日已经存在的情况提供了新的或进一步证据的事项。

资产负债表日后非调整事项，是指表明资产负债表日后发生的情况的事项。

第三条 资产负债表日后事项表明持续经营假设不再适用的，企业不应当在持续经营基础上编制财务报表。

第二章 资产负债表日后调整事项

第四条 企业发生的资产负债表日后调整事项，应当调整资产负债表日的财务报表。

第五条 企业发生的资产负债表日后调整事项，通常包括下列各项：

（一）资产负债表日后诉讼案件结案，法院判决证实了企业在资产负债表日已经存在现时义务，需要调整原先确认的与该诉讼案件相关的预计负债，或确认一项新负债。

（二）资产负债表日后取得确凿证据，表明某项资产在资产负债表日发生了减值或者需要调整该项资产原先确认的减值金额。

（三）资产负债表日后进一步确定了资产负债表日前购入资产的成本或售出资产的收入。

（四）资产负债表日后发现了财务报表舞弊或差错。

第三章 资产负债表日后非调整事项

第六条 企业发生的资产负债表日后非调整事项，不应当调整资产负债表日的财务报表。

第七条 企业发生的资产负债表日后非调整事项，通常包括下列各项：

（一）资产负债表日后发生重大诉讼、仲裁、承诺。

（二）资产负债表日后资产价格、税收政策、外汇汇率发生重大变化。

（三）资产负债表日后因自然灾害导致资产发生重大损失。

（四）资产负债表日后发行股票和债券以及其他巨额举债。

（五）资产负债表日后资本公积转增资本。

（六）资产负债表日后发生巨额亏损。

（七）资产负债表日后发生企业合并或处置子公司。

第八条　资产负债表日后，企业利润分配方案中拟分配的以及经审议批准宣告发放的股利或利润，不确认为资产负债表日的负债，但应当在附注中单独披露。

第四章　披　露

第九条　企业应当在附注中披露与资产负债表日后事项有关的下列信息：

(一) 财务报告的批准报出者和财务报告批准报出日。

按照有关法律、行政法规等规定，企业所有者或其他方面有权对报出的财务报告进行修改的，应当披露这一情况。

(二) 每项重要的资产负债表日后非调整事项的性质、内容，及其对财务状况和经营成果的影响。无法做出估计的，应当说明原因。

第十条　企业在资产负债表日后取得了影响资产负债表日存在情况的新的或进一步的证据，应当调整与之相关的披露信息。

三十一、企业会计准则第 30 号——财务报表列报

企业会计准则第 30 号——财务报表列报

第一章　总　则

第一条　为了规范财务报表的列报，保证同一企业不同期间和同一期间不同企业的财务报表相互可比，根据《企业会计准则——基本准则》，制定本准则。

第二条　财务报表是对企业财务状况、经营成果和现金流量的结构性表述。财务报表至少应当包括下列组成部分：

(一) 资产负债表；

(二) 利润表；

(三) 现金流量表；

(四) 所有者权益(或股东权益，下同)变动表；

(五) 附注。

第三条　现金流量表的编制和列报，以及其他会计准则的特殊列报要求，适用《企业会计准则第 31 号——现金流量表》和其他相关会计准则。

第二章　基本要求

第四条　企业应当以持续经营为基础，根据实际发生的交易和事项，按照《企业会计准则——基本准则》和其他各项会计准则的规定进行确认和计量，在此基础上编制财务报表。

企业不应以附注披露代替确认和计量。

以持续经营为基础编制财务报表不再合理的，企业应当采用其他基础编制财务报表，并在附注中披露这一事实。

第五条　财务报表项目的列报应当在各个会计期间保持一致，不得随意变更，但下列情况除外：

(一) 会计准则要求改变财务报表项目的列报。

(二) 企业经营业务的性质发生重大变化后，变更财务报表项目的列报能够提供更可靠、更相关的会计信息。

第六条　性质或功能不同的项目，应当在财务报表中单独列报，但不具有重要性的项目除外。

性质或功能类似的项目，其所属类别具有重要性的，应当按其类别在财务报表中单独列报。

重要性，是指财务报表某项目的省略或错报会影响使用者据此作出经济决策的，该项目具有重要性。重要性应当根据企业所处环境，从项目的性质和金额大小两方面予以判断。

第七条　财务报表中的资产项目和负债项目的金额、收入项目和费用项目的金额不得相互抵销，但其他会计准则另有规定的除外。

资产项目按扣除减值准备后的净额列示，不属于抵销。

非日常活动产生的损益，以收入扣减费用后的净额列示，不属于抵销。

第八条　当期财务报表的列报，至少应当提供所有列报项目上一可比会计期间的比较数据，以及与理

解当期财务报表相关的说明，但其他会计准则另有规定的除外。

根据本准则第五条的规定，财务报表项目的列报发生变更的，应当对上期比较数据按照当期的列报要求进行调整，并在附注中披露调整的原因和性质，以及调整的各项目金额。对上期比较数据进行调整不切实可行的，应当在附注中披露不能调整的原因。

不切实可行，是指企业在作出所有合理努力后仍然无法采用某项规定。

第九条 企业应当在财务报表的显著位置至少披露下列各项：

(一) 编报企业的名称。

(二) 资产负债表日或财务报表涵盖的会计期间。

(三) 人民币金额单位。

(四) 财务报表是合并财务报表的，应当予以标明。

第十条 企业至少应当按年编制财务报表。年度财务报表涵盖的期间短于一年的，应当披露年度财务报表的涵盖期间，以及短于一年的原因。

对外提供中期财务报告的，还应遵循《企业会计准则第32号——中期财务报告》的规定。

第十一条 本准则规定在财务报表中单独列报的项目，应当单独列报。其他会计准则规定单独列报的项目，应当增加单独列报项目。

第三章 资产负债表

第十二条 资产和负债应当分别流动资产和非流动资产、流动负债和非流动负债列示。

金融企业的各项资产或负债，按照流动性列示能够提供可靠且更相关信息的，可以按照其流动性顺序列示。

第十三条 资产满足下列条件之一的，应当归类为流动资产：

(一) 预计在一个正常营业周期中变现、出售或耗用。

(二) 主要为交易目的而持有。

(三) 预计在资产负债表日起一年内(含一年，下同)变现。

(四) 自资产负债表日起一年内，交换其他资产或清偿负债的能力不受限制的现金或现金等价物。

第十四条 流动资产以外的资产应当归类为非流动资产，并应按其性质分类列示。

第十五条 负债满足下列条件之一的，应当归类为流动负债：

(一) 预计在一个正常营业周期中清偿。

(二) 主要为交易目的而持有。

(三) 自资产负债表日起一年内到期应予以清偿。

(四) 企业无权自主地将清偿推迟至资产负债表日后一年以上。

第十六条 流动负债以外的负债应当归类为非流动负债，并应按其性质分类列示。

第十七条 对于在资产负债表日起一年内到期的负债，企业预计能够自主地将清偿义务展期至资产负债表日后一年以上的，应当归类为非流动负债；不能自主地将清偿义务展期的，即使在资产负债表日后、财务报告批准报出日前签订了重新安排清偿计划协议，该项负债仍应归类为流动负债。

第十八条 企业在资产负债表日或之前违反了长期借款协议，导致贷款人可随时要求清偿的负债，应当归类为流动负债。

贷款人在资产负债表日或之前同意提供在资产负债表日后一年以上的宽限期，企业能够在此期限内改正违约行为，且贷款人不能要求随时清偿，该项负债应当归类为非流动负债。

其他长期负债存在类似情况的，比照上述第一款和第二款处理。

第十九条 资产负债表中的资产类至少应当单独列示反映下列信息的项目：

(一) 货币资金；

(二) 应收及预付款项；

(三) 交易性投资；

(四) 存货；

(五) 持有至到期投资；

(六) 长期股权投资；

（七）投资性房地产；

（八）固定资产；

（九）生物资产；

（十）递延所得税资产；

（十一）无形资产。

第二十条　资产负债表中的资产类至少应当包括流动资产和非流动资产的合计项目。

第二十一条　资产负债表中的负债类至少应当单独列示反映下列信息的项目：

（一）短期借款；

（二）应付及预收款项；

（三）应交税金；

（四）应付职工薪酬；

（五）预计负债；

（六）长期借款；

（七）长期应付款；

（八）应付债券；

（九）递延所得税负债。

第二十二条　资产负债表中的负债类至少应当包括流动负债、非流动负债和负债的合计项目。

第二十三条　资产负债表中的所有者权益类至少应当单独列示反映下列信息的项目：

（一）实收资本（或股本）；

（二）资本公积；

（三）盈余公积；

（四）未分配利润。

在合并资产负债表中，应当在所有者权益类单独列示少数股东权益。

第二十四条　资产负债表中的所有者权益类应当包括所有者权益的合计项目。

第二十五条　资产负债表应当列示资产总计项目，负债和所有者权益总计项目。

第四章　利　润　表

第二十六条　费用应当按照功能分类，分为从事经营业务发生的成本、管理费用、销售费用和财务费用等。

第二十七条　利润表至少应当单独列示反映下列信息的项目：

（一）营业收入；

（二）营业成本；

（三）营业税金；

（四）管理费用；

（五）销售费用；

（六）财务费用；

（七）投资收益；

（八）公允价值变动损益；

（九）资产减值损失；

（十）非流动资产处置损益；

（十一）所得税费用；

（十二）净利润。

金融企业可以根据其特殊性列示利润表项目。

第二十八条　在合并利润表中，企业应当在净利润项目之下单独列示归属于母公司的损益和归属于少数股东的损益。

第五章　所有者权益变动表

第二十九条　所有者权益变动表应当反映构成所有者权益的各组成部分当期的增减变动情况。当期损益、直接计入所有者权益的利得和损失、以及与所有者(或股东,下同)的资本交易导致的所有者权益的变动,应当分别列示。

第三十条 所有者权益变动表至少应当单独列示反映下列信息的项目:

(一)净利润;

(二)直接计入所有者权益的利得和损失项目及其总额;

(三)会计政策变更和差错更正的累积影响金额;

(四)所有者投入资本和向所有者分配利润等;

(五)按照规定提取的盈余公积;

(六)实收资本(或股本)、资本公积、盈余公积、未分配利润的期初和期末余额及其调节情况。

第六章 附 注

第三十一条 附注是对在资产负债表、利润表、现金流量表和所有者权益变动表等报表中列示项目的文字描述或明细资料,以及对未能在这些报表中列示项目的说明等。

第三十二条 附注应当披露财务报表的编制基础,相关信息应当与资产负债表、利润表、现金流量表和所有者权益变动表等报表中列示的项目相互参照。

第三十三条 附注一般应当按照下列顺序披露:

(一)财务报表的编制基础。

(二)遵循企业会计准则的声明。

(三)重要会计政策的说明,包括财务报表项目的计量基础和会计政策的确定依据等。

(四)重要会计估计的说明,包括下一会计期间内很可能导致资产、负债账面价值重大调整的会计估计的确定依据等。

(五)会计政策和会计估计变更以及差错更正的说明。

(六)对已在资产负债表、利润表、现金流量表和所有者权益变动表中列示的重要项目的进一步说明,包括终止经营税后利润的金额及其构成情况等。

(七)或有和承诺事项、资产负债表日后非调整事项、关联方关系及其交易等需要说明的事项。

第三十四条 企业应当在附注中披露在资产负债表日后、财务报告批准报出日前提议或宣布发放的股利总额和每股股利金额(或向投资者分配的利润总额)。

第三十五条 下列各项未在与财务报表一起公布的其他信息中披露的,企业应当在附注中披露:

(一)企业注册地、组织形式和总部地址。

(二)企业的业务性质和主要经营活动。

(三)母公司以及集团最终母公司的名称。

三十二、企业会计准则第31号——现金流量表

企业会计准则第31号——现金流量表

第一章 总 则

第一条 为了规范现金流量表的编制和列报,根据《企业会计准则——基本准则》,制定本准则。

第二条 现金流量表,是指反映企业在一定会计期间现金和现金等价物流入和流出的报表。

现金,是指企业库存现金以及可以随时用于支付的存款。

现金等价物,是指企业持有的期限短、流动性强、易于转换为已知金额现金、价值变动风险很小的投资。

本准则提及现金时,除非同时提及现金等价物,均包括现金和现金等价物。

第三条 合并现金流量表的编制和列报,适用《企业会计准则第33号——合并财务报表》。

第二章 基本要求

第四条 现金流量表应当分别经营活动、投资活动和筹资活动列报现金流量。

第五条 现金流量应当分别按照现金流入和现金流出总额列报。

但是,下列各项可以按照净额列报:

(一)代客户收取或支付的现金。

（二）周转快、金额大、期限短项目的现金流入和现金流出。

（三）金融企业的有关项目，包括短期贷款发放与收回的贷款本金、活期存款的吸收与支付、同业存款和存放同业款项的存取、向其他金融企业拆借资金、以及证券的买入与卖出等。

第六条　自然灾害损失、保险索赔等特殊项目，应当根据其性质，分别归并到经营活动、投资活动和筹资活动现金流量类别中单独列报。

第七条　外币现金流量以及境外子公司的现金流量，应当采用现金流量发生日的即期汇率或按照系统合理的方法确定的、与现金流量发生日即期汇率近似的汇率折算。汇率变动对现金的影响额应当作为调节项目，在现金流量表中单独列报。

第三章　经营活动现金流量

第八条　企业应当采用直接法列示经营活动产生的现金流量。

经营活动，是指企业投资活动和筹资活动以外的所有交易和事项。

直接法，是指通过现金收入和现金支出的主要类别列示经营活动的现金流量。

第九条　有关经营活动现金流量的信息，可以通过下列途径之一取得：

（一）企业的会计记录。

（二）根据下列项目对利润表中的营业收入、营业成本以及其他项目进行调整：

1. 当期存货及经营性应收和应付项目的变动；

2. 固定资产折旧、无形资产摊销、计提资产减值准备等其他非现金项目；

3. 属于投资活动或筹资活动现金流量的其他非现金项目。

第十条　经营活动产生的现金流量至少应当单独列示反映下列信息的项目：

（一）销售商品、提供劳务收到的现金；

（二）收到的税费返还；

（三）收到其他与经营活动有关的现金；

（四）购买商品、接受劳务支付的现金；

（五）支付给职工以及为职工支付的现金；

（六）支付的各项税费；

（七）支付其他与经营活动有关的现金。

第十一条　金融企业可以根据行业特点和现金流量实际情况，合理确定经营活动现金流量项目的类别。

第四章　投资活动现金流量

第十二条　投资活动，是指企业长期资产的购建和不包括在现金等价物范围的投资及其处置活动。

第十三条　投资活动产生的现金流量至少应当单独列示反映下列信息的项目：

（一）收回投资收到的现金；

（二）取得投资收益收到的现金；

（三）处置固定资产、无形资产和其他长期资产收回的现金净额；

（四）处置子公司及其他营业单位收到的现金净额；

（五）收到其他与投资活动有关的现金；

（六）购建固定资产、无形资产和其他长期资产支付的现金；

（七）投资支付的现金；

（八）取得子公司及其他营业单位支付的现金净额；

（九）支付其他与投资活动有关的现金。

第五章　筹资活动现金流量

第十四条　筹资活动，是指导致企业资本及债务规模和构成发生变化的活动。

第十五条　筹资活动产生的现金流量至少应当单独列示反映下列信息的项目：

（一）吸收投资收到的现金；

（二）取得借款收到的现金；

（三）收到其他与筹资活动有关的现金；

（四）偿还债务支付的现金；

（五）分配股利、利润或偿付利息支付的现金；

（六）支付其他与筹资活动有关的现金。

第六章 披 露

第十六条 企业应当在附注中披露将净利润调节为经营活动现金流量的信息。至少应当单独披露对净利润进行调节的下列项目：

（一）资产减值准备；

（二）固定资产折旧；

（三）无形资产摊销；

（四）长期待摊费用摊销；

（五）待摊费用；

（六）预提费用；

（七）处置固定资产、无形资产和其他长期资产的损益；

（八）固定资产报废损失；

（九）公允价值变动损益；

（十）财务费用；

（十一）投资损益；

（十二）递延所得税资产和递延所得税负债；

（十三）存货；

（十四）经营性应收项目；

（十五）经营性应付项目。

第十七条 企业应当在附注中以总额披露当期取得或处置子公司及其他营业单位的下列信息：

（一）取得或处置价格；

（二）取得或处置价格中以现金支付的部分；

（三）取得或处置子公司及其他营业单位收到的现金；

（四）取得或处置子公司及其他营业单位按照主要类别分类的非现金资产和负债。

第十八条 企业应当在附注中披露不涉及当期现金收支、但影响企业财务状况或在未来可能影响企业现金流量的重大投资和筹资活动。

第十九条 企业应当在附注中披露与现金和现金等价物有关的下列信息：

（一）现金和现金等价物的构成及其在资产负债表中的相应金额。

（二）企业持有但不能由母公司或集团内其他子公司使用的大额现金和现金等价物金额。

三十三、企业会计准则第 32 号——中期财务报告

企业会计准则第 32 号——中期财务报告

第一章 总 则

第一条 为了规范中期财务报告的内容和编制中期财务报告应当遵循的确认与计量原则，根据《企业会计准则——基本准则》，制定本准则。

第二条 中期财务报告，是指以中期为基础编制的财务报告。

中期，是指短于一个完整的会计年度的报告期间。

第二章 中期财务报告的内容

第三条 中期财务报告至少应当包括资产负债表、利润表、现金流量表和附注。

中期资产负债表、利润表和现金流量表应当是完整报表，其格式和内容应当与上年度财务报表相一致。

当年新施行的会计准则对财务报表格式和内容作了修改的，中期财务报表应当按照修改后的报表格式和内容编制，上年度比较财务报表的格式和内容，也应当作相应调整。

基本每股收益和稀释每股收益应当在中期利润表中单独列示。

第四条　上年度编制合并财务报表的，中期期末应当编制合并财务报表。

上年度财务报告除了包括合并财务报表，还包括母公司财务报表的，中期财务报告也应当包括母公司财务报表。

上年度财务报告包括了合并财务报表，但报告中期内处置了所有应当纳入合并范围的子公司的，中期财务报告只需提供母公司财务报表，但上年度比较财务报表仍应当包括合并财务报表，上年度可比中期没有子公司的除外。

第五条　中期财务报告应当按照下列规定提供比较财务报表：

（一）本中期末的资产负债表和上年度末的资产负债表。

（二）本中期的利润表、年初至本中期末的利润表以及上年度可比期间的利润表。

（三）年初至本中期末的现金流量表和上年度年初至可比本中期末的现金流量表。

第六条　财务报表项目在报告中期作了调整或者修订的，上年度比较财务报表项目有关金额应当按照本年度中期财务报表的要求重新分类，并在附注中说明重新分类的原因及其内容，无法重新分类的，应当在附注中说明不能重新分类的原因。

第七条　中期财务报告中的附注应当以年初至本中期末为基础编制，披露自上年度资产负债表日之后发生的，有助于理解企业财务状况、经营成果和现金流量变化情况的重要交易或者事项。

对于理解本中期财务状况、经营成果和现金流量有关的重要交易或者事项，也应当在附注中作相应披露。

第八条　中期财务报告中的附注至少应当包括下列信息：

（一）中期财务报表所采用的会计政策与上年度财务报表相一致的声明。

会计政策发生变更的，应当说明会计政策变更的性质、内容、原因及其影响数；无法进行追溯调整的，应当说明原因。

（二）会计估计变更的内容、原因及其影响数；影响数不能确定的，应当说明原因。

（三）前期差错的性质及其更正金额；无法进行追溯重述的，应当说明原因。

（四）企业经营的季节性或者周期性特征。

（五）存在控制关系的关联方发生变化的情况；关联方之间发生交易的，应当披露关联方关系的性质、交易类型和交易要素。

（六）合并财务报表的合并范围发生变化的情况。

（七）对性质特别或者金额异常的财务报表项目的说明。

（八）证券发行、回购和偿还情况。

（九）向所有者分配利润的情况，包括在中期内实施的利润分配和已提出或者已批准但尚未实施的利润分配情况。

（十）根据《企业会计准则第 35 号——分部报告》规定应当披露分部报告信息的，应当披露主要报告形式的分部收入与分部利润（亏损）。

（十一）中期资产负债表日至中期财务报告批准报出日之间发生的非调整事项。

（十二）上年度资产负债表日以后所发生的或有负债和或有资产的变化情况。

（十三）企业结构变化情况，包括企业合并，对被投资单位具有重大影响、共同控制或者控制关系的长期股权投资的购买或者处置，终止经营等。

（十四）其他重大交易或者事项，包括重大的长期资产转让及其出售情况、重大的固定资产和无形资产取得情况、重大的研究和开发支出、重大的资产减值损失情况等。

企业在提供上述（五）和（十）有关关联方交易、分部收入与分部利润（亏损）信息时，应当同时提供本中期（或者本中期末）和本年度年初至本中期末的数据，以及上年度可比本中期（或者可比期末）和可比年初至本中期末的比较数据。

第九条　企业在确认、计量和报告各中期财务报表项目时，对项目重要性程度的判断，应当以中期财务数据为基础，不应以年度财务数据为基础。中期会计计量与年度财务数据相比，可在更大程度上依赖于估计，但是，企业应当确保所提供的中期财务报告包括了相关的重要信息。

第十条　在同一会计年度内，以前中期财务报告中报告的某项估计金额在最后一个中期发生了重大变更、企业又不单独编制该中期财务报告的,应当在年度财务报告的附注中披露该项估计变更的内容、原因及其影响金额。

第三章 确认和计量

第十一条 企业在中期财务报表中应当采用与年度财务报表相一致的会计政策。

上年度资产负债表日之后发生了会计政策变更,且变更后的会计政策将在年度财务报表中采用的,中期财务报表应当采用变更后的会计政策,并按照本准则第十四条的规定处理。

第十二条 中期会计计量应当以年初至本中期末为基础,财务报告的频率不应当影响年度结果的计量。

在同一会计年度内,以前中期财务报表项目在以后中期发生了会计估计变更的,以后中期财务报表应当反映该会计估计变更后的金额,但对以前中期财务报表项目金额不作调整。同时,该会计估计变更应当按照本准则第八条(二)或者第十条的规定在附注中作相应披露。

第十三条 企业取得的季节性、周期性或者偶然性收入,应当在发生时予以确认和计量,不应在中期财务报表中预计或者递延,但会计年度末允许预计或者递延的除外。

企业在会计年度中不均匀发生的费用,应当在发生时予以确认和计量,不应在中期财务报表中预提或者待摊,但会计年度末允许预提或者待摊的除外。

第十四条 企业在中期发生了会计政策变更的,应当按照《企业会计准则第 28 号——会计政策、会计估计变更和差错更正》处理,并按照本准则第八条(一)的规定在附注中作相应披露。

会计政策变更的累积影响数能够合理确定、且涉及本会计年度以前中期财务报表相关项目数字的,应当予以追溯调整,视同该会计政策在整个会计年度一贯采用;同时,上年度可比财务报表也应当作相应调整。

三十四、企业会计准则第 33 号——合并财务报表

企业会计准则第 33 号——合并财务报表

第一章 总 则

第一条 为了规范合并财务报表的编制和列报,根据《企业会计准则——基本准则》,制定本准则。

第二条 合并财务报表,是指反映母公司和其全部子公司形成的企业集团整体财务状况、经营成果和现金流量的财务报表。

母公司,是指有一个或一个以上子公司的企业(或主体,下同)。

子公司,是指被母公司控制的企业。

第三条 合并财务报表至少应当包括下列组成部分:

(一) 合并资产负债表;

(二) 合并利润表;

(三) 合并现金流量表;

(四) 合并所有者权益(或股东权益,下同)变动表;

(五) 附注。

第四条 母公司应当编制合并财务报表。

第五条 外币财务报表折算,适用《企业会计准则第 19 号——外币折算》和《企业会计准则第 31 号——现金流量表》。

第二章 合并范围

第六条 合并财务报表的合并范围应当以控制为基础予以确定。

控制,是指一个企业能够决定另一个企业的财务和经营政策,并能据以从另一个企业的经营活动中获取利益的权力。

第七条 母公司直接或通过子公司间接拥有被投资单位半数以上的表决权,表明母公司能够控制被投资单位,应当将该被投资单位认定为子公司,纳入合并财务报表的合并范围。但是,有证据表明母公司不能控制被投资单位的除外。

第八条 母公司拥有被投资单位半数或以下的表决权,满足下列条件之一的,视为母公司能够控制被投资单位,应当将该被投资单位认定为子公司,纳入合并财务报表的合并范围。但是,有证据表明母公司不能控制被投资单位的除外:

(一)通过与被投资单位其他投资者之间的协议,拥有被投资单位半数以上的表决权。

(二)根据公司章程或协议,有权决定被投资单位的财务和经营政策。

(三)有权任免被投资单位的董事会或类似机构的多数成员。

(四)在被投资单位的董事会或类似机构占多数表决权。

第九条 在确定能否控制被投资单位时,应当考虑企业和其他企业持有的被投资单位的当期可转换的可转换公司债券、当期可执行的认股权证等潜在表决权因素。

第十条 母公司应当将其全部子公司纳入合并财务报表的合并范围。

第三章 合并程序

第十一条 合并财务报表应当以母公司和其子公司的财务报表为基础,根据其他有关资料,按照权益法调整对子公司的长期股权投资后,由母公司编制。

第十二条 母公司应当统一子公司所采用的会计政策,使子公司采用的会计政策与母公司保持一致。

子公司所采用的会计政策与母公司不一致的,应当按照母公司的会计政策对子公司财务报表进行必要的调整;或者要求子公司按照母公司的会计政策另行编报财务报表。

第十三条 母公司应当统一子公司的会计期间,使子公司的会计期间与母公司保持一致。

子公司的会计期间与母公司不一致的,应当按照母公司的会计期间对子公司财务报表进行调整;或者要求子公司按照母公司的会计期间另行编报财务报表。

第十四条 在编制合并财务报表时,子公司除了应当向母公司提供财务报表外,还应当向母公司提供下列有关资料:

(一)采用的与母公司不一致的会计政策及其影响金额;

(二)与母公司不一致的会计期间的说明;

(三)与母公司、其他子公司之间发生的所有内部交易的相关资料;

(四)所有者权益变动的有关资料;

(五)编制合并财务报表所需要的其他资料。

第一节 合并资产负债表

第十五条 合并资产负债表应当以母公司和子公司的资产负债表为基础,在抵销母公司与子公司、子公司相互之间发生的内部交易对合并资产负债表的影响后,由母公司合并编制。

(一)母公司对子公司的长期股权投资与母公司在子公司所有者权益中所享有的份额应当相互抵销,同时抵销相应的长期股权投资减值准备。

在购买日,母公司对子公司的长期股权投资与母公司在子公司所有者权益中所享有的份额的差额,应当在商誉项目列示。商誉发生减值的,应当按照经减值测试后的金额列示。

各子公司之间的长期股权投资以及子公司对母公司的长期股权投资,应当比照上述规定,将长期股权投资与其对应的子公司或母公司所有者权益中所享有的份额相互抵销。

(二)母公司与子公司、子公司相互之间的债权与债务项目应当相互抵销,同时抵销应收款项的坏账准备和债券投资的减值准备。

母公司与子公司、子公司相互之间的债券投资与应付债券相互抵销后,产生的差额应当计入投资收益项目。

(三)母公司与子公司、子公司相互之间销售商品(或提供劳务,下同)或其他方式形成的存货、固定资产、工程物资、在建工程、无形资产等所包含的未实现内部销售损益应当抵销。

对存货、固定资产、工程物资、在建工程和无形资产等计提的跌价准备或减值准备与未实现内部销售损益相关的部分应当抵销。

(四)母公司与子公司、子公司相互之间发生的其他内部交易对合并资产负债表的影响应当抵销。

第十六条 子公司所有者权益中不属于母公司的份额,应当作为少数股东权益,在合并资产负债表中所有者权益项目下以"少数股东权益"项目列示。

第十七条 母公司在报告期内因同一控制下企业合并增加的子公司，编制合并资产负债表时，应当调整合并资产负债表的期初数。

因非同一控制下企业合并增加的子公司，编制合并资产负债表时，不应当调整合并资产负债表的期初数。

第十八条 母公司在报告期内处置子公司，编制合并资产负债表时，不应当调整合并资产负债表的期初数。

第二节 合并利润表

第十九条 合并利润表应当以母公司和子公司的利润表为基础，在抵销母公司与子公司、子公司相互之间发生的内部交易对合并利润表的影响后，由母公司合并编制。

（一）母公司与子公司、子公司相互之间销售商品所产生的营业收入和营业成本应当抵销。

母公司与子公司、子公司相互之间销售商品，期末全部实现对外销售的，应当将购买方的营业成本与销售方的营业收入相互抵销。

母公司与子公司、子公司相互之间销售商品，期末未实现对外销售而形成存货、固定资产、工程物资、在建工程、无形资产等资产的，在抵销销售商品的营业成本和营业收入的同时，应当将各项资产所包含的未实现内部销售损益予以抵销。

（二）在对母公司与子公司、子公司相互之间销售商品形成的固定资产或无形资产所包含的未实现内部销售损益进行抵销的同时，也应当对固定资产的折旧额或无形资产的摊销额与未实现内部销售损益相关的部分进行抵销。

（三）母公司与子公司、子公司相互之间持有对方债券所产生的投资收益，应当与其相对应的发行方利息费用相互抵销。

（四）母公司对子公司、子公司相互之间持有对方长期股权投资的投资收益应当抵销。

（五）母公司与子公司、子公司相互之间发生的其他内部交易对合并利润表的影响应当抵销。

第二十条 子公司当期净损益中属于少数股东权益的份额，应当在合并利润表中净利润项目下以“少数股东损益”项目列示。

第二十一条 子公司少数股东分担的当期亏损超过了少数股东在该子公司期初所有者权益中所享有的份额，其余额应当分别下列情况进行处理：

（一）公司章程或协议规定少数股东有义务承担，并且少数股东有能力予以弥补的，该项余额应当冲减少数股东权益；

（二）公司章程或协议未规定少数股东有义务承担的，该项余额应当冲减母公司的所有者权益。该子公司以后期间实现的利润，在弥补了由母公司所有者权益所承担的属于少数股东的损失之前，应当全部归属于母公司的所有者权益。

第二十二条 母公司在报告期内因同一控制下企业合并增加的子公司，应当将该子公司合并当期期初至报告期末的收入、费用、利润纳入合并利润表。

因非同一控制下企业合并增加的子公司，应当将该子公司购买日至报告期末的收入、费用、利润纳入合并利润表。

第二十三条 母公司在报告期内处置子公司，应当将该子公司期初至处置日的收入、费用、利润纳入合并利润表。

第三节 合并现金流量表

第二十四条 合并现金流量表应当以母公司和子公司的现金流量表为基础，在抵销母公司与子公司、子公司相互之间发生的内部交易对合并现金流量表的影响后，由母公司合并编制。

本准则提及“现金”时，除非同时提及现金等价物，均包括现金和现金等价物。

第二十五条 编制合并现金流量表应当符合下列要求：

（一）母公司与子公司、子公司相互之间当期以现金投资或收购股权增加的投资所产生的现金流量应当抵销。

（二）母公司与子公司、子公司相互之间当期取得投资收益收到的现金，应当与分配股利、利润或偿付利息支付的现金相互抵销。

（三）母公司与子公司、子公司相互之间以现金结算债权与债务所产生的现金流量应当抵销。

（四）母公司与子公司、子公司相互之间当期销售商品所产生的现金流量应当抵销。

（五）母公司与子公司、子公司相互之间处置固定资产、无形资产和其他长期资产收回的现金净额，应当与购建固定资产、无形资产和其他长期资产支付的现金相互抵销。

（六）母公司与子公司、子公司相互之间当期发生的其他内部交易所产生的现金流量应当抵销。

第二十六条　合并现金流量表补充资料可以根据合并资产负债表和合并利润表进行编制。

第二十七条　母公司在报告期内因同一控制下企业合并增加的子公司，应当将该子公司合并当期期初至报告期末的现金流量纳入合并现金流量表。

因非同一控制下企业合并增加的子公司，应当将该子公司购买日至报告期末的现金流量纳入合并现金流量表。

第二十八条　母公司在报告期内处置子公司，应当将该子公司期初至处置日的现金流量纳入合并现金流量表。

第四节　合并所有者权益变动表

第二十九条　合并所有者权益变动表应当以母公司和子公司的所有者权益变动表为基础，在抵销母公司与子公司、子公司相互之间发生的内部交易对合并所有者权益变动表的影响后，由母公司合并编制。

（一）母公司对子公司的长期股权投资应当与母公司在子公司所有者权益中所享有的份额相互抵销。

各子公司之间的长期股权投资以及子公司对母公司的长期股权投资，应当比照上述规定，将长期股权投资与其对应的子公司或母公司所有者权益中所享有的份额相互抵销。

（二）母公司对子公司、子公司相互之间持有对方长期股权投资的投资收益应当抵销。

（三）母公司与子公司、子公司相互之间发生的其他内部交易对所有者权益变动的影响应当抵销。

合并所有者权益变动表也可以根据合并资产负债表和合并利润表进行编制。

第三十条　有少数股东的，应当在合并所有者权益变动表中增加"少数股东权益"栏目，反映少数股东权益变动的情况。

第四章　披　露

第三十一条　企业应当在附注中披露下列信息：

（一）子公司的清单，包括企业名称、注册地、业务性质、母公司的持股比例和表决权比例。

（二）母公司直接或通过子公司间接拥有被投资单位表决权不足半数但能对其形成控制的原因。

（三）母公司直接或通过其他子公司间接拥有被投资单位半数以上的表决权但未能对其形成控制的原因。

（四）子公司所采用的与母公司不一致的会计政策，编制合并财务报表的处理方法及其影响。

（五）子公司与母公司不一致的会计期间，编制合并财务报表的处理方法及其影响。

（六）本期增加子公司，按照《企业会计准则第20号——企业合并》的规定进行披露。

（七）本期不再纳入合并范围的原子公司，说明原子公司的名称、注册地、业务性质、母公司的持股比例和表决权比例，本期不再成为子公司的原因，其在处置日和上一会计期间资产负债表日资产、负债和所有者权益的金额以及本期期初至处置日的收入、费用和利润的金额。

（八）子公司向母公司转移资金的能力受到严格限制的情况。

（九）需要在附注中说明的其他事项。

三十五、企业会计准则第34号——每股收益

企业会计准则第34号——每股收益

第一章　总　则

第一条　为了规范每股收益的计算方法及其列报，根据《企业会计准则——基本准则》，制定本准则。

第二条　本准则适用于普通股或潜在普通股已公开交易的企业，以及正处于公开发行普通股或潜在普通股过程中的企业。

潜在普通股，是指赋予其持有者在报告期或以后期间享有取得普通股权利的一种金融工具或其他合

同，包括可转换公司债券、认股权证、股份期权等。

第三条 合并财务报表中，企业应当以合并财务报表为基础计算和列报每股收益。

第二章 基本每股收益

第四条 企业应当按照归属于普通股股东的当期净利润，除以发行在外普通股的加权平均数计算基本每股收益。

第五条 发行在外普通股加权平均数按下列公式计算：

$$\text{发行在外普通股加权平均数}=\text{期初发行在外普通股股数}+\frac{\text{当期新发行普通股股数}\times\text{已发行时间}}{\text{报告期时间}}-\frac{\text{当期回购普通股股数}\times\text{已回购时间}}{\text{报告期时间}}$$

已发行时间、报告期时间和已回购时间一般按照天数计算；在不影响计算结果合理性的前提下，也可以采用简化的计算方法。

第六条 新发行普通股股数，应当根据发行合同的具体条款，从应收对价之日（一般为股票发行日）起计算确定。通常包括下列情况：

（一）为收取现金而发行的普通股股数，从应收现金之日起计算。

（二）因债务转资本而发行的普通股股数，从停计债务利息之日或结算日起计算。

（三）非同一控制下的企业合并，作为对价发行的普通股股数，从购买日起计算；同一控制下的企业合并，作为对价发行的普通股股数，应当计入各列报期间普通股的加权平均数。

（四）为收购非现金资产而发行的普通股股数，从确认收购之日起计算。

第三章 稀释每股收益

第七条 企业存在稀释性潜在普通股的，应当分别调整归属于普通股股东的当期净利润和发行在外普通股的加权平均数，并据以计算稀释每股收益。

稀释性潜在普通股，是指假设当期转换为普通股会减少每股收益的潜在普通股。

第八条 计算稀释每股收益，应当根据下列事项对归属于普通股股东的当期净利润进行调整：

（一）当期已确认为费用的稀释性潜在普通股的利息；

（二）稀释性潜在普通股转换时将产生的收益或费用。

上述调整应当考虑相关的所得税影响。

第九条 计算稀释每股收益时，当期发行在外普通股的加权平均数应当为计算基本每股收益时普通股的加权平均数与假定稀释性潜在普通股转换为已发行普通股而增加的普通股股数的加权平均数之和。

计算稀释性潜在普通股转换为已发行普通股而增加的普通股股数的加权平均数时，以前期间发行的稀释性潜在普通股，应当假设在当期期初转换；当期发行的稀释性潜在普通股，应当假设在发行日转换。

第十条 认股权证和股份期权等的行权价格低于当期普通股平均市场价格时，应当考虑其稀释性。计算稀释每股收益时，增加的普通股股数按下列公式计算：

$$\text{增加的普通股股数}=\text{拟行权时转换的普通股股数}-\frac{\text{行权价格}\times\text{拟行权时转换的普通股股数}}{\text{当期普通股平均市场价格}}$$

第十一条 企业承诺将回购其股份的合同中规定的回购价格高于当期普通股平均市场价格时，应当考虑其稀释性。计算稀释每股收益时，增加的普通股股数按下列公式计算：

$$\text{增加的普通股股数}=\frac{\text{回购价格}\times\text{承诺回购的普通股股数}}{\text{当期普通股平均市场价格}}-\text{承诺回购的普通股股数}$$

第十二条 稀释性潜在普通股应当按照其稀释程度从大到小的顺序计入稀释每股收益，直至稀释每股收益达到最小值。

第四章 列　　报

第十三条 发行在外普通股或潜在普通股的数量因派发股票股利、公积金转增资本、拆股而增加或因并股而减少，但不影响所有者权益金额的，应当按调整后的股数重新计算各列报期间的每股收益。

上述变化发生于资产负债表日至财务报告批准报出日之间的，应当以调整后的股数重新计算各列报期间的每股收益。

按照《企业会计准则第28号——会计政策、会计估计变更和差错更正》的规定对以前年度损益进行追溯调整或追溯重述的，应当重新计算各列报期间的每股收益。

第十四条　企业应当在利润表中单独列示基本每股收益和稀释每股收益。

第十五条　企业应当在附注中披露与每股收益有关的下列信息：

(一) 基本每股收益和稀释每股收益分子、分母的计算过程。

(二) 列报期间不具有稀释性但以后期间很可能具有稀释性的潜在普通股。

(三) 在资产负债表日至财务报告批准报出日之间，企业发行在外普通股或潜在普通股股数发生重大变化的情况。

三十六、企业会计准则第35号——分部报告

企业会计准则第35号——分部报告

第一章　总　　则

第一条　为了规范分部报告的编制和相关信息的披露，根据《企业会计准则——基本准则》，制定本准则。

第二条　企业存在多种经营或跨地区经营的，应当按照本准则规定披露分部信息。但是，法律、行政法规另有规定的除外。

第三条　企业应当以对外提供的财务报表为基础披露分部信息。

对外提供合并财务报表的企业，应当以合并财务报表为基础披露分部信息。

第二章　报告分部的确定

第四条　企业披露分部信息，应当区分业务分部和地区分部。

第五条　业务分部，是指企业内可区分的、能够提供单项或一组相关产品或劳务的组成部分。该组成部分承担了不同于其他组成部分的风险和报酬。

企业在确定业务分部时，应当结合企业内部管理要求，并考虑下列因素：

(一) 各单项产品或劳务的性质，包括产品或劳务的规格、型号、最终用途等；

(二) 生产过程的性质，包括采用劳动密集或资本密集方式组织生产、使用相同或者相似设备和原材料、采用委托生产或加工方式等；

(三) 产品或劳务的客户类型，包括大宗客户、零散客户等；

(四) 销售产品或提供劳务的方式，包括批发、零售、自产自销、委托销售、承包等；

(五) 生产产品或提供劳务受法律、行政法规的影响，包括经营范围或交易定价限制等。

第六条　地区分部，是指企业内可区分的、能够在一个特定的经济环境内提供产品或劳务的组成部分。该组成部分承担了不同于在其他经济环境内提供产品或劳务的组成部分的风险和报酬。

企业在确定地区分部时，应当结合企业内部管理要求，并考虑下列因素：

(一) 所处经济、政治环境的相似性，包括境外经营所在地区经济和政治的稳定程度等；

(二) 在不同地区经营之间的关系，包括在某地区进行产品生产，而在其他地区进行销售等；

(三) 经营的接近程度大小，包括在某地区生产的产品是否需在其他地区进一步加工生产等；

(四) 与某一特定地区经营相关的特别风险，包括气候异常变化等；

(五) 外汇管理规定，即境外经营所在地区是否实行外汇管制；

(六) 外汇风险。

第七条　两个或两个以上的业务分部或地区分部同时满足下列条件的，可以予以合并：

(一) 具有相近的长期财务业绩，包括具有相近的长期平均毛利率、资金回报率、未来现金流量等；

(二) 确定业务分部或地区分部所考虑的因素类似。

第八条　企业应当以业务分部或地区分部为基础确定报告分部。

业务分部或地区分部的大部分收入是对外交易收入，且满足下列条件之一的，应当将其确定为报告分部：

(一) 该分部的分部收入占所有分部收入合计的10%或者以上。

(二) 该分部的分部利润(亏损)的绝对额，占所有盈利分部利润合计额或者所有亏损分部亏损合计额

的绝对额两者中较大者的10%或者以上。

(三) 该分部的分部资产占所有分部资产合计额的10%或者以上。

第九条 业务分部或地区分部未满足本准则第八条规定条件的,可以按照下列规定处理:

(一) 不考虑该分部的规模,直接将其指定为报告分部;

(二) 不将该分部直接指定为报告分部的,可将该分部与一个或一个以上类似的、未满足本准则第八条规定条件的其他分部合并为一个报告分部;

(三) 不将该分部指定为报告分部且不与其他分部合并的,应当在披露分部信息时,将其作为其他项目单独披露。

第十条 报告分部的对外交易收入合计额占合并总收入或企业总收入的比重未达到75%的,应当将其他的分部确定为报告分部(即使它们未满足本准则第八条规定的条件),直到该比重达到75%。

第十一条 企业的内部管理按照垂直一体化经营的不同层次来划分的,即使其大部分收入不通过对外交易取得,仍可将垂直一体化经营的不同层次确定为独立的报告业务分部。

第十二条 对于上期确定为报告分部的,企业本期认为其依然重要,即使本期未满足本准则第八条规定条件的,仍应将其确定为本期的报告分部。

第三章 分部信息的披露

第十三条 企业应当区分主要报告形式和次要报告形式披露分部信息。

(一) 风险和报酬主要受企业的产品和劳务差异影响的,披露分部信息的主要形式应当是业务分部,次要形式是地区分部。

(二) 风险和报酬主要受企业在不同的国家或地区经营活动影响的,披露分部信息的主要形式应当是地区分部,次要形式是业务分部。

(三) 风险和报酬同时较大地受企业产品和劳务的差异以及经营活动所在国家或地区差异影响的,披露分部信息的主要形式应当是业务分部,次要形式是地区分部。

第十四条 对于主要报告形式,企业应当在附注中披露分部收入、分部费用、分部利润(亏损)、分部资产总额和分部负债总额等。

(一) 分部收入,是指可归属于分部的对外交易收入和对其他分部交易收入。分部的对外交易收入和对其他分部交易收入,应当分别披露。

(二) 分部费用,是指可归属于分部的对外交易费用和对其他分部交易费用。分部的折旧费用、摊销费用以及其他重大的非现金费用,应当分别披露。

(三) 分部利润(亏损),是指分部收入减去分部费用后的余额。

在合并利润表中,分部利润(亏损)应当在调整少数股东损益前确定。

(四) 分部资产,是指分部经营活动使用的可归属于该分部的资产,不包括递延所得税资产。

分部资产的披露金额应当按照扣除相关累计折旧或摊销额以及累计减值准备后的金额确定。

披露分部资产总额时,当期发生的在建工程成本总额、购置的固定资产和无形资产的成本总额,应当单独披露。

(五) 分部负债,是指分部经营活动形成的可归属于该分部的负债,不包括递延所得税负债。

第十五条 分部的日常活动是金融性质的,利息收入和利息费用应当作为分部收入和分部费用进行披露。

第十六条 企业披露的分部信息,应当与合并财务报表或企业财务报表中的总额信息相衔接。

分部收入应当与企业的对外交易收入(包括企业对外交易取得的、未包括在任何分部收入中的收入)相衔接;分部利润(亏损)应当与企业营业利润(亏损)和企业净利润(净亏损)相衔接;分部资产总额应当与企业资产总额相衔接;分部负债总额应当与企业负债总额相衔接。

第十七条 分部信息的主要报告形式是业务分部的,应当就次要报告形式披露下列信息:

(一) 对外交易收入占企业对外交易收入总额10%或者以上的地区分部,以外部客户所在地为基础披露对外交易收入。

(二) 分部资产占所有地区分部资产总额10%或者以上的地区分部,以资产所在地为基础披露分部资产总额。

第十八条　分部信息的主要报告形式是地区分部的，应当就次要报告形式披露下列信息：

（一）对外交易收入占企业对外交易收入总额10%或者以上的业务分部，应当披露对外交易收入。

（二）分部资产占所有业务分部资产总额10%或者以上的业务分部，应当披露分部资产总额。

第十九条　分部间转移交易应当以实际交易价格为基础计量。转移价格的确定基础及其变更情况，应当予以披露。

第二十条　企业应当披露分部会计政策，但分部会计政策与合并财务报表或企业财务报表一致的除外。

分部会计政策变更影响重大的，应当按照《企业会计准则第28号——会计政策、会计估计变更和差错更正》进行披露，并提供相关比较数据。提供比较数据不切实可行的，应当说明原因。

企业改变分部的分类且提供比较数据不切实可行的，应当在改变分部分类的年度，分别披露改变前和改变后的报告分部信息。

分部会计政策，是指编制合并财务报表或企业财务报表时采用的会计政策，以及与分部报告特别相关的会计政策。与分部报告特别相关的会计政策包括分部的确定、分部间转移价格的确定方法，以及将收入和费用分配给分部的基础等。

第二十一条　企业在披露分部信息时，应当提供前期比较数据。

但是，提供比较数据不切实可行的除外。

三十七、企业会计准则第36号——关联方披露

企业会计准则第36号——关联方披露

第一章　总　则

第一条　为了规范关联方及其交易的信息披露，根据《企业会计准则——基本准则》，制定本准则。

第二条　企业财务报表中应当披露所有关联方关系及其交易的相关信息。对外提供合并财务报表的，对于已经包括在合并范围内各企业之间的交易不予披露，但应当披露与合并范围外各关联方的关系及其交易。

第二章　关　联　方

第三条　一方控制、共同控制另一方或对另一方施加重大影响，以及两方或两方以上同受一方控制、共同控制或重大影响的，构成关联方。

控制，是指有权决定一个企业的财务和经营政策，并能据以从该企业的经营活动中获取利益。

共同控制，是指按照合同约定对某项经济活动所共有的控制，仅在与该项经济活动相关的重要财务和经营决策需要分享控制权的投资方一致同意时存在。

重大影响，是指对一个企业的财务和经营政策有参与决策的权力，但并不能够控制或者与其他方一起共同控制这些政策的制定。

第四条　下列各方构成企业的关联方：

（一）该企业的母公司。

（二）该企业的子公司。

（三）与该企业受同一母公司控制的其他企业。

（四）对该企业实施共同控制的投资方。

（五）对该企业施加重大影响的投资方。

（六）该企业的合营企业。

（七）该企业的联营企业。

（八）该企业的主要投资者个人及与其关系密切的家庭成员。主要投资者个人，是指能够控制、共同控制一个企业或者对一个企业施加重大影响的个人投资者。

（九）该企业或其母公司的关键管理人员及与其关系密切的家庭成员。关键管理人员，是指有权力并负责计划、指挥和控制企业活动的人员。与主要投资者个人或关键管理人员关系密切的家庭成员，是指在处理与企业的交易时可能影响该个人或受该个人影响的家庭成员。

（十）该企业主要投资者个人、关键管理人员或与其关系密切的家庭成员控制、共同控制或施加重大影响的其他企业。

第五条　仅与企业存在下列关系的各方，不构成企业的关联方：

（一）与该企业发生日常往来的资金提供者、公用事业部门、政府部门和机构。

（二）与该企业发生大量交易而存在经济依存关系的单个客户、供应商、特许商、经销商或代理商。

（三）与该企业共同控制合营企业的合营者。

第六条　仅仅同受国家控制而不存在其他关联方关系的企业，不构成关联方。

第三章　关联方交易

第七条　关联方交易，是指关联方之间转移资源、劳务或义务的行为，而不论是否收取价款。

第八条　关联方交易的类型通常包括下列各项：

（一）购买或销售商品。

（二）购买或销售商品以外的其他资产。

（三）提供或接受劳务。

（四）担保。

（五）提供资金（贷款或股权投资）。

（六）租赁。

（七）代理。

（八）研究与开发项目的转移。

（九）许可协议。

（十）代表企业或由企业代表另一方进行债务结算。

（十一）关键管理人员薪酬。

第四章　披　　露

第九条　企业无论是否发生关联方交易，均应当在附注中披露与母公司和子公司有关的下列信息：

（一）母公司和子公司的名称。

母公司不是该企业最终控制方的，还应当披露最终控制方名称。

母公司和最终控制方均不对外提供财务报表的，还应当披露母公司之上与其最相近的对外提供财务报表的母公司名称。

（二）母公司和子公司的业务性质、注册地、注册资本（或实收资本、股本）及其变化。

（三）母公司对该企业或者该企业对子公司的持股比例和表决权比例。

第十条　企业与关联方发生关联方交易的，应当在附注中披露该关联方关系的性质、交易类型及交易要素。交易要素至少应当包括：

（一）交易的金额。

（二）未结算项目的金额、条款和条件，以及有关提供或取得担保的信息。

（三）未结算应收项目的坏账准备金额。

（四）定价政策。

第十一条　关联方交易应当分别关联方以及交易类型予以披露。

类型相似的关联方交易，在不影响财务报表阅读者正确理解关联方交易对财务报表影响的情况下，可以合并披露。

第十二条　企业只有在提供确凿证据的情况下，才能披露关联方交易是公平交易。

三十八、企业会计准则第 37 号——金融工具列报

企业会计准则第 37 号——金融工具列报

第一章　总　　则

第一条　为了规范金融工具的列报，根据《企业会计准则——基本准则》，制定本准则。

金融工具列报，包括金融工具列示和金融工具披露。

第二条 企业在进行金融工具列报时，应当根据金融工具的特点及相关信息的性质对金融工具进行归类。

第三条 下列各项适用其他相关会计准则：

（一）由《企业会计准则第 2 号——长期股权投资》规范的长期股权投资，适用《企业会计准则第 2 号——长期股权投资》。

（二）由《企业会计准则第 11 号——股份支付》规范的股份支付，适用《企业会计准则第 11 号——股份支付》。

（三）债务重组，适用《企业会计准则第 12 号——债务重组》。

（四）企业合并中合并方的或有对价合同，适用《企业会计准则第 20 号——企业合并》。

（五）租赁的权利和义务，适用《企业会计准则第 21 号——租赁》。

（六）原保险合同的权利和义务，适用《企业会计准则第 25 号——原保险合同》。

（七）再保险合同的权利和义务，适用《企业会计准则第 26 号——再保险合同》。

第四条 本准则不涉及按预定的购买、销售或使用要求所签订，并到期履约买入或卖出非金融项目的合同。但是，能够以现金或其他金融工具净额结算，或通过交换金融工具结算的买入或卖出非金融项目的合同，适用本准则。

第二章 金融工具列示

第五条 企业发行金融工具，应当按照该金融工具的实质，以及金融资产、金融负债和权益工具的定义，在初始确认时将该金融工具或其组成部分确认为金融资产、金融负债或权益工具。

第六条 企业发行的、将来以自身权益工具进行结算的金融工具满足下列条件之一的，应当在初始确认时确认为权益工具：

（一）该金融工具没有包括交付现金或其他金融资产给其他单位的合同义务。

（二）该金融工具没有包括在潜在不利条件下与其他单位交换金融资产或金融负债的合同义务。

第七条 企业发行的、将来须用或可用自身权益工具进行结算的金融工具满足下列条件之一的，应当在初始确认时确认为权益工具：

（一）该金融工具是非衍生工具，且企业没有义务交付非固定数量的自身权益工具进行结算。

（二）该金融工具是衍生工具，且企业只有通过交付固定数量的自身权益工具换取固定数额的现金或其他金融资产进行结算。其中，所指权益工具不包括需要通过收取或交付企业自身权益工具进行结算的合同。

第八条 对于是否通过交付现金、其他金融资产进行结算，需要由发行方和持有方均不能控制的未来不确定事项（如股价指数、消费价格指数变动等）的发生或不发生来确定的金融工具（即附或有结算条款的金融工具），发行方应当将其确认为金融负债。但是，满足下列条件之一的，发行方应当确认为权益工具：

（一）可认定要求以现金、其他金融资产结算的或有结算条款相关的事项不会发生。

（二）只有在发行方发生企业清算的情况下才需以现金、其他金融资产进行结算。

第九条 对于发行方或持有方能选择以现金净额或以发行股份交换现金等方式进行结算的衍生金融工具，发行方应当将其确认为金融资产或金融负债，但所有可供选择的结算方式表明该衍生金融工具应当确认为权益工具的除外。

第十条 企业发行的非衍生金融工具包含负债和权益成份的，应当在初始确认时将负债和权益成份进行分拆，分别进行处理。

在进行分拆时，应当先确定负债成份的公允价值并以此作为其初始确认金额，再按照该金融工具整体的发行价格扣除负债成份初始确认金额后的金额确定权益成份的初始确认金额。发行该非衍生金融工具发生的交易费用，应当在负债成份和权益成份之间按照各自的相对公允价值进行分摊。

第十一条 企业发行权益工具收到的对价扣除交易费用（不涉及企业合并中合并方发行权益工具发生的交易费用）后，应当增加所有者权益；回购自身权益工具支付的对价和交易费用，应当减少所有者权益。企业在发行、回购、出售或注销自身权益工具时，不应当确认利得或损失。

第十二条 金融工具或其组成部分属于金融负债的，其相关利息、利得或损失等，计入当期损益。

企业对权益工具持有方的各种分配（不包括股票股利），应当减少所有者权益。企业不应当确认权益工具的公允价值变动额。

第十三条 金融资产和金融负债应当在资产负债表内分别列示，不得相互抵销。但是，同时满足下列条件的，应当以相互抵销后的净额在资产负债表内列示：

（一）企业具有抵销已确认金额的法定权利，且该种法定权利现在是可执行的；

（二）企业计划以净额结算，或同时变现该金融资产和清偿该金融负债。

不满足终止确认条件的金融资产转移，转出方不得将已转移的金融资产和相关负债进行抵销。

第三章 金融工具披露

第十四条 金融工具披露，是指企业在附注中披露已确认和未确认金融工具的有关信息。

企业所披露的金融工具信息，应当有助于财务报告使用者就金融工具对企业财务状况和经营成果影响的重要程度作出合理评价。

第十五条 企业应当披露编制财务报表时对金融工具所采用的重要会计政策、计量基础等信息，主要包括：

（一）对于指定为以公允价值计量且其变动计入当期损益的金融资产或金融负债，应当披露下列信息：

1. 指定的依据；

2. 指定的金融资产或金融负债的性质；

3. 指定后如何消除或明显减少原来由于该金融资产或金融负债的计量基础不同所导致的相关利得或损失在确认或计量方面不一致的情况，以及是否符合企业正式书面文件载明的风险管理或投资策略的说明。

（二）指定金融资产为可供出售金融资产的条件。

（三）确定金融资产已发生减值的客观依据以及计算确定金融资产减值损失所使用的具体方法。

（四）金融资产和金融负债的利得和损失的计量基础。

（五）金融资产和金融负债终止确认条件。

（六）其他与金融工具相关的会计政策。

第十六条 企业应当披露下列金融资产或金融负债的账面价值：

（一）以公允价值计量且其变动计入当期损益的金融资产；

（二）持有至到期投资；

（三）贷款和应收款项；

（四）可供出售金融资产；

（五）以公允价值计量且其变动计入当期损益的金融负债；

（六）其他金融负债。

第十七条 企业将单项或一组贷款或应收款项指定为以公允价值计量且其变动计入当期损益的金融资产的，应当披露下列信息：

（一）资产负债表日该贷款或应收款项使企业面临的最大信用风险敞口金额，以及相关信用衍生工具或类似工具分散该信用风险的金额。信用风险，是指金融工具的一方不能履行义务，造成另一方发生财务损失的风险。

（二）该贷款或应收款项本期因信用风险变化引起的公允价值变动额和累计变动额，相关信用衍生工具或类似工具本期公允价值变动额以及自该贷款或应收款项指定以来的累计变动额。

第十八条 企业将某项金融负债指定为以公允价值计量且其变动计入当期损益的金融负债的，应当披露下列信息：

（一）该金融负债本期因相关信用风险变化引起的公允价值变动额和累计变动额。

（二）该金融负债的账面价值与到期日按合同约定应支付金额之间的差额。

第十九条 企业将金融资产进行重分类，使该金融资产后续计量基础由成本或摊余成本改为公允价值，或由公允价值改为成本或摊余成本的，应当披露该金融资产重分类前后的公允价值或账面价值和重分类的原因。

第二十条 对于不满足《企业会计准则第 23 号——金融资产转移》规定的金融资产终止确认条件的金融资产转移，企业应当披露下列信息：

(一) 所转移金融资产的性质；

(二) 仍保留的与所有权有关的风险和报酬的性质；

(三) 继续确认所转移金融资产整体的，披露所转移金融资产的账面价值和相关负债的账面价值；

(四) 继续涉入所转移金融资产的，披露所转移金融资产整体的账面价值、继续确认资产的账面价值以及相关负债的账面价值。

第二十一条　企业应当披露与作为担保物的金融资产有关的下列信息：

(一) 本期作为负债或有负债的担保物的金融资产的账面价值。

(二) 与担保物有关的期限和条件。

第二十二条　企业收到的担保物(金融资产或非金融资产)在担保物所有人没有违约时就可以出售或再作为担保物的，应当披露下列信息：

(一) 所持有担保物的公允价值。

(二) 已将收到的担保物出售或再作为担保物的，披露该担保物的公允价值，以及企业是否承担了将担保物退回的义务。

(三) 与担保物使用相关的期限和条件。

第二十三条　企业应当披露每类金融资产减值损失的详细信息，包括前后两期可比的金融资产减值准备期初余额、本期计提数、本期转回数、期末余额之间的调节信息等。

第二十四条　企业应当披露与违约借款有关的下列信息：

(一) 违约(本期没有按合同如期还款的借款本金、利息等)性质及原因。

(二) 资产负债表日违约借款的账面价值。

(三) 在财务报告批准对外报出前，就违约事项已采取的补救措施、与债权人协商将借款展期等情况。

第二十五条　企业应当披露与每类套期保值有关的下列信息：

(一) 套期关系的描述。

(二) 套期工具的描述及其在资产负债表日的公允价值。

(三) 被套期风险的性质。

第二十六条　企业应当披露与现金流量套期有关的下列信息：

(一) 现金流量预期发生及其影响损益的期间。

(二) 以前运用套期会计方法处理但预期不会发生的预期交易的描述。

(三) 本期在所有者权益中确认的金额。

(四) 本期从所有者权益中转出、直接计入当期损益的金额。

(五) 本期从所有者权益中转出、直接计入预期交易形成的非金融资产或非金融负债初始确认金额的金额。

(六) 本期无效套期形成的利得或损失。

第二十七条　对于公允价值套期，企业应当披露本期套期工具形成的利得或损失，以及被套期项目因被套期风险形成的利得或损失。

第二十八条　对于境外经营净投资套期，企业应当披露本期无效套期形成的利得或损失。

第二十九条　除本准则第三十一条的规定外，企业应当按照每类金融资产和金融负债披露下列公允价值信息：

(一) 确定公允价值所采用的方法，包括全部或部分直接参考活跃市场中的报价或采用估值技术等。采用估值技术的，按照各类金融资产或金融负债分别披露相关估值假设，包括提前还款率、预计信用损失率、利率或折现率等。

(二) 公允价值是否全部或部分采用估值技术确定，而该估值技术没有以相同金融工具的当前公开交易价格和易于获得的市场数据作为估值假设。这种估值技术对估值假设具有重大敏感性的，披露这一事实及改变估值假设可能产生的影响，同时披露采用这种估值技术确定的公允价值的本期变动额计入当期损益的数额。

企业在判断估值技术对估值假设是否具有重大敏感性时，应当综合考虑净利润、资产总额、负债总额、所有者权益总额(适用于公允价值变动计入所有者权益的情形)等因素。

金融资产和金融负债的公允价值应当以总额为基础披露(在资产负债表中金融资产和金融负债按净额列示的除外),且披露方式应当有利于财务报告使用者比较金融资产和金融负债的公允价值和账面价值。

第三十条 对于不存在活跃市场的金融资产或金融负债,根据《企业会计准则第22号——金融工具确认和计量》第五十二条(三)的规定,采用更公允的相同金融工具的公开交易价格或估值结果计量的,应当按照金融资产或金融负债的类别披露下列信息:

(一)在损益中确认原实际交易价格与公允价值之间形成的差异所采用的会计政策。

(二)该项差异的期初和期末余额。

第三十一条 企业可以不披露下列金融资产或金融负债的公允价值信息:

(一)其账面价值与公允价值相差很小的短期金融资产或金融负债。

(二)活跃市场中没有报价的权益工具投资,以及与该权益工具挂钩并须通过交付该权益工具结算的衍生工具。

第三十二条 企业应当披露在活跃市场中没有报价的权益工具投资,以及与该权益工具挂钩并须通过交付该权益工具结算的衍生工具有关的下列信息:

(一)因公允价值不能可靠计量而未作相关公允价值披露的事实。

(二)该金融工具的描述、账面价值以及公允价值不能可靠计量的原因。

(三)该金融工具相关市场的描述。

(四)企业是否有意处置该金融工具以及可能的处置方式。

(五)本期已终止确认该金融工具的,应当披露该金融工具终止确认时的账面价值以及终止确认形成的损益。

第三十三条 企业应当披露与金融工具有关的下列收入、费用、利得或损失:

(一)本期以公允价值计量且其变动计入当期损益的金融资产或金融负债、持有至到期投资、贷款和应收款项、可供出售金融资产、按摊余成本计量的金融负债的净利得或净损失。

(二)本期按实际利率法计算确认的金融资产或金融负债利息收入总额或利息费用总额。

(三)下列项目形成的、在确定实际利率时未包括的手续费收入或支出:

1. 以公允价值计量且其变动计入当期损益的金融资产或金融负债以外的金融资产或金融负债;

2. 企业为他人管理信托财产和其他托管行为。

(四)已发生减值的金融资产产生的利息收入。

(五)持有至到期投资、贷款和应收款项、可供出售金融资产本期发生的减值损失。

第三十四条 企业应当披露与各类金融工具风险相关的描述性信息和数量信息。

(一)描述性信息:

1. 风险敞口及其形成原因。

2. 风险管理目标、政策和过程以及计量风险的方法。

上述描述性信息在本期发生改变的,应当作相应说明。

(二)数量信息:

1. 资产负债表日风险敞口总括数据。企业在提供该数据时,应当以内部提供给关键管理人员的相关信息为基础。企业运用多种方法管理风险的,应当说明哪种方法能提供最相关和可靠的信息。

2. 按照本准则第三十五条至第四十五条规定提供的信息。

3. 资产负债表日风险集中信息。风险集中信息应当包括管理层如何确定风险集中点的说明、确定各风险集中点的参考因素(包括交易对手、地理区域、货币种类、市场类型等)、各风险集中点相关的风险敞口金额。

上述数量信息不能代表企业本期风险敞口情况的,应当进一步提供相关信息。

第三十五条 企业应当披露与每类金融工具信用风险有关的下列信息:

(一)在不考虑可利用的担保物或其他信用增级(如不符合相互抵销条件的净额结算协议等)的情况下,最能代表企业资产负债表日最大信用风险敞口的金额,以及可利用担保物或其他信用增级的信息。

(二)尚未逾期和发生减值的金融资产的信用质量信息。

(三)原已逾期或发生减值但相关合同条款已重新商定过的金融资产的账面价值。

第三十六条　最能代表企业资产负债表日最大信用风险敞口的金融资产金额,应当是金融资产的账面余额扣除下列两项金额后的余额:

(一) 按照本准则第十三条规定已抵销的金额;

(二) 已对该金融资产确认的减值损失。

第三十七条　企业应当按照类别披露已逾期或发生减值的金融资产的下列信息:

(一) 资产负债表日已逾期但未减值的金融资产的期限分析。

(二) 资产负债表日单项确定为已发生减值的金融资产信息,以及判断该金融资产发生减值所考虑的因素。

(三) 企业持有的、与各类金融资产对应的担保物和其他信用增级对应的资产及其公允价值。相关公允价值确实难以估计的,应当予以说明。

第三十八条　企业本期因债务人违约而处置担保物或其他信用增级对应的资产所取得的金融资产或非金融资产满足资产确认条件的,应当披露下列信息:

(一) 所取得资产的性质和账面价值。

(二) 这些资产不易转换为现金的,应当披露处置这些资产或拟将其用于日常经营的计划等。

第三十九条　企业应当披露金融资产和金融负债按剩余到期日所作的到期期限分析,以及管理这些金融资产和金融负债流动风险的方法。

流动风险,是指企业在履行与金融负债有关的义务时遇到资金短缺的风险。

第四十条　企业在披露金融资产和金融负债到期期限分析时,应当运用职业判断确定适当的时间段。列入各时间段内的金融资产和金融负债金额,应当是未经折现的合同现金流量。

企业可以但不限于按下列时间段进行到期期限分析:

(一) 一个月以内(含本数,下同);

(二) 一个月至三个月以内;

(三) 三个月至一年以内;

(四) 一年至五年以内;

(五) 五年以上。

第四十一条　债权人可以选择收回债权时间的,债务人应当将相应的金融负债列入债权人要求收回债权的最早时间段内。

债务人应付债务金额不固定的,应当根据资产负债表日的情况确定用于到期期限分析的金额。

债务人承诺分期支付金融负债的,债权人应当把每期将收取的款项列入相应的最早时间段内;债务人应当把每期将支付的款项列入相应的最早时间段内。

债权人吸收的活期存款以及其他具有活期性质的存款,应当列入最早的时间段内。

第四十二条　金融工具的市场风险,是指金融工具的公允价值或未来现金流量因市场价格变动而发生波动的风险,包括外汇风险、利率风险和其他价格风险。

外汇风险,是指金融工具的公允价值或未来现金流量因外汇汇率变动而发生波动的风险。

利率风险,是指金融工具的公允价值或未来现金流量因市场利率变动而发生波动的风险。

其他价格风险,是指外汇风险和利率风险以外的市场风险。

第四十三条　企业应当披露与敏感性分析有关的下列信息:

(一) 资产负债表日所面临的各类市场风险的敏感性分析。该项披露应当反映资产负债表日相关风险变量发生合理、可能的变动时,将对企业当期损益或所有者权益产生的影响。

(二) 本期敏感性分析所使用的方法和假设。该方法和假设与前一期不同的,应当披露发生改变的原因。

第四十四条　企业采用风险价值法或类似方法进行敏感性分析能够反映风险变量之间(如利率和汇率之间等)的关联性,且企业已采用该种方法管理财务风险的,可不按照本准则第四十三条的规定进行披露,但应当披露下列信息:

(一) 用于该种敏感性分析的方法、选用的主要参数和假设。

(二) 所使用方法的目的,以及使用该种方法不能充分反映相关金融资产和金融负债公允价值的可能性。

第四十五条 按照本准则第四十三条或第四十四条对敏感性分析的披露不能反映金融工具内在市场风险的，企业应当披露这一事实及其原因。

三十九、企业会计准则第38号——首次执行企业会计准则

企业会计准则第38号——首次执行企业会计准则

第一章 总 则

第一条 为了规范首次执行企业会计准则对会计要素的确认、计量和财务报表列报，根据《企业会计准则——基本准则》，制定本准则。

第二条 首次执行企业会计准则，是指企业第一次执行企业会计准则体系，包括基本准则、具体准则和会计准则应用指南。

第三条 首次执行企业会计准则后发生的会计政策变更，适用《企业会计准则第28号——会计政策、会计估计变更和差错更正》。

第二章 确认和计量

第四条 在首次执行日，企业应当对所有资产、负债和所有者权益按照企业会计准则的规定进行重新分类、确认和计量，并编制期初资产负债表。

编制期初资产负债表时，除按照本准则第五条至第十九条规定要求追溯调整的项目外，其他项目不应追溯调整。

第五条 对于首次执行日的长期股权投资，应当分别下列情况处理：

（一）根据《企业会计准则第20号——企业合并》属于同一控制下企业合并产生的长期股权投资，尚未摊销完毕的股权投资差额应全额冲销，并调整留存收益，以冲销股权投资差额后的长期股权投资账面余额作为首次执行日的认定成本。

（二）除上述（一）以外的其他采用权益法核算的长期股权投资，存在股权投资贷方差额的，应冲销贷方差额，调整留存收益，并以冲销贷方差额后的长期股权投资账面余额作为首次执行日的认定成本；存在股权投资借方差额的，应当将长期股权投资的账面余额作为首次执行日的认定成本。

第六条 对于有确凿证据表明可以采用公允价值模式计量的投资性房地产，在首次执行日可以按照公允价值进行计量，并将账面价值与公允价值的差额调整留存收益。

第七条 在首次执行日，对于满足预计负债确认条件且该日之前尚未计入资产成本的弃置费用，应当增加该项资产成本，并确认相应的负债；同时，将应补提的折旧（折耗）调整留存收益。

第八条 对于首次执行日存在的解除与职工的劳动关系计划，满足《企业会计准则第9号——职工薪酬》预计负债确认条件的，应当确认因解除与职工的劳动关系给予补偿而产生的负债，并调整留存收益。

第九条 对于企业年金基金在运营中所形成的投资，应当在首次执行日按照公允价值进行计量，并将账面价值与公允价值的差额调整留存收益。

第十条 对于可行权日在首次执行日或之后的股份支付，应当根据《企业会计准则第11号——股份支付》的规定，按照权益工具、其他方服务或承担的以权益工具为基础计算确定的负债的公允价值，将应计入首次执行日之前等待期的成本费用金额调整留存收益，相应增加所有者权益或负债。

首次执行日之前可行权的股份支付，不应追溯调整。

第十一条 在首次执行日，企业应当按照《企业会计准则第13号——或有事项》的规定，将满足预计负债确认条件的重组义务，确认为负债，并调整留存收益。

第十二条 企业应当按照《企业会计准则第18号——所得税》的规定，在首次执行日对资产、负债的账面价值与计税基础不同形成的暂时性差异的所得税影响进行追溯调整，并将影响金额调整留存收益。

第十三条 除下列项目外，对于首次执行日之前发生的企业合并不应追溯调整：

（一）按照《企业会计准则第20号——企业合并》属于同一控制下企业合并，原已确认商誉的摊余价值应当全额冲销，并调整留存收益。

按照该准则的规定属于非同一控制下企业合并的，应当将商誉在首次执行日的摊余价值作为认定成

本，不再进行摊销。

（二）首次执行日之前发生的企业合并，合并合同或协议中约定根据未来事项的发生对合并成本进行调整的，如果首次执行日预计未来事项很可能发生并对合并成本的影响金额能够可靠计量的，应当按照该影响金额调整已确认商誉的账面价值。

（三）企业应当按照《企业会计准则第 8 号——资产减值》的规定，在首次执行日对商誉进行减值测试，发生减值的，应当以计提减值准备后的金额确认，并调整留存收益。

第十四条 在首次执行日，企业应当将所持有的金融资产（不含《企业会计准则第 2 号——长期股权投资》规范的投资），划分为以公允价值计量且其变动计入当期损益的金融资产、持有至到期投资、贷款和应收款项、可供出售金融资产。

（一）划分为以公允价值计量且其变动计入当期损益或可供出售金融资产的，应当在首次执行日按照公允价值计量，并将账面价值与公允价值的差额调整留存收益。

（二）划分为持有至到期投资、贷款和应收款项的，应当自首次执行日起改按实际利率法，在随后的会计期间采用摊余成本计量。

第十五条 对于在首次执行日指定为以公允价值计量且其变动计入当期损益的金融负债，应当在首次执行日按照公允价值计量，并将账面价值与公允价值的差额调整留存收益。

第十六条 对于未在资产负债表内确认、或已按成本计量的衍生金融工具（不包括套期工具），应当在首次执行日按照公允价值计量，同时调整留存收益。

第十七条 对于嵌入衍生金融工具，按照《企业会计准则第 22 号——金融工具确认和计量》规定应从混合工具分拆的，应当在首次执行日将其从混合工具分拆并单独处理，但嵌入衍生金融工具的公允价值难以合理确定的除外。

对于企业发行的包含负债和权益成份的非衍生金融工具，应当按照《企业会计准则第 37 号——金融工具列报》的规定，在首次执行日将负债和权益成份分拆，但负债成份的公允价值难以合理确定的除外。

第十八条 在首次执行日，对于不符合《企业会计准则第 24 号——套期保值》规定的套期会计方法运用条件的套期保值，应当终止采用原套期会计方法，并按照《企业会计准则第 24 号——套期保值》处理。

第十九条 发生再保险分出业务的企业，应当在首次执行日按照《企业会计准则第 26 号——再保险合同》的规定，将应向再保险接受人摊回的相应准备金确认为资产，并调整各项准备金的账面价值。

第三章 列 报

第二十条 在首次执行日后按照企业会计准则编制的首份年度财务报表（以下简称首份年度财务报表）期间，企业应当按照《企业会计准则第 30 号——财务报表列报》和《企业会计准则第 31 号——现金流量表》的规定，编报资产负债表、利润表、现金流量表和所有者权益变动表及附注。

对外提供合并财务报表的，应当遵循《企业会计准则第 33 号——合并财务报表》的规定。

在首份年度财务报表涵盖的期间内对外提供中期财务报告的，应当遵循《企业会计准则第 32 号——中期财务报告》的规定。

企业应当在附注中披露首次执行企业会计准则财务报表项目金额的变动情况。

第二十一条 首份年度财务报表至少应当包括上年度按照企业会计准则列报的比较信息。财务报表项目的列报发生变更的，应当对上年度比较数据按照企业会计准则的列报要求进行调整，但不切实可行的除外。

对于原未纳入合并范围但按照《企业会计准则第 33 号——合并财务报表》规定应纳入合并范围的子公司，在上年度的比较合并财务报表中，企业应当将该子公司纳入合并范围。对于原已纳入合并范围但按照该准则规定不应纳入合并范围的子公司，在上年度的比较合并财务报表中，企业不应将该子公司纳入合并范围。上年度比较合并财务报表中列示的少数股东权益，应当按照该准则的规定，在所有者权益类列示。

应当列示每股收益的企业，比较财务报表中上年度的每股收益按照《企业会计准则第 34 号——每股收益》的规定计算和列示。

应当披露分部信息的企业，比较财务报表中上年度关于分部的信息按照《企业会计准则第 35 号——分部报告》的规定披露。

第七部分　企业会计准则应用指南

一、财政部关于印发《企业会计准则——应用指南》的通知

财政部关于印发《企业会计准则——应用指南》的通知

财会[2006]18号

国务院有关部委，有关直属机构，各省、自治区、直辖市、计划单列市财政厅(局)，新疆生产建设兵团财务局，有关中央管理企业：

根据《企业会计准则——基本准则》(中华人民共和国财政部令第33号)和《财政部知于印发〈企业会计准是第1号——存货〉第38项具体准则的通知》(财会[2006]3号)，我部制定了《企业会计准则——应用指南》，现予印发，自2007年1月1日起在上市公司范围内施行，鼓励其他企业执行。执行《企业会计准则——应用指南》的企业，不再执行现行准则，《企业会计制度》、《金融企业会计制度》、各项专业核算办法和问题解答。

执行中有何问题，请及时反馈我部。

附件：会计准则——应用指南

中华人民共和国财政部
二〇〇六年十月三十日

二、《企业会计准则第1号——存货》应用指南

《企业会计准则第1号——存货》应用指南

一、商品存货的成本

本准则第六条规定，存货的采购成本，包括购买价款、相关税费、运输费、装卸费、保险费以及其他可归属于存货采购成本的费用。

企业(商品流通)在采购商品过程中发生的运输费、装卸费、保险费以及其他可归属于存货采购成本的费用等进货费用，应当计入存货采购成本，也可以先进行归集，期末根据所购商品的存销情况进行分摊。对于已售商品的进货费用，计入当期损益；对于未售商品的进货费用，计入期末存货成本。企业采购商品的进货费用金额较小的，可以在发生时直接计入当期损益。

二、周转材料的处理

周转材料，是指企业能够多次使用、逐渐转移其价值但仍保持原有形态不确认为固定资产的材料，如包装物和低值易耗品，应当采用一次转销法或者五五摊销法进行摊销；企业(建造承包商)的钢模板、木模板、脚手架和其他周转材料等，可以采用一次转销法、五五摊销法或者分次摊销法进行摊销。

三、存货的可变现净值

(一) 可变现净值的特征

可变现净值的特征表现为存货的预计未来净现金流量，而不是存货的售价或合同价。

企业预计的销售存货现金流量，并不完全等于存货的可变现净值。存货在销售过程中可能发生的销售费用和相关税费，以及为达到预定可销售状态还可能发生的加工成本等相关支出，构成现金流入的抵减项目。企业预计的销售存货现金流量，扣除这些抵减项目后，才能确定存货的可变现净值。

(二) 以确凿证据为基础计算确定存货的可变现净值

存货可变现净值的确凿证据，是指对确定存货的可变现净值有直接影响的客观证明，如产成品或商品

的市场销售价格、与产成品或商品相同或类似商品的市场销售价格、销货方提供的有关资料和生产成本资料等。

（三）不同存货可变现净值的确定

1. 产成品、商品和用于出售的材料等直接用于出售的商品存货，在正常生产经营过程中，应当以该存货的估计售价减去估计的销售费用和相关税费后的金额，确定其可变现净值。

2. 需要经过加工的材料存货，在正常生产经营过程中，应当以所生产的产成品的估计售价减去至完工时估计将要发生的成本、估计的销售费用和相关税费后的金额，确定其可变现净值。

3. 资产负债表日，同一项存货中一部分有合同价格约定、其他部分不存在合同价格的，应当分别确定其可变现净值，并与其相对应的成本进行比较，分别确定存货跌价准备的计提或转回的金额。

三、《企业会计准则第 2 号——长期股权投资》应用指南

《企业会计准则第 2 号——长期股权投资》应用指南

一、本准则规范的范围

（一）企业持有的能够对被投资单位实施控制的权益性投资，即对子公司投资。

（二）企业持有的能够与其他合营方一同对被投资单位实施共同控制的权益性投资，即对合营企业投资。

（三）企业持有的能够对被投资单位施加重大影响的权益性投资，即对联营企业投资。

（四）企业对被投资单位不具有控制、共同控制或重大影响，且在活跃市场中没有报价、公允价值不能可靠计量的权益性投资。

除上述情况以外，企业持有的其他权益性投资，应当按照《企业会计准则第 22 号——金融工具确认和计量》的规定处理。

二、长期股权投资的初始投资成本

本准则第四条(三)所称投资者投入的长期股权投资，是指投资者将其持有的对第三方的投资作为出资投入企业形成的长期股权投资。

企业取得长期股权投资，实际支付的价款或对价中包含的已宣告但尚未发放的现金股利或利润，作为应收项目处理，不构成取得长期股权投资的成本。

三、长期股权投资的权益法核算

（一）投资损益的处理

1. 根据本准则第十二条规定，确认投资损益时，应当以取得投资时被投资单位各项可辨认资产等的公允价值为基础，对被投资单位的净利润进行调整后加以确定。比如，以取得投资时被投资单位固定资产、无形资产的公允价值为基础计提的折旧额或摊销额，相对于被投资单位已计提的折旧额、摊销额之间存在差额的，应按其差额对被投资单位净损益进行调整，并按调整后的净损益和持股比例计算确认投资损益。在进行有关调整时，应当考虑具有重要性的项目。

2. 存在下列情况之一的，可以按照被投资单位的账面净损益与持股比例计算确认投资损益，但应当在附注中说明这一事实及其原因。

(1) 无法可靠确定投资时被投资单位各项可辨认资产等的公允价值；

(2) 投资时被投资单位可辨认资产等的公允价值与其账面价值之间的差额较小；

(3) 其他原因导致无法对被投资单位净损益进行调整。

3. 本准则第十一条规定的其他实质上构成对被投资单位净投资的长期权益，通常是指长期应收项目。比如，企业对被投资单位的长期债权，该债权没有明确的清收计划、且在可预见的未来期间不准备收回的，实质上构成对被投资单位的净投资。

在确认应分担被投资单位发生的亏损时，应当按照以下顺序进行处理：

首先，冲减长期股权投资的账面价值。

其次，长期股权投资的账面价值不足以冲减的，应当以其他实质上构成对被投资单位净投资的长期权益账面价值为限继续确认投资损失，冲减长期应收项目等的账面价值。

最后，经过上述处理，按照投资合同或协议约定企业仍承担额外义务的，应按预计承担的义务确认预计负债，计入当期投资损失。

被投资单位以后期间实现盈利的，企业扣除未确认的亏损分担额后，应按与上述相反的顺序处理，减记已确认预计负债的账面余额、恢复其他实质上构成对被投资单位净投资的长期权益及长期股权投资的账面价值，同时确认投资收益。

（二）被投资单位除净损益以外所有者权益其他变动的处理

对于被投资单位除净损益以外所有者权益的其他变动，在持股比例不变的情况下，企业按照持股比例计算应享有或承担的部分，调整长期股权投资的账面价值，同时增加或减少资本公积（其他资本公积）。

四、共同控制经营及共同控制资产

（一）共同控制经营

企业使用本企业的资产或其他经济资源与其他合营方共同进行某项经济活动（该经济活动不构成独立的会计主体），并且按照合同或协议约定对该经济活动实施共同控制的，为共同控制经营。在共同控制经营下，每一合营方归集本企业发生的相关成本费用，同时按照合营合同或协议约定分享合营产生的收入。共同控制经营的合营方，应当按照以下原则进行处理：

1. 确认其所控制的用于共同控制经营的资产及发生的负债。

2. 确认与共同控制经营有关的成本费用及共同控制经营产生收入的份额。

（二）共同控制资产

企业与其他合营方共同投入或出资购买一项或多项资产（有关的资产不构成独立的会计主体），按照合同或协议约定对有关的资产实施共同控制的，为共同控制资产。每一合营方通过其所控制的资产份额享有共同控制资产带来的未来经济利益，按照合同或协议约定分享相关的产出并分担所发生费用。比如，两个企业共同控制一栋出租的房屋，每一合营方均享有该房屋出租收入的一定份额并承担相应的费用。共同控制资产的合营方，应当按照以下原则进行处理：

1. 根据共同控制资产的性质，如固定资产、无形资产等，确认本企业拥有该资产的份额。

2. 确认与其他合营方共同承担的负债中应由本企业负担的部分以及本企业直接承担的与共同控制资产相关的负债。

3. 确认共同控制资产产生的收入中应由本企业享有的部分。

4. 确认与其他合营方共同发生的费用中应由本企业负担的部分以及本企业直接发生的与共同控制资产相关的费用。

四、《企业会计准则第3号——投资性房地产》应用指南

《企业会计准则第3号——投资性房地产》应用指南

一、投资性房地产的范围

根据本准则第二条和第三条规定，投资性房地产是指为赚取租金或资本增值，或两者兼有而持有的房地产，包括已出租的土地使用权、持有并准备增值后转让的土地使用权、已出租的建筑物。

（一）已出租的土地使用权和已出租的建筑物，是指以经营租赁方式出租的土地使用权和建筑物。其中，用于出租的土地使用权是指企业通过出让或转让方式取得的土地使用权；用于出租的建筑物是指企业拥有产权的建筑物。

（二）持有并准备增值后转让的土地使用权，是指企业取得的、准备增值后转让的土地使用权。

按照国家有关规定认定的闲置土地，不属于持有并准备增值后转让的土地使用权。

（三）某项房地产，部分用于赚取租金或资本增值、部分用于生产商品、提供劳务或经营管理，能够单独计量和出售的、用于赚取租金或资本增值的部分，应当确认为投资性房地产；不能够单独计量和出售的、用于赚取租金或资本增值的部分，不确认为投资性房地产。

（四）企业将建筑物出租，按租赁协议向承租人提供的相关辅助服务在整个协议中不重大的，如企业将办公楼出租并向承租人提供保安、维修等辅助服务，应当将该建筑物确认为投资性房地产。

企业拥有并自行经营的旅馆饭店，其经营目的主要是通过提供客房服务赚取服务收入，该旅馆饭店不

确认为投资性房地产。

二、投资性房地产的后续计量

企业通常应当采用成本模式对投资性房地产进行后续计量，也可采用公允价值模式对投资性房地产进行后续计量。但同一企业只能采用一种模式对所有投资性房地产进行后续计量，不得同时采用两种计量模式。

（一）采用成本模式对投资性房地产进行后续计量。

在成本模式下，应当按照《企业会计准则第4号——固定资产》和《企业会计准则第6号——无形资产》的规定，对投资性房地产进行计量，计提折旧或摊销；存在减值迹象的，应当按照《企业会计准则第8号——资产减值》的规定进行处理。

（二）采用公允价值模式对投资性房地产进行后续计量根据本准则第十条规定，只有存在确凿证据表明投资性房地产的公允价值能够持续可靠取得的，才可以采用公允价值模式计量。采用公允价值模式计量的投资性房地产，应当同时满足下列条件：

1. 投资性房地产所在地有活跃的房地产交易市场。

所在地，通常是指投资性房地产所在的城市。对于大中型城市，应当为投资性房地产所在的城区。

2. 企业能够从活跃的房地产交易市场上取得同类或类似房地产的市场价格及其他相关信息，从而对投资性房地产的公允价值作出合理的估计。

同类或类似的房地产，对建筑物而言，是指所处地理位置和地理环境相同、性质相同、结构类型相同或相近、新旧程度相同或相近、可使用状况相同或相近的建筑物；对土地使用权而言，是指同一城区、同一位置区域、所处地理环境相同或相近、可使用状况相同或相近的土地。

三、投资性房地产的转换

（一）转换日的确定：

1. 投资性房地产开始自用，是指投资性房地产转为自用房地产。其转换日为房地产达到自用状态，企业开始将房地产用于生产商品、提供劳务或者经营管理的日期。

2. 作为存货的房地产改为出租，或者自用建筑物、自用土地使用权停止自用改为出租，其转换日为租赁期开始日。

（二）自用房地产或存货转换为采用公允价值模式计量的投资性房地产。

自用房地产或存货转换为采用公允价值模式计量的投资性房地产，该项投资性房地产应当按照转换日的公允价值计量。转换日的公允价值小于原账面价值的，其差额计入当期损益。转换日的公允价值大于原账面价值的，其差额作为资本公积（其他资本公积），计入所有者权益。处置该项投资性房地产时，原计入所有者权益的部分应当转入处置当期损益。

五、《企业会计准则第4号——固定资产》应用指南

《企业会计准则第4号——固定资产》应用指南

一、固定资产的折旧

（一）固定资产应当按月计提折旧，当月增加的固定资产，当月不计提折旧，从下月起计提折旧；当月减少的固定资产，当月仍计提折旧，从下月起不计提折旧。

固定资产提足折旧后，不论能否继续使用，均不再计提折旧；提前报废的固定资产，也不再补提折旧。提足折旧，是指已经提足该项固定资产的应计折旧额。应计折旧额，是指应当计提折旧的固定资产的原价扣除其预计净残值后的金额。已计提减值准备的固定资产，还应当扣除已计提的固定资产减值准备累计金额。

（二）已达到预定可使用状态但尚未办理竣工决算的固定资产，应当按照估计价值确定其成本，并计提折旧；待办理竣工决算后，再按实际成本调整原来的暂估价值，但不需要调整原已计提的折旧额。

二、固定资产的后续支出

固定资产的后续支出是指固定资产在使用过程中发生的更新改造支出、修理费用等。

固定资产的更新改造等后续支出，满足本准则第四条规定确认条件的，应当计入固定资产成本，如有被

替换的部分，应扣除其账面价值；不满足本准则第四条规定确认条件的固定资产修理费用等，应当在发生时计入当期损益。

三、固定资产的弃置费用

弃置费用通常是指根据国家法律和行政法规、国际公约等规定，企业承担的环境保护和生态恢复等义务所确定的支出，如核电站核设施等的弃置和恢复环境义务等。企业应当根据《企业会计准则第13号——或有事项》的规定，按照现值计算确定应计入固定资产成本的金额和相应的预计负债。油气资产的弃置费用，应当按照《企业会计准则第27号——石油天然气开采》及其应用指南的规定处理。

不属于弃置义务的固定资产报废清理费，应当在发生时作为固定资产处置费用处理。

四、备品备件和维修设备

备品备件和维修设备通常确认为存货，但符合固定资产定义和确认条件的，如企业（民用航空运输）的高价周转件等，应当确认为固定资产。

五、经营租入固定资产改良

企业以经营租赁方式租入的固定资产发生的改良支出，应予资本化，作为长期待摊费用，合理进行摊销。

六、《企业会计准则第5号——生物资产》应用指南

《企业会计准则第5号——生物资产》应用指南

一、生物资产与农产品

本准则规范的农业，包括种植业、畜牧养殖业、林业和水产业等。

有生命的动物和植物具有生物转化的能力，这种能力导致生物资产质量或数量发生变化，通常表现为生长、蜕化、生产和繁殖等。生物资产的形态、价值以及产生经济利益的方式，随其出生、成长、衰老、死亡等自然规律和生产经营活动的变化而变化。企业从事农业生产的目的，主要是增强生物资产的生物转化能力，最终获得更多的符合市场需要的农产品。

农产品与生物资产密不可分，当其附在生物资产上时，构成生物资产的一部分。收获的农产品从生物资产这一母体分离开始，不再具有生命和生物转化能力、或者其生命和生物转化能力受到限制，应当作为存货处理，比如，从用材林中采伐的木材、奶牛产出的牛奶、绵羊产出的羊毛、肉猪宰杀后的猪肉、收获后的蔬菜、从果树上采摘的水果等。

二、林木类消耗性生物资产

（一）郁闭通常指林木类消耗性生物资产的郁闭度达0.20以上（含0.20）。郁闭度是指森林中乔木树冠遮蔽地面的程度，是反映林分密度的指标，以林地树冠垂直投影面积与林地面积之比表示，完全覆盖地面为1。

不同林种、不同林分等对郁闭度指标的要求有所不同，比如，生产纤维原料的工业原材料林一般要求郁闭度相对较高；以培育珍贵大径材为主要目标的林木一般要求郁闭度相对较低。企业应当结合历史经验数据和自身实际情况，确定林木类消耗性生物资产的郁闭度及是否达到郁闭。各类林木类消耗性生物资产的郁闭度一经确定，不得随意变更。

（二）郁闭之前的林木类消耗性生物资产处在培植阶段，需要发生较多的造林费、抚育费、营林设施费、良种试验费、调查设计费等相关支出，这些支出应当予以资本化计入林木成本；郁闭之后的林木类消耗性生物资产基本上可以比较稳定地成活，一般只需要发生较少的管护费用，应当计入当期费用。

因择伐、间伐或抚育更新等生产性采伐而进行补植所发生的支出，应当予以资本化。

三、消耗性和生产性生物资产的减值迹象

根据本准则第二十一条规定，企业至少应当于每年年度终了对消耗性和生产性生物资产进行检查，有确凿证据表明生物资产发生减值的，应当计提消耗性生物资产跌价准备或生产性生物资产减值准备。

生物资产存在下列情形之一的，通常表明该生物资产发生了减值：

（一）因遭受火灾、旱灾、水灾、冻灾、台风、冰雹等自然灾害，造成消耗性或生产性生物资产发生实体损

坏，影响该资产的进一步生长或生产，从而降低其产生经济利益的能力。

（二）因遭受病虫害或动物疫病侵袭，造成消耗性或生产性生物资产的市场价格大幅度持续下跌，并且在可预见的未来无回升的希望。

（三）因消费者偏好改变而使企业消耗性或生产性生物资产收获的农产品的市场需求发生变化，导致市场价格逐渐下跌。

（四）因企业所处经营环境，如动植物检验检疫标准等发生重大变化，从而对企业产生不利影响，导致消耗性或生产性生物资产的市场价格逐渐下跌。

（五）其他足以证明消耗性或生产性生物资产实质上已经发生减值的情形。

四、天然起源的生物资产

天然林等天然起源的生物资产，有确凿证据表明企业能够拥有或者控制时，才能予以确认。

企业拥有或控制的天然起源的生物资产，通常并未进行相关的农业生产，如企业从土地、河流湖泊中取得的天然生长的天然林、水生动植物等。

根据本准则第十三条规定，企业应当按照名义金额确定天然起源的生物资产的成本，同时计入当期损益，名义金额为1元。

五、生物资产的后续计量

根据本准则规定，生物资产通常按照成本计量，但有确凿证据表明其公允价值能够持续可靠取得的除外。采用公允价值计量的生物资产，应当同时满足下列两个条件：

一是生物资产有活跃的交易市场。活跃的交易市场，是指同时具有下列特征的市场：(1)市场内交易的对象具有同质性；(2)可以随时找到自愿交易的买方和卖方；(3)市场价格的信息是公开的。

二是能够从交易市场上取得同类或类似生物资产的市场价格及其他相关信息，从而对生物资产的公允价值作出合理估计。同类或类似，是指生物资产的品种相同或类似、质量等级相同或类似、生长时间相同或类似、所处气候和地理环境相同或类似。

七、《企业会计准则第6号——无形资产》应用指南

《企业会计准则第6号——无形资产》应用指南

一、本准则不规范商誉的处理

本准则第三条规定，无形资产是指企业拥有或控制的没有实物形态的可辨认非货币性资产。无形资产主要包括专利权、非专利技术、商标权、著作权、土地使用权、特许权等。商誉的存在无法与企业自身分离，不具有可辨认性，不在本准则规范。

二、研究阶段与开发阶段

本准则将研究开发项目区分为研究阶段与开发阶段。企业应当根据研究与开发的实际情况加以判断。

（一）研究阶段研究阶段是探索性的，为进一步开发活动进行资料及相关方面的准备，已进行的研究活动将来是否会转入开发、开发后是否会形成无形资产等均具有较大的不确定性。

比如，意在获取知识而进行的活动，研究成果或其他知识的应用研究、评价和最终选择，材料、设备、产品、工序、系统或服务替代品的研究，新的或经改进的材料、设备、产品、工序、系统或服务的可能替代品的配制、设计、评价和最终选择等，均属于研究活动。

（二）开发阶段相对于研究阶段而言，开发阶段应当是已完成研究阶段的工作，在很大程度上具备了形成一项新产品或新技术的基本条件。比如，生产前或使用前的原型和模型的设计、建造和测试，不具有商业性生产经济规模的试生产设施的设计、建造和运营等，均属于开发活动。

三、开发支出的资本化

根据本准则第八条和第九条规定，企业内部研究开发项目研究阶段的支出，应当于发生时计入当期损益；开发阶段的支出，同时满足下列条件的，才能确认为无形资产：

（一）完成该无形资产以使其能够使用或出售在技术上具有可行性。

判断无形资产的开发在技术上是否具有可行性，应当以目前阶段的成果为基础，并提供相关证据和材

料，证明企业进行开发所需的技术条件等已经具备，不存在技术上的障碍或其他不确定性。比如，企业已经完成了全部计划、设计和测试活动，这些活动是使资产能够达到设计规划书中的功能、特征和技术所必需的活动，或经过专家鉴定等。

（二）具有完成该无形资产并使用或出售的意图。企业能够说明其开发无形资产的目的。

（三）无形资产产生经济利益的方式。无形资产是否能够为企业带来经济利益，应当对运用该无形资产

生产产品的市场情况进行可靠预计，以证明所生产的产品存在市场并能够带来经济利益，或能够证明市场上存在对该无形资产的需求。

（四）有足够的技术、财务资源和其他资源支持，以完成该无形资产的开发，并有能力使用或出售该无形资产。

企业能够证明可以取得无形资产开发所需的技术、财务和其他资源，以及获得这些资源的相关计划。企业自有资金不足以提供支持的，应能够证明存在外部其他方面的资金支持，如银行等金融机构声明愿意为该无形资产的开发提供所需资金等。

（五）归属于该无形资产开发阶段的支出能够可靠地计量。企业对研究开发的支出应当单独核算，比如，直接发生的研发人员工资、材料费，以及相关设备折旧费等。同时从事多项研究开发活动的，所发生的支出应当按照合理的标准在各项研究开发活动之间进行分配；无法合理分配的，应当计入当期损益。

四、估计无形资产使用寿命应当考虑的相关因素

根据本准则第十七条和第十九条规定，使用寿命有限的无形资产应当摊销，使用寿命不确定的无形资产不予摊销。

（一）企业持有的无形资产，通常来源于合同性权利或其他法定权利，且合同规定或法律规定有明确的使用年限。

来源于合同性权利或其他法定权利的无形资产，其使用寿命不应超过合同性权利或其他法定权利的期限；合同性权利或其他法定权利在到期时因续约等延续、且有证据表明企业续约不需要付出大额成本的，续约期应当计入使用寿命。合同或法律没有规定使用寿命的，企业应当综合各方面因素判断，以确定无形资产能为企业带来经济利益的期限。比如，与同行业的情况进行比较、参考历史经验，或聘请相关专家进行论证等。

按照上述方法仍无法合理确定无形资产为企业带来经济利益期限的，该项无形资产应作为使用寿命不确定的无形资产。

（二）企业确定无形资产使用寿命通常应当考虑的因素。

1. 运用该资产生产的产品通常的寿命周期、可获得的类似资产使用寿命的信息；

2. 技术、工艺等方面的现阶段情况及对未来发展趋势的估计；

3. 以该资产生产的产品或提供服务的市场需求情况；

4. 现在或潜在的竞争者预期采取的行动；

5. 为维持该资产带来经济利益能力的预期维护支出，以及企业预计支付有关支出的能力；

6. 对该资产控制期限的相关法律规定或类似限制，如特许使用期、租赁期等；

7. 与企业持有其他资产使用寿命的关联性等。

五、无形资产的摊销

根据本准则第十七条规定，无形资产的摊销金额一般应当计入当期损益。某项无形资产包含的经济利益通过所生产的产品或其他资产实现的，其摊销金额应当计入相关资产的成本。

六、土地使用权的处理

企业取得的土地使用权通常应确认为无形资产，但改变土地使用权用途，用于赚取租金或资本增值的，应当将其转为投资性房地产。

自行开发建造厂房等建筑物，相关的土地使用权与建筑物应当分别进行处理。外购土地及建筑物支付的价款应当在建筑物与土地使用权之间进行分配；难以合理分配的，应当全部作为固定资产。

企业（房地产开发）取得土地用于建造对外出售的房屋建筑物，相关的土地使用权账面价值应当计入所建造的房屋建筑物成本。

八、《企业会计准则第7号——非货币性资产交换》应用指南

《企业会计准则第7号——非货币性资产交换》应用指南

一、非货币性资产交换的认定

非货币性资产交换是指交易双方通过存货、固定资产、无形资产和长期股权投资等非货币性资产进行的交换，有时也涉及少量货币性资产(即补价)。认定涉及少量货币性资产的交换为非货币性资产交换，通常以补价占整个资产交换金额的比例低于25%作为参考。

支付的货币性资产占换入资产公允价值(或占换出资产公允价值与支付的货币性资产之和)的比例，或者收到的货币性资产占换出资产公允价值(或占换入资产公允价值和收到的货币性资产之和)的比例低于25%的，视为非货币性资产交换，适用本准则；高于25%(含25%)的，视为以货币性资产取得非货币性资产，适用其他相关准则。

二、商业实质的判断

企业应当遵循实质重于形式的要求判断非货币性资产交换是否具有商业实质。根据换入资产的性质和换入企业经营活动的特征等，换入资产与换入企业其他现有资产相结合能够产生更大的效用，从而导致换入企业受该换入资产影响产生的现金流量与换出资产明显不同，表明该项资产交换具有商业实质。

根据本准则第四条规定，满足下列条件之一的非货币性资产交换具有商业实质：

(一) 换入资产的未来现金流量在风险、时间和金额方面与换出资产显著不同。这种情况通常包括下列情形：

1. 未来现金流量的风险、金额相同，时间不同。此种情形是指换入资产和换出资产产生的未来现金流量总额相同，获得这些现金流量的风险相同，但现金流量流入企业的时间明显不同。

2. 未来现金流量的时间、金额相同，风险不同。此种情形是指换入资产和换出资产产生的未来现金流量时间和金额相同，但企业获得现金流量的不确定性程度存在明显差异。

3. 未来现金流量的风险、时间相同，金额不同。此种情形是指换入资产和换出资产产生的未来现金流量总额相同，预计为企业带来现金流量的时间跨度相同，风险也相同，但各年产生的现金流量金额存在明显差异。

(二) 换入资产与换出资产的预计未来现金流量现值不同，且其差额与换入资产和换出资产的公允价值相比是重大的。

这种情况是指换入资产对换入企业的特定价值(即预计未来现金流量现值)与换出资产存在明显差异。本准则所指资产的预计未来现金流量现值，应当按照资产在持续使用过程中和最终处置时所产生的预计税后未来现金流量，根据企业自身而不是市场参与者对资产特定风险的评价，选择恰当的折现率对其进行折现后的金额加以确定。

三、换入资产或换出资产公允价值的可靠计量

符合下列情形之一的，表明换入资产或换出资产的公允价值能够可靠地计量。

(一) 换入资产或换出资产存在活跃市场。对于存在活跃市场的存货、长期股权投资、固定资产、无形资产等非货币性资产，应当以该资产的市场价格为基础确定其公允价值。

(二) 换入资产或换出资产不存在活跃市场、但同类或类似资产存在活跃市场。对于同类或类似资产存在活跃市场的存货、长期股权投资、固定资产、无形资产等非货币性资产，应当以同类或类似资产市场价格为基础确定其公允价值。

(三) 换入资产或换出资产不存在同类或类似资产的可比市场交易，应当采用估值技术确定其公允价值。该公允价值估计数的变动区间很小，或者在公允价值估计数变动区间内，各种用于确定公允价值估计数的概率能够合理确定的，视为公允价值能够可靠计量。

四、非货币性资产交换的会计处理

非货币性资产交换具有商业实质且公允价值能够可靠计量的，在发生补价的情况下，支付补价方，应当以换出资产的公允价值加上支付的补价(或换入资产的公允价值)和应支付的相关税费，作为换入资产的成本；收到补价方，应当以换出资产的公允价值减去补价(或换入资产的公允价值)加上应支付的相关税费，作

为换入资产的成本。

换出资产公允价值与其账面价值的差额，应当分别不同情况处理：

换出资产为存货的，应当作为销售处理，按照《企业会计准则第14号——收入》以其公允价值确认收入，同时结转相应的成本。

换出资产为固定资产、无形资产的，换出资产公允价值与其账面价值的差额，计入营业外收入或营业外支出。

换出资产为长期股权投资的，换出资产公允价值与其账面价值的差额，计入投资损益。

九、《企业会计准则第8号——资产减值》应用指南

《企业会计准则第8号——资产减值》应用指南

一、估计资产可收回金额应当遵循重要性要求

企业应当在资产负债表日判断资产是否存在可能发生减值的迹象。资产存在减值迹象的，应当进行减值测试，估计资产的可收回金额。在估计资产可收回金额时，应当遵循重要性要求。

（一）以前报告期间的计算结果表明，资产可收回金额显著高于其账面价值，之后又没有发生消除这一差异的交易或者事项的，资产负债表日可以不重新估计该资产的可收回金额。

（二）以前报告期间的计算与分析表明，资产可收回金额相对于某种减值迹象反应不敏感，在本报告期间又发生了该减值迹象的，可以不因该减值迹象的出现而重新估计该资产的可收回金额。比如，当期市场利率或市场投资报酬率上升，对计算资产未来现金流量现值采用的折现率影响不大的，可以不重新估计资产的可收回金额。

二、预计资产未来现金流量应当考虑的因素和采用的方法

（一）预计资产未来现金流量应当考虑的主要因素。

1. 预计资产未来现金流量和折现率，应当在一致的基础上考虑因一般通货膨胀而导致物价上涨等因素的影响。如果折现率考虑了这一影响因素，资产预计未来现金流量也应当考虑；折现率没有考虑这一影响因素的，预计未来现金流量则不予考虑。

2. 预计资产未来现金流量，应当分析以前期间现金流量预计数与实际数的差异情况，以评判预计当期现金流量所依据的假设的合理性。通常应当确保当期预计现金流量所依据假设与前期实际结果相一致。

3. 预计资产未来现金流量应当以资产的当前状况为基础，不应包括与将来可能会发生的、尚未作出承诺的重组事项有关或者与资产改良有关的预计未来现金流量。未来发生的现金流出是为了维持资产正常运转或者原定正常产出水平所必需的，预计资产未来现金流量时应当将其考虑在内。

4. 预计在建工程、开发过程中的无形资产等的未来现金流量，应当包括预期为使该资产达到预定可使用或可销售状态而发生的全部现金流出。

5. 资产的未来现金流量受内部转移价格影响的，应当采用在公平交易前提下企业管理层能够达成的最佳价格估计数进行预计。

（二）预计资产未来现金流量的方法预计资产未来现金流量，通常应当根据资产未来期间最有可能产生的现金流量进行预测。采用期望现金流量法更为合理的，应当采用期望现金流量法预计资产未来现金流量。

采用期望现金流量法，资产未来现金流量应当根据每期现金流量期望值进行预计，每期现金流量期望值按照各种可能情况下的现金流量乘以相应的发生概率加总计算。

三、折现率的确定方法

折现率的确定通常应当以该资产的市场利率为依据。无法从市场获得的，可以使用替代利率估计折现率。

替代利率可以根据加权平均资金成本、增量借款利率或者其他相关市场借款利率作适当调整后确定。调整时，应当考虑与资产预计未来现金流量有关的特定风险以及其他有关货币风险和价格风险等。

估计资产未来现金流量现值时，通常应当使用单一的折现率；资产未来现金流量的现值对未来不同期间的风险差异或者利率的期限结构反应敏感的，应当使用不同的折现率。

四、资产组的认定

资产组是企业可以认定的最小资产组合，其产生的现金流入应当基本上独立于其他资产或者资产组。资产组应当由创造现金流入相关的资产组成。

（一）认定资产组最关键的因素是该资产组能否独立产生现金流入。企业的某一生产线、营业网点、业务部门等，如果能够独立于其他部门或者单位等形成收入、产生现金流入，或者其形成的收入和现金流入绝大部分独立于其他部门或者单位、且属于可认定的最小资产组合的，通常应将该生产线、营业网点、业务部门等认定为一个资产组。

几项资产的组合生产的产品（或者其他产出）存在活跃市场的，无论这些产品（或者其他产出）是用于对外出售还是仅供企业内部使用，均表明这几项资产的组合能够独立产生现金流入，应当将这些资产的组合认定为资产组。

（二）企业对生产经营活动的管理或者监控方式、以及对资产使用或者处置的决策方式等，也是认定资产组应考虑的重要因素。

比如，某服装企业有童装、西装、衬衫三个工厂，每个工厂在核算、考核和管理等方面都相对独立，在这种情况下，每个工厂通常为一个资产组。

再如，某家具制造商有A车间和B车间，A车间专门生产家具部件（该家具部件不存在活跃市场），生产完后由B车间负责组装，该企业对A车间和B车间资产的使用和处置等决策是一体的，在这种情况下，A车间和B车间通常应当认定为一个资产组。

五、存在少数股东权益情况下的商誉减值测试

根据《企业会计准则第20号——企业合并》的规定，在合并财务报表中反映的商誉，不包括子公司归属于少数股东权益的商誉。但对相关的资产组（或者资产组组合，下同）进行减值测试时，应当将归属于少数股东权益的商誉包括在内，调整资产组的账面价值，然后根据调整后的资产组账面价值与其可收回金额进行比较，以确定资产组（包括商誉）是否发生了减值。

上述资产组发生减值的，应当按照本准则第二十二条规定进行处理，但由于根据上述步骤计算的商誉减值损失包括了应由少数股东权益承担的部分，应当将该损失在可归属于母公司和少数股东权益之间按比例进行分摊，以确认归属于母公司的商誉减值损失。

十、企业会计准则第9号——职工薪酬》应用指南

《企业会计准则第9号——职工薪酬》应用指南

一、职工薪酬的范围

本准则将企业因获得职工提供服务而给予职工的各种形式的报酬或对价，全部纳入职工薪酬的范围。由《企业会计准则第11号——股份支付》规范的对职工的股份支付，也属于职工薪酬。

（一）职工，是指与企业订立劳动合同的所有人员，含全职、兼职和临时职工；也包括虽未与企业订立劳动合同但由企业正式任命的人员，如董事会成员、监事会成员等。

在企业的计划和控制下，虽未与企业订立劳动合同或未由其正式任命，但为其提供与职工类似服务的人员，也纳入职工范畴，如劳务用工合同人员。

（二）职工薪酬，包括企业为职工在职期间和离职后提供的全部货币性薪酬和非货币性福利。提供给职工配偶、子女或其他被赡养人的福利等，也属于职工薪酬。

（三）养老保险费，包括根据国家规定的标准向社会保险经办机构缴纳的基本养老保险费，以及根据企业年金计划向企业年金基金相关管理人缴纳的补充养老保险费。

以购买商业保险形式提供给职工的各种保险待遇，也属于职工薪酬。

（四）非货币性福利，包括企业以自产产品发放给职工作为福利、将企业拥有的资产无偿提供给职工使用、为职工无偿提供医疗保健服务等。

二、职工薪酬的确认和计量

在职工为企业提供服务的会计期间，企业应根据职工提供服务的受益对象，将应确认的职工薪酬（包括货币性薪酬和非货币性福利）计入相关资产成本或当期损益，同时确认为应付职工薪酬，但解除劳动关系补

偿(下称"辞退福利")除外。

(一) 计量应付职工薪酬时,国家规定了计提基础和计提比例的,应当按照国家规定的标准计提。比如,应向社会保险经办机构等缴纳的医疗保险费、养老保险费(包括根据企业年金计划向企业年金基金相关管理人缴纳的补充养老保险费)、失业保险费、工伤保险费、生育保险费等社会保险费,应向住房公积金管理机构缴存的住房公积金,以及工会经费和职工教育经费等。

没有规定计提基础和计提比例的,企业应当根据历史经验数据和实际情况,合理预计当期应付职工薪酬。当期实际发生金额大于预计金额的,应当补提应付职工薪酬;当期实际发生金额小于预计金额的,应当冲回多提的应付职工薪酬。

对于在职工提供服务的会计期末以后一年以上到期的应付职工薪酬,企业应当选择恰当的折现率,以应付职工薪酬折现后的金额计入相关资产成本或当期损益;应付职工薪酬金额与其折现后金额相差不大的,也可按照未折现金额计入相关资产成本或当期损益。

(二) 企业以其自产产品作为非货币性福利发放给职工的,应当根据受益对象,按照该产品的公允价值,计入相关资产成本或当期损益,同时确认应付职工薪酬。

将企业拥有的房屋等资产无偿提供给职工使用的,应当根据受益对象,将该住房每期应计提的折旧计入相关资产成本或当期损益,同时确认应付职工薪酬。租赁住房等资产供职工无偿使用的,应当根据受益对象,将每期应付的租金计入相关资产成本或当期损益,并确认应付职工薪酬。难以认定受益对象的非货币性福利,直接计入当期损益和应付职工薪酬。

三、辞退福利

(一) 辞退福利包括:(1)职工劳动合同到期前,不论职工本人是否愿意,企业决定解除与职工的劳动关系而给予的补偿;(2)职工劳动合同到期前,为鼓励职工自愿接受裁减而给予的补偿,职工有权选择继续在职或接受补偿离职。

辞退福利通常采取在解除劳动关系时一次性支付补偿的方式,也有通过提高退休后养老金或其他离职后福利的标准,或者将职工工资支付至辞退后未来某一期间的方式。

(二) 满足本准则第六条确认条件的解除劳动关系计划或自愿裁减建议的辞退福利应当计入当期管理费用,并确认应付职工薪酬。

正式的辞退计划或建议应当经过批准。辞退工作一般应当在一年内实施完毕,但因付款程序等原因使部分款项推迟至一年后支付的,视为符合应付职工薪酬的确认条件。

(三) 企业应当根据本准则和《企业会计准则第 13 号——或有事项》的规定,严格按照辞退计划条款的规定,合理预计并确认辞退福利产生的应付职工薪酬。对于职工没有选择权的辞退计划,应当根据辞退计划条款规定的拟解除劳动关系的职工数量、每一职位的辞退补偿标准等,计提应付职工薪酬。

企业对于自愿接受裁减的建议,应当预计将会接受裁减建议的职工数量,根据预计的职工数量和每一职位的辞退补偿标准等,按照《企业会计准则第 13 号——或有事项》规定,计提应付职工薪酬。

符合本准则规定的应付职工薪酬确认条件、实质性辞退工作在一年内完成、但付款时间超过一年的辞退福利,企业应当选择恰当的折现率,以折现后的金额计量应付职工薪酬。

十一、《企业会计准则第 10 号——企业年金基金》应用指南

《企业会计准则第 10 号——企业年金基金》应用指南

一、企业年金基金是独立的会计主体

本准则第二条规定,企业年金基金是指根据依法制定的企业年金计划筹集的资金及其投资运营收益形成的企业补充养老保险基金。

企业年金是指企业及其职工在依法参加基本养老保险的基础上,自愿建立的补充养老保险制度。企业年金基金由企业缴费、职工个人缴费和企业年金基金投资运营收益组成,实行完全积累,采用个人账户方式进行管理。企业缴费属于职工薪酬的范围,适用《企业会计准则第 9 号——职工薪酬》。

企业年金基金作为一种信托财产,独立于委托人、受托人、账户管理人、托管人、投资管理人等的固有资产及其他资产,应当存入企业年金基金专户,作为独立的会计主体进行确认、计量和列报。

二、企业年金基金管理各方当事人

企业年金基金管理各方当事人包括：委托人、受托人、账户管理人、托管人、投资管理人和中介服务机构等。

（一）委托人，是指设立企业年金基金的企业及其职工。委托人应当与受托人签订书面合同。

（二）受托人，是指受托管理企业年金基金的企业年金理事会或符合国家规定的养老金管理公司等法人受托机构。受托人根据信托合同，负责编报企业年金基金财务报表等。受托人是编报企业年金基金财务报表的法定责任人。

（三）账户管理人，是指受托管理企业年金基金账户的专业机构。账户管理人根据账户管理合同负责建立企业年金基金的企业账户和个人账户，记录企业缴费、职工个人缴费以及企业年金基金投资运营收益情况，计算企业年金待遇，提供账户查询和报告活动等。

（四）托管人，是指受托保管企业年金基金财产的商业银行或专业机构。托管人根据托管合同负责企业年金基金会计处理和估值，复核、审查投资管理人计算的基金财产净值，定期向受托人提交企业年金基金财务报表等。

（五）投资管理人，是指受托管理企业年金基金投资的专业机构。投资管理人根据投资管理合同负责对企业年金基金财产进行投资，及时与托管人核对企业年金基金会计处理和估值结果等。

（六）中介服务机构，是指为企业年金基金管理提供服务的投资顾问公司、信用评估公司、精算咨询公司、会计师事务所、律师事务所等。

三、企业年金基金的投资

企业年金基金投资运营应当遵循谨慎、分散风险的原则，充分考虑企业年金基金财产的安全性和流动性。企业年金基金应当严格按照国家相关规定进行投资。

根据本准则第六条规定，企业年金基金投资公允价值的确定，适用《企业会计准则第 22 号——金融工具确认和计量》。

初始取得投资时，应当以交易日支付的价款（不含支付的价款中所包含的、已到付息期但尚未领取的利息或已宣告但尚未发放的现金股利）计入投资的成本。发生的交易费用及相关税费直接计入当期损益。支付的价款中所包含的、已到付息期但尚未领取的利息或已宣告但尚未发放的现金股利，分别计入应收利息或应收股利。

投资持有期间被投资单位宣告发放的现金股利，或资产负债表日按债券票面利率计算的利息收入，应确认为投资收益。

企业年金基金的投资应当按日估值，或至少按周进行估值。估值日对投资进行估值时，应当以估值日的公允价值计量，公允价值与上一估值日公允价值的差额，计入当期损益（公允价值变动损益）。

投资处置时，应在交易日按照卖出投资所取得的价款与其账面价值（买入价）的差额，确定为投资损益。

四、企业年金基金投资管理风险准备金补亏

企业年金基金按规定向投资管理人支付的管理费，应当按照应付的金额计入当期损益（投资管理人管理费），同时确认为负债（应付投资管理人管理费）。企业年金基金取得投资管理人风险准备金补亏时，应当按照收到或应收的金额计入其他收入。

五、企业年金基金的账务处理和财务报表的编报

（一）受托人、托管人、投资管理人应当参照《企业会计准则——应用指南》（会计科目和主要账务处理）设置相应会计科目和账簿，对企业年金基金发生的交易或者事项进行会计处理。

（二）企业年金基金财务报表包括资产负债表、净资产变动表和附注。

受托人应当按照本准则的规定，定期向委托人、受益人等提交企业年金基金财务报表。

托管人应当按照本准则的规定，定期向受托人提交企业年金基金财务报表。

（三）企业年金基金财务报表附注，除按本准则第二十条的规定进行披露外，还应当披露以下内容：

（1）财务报表的编制基础。

（2）重要会计政策和会计估计变更及差错更正的说明。

（3）报表重要项目的说明，包括：货币资金、买入返售证券、债券投资、基金投资、股票投资、其他投资、卖出回购证券款、收取企业缴费、收取职工个人缴费、个人账户转入、支付受益人待遇、个人账户转出等。

（4）企业年金基金净收入，包括本期收入、本期费用的构成。

（5）资产负债表日后事项、关联方关系及其交易的说明等。

（6）企业年金基金投资组合情况、风险管理政策等。

十二、《企业会计准则第11号——股份支付》应用指南

《企业会计准则第11号——股份支付》应用指南

一、股份支付的含义

本准则第二条规定，股份支付是指企业为获取职工和其他方提供服务而授予权益工具或者承担以权益工具为基础确定的负债的交易。

企业授予职工期权、认股权证等衍生工具或其他权益工具，对职工进行激励或补偿，以换取职工提供的服务，实质上属于职工薪酬的组成部分，但由于股份支付是以权益工具的公允价值为计量基础，因此由本准则进行规范。

二、股份支付的处理

股份支付的确认和计量，应当以真实、完整、有效的股份支付协议为基础。

（一）授予日除了立即可行权的股份支付外，无论权益结算的股份支付或者现金结算的股份支付，企业在授予日都不进行会计处理。

授予日是指股份支付协议获得批准的日期。其中“获得批准”，是指企业与职工或其他方就股份支付的协议条款和条件已达成一致，该协议获得股东大会或类似机构的批准。

（二）等待期内的每个资产负债表日股份支付在授予后通常不可立即行权，一般需要在职工或其他方履行一定期限的服务或在企业达到一定业绩条件之后才可行权。

业绩条件分为市场条件和非市场条件。市场条件是指行权价格、可行权条件以及行权可能性与权益工具的市场价格相关的业绩条件，如股份支付协议中关于股价至少上升至何种水平才可行权的规定。非市场条件是指除市场条件之外的其他业绩条件，如股份支付协议中关于达到最低盈利目标或销售目标才可行权的规定。

等待期长度确定后，业绩条件为非市场条件的，如果后续信息表明需要调整等待期长度，应对前期确定的等待期长度进行修改；业绩条件为市场条件的，不应因此改变等待期长度。对于可行权条件为业绩条件的股份支付，在确定权益工具的公允价值时，应考虑市场条件的影响，只要职工满足了其他所有非市场条件，企业就应当确认已取得的服务。

1. 等待期内每个资产负债表日，企业应将取得的职工提供的服务计入成本费用，计入成本费用的金额应当按照权益工具的公允价值计量。

对于权益结算的涉及职工的股份支付，应当按照授予日权益工具的公允价值计入成本费用和资本公积（其他资本公积），不确认其后续公允价值变动；对于现金结算的涉及职工的股份支付，应当按照每个资产负债表日权益工具的公允价值重新计量，确定成本费用和应付职工薪酬。

对于授予的存在活跃市场的期权等权益工具，应当按照活跃市场中的报价确定其公允价值。对于授予的不存在活跃市场的期权等权益工具，应当采用期权定价模型等确定其公允价值，选用的期权定价模型至少应当考虑以下因素：(1)期权的行权价格；(2)期权的有效期；(3)标的股份的现行价格；(4)股价预计波动率；(5)股份的预计股利；(6)期权有效期内的无风险利率。

2. 等待期内每个资产负债表日，企业应当根据最新取得的可行权职工人数变动等后续信息作出最佳估计，修正预计可行权的权益工具数量。在可行权日，最终预计可行权权益工具的数量应当与实际可行权数量一致。

根据上述权益工具的公允价值和预计可行权的权益工具数量，计算截至当期累计应确认的成本费用金额，再减去前期累计已确认金额，作为当期应确认的成本费用金额。

（三）可行权日之后。

1. 对于权益结算的股份支付，在可行权日之后不再对已确认的成本费用和所有者权益总额进行调整。企业应在行权日根据行权情况，确认股本和股本溢价，同时结转等待期内确认的资本公积（其他资本公积）。

2. 对于现金结算的股份支付，企业在可行权日之后不再确认成本费用，负债(应付职工薪酬)公允价值的变动应当计入当期损益(公允价值变动损益)。

三、回购股份进行职工期权激励

企业以回购股份形式奖励本企业职工的，属于权益结算的股份支付，应当进行以下处理：

(一) 回购股份。

企业回购股份时，应当按照回购股份的全部支出作为库存股处理，同时进行备查登记。

(二) 确认成本费用。

按照本准则对职工权益结算股份支付的规定，企业应当在等待期内每个资产负债表日按照权益工具在授予日的公允价值，将取得的职工服务计入成本费用，同时增加资本公积(其他资本公积)。

(三) 职工行权。

企业应于职工行权购买本企业股份收到价款时，转销交付职工的库存股成本和等待期内资本公积(其他资本公积)累计金额，同时，按照其差额调整资本公积(股本溢价)。

十三、《企业会计准则第12号——债务重组》应用指南

《企业会计准则第12号——债务重组》应用指南

一、债务重组的特征

本准则第二条规定，债务重组是指在债务人发生财务困难的情况下，债权人按照其与债务人达成的协议或者法院的裁定作出让步的事项。

债务人发生财务困难，是指因债务人出现资金周转困难、经营陷入困境或者其他原因，导致其无法或者没有能力按原定条件偿还债务。

债权人作出让步，是指债权人同意发生财务困难的债务人现在或者将来以低于重组债务账面价值的金额或者价值偿还债务。债权人作出让步的情形主要包括：债权人减免债务人部分债务本金或者利息，降低债务人应付债务的利率等。

二、用以清偿债务的非现金资产公允价值的计量

债务重组采用非现金资产清偿债务的，非现金资产的公允价值应当按照下列规定进行计量：

(一) 非现金资产属于企业持有的股票、债券、基金等金融资产的，应当按照《企业会计准则第22号——金融工具确认和计量》的规定确定其公允价值。

(二) 非现金资产属于存货、固定资产、无形资产等其他资产且存在活跃市场的，应当以其市场价格为基础确定其公允价值；不存在活跃市场但与其类似资产存在活跃市场的，应当以类似资产的市场价格为基础确定其公允价值；采用上述两种方法仍不能确定非现金资产公允价值的，应当采用估值技术等合理的方法确定其公允价值。

三、债务重组的会计处理

(一) 债务人的处理。

债务人应当将重组债务的账面价值超过清偿债务的现金、非现金资产的公允价值、所转股份的公允价值、或者重组后债务账面价值之间的差额，在满足《企业会计准则第22号——金融工具确认和计量》所规定的金融负债终止确认条件时，将其终止确认，计入营业外收入(债务重组利得)。

非现金资产公允价值与账面价值的差额，应当分别不同情况进行处理：

非现金资产为存货的，应当作为销售处理，按照《企业会计准则第14号——收入》的规定，以其公允价值确认收入，同时结转相应的成本。

非现金资产为固定资产、无形资产的，其公允价值和账面价值的差额，计入营业外收入或营业外支出。

非现金资产为长期股权投资的，其公允价值和账面价值的差额，计入投资损益。

(二) 债权人的处理。

债权人应当将重组债权的账面余额与受让资产的公允价值、所转股份的公允价值、或者重组后债权的账面价值之间的差额，在满足《企业会计准则第22号——金融工具确认和计量》所规定的金融资产终止确认条件时，将其终止确认，计入营业外支出(债务重组损失)等。

重组债权已计提减值准备的，应当先将上述差额冲减已计提的减值准备，冲减后仍有损失的，计入营业外支出（债务重组损失）；冲减后减值准备仍有余额的，应予转回并抵减当期资产减值损失。

债权人收到存货、固定资产、无形资产、长期股权投资等非现金资产的，应当以其公允价值入账。

四、修改其他债务条件涉及或有应付金额

根据本准则第七条规定，以修改其他债务条件进行债务重组涉及或有应付金额，且该或有应付金额符合《企业会计准则第 13 号——或有事项》中有关预计负债确认条件的，债务人应将该或有应付金额确认为预计负债。比如，债务重组协议规定，债务人在债务重组后一定期间内，其业绩改善到一定程度或者符合一定要求（如扭亏为盈、摆脱财务困境等），应向债权人额外支付一定款项，当债务人承担的或有应付金额符合预计负债确认条件时，应当将该或有应付金额确认为预计负债。

上述或有应付金额在随后会计期间没有发生的，企业应当冲销已确认的预计负债，同时确认营业外收入。

十四、《企业会计准则第 13 号——或有事项》应用指南

《企业会计准则第 13 号——或有事项》应用指南

一、或有事项的特征

本准则第二条规定，或有事项是指过去的交易或者事项形成的，其结果须由某些未来事项的发生或不发生才能决定的不确定事项。

（一）由过去交易或事项形成，是指或有事项的现存状况是过去交易或事项引起的客观存在。

比如，未决诉讼虽然是正在进行中的诉讼，但该诉讼是企业因过去的经济行为导致起诉其他单位或被其他单位起诉。这是现存的一种状况而不是未来将要发生的事项。未来可能发生的自然灾害、交通事故、经营亏损等，不属于或有事项。

（二）结果具有不确定性，是指或有事项的结果是否发生具有不确定性，或者或有事项的结果预计将会发生，但发生的具体时间或金额具有不确定性。

比如，债务担保事项的担保方到期是否承担和履行连带责任，需要根据债务到期时被担保方能否按时还款加以确定。这一事项的结果在担保协议达成时具有不确定性。

（三）由未来事项决定，是指或有事项的结果只能由未来不确定事项的发生或不发生才能决定。

比如，债务担保事项只有在被担保方到期无力还款时企业（担保方）才履行连带责任。

常见的或有事项主要包括：未决诉讼或仲裁、债务担保、产品质量保证（含产品安全保证）、承诺、亏损合同、重组义务、环境污染整治等。

二、或有事项相关义务确认为预计负债的条件

本准则第四条规定了或有事项相关义务确认为预计负债应当同时满足的条件：

（一）该义务是企业承担的现时义务。企业没有其他现实的选择，只能履行该义务，如法律要求企业必须履行、有关各方合理预期企业应当履行等。

（二）履行该义务很可能导致经济利益流出企业，通常是指履行与或有事项相关的现时义务时，导致经济利益流出企业的可能性超过 50%。

履行或有事项相关义务导致经济利益流出的可能性，通常按照下列情况加以判断：

结果的可能性	对应的概率区间
基本确定	大于 95%但小于 100%
很可能	大于 50%但小于或等于 95%
可能	大于 5%但小于或等于 50%
极小可能	大于 0 但小于或等于 5%

（三）该义务的金额能够可靠地计量。企业计量预计负债金额时，通常应当考虑下列情况：

1. 充分考虑与或有事项有关的风险和不确定性，在此基础上按照最佳估计数确定预计负债的金额。

2. 预计负债的金额通常等于未来应支付的金额，但未来应支付金额与其现值相差较大的，如油气井及相关设施或核电站的弃置费用等，应当按照未来应支付金额的现值确定。

3. 有确凿证据表明相关未来事项将会发生的，如未来技术进步、相关法规出台等，确定预计负债金额时应考虑相关未来事项的影响。

4. 确定预计负债的金额不应考虑预期处置相关资产形成的利得。

三、亏损合同的相关义务确认为预计负债

根据本准则第八条规定，待执行合同变成亏损合同的，该亏损合同产生的义务满足预计负债确认条件的，应当确认为预计负债。在履行合同义务过程中，发生的成本预期将超过与合同相关的未来流入经济利益的，待执行合同即变成了亏损合同。

企业与其他方签订的尚未履行或部分履行了同等义务的合同，如商品买卖合同、劳务合同、租赁合同等，均属于待执行合同。待执行合同不属于本准则规范的内容，但待执行合同变成亏损合同的，应当作为本准则规范的或有事项。

待执行合同变成亏损合同时，有合同标的资产的，应当先对标的资产进行减值测试并按规定确认减值损失，如预计亏损超过该减值损失，应将超过部分确认为预计负债；无合同标的资产的，亏损合同相关义务满足预计负债确认条件时，应当确认为预计负债。

四、重组事项

本准则第十条规定，重组是指企业制定和控制的，将显著改变企业组织形式、经营范围或经营方式的计划实施行为。属于重组的事项主要包括：

（一）出售或终止企业的部分经营业务。

（二）对企业的组织结构进行较大调整。

（三）关闭企业的部分营业场所，或将营业活动由一个国家或地区迁移到其他国家或地区。

十五、《企业会计准则第 14 号——收入》应用指南

《企业会计准则第 14 号——收入》应用指南

一、日常活动的认定

本准则第二条规定，收入是指企业在日常活动中形成的、会导致所有者权益增加的、与所有者投入资本无关的经济利益的总流入。其中“日常活动”，是指企业为完成其经营目标所从事的经常性活动以及与之相关的活动。

比如，工业企业制造并销售产品、商品流通企业销售商品、保险公司签发保单、咨询公司提供咨询服务、软件企业为客户开发软件、安装公司提供安装服务、商业银行对外贷款、租赁公司出租资产等，均属于企业为完成其经营目标所从事的经常性活动，由此产生的经济利益的总流入构成收入。

工业企业转让无形资产使用权、出售不需用原材料等，属于与经常性活动相关的活动，由此产生的经济利益的总流入也构成收入。

企业处置固定资产、无形资产等活动，不是企业为完成其经营目标所从事的经常性活动，也不属于与经常性活动相关的活动，由此产生的经济利益的总流入不构成收入，应当确认为营业外收入。

二、商品所有权上主要风险和报酬转移的判断

根据本准则第四条规定，企业已将商品所有权上的主要风险和报酬转移给购货方，构成确认销售商品收入的重要条件。

（一）企业已将商品所有权上的主要风险和报酬转移给购货方，是指与商品所有权有关的主要风险和报酬同时转移。与商品所有权有关的风险，是指商品可能发生减值或毁损等形成的损失；与商品所有权有关的报酬，是指商品价值增值或通过使用商品等产生的经济利益。

（二）判断企业是否已将商品所有权上的主要风险和报酬转移给购货方，应当关注交易的实质，并结合所有权凭证的转移进行判断。

通常情况下，转移商品所有权凭证并交付实物后，商品所有权上的主要风险和报酬随之转移，如大多数零售商品。某些情况下，转移商品所有权凭证但未交付实物，商品所有权上的主要风险和报酬随之转移，企

业只保留了次要风险和报酬，如交款提货方式销售商品。有时，已交付实物但未转移商品所有权凭证，商品所有权上的主要风险和报酬未随之转移，如采用支付手续费方式委托代销的商品。

三、销售商品收入金额的计量

根据本准则第五条规定，企业销售商品满足收入确认条件时，应当按照已收或应收合同或协议价款的公允价值确定销售商品收入金额。

从购货方已收或应收的合同或协议价款，通常为公允价值。某些情况下，合同或协议明确规定销售商品需要延期收取价款，如分期收款销售商品，实质上具有融资性质的，应当按照应收的合同或协议价款的现值确定其公允价值。应收的合同或协议价款与其公允价值之间的差额，应当在合同或协议期间内，按照应收款项的摊余成本和实际利率计算确定的摊销金额，冲减财务费用。

四、销售商品收入确认条件的具体应用

（一）下列商品销售，通常按规定的时点确认为收入，有证据表明不满足收入确认条件的除外：

1. 销售商品采用托收承付方式的，在办妥托收手续时确认收入。

2. 销售商品采用预收款方式的，在发出商品时确认收入，预收的货款应确认为负债。

3. 销售商品需要安装和检验的，在购买方接受商品以及安装和检验完毕前，不确认收入，待安装和检验完毕时确认收入。如果安装程序比较简单，可在发出商品时确认收入。

4. 销售商品采用以旧换新方式的，销售的商品应当按照销售商品收入确认条件确认收入，回收的商品作为购进商品处理。

5. 销售商品采用支付手续费方式委托代销的，在收到代销清单时确认收入。

（二）采用售后回购方式销售商品的，收到的款项应确认为负债；回购价格大于原售价的，差额应在回购期间按期计提利息，计入财务费用。有确凿证据表明售后回购交易满足销售商品收入确认条件的，销售的商品按售价确认收入，回购的商品作为购进商品处理。

（三）采用售后租回方式销售商品的，收到的款项应确认为负债；售价与资产账面价值之间的差额，应当采用合理的方法进行分摊，作为折旧费用或租金费用的调整。有确凿证据表明认定为经营租赁的售后租回交易是按照公允价值达成的，销售的商品按售价确认收入，并按账面价值结转成本。

五、提供劳务收入确认条件的具体应用

下列提供劳务满足收入确认条件的，应按规定确认收入：

（一）安装费，在资产负债表日根据安装的完工进度确认收入。安装工作是商品销售附带条件的，安装费在确认商品销售实现时确认收入。

（二）宣传媒介的收费，在相关的广告或商业行为开始出现于公众面前时确认收入。广告的制作费，在资产负债表日根据制作广告的完工进度确认收入。

（三）为特定客户开发软件的收费，在资产负债表日根据开发的完工进度确认收入。

（四）包括在商品售价内可区分的服务费，在提供服务的期间内分期确认收入。

（五）艺术表演、招待宴会和其他特殊活动的收费，在相关活动发生时确认收入。收费涉及几项活动的，预收的款项应合理分配给每项活动，分别确认收入。

（六）申请入会费和会员费只允许取得会籍，所有其他服务或商品都要另行收费的，在款项收回不存在重大不确定性时确认收入。申请入会费和会员费能使会员在会员期内得到各种服务或商品，或者以低于非会员的价格销售商品或提供服务的，在整个受益期内分期确认收入。

（七）属于提供设备和其他有形资产的特许权费，在交付资产或转移资产所有权时确认收入；属于提供初始及后续服务的特许权费，在提供服务时确认收入。

（八）长期为客户提供重复的劳务收取的劳务费，在相关劳务活动发生时确认收入。

十六、《企业会计准则第16号——政府补助》应用指南

《企业会计准则第16号——政府补助》应用指南

一、政府补助的特征

本准则第二条规定，政府补助是指企业从政府无偿取得货币性资产或非货币性资产，但不包括政府作

为企业所有者投入的资本。政府包括各级政府及其所属机构，国际类似组织也在此范围之内。

（一）政府补助是无偿的、有条件的。

政府向企业提供补助具有无偿性的特点。政府并不因此而享有企业的所有权，企业未来也不需要以提供服务、转让资产等方式偿还。

政府补助通常附有一定的条件，主要包括：(1)政策条件。企业只有符合政府补助政策的规定，才有资格申请政府补助。符合政策规定不一定都能够取得政府补助；不符合政策规定、不具备申请政府补助资格的，不能取得政府补助。(2)使用条件。企业已获批准取得政府补助的，应当按照政府规定的用途使用。

（二）政府资本性投入不属于政府补助。

政府以投资者身份向企业投入资本，享有企业相应的所有权，企业有义务向投资者分配利润，政府与企业之间是投资者与被投资者的关系。政府拨入的投资补助等专项拨款中，国家相关文件规定作为"资本公积"处理的，也属于资本性投入的性质。政府的资本性投入无论采用何种形式，均不属于政府补助。

二、政府补助的主要形式

政府补助表现为政府向企业转移资产，通常为货币性资产，也可能为非货币性资产。政府补助主要有以下形式：

（一）财政拨款。财政拨款是政府无偿拨付给企业的资金，通常在拨款时明确规定了资金用途。

比如，财政部门拨付给企业用于购建固定资产或进行技术改造的专项资金，鼓励企业安置职工就业而给予的奖励款项，拨付企业的粮食定额补贴，拨付企业开展研发活动的研发经费等，均属于财政拨款。

（二）财政贴息。财政贴息是政府为支持特定领域或区域发展，根据国家宏观经济形势和政策目标，对承贷企业的银行贷款利息给予的补贴。

财政贴息主要有两种方式：(1)财政将贴息资金直接拨付给受益企业；(2)财政将贴息资金拨付给贷款银行，由贷款银行以政策性优惠利率向企业提供贷款，受益企业按照实际发生的利率计算和确认利息费用。

（三）税收返还。税收返还是政府按照国家有关规定采取先征后返(退)、即征即退等办法向企业返还的税款，属于以税收优惠形式给予的一种政府补助。增值税出口退税不属于政府补助。

除税收返还外，税收优惠还包括直接减征、免征、增加计税抵扣额、抵免部分税额等形式。这类税收优惠并未直接向企业无偿提供资产，不作为本准则规范的政府补助。

（四）无偿划拨非货币性资产。比如，行政划拨土地使用权、天然起源的天然林等。

三、政府补助的确认

本准则第三条规定，政府补助分为与资产相关的政府补助和与收益相关的政府补助。

（一）与资产相关的政府补助。与资产相关的政府补助，是指企业取得的、用于购建或以其他方式形成长期资产的政府补助。

企业取得与资产相关的政府补助，不能直接确认为当期损益，应当确认为递延收益，自相关资产达到预定可使用状态时起，在该资产使用寿命内平均分配，分次计入以后各期的损益(营业外收入)。

相关资产在使用寿命结束前被出售、转让、报废或发生毁损的，应将尚未分配的递延收益余额一次性转入资产处置当期的损益(营业外收入)。

（二）与收益相关的政府补助。与收益相关的政府补助，是指除与资产相关的政府补助之外的政府补助。

与收益相关的政府补助，用于补偿企业以后期间的相关费用或损失的，取得时确认为递延收益，在确认相关费用的期间计入当期损益(营业外收入)；用于补偿企业已发生的相关费用或损失的，取得时直接计入当期损益(营业外收入)。

四、政府补助的计量

（一）货币性资产形式的政府补助。根据本准则第六条规定，企业取得的各种政府补助为货币性资产的，如通过银行转账等方式拨付的补助，通常按照实际收到的金额计量；存在确凿证据表明该项补助是按照固定的定额标准拨付的，如按照实际销量或储备量与单位补贴定额计算的补助等，可以按照应收的金额计量。

（二）非货币性资产形式的政府补助。

本准则第六条规定，政府补助为非货币性资产的，应当按照公允价值计量；公允价值不能可靠取得的，按照名义金额计量。

政府补助为非货币性资产的，如该资产附带有关文件、协议、发票、报关单等凭证注明的价值与公允价值差异不大的，应当以有关凭证中注明的价值作为公允价值；如没有注明价值或注明价值与公允价值差异较大、但有活跃市场的，应当根据有确凿证据表明的同类或类似资产市场价格作为公允价值；如没有注明价值、且没有活跃市场、不能可靠取得公允价值的，应当按照名义金额计量，名义金额为1元。

十七、《企业会计准则第17号——借款费用》应用指南

《企业会计准则第17号——借款费用》应用指南

一、符合借款费用资本化条件的存货

根据本准则规定，企业借款购建或者生产的存货中，符合借款费用资本化条件的，应当将符合资本化条件的借款费用予以资本化。

符合借款费用资本化条件的存货，主要包括企业(房地产开发)开发的用于对外出售的房地产开发产品、企业制造的用于对外出售的大型机械设备等。这类存货通常需要经过相当长时间的建造或者生产过程，才能达到预定可销售状态。其中"相当长时间"，是指为资产的购建或者生产所必需的时间，通常为1年以上(含1年)。

二、借款利息费用资本化金额的确定

(一) 专门借款利息费用的资本化金额

本准则第六条(一)规定，为购建或者生产符合资本化条件的资产而借入专门借款的，应当以专门借款当期实际发生的利息费用，减去将尚未动用的借款资金存入银行取得的利息收入或者进行暂时性投资取得的投资收益后的金额，确定为专门借款利息费用的资本化金额，并应当在资本化期间内，将其计入符合资本化条件的资产成本。

专门借款应当有明确的专门用途，即为购建或者生产某项符合资本化条件的资产而专门借入的款项，通常应有标明专门用途的借款合同。

(二) 一般借款利息费用的资本化金额一般借款是指除专门借款以外的其他借款

根据本准则第六条(二)规定，在借款费用资本化期间内，为购建或者生产符合资本化条件的资产占用了一般借款的，一般借款应予资本化的利息金额应当按照下列公式计算：

$$\begin{array}{c}\text{一般借款利息}\\\text{费用资本化金额}\end{array}=\begin{array}{c}\text{累计资产支出超过专门借款}\\\text{部分的资产支出加权平均数}\end{array}\times\begin{array}{c}\text{所占用一般借}\\\text{款的资本化率}\end{array}$$

$$\begin{array}{c}\text{所占用一般借}\\\text{款的资本化率}\end{array}=\begin{array}{c}\text{所占用一般借款}\\\text{加权平均利率}\end{array}=\frac{\text{所占用一般借款当期实际发生的利息之和}}{\text{所占用一般借款本金加权平均数}}$$

$$\begin{array}{c}\text{所占用一般借款}\\\text{本金加权平均数}\end{array}=\sum\left(\begin{array}{c}\text{所占用每笔一}\\\text{般借款本金}\end{array}\times\begin{array}{c}\text{每笔一般借款在}\\\text{当期所占用的天数}\end{array}\Big/\text{当期天数}\right)$$

三、借款辅助费用的处理

本准则第十条规定，专门借款发生的辅助费用，在所购建或者生产的符合资本化条件的资产达到预定可使用或者可销售状态之前，应当在发生时根据其发生额予以资本化，计入符合资本化条件的资产的成本；在所购建或者生产的符合资本化条件的资产达到预定可使用或者可销售状态之后，应当在发生时根据其发生额确认为费用，计入当期损益。上述资本化或计入当期损益的辅助费用的发生额，是指根据《企业会计准则第22号——金融工具确认和计量》，按照实际利率法所确定的金融负债交易费用对每期利息费用的调整额。借款实际利率与合同利率差异较小的，也可以采用合同利率计算确定利息费用。

一般借款发生的辅助费用，也应当按照上述原则确定其发生额并进行处理。

四、借款费用资本化的暂停

根据本准则第十一条规定，符合资本化条件的资产在购建或者生产过程中发生非正常中断、且中断时间连续超过3个月的，应当暂停借款费用的资本化。正常中断期间的借款费用应当继续资本化。

非正常中断，通常是由于企业管理决策上的原因或者其他不可预见的原因等所导致的中断。比如，企业因与施工方发生了质量纠纷，或者工程、生产用料没有及时供应，或者资金周转发生了困难，或者施工、生产发生了安全事故，或者发生了与资产购建、生产有关的劳动纠纷等原因，导致资产购建或者生产活动发生

中断，均属于非正常中断。

非正常中断与正常中断显著不同。正常中断通常仅限于因购建或者生产符合资本化条件的资产达到预定可使用或者可销售状态所必要的程序，或者事先可预见的不可抗力因素导致的中断。比如，某些工程建造到一定阶段必须暂停下来进行质量或者安全检查，检查通过后才可继续下一阶段的建造工作，这类中断是在施工前可以预见的，而且是工程建造必须经过的程序，属于正常中断。

某些地区的工程在建造过程中，由于可预见的不可抗力因素（如雨季或冰冻季节等原因）导致施工出现停顿，也属于正常中断。比如，某企业在北方某地建造某工程期间，正遇冰冻季节，工程施工因此中断，待冰冻季节过后方能继续施工。由于该地区在施工期间出现较长时间的冰冻为正常情况，由此导致的施工中断是可预见的不可抗力因素导致的中断，属于正常中断。

十八、《企业会计准则第18号——所得税》应用指南

《企业会计准则第18号——所得税》应用指南

一、资产、负债的计税基础

资产的账面价值大于其计税基础或者负债的账面价值小于其计税基础的，产生应纳税暂时性差异；资产的账面价值小于其计税基础或者负债的账面价值大于其计税基础的，产生可抵扣暂时性差异。

（一）资产的计税基础

本准则第五条规定，资产的计税基础是指企业收回资产账面价值过程中，计算应纳税所得额时按照税法规定可以自应税经济利益中抵扣的金额。

通常情况下，资产在取得时其入账价值与计税基础是相同的，后续计量过程中因企业会计准则规定与税法规定不同，可能产生资产的账面价值与其计税基础的差异。

比如，交易性金融资产的公允价值变动。按照企业会计准则规定，交易性金融资产期末应以公允价值计量，公允价值的变动计入当期损益。如果按照税法规定，交易性金融资产在持有期间公允价值变动不计入应纳税所得额，即其计税基础保持不变，则产生了交易性金融资产的账面价值与计税基础之间的差异。假定某企业持有一项交易性金融资产，成本为1 000万元，期末公允价值为1 500万元，如计税基础仍维持1 000万元不变，该计税基础与其账面价值之间的差额500万元即为应纳税暂时性差异。

（二）负债的计税基础

本准则第六条规定，负债的计税基础是指负债的账面价值减去未来期间计算应纳税所得额时按照税法规定可予抵扣的金额。

短期借款、应付票据、应付账款等负债的确认和偿还，通常不会对当期损益和应纳税所得额产生影响，其计税基础即为账面价值。但在某些情况下，负债的确认可能会影响损益，并影响不同期间的应纳税所得额，使其计税基础与账面价值之间产生差额。比如，上述企业因某事项在当期确认了100万元负债，计入当期损益。假定按照税法规定，与确认该负债相关的费用，在实际发生时准予税前扣除，该负债的计税基础为零，其账面价值与计税基础之间形成可抵扣暂时性差异。

企业应于资产负债表日，分析比较资产、负债的账面价值与其计税基础，两者之间存在差异的，确认递延所得税资产、递延所得税负债及相应的递延所得税费用（或收益）。企业合并等特殊交易或事项中取得的资产和负债，应于购买日比较其入账价值与计税基础，按照本准则规定计算确认相关的递延所得税资产或递延所得税负债。

二、递延所得税资产和递延所得税负债

资产负债表日，企业应当按照暂时性差异与适用所得税税率计算的结果，确认递延所得税负债、递延所得税资产以及相应的递延所得税费用（或收益），本准则第十一条至第十三条规定不确认递延所得税负债或递延所得税资产的情况除外。沿用上述举例，假定该企业适用的所得税税率为33%，递延所得税资产和递延所得税负债不存在期初余额，对于交易性金融资产产生的500万元应纳税暂时性差异，应确认165万元递延所得税负债；对于负债产生的100万元可抵扣暂时性差异，应确认33万元递延所得税资产。

确认由可抵扣暂时性差异产生的递延所得税资产，应当以未来期间很可能取得用以抵扣可抵扣暂时性差异的应纳税所得额为限。企业在确定未来期间很可能取得的应纳税所得额时，应当包括未来期间正常生

产经营活动实现的应纳税所得额，以及在可抵扣暂时性差异转回期间因应纳税暂时性差异的转回而增加的应纳税所得额，并应提供相关的证据。

三、所得税费用的确认和计量

企业在计算确定当期所得税(即当期应交所得税)以及递延所得税费用(或收益)的基础上，应将两者之和确认为利润表中的所得税费用(或收益)，但不包括直接计入所有者权益的交易或事项的所得税影响。即：

所得税费用(或收益)＝当期所得税＋递延所得税费用(－递延所得税收益)

仍沿用上述举例，该企业12月31日资产负债表中有关项目账面价值及其计税基础如下：

××企业 单位：万元

	项 目	账面价值	计税基础	暂时性差异	
				应纳税暂时性差异	可抵扣暂时性差异
1	交易性金融资产	1 500	1 000	500	
2	负债	100	0		100
	合 计			500	100

假定除上述项目外，该企业其他资产、负债的账面价值与其计税基础不存在差异，也不存在可抵扣亏损和税款抵减；该企业当期按照税法规定计算确定的应交所得税为600万元；该企业预计在未来期间能够产生足够的应纳税所得额用以抵扣可抵扣暂时性差异。

该企业计算确认的递延所得税负债、递延所得税资产、递延所得税费用以及所得税费用如下：

递延所得税负债＝500×33%＝165(万元)

递延所得税资产＝100×33%＝33(万元)

递延所得税费用＝165－33＝132(万元)

当期所得税费用＝600(万元)

所得税费用＝600＋132＝732(万元)

四、递延所得税的特殊处理

(一)直接计入所有者权益的交易或事项产生的递延所得税

根据本准则第二十二条规定，直接计入所有者权益的交易或事项，如可供出售金融资产公允价值的变动，相关资产、负债的账面价值与计税基础之间形成暂时性差异的，应当按照本准则规定确认递延所得税资产或递延所得税负债，计入资本公积(其他资本公积)。

(二)企业合并中产生的递延所得税

由于企业会计准则规定与税法规定对企业合并的处理不同，可能会造成企业合并中取得资产、负债的入账价值与其计税基础的差异。比如非同一控制下企业合并产生的应纳税暂时性差异或可抵扣暂时性差异，在确认递延所得税负债或递延所得税资产的同时，相关的递延所得税费用(或收益)，通常应调整企业合并中所确认的商誉。

(三)按照税法规定允许用以后年度所得弥补的可抵扣亏损以及可结转以后年度的税款抵减，比照可抵扣暂时性差异的原则处理。

十九、《企业会计准则第19号——外币折算》应用指南

《企业会计准则第19号——外币折算》应用指南

一、即期汇率和即期汇率的近似汇率

根据本准则规定，企业在处理外币交易和对外币财务报表进行折算时，应当采用交易发生日的即期汇率将外币金额折算为记账本位币金额反映；也可以采用按照系统合理的方法确定的、与交易发生日即期汇率近似的汇率折算。

即期汇率，通常是指中国人民银行公布的当日人民币外汇牌价的中间价。企业发生的外币兑换业务或涉及外币兑换的交易或事项，应当按照交易实际采用的汇率（即银行买入价或卖出价）折算。

即期汇率的近似汇率，是指按照系统合理的方法确定的、与交易发生日即期汇率近似的汇率，通常采用当期平均汇率或加权平均汇率等。

企业通常应当采用即期汇率进行折算。汇率变动不大的，也可以采用即期汇率的近似汇率进行折算。

二、汇兑差额的处理

根据本准则第十一条规定，在资产负债表日，企业应当分别外币货币性项目和外币非货币性项目进行会计处理。

（一）外币货币性项目

货币性项目，是指企业持有的货币资金和将以固定或可确定的金额收取的资产或者偿付的负债。

货币性项目分为货币性资产和货币性负债。货币性资产包括库存现金、银行存款、应收账款、其他应收款、长期应收款等；货币性负债包括短期借款、应付账款、其他应付款、长期借款、应付债券、长期应付款等。

对于外币货币性项目，因结算或采用资产负债表日的即期汇率折算而产生的汇兑差额，计入当期损益，同时调增或调减外币货币性项目的记账本位币金额。

（二）外币非货币性项目

非货币性项目，是指货币性项目以外的项目，包括存货、长期股权投资、固定资产、无形资产等。

1. 以历史成本计量的外币非货币性项目，由于已在交易发生日按当日即期汇率折算，资产负债表日不应改变其原记账本位币金额，不产生汇兑差额。

2. 以公允价值计量的外币非货币性项目，如交易性金融资产（股票、基金等），采用公允价值确定日的即期汇率折算，折算后的记账本位币金额与原记账本位币金额的差额，作为公允价值变动（含汇率变动）处理，计入当期损益。

（三）外币投入资本

企业收到投资者以外币投入的资本，应当采用交易发生日即期汇率折算，不得采用合同约定汇率和即期汇率的近似汇率折算，外币投入资本与相应的货币性项目的记账本位币金额之间不产生外币资本折算差额。

（四）实质上构成对境外经营净投资的外币货币性项目企业编制合并财务报表涉及境外经营的，如有实质上构成对境外经营净投资的外币货币性项目，因汇率变动而产生的汇兑差额，应列入所有者权益“外币报表折算差额”项目；处置境外经营时，计入处置当期损益。

三、分账制记账方法

对于外币交易频繁、外币币种较多的金融企业，也可以采用分账制记账方法进行日常核算。资产负债表日，应当按照本准则第十一条的规定对相应的外币账户余额分别货币性项目和非货币性项目进行调整。

采用分账制记账方法，其产生的汇兑差额的处理结果，应当与统账制一致。

四、境外经营处于恶性通货膨胀经济的判断

本准则第十三条规定了处于恶性通货膨胀经济中的境外经营的财务报表的折算。恶性通货膨胀经济通常按照以下特征进行判断：

（一）最近3年累计通货膨胀率接近或超过100%；

（二）利率、工资和物价与物价指数挂钩；

（三）公众不是以当地货币、而是以相对稳定的外币为单位作为衡量货币金额的基础；

（四）公众倾向于以非货币性资产或相对稳定的外币来保存自己的财富，持有的当地货币立即用于投资以保持购买力；

（五）即使信用期限很短，赊销、赊购交易仍按补偿信用期预计购买力损失的价格成交。

二十、《企业会计准则第20号——企业合并》应用指南

《企业会计准则第20号——企业合并》应用指南

一、企业合并的方式

（一）控股合并。合并方（或购买方）在企业合并中取得对被合并方（或被购买方）的控制权，被合并方

(或被购买方)在合并后仍保持其独立的法人资格并继续经营,合并方(或购买方)确认企业合并形成的对被合并方(或被购买方)的投资。

(二) 吸收合并。合并方(或购买方)通过企业合并取得被合并方(或被购买方)的全部净资产,合并后注销被合并方(或被购买方)的法人资格,被合并方(或被购买方)原持有的资产、负债,在合并后成为合并方(或购买方)的资产、负债。

(三) 新设合并。参与合并的各方在合并后法人资格均被注销,重新注册成立一家新的企业。

二、合并日或购买日的确定

企业应当在合并日或购买日确认因企业合并取得的资产、负债。按照本准则第五条和第十条规定,合并日或购买日是指合并方或购买方实际取得对被合并方或被购买方控制权的日期,即被合并方或被购买方的净资产或生产经营决策的控制权转移给合并方或购买方的日期。

同时满足下列条件的,通常可认为实现了控制权的转移:

(一) 企业合并合同或协议已获股东大会等通过。

(二) 企业合并事项需要经过国家有关主管部门审批的,已获得批准。

(三) 参与合并各方已办理了必要的财产权转移手续。

(四) 合并方或购买方已支付了合并价款的大部分(一般应超过50%),并且有能力、有计划支付剩余款项。

(五) 合并方或购买方实际上已经控制了被合并方或被购买方的财务和经营政策,并享有相应的利益、承担相应的风险。

三、同一控制下的企业合并

根据本准则第五条规定,参与合并的企业在合并前后均受同一方或相同的多方最终控制且该控制并非暂时性的,为同一控制下的企业合并。同一方,是指对参与合并的企业在合并前后均实施最终控制的投资者。

相同的多方,通常是指根据投资者之间的协议约定,在对被投资单位的生产经营决策行使表决权时发表一致意见的两个或两个以上的投资者。

控制并非暂时性,是指参与合并的各方在合并前后较长的时间内受同一方或相同的多方最终控制。较长的时间通常指1年以上(含1年)。

同一控制下企业合并的判断,应当遵循实质重于形式要求。

四、非同一控制下的企业合并

(一) 非同一控制下的吸收合并,购买方在购买日应当按照合并中取得的被购买方各项可辨认资产、负债的公允价值确定其入账价值,确定的企业合并成本与取得被购买方可辨认净资产公允价值的差额,应确认为商誉或计入当期损益。

(二) 非同一控制下的控股合并,母公司在购买日编制合并资产负债表时,对于被购买方可辨认资产、负债应当按照合并中确定的公允价值列示,企业合并成本大于合并中取得的被购买方可辨认净资产公允价值份额的差额,确认为合并资产负债表中的商誉。企业合并成本小于合并中取得的被购买方可辨认净资产公允价值份额的差额,在购买日合并资产负债表中调整盈余公积和未分配利润。

非同一控制下的企业合并形成母子公司关系的,母公司应自购买日起设置备查簿,登记其在购买日取得的被购买方可辨认资产、负债的公允价值,为以后期间编制合并财务报表提供基础资料。

(三) 分步实现的企业合并。根据本准则第十一条(二)规定,通过多次交换交易分步实现的企业合并,合并成本为每一单项交易成本之和。购买方在购买日,应当按照以下步骤进行处理:

1. 将原持有的对被购买方的投资账面价值调整恢复至最初取得成本,相应调整留存收益等所有者权益项目。

2. 比较每一单项交易的成本与交易时应享有被投资单位可辨认净资产公允价值的份额,确定每一单项交易中应予确认的商誉金额(或应予确认损益的金额)。

3. 购买方在购买日确认的商誉(或计入损益的金额)应为每一单项交易产生的商誉(或应予确认损益的金额)之和。

4. 被购买方在购买日与原交易日之间可辨认净资产公允价值的变动相对于原持股比例的部分,属于被购买方在交易日至购买日之间实现留存收益的,相应调整留存收益,差额调整资本公积。

(四)购买方应当按照以下规定确定合并中取得的被购买方各项可辨认资产、负债及或有负债的公允价值：

1. 货币资金，按照购买日被购买方的账面余额确定。

2. 有活跃市场的股票、债券、基金等金融工具，按照购买日活跃市场中的市场价格确定。

3. 应收款项，其中的短期应收款项，一般按照应收取的金额作为其公允价值；长期应收款项，应按适当的利率折现后的现值确定其公允价值。在确定应收款项的公允价值时，应考虑发生坏账的可能性及相关收款费用。

4. 存货，对其中的产成品和商品按其估计售价减去估计的销售费用、相关税费以及购买方出售类似产成品或商品估计可能实现的利润确定；在产品按完工产品的估计售价减去至完工仍将发生的成本、估计的销售费用、相关税费以及基于同类或类似产成品的基础上估计出售可能实现的利润确定；原材料按现行重置成本确定。

5. 不存在活跃市场的金融工具如权益性投资等，应当参照《企业会计准则第22号——金融工具确认和计量》的规定，采用估值技术确定其公允价值。

6. 房屋建筑物、机器设备、无形资产，存在活跃市场的，应以购买日的市场价格为基础确定其公允价值；不存在活跃市场，但同类或类似资产存在活跃市场的，应参照同类或类似资产的市场价格确定其公允价值；同类或类似资产也不存在活跃市场的，应采用估值技术确定其公允价值。

7. 应付账款、应付票据、应付职工薪酬、应付债券、长期应付款，其中的短期负债，一般按照应支付的金额确定其公允价值；长期负债，应按适当的折现率折现后的现值作为其公允价值。

8. 取得的被购买方的或有负债，其公允价值在购买日能够可靠计量的，应确认为预计负债。此项负债应当按照假定第三方愿意代购买方承担，就其所承担义务需要购买方支付的金额作为其公允价值。

9. 递延所得税资产和递延所得税负债，取得的被购买方各项可辨认资产、负债及或有负债的公允价值与其计税基础之间存在差额的，应当按照《企业会计准则第18号——所得税》的规定确认相应的递延所得税资产或递延所得税负债，所确认的递延所得税资产或递延所得税负债的金额不应折现。

五、业务合并

本准则第三条规定，涉及业务的合并比照本准则规定处理。业务是指企业内部某些生产经营活动或资产的组合，该组合一般具有投入、加工处理过程和产出能力，能够独立计算其成本费用或所产生的收入，但不构成独立法人资格的部分。比如，企业的分公司、不具有独立法人资格的分部等。

二十一、《企业会计准则第21号——租赁》应用指南

《企业会计准则第21号——租赁》应用指南

一、租赁开始日与租赁期开始日

本准则第四条和第十一条规定了租赁开始日和租赁期开始日。

租赁开始日，是指租赁协议日与租赁各方就主要租赁条款作出承诺日中的较早者。在租赁开始日，承租人和出租人应当将租赁认定为融资租赁或经营租赁。

租赁期开始日，是指承租人有权行使其使用租赁资产权利的日期，表明租赁行为的开始。在租赁期开始日，承租人应当对租入资产、最低租赁付款额和未确认融资费用进行初始确认；出租人应当对应收融资租赁款、未担保余值和未实现融资收益进行初始确认。

二、融资租赁与经营租赁

(一)融资租赁的认定标准

本准则第六条(一)规定，在租赁期届满时，租赁资产的所有权转移给承租人。此种情况通常是指在租赁合同中已经约定、或者在租赁开始日根据相关条件作出合理判断，租赁期届满时出租人能够将资产的所有权转移给承租人。

本准则第六条(三)规定，即使资产的所有权不转移，但租赁期占租赁资产使用寿命的大部分。其中“大部分”，通常掌握在租赁期占租赁资产使用寿命的75%以上(含75%)。

本准则第六条(四)规定，承租人在租赁开始日的最低租赁付款额现值，几乎相当于租赁开始日租赁资

产公允价值;出租人在租赁开始日的最低租赁收款额现值,几乎相当于租赁开始日租赁资产公允价值。其中"几乎相当于",通常掌握在90%以上(含90%)。

(二) 经营租赁的认定标准

根据本准则第十条规定,经营租赁是指除融资租赁以外的其他租赁。经营租赁资产的所有权不转移,租赁期届满后,承租人有退租或续租的选择权,而不存在优惠购买选择权。

三、融资租赁中出租人的初始确认

根据本准则第十八条规定,在租赁期开始日,出租人应当将租赁开始日最低租赁收款额与初始直接费用之和作为应收融资租赁款的入账价值,同时记录未担保余值;将最低租赁收款额、初始直接费用及未担保余值之和与其现值之和的差额确认为未实现融资收益。出租人在租赁期开始日按照上述规定转出租赁资产,租赁资产公允价值与其账面价值如有差额,应当计入当期损益。

四、融资租赁中实际利率法的应用

(一) 未确认融资费用的分摊

根据本准则第十五条规定,未确认融资费用应当在租赁期内各个期间进行分摊。承租人应当采用实际利率法计算确认当期的融资费用。

承租人采用实际利率法分摊未确认融资费用时,应当根据租赁期开始日租入资产入账价值的不同情况,对未确认融资费用采用不同的分摊率:

1. 以出租人的租赁内含利率为折现率将最低租赁付款额折现、且以该现值作为租入资产入账价值的,应当将租赁内含利率作为未确认融资费用的分摊率。

2. 以合同规定利率为折现率将最低租赁付款额折现、且以该现值作为租入资产入账价值的,应当将合同规定利率作为未确认融资费用的分摊率。

3. 以银行同期贷款利率为折现率将最低租赁付款额折现、且以该现值作为租入资产入账价值的,应当将银行同期贷款利率作为未确认融资费用的分摊率。

4. 以租赁资产公允价值作为入账价值的,应当重新计算分摊率。该分摊率是使最低租赁付款额的现值与租赁资产公允价值相等的折现率。

(二) 未实现融资收益的分配

根据本准则第十九条规定,未实现融资收益应当在租赁期内各个期间进行分配。出租人应当采用实际利率法计算确认当期的融资收入。

出租人采用实际利率法分配未实现融资收益时,应当将租赁内含利率作为未实现融资收益的分配率。

二十二、《企业会计准则第22号——金融工具确认和计量》应用指南

《企业会计准则第22号——金融工具确认和计量》应用指南

一、金融资产和金融负债的计量

根据本准则规定,企业对于取得的金融资产或承担的金融负债,应当分别不同类别进行计量。

(一) 以公允价值计量且其变动计入当期损益的金融资产或金融负债

此类金融资产或金融负债可进一步分为交易性金融资产或金融负债和直接指定为以公允价值计量且其变动计入当期损益的金融资产或金融负债。

1. 交易性金融资产或金融负债,主要是指企业为了近期内出售而持有的金融资产或近期内回购而承担的金融负债。比如,企业以赚取差价为目的从二级市场购入的股票、债券、基金等。

本准则范围内的衍生工具,包括远期合同、期货合同、互换和期权,以及具有远期合同、期货合同、互换和期权中一种或一种以上特征的工具。衍生工具不作为有效套期工具的,也应划分为交易性金融资产或金融负债。

2. 直接指定为以公允价值计量且其变动计入当期损益的金融资产或金融负债,主要是指企业基于风险管理、战略投资需要等所作的指定。

3. 企业划分为以公允价值计量且其变动计入当期损益的金融资产的股票、债券、基金,以及不作为有效套期工具的衍生工具,应当按照取得时的公允价值作为初始确认金额,相关的交易费用在发生时计入当

期损益。支付的价款中包含已宣告但尚未发放的现金股利或已到付息期但尚未领取的债券利息，应当单独确认为应收项目。

企业在持有以公允价值计量且其变动计入当期损益的金融资产期间取得的利息或现金股利，应当确认为投资收益。资产负债表日，企业应将以公允价值计量且其变动计入当期损益的金融资产或金融负债的公允价值变动计入当期损益。

处置该金融资产或金融负债时，其公允价值与初始入账金额之间的差额应确认为投资收益，同时调整公允价值变动损益。

（二）持有至到期投资

根据本准则第十一条规定，企业从二级市场上购入的固定利率国债、浮动利率公司债券等，符合持有至到期投资条件的，可以划分为持有至到期投资。购入的股权投资因其没有固定的到期日，不符合持有至到期投资的条件，不能划分为持有至到期投资。持有至到期投资通常具有长期性质，但期限较短（1年以内）的债券投资，符合持有至到期投资条件的，也可将其划分为持有至到期投资。

持有至到期投资应当按取得时的公允价值和相关交易费用之和作为初始确认金额。支付的价款中包含的已到付息期但尚未领取的债券利息，应单独确认为应收项目。

持有至到期投资在持有期间应当按照摊余成本和实际利率计算确认利息收入，计入投资收益。实际利率应当在取得持有至到期投资时确定，在该持有至到期投资预期存续期间或适用的更短期间内保持不变。实际利率与票面利率差别较小的，也可按票面利率计算利息收入，计入投资收益。

处置持有至到期投资时，应将所取得价款与该投资账面价值之间的差额计入投资收益。

（三）贷款和应收款项

根据本准则第十七条规定，贷款和应收款项主要是指金融企业发放的贷款和一般企业销售商品或提供劳务形成的应收款项等债权。贷款和应收款项在活跃市场中没有报价。

金融企业按当前市场条件发放的贷款，应按发放贷款的本金和相关交易费用之和作为初始确认金额。一般企业对外销售商品或提供劳务形成的应收债权，通常应按从购货方应收的合同或协议价款作为初始确认金额。

贷款持有期间所确认的利息收入，应当根据实际利率计算。实际利率应在取得贷款时确定，在该贷款预期存续期间或适用的更短期间内保持不变。实际利率与合同利率差别较小的，也可按合同利率计算利息收入。

企业收回或处置贷款和应收款项时，应将取得的价款与该贷款和应收款项账面价值之间的差额计入当期损益。

（四）可供出售金融资产

根据本准则第十八条规定，可供出售金融资产通常是指企业没有划分为以公允价值计量且其变动计入当期损益的金融资产、持有至到期投资、贷款和应收款项的金融资产。比如，企业购入的在活跃市场上有报价的股票、债券和基金等，没有划分为以公允价值计量且其变动计入当期损益的金融资产或持有至到期投资等金融资产的，可归为此类。

可供出售金融资产应当按取得该金融资产的公允价值和相关交易费用之和作为初始确认金额。支付的价款中包含的已到付息期但尚未领取的债券利息或已宣告但尚未发放的现金股利，应单独确认为应收项目。

可供出售金融资产持有期间取得的利息或现金股利，应当计入投资收益。资产负债表日，可供出售金融资产应当以公允价值计量，且公允价值变动计入资本公积（其他资本公积）。

处置可供出售金融资产时，应将取得的价款与该金融资产账面价值之间的差额，计入投资损益；同时，将原直接计入所有者权益的公允价值变动累计额对应处置部分的金额转出，计入投资损益。

（五）其他金融负债

根据本准则第八条规定，其他金融负债是指除以公允价值计量且其变动计入当期损益的金融负债以外的金融负债。通常情况下，企业发行的债券、因购买商品产生的应付账款、长期应付款等，应当划分为其他金融负债。其他金融负债应当按其公允价值和相关交易费用之和作为初始确认金额。其他金融负债通常采用摊余成本进行后续计量。

二、金融资产减值损失的计量

（一）持有至到期投资、贷款和应收款项

对于持有至到期投资、贷款和应收款项，有客观证据表明其发生了减值的，应当根据其账面价值与预计未来现金流量现值之间的差额计算确认减值损失。

1. 商业银行贷款减值损失的计量

根据本准则第四十三条规定，商业银行对贷款进行减值测试，应根据本银行的实际情况分为单项金额重大和非重大的贷款。对单项金额重大的贷款，应单独进行减值测试；对单项金额不重大的贷款，可以单独进行减值测试，或者将其包含在具有类似信用风险特征的贷款组合中进行减值测试。单独测试未发生减值的贷款，也应当包括在具有类似信用风险特征的贷款组合中再进行减值测试。

商业银行进行贷款减值测试时，可以根据自身管理水平和业务特点，确定单项金额重大贷款的标准。比如，可以将本金大于或等于一定金额的贷款作为单项金额重大的贷款，此标准以下的贷款属于单项金额非重大的贷款。单项金额重大贷款的标准一经确定，不得随意变更。

商业银行对于单独进行减值测试的贷款，有客观证据表明其发生了减值的，应当计算资产负债表日的未来现金流量现值（通常以初始确认时确定的实际利率作为折现率），该现值低于其账面价值之间的差额确认为贷款减值损失。

商业银行采用组合方式对贷款进行减值测试的，可以根据自身风险管理模式和数据支持程度，选择合理的方法确认和计量减值损失。

2. 一般企业应收款项减值损失的计量

对于单项金额重大的应收款项，应当单独进行减值测试。有客观证据表明其发生了减值的，应当根据其未来现金流量现值低于其账面价值的差额，确认减值损失，计提坏账准备。

对于单项金额非重大的应收款项可以单独进行减值测试，确定减值损失，计提坏账准备；也可以与经单独测试后未减值的应收款项一起按类似信用风险特征划分为若干组合，再按这些应收款项组合在资产负债表日余额的一定比例计算确定减值损失，计提坏账准备。根据应收款项组合余额的一定比例计算确定的坏账准备，应当反映各项目实际发生的减值损失，即各项组合的账面价值超过其未来现金流量现值的金额。

企业应当根据以前年度与之相同或相类似的、具有类似信用风险特征的应收款项组合的实际损失率为基础，结合现时情况确定本期各项组合计提坏账准备的比例，据此计算本期应计提的坏账准备。

持有至到期投资减值损失的计量，比照贷款和应收款项减值损失计量的相关规定处理。

（二）可供出售金融资产

分析判断可供出售金融资产是否发生减值，应当注重该金融资产公允价值是否持续下降。通常情况下，如果可供出售金融资产的公允价值发生较大幅度下降，或在综合考虑各种相关因素后，预期这种下降趋势属于非暂时性的，可以认定该可供出售金融资产已发生减值，应当确认减值损失。

可供出售金融资产发生减值的，在确认减值损失时，应当将原直接计入所有者权益的公允价值下降形成的累计损失一并转出，计入减值损失。

二十三、《企业会计准则第23号——金融资产转移》应用指南

《企业会计准则第23号——金融资产转移》应用指南

一、金融资产终止确认

（一）根据本准则第七条规定，企业终止确认某项金融资产，是指将该金融资产从其账户和资产负债表内予以转销。以下例子表明企业已将金融资产所有权上几乎所有风险和报酬转移给了转入方，应当终止确认相关金融资产。

1. 企业以不附追索权方式出售金融资产；

2. 企业将金融资产出售，同时与买入方签订协议，在约定期限结束时按当日该金融资产的公允价值回购；

3. 企业将金融资产出售，同时与买入方签订看跌期权合约（即买入方有权将该金融资产返售给企业），但从合约条款判断，该看跌期权是一项重大价外期权（即期权合约的条款设计，使得金融资产的买方极小可能会到期行权）。

以下例子表明企业保留了金融资产所有权上几乎所有风险和报酬，不应当终止确认相关金融资产：

1. 企业采用附追索权方式出售金融资产；

2. 企业将金融资产出售，同时与买入方签订协议，在约定期限结束时按固定价格将该金融资产回购；

3. 企业将金融资产出售，同时与买入方签订看跌期权合约（即买入方有权将该金融资产返售给企业），但从合约条款判断，该看跌期权是一项重大价内期权（即期权合约的条款设计，使得金融资产的买方很可能会到期行权）；

4. 企业（银行）将信贷资产整体转移，同时保证对金融资产买方可能发生的信用损失进行全额补偿。

（二）根据本准则第九条规定，企业对既没有转移也没有保留所有权上几乎所有风险和报酬的金融资产转移，应当判断是否放弃了对所转移金融资产的控制，分别情况进行处理。

判断是否已放弃对所转移金融资产的控制，应当重点关注转入方出售该金融资产的实际能力。如果转入方能够单独将转入的金融资产整体出售给与其不存在关联方关系的第三方，且没有额外条件对此项出售加以限制，说明转入方有出售该金融资产的实际能力，同时表明企业（转出方）已放弃对该金融资产的控制，从而应终止确认所转移的金融资产。

转入方是否能够将转入的金融资产整体出售给与其不存在关联方关系的第三方，应当关注该金融资产是否存在活跃市场。如果不存在活跃市场，即使合同约定转入方有权处置金融资产，也不表明转入方有“实际能力”。

转入方是否能够单独出售所转入的金融资产且没有额外条件对此销售加以限制（是否可以自由地处置所转入金融资产），主要关注是否存在与出售密切相关的约束性条款。比如，转入方出售转入的金融资产时附有一项看涨期权，且该看涨期权又是重大价内期权，以至于可以认定转入方将来很可能会行权。在这种情况下，不表明转入方有出售所转入金融资产的实际能力。

二、金融资产转移的计量

（一）满足终止确认条件根据本准则第十二条规定，金融资产整体转移满足终止确认条件的，应当终止确认该金融资产，同时按以下公式确认相关损益：

因转移收到的对价

加：原直接计入所有者权益的公允价值变动累计利得

（如为累计损失，应为减项）

减：所转移金融资产的账面价值

金融资产整体转移的损益

说明：

1. 因转移收到的对价＝因转移交易收到的价款＋新获得金融资产的公允价值＋因转移获得服务资产的公允价值－新承担金融负债的公允价值－因转移承担的服务负债的公允价值。其中，新获得的金融资产或新承担的金融负债，包括看涨期权、看跌期权、担保负债、远期合同、互换等；

2. 原直接计入所有者权益的公允价值变动累计利得或损失，是指所转移金融资产（可供出售金融资产）转移前公允价值变动直接计入所有者权益的累计额。

（二）不满足终止确认条件。

根据本准则第十五条规定，金融资产转移不满足终止确认条件的，应当继续确认该金融资产，所收到的对价确认为一项金融负债。此类金融资产转移实质上具有融资性质，不能将金融资产与所确认的金融负债相互抵销。比如，企业将国债卖出后又承诺将以固定价格买回，因卖出国债所收到的款项应单独确认为一项金融负债。

二十四、《企业会计准则第24号——套期保值》应用指南

《企业会计准则第24号——套期保值》应用指南

一、套期工具

（一）根据本准则第五条规定，衍生工具通常可以作为套期工具。衍生工具包括远期合同、期货合同、

互换和期权，以及具有远期合同、期货合同、互换和期权中一种或一种以上特征的工具。比如，企业为规避库存铜品价格下跌的风险，可以通过卖出一定数量铜品的期货合同加以实现，其中卖出铜品的期货合同即是套期工具。

衍生工具如无法有效地降低被套期项目的风险，不能作为套期工具。比如，对于利率上下限期权或由一项发行的期权和一项购入的期权组成的期权，其实质相当于企业发行一项期权的(即企业收取了净期权费)，不能将其指定为套期工具。

(二) 根据本准则第六条规定，对于符合套期工具条件的衍生工具，在套期开始时，通常应当将其整体或其一定比例指定为套期工具。

根据本准则第七条规定，单项衍生工具通常被指定为对一种风险进行套期。附有多种风险的衍生工具也可以被指定为对一种以上风险进行套期，前提是可以清晰地辨认这些被套期风险、可以证明套期有效性，同时可以确保该衍生工具与不同风险之间存在具体指定关系。

比如，某企业的记账本位币是人民币，发行了一期5年期美元浮动利率债券。为规避该金融负债的外汇风险和利率风险，该企业与某金融企业签订一项交叉货币互换合同并将其指定为套期工具，同时将该美元浮动利率债券指定为被套期项目。执行此项合同后，该企业将从金融企业定期收到浮动利率美元利息，以支付债券持有者，并按固定利率支付人民币利息给金融企业。在此例中，该企业将浮动利率美元利息转化成了固定利率人民币利息，从而规避了美元对人民币汇率变动风险及美元利率变动风险。

二、被套期项目

根据本准则第九条规定，库存商品、持有至到期投资、可供出售金融资产、贷款、长期借款、预期商品销售、预期商品购买、对境外经营净投资等项目使企业面临公允价值或现金流量风险变动的，均可被指定为被套期项目。

根据本准则第十六条规定，对具有类似风险特征的资产或负债组合(即被套期项目)进行套期时，该组合中的各单项资产或单项负债应当共同承担被套期风险，且该组合内各单项资产或单项负债由被套期风险引起的公允价值变动，应当预期与该组合由被套期风险引起的公允价值整体变动基本成比例。比如，当被套期组合整体因被套期风险形成的公允价值变动10%时，该组合中各单项金融资产或单项金融负债因被套期风险形成的公允价值变动通常应限制在9%至11%的较小范围内。

三、套期会计方法的运用

根据本准则第四条规定，套期会计方法是指在相同会计期间将套期工具和被套期项目公允价值变动的抵销结果计入当期损益的方法。

比如，某企业拟对6个月之后很可能发生的贵金属销售进行现金流量套期，为规避相关贵金属价格下跌的风险，该企业可于现在卖出相同数量的该种贵金属期货合同并指定为套期工具，同时指定预期的贵金属销售为被套期项目。资产负债表日(假定预期贵金属销售尚未发生)，期货合同的公允价值上涨了100万元，对应的贵金属预期销售价格的现值下降了100万元。假定上述套期符合运用套期会计方法的条件，该企业应将期货合同的公允价值变动计入所有者权益(资本公积)，待预期销售交易实际发生时，再转出调整销售收入。

四、套期有效性评价

根据本准则第十七条规定，企业应当持续地对套期有效性进行评价，并确保该套期关系在被指定的会计期间高度有效。常见的套期有效性评价方法主要有：(1)主要条款比较法；(2)比率分析法；(3)回归分析法等。

二十五、《企业会计准则第27号——石油天然气开采》应用指南

《企业会计准则第27号——石油天然气开采》应用指南

一、矿区的划分

矿区，是指企业进行油气开采活动所划分的区域或独立的开发单元。矿区的划分是计提油气资产折耗、进行减值测试等的基础。矿区的划分应当遵循以下原则：

（一）一个油气藏可作为一个矿区；

（二）若干相临且地质构造或储层条件相同或相近的油气藏可作为一个矿区；

（三）一个独立集输计量系统为一个矿区；

（四）一个大的油气藏分为几个独立集输系统并分别进行计量的，可分为几个矿区；

（五）采用重大新型采油技术并实行工业化推广的区域可作为一个矿区；

（六）在同一地理区域内不得将分属不同国家的作业区划分在同一个矿区或矿区组内。

二、钻井勘探支出的处理采用成果法

根据本准则第十三、十四和十五条规定，对于钻井勘探支出的资本化应当采用成果法，即只有发现了探明经济可采储量的钻井勘探支出才能资本化，结转为井及相关设施成本，否则计入当期损益。

三、油气资产及其折耗

（一）油气资产，是指油气开采企业所拥有或控制的井及相关设施和矿区权益。油气资产属于递耗资产。递耗资产是指通过开采、采伐、利用而逐渐耗竭，以致无法恢复或难以恢复、更新或按原样重置的自然资源，如矿藏等。开采油气所必需的辅助设备和设施（如房屋、机器等），作为一般固定资产管理，适用《企业会计准则第 4 号——固定资产》。

（二）油气资产的折耗，是指油气资产随着当期开发进展而逐渐转移到所开采产品（油气）成本中的价值。本准则第六条和第二十一条规定，企业应当采用产量法或年限平均法对油气资产计提折耗。

1. 产量法，又称单位产量法。该方法是以单位产量为基础对探明矿区权益的取得成本和井及相关设施成本计提折耗。采用该方法对油气资产计提折耗时，矿区权益应以探明经济可采储量为基础，井及相关设施以探明已开发经济可采储量为基础。

2. 年限平均法，又称直线法。该方法将油气资产成本均衡地分摊到各会计期间。采用该方法计算的每期油气资产折耗金额相等。企业采用的油气资产折耗方法，一经确定，不得随意变更。未探明矿区权益不计提折耗。

四、弃置义务

根据本准则第二十三条规定，在确认井及相关设施成本时，弃置义务应当以矿区为基础进行预计，主要涉及井及相关设施的弃置、拆移、填埋、清理和恢复生态环境等所发生的支出。

五、未探明矿区权益的减值

根据本准则第七条（二）规定，未探明矿区权益应当至少每年进行一次减值测试。按照单个矿区进行减值测试的，其公允价值低于账面价值的，应当将其账面价值减记至公允价值，减记的金额确认为油气资产减值损失；按照矿区组进行减值测试并计提减值准备的，确认的减值损失不分摊至单个矿区权益的账面价值。

二十六、《企业会计准则第 28 号——会计政策、会计估计变更和差错更正》应用指南

《企业会计准则第 28 号——会计政策、会计估计变更和差错更正》应用指南

一、会计政策和会计估计的确定

企业应当根据本准则的规定，结合本企业的实际情况，确定会计政策和会计估计，经股东大会或董事会、经理（厂长）会议或类似机构批准，按照法律、行政法规等的规定报送有关各方备案。

企业的会计政策和会计估计一经确定，不得随意变更。如需变更，应重新履行上述程序，并按本准则的规定处理。

二、会计政策及其变更

根据本准则第三条规定，会计政策是指企业在会计确认、计量和报告中所采用的原则、基础和会计处理方法。企业采用的会计计量基础也属于会计政策。

（一）实务中某项交易或者事项的会计处理，具体会计准则或应用指南未作规范的，应当根据《企业会计准则——基本准则》规定的原则、基础和方法进行处理；待作出具体规定时，从其规定。

（二）会计政策变更采用追溯调整法的，应当将会计政策变更的累积影响数调整期初留存收益。留存

收益包括当年和以前年度的未分配利润和按照相关法律规定提取并累积的盈余公积。调整期初留存收益是指对期初未分配利润和盈余公积两个项目的调整。

三、前期差错及其更正

前期差错应当采用追溯重述法进行更正，视同该项前期差错从未发生过，从而对财务报表相关项目进行重新列示和披露。追溯重述法的会计处理与追溯调整法相同。

二十七、《企业会计准则第30号——财务报表列报》应用指南

《企业会计准则第30号——财务报表列报》应用指南

一、财务报表列报的基本要求

（一）列报基础。

1. 本准则规范企业持续经营基础下的财务报表列报。企业管理层应当评价企业的持续经营能力，对持续经营能力产生重大怀疑的，应当在附注中披露导致对持续经营能力产生重大怀疑的影响因素。

2. 企业正式决定或被迫在当期或将在下一个会计期间进行清算或停止营业的，表明其处于非持续经营状态，应当采用其他基础编制财务报表，并在附注中声明财务报表未以持续经营为基础列报、披露未以持续经营为基础的原因和财务报表的编制基础。

（二）重要性的判断。

判断项目性质的重要性，应当考虑该项目的性质是否属于企业日常活动等因素；判断项目金额大小的重要性，应当通过单项金额占资产总额、负债总额、所有者权益总额、营业收入总额、营业成本总额、净利润等直接相关项目金额的比重加以确定。

（三）正常营业周期本准则判断流动资产、流动负债所指的一个正常营业周期，通常是指企业从购买用于加工的资产起至实现现金或现金等价物的期间。

正常营业周期通常短于一年，在一年内有几个营业周期。但是，也存在正常营业周期长于一年的情况，如房地产开发企业开发用于出售的房地产开发产品，造船企业制造用于出售的大型船只等，往往超过一年才变现、出售或耗用，仍应划分为流动资产。

正常营业周期不能确定的，应当以一年（12个月）作为正常营业周期。

（四）终止经营，是指企业已被处置或被划归为持有待售的、在经营和编制财务报表时能够单独区分的组成部分，该组成部分按照企业计划将整体或部分进行处置。

同时满足下列条件的企业组成部分应当确认为持有待售：(1)企业已经就处置该组成部分作出决议；(2)企业已经与受让方签订了不可撤销的转让协议；(3)该项转让将在一年内完成。

二、财务报表的组成和适用范围

财务报表至少应当包括资产负债表、利润表、现金流量表、所有者权益（或股东权益，下同）变动表和附注。本准则及应用指南适用于个别财务报表和合并财务报表，以及中期财务报表和年度财务报表。

现金流量表的编制和列报，还应遵循《企业会计准则第31号——现金流量表》及其应用指南；合并财务报表的编制和列报，还应遵循《企业会计准则第33号——合并财务报表》及其应用指南；中期财务报表的编制和列报，还应遵循《企业会计准则第32号——中期财务报告》。

财务报表格式和附注分别按一般企业、商业银行、保险公司、证券公司等企业类型予以规定。企业应当根据其经营活动的性质，确定本企业适用的财务报表格式和附注。

除不存在的项目外，企业应当按照具体准则及应用指南规定的报表格式进行列报。

政策性银行、信托投资公司、租赁公司、财务公司、典当公司应当执行商业银行财务报表格式和附注规定，如有特别需要，可以结合本企业的实际情况，进行必要调整和补充。

担保公司应当执行保险公司财务报表格式和附注规定，如有特别需要，可以结合本企业的实际情况，进行必要调整和补充。

资产管理公司、基金公司、期货公司应当执行证券公司财务报表格式和附注规定，如有特别需要，可以结合本企业的实际情况，进行必要调整和补充。

三、一般企业资产负债表、利润表和所有者权益变动表格式

资 产 负 债 表

会企01表

编制单位：　　　　　　　　年　月　日　　　　　　　　单位:元

资　产	期末余额	年初余额	负债和所有者权益(或股东权益)	期末余额	年初余额
流动资产：			流动负债：		
货币资金			短期借款		
交易性金融资产			交易性金融负债		
应收票据			应付票据		
应收账款			应付账款		
预付款项			预收款项		
应收利息			应付职工薪酬		
应收股利			应交税费		
其他应收款			应付利息		
存货			应付股利		
一年内到期的非流动资产			其他应付款		
其他流动资产			一年内到期的非流动负债		
流动资产合计			其他流动负债		
非流动资产：			流动负债合计		
可供出售金融资产			非流动负债：		
持有至到期投资			长期借款		
长期应收款			应付债券		
长期股权投资			长期应付款		
投资性房地产			专项应付款		
固定资产			预计负债		
在建工程			递延所得税负债		
工程物资			其他非流动负债		
固定资产清理			非流动负债合计		
生产性生物资产			负债合计		
油气资产			所有者权益(或股东权益)：		
无形资产			实收资本(或股本)		
开发支出			资本公积		
商誉			减:库存股		
长期待摊费用			盈余公积		
递延所得税资产			未分配利润		
其他非流动资产			所有者权益(或股东权益)合计		
非流动资产合计					
资产总计			负债和所有者权益(或股东权益)总计		

利润表

会企02表

编制单位： 年 月 单位：元

项 目	本期金额	上期金额
一、营业收入		
减：营业成本		
营业税金及附加		
销售费用		
管理费用		
财务费用		
资产减值损失		
加：公允价值变动收益(损失以"－"号填列)		
投资收益(损失以"－"号填列)		
其中：对联营企业和合营企业的投资收益		
二、营业利润(亏损以"－"号填列)		
加：营业外收入		
减：营业外支出		
其中：非流动资产处置损失		
三、利润总额(亏损总额以"－"号填列)		
减：所得税费用		
四、净利润(净亏损以"－"号填列)		
五、每股收益：		
(一) 基本每股收益		
(二) 稀释每股收益		

四、一般企业报表附注

附注是财务报表的重要组成部分。企业应当按照规定披露附注信息，主要包括下列内容：

(一) 企业的基本情况

1. 企业注册地、组织形式和总部地址。

2. 企业的业务性质和主要经营活动。

3. 母公司以及集团最终母公司的名称。

4. 财务报告的批准报出者和财务报告批准报出日。

(二) 财务报表的编制基础

(三) 遵循企业会计准则的声明

企业应当声明编制的财务报表符合企业会计准则的要求，真实、完整地反映了企业的财务状况、经营成果和现金流量等有关信息。

(四) 重要会计政策和会计估计

企业应当披露采用的重要会计政策和会计估计，不重要的会计政策和会计估计可以不披露。在披露重要会计政策和会计估计时，应当披露重要会计政策的确定依据和财务报表项目的计量基础，以及会计估计中所采用的关键假设和不确定因素。

所有者权益变动表

会企 04 表

编制单位：　　　　　　年度　　　　　　单位:元

项　目	本年金额						上年金额					
	实收资本（或股本）	资本公积	减:库存股	盈余公积	未分配利润	所有者权益合计	实收资本（或股本）	资本公积	减:库存股	盈余公积	未分配利润	所有者权益合计
一、上年年末余额												
加：会计政策变更												
前期差错更正												
二、本年年初余额												
三、本年增减变动金额(减少以“－”号填列)												
(一) 净利润												
(二) 直接计入所有者权益的利得和损失												
1. 可供出售金融资产公允价值变动净额												
2. 权益法下被投资单位其他所有者权益变动的影响												
3. 与计入所有者权益项目相关的所得税影响												
4. 其他												
上述(一)和(二)小计												

（续表）

项目	本年金额						上年金额					
	实收资本（或股本）	资本公积	减:库存股	盈余公积	未分配利润	所有者权益合计	实收资本（或股本）	资本公积	减:库存股	盈余公积	未分配利润	所有者权益合计
（三）所有者投入和减少资本												
1. 所有者投入资本												
2. 股份支付计入所有者权益的金额												
3. 其他												
（四）利润分配												
1. 提取盈余公积												
2. 对所有者（或股东）的分配												
3. 其他												
（五）所有者权益内部结转												
1. 资本公积转增资本（或股本）												
2. 盈余公积转增资本（或股本）												
3. 盈余公积弥补亏损												
4. 其他												
四、本年年末余额												

（五）会计政策和会计估计变更以及差错更正的说明

企业应当按照《企业会计准则第 28 号——会计政策、会计估计变更和差错更正》及其应用指南的规定，披露会计政策和会计估计变更以及差错更正的有关情况。

（六）报表重要项目的说明

企业对报表重要项目的说明，应当按照资产负债表、利润表、现金流量表、所有者权益变动表及其项目列示的顺序，采用文字和数字描述相结合的方式进行披露。报表重要项目的明细金额合计，应当与报表项目金额相衔接。

1. 交易性金融资产的披露格式如下：

项　目	期末公允价值	年初公允价值
1. 交易性债券投资		
2. 交易性权益工具投资		
3. 指定为以公允价值计量且其变动计入当期损益的金融资产		
4. 衍生金融资产		
5. 其他		
合计		

2. 应收款项：

(1) 应收账款按账龄结构披露的格式如下：

账龄结构	期末账面余额	年初账面余额
1 年以内(含 1 年)		
1 年至 2 年(含 2 年)		
2 年至 3 年(含 3 年)		
3 年以上		
合计		

注：有应收票据、预付账款、长期应收款、其他应收款的，比照应收账款进行披露。

(2) 应收账款按客户类别披露的格式如下：

客户类别	期末账面余额	年初账面余额
客户 1		
……		
其他客户		
合计		

注：有应收票据、预付账款、长期应收款、其他应收款的，比照应收账款进行披露。

3. 存货：

(1) 存货的披露格式如下：

存货种类	年初账面余额	本期增加额	本期减少额	期末账面余额
1. 原材料				
2. 在产品				

（续表）

存货种类	年初账面余额	本期增加额	本期减少额	期末账面余额
3. 库存商品				
4. 周转材料				
5. 消耗性生物资产				
……				
合计				

（2）说明消耗性生物资产的期末实物数量，并按下列格式披露金额信息：

项目	年初账面余额	本期增加额	本期减少额	期末账面余额
一、种植业				
1.				
……				
二、畜牧养殖业				
1.				
……				
三、林业				
1.				
……				
四、水产业				
1.				
……				
合计				

（3）存货跌价准备的披露格式如下：

存货种类	年初账面余额	本期计提额	本期减少额		期末账面余额
			转回	转销	
1. 原材料					
2. 在产品					
3. 库存商品					
4. 周转材料					
5. 消耗性生物资产					
6. 建造合同形成的资产					
……					
合计					

4. 其他流动资产的披露格式如下：

项　　目	期末账面价值	年初账面价值
1.		
……		
合计		

注：有长期待摊费用、其他非流动资产的，比照其他流动资产进行披露。

5. 可供出售金融资产的披露格式如下：

项　　目	期末公允价值	年初公允价值
1. 可供出售债券		
2. 可供出售权益工具		
3. 其他		
合计		

6. 持有至到期投资的披露格式如下：

项　　目	期末账面余额	年初账面余额
1.		
……		
合计		

7. 长期股权投资：

(1) 长期股权投资的披露格式如下：

被投资单位	期末账面余额	年初账面余额
1.		
……		
合计		

(2) 被投资单位由于所在国家或地区及其他方面的影响，其向投资企业转移资金的能力受到限制的，应当披露受限制的具体情况。

(3) 当期及累计未确认的投资损失金额。

8. 投资性房地产：

(1) 企业采用成本模式进行后续计量的，应当披露下列信息：

项　　目	年初账面余额	本期增加额	本期减少额	期末账面余额
一、原价合计				
1. 房屋、建筑物				
2. 土地使用权				
二、累计折旧和累计摊销合计				
1. 房屋、建筑物				
2. 土地使用权				
三、投资性房地产减值准备累计金额合计				

（续表）

项　　目	年初账面余额	本期增加额	本期减少额	期末账面余额
1. 房屋、建筑物				
2. 土地使用权				
四、投资性房地产账面价值合计				
1. 房屋、建筑物				
2. 土地使用权				

（2）企业采用公允价值模式进行后续计量的，应当披露投资性房地产公允价值的确定依据及公允价值金额的增减变动情况。

（3）如有房地产转换的，应当说明房地产转换的原因及其影响。

9. 固定资产：

（1）固定资产的披露格式如下：

项　　目	年初账面余额	本期增加额	本期减少额	期末账面余额
一、原价合计				
其中：房屋、建筑物				
机器设备				
运输工具				
……				
二、累计折旧合计				
其中：房屋、建筑物				
机器设备				
运输工具				
……				
三、固定资产减值准备累计金额合计				
其中：房屋、建筑物				
机器设备				
运输工具				
……				
四、固定资产账面价值合计				
其中：房屋、建筑物				
机器设备				
运输工具				
……				

（2）企业确有准备处置固定资产的，应当说明准备处置的固定资产名称、账面价值、公允价值、预计处置费用和预计处置时间等。

10. 生产性生物资产和公益性生物资产：

（1）说明各类生物资产的期末实物数量，并按下列格式披露金额信息：

项　　目	年初账面价值	本期增加额	本期减少额	期末账面价值
一、种植业				
1.				
……				
二、畜牧养殖业				
1.				
……				
三、林业				
1.				
……				
四、水产业				
1.				
……				
合计				

如有天然起源的生物资产,还应披露该资产的类别、取得方式和数量等。

(2) 各类生产性生物资产的预计使用寿命、预计净残值、折旧方法、累计折旧和减值准备累计金额。

(3) 与生物资产相关的风险情况与管理措施。

11. 油气资产:

(1) 当期在国内和国外发生的取得矿区权益、油气勘探和油气开发各项支出的总额。

(2) 油气资产的披露格式如下:

项　　目	年初账面余额	本期增加额	本期减少额	期末账面余额
一、原价合计				
1. 探明矿区权益				
2. 未探明矿区权益				
3. 井及相关设施				
二、累计折耗合计				
1. 探明矿区权益				
2. 井及相关设施				
三、油气资产减值准备累计金额合计				
1. 探明矿区权益				
2. 未探明矿区权益				
3. 井及相关设施				
四、油气资产账面价值合计				
1. 探明矿区权益				
2. 未探明矿区权益				
3. 井及相关设施				

12. 无形资产：

(1) 各类无形资产的披露格式如下：

项　　目	年初账面余额	本期增加额	本期减少额	期末账面余额
一、原价合计				
1.				
……				
二、累计摊销额合计				
1.				
……				
三、无形资产减值准备累计金额合计				
1.				
……				
四、无形资产账面价值合计				
1.				
……				

计入当期损益和确认为无形资产的研究开发支出金额。

13. 商誉的形成来源、账面价值的增减变动情况。

14. 递延所得税资产和递延所得税负债：

(1) 已确认递延所得税资产和递延所得税负债的披露格式如下：

项　　目	期末账面余额	年初账面余额
一、递延所得税资产		
1.		
……		
合　　计		
二、递延所得税负债		
1.		
……		
合　　计		

(2) 未确认递延所得税资产的可抵扣暂时性差异、可抵扣亏损等的金额(存在到期日的，还应披露到期日)。

15. 资产减值准备的披露格式如下：

项　　目	年初账面余额	本期计提额	本期减少额		期末账面余额
			转回	转销	
一、坏账准备					
二、存货跌价准备					
三、可供出售金融资产减值准备					

（续表）

项　　　目	年初账面余额	本期计提额	本期减少额		期末账面余额
			转回	转销	
四、持有至到期投资减值准备					
五、长期股权投资减值准备					
六、投资性房地产减值准备					
七、固定资产减值准备					
八、工程物资减值准备					
九、在建工程减值准备					
十、生产性生物资产减值准备					
其中：成熟生产性生物资产减值准备					
十一、油气资产减值准备					
十二、无形资产减值准备					
十三、商誉减值准备					
十四、其他					
合　　计					

16. 所有权受到限制的资产：

(1) 资产所有权受到限制的原因。

(2) 所有权受到限制的资产金额披露格式如下：

所有权受到限制的资产类别	年初账面价值	本期增加额	本期减少额	期末账面价值
一、用于担保的资产				
1.				
……				
二、其他原因造成所有权受到限制的资产				
1.				
……				
合　　计				

17. 交易性金融负债的披露格式如下：

项　　　目	期末公允价值	年初公允价值
1. 发行的交易性债券		
2. 指定为以公允价值计量且其变动计入当期损益的金融负债		
3. 衍生金融负债		
4. 其他		
合　　计		

18. 职工薪酬：

(1) 应付职工薪酬的披露格式如下：

项　　目	年初账面余额	本期增加额	本期支付额	期末账面余额
一、工资、奖金、津贴和补贴				
二、职工福利费				
三、社会保险费				
其中:1. 医疗保险费				
2. 基本养老保险费				
3. 年金缴费				
4. 失业保险费				
5. 工伤保险费				
6. 生育保险费				
四、住房公积金				
五、工会经费和职工教育经费				
六、非货币性福利				
七、因解除劳动关系给予的补偿				
八、其他				
其中:以现金结算的股份支付				
合　计				

(2) 企业本期为职工提供的各项非货币性福利形式、金额及其计算依据。

19. 应交税费的披露格式如下:

税费项目	期末账面余额	年初账面余额
1. 增值税		
……		
合　计		

20. 其他流动负债的披露格式如下:

项　　目	期末账面余额	年初账面余额
1.		
……		
合　计		

注:有预计负债、其他非流动负债的,比照其他流动负债进行披露。

21. 短期借款和长期借款:

(1) 借款的披露格式如下:

项　目	短期借款		长期借款	
	期末账面余额	年初账面余额	期末账面余额	年初账面余额
信用借款				
抵押借款				

（续表）

项　目	短 期 借 款		长 期 借 款	
	期末账面余额	年初账面余额	期末账面余额	年初账面余额
质押借款				
保证借款				
合　计				

（2）对于期末逾期借款，应分别贷款单位、借款金额、逾期时间、年利率、逾期未偿还原因和预期还款期等进行披露。

22. 应付债券的披露格式如下：

项　目	年初账面余额	本期增加额	本期减少额	期末账面余额
1.				
……				
合　计				

23. 长期应付款的披露格式如下：

项　目	期末账面价值	年初账面价值
1.		
……		
合　计		

24. 营业收入：

（1）营业收入的披露格式如下：

项　目	本期发生额	上期发生额
1. 主营业务收入		
2. 其他业务收入		
合　计		

（2）披露建造合同当期预计损失的原因和金额，同时按下列格式披露：

合同项目		总金额	累计已发生成本	累计已确认毛利（亏损以"—"号表示）	已办理结算的价款金额
固定造价合同	1.				
	……				
	合　计				
成本加成合同	1.				
	……				
	合　计				

25. 公允价值变动收益的披露格式如下：

产生公允价值变动收益的来源	本期发生额	上期发生额
1.		
……		
合　计		

26. 投资收益：

(1) 投资收益的披露格式如下：

产生投资收益的来源	本期发生额	上期发生额
1.		
……		
合　计		

(2) 按照权益法核算的长期股权投资，直接以被投资单位的账面净损益计算确认投资损益的事实及原因。

27. 资产减值损失的披露格式如下：

项　目	本期发生额	上期发生额
一、坏账损失		
二、存货跌价损失		
三、可供出售金融资产减值损失		
四、持有至到期投资减值损失		
五、长期股权投资减值损失		
六、投资性房地产减值损失		
七、固定资产减值损失		
八、工程物资减值损失		
九、在建工程减值损失		
十、生产性生物资产减值损失		
十一、油气资产减值损失		
十二、无形资产减值损失		
十三、商誉减值损失		
十四、其他		
合　计		

28. 营业外收入的披露格式如下：

项　目	本期发生额	上期发生额
1. 非流动资产处置利得合计		
其中：固定资产处置利得		
无形资产处置利得		
……		
合　计		

29. 营业外支出的披露格式如下：

项　目	本期发生额	上期发生额
1. 非流动资产处置损失合计		
其中:固定资产处置损失		
无形资产处置损失		
……		
合　计		

30. 所得税费用：

(1) 所得税费用(收益)的组成,包括当期所得税、递延所得税。

(2) 所得税费用(收益)与会计利润的关系。

31. 企业应当披露取得政府补助的种类及金额。

32. 每股收益：

(1) 基本每股收益和稀释每股收益分子、分母的计算过程。

(2) 列报期间不具有稀释性但以后期间很可能具有稀释性的潜在普通股。

(3) 在资产负债表日至财务报告批准报出日之间,企业发行在外普通股或潜在普通股股数发生重大变化的情况,如股份发行、股份回购、潜在普通股发行、潜在普通股转换或行权等。

33. 企业可以按照费用的性质分类披露利润表。

34. 非货币性资产交换：

(1) 换入资产、换出资产的类别。

(2) 换入资产成本的确定方式。

(3) 换入资产、换出资产的公允价值及换出资产的账面价值。

35. 股份支付：

(1) 当期授予、行权和失效的各项权益工具总额。

(2) 期末发行在外股份期权或其他权益工具行权价的范围和合同剩余期限。

(3) 当期行权的股份期权或其他权益工具以其行权日价格计算的加权平均价格。

(4) 股份支付交易对当期财务状况和经营成果的影响。

36. 债务重组：

按照《企业会计准则第 12 号——债务重组》第十四条或第十五条的相关规定进行披露。

37. 借款费用：

(1) 当期资本化的借款费用金额。

(2) 当期用于计算确定借款费用资本化金额的资本化率。

38. 外币折算：

(1) 计入当期损益的汇兑差额。

(2) 处置境外经营对外币财务报表折算差额的影响。

39. 企业合并：

企业合并发生当期的期末,合并方或购买方应当按照《企业会计准则第 20 号——企业合并》第十八条或第十九条的相关规定进行披露。

40. 租赁：

(1) 融资租赁出租人应当说明未实现融资收益的余额,并披露与融资租赁有关的下列信息：

剩余租赁期	最低租赁收款额
1 年以内(含 1 年)	
1 年以上 2 年以内(含 2 年)	

（续表）

剩余租赁期	最低租赁收款额
2年以上3年以内(含3年)	
3年以上	
合　计	

(2) 经营租赁出租人各类租出资产的披露格式如下：

经营租赁租出资产类别	期末账面价值	年初账面价值
1. 机器设备		
2. 运输工具		
……		
合　计		

(3) 融资租赁承租人应当说明未确认融资费用的余额，并披露与融资租赁有关的下列信息：

① 各类租入固定资产的年初和期末原价、累计折旧额、减值准备累计金额。

② 以后年度将支付的最低租赁付款额的披露格式如下：

剩余租赁期	最低租赁收款额
1年以内(含1年)	
1年以上2年以内(含2年)	
2年以上3年以内(含3年)	
3年以上	
合　计	

(4) 对于重大的经营租赁，经营租赁承租人应当披露下列信息：

剩余租赁期	最低租赁收款额
1年以内(含1年)	
1年以上2年以内(含2年)	
2年以上3年以内(含3年)	
3年以上	
合　计	

(5) 披露各售后租回交易以及售后租回合同中的重要条款。

41. 终止经营的披露格式如下：

项　目	本期发生额	上期发生额
一、终止经营收入		
减：终止经营费用		
二、终止经营利润总额		
减：终止经营所得税费用		
三、终止经营净利润		

42. 分部报告：

(1) 主要报告形式是业务分部的披露格式如下：

项　目	××业务		××业务		……	其他		抵销		合计	
	本期	上期	本期	上期		本期	上期	本期	上期	本期	上期
一、营业收入											
其中:对外交易收入											
分部间交易收入											
二、营业费用											
三、营业利润(亏损)											
四、资产总额											
五、负债总额											
六、补充信息											
1. 折旧和摊销费用											
2. 资本性支出											
3. 折旧和摊销以外的非现金费用											

注:主要报告形式是地区分部的,比照业务分部格式进行披露。

(2) 在主要报告形式的基础上,对于次要报告形式,企业还应披露对外交易收入、分部资产总额。

(七) 或有事项

按照《企业会计准则第13号——或有事项》第十四条和第十五条的相关规定进行披露。

(八) 资产负债表日后事项

1. 每项重要的资产负债表日后非调整事项的性质、内容,及其对财务状况和经营成果的影响。无法作出估计的,应当说明原因。

2. 资产负债表日后,企业利润分配方案中拟分配的以及经审议批准宣告发放的股利或利润。

(九) 关联方关系及其交易

1. 本企业的母公司有关信息披露格式如下：

母公司名称	注册地	业务性质	注册资本

母公司不是本企业最终控制方的,说明最终控制方名称。

母公司和最终控制方均不对外提供财务报表的,说明母公司之上与其最相近的对外提供财务报表的母公司名称。

2. 母公司对本企业的持股比例和表决权比例。

3. 本企业的子公司有关信息披露格式如下：

子公司名称	注册地	业务性质	注册资本	本企业合计持股比例	本企业合计享有的表决权比例
1.					
……					

4. 本企业的合营企业有关信息披露格式如下：

被投资单位名称	注册地	业务性质	注册资本	本企业持股比例	本企业在被投资单位表决权比例	期末资产总额	期末负债总额	本期营业收入总额	本期净利润
1.									
……									

注:有联营企业的,比照合营企业进行披露。

5. 本企业与关联方发生交易的,分别说明各关联方关系的性质、交易类型及交易要素。交易要素至少应当包括:

(1) 交易的金额。

(2) 未结算项目的金额、条款和条件,以及有关提供或取得担保的信息。

(3) 未结算应收项目的坏账准备金额。

(4) 定价政策。

五、商业银行资产负债表、利润表和所有者权益变动表格式

资 产 负 债 表

会商银 01 表

编制单位: 年 月 日 单位:元

资 产	期末余额	年初余额	负债和所有者权益(或股东权益)	期末余额	年初余额
资产:			负债:		
现金及存放中央银行款项			向中央银行借款		
存放同业款项			同业及其他金融机构存放款项		
贵金属			拆入资金		
拆出资金			交易性金融负债		
交易性金融资产			衍生金融负债		
衍生金融资产			卖出回购金融资产款		
买入返售金融资产			吸收存款		
应收利息			应付职工薪酬		
发放贷款和垫款			应交税费		
可供出售金融资产			应付利息		
持有至到期投资			预计负债		
长期股权投资			应付债券		
投资性房地产			递延所得税负债		
固定资产			其他负债		
无形资产			负债合计		
递延所得税资产			所有者权益(或股东权益):		
其他资产			实收资本(或股本)		
			资本公积		
			减:库存股		
			盈余公积		

（续表）

资　　产	期末余额	年初余额	负债和所有者权益(或股东权益)	期末余额	年初余额
			一般风险准备		
			未分配利润		
			所有者权益(或股东权益)合计		
资产总计			负债和所有者权益(或股东权益)总计		

利 润 表

会商银 02 表

编制单位:　　　　年　月　　　　单位:元

项　　目	本期金额	上期金额
一、营业收入		
利息净收入		
利息收入		
利息支出		
手续费及佣金净收入		
手续费及佣金收入		
手续费及佣金支出		
投资收益(损失以“－”号填列)		
其中:对联营企业和合营企业的投资收益		
公允价值变动收益(损失以“－”号填列)		
汇兑收益(损失以“－”号填列)		
其他业务收入		
二、营业支出		
营业税金及附加		
业务及管理费		
资产减值损失		
其他业务成本		
三、营业利润(亏损以“－”号填列)		
加:营业外收入		
减:营业外支出		
四、利润总额(亏损总额以“－”号填列)		
减:所得税费用		
五、净利润(净亏损以“－”号填列)		
六、每股收益:		
(一) 基本每股收益		
(二) 稀释每股收益		

所有者权益变动表

编制单位： 年度 会商银:04 表

单位:元

项目	本年金额						上年金额					
	实收资本（或股本）	资本公积	减:库存股	盈余公积	未分配利润	所有者权益合计	实收资本（或股本）	资本公积	减:库存股	盈余公积	未分配利润	所有者权益合计
一、上年年末余额												
加：会计政策变更												
前期差错更正												
二、本年年初余额												
三、本年增减变动金额(减少以“一”号填列)												
(一) 净利润												
(二) 直接计入所有者权益的利得和损失												
1. 可供出售金融资产公允价值变动净额												
(1) 计入所有者权益的金额												
(2) 转入当期损益的金额												
2. 现金流量套期工具公允价值变动净额												
(1) 计入所有者权益的金额												
(2) 转入当期损益的金额												
(3) 计入被套期项目初始确认金额中的金额												
3. 权益法下被投资单位其他所有者权益变动的影响												

（续表）

4. 与计入所有者权益项目相关的所得税影响												
5. 其他												
上述(一)和(二)小计												
(三) 所有者投入和减少资本												
1. 所有者投入资本												
2. 股份支付计入所有者权益的金额												
3. 其他												
(四) 利润分配												
1. 提取盈余公积												
2. 提取一般风险准备												
3. 对所有者(或股东)的分配												
4. 其他												
(五) 所有者权益内部结转												
1. 资本公积转增资本(或股本)												
2. 盈余公积转增资本(或股本)												
3. 盈余公积弥补亏损												
4. 一般风险准备弥补亏损												
5. 其他												
四、本年年末余额												

六、商业银行报表附注

商业银行应当按照规定披露附注信息，主要包括下列内容：

（一）商业银行的基本情况

（二）财务报表的编制基础

（三）遵循企业会计准则的声明

（四）重要会计政策和会计估计

（五）会计政策和会计估计变更以及差错更正的说明

以上（一）至（五）项，应当比照一般企业进行披露。

（六）报表重要项目的说明

1. 现金及存放中央银行款项的披露格式如下：

项　　目	期末账面余额	年初账面余额
库存现金		
存放中央银行法定准备金		
存放中央银行超额存款准备金		
存放中央银行的其他款项		
合　　计		

2. 拆出资金的披露格式如下：

项　　目	期末账面余额	年初账面余额
拆放其他银行		
拆放非银行金融机构		
减：贷款损失准备		
拆出资金账面价值		

3. 交易性金融资产（不含衍生金融资产）的披露格式如下：

项　　目	期末公允价值	年初公允价值
债券		
基金		
权益工具		
其他		
合　　计		

如有指定为以公允价值计量且其变动计入当期损益的金融资产，也应比照上述格式进行披露。

4. 衍生工具的披露格式如下：

类　别	期末金额						年初金额					
	套期工具			非套期工具			套期工具			非套期工具		
	名义金额	公允价值		名义金额	公允价值		名义金额	公允价值		名义金额	公允价值	
		资产	负债		资产	负债		资产	负债		资产	负债
利率衍生工具												

（续表）

类别	期末金额						年初金额					
	套期工具			非套期工具			套期工具			非套期工具		
	名义金额	公允价值		名义金额	公允价值		名义金额	公允价值		名义金额	公允价值	
		资产	负债		资产	负债		资产	负债		资产	负债
衍生工具 1												
……												
货币衍生工具												
衍生工具 1												
……												
权益衍生工具												
衍生工具 1												
……												
信用衍生工具												
衍生工具 1												
……												
其他衍生工具												
合计												

5. 买入返售金融资产的披露格式如下：

项目	期末账面余额	年初账面余额
证券		
票据		
贷款		
其他		
减:坏账准备		
买入返售金融资产账面价值		

6. 发放贷款和垫款：

(1) 贷款和垫款按个人和企业分布情况的披露格式如下：

项目	期末账面余额	年初账面余额
个人贷款和垫款		
——信用卡		
——住房抵押		
——其他		
企业贷款和垫款		
——贷款		
——贴现		

（续表）

项　　目	期末账面余额	年初账面余额
——其他		
贷款和垫款总额		
减:贷款损失准备		
其中:单项计提数		
组合计提数		
贷款和垫款账面价值		

（2）贷款和垫款按行业分布情况的披露格式如下：

行业分布	期末账面余额	比例(%)	年初账面余额	比例(%)
农牧业、渔业				
采掘业				
房地产业				
建筑业				
金融保险业				
……				
其他行业				
贷款和垫款总额				
减:贷款损失准备				
其中:单项计提数数				
组合计提				
贷款和垫款账面价值				

注:银行可以按行业风险集中情况自行确定行业分布。

（3）贷款和垫款按地区分布情况的披露格式如下：

地区分布	期末账面余额	比例(%)	年初账面余额	比例(%)
华南地区				
华北地区				
……				
其他地区				
贷款和垫款总额				
减:贷款损失准备				
其中:单项计提数				
组合计提数				
贷款和垫款账面价值				

注:银行可以按地区风险集中情况自行确定地区分布。

(4) 贷款和垫款按担保方式分布情况的披露格式如下：

项 目	期末账面余额	年初账面余额
信用贷款		
保证贷款		
附担保物贷款		
其中:抵押贷款		
质押贷款		
……		
贷款和垫款总额		
减:贷款损失准备 其中:单项计提数 组合计提数		
贷款和垫款账面价值		

(5) 逾期贷款的披露格式如下：

项 目	期末账面余额					年初账面余额				
	逾期1天至90天(含90天)	逾期90天至360天(含360天)	逾期360天至3年(含3年)	逾期3年以上	合计	逾期1天至90天(含90天)	逾期90天至360天(含360天)	逾期360天至3年(含3年)	逾期3年以上	合计
信用贷款										
保证贷款										
附担保物贷款										
其中:抵押贷款										
质押贷款										
……										
合计										

注:即使是本金逾期1天,整笔贷款也应划为逾期贷款。

(6) 贷款损失准备的披露格式如下：

项 目	本期金额		上期金额	
	单项	组合	单项	组合
期初余额				
本期计提				
本期转出				
本期核销				
本期转回				
——收回原转销贷款和垫款导致的转回				
——贷款和垫款因折现价值上升导致转回				

（续表）

项目	本期金额		上期金额	
	单项	组合	单项	组合
——其他因素导致的转回				
期末余额				

注：①本期转出是指贷款转为抵债资产等而转出的贷款损失准备。

②本期核销是指经批准贷款予以核销而核销的贷款损失准备。

7. 可供出售金融资产的披露格式如下：

项目	期末公允价值	年初公允价值
债券		
其中：债券类别1		
……		
权益工具		
其中：权益类别1		
……		
其他		
合计		

8. 持有至到期投资的披露格式如下：

项目	期末账面余额	年初账面余额	期末公允价值
债券			
其中：债券类别1			
……			
其他			
持有至到期投资合计			
减：持有至到期投资减值准备			
持有至到期投资账面价值			

9. 其他资产的披露格式如下：

项目	期末账面价值	年初账面价值
存出保证金		
应收股利		
其他应收款		
抵债资产		
……		
合计		

注：抵债资产的类别、减值准备计提、本年处置情况及未来处置计划，应同时予以披露。

10. 企业应当分别借入中央银行款项、国家外汇存款等披露期末账面余额和年初账面余额。

11. 企业应当分别同业、其他金融机构存放款项披露期末账面余额和年初账面余额。

12. 企业应当分别银行拆入、非银行金融机构拆入，披露期末账面余额和年初账面余额。

13. 交易性金融负债(不含衍生金融负债)的披露格式如下：

项　目	期末公允价值	年初公允价值
外币债券卖空		
其他		
合　计		

如有指定为以公允价值计量且其变动计入当期损益的金融负债，也应比照上述格式披露。

14. 卖出回购金融资产款的披露格式如下：

项　目	期末账面余额	年初账面余额
证券		
票据		
贷款		
其他		
合计		

15. 吸收存款的披露格式如下：

项　目	期末账面余额	年初账面余额
活期存款		
——公司		
……		
定期存款(含通知存款)		
——公司		
……		
其他存款(含汇出汇款、应解汇款等)		
合　计		

16. 应付债券的披露格式如下：

债券类型	发行日	到期日	利率	期初账面余额	本期增加额	本期减少额	期末账面余额
债券类别 1							
……							
合计							

注：(1)发行次级债券的，应补充披露发行总面值、转换选择权条款、未摊销发行成本余额等。

(2)发行可转换公司债券的，应补充披露发行日可转换公司债券面值、债务成份和权益成份的初始确认金额、本期和上期支付的利息总额等。

17. 其他负债的披露格式如下：

项　　目	期末账面余额	年初账面余额
存入保证金		
应付股利		
其他应付款		
……		
合　　计		

18. 披露一般风险准备的期末、年初余额及计提比例。

19. 利息净收入的披露格式如下：

项　　目	本期发生额	上期发生额
利息收入		
——存放同业		
——存放中央银行		
——拆出资金		
——发放贷款及垫款		
其中：个人贷款和垫款		
公司贷款和垫款		
票据贴现		
——买入返售金融资产		
——债券投资		
——其他		
其中：已减值金融资产利息收入		
利息支出		
——同业存放		
——向中央银行借款		
——拆入资金		
——吸收存款		
——卖出回购金融资产		
——发行债券		
——其他		
利息净收入		

20. 手续费及佣金净收入的披露格式如下：

项　　目	本期发生额	上期发生额
手续费及佣金收入		
——结算与清算手续费		
——代理业务手续费		

（续表）

项　　目	本期发生额	上期发生额
——信用承诺手续费及佣金 ——银行卡手续费 ——顾问和咨询费 ——托管及其他受托业务佣金 ——其他		
手续费及佣金支出 ——手续费支出 ——佣金支出		
手续费及佣金净收入		

21. 投资收益的披露格式如下：

项　　目	本期发生额	上期发生额
以公允价值计量且其变动计入当期损益的权益工具投资		
可供出售权益工具投资		
长期股权投资		
其他		
合　　计		

22. 公允价值变动收益的披露格式如下：

项　　目	本期发生额	上期发生额
交易性金融工具		
指定为以公允价值计量且其变动计入当期损益的金融工具		
衍生工具		
其他		
合　　计		

23. 业务及管理费的披露格式如下：

项　　目	本期发生额	上期发生额
电子设备运转费		
安全防范费		
物业管理费		
其他		
合　　计		

24. 分部报告：

(1) 主要报告形式是业务分部的披露格式如下：

项　目	××业务		××业务		……	其他		抵销		合计	
	本期	上期	本期	上期		本期	上期	本期	上期	本期	上期
一、营业收入											
利息净收入											
其中：分部间利息净收入											
手续费及佣金净收入											
其中：分部间手续费及佣金净收入											
其他收入											
二、营业费用											
三、营业利润(亏损)											
四、资产总额											
五、负债总额											
六、补充信息											
1. 折旧和摊销费用											
2. 资本性支出											
3. 折旧和摊销以外的非现金费用											

注：主要报告形式是地区分部的，比照业务分部格式进行披露。

(2) 在主要报告形式的基础上，对于次要报告形式，企业还应披露对外交易收入、分部资产总额。

25. 担保物。

按照《企业会计准则第 37 号——金融工具列报》第二十一条和第二十二条的相关规定进行披露。

26. 金融资产转移(含资产证券化)。

按照《企业会计准则第 37 号——金融工具列报》第二十条的相关规定进行披露。

27. 除上述项目以外的其他项目，应当比照一般企业进行披露。

(七) 或有事项

除比照一般企业进行披露外，还应对承诺事项作如下披露：

1. 信贷承诺的披露格式如下：

项　目	期末合同金额	年初合同金额
贷款承诺		
其中：1. 原到期日在 1 年以内		
2. 原到期日在 1 年或以上		
开出信用证		
开出保函		
银行承兑汇票		
其他		
合　计		

注：对信贷承诺应计算并披露本期和上期信贷风险加权金额。

2. 存在经营租赁承诺、资本支出承诺、证券承销及债券承兑承诺的，还应披露有关情况。

（八）资产负债表日后事项比照一般企业进行披露

（九）关联方关系及其交易

比照一般企业进行披露。

（十）风险管理

按照《企业会计准则第37号——金融工具列报》第二十五条至第四十五条的相关规定进行披露。

七、保险公司资产负债表、利润表、所有者权益变动表格式

资产负债表

会保01表

编制单位：　　　　年　月　日　　　　单位：元

资　　产	期末余额	年初余额	负债和所有者权益（或股东权益）	期末余额	年初余额
资产：			负债：		
货币资金			短期借款		
拆出资金			拆入资金		
交易性金融资产			交易性金融负债		
衍生金融资产			衍生金融负债		
买入返售金融资产			卖出回购金融资产款		
应收利息			预收保费		
应收保费			应付手续费及佣金		
应收代位追偿款			应付分保账款		
应收分保账款			应付职工薪酬		
应收分保未到期责任准备金			应交税费		
应收分保未决赔款准备金			应付赔付款		
应收分保寿险责任准备金			应付保单红利		
应收分保长期健康险责任准备金			保户储金及投资款		
保户质押贷款			未到期责任准备金		
定期存款			未决赔款准备金		
可供出售金融资产			寿险责任准备金		
持有至到期投资			长期健康险责任准备金		
长期股权投资			长期借款		
存出资本保证金			应付债券		
投资性房地产			独立账户负债		
固定资产			递延所得税负债		
无形资产			其他负债		
独立账户资产			负债合计		
递延所得税资产			所有者权益（或股东权益）：		
其他资产			实收资本（或股本）		
			资本公积		

（续表）

资　　产	期末余额	年初余额	负债和所有者权益(或股东权益)	期末余额	年初余额
			减:库存股		
			盈余公积		
			一般风险准备		
			未分配利润		
			所有者权益(或股东权益)合计		
资产总计			负债和所有者权益(或股东权益)总计		

利 润 表

会保 02 表

编制单位：　　　　年　月　　　　单位:元

项　　目	本期金额	上期金额
一、营业收入		
已赚保费		
保险业务收入		
其中:分保费收入		
减:分出保费		
提取未到期责任准备金		
投资收益(损失以"—"号填列)		
其中:对联营企业和合营企业的投资收益		
公允价值变动收益(损失以"—"号填列)		
汇兑收益(损失以"—"号填列)		
其他业务收入		
二、营业支出		
退保金		
赔付支出		
减:摊回赔付支出		
提取保险责任准备金		
减:摊回保险责任准备金		
保单红利支出		
分保费用		
营业税金及附加		
手续费及佣金支出		
业务及管理费		
减:摊回分保费用		

（续表）

项　　目	本期金额	上期金额
其他业务成本		
资产减值损失		
三、营业利润（亏损以"－"号填列）		
加:营业外收入		
减:营业外支出		
四、利润总额（亏损总额以"－"号填列）		
减:所得税费用		
五、净利润（净亏损以"－"号填列）		
六、每股收益:		
（一）基本每股收益		
（二）稀释每股收益		

保险公司所有者权益变动表，比照商业银行格式。

八、保险公司报表附注

保险公司应当按照规定披露附注信息，主要包括下列内容：

（一）保险公司的基本情况

（二）财务报表的编制基础

（三）遵循企业会计准则的声明

（四）重要会计政策和会计估计

（五）会计政策和会计估计变更以及差错更正的说明

以上(一)至(五)项，应当比照一般企业进行披露。

（六）报表重要项目的说明

1. 应收保费账龄结构的披露格式如下：

账　龄	期末账面余额	年初账面余额
3个月以内(含3个月)		
3个月至1年(含1年)		
1年以上		
合　计		

2. 应收代位追偿款：

(1) 应收代位追偿款账龄结构的披露格式如下：

账　龄	期末账面余额	年初账面余额
1个月以内(含1个月)		
1个月至3个月(含3个月)		
3个月至1年(含1年)		
1年以上		
合　计		

(2) 金额重大代位追偿款产生的原因和未确认的理由。

3. 定期存款的披露格式如下：

到期期限	期末账面余额	年初账面余额
1个月至3个月(含3个月)		
3个月至1年(含1年)		
1年至2年(含2年)		
2年至3年(含3年)		
3年至4年(含4年)		
4年至5年(含5年)		
5年以上		
合计		

债券投资到期期限结构，比照上述格式披露。

4. 其他资产的披露格式如下：

项目	期末账面价值	年初账面价值
应收股利		
损余物资		
……		
其他		
合计		

注：损余物资产生的原因、所处置损余物资的账面价值、实现的损益，应同时予以披露。

5. 保户储金(或保户投资款)的披露格式如下：

到期期限	期末账面余额	年初账面余额
1年以内(含1年)		
1年至3年(含3年)		
3年至5年(含5年)		
5年以上		
合计		

6. 保险合同准备金：

(1) 保险合同准备金增减变动情况的披露格式如下：

项目	年初账面余额	本期增加额	本期减少额				期末账面余额
			赔付款项	提前解除	其他	合计	
未到期责任准备金							
原保险合同							
再保险合同							
未决赔款准备金							

（续表）

项　目	年初账面余额	本期增加额	本期减少额				期末账面余额
			赔付款项	提前解除	其他	合计	
原保险合同							
再保险合同							
寿险责任准备金							
原保险合同							
再保险合同							
长期健康险责任准备金							
原保险合同							
再保险合同							
合　计							

（2）保险合同准备金未到期期限的披露格式如下：

项　目	期末账面余额		年初账面余额	
	1年以下（含1年）	1年以上	1年以下（含1年）	1年以上
未到期责任准备金				
原保险合同				
再保险合同				
未决赔款准备金				
原保险合同				
再保险合同				
寿险责任准备金				
原保险合同				
再保险合同				
长期健康险责任准备金				
原保险合同				
再保险合同				
合　计				

（3）原保险合同未决赔款准备金的披露格式如下：

未决赔款准备金	期末账面余额	年初账面余额
已发生已报案未决赔款准备金		
已发生未报案未决赔款准备金		
理赔费用准备金		
合　计		

7. 其他负债的披露格式如下：

项　　目	期末账面余额	年初账面余额
应付利息		
……		
合　　计		

8. 企业应当分别原保险合同和再保险合同披露提取未到期责任准备金的本期发生额和上期发生额。

9. 赔付支出：

(1) 赔付支出按保险合同列示的披露格式如下：

项　　目	本期发生额	上期发生额
原保险合同		
再保险合同		
合　　计		

(2) 赔付支出按内容列示的披露格式如下：

项　　目	本期发生额	上期发生额
赔款支出		
满期给付		
年金给付		
死伤医疗给付		
……		
合　　计		

10. 提取保险责任准备金：

(1) 提取保险责任准备金按保险合同列示的披露格式如下：

项　　目	本期发生额	上期发生额
提取未决赔款准备金		
原保险合同		
再保险合同		
提取寿险责任准备金		
原保险合同		
再保险合同		
提取长期健康险责任准备金		
原保险合同		
再保险合同		
合　　计		

(2) 提取原保险合同未决赔款准备金按构成内容列示的披露格式如下：

提取未决赔款准备金	本期发生额	上期发生额
已发生已报案未决赔款准备金		
已发生未报案未决赔款准备金		
理赔费用准备金		
合　计		

11. 摊回保险责任准备金的披露格式如下：

项　目	本期发生额	上期发生额
摊回未决赔款准备金		
摊回寿险责任准备金		
摊回长期健康险责任准备金		
合　计		

12. 分部报告：

(1) 主要报告形式是业务分部的披露格式如下：

项　目	××业务		××业务		……	其他		抵销		合计	
	本期	上期	本期	上期		本期	上期	本期	上期	本期	上期
一、营业收入											
二、营业费用											
三、营业利润(亏损)											
四、资产总额											
五、负债总额											
六、补充信息											
1. 折旧和摊销费用											
2. 资本性支出											
3. 折旧和摊销以外的非现金费用											

注：主要报告形式是地区分部的，比照业务分部格式进行披露。

(2) 在主要报告形式的基础上，对于次要报告形式，企业还应披露对外交易收入、分部资产总额。

13. 投资连结产品：

(1) 投资连结产品基本情况，包括名称、设立时间、账户特征、投资组合规定、投资风险等。

(2) 独立账户单位数及每一独立账户单位净资产。

(3) 独立账户的投资组合情况。

(4) 风险保费、独立账户管理费计提情况。

(5) 投资连结产品采用的主要会计政策。

(6) 独立账户资产的估值原则。

14. 除以上项目以外的其他项目，应当比照商业银行进行披露。

（七）或有事项

比照商业银行进行披露。

（八）资产负债表日后事项

比照商业银行进行披露。

（九）关联方关系及其交易

比照商业银行进行披露。

（十）风险管理

1. 保险风险：

(1) 风险管理目标和减轻风险的政策：

① 管理资产负债的技术，包括保持偿付能力的方法等。

② 选择和接受可承保保险风险的政策，包括确定可接受风险的范围和水平等。

③ 评估和监控保险风险的方法，包括内部风险计量模型、敏感性分析等。

④ 限制和转移保险风险的方法，包括共同保险、再保险等。

(2) 保险风险类型：

① 保险风险的内容。

② 减轻保险风险的因素及程度，包括再保险等。

③ 可能引起现金流量发生变动的因素。

(3) 保险风险集中度：

① 保险风险集中的险种。

② 保险风险集中的地域。

(4) 不考虑分出业务的索赔进展信息的披露格式如下：

项　目	前四年	前三年	前二年	前一年	本年	合计
本年末累计赔付款项估计额						
一年后累计赔付款项估计额						
二年后累计赔付款项估计额						
三年后累计赔付款项估计额						
四年后累计赔付款项估计额						
累计赔付款项估计额						
累计支付的赔付款项						
以前期间调整额						
尚未支付的赔付款项						

扣除分出业务后的索赔进展信息，比照上述不考虑分出业务的索赔进展信息的格式进行披露。

(5) 与保险合同有关的重大假设：

① 重大假设，包括死亡率、发病率、退保率、投资收益率等。

② 对假设具有重大影响的数据的来源。

③ 假设变动的影响及敏感性分析。

④ 影响假设不确定性的事项和程度。

⑤ 不同假设之间的关系。

⑥ 描述过去经验和当前情况。

⑦ 假设与可观察到的市场价格或其他公开信息的符合程度。

2. 除保险风险以外的其他风险，应当比照商业银行进行披露。

九、证券公司资产负债表、利润表、所有者权益变动表格式

资 产 负 债 表

会证 01 表

编制单位：　　　　　　　　年　月　日　　　　　　　　单位：元

资　产	期末余额	年初余额	负债和所有者权益(或股东权益)	期末余额	年初余额
资产：			负债：		
货币资金			短期借款		
其中：客户资金存款			其中：质押借款		
结算备付金			拆入资金		
其中：客户备付金			交易性金融负债		
拆出资金			衍生金融负债		
交易性金融资产			卖出回购金融资产款		
衍生金融资产			代理买卖证券款		
买入返售金融资产			代理承销证券款		
应收利息			应付职工薪酬		
存出保证金			应交税费		
可供出售金融资产			应付利息		
持有至到期投资			预计负债		
长期股权投资			长期借款		
投资性房地产			应付债券		
固定资产			递延所得税负债		
无形资产			其他负债		
其中：交易席位费			负债合计		
递延所得税资产			所有者权益(或股东权益)：		
其他资产			实收资本(或股本)		
			资本公积		
			减：库存股		
			盈余公积		
			一般风险准备		
			未分配利润		
			所有者权益(或股东权益)合计		
资产总计			负债和所有者权益(或股东权益)总计		

利 润 表

会证 02 表

编制单位： 年 月 单位:元

项 目	本期金额	上期金额
一、营业收入		
手续费及佣金净收入		
其中:代理买卖证券业务净收入		
证券承销业务净收入		
受托客户资产管理业务净收入		
利息净收入		
投资收益(损失以"—"号填列)		
其中:对联营企业和合营企业的投资收益		
公允价值变动收益(损失以"—"号填列)		
汇兑收益(损失以"—"号填列)		
其他业务收入		
二、营业支出		
营业税金及附加		
业务及管理费		
资产减值损失		
其他业务成本		
三、营业利润(亏损以"—"号填列)		
加:营业外收入		
减:营业外支出		
四、利润总额(亏损总额以"—"号填列)		
减:所得税费用		
五、净利润(净亏损以"—"号填列)		
六、每股收益:		
(一) 基本每股收益		
(二) 稀释每股收益		

证券公司所有者权益变动表,比照商业银行格式。

十、证券公司报表附注

证券公司应当按照规定披露附注信息,主要包括下列内容:

(一) 证券公司的基本情况

(二) 财务报表的编制基础

(三) 遵循企业会计准则的声明

(四) 重要会计政策和会计估计

(五) 会计政策和会计估计变更以及差错更正的说明

以上(一)至(五)项,应当比照一般企业进行披露。

（六）报表重要项目的说明

1. 货币资金的披露格式如下：

项　目	期末账面余额	年初账面余额
库存现金		
银行存款		
其中:公司自有		
经纪业务客户		
结算备付金		
其中:公司自有		
经纪业务客户		
其他货币资金		
其中:新股申购款		
合　计		

2. 买入返售金融资产除比照商业银行进行披露外，还应按交易对手披露以下信息：

项　目	期末账面余额	年初账面余额
同业		
其他非银行金融机构		
合　计		

3. 存出保证金的披露格式如下：

项　目	期末账面余额	年初账面余额
交易保证金		
履约保证金		
合　计		

4. 企业应当披露代理承销证券的方式(全额包销、余额包销、代销)、承销证券的种类等情况。

5. 企业应当披露代理兑付债券的方式、种类、记名证券或无记名证券情况。

6. 交易席位费的披露格式如下：

项　目	年初账面余额	本期增加额	本期减少额	期末账面余额
一、原价合计				
1. 上海证券交易所				
其中:A股				
B股				
2. 深圳证券交易所				
其中:A股				
B股				
二、累计摊销额合计				

（续表）

项　　目	年初账面余额	本期增加额	本期减少额	期末账面余额
1. 上海证券交易所				
其中：A股				
B股				
2. 深圳证券交易所				
其中：A股				
B股				
三、交易席位费账面价值合计				
1. 上海证券交易所				
其中：A股				
B股				
2. 深圳证券交易所				
其中：A股				
B股				

7. 其他资产的披露格式如下：

项　　目	期末账面价值	年初账面价值
应收股利		
其他应收款		
……		
其他		
合　　计		

8. 卖出回购金融资产款除比照商业银行进行披露外，还应按交易对手披露以下信息：

项　　目	期末账面余额	年初账面余额
同业		
其他非银行金融机构		
合　　计		

9. 代理买卖证券款的披露格式如下：

项　　目	期末账面余额	年初账面余额
个人客户		
法人客户		
……		
合　　计		

10. 代理承销证券款的披露格式如下：

项　　目	期末账面余额	年初账面余额
股票		
债券		
其中：国债		
金融债券		
企业债券		
其他有价证券		
合　　计		

11. 代理兑付证券款的披露格式如下：

项　　目	年初账面余额	本期收到兑付资金	本期已兑付债券	本期结转手续费收入	期末账面余额
国债					
企业债券					
金融债券					
其他债券					
合计					

12. 其他负债的披露格式如下：

项　　目	期末账面余额	年初账面余额
应付股利		
其他应付款		
……		
合　　计		

13. 受托客户资产管理业务的披露格式如下：

资 产 项 目	期末余额	年初余额	负 债 项 目	期末余额	年初余额
受托管理资金存款			受托管理资金		
客户结算备付金			应付款项		
应收款项					
受托投资					
其中：投资成本					
已实现未结算损益					
合　　计			合　　计		

14. 手续费及佣金净收入的披露格式如下：

项　　目	本期发生额	上期发生额
手续费及佣金收入 ——证券承销业务 ——证券经纪业务 ——受托客户资产管理业务 ——代理兑付证券 ——代理保管证券 ——其他		
手续费及佣金支出 ——证券经纪业务手续费支出 ——佣金支出 ——其他		
手续费及佣金净收入		

15. 受托客户资产管理手续费及佣金收入的披露格式如下：

项　　目	本期发生额	上期发生额
定向资产管理业务		
专项资产管理业务		
集合资产管理业务(按项目列示)		
1.		
……		
合　　计		

16. 分部报告：

(1) 主要报告形式是业务分部的披露格式如下：

单位:元

项　　目	××业务		××业务		……	其他		抵销		合计	
	本期	上期	本期	上期		本期	上期	本期	上期	本期	上期
一、营业收入											
手续费及佣金净收入											
其中:分部间手续费及佣金净收入											
其他收入											
二、营业费用											
三、营业利润(亏损)											
四、资产总额											
五、负债总额											
六、补充信息											

（续表）

项　　目	××业务		××业务		……	其他		抵销		合计	
	本期	上期	本期	上期		本期	上期	本期	上期	本期	上期
1. 折旧和摊销费用											
2. 资本性支出											
3. 折旧和摊销以外的非现金费用											

注：主要报告形式是地区分部的，比照业务分部格式进行披露。

(2) 在主要报告形式的基础上，对于次要报告形式，企业还应披露对外交易收入、分部资产总额。

17. 除以上项目以外的其他项目，应当比照商业银行进行披露。

（七）或有事项

比照商业银行进行披露。

（八）资产负债表日后事项

比照商业银行进行披露。

（九）关联方关系及其交易

比照商业银行进行披露。

（十）风险管理

1. 风险管理政策和组织架构：

(1) 风险管理政策，主要包括对各种风险的来源、正式风险治理组织和科学的监督流程及其定期复核制度，以及在严格职责分离、监督和控制基础上各相关业务部门、高级管理人员和风险管理职能部门之间的沟通和协作等。

(2) 风险治理组织架构，主要包括各风险管理委员会和相关职能部门的设立和运转情况。

2. 信用风险。

除比照商业银行披露必要的信用风险信息外，还应按行业、地区和交易对手的信用评级等分别披露信用风险信息。

3. 流动风险。

除比照商业银行披露必要的流动风险信息外，还应披露进行流动性风险管理拟采取的主要措施。

4. 市场风险。

比照商业银行披露市场风险信息。

二十八、《企业会计准则第31号——现金流量表》应用指南

《企业会计准则第31号——现金流量表》应用指南

一、现金及现金等价物

现金，是指企业库存现金以及可以随时用于支付的存款。不能随时用于支付的存款不属于现金。

现金等价物，是指企业持有的期限短、流动性强、易于转换为已知金额现金、价值变动风险很小的投资。期限短，一般是指从购买日起三个月内到期。现金等价物通常包括三个月内到期的债券投资等。权益性投资变现的金额通常不确定，因而不属于现金等价物。企业应当根据具体情况，确定现金等价物的范围，一经确定不得随意变更。

现金流量，是指现金和现金等价物的流入和流出。

二、现金流量表格式

现金流量表格式分别一般企业、商业银行、保险公司、证券公司等企业类型予以规定。企业应当根据其经营活动的性质，确定本企业适用的现金流量表格式。

政策性银行、信托投资公司、租赁公司、财务公司、典当公司应当执行商业银行现金流量表格式规定，如有特别需要，可以结合本企业的实际情况，进行必要调整和补充。

担保公司应当执行保险公司现金流量表格式规定，如有特别需要，可以结合本企业的实际情况，进行必要调整和补充。资产管理公司、基金公司、期货公司应当执行证券公司现金流量表格式规定，如有特别需要，可以结合本企业的实际情况，进行必要调整和补充。

（一）一般企业现金流量表格式

现金流量表

会企03表

编制单位： 年 月 单位：元

项 目	本期金额	上期金额
一、经营活动产生的现金流量：		
销售商品、提供劳务收到的现金		
收到的税费返还		
收到其他与经营活动有关的现金		
经营活动现金流入小计		
购买商品、接受劳务支付的现金		
支付给职工以及为职工支付的现金		
支付的各项税费		
支付其他与经营活动有关的现金		
经营活动现金流出小计		
经营活动产生的现金流量净额		
二、投资活动产生的现金流量：		
收回投资收到的现金		
取得投资收益收到的现金		
处置固定资产、无形资产和其他长期资产收回的现金净额		
处置子公司及其他营业单位收到的现金净额		
收到其他与投资活动有关的现金		
投资活动现金流入小计		
购建固定资产、无形资产和其他长期资产支付的现金		
投资支付的现金		
取得子公司及其他营业单位支付的现金净额		
支付其他与投资活动有关的现金		
投资活动现金流出小计		
投资活动产生的现金流量净额		
三、筹资活动产生的现金流量：		
吸收投资收到的现金		
取得借款收到的现金		
收到其他与筹资活动有关的现金		
筹资活动现金流入小计		
偿还债务支付的现金		

（续表）

项　　目	本期金额	上期金额
分配股利、利润或偿付利息支付的现金		
支付其他与筹资活动有关的现金		
筹资活动现金流出小计		
筹资活动产生的现金流量净额		
四、汇率变动对现金及现金等价物的影响		
五、现金及现金等价物净增加额		
加：期初现金及现金等价物余额		
六、期末现金及现金等价物余额		

（二）商业银行现金流量表格式

现金流量表

会商银 03 表

编制单位：　　　　年　月　　　　单位：元

项　　目	本期金额	上期金额
一、经营活动产生的现金流量：		
客户存款和同业存放款项净增加额		
向中央银行借款净增加额		
向其他金融机构拆入资金净增加额		
收取利息、手续费及佣金的现金		
收到其他与经营活动有关的现金		
经营活动现金流入小计		
客户贷款及垫款净增加额		
存放中央银行和同业款项净增加额		
支付手续费及佣金的现金		
支付给职工以及为职工支付的现金		
支付的各项税费		
支付其他与经营活动有关的现金		
经营活动现金流出小计		
经营活动产生的现金流量净额		
二、投资活动产生的现金流量：		
收回投资收到的现金		
取得投资收益收到的现金		
收到其他与投资活动有关的现金		
投资活动现金流入小计		
投资支付的现金		
购建固定资产、无形资产和其他长期资产支付的现金		

（续表）

项　　　目	本期金额	上期金额
支付其他与投资活动有关的现金		
投资活动现金流出小计		
投资活动产生的现金流量净额		
三、筹资活动产生的现金流量：		
吸收投资收到的现金		
发行债券收到的现金		
收到其他与筹资活动有关的现金		
筹资活动现金流入小计		
偿还债务支付的现金		
分配股利、利润或偿付利息支付的现金		
支付其他与筹资活动有关的现金		
筹资活动现金流出小计		
筹资活动产生的现金流量净额		
四、汇率变动对现金及现金等价物的影响		
五、现金及现金等价物净增加额		
加：期初现金及现金等价物余额		
六、期末现金及现金等价物余额		

（三）保险公司现金流量表格式

现金流量表

会保03表

编制单位：　　　　　　　　　　年　月　　　　　　　　　　单位：元

项　　　目	本期金额	上期金额
一、经营活动产生的现金流量：		
收到原保险合同保费取得的现金		
收到再保业务现金净额		
保户储金及投资款净增加额		
收到其他与经营活动有关的现金		
经营活动现金流入小计		
支付原保险合同赔付款项的现金		
支付手续费及佣金的现金		
支付保单红利的现金		
支付给职工以及为职工支付的现金		
支付的各项税费		
支付其他与经营活动有关的现金		
经营活动现金流出小计		

（续表）

项　　　目	本期金额	上期金额
经营活动产生的现金流量净额		
二、投资活动产生的现金流量：		
收回投资收到的现金		
取得投资收益收到的现金		
收到其他与投资活动有关的现金		
投资活动现金流入小计		
投资支付的现金		
质押贷款净增加额		
购建固定资产、无形资产和其他长期资产支付的现金		
支付其他与投资活动有关的现金		
投资活动现金流出小计		
投资活动产生的现金流量净额		
三、筹资活动产生的现金流量：		
吸收投资收到的现金		
发行债券收到的现金		
收到其他与筹资活动有关的现金		
筹资活动现金流入小计		
偿还债务支付的现金		
分配股利、利润或偿付利息支付的现金		
支付其他与筹资活动有关的现金		
筹资活动现金流出小计		
筹资活动产生的现金流量净额		
四、汇率变动对现金及现金等价物的影响		
五、现金及现金等价物净增加额		
加：期初现金及现金等价物余额		
六、期末现金及现金等价物余额		

（四）证券公司现金流量表格式

现金流量表

会证03表

编制单位：　　　　　　　　年　月　　　　　　　　单位：元

项　　　目	本期金额	上期金额
一、经营活动产生的现金流量：		
处置交易性金融资产净增加额		
收取利息、手续费及佣金的现金		
拆入资金净增加额		

（续表）

项　　目	本期金额	上期金额
回购业务资金净增加额		
收到其他与经营活动有关的现金		
经营活动现金流入小计		
支付利息、手续费及佣金的现金		
支付给职工以及为职工支付的现金		
支付的各项税费		
支付其他与经营活动有关的现金		
经营活动现金流出小计		
经营活动产生的现金流量净额		
二、投资活动产生的现金流量：		
收回投资收到的现金		
取得投资收益收到的现金		
收到其他与投资活动有关的现金		
投资活动现金流入小计		
投资支付的现金		
购建固定资产、无形资产和其他长期资产支付的现金		
支付其他与投资活动有关的现金		
投资活动现金流出小计		
投资活动产生的现金流量净额		
三、筹资活动产生的现金流量：		
吸收投资收到的现金		
发行债券收到的现金		
收到其他与筹资活动有关的现金		
筹资活动现金流入小计		
偿还债务支付的现金		
分配股利、利润或偿付利息支付的现金		
支付其他与筹资活动有关的现金		
筹资活动现金流出小计		
筹资活动产生的现金流量净额		
四、汇率变动对现金及现金等价物的影响		
五、现金及现金等价物净增加额		
加：期初现金及现金等价物余额		
六、期末现金及现金等价物余额		

三、现金流量表附注

现金流量表附注适用于一般企业、商业银行、保险公司、证券公司等各类企业。

（一）现金流量表补充资料披露格式，企业应当采用间接法在现金流量表附注中披露将净利润调节为经营活动现金流量的信息。

补　充　资　料	本期金额	上期金额
1. 将净利润调节为经营活动现金流量：		
净利润		
加：资产减值准备		
固定资产折旧、油气资产折耗、生产性生物资产折旧		
无形资产摊销		
长期待摊费用摊销		
处置固定资产、无形资产和其他长期资产的损失（收益以“－”号填列）		
固定资产报废损失（收益以“－”号填列）		
公允价值变动损失（收益以“－”号填列）		
财务费用（收益以“－”号填列）		
投资损失（收益以“－”号填列）		
递延所得税资产减少（增加以“－”号填列）		
递延所得税负债增加（减少以“－”号填列）		
存货的减少（增加以“－”号填列）		
经营性应收项目的减少（增加以“－”号填列）		
经营性应付项目的增加（减少以“－”号填列）		
其他		
经营活动产生的现金流量净额		
2. 不涉及现金收支的重大投资和筹资活动：		
债务转为资本		
一年内到期的可转换公司债券		
融资租入固定资产		
3. 现金及现金等价物净变动情况：		
现金的期末余额		
减：现金的期初余额		
加：现金等价物的期末余额		
减：现金等价物的期初余额		
现金及现金等价物净增加额		

（二）企业应当按下列格式披露当期取得或处置子公司及其他营业单位的有关信息：

项　　　　目	金　额
一、取得子公司及其他营业单位的有关信息：	
1. 取得子公司及其他营业单位的价格	

（续表）

项　　　目	金　额
2. 取得子公司及其他营业单位支付的现金和现金等价物	
减：子公司及其他营业单位持有的现金和现金等价物	
3. 取得子公司及其他营业单位支付的现金净额	
4. 取得子公司的净资产	
流动资产	
非流动资产	
流动负债	
非流动负债	
二、处置子公司及其他营业单位的有关信息：	
1. 处置子公司及其他营业单位的价格	
2. 处置子公司及其他营业单位收到的现金和现金等价物	
减：子公司及其他营业单位持有的现金和现金等价物	
3. 处置子公司及其他营业单位收到的现金净额	
4. 处置子公司的净资产	
流动资产	
非流动资产	
流动负债	
非流动负债	

（三）现金和现金等价物的披露格式如下：

项　　　目	本期金额	上期金额
一、现金		
其中：库存现金		
可随时用于支付的银行存款		
可随时用于支付的其他货币资金		
可用于支付的存放中央银行款项		
存放同业款项		
拆放同业款项		
二、现金等价物		
其中：三个月内到期的债券投资		
三、期末现金及现金等价物余额		
其中：母公司或集团内子公司使用受限制的现金和现金等价物		

二十九、《企业会计准则第33号——合并财务报表》应用指南

《企业会计准则第33号——合并财务报表》应用指南

一、以控制为基础确定合并财务报表的合并范围

（一）应当纳入合并财务报表合并范围的被投资单位。母公司应当将其控制的所有子公司，无论是小规模的子公司还是经营业务性质特殊的子公司，均应纳入合并财务报表的合并范围。

以控制为基础确定合并财务报表的合并范围，应当强调实质重于形式，综合考虑所有相关事实和因素进行判断，如投资者的持股情况、投资者之间的相互关系、公司治理结构、潜在表决权等。

（二）母公司控制的特殊目的主体也应纳入合并财务报表的合并范围。判断母公司能否控制特殊目的主体应当考虑如下主要因素：

1. 母公司为融资、销售商品或提供劳务等特定经营业务的需要直接或间接设立特殊目的主体。

2. 母公司具有控制或获得控制特殊目的主体或其资产的决策权。比如，母公司拥有单方面终止特殊目的主体的权力、变更特殊目的主体章程的权力、对变更特殊目的主体章程的否决权等。

3. 母公司通过章程、合同、协议等具有获取特殊目的主体大部分利益的权力。

4. 母公司通过章程、合同、协议等承担了特殊目的主体的大部分风险。

（三）不能控制的被投资单位，不纳入合并财务报表的合并范围。

原采用比例合并法的合营企业，应当改用权益法核算。

二、合并报表格式

合并财务报表的格式及其中各项目，涵盖了母公司和从事各类经济业务的子公司的情况，包括一般企业、商业银行、保险公司和证券公司等。

合并资产负债表、合并利润表、合并现金流量表、合并所有者权益变动表的格式如下：

合并资产负债表

会合01表

编制单位： 年 月 日 单位：元

资 产	期末余额	年初余额	负债和所有者权益（或股东权益）	期末余额	年初余额
流动资产：			流动负债：		
货币资金			短期借款		
结算备付金			向中央银行借款		
拆出资金			吸收存款及同业存放		
交易性金融资产			拆入资金		
应收票据			交易性金融负债		
应收账款			应付票据		
预付款项			应付账款		
应收保费			预收款项		
应收分保账款			卖出回购金融资产款		
应收分保合同准备金			应付手续费及佣金		
应收利息			应付职工薪酬		
其他应收款			应交税费		
买入返售金融资产			应付利息		

（续表）

资　　产	期末余额	年初余额	负债和所有者权益（或股东权益）	期末余额	年初余额
存货			其他应付款		
一年内到期的非流动资产			应付分保账款		
其他流动资产			保险合同准备金		
流动资产合计			代理买卖证券款		
非流动资产：			代理承销证券款		
发放贷款及垫款			一年内到期的非流动负债		
可供出售金融资产			其他流动负债		
持有至到期投资			流动负债合计		
长期应收款			非流动负债：		
长期股权投资			长期借款		
投资性房地产			应付债券		
固定资产			长期应付款		
在建工程			专项应付款		
工程物资			预计负债		
固定资产清理			递延所得税负债		
生产性生物资产			其他非流动负债		
油气资产			非流动负债合计		
无形资产			负债合计		
开发支出			所有者权益（或股东权益）：		
商誉			实收资本（或股本）		
长期待摊费用			资本公积		
递延所得税资产			减：库存股		
其他非流动资产			盈余公积		
非流动资产合计			一般风险准备		
			未分配利润		
			外币报表折算差额		
			归属于母公司所有者权益合计		
			少数股东权益		
			所有者权益合计		
资产总计			负债和所有者权益（或股东权益）总计		

合并利润表

会合02表

编制单位：　　　　　　　　　　年　月　　　　　　　　　　单位：元

项　　　　目	本期金额	上期金额
一、营业总收入		

（续表）

项　　　　目	本期金额	上期金额
其中：营业收入		
利息收入		
已赚保费		
手续费及佣金收入		
二、营业总成本		
其中：营业成本		
利息支出		
手续费及佣金支出		
退保金		
赔付支出净额		
提取保险合同准备金净额		
保单红利支出		
分保费用		
营业税金及附加		
销售费用		
管理费用		
财务费用		
资产减值损失		
加：公允价值变动收益（损失以“—”号填列）		
投资收益（损失以“—”号填列）		
其中：对联营企业和合营企业的投资收益		
汇兑收益（损失以“—”号填列）		
三、营业利润（亏损以“—”号填列）		
加：营业外收入		
减：营业外支出		
其中：非流动资产处置损失		
四、利润总额（亏损总额以“—”号填列）		
减：所得税费用		
五、净利润（净亏损以“—”号填列）*		
归属于母公司所有者的净利润		
少数股东损益		
六、每股收益：		
（一）基本每股收益		
（二）稀释每股收益		

注：(1) 合并利润表收入、费用项目按照各类企业利润表的相同口径填列。

(2) 同一控制下企业合并的当期，还应单独列示被合并方在合并前实现的净利润。

合并现金流量表

会合 03 表

编制单位： 年 月 单位：元

项目	本期金额	上期金额
一、经营活动产生的现金流量：		
销售商品、提供劳务收到的现金		
客户存款和同业存放款项净增加额		
向中央银行借款净增加额		
向其他金融机构拆入资金净增加额		
收到原保险合同保费取得的现金		
收到再保险业务现金净额		
保户储金及投资款净增加额		
处置交易性金融资产净增加额		
收取利息、手续费及佣金的现金		
拆入资金净增加额		
回购业务资金净增加额		
收到的税费返还		
收到其他与经营活动有关的现金		
经营活动现金流入小计		
购买商品、接受劳务支付的现金		
客户贷款及垫款净增加额		
存放中央银行和同业款项净增加额		
支付原保险合同赔付款项的现金		
支付利息、手续费及佣金的现金		
支付保单红利的现金		
支付给职工以及为职工支付的现金		
支付的各项税费		
支付其他与经营活动有关的现金		
经营活动现金流出小计		
经营活动产生的现金流量净额		
二、投资活动产生的现金流量：		
收回投资收到的现金		
取得投资收益收到的现金		
处置固定资产、无形资产和其他长期资产收回的现金净额		
处置子公司及其他营业单位收到的现金净额		
收到其他与投资活动有关的现金		

（续表）

项　　　　目	本期金额	上期金额
投资活动现金流入小计		
购建固定资产、无形资产和其他长期资产支付的现金		
投资支付的现金		
质押贷款净增加额		
取得子公司及其他营业单位支付的现金净额		
支付其他与投资活动有关的现金		
投资活动现金流出小计		
投资活动产生的现金流量净额		
三、筹资活动产生的现金流量：		
吸收投资收到的现金		
其中：子公司吸收少数股东投资收到的现金		
取得借款收到的现金		
发行债券收到的现金		
收到其他与筹资活动有关的现金		
筹资活动现金流入小计		
偿还债务支付的现金		
分配股利、利润或偿付利息支付的现金		
其中：子公司支付给少数股东的股利、利润		
支付其他与筹资活动有关的现金		
筹资活动现金流出小计		
筹资活动产生的现金流量净额		
四、汇率变动对现金及现金等价物的影响		
五、现金及现金等价物净增加额		
加：期初现金及现金等价物余额		
六、期末现金及现金等价物余额		

三、合并报表附注

企业应当按照规定披露附注信息，主要包括下列内容：

（一）企业集团的基本情况

（二）财务报表的编制基础

（三）遵循企业会计准则的声明

（四）重要会计政策和会计估计

（五）会计政策和会计估计变更以及差错更正的说明

（六）报表重要项目的说明

（七）或有事项

（八）资产负债表日后事项

（九）关联方关系及其交易

（十）风险管理

合并所有者权益变动表

会合:04 表

编制单位： 年度 单位:元

项目	本年金额									上年金额								
	归属于母公司所有者权益							少数股东权益	所有者权益合计	归属于母公司所有者权益							少数股东权益	所有者权益合计
	实收资本(或股本)	资本公积	减：库存股	盈余公积	一般风险准备	未分配利润	其他			实收资本(或股本)	资本公积	减：库存股	盈余公积	一般风险准备	未分配利润	其他		
一、上年年末余额																		
加：会计政策变更																		
前期差错更正																		
二、本年年初余额																		
三、本年增减变动金额(减少以“－”号填列)																		
(一) 净利润																		
(二) 直接计入所有者权益的利得和损失																		
1. 可供出售金融资产公允价值变动净额																		
2. 权益法下被投资单位其他所有者权益变动的影响																		
3. 与计入所有者权益项目相关的所得税影响																		

（续表）

4. 其他																		
上述(一)和(二)小计																		
（三）所有者投入和减少资本																		
1. 所有者投入资本																		
2. 股份支付计入所有者权益的金额																		
3. 其他																		
（四）利润分配																		
1. 提取盈余公积																		
2. 提取一般风险准备																		
3. 对所有者(或股东)的分配																		
4. 其他																		
（五）所有者权益内部结转																		
1. 资本公积转增资本(或股本）																		
2. 盈余公积转增资本(或股本）																		
3. 盈余公积弥补亏损																		
4. 其他																		
四、本年年末余额																		

以上(一)至(十)项,应当比照《企业会计准则第30号——财务报表列报》应用指南的相关规定进行披露。合并现金流量表,还应遵循《企业会计准则第31号——现金流量表》应用指南的相关规定进行披露。

(十一)母公司和子公司信息

1. 子公司有关信息的披露格式如下:

子公司名称	注册地	业务性质	注册资本	本企业合计持股比例	本企业合计享有的表决权比例
1.					
……					

2. 母公司拥有被投资单位表决权不足半数但能对被投资单位形成控制的原因。

3. 母公司直接或通过其他子公司间接拥有被投资单位半数以上的表决权但未能对其形成控制的原因。

4. 子公司所采用的会计政策与母公司不一致的,母公司编制合并财务报表的处理方法。

5. 子公司与母公司会计期间不一致的,母公司编制合并财务报表的处理方法。

6. 本期不再纳入合并范围的原子公司,说明原子公司的名称、注册地、业务性质、母公司的持股比例和表决权比例,本期不再成为子公司的原因。

原子公司在处置日和上一会计期间资产负债表日资产、负债和所有者权益的金额以及本期期初至处置日的收入、费用和利润的金额。

7. 子公司向母公司转移资金的能力受到严格限制的情况。

8. 作为子公司纳入合并范围的特殊目的主体的业务性质、业务活动等。

三十、《企业会计准则第34号——每股收益》应用指南

《企业会计准则第34号——每股收益》应用指南

一、发行在外普通股加权平均数的计算

根据本准则第五条规定,计算发行在外普通股加权平均数,作为权数的已发行时间、报告期时间和已回购时间通常按天数计算;在不影响计算结果合理性的前提下,也可以采用简化的计算方法,如按月数计算。

二、稀释每股收益的计算

根据本准则第七条规定,企业存在稀释性潜在普通股的,应当计算稀释每股收益。潜在普通股主要包括:可转换公司债券、认股权证和股份期权等。

(一)可转换公司债券。对于可转换公司债券,计算稀释每股收益时,分子的调整项目为可转换公司债券当期已确认为费用的利息等的税后影响额;分母的调整项目为假定可转换公司债券当期期初或发行日转换为普通股的股数加权平均数。

(二)认股权证和股份期权。根据本准则第十条规定,认股权证、股份期权等的行权价格低于当期普通股平均市场价格时,应当考虑其稀释性。

计算稀释每股收益时,作为分子的净利润金额一般不变;分母的调整项目为按照本准则第十条中规定的公式所计算的增加的普通股股数,同时还应考虑时间权数。

公式中的行权价格和拟行权时转换的普通股股数,按照有关认股权证合同和股份期权合约确定。公式中的当期普通股平均市场价格,通常按照每周或每月具有代表性的股票交易价格进行简单算术平均计算。在股票价格比较平稳的情况下,可以采用每周或每月股票的收盘价作为代表性价格;在股票价格波动较大的情况下,可以采用每周或每月股票最高价与最低价的平均值作为代表性价格。无论采用何种方法计算平均市场价格,一经确定,不得随意变更,除非有确凿证据表明原计算方法不再适用。当期发行认股权证或股份期权的,普通股平均市场价格应当自认股权证或股份期权的发行日起计算。

(三)多项潜在普通股

根据本准则第十二条规定,稀释性潜在普通股应当按照其稀释程度从大到小的顺序计入稀释每股收

益，直至稀释每股收益达到最小值。其中“稀释程度”，根据不同潜在普通股转换的增量股的每股收益大小进行衡量，即：假定稀释性潜在普通股转换为普通股时，将增加的归属于普通股股东的当期净利润除以增加的普通股股数加权平均数所确定的金额。

在确定计入稀释每股收益的顺序时，通常应首先考虑股份期权和认股权证的影响。

每次发行的潜在普通股应当视为不同的潜在普通股，分别判断其稀释性，而不能将其作为一个总体考虑。

三、计算每股收益时应考虑的其他调整因素

（一）企业派发股票股利、公积金转增资本、拆股或并股等，会增加或减少其发行在外普通股或潜在普通股的数量，但不影响所有者权益总额，也不改变企业的盈利能力。企业应当在相关报批手续全部完成后，按调整后的股数重新计算各列报期间的每股收益。上述变化发生于资产负债表日至财务报告批准报出日之间的，应当以调整后的股数重新计算各列报期间的每股收益。

（二）企业当期发生配股的情况下，计算基本每股收益时，应当考虑配股中包含的送股因素，据以调整各列报期间发行在外普通股的加权平均数。计算公式如下：

每股理论除权价格＝（行权前发行在外普通股的公允价值＋配股收到的款项）÷行权后发行在外的普通股股数调整系数＝行权前每股公允价值÷每股理论除权价格因配股重新计算的上年度基本每股收益＝上年度基本每股收益÷调整系数

本年度基本每股收益＝归属于普通股股东的当期净利润÷（行权前发行在外普通股股数×调整系数×行权前普通股发行在外的时间权数＋行权后发行在外普通股加权平均数）

存在非流通股的企业可以采用简化的计算方法，不考虑配股中内含的送股因素，而将配股视为发行新股处理。

四、以合并财务报表为基础计算和列报每股收益

本准则第三条规定，合并财务报表中，企业应当以合并财务报表为基础计算和列报每股收益。其中，计算基本每股收益时，分子为归属于母公司普通股股东的合并净利润，分母为母公司发行在外普通股的加权平均数。

三十一、《企业会计准则第35号——分部报告》应用指南

《企业会计准则第35号——分部报告》应用指南

一、主要报告形式和次要报告形式

根据本准则第十三条规定，企业应当区分主要报告形式和次要报告形式披露分部信息。在确定分部信息的主要报告形式和次要报告形式时，应当以企业的风险和报酬的主要来源和性质为依据，同时结合企业的内部组织结构、管理结构以及向董事会或类似机构的内部报告制度。

企业的风险和报酬的主要来源和性质，主要与其提供的产品或劳务，或者经营所在国家或地区密切相关。企业在分析其所承担的风险和报酬时，应当注意以下相关因素：(1)所生产产品或提供劳务的性质、过程、客户类型、销售方式等；(2)所生产产品或提供劳务受法律、行政法规的影响等；(3)所处经济、政治环境等。

企业的内部组织结构、管理结构以及向董事会或类似机构内部报告制度的安排，通常会考虑或结合企业风险和报酬的主要来源和性质等相关因素。

二、分部收入

根据本准则第十四条规定，分部收入是指可归属于分部的对外交易收入和对其他分部交易收入。分部收入主要由可归属于分部的对外交易收入构成，通常为营业收入，下列项目不包括在内：

（一）利息收入和股利收入，如采用成本法核算的长期股权投资的股利收入（投资收益）、债券投资的利息收入、对其他分部贷款的利息收入等。但是，分部的日常活动是金融性质的除外。

（二）采用权益法核算的长期股权投资在被投资单位实现的净利润中应享有的份额以及处置投资产生的净收益。但是，分部的日常活动是金融性质的除外。

（三）营业外收入，如处置固定资产、无形资产等产生的净收益。

三、分部费用

根据本准则第十四条规定,分部费用是指可归属于分部的对外交易费用和对其他分部交易费用。分部费用主要由可归属于分部的对外交易费用构成,通常包括营业成本、营业税金及附加、销售费用等,下列项目不包括在内:

(一) 利息费用,如发行债券、向其他分部借款的利息费用等。但是,分部的日常活动是金融性质的除外。

(二) 采用权益法核算的长期股权投资在被投资单位发生的净损失中应承担的份额以及处置投资发生的净损失。但是,分部的日常活动是金融性质的除外。

(三) 与企业整体相关的管理费用和其他费用。但是,企业代所属分部支付的、与分部经营活动相关的、且能直接归属于或按合理的基础分配给该分部的费用,属于分部费用。

(四) 营业外支出,如处置固定资产、无形资产等发生的净损失。

(五) 所得税费用。

三十二、《企业会计准则第37号——金融工具列报》应用指南

《企业会计准则第37号——金融工具列报》应用指南

一、权益工具及所有者权益

(一) 权益工具,是指能证明拥有某个企业在扣除所有负债后的资产中的剩余权益的合同。比如,企业发行的普通股,以及企业发行的、使持有者有权以固定价格购入固定数量本企业普通股的认股权证等。

企业发行权益工具收到的对价扣除交易费用后,应当确认为股本(或实收资本)、资本公积(股本溢价或资本溢价)等。其中,交易费用是可直接归属于发行权益工具新增的外部费用,包括支付给代理机构、咨询公司、券商等的手续费和佣金及其他必要支出。

(二) 企业发行的权益工具通常构成所有者权益的重要组成内容。所有者权益包括股本(或实收资本)、资本公积(含股本溢价或资本溢价、其他资本公积)、盈余公积和未分配利润。商业银行、保险公司、证券公司等金融机构在净利润中提取的一般风险准备,也构成其所有者权益。

其他资本公积,是指股本溢价(或资本溢价)以外的资本公积,主要包括以下内容:

1. 可供出售金融资产公允价值变动;

2. 企业根据以权益结算的股份支付协议授予职工或其他方的权益工具的公允价值;

3. 现金流量套期中,有效套期工具的公允价值变动;

4. 长期股权投资采用权益法核算的,在持股比例不变的情况下,被投资单位除净损益以外的其他所有者权益变动引起的长期股权投资账面价值的变动;

5. 自用房地产或存货转换为采用公允价值模式计量的投资性房地产时,转换日投资性房地产的公允价值大于原账面价值的差额。

(三) 企业回购自身权益工具支付的对价和交易费用,应当减少所有者权益。

股份有限公司按法定程序报经批准采用收购本公司股票方式减资的,按注销股票面值总额减少股本,购回股票支付的价款(含交易费用)超过面值总额的部分,应依次冲减资本公积(股本溢价)、盈余公积和未分配利润;购回股票支付的价款低于面值总额的,低于面值总额的部分增加资本公积(股本溢价)。

(四) 企业对权益工具持有方的各种分配(不包括股票股利),如现金股利,应当减少所有者权益。

(五) 企业发行的某些非衍生金融工具(如可转换公司债券等)既含有负债成份,又含有权益成份。对这些金融工具,应在初始确认时,将相关负债和权益成份进行分拆,先对负债成份的未来现金流量进行折现确定负债成份的初始确认金额,再按发行收入扣除负债成份初始金额的差额确认权益成份的初始确认金额。发行非衍生金融工具发生的交易费用,应当在负债成份和权益成份之间按其初始确认金额的相对比例进行分摊。

二、金融资产和金融负债的相互抵销

根据本准则第十三条规定,金融资产和金融负债应当在资产负债表内分别列示,通常不得相互抵销。

以下列举了金融资产和金融负债不应相互抵销的交易或事项:

（一）企业将浮动利率长期债券与收取浮动利息、支付固定利息的互换组合在一起，合成为一项固定利率长期债券。这种组合的各单项金融工具形成的金融资产或金融负债不能相互抵销。

（二）企业将某项金融资产充作金融负债的担保物，该金融资产不能与被担保的金融负债抵销。

（三）企业与外部交易对手进行多项金融工具交易，同时签订"总抵销协议"。根据该协议，一旦某单项金融工具交易发生违约或解约，企业可以将所有金融工具交易以单一净额进行结算，以减少交易对手可能无法履约造成损失的风险。在这种情况下，只有交易对手违约或解约时，相关的金融资产和金融负债可以相互抵销；否则，不得相互抵销。

（四）保险公司在保险合同下的应收分保保险责任准备金，不能与相关保险责任准备金抵销。

三十三、《企业会计准则第 38 号——首次执行企业会计准则》应用指南

《企业会计准则第 38 号——首次执行企业会计准则》应用指南

一、首次执行日采用追溯调整法有关项目的处理

（一）预计的资产弃置费用

根据本准则第七条规定，企业在预计首次执行日前尚未计入资产成本的弃置费用时，应当满足预计负债的确认条件，选择该项资产初始确认时适用的折现率，以该项预计负债折现后的金额增加资产成本，据此计算确认应补提的固定资产折旧（或油气资产折耗），同时调整期初留存收益。

折现率的选择应当考虑货币时间价值和相关期间通货膨胀等因素的影响。

预计弃置费用的范围，适用《企业会计准则第 4 号——固定资产》、《企业会计准则第 27 号——石油天然气开采》等限定的资产范围。

（二）可行权日在首次执行日或之后的股份支付

根据本准则第十条规定，授予职工以权益结算的股份支付，应当按照权益工具在授予日的公允价值调整期初留存收益，相应增加资本公积；授予日的公允价值不能可靠计量的，应当按照权益工具在首次执行日的公允价值计量。

授予职工以现金结算的股份支付，应当按照权益工具在等待期内首次执行日之前各资产负债表日的公允价值调整期初留存收益，相应增加应付职工薪酬。上述各资产负债表日的公允价值不能可靠计量的，应当按照权益工具在首次执行日的公允价值计量。

授予其他方的股份支付，在首次执行日比照授予职工的股份支付处理。

（三）所得税

根据本准则第十二条规定，在首次执行日，企业应当停止采用应付税款法或原纳税影响会计法，改按《企业会计准则第 18 号——所得税》规定的资产负债表债务法对所得税进行处理。

原采用应付税款法核算所得税费用的，应当按照企业会计准则相关规定调整后的资产、负债账面价值与其计税基础进行比较，确定应纳税暂时性差异和可抵扣暂时性差异，采用适用的税率计算递延所得税负债和递延所得税资产的金额，相应调整期初留存收益。

原采用纳税影响会计法核算所得税费用的，应当根据《企业会计准则第 18 号——所得税》的相关规定，计算递延所得税负债和递延所得税资产的金额，同时冲销递延税款余额，根据上述两项金额之间的差额调整期初留存收益。

在首次执行日，企业对于能够结转以后年度的可抵扣亏损和税款抵减，应以很可能获得用来抵扣可抵扣亏损和税款抵减的未来应纳税所得额为限，确认相应的递延所得税资产，同时调整期初留存收益。

（四）金融工具的分拆

根据本准则第十七条规定，对于嵌入衍生金融工具，按照《企业会计准则第 22 号——金融工具确认和计量》规定应从混合工具中分拆的，应当在首次执行日按其在该日的公允价值，将其从混合工具中分拆并单独处理。首次执行日嵌入衍生金融工具的公允价值难以合理确定的，应当将该混合工具整体指定为以公允价值计量且其变动计入当期损益的金融资产或金融负债。

企业发行的包含负债和权益成份的非衍生金融工具，在首次执行日按照《企业会计准则第 37 号——金融工具列报》进行分拆时，先按该项负债在首次执行日的公允价值作为其初始确认金额，再按该项金融工具

的账面价值扣除负债公允价值后的金额，作为权益成份的初始确认金额。首次执行日负债成份的公允价值难以合理确定的，不应对该项金融工具进行分拆，仍然作为负债处理。

二、首次执行日采用未来适用法有关项目的处理

根据本准则第四条规定，除本准则第五条至第十九条规定要求追溯调整的项目外，其他项目不应追溯调整，应当自首次执行日起采用未来适用法。

（一）借款费用

对于处于开发阶段的内部开发项目、处于生产过程中的需要经过相当长时间才能达到预定可销售状态的存货（如飞机和船舶），以及营造、繁殖需要经过相当长时间才能达到预定可使用或可销售状态的生物资产，首次执行日之前未予资本化的借款费用，不应追溯调整。上述尚未完成开发或尚未完工的各项资产，首次执行日及以后发生的借款费用，符合《企业会计准则第17号——借款费用》规定的资本化条件的部分，应当予以资本化。

（二）超过正常信用条件延期付款（或收款）、实质上具有融资性质的购销业务

对于首次执行日处于收款过程中的采用递延收款方式、实质上具有融资性质的销售商品或提供劳务收入，比如采用分期收款方式的销售，首次执行日之前已确认的收入和结转的成本不再追溯调整。首次执行日后的第一个会计期间，企业应当将尚未确认但符合收入确认条件的合同或协议剩余价款部分确认为长期应收款，按其公允价值确认为营业收入，两者的差额作为未实现融资收益，在剩余收款期限内采用实际利率法进行摊销。在确认收入的同时，应当相应地结转成本。

首次执行日之前购买的固定资产、无形资产在超过正常信用条件的期限内延期付款、实质上具有融资性质的，首次执行日之前已计提的折旧和摊销额，不再追溯调整。在首次执行日，企业应当以尚未支付的款项与其现值之间的差额，减少资产的账面价值，同时确认为未确认融资费用。首次执行日后，企业应当以调整后的资产账面价值作为认定成本并以此为基础计提折旧，未确认融资费用应当在剩余付款期限内采用实际利率法进行摊销。

（三）无形资产

首次执行日处于开发阶段的内部开发项目，首次执行日之前已经费用化的开发支出，不应追溯调整；根据《企业会计准则第6号——无形资产》规定，首次执行日及以后发生的开发支出，符合无形资产确认条件的，应当予以资本化。

企业持有的无形资产，应当以首次执行日的摊余价值作为认定成本，对于使用寿命有限的无形资产，应当在剩余使用寿命内根据《企业会计准则第6号——无形资产》的规定进行摊销。对于使用寿命不确定的无形资产，在首次执行日后应当停止摊销，按照《企业会计准则第6号——无形资产》的规定处理。

首次执行日之前已计入在建工程和固定资产的土地使用权，符合《企业会计准则第6号——无形资产》的规定应当单独确认为无形资产的，首次执行日应当进行重分类，将归属于土地使用权的部分从原资产账面价值中分离，作为土地使用权的认定成本，按照《企业会计准则第6号——无形资产》的规定处理。

（四）开办费

首次执行日企业的开办费余额，应当在首次执行日后第一个会计期间内全部确认为管理费用。

（五）职工福利费

首次执行日企业的职工福利费余额，应当全部转入应付职工薪酬（职工福利）。首次执行日后第一个会计期间，按照《企业会计准则第9号——职工薪酬》规定，根据企业实际情况和职工福利计划确认应付职工薪酬（职工福利），该项金额与原转入的应付职工薪酬（职工福利）之间的差额调整管理费用。

三、首份中期财务报告和首份年度财务报表的列报

根据本准则第二十条和第二十一规定，企业应当按照《企业会计准则第30号——财务报表列报》、《企业会计准则第31号——现金流量表》、《企业会计准则第32号——中期财务报告》和《企业会计准则第33号——合并财务报表》等准则及其应用指南的规定，编制首份中期财务报告和首份年度财务报表。

（一）首份中期财务报告和首份年度财务报表

1. 首份中期财务报告至少应当包括资产负债表、利润表、现金流量表和附注，上年度可比中期的财务报表也应当按照企业会计准则列报。

2. 首份年度财务报表应当是一套完整的财务报表，至少包括资产负债表、利润表、现金流量表、所有者

权益变动表和附注。在首份年度财务报表中，至少应当按照企业会计准则列报上年度全部比较信息。

3. 母公司执行企业会计准则、但子公司尚未执行企业会计准则的，母公司在编制合并财务报表时，应当按照企业会计准则的规定调整子公司的财务报表。

母公司尚未执行企业会计准则、而子公司已执行企业会计准则的，母公司在编制合并财务报表时，可以将子公司的财务报表按照母公司的会计政策进行调整后合并，也可以将子公司按照企业会计准则编制的财务报表直接合并。

（二）首份中期财务报告和首份年度财务报表的附注，企业在首份中期财务报告和首份年度财务报表的附注中，应当以列表形式详细披露下列数据的调节过程：

1. 按原会计制度或准则列报的比较报表最早期间的期初所有者权益，调整为按企业会计准则列报的所有者权益。

2. 按原会计制度或准则列报的最近年度年末所有者权益，调整为按企业会计准则列报的所有者权益。

3. 按原会计制度或准则列报的最近年度损益，调整为按企业会计准则列报的损益。

4. 比较中期期末按原会计制度或准则列报的所有者权益，调整为按企业会计准则列报的所有者权益。

5. 比较中期按原会计制度或准则列报的损益（可比中期和上年初至可比中期期末累计数），调整为同一期间按企业会计准则列报的损益。

执行企业会计准则后首份季报（或首份半年报），需要披露上述 1 至 5 项数据的调节过程，其他季度季报（或半年报）只需提供上述 4、5 项数据的调节过程。首份年度财务报表中只需提供上述 1 至 3 项数据的调节过程。

第八部分　财政部发布的实施会计准则配套规章

一、企业会计准则解释第1号

财政部关于印发《企业会计准则解释第1号》的通知

财会[2007]14号

国务院有关部委、有关直属机构，各省、自治区、直辖市、计划单列市财政厅(局)，新疆生产建设兵团财务局，有关中央管理企业：

为了进一步贯彻实施企业会计准则，根据企业会计准则执行情况和有关问题，我部制定了《企业会计准则解释第1号》，现予印发，请遵照执行。

附件：企业会计准则解释第1号

财政部

二〇〇七年十一月十六日

附件：

企业会计准则解释第1号

一、企业在编制年报时，首次执行日有关资产、负债及所有者权益项目的金额是否要进一步复核？原同时按照国内及国际财务报告准则对外提供财务报告的B股、H股等上市公司，首次执行日如何调整？

答：企业在编制首份年报时，应当对首次执行日有关资产、负债及所有者权益项目的账面余额进行复核，经注册会计师审计后，在附注中以列表形式披露年初所有者权益的调节过程以及作出修正的项目、影响金额及其原因。

原同时按照国内及国际财务报告准则对外提供财务报告的B股、H股等上市公司，首次执行日根据取得的相关信息，能够对因会计政策变更所涉及的交易或事项的处理结果进行追溯调整的，以追溯调整后的结果作为首次执行日的余额。

二、中国境内企业设在境外的子公司在境外发生的有关交易或事项，境内不存在且受相关法律法规等限制或交易不常见，企业会计准则未作规范的，如何进行处理？

答：中国境内企业设在境外的子公司在境外发生的交易或事项，境内不存在且受法律法规等限制或交易不常见，企业会计准则未作出规范的，可以将境外子公司已经进行的会计处理结果，在符合《企业会计准则——基本准则》的原则下，按照国际财务报告准则进行调整后，并入境内母公司合并财务报表的相关项目。

三、经营租赁中出租人发生的初始直接费用以及融资租赁中承租人发生的融资费用应当如何处理？出租人对经营租赁提供激励措施的，如提供免租期或承担承租人的某些费用等，承租人和出租人应当如何处理？企业(建造承包商)为订立建造合同发生的相关费用如何处理？

答：(一)经营租赁中出租人发生的初始直接费用，是指在租赁谈判和签订租赁合同过程中发生的可归属于租赁项目的手续费、律师费、差旅费、印花税等，应当计入当期损益；金额较大的应当资本化，在整个经营租赁期间内按照与确认租金收入相同的基础分期计入当期损益。

承租人在融资租赁中发生的融资费用应予资本化或是费用化，应按《企业会计准则第17号——借款费用》处理，并按《企业会计准则第21号——租赁》进行计量。

(二)出租人对经营租赁提供激励措施的，出租人与承租人应当分别下列情况进行处理：

1. 出租人提供免租期的，承租人应将租金总额在不扣除免租期的整个租赁期内，按直线法或其他合理的方法进行分摊，免租期内应当确认租金费用；出租人应将租金总额在不扣除免租期的整个租赁期内，按直线法或其他合理的方法进行分配,免租期内出租人应当确认租金收入。

2. 出租人承担了承租人某些费用的,出租人应将该费用自租金收入总额中扣除,按扣除后的租金收入余额在租赁期内进行分配;承租人应将该费用从租金费用总额中扣除,按扣除后的租金费用余额在租赁期内进行分摊。

(三) 企业(建造承包商)为订立合同发生的差旅费、投标费等,能够单独区分和可靠计量且合同很可能订立的,应当予以归集,待取得合同时计入合同成本;未满足上述条件的,应当计入当期损益。

四、企业发行的金融工具应当在满足何种条件时确认为权益工具?

答:企业将发行的金融工具确认为权益性工具,应当同时满足下列条件:

(一) 该金融工具应当不包括交付现金或其他金融资产给其他单位,或在潜在不利条件下与其他单位交换金融资产或金融负债的合同义务。

(二) 该金融工具须用或可用发行方自身权益工具进行结算的,如为非衍生工具,该金融工具应当不包括交付非固定数量的发行方自身权益工具进行结算的合同义务;如为衍生工具,该金融工具只能通过交付固定数量的发行方自身权益工具换取固定数额的现金或其他金融资产进行结算。其中,所指的发行方自身权益工具不包括本身通过收取或交付企业自身权益工具进行结算的合同。

五、嵌入保险合同或嵌入租赁合同中的衍生工具应当如何处理?

答:根据《企业会计准则第 22 号——金融工具确认和计量》的规定,嵌入衍生工具相关的混合工具没有指定为以公允价值计量且其变动计入当期损益的金融资产或金融负债,同时满足有关条件的,该嵌入衍生工具应当从混合工具中分拆,作为单独的衍生工具处理。该规定同样适用于嵌入在保险合同中的衍生工具,除非该嵌入衍生工具本身属于保险合同。

按照保险合同约定,如果投保人在持有保险合同期间,拥有以固定金额或是以固定金额和相应利率确定的金额退还保险合同选择权的,即使其行权价格与主保险合同负债的账面价值不同,保险人也不应将该选择权从保险合同中分拆,仍按保险合同进行处理。但是,如果退保价值随同某金融变量或者某一与合同一方不特定相关的非金融变量的变动而变化,嵌入保险合同中的卖出选择权或现金退保选择权,应适用《企业会计准则第 22 号——金融工具确认和计量》;如果持有人实施卖出选择权或现金退保选择权的能力取决于上述变量变动的,嵌入保险合同中的卖出选择权或现金退保选择权,也适用《企业会计准则第 22 号——金融工具确认和计量》。

嵌入租赁合同中的衍生工具,应当按照《企业会计准则第 22 号——金融工具确认和计量》进行处理。

六、企业如有持有待售的固定资产和其他非流动资产,如何进行确认和计量?

答:《企业会计准则第 4 号——固定资产》第二十二条规定,企业对于持有待售的固定资产,应当调整该项固定资产的预计净残值,使该固定资产的预计净残值反映其公允价值减去处置费用后的金额,但不得超过符合持有待售条件时该项固定资产的原账面价值,原账面价值高于调整后预计净残值的差额,应作为资产减值损失计入当期损益。

同时满足下列条件的非流动资产应当划分为持有待售:一是企业已经就处置该非流动资产作出决议;二是企业已经与受让方签订了不可撤销的转让协议;三是该项转让将在一年内完成。

符合持有待售条件的无形资产等其他非流动资产,比照上述原则处理,但不包括递延所得税资产、《企业会计准则第 22 号——金融工具确认和计量》规范的金融资产、以公允价值计量的投资性房地产和生物资产、保险合同中产生的合同权利。

持有待售的非流动资产包括单项资产和处置组,处置组是指作为整体出售或其他方式一并处置的一组资产。

七、企业在确认由联营企业及合营企业投资产生的投资收益时,对于与联营企业及合营企业发生的内部交易损益应当如何处理?首次执行日对联营企业及合营企业投资存在股权投资借方差额的,计算投资损益时如何进行调整?企业在首次执行日前持有对子公司的长期股权投资,取得子公司分派现金股利或利润如何处理?

答:(一) 企业持有的对联营企业及合营企业的投资,按照《企业会计准则第 2 号——长期股权投资》的规定,应当采用权益法核算,在按持股比例等计算确认应享有或应分担被投资单位的净损益时,应当考虑以下因素:

投资企业与联营企业及合营企业之间发生的内部交易损益按照持股比例计算归属于投资企业的部分，应当予以抵销，在此基础上确认投资损益。投资企业与被投资单位发生的内部交易损失，按照《企业会计准则第8号——资产减值》等规定属于资产减值损失的，应当全额确认。投资企业对于纳入其合并范围的子公司与其联营企业及合营企业之间发生的内部交易损益，也应当按照上述原则进行抵销，在此基础上确认投资损益。

投资企业对于首次执行日之前已经持有的对联营企业及合营企业的长期股权投资，如存在与该投资相关的股权投资借方差额，还应扣除按原剩余期限直线摊销的股权投资借方差额，确认投资损益。

投资企业在被投资单位宣告发放现金股利或利润时，按照规定计算应分得的部分确认应收股利，同时冲减长期股权投资的账面价值。

（二）企业在首次执行日以前已经持有的对子公司长期股权投资，应在首次执行日进行追溯调整，视同该子公司自最初即采用成本法核算。执行新会计准则后，应当按照子公司宣告分派现金股利或利润中应分得的部分，确认投资收益。

八、企业在股权分置改革过程中持有的限售股权如何进行处理？

答：企业在股权分置改革过程中持有对被投资单位在重大影响以上的股权，应当作为长期股权投资，视对被投资单位的影响程度分别采用成本法或权益法核算；企业在股权分置改革过程中持有对被投资单位不具有控制、共同控制或重大影响的股权，应当划分为可供出售金融资产，其公允价值与账面价值的差额，在首次执行日应当追溯调整，计入资本公积。

九、企业在编制合并财务报表时，因抵销未实现内部销售损益在合并财务报表中产生的暂时性差异是否应当确认递延所得税？母公司对于纳入合并范围子公司的未确认投资损失，执行新会计准则后在合并财务报表中如何列报？

答：（一）企业在编制合并财务报表时，因抵销未实现内部销售损益导致合并资产负债表中资产、负债的账面价值与其在所属纳税主体的计税基础之间产生暂时性差异的，在合并资产负债表中应当确认递延所得税资产或递延所得税负债，同时调整合并利润表中的所得税费用，但与直接计入所有者权益的交易或事项及企业合并相关的递延所得税除外。

（二）执行新会计准则后，母公司对于纳入合并范围子公司的未确认投资损失，在合并资产负债表中应当冲减未分配利润，不再单独作为"未确认的投资损失"项目列报。

十、企业改制过程中的资产、负债，应当如何进行确认和计量？

答：企业引入新股东改制为股份有限公司，相关资产、负债应当按照公允价值计量，并以改制时确定的公允价值为基础持续核算的结果并入控股股东的合并财务报表。改制企业的控股股东在确认对股份有限公司的长期股权投资时，初始投资成本为投出资产的公允价值及相关费用之和。

二、企业会计准则解释第2号

财政部关于印发企业会计准则解释第2号的通知

财会[2008]11号

国务院有关部委、有关直属机构，新疆生产建设兵团财务局，有关中央管理企业，各省、自治区、直辖市、计划单列市财政厅（局）：

为了全面贯彻实施企业会计准则，落实会计准则趋同与等效，根据企业会计准则执行情况和有关问题，我部制定了《企业会计准则解释第2号》，现予印发，请遵照执行。

附件：企业会计准则解释第2号

二〇〇八年八月七日

附件：

企业会计准则解释第2号

一、同时发行A股和H股的上市公司，应当如何运用会计政策及会计估计？

答：内地企业会计准则和香港财务报告准则实现等效后，同时发行A股和H股的上市公司，除部分长期资产减值损失的转回以及关联方披露两项差异外，对于同一交易事项，应当在A股和H股财务报告中采用相同的会计政策、运用相同的会计估计进行确认、计量和报告，不得在A股和H股财务报告中采用不同的会计处理。

二、企业购买子公司少数股东拥有对子公司的股权应当如何处理？企业或其子公司进行公司制改制的，相关资产、负债的账面价值应当如何调整？

答：(一) 母公司购买子公司少数股权所形成的长期股权投资，应当按照《企业会计准则第2号——长期股权投资》第四条的规定确定其投资成本。

母公司在编制合并财务报表时，因购买少数股权新取得的长期股权投资与按照新增持股比例计算应享有子公司自购买日(或合并日)开始持续计算的净资产份额之间的差额，应当调整所有者权益(资本公积)，资本公积不足冲减的，调整留存收益。

上述规定仅适用于本规定发布之后发生的购买子公司少数股权交易，之前已经发生的购买子公司少数股权交易未按照上述原则处理的，不予追溯调整。

(二) 企业进行公司制改制的，应以经评估确认的资产、负债价值作为认定成本，该成本与其账面价值的差额，应当调整所有者权益；企业的子公司进行公司制改制的，母公司通常应当按照《企业会计准则解释第1号》的相关规定确定对子公司长期股权投资的成本，该成本与长期股权投资账面价值的差额，应当调整所有者权益。

三、企业对于合营企业是否应纳入合并财务报表的合并范围？

答：按照《企业会计准则第33号——合并财务报表》的规定，投资企业对于与其他投资方一起实施共同控制的被投资单位，应当采用权益法核算，不应采用比例合并法。但是，如果根据有关章程、协议等，表明投资企业能够对被投资单位实施控制的，应当将被投资单位纳入合并财务报表的合并范围。

四、企业发行认股权和债券分离交易的可转换公司债券，其认股权应当如何进行会计处理？

答：企业发行认股权和债券分离交易的可转换公司债券(以下简称分离交易可转换公司债券)，其认股权符合《企业会计准则第22号——金融工具确认和计量》和《企业会计准则第37号——金融工具列报》有关权益工具定义的，应当按照分离交易可转换公司债券发行价格，减去不附认股权且其他条件相同的公司债券公允价值后的差额，确认一项权益工具(资本公积)。

企业对于本规定发布之前已经发行的分离交易可转换公司债券，应当进行追溯调整。

五、企业采用建设经营移交方式(BOT)参与公共基础设施建设业务应当如何处理？

答：企业采用建设经营移交方式(BOT)参与公共基础设施建设业务，应当按照以下规定进行处理：

(一) 本规定涉及的BOT业务应当同时满足以下条件：

1. 合同授予方为政府及其有关部门或政府授权进行招标的企业。

2. 合同投资方为按照有关程序取得该特许经营权合同的企业(以下简称合同投资方)。合同投资方按照规定设立项目公司(以下简称项目公司)进行项目建设和运营。项目公司除取得建造有关基础设施的权利以外，在基础设施建造完成以后的一定期间内负责提供后续经营服务。

3. 特许经营权合同中对所建造基础设施的质量标准、工期、开始经营后提供服务的对象、收费标准及后续调整作出约定，同时在合同期满，合同投资方负有将有关基础设施移交给合同授予方的义务，并对基础设施在移交时的性能、状态等作出明确规定。

(二) 与BOT业务相关收入的确认。

1. 建造期间，项目公司对于所提供的建造服务应当按照《企业会计准则第15号——建造合同》确认相关的收入和费用。基础设施建成后，项目公司应当按照《企业会计准则第14号——收入》确认与后续经营服务相关的收入。

建造合同收入应当按照收取或应收对价的公允价值计量，并分别以下情况在确认收入的同时，确认金融资产或无形资产：

(1) 合同规定基础设施建成后的一定期间内，项目公司可以无条件地自合同授予方收取确定金额的货币资金或其他金融资产的；或在项目公司提供经营服务的收费低于某一限定金额的情况下，合同授予方按照合同规定负责将有关差价补偿给项目公司的，应当在确认收入的同时确认金融资产，并按照《企业会计准则第22号——金融工具确认和计量》的规定处理。

(2) 合同规定项目公司在有关基础设施建成后,从事经营的一定期间内有权利向获取服务的对象收取费用,但收费金额不确定的,该权利不构成一项无条件收取现金的权利,项目公司应当在确认收入的同时确认无形资产。

建造过程如发生借款利息,应当按照《企业会计准则第17号——借款费用》的规定处理。

2. 项目公司未提供实际建造服务,将基础设施建造发包给其他方的,不应确认建造服务收入,应当按照建造过程中支付的工程价款等考虑合同规定,分别确认为金融资产或无形资产。

(三) 按照合同规定,企业为使有关基础设施保持一定的服务能力或在移交给合同授予方之前保持一定的使用状态,预计将发生的支出,应当按照《企业会计准则第13号——或有事项》的规定处理。

(四) 按照特许经营权合同规定,项目公司应提供不止一项服务(如既提供基础设施建造服务又提供建成后经营服务)的,各项服务能够单独区分时,其收取或应收的对价应当按照各项服务的相对公允价值比例分配给所提供的各项服务。

(五) BOT业务所建造基础设施不应作为项目公司的固定资产。

(六) 在BOT业务中,授予方可能向项目公司提供除基础设施以外其他的资产,如果该资产构成授予方应付合同价款的一部分,不应作为政府补助处理。项目公司自授予方取得资产时,应以其公允价值确认,未提供与获取该资产相关的服务前应确认为一项负债。

本规定发布前,企业已经进行的BOT项目,应当进行追溯调整;进行追溯调整不切实可行的,应以与BOT业务相关的资产、负债在所列报最早期间期初的账面价值为基础重新分类,作为无形资产或是金融资产,同时进行减值测试;在列报的最早期间期初进行减值测试不切实可行的,应在当期期初进行减值测试。

六、售后租回交易认定为经营租赁的,应当如何进行会计处理?

答:企业的售后租回交易认定为经营租赁的,应当分别以下情况处理:

(一) 有确凿证据表明售后租回交易是按照公允价值达成的,售价与资产账面价值的差额应当计入当期损益。

(二) 售后租回交易如果不是按照公允价值达成的,售价低于公允价值的差额,应计入当期损益;但若该损失将由低于市价的未来租赁付款额补偿时,有关损失应予以递延(递延收益),并按与确认租金费用相一致的方法在租赁期内进行分摊;如果售价大于公允价值,其大于公允价值的部分应计入递延收益,并在租赁期内分摊。

三、企业会计准则解释第3号

财政部关于印发企业会计准则解释第3号的通知

财会[2009]8号

国务院有关部委、有关直属机构,各省、自治区、直辖市、计划单列市财政厅(局),新疆生产建设兵团财务局,有关中央管理企业:

为了深入贯彻企业会计准则,解决执行中出现的问题,同时考虑会计准则持续趋同和等效情况,我部制定了《企业会计准则解释第3号》,现予印发。本解释中除特别注明应予追溯调整的以外,其他问题自2009年1月1日起施行。

附件:企业会计准则解释第3号

二〇〇九年六月十一日

企业会计准则解释第3号

一、采用成本法核算的长期股权投资,投资企业取得被投资单位宣告发放的现金股利或利润,应当如何进行会计处理?

答:采用成本法核算的长期股权投资,除取得投资时实际支付的价款或对价中包含的已宣告但尚未发放的现金股利或利润外,投资企业应当按照享有被投资单位宣告发放的现金股利或利润确认投资收益,不再划分是否属于投资前和投资后被投资单位实现的净利润。

企业按照上述规定确认自被投资单位应分得的现金股利或利润后，应当考虑长期股权投资是否发生减值。在判断该类长期股权投资是否存在减值迹象时，应当关注长期股权投资的账面价值是否大于享有被投资单位净资产（包括相关商誉）账面价值的份额等类似情况。出现类似情况时，企业应当按照《企业会计准则第8号——资产减值》对长期股权投资进行减值测试，可收回金额低于长期股权投资账面价值的，应当计提减值准备。

二、企业持有上市公司限售股权，对上市公司不具有控制、共同控制或重大影响的，应当如何进行会计处理？

答：企业持有上市公司限售股权（不包括股权分置改革中持有的限售股权），对上市公司不具有控制、共同控制或重大影响的，应当按照《企业会计准则第22号——金融工具确认和计量》的规定，将该限售股权划分为可供出售金融资产或以公允价值计量且其变动计入当期损益的金融资产。

企业在确定上市公司限售股权公允价值时，应当按照《企业会计准则第22号——金融工具确认和计量》有关公允价值确定的规定执行，不得改变企业会计准则规定的公允价值确定原则和方法。

本解释发布前未按上述规定确定所持有限售股权公允价值的，应当按照《企业会计准则第28号——会计政策、会计估计变更和差错更正》进行处理。

三、高危行业企业提取的安全生产费，应当如何进行会计处理？

答：高危行业企业按照国家规定提取的安全生产费，应当计入相关产品的成本或当期损益，同时记入“4301专项储备”科目。

企业使用提取的安全生产费时，属于费用性支出的，直接冲减专项储备。企业使用提取的安全生产费形成固定资产的，应当通过“在建工程”科目归集所发生的支出，待安全项目完工达到预定可使用状态时确认为固定资产；同时，按照形成固定资产的成本冲减专项储备，并确认相同金额的累计折旧。该固定资产在以后期间不再计提折旧。

“专项储备”科目期末余额在资产负债表所有者权益项下“减：库存股”和“盈余公积”之间增设“专项储备”项目反映。

企业提取的维简费和其他具有类似性质的费用，比照上述规定处理。

本解释发布前未按上述规定处理的，应当进行追溯调整。

四、企业收到政府给予的搬迁补偿款应当如何进行会计处理？

答：企业因城镇整体规划、库区建设、棚户区改造、沉陷区治理等公共利益进行搬迁，收到政府从财政预算直接拨付的搬迁补偿款，应作为专项应付款处理。其中，属于对企业在搬迁和重建过程中发生的固定资产和无形资产损失、有关费用性支出、停工损失及搬迁后拟新建资产进行补偿的，应自专项应付款转入递延收益，并按照《企业会计准则第16号——政府补助》进行会计处理。企业取得的搬迁补偿款扣除转入递延收益的金额后如有结余的，应当作为资本公积处理。

企业收到除上述之外的搬迁补偿款，应当按照《企业会计准则第4号——固定资产》、《企业会计准则第16号——政府补助》等会计准则进行处理。

五、在股份支付的确认和计量中，应当如何正确运用可行权条件和非可行权条件？

答：企业根据国家有关规定实行股权激励的，股份支付协议中确定的相关条件，不得随意变更。其中，可行权条件是指能够确定企业是否得到职工或其他方提供的服务、且该服务使职工或其他方具有获取股份支付协议规定的权益工具或现金等权利的条件；反之，为非可行权条件。可行权条件包括服务期限条件或业绩条件。服务期限条件是指职工或其他方完成规定服务期限才可行权的条件。业绩条件是指职工或其他方完成规定服务期限且企业已经达到特定业绩目标才可行权的条件，具体包括市场条件和非市场条件。

企业在确定权益工具授予日的公允价值时，应当考虑股份支付协议规定的可行权条件中的市场条件和非可行权条件的影响。股份支付存在非可行权条件的，只要职工或其他方满足了所有可行权条件中的非市场条件（如服务期限等），企业应当确认已得到服务相对应的成本费用。

在等待期内如果取消了授予的权益工具，企业应当对取消所授予的权益性工具作为加速行权处理，将剩余等待期内应确认的金额立即计入当期损益，同时确认资本公积。职工或其他方能够选择满足非可行权条件但在等待期内未满足的，企业应当将其作为授予权益工具的取消处理。

六、企业自行建造或通过分包商建造房地产，应当遵循哪项会计准则确认与房地产建造协议相关的收入？

答：企业自行建造或通过分包商建造房地产，应当根据房地产建造协议条款和实际情况，判断确认收入应适用的会计准则。

房地产购买方在建造工程开始前能够规定房地产设计的主要结构要素，或者能够在建造过程中决定主要结构变动的，房地产建造协议符合建造合同定义，企业应当遵循《企业会计准则第15号——建造合同》确认收入。

房地产购买方影响房地产设计的能力有限（如仅能对基本设计方案做微小变动）的，企业应当遵循《企业会计准则第14号——收入》中有关商品销售收入的原则确认收入。

七、利润表应当作哪些调整？

答：（一）企业应当在利润表"每股收益"项下增列"其他综合收益"项目和"综合收益总额"项目。"其他综合收益"项目，反映企业根据企业会计准则规定未在损益中确认的各项利得和损失扣除所得税影响后的净额。"综合收益总额"项目，反映企业净利润与其他综合收益的合计金额。"其他综合收益"和"综合收益总额"项目的序号在原有基础上顺延。

（二）企业应当在附注中详细披露其他综合收益各项目及其所得税影响，以及原计入其他综合收益、当期转入损益的金额等信息。

（三）企业合并利润表也应按照上述规定进行调整。在"综合收益总额"项目下单独列示"归属于母公司所有者的综合收益总额"项目和"归属于少数股东的综合收益总额"项目。

（四）企业提供前期比较信息时，比较利润表应当按照《企业会计准则第30号——财务报表列报》第八条的规定处理。

八、企业应当如何改进报告分部信息？

答：企业应当以内部组织结构、管理要求、内部报告制度为依据确定经营分部，以经营分部为基础确定报告分部，并按下列规定披露分部信息。原有关确定地区分部和业务分部以及按照主要报告形式、次要报告形式披露分部信息的规定不再执行。

（一）经营分部，是指企业内同时满足下列条件的组成部分：

1. 该组成部分能够在日常活动中产生收入、发生费用；

2. 企业管理层能够定期评价该组成部分的经营成果，以决定向其配置资源、评价其业绩；

3. 企业能够取得该组成部分的财务状况、经营成果和现金流量等有关会计信息。

企业存在相似经济特征的两个或多个经营分部，同时满足《企业会计准则第35号——分部报告》第五条相关规定的，可以合并为一个经营分部。

（二）企业以经营分部为基础确定报告分部时，应当满足《企业会计准则第35号——分部报告》第八条规定的三个条件之一。未满足规定条件，但企业认为披露该经营分部信息对财务报告使用者有用的，也可将其确定为报告分部。

报告分部的数量通常不应超过10个。报告分部的数量超过10个需要合并的，应当以经营分部的合并条件为基础，对相关的报告分部予以合并。

（三）企业报告分部确定后，应当披露下列信息：

1. 确定报告分部考虑的因素、报告分部的产品和劳务的类型；

2. 每一报告分部的利润（亏损）总额相关信息，包括利润（亏损）总额组成项目及计量的相关会计政策信息；

3. 每一报告分部的资产总额、负债总额相关信息，包括资产总额组成项目的信息，以及有关资产、负债计量的相关会计政策。

（四）除上述已经作为报告分部信息组成部分披露的外，企业还应当披露下列信息：

1. 每一产品和劳务或每一类似产品和劳务组合的对外交易收入；

2. 企业取得的来自于本国的对外交易收入总额以及位于本国的非流动资产（不包括金融资产、独立账户资产、递延所得税资产，下同）总额，企业从其他国家取得的对外交易收入总额以及位于其他国家的非流动资产总额；

3. 企业对主要客户的依赖程度。

四、企业会计准则实施问题专家工作组意见(2007 年 2 月 1 日)

企业会计准则实施问题专家工作组意见

近期，就有关部门、上市公司、会计师事务所等提出的新会计准则执行过程中的问题，企业会计准则实施问题专家工作组进行了讨论，并就以下问题达成了一致意见。

一、问：如何认定同一控制下的企业合并？

答：企业应当按照《企业会计准则第 20 号——企业合并》及其应用指南的相关规定，对同一控制下的企业合并进行判断。通常情况下，同一控制下的企业合并是指发生在同一企业集团内部企业之间的合并。除此之外，一般不作为同一控制下的企业合并。

二、问：企业持有的非同一控制下企业合并产生的对子公司的长期股权投资，在首次执行日及执行新会计准则后，按照《企业会计制度》及投资准则(以下简称“原制度”)核算的股权投资借方差额的余额如何处理？

答：企业持有的非同一控制下企业合并产生的对子公司的长期股权投资，按照原制度核算的股权投资借方差额的余额，在首次执行日应当执行《企业会计准则第 38 号——首次执行企业会计准则》的相关规定。

上述对子公司投资的股权投资借方差额的余额，执行新会计准则后，在编制合并财务报表时应区别情况处理：

(一) 企业无法可靠确定购买日被购买方可辨认资产、负债公允价值的，应将按原制度核算的股权投资借方差额的余额，在合并资产负债表中作为商誉列示。

(二) 企业能够可靠确定购买日被购买方可辨认资产、负债等的公允价值的，应将属于因购买日被购买方可辨认资产、负债公允价值与其账面价值的差额扣除已摊销金额后在首次执行日的余额，按合理的方法分摊至被购买方各项可辨认资产、负债，并在被购买方可辨认资产的剩余使用年限内计提折旧或进行摊销，有关折旧或摊销计入合并利润表相关的投资收益项目；无法将该余额分摊至被购买方各项可辨认资产、负债的，可在原股权投资差额的剩余摊销年限内平均摊销，计入合并利润表相关的投资收益项目，尚未摊销完毕的余额在合并资产负债表中作为“其他非流动资产”列示。

企业合并成本大于购买日应享有被购买方可辨认净资产公允价值份额的差额在首次执行日的余额，在合并资产负债表中作为商誉列示。

三、问：首次执行日确认递延所得税资产或递延所得税负债时，如何确定适用的所得税税率？税率变动时如何处理？

答：在首次执行日，企业按照《企业会计准则第 38 号——首次执行企业会计准则》的规定确认递延所得税资产或递延所得税负债时，应以现行国家有关税收法规为基础确定适用税率。

未来期间适用税率发生变更的，应当按照新的税率对原已确认的递延所得税资产和递延所得税负债进行调整，有关调整金额计入变更当期的所得税费用等。

四、问：企业根据国家有关规定计提的安全费在首次执行日以及执行新会计准则后如何处理？

答：企业根据国家有关规定计提的安全费余额在首次执行日不予调整，即原记入“长期应付款”科目的安全费在首次执行日的余额不变。

执行新会计准则后，企业应继续按照国家规定的标准计提安全费，计入生产成本，同时确认为负债，记入“长期应付款”科目。

企业在未来期间使用已计提的安全费时，冲减长期应付款。如能确定有关支出最终将形成固定资产的，应通过“在建工程”科目归集。待有关安全项目完工后，结转为固定资产；同时，按固定资产的实际成本，借记“长期应付款”科目，贷记“累计折旧”科目。该项固定资产在以后期间不再计提折旧。

五、问：上市公司在清欠过程中，控股股东通过放弃持有的对上市公司的股权抵偿其对上市公司的债务，上市公司作为减资的，会计上应当如何处理？

答：上市公司及其控股股东应分别进行以下处理：

(一) 上市公司取得控股股东用于抵偿债务的股权按照法定程序减资的,在办理有关的减资手续后,应当按照减资比例减少股本,所清偿应收债权的账面价值与减少的股本之间的差额,相应调整资本公积(股本溢价),资本公积(股本溢价)的余额不足冲减的,应当冲减留存收益。

(二) 控股股东以持有的对上市公司的股权抵偿其对上市公司债务,应冲减的抵债股权的账面价值与偿付的应付债务账面价值之间的差额调整资本公积(资本溢价或股本溢价)。

六、问:首次执行日,企业原确认的股权分置流通权余额如何处理?

答:(一) 股权分置流通权余额的处理

首次执行日,企业在股权分置改革中形成的股权分置流通权的余额,属于与对联营企业、合营企业、子公司的长期股权投资相关的,以及与仍处于限售期的权益性投资相关的,应当全额转至长期股权投资(投资成本);除此之外,首次执行日应将其余额及相关的权益性投资账面价值一并按照《企业会计准则第 22 号——金融工具确认和计量》的规定进行划分,作为交易性金融资产或可供出售金融资产。

划分为交易性金融资产或可供出售金融资产的金融资产,在首次执行日的公允价值与其账面价值的差额,应按照《企业会计准则第 38 号——首次执行企业会计准则》的规定处理。其中对于可供出售金融资产,其公允价值与账面价值的差额在调整了首次执行日的留存收益后,应同时将该差额自留存收益转入资本公积(其他资本公积)。

(二) 2007 年 1 月 1 日以后,企业根据经批准的股权分置方案,以支付现金方式取得的流通权,应当计入与其相关的长期股权投资或其他金融资产的账面价值,不再单设"股权分置流通权"科目进行核算。

七、问:保险公司分红保险和万能寿险账户中金融资产的公允价值变动如何处理?

答:对保险公司经营的分红保险和万能寿险账户中可供出售金融资产的公允价值变动,采用合理的方法将归属于保单持有人的部分确认为有关负债,将归属于公司股东的部分确认为资本公积(其他资本公积);对以公允价值计量且其变动计入当期损益的金融资产的公允价值变动,采用合理的方法将归属于保单持有人的部分确认为有关负债,将归属于公司股东的部分计入当期损益。

八、问:企业自其子公司的少数股东处购买股权应如何进行处理?

答:企业自其子公司的少数股东处购买股权,应区别个别财务报表和合并财务报表进行处理:

(一) 在个别财务报表中对增加的长期股权投资应当按照《企业会计准则第 2 号——长期股权投资》第四条的规定处理。

(二) 在合并财务报表中,子公司的资产、负债应以购买日(或合并日)开始持续计算的金额反映。

因购买少数股权增加的长期股权投资成本,与按照新取得的股权比例计算确定应享有子公司在交易日可辨认净资产公允价值份额之间的差额,在合并资产负债表中作为商誉列示。

因购买少数股权新增加的长期股权投资成本,与按照新取得的股权比例计算确定应享有子公司自购买日(或合并日)开始持续计算的可辨认净资产份额之间的差额,除确认为商誉的部分以外,应当调整合并资产负债表中的资本公积(资本溢价或股本溢价),资本公积(资本溢价或股本溢价)的余额不足冲减的,调整留存收益。

九、问:企业将消耗性生物资产或生产性生物资产转换为公益性生物资产,应如何进行结转?

答:企业将消耗性生物资产或生产性生物资产转换为公益性生物资产时,应当按照相关准则规定,考虑其是否发生减值,发生减值的,应当首先计提跌价准备或减值准备,并以计提跌价准备或减值准备后的账面价值作为公益性生物资产的入账价值。

十、问:原同时按照国内会计准则及国际财务报告准则提供财务报告的 B 股、H 股等上市公司,首次执行日如何衔接?

答:原同时按照国内会计准则及国际财务报告准则对外提供财务报告的 B 股、H 股等上市公司,首次执行日根据取得的相关信息、能够对因会计政策变更所涉及的有关交易和事项进行追溯调整的,如持有至到期投资、借款费用等,以追溯调整后的结果作为首次执行日的余额。

未发行 B 股、H 股的金融企业可比照处理。

财政部会计准则委员会

二〇〇七年二月一日

五、企业会计准则实施问题专家工作组意见(2007年4月30日)

企业会计准则实施问题专家工作组意见

(2007年4月30日)

企业会计准则体系(以下简称“新准则”)实施以来,经过各方面的共同努力,较好实现了新旧转换和平稳过渡,市场反映良好。新准则实施已过一个季度,为了深入贯彻新准则,针对近期上市公司、会计师事务所等方面提出的新准则执行中的问题,企业会计准则实施问题专家工作组进行了讨论,达成一致意见,现予发布。

一、问:如何正确地对投资性房地产进行后续计量?

答:企业通常应当采用成本模式对投资性房地产进行后续计量,在符合新准则规定的条件下,才允许采用公允价值模式。同一企业只能采用一种模式对所有投资性房地产进行后续计量,不得同时采用两种计量模式。

采用公允价值计量的投资性房地产,应当同时满足以下条件:

一是投资性房地产所在地有活跃的房地产交易市场。“所在地”一般是指投资性房地产所在的大中型城市的城区。

二是企业能够从活跃的房地产交易市场上取得同类或类似房地产的市场价格及其他相关信息,从而对投资性房地产的公允价值作出合理的估计。“同类或类似的房地产”,对建筑物而言,是指所处地理位置和地理环境相同、性质相同、结构类型相同或相近、新旧程度相同或相近、可使用状况相同或相近的建筑物;对土地使用权而言,是指同一城区、同一位置区域、所处地理环境相同或相近、可使用状况相同或相近的土地。

不具备上述条件的,不得采用公允价值模式。

二、问:如何正确地根据辞退福利计划确认和计量应付职工薪酬?

答:(一)辞退福利是在职工劳动合同尚未到期前,企业决定解除与职工的劳动关系而给予的补偿,或为鼓励职工自愿接受裁减而给予的补偿。辞退福利必须同时满足下列条件,才能确认预计负债:

1. 企业已经制定正式的解除劳动关系计划或提出自愿裁减建议,并即将实施。该计划或建议应当包括:拟解除劳动关系或裁减的职工所在部门、职位及数量;根据有关规定按工作类别或职位确定的解除劳动关系或裁减补偿金额;拟解除劳动关系或裁减的时间等。

辞退计划或建议应当经过董事会或类似权力机构的批准,除因付款程序等原因使部分付款推迟至一年以上外,辞退工作一般应当在一年内实施完毕。

2. 企业不能单方面撤回解除劳动关系计划或裁减建议。

(二)企业如有实施的职工内部退休计划,虽然职工未与企业解除劳动关系,但由于这部分职工未来不能给企业带来经济利益,企业承诺提供实质上类似于辞退福利的补偿,符合上述辞退福利计划确认预计负债条件的,比照辞退福利处理。企业应当将自职工停止提供服务日至正常退休日的期间拟支付的内退人员工资和缴纳的社会保险费等,确认为应付职工薪酬(辞退福利),不得在职工内退后各期分期确认因支付内退职工工资和为其缴纳社会保险费而产生的义务。

(三)辞退工作在一年内实施完毕、补偿款项超过一年支付的辞退计划(含内退计划),企业应当选择恰当的折现率,以折现后的金额进行计量,计入当期管理费用。折现后的金额与实际应支付的辞退福利的差额,作为未确认融资费用,在以后各期实际支付辞退福利款项时计入财务费用。应付辞退福利款项与其折现后金额相差不大的,也可不予折现。

三、问:如何正确地进行交易性金融资产和可供出售金融资产的分类和会计处理?

答:交易性金融资产主要是指企业为了近期内出售而持有的金融资产。通常情况下,企业以赚取差价为目的从二级市场购入的股票、债券和基金等,应当分类为交易性金融资产。交易性金融资产在活跃的市场上有报价且持有期限较短,应当按照公允价值计量,公允价值变动计入当期损益。

可供出售金融资产主要是指企业没有划分为以公允价值计量且其变动计入当期损益的金融资产、持有至到期投资、贷款和应收款项的金融资产。企业购入的在活跃市场上有报价的股票、债券和基金等,没有划分为以公允价值计量且其变动计入当期损益的金融资产、持有至到期投资等金融资产的,可以归为此类。相对于交易性金融资产而言,可供出售金融资产的持有意图不明确。可供出售金融资产在初始确认时,应当按其公允价值以及交易费用之和入账,公允价值变动计入所有者权益,如可供出售金融资产的公允价值发生非暂时性下跌,应当将原计入所有者权益的公允价值下降形成的累计损失一并转出计入当期损益。可供出售金融资产持有期间实现的利息或现金股利,也应计入当期损益。

企业管理层在取得金融资产时,应当正确地进行分类,不得随意变更。交易性金融资产和可供出售金融资产的分类情况,应当以正式书面文件记录,并在附注中加以说明。

四、问:企业应当采用何种税率计算确认递延所得税资产和递延所得税负债?

答:递延所得税资产和递延所得税负债应当按照预期收回该资产或清偿该负债期间的适用税率计量。适用税率是指按照税法规定,在暂时性差异预计转回期间执行的税率。

《中华人民共和国企业所得税法》已于 2007 年 3 月 16 日通过,自 2008 年 1 月 1 日起实施。企业在进行所得税会计处理时,资产、负债的账面价值与其计税基础之间产生暂时性差异、这些暂时性差异预计在 2008 年 1 月 1 日以后转回的,应当按照新税法规定的适用税率对原已确认的递延所得税资产和递延所得税负债进行重新计量,除原确认时产生于直接计入所有者权益的交易或事项应当调整所有者权益(资本公积)以外,其他情况下产生的递延所得税资产和递延所得税负债的调整金额,应当计入当期所得税费用。

五、问:企业按原制度核算的资本公积执行新准则后应当如何处理?

答:企业按照原制度核算的资本公积,执行新准则后应当分别下列情况进行处理:

(一) 原资本公积中的资本溢价或股本溢价,执行新准则后仍应作为资本公积(资本溢价或股本溢价)进行核算。

(二) 原资本公积中因被投资单位除净损益外其他所有者权益项目的变动产生的股权投资准备,执行新准则后应当转入新准则下按照权益法核算的长期股权投资产生的资本公积(其他资本公积)。

(三) 原资本公积中除上述以外的项目,包括债务重组收益、接受捐赠的非现金资产、关联交易差价、按照权益法核算的长期股权投资因初始投资成本小于应享有被投资单位账面净资产的份额计入资本公积的金额等,执行新准则后应在资本公积(其他资本公积)中单设"原制度资本公积转入"进行核算,该部分金额在执行新准则后,可用于增资、冲减同一控制下企业合并产生的合并差额等。

六、问:售后租回交易中,资产售价与其账面价值之间的差额如何处理? 出租人对经营租赁提供激励措施的,如提供免租期、承担承租人的某些费用等,承租人和出租人应当如何处理?

答:(一) 售后租回交易中,资产售价与其账面价值之间的差额应当记入"递延收益"科目,售后租回交易认定为融资租赁的,记入"递延收益"科目的金额应按租赁资产的折旧进度进行分摊,作为折旧费用的调整。

售后租回交易认定为经营租赁的,记入"递延收益"科目的金额,应在租赁期内按照与确认租金费用相一致的方法进行分摊,作为租金费用的调整。但有确凿证据表明售后租回交易是按照公允价值达成的,资产售价与其账面价值之间的差额应当计入当期损益。

(二) 出租人对经营租赁提供激励措施的,出租人与承租人应当分别下列情况进行处理:

1. 出租人提供免租期的,承租人应将租金总额在不扣除免租期的整个租赁期内,按直线法或其他合理的方法进行分摊,免租期内应当确认租金费用;出租人应将租金总额在不扣除免租期的整个租赁期内,按直线法或其他合理的方法进行分配,免租期内出租人应当确认租金收入。

2. 出租人承担了承租人某些费用的,出租人应将该费用自租金收入总额中扣除,按扣除后的租金收入余额在租赁期内进行分配;承租人应将该费用从租金费用总额中扣除,按扣除后的租金费用余额在租赁期内进行分摊。

七、问:企业在编制合并财务报表时,因抵销未实现内部销售损益在合并财务报表中产生的暂时性差异是否应当确认递延所得税? 母公司对于纳入合并范围的子公司的未确认投资损失,执行新准则后在合并财务报表中如何列报?

答:(一) 企业在编制合并财务报表时,因抵销未实现内部销售损益导致合并资产负债表中资产、负债的账面价值与其在纳入合并范围的企业按照适用税法规定确定的计税基础之间产生暂时性差异的,在合并资产负债表中应当确认递延所得税资产或递延所得税负债,同时调整合并利润表中的所得税费用,但与直接计入所有者权益的交易或事项及企业合并相关的递延所得税除外。

（二）执行新准则后，母公司对于纳入合并范围的子公司的未确认投资损失，在合并资产负债表中应当冲减未分配利润，不再单独作为"未确认的投资损失"项目列报。

企业在编制执行新准则后的首份报表时，对于比较合并财务报表中的"未确认的投资损失"项目金额，应当按照企业会计准则的列报要求进行调整，相应冲减合并资产负债表中的"未分配利润"项目和合并利润表中的"净利润"及"归属于母公司所有者的净利润"项目。

八、问：2007 年 7 月 1 日起执行新准则的证券投资基金，其持有的资产、负债和所有者权益以及实现的收入、发生的费用应当如何进行会计处理和编制财务报告？如何实现新旧转换？

答：证券投资基金（以下简称基金）属于独立的会计主体，其资产、负债、所有者权益（基金净值）、收入和费用等，应当按照新准则的规定进行确认、计量和报告。

（一）基金持有的金融资产和承担的金融负债，通常分类为以公允价值计量且其变动计入当期损益的金融资产和金融负债，应当采用公允价值进行初始和后续计量，公允价值的变动以及取得时发生的相关交易费用计入当期损益。

基金持有的除上述划分为以公允价值计量且其变动计入当期损益的金融资产和金融负债之外的其他金融资产或金融负债，包括买入返售金融资产和卖出回购金融资产款等，应当按照《企业会计准则第 22 号——金融工具确认和计量》等相关规定处理。

基金涉及金融资产转移和套期保值的，应当分别执行《企业会计准则第 23 号——金融资产转移》和《企业会计准则第 24 号——套期保值》。

（二）基金的所有者权益（基金净值），是指基金的资产减去负债后的余额，包括实收基金、未分配利润等。在基金募集、申购、转换转入、基金红利再投资等时，应当增加相应的实收基金；在基金赎回或转换转出等时，应当减少相应的实收基金。基金在期末应当根据当期实现的净利润（或亏损）增加（或减少）未分配利润；根据利润分配数，减少未分配利润。

（三）基金应当按照新准则的规定设置会计科目，并按照所附的报表格式定期编制财务报告。基金财务报告应当包括：资产负债表、利润表、所有者权益（基金净值）变动表、附注和其他应当在财务报告中披露的相关信息和资料。基金可以根据实际需要在不违反企业会计准则中确认、计量和报告规定的前提下自行设置相关会计科目。附注的编制应当遵循《企业会计准则第 30 号——财务报表列报》和《企业会计准则第 37 号——金融工具列报》及其应用指南等规定。

（四）基金在新旧转换时，应当按照下列要求进行处理：

在首次执行日，基金应当对所有资产、负债和所有者权益项目按照新准则进行重新分类、确认和计量，编制期初资产负债表。

因首次执行新准则而导致会计政策发生变更的，应当采用追溯调整法进行处理，根据会计政策变更的累积影响数调整列报前期最早期初留存收益（未分配利润），其他相关项目的期初金额和列报前期的比较数据也应一并调整。确定会计政策变更对列报前期影响数不切实可行的，应当从可追溯调整的最早期间期初开始应用变更后的会计政策。在首次执行日确定会计政策变更对以前各期累积影响数不切实可行的，应当采用未来适用法处理。

（五）其他类似基金或类似于证券投资基金运作方式的产品（除企业年金基金），比照本意见进行会计处理。

附录：

一、基金会计科目表

顺序号	编　　号	会计科目名称
		一、资产类
1	1002	银行存款
2	1021	结算备付金
3	1031	存出保证金

（续表）

顺序号	编　号	会计科目名称
4	1101	交易性金融资产
5	1111	买入返售金融资产
6	1131	应收股利
7	1132	应收利息
8	1202	应收申购款
9	1221	其他应收款
		二、负债类
10	2001	短期借款
11	2101	交易性金融负债
12	2111	卖出回购金融资产款
13	2204	应付赎回款
14	2206	应付管理人报酬
15	2207	应付托管费
16	2208	应付销售服务费
17	2209	应付佣金
18	2221	应交税费
19	2231	应付利息
20	2232	应付利润
21	2241	其他应付款
		三、共同类
21	3001	证券清算款
22	3101	衍生工具
23	3201	套期工具
24	3202	被套期项目
		四、所有者权益类
25	4001	实收基金
26	4103	本期利润
27	4104	利润分配
		五、损益类
28	6011	利息收入
29	6101	公允价值变动损益
30	6111	投资收益
31	6302	其他收入
32	6403	管理人报酬

（续表）

顺序号	编　　号	会 计 科 目 名称
33	6404	托管费
34	6406	销售服务费
35	6407	交易费用
36	6411	利息支出
37	6605	其他费用
38	6901	以前年度损益调整

二、基金资产负债表、利润表、所有者权益(基金净值)变动表格式

资 产 负 债 表

会证基 01 表

编制单位：　　　　年　月　日　　　　单位:元

资　　产	期末余额	年初余额	负债和所有者权益	期末余额	年初余额
资产：			负债：		
银行存款			短期借款		
结算备付金			交易性金融负债		
存出保证金			衍生金融负债		
交易性金融资产			卖出回购金融资产款		
其中:股票投资			应付证券清算款		
债券投资			应付赎回款		
资产支持证券投资			应付管理人报酬		
衍生金融资产			应付托管费		
买入返售金融资产			应付销售服务费		
应收证券清算款			应付佣金		
应收利息			应交税费		
应收股利			应付利息		
应收申购款			应付利润		
其他资产			其他负债		
			负债合计		
			所有者权益：		
			实收基金		
			未分配利润		
			所有者权益合计		
资产总计			负债和所有者权益总计		

基金份额净值　　元，基金份额总额　　份。

利 润 表

会证基 02 表

编制单位: 年 月 单位:元

项 目	本期金额	上期金额
一、收入		
1. 利息收入		
其中:存款利息收入		
债券利息收入		
资产支持证券利息收入		
买入返售金融资产收入		
2. 投资收益(损失以"一"号填列)		
其中:股票投资收益		
债券投资收益		
基金投资收益		
资产支持证券投资收益		
衍生工具收益		
股利收益		
3. 公允价值变动收益(净损失以"一"号填列)		
4. 其他收入		
二、费用		
1. 管理人报酬		
2. 托管费		
3. 销售服务费		
4. 交易费用		
5. 利息支出		
其中:卖出回购金融资产支出		
6. 其他费用		
三、净利润		

六、企业会计准则实施问题专家工作组意见(2008 年 1 月 21 日)

企业会计准则实施问题专家工作组意见

(2008 年 1 月 21 日)

近期正值上市公司、会计师事务所编制和审计 2007 年年报,针对上市公司和会计师事务所在此过程中提出的问题,企业会计准则实施问题专家工作组进行了讨论,达成一致意见,现予发布。

一、问:企业持有上市公司限售股权(不包括股权分置改革持有的限售股权,下同)且对上市公司不具有控制、共同控制或重大影响的,应当如何进行会计处理?

答:企业持有上市公司限售股权且对上市公司不具有控制、共同控制或重大影响的,应当按照《企业会计准则第 22 号——金融工具确认和计量》的规定,将该限售股权划分为可供出售金融资产,除非满足该准则规定条件划分为以公允价值计量且其变动计入当期损益的金融资产。

对于首次执行日之前持有的上市公司限售股权且对上市公司不具有控制、共同控制或重大影响的，企业应当在首次执行日进行追溯调整。

企业在确定上市公司限售股权公允价值时，应当遵循《企业会计准则第22号——金融工具确认和计量》的相关规定，对于存在活跃市场的，应当根据活跃市场的报价确定其公允价值；不存在活跃市场的，应当采用估值技术确定其公允价值，估值技术应当是市场参与者普遍认同且被以往市场实际交易价格验证具有可靠性的估值技术，采用估值技术时应当尽可能使用市场参与者在金融工具定价时所使用的所有市场参数。上市公司限售股权的公允价值通常应当以其公开交易的流通股股票的公开报价为基础确定，除非有足够的证据表明该公开报价不是公允价值的，应当对该公开报价作适当调整，以确定其公允价值。

二、问：企业发行认股权和债券分离交易的可转换公司债券，其认股权应当如何进行会计处理？

答：企业发行认股权和债券分离交易的可转换公司债券（以下简称分离交易可转换公司债券），所发行的认股权符合《企业会计准则第22号——金融工具确认和计量》及《企业会计准则第37号——金融工具列报》有关权益工具定义及其确认与计量规定的，应当确认为一项权益工具（资本公积），并以发行价格减去不附认股权且其他条件相同的公司债券公允价值后的净额进行计量。

对于首次执行日之前已经发行的分离交易可转换公司债券，应当进行追溯调整。

三、问：企业在首次执行日之前持有的对子公司长期股权投资，如何按照《企业会计准则解释第1号》进行追溯调整？

答：企业在首次执行日之前已经持有的对子公司长期股权投资，按照《企业会计准则解释第1号》（财会[2007]14号）的规定进行追溯调整，视同该子公司自取得时即采用变更后的会计政策，对其原账面核算的成本、原摊销的股权投资差额、按照权益法确认的损益调整及股权投资准备等均进行追溯调整；对子公司长期股权投资，其账面价值在公司设立时已折合为股本或实收资本等资本性项目的，有关追溯调整应以公司设立时为限，即对于公司设立时长期股权投资的账面价值已折成股份或折成资本的不再追溯调整。合并财务报表的编制也应采用上述同一原则处理。

首次执行日之前持有的对子公司长期股权投资进行追溯调整不切实可行的，应当按照《企业会计准则第38号——首次执行企业会计准则》的相关规定，在首次执行日对其账面价值进行调整，在此基础上合并财务报表的编制按照2007年2月1日发布的专家工作组意见执行。

首次执行日按照上述原则对子公司长期股权投资进行调整后，相关调整情况应当在附注中说明。

四、问：国有企业进行公司制改建的，有关资产、负债的价值如何确定？

答：国有企业经批准进行公司制改建为股份有限公司的，应当按照《企业会计准则解释第1号》（财会[2007]14号）的规定，采用公允价值计量相关资产、负债。国有企业经批准改建为有限责任公司的，比照上述原则处理。

五、问：证券投资基金、信托项目以及其他类似基金、产品等，应当如何进行会计处理？

答：证券投资基金、信托项目以及其他类似基金、产品等需要单独进行会计确认、计量和报告的，属于独立的会计主体，均应执行企业会计准则、应用指南、解释及有关专家工作组意见，对该主体的各项资产、负债、所有者权益（基金净值、净资产）、收入、费用和利润进行确认、计量和报告。

所有者权益(基金净值)变动表

会证基03表

编制单位：　　　　　　　年　月　　　　　　　单位：元

项　　目	本期金额			上期金额		
	实收基金	未分配利润	所有者权益合计	实收基金	未分配利润	所有者权益合计
一、期初所有者权益(基金净值)						
二、本期经营活动产生的增减变动额（本期净利润）						

（续表）

项　　目	本期金额			上期金额		
	实收基金	未分配利润	所有者权益合计	实收基金	未分配利润	所有者权益合计
三、本期基金份额交易产生的增减变动额						
（减少以“－”号填列）						
其中：1. 基金申购款						
2. 基金赎回款						
四、本期向基金份额持有人分配利润产生的增减变动额						
五、期末所有者权益（基金净值）						

七、保险合同相关会计处理规定

财政部关于印发《保险合同相关会计处理规定》的通知

财会[2009]15 号

国务院有关部委、有关直属机构，各省、自治区、直辖市、计划单列市财政厅（局），新疆生产建设兵团财务局，有关保险公司：

为了规范保险混合合同分拆、重大保险风险测试和保险合同准备金计量的会计处理，根据《中华人民共和国会计法》和《企业会计准则——基本准则》等有关法律法规，我部制定了《保险合同相关会计处理规定》，现予印发。

执行中有何问题，请及时反馈我部。

财政部

二〇〇九年十二月二十二日

保险合同相关会计处理规定

为了规范保险混合合同分拆、重大保险风险测试和保险合同准备金计量等问题，现就有关会计处理规定如下：

一、保险混合合同分拆

（一）保险人与投保人签订的合同，使保险人既承担保险风险又承担其他风险的，应当分别下列情况进行处理：

1. 保险风险部分和其他风险部分能够区分，并且能够单独计量的，应当将保险风险部分和其他风险部分进行分拆。保险风险部分，确定为保险合同；其他风险部分，不确定为保险合同。

2. 保险风险部分和其他风险部分不能够区分，或者虽能够区分但不能够单独计量的，如果保险风险重大，应当将整个合同确定为保险合同；如果保险风险不重大，不应当将整个合同确定为保险合同。

（二）确定为保险合同的，应当按照《企业会计准则第 25 号——原保险合同》、《企业会计准则第 26 号——再保险合同》等进行处理；不确定为保险合同的，应当按照《企业会计准则第 22 号——金融工具确认和计量》、《企业会计准则第 37 号——金融工具列报》等进行处理。

二、重大保险风险测试

（一）保险人与投保人签订的需要进行重大保险风险测试的合同，应当在合同初始确认日进行重大保险风险测试。保险人应当以单项合同为基础进行重大保险风险测试；不同合同的保险风险同质的，可以按合同组合为基础进行重大保险风险测试。

测试结果表明，发生合同约定的保险事故可能导致保险人支付重大附加利益的，即认定该保险风险重大，但不具有商业实质的除外。合同的签发对交易双方的经济利益没有可辨认的影响的，表明保险人与投保人签订的合同不具有商业实质。附加利益，是指保险人在发生保险事故时的支付额，超过不发生保险事故时的支付额的金额。

（二）保险人应当在附注中披露与重大保险风险测试有关的下列信息：

1. 重大保险风险的测试方法和标准；

2. 重大保险风险测试中合同的分组标准和选取方法；

3. 重大保险风险测试假设的设定依据。

经过重大保险风险测试后，未确认为保险合同的重大合同，应当披露其交易金额、保险责任、保险期间等信息。

三、保险合同准备金计量

保险人应当在资产负债表日计量保险合同准备金，以如实反映保险合同负债。寿险保险合同准备金包括寿险责任准备金、长期健康险责任准备金，分别由未到期责任准备金和未决赔款准备金组成。非寿险保险合同准备金包括未到期责任准备金、未决赔款准备金。

（一）保险合同准备金计量的基本要求

1. 保险人在确定保险合同准备金时，应当将单项保险合同作为一个计量单元，也可以将具有同质保险风险的保险合同组合作为一个计量单元。计量单元的确定标准应当在各个会计期间保持一致，不得随意变更。

2. 保险合同准备金应当以保险人履行保险合同相关义务所需支出的合理估计金额为基础进行计量。

保险人履行保险合同相关义务所需支出，是指由保险合同产生的预期未来现金流出与预期未来现金流入的差额，即预期未来净现金流出。其中，预期未来现金流出，是指保险人为履行保险合同相关义务所必需的合理现金流出，主要包括：(1)根据保险合同承诺的保证利益，包括死亡给付、残疾给付、疾病给付、生存给付、满期给付等；(2)根据保险合同构成推定义务的非保证利益，包括保单红利给付等；(3)管理保险合同或处理相关赔付必需的合理费用，包括保单维持费用、理赔费用等。预期未来现金流入，是指保险人为承担保险合同相关义务而获得的现金流入，包括保险费和其他收费。

预期未来净现金流出的合理估计金额，应当以资产负债表日可获取的当前信息为基础，按照各种情形的可能结果及相关概率计算确定。

3. 保险人在确定保险合同准备金时，应当考虑边际因素，并单独计量。保险人应当在保险期间内，采用系统、合理的方法，将边际计入当期损益。

保险人在保险合同初始确认日不应当确认首日利得，发生首日损失的，应当予以确认并计入当期损益。

4. 保险人在确定保险合同准备金时，应当考虑货币时间价值的影响。

货币时间价值影响重大的，应当对相关未来现金流量进行折现。计量货币时间价值所采用的折现率，应当以资产负债表日可获取的当前信息为基础确定，不得锁定。

5. 原保险合同现金流量和与其相关的再保险合同现金流量应当分别估计，并应当将从再保险分入人摊回的保险合同准备金确认为资产。

6. 保险人在确定保险合同准备金时，不得计提以平滑收益为目的的巨灾准备金、平衡准备金、平滑准备金等。

（二）未到期责任准备金的计量假设和期间

1. 未到期责任准备金计量假设应当以资产负债表日可获取的当前信息为基础确定。

（1）对于未来保险利益不受对应资产组合投资收益影响的保险合同，用于计算未到期责任准备金的折现率，应当根据与负债现金流出期限和风险相当的市场利率确定；对于未来保险利益随对应资产组合投资收益变化的保险合同，用于计算未到期责任准备金的折现率，应当根据对应资产组合预期产生的未来投资收益率确定。

(2) 保险人应当根据实际经验和未来的发展变化趋势,确定合理估计值,作为保险事故发生率假设,如死亡发生率、疾病发生率、伤残率等。

(3) 保险人应当根据实际经验和未来的发展变化趋势,确定合理估计值,作为退保率假设。

(4) 保险人应当根据费用分析结果和未来的发展变化趋势,确定合理估计值,作为费用假设。

未来费用水平对通货膨胀反应敏感的,保险人在确定费用假设时应当考虑通货膨胀因素的影响。保险人确定的通货膨胀率假设,应当与确定折现率假设时采用的通货膨胀率假设保持一致。

(5) 保险人应当根据分红保险账户的预期投资收益率、管理层的红利政策、保单持有人的合理预期等因素,确定合理估计值,作为保单红利假设。

2. 保险人在计量未到期责任准备金时,预测未来净现金流出的期间为整个保险期间。对于包含可续保选择权的保险合同,如果保单持有人很可能执行续保选择权并且保险人不具有重新厘定保险费的权利,保险人应当将预测期间延长至续保选择权终止的期间。

(三) 未决赔款准备金的计量方法

1. 未决赔款准备金包括已发生已报案未决赔款准备金、已发生未报案未决赔款准备金和理赔费用准备金等。

2. 保险人应当采用逐案估损法、案均赔款法等方法,以最终赔付的合理估计金额为基础,同时考虑边际因素,计量已发生已报案未决赔款准备金。

3. 保险人应当根据保险风险的性质和分布、赔款发展模式、经验数据等因素,采用链梯法、案均赔款法、准备金进展法、B-F法等方法,以最终赔付的合理估计金额为基础,同时考虑边际因素,计量已发生未报案未决赔款准备金。

4. 保险人应当以未来必须发生的理赔费用的合理估计金额为基础,计量理赔费用准备金。

(四) 相关信息的披露

保险人应当在附注中披露与保险合同准备金计量有关的下列信息:

1. 各项保险合同准备金的增减变动情况;

2. 考虑分出业务和不考虑分出业务的索赔进展情况;

3. 保险合同准备金的计量方法、计量单元及其确定方法;

4. 预期未来现金流入和流出金额的组成内容和计量方法;

5. 保险合同准备金包含的边际的计量方法和计入当期损益的方法;

6. 计量保险合同准备金使用的重大假设及其来源,重大假设的敏感性分析,以及不同假设之间的关系;

7. 对重大假设产生影响的不确定性事项及其影响程度,以及重大假设确定过程中如何考虑过去经验和当前情况的描述;

8. 计量保险合同准备金使用的重大假设与可观察到的市场参数或其他公开信息的符合程度及其原因;

9. 计量保险合同准备金使用的方法和重大假设发生变更的,应当披露变更的事实、原因及其影响。

四、新旧衔接

保险公司应当自编制2009年年度财务报告开始实施本规定。以前年度发生的有关交易或事项的会计处理与本规定不一致的,应当进行追溯调整。但是,追溯调整不切实可行的除外。

八、典当企业执行《企业会计准则》若干衔接规定

典当企业执行《企业会计准则》若干衔接规定

财会[2009]11号

国务院有关部委、有关直属机构,各省、自治区、直辖市、计划单列市财政厅(局),新疆生产建设兵团财务局,有关典当企业:

为了规范典当企业执行企业会计准则,确保新旧会计准则平稳过渡,根据《中华人民共和国会计法》和

《企业会计准则——基本准则》等国家有关法律法规，我部制定了《典当企业执行〈企业会计准则〉若干衔接规定》，现予印发。执行企业会计准则的典当企业不再执行原来的相关准则、制度、办法。

执行中有何问题，请及时反馈我部。

附件：典当企业执行《企业会计准则》若干衔接规定

典当企业执行《企业会计准则》若干衔接规定

典当企业应当遵循《企业会计准则——基本准则》、各项具体准则、会计准则应用指南以及解释（以下简称新会计准则）的规定，进行会计处理，编制财务报告，在新会计准则首次执行日，应当按照《企业会计准则第38号——首次执行企业会计准则》及其应用指南、解释的规定执行，做好新旧衔接，确保平稳过渡。

一、典当业务会计处理及其衔接

典当企业自首次执行日起，应当按照新会计准则的要求进行会计处理，有关典当业务的会计处理及其衔接要求如下：

（一）对于典当企业发放的当金，企业应当设置“贷款”科目或分别设置“质押贷款”和“抵押贷款”科目，并按照《企业会计准则第22号——金融工具确认和计量》的规定进行会计处理。即对于发放的当金，典当企业应当按照公允价值进行初始计量，采用实际利率法，按照摊余成本进行后续计量。

（二）利息和综合费用属于计算实际利率的组成项目，应当在确定实际利率时予以考虑，按照实际利率法计算贷款的摊余成本及各期利息收入。企业应收或预收的综合费用，通过“应收账款”或“预收账款”科目进行会计处理。

（三）对于典当企业取得的符合资产定义和资产确认条件的动产等绝当物品，企业应当设置“1409 绝当物品”等科目，按照《企业会计准则第1号——存货》的规定进行会计处理，并在资产负债表的“存货”项目中列示；对于取得的符合资产定义和资产确认条件的股权、票据等金融资产类绝当物品，企业应当设置“交易性金融资产”、“可供出售金融资产”、“持有至到期投资”、“应收票据”等科目，并按照《企业会计准则第22号——金融工具确认和计量》的规定进行会计处理。

绝当物品发生减值的，企业应当按照新会计准则的要求确认相应的资产减值损失。存货类绝当物品的处置通过“其他业务收入”和“其他业务成本”等科目进行会计处理；金融工具类绝当物品的处置通过“投资收益”等科目进行会计处理；应当退还当户或向当户追索的款项通过“其他应付款”或“其他应收款”等科目进行会计处理。

（四）对于典当企业从事的鉴定评估及咨询等服务，应当设置“手续费及佣金收入”、“手续费及佣金支出”等科目，并按照《企业会计准则第14号——收入》中有关提供劳务收入的确认和计量原则进行会计处理。

（五）典当企业应当设置备查簿，登记当物的有关信息。

二、财务报表列报的要求及其衔接

典当企业自首次执行日起，应当按照新会计准则的要求进行财务报表的列报（财务报表格式参见附件），有关报表项目及其金额应按照新会计准则的要求做好新旧转换和衔接工作。附注的编制应当遵循新会计准则的相关规定，并补充披露以下内容：

（一）贷款和垫款按担保物类别分布情况

项　目	期末账面余额	年初账面余额
动产质押贷款		
财产权利质押贷款		
房地产抵押贷款		
合　计		

(二)逾期贷款

项目	期末账面余额					年初账面余额				
	逾期1天至90天(含90天)	逾期90天至360天(含360天)	逾期360天至3年(含3年)	逾期3年以上	合计	逾期1天至90天(含90天)	逾期90天至360天(含360天)	逾期360天至3年(含3年)	逾期3年以上	合计
动产质押贷款										
财产权利质押贷款										
房地产抵押贷款										
合计										

(三)绝当金额(指绝当涉及的贷款以及应收未收的利息和综合费用)

项目	本期发生额	上期发生额
动产质押贷款绝当金额		
财产权利质押贷款绝当金额		
房地产抵押贷款绝当金额		
合计		

(四)利息收入(按担保物类别)

项目	本期发生额	上期发生额
动产质押贷款利息收入		
财产权利质押贷款利息收入		
房地产抵押贷款利息收入		
合计		

九、财政部会计司关于非上市公司购买上市公司股权实现间接上市会计处理的复函

财政部会计司关于非上市公司购买上市公司股权实现间接上市会计处理的复函

财会便[2009]17号

有关会计师事务所:

近期,据部分有证券资格的会计师事务所反映,对于非上市公司通过购买上市公司的股权实现间接上市交易应当如何进行会计处理存在一些理解差别,希望能够予以明确。现就非上市公司购买上市公司股权实现间接上市交易的会计处理答复如下:

一、非上市公司取得上市公司的控制权,未形成反向购买的,应当按照《企业会计准则第20号——企业合并》的规定执行。

二、非上市公司以所持有的对子公司投资等资产为对价取得上市公司的控制权,构成反向购买的,上

市公司编制合并财务报表时应当区别以下情况处理：

（一）交易发生时，上市公司未持有任何资产负债或仅持有现金、交易性金融资产等不构成业务的资产或负债的，上市公司在编制合并财务报表时，应当按照《财政部关于做好执行会计准则企业 2008 年年报工作的通知》（财会函[2008]60 号）的规定执行。

（二）交易发生时，上市公司保留的资产、负债构成业务的，应当按照《企业会计准则第 20 号——企业合并》及相关讲解的规定执行，即对于形成非同一控制下企业合并的，企业合并成本与取得的上市公司可辨认净资产公允价值份额的差额应当确认为商誉或是计入当期损益。

业务是指企业内部某些生产经营活动或资产负债的组合，该组合具有投入、加工处理过程和产出能力，能够独立计算其成本费用或所产生的收入等，可以为投资者等提供股利、更低的成本或其他经济利益等形式的回报。有关资产或资产、负债的组合具备了投入和加工处理过程两个要素即可认为构成一项业务。对于取得的资产、负债组合是否构成业务，应当由企业结合实际情况进行判断。

三、非上市公司取得上市公司的控制权，构成反向购买的，上市公司在其个别财务报表中应当按照《企业会计准则第 2 号——长期股权投资》等的规定确定取得资产的入账价值。上市公司的前期比较个别财务报表应为其自身个别财务报表。

第九部分　证监会发布的实施会计准则配套规章

一、上市公司信息披露管理办法

中国证券监督管理委员会令

（第40号）

《上市公司信息披露管理办法》已经2006年12月13日中国证券监督管理委员会第196次主席办公会议审议通过，现予公布，自发布之日起施行。

中国证券监督管理委员会主席：尚福林

二〇〇七年一月三十日

上市公司信息披露管理办法

第一章　总　　则

第一条　为了规范发行人、上市公司及其他信息披露义务人的信息披露行为，加强信息披露事务管理，保护投资者合法权益，根据《公司法》、《证券法》等法律、行政法规，制定本办法。

第二条　信息披露义务人应当真实、准确、完整、及时地披露信息，不得有虚假记载、误导性陈述或者重大遗漏。

信息披露义务人应当同时向所有投资者公开披露信息。

在境内、外市场发行证券及其衍生品种并上市的公司在境外市场披露的信息，应当同时在境内市场披露。

第三条　发行人、上市公司的董事、监事、高级管理人员应当忠实、勤勉地履行职责，保证披露信息的真实、准确、完整、及时、公平。

第四条　在内幕信息依法披露前，任何知情人不得公开或者泄露该信息，不得利用该信息进行内幕交易。

第五条　信息披露文件主要包括招股说明书、募集说明书、上市公告书、定期报告和临时报告等。

第六条　上市公司及其他信息披露义务人依法披露信息，应当将公告文稿和相关备查文件报送证券交易所登记，并在中国证券监督管理委员会（以下简称中国证监会）指定的媒体发布。

信息披露义务人在公司网站及其他媒体发布信息的时间不得先于指定媒体，不得以新闻发布或者答记者问等任何形式代替应当履行的报告、公告义务，不得以定期报告形式代替应当履行的临时报告义务。

第七条　信息披露义务人应当将信息披露公告文稿和相关备查文件报送上市公司注册地证监局，并置备于公司住所供社会公众查阅。

第八条　信息披露文件应当采用中文文本。同时采用外文文本的，信息披露义务人应当保证两种文本的内容一致。两种文本发生歧义时，以中文文本为准。

第九条　中国证监会依法对信息披露文件及公告的情况、信息披露事务管理活动进行监督，对上市公司控股股东、实际控制人和信息披露义务人的行为进行监督。

证券交易所应当对上市公司及其他信息披露义务人披露信息进行监督，督促其依法及时、准确地披露信息，对证券及其衍生品种交易实行实时监控。证券交易所制订的上市规则和其他信息披露规则应当报中国证监会批准。

第十条　中国证监会可以对金融、房地产等特殊行业上市公司的信息披露作出特别规定。

第二章　招股说明书、募集说明书与上市公告书

第十一条　发行人编制招股说明书应当符合中国证监会的相关规定。凡是对投资者作出投资决策有

重大影响的信息，均应当在招股说明书中披露。

公开发行证券的申请经中国证监会核准后，发行人应当在证券发行前公告招股说明书。

第十二条　发行人的董事、监事、高级管理人员，应当对招股说明书签署书面确认意见，保证所披露的信息真实、准确、完整。

招股说明书应当加盖发行人公章。

第十三条　发行人申请首次公开发行股票的，中国证监会受理申请文件后，发行审核委员会审核前，发行人应当将招股说明书申报稿在中国证监会网站预先披露。

预先披露的招股说明书申报稿不是发行人发行股票的正式文件，不能含有价格信息，发行人不得据此发行股票。

第十四条　证券发行申请经中国证监会核准后至发行结束前，发生重要事项的，发行人应当向中国证监会书面说明，并经中国证监会同意后，修改招股说明书或者作相应的补充公告。

第十五条　申请证券上市交易，应当按照证券交易所的规定编制上市公告书，并经证券交易所审核同意后公告。

发行人的董事、监事、高级管理人员，应当对上市公告书签署书面确认意见，保证所披露的信息真实、准确、完整。

上市公告书应当加盖发行人公章。

第十六条　招股说明书、上市公告书引用保荐人、证券服务机构的专业意见或者报告的，相关内容应当与保荐人、证券服务机构出具的文件内容一致，确保引用保荐人、证券服务机构的意见不会产生误导。

第十七条　本办法第十一条至第十六条有关招股说明书的规定，适用于公司债券募集说明书。

第十八条　上市公司在非公开发行新股后，应当依法披露发行情况报告书。

第三章　定期报告

第十九条　上市公司应当披露的定期报告包括年度报告、中期报告和季度报告。凡是对投资者作出投资决策有重大影响的信息，均应当披露。

年度报告中的财务会计报告应当经具有证券、期货相关业务资格的会计师事务所审计。

第二十条　年度报告应当在每个会计年度结束之日起 4 个月内，中期报告应当在每个会计年度的上半年结束之日起 2 个月内，季度报告应当在每个会计年度第 3 个月、第 9 个月结束后的 1 个月内编制完成并披露。

第一季度季度报告的披露时间不得早于上一年度年度报告的披露时间。

第二十一条　年度报告应当记载以下内容：

（一）公司基本情况；

（二）主要会计数据和财务指标；

（三）公司股票、债券发行及变动情况，报告期末股票、债券总额、股东总数，公司前 10 大股东持股情况；

（四）持股 5%以上股东、控股股东及实际控制人情况；

（五）董事、监事、高级管理人员的任职情况、持股变动情况、年度报酬情况；

（六）董事会报告；

（七）管理层讨论与分析；

（八）报告期内重大事件及对公司的影响；

（九）财务会计报告和审计报告全文；

（十）中国证监会规定的其他事项。

第二十二条　中期报告应当记载以下内容：

（一）公司基本情况；

（二）主要会计数据和财务指标；

（三）公司股票、债券发行及变动情况、股东总数、公司前 10 大股东持股情况，控股股东及实际控制人发生变化的情况；

（四）管理层讨论与分析；

（五）报告期内重大诉讼、仲裁等重大事件及对公司的影响；

（六）财务会计报告；

（七）中国证监会规定的其他事项。

第二十三条 季度报告应当记载以下内容：

（一）公司基本情况；

（二）主要会计数据和财务指标；

（三）中国证监会规定的其他事项。

第二十四条 公司董事、高级管理人员应当对定期报告签署书面确认意见，监事会应当提出书面审核意见，说明董事会的编制和审核程序是否符合法律、行政法规和中国证监会的规定，报告的内容是否能够真实、准确、完整地反映上市公司的实际情况。

董事、监事、高级管理人员对定期报告内容的真实性、准确性、完整性无法保证或者存在异议的，应当陈述理由和发表意见，并予以披露。

第二十五条 上市公司预计经营业绩发生亏损或者发生大幅变动的，应当及时进行业绩预告。

第二十六条 定期报告披露前出现业绩泄露，或者出现业绩传闻且公司证券及其衍生品种交易出现异常波动的，上市公司应当及时披露本报告期相关财务数据。

第二十七条 定期报告中财务会计报告被出具非标准审计报告的，上市公司董事会应当针对该审计意见涉及事项作出专项说明。

定期报告中财务会计报告被出具非标准审计意见，证券交易所认为涉嫌违法的，应当提请中国证监会立案调查。

第二十八条 上市公司未在规定期限内披露年度报告和中期报告的，中国证监会应当立即立案稽查，证券交易所应当按照股票上市规则予以处理。

第二十九条 年度报告、中期报告和季度报告的格式及编制规则，由中国证监会另行制定。

第四章 临时报告

第三十条 发生可能对上市公司证券及其衍生品种交易价格产生较大影响的重大事件，投资者尚未得知时，上市公司应当立即披露，说明事件的起因、目前的状态和可能产生的影响。

前款所称重大事件包括：

（一）公司的经营方针和经营范围的重大变化；

（二）公司的重大投资行为和重大的购置财产的决定；

（三）公司订立重要合同，可能对公司的资产、负债、权益和经营成果产生重要影响；

（四）公司发生重大债务和未能清偿到期重大债务的违约情况，或者发生大额赔偿责任；

（五）公司发生重大亏损或者重大损失；

（六）公司生产经营的外部条件发生的重大变化；

（七）公司的董事、1/3以上监事或者经理发生变动；董事长或者经理无法履行职责；

（八）持有公司5%以上股份的股东或者实际控制人，其持有股份或者控制公司的情况发生较大变化；

（九）公司减资、合并、分立、解散及申请破产的决定；或者依法进入破产程序、被责令关闭；

（十）涉及公司的重大诉讼、仲裁，股东大会、董事会决议被依法撤销或者宣告无效；

（十一）公司涉嫌违法违规被有权机关调查，或者受到刑事处罚、重大行政处罚；公司董事、监事、高级管理人员涉嫌违法违纪被有权机关调查或者采取强制措施；

（十二）新公布的法律、法规、规章、行业政策可能对公司产生重大影响；

（十三）董事会就发行新股或者其他再融资方案、股权激励方案形成相关决议；

（十四）法院裁决禁止控股股东转让其所持股份；任一股东所持公司5%以上股份被质押、冻结、司法拍卖、托管、设定信托或者被依法限制表决权；

（十五）主要资产被查封、扣押、冻结或者被抵押、质押；

（十六）主要或者全部业务陷入停顿；

（十七）对外提供重大担保；

（十八）获得大额政府补贴等可能对公司资产、负债、权益或者经营成果产生重大影响的额外收益；

（十九）变更会计政策、会计估计；

（二十）因前期已披露的信息存在差错、未按规定披露或者虚假记载，被有关机关责令改正或者经董事会决定进行更正；

（二十一）中国证监会规定的其他情形。

第三十一条　上市公司应当在最先发生的以下任一时点，及时履行重大事件的信息披露义务：

（一）董事会或者监事会就该重大事件形成决议时；

（二）有关各方就该重大事件签署意向书或者协议时；

（三）董事、监事或者高级管理人员知悉该重大事件发生并报告时。

在前款规定的时点之前出现下列情形之一的，上市公司应当及时披露相关事项的现状、可能影响事件进展的风险因素：

（一）该重大事件难以保密；

（二）该重大事件已经泄露或者市场出现传闻；

（三）公司证券及其衍生品种出现异常交易情况。

第三十二条　上市公司披露重大事件后，已披露的重大事件出现可能对上市公司证券及其衍生品种交易价格产生较大影响的进展或者变化的，应当及时披露进展或者变化情况、可能产生的影响。

第三十三条　上市公司控股子公司发生本办法第三十条规定的重大事件，可能对上市公司证券及其衍生品种交易价格产生较大影响的，上市公司应当履行信息披露义务。

上市公司参股公司发生可能对上市公司证券及其衍生品种交易价格产生较大影响的事件的，上市公司应当履行信息披露义务。

第三十四条　涉及上市公司的收购、合并、分立、发行股份、回购股份等行为导致上市公司股本总额、股东、实际控制人等发生重大变化的，信息披露义务人应当依法履行报告、公告义务，披露权益变动情况。

第三十五条　上市公司应当关注本公司证券及其衍生品种的异常交易情况及媒体关于本公司的报道。

证券及其衍生品种发生异常交易或者在媒体中出现的消息可能对公司证券及其衍生品种的交易产生重大影响时，上市公司应当及时向相关各方了解真实情况，必要时应当以书面方式问询。

上市公司控股股东、实际控制人及其一致行动人应当及时、准确地告知上市公司是否存在拟发生的股权转让、资产重组或者其他重大事件，并配合上市公司做好信息披露工作。

第三十六条　公司证券及其衍生品种交易被中国证监会或者证券交易所认定为异常交易的，上市公司应当及时了解造成证券及其衍生品种交易异常波动的影响因素，并及时披露。

第五章　信息披露事务管理

第三十七条　上市公司应当制定信息披露事务管理制度。信息披露事务管理制度应当包括：

（一）明确上市公司应当披露的信息，确定披露标准；

（二）未公开信息的传递、审核、披露流程；

（三）信息披露事务管理部门及其负责人在信息披露中的职责；

（四）董事和董事会、监事和监事会、高级管理人员等的报告、审议和披露的职责；

（五）董事、监事、高级管理人员履行职责的记录和保管制度；

（六）未公开信息的保密措施，内幕信息知情人的范围和保密责任；

（七）财务管理和会计核算的内部控制及监督机制；

（八）对外发布信息的申请、审核、发布流程；与投资者、证券服务机构、媒体等的信息沟通与制度；

（九）信息披露相关文件、资料的档案管理；

（十）涉及子公司的信息披露事务管理和报告制度；

（十一）未按规定披露信息的责任追究机制，对违反规定人员的处理措施。

上市公司信息披露事务管理制度应当经公司董事会审议通过，报注册地证监局和证券交易所备案。

第三十八条　上市公司董事、监事、高级管理人员应当勤勉尽责，关注信息披露文件的编制情况，保证定期报告、临时报告在规定期限内披露，配合上市公司及其他信息披露义务人履行信息披露义务。

第三十九条　上市公司应当制定定期报告的编制、审议、披露程序。经理、财务负责人、董事会秘书等高级管理人员应当及时编制定期报告草案，提请董事会审议；董事会秘书负责送达董事审阅；董事长负责召集和主持董事会会议审议定期报告；监事会负责审核董事会编制的定期报告；董事会秘书负责组织定期报告的披露工作。

第四十条 上市公司应当制定重大事件的报告、传递、审核、披露程序。董事、监事、高级管理人员知悉重大事件发生时，应当按照公司规定立即履行报告义务；董事长在接到报告后，应当立即向董事会报告，并敦促董事会秘书组织临时报告的披露工作。

第四十一条 上市公司通过业绩说明会、分析师会议、路演、接受投资者调研等形式就公司的经营情况、财务状况及其他事件与任何机构和个人进行沟通的，不得提供内幕信息。

第四十二条 董事应当了解并持续关注公司生产经营情况、财务状况和公司已经发生的或者可能发生的重大事件及其影响，主动调查、获取决策所需要的资料。

第四十三条 监事应当对公司董事、高级管理人员履行信息披露职责的行为进行监督；关注公司信息披露情况，发现信息披露存在违法违规问题的，应当进行调查并提出处理建议。

监事会对定期报告出具的书面审核意见，应当说明编制和审核的程序是否符合法律、行政法规、中国证监会的规定，报告的内容是否能够真实、准确、完整地反映上市公司的实际情况。

第四十四条 高级管理人员应当及时向董事会报告有关公司经营或者财务方面出现的重大事件、已披露的事件的进展或者变化情况及其他相关信息。

第四十五条 董事会秘书负责组织和协调公司信息披露事务，汇集上市公司应予披露的信息并报告董事会，持续关注媒体对公司的报道并主动求证报道的真实情况。董事会秘书有权参加股东大会、董事会会议、监事会会议和高级管理人员相关会议，有权了解公司的财务和经营情况，查阅涉及信息披露事宜的所有文件。

董事会秘书负责办理上市公司信息对外公布等相关事宜。除监事会公告外，上市公司披露的信息应当以董事会公告的形式发布。董事、监事、高级管理人员非经董事会书面授权，不得对外发布上市公司未披露信息。

上市公司应当为董事会秘书履行职责提供便利条件，财务负责人应当配合董事会秘书在财务信息披露方面的相关工作。

第四十六条 上市公司的股东、实际控制人发生以下事件时，应当主动告知上市公司董事会，并配合上市公司履行信息披露义务。

（一）持有公司5%以上股份的股东或者实际控制人，其持有股份或者控制公司的情况发生较大变化；

（二）法院裁决禁止控股股东转让其所持股份，任一股东所持公司5%以上股份被质押、冻结、司法拍卖、托管、设定信托或者被依法限制表决权；

（三）拟对上市公司进行重大资产或者业务重组；

（四）中国证监会规定的其他情形。

应当披露的信息依法披露前，相关信息已在媒体上传播或者公司证券及其衍生品种出现交易异常情况的，股东或者实际控制人应当及时、准确地向上市公司作出书面报告，并配合上市公司及时、准确地公告。

上市公司的股东、实际控制人不得滥用其股东权利、支配地位，不得要求上市公司向其提供内幕信息。

第四十七条 上市公司非公开发行股票时，其控股股东、实际控制人和发行对象应当及时向上市公司提供相关信息，配合上市公司履行信息披露义务。

第四十八条 上市公司董事、监事、高级管理人员、持股5%以上的股东及其一致行动人、实际控制人应当及时向上市公司董事会报送上市公司关联人名单及关联关系的说明。上市公司应当履行关联交易的审议程序，并严格执行关联交易回避表决制度。交易各方不得通过隐瞒关联关系或者采取其他手段，规避上市公司的关联交易审议程序和信息披露义务。

第四十九条 通过接受委托或者信托等方式持有上市公司5%以上股份的股东或者实际控制人，应当及时将委托人情况告知上市公司，配合上市公司履行信息披露义务。

第五十条 信息披露义务人应当向其聘用的保荐人、证券服务机构提供与执业相关的所有资料，并确保资料的真实、准确、完整，不得拒绝、隐匿、谎报。

保荐人、证券服务机构在为信息披露出具专项文件时，发现上市公司及其他信息披露义务人提供的材料有虚假记载、误导性陈述、重大遗漏或者其他重大违法行为的，应当要求其补充、纠正。信息披露义务人不予补充、纠正的，保荐人、证券服务机构应当及时向公司注册地证监局和证券交易所报告。

第五十一条　上市公司解聘会计师事务所的，应当在董事会决议后及时通知会计师事务所，公司股东大会就解聘会计师事务所进行表决时，应当允许会计师事务所陈述意见。股东大会作出解聘、更换会计师事务所决议的，上市公司应当在披露时说明更换的具体原因和会计师事务所的陈述意见。

第五十二条　为信息披露义务人履行信息披露义务出具专项文件的保荐人、证券服务机构，应当勤勉尽责、诚实守信，按照依法制定的业务规则、行业执业规范和道德准则发表专业意见，保证所出具文件的真实性、准确性和完整性。

第五十三条　注册会计师应当秉承风险导向审计理念，严格执行注册会计师执业准则及相关规定，完善鉴证程序，科学选用鉴证方法和技术，充分了解被鉴证单位及其环境，审慎关注重大错报风险，获取充分、适当的证据，合理发表鉴证结论。

第五十四条　资产评估机构应当恪守职业道德，严格遵守评估准则或者其他评估规范，恰当选择评估方法，评估中提出的假设条件应当符合实际情况，对评估对象所涉及交易、收入、支出、投资等业务的合法性、未来预测的可靠性取得充分证据，充分考虑未来各种可能性发生的概率及其影响，形成合理的评估结论。

第五十五条　任何机构和个人不得非法获取、提供、传播上市公司的内幕信息，不得利用所获取的内幕信息买卖或者建议他人买卖公司证券及其衍生品种，不得在投资价值分析报告、研究报告等文件中使用内幕信息。

第五十六条　媒体应当客观、真实地报道涉及上市公司的情况，发挥舆论监督作用。

任何机构和个人不得提供、传播虚假或者误导投资者的上市公司信息。

违反前两款规定，给投资者造成损失的，依法承担赔偿责任。

第六章　监督管理与法律责任

第五十七条　中国证监会可以要求上市公司及其他信息披露义务人或者其董事、监事、高级管理人员对有关信息披露问题作出解释、说明或者提供相关资料，并要求上市公司提供保荐人或者证券服务机构的专业意见。

中国证监会对保荐人和证券服务机构出具的文件的真实性、准确性、完整性有疑义的，可以要求相关机构作出解释、补充，并调阅其工作底稿。

上市公司及其他信息披露义务人、保荐人和证券服务机构应当及时作出回复，并配合中国证监会的检查、调查。

第五十八条　上市公司董事、监事、高级管理人员应当对公司信息披露的真实性、准确性、完整性、及时性、公平性负责，但有充分证据表明其已经履行勤勉尽责义务的除外。

上市公司董事长、经理、董事会秘书，应当对公司临时报告信息披露的真实性、准确性、完整性、及时性、公平性承担主要责任。

上市公司董事长、经理、财务负责人应对公司财务报告的真实性、准确性、完整性、及时性、公平性承担主要责任。

第五十九条　信息披露义务人及其董事、监事、高级管理人员，上市公司的股东、实际控制人、收购人及其董事、监事、高级管理人员违反本办法的，中国证监会可以采取以下监管措施：

（一）责令改正；

（二）监管谈话；

（三）出具警示函；

（四）将其违法违规、不履行公开承诺等情况记入诚信档案并公布；

（五）认定为不适当人选；

（六）依法可以采取的其他监管措施。

第六十条　上市公司未按本办法规定制定上市公司信息披露事务管理制度的，中国证监会责令改正。拒不改正的，中国证监会给予警告、罚款。

第六十一条　信息披露义务人未在规定期限内履行信息披露义务，或者所披露的信息有虚假记载、误导性陈述或者重大遗漏的，中国证监会按照《证券法》第一百九十三条处罚。

第六十二条 信息披露义务人未在规定期限内报送有关报告，或者报送的报告有虚假记载、误导性陈述或者重大遗漏的，中国证监会按照《证券法》第一百九十三条处罚。

第六十三条 上市公司通过隐瞒关联关系或者采取其他手段，规避信息披露、报告义务的，中国证监会按照《证券法》第一百九十三条处罚。

第六十四条 上市公司股东、实际控制人未依法配合上市公司履行信息披露义务的，或者非法要求上市公司提供内幕信息的，中国证监会责令改正，给予警告、罚款。

第六十五条 为信息披露义务人履行信息披露义务出具专项文件的保荐人、证券服务机构及其人员，违反《证券法》、行政法规和中国证监会的规定，由中国证监会依法采取责令改正、监管谈话、出具警示函、记入诚信档案等监管措施；应当给予行政处罚的，中国证监会依法处罚。

第六十六条 任何机构和个人泄露上市公司内幕信息，或者利用内幕信息买卖证券及其衍生品种，中国证监会按照《证券法》第二百零一条、第二百零二条处罚。

第六十七条 任何机构和个人编制、传播虚假信息扰乱证券市场；媒体传播上市公司信息不真实、不客观的，中国证监会按照《证券法》第二百零六条处罚。

在证券及其衍生品种交易活动中作出虚假陈述或者信息误导的，中国证监会按照《证券法》第二百零七条处罚。

第六十八条 涉嫌利用新闻报道以及其他传播方式对上市公司进行敲诈勒索的，中国证监会责令改正，向有关部门发出监管建议函，由有关部门依法追究法律责任。

第六十九条 上市公司及其他信息披露义务人违反本办法的规定，情节严重的，中国证监会可以对有关责任人员采取证券市场禁入的措施。

第七十条 违反本办法，涉嫌犯罪的，依法移送司法机关，追究刑事责任。

第七章 附 则

第七十一条 本办法下列用语的含义：

（一）为信息披露义务人履行信息披露义务出具专项文件的保荐人、证券服务机构，是指为证券发行、上市、交易等证券业务活动制作、出具保荐书、审计报告、资产评估报告、法律意见书、财务顾问报告、资信评级报告等文件的保荐人、会计师事务所、资产评估机构、律师事务所、财务顾问机构、资信评级机构。

（二）及时，是指自起算日起或者触及披露时点的两个交易日内。

（三）上市公司的关联交易，是指上市公司或者其控股子公司与上市公司关联人之间发生的转移资源或者义务的事项。

关联人包括关联法人和关联自然人。

具有以下情形之一的法人，为上市公司的关联法人：

1. 直接或者间接地控制上市公司的法人；

2. 由前项所述法人直接或者间接控制的除上市公司及其控股子公司以外的法人；

3. 关联自然人直接或者间接控制的、或者担任董事、高级管理人员的，除上市公司及其控股子公司以外的法人；

4. 持有上市公司5%以上股份的法人或者一致行动人；

5. 在过去12个月内或者根据相关协议安排在未来12月内，存在上述情形之一的；

6. 中国证监会、证券交易所或者上市公司根据实质重于形式的原则认定的其他与上市公司有特殊关系，可能或者已经造成上市公司对其利益倾斜的法人。

具有以下情形之一的自然人，为上市公司的关联自然人：

1. 直接或者间接持有上市公司5%以上股份的自然人；

2. 上市公司董事、监事及高级管理人员；

3. 直接或者间接地控制上市公司的法人的董事、监事及高级管理人员；

4. 上述第1、2项所述人士的关系密切的家庭成员，包括配偶、父母、年满18周岁的子女及其配偶、兄弟姐妹及其配偶，配偶的父母、兄弟姐妹，子女配偶的父母；

5. 在过去12个月内或者根据相关协议安排在未来12个月内，存在上述情形之一的；

6. 中国证监会、证券交易所或者上市公司根据实质重于形式的原则认定的其他与上市公司有特殊关系，可能或者已经造成上市公司对其利益倾斜的自然人。

(四) 指定媒体，是指中国证监会指定的报刊和网站。

第七十二条　本办法自公布之日起施行。《公开发行股票公司信息披露实施细则》(试行)(证监上字[1993]43 号)、《关于股票公开发行与上市公司信息披露有关事项的通知》(证监研字[1993]19 号)、《关于加强对上市公司临时报告审查的通知》(证监上字[1996]26 号)、《关于上市公司发布澄清公告若干问题的通知》(证监上字[1996]28 号)、《上市公司披露信息电子存档事宜的通知》(证监信字[1998]50 号)、《关于进一步加强 ST、PT 公司信息披露监管工作的通知》(证监公司字[2000]63 号)、《关于拟发行新股的上市公司中期报告有关问题的通知》(证监公司字[2001]69 号)、《关于上市公司临时公告及相关附件报送中国证监会派出机构备案的通知》(证监公司字[2003]7 号)同时废止。

二、财务报告的一般规定

关于发布《公开发行证券的公司信息披露编报规则第 15 号——财务报告的一般规定(2007 年修订)》等 3 项信息披露规则的通知

证监会计字[2007]9 号

各上市公司、拟上市公司、相关会计师事务所：

2006 年，财政部陆续颁布了新的企业会计准则及其应用指南(以下简称“新会计准则”)，并于 2007 年 1 月 1 日起在上市公司范围内实施。为配合新会计准则的施行，保证上市公司、拟首次公开发行股票并上市的公司和其他公开发行证券的公司(以下简称“拟上市公司”)财务会计信息披露质量，我会对《公开发行证券的公司信息披露编报规则第 15 号——财务报告的一般规定》(证监发[2001]160 号)、《公开发行证券的公司信息披露编报规则第 9 号——净资产收益率和每股收益的计算及披露》(证监发[2001]11 号)、《公开发行证券的公司信息披露规范问答第 1 号——非经常性损益》(证监会计字[2004]4 号)进行了修订，修订后的规定适用于按新会计准则编制并披露财务报告的上市公司和拟上市公司，现予发布，自发布之日起施行。

中国证券监督管理委员会
二〇〇七年二月二日

公开发行证券的公司信息披露编报规则第 15 号——财务报告的一般规定

第一章　总　　则

第一条　为规范公开发行证券的公司财务信息披露行为，保护投资者的合法权益，依据《公司法》、《证券法》等法律、法规，《企业会计准则》及中国证券监督管理委员会(以下简称“中国证监会”)的有关规定，制定本规定。

第二条　凡在中华人民共和国境内公开发行证券并在证券交易所上市的股份有限公司(以下简称“公司”)，按照有关规定需要披露年度财务报告或需要参照年度财务报告披露有关财务信息时，应遵循本规定。

第三条　本规定是对财务报告披露的最低要求。不论本规定是否有明确要求，凡对投资者进行投资决策有重大影响的财务信息，公司均应予以充分披露。

本规定某些具体要求对公司确实不适用的，公司可根据实际情况，在不影响披露内容完整性的前提下做出适当修改，但应在财务报表附注中做出说明。

第四条　由于商业秘密等原因导致本规定某些信息确实不便披露的，首次公开发行股票公司可向中国证监会申请豁免，已经公开发行股票并在证券交易所上市的公司可向证券交易所申请豁免，经批准并报中国证监会备案后，可以不予披露。

第五条　公司编制和对外提供的财务报告，不得含有虚假的信息或者隐瞒重要事实。公司董事会、监事会及董事、监事、高级管理人员承诺提供的财务报告不存在虚假的记载、误导性陈述或重大遗漏，并就财务报告的真实性、准确性、完整性承担个别和连带的法律责任。

第六条 公司年度财务报告应由具有证券期货相关业务资格的会计师事务所审计，有关审计报告由上述会计师事务所盖章及由两名或两名以上注册会计师签名盖章。

编制合并财务报表的公司，纳入合并范围的子公司和特殊目的主体的年度财务报告，以及对公司财务报告有重大影响的联营公司、合营公司的年度财务报告，也应由具有证券期货相关业务资格的会计师事务所审计。

补充资料原则上应由具有证券期货相关业务资格的会计师事务所审计，证监会另有规定的除外。

第七条 特殊行业公司财务报告的披露除需遵守本规定外，还需遵循其财务报告的特别规定。

第二章 财务报表

第八条 公司应按企业会计准则的要求编制财务报表，并遵循相关信息披露规范的规定。

第九条 本规定要求披露的财务报表包括资产负债表、利润表、现金流量表和所有者权益（或股东权益）变动表。

第十条 编制合并财务报表的公司，除提供合并财务报表外，还应提供母公司财务报表。

第十一条 公司提供的财务报表中会计数据的排列应自左至右，最左侧为最近一期数据；表内各主要报表项目应标有附注编号，并与财务报表附注编号相一致；年度报告摘要部分中引用编号应与财务报表附注的编号一致。

第十二条 公司提供的财务报表应加盖公司公章，由公司法定代表人、主管会计工作的公司负责人、公司会计机构负责人（会计主管人员）签名并盖章。若公司设置总会计师的，总会计师应签名并盖章。

第三章 财务报表附注

第十三条 公司应按照有关企业会计准则和本规定的要求，编制和披露财务报表附注。公司编制和披露附注时应遵循重要性原则。

第十四条 财务报表附注应当对财务报表中相关数据涉及的交易、事项做出真实、完整、明晰的说明。

第一节 公司的基本情况

第十五条 首次公开发行证券的公司应简述公司历史沿革、改制情况、行业性质、经营范围、主要产品或提供的劳务、主业变更、公司的基本组织架构等。

首次公开发行证券的公司若从其设立为股份有限公司时起运行不足3年的，应说明设立为股份有限公司之前各会计期间的财务报表主体及其确定方法和所有者权益（或股东权益）变动情况。

第十六条 上市公司披露定期报告时至少应简述公司历史沿革、所处行业、经营范围、主要产品或提供的劳务等。公司在报告期间内主营业务发生变更的，应予以说明。

第二节 会计政策、会计估计和前期差错

第十七条 公司应着重说明编制财务报告所采用的重要会计政策和会计估计变更的内容和原因，及其对公司财务状况、经营成果和现金流量的影响。公司应说明前期重大会计差错的性质、累计影响数和财务报表中各个比较期间受影响的项目名称和更正金额，无法进行追溯重述的，应说明该事实和原因，及对前期差错开始进行更正的时点和对更正时点财务状况或本期经营成果的影响。

第十八条 公司应根据《企业会计准则第30号——财务报表列报》等相关准则要求，披露报告期内采用的重要会计政策和会计估计。同时，按本规定要求并结合公司实际进行披露：

（一）遵循企业会计准则的声明。

（二）财务报表的编制基础。

（三）会计期间。

（四）记账本位币。若记账本位币为人民币以外的其他货币的，说明选定记账本位币的考虑因素及折算成人民币时的折算方法。

（五）计量属性在本期发生变化的报表项目及其本期采用的计量属性。

（六）编制现金流量表时现金等价物的确定标准。

（七）发生外币交易时以及在资产负债表日采用的折算方法，以及汇兑损益的处理方法。

（八）金融资产的分类方法；金融工具的确认依据和计量方法；金融资产转移的确认依据和计量方法；主要金融资产的公允价值确定方法、减值测试方法和减值准备计提方法。

金融负债的分类方法；主要金融负债公允价值的确定方法。

本期内将尚未到期的持有至到期投资重分类为可供出售金融资产的，说明持有意图或能力发生改变的依据。

披露承担汇率波动风险的金融工具的汇率风险。

（九）应收款项坏账准备的确认标准、计提方法。

（十）存货分类依据；发出存货的计价方法；确定不同类别存货可变现净值的依据及存货跌价准备的计提方法；存货的盘存制度以及低值易耗品和包装物的摊销方法。

（十一）投资性房地产的种类和计量模式；采用成本模式的，投资性房地产的折旧或摊销方法以及减值准备计提依据；采用公允价值模式的，应披露该项会计政策选择的依据，包括投资性房地产所在地有活跃的房地产交易市场的合理证据；公司能够从房地产交易市场取得同类或类似房地产的市场价格及其他相关信息，从而对投资性房地产的公允价值进行估计的证据；同时说明对投资性房地产的公允价值进行估计时涉及的关键假设和主要不确定因素。

（十二）固定资产的确认条件、分类、折旧方法，各类固定资产的使用寿命、预计净残值和折旧率。如存在闲置固定资产应说明其认定标准、折旧方法。认定融资租赁的依据，融资租入固定资产的计价方法、折旧方法。

（十三）在建工程的类别、结转为固定资产的标准和时点。

（十四）生物资产的确定标准、分类，各类生物资产的使用寿命和预计净残值的确定依据、折旧方法和减值准备计提方法。采用公允价值计量生物资产的，应披露采用公允价值的依据。

（十五）无形资产的计价方法；使用寿命有限的无形资产，其使用寿命估计情况；使用寿命不确定的无形资产，使用寿命不确定的判断依据；对使用寿命不确定的无形资产，还应说明每一个会计期间对该无形资产使用寿命进行复核的程序，以及针对该项无形资产的减值测试结果；划分公司内部研究开发项目研究阶段支出和开发阶段支出的具体标准。

（十六）除存货、投资性房地产及金融资产外，其他主要类别资产的资产减值准备确定方法。

（十七）资产组产生的主要现金流入独立于其他资产或资产组的现金流入的依据；计提应收款项坏账准备、存货跌价准备依据，计提可供出售金融资产、持有至到期投资、长期股权投资、固定资产、在建工程、生物资产、无形资产、商誉及其他资产减值的依据。

（十八）长期股权投资的初始计量、后续计量及收益确认方法；确定对被投资单位具有共同控制、重大影响的依据。

（十九）借款费用资本化的确认原则、资本化期间、暂停资本化期间以及借款费用资本化金额的计算方法。

计算各项利息费用时利率的确定方法，采用实际利率计算利息费用的，说明实际利率的计算过程。

（二十）股份支付的种类及权益工具公允价值的确定方法；确认可行权权益工具最佳估计的依据。

（二十一）销售商品、提供劳务及让渡资产使用权等交易的收入确认方法。按完工百分比法确认提供劳务的收入时，确定完工进度的方法；公司确认让渡资产使用权收入的依据；建造合同的结果能够可靠估计的依据和确定合同完工进度的方法。

（二十二）确认递延所得税资产的依据。

（二十三）编制合并报表时，合并范围发生变更的理由。

（二十四）公司年金计划的主要内容及重大变化。

（二十五）金融资产转移、非金融资产证券化业务的主要会计处理方法。

（二十六）公司应说明被套期项目、对应的套期工具、指定该套期关系的会计期间，以及套期有效性评价方法。

第三节　税　项

第十九条　按税种分项说明报告期执行的法定税率。

各分公司、分厂异地独立缴纳所得税的，应说明各分公司、分厂执行的所得税税率。本期内所得税税率的变化、税率优惠政策，若税率、税率优惠政策较上期没有发生变化，也应说明。

第二十条　存在各税种的税负减免的，应按税种分项说明相关法律法规或政策依据、批准机关、批准文号、减免幅度及有效期限。对于超过法定纳税期限尚未缴纳的税款，应列示主管税务机关的批准文件。享有其他特殊税收优惠政策的，应说明该政策的有效期限、累计获得的税收优惠以及已获得但尚未执行的税收优惠。

第四节 企业合并及合并财务报表

第二十一条 公司应披露其所控制的境内外重要子公司的全称、注册地、业务性质、注册资本、经营范围以及本公司期末对其实际投资额、实质上构成对子公司的净投资的余额、持股比例和表决权比例等。对于通过企业合并取得的子公司，应分别"通过同一控制下的企业合并取得的子公司"和"通过非同一控制下的企业合并取得的子公司"两大类别做上述披露。

第二十二条 对纳入合并范围但母公司拥有其半数或半数以下表决权的子公司，应说明纳入合并范围的原因。对于母公司拥有半数以上表决权，但未能对其形成控制的被投资单位，应说明未形成控制的原因。

第二十三条 公司报告期内合并范围如发生变更的，应当披露变更原因，并披露报告期内新纳入合并范围公司以及报告期内不再纳入合并范围公司的净资产和净利润。

第二十四条 说明属于"同一控制下企业合并"的判断依据，披露同一控制的实际控制人。本期发生同一控制下企业合并的，应披露被合并方自合并本期期初至合并日的收入、净利润、现金流量等情况。

第二十五条 披露非同一控制下企业合并中商誉（负商誉）的金额和确定方法。若发生非同一控制下的购买、出售股权而增加或减少子公司的，应说明购买日或出售日的确定方法。同时，还应说明相关交易公允价值的确定方法。

第二十六条 报告期内发生吸收合并的，应披露其主要资产、负债项目的入账价值确定方法。对同一子公司的股权在连续两个会计年度买入再卖出，或卖出再买入时，应披露相关的会计处理。

第二十七条 分别列示各个重要子公司少数股东权益、少数股东权益中用于冲减少数股东损益的金额，以及从母公司所有者权益冲减子公司少数股东分担的本期亏损超过少数股东在该子公司期初所有者权益中所享有份额后的余额。

第二十八条 合并报表中包含境外经营实体时，应披露各主要财务报表项目的折算汇率以及外币报表折算差额的处理方法。

第五节 财务报表项目附注的要求

第二十九条 编制合并财务报表的公司，应按照本规定对合并财务报表项目进行注释，还应对母公司财务报表的主要项目进行注释。

第三十条 对资产负债表中的资产、负债项目，注释最近期间的期末、期初比较数据，所有者权益（或股东权益）项目、利润表和现金流量表项目应按照比较财务报表逐期列示并说明各期重要数据变动情况。因担保或其他原因造成所有权或使用权受到限制的资产项目，应在其附注中充分披露。

第三十一条 以外币标示的货币资金、应收款项、应付款项、预收款项和预付款项等，应列示其原币金额以及折算汇率。

第三十二条 具体的报表项目应按以下要求进行注释：

（一）按现金、银行存款、其他货币资金分别列示货币资金情况。因抵押或冻结等对使用有限制、存放在境外、有潜在回收风险的款项应单独说明。

（二）交易性金融资产分别交易性债券投资、交易性权益工具投资、指定为以公允价值计量且其变动计入本期损益的金融资产、衍生金融资产等类别，披露其期初公允价值和期末公允价值。

应说明交易性金融资产投资变现是否存在重大限制，以及相应原因。

（三）列示应收票据的种类、金额。已用于质押的应收票据，应单独列示出票单位、出票日期、到期日、金额等重要事项。充分披露有追索权的票据背书、以票据为标的资产的资产证券化安排。因出票人无力履约而将票据转为应收账款的票据，以及期末公司已经背书给他方但尚未到期的票据，按票据的出票单位、出票日期、到期日、金额等重要事项进行逐项披露，或者合并披露此类票据总额、到期日区间。

（四）分项列示1年以上应收未收的应收股利、应收利息金额，对其中金额较大的，应分别被投资单位或投资项目说明每项应收股利未收回的原因和对相关款项是否发生减值的判断；分别贷款单位说明每项应收利息未收回的原因和对相关款项是否发生减值所作的判断。

（五）分别单项金额重大的应收款项、单项金额不重大但按信用风险特征组合后该组合的风险较大的应收款项、其他不重大应收款项，列示这三类应收款项金额、占应收款项总额的比例、坏账准备计提比例和金额。

对应收款项应说明如下事项：

1. 单项金额重大的应收款项，应单独说明其计提的比例及其理由；单项金额不重大但按信用风险特征组合后该组合的风险较大的应收款项，应说明确定该组合的依据；

2. 以前年度已全额计提坏账准备，或计提坏账准备的比例较大，但在本年度又全额或部分收回的，或通过重组等其他方式收回的应收款项，应说明其原因，原估计坏账准备计提比例的理由，以及原估计坏账准备计提比例的合理性；

3. 本年度实际核销的应收款项性质、原因及其金额。若实际核销的款项是因关联交易产生的，应单独披露；

4. 应收款项中如持有公司5%(含5%)以上表决权股份的股东单位欠款，应予以说明，并单独列示；如无此类欠款，也应予以说明；

5. 金额较大的其他应收款项，应说明其性质或内容；

6. 列示金额(按欠款方合并后的金额)位列前五名的应收账款和其他应收款项及其对应的欠款年限、占应收账款总额或其他应收款总额的比例；

7. 应收关联方款项占应收款项总额的比例；

8. 不符合终止确认条件的应收款项的转移，应在附注中单独列示其金额；

9. 以应收款项为标的资产进行资产证券化的，需简要说明相关交易安排。

(六) 应按不同账龄列示预付账款余额及各账龄余额占预付账款总额的比例。账龄超过1年的重要预付账款，应逐项说明未及时结算的原因。

预付账款中如有预付持公司5%(含5%)以上表决权股份的股东单位的款项，应单独列示。金额较大的预付账款(占期末预付账款总额的30%及以上)，应说明其性质和内容。

若各会计期间的期末预付账款余额比上期期末预付账款余额增加或减少超过30%或预付账款期末余额超过资产总额的10%的，应说明其原因。

(七) 对属于证券化标的且不符合终止确认条件的金融工具，应分项披露其金额。

(八) 分项列示存货期初、期末金额及对应的跌价准备，披露计提存货跌价准备的依据及本期转回存货跌价准备的原因、本期转回金额占该项存货期末余额的比例。存货期末余额含有借款费用资本化金额的，应予披露。

(九) 金额较大的其他流动资产，应列示其内容、性质。

(十) 分别持有至到期投资、贷款和应收款项、可供出售金融资产，列示其期初金额、期末金额。持有至到期投资重分类为可供出售金融资产时，列示重分类的持有至到期投资金额及该金额占可供出售金融资产总额的比例。披露本期内出售但尚未到期的持有至到期投资金额，及其占该项投资在出售前金额的比例。

可供出售金融资产的长期债权投资，按其种类列示长期债权投资的面值、年利率、初始投资成本、到期日、本期利息、累计应收或已收利息、期末余额。

(十一) 分别融资租赁、分期收款销售商品、分期收款提供劳务披露对应的长期应收款金额。

(十二) 分别对合营企业投资、对联营企业投资披露被投资单位名称及主要财务信息。主要财务信息按合营企业、联营企业的报表数列示。合营企业、联营企业的重要会计政策、会计估计与公司的会计政策、会计估计存在重大差异的，应予以披露。

(十三) 公司对被投资公司持股比例与其在被投资单位表决权比例不一致的，应说明原因。

分别披露按成本法核算和按权益法核算的长期股权投资，并按被投资单位披露长期股权投资的初始金额、期初余额、期末余额、增减变动情况等。若股权投资采用权益法核算，还应列示从被投资单位分得的现金红利。

公司应按被投资单位披露长期股权投资的减值情况。

(十四) 采用成本计量模式的投资性房地产，分项列示其原价、累计折旧、减值准备累计金额以及账面价值的期初额、本期增加额、本期减少额、期末额。

(十五) 分项列示固定资产的原价、累计折旧、减值准备累计金额以及账面价值的期初额、本期增加额、本期减少额和期末额。

公司应披露本期在建工程完工转入固定资产的情况。公司还应披露暂时闲置固定资产的账面原值、累计折旧、减值准备和账面净值，若未对该暂时闲置固定资产计提减值准备，应披露未计提减值准备的原因以及预计何时投入正常生产经营。公司应披露未办妥产权证书的固定资产有关情况。

通过融资租赁租入的固定资产应披露每类租入资产的账面原值、累计折旧、账面净值。通过经营租赁租出的固定资产应披露每类租出资产的账面价值。

（十六）列示重要的在建工程名称、预算数、期初余额、本期增加额、本期转入固定资产额、其他减少额、期末余额、资金来源、工程投入占预算的比例。

分项列示在建工程期初余额、本期增加额、本期转入固定资产、其他减少额、期末余额中所包含的借款费用资本化金额。

用于确定借款费用资本化金额的资本化率应单独披露。

披露主要工程项目的资金来源，资金来源应区分募股资金、金融机构贷款和其他来源等。

分项列示计提在建工程减值准备的金额及计提的原因。

（十七）分项列示各类工程物资的期初、期末余额。

（十八）分项列示公司转入清理但尚未清理完毕的固定资产清理账面价值及转入清理的原因。

（十九）分项披露生物资产、油气资产的期初额、本期增加额、本期减少额、期末额。

（二十）分项披露无形资产的累计减值准备金额、账面价值的期初额、本期增加额、本期减少额、期末额。同时，披露本期发生的内部研究开发项目支出总额，以及计入研究阶段支出金额和计入开发阶段的金额。

在报告期内发生的单项价值在100万元以上的无形资产，若该资产原始价值是以评估值作为入账依据的，还应披露评估机构名称、评估方法。对于通过非同一控制下企业合并形成的商誉，应列示商誉的计算过程。

（二十一）分项列示公司除以上长期资产项目外的其他长期资产的金额。金额较大的其他长期资产，还应列示其内容。

（二十二）分别引起暂时性差异的资产或负债项目，列示对应的暂时性差异金额。

（二十三）资产减值准备明细表按《企业会计准则第30号》应用指南的规定列报。

（二十四）按借款条件（信用借款、抵押借款、保证借款、质押借款等）分项列示短期借款金额。

对已到期未偿还的短期借款，应单独列示贷款单位、贷款金额、贷款利率、贷款资金用途、未按期偿还的原因及预计还款期，并在期后事项中反映报表日后是否已偿还。若已到期的短期借款获得展期，应说明展期条件、新的到期日。

（二十五）分别发行的交易性债券、指定为以公允价值计量且其变动计入本期损益的金融负债、衍生金融负债、其他金融负债列示其期初公允价值、期末公允价值。

（二十六）按应付票据的种类分项列示其金额，并说明下一会计期间将到期的金额。

（二十七）对于应付款项，包括应付账款、预收账款和其他应付款等，说明有无欠持有本公司5%（含5%）以上表决权股份的股东单位或关联方的款项；如无此类欠款，也应说明。

账龄超过1年的大额应付账款、预收账款及其他应付款，应说明未偿还或未结转的原因，并在资产负债表日后事项中说明是否偿还。金额较大的其他应付款，也应说明其性质或内容。

（二十八）分别工资、奖金、津贴和补贴、职工福利、社会保险费、住房公积金等项目，披露对应的期初账面余额、本期增加额、本期支付额、期末账面余额。

披露应付职工薪酬中属于拖欠性质或工效挂钩的部分。

（二十九）分别所得税、增值税等税种，披露其期初账面余额、期末账面余额。

所在地税务机关同意各分公司、分厂之间应纳税所得额相互调剂的，应说明税款计算过程。

（三十）按主要投资者列示欠付的应付股利金额并说明原因。

（三十一）分项列示其他应付款的期末余额、性质。

（三十二）按费用类别披露预提费用年末结存余额的原因。

（三十三）列示预计负债的种类、形成原因以及各类预计负债的期初、期末余额和本期变动额。

（三十四）分项列示1年内到期的长期借款、应付债券、长期应付款，其附注要求同“长期借款”、“应付债券”、“长期应付款”。对于逾期借款，分别贷款单位、借款金额、逾期时间、年利率披露；同时，还应说明逾期未偿还的原因和预期还款期，并在期后事项中反映报表日后是否已偿还。逾期借款获得展期的，说明展期条件、新的到期日。

（三十五）按币种、借款条件（信用借款、抵押借款、保证借款、质押借款等）、贷款单位分项列示长期借款金额。

（三十六）分项列示应付债券的种类、期限、发行日期、面值总额、溢价（折价）额、应计利息总额、期末余额。说明可转换公司债券的转股条件、转股时间。

（三十七）分项列示各项长期应付款的金额及其期限。

（三十八）分项列示专项应付款的种类、期初余额、本期结转金额、期末余额等。

（三十九）说明报告期股本的变动情况。如果报告期内有增资行为的，应披露执行验资的会计师事务所名称和验资报告文号。

运行不足3年的股份有限公司，设立前的年份只需说明净资产情况。

有限责任公司整体变更为股份公司应说明公司设立时的验资情况。

（四十）公司应披露与库存股相关的如下信息：

1. 回购本公司股份的原因及对应的库存股成本确定方法；

2. 因库存股注销而减少的股本；

3. 注销的库存股成本高于对应股本成本的，披露依次冲减的资本公积、盈余公积、未分配利润的金额；注销的库存股成本低于对应股本成本的，披露增加的资本公积金额；

4. 库存股转让时，转让收入高于库存股成本的，披露增加的资本公积金额；转让收入低于库存股成本的，披露依次冲减的资本公积、盈余公积、未分配利润的金额；

5. 因实行股权激励回购本公司股份的，应披露本期回购股份占本公司已发行股份的总比例和累计库存股占已发行股份的总比例。

（四十一）分项列示报告期资本公积的变动情况及其原因、依据。若用资本公积转增股本，应说明其履行的法律程序及有关决议。

（四十二）分项列示报告期盈余公积的变动情况。用盈余公积转增股本、弥补亏损、分派股利的，应说明有关决议。

（四十三）列示报告期利润分配比例以及未分配利润的增减变动情况。若有对以前年度损益调整致使期初未分配利润变动的情况，应对变动内容、变动原因、依据和影响做出说明。

对于首次公开发行证券的公司，如果发行前的滚存利润经股东大会决议由新老股东共同享有，应明确予以说明；如果发行前的滚存利润经股东大会决议在发行前进行分配并由老股东享有，公司应明确披露应付股利项目中列示的老股东享有的经审计的利润数。

（四十四）分别主营业务收入和其他业务收入列示其本期发生额、上期发生额。同时，按产品或业务类别列示主营业务收入、主营业务成本及营业利润情况。

应披露公司前五名客户的销售收入总额，以及占公司全部销售收入的比例。

（四十五）分别固定造价合同、成本加成合同列示各项合同项目的合同总金额、累计已发生成本、累计已确认毛利（亏损为负数）、已办理结算的价款金额。

（四十六）分项列示营业税费的计缴标准及金额。

（四十七）分项列示公允价值变动损益的内容和金额。

（四十八）按投资单位分项列示投资收益的有关情况，包括投资收益的增减变动及其原因。同时，应说明投资收益汇回的重大限制。若不存在重大限制，也应做出说明。

（四十九）分项列示资产减值损失的内容及其本期发生额、上期发生额。

（五十）分项列示营业外收入和营业外支出的内容和金额。

（五十一）披露所得税中“本期所得税费用”和“递延所得税费用”的金额。

（五十二）披露公司本期取得的政府补助种类及金额。

（五十三）列示基本每股收益和稀释每股收益的计算过程。

（五十四）支付或收到的其他与经营活动、筹资活动、投资活动有关的现金，对于其中价值较大的应分项单独列示。同时,企业应当披露将净利润调节为经营活动现金流量的信息。

第六节 母公司财务报表有关项目附注

第三十三条 母公司财务报表有关项目包括应收账款、其他应收款、长期股权投资、营业收入和营业成本、投资收益等项目。营业收入、营业成本应按主营业务种类分别披露,其他项目应参照上述相应项目的要求加以注释。

第七节 资产证券化业务的会计处理

第三十四条 公司应根据《信贷资产证券化试点管理办法》和《企业会计准则第 23 号——金融资产转移》,披露金融资产证券化业务的主要交易安排及其会计处理。涉及非金融资产的资产证券化业务,参照《信贷资产证券化试点管理办法》和《企业会计准则第 23 号——金融资产转移》的有关规定,披露资产证券化业务的主要交易安排及其会计处理。同时,应详细说明资产证券化业务的破产隔离条款。

第三十五条 公司作为发起机构对特定目的主体具有控制权的,或者虽然不具有控制权但实质上承担其风险的,应当披露特定目的主体名称及主要财务信息。对作为证券化标的资产的金融工具,应说明公司是否转移了与该金融工具所有权有关的几乎所有风险和报酬,并说明该金融工具是全部还是部分符合终止确认条件。按公允价值计量时,说明公允价值的取得方式或所采用的估值技术及依据。

第八节 关联方关系及其交易

第三十六条 公司应按企业会计准则和中国证监会的相关规定,说明其关联方的认定标准。公司应披露关联方的组织机构代码。

第三十七条 关联方关系及其交易,除按关联方披露准则及其有关规定进行披露外,还应披露各类关联交易占公司全部同类交易的金额比例。

第九节 股份支付

第三十八条 公司应披露本期授予、行权和失效的各项权益工具总额;期末发行在外的股份期权或其他权益工具行权价格的范围和合同剩余期限。

第三十九条 以权益结算的股份支付的,应披露授予日权益工具公允价值的确定方法;等待期内每个资产负债表日对可行权权益工具数量的最佳估计的确定方法。本期估计与上期估计有重大差异的,应说明原因。公司还应披露资本公积中以权益结算的股份支付的累计金额。

第四十条 以现金结算的股份支付的,应披露公司承担的、以股份或其他权益工具为基础计算确定的负债的公允价值确定方法。公司应披露负债中因以现金结算的股份支付产生的累计负债金额。

第四十一条 公司应披露本期以权益结算的股份支付和以现金结算的股份支付而确认的费用总额,以及以股份支付换取的职工服务总额、其他服务总额。

第四十二条 公司对股份支付进行修改的,应披露修改原因、主要修改条款。

第十节 或有事项

第四十三条 或有负债应按未决诉讼或仲裁形成的或有负债、对外提供担保形成的或有负债、其他或有负债(不包括极小可能导致经济利益流出公司的或有负债)等分项披露该事项形成的原因、预计产生的财务影响(如无法预计,应说明理由)、获得补偿的可能性。

第四十四条 说明预计负债的期初余额、期末余额和本期变动情况及本期确认的预期补偿金额。必要时,披露可能导致预计负债最佳估计数发生变化的各种因素。

第四十五条 如果公司没有需要在财务报表附注中说明的或有事项,也应予以说明。

第十一节 承诺事项

第四十六条 对于资产负债表日存在的重大承诺事项,应在财务报表附注中按已签订的尚未履行或尚未完全履行的对外投资合同及有关财务支出、已签订的正在或准备履行的大额发包合同、已签订的正在或准备履行的租赁合同及财务影响、已签订的正在或准备履行的并购协议、已签订的正在或准备履行的重组计划、其他重大财务承诺等分项说明其存在的原因和金额。

第四十七条 公司应说明前期承诺的履行情况。如果公司没有需要说明的承诺事项,也应予以说明。

第十二节 资产负债表日后事项

第四十八条 公司应按有关资产负债表日后事项准则的规定,说明资产负债表日后股票和债券的发行、对一个公司的巨额投资、协商中的并购或重组计划、一年内实施的重大经营战略调整、金额重大的债务重组、自然灾害导致的资产损失以及外汇汇率发生较大变动等非调整事项的内容，估计对财务状况、经营成果的影响；如无法做出估计，应说明其原因。

第十三节 其他重要事项

第四十九条 非货币性资产交换、债务重组、股份支付、企业合并、租赁、金融工具、现金流量表应按相关企业会计准则和中国证监会的有关规定进行披露。

第五十条 报告期内发生资产置换、转让及出售行为的公司，应专项披露资产置换的详细情况，包括资产账面价值、转让金额、转让原因以及对公司财务状况、经营成果的影响等。

第五十一条 政府补助有附加性限制条件的，应同时披露附加性限制条件。对政府补助限定了用途及会计处理的，也应做出说明。

第五十二条 其他对投资者决策有影响的重要事项，应分项说明。

第四章 补充资料

第五十三条 按照有关规定需要披露境内、境外财务报告差异的公司，应按以下格式编制净资产、净利润的差异调节表(以国际财务报告准则为例)，说明按境内、外会计准则计算的报告期末净资产和报告期净利润的差异原因。

编制合并报表的公司，按照上述格式编制合并净资产、合并净利润的差异调节表。

对已经境外审计机构审计的数据进行差异比较的，应注明该境外机构的名称。

第五十四条 按照中国证监会有关信息披露规则的要求，分别列示全面摊薄和加权平均计算的净资产收益率及基本每股收益和稀释每股收益。

第五十五条 金额异常或年度间变动异常的报表项目(如两个期间的数据变动幅度达30%以上，或占公司报表日资产总额5%或报告期利润总额10%以上的)、非会计准则指定的报表项目、名称反映不出其性质或内容的报表项目，应说明该项目的具体情况及变动原因。

第五章 附 则

第五十六条 本规定自发布之日起施行。

三、净资产收益率和每股收益的计算及披露

公开发行证券公司信息披露编报规则第9号
——净资产收益率和每股收益的计算及披露

(2007年修订)

第一条 为规范公开发行证券公司(以下简称“公司”)的信息披露行为，真实反映公司的盈利能力，提高净资产收益率和每股收益指标计算的合理性和可比性，特制订本规则。

第二条 公司招股说明书、年度财务报告、中期财务报告等公开披露信息中的净资产收益率和每股收益应按本规则进行计算或披露。

第三条 公司编制以上报告时，应以如下表格形式，分别列示按全面摊薄法和加权平均法计算的净资产收益率，以及基本每股收益和稀释每股收益。

第四条 全面摊薄净资产收益率的计算公式如下：

$$全面摊薄净资产收益率=P\div E$$

其中，P为归属于公司普通股股东的净利润或扣除非经常性损益后归属于公司普通股股东的净利润；E为归属于公司普通股股东的期末净资产。

公司编制和披露合并报表的，“归属于公司普通股股东的净利润”不包括少数股东损益金额；“扣除非经常性损益后归属于公司普通股股东的净利润”以扣除少数股东损益后的合并净利润为基础，扣除母公司非经常性损益(应考虑所得税影响)、各子公司非经常性损益(应考虑所得税影响)中母公司普通股股东所占份额；“归属于公司普通股股东的期末净资产”不包括少数股东权益金额。

第五条 加权平均净资产收益率的计算公式如下：

$$加权平均净资产收益率=P/(E_0+NP\div 2+E_i\times M_i\div M_0-E_j\times M_j\div M_0\pm E_k\times M_k\div M_0)$$

其中：P分别对应于归属于公司普通股股东的净利润、扣除非经常性损益后归属于公司普通股股东的

净利润；NP 为归属于公司普通股股东的净利润；E_0 为归属于公司普通股股东的期初净资产；E_i 为报告期发行新股或债转股等新增的、归属于公司普通股股东的净资产；E_j 为报告期回购或现金分红等减少的、归属于公司普通股股东的净资产；M_0 为报告期月份数；M_i 为新增净资产下一月份起至报告期期末的月份数；M_j 为减少净资产下一月份起至报告期期末的月份数；E_k 为因其他交易或事项引起的净资产增减变动；M_k 为发生其他净资产增减变动下一月份起至报告期期末的月份数。

第六条 基本每股收益可参照如下公式计算：

$$基本每股收益=P\div S$$

$$S=S_0+S_1+S_i\times M_i\div M_0-S_j\times M_j\div M_0-S_k$$

其中：P 为归属于公司普通股股东的净利润或扣除非经常性损益后归属于普通股股东的净利润；S 为发行在外的普通股加权平均数；S_0 为期初股份总数；S_1 为报告期因公积金转增股本或股票股利分配等增加股份数；S_i 为报告期因发行新股或债转股等增加股份数；S_j 为报告期因回购等减少股份数；S_k 为报告期缩股数；M_0 报告期月份数；M_i 为增加股份下一月份起至报告期期末的月份数；M_j 为减少股份下一月份起至报告期期末的月份数。

第七条 公司存在稀释性潜在普通股的，应当分别调整归属于普通股股东的报告期净利润和发行在外普通股加权平均数，并据以计算稀释每股收益。

在发行可转换债券、股份期权、认股权证等稀释性潜在普通股情况下，稀释每股收益可参照如下公式计算：

$$稀释每股收益=[P+(已确认为费用的稀释性潜在普通股利息-转换费用)\times(1-所得税率)]/(S_0+S_1+S_i\times M_i\div M_0-S_j\times M_j\div M_0-S_k+认股权证、股份期权、可转换债券等增加的普通股加权平均数)$$

其中，P 为归属于公司普通股股东的净利润或扣除非经常性损益后归属于公司普通股股东的净利润。公司在计算稀释每股收益时，应考虑所有稀释性潜在普通股的影响，直至稀释每股收益达到最小。

第八条 公司在编制比较财务数据时，上期净资产收益率和每股收益应按本规则进行计算。公司招股说明书、年度财务报告、中期财务报告等公开披露文件正文应包括这些指标的计算过程，摘要可省略计算过程。

第九条 公司公开列示的净资产收益率或每股收益指标若引自经审计或审核（若规定需要）的财务报告，注册会计师应检查这些指标计算的真实性、准确性和完整性。

第十条 本规则自发布之日起施行。

四、非经常性损益(2008)

中国证券监督管理委员会公告

[2008]43 号

为保证上市公司、拟首次公开发行股票并上市的公司和其他公开发行证券的公司的财务信息披露质量，我会对《公开发行证券的公司信息披露规范问答第 1 号——非经常性损益》(2007 修订)进行了修订，并改称“公开发行证券的公司信息披露解释性公告”，现予公告。上市公司自 2008 年 12 月 1 日起执行，在编制 2008 年度财务报告时应按照本公告要求披露非经常性损益。拟上市公司自公告之日起执行。

中国证券监督管理委员会

二〇〇八年十月三十一日

一、非经常性损益的定义。

非经常性损益是指与公司正常经营业务无直接关系，以及虽与正常经营业务相关，但由于其性质特殊和偶发性，影响报表使用人对公司经营业绩和盈利能力做出正常判断的各项交易和事项产生的损益。

二、非经常性损益通常包括以下项目：

(一) 非流动性资产处置损益，包括已计提资产减值准备的冲销部分；

（二）越权审批，或无正式批准文件，或偶发性的税收返还、减免；

（三）计入当期损益的政府补助，但与公司正常经营业务密切相关，符合国家政策规定、按照一定标准定额或定量持续享受的政府补助除外；

（四）计入当期损益的对非金融企业收取的资金占用费；

（五）企业取得子公司、联营企业及合营企业的投资成本小于取得投资时应享有被投资单位可辨认净资产公允价值产生的收益；

（六）非货币性资产交换损益；

（七）委托他人投资或管理资产的损益；

（八）因不可抗力因素，如遭受自然灾害而计提的各项资产减值准备；

（九）债务重组损益；

（十）企业重组费用，如安置职工的支出、整合费用等；

（十一）交易价格显失公允的交易产生的超过公允价值部分的损益；

（十二）同一控制下企业合并产生的子公司期初至合并日的当期净损益；

（十三）与公司正常经营业务无关的或有事项产生的损益；

（十四）除同公司正常经营业务相关的有效套期保值业务外，持有交易性金融资产、交易性金融负债产生的公允价值变动损益，以及处置交易性金融资产、交易性金融负债和可供出售金融资产取得的投资收益；

（十五）单独进行减值测试的应收款项减值准备转回；

（十六）对外委托贷款取得的损益；

（十七）采用公允价值模式进行后续计量的投资性房地产公允价值变动产生的损益；

（十八）根据税收、会计等法律、法规的要求对当期损益进行一次性调整对当期损益的影响；

（十九）受托经营取得的托管费收入；

（二十）除上述各项之外的其他营业外收入和支出；

（二十一）其他符合非经常性损益定义的损益项目。

三、公司在编报招股说明书、定期报告或发行证券的申报材料时，应对照非经常性损益的定义，综合考虑相关损益同公司正常经营业务的关联程度以及可持续性，结合自身实际情况做出合理判断，并做出充分披露。

四、公司除应披露非经常性损益项目和金额外，还应当对重大非经常性损益项目的内容增加必要的附注说明。

五、公司对“其他符合非经常性损益定义的损益项目”以及根据自身正常经营业务的性质和特点将本规定列举的非经常性损益项目界定为经常性损益的项目，应当在附注中单独做出说明。

六、公司计算同非经常性损益相关的财务指标时，如涉及少数股东损益和所得税影响的，应当予以扣除。

七、注册会计师为公司招股说明书、定期报告、申请发行证券材料中的财务报告出具审计报告或审核报告时，应对非经常性损益项目、金额和附注说明予以充分关注，并对公司披露的非经常性损益及其说明的真实性、准确性、完整性及合理性进行核实。

八、上市公司自2008年12月1日起执行，在编制2008年度财务报告时应按照本公告要求披露非经常性损益。拟上市公司自公告之日起执行。

五、创业板上市公司年度报告的内容与格式

中国证券监督管理委员会公告

［2009］33号

现公布《公开发行证券的公司信息披露内容与格式准则第30号——创业板上市公司年度报告的内容与格式》，自公布之日起施行。

中国证券监督管理委员会

二〇〇九年十二月二十四日

公开发行证券的公司信息披露内容与格式准则第 30 号
——创业板上市公司年度报告的内容与格式

第一章 总 则

第一条 为规范创业板上市公司年度报告的编制及信息披露行为，保护投资者合法权益，根据《公司法》、《证券法》等法律、法规及中国证券监督管理委员会（以下简称中国证监会）的有关规定，制订本准则。

第二条 凡根据《公司法》、《证券法》在中华人民共和国境内公开发行股票并在创业板上市的股份有限公司（以下简称公司）应当按照本准则的要求编制和披露年度报告。

第三条 本准则的规定是对公司年度报告信息披露的最低要求。凡对投资者投资决策有重大影响的信息，不论本准则是否有明确规定，公司均应披露。

第四条 本准则某些具体要求对公司确实不适用的，经证券交易所批准后，公司可根据实际情况在不影响披露内容完整性的前提下做出适当修改。

第五条 由于商业秘密等特殊原因导致本准则规定的某些信息确实不便披露的，公司可向证券交易所申请豁免，经证券交易所批准后，可以不予披露。公司应当在相关章节说明未按本准则要求进行披露的原因。

第六条 在不影响信息披露完整性和不致引起阅读不便的前提下，公司可采取相互引征的方法，对相关部分进行适当的技术处理，以避免不必要的重复和保持文字简洁。

第七条 公司年度报告的全文应按本准则第二章的要求编制，年度报告摘要的内容摘自年度报告正文，编制和披露应遵循本准则第三章的要求，并按照附件的格式进行。

第八条 同时在境内和境外证券市场上市的公司，若境外证券市场对年度报告的编制和披露要求与本准则不同，应遵循报告内容从多不从少，报告要求从严不从宽的原则，并应当在同一日公布年度报告。

第九条 公司年度报告中的财务报告必须经具有证券期货相关业务资格的会计师事务所审计，审计报告须由该所至少两名注册会计师签字。

第十条 公司在编制年度报告时还应遵循如下一般要求：

（一）年度报告中引用的数字应当采用阿拉伯数字，有关货币金额除特别说明外，指人民币金额，并以元、千元、万元或百万元为单位。

（二）公司可根据有关规定或其他需求，编制年度报告外文译本，但应努力保证中外文文本的一致性，并在外文文本上注明："本报告分别以中、英（或日、法等）文编制，在对中外文文本的理解上发生歧义时，以中文文本为准。"

（三）年度报告印刷文本应采用质地良好的纸张印刷，幅面为 209×295 毫米（相当于标准的 A4 纸规格）。年度报告封面应载明公司的名称、"年度报告"的字样、报告期年份，也可以载有公司的外文名称、徽章或其他标记、图案等。年度报告的目录应编排在显著位置。

（四）年度报告可以刊载宣传本公司的照片和图表，但不得刊登任何祝贺性、恭维性或推荐性的词句或题字，不得含有欺诈和误导的行为。

第十一条 公司应当在每个会计年度结束之日起 4 个月内将年度报告刊登在中国证监会指定的网站和公司网站上，将年度报告摘要刊登在至少一种中国证监会指定报纸上。在指定报纸上刊登的年度报告摘要最小字号为标准 6 号字，最小行距为 0.02。

公司可以将年度报告刊登在其他网站和其他报刊上，但不得早于在中国证监会指定的网站和报刊上披露的时间。

第十二条 在年度报告披露前，任何当事人不得泄露与其有关的信息，或利用这些信息谋取不正当利益。

第十三条 公司应当在年度报告公布后，将年度报告原件或有法律效力的复印件备置于公司办公地点，以供股东和投资者查阅。

第十四条 公司应当在年度报告公布后，会计年度结束之日起 4 个月内，将年度报告报送公司所在地的证券监管派出机构和证券交易所。并应在会计年度结束之日起 6 个月内，将年度报告报送中国证监会。

第十五条 公司董事会、监事会及董事、监事、高级管理人员应当保证年度报告内容的真实性、准确性、完整性，承诺其中不存在虚假记载、误导性陈述或重大遗漏，并就其保证承担个别和连带的法律责任。如有董事、监事、高级管理人员对年度报告内容的真实性、准确性、完整性无法保证或存在异议的，应当单独陈述理由和发表意见。未参会董事应当单独列示其姓名。

第十六条　特殊行业公司，除执行本准则规定外，还应执行中国证监会就该行业信息披露制定的特别规定。

第二章　年度报告正文

第一节　重要提示及目录

第十七条　公司应在年度报告文本扉页刊登如下（不限于）重要提示：

本公司董事会、监事会及董事、监事、高级管理人员保证本报告所载资料不存在任何虚假记载、误导性陈述或者重大遗漏，并对其内容的真实性、准确性和完整性承担个别及连带责任。

如有董事、监事、高级管理人员对年度报告内容的真实性、准确性、完整性无法保证或存在异议的，应当声明：××董事、监事、高级管理人员无法保证本报告内容的真实性、准确性和完整性，理由是：……，请投资者特别关注。如有董事未出席董事会，应当单独列示其姓名。

如果执行审计的会计师事务所对公司出具了非标准审计报告，重要提示中应增加以下陈述：

××会计师事务所为本公司出具了带强调事项段的无保留意见（或保留意见、否定意见、无法表示意见）的审计报告，本公司董事会、监事会对相关事项亦有详细说明，请投资者注意阅读。

如果执行审计的会计师事务所对公司出具了否定意见或无法表示意见的审计报告，重要提示中还应增加以下陈述：

公司将被交易所实行退市风险警示，请投资者注意风险。

公司负责人、主管会计工作负责人及会计机构负责人（会计主管人员）应当声明：保证年度报告中财务报告的真实、完整。

第十八条　年度报告目录应标明各章、节的标题及其对应的页码。

第二节　公司基本情况简介

第十九条　公司应披露如下内容：

（一）公司的法定中、英文名称及缩写。

（二）公司法定代表人。

（三）公司董事会秘书及其证券事务代表的姓名、联系地址、电话、传真、电子信箱。

（四）公司注册地址，公司办公地址及其邮政编码，公司国际互联网网址、电子信箱。

（五）公司选定的信息披露报纸名称，登载年度报告的中国证监会指定网站的网址，公司年度报告备置地点。

（六）公司股票上市交易所、股票简称和股票代码。

第三节　会计数据和业务数据摘要

第二十条　公司应披露本年度实现的营业收入、利润总额、归属于上市公司股东的净利润、归属于上市公司股东的扣除非经常性损益后的净利润、经营活动产生的现金流量净额。

已发行人民币普通股（指 A 股），又发行境内上市外资股或境外上市外资股的公司，应披露按不同会计准则计算的净利润、净资产并说明其差异。

公司在披露“扣除非经常性损益后的净利润”时，还应同时说明扣除的项目、涉及金额。

第二十一条　公司应采用数据列表方式（可以附有图形表），提供截至报告期末公司近 3 年的主要会计数据和财务指标，包括以下各项：营业收入、利润总额、归属于上市公司股东的净利润、归属于上市公司股东的扣除非经常性损益后的净利润、总资产、所有者权益（或股东权益）、经营活动产生的现金流量净额、每股经营活动产生的现金流量净额、归属于上市公司股东的每股净资产、净资产收益率、每股收益等。计算公式（不须披露）如下：

$$\text{归属于上市公司股东的每股净资产}=\frac{\text{年度末归属于上市公司股东的所有者权益}}{\text{年度末普通股股份总数}}$$

$$\text{每股经营活动产生的现金流量净额}=\frac{\text{经营活动产生的现金流量净额}}{\text{年度末普通股股份总数}}$$

净资产收益率、每股收益的计算公式参照《公开发行证券的公司信息披露编报规则第 9 号——净资产收益率和每股收益的计算及披露》执行。

第二十二条 公司主要会计数据和财务指标的计算和披露应遵循如下要求：

（一）因会计政策变更及会计差错更正等追溯调整或重述以前年度会计数据的，应同时披露调整前后的数据。

（二）应按照《公开发行证券的公司信息披露解释性公告第1号——非经常性损益》的要求，确定和计算非经常性损益。

（三）编制合并财务报表的公司应以合并财务报表数据填列或计算以上数据和指标。

（四）数据的排列应该从左到右，左边起是报告期的数据。

第四节 董事会报告

第二十三条 公司董事会报告中应当对财务报告与其他必要的统计数据以及报告期内发生或将要发生的重大事项，进行讨论与分析，以有助于投资者了解其经营成果、财务状况（含现金流量情况）。公司可以运用逐年比较、数据列表或其他方式对相关事项进行列示，以增进投资者的理解。

讨论与分析不能只重复财务报告的内容，应着重于其已知的、可能导致财务报告难以显示公司未来经营成果与财务状况的重大事项和不确定性因素，包括已对报告期产生重要影响但对未来没有影响的事项，以及未对报告期产生影响但对未来具有重要影响的事项等，内容包括但不限于：

（一）报告期内公司经营情况的回顾。

1. 概述公司报告期内总体经营情况，列示公司营业收入、营业利润、净利润的同比变动情况，说明引起变动的主要影响因素。若公司利润构成或利润来源发生重大变动，公司应当详细说明具体变动情况。

公司首次公开发行时招股说明书中披露的未来发展与规划延续至报告期的，公司应对规划目标的实施进度进行分析，实施进度与规划不符的，应详细说明造成差异的原因。

公司应当对前期已披露的公司发展战略和经营计划的实现或实施情况、调整情况进行总结，若公司实际经营业绩较曾公开披露过的本年度盈利预测或经营计划低20%以上或高20%以上，应详细说明造成差异的原因。

2. 分析公司主营业务及其经营状况。公司应当根据自身实际情况，分别按产品或地区说明报告期内公司主营业务收入、主营业务利润的构成情况。对于占公司营业收入或营业利润总额10%以上的业务经营活动及其所属行业，以及占营业收入或营业利润总额10%以上的主要产品，应分项列示其营业收入、营业成本、营业利润率，并分析其变动情况。

若报告期内产品或服务发生重大变化或调整，公司应介绍已推出或宣布推出的新产品及服务，并说明对公司经营及业绩的影响。公司还应当披露主要供应商、客户情况：介绍公司向前5名供应商合计的采购金额占年度采购总额的比例及应付账款的余额和其占公司应付账款总余额的比重，前5名客户销售额合计占公司销售总额的比例及应收账款的余额和其占公司应收账款总余额的比重。单一供应商或客户采购、销售比例超过30%的，还应说明该供应商或客户的名称，采购或销售金额及所占比例，报告期内公司与其之间的采购、销售相比以前年度是否发生较大变化。

3. 若报告期公司资产构成（货币资金、应收款项、存货、投资性房地产、长期股权投资、固定资产、在建工程、短期借款、长期借款等占总资产的比重）同比发生重大变动的，应当说明产生变化的主要影响因素。报告期内公司存在以公允价值计量的资产的，应当说明报告期内该资产的购入、售出以及公允价值变动等情况。

若报告期公司销售费用、管理费用、财务费用、所得税等财务数据同比发生重大变动的，应当说明产生变化的主要影响因素。

4. 若报告期内公司无形资产（商标、专利、非专利技术、土地使用权、水面养殖权、探矿权、采矿权等）发生重大变化，公司应当说明产生变化的主要影响因素。

5. 公司应分析说明报告期内公司核心竞争能力（如设备、专利、非专利技术、特许经营权、核心技术人员、独特经营方式和盈利模式、允许他人使用自己所有的资源要素或作为被许可方使用他人资源要素等）方面的重要变化及对公司所产生的影响。如果发生因设备或技术升级换代、核心技术人员辞职、特许经营权丧失等导致公司核心竞争能力受到严重影响的，应详细说明具体情况及公司拟采取的措施。

6. 公司应说明研发支出总额及其中资本化研发支出额的比重、研发支出占营业收入的比重，若相关数据与以前年度相比出现显著变化，应说明原因。

公司应说明报告期内正在从事的研发项目进展情况、拟达到的目标。若相关进展情况与以前年度的披露情况相比出现显著变化，应说明原因。

7. 结合公司现金流量表相关数据，说明公司经营活动、投资活动和筹资活动产生的现金流量的构成情况，若相关数据同比发生重大变动，公司应当分析主要影响因素。若报告期公司经营活动产生的现金流量与报告期净利润存在重大差异的，公司应当解释原因。

8. 公司主要子公司、参股公司的经营情况及业绩分析。公司应详细介绍主要子公司的业务性质、主要产品或服务、注册资本、总资产、净资产、净利润，本年取得和处置子公司的情况，包括取得和处置的目的、方式以及对公司整体生产经营和业绩的影响。如来源于单个子公司的净利润或单个参股公司的投资收益对公司净利润影响达到10%以上，还应介绍该公司主营业务收入、主营业务利润和净利润等数据。若单个子公司或参股公司的经营业绩同比出现大幅波动，且对公司合并经营业绩造成重大影响的，公司应当对其业绩波动情况及其变动原因进行分析。

主要子公司或参股公司的经营情况的披露应参照上市公司董事会报告的要求。

若主要子公司或参股公司的经营业绩未出现大幅波动，但其资产方面或其他主要财务指标出现显著变化，并可能在将来对公司业绩造成影响，也应对变化情况和原因予以说明。

9. 公司控制的特殊目的主体情况。公司存在其控制下的特殊目的主体时，应介绍公司对其控制权方式和控制权内容，并说明公司从中可以获取的利益和对其所承担的风险。另外，公司还应介绍特殊目的主体对其提供融资、商品或劳务以支持自身主要经营活动的相关情况。公司控制的特殊目的主体为“《企业会计准则第33号——合并财务报表》应用指南中所规定的特殊目的主体”。

（二）对公司未来发展的展望。

1. 公司应结合公司业务发展规模、经营区域、产品、竞争对手等情况，介绍与公司业务相关的宏观经济层面或外部经营环境的发展现状和变化趋势，以及公司的行业地位或区域市场地位的变动趋势。公司应结合主要业务的市场变化情况、营业成本构成的变化情况、各种主要产品的产销数量和市场占有率变化情况、订单的获取情况、主要技术人员变动情况等，分析公司存在的主要优势和困难，并说明变化对公司未来经营业绩和盈利能力的影响。若分析表明相关变化趋势已经、正在或将要对公司的财务状况和经营成果产生重大影响的，公司应提供管理层对相关变化的基本判断，尽可能定量分析对公司的影响程度。

2. 公司应当遵循重要性原则披露可能对公司未来发展战略和经营目标的实现产生不利影响的所有风险因素（包括政策性风险、行业特定风险、业务模式风险、经营风险、环保风险、汇率风险、利率风险、技术风险、产品价格风险、原材料价格及供应风险、资产质量或资产结构风险、财务风险、单一客户依赖风险等），公司应当针对自身特点进行风险揭示，披露的内容应当充分、准确、具体，应尽量采取定量的方式分析各风险因素对公司当期及未来经营业绩的影响。同时公司可以根据实际情况，介绍已（或拟）采取的对策和措施，对策和措施应当内容具体，具备可操作性。对于本年度较上一年度的新增风险因素，上市公司应对其产生的原因、对上市公司的影响以及已经采取或拟采取的措施及效果等进行分析。

3. 公司应当向投资者提示未来公司发展机遇和挑战，披露公司发展战略，以及拟开展的新业务、拟开发的新产品、拟投资的新项目等。若公司存在多种业务的，还应当说明各项业务的发展规划。同时，公司应当披露新年度的经营计划，包括（但不限于）收入、费用成本计划，及新年度的经营目标，如销售额的提升、市场份额的扩大、成本升降、研发计划等，为达到上述经营目标拟采取的策略和行动。公司可以编制并披露新年度的盈利预测，该盈利预测必须经过具有证券期货相关业务资格的会计师事务所审核并发表意见。

4. 公司应当披露为实现未来发展战略所需的资金需求及使用计划，以及资金来源情况，说明维持公司当前业务并完成在建投资项目的资金需求，未来重大的资本支出计划等，包括未来已知的资本支出承诺、合同安排、时间安排等。同时，对公司资金来源的安排、资金成本及使用情况进行说明。公司应当区分债务融资、表外融资、股权融资、衍生产品融资等项目对公司未来资金来源进行披露。

第二十四条　公司应介绍报告期内的投资情况，分析报告期内公司投资额比上年的增减变动数及增减幅度，被投资的公司名称、主要经营活动、占被投资公司权益的比例等。

（一）在报告期内募集资金或报告期之前募集资金的使用延续到报告期内的，公司应就如下几方面对资金的运用和结果加以说明：

1. 列表说明募集资金时承诺投资项目、项目进度与实际投资项目、进度的异同。尚未使用的募集资金,应说明资金用途及去向。

2. 实际投资项目没有变更,公司应介绍项目资金的投入情况、项目的进度及预计收益;若项目已产生收益,应说明累计收益情况;未达到计划进度和收益的,应当解释原因。

3. 实际投资项目如有变更,公司应介绍项目变更原因、变更程序及其披露情况,项目资金的投入情况,项目的进度及预计收益;若项目已产生收益,应说明收益情况;未达到计划进度和收益的,应说明原因。同时还需说明原项目的预计收益情况。

4. 公司首次公开发行时产生的超募资金的使用延续到报告期的,应说明超募资金的使用计划、计划实施情况、资金使用效果以及超募资金的节余情况。

(二) 对报告期内非募集资金投资的重大项目、项目进度及收益情况进行说明。

(三) 公司应当对持有其他上市公司股权、参股商业银行、证券公司、保险公司、信托公司和期货公司等金融企业股权进行重点披露,包括初始投资成本、持股比例、期末账面值、本期收益、会计核算科目、股份来源等情况。

公司应当披露报告期用于买卖其他上市公司股份的资金数量、股份数量及产生的投资收益。

(四) 公司应当对持有的以公允价值计量的境内外基金、债券、信托产品、期货、金融衍生工具等金融资产的初始投资成本、资金来源、报告期内购入或售出情况、公允价值变动情况、对投资收益影响、风险状况、会计核算科目等进行披露。

第二十五条 公司应披露期末发行在外的可转换为股份的各种金融工具、以公允价值计量的负债(包括外币金融负债)的具体情况。

第二十六条 对会计师事务所出具非标准审计报告的,公司应就所涉及事项做出说明。

公司作出会计政策、会计估计变更或重要前期差错更正的,董事会应讨论、分析变更、更正的原因及影响。

适用境内外会计准则的公司,董事会应对产生差异的情况进行详细说明。

第二十七条 公司应披露本次利润分配预案或资本公积金转增股本预案。对于报告期内盈利但未提出现金利润分配方案预案的公司,应详细说明原因,同时说明公司未分配利润的用途和使用计划。

第五节 重要事项

第二十八条 公司应披露重大诉讼、仲裁事项。包括发生在编制本年度中期报告之后的涉及公司的重大诉讼、仲裁事项,应陈述该事项基本情况、涉及金额。已在本年度中期报告中披露,但尚未结案的重大诉讼、仲裁事项,应陈述其进展情况或审理结果及影响。对已经结案的重大诉讼、仲裁事项,还应说明其执行情况。如以上诉讼、仲裁事项已在临时报告披露且无后续进展的,则可只披露事项概述,并提供临时报告披露网站链接。

如报告期内公司无重大诉讼、仲裁事项,应明确陈述"本年度公司无重大诉讼、仲裁事项"。

第二十九条 公司应披露报告期内发生的破产相关事项,包括向法院申请重整、和解或破产清算、法院受理重整、和解或破产清算、公司重整期间等发生的法院裁定结果及其他重大事项。执行相关重整、和解等计划的公司还应说明计划的具体内容及执行情况。如相关破产事项已在临时报告披露且后续实施无变化的,则可只披露事项概述,并提供临时报告披露网站链接。

第三十条 公司应披露报告期内收购及出售资产、企业合并事项的简要情况及进程,分析上述事项对公司业务连续性、管理层稳定性的影响,同时还应说明事项是否按计划如期实施,如已实施完毕应说明其对财务状况和经营成果的影响及其占利润总额的比例;如未按计划实施则说明原因及公司采取的措施。

第三十一条 公司应披露股权激励计划在本报告期的具体实施情况,包括但不限于:实施股权激励计划履行的相关程序及总体情况;激励基金提取情况;股权激励股份购买情况;对激励对象的考核情况;对激励对象范围的调整情况及履行的程序;股权激励股份授予数量及解除锁定情况;股票期权授予及行权情况;股票期权行权价格及期权数量等的调整情况及履行的程序;实施股权激励计划对公司本报告期及以后各年度财务状况和经营成果的影响;涉及股权激励的其它事项。如相关股权激励事项已在临时报告披露且后续实施无进展或变化的,则可只披露事项概述,并提供临时报告披露网站链接。

第三十二条 公司应披露报告期内发生的重大关联交易事项。若对于某一关联方,报告期内累计关联交易总额高于1 000万元且占公司最近一期经审计净资产值5%以上的，须披露关联交易方、交易内容、交易时间及披露时间等情况。

如果发生的交易属不同类型，应按以下要求分别披露：

（一）与日常经营相关的关联交易，至少应披露以下内容：关联交易方、交易内容、定价原则、交易价格、交易金额、占同类交易金额的比例、结算方式。可以获得同类交易市场价格的，应披露市场参考价格，实际交易价格与市场参考价格差异较大的，应说明原因。大额销货退回需披露详细情况。

公司按类别对当年度将发生的日常关联交易总金额进行预计的，应披露日常关联交易事项在报告期内的实际履行情况。

（二）资产、股权转让发生的关联交易，至少应披露以下内容：关联交易方、交易内容、定价原则、资产的账面价值、评估价格、交易价格、结算方式及获得的转让收益，转让价格与账面价值或评估值差异较大的，应说明原因。如相关资产、股权转让关联交易事项已在临时报告披露且后续实施无变化或进展的，则可只披露事项概述、披露日期和网站。

（三）公司与关联方共同对外投资发生的关联交易，至少应披露以下内容：共同投资方、被投资企业的基本情况及业务范围、进展情况等。

（四）公司与关联方存在债权债务往来、担保等事项的，应披露形成的原因及其对公司的影响。

（五）其他重大关联交易。

第三十三条 公司应披露重大合同及其履行情况。包括(但不限于)：

（一）在报告期内发生或以前期间发生但延续到报告期的托管、承包、租赁其他公司资产或其他公司托管、承包、租赁公司资产的事项，且该事项为公司带来的利润达到公司当年利润总额的10%以上(含10%)时，应详细披露有关合同的主要内容，如有关资产的情况、涉及的金额和期限、收益及其确定依据等。同时还应披露该收益对公司的影响。

（二）重大担保。披露报告期内履行的及尚未履行完毕的担保合同，包括担保金额、担保期限、担保对象、担保类型(一般担保或连带责任担保)、担保的决策程序等。对于未到期担保合同，如有明显迹象表明有可能承担连带清偿责任，应明确说明。

公司还应披露本年度发生的公司对子公司提供担保的金额，担保总额占公司净资产的比例，公司为股东、实际控制人及其关联方提供担保的金额，公司直接或间接为资产负债率超过70%的被担保对象提供的债务担保金额，以及公司担保总额超过净资产50%部分的金额。

（三）在报告期内或报告期继续发生委托他人进行现金资产管理事项，公司应披露委托事项的具体情况，包括：受托人名称、委托金额、委托期限、报酬确定方式，以及当年度实际收益或损失和实际收回情况等；公司还应说明该项委托是否经过法定程序，未来是否还有委托理财计划；公司若就该项委托计提投资减值准备的，应披露当年度计提金额。若公司有委托贷款事项，也应比照上述委托行为予以披露。

（四）其他重大合同。

第三十四条 公司或持股5%以上股东如在报告期内或持续到报告期内有承诺事项，包括收购报告书或权益变动报告书中所作承诺、资产置换时所作承诺、发行时所作承诺和其他对公司中小股东所作承诺等，公司董事会应说明该承诺事项在报告期内的履行情况。

另外，如公司资产或项目存在盈利预测，且报告期仍处在盈利预测期间内，公司董事会和相关股东应就资产或项目是否达到原盈利预测及其原因作出说明。

第三十五条 公司应披露聘任、解聘会计师事务所情况，会计师事务所为公司提供服务类别及为不同类别服务所支付的报酬情况，目前的审计机构已为公司提供审计服务的连续年限(年限从审计机构与公司首次签订审计业务约定书日开始计算)。

第三十六条 公司及其董事、监事、高级管理人员、公司控股股东、实际控制人、收购人如在报告期内存在受有权机关调查、司法纪检部门采取强制措施、被移送司法机关或追究刑事责任、中国证监会稽查、中国证监会行政处罚、证券市场禁入、认定为不适当人选被其他行政管理部门处罚及证券交易所公开谴责的情形，应当说明原因及结论。如中国证监会及其派出机构对公司检查后提出整改意见的，应简单说明整改情况，披露整改报告书的信息披露报纸网站及日期。

第三十七条 公司还应披露其他在报告期内发生的《证券法》第六十七条、《上市公司信息披露管理办法》第三十条所列的重大事件，以及公司董事会判断为重大事件的事项。

如前款所涉重要事项已作为临时报告在指定网站披露，只需说明信息披露网站及披露日期。

第三十八条 子公司发生的本节所列的重要事项应当视同公司的重要事项予以披露。

第三十九条 公司还应披露其他需要披露的事项，如选定信息披露媒体的变更等。

第六节 股本变动及股东情况

第四十条 公司应按以下要求披露股本变动情况：

（一）股份变动情况表（按照《公开发行证券的公司信息披露内容与格式准则第5号——公司股份变动报告的内容与格式》表2规定的格式进行编制）。

披露限售股份变动情况表，其中限售股份指发行时有限售条件的股份，董事、监事及高级管理人员所持股份以及因其他原因限售的股份。该表的具体格式参照附件一：年度报告摘要披露格式5.1的列示。

（二）证券发行与上市情况。

1. 介绍报告期内证券发行情况，包括股票、可转换公司债券、公司债券及其他衍生证券的种类、发行日期、发行价格（或利率）、发行数量、上市日期、获准上市交易数量、交易终止日期等。

2. 对报告期内因送股、转增股本、配股、增发新股、非公开发行股票、权证行权、实施股权激励计划、企业合并、可转换公司债券转股、减资、债券发行或其他原因引起公司股份总数及结构的变动、公司资产负债结构的变动，应予以说明。

第四十一条 公司按以下要求披露股东和实际控制人情况：

（一）按照《公开发行证券的公司信息披露内容与格式准则第5号——公司股份变动报告的内容与格式》表6规定的格式披露以下内容：

1. 报告期末股东总数。

2. 持有本公司5%以上（含5%）股份的股东的名称、年度内股份增减变动的情况、年末持股数量、所持股份类别及所持股份质押或冻结的情况。若持股5%以上（含5%）的股东少于10人，则应列出至少前10名股东的持股情况。如所持股份中包括已上市流通股份（或无限售条件股份）、未上市流通股份（或有限售条件股份），应分别披露其数额。

如前10名股东之间存在关联关系或属于《上市公司收购管理办法》规定的一致行动人的，应予以说明。如果有战略投资者或一般法人因配售新股成为前10名股东的，应予以注明，并披露约定持股期间的起止日期。

以上列出的股东情况中应注明代表国家持有股份的单位或外资股东。

（二）公司控股股东情况。

若控股股东为法人的，应介绍名称、单位负责人或法定代表人、成立日期、注册资本、主要经营业务或管理活动等；若控股股东为自然人的，应介绍其姓名、国籍、是否取得其他国家或地区居留权、最近5年内的职业及职务。如报告期内控股股东发生变更，应列明披露相关信息的指定网站及日期。

（三）公司实际控制人情况。

公司还应比照上述内容，披露公司的实际控制人情况，并以方框图及文字的形式披露公司与实际控制人之间的产权和控制关系。实际控制人应披露到自然人、国有资产管理部门，或者股东之间达成某种协议或安排的其他机构或自然人，包括以信托方式形成实际控制的情况。

如实际控制人通过信托或其他资产管理方式控制公司，应披露信托合同或者其他资产管理安排的主要内容，包括信托或其他资产管理的具体方式、信托管理权限（包括公司股份表决权的行使等）、涉及的股份数量及占公司已发行股份的比例、信托或资产管理费用、合同的期限及变更、终止的条件、信托资产处理安排、合同签订的时间及其他特别条款等。

如公司最终控制层面存在多位自然人或自然人控制的法人共同持股的情形，且其中没有一人的持股比例（持有或控制下一级控制层面公司的股份比例）超过50%，各自的持股比例比较接近，公司无法确定实际控制人的，应当披露最终控制层面持股比例在5%以上的股东情况。

（四）其他持股在10%以上（含10%）的法人股东，应介绍其法定代表人、成立日期、主要经营业务或管理活动、注册资本等情况。

（五）公司前10名无限售流通股股东的名称全称、年末持有无限售流通股的数量和种类（A、B、H股或其它)。如前10名无限售流通股股东之间,以及前10名无限售流通股股东和前10名股东之间存在关联关系或属于《上市公司收购管理办法》规定的一致行动人的,应予以说明。

第七节　董事、监事、高级管理人员和员工情况

第四十二条　公司应披露董事、监事和高级管理人员的情况,包括:

(一)基本情况。

现任董事、监事、高级管理人员的姓名、性别、年龄、任期起止日期、年初和年末持有本公司股份、股票期权、被授予的限制性股票数量、年度内股份增减变动量及增减变动的原因。如为独立董事,需单独注明。

(二)现任董事、监事、高级管理人员最近5年的主要工作经历。

董事、监事、高级管理人员如在股东单位任职,应说明职务及任职期间,以及在除股东单位外的其他单位的任职或兼职情况。

(三)年度报酬情况。

董事、监事和高级管理人员报酬的决策程序、报酬确定依据以及报酬的实际支付情况。披露每一位现任董事、监事和高级管理人员在报告期内从公司获得的税前报酬总额(包括基本工资、奖金、津贴、补贴、职工福利费和各项保险费、公积金、年金以及以其他形式从公司获得的报酬),全体董事、监事和高级管理人员的报酬合计。另外,将获得的股权激励按照可行权股数、已行权数量、行权价以及报告期末市价单独列示。

公司应列明不在公司领取报酬、津贴的董事、监事的姓名,并注明其是否在股东单位或其他关联单位领取报酬、津贴。

(四)在报告期内被选举或离任的董事和监事、聘任或解聘的高级管理人员姓名,及董事、监事离任和高级管理人员解聘原因。

第四十三条　公司应披露核心技术团队或关键技术人员(非董事、监事、高级管理人员)等对公司核心竞争能力有重大影响的人员的变动情况,并说明变动对公司经营的影响及公司采取的应对措施。

第四十四条　公司应披露员工情况,包括在职员工的数量、专业构成(如生产人员、销售人员、技术人员、财务人员、行政人员)、教育程度及公司需承担费用的离退休职工人数。

第八节　公司治理结构

第四十五条　公司应对照中国证监会发布的有关上市公司治理的规范性文件,说明公司治理的实际状况与该文件要求是否存在差异,如有差异,应明确说明。

第四十六条　公司应介绍独立董事出席董事会等履行职责情况。独立董事对公司有关事项曾提出异议的,需披露该事项的内容、独立董事的姓名及所提异议的内容等。

第四十七条　公司应介绍报告期内召开的年度股东大会、临时股东大会、董事会的有关情况,包括会议届次、召开日期,并提供披露网站链接。

第四十八条　公司应披露董事会下设委员会工作总结情况,包括:

(一)董事会下设的审计委员会的履职情况汇总报告,包括对公司财务报告的两次审议意见、对公司内部控制制度进行检查和评估后发表的专项意见、对会计师事务所审计工作的督促情况、就调整事项与会计师沟通情况、向董事会提交的会计师事务所从事上年度公司审计工作的总结报告以及对下年度续聘或改聘会计师事务所的决议书。

(二)董事会下设的薪酬委员会的履职情况汇总报告,包括对公司董事、监事和高级管理人员所披露薪酬的审核意见,对公司是否建立健全有效的董事、监事和高级管理人员考评和激励制度及制度的执行情况的说明,对公司股权激励计划实施过程中的授权是否合规、行权条件是否满足的核实意见。

(三)鼓励披露董事会下设的其他委员会的运作情况。

第四十九条　公司应说明对控股子公司控制、关联交易控制、对外担保控制、重大投资控制、信息披露控制等内部控制制度的建立和健全情况,包括内部控制制度建立健全的工作计划及其实施情况、内部控制检查监督部门的设置情况、董事会对内部控制有关工作的安排、与财务核算相关的内部控制的完善情况。同时鼓励公司披露董事会出具的、经会计师事务所核实评价的内部控制自我评估报告。

第九节　监 事 会 报 告

第五十条　公司应披露报告期内监事会的工作情况,包括召开会议的次数,各次会议的议题等。监事会应对下列事项发表独立意见:

(一) 公司依法运作情况。公司决策程序是否合法,是否建立完善的内部控制制度,公司董事、高级管理人员执行公司职务时有无违反法律、法规、公司章程或损害公司利益的行为。

(二) 检查公司的财务情况。监事会应明确说明财务报告是否真实反映公司的财务状况和经营成果。

(三) 公司最近一次募集资金实际投入项目是否和承诺投入项目一致,实际投资项目如有变更,变更程序是否合法。

(四) 公司收购、出售资产交易价格是否合理,有无发现内幕交易,有无损害部分股东的权益或造成公司资产流失。

(五) 关联交易是否公平,有无损害公司利益。

(六) 如果会计师事务所出具了非标准审计报告的,或者公司报告期利润实现数较利润预测数低 20%以上或较利润预测数高 20%以上的,监事会应就董事会对上述事项的说明明确表示意见。

第十节 财务报告

第五十一条 公司应披露审计报告正文、经审计财务报表。

第五十二条 财务报表包括公司报告期末及其前一个年度末的比较式资产负债表、该两年度的比较式利润表、现金流量表、该年度所有者权益(股东权益)变动表和财务报表附注。

第五十三条 财务报表附注应对比较式报表的两个日期或期间的数据均作出说明。财务报表附注应当按照《公开发行证券的公司信息披露编报规则第 15 号——财务报告的一般规定》和中国证监会发布的相关规定编制。

第十一节 备查文件目录

第五十四条 公司应当披露备查文件的目录,包括:

(一) 载有法定代表人、主管会计工作负责人(如设置总会计师,须为总会计师)、会计机构负责人(会计主管人员)签名并盖章的财务报表。

(二) 载有会计师事务所盖章、注册会计师签名并盖章的审计报告原件。

(三) 报告期内在中国证监会指定网站上公开披露过的所有公司文件的正本及公告的原稿。

(四) 在其它证券市场公布的年度报告。

公司应当在办公场所置备上述文件的原件。当中国证监会、证券交易所要求提供时,或股东依据法规或公司章程要求查阅时,公司应及时提供。

第三章 年度报告摘要

第一节 重要提示

第五十五条 公司应在年度报告摘要显要位置刊登如下(不限于)重要提示:

本公司董事会、监事会及董事、监事、高级管理人员保证本报告所载资料不存在任何虚假记载、误导性陈述或者重大遗漏,并对其内容的真实性、准确性和完整性承担个别及连带责任。本年度报告摘要摘自年度报告全文,报告全文同时刊载于证监会指定网站。为全面了解本公司生产经营状况和财务成果及公司的未来发展规划,投资者应到指定网站仔细阅读年度报告全文。

如有董事、监事、高级管理人员对年度报告内容的真实性、准确性、完整性无法保证或存在异议的,应当声明:××董事、监事、高级管理人员无法保证本报告内容的真实性、准确性和完整性,理由是:……,请投资者特别关注。

如果执行审计的会计师事务所对公司出具了非标准审计报告,重要提示中应增加以下陈述:

××会计师事务所为本公司出具了带强调事项段的无保留意见(或保留意见、否定意见、无法表示意见)的审计报告,本公司董事会、监事会对相关事项亦有详细说明,请投资者注意阅读。

如果执行审计的会计师事务所对公司出具了否定意见或无法表示意见的审计报告,重要提示中还应增加以下陈述:

公司将被交易所实行退市风险警示,请投资者注意风险。

公司负责人、主管会计工作负责人及会计机构负责人(会计主管人员)应当声明:保证年度报告中财务报告的真实、完整。

第二节 公司基本情况简介

第五十六条 公司应披露以下基本情况:股票简称,股票代码,上市的交易所,公司注册地址,公司办公地址及其邮政编码,公司国际互联网网址及其电子信箱,公司董事会秘书及其证券事务代表的姓名、联系地址、电话、传真、电子信箱。

第三节 会计数据和业务数据摘要

第五十七条 公司应披露本年度实现的营业收入、利润总额、归属于上市公司股东的净利润、归属于上市公司股东的扣除非经常性损益的净利润、经营活动产生的现金流量净额。

第五十八条 公司应采用数据列表方式(可以附有图形表),提供截至报告期末公司近3年的主要会计数据和财务指标,包括以下各项:营业收入、利润总额、归属于上市公司股东的净利润、归属于上市公司股东的扣除非经常性损益后的净利润、总资产、所有者权益(或股东权益)、经营活动产生的现金流量净额、每股经营活动产生的现金流量净额、归属于上市公司股东的每股净资产、净资产收益率、每股收益等。计算公式同本准则第二十一条所列公式。

第四节 董事会报告

第五十九条 公司董事会应在其报告中,按照本准则第二十三条的要求对公司报告期内整体经营情况及未来发展情况进行讨论与分析。

公司在董事会报告中应按本准则第二十四条第(一)项至第(三)项所列内容披露报告期内的投资情况。

第六十条 对会计师事务所出具的非标准审计报告,公司董事会报告应就所涉及事项做出说明。

第六十一条 公司应披露本次利润分配预案或资本公积金转增股本预案。对于本报告期内盈利但未提出现金利润分配预案的公司,应详细说明原因,同时说明公司未分配利润的用途和使用计划。

第五节 重要事项

第六十二条 公司应按照本准则第二十八条、第二十九条、第三十条、第三十一条、第三十二条第二款第(一)项、第(二)项和第(四)项、第三十三条第(二)项和第(三)项、第三十四条所列内容披露重要事项。

第六节 股本变动及股东情况

第六十三条 公司应披露股份变动情况表,包括《公开发行证券的公司信息披露内容与格式准则第5号——公司股份变动报告的内容与格式》的表2,以及限售股份变动情况表。

第六十四条 公司应披露股东情况,应按照本准则第四十一条第(一)项、第(二)项、第(三)项、第(五)项所列内容披露。

第七节 董事、监事、高级管理人员和员工情况

第六十五条 公司应按本准则第四十二条第(一)项、第(三)项和第四十三条所列内容披露。

第八节 监事会报告

第六十六条 公司应披露报告期内监事会的工作情况,包括召开会议的次数,各次会议的议题等。监事会应对下列事项发表独立意见:

(一) 公司依法运作情况。公司决策程序是否合法,是否建立完善的内部控制制度,公司董事、高级管理人员执行公司职务时有无违反法律、法规、公司章程或损害公司利益的行为(如果监事会认为公司决策程序合法,建立完善的内部控制制度,公司董事、高级管理人员执行公司职务时无违反法律、法规、公司章程或损害公司利益的行为,本条可免于披露)。

(二) 检查公司财务的情况。监事会应明确说明财务报告是否真实反映公司的财务状况和经营成果(如果监事会认为财务报告真实反映公司的财务状况和经营成果,本条可免于披露)。

(三) 公司最近一次募集资金实际投入项目是否和承诺投入项目一致,实际投资项目如有变更,变更程序是否合法(如果监事会认为公司最近一次募集资金实际投入项目和承诺投入项目一致,以及实际投资项目有变更时,变更程序合法,本条可免于披露)。

(四) 公司收购、出售资产交易价格是否合理,有无发现内幕交易,有无损害部分股东的权益或造成公司资产流失(如果监事会认为公司收购、出售资产交易价格合理,未发现内幕交易,未损害部分股东的权益或造成公司资产流失,本条可免于披露)。

(五) 关联交易是否公平,有无损害公司利益(如果监事会认为关联交易公平,未损害公司利益,本条可免于披露)。

(六) 如果会计师事务所出具了带强调事项段的无保留意见、保留意见、否定意见或无法表示意见的审计报告的,或者公司报告期利润实现数较利润预测数有重大差异的,监事会应就董事会对上述事项的说明

明确表示意见。

第九节　财务报告

第六十七条　公司至少应披露合并及母公司的资产负债表、利润表、现金流量表和所有者权益(股东权益)变动表。

第六十八条　财务报表附注至少应包括以下内容：

(一) 如果与最近一期年度报告相比,会计政策、会计估计和核算方法发生了变化,应予以说明。

(二) 重大会计差错的内容、更正金额、原因及其影响。

(三) 如果与最近一期年度报告相比,合并范围发生了变化,应予以说明。

第六十九条　如果公司被出具了否定意见或无法表示意见的审计报告,则在披露年度报告摘要时须公布审计报告正文、财务报表及附注全文。如果公司被出具了带强调事项段的无保留意见或保留意见的审计报告,应当披露审计报告正文、财务报表及带强调事项段的无保留意见或保留意见涉及事项的有关附注。

第四章　附　则

第七十条　本准则自公布之日起施行。

附件:年度报告摘要披露格式(略)

第十部分　其他部委发布的实施会计准则配套规章

一、银监会关于银行金融机构全面执行《企业会计准则》的通知

中国银监会关于银行业金融机构全面执行《企业会计准则》的通知

银监通[2007]22号

各银监局，各政策性银行、国有商业银行、股份制商业银行，各资产管理公司，邮政储蓄银行，银监会直接监管的信托公司、财务公司、租赁公司，各省级农村信用联社，北京、天津、上海农村商业银行，天津农村合作银行：

2006年2月，财政部颁布了新的《企业会计准则》（以下简称新会计准则），要求自2007年1月1日在上市公司范围内施行，同时鼓励其他企业执行。为提高会计信息质量和可比性，完善风险管理，提高经营水平，加强银行业监管，促进我国银行业快速、健康发展，中国银监会决定银行业金融机构全面执行新会计准则。现就有关事项通知如下：

一、统一思想，提高执行新会计准则的自觉性

新会计准则反映了我国市场经济发展的要求，更加全面、系统地规范了企业会计确认、计量和报告行为，并与国际会计准则趋同。目前，银行业金融机构执行的会计制度存在较大差异，不同类型机构的相同业务、同一类型的不同机构采用不同的会计处理方法损害了会计信息的可比性、有用性，不利于分析和评价风险状况、财务成果，也不利于开展各项银行监管工作。各单位要统一思想，正确认识执行新会计准则的必然性和紧迫性，提高执行新会计准则的自觉性，早准备、早布置，保证银行业会计标准的平稳转换。

二、执行新会计准则的时间表

考虑到我国银行业金融机构众多，各银行业金融机构会计管理水平、人员素质、财务承受能力等方面存在着较大的差距，银行业金融机构应分层次实施新会计准则，并逐步建立适应新会计准则要求的内部管理流程和信息处理系统。按照财政部的总体要求，综合考虑各类型银行业金融机构的业务特点、管理水平和财务状况等实际情况，银行业金融机构应按以下时间表执行新会计准则：

（一）已经上市银行业金融机构要全面执行新会计准则，继续完善内部管理制度和业务流程，提高执行新会计准则的质量。

（二）政策性银行、中国农业银行、非上市的股份制银行、中国邮政储蓄银行、城市商业银行、信托公司、财务公司、金融租赁公司、汽车金融公司、货币经纪公司、外资银行等从2008年起按照新会计准则编制财务报告。

（三）农村商业银行、农村合作银行、农村信用社、城市信用社、三类新型农村金融机构等从2009年起按照新会计准则编制财务报告，具备条件的可以提前执行。

（四）金融资产管理公司待转制完成后的次年按新会计准则编制财务报告，但不得晚于2009年。

三、执行新会计准则必须注意的几个问题

（一）审慎使用公允价值。一是合理确定公允价值计量模式的使用范围。各银行业金融机构应严格按照新会计准则的要求，对于尚不存在活跃市场或不能持续可靠取得市场价格的金融工具不能使用公允价值计量。二是科学合理地确定公允价值。对决定使用公允价值计量的，要综合考虑活跃市场的各项因素，科学设定估值假设和主要参数。三是建立运用公允价值计量的内部控制制度，记录公允价值计量的依据和过程，确保公允价值计量的准确性、可靠性。

（二）健全贷款减值评估体系。各银行业金融机构应完善贷款风险管理，全面收集贷款减值的历史数据，健全价值评估内部控制政策、程序和方法，准确计提贷款减值准备，不得利用贷款减值准备调节利润。

（三）合理进行金融工具分类。各银行业金融机构在金融工具初始确认时应客观分析持有意图，准确划分各类金融工具，并严格按照新会计准则进行核算。

四、精心准备，不断提高执行新会计准则的能力

（一）各银行业金融机构主要负责人要亲自抓执行新会计准则的准备工作。执行新会计准则不仅仅是会计部门的工作，还涉及各项业务，需要各个部门的配合，主要负责人必须高度重视，亲自负责，主动协调。要成立专门工作小组，制定规划，明确分工，加强协作，周密部署，既要保证按时执行新会计准则，又要确保各项业务和会计工作正常、有序地运转。各银行业金融机构（已经上市的除外）要于2007年底前将执行新会计准则的实施规划报直接监管的监管机构备案，并及时报告组织实施情况。

（二）各银行业金融机构要加大对会计人员和相关业务人员、管理人员的培训力度，不仅要学习新会计准则的具体内容、主要变化和应用要求，还要紧密结合本单位实际，研究新会计准则对本单位管理制度、业务流程和信息系统的影响和应对措施，不断提高执行新会计准则的能力。

（三）各银行业金融机构要做好执行新会计准则的衔接工作。一是制度衔接工作。在执行新会计准则前，必须按老制度开展各项会计核算工作，不得在新会计准则和老制度间选择使用。二是披露衔接工作。要保证信息披露的连续性和一致性，有关会计信息口径的变化要有准确的记录和说明。

（四）农村信用社执行新会计准则的工作统一由各省联合社组织。

五、加强领导，促进高质量地执行新会计准则

（一）中国银监会成立实施新会计准则领导小组，指导和协调银行业金融机构执行新会计准则的有关工作。领导小组组长为银监会郭利根副主席，银监会财务会计部及各监管部门负责人为领导小组成员，办公室设在财务会计部。办公室主任由银监会财务会计部汤小青主任担任，副主任由银监会财务会计部杨树润副主任担任，各监管部门派专人参加办公室的日常工作。

（二）各银监局要成立领导小组，跟踪辖内银行业金融机构执行新会计准则的准备和执行情况，重点做好辖内中小银行业金融机构执行新会计准则的指导、协调和服务工作。

（三）各银监局要按照各银行业金融机构执行新会计准则的时间表，积极开展各项会计监管工作，重点检查银行业金融机构执行会计准则情况，分析财务变化状况，查处利用新会计准则操纵利润的行为。

（四）各银监局要认真组织监管人员培训工作，掌握新会计准则的内容、方法，研究执行新会计准则可能出现的问题和监管措施，进一步提高监管能力。

（五）银行业金融机构执行新会计准则后，银监会的各项监管政策、制度保持不变。各银监局必须继续督促银行业金融机构提高五级分类的质量，做实利润。

同时，银监会将根据实施新会计准则带来的变化，在保持监管资本属性不变的前提下，对计算资本充足率涉及的部分会计数据进行调整，以准确计算资本充足率，避免执行新会计准则导致的资本充足率波动。考虑到新会计准则关于减值准备计提方法的变化，为增强减值准备计提的操作性、可靠性和可比性，银监会将另行发布减值准备计提和监管指引，对减值准备计提过程中的关键环节、重点因素进行规范。

各银行业金融机构在执行新会计准则过程中发现的任何问题，请及时反馈银监会领导小组办公室。

联系电话：010－66279033，传真：010－66299193。

请各银监局将本文转发至辖内银行业金融机构。

附件：银行业金融机构执行新会计准则时间表

二〇〇七年九月二十九日

附件：

银行业金融机构执行新会计准则时间表

机构类别	执行新准则时间	备　注
上市银行（14家）	2007年	工行、中行、建行、交行、华夏、招商、浦发、深发、民生、中信、兴业、北京、南京、宁波银行
农业银行	2008年	
邮政储蓄银行	2008年	
政策性银行	2008年	
股份制银行	2008年	

（续表）

机构类别	执行新准则时间	备　　注
城市商业银行	2008 年	
信托公司	2008 年	安信信托、陕西国投已经上市
财务公司	2008 年	
金融租赁公司	2008 年	
汽车金融公司	2008 年	
货币经纪公司	2008 年	
外资银行	2008 年	
农村商业银行	2009 年	鼓励具备条件的提前执行。
农村合作银行	2009 年	
农村信用社	2009 年	
城市信用社	2009 年	
三类新型农村金融机构	2009 年	
金融资产管理公司	改制完成后的次年	不晚于 2009 年

二、保监会关于保险业实施《企业会计准则》的通知

中国保监会关于保险业实施新会计准则有关事项的通知

保监发[2006]96 号

各保监局，各保险公司、保险资产管理公司：

2006 年 2 月 15 日，财政部颁布了 39 项企业会计准则（以下简称“新会计准则”），要求自 2007 年 1 月 1 日起在上市公司范围内施行，同时鼓励其他企业执行。为了提高保险公司的会计信息质量和内部管理水平，促进保险业又快又好发展，我会决定从 2007 年 1 月 1 日起全行业同时执行新会计准则。现就有关事项通知如下：

一、新会计准则总体实施方案

新会计准则的总体实施方案为“同时切换，分步到位”。所谓“同时切换”，是指全行业统一从 2007 年 1 月 1 日同时切换到新会计准则。所谓“分步到位”，就是将全部实施过程分为两个阶段，先易后难。分两个阶段实施是最低要求，是完成实施工作的最后期限，有条件的公司可以一步到位，也可以分步提前完成。

第一阶段：2007 年 1 月 1 日起实现“会计报表层面的切换”。各公司在现行会计核算系统生成会计报表的基础上，针对新旧会计准则的差异点，将旧制度下的会计报表切换成新会计准则下的会计报表，即调表不调账。

第二阶段：2008 年 1 月 1 日之前实现“管理流程层面的切换”和“会计账目层面的切换”。各公司应当根据新会计准则对产品开发、精算、投资、内控程序、风险管理等管理流程进行必要的调整，将新会计准则贯彻到管理流程层面。在实现管理流程再造的基础上，各公司应当完成对会计核算系统的调整，实现会计核算系统的切换。

二、新会计准则实施领导小组

为了保证新会计准则的顺利实施，我会成立了新会计准则实施领导小组（以下简称“领导小组”）。领导小组负责对行业实施新会计准则进行指导和协调，包括系统研究和全面清理新旧会计标准的差异点；研究制定有关技术标准，为保险公司实施新会计准则提供政策和技术上的指导；拟定新会计准则的培训计划和标准，统一规划，统筹管理。领导小组办公室设在我会财务会计部财务监管处，承担领导小组的日常工作。

领导小组人员构成如下：

组　长：李克穆　保监会副主席

副组长：王新棣　保监会财务会计部主任

江先学　保监会财务会计部副主任

裴　光　保监会统计信息部副主任

高　艳　保监会资金运用监管部副主任

成　员：庄作瑾　中国人寿保险(集团)公司副总裁

王银成　中国人民财产保险股份有限公司副总裁

沈喜忠　中国再保险(集团)公司副总经理

汤大生　中国太平洋保险(集团)股份有限公司副总经理

任汇川　中国平安保险(集团)股份有限公司财务总监

顾　强　美国美亚保险公司上海分公司财务总监

李汉雄　中宏人寿保险股份有限公司财务总监

林同文　普华永道中天会计师事务所合伙人

宋晨阳　毕马威华振会计师事务所合伙人

颜颖慈　毕马威华振会计师事务所合伙人

徐英伟　安永华明会计师事务所合伙人

三、具体要求

（一）提高思想认识，促进保险业又快又好发展

各保监局、保险公司、保险资产管理公司应当充分提高认识，把新会计准则的实施作为贯彻落实《国务院关于保险业改革发展的若干意见》的一项重点工作来抓，以实施新会计准则为契机，带动公司管理水平的提高和管理流程的改造，促进保险业又快又好地发展。

（二）加强组织领导，保证各项工作顺利开展

新会计准则的实施涉及公司财务、产品开发、精算、投资、信息技术、内控、风险管理等环节，各公司应当成立以公司领导为负责人的新会计准则实施工作小组，统一组织和协调，责任落实到人，确保新会计准则实施工作的顺利进行。

（三）认真研究学习，全面掌握新会计准则的内涵和精神实质

各保监局、保险公司、保险资产管理公司应当在我会的统一组织和协调下，做好新会计准则的学习、培训工作，培养一大批真正全面掌握、深入理解新会计准则内涵和精神实质的干部队伍和业务骨干。新会计准则培训方案另行发布。

（四）做好统筹安排，狠抓落实，保证新会计准则的顺利实施

新会计准则的实施工作时间紧，任务重，各项工作应按照“同时切换，分步到位”总体实施方案的进度要求，尽早制定工作计划，确定工作重点，统筹安排，狠抓落实，既要提高实施效率，也要保证工作质量，确保新会计准则按期顺利实施。

如有新会计准则实施方面的建议或实施过程中遇到问题，请及时与我会财务会计部财务监管处联系。

联系人：栗利玲　高　明

电话：010－66286183，66288363

二〇〇六年九月二十日

三、国资委关于央企执行《企业会计准则》的通知

国务院国有资产监督管理委员会关于中央企业执行《企业会计准则》有关事项的通知

国资发评价[2007]38号

各中央企业：

2006年财政部陆续颁布了新的会计准则及其应用指南(以下简称新会计准则)，于2007年1月1日起

在上市公司范围内实施,部分中央企业在2007年也率先执行新会计准则。为积极稳妥推动企业认真执行新会计准则,进一步规范企业会计核算,加强企业财务管理,现将有关事项通知如下:

一、统一思想认识,加强执行新会计准则的组织领导

为适应我国市场经济发展和企业国际化经营的需要,财政部颁布了一系列新会计准则,推动了我国会计准则体系与国际会计准则趋同。执行新会计准则,对于规范企业会计确认、计量和报告行为,提高会计信息质量,提升企业现代化管理和国际化经营水平,推动企业稳健经营,具有十分重要的意义。新会计准则的实施要求企业会计核算体系、财务信息系统作相应调整,对企业会计、审计、内部控制、公司治理结构以及财务状况与经营成果均会产生重大影响,对财务管理水平和会计人员素质等也提出了更高的要求。各中央企业要积极发挥执行新会计准则的表率带动作用,高度重视执行新会计准则工作,统一思想认识,加强组织领导,明确工作机构和职责分工,层层落实工作责任;主要领导要亲自抓组织协调,企业总会计师或分管财务工作的负责人要做好具体实施工作,财务及相关业务部门要加强协调配合。各企业在执行新会计准则工作中要做到早准备、早布置,统一政策,加强督导,督促指导所属子企业全面贯彻新会计准则的各项规定,充分估计新会计准则执行中可能存在的问题,采取切实可行的措施,确保新会计准则的平稳过渡和有效执行。

二、按照总体工作安排,积极稳妥地执行新会计准则

为保证执行新会计准则各项工作有序进行,各中央企业执行新会计准则工作将在2008年之前分批组织实施。具体安排如下:

(一)各企业所属上市公司,按照财政部的有关工作要求,自2007年1月1日起执行。集团总部应加强对上市公司执行新会计准则的监督和指导,按规定汇集和报送上市公司执行新会计准则对集团财务状况的影响情况,确保集团内部会计核算的统一与对外信息披露的衔接。

(二)2007年1月1日起率先全面执行新会计准则的企业应当按照本通知及《关于执行〈企业会计准则〉有关问题的复函》(国资厅评价[2007]9号)有关要求,进一步完善各项基础工作,按规定要求完成相关材料备案及企业财务快报、2006年度财务决算和2007年度财务预算编制与报送工作。

(三)拟于2008年1月1日执行新会计准则的企业,要认真研究制订执行新会计准则的实施方案,在2007年底前全面完成人员培训、户数清理、资产清查、制度修订、会计信息系统改造等各项基础工作,并按照本通知要求做好有关事项的备案审核工作。

三、认真做好执行新会计准则的各项基础工作

各中央企业应当根据国资委总体工作部署和要求,采取积极有效措施,认真做好执行新会计准则的各项基础工作。

(一)认真组织新会计准则的学习培训工作。国资委将于2007年分批组织开展相关业务培训(有关安排另行通知)。各企业应当将学习和掌握新会计准则作为提高经营管理水平、完善企业内控机制建设的重要基础工作来抓,认真、扎实地组织开展新会计准则层层培训工作。在培训范围上,既要包括各级企业财务、审计人员,也要对企业各级领导以及相关业务部门开展培训;在培训内容上,既要学习了解新会计准则的具体内容、主要变化和应用要求,还要紧密结合本企业实际情况,深入研究探讨新会计准则对企业经营管理等方面的影响及其应对措施。

(二)全面开展企业户数清理工作。按照新会计准则规定,母公司能够控制的全部子企业均应当纳入合并范围。因此,各中央企业应当按照产权或财务隶属关系自上而下分级组织做好子企业户数清理核实工作,对下属企业(单位)的户数、管理级次、股权结构、经营状况等要认真组织清理,做到全面彻底、不重不漏,为规范界定合并范围和企业级次奠定基础,不得存在应纳入未纳入合并范围的子企业。中央企业所属各级子企业,包括各级全资及控股子企业,以及各类独立核算的分支机构、事业单位、金融企业、境外企业和基建项目等都应当纳入户数清理范围。

(三)认真做好资产负债清查工作。各企业应当按规定对各项资产和负债进行认真盘点、全面清查和质量核实,特别是对各类借款、长短期投资、投资性房地产、表外核算资产等应作为重点清查对象,并严格划分各类资产的范围,如实反映各类资产负债状况及潜在财务风险,为规范其初始确认和后续计量,准确执行新会计准则奠定基础。

(四)进一步完善企业内部控制制度。各企业应当结合执行新会计准则要求和自身实际情况,及时梳理和改造业务流程，调整完善各项内部控制政策、程序及措施，尤其是要补充完善新会计准则规定的公允价值计量、金融工具核算、职工薪酬管理等内控管理规范。各中央企业应当定期开展内部控制的有效性评估工作，及时发现内部控制的缺陷和薄弱环节，促进完善制度、加强管理、堵塞漏洞。

四、切实做好执行新会计准则有关衔接工作

各中央企业应当在全面开展户数清理和资产清查工作的基础上，进一步规范各项会计基础工作，认真做好内部会计核算办法修订、科目转换与账务调整、会计信息系统改造等工作，确保新旧会计准则的顺利衔接和平稳过渡。

（一）统一修订内部会计核算办法。应当全面贯彻执行新会计准则的各项规定，不得选择执行和降低标准。要统一修订企业内部会计核算办法，细化会计核算内容，合理选择会计政策和会计估计，确保企业会计确认、计量和报告行为制度化、规范化。企业的会计政策、会计估计一经确定，不得随意变更；确需变更的，应当在编制年度财务决算报表前向国资委报备。

（二）认真做好有关账务衔接工作。应当结合会计核算的变化情况，制定新旧会计准则会计科目转换办法，完善企业内部会计科目核算体系，明确核算口径和确认原则，并在首次执行新会计准则时，对原会计准则有关科目按新会计准则要求进行余额转换，确保新旧会计科目顺利衔接，重分类科目可追溯。

（三）及时调整会计信息系统。应当按照执行新会计准则会计科目的变化及其衔接办法，及时对原有会计核算软件和会计信息系统进行调试，以便实现数据转换，方便会计信息的对外披露，确保新旧账套的平稳过渡。

五、谨慎适度选用公允价值计量模式

各中央企业应当根据新会计准则的有关规定，建立健全公允价值计量相关的内部控制制度，严格相关决策程序和会计核算办法，统一规范企业内部公允价值计量管理。

（一）合理确定公允价值计量模式的选用范围。选用公允价值计量模式的业务范围和资产负债项目要与企业主要业务或资产市场交易特点、行业发展特征、资产质量状况相符合，对于尚不存在活跃市场条件或不能持续可靠地取得可比市场价格的业务和资产负债项目，不得采用公允价值模式计量。要审慎选择公允价值计量的主要业务范围和资产负债项目，一经确定不得随意变更；确需调整的，应当按照有关规定报国资委核准。

（二）科学确定公允价值估值方法。在依据新会计准则有关规定采用公允价值对相关业务和资产负债项目进行计量时，应当综合考虑包括活跃市场交易在内的各项影响因素，科学合理地确定相关估值假设以及主要参数选取原则，对于公允价值显失公允导致经营成果严重不实的，国资委将要求企业重新编报财务决算。

（三）建立完善的公允价值计量备查簿。对有关业务和资产负债项目采用公允价值进行计量时，应当建立完整的公允价值计量备查簿，认真记录公允价值计量的依据和过程，确保公允价值计量的准确性、可靠性。

六、认真核实企业资产质量

各中央企业应当在认真开展资产清查和主要资产质量核实的基础上，综合分析企业资产整体质量状况，客观、公允判断企业资产的真实价值和潜在增值能力，以及企业存在的经营风险状况，为出资人财务监管、经营考核等工作提供决策依据。

（一）定期开展资产质量核实工作。应当在认真开展资产清查的基础上，认真分析各项资产质量，客观判断是否存在可能发生减值的迹象，并按规定进行减值测试，合理估计资产的可收回金额，及时确认资产减值损失，不得出现新的潜亏挂账。难以对单项资产可收回金额进行估计的，应当以其所属资产组为基础进行估计。资产组范围一经确定，各个会计期间应当保持一致，未经备案不得随意变更。

（二）规范资产减值准备管理。应当根据新会计准则有关规定，统一修订内部资产减值准备计提和财务核销管理办法，明确各项减值准备计提及财务核销的范围、标准、依据和程序，按规定合理计提减值准备，不得利用减值准备计提、转回调节利润。凡执行新会计准则前突击转回大额资产减值准备且不能提供充分证据证明其转回合理性的，国资委将在经营成果确认中予以扣除。

七、规范建立金融工具初始确认和后续计量管理制度

各中央企业应当根据新会计准则有关规定，结合企业实际情况，制定适合本企业特点的金融工具初始确认和后续计量管理办法,统一规范金融工具管理。

(一) 合理划分金融资产和金融负债类别。应当在认真清查、准确核实的基础上,根据经济业务实质和业务经营的特点,合理划分金融资产或金融负债类别;对于在初始确认时划分为以公允价值计量且其变动计入当期损益的金融资产或金融负债,不得随意变更其类别。

(二) 科学确定金融工具后续计量估值方法。在依据新会计准则有关规定采用公允价值对金融资产、金融负债项目进行计量时,应当综合考虑包括活跃市场交易在内的各项影响因素,科学合理地确定相关估值假设以及主要参数选取原则,一经确定后,不得随意调整。对于公允价值显失公允导致经营成果严重不实的,国资委将在经营成果确认中予以扣除。

八、加强职工薪酬核算管理

各中央企业应当对提供给职工的各类形式的货币性报酬或非货币性福利进行全面清理和分类核实,按规定全面、完整地反映企业支付职工薪酬的情况,特别是量化或提供给职工的非货币性福利及辞退福利都应当按规定纳入职工薪酬核算范围,规范各项报酬的计提与发放,建立健全内部控制管理制度,加强人工成本控制与管理。各企业应当按照国资委有关工作要求,严格控制职工薪酬增长幅度,其中:经济效益下降的企业,不得扩大职工薪酬规模。

九、及时做好企业财务会计信息披露衔接工作

各中央企业应当根据本企业实际执行的企业会计制度或准则规定,认真做好 2006 年度财务决算报表、2007 年度财务快报的编制工作以及 2007 年度财务预算报表的调整工作。执行新会计准则的企业应当按照新会计准则的要求,将控制范围内的全部子企业纳入编报范围。对于母公司尚未执行新会计准则而所属子企业执行新会计准则的,母公司编制合并财务报表时,可以对子企业按新会计准则编制的报表进行直接合并。

(一) 关于企业月度财务快报工作。执行新会计准则的企业(含各级上市公司)均应当按照新会计准则及国资委《关于做好新会计准则过渡期间企业财务快报工作的通知》(国资发评价[2007]12 号)要求编制月度财务快报;未执行新会计准则的企业及其所属子企业,仍按《关于印发中央企业 2004 年度企业财务快报的通知》(国资评价[2003]126 号)的有关规定填报。

(二) 关于 2006 年度财务决算工作。各企业应当按照《关于印发 2006 年度中央企业财务决算报表的通知》(国资发评价[2006]193 号)有关规定做好 2006 年度财务决算报表编制工作。其中,2007 年 1 月 1 日起执行新会计准则的企业,应根据新会计准则的有关规定及相关指标解释口径编报《中央企业执行新会计准则期初数申报表》及报表重要项目说明(见附件 1、2),经中介机构审计并出具专项审计报告后,于 2007 年 5 月 31 日之前报国资委审核认定,以确定执行新会计准则的期初数。有关软件参数,请从国资委网站下载。

(三) 关于 2007 年度财务预算调整工作。2007 年 1 月 1 日起执行新会计准则的企业,在编制 2007 年度财务预算时尚未考虑执行新会计准则影响的,可按照新会计准则有关规定及国资委《关于印发 2007 年度中央企业财务预算报表的通知》(国资发评价[2006]182 号)的要求编制《2007 年度预算调整主要指标表》,于 2007 年 8 月 12 日前随财务快报一并报送国资委,并对执行新会计准则对企业经营成果的影响进行分析说明,有关分析材料的电子文档随电子数据一并报送。

十、按时上报执行新会计准则重要事项的备案资料

国资委将建立执行新会计准则重要财务事项备案管理制度。经批准于 2007 年 1 月 1 日起执行新会计准则的企业,应于 2007 年 4 月 15 日之前将下述第(三)项内容报国资委备案;其他企业应当于 2007 年 11 月 30 日之前将以下文件资料报国资委备案。

(一) 执行新会计准则的报告,主要内容包括执行新会计准则的时间、范围,执行新会计准则对企业财务状况和经营成果的影响及预计影响金额,执行新会计准则的各项准备工作情况等;

(二) 企业决策机构批准执行新会计准则的决议;

(三) 企业统一修订的《会计核算办法》及修订情况的专项说明,包括会计政策、会计估计发生变更情况,新旧会计科目衔接对照表等。

各中央企业应当认真落实执行新会计准则有关工作要求,进一步规范会计核算,完善内部控制机制建设,强化对各级子企业的财务监管,促进提高企业会计信息质量,努力提高企业经营管理水平。在执行和准备执行新会计准则过程中发生的有关情况和问题，请及时反馈国资委（评价局），电子邮箱：qyyc@sasac.gov.cn。

附件：

1. 中央企业执行新会计准则期初数申报表（表式）及编报说明

2. 中央企业执行新会计准则期初数申报表重要项目说明（参考格式）（略）

国务院国有资产监督管理委员会

二〇〇七年三月六日

四、国资委关于中央企业执行《企业会计准则》的补充通知

国务院国有资产监督管理委员会办公厅关于中央企业执行《企业会计准则》有关事项的补充通知

国资厅发评价[2007]60号

各中央企业：

为推动中央企业执行《企业会计准则》（以下简称新准则）工作，我们对部分企业试点过程中普遍反映的问题进行了认真研究，现将有关事项通知如下：

一、企业应当加强内部退休人员支出管理，按规定从严审核内部退休计划；在首次执行日，对不符合规定条件的内部退休人员支出不得进行追溯调整。

（一）在首次执行日，企业按照《企业会计准则第9号——职工薪酬准则》对内部退休人员支出确认预计负债并进行追溯调整，应当满足以下条件：

1. 内部退休计划在首次执行日之前已经过企业董事会或类似权力机构批准并已实施，不包括在首次执行日之后批准实施的内部退休计划；

2. 内部退休人员为距法定退休年龄不足5年或者工龄已满30年的企业职工；

3. 内部退休人员支出仅包括自首次执行日至法定退休日企业拟支付给职工的基本生活费和按规定应缴纳的社会保险费。

（二）在首次执行日，企业如申报符合预计负债确认条件的内部退休人员支出，应当同时提供详细的内部退休计划、人员清单、费用项目、补偿标准、折现率等相关材料，并由会计师事务所出具专项经济鉴证说明；国资委将依据企业申报材料和会计师事务所鉴证意见进行审核确认。

二、企业承担的离退休职工基本养老保险和补充养老保险应当按照新会计准则有关规定进行处理，承担的离退休职工其他支出（如统筹外费用等），不应当作为辞退福利确认预计负债。

三、企业应当加强职工福利费和工资总额管理，严格控制人工成本增长幅度，按规定使用应付福利费余额和应付工资余额，不得随意扩大职工福利费开支范围和提高开支标准。

四、企业应当根据新准则的有关规定及相关指标解释口径编报《中央企业执行新会计准则期初数申报表》及报表重要项目说明，经会计师事务所审计并出具专项审计报告后报国资委审核认定。会计师事务所出具的专项审计报告应包括报告正文和相关附表及附件。专项审计报告中应当重点披露以下内容：

（一）企业的会计责任和会计师事务所的审计责任；

（二）审计依据、审计方法、审计范围和已实施的审计程序；

（三）对企业资产负债及所有者权益变动核实结果及处理意见；

（四）依据新准则，企业会计政策、会计估计的调整情况；

（五）执行新准则有可能对企业的财务状况产生重大影响的事项。

对境外子企业、上市公司确实难以出具专项审计报告的，应当参照专项审计报告披露格式出具专项鉴证报告。

五、根据国资委《关于中央企业执行〈企业会计准则〉有关事项的通知》（国资发评价[2007]38号）规定，首次执行日期初数申报表具体报送要求如下：

(一) 企业集团应当报送集团合并《中央企业执行新会计准则期初数申报表》及报表重要项目说明、专项审计报告的纸质文件与电子文档,加盖企业公章。纸质申报表以"万元"为金额单位打印。

(二) 二级子企业应当报送《中央企业执行新会计准则期初数申报表》及报表重要项目说明、专项审计报告的电子文档。

(三) 三级子企业(含按规定应报送的三级以下重要子企业)仅报送《中央企业执行新会计准则期初数申报表》的电子文档。

六、2007 年度率先执行新准则的企业应当以 2007 年 1 月 1 日为首次执行日。

国务院国有资产监督管理委员会办公厅

二〇〇七年七月三日

五、商务部关于典当企业执行《企业会计准则》有关事项的通知

商务部关于典当企业执行《企业会计准则》有关事项的通知

商建函[2009]28 号

各省、自治区、直辖市、计划单列市及新疆生产建设兵团商务主管部门,各典当企业:

2009 年 7 月 20 日,财政部印发了《典当企业执行〈企业会计准则〉若干衔接规定》(财会[2009]11 号,以下简称《规定》,附后)。《规定》根据 2006 年公布实施的《企业会计准则》(以下称新会计准则),规范和细化了典当行业特殊业务的会计处理方法,为提高典当企业会计信息质量,促进行业信息真实完整,便利行业主管部门有效监管,规范典当业健康发展奠定了基础。经研究,决定从 2010 年 1 月 1 日起在典当全行业执行新会计准则,条件较好的企业可从 2009 年 9 月 1 日起执行。有关事项通知如下:

一、提高认识,加强组织领导

新会计准则是典当业发展和监管工作的基石,是更加科学地规范典当会计信息生成和披露的制度。《规定》的出台保证了典当信息的可比性和典当会计核算的统一性,提高了典当会计规范的操作性,《规定》将真实反映企业财务状况和经营成果,有利于典当企业完善公司治理结构、建立现代企业制度,有利于监管部门动态把握行业发展情况,有利于科学评估典当业经济和社会效益。各级商务主管部门要高度重视,切实加强领导,将贯彻、实施、督促和检查新会计准则工作列入重要议事日程,制定工作方案,组织好企业的学习培训,做好会计制度的平稳过渡。

二、统一思想,做好基础工作

新会计准则适应我国市场经济发展和企业经营的需要,全面系统地规范了企业会计行为,实现了我国会计准则体系与国际财务报告准则趋同;《规定》解决了典当业特殊业务和新会计准则的衔接问题。典当企业要充分认识到执行新会计准则的必然性,深刻理解执行新会计准则对提高经营管理水平的重要意义,增强执行新会计准则的主动性和自觉性,按照商务部、财政部和各级商务主管部门的工作部署和要求,严格执行新会计准则和《规定》。同时,建立健全企业内部控制制度,做好内部会计核算办法修订、科目转换与账务调整、财务软件系统改造等工作,为全面执行新会计准则奠定良好基础,确保新旧会计准则的顺利衔接和平稳过渡。

三、循序渐进,稳步实施

为确保执行新会计准则工作的平稳转换,各省级商务主管部门应按以下进度安排相关工作:

(一) 选择本省市 5～6 家基础好、管理规范的典当企业自 2009 年 9 月 1 日起开展试点工作。各省级商务主管部门可聘请会计师事务所对试点企业执行新会计准则情况进行检查,分析财务变化状况,及时发现转换过程中的问题,主动研究执行新会计准则可能出现的问题和应对措施;并配合商务部做好各级商务主管部门有关人员和典当企业在新准则及内部控制制度方面的业务培训,大力推进新《企业会计准则》的顺利实施。

(二) 2009 年 11 月 1 日起,组织地市商务主管部门和相关会计师事务所对新会计准则转换工作的准备情况进行检查。2009 年 11 月 30 日前,将工作进展情况,以及遇到的问题报商务部(市场建设司)。

（三）2010年1月1日起，各级商务主管部门要借典当企业执行新会计准则之机，加大监管力度，认真做好新准则和《规定》贯彻实施的监督检查工作，全面提升典当行业风险监管水平。对于新旧准则转化不规范，新准则执行不到位的企业，要严肃查处，督促整改。

（四）全国典当行业监管系统将依据新会计准则进行相应调整，并改为信息月报制。有关会计制度和信息报送的培训安排另行通知。

六、中国保险监督管理委员会关于保险业实施《企业会计准则解释第2号》有关事项的通知

中国保险监督管理委员会关于保险业实施《企业会计准则解释第2号》有关事项的通知

保监发[2009]1号

各保险公司：

2008年8月7日，财政部印发了《企业会计准则解释第2号》(以下简称“《2号解释》”)，要求境内外上市保险公司对同一交易事项采用相同的会计政策和会计估计进行确认、计量和报告。经商财政部，现就保险业执行《2号解释》的有关事项通知如下：

一、《2号解释》总体实施要求

（一）《2号解释》的总体实施方案是“统一执行，一步到位”。“统一执行”是指所有保险公司，无论是否在境内、境外上市，均执行新的统一的会计政策；“一步到位”是指保险公司在编制2009年年度财务报告时，对目前导致境内外会计报表差异的各项会计政策同时进行变更。

（二）包括境内、境外上市保险公司在内的所有保险公司，编制2009年年度境内、境外财务报告时应遵循以下会计政策：

1. 保费收入的确认和计量引入重大保险风险测试和分拆处理；
2. 保单获取成本不递延，计入当期损益；
3. 采用新的基于最佳估计原则下的准备金评估标准。

重大保险风险测试标准、保费分拆标准、新准备金评估标准另行发布。在上述新标准发布实施前，各公司暂按目前会计政策核算，待新标准实施后，再对以前年度数据进行追溯调整。

（三）在境内外同时上市的保险公司，除上述报表差异外，其它报表项目存在的差异，原则上也应按《2号解释》的要求，对同一交易事项采用相同的会计政策和会计估计，消除境内外会计报表的差异。

二、组织保证

为保证《2号解释》顺利实施，保监会牵头成立“保险业贯彻实施《2号解释》领导小组”（以下简称“领导小组”），负责对《2号解释》实施进行总体指导和协调，审议具体方案和技术标准。领导小组办公室设在保监会财会部，负责日常工作。领导小组下设两个执行层面的工作小组：会计小组和精算小组，其中，精算小组负责起草新的基于最佳估计原则下的保单责任准备金负债评估标准。

领导小组人员构成如下：

组　长：魏迎宁（保监会副主席）

副组长：王新棣（保监会财务会计部主任）

　　　　应　唯（财政部会计司副司长）

成　员：保监会发改部、产险部、寿险部、统信部部门负责人

　　　　陆建桥（财政部会计司准则一处处长）

　　　　庄作瑾（中国人寿保险集团副总裁）

　　　　吴达川（中国太平洋保险集团首席财务官）

　　　　姚　波（中国平安保险集团总经理助理兼总精算师）

三、具体实施要求

（一）提高思想认识。保险公司应当高度重视，把《2号解释》的实施作为贯彻落实科学发展观的一项重点工作来抓，以实施《2号解释》为契机，调整业务结构，提高风险管理水平，促进保险业又好又快地发展。

（二）加强组织领导。《2号解释》的实施涉及公司财务、精算、投资、信息技术、风险管理等各个环节，各公司应当成立以公司领导为负责人的《2号解释》实施工作小组，统一组织和协调，责任落实到人，确保《2号解释》实施工作的顺利进行。

（三）做好统筹安排。《2号解释》实施工作时间紧，任务重，各项工作应按照有关要求，尽早制定工作计划，确定工作重点，统筹安排，狠抓落实，既要提高实施效率，也要保证工作质量，确保《2号解释》按期顺利实施。

如在《2号解释》实施过程中遇到问题，请及时与我会财务会计部财务监管处联系。

联系人：黄洋、郭菁

电话：010－66286125 66286182

传真：010－66288102

邮箱：ac_jgc@circ.gov.cn

第十一部分　企业适用的会计制度和核算办法

一、企业会计制度

企业会计制度

第一章　总　　则

第一条　为了规范企业的会计核算，真实、完整地提供会计信息，根据《中华人民共和国会计法》及国家其他有关法律和法规，制定本制度。

第二条　除不对外筹集资金、经营规模较小的企业，以及金融保险企业以外，在中华人民共和国境内设立的企业(含公司，下同)，执行本制度。

第三条　企业应当根据有关会计法律、行政法规和本制度的规定，在不违反本制度的前提下，结合本企业的具体情况，制定适合于本企业的会计核算办法。

第四条　企业填制会计凭证、登记会计账簿、管理会计档案等要求，按照《中华人民共和国会计法》、《会计基础工作规范》和《会计档案管理办法》的规定执行。

第五条　会计核算应以企业发生的各项交易或事项为对象，记录和反映企业本身的各项生产经营活动。

第六条　会计核算应当以企业持续、正常的生产经营活动为前提。

第七条　会计核算应当划分会计期间，分期结算账目和编制财务会计报告。会计期间分为年度、半年度、季度和月度。年度、半年度、季度和月度均按公历起讫日期确定。半年度、季度和月度均称为会计中期。

本制度所称的期末和定期，是指月末、季末、半年末和年末。

第八条　企业的会计核算以人民币为记账本位币。

业务收支以人民币以外的货币为主的企业、可以选定其中一种货币作为记账本位币，但是编报的财务会计报告应当折算为人民币。

在境外设立的中国企业向国内报送的财务会计报告，应当折算为人民币。

第九条　企业的会计记账采用借贷记账法。

第十条　会计记录的文字应当使用中文。在民族自治地方，会计记录可以同时使用当地通用的一种民族文字。在中华人民共和国境内的外商投资企业、外国企业和其他外国组织的会计记录可以同时使用一种外国文字。

第十一条　企业在会计核算时，应当遵循以下基本原则：

(一) 会计核算应当以实际发生的交易或事项为依据，如实反映企业的财务状况、经营成果和现金流量。

(二) 企业应当按照交易或事项的经济实质进行会计核算，而不应当仅仅按照它们的法律形式作为会计核算的依据。

(三) 企业提供的会计信息应当能够反映企业的财务状况、经营成果和现金流量，以满足会计信息使用者的需要。

(四) 企业的会计核算方法前后各期应当保持一致，不得随意变更。如有必要变更，应当将变更的内容和理由、变更的累积影响数，以及累积影响数不能合理确定的理由等，在会计报表附注中予以说明。

(五) 企业的会计核算应当按照规定的会计处理方法进行，会计指标应当口径一致、相互可比。

(六) 企业的会计核算应当及时进行，不得提前或延后。

(七) 企业的会计核算和编制的财务会计报告应当清晰明了，便于理解和利用。

(八) 企业的会计核算应当以权责发生制为基础。凡是当期已经实现的收入和已经发生或应当负担的费用，不论款项是否收付，都应当作为当期的收入和费用；凡是不属于当期的收入和费用，即使款项已在当期收付，也不应当作为当期的收入和费用。

（九）企业在进行会计核算时，收入与其成本、费用应当相互配比，同一会计期间内的各项收入和与其相关的成本、费用，应当在该会计期间内确认。

（十）企业的各项财产在取得时应当按照实际成本计量。其后，各项财产如果发生减值，应当按照本制度规定计提相应的减值准备。除法律、行政法规和国家统一的会计制度另有规定者外，企业一律不得自行调整其账面价值。

（十一）企业的会计核算应当合理划分收益性支出与资本性支出的界限。凡支出的效益仅及于本年度（或一个营业周期）的，应当作为收益性支出；凡支出的效益及于几个会计年度（或几个营业周期）的，应当作为资本性支出。

（十二）企业在进行会计核算时，应当遵循谨慎性原则的要求，不得多计资产或收益、少计负债或费用，但不得计提秘密准备。

（十三）企业的会计核算应当遵循重要性原则的要求，在会计核算过程中对交易或事项应当区别其重要程度，采用不同的核算方式。对资产、负债、损益等有较大影响，并进而影响财务会计报告使用者据以作出合理判断的重要会计事项，必须按照规定的会计方法和程序进行处理，并在财务会计报告中予以充分、准确地披露；对于次要的会计事项，在不影响会计信息真实性和不至于误导财务会计报告使用者作出正确判断的前提下，可适当简化处理。

第二章　资　产

第十二条　资产，是指过去的交易、事项形成并由企业拥有或者控制的资源，该资源预期会给企业带来经济利益。

第十三条　企业的资产应按流动性分为流动资产、长期投资、固定资产、无形资产和其他资产。

第一节　流动资产

第十四条　流动资产，是指可以在1年或者超过1年的一个营业周期内变现或耗用的资产，主要包括现金、银行存款、短期投资、应收及预付款项、待摊费用、存货等。

本制度所称的投资，是指企业为通过分配来增加财富，或为谋求其他利益而将资产让渡给其他单位所获得的另一项资产。

第十五条　企业应当设置现金和银行存款日记账。按照业务发生顺序逐日逐笔登记。银行存款应按银行和其他金融机构的名称和存款种类进行明细核算。

有外币现金和存款的企业，还应当分别按人民币和外币进行明细核算。

现金的账面余额必须与库存数相符；银行存款的账面余额应当与银行对账单定期核对，并按月编制银行存款余额调节表调节相符。

本制度所称的账面余额，是指某科目的账面实际余额，不扣除作为该科目备抵的项目（如累计折旧、相关资产的减值准备等）。

第十六条　短期投资，是指能够随时变现并且持有时间不准备超过1年（含1年）的投资，包括股票、债券、基金等。短期投资应当按照以下原则核算：

（一）短期投资在取得时应当按照投资成本计量。短期投资取得时的投资成本按以下方法确定：

1. 以现金购入的短期投资，按实际支付的全部价款，包括税金、手续费等相关费用。实际支付的价款中包含的已宣告但尚未领取的现金股利、或已到付息期但尚未领取的债券利息，应当单独核算，不构成短期投资成本。

已存入证券公司但尚未进行短期投资的现金，先作为其他货币资金处理，待实际投资时，按实际支付的价款或实际支付的价款减去已宣告但尚未领取的现金股利或已到付息期但尚未领取的债券利息，作为短期投资的成本。

2. 投资者投入的短期投资，按投资各方确认的价值，作为短期投资成本。

3. 企业接受的债务人以非现金资产抵偿债务方式取得的短期投资，或以应收债权换入的短期投资，按应收债权的账面价值加上应支付的相关税费，作为短期投资成本。如果所接受的短期投资中含有已宣告但尚未领取的现金股利，或已到付息期但尚未领取的债券利息，按应收债权的账面价值减去应收股利或应收利息，加上应支付的相关税费后的余额，作为短期投资成本。涉及补价的，按以下规定确定受让的短期投资成本：

(1) 收到补价的,按应收债权账面价值减去补价,加上应支付的相关税费,作为短期投资成本;

(2) 支付补价的,按应收债权的账面价值加上支付的补价和应支付的相关税费,作为短期投资成本。

本制度所称的账面价值,是指某科目的账面余额减去相关的备抵项目后的净额。如短期投资科目的账面余额减去相应的跌价准备后的净额,为短期投资的账面价值。

4. 以非货币性交易换入的短期投资,按换出资产的账面价值加上应支付的相关税费,作为短期投资成本。涉及补价的,按以下规定确定换入的短期投资成本:

(1) 收到补价的,按换出资产的账面价值加上应确认的收益和应支付的相关税费减去补价后的余额,作为短期投资成本;

(2) 支付补价的,按换出资产的账面价值加上应支付的相关税费和补价,作为短期投资成本。

以原材料换入的短期投资,如该项原材料的进项税额不可抵扣的,则换入的短期投资的入账价值还应当加上不可抵扣的增值税进项税额。以原材料换入的存货、固定资产等,按同一原则处理。

(二) 短期投资的现金股利或利息,应于实际收到时,冲减投资的账面价值,但已记入应收股利或应收利息科目的现金股利或利息除外。

(三) 企业应当在期末时对短期投资按成本与市价孰低计量,对市价低于成本的差额,应当计提短期投资跌价准备。

企业计提的短期投资跌价准备应当单独核算,在资产负债表中,短期投资项目按照减去其跌价准备后的净额反映。

(四) 处置短期投资时,应将短期投资的账面价值与实际取得价款的差额,作为当期投资损益。

企业的委托贷款,应视同短期投资进行核算。但是,委托贷款应按期计提利息,计入损益;企业按期计提的利息到付息期不能收回的,应当停止计提利息,并冲回原已计提的利息。期末时,企业的委托贷款应按资产减值的要求,计提相应的减值准备。

第十七条 应收及预付款项,是指企业在日常生产经营过程中发生的各项债权,包括:应收款项(包括应收票据、应收账款、其他应收款)和预付账款等。

第十八条 应收及预付款项应当按照以下原则核算:

(一) 应收及预付款项应当按照实际发生额记账,并按照往来户名等设置明细账,进行明细核算。

(二) 带息的应收款项,应于期末按照本金(或票面价值)与确定的利率计算的金额,增加其账面余额,并确认为利息收入,计入当期损益。

(三) 到期不能收回的应收票据,应按其账面余额转入应收账款,并不再计提利息。

(四) 企业与债务人进行债务重组的,按以下规定处理:

1. 债务人在债务重组时以低于应收债权的账面价值的现金清偿的,企业实际收到的金额小于应收债权账面价值的差额,计入当期营业外支出。

2. 以非现金资产清偿债务的,应按应收债权的账面价值等作为受让的非现金资产的入账价值。

如果接受多项非现金资产的,应按接受的各项非现金资产的公允价值占非现金资产公允价值总额的比例,对应收债权的账面价值进行分配,并按照分配后的价值作为所接受的各项非现金资产的入账价值。

3. 以债权转为股权的,应按应收债权的账面价值等作为受让的股权的入账价值。

如果涉及多项股权的,应按各项股权的公允价值占股权公允价值总额的比例,对应收债权的账面价值进行分配,并按照分配后的价值作为所接受的各项股权的入账价值。

4. 以修改其他债务条件清偿债务的,应将未来应收金额小于应收债权账面价值的差额,计入当期营业外支出;如果修改后的债务条款涉及或有收益的,则或有收益不应当包括在未来应收金额中。待实际收到或有收益时,计入收到当期的营业外收入。

如果修改其他债务条件后,未来应收金额等于或大于重组前应收债权账面余额的,则在债务重组时不作账务处理,但应当在备查簿中进行登记。修改债务条件后的应收债权,按本制度规定的一般应收债权进行会计处理。

本制度所称的债务重组,是指债权人按照其与债务人达成的协议或法院的裁决同意债务人修改债务条件的事项。或有收益,是指依未来某种事项出现而发生的收益,未来事项的出现具有不确定性。

(五) 企业应于期末时对应收款项(不包括应收票据,下同)计提坏账准备。

坏账准备应当单独核算，在资产负债表中应收款项按照减去已计提的坏账准备后的净额反映。

第十九条 待摊费用，是指企业已经支出，但应当由本期和以后各期分别负担的、分摊期在1年以内（含1年）的各项费用，如低值易耗品摊销、预付保险费、一次性购买印花税票和一次性购买印花税税额较大需分摊的数额等。

待摊费用应按其受益期限在1年内分期平均摊销，计入成本、费用。如果某项待摊费用已经不能使企业受益，应当将其摊余价值一次全部转入当期成本、费用，不得再留待以后期间摊销。

待摊费用应按费用种类设置明细账，进行明细核算。

第二十条 存货，是指企业在日常生产经营过程中持有以备出售，或者仍然处在生产过程，或者在生产或提供劳务过程中将消耗的材料或物料等，包括各类材料、商品、在产品、半成品、产成品等。存货应当按照以下原则核算。

（一）存货在取得时，应当按照实际成本入账。实际成本按以下方法确定：

1. 购入的存货，按买价加运输费、装卸费、保险费、包装费、仓储费等费用、运输途中的合理损耗、入库前的挑选整理费用和按规定应计入成本的税金以及其他费用，作为实际成本。

商品流通企业购入的商品，按照进价和按规定应计入商品成本的税金，作为实际成本，采购过程中发生的运输费、装卸费、保险费、包装费、仓储费等费用、运输途中的合理损耗、入库前的挑选整理费用等，直接计入当期损益。

2. 自制的存货，按制造过程中的各项实际支出，作为实际成本。

3. 委托外单位加工完成的存货，以实际耗用的原材料或者半成品以及加工费、运输费、装卸费和保险费等费用以及按规定应计入成本的税金，作为实际成本。

商品流通企业加工的商品，以商品的进货原价、加工费用和按规定应计入成本的税金，作为实际成本。

4. 投资者投入的存货，按照投资各方确认的价值，作为实际成本。

5. 接受捐赠的存货，按以下规定确定其实际成本：

（1）捐赠方提供了有关凭据（如发票、报关单、有关协议）的，按凭据上标明的金额加上应支付的相关税费，作为实际成本。

（2）捐赠方没有提供有关凭据的，按如下顺序确定其实际成本：

① 同类或类似存货存在活跃市场的，按同类或类似存货的市场价格估计的金额，加上应支付的相关税费作为实际成本；

② 同类或类似存货不存在活跃市场的，按所接受捐赠的存货的预计未来现金流量现值，作为实际成本。

6. 企业接受的债务人以非现金资产抵偿债务方式取得的存货，或以应收债权换入存货的。按照应收债权的账面价值减去可抵扣的增值税进项税额后的差额，加上应支付的相关税费，作为实际成本。涉及补价的，按以下规定确定受让存货的实际成本：

（1）收到补价的，按应收债权的账面价值减去可抵扣的增值税进项税额和补价，加上应支付的相关税费，作为实际成本；

（2）支付补价的，按应收债权的账面价值减去可抵扣的增值税进项税额，加上支付的补价和应支付的相关税费，作为实际成本。

7. 以非货币性交易换入的存货，按换出资产的账面价值减去可抵扣的增值税进项税额后的差额，加上应支付的相关税费，作为实际成本。涉及补价的，按以下规定确定换入存货的实际成本：

（1）收到补价的，按换出资产的账面价值减去可抵扣的增值税进项税额后的差额，加上应确认的收益和应支付的相关税费。减去补价后的余额，作为实际成本；

（2）支付补价的，按换出资产的账面价值减去可抵扣的增值税进项税额后的差额，加上应支付的相关税费和补价，作为实际成本。

8. 盘盈的存货，按照同类或类似存货的市场价格，作为实际成本。

（二）按照计划成本（或售价，下同）进行存货核算的企业，对存货的计划成本和实际成本之间的差异，应当单独核算。

（三）须用或发出的存货，按照实际成本核算的，应当采用先进先出法、加权平均法、移动平均法、个别计价法或后进先出法等确定其实际成本；按照计划成本核算的，应按期结转其应负担的成本差异，将计划成本调整为实际成本。

低值易耗品和周转使用的包装物、周转材料等应在领用时摊销，摊销方法可以采用一次摊销或者分次摊销。

(四) 存货应当定期盘点，每年至少盘点一次。盘点结果如果与账面记录不符，应于期末前查明原因，并根据企业的管理权限，经股东大会或董事会，或经理(厂长)会议或类似机构批准后，在期末结账前处理完毕。盘盈的存货，应冲减当期的管理费用；盘亏的存货，在减去过失人或者保险公司等赔款和残料价值之后，计入当期管理费用，属于非常损失的，计入营业外支出。

盘盈或盘亏的存货，如在期末结账前尚未经批准的，应在对外提供财务会计报告时先按上述规定进行处理，并在会计报表附注中作出说明；如果其后批准处理的金额与已处理的金额不一致，应按其差额调整会计报表相关项目的年初数。

(五) 企业的存货应当在期末时按成本与可变现净值孰低计量，对可变现净值低于存货成本的差额，计提存货跌价准备。

在资产负债表中，存货项目按照减去存货跌价准备后的净额反映。

第二节 长期投资

第二十一条 长期投资，是指除短期投资以外的投资，包括持有时间准备超过1年(不含1年)的各种股权性质的投资、不能变现或不准备随时变现的债券、长期债权投资和其他长期投资。

长期投资应当单独进行核算，并在资产负债表中单列项目反映。

第二十二条 长期股权投资应当按照以下原则核算：

(一) 长期股权投资在取得时应当按照初始投资成本入账。初始投资成本按以下方法确定：

1. 以现金购入的长期股权投资，按实际支付的全部价款(包括支付的税金、手续费等相关费用)，作为初始投资成本；实际支付的价款中包含已宣告但尚未领取的现金股利，按实际支付的价款减去已宣告但尚未领取的现金股利后的差额，作为初始投资成本。

2. 企业接受的债务人以非现金资产抵偿债务方式取得的长期股权投资，或以应收债权换入长期股权投资的，按应收债权的账面价值加上应支付的相关税费，作为初始投资成本。涉及补价的，按以下规定确定受让的长期股权投资的初始投资成本：

(1) 收到补价的，按应收债权的账面价值减去补价，加上应支付的相关税费，作为初始投资成本；

(2) 支付补价的，按应收债权的账面价值加上支付的补价和应支付的相关税费，作为初始投资成本。

3. 以非货币性交易换入的长期股权投资，按换出资产的账面价值加上应支付的相关税费，作为初始投资成本。涉及补价的，应按以下规定确定换入长期股权投资的初始投资成本：

(1) 收到补价的，按换出资产的账面价值加上应确认的收益和应支付的相关税费减去补价后的余额，作为初始投资成本；

(2) 支付补价的，按换出资产的账面价值加上应支付的相关税费和补价，作为初始投资成本。

4. 通过行政划拨方式取得的长期股权投资，按划出单位的账面价值，作为初始投资成本。

(二) 企业的长期股权投资，应当根据不同情况，分别采用成本法或权益法核算。企业对被投资单位无控制、无共同控制且无重大影响的，长期股权投资应当采用成本法核算；企业对被投资单位具有控制、共同控制或重大影响的，长期股权投资应当采用权益法核算。通常情况下，企业对其他单位的投资占该单位有表决权资本总额20%或20%以上，或虽投资不足20%但具有重大影响的，应当采用权益法核算。企业对其他单位的投资占该单位有表决权资本总额20%以下，或对其他单位的投资虽占该单位有表决权资本总额20%或20%以上，但不具有重大影响的，应当采用成本法核算。

(三) 采用成本法核算时，除追加投资、将应分得的现金股利或利润转为投资或收回投资外，长期股权投资的账面价值一般应当保持不变。被投资单位宣告分派的利润或现金股利，作为当期投资收益。企业确认的投资收益，仅限于所获得的被投资单位在接受投资后产生的累积净利润的分配额，所获得的被投资单位宣告分派的利润或现金股利超过上述数额的部分，作为初始投资成本的收回，冲减投资的账面价值。

(四) 采用权益法核算时，投资最初以初始投资成本计量，投资企业的初始投资成本与应享有被投资单位所有者权益份额之间的差额，作为股权投资差额处理，按一定期限平均摊销，计入损益。

股权投资差额的摊销期限,合同规定了投资期限的,按投资期限摊销。合同没有规定投资期限的,初始投资成本超过应享有被投资单位所有者权益份额之间的差额,按不超过10年的期限摊销;初始投资成本低于应享有被投资单位所有者权益份额之间的差额,按不低于10年的期限摊销。

采用权益法核算时,企业应当在取得股权投资后,按应享有或应分担的被投资单位当年实现的净利润或发生的净亏损的份额(法律、法规或公司章程规定不属于投资企业的净利润除外,如承包经营企业支付的承包利润、外商投资企业按规定按照净利润的一定比例计提作为负债的职工奖励及福利基金等),调整投资的账面价值,并作为当期投资损益。企业按被投资单位宣告分派的利润或现金股利计算应分得的部分,减少投资的账面价值。企业在确认被投资单位发生的净亏损时,应以投资账面价值减记至零为限;如果被投资单位以后各期实现净利润,投资企业应在计算的收益分享额超过未确认的亏损分担额以后,按超过未确认的亏损分担额的金额,恢复投资的账面价值。

企业按被投资单位净损益计算调整投资的账面价值和确认投资损益时,应当以取得被投资单位股权后发生的净损益为基础。

对被投资单位除净损益以外的所有者权益的其他变动,也应当根据具体情况调整投资的账面价值。

(五)企业因追加投资等原因对长期股权投资的核算从成本法改为权益法,应当自实际取得对被投资单位控制、共同控制或对被投资单位实施重大影响时,按股权投资的账面价值作为初始投资成本,初始投资成本与应享有被投资单位所有者权益份额的差额,作为股权投资差额,并按本制度的规定摊销,计入损益。

企业因减少投资等原因对被投资单位不再具有控制、共同控制或重大影响时,应当中止采用权益法核算,改按成本法核算,并按投资的账面价值作为新的投资成本。其后,被投资单位宣告分派利润或现金股利时,属于已记入投资账面价值的部分,作为新的投资成本的收回,冲减投资的账面价值。

(六)企业改变投资目的,将短期投资划转为长期投资。应按短期投资的成本与市价孰低结转,并按此确定的价值作为长期投资初始投资成本。拟处置的长期投资不调整至短期投资,待处置时按处置长期投资进行会计处理。

(七)处置股权投资时,应将投资的账面价值与实际取得价款的差额,作为当期投资损益。

第二十三条　长期债权投资应当按照以下原则核算:

(一)长期债权投资在取得时,应按取得时的实际成本作为初始投资成本。初始投资成本按以下方法确定:

1. 以现金购入的长期债权投资,按实际支付的全部价款(包括税金、手续费等相关费用)减去已到付息期但尚未领取的债权利息,作为初始投资成本。如果所支付的税金、手续费等相关费用金额较小,可以直接计入当期财务费用,不计入初始投资成本。

2. 企业接受的债务人以非现金资产抵偿债务方式取得的长期债权投资,或以应收债权换入长期债权投资的,应按应收债权的账面价值,加上应支付的相关税费,作为初始投资成本。涉及补价的,应按以下规定确定换入长期债权投资的初始投资成本:

(1)收到补价的,按应收债权的账面价值减去补价,加上应支付的相关税费,作为初始投资成本;

(2)支付补价的,按应收债权的账面价值加上支付的补价和应支付的相关税费,作为初始投资成本。

3. 以非货币性交易换入的长期债权投资,按换出资产的账面价值加上应支付的相关税费,作为初始投资成本。涉及补价的,应按以下规定确定换入长期债权投资的初始投资成本:

(1)收到补价的,按换出资产的账面价值加上应确认的收益和应支付的相关税费减去补价后的余额,作为初始投资成本;

(2)支付补价的,按换出资产的账面价值加上应支付的相关税费和补价,作为初始投资成本。

(二)长期债权投资应当按照票面价值与票面利率按期计算确认利息收入。

长期债券投资的初始投资成本减去已到付息期但尚未领取的债券利息、未到期债券利息和计入初始投资成本的相关税费,与债券面值之间的差额,作为债券溢价或折价;债券的溢价或折价在债券存续期间内于确认相关债券利息收入时摊销。摊销方法可以采用直线法,也可以采用实际利率法。

(三)持有可转换公司债券的企业,可转换公司债券在购买以及转换为股份之前,应按一般债券投资进行处理。当企业行使转换权利,将其持有的债券投资转换为股份时,应按其账面价值减去收到的现金后的余额,作为股权投资的初始投资成本。

(四) 处置长期债权投资时,按实际取得的价款与长期债权投资账面价值的差额,作为当期投资损益。

第二十四条 企业的长期投资应当在期末时按照其账面价值与可收回金额孰低计量,对可收回金额低于账面价值的差额,应当计提长期投资减值准备。

在资产负债表中,长期投资项目应当按照减去长期投资减值准备后的净额反映。

第三节 固定资产

第二十五条 固定资产,是指企业使用期限超过1年的房屋、建筑物、机器、机械、运输工具以及其他与生产、经营有关的设备、器具、工具等。不属于生产经营主要设备的物品,单位价值在2 000元以上,并且使用年限超过2年的,也应当作为固定资产。

第二十六条 企业应当根据固定资产定义,结合本企业的具体情况,制定适合于本企业的固定资产目录、分类方法、每类或每项固定资产的折旧年限、折旧方法,作为进行固定资产核算的依据。

企业制定的固定资产目录、分类方法、每类或每项固定资产的预计使用年限、预计净残值、折旧方法等,应当编制成册,并按照管理权限,经股东大会或董事会,或经理(厂长)会议或类似机构批准,按照法律、行政法规的规定报送有关各方备案,同时备置于企业所在地,以供投资者等有关各方查阅。企业已经确定并对外报送,或备置于企业所在地的有关固定资产目录、分类方法、预计净残值、预计使用年限、折旧方法等,一经确定不得随意变更,如需变更,仍然应当按照上述程序,经批准后报送有关各方备案,并在会计报表附注中予以说明。

未作为固定资产管理的工具、器具等,作为低值易耗品核算。

第二十七条 固定资产在取得时,应按取得时的成本入账。取得时的成本包括买价、进口关税、运输和保险等相关费用,以及为使固定资产达到预定可使用状态前所必要的支出。固定资产取得时的成本应当根据具体情况分别确定:

(一) 购置的不需要经过建造过程即可使用的固定资产,按实际支付的买价、包装费、运输费、安装成本、交纳的有关税金等,作为入账价值。

外商投资企业因采购国产设备而收到税务机关退还的增值税款,冲减固定资产的入账价值。

(二) 自行建造的固定资产,按建造该项资产达到预定可使用状态前所发生的全部支出,作为入账价值。

(三) 投资者投入的固定资产,按投资各方确认的价值,作为入账价值。

(四) 融资租入的固定资产,按租赁开始日租赁资产的原账面价值与最低租赁付款额的现值两者中较低者,作为入账价值。

本制度所称的最低租赁付款额,是指在租赁期内,企业(承租人)应支付或可能被要求支付的各种款项(不包括或有租金和履约成本),加上由企业(承租人)或与其有关的第三方担保的资产余值。但是,如果企业(承租人)有购买租赁资产的选择权,所订立的购价预计将远低于行使选择权时租赁资产的公允价值,因而在租赁开始日就可以合理确定企业(承租人)将会行使这种选择权,则购买价格也应包括在内。其中,资产余值是指租赁开始日估计的租赁期届满时租赁资产的公允价值。

企业(承租人)在计算最低租赁付款额的现值时,如果知悉出租人的租赁内含利率,应采用出租人的内含利率作为折现率;否则,应采用租赁合同规定的利率作为折现率。如果出租人的租赁内含利率和租赁合同规定的利率均无法知悉,应当采用同期银行贷款利率作为折现率。

如果融资租赁资产占企业资产总额比例等于或低于30%的,在租赁开始日,企业也可按最低租赁付款额,作为固定资产的入账价值。

(五) 在原有固定资产的基础上进行改建、扩建的,按原固定资产的账面价值,加上由于改建、扩建而使该项资产达到预定可使用状态前发生的支出,减去改建、扩建过程中发生的变价收入,作为入账价值。

(六) 企业接受的债务人以非现金资产抵偿债务方式取得的固定资产,或以应收债权换入固定资产的,按应收债权的账面价值加上应支付的相关税费,作为入账价值。涉及补价的,按以下规定确定受让的固定资产的入账价值:

1. 收到补价的,按应收债权的账面价值减去补价,加上应支付的相关税费,作为入账价值;

2. 支付补价的,按应收债权的账面价值加上支付的补价和应支付的相关税费,作为入账价值。

(七) 以非货币性交易换入的固定资产,按换出资产的账面价值加上应支付的相关税费,作为入账价值。涉及补价的，按以下规定确定换入固定资产的入账价值：

1. 收到补价的，按换出资产的账面价值加上应确认的收益和应支付的相关税费减去补价后的余额，作为入账价值；

2. 支付补价的，按换出资产的账面价值加上应支付的相关税费和补价，作为入账价值。

（八）接受捐赠的固定资产，应按以下规定确定其入账价值：

1. 捐赠方提供了有关凭据的，按凭据上标明的金额加上应支付的相关税费，作为入账价值。

2. 捐赠方没有提供有关凭据的，按如下顺序确定其入账价值：

(1) 同类或类似固定资产存在活跃市场的，按同类或类似固定资产的市场价格估计的金额，加上应支付的相关税费，作为入账价值；

(2) 同类或类似固定资产不存在活跃市场的，按该接受捐赠的固定资产的预计未来现金流量现值，作为入账价值。

3. 如受赠的系旧的固定资产，按照上述方法确认的价值，减去按该项资产的新旧程度估计的价值损耗后的余额，作为入账价值。

（九）盘盈的固定资产，按同类或类似固定资产的市场价格，减去按该项资产的新旧程度估计的价值损耗后的余额，作为入账价值。

（十）经批准无偿调入的固定资产，按调出单位的账面价值加上发生的运输费、安装费等相关费用，作为入账价值。

固定资产的入账价值中，还应当包括企业为取得固定资产而交纳的契税、耕地占用税、车辆购置税等相关税费。

第二十八条 企业为在建工程准备的各种物资，应当按照实际支付的买价、增值税额、运输费、保险费等相关费用，作为实际成本，并按照各种专项物资的种类进行明细核算。

工程完工后剩余的工程物资，如转作本企业库存材料的，按其实际成本或计划成本，转作企业的库存材料。如可抵扣增值税进项税额的，应按减去增值税进项税额后的实际成本或计划成本，转作企业的库存材料。

盘盈、盘亏、报废、毁损的工程物资，减去保险公司、过失人赔偿部分后的差额，工程项目尚未完工的，计入或冲减所建工程项目的成本；工程已经完工的，计入当期营业外收支。

第二十九条 企业的在建工程，包括施工前期准备、正在施工中的建筑工程、安装工程、技术改造工程、大修理工程等。工程项目较多且工程支出较大的企业，应当按照工程项目的性质分项核算。

在建工程应当按照实际发生的支出确定其工程成本，并单独核算。

第三十条 企业的自营工程，应当按照直接材料、直接工资、直接机械施工费等计量；采用出包工程方式的企业，按照应支付的工程价款等计量。设备安装工程，按照所安装设备的价值、工程安装费用、工程试运转等所发生的支出等确定工程成本。

第三十一条 工程达到预定可使用状态前因进行试运转所发生的净支出，计入工程成本。企业的在建工程项目在达到预定可使用状态前所取得的试运转过程中形成的、能够对外销售的产品，其发生的成本，计入在建工程成本，销售或转为库存商品时，按实际销售收入或按预计售价冲减工程成本。

第三十二条 在建工程发生单项或单位工程报废或毁损，减去残料价值和过失人或保险公司等赔款后的净损失，计入继续施工的工程成本；如为非常原因造成的报废或毁损，或在建工程项目全部报废或毁损，应将其净损失直接计入当期营业外支出。

第三十三条 所建造的固定资产已达到预定可使用状态，但尚未办理竣工决算的，应当自达到预定可使用状态之日起，根据工程预算、造价或者工程实际成本等，按估计的价值转入固定资产，并按本制度关于计提固定资产折旧的规定，计提固定资产的折旧。待办理了竣工决算手续后再作调整。

第三十四条 下列固定资产应当计提折旧：

（一）房屋和建筑物；

（二）在用的机器设备、仪器仪表、运输工具、工具器具；

（三）季节性停用、大修理停用的固定资产；

（四）融资租入和以经营租赁方式租出的固定资产。

达到预定可使用状态应当计提折旧的固定资产，在年度内办理竣工决算手续的，按照实际成本调整原来的暂估价值，并调整已计提的折旧额，作为调整当月的成本、费用处理。如果在年度内尚未办理竣工决算的，应当按照估计价值暂估入账，并计提折旧；待办理了竣工决算手续后，再按照实际成本调整原来的暂估价值，调整原已计提的折旧额，同时调整年初留存收益各项目。

第三十五条 下列固定资产不计提折旧：

（一）房屋、建筑物以外的未使用、不需用固定资产；

（二）以经营租赁方式租入的固定资产；

（三）已提足折旧继续使用的固定资产；

（四）按规定单独估价作为固定资产入账的土地。

第三十六条 企业应当根据固定资产的性质和消耗方式，合理地确定固定资产的预计使用年限和预计净残值，并根据科技发展、环境及其他因素，选择合理的固定资产折旧方法，按照管理权限，经股东大会或董事会，或经理（厂长）会议或类似机构批准，作为计提折旧的依据。同时，按照法律、行政法规的规定报送有关各方备案，并备置于企业所在地，以供投资者等有关各方查阅。企业已经确定并对外报送，或备置于企业所在地的有关固定资产预计使用年限和预计净残值、折旧方法等，一经确定不得随意变更，如需变更，仍然应当按照上述程序，经批准后报送有关各方备案，并在会计报表附注中予以说明。

固定资产折旧方法可以采用年限平均法、工作量法、年数总和法、双倍余额递减法等。折旧方法一经确定，不得随意变更。如需变更，应当在会计报表附注中予以说明。

企业因更新改造等原因而调整固定资产价值的，应当根据调整后价值，预计尚可使用年限和净残值，按选用的折旧方法计提折旧。

对于接受捐赠旧的固定资产，企业应当按照确定的固定资产入账价值、预计尚可使用年限，预计净残值，按选用的折旧方法计提折旧。

融资租入的固定资产，应当采用与自有应计折旧资产相一致的折旧政策。能够合理确定租赁期届满时将会取得租赁资产所有权的，应当在租赁资产尚可使用年限内计提折旧；无法合理确定租赁期届满时能够取得租赁资产所有权的，应当在租赁期与租赁资产尚可使用年限两者中较短的期间内计提折旧。

第三十七条 企业一般应按月提取折旧，当月增加的固定资产，当月不提折旧，从下月起计提折旧；当月减少的固定资产，当月照提折旧，从下月起不提折旧。

固定资产提足折旧后，不论能否继续使用，均不再提取折旧；提前报废的固定资产，也不再补提折旧。所谓提足折旧，是指已经提足该项固定资产应提的折旧总额。应提的折旧总额为固定资产原价减去预计残值加上预计清理费用。

第三十八条 企业应当定期对固定资产进行大修理，大修理费用可以用预提或待摊的方式核算。大修理费用采用预提方式的，应当在两次大修理间隔期内各期均衡地预提预计发生的大修理费用，并计入有关的成本、费用；大修理费用采用待摊方式的，应当将发生的大修理费用在下一次大修理前平均摊销，计入有关的成本、费用。

固定资产日常修理费用，直接计入当期成本、费用。

第三十九条 由于出售、报废或者毁损等原因而发生的固定资产清理净损益，计入当期营业外收支。

第四十条 企业对固定资产应当定期或者至少每年实地盘点一次。对盘盈、盘亏、毁损的固定资产，应当查明原因，写出书面报告，并根据企业的管理权限，经股东大会或董事会，或经理（厂长）会议或类似机构批准后，在期末结账前处理完毕。盘盈的固定资产，计入当期营业外收入；盘亏或毁损的固定资产，在减去过失人或者保险公司等赔款和残料价值之后，计入当期营业外支出。

如盘盈、盘亏或毁损的固定资产，在期末结账前尚未经批准的，在对外提供财务会计报告时应按上述规定进行处理，并在会计报表附注中作出说明；如果其后批准处理的金额与已处理的金额不一致，应按其差额调整会计报表相关项目的年初数。

第四十一条 企业对固定资产的购建、出售、清理、报废和内部转移等，都应当办理会计手续，并应当设置固定资产明细账（或者固定资产卡片）进行明细核算。

第四十二条 企业的固定资产应当在期末时按照账面价值与可收回金额孰低计量，对可收回金额低于账面价值的差额，应当计提固定资产减值准备。

在资产负债表中,固定资产减值准备应当作为固定资产净值的减项反映。

第四节　无形资产和其他资产

第四十三条　无形资产,是指企业为生产商品或者提供劳务、出租给他人、或为管理目的而持有的、没有实物形态的非货币供长期资产。无形资产分为可辨认无形资产和不可辨认无形资产。可辨认无形资产包括专利权、非专利技术、商标权、著作权、土地使用权等;不可辨认无形资产是指商誉。

企业自创的商誉,以及未满足无形资产确认条件的其他项目,不能作为无形资产。

第四十四条　企业的无形资产在取得时,应按实际成本计量。取得时的实际成本应按以下方法确定:

(一)购入的无形资产,按实际支付的价款作为实际成本。

(二)投资者投入的无形资产,按投资各方确认的价值作为实际成本。但是,为首次发行股票而接受投资者投入的无形资产,应按该无形资产在投资方的账面价值作为实际成本。

(三)企业接受的债务人以非现金资产抵偿债务方式取得的无形资产,或以应收债权换入无形资产的,按应收债权的账面价值加上应支付的相关税费,作为实际成本。涉及补价的,按以下规定确定受让的无形资产的实际成本:

1. 收到补价的,按应收债权的账面价值减去补价,加上应支付的相关税费,作为实际成本;

2. 支付补价的,按应收债权的账面价值加上支付的补价和应支付的相关税费,作为实际成本。

(四)以非货币性交易换入的无形资产,按换出资产的账面价值加上应支付的相关税费,作为实际成本。涉及补价的,按以下规定确定换入无形资产的实际成本:

1. 收到补价的,按换出资产的账面价值加上应确认的收益和应支付的相关税费减去补价后的余额,作为实际成本;

2. 支付补价的,按换出资产的账面价值加上应支付的相关税费和补价,作为实际成本。

(五)接受捐赠的无形资产,应按以下规定确定其实际成本:

1. 捐赠方提供了有关凭据的,按凭据上标明的金额加上应支付的相关税费,作为实际成本。

2. 捐赠方没有提供有关凭据的,按如下顺序确定其实际成本:

(1)同类或类似无形资产存在活跃市场的,按同类或类似无形资产的市场价格估计的金额,加上应支付的相关税费,作为实际成本;

(2)同类或类似无形资产不存在活跃市场的,按该接受捐赠的无形资产的预计未来现金流量现值,作为实际成本。

第四十五条　自行开发并按法律程序申请取得的无形资产,按依法取得时发生的注册费、聘请律师费等费用,作为无形资产的实际成本。在研究与开发过程中发生的材料费用、直接参与开发人员的工资及福利费、开发过程中发生的租金、借款费用等,直接计入当期损益。

已经计入各期费用的研究与开发费用,在该项无形资产获得成功并依法申请取得权利时,不得再将原已计入费用的研究与开发费用资本化。

第四十六条　无形资产应当自取得当月起在预计使用年限内分期平均摊销,计入损益。如预计使用年限超过了相关合同规定的受益年限或法律规定的有效年限,该无形资产的摊销年限按如下原则确定:

(一)合同规定受益年限但法律没有规定有效年限的,摊销年限不应超过合同规定的受益年限;

(二)合同没有规定受益年限但法律规定有效年限的,摊销年限不应超过法律规定的有效年限;

(三)合同规定了受益年限,法律也规定了有效年限的,摊销年限不应超过受益年限和有效年限两者之中较短者。

如果合同没有规定受益年限,法律也没有规定有效年限的,摊销年限不应超过10年。

第四十七条　企业购入或以支付土地出让金方式取得的土地使用权,在尚未开发或建造自用项目前,作为无形资产核算,并按本制度规定的期限分期摊销。房地产开发企业开发商品房时,应将土地使用权的账面价值全部转入开发成本;企业因利用土地建造自用某项目时,将土地使用权的账面价值全部转入在建工程成本。

第四十八条　企业出售无形资产,应将所得价款与该项无形资产的账面价值之间的差额,计入当期损益。

企业出租的无形资产,应当按照本制度有关收入确认原则确认所取得的租金收入;同时,确认出租无形资产的相关费用。

第四十九条 无形资产应当按照账面价值与可收回金额孰低计量，对可收回金额低于账面价值的差额，应当计提无形资产减值准备。

在资产负债表中，无形资产项目应当按照减去无形资产减值准备后的净额反映。

第五十条 其他资产，是指除上述资产以外的其他资产，如长期待摊费用。

长期待摊费用，是指企业已经支出，但摊销期限在1年以上（不含1年）的各项费用，包括固定资产大修理支出、租入固定资产的改良支出等。应当由本期负担的借款利息、租金等，不得作为长期待摊费用处理。

长期待摊费用应当单独核算，在费用项目的受益期限内分期平均摊销。大修理费用采用待摊方式的，应当将发生的大修理费用在下一次大修理前平均摊销；租入固定资产改良支出应当在租赁期限与租赁资产尚可使用年限两者孰短的期限内平均摊销；其他长期待摊费用应当在受益期内平均摊销。

股份有限公司委托其他单位发行股票支付的手续费或佣金等相关费用，减去股票发行冻结期间的利息收入后的余额，从发行股票的溢价中不够抵消的，或者无溢价的，若金额较小的，直接计入当期损益；若金额较大的，可作为长期待摊费用，在不超过2年的期限内平均摊销，计入损益。

除购建固定资产以外，所有筹建期间所发生的费用，先在长期待摊费用中归集，待企业开始生产经营当月起一次计入开始生产经营当月的损益。

如果长期待摊的费用项目不能使以后会计期间受益的，应当将尚未摊销的该项目的摊余价值全部转入当期损益。

第五节 资产减值

第五十一条 企业应当定期或者至少于每年年度终了，对各项资产进行全面检查，并根据谨慎性原则的要求，合理地预计各项资产可能发生的损失，对可能发生的各项资产损失计提资产减值准备。

企业应当合理地计提各项资产减值准备，但不得计提秘密准备。如有确凿证据表明企业不恰当地运用了谨慎性原则计提秘密准备的，应当作为重大会计差错予以更正，并在会计报表附注中说明事项的性质、调整金额，以及对企业财务状况、经营成果的影响。

第五十二条 企业应当在期末对各项短期投资进行全面检查。短期投资应按成本与市价孰低计量，市价低于成本的部分，应当计提短期投资跌价准备。

企业在运用短期投资成本与市价孰低时，可以根据其具体情况，分别采用按投资总体、投资类别或单项投资计提跌价准备，如果某项短期投资比较重大（如占整个短期投资10%及以上），应按单项投资为基础计算并确定计提的跌价准备。

企业应当对委托贷款本金进行定期检查，并按委托贷款本金与可收回金额孰低计量，可收回金额低于委托贷款本金的差额，应当计提减值准备。在资产负债表上，委托贷款的本金和应收利息减去计提的减值准备后的净额，并入短期投资或长期债权投资项目。

本制度所称的可收回金额，是指资产的销售净价与预期从该资产的持续使用和使用寿命结束时的处置中形成的预计未来现金流量的现值两者之中的较高者。其中，销售净价是指资产的销售价格减去所发生的资产处置费用后的余额。对于长期投资而言，可收回金额是指投资的出售净价与预期从该资产的持有和投资到期处置中形成的预计未来现金流量的现值两者之中较高者。其中，出售净价是指出售投资所得价款减去所发生的相关税费后的金额。

第五十三条 企业应当在期末分析各项应收款项的可收回性，并预计可能产生的坏账损失。对预计可能发生的坏账损失，计提坏账准备。企业计提坏账准备的方法由企业自行确定。企业应当制定计提坏账准备的政策，明确计提坏账准备的范围、提取方法、账龄的划分和提取比例，按照法律、行政法规的规定报有关各方备案，并备置于企业所在地。坏账准备计提方法一经确定，不得随意变更。如需变更，应当在会计报表附注中予以说明。

在确定坏账准备的计提比例时，企业应当根据以往的经验、债务单位的实际财务状况和现金流量等相关信息予以合理估计。除有确凿证据表明该项应收款项不能够收回或收回的可能性不大外（如债务单位已撤销、破产、资不抵债、现金流量严重不足、发生严重的自然灾害等导致停产而在短时间内无法偿付债务等，以及3年以上的应收款项），下列各种情况不能全额计提坏账准备：

（一）当年发生的应收款项；

（二）计划对应收款项进行重组；

（三）与关联方发生的应收款项；

（四）其他已逾期，但无确凿证据表明不能收回的应收款项。

企业的预付账款，如有确凿证据表明其不符合预付账款性质，或者因供货单位破产、撤销等原因已无望再收到所购货物的，应当将原计入预付账款的金额转入其他应收款，并按规定计提坏账准备。

企业持有的未到期应收票据，如有确凿证据证明不能够收回或收回的可能性不大时，应将其账面余额转入应收账款，并计提相应的坏账准备。

第五十四条　企业应当在期末对存货进行全面清查，如由于存货毁损、全部或部分陈旧过时或销售价格低于成本等原因，使存货成本高于可变现净值的，应按可变现净值低于存货成本部分，计提存货跌价准备。可变现净值，是指企业在正常经营过程中，以估计售价减去估计完工成本及销售所必需的估计费用后的价值。

存货跌价准备应按单个存货项目的成本与可变现净值计量，如果某些存货具有类似用途并与在同一地区生产和销售的产品系列相关，且实际上难以将其与该产品系列的其他项目区别开来进行估价的存货，可以合并计量成本与可变现净值；对于数量繁多、单价较低的存货，可以按存货类别计量成本与可变现净值。

当存在以下一项或若干项情况时，应当将存货账面价值全部转入当期损益：

（一）已霉烂变质的存货；

（二）已过期且无转让价值的存货；

（三）生产中已不再需要，并且已无使用价值和转让价值的存货；

（四）其他足以证明已无使用价值和转让价值的存货。

第五十五条　当存在下列情况之一时，应当计提存货跌价准备：

（一）市价持续下跌，并且在可预见的未来无回升的希望；

（二）企业使用该项原材料生产的产品的成本大于产品的销售价格；

（三）企业因产品更新换代，原有库存原材料已不适应新产品的需要，而该原材料的市场价格又低于其账面成本；

（四）因企业所提供的商品或劳务过时或消费者偏好改变而使市场的需求发生变化，导致市场价格逐渐下跌；

（五）其他足以证明该项存货实质上已经发生减值的情形。

第五十六条　企业应当在期末对长期投资、固定资产、无形资产逐项进行检查，如果由于市价持续下跌、被投资单位经营状况恶化，或技术陈旧、损坏、长期闲置等原因，导致其可收回金额低于其账面价值的，应当计提长期投资、固定资产、无形资产减值准备。

长期投资、固定资产和无形资产减值准备，应按单项项目计提。

第五十七条　对有市价的长期投资可以根据下列迹象判断是否应当计提减值准备：

（一）市价持续 2 年低于账面价值；

（二）该项投资暂停交易 1 年或 1 年以上；

（三）被投资单位当年发生严重亏损；

（四）被投资单位持续 2 年发生亏损；

（五）被投资单位进行清理整顿、清算或出现其他不能持续经营的迹象。

第五十八条　对无市价的长期投资可以根据下列迹象判断是否应当计提减值准备：

（一）影响被投资单位经营的政治或法律环境的变化，如税收、贸易等法规的颁布或修订，可能导致被投资单位出现巨额亏损；

（二）被投资单位所供应的商品或提供的劳务因产品过时或消费者偏好改变而使市场的需求发生变化，从而导致被投资单位财务状况发生严重恶化；

（三）被投资单位所在行业的生产技术等发生重大变化，被投资单位已失去竞争能力，从而导致财务状况发生严重恶化，如进行清理整顿、清算等；

（四）有证据表明该项投资实质上已经不能再给企业带来经济利益的其他情形。

第五十九条　如果企业的固定资产实质上已经发生了减值，应当计提减值准备。对存在下列情况之一的固定资产，应当全额计提减值准备：

（一）长期闲置不用，在可预见的未来不会再使用，且已无转让价值的固定资产；

（二）由于技术进步等原因，已不可使用的固定资产；

（三）虽然固定资产尚可使用，但使用后产生大量不合格品的固定资产；

（四）已遭毁损，以至于不再具有使用价值和转让价值的固定资产；

（五）其他实质上已经不能再给企业带来经济利益的固定资产。

已全额计提减值准备的固定资产，不再计提折旧。

第六十条 当存在下列一项或若干项情况时，应当将该项无形资产的账面价值全部转入当期损益：

（一）某项无形资产已被其他新技术等所替代，并且该项无形资产已无使用价值和转让价值；

（二）某项无形资产已超过法律保护期限，并且已不能为企业带来经济利益；

（三）其他足以证明某项无形资产已经丧失了使用价值和转让价值的情形。

第六十一条 当存在下列一项或若干项情况时，应当计提无形资产的减值准备：

（一）某项无形资产已被其他新技术等所替代，使其为企业创造经济利益的能力受到重大不利影响；

（二）某项无形资产的市价在当期大幅下跌，在剩余摊销年限内预期不会恢复；

（三）某项无形资产已超过法律保护期限，但仍然具有部分使用价值；

（四）其他足以证明某项无形资产实质上已经发生了减值的情形。

第六十二条 企业计算的当期应计提的资产减值准备金额如果高于已提资产减值准备的账面余额，应按其差额补提减值准备；如果低于已提资产减值准备的账面余额，应按其差额冲回多提的资产减值准备，但冲减的资产减值准备，仅限于已计提的资产减值准备的账面余额。实际发生的资产损失，冲减已提的减值准备。

已确认并转销的资产损失，如果以后又收回，应当相应调整已计提的资产减值准备。

如果企业滥用会计估计，应当作为重大会计差错，按照重大会计差错更正的方法进行会计处理，即企业因滥用会计估计而多提的资产减值准备，在转回的当期，应当遵循原渠道冲回的原则（如原追溯调整的、当期转回时仍然追溯调整至以前各期；原从上期利润中计提的，当期转回时仍然调整上期利润），不得作为增加当期的利润处理。

第六十三条 处置已经计提减值准备的各项资产，以及债务重组、非货币性交易、以应收款项进行交换等，应当同时结转已计提的减值准备。

第六十四条 企业对于不能收回的应收款项、长期投资等应当查明原因，追究责任。对有确凿证据表明确实无法收回的应收款项、长期投资等，如债务单位或被投资单位已撤销、破产、资不抵债、现金流量严重不足等，根据企业的管理权限，经股东大会或董事会，或经理（厂长）会议或类似机构批准作为资产损失，冲销已计提的相关资产减值准备。

第六十五条 企业在建工程预计发生减值时，如长期停建并且预计在3年内不会重新开工的在建工程，也应当根据上述原则计提资产减值准备。

第三章 负　债

第六十六条 负债，是指过去的交易、事项形成的现时义务，履行该义务预期会导致经济利益流出企业。

第六十七条 企业的负债应按其流动性，分为流动负债和长期负债。

第一节 流动负债

第六十八条 流动负债，是指将在1年（含1年）或者超过1年的一个营业周期内偿还的债务，包括短期借款、应付票据、应付账款、预收账款、应付工资、应付福利费、应付股利、应交税金、其他暂收应付款项、预提费用和一年内到期的长期借款等。

第六十九条 各项流动负债，应按实际发生额入账。短期借款、带息应付票据、短期应付债券应当按照借款本金或债券面值，按照确定的利率按期计提利息，计入损益。

第七十条 企业与债权人进行债务重组时，应按以下规定处理：

（一）以现金清偿债务的，支付的现金小于应付债务账面价值的差额，计入资本公积；

（二）以非现金资产清偿债务的，应按应付债务的账面价值结转。应付债务的账面价值与用于抵偿债务的非现金资产账面价值的差额，作为资本公积，或者作为损失计入当期营业外支出。

（三）以债务转为资本的，应当分别以下情况处理：

1. 股份有限公司，应按债权人放弃债权而享有股份的面值总额作为股本，按应付债务账面价值与转作股本的金额的差额，作为资本公积；

2. 其他企业，应按债权人放弃债权而享有的股权份额作为实收资本，按债务账面价值与转作实收资本的金额的差额，作为资本公积。

（四）以修改其他债务条件进行债务重组的，修改其他债务条件后未来应付金额小于债务重组前应付债务账面价值的，应将其差额计入资本公积；如果修改后的债务条款涉及或有支出的，应将或有支出包括在未来应付金额中，含或有支出的未来应付金额小于债务重组前应付债务账面价值的，应将其差额计入资本公积。在未来偿还债务期间内未满足债务重组协议所规定的或有支出条件，即或有支出没有发生的，其已记录的或有支出转入资本公积。

修改其他债务条件后未来应付金额等于或大于债务重组前应付债务账面价值的，在债务重组时不作账务处理。对于修改债务条件后的应付债务，应按本制度规定的一般应付债务进行会计处理。

本制度所称的或有支出，是指依未来某种事项出现而发生的支出。未来事项的出现具有不确定性。

第二节 长期负债

第七十一条 长期负债，是指偿还期在1年或者超过1年的一个营业周期以上的负债，包括长期借款、应付债券、长期应付款等。

各项长期负债应当分别进行核算，并在资产负债表中分列项目反映。将于1年内到期偿还的长期负债，在资产负债表中应当作为一项流动负债，单独反映。

第七十二条 长期负债应当以实际发生额入账。

长期负债应当按照负债本金或债券面值，按照规定的利率按期计提利息，并按本制度的规定，分别计入工程成本或当期财务费用。

按照纳税影响会计法核算所得税的企业，因时间性差异所产生的应纳税或可抵减时间性差异的所得税影响，单独核算，作为对当期所得税费用的调整。

第七十三条 发行债券的企业，应当按照实际的发行价格总额，作负债处理；债券发行价格总额与债券面值总额的差额，作为债券溢价或折价，在债券的存续期间内按实际利率法或直线法于计提利息时摊销，并按借款费用的处理原则处理。

第七十四条 发行可转换公司债券的企业，可转换公司债券在发行以及转换为股份之前，应按一般公司债券进行处理。当可转换公司债券持有人行使转换权利，将其持有的债券转换为股份或资本时，应按其账面价值结转；可转换公司债券账面价值与可转换股份面值的差额，减去支付的现金后的余额，作为资本公积处理。

企业发行附有赎回选择权的可转换公司债券，其在赎回日可能支付的利息补偿金，即债券约定赎回期届满日应当支付的利息减去应付债券票面利息的差额，应当在债券发行日至债券约定赎回届满日期间计提应付利息，计提的应付利息，按借款费用的处理原则处理。

第七十五条 融资租入的固定资产，应在租赁开始日按租赁资产的原账面价值与最低租赁付款额的现值两者较低者，作为融资租入固定资产的入账价值，按最低租赁付款额作为长期应付款的入账价值，并将两者的差额，作为未确认融资费用。

如果融资租赁资产占企业资产总额的比例等于或低于30％的，应在租赁开始日按最低租赁付款额作为融资租赁固定资产和长期应付款的入账价值。

第七十六条 企业收到的专项拨款作为专项应付款处理，待拨款项目完成后，属于应核销的部分，冲减专项应付款；其余部分转入资本公积。

第七十七条 企业所发生的借款费用，是指因借款而发生的利息、折价或溢价的摊销和辅助费用，以及因外币借款而发生的汇兑差额。因借款而发生的辅助费用包括手续费等。

除为购建固定资产的专门借款所发生的借款费用外，其他借款费用均应于发生当期确认为费用，直接计入当期财务费用。

本制度所称的专门借款，是指为购建固定资产而专门借入的款项。

为购建固定资产的专门借款所发生的借款费用，按以下规定处理：

(一) 因借款而发生的辅助费用的处理：

1. 企业发行债券筹集资金专项用于购建固定资产的，在所购建的固定资产达到预定可使用状态前，将发生金额较大的发行费用(减去发行期间冻结资金产生的利息收入)，直接计入所购建的固定资产成本；将发生金额较小的发行费用(减去发行期间冻结资金产生的利息收入)，直接计入当期财务费用。

向银行借款而发生的手续费，按上述同一原则处理。

2. 因安排专门借款而发生的除发行费用和银行借款手续费以外的辅助费用，如果金额较大的，属于在所购建固定资产达到预定可使用状态之前发生的，应当在发生时计入所购建固定资产的成本；在所购建固定资产达到预定可使用状态后发生的，直接计入当期财务费用。对于金额较小的辅助费用，也可以于发生当期直接计入财务费用。

(二) 借款利息、折价或溢价的摊销，汇兑差额的处理：

1. 当同时满足以下三个条件时，企业为购建某项固定资产而借入的专门借款所发生的利息、折价或溢价的摊销、汇兑差额应当开始资本化，计入所购建固定资产的成本：

(1) 资产支出(只包括为购建固定资产而以支付现金、转移非现金资产或者承担带息债务形式发生的支出)已经发生；

(2) 借款费用已经发生；

(3) 为使资产达到预定可使用状态所必要的购建活动已经开始。

2. 企业为购建固定资产而借入的专门借款所发生的借款利息、折价或溢价的摊销、汇兑差额，满足上述资本化条件的，在所购建的固定资产达到预定可使用状态前所发生的，应当予以资本化，计入所购建固定资产的成本；在所购建的固定资产达到预定可使用状态后所发生的，应于发生当期直接计入当期财务费用。每一会计期间利息资本化金额的计算公式如下：

$$\begin{matrix}\text{每一会计期间利息}\\\text{的资本化金额}\end{matrix}=\begin{matrix}\text{至当期末止购建固定资产}\\\text{累计支出加权平均数}\end{matrix}\times\begin{matrix}\text{资本}\\\text{化率}\end{matrix}$$

$$\begin{matrix}\text{累计支出}\\\text{加权平均数}\end{matrix}=\sum\left(\frac{\text{每笔资产支出金额}\times\text{每笔资产支出实际占用的天数}}{\text{会计期间涵盖的天数}}\right)$$

为简化计算，也可以月数作为计算累计支出加权平均数的权数。

资本化率的确定原则为：企业为购建固定资产只借入一笔专门借款，资本化率为该项借款的利率；企业为购建固定资产借入一笔以上的专门借款，资本化率为这些借款的加权平均利率。加权平均利率的计算公式如下：

$$\text{加权平均利率}=\frac{\text{专门借款当期实际发生的利息之和}}{\text{专门借款本金加权平均数}}\times 100\%$$

$$\begin{matrix}\text{专门借款本金}\\\text{加权平均数}\end{matrix}=\sum\left(\frac{\text{每笔专门借款本金}\times\text{每笔专门借款实际占用的天数}}{\text{会计期间涵盖的天数}}\right)$$

为简化计算，也可以月数作为计算专门借款本金加权平均数的权数。

在计算资本化率时，如果企业发行债券发生债券折价或溢价的，应当将每期应摊销的折价或溢价金额，作为利息的调整额，对资本化率作相应调整，其加权平均利率的计算公式如下：

$$\text{加权平均利率}=\frac{\text{专门借款当期实际发生的利息之和}+(\text{或}-)\text{折价(或溢价)摊销额}}{\text{专门借款本金加权平均数}}\times 100\%$$

3. 企业为购建固定资产而借入的外币专门借款，其每一会计期间所产生的汇兑差额(指当期外币专门借款本金及利息所发生的汇兑差额)，在所购建固定资产达到预定可使用状态前，予以资本化，计入所购建固定资产的成本；在该项固定资产达到预定可使用状态后，计入当期财务费用。

4. 企业发行债券，如果发行费用小于发行期间冻结资金所产生的利息收入，按发行期间冻结资金所产生的利息收入减去发行费用后的差额，视同发行债券的溢价收入，在债券存续期间于计提利息时摊销。

5. 企业每期利息和折价或溢价摊销的资本化金额，不得超过当期为购建固定资产的专门借款实际发生的利息和折价或溢价的摊销金额。

在确定借款费用资本化金额时，与专门借款有关的利息收入不得冲减所购建的固定资产成本，所发生的利息收入直接计入当期财务费用。

6. 企业以非借款方式募集的资金专项用于购建某项固定资产的，如专用拨款、发行股票募集的资金等，在募集资金尚未到达前借入的专门用于购建该项固定资产的资金，其发生的借款费用，在募集资金到达前，按借款费用的处理原则处理；募集资金到达后，在购建该项资产的实际支出未超过以非借款方式募集的资金时，所发生的借款费用直接计入当期财务费用。实际支出超过以非借款方式募集的资金时，专门借款所发生的借款费用，按借款费用的处理原则处理，但在计算该项资产的累计支出加权平均数时，应将以非借款方式募集的资金扣除。

7. 如果某项建造的固定资产的各部分分别完工（指每一单项工程或单位工程，下同），每部分在其他部分继续建造过程中可供使用，并且为使该部分达到预定可使用状态所必要的购建活动实质上已经完成，则这部分资产所发生的借款费用不再计入所建造的固定资产成本，直接计入当期财务费用；如果某项建造的固定资产的各部分分别完工，但必然等到整体完工后才可使用，则应当在该资产整体完工时，其所发生的借款费用不再计入所建造的固定资产成本，而直接计入当期财务费用。

8. 如果某项固定资产的购建发生非正常中断，并且中断时间连续超过3个月（含3个月），应当暂停借款费用的资本化，其中断期间所发生的借款费用，不计入所购建的固定资产成本，将其直接计入当期财务费用，直至购建重新开始，再将其后至固定资产达到预定可使用状态前所发生的借款费用，计入所购建固定资产的成本。

如果中断是使购建的固定资产达到预定可使用状态所必要的程序，则中断期间所发生的借款费用仍应计入该项固定资产的成本。

当所购建的固定资产达到预定可使用状态时，应当停止借款费用的资本化；以后发生的借款费用应于发生当期直接计入财务费用。

第七十八条　本制度所称的达到预定可使用状态，是指固定资产已达到购买方或建造方预定的可使用状态。当存在下列情况之一时，可认为所购建的固定资产已达到预定可使用状态：

（一）固定资产的实体建造（包括安装）工作已经全部完成或者实质上已经全部完成；

（二）已经过试生产或试运行，并且其结果表明资产能够正常运行或者能够稳定地生产出合格产品时，或者试运行结果表明能够正常运转或营业时；

（三）该项建造的固定资产上的支出金额很少或者几乎不再发生；

（四）所购建的固定资产已经达到设计或合同要求，或与设计或合同要求相符或基本相符，即使有极个别地方与设计或合同要求不相符，也不足以影响其正常使用。

第四章　所有者权益

第七十九条　所有者权益，是指所有者在企业资产中享有的经济利益，其金额为资产减去负债后的余额。所有者权益包括实收资本（或者股本）、资本公积、盈余公积和未分配利润等。

第八十条　企业的实收资本，是指投资者按照企业章程，或合同、协议的约定，实际投入企业的资本。

（一）一般企业实收资本应按以下规定核算：

1. 投资者以现金投入的资本，应当以实际收到或者存入企业开户银行的金额作为实收资本入账。实际收到或者存入企业开户银行的金额超过其在该企业注册资本中所占份额的部分，计入资本公积。

2. 投资者以非现金资产投入的资本，应按投资各方确认的价值作为实收资本入账。为首次发行股票而接受投资者投入的无形资产，应按该项无形资产在投资方的账面价值入账。

3. 投资者投入的外币，合同没有约定汇率的，按收到出资额当日的汇率折合；合同约定汇率的，按合同约定的汇率折合，因汇率不同产生的折合差额，作为资本公积处理。

4. 中外合作经营企业依照有关法律、法规的规定，在合作期间归还投资者投资的，对已归还的投资应当单独核算，并在资产负债表中作为实收资本的减项单独反映。

（二）股份有限公司的股本应按以下规定核算：

1. 公司的股本应当在核定的股本总额及核定的股份总额的范围内发行股票取得。公司发行的股票，应按其面值作为股本，超过面值发行取得的收入；其超过面值的部分，作为股本溢价，计入资本公积。

2. 境外上市公司以及在境内发行外资股的公司，按确定的人民币股票面值和核定的股份总额的乘积计算的金额，作为股本入账，按收到股款当日的汇率折合的人民币金额与按人民币计算的股票面值总额的差额，作为资本公积处理。

第八十一条 企业资本(或股本)除下列情况外,不得随意变动:

(一) 符合增资条件,并经有关部门批准增资的,在实际取得投资者的出资时,登记入账。

(二) 企业按法定程序报经批准减少注册资本的,在实际发还投资时登记入账。采用收购本企业股票方式减资的,在实际购入本企业股票时,登记入账。

企业应当将因减资而注销股份、发还股款,以及因减资需更新股票的变动情况,在股本账户的明细账及有关备查簿中详细记录。

投资者按规定转让其出资的,企业应当于有关的转让手续办理完毕时,将出让方所转让的出资额,在资本(或股本)账户的有关明细账户及各备查登记簿中转为受让方。

第八十二条 资本公积包括资本(或股本)溢价、接受捐赠资产、拨款转入、外币资本折算差额等。资本公积项目主要包括:

(一) 资本(或股本)溢价,是指企业投资者投入的资金超过其在注册资本中所占份额的部分;

(二) 接受非现金资产捐赠准备,是指企业因接受非现金资产捐赠而增加的资本公积;

(三) 接受现金捐赠,是指企业因接受现金捐赠而增加的资本公积;

(四) 股权投资准备,是指企业对被投资单位的长期股权投资采用权益法核算时,因被投资单位接受捐赠等原因增加的资本公积,企业按其持股比例计算而增加的资本公积;

(五) 拨款转入,是指企业收到国家拨入的专门用于技术改造、技术研究等的拨款项目完成后,按规定转入资本公积的部分。企业应按转入金额入账;

(六) 外币资本折算差额,是指企业接受外币投资因所采用的汇率不同而产生的资本折算差额;

(七) 其他资本公积,是指除上述各项资本公积以外所形成的资本公积,以及从资本公积各准备项目转入的金额。债权人豁免的债务也在本项目核算。

资本公积各准备项目不能转增资本(或股本)。

第八十三条 盈余公积按照企业性质,分别包括以下内容:

(一) 一般企业和股份有限公司的盈余公积包括:

1. 法定盈余公积,是指企业按照规定的比例从净利润中提取的盈余公积;

2. 任意盈余公积,是指企业经股东大会或类似机构批准按照规定的比例从净利润中提取的盈余公积;

3. 法定公益金,是指企业按照规定的比例从净利润中提取的用于职工集体福利设施的公益金,法定公益金用于职工集体福利时,应当将其转入任意盈余公积。

企业的盈余公积可以用于弥补亏损、转增资本(或股本)。符合规定条件的企业,也可以用盈余公积分派现金股利。

(二) 外商投资企业的盈余公积包括:

1. 储备基金,是指按照法律、行政法规规定从净利润中提取的、经批准用于弥补亏损和增加资本的储备基金;

2. 企业发展基金,是指按照法律、行政法规规定从净利润中提取的、用于企业生产发展和经批准用于增加资本的企业发展基金;

3. 利润归还投资,是指中外合作经营企业按照规定在合作期间以利润归还投资者的投资。

第五章 收 入

第八十四条 收入,是指企业在销售商品、提供劳务及让渡资产使用权等日常活动中所形成的经济利益的总流入,包括主营业务收入和其他业务收入。收入不包括为第三方或者客户代收的款项。

企业应当根据收入的性质,按照收入确认的原则,合理地确认和计量各项收入。

第一节 销售商品及提供劳务收入

第八十五条 销售商品的收入,应当在下列条件均能满足时予以确认:

(一) 企业已将商品所有权上的主要风险和报酬转移给购货方;

(二) 企业既没有保留通常与所有权相联系的继续管理权,也没有对已售出的商品实施控制;

(三) 与交易相关的经济利益能够流入企业;

(四) 相关的收入和成本能够可靠地计量。

第八十六条 销售商品的收入,应按企业与购货方签订的合同或协议金额或双方接受的金额确定。现金折扣在实际发生时作为当期费用；销售折让在实际发生时冲减当期收入。

现金折扣，是指债权人为鼓励债务人在规定的期限内付款，而向债务人提供的债务减让；销售折让，是指企业因售出商品的质量不合格等原因而在售价上给予的减让。

第八十七条　企业已经确认收入的售出商品发生销售退回的，应当冲减退回当期的收入；年度资产负债表日及以前售出的商品，在资产负债表日至财务会计报告批准报出日之间发生退回的，应当作为资产负债表日后调整事项处理，调整资产负债表日编制的会计报表有关收入、费用、资产、负债、所有者权益等项目的数字。

第八十八条　在同一会计年度内开始并完成的劳务，应当在完成劳务时确认收入。如劳务的开始和完成分属不同的会计年度，在提供劳务交易的结果能够可靠估计的情况下，企业应当在资产负债表日按完工百分比法确认相关的劳务收入。完工百分比法，是指按照劳务的完成程度确认收入和费用的方法。

当以下条件均能满足时，劳务交易的结果能够可靠地估计：

（一）劳务总收入和总成本能够可靠地计量；

（二）与交易相关的经济利益能够流入企业；

（三）劳务的完成程度能够可靠地确定。

劳务的完成程度应按下列方法确定：

（一）已完工作的测量；

（二）已经提供的劳务占应提供劳务总量的比例；

（三）已经发生的成本占估计总成本的比例。

第八十九条　在提供劳务交易的结果不能可靠估计的情况下，企业应当在资产负债表日对收入分别以下情况予以确认和计量：

（一）如果已经发生的劳务成本预计能够得到补偿，应按已经发生的劳务成本金额确认收入，并按相同金额结转成本；

（二）如果已经发生的劳务成本预计不能全部得到补偿，应按能够得到补偿的劳务成本金额确认收入，并按已经发生的劳务成本，作为当期费用，确认的金额小于已经发生的劳务成本的差额，作为当期损失；

（三）如果已经发生的劳务成本全部不能得到补偿，应按已经发生的劳务成本作为当期费用，不确认收入。

第九十条　提供劳务的总收入，应按企业与接受劳务方签订的合同或协议的金额确定。现金折扣应当在实际发生时作为当期费用。

第九十一条　让渡资产使用权而发生的收入包括利息收入和使用费收入。

（一）利息和使用费收入，应当在以下条件均能满足时予以确认：

1. 与交易相关的经济利益能够流入企业；

2. 收入的金额能够可靠地计量。

（二）利息和使用费收入，应按下列方法分别予以计量：

1. 利息收入，应按让渡现金使用权的时间和适用利率计算确定；

2. 使用费收入，应按有关合同或协议规定的收费时间和方法计算确定。

第二节　建造合同收入

第九十二条　建造合同，是指为建造一项资产或者在设计、技术、功能、最终用途等方面密切相关的数项资产而订立的合同。

（一）固定造价合同，是指按照固定的合同价或固定单价确定工程价款的建造合同。

（二）成本加成合同，是指以合同允许或其他方式议定的成本为基础，加上该成本的一定比例或定额费用确定工程价款的建造合同。

第九十三条　建造工程合同收入包括合同中规定的初始收入和因合同变更、索赔、奖励等形成的收入。

合同变更，是指客户为改变合同规定的作业内容而提出的调整。因合同变更而增加的收入，应当在客户能够认可因变更而增加的收入，并且收入能够可靠地计量时予以确认。

索赔款，是指因客户或第三方的原因造成的、由建造承包商向客户或第三方收取的、用以补偿不包括在合同造价中的成本的款项。企业只有在预计对方能够同意这项索赔（根据谈判情况判断），并且对方同意接受的金额能够可靠计量的情况下，才能将因索赔款而形成的收入予以确认。

奖励款，是指工程达到或超过规定的标准时，客户同意支付给建造承包商的额外款项。企业应当根据目前合同完成情况，足以判断工程进度和工程质量能够达到或超过既定的标准，并且奖励金额能够可靠地计量时，才能将因奖励而形成的收入予以确认。

第九十四条 建造承包商建造工程合同成本应当包括从合同签订开始至合同完成止所发生的、与执行合同有关的直接费用和间接费用。

直接费用包括耗用的人工费用、耗用的材料费用、耗用的机械使用费和与设计有关的技术援助费用、施工现场材料的二次搬运费、生产工具和用具使用费、检验试验费、工程定位复测费、工程点交费用、场地清理费用等其他直接费用。

间接费用是企业下属的施工单位或生产单位为组织和管理施工生产活动所发生的费用，包括临时设施摊销费用和施工、生产单位管理人员工资、奖金、职工福利费、劳动保护费、固定资产折旧费及修理费、物料消耗、低值易耗品摊销、取暖费、水电费、办公费、差旅费、财产保险费、工程保修费、排污费等。

企业行政管理部门为组织和管理生产经营活动所发生的管理费用、船舶等制造企业的销售费用、企业筹集生产经营所需资金而发生的财务费用和因订立合同而发生的有关费用，应当直接计入当期费用。

直接费用在发生时应当直接计入合同成本，间接费用应当在期末按照系统、合理的方法分摊计入合同成本。与合同有关的零星收益，如合同完成后处置残余物资取得的收益，应当冲减合同成本。

第九十五条 建造承包商建造工程合同收入及费用应按以下原则确认和计量；

（一）如果建造合同的结果能够可靠地估计，企业应当根据完工百分比法在资产负债表日确认合同收入和费用。完工百分比法，是指根据合同完工进度确认收入与费用的方法。

1. 固定造价合同的结果能够可靠估计，是指同时具备以下 4 项条件：

（1）合同总收入能够可靠地计量；

（2）与合同相关的经济利益能够流入企业；

（3）在资产负债表日合同完工进度和为完成合同尚需发生的成本能够可靠地确定；

（4）为完成合同已经发生的合同成本能够清楚地区分和可靠地计量，以便实际合同成本能够与以前的预计成本相比较。

2. 成本加成合同的结果能够可靠估计，是指同时具备以下 2 项条件：

（1）与合同相关的经济利益能够流入企业；

（2）实际发生的合同成本能够清楚地区分并且能够可靠地计量。

（二）当期完成的建造合同，应按实际合同总收入减去以前会计年度累计已确认的收入后的余额作为当期收入，同时按累计实际发生的合同成本减去以前会计年度累计已确认的费用后的余额作为当期费用。

（三）如果建造合同的结果不能可靠地估计，应当区别以下情况处理：

1. 合同成本能够收回的，合同收入根据能够收回的实际合同成本加以确认，合同成本在其发生的当期作为费用；

2. 合同成本不可能收回的，应当在发生时立即作为费用，不确认收入。

（四）在一个会计年度内完成的建造合同，应当在完成时确认合同收入和合同费用。

（五）如果合同预计总成本将超过合同预计总收入，应当将预计损失立即作为当期费用。

第九十六条 合同完工进度可以按累计实际发生的合同成本占合同预计总成本的比例、已经完成的合同工作量占合同预计总工作量的比例、已完合同工作的测量等方法确定。

采用累计实际发生的合同成本占合同预计总成本的比例确定合同完工进度时，累计实际发生的合同成本包括：

（1）与合同未来活动相关的合同成本；

（2）在分包工程总工作量完成之前预付给分包单位的款项。

第九十七条 房地产开发企业自行开发商品房对外销售收入的确定，按照销售商品收入的确认原则执行；如果符合建造合同的条件，并且有不可撤销的建造合同的情况下，也可按照建造合同收入确认的原则，按照完工百分比法确认房地产开发业务的收入。

第九十八条 企业的收入，应当按照重要性原则，在利润表中反映。

第六章 成本和费用

第九十九条 费用,是指企业为销售商品、提供劳务等日常活动所发生的经济利益的流出;成本,是指企业为生产产品、提供劳务而发生的各种耗费。

企业应当合理划分期间费用和成本的界限。期间费用应当直接计入当期损益;成本应当计入所生产的产品、提供劳务的成本。

企业应将当期已销产品或已提供劳务的成本转入当期的费用;商品流通企业应将当期已销商品的进价转入当期的费用。

第一百条 企业在生产经营过程中所耗用的各项材料,应按实际耗用数量和账面单价计算,计入成本、费用。

第一百零一条 企业应支付职工的工资,应当根据规定的工资标准、工时、产量记录等资料,计算职工工资,计入成本、费用。企业按规定给予职工的各种工资性质的补贴,也应计入各工资项目。

企业应当根据国家规定,计算提取应付福利费,计入成本、费用。

第一百零二条 企业在生产经营过程中所发生的其他各项费用,应当以实际发生数计入成本、费用。凡应当由本期负担而尚未支出的费用,作为预提费用计入本期成本、费用;凡已支出,应当由本期和以后各期负担的费用,应当作为待摊费用,分期摊入成本、费用。

第一百零三条 企业应当根据本企业的生产经营特点和管理要求,确定适合本企业的成本核算对象、成本项目和成本计算方法。成本核算对象、成本项目以及成本计算方法一经确定,不得随意变更,如需变更,应当根据管理权限,经股东大会或董事会,或经理(厂长)会议或类似机构批准,并在会计报表附注中予以说明。

第一百零四条 企业的期间费用包括营业费用、管理费用和财务费用。期间费用应当直接计入当期损益,并在利润表中分别项目列示。

(一) 营业费用,是指企业在销售商品过程中发生的费用,包括企业销售商品过程中发生的运输费、装卸费、包装费、保险费、展览费和广告费,以及为销售本企业商品而专设的销售机构(含销售网点,售后服务网点等)的职工工资及福利费、类似工资性质的费用、业务费等经营费用。

商品流通企业在购买商品过程中所发生的进货费用,也包括在内。

(二) 管理费用,是指企业为组织和管理企业生产经营所发生的管理费用,包括企业的董事会和行政管理部门在企业的经营管理中发生的,或者应当由企业统一负担的公司经费(包括行政管理部门职工工资、修理费、物料消耗、低值易耗品摊销、办公费和差旅费等)、工会经费、待业保险费、劳动保险费、董事会费、聘请中介机构费、咨询费(含顾问费)、诉讼费、业务招待费、房产税、车船使用税、土地使用税、印花税、技术转让费、矿产资源补偿费、无形资产摊销、职工教育经费、研究与开发费、排污费、存货盘亏或盘盈(不包括应计入营业外支出的存货损失)、计提的坏账准备和存货跌价准备等。

(三) 财务费用,是指企业为筹集生产经营所需资金等而发生的费用,包括应当作为期间费用的利息支出(减利息收入)、汇兑损失(减汇兑收益)以及相关的手续费等。

第一百零五条 企业必须分清本期成本、费用和下期成本、费用的界限,不得任意预提和摊销费用。工业企业必须分清各种产品成本的界限,分清在产品成本和产成品成本的界限,不得任意压低或提高在产品和产成品的成本。

第七章 利润及利润分配

第一百零六条 利润,是指企业在一定会计期间的经营成果,包括营业利润、利润总额和净利润。

(一) 营业利润,是指主营业务收入减去主营业务成本和主营业务税金及附加,加上其他业务利润,减去营业费用、管理费用和财务费用后的金额。

(二) 利润总额,是指营业利润加上投资收益、补贴收入、营业外收入,减去营业外支出后的金额。

(三) 投资收益,是指企业对外投资所取得的收益,减去发生的投资损失和计提的投资减值准备后的净额。

(四) 补贴收入,是指企业按规定实际收到退还的增值税,或按销量或工作量等依据国家规定的补助定额计算并按期给予的定额补贴,以及属于国家财政扶持的领域而给予的其他形式的补贴。

(五) 营业外收入和营业外支出,是指企业发生的与其生产经营活动无直接关系的各项收入和各项支出。营业外收入包括固定资产盘盈、处置固定资产净收益、处置无形资产净收益、罚款净收入等。营业外支出包括固定资产盘亏、处置固定资产净损失、处置无形资产净损失、债务重组损失、计提的无形资产减值准备、计提的固定资产减值准备、计提的在建工程减值准备、罚款支出、捐赠支出、非常损失等。

营业外收入和营业外支出应当分别核算，并在利润表中分列项目反映。营业外收入和营业外支出还应当按照具体收入和支出设置明细项目，进行明细核算。

（六）所得税，是指企业应计入当期损益的所得税费用。

（七）净利润，是指利润总额减去所得税后的金额。

第一百零七条　企业的所得税费用应当按照以下原则核算：

（一）企业应当根据具体情况，选择采用应付税款法或者纳税影响会计法进行所得税的核算。

1. 应付税款法，是指企业不确认时间性差异对所得税的影响金额，按照当期计算的应交所得税确认为当期所得税费用的方法。在这种方法下，当期所得税费用等于当期应交的所得税。

2. 纳税影响会计法，是指企业确认时间性差异对所得税的影响金额，按照当期应交所得税和时间性差异对所得税影响金额的合计，确认为当期所得税费用的方法。在这种方法下，时间性差异对所得税的影响金额，递延和分配到以后各期。采用纳税影响会计法的企业，可以选择采用递延法或者债务法进行核算。在采用递延法核算时，在税率变动或开征新税时，不需要对原已确认的时间性差异的所得税影响金额进行调整，但是，在转回时间性差异的所得税影响金额时，应当按照原所得税率计算转回；在采用债务法核算时，在税率变动或开征新税时，应当对原已确认的时间性差异的所得税影响金额进行调整，在转回时间性差异的所得税影响金额时，应当按照现行所得税率计算转回。

（二）在采用纳税影响会计法下，企业应当合理划分时间性差异和永久性差异的界限：

1. 时间性差异，是指由于税法与会计制度在确认收益、费用或损失时的时间不同而产生的税前会计利润与应纳税所得额的差异。时间性差异发生于某一会计期间，但在以后一期或若干期内能够转回。时间性差异主要有以下几种类型：

（1）企业获得的某项收益，按照会计制度规定应当确认为当期收益，但按照税法规定需待以后期间确认为应纳税所得额，从而形成应纳税时间性差异。这里的应纳税时间性差异是指未来应增加应纳税所得额的时间性差异。

（2）企业发生的某项费用或损失，按照会计制度规定应当确认为当期费用或损失，但按照税法规定待以后期间从应纳税所得额中扣减，从而形成可抵减时间性差异。这里的可抵减时间性差异是指未来可以从应纳税所得额中扣除的时间性差异。

（3）企业获得的某项收益，按照会计制度规定应当予以后期间确认收益，但按照税法规定需计入当期应纳税所得额，从而形成可抵减时间性差异。

（4）企业发生的某项费用或损失，按照会计制度规定应当于以后期间确认为费用或损失，但按照税法规定可以从当期应纳税所得额中扣减，从而形成应纳税时间性差异。

2. 永久性差异，是指某一会计期间，由于会计制度和税法在计算收益、费用或损失时的口径不同，所产生的税前会计利润与应纳税所得额之间的差异。这种差异在本期发生，不会在以后各期转回。永久性差异有以下几种类型：

（1）按会计制度规定核算时作为收益计入会计报表，在计算应纳税所得额时不确认为收益；

（2）按会计制度规定核算时不作为收益计入会计报表，在计算应纳税所得额时作为收益，需要交纳所得税；

（3）按会计制度规定核算时确认为费用或损失计入会计报表，在计算应纳税所得额时则不允许扣减；

（4）按会计制度规定核算时不确认为费用或损失，在计算应纳税所得额时则允许扣减。

（三）采用递延法时，一定时期的所得税费用包括：

1. 本期应交所得税；

2. 本期发生或转回的时间性差异所产生的递延税款贷项或借项。

上述本期应交所得税，是指按照应纳税所得额和现行所得税率计算的本期应交所得税；本期发生或转回的时间性差异所产生的递延税款贷项或借项，是指本期发生的时间性差异用现行所得税率计算的未来应交的所得税和未来可抵减的所得税金额，以及本期转回原确认的递延税款借项或贷项。按照上述本期所得税费用的构成内容，可列示公式如下：

$$\text{本期所得税费用}=\text{本期应交所得税}+\text{本期发生的时间性差异所产生的递延税款贷项金额}-\text{本期发生的时间性差异所产生的递延税款借项金额}+\text{本期转回的前期确认的递延税款借项金额}-\text{本期转回的前期确认的递延税款贷项金额}$$

$$\text{本期发生的时间性差异所产生的递延税款贷项金额}=\text{本期发生的应纳税时间性差异}\times\text{现行所得税率}$$

$$\text{本期发生的时间性差异所产生的递延税款借项金额}=\text{本期发生的可抵减时间性差异}\times\text{现行所得税率}$$

$$\text{本期转回的前期确认的递延税款借项金额}=\text{本期转回的可抵减本期应纳税所得额的时间性差异}\left(\text{即前期确认本期转回的可抵减时间性差异}\right)\times\text{前期确认递延税款时的所得税率}$$

$$\text{本期转回的前期确认的递延税款贷项金额}=\text{本期转回的增加本期应纳税所得额的时间性差异}\left(\text{即前期确认本期转回的应纳税时间性差异}\right)\times\text{前期确认递延税款时的所得税率}$$

（四）采用债务法时，一定时期的所得税费用包括：

1. 本期应交所得税；

2. 本期发生或转回的时间性差异所产生的递延所得税负债或递延所得税资产；

3. 由于税率变更或开征新税，对以前各期确认的递延所得税负债或递延所得税资产账面余额的调整数。

按照上述本期所得税费用的构成内容，可列示公式如下：本期所得税费用＝本期应交所得税＋本期发生的时间性差异所产生的递延所得税负债－本期发生的时间性差异所产生的递延所得税资产＋本期转回的前期确认的递延所得税资产－本期转回的前期确认的递延所得税负债＋本期由于税率变动或开征新税调减的递延所得税资产或调增的递延所得税负债－本期由于税率变动或开征新税调增的递延所得税资产或调减的递延所得税负债。

$$\text{本期由于税率变动或开征新税调增或调减的递延所得税资产或递延所得税负债}=\text{累计应纳税时间性差异或累计可抵减时间性差异}\times\left(\text{现行所得税率}-\text{前期确认应纳税时间性差异或可抵减时间性差异时适用的所得税率}\right)$$

或者

$$=\left(\text{递延税款账面余额}-\text{已确认递延税款金额的累计时间性差异}\right)\times\text{现行所得税率}$$

（五）采用纳税影响会计法时，在时间性差异所产生的递延税款借方金额的情况下，为了慎重起见，如在以后转回时间性差异的时期内（一般为 3 年），有足够的应纳税所得额予以转回的，才能确认时间性差异的所得税影响金额，并作为递延税款的借方反映，否则，应于发生当期视同永久性差异处理。

投资于符合国家产业政策的技术改造项目的企业，其项目所需国产设备投资按一定比例可以从企业技术改造项目设备购置当年比前一年新增的企业所得税中抵免的部分，以及已经享受投资抵免的国产设备在规定期限内出租、转让应补交的所得税，均作为永久性差异处理；企业按规定以交纳所得税后的利润再投资所应退回的所得税，以及实行先征后返所得税的企业，应当于实际收到退回的所得税时，冲减退回当期的所得税费用。

第一百零八条 企业一般应按月计算利润，按月计算利润有困难的企业，可以按季或者按年计算利润。

第一百零九条 企业董事会或类似机构决议提请股东大会或类似机构批准的年度利润分配方案（除股票股利分配方案外），在股东大会或类似机构召开会议前，应当将其列入报告年度的利润分配表。股东大会或类似机构批准的利润分配方案，与董事会或类似机构提请批准的报告年度利润分配方案不一致时，其差额应当调整报告年度会计报表有关项目的年初数。

第一百一十条 企业当期实现的净利润，加上年初未分配利润（或减去年初未弥补亏损）和其他转入后的余额，为可供分配的利润。可供分配的利润，按下列顺序分配：

（一）提取法定盈余公积；

（二）提取法定公益金。

外商投资企业应当按照法律、行政法规的规定按净利润提取储备基金、企业发展基金、职工奖励及福利基金等。

中外合作经营企业按规定在合作期内以利润归还投资者的投资，以及国有工业企业按规定以利润补充的流动资本，也从可供分配的利润中扣除。

第一百一十一条 可供分配的利润减去提取的法定盈余公积、法定公益金等后，为可供投资者分配的利润。可供投资者分配的利润，按下列顺序分配：

(一) 应付优先股股利，是指企业按照利润分配方案分配给优先股股东的现金股利。

(二) 提取任意盈余公积，是指企业按规定提取的任意盈余公积。

(三) 应付普通股股利，是指企业按照利润分配方案分配给普通股股东的现金股利。企业分配给投资者的利润，也在本项目核算。

(四) 转作资本(或股本)的普通股股利，是指企业按照利润分配方案以分派股票股利的形式转作的资本(或股本)。企业以利润转增的资本，也在本项目核算。

可供投资者分配的利润，经过上述分配后，为未分配利润(或未弥补亏损)。未分配利润可留待以后年度进行分配。企业如发生亏损，可以按规定由以后年度利润进行弥补。

企业未分配的利润(或未弥补的亏损)应当在资产负债表的所有者权益项目中单独反映。

第一百一十二条 企业实现的利润和利润分配应当分别核算，利润构成及利润分配各项目应当设置明细账，进行明细核算。企业提取的法定盈余公积、法定公益金(或提取的储备基金、企业发展基金、职工奖励及福利基金)、分配的优先股股利、提取的任意盈余公积、分配的普通股股利、转作资本(或股本)的普通股股利，以及年初未分配利润(或未弥补亏损)、期末未分配利润(或未弥补亏损)等，均应当在利润分配表中分别列项予以反映。

第八章 非货币性交易

第一百一十三条 非货币性交易，是指交易双方以非货币性资产进行的交换(包括股权换股权，但不包括企业合并中所涉及的非货币性交易)。这种交换不涉及或只涉及少量的货币性资产。

货币性资产，是指持有的现金及将以固定或可确定金额的货币收取的资产，包括现金、应收账款和应收票据以及准备持有至到期的债券投资等。非货币性资产，是指货币性资产以外的资产，包括存货、固定资产、无形资产、股权投资以及不准备持有至到期的债券投资等。

在确定涉及补价的交易是否为非倾向性交易时，收到补价的企业，应当按照收到的补价占换出资产公允价值的比例等于或低于25确定；支付补价的企业，应当按照支付的补价占换出资产公允价值加上支付的补价之和的比例等于或低于25确定。其计算公式如下：

收到补价的企业：收到的补价÷换出资产公允价值≤25

支付补价的企业：支付的补价÷(支付的补价+换出资产公允价值)≤25

第一百一十四条 在进行非货币性交易的核算时，无论是一项资产换入一项资产，或者一项资产同时换入多项资产，或者同时以多项资产换入一项资产，或者以多项资产换入多项资产，均按换出资产的账面价值加上应支付的相关税费，作为换入资产入账价值。

如果涉及补价，支付补价的企业，应当以换出资产账面价值加上补价和应支付的相关税费，作为换入资产入账价值；收到补价的企业，应当以换出资产账面价值减去补价，加上应确认的收益和应支付的相关税费，作为换入资产入账价值。换出资产应确认的收益按下列公式计算确定：

应确认的收益＝(1－换出资产账面价值÷换出资产公允价值)×补价

本制度所称的公允价值，是指在公平交易中，熟悉情况的交易双方，自愿进行资产交换或债务清偿的金额。

上述换入的资产如为存货的，按上述规定确定的入账价值，还应减去可抵扣的增值税进项税额。

第一百一十五条 在非货币性交易中，如果同时换入多项资产，应当按照换入各项资产的公允价值与换入资产公允价值总额的比例，对换出资产的账面价值总额进行分配，以确定各项换入资产的入账价值。

第一百一十六条 在资产交换中，如果换入的资产中涉及应收款项的，应当分别以下情况处理：

(一) 以一项资产换入的应收款项，或多项资产换入的应收款项，应当按照换出资产的账面价值作为换入应收款项的入账价值。如果换入的应收款项的原账面价值大于换出资产的账面价值的，应当按照换入应收款项的原账面价值作为换入应收款项的入账价值，换入应收款项的入账价值大于换出资产账面价值的差额，作为坏账准备。

(二) 企业以一项资产同时换入应收款项和其他多项资产，或者以多项资产换入应收款项和其他多项资产的，应当按照换入应收款项的原账面价值作为换入应收款项的入账价值，换入除应收款项外的各项其他资产的入账价值，按照各项其他资产的公允价值与换入的其他资产的公允价值总额的比例，对换出全部资产的账面价值总额加上应支付的相关税费（如果涉及补价，还应当减去补价加上应确认的收益，或者加上补价），减去换入的应收款项入账价值后的余额进行分配，并按分配价值作为其换入的各项其他资产的入账价值。

涉及补价的，如收到的补价小于换出应收款项账面价值的，应将收到的补价先冲减换出应收款项的账面价值后，再按上述原则进行处理；如收到的补价大于换出应收款项账面价值的，应将收到的补价首先冲减换出应收款项的账面价值，再按非货币性交易的原则进行处理。

第九章　外币业务

第一百一十七条　外币业务，是指以记账本位币以外的货币进行的款项收付、往来结算等业务。

第一百一十八条　企业在核算外币业务时，应当设置相应的外币账户。外币账户包括外币现金、外币银行存款、以外币结算的债权（如应收票据、应收账款、预付账款等）和债务（如短期借款、应付票据、应付账款、预收账款、应付工资、长期借款等），应当与非外币的各该相同账户分别设置，并分别核算。

第一百一十九条　企业发生外币业务时，应当将有关外币金额折合为记账本位币金额记账。除另有规定外，所有与外币业务有关的账户，应当采用业务发生时的汇率，也可以采用业务发生当期期初的汇率折合。

企业发生外币业务时，如无法直接采用中国人民银行公布的人民币对美元、日元、港币等的基准汇率作为折算汇率时，应当按照下列方法进行折算：

美元、日元、港币等以外的其他货币对人民币的汇率，根据美元对人民币的基准汇率和国家外汇管理局提供的纽约外汇市场美元对其他主要外币的汇率进行套算，按照套算后的汇率作为折算汇率。美元对人民币以外的其他货币的汇率，直接采用国家外汇管理局提供的纽约外汇市场美元对其他主要货币的汇率。

美元、人民币以外的其他货币之间的汇率，按国家外汇管理局提供的纽约外汇市场美元对其他主要外币的汇率进行套算，按套算后的汇率作为折算汇率。

第一百二十条　各种外币账户的外币金额，期末时应当按照期末汇率折合为记账本位币。按照期末汇率折合的记账本位币金额与账面记账本位币金额之间的差额，作为汇兑损益，计入当期损益；属于筹建期间的，计入长期待摊费用；属于与购建固定资产有关的借款产生的汇兑损益，按照借款费用资本化的原则进行处理。

第十章　会计调整

第一百二十一条　会计调整，是指企业因按照国家法律、行政法规和会计制度的要求，或者因特定情况下按照会计制度规定对企业原采用的会计政策、会计估计，以及发现的会计差错、发生的资产负债表日后事项等所作的调整。

会计政策，是指企业在会计核算时所遵循的具体原则以及企业所采纳的具体会计处理方法。具体原则，是指企业按照国家统一的会计核算制度所制定的、适合于本企业的会计制度中所采用的会计原则；具体会计处理方法，是指企业在会计核算中对于诸多可选择的会计处理方法中所选择的、适合于本企业的会计处理方法。例如，长期投资的具体会计处理方法、坏账损失的核算方法等。

会计估计，是指企业对其结果不确定的交易或事项以最近可利用的信息为基础所作的判断。例如，固定资产预计使用年限与预计净残值、预计无形资产的受益期等。

会计差错，是指在会计核算时，在确认、计量、记录等方面出现的错误。

资产负债表日后事项，是指自年度资产负债表日至财务会计报告批准报出日之间发生的需要调整或说明的事项，包括调整事项和非调整事项两类。

第一节　会计政策变更

第一百二十二条　会计政策的变更，必须符合下列条件之一：

（一）法律或会计等行政法规、规章的要求；

（二）这种变更能够提供有关企业财务状况、经营成果和现金流量等更可靠、更相关的会计信息。

第一百二十三条　下列各项不属于会计政策变更：

（一）本期发生的交易或事项与以前相比具有本质差别而采用新的会计政策；

（二）对初次发生的或不重要的交易或事项采用新的会计政策。

第一百二十四条 企业按照法律或会计制度等行政法规、规章要求变更会计政策时,应按国家发布的相关会计处理规定执行,如果没有相关的会计处理规定,应当采用追溯调整法进行处理。企业为了能够提供更可靠、更相关的会计信息而变更会计政策时,应当采用追溯调整法进行处理。

追溯调整法,是指对某项交易或事项变更会计政策时,如同该交易或事项初次发生时就开始采用新的会计政策,并以此对相关项目进行调整的方法。在采用追溯调整法时,应当将会计政策变更的累积影响数调整期初留存收益,会计报表其他相关项目的期初数也应一并调整,但不需要重编以前年度的会计报表。

第一百二十五条 会计政策变更的累积影响数,是指按变更后的会计政策对以前各项追溯计算的变更年度期初留存收益应有的金额与现有的金额之间的差额。会计政策变更的累积影响数,是假设与会计政策变更相关的交易或事项在初次发生时即采用新的会计政策,而得出的变更年度期初留存收益应有的金额,与现有的金额之间的差额。本制度所称的会计政策变更的累积影响数,是变更会计政策所导致的对净损益的累积影响,以及由此导致的对利润分配及未分配利润的累积影响金额,不包括分配的利润或股利。留存收益包括法定盈余公积、法定公益金、任意盈余公积及未分配利润(外商投资企业包括储备基金、企业发展基金)。累积影响数通常可以通过以下各步计算获得:

第一步,根据新的会计政策重新计算受影响的前期交易或事项;

第二步,计算两种会计政策下的差异;

第三步,计算差异的所得税影响金额(如果需要调整所得税影响金额的);

第四步,确定前期中的每一期的税后差异;

第五步,计算会计政策变更的累积影响数。

如果累积影响数不能合理确定,会计政策变更应当采用未来适用法。未来适用法,是指对某项交易或事项变更会计政策时,新的会计政策适用于变更当期及未来期间发生的交易或事项的方法。采用未来适用法时,不需要计算会计政策变更产生的累积影响数,也无须重编以前年度的会计报表。企业会计账簿记录及会计报表上反映的金额,变更之日仍然保留原有金额,不因会计政策变更而改变以前年度的既定结果,企业应当在现有金额的基础上按新的会计政策进行核算。

第一百二十六条 在编制比较会计报表时,对于比较会计报表期间的会计政策变更,应当调整各该期间的净损益和其他相关项目,视同该政策在比较会计报表期间一直采用。对于比较会计报表可比期间以前的会计政策变更的累积影响数,应当调整比较会计报表最早期间的期初留存收益,会计报表其他相关项目的数字也应一并调整。

第一百二十七条 企业应当在会计报表附注中披露会计政策变更的内容和理由、会计政策变更的影响数,以及累积影响数不能合理确定的理由。

第二节 会计估计变更

第一百二十八条 由于企业经营活动中内在不确定因素的影响,某些会计报表项目不能精确地计量,而只能加以估计。如果赖以进行估计的基础发生了变化,或者由于取得新的信息、积累更多的经验以及后来的发展变化,可能需要对会计估计进行修订。

第一百二十九条 会计估计变更时,不需要计算变更产生的累积影响数,也不需要重编以前年度会计报表,但应当对变更当期和未来期间发生的交易或事项采用新的会计估计进行处理。

第一百三十条 会计估计的变更,如果仅影响变更当期,会计估计变更的影响数应计入变更当期与前期相同的相关项目中;如果既影响变更当期又影响未来期间,会计估计变更的影响数应计入变更当期和未来期间与前期相同的相关项目中。

第一百三十一条 会计政策变更和会计估计变更很难区分时,应当按照会计估计变更的处理方法进行处理。

第一百三十二条 企业应当在会计报表附注中披露会计估计变更的内容和理由、会计估计变更的影响数,以及会计估计变更的影响数不能确定的理由。

第三节 会计差错更正

第一百三十三条 本期发现的会计差错,应按以下原则处理:

(一) 本期发现的与本期相关的会计差错,应当调整本期相关项目。

(二) 本期发现的与前期相关的非重大会计差错,如影响损益,应当直接计入本期净损益,其他相关项目也应当作为本期数一并调整；如不影响损益，应当调整本期相关项目。

重大会计差错，是指企业发现的使公布的会计报表不再具有可靠性的会计差错。重大会计差错一般是指金额比较大，通常某项交易或事项的金额占该类交易或事项的金额 10 及以上，则认为金额比较大。

(三) 本期发现的与前期相关的重大会计差错，如影响损益，应当将其对损益的影响数调整发现当期的期初留存收益，会计报表其他相关项目的期初数也应一并调整；如不影响损益，应当调整会计报表相关项目的期初数。

(四) 年度资产负债表日至财务会计报告批准报出日之间发现的报告年度的会计差错及以前年度的非重大会计差错，应当按照资产负债表日后事项中的调整事项进行处理。

年度资产负债表日至财务会计报告批准报出日之间发现的以前年度的重大会计差错，应当调整以前年度的相关项目。

第一百三十四条　在编制计较会计报表时，对于比较会计报表期间的重大会计差错，应当调整各该期间的净损益和其他相关项目；对于比较会计报表期间以前的重大会计差错，应当调整比较会计报表最早期间的期初留存收益，会计报表其他相关项目的数字也应一并调整。

第一百三十五条　企业应当在会计报表附注中披露重大会计差错的内容和重大会计差错的更正金额。

第一百三十六条　企业滥用会计政策、会计估计及其变更，应当作为重大会计差错予以更正。

第四节　资产负债表日后事项

第一百三十七条　资产负债表日后获得新的或进一步的证据，有助于对资产负债表日存在状况的有关金额作出重新估计，应当作为调整事项，据此对资产负债表日所反映的收入、费用、资产、负债以及所有者权益进行调整。以下是调整事项的例子：

(一) 已证实资产发生了减损；

(二) 销售退回；

(三) 已确定获得或支付的赔偿。

资产负债表日后董事会或者经理(厂长)会议，或者类似机构制订的利润分配方案中与财务会计报告所属期间有关的利润分配，也应当作为调整事项，但利润分配方案中的股票股利(或以利润转增资本)应当作为非调整事项处理。

第一百三十八条　资产负债表日后发生的调整事项，应当如同资产负债表所属期间发生的事项一样，作出相关账务处理，并对资产负债表日已编制的会计报表作相应的调整。这里的会计报表包括资产负债表、利润表及其相关附表和现金流量表的补充资料内容，但不包括现金流量表正表。资产负债表日后发生的调整事项，应当分别以下情况进行账务处理：

(一) 涉及损益的事项，通过“以前年度损益调整”科目核算。调整增加以前年度收益或调整减少以前年度亏损的事项，及其调整减少的所得税，记入“以前年度损益调整”科目的贷方；调整减少以前年度收益或调整增加以前年度亏损的事项，以及调整增加的所得税，记入“以前年度损益调整”科目的借方。“以前年度损益调整”科目的贷方或借方余额，转入“利润分配——未分配利润”科目。

(二) 涉及利润分配调整的事项，直接通过“利润分配——未分配利润”科目核算。

(三) 不涉及损益以及利润分配的事项，调整相关科目。

(四) 通过上述账务处理后，还应同时调整会计报表相关项目的数字，包括：

1. 资产负债表日编制的会计报表相关项目的数字；

2. 当期编制的会计报表相关项目的年初数；

3. 提供比较会计报表时，还应调整有关会计报表的上年数；

4. 经过上述调整后，如果涉及会计报表附注内容的，还应当调整会计报表附注相关项目的数字。

第一百三十九条　资产负债表日以后才发生或存在的事项，不影响资产负债表日存在状况，但如不加以说明，将会影响财务会计报告使用者作出正确估计和决策，这类事项应当作为非调整事项，在会计报表附注中予以披露。以下是非调整事项的例子：

(一) 股票和债券的发行；

(二) 对一个企业的巨额投资；

(三) 自然灾害导致的资产损失；

（四）外汇汇率发生较大变动。

非调整事项，应当在会计报表附注中说明其内容、估计对财务状况、经营成果的影响；如无法作出估计，应当说明其原因。

第十一章　或有事项

第一百四十条　或有事项，是指过去的交易或事项形成的一种状况，其结果须通过未来不确定事项的发生或不发生予以证实。

或有负债，是指过去的交易或事项形成的潜在义务，其存在须通过未来不确定事项的发生或不发生予以证实；或过去的交易或事项形成的现时义务，履行该义务不是很可能导致经济利益流出企业或该义务的金额不能可靠地计量。

或有资产，是指过去的交易或事项形成的潜在资产，其存在须通过未来不确定事项的发生或不发生予以证实。

第一百四十一条　如果与或有事项相关的义务同时符合以下条件，企业应当将其作为负债：

（一）该义务是企业承担的现时义务；

（二）该义务的履行很可能导致经济利益流出企业；

（三）该义务的金额能够可靠地计量。

符合上述确认条件的负债，应当在资产负债表中单列项目反映。

第一百四十二条　符合上述确认条件的负债，其金额应当是清偿该负债所需支出的最佳估计数。如果所需支出存在一个金额范围，则最佳估计数应按该范围的上、下限金额的平均数确定；如果所需支出不存在一个金额范围，则最佳估计数应按如下方法确定：

（一）或有事项涉及单个项目时，最佳估计数按最可能发生的金额确定；

（二）或有事项涉及多个项目时，最佳估计数按各种可能发生额及其发生概率计算确定。

第一百四十三条　如果清偿符合上述确认条件的负债所需支出全部或部分预期由第三方或其他方补偿，则补偿金额只能在基本确定能收到时，作为资产单独确认，但确认的补偿金额不应当超过所确认负债的账面价值。

符合上述确认条件的资产，应当在资产负债表中单列项目反映。

第一百四十四条　企业不应当确认或有负债和或有资产。

第一百四十五条　企业应当在会计报表附注中披露如下或有负债形成的原因，预计产生的财务影响（如无法预计，应当说明理由），以及获得补偿的可能性：

（一）已贴现商业承兑汇票形成的或有负债；

（二）未决诉讼、仲裁形成的或有负债；

（三）为其他单位提供债务担保形成的或有负债；

（四）其他或有负债（不包括极小可能导致经济利益流出企业的或有负债）。

第一百四十六条　或有资产一般不应当在会计报表附注中披露。但或有资产很可能会给企业带来经济利益时，应当在会计报表附注中披露其形成的原因；如果能够预计其产生的财务影响，还应当作相应披露。

在涉及未决诉讼、仲裁的情况下，按本章规定如果披露全部或部分信息预期会对企业造成重大不利影响，则企业无需披露这些信息，但应披露未决诉讼、仲裁的形成原因。

第十二章　关联方关系及其交易

第一百四十七条　在企业财务和经营决策中，如果一方有能力直接或间接控制、共同控制另一方或对另一方施加重大影响，则他们之间存在关联方关系；如果两方或多方同受一方控制，则他们之间也存在关联方关系。关联方关系主要存在于：

（一）直接或间接地控制其他企业或受其他企业控制，以及同受某一企业控制的两个或多个企业（例如，母公司、子公司、受同一母公司控制的子公司之间）。

母公司，是指能直接或间接控制其他企业的企业；子公司，是指被母公司控制的企业。

（二）合营企业。

合营企业，是指按合同规定经济活动由投资双方或若干方共同控制的企业。

(三) 联营企业。

联营企业,是指投资者对其具有重大影响,但不是投资者的子公司或合营企业的企业。

(四) 主要投资者个人、关键管理人员或与其关系密切的家庭成员。

主要投资者个人,是指直接或间接地控制一个企业10%或以上表决权资本的个人投资者;关键管理人员,是指有权力并负责进行计划、指挥和控制企业活动的人员;关系密切的家庭成员,是指在处理与企业的交易时有可能影响某人或受其影响的家庭成员。

(五) 受主要投资者个人、关键管理人员或与其关系密切的家庭成员直接控制的其他企业。

国家控制的企业间不应当仅仅因为彼此同受国家控制而成为关联方,但企业间存有上述(一)至(三)的关系,或根据上述(五)受同一关键管理人员或与其关系密切的家庭成员直接控制时,彼此应视为关联方。

第一百四十八条 在存在控制关系的情况下,关联方如为企业时,不论他们之间有无交易,都应当在会计报表附注中披露企业类型、名称、法定代表人、注册地、注册资本及其变化、企业的主营业务、所持股份或权益及其变化。

第一百四十九条 在企业与关联方发生交易的情况下,企业应当在会计报表附注中披露关联方关系的性质、交易类型及其交易要素。这些要素一般包括:交易的金额或相应比例、未结算项目的金额或相应比例、定价政策(包括没有金额或只有象征性金额的交易)。

关联方交易应当分别关联方以及交易类型予以披露,类型相同的关联方交易,在不影响财务会计报告使用者正确理解的情况下可以合并披露。

第一百五十条 下列关联方交易不需要披露:

(一) 在合并会计报表中披露包括在合并会计报表中的企业集团成员之间的交易;

(二) 在与合并会计报表一同提供的母公司会计报表中披露关联方交易。

第十三章 财务会计报告

第一百五十一条 企业应当按照《企业财务会计报告条例》的规定,编制和对外提供真实、完整的财务会计报告。

第一百五十二条 企业的财务会计报告分为年度、半年度、季度和月度财务会计报告。月度、季度财务会计报告是指月度和季度终了提供的财务会计报告;半年度财务会计报告是指在每个会计年度的前6个月结束后对外提供的财务会计报告;年度财务会计报告是指年度终了对外提供的财务会计报告。

本制度将半年度、季度和月度财务会计报告统称为中期财务会计报告。

第一百五十三条 企业的财务会计报告由会计报表、会计报表附注和财务情况说明书组成(不要求编制和提供财务情况说明书的企业除外)。企业对外提供的财务会计报告的内容、会计报表种类和格式、会计报表附注的主要内容等,由本制度规定;企业内部管理需要的会计报表由企业自行规定。

季度、月度中期财务会计报告通常仅指会计报表,国家统一的会计制度另有规定的除外。

半年度中期财务会计报告中的会计报表附注至少应当披露所有重大的事项,如转让子公司等。半年度中期财务会计报告报出前发生的资产负债表日后事项、或有事项等,除特别重大事项外,可不作调整或披露。

第一百五十四条 企业向外提供的会计报表包括:

(一) 资产负债表;

(二) 利润表;

(三) 现金流量表;

(四) 资产减值准备明细表;

(五) 利润分配表;

(六) 股东权益增减变动表;

(七) 分部报表;

(八) 其他有关附表。

第一百五十五条 会计报表附注至少应当包括下列内容:

(一) 不符合会计核算基本前提的说明;

(二) 重要会计政策和会计估计的说明;

(三) 重要会计政策和会计估计变更的说明;

（四）或有事项和资产负债表日后事项的说明；

（五）关联方关系及其交易的披露；

（六）重要资产转让及其出售的说明；

（七）企业合并、分立的说明；

（八）会计报表中重要项目的明细资料；

（九）有助于理解和分析会计报表需要说明的其他事项。

第一百五十六条 财务情况说明书至少应当对下列情况作出说明：

（一）企业生产经营的基本情况；

（二）利润实现和分配情况；

（三）资金增减和周转情况；

（四）对企业财务状况、经营成果和现金流量有重大影响的其他事项。

第一百五十七条 月度中期财务会计报告应当于月度终了后 6 天内（节假日顺延，下同）对外提供；季度中期财务会计报告应当于季度终了后 15 天内对外提供；半年度中期财务会计报告应当于年度中期结束后 60 天内（相当于两个连续的月份）对外提供；年度财务会计报告应当于年度终了后 4 个月内对外提供。

会计报表的填列，以人民币"元"为金额单位，"元"以下填至"分"。

第一百五十八条 企业对其他单位投资如占该单位资本总额 50%以上（不含 50%），或虽然占该单位注册资本总额不足 50%但具有实质控制权的，应当编制合并会计报表。合并会计报表的编制原则和方法，按照国家统一的会计制度中有关合并会计报表的规定执行。

企业在编制合并会计报表时，应当将合营企业合并在内，并按照比例合并方法对合营企业的资产、负债、收入、费用、利润等予以合并。

第一百五十九条 企业对外提供的会计报表应当依次编定页数，加具封面，装订成册，加盖公章。封面上应当注明：企业名称、企业统一代码、组织形式、地址、报表所属年度或者月份、报出日期，并由企业负责人和主管会计工作的负责人、会计机构负责人（会计主管人员）签名并盖章；又设置总会计师的企业，还应当由总会计师签名并盖章。

第一百六十条 本制度自 2001 年 1 月 1 日起施行。

二、施工企业会计核算办法

施工企业会计核算办法

财会[2003]27 号

一、总说明

（一）为了统一规范施工企业的会计核算，根据《中华人民共和国会计法》、《企业财务会计报告条例》、《企业会计制度》和国家有关法律、法规，并结合施工企业的实际情况，特制定《施工企业会计核算办法》（以下简称"办法"）。

（二）中华人民共和国境内的施工企业在执行《企业会计制度》的同时，执行本办法。

二、补充会计科目使用说明

（一）会计科目的设置。

1. 本办法在《企业会计制度》的基础上增设了"周转材料"、"临时设施"、"临时设施摊销"、"临时设施清理"、"工程结算"、"工程施工"和"机械作业"科目。

2. 根据《企业会计制度》规定，施工企业确认的工程合同收入和工程合同费用分别通过"主营业务收入"和"主营业务成本"科目核算，本办法对其核算内容进行了补充。工程施工合同预计损失准备通过在"存货跌价准备"科目下增设"合同预计损失准备"明细科目核算。

3. 施工企业可以根据需要自行设置"拨付所属资金"、"上级拨入资金"和"内部往来"等科目。

（二）补充会计科目的使用说明。

1233 周转材料

一、本科目核算施工企业库存和在用的各种周转材料的实际成本或计划成本。

周转材料是指施工企业在施工过程中能够多次使用,并可基本保持原来的形态而逐渐转移其价值的材料,主要包括钢模板、木模板、脚手架和其他周转材料等。

二、本科目应设置"在库周转材料"、"在用周转材料"和"周转材料摊销"三个明细科目,并按周转材料的种类设置明细账,进行明细核算。采用一次转销法的,可以不设置以上三个明细科目。

三、购入、自制、委托外单位加工完成并已验收入库的周转材料、施工企业接受的债务人以非现金资产抵偿债务方式取得的周转材料、非货币性交易取得的周转材料等,以及周转材料的清查盘点,比照"原材料"科目的相关规定进行账务处理。

四、施工企业应当根据具体情况对周转材料采用一次转销、分期摊销、分次摊销或者定额摊销的方法。

(一)一次转销法。一般应限于易腐、易糟的周转材料,于领用时一次计入成本、费用。

(二)分期摊销法。根据周转材料的预计使用期限分期摊入成本、费用。

(三)分次摊销法。根据周转材料的预计使用次数摊入成本、费用。

(四)定额摊销法。根据实际完成的实物工作量和预算定额规定的周转材料消耗定额,计算确认本期摊入成本、费用的金额。

五、领用、摊销和退回周转材料时,应分别以下情况进行账务处理:

(一)采用一次转销法的,领用时,将其全部价值计入有关的成本、费用,借记"工程施工"等科目,贷记本科目。

(二)采用其他摊销法的,领用时,按其全部价值,借记本科目(在用周转材料),贷记本科目(在库周转材料);摊销时,按摊销额,借记"工程施工"等科目,贷记本科目(周转材料摊销);退库时,按其全部价值,借记本科目(在库周转材料),贷记本科目(在用周转材料)。

六、周转材料报废时,应分别以下情况进行账务处理:

(一)采用一次转销法的,将报废周转材料的残料价值作为当月周转材料转销额的减少,冲减有关成本、费用,借记"原材料"等科目,贷记"工程施工"等科目。

(二)采用其他摊销法的,将补提摊销额,借记"工程施工"等科目,贷记本科目(周转材料摊销);将报废周转材料的残料价值作为当月周转材料摊销额的减少,冲减有关成本、费用,借记"原材料"等科目,贷记"工程施工"等有关科目,同时,将已提摊销额,借记本科目(周转材料摊销),贷记本科目(在用周转材料)。

七、采用计划成本核算的施工企业,月度终了,应结转当月领用周转材料应分摊的成本差异,通过"材料成本差异"科目,记入有关成本、费用科目。

八、在用周转材料,以及使用部门退回仓库的周转材料,应当加强实物管理,并在备查簿上进行登记。

九、本科目期末借方余额,反映施工企业在库周转材料的实际成本或计划成本,以及在用周转材料的摊余价值。

1281　存货跌价准备

一、本科目核算施工企业提取的存货跌价准备。

二、在本科目下设置"合同预计损失准备"明细科目,核算工程施工合同计提的损失准备。

三、如果合同预计总成本将超过合同预计总收入,应将预计损失立即确认为当期费用,借记"管理费用"科目,贷记"存货跌价准备——合同预计损失准备"科目。合同完工确认工程合同收入、费用时,应转销合同预计损失准备,按确认的工程合同费用,借记"主营业务成本"科目,按确认的工程合同收入,贷记"主营业务收入"科目,按其差额,借记或贷记"工程施工——合同毛利"科目。同时,按相关工程施工合同预计损失准备,借记"存货跌价准备——合同预计损失准备"科目,贷记"管理费用"科目。

四、"存货跌价准备——合同预计损失准备"科目应按施工合同设置明细账,进行明细核算。

五、"存货跌价准备——合同预计损失准备"科目期末贷方余额,反映尚未完工工程施工合同已计提的损失准备。

1506　临时设施

一、本科目核算施工企业为保证施工和管理的正常进行而购建的各种临时设施的实际成本。

二、施工企业购置临时设施发生的各项支出,借记本科目,贷记"银行存款"等科目。需要通过建筑安装才能完成的临时设施,发生的各有关费用,先通过"在建工程"科目核算,工程达到预定可使用状态时,再从"在建工程"科目转入本科目。

三、出售、拆除、报废和毁损不需用或者不能继续使用的临时设施通过"临时设施清理"科目核算，按临时设施账面价值，借记"临时设施清理"科目，按已提摊销额，借记"临时设施摊销"科目，按其账面原价，贷记本科目。取得的变价收入和收回的残料价值，借记"银行存款"、"原材料"等科目，贷记"临时设施清理"科目。发生的清理费用，借记"临时设施清理"科目，贷记"银行存款"等科目。临时设施清理后，如为清理净损失，借记"营业外支出"科目，贷记"临时设施清理"科目；如为清理净收益，借记"临时设施清理"科目，贷记"营业外收入"科目。

四、本科目应按临时设施种类和使用部门设置明细账，进行明细核算。

五、本科目期末借方余额，反映施工企业期末临时设施的账面原价。

1507　临时设施摊销

一、本科目核算施工企业各种临时设施的累计摊销额。

二、施工企业的各种临时设施应当在工程建设期间内按月进行摊销，摊销方法可以采用工作量法，也可以采用工期法。当月增加的临时设施，当月不摊销，从下月起开始摊销；当月减少的临时设施，当月继续摊销，从下月起停止摊销。摊销时，按摊销额，借记"工程施工"等科目，贷记本科目。

三、本科目只进行总分类核算，不进行明细分类核算。需要查明某项临时设施的累计摊销额，可以根据临时设施卡片上所记载的该项临时设施的原价、摊销率和实际使用年限等资料进行计算。

四、本科目期末贷方余额，反映施工企业临时设施累计摊销额。

1702　临时设施清理

一、本科目核算施工企业因出售、拆除、报废和毁损等原因转入清理的临时设施价值及其在清理过程中所发生的清理费用和清理收入等。

二、出售、拆除、报废和毁损不需用或者不能继续使用的临时设施，按临时设施账面价值，借记本科目，按已提摊销额，借记"临时设施摊销"科目，按其账面原价，贷记"临时设施"科目。取得的变价收入和收回的残料价值，借记"银行存款"、"原材料"等科目，贷记本科目。

发生的清理费用，借记本科目，贷记"银行存款"等科目。临时设施清理后，如为清理净损失，借记"营业外支出"科目，贷记本科目；如为清理净收益，借记本科目，贷记"营业外收入"科目。

三、本科目应按被清理的临时设施名称设置明细账，进行明细核算。

四、本科目期末余额，反映尚未清理完毕临时设施的价值以及清理净收入（清理收入减去清理费用）。

2123　工程结算

一、本科目核算施工企业根据工程施工合同的完工进度向业主开出工程价款结算单办理结算的价款。

二、向业主开出工程价款结算单办理结算时，按结算单所列金额，借记"应收账款"科目，贷记本科目。工程施工合同完工后，将本科目余额与相关工程施工合同的"工程施工"科目对冲，借记本科目，贷记"工程施工"科目。

三、本科目应按工程施工合同设置明细账，进行明细核算。

四、本科目期末贷方余额，反映尚未完工工程已开出工程价款结算单办理结算的价款。

4104　工程施工

一、本科目核算施工企业实际发生的工程施工合同成本和合同毛利。

二、本科目应设置以下两个明细科目：

（一）合同成本

本科目核算各项工程施工合同发生的实际成本，一般包括施工企业在施工过程中发生的人工费、材料费、机械使用费、其他直接费、间接费用等。该科目应按成本核算对象和成本项目进行归集。

成本项目一般包括人工费、材料费、机械使用费、其他直接费和间接费用。其他直接费包括有关的设计和技术援助费用、施工现场材料的二次搬运费、生产工具和用具使用费、检验试验费、工程定位复测费、工程点交费用、场地清理费用、临时设施摊销费用、水电费等。间接费用是企业下属各施工单位为组织和管理施工生产活动所发生的费用，包括施工、生产单位管理人员工资、奖金、职工福利费、劳动保护费、固定资产折旧费及修理费、物料消耗、低值易耗品摊销、取暖费、办公费、差旅费、财产保险费、工程保修费、排污费等。其中，属于人工费、材料费、机械使用费和其他直接费等直接成本费用，直接计入有关工程成本，间接费用可先在本科目（合同成本）下设置"间接费用"明细科目进行核算，月份终了，再按一定分配标准，分配计入有关工程成本。

（二）合同毛利

本科目核算各项工程施工合同确认的合同毛利。

三、施工企业进行施工发生的各项费用，借记本科目（合同成本），贷记"应付工资"、"原材料"等科目。按规定确认工程合同收入、费用时，借记"主营业务成本"科目，贷记"主营业务收入"科目，按其差额，借记或贷记本科目（合同毛利）。

四、合同完工结清"工程施工"和"工程结算"账户时，借记"工程结算"科目，贷记本科目。

五、本科目期末借方余额，反映尚未完工工程施工合同成本和合同毛利。

4110　机械作业

一、本科目核算施工企业及其内部独立核算的施工单位、机械站和运输队使用自有施工机械和运输设备进行机械作业（包括机械化施工和运输作业等）所发生的各项费用。

施工企业及其内部独立核算的施工单位，从外单位或本企业其他内部独立核算的机械站租入施工机械，按照规定的台班费定额支付的机械租赁费，直接记入"工程施工"科目，不通过本科目核算。

二、本科目应设置"承包工程"和"机械作业"两个明细科目，并按施工机械或运输设备的种类等成本核算对象设置明细账，按规定的成本项目分设专栏，进行明细核算。

三、施工企业内部独立核算的机械施工、运输单位使用自有施工机械或运输设备进行机械作业所发生的各项费用，应按成本核算对象和成本项目进行归集。成本核算对象一般应以施工机械和运输设备的种类确定。成本项目一般分为：人工费、燃料及动力费、折旧及修理费、其他直接费、间接费用（为组织和管理机械作业生产所发生的费用）。

四、发生的机械作业支出，借记本科目，贷记"原材料"、"应付工资"、"累计折旧"等科目。月份终了，分别以下情况进行分配和结转：

（一）施工企业及其内部独立核算的施工单位、机械站和运输队为本单位承包的工程进行机械化施工和运输作业的成本，应转入承包工程的成本，借记"工程施工"科目，贷记本科目。

（二）对外单位、本企业其他内部独立核算单位以及专项工程等提供机械作业（包括运输设备）的成本，借记"其他业务支出"等科目，贷记本科目。

五、本科目在月份终了时，一般应无余额。

5101　主营业务收入　5401　主营业务成本

一、这两个科目分别核算施工企业的工程合同收入和工程合同费用。

二、如果工程施工合同的结果能够可靠地估计，企业应当根据完工百分比法在资产负债表日确认工程合同收入和工程合同费用。如果工程施工合同的结果不能够可靠地估计，应当区别情况处理：若合同成本能够收回的，工程合同收入根据能够收回的实际合同成本加以确认，合同成本在其发生的当期确认为工程合同费用；若合同成本不能够收回的，不能收回的金额应当在发生时立即作为工程合同费用，不确认收入。

三、按规定确认工程合同收入和工程合同费用时，按当期确认的工程合同费用，借记"主营业务成本"科目，按当期确认的工程合同收入，贷记"主营业务收入"科目，按其差额，借记或贷记"工程施工——合同毛利"科目。合同完工确认工程合同收入、费用时，应转销合同预计损失准备，按累计实际发生的合同成本减去以前会计年度累计已确认的工程合同费用后的余额，借记"主营业务成本"科目，按实际合同总收入减去以前会计年度累计已确认的工程合同收入后的余额，贷记"主营业务收入"科目，按其差额，借记或贷记"工程施工——合同毛利"科目。同时，按相关工程施工合同已计提的预计损失准备，借记"存货跌价准备——合同预计损失准备"科目，贷记"管理费用"科目。

四、这两个科目应按施工合同设置明细账，进行明细核算。

五、期末，应将这两个科目的余额转入"本年利润"科目，结转后这两个科目应无余额。

三、补充报表项目及编制说明

（一）"周转材料"科目余额应列入资产负债表中的"存货"项目，并在会计报表附注中说明周转材料的摊销方法。

（二）在资产负债表中的"存货"项目下，增加"其中：已完工尚未结算款"项目，反映施工企业在建施工合同已完工部分但尚未办理结算的价款。本项目根据有关在建施工合同的"工程施工"科目余额减"工程结算”科目余额后的差额填列。并在会计报表附注中披露下列信息:在建施工合同累计已发生的成本、累计已确认的毛利以及累计已结算的价款。

(三) 在资产负债表的“其他长期资产”项目下,增设“其中:临时设施”项目,反映临时设施的摊余价值、尚未清理完毕临时设施的价值以及清理净收入。本项目根据“临时设施”和“临时设施清理”科目余额之和减“临时设施摊销”科目余额后的金额填列。在会计报表附注中说明临时设施的摊销方法、临时设施的原价、累计摊销额以及清理情况。

(四) 在资产负债表中的“预收账款”项目下,增加“其中:已结算尚未完工工程”项目,反映施工企业在建施工合同未完工部分已办理了结算的价款。本项目根据有关在建施工合同的“工程结算”科目余额减“工程施工”科目余额后的差额填列。在会计报表附注中披露下列信息:在建施工合同已结算的价款、累计已发生的成本和累计已确认的毛利。

(五) 在资产减值准备明细表中的“三、存货跌价准备合计”项目所属“原材料”项目下,增加“合同预计损失准备”项目。

(六) 施工企业还应在会计报表附注中披露当期确认的合同收入、合同费用以及确定合同完工进度的方法。

三、民航企业会计核算办法

民航企业会计核算办法

一、总说明

一、为了统一规范民航企业的会计核算,根据《中华人民共和国会计法》、《企业财务会计报告条例》、《企业会计制度》和国家有关法律、法规,并结合民航企业实际情况,特制定《民航企业会计核算办法》(以下简称“办法”)。

二、中华人民共和国境内的公共航空运输企业(即“航空公司”)、民用机场和从事民航相关业务的企业(以下简称“民航企业”)在执行《企业会计制度》的同时,执行本办法。

三、本办法所称民用机场是指专供民用航空器起飞、降落、滑行、停放以及进行其他活动使用的划定区域,包括附属建筑物、装置和设施。民用机场不包括临时机场。临时机场的会计核算可参照本办法执行。

四、本办法中的票证是指运输凭证。即与从事民用航空运输活动相关的凭据,包括客票及行李票、航空货运单、逾重行李票、航空邮运结算单、退票、误机、变更收费单和旅费证等用于航空运输的纸质凭证。电子票证结算办法另行规定。

五、航空公司为生产运营储备的航空器材作为流动资产管理。航空公司应加强航空器材的实物管理,逐步形成以计算机系统为主要手段的管理模式。

本办法不涉及航空公司内部航空器材的调拨、移库、核算等。有关办法可由航空公司自行制定。

六、民航企业应在国家规定的民航基础设施建设基金的征收期限内计算提取民航基础设施建设基金。

二、补充会计科目使用说明

(一) 会计科目设置

1215 航材消耗件
1216 高价消耗件
1232 材料成本差异
2126 国内票证结算
2128 国际票证结算
2173 应交民航基础设施建设基金
2181 其他应付款
5101 主营业务收入
5102 其他业务收入
5403 民航基础设施建设基金
5405 其他业务支出

三、补充报表格式及编制说明

补充报表格式及编制说明

资产负债表

利润表

利润分配表

应上交应弥补款项表

主营业务收支明细表

主营业务收入表

运输成本表

通用航空成本表

间接营运费用明细表

机场服务费用表

营业费用表

管理费用表

财务费用表

其他业务利润、营业外收支明细表

航空公司收入水平情况表

机型收支明细表

任务成本表

工资总额及工资基金表

基建借款及专用借款表

固定资产、存货及运输生产指标表

航空公司分航线、机型收入数据采集表

航空公司生产业务数据采集表

资产负债表编制说明(会企 01 表)

利润表编制说明(会企 02 表)

利润分配表编制说明(会企 02 表附表 1)

主营业务收支明细表编制说明(民航企 01 表)

主营业务收入表编制说明(民航企 02 表)

运输成本表编制说明(民航企 03 表)

通用航空成本表编制说明(民航企 04 表)

间接营运费用表编制说明(民航企 05 表)

机场服务费用表编制说明(民航企 06 表)

营业费用表编制说明(民航企 07 表)

管理费用表编制说明(民航企 08 表)

财务费用表编制说明(民航企 09 表)

其他业务利润、营业外收支明细表编制说明(民航企 10 表)

航空公司收入水平情况表编制说明(民航企 11 表)

机型收支明细表编制说明(民航企 12 表)

任务成本表编制说明(民航企 13 表)

工资总额及工资基金表编制说明(民航企 14 表)

基建借款及专用借款表编制说明(民航企 15 表)

固定资产、存货及运输生产指标表编制说明(民航企 16 表)

航空公司分航线、机型收入数据采集表编制说明(民航企 20 表)

航空公司生产业务数据采集表编制说明(民航企 21 表)

航空公司航线经营成果分析表编制说明(民航企 22 表)

四、新闻出版业会计核算办法

一、总说明

(一) 为了统一规范新闻出版业的会计核算，真实、完整地反映新闻出版业的会计信息，有利于新闻出版业的公平竞争，根据《中华人民共和国会计法》、《企业财务会计报告条例》、《企业会计制度》和国家有关法律、法规，并结合新闻出版业特点及实际情况，特制定《新闻出版业会计核算办法》(以下简称"办法")。

(二) 中华人民共和国境内从事新闻出版工作(含图书、报纸、期刊、音像制品和电子出版物的出版、发行、印刷、复制加工、物资供应等活动)的经营单位，在执行《企业会计制度》的同时，执行本办法。

(三) 本办法仅对新闻出版业主营业务的会计核算方法进行规范，由《出版单位会计核算办法》、《发行企业会计核算办法》、《报业单位会计核算办法》、《印刷、复制企业成本核算办法》和《印刷物资供应企业成本核算办法》组成。从事图书、期刊、音像制品、电子出版物、网络出版物、投影片(含缩微制品)等出版业务的单位(以下简称"出版单位")、发行企业、报业单位、印刷、复制企业、印刷物资供应企业应根据其经营特点，执行相应的会计核算办法。

二、出版单位会计核算办法

(一) 说明

1. 出版单位在执行《企业会计制度》的同时，执行本办法。出版单位所属具有法人资格并独立核算的下属单位，在执行《企业会计制度》时，应执行相应的会计核算办法。

2. 出版单位内部单独核算、不具有法人资格的发行、期刊、印刷等机构，参照执行相应的会计核算办法，并在出版单位统一的会计账簿体系之内分别设置相应的明细账，进行明细核算，按照有关规定定期进行账账、账实核对。

3. 出版单位根据出版物的特点，可对库存图书、期刊、音像制品、电子出版物、投影片(含缩微制品)等的呆滞损失实行分年核价、提取提成差价的办法。

4. 出版物经审批报废时，应按报废清单设置辅助账。再销售时，其收入在"营业外收入"科目中核算。

5. 出版单位非独立核算的发行机构经销外版出版物，属受托代销商品的，应按《企业会计制度》有关规定进行核算。属非受托代销的，应将购进出版物视同本版出版物进行管理与核算，其中采用售价核算的，可在"库存商品"、"商品进销差价"等科目中设置相应的明细科目进行核算。

6. 原在"编录经费"科目核算的可以反映单一出版物的费用作为出版物的直接成本，在"生产成本——其他直接费用"科目核算。

不能反映单一出版物的费用通过"编录经费"科目核算，并按照合理分配方法分配计入相关出版物的成本。

7. 出版单位以提供广告服务、专有出版权使用再许可版权使用费(含租型)、版权贸易为主营业务的，其广告收入、专有出版权使用再许可版权使用费收入(含租型收入)、版权贸易收入，在"主营业务收入"科目中核算；否则，在"其他业务收入"科目中核算。

8. 出版单位委托有关单位协助进行出版物的宣传推广，可视同委托代销方式按合同规定以推销出版物总定价(码洋)的一定比例支付宣传推广费。

(二) 补充会计科目使用说明

1. 会计科目的设置

本办法在《企业会计制度》的基础上，增设了"应计生产成本"、"编录经费"等科目，并对"库存商品"、"产品成本差异"、"委托代销商品"、"存货跌价准备"、"其他应交款"、"资本公积"、"生产成本"、"主营业务收入"、"补贴收入"等科目的明细科目设置和核算内容进行了补充规定。

2. 补充会计科目的使用说明

1243　库存商品

一、本科目应按出版物类别、品种分版(印、批、期)次、定价设置明细账，进行明细核算。库房应按品种分版(印、批、期)次、定价设置实物明细卡片，记录库存出版物的进销存情况。

二、库存商品的计价可采用定价法(或计划成本法，下同)或实际成本法。

（一）采用定价法核算库存出版物

1. 出版物完工入库时，按入库出版物定价，借记本科目，按实际生产成本，贷记“生产成本”科目，按定价与实际成本的差额，贷记“产品成本差异”科目。

2. 采取委托代销（寄销）或分期收款销售方式发出出版物时，按发出出版物定价，借记“委托代销商品”或“分期收款发出商品”科目，贷记本科目。

3. 结转当期出版物销售成本时，借记“主营业务成本”、“产品成本差异”等科目，贷记本科目、“委托代销商品”、“分期收款发出商品”等科目。

（二）采用实际成本法核算库存出版物

1. 出版物完工入库时，借记本科目，贷记“生产成本”科目。

2. 采取委托代销（寄销）或分期收款销售方式发出出版物时，按实际成本，借记“委托代销商品”或“分期收款发出商品”科目，贷记本科目。

3. 结转当期出版物销售成本时，借记“主营业务成本”科目，贷记本科目、“委托代销商品”、“分期收款发出商品”等科目。

4. 单品种销售成本的结转，可采用移动平均法、加权平均法、先进先出法、后进先出法等方法确定已销出版物的销售成本，核算方法一经确定，不得随意变更。如需变更，应在会计报表附注中予以说明。

三、销售退回出版物的核算

（一）采用定价法核算

1. 未确认收入的已发出出版物的退回，借记本科目，贷记“委托代销商品”、“分期收款发出商品”等科目。

2. 已确认收入的销售出版物的退回，对销售收入在当期已确认，但销售成本尚未结转的，借记“主营业务收入”和“应交税金——应交增值税（销项税额）”科目，贷记“银行存款”、“应收账款”、“预收账款”等科目；对于销售成本已结转的，还应同时，按退回出版物的定价，借记本科目、“委托代销商品”、“分期收款发出商品”等科目，贷记“主营业务成本”、“产品成本差异”科目。

3. 资产负债表日及之前售出的出版物在资产负债表日至财务会计报告批准报出日之间发生退回的，应当作为资产负债表日后事项的调整事项处理，调整报告年度的收入、成本等。

（二）采用实际成本法核算

1. 未确认收入的已发出出版物的退回，借记本科目，贷记“委托代销商品”、“分期收款发出商品”等科目。

2. 已确认收入的销售出版物的退回，对销售收入在当期已确认，但销售成本尚未结转的，借记“主营业务收入”和“应交税金——应交增值税（销项税额）”科目，贷记“银行存款”、“应收账款”、“预收账款”等科目；对于销售成本已结转的，还应同时，按退回出版物的成本，借记本科目、“委托代销商品”、“分期收款发出商品”等科目，贷记“主营业务成本”科目。

3. 资产负债表日及之前售出的出版物在资产负债表日至财务会计报告批准报出日之间发生退回的，应当作为资产负债表日后事项的调整事项处理，调整报告年度的收入、成本等。

1244　产品成本差异

一、本科目核算出版单位按定价法（或计划成本法，下同）核算库存出版物时，库存出版物的实际成本与定价（或计划成本，下同）的差异。

二、出版物完工入库时，按定价，借记“库存商品”科目，按实际成本，贷记“生产成本”科目，按定价与实际成本的差异，贷记本科目；结转当期出版物销售成本时，借记“主营业务成本”科目，按应分摊的成本差异，借记本科目，按本期销售出版物的定价，贷记“库存商品”、“委托代销商品”、“分期收款发出商品”等科目。

三、本期销售出版物应分摊产品成本差异的计算公式如下：

$$产品成本差异=本期销售出版物总定价\times产品成本差异率$$

$$本期产品成本差异率=\frac{期初产品成本差异+本期产品成本差异贷方发生额}{期初出版物总定价+本期入库出版物总定价}$$

其中，出版物总定价包括库存出版物、委托代销出版物、分期收款销售发出出版物的销售总定价。

四、本科目应按库存出版物的种类或经营部门设置明细账，进行明细核算。

五、本科目期末贷方余额，反映出版单位库存出版物、委托代销出版物和分期收款销售发出出版物的实际成本小于总定价的差异。

1261 委托代销商品

一、本科目按照出版物的品种分版(印、批、期)次、定价及受托单位分别进行数量和金额的明细核算。

二、采用定价法核算委托代销(寄销)出版物。

(一)采用定价法核算的,可按"实洋"和"折扣"设置明细科目。

(二)出版物发出时,按发出出版物定价,借记本科目,贷记"库存商品"科目。

(三)结转当月出版物销售成本时,借记"主营业务成本"、"产品成本差异"等科目,贷记本科目。

三、采用实际成本法核算委托代销(寄销)出版物。

(一)出版物发出时,按发出出版物实际成本,借记本科目,贷记"库存商品"科目。

(二)结转当月出版物销售成本时,借记"主营业务成本"科目,贷记本科目。

1281 存货跌价准备

一、出版单位应在本科目设置"出版物提成差价"明细科目,核算对库存出版物提取的呆滞损失准备。

二、出版物包括库存图书、期刊(杂志)、音像制品、电子出版物、投影片(含缩微制品)。

三、出版单位应于每年年度终了,对库存出版物存货进行全面清查并实行分年核价,按规定的比例提取提成差价。出版单位首次提取提成差价时,借记"管理费用——出版物提成差价"科目,贷记本科目,以后年度末应计提的金额大于本科目的期末余额时,应按差额,借记"管理费用——出版物提成差价"科目,贷记本科目;应提取的金额小于本科目的期末余额时,应冲回差额,借记本科目,贷记"管理费用——出版物提成差价"科目。

四、提成差价的计提标准:

(一)纸质图书,分三年提取,当年出版的不提;前一年出版的,按年末库存图书总定价提取10%～20%;前二年出版的,按年末库存图书总定价提取20%～30%;前三年及三年以上的,按年末库存图书总定价提取30%～40%。

(二)纸质期刊(包括年鉴)和挂历、年画,当年出版的,按年末库存实际成本提取。

(三)音像制品、电子出版物和投影片(含缩微制品),按年末库存实际成本的10%～30%提取,如遇上述出版物升级,升级后的原有出版物仍有市场的,保留该出版物库存实际成本10%;升级后的原有出版物已无市场的,全部报废。

(四)所有各类提成差价的累计提取额不得超过实际成本。

五、出版物经批准报废时,在出版物提成差价中列支。

(一)采用定价法报废核算时,按实际成本,借记本科目,按定价与实际成本的差额,借记"产品成本差异"科目,按定价,贷记"库存商品"科目。

(二)采用实际成本法报废核算时,借记本科目,贷记"库存商品"科目。

六、"存货跌价准备——出版物提成差价"科目期末贷方余额,反映出版单位提取的库存出版物的呆滞损失准备。

2176 其他应交款

一、出版单位应在本科目设置"文化事业建设费"明细科目,核算出版单位根据国家有关规定,按照广告收入一定比例计算交纳的文化事业建设费。

二、出版单位按广告收入提取文化事业建设费时,借记"其他业务支出"科目,贷记本科目(文化事业建设费);实际交纳时,借记本科目(文化事业建设费),贷记"银行存款"科目。

2192 应计生产成本

一、本科目核算出版单位期末归集当期完工产品生产成本时(出版物已入库、已发货或已销售),按照权责发生制原则的要求,以合同、付印通知单、协议工价、市场材料价、稿酬计算标准等为计算依据,应计入生产成本但尚未结算的款项。

二、应计入本期完工产品生产成本的各项支出,借记"生产成本"科目,贷记本科目。根据真实性原则的要求,应计的生产成本应尽可能接近实际成本,不得以应计成本代替实际成本。

三、应计生产成本项目实际结算时,应根据实际结算金额与应计成本的差额对库存商品或本期销售成本进行调整。

（一）采用定价法核算库存商品时，按应计成本，借记本科目，按实际结算金额与应计成本的差额，借记“产品成本差异”科目，按实际结算金额，贷记“银行存款”等科目。

（二）采用实际成本法核算库存商品时，如果相关出版物尚有库存，按应计成本，借记本科目，按实际结算金额与应计成本的差额，借记“库存商品”、“委托代销商品”、“分期收款发出商品”等科目，按实际结算金额，贷记“银行存款”等科目；如果出版物已经出售完毕，按应计成本，借记本科目，按差额，借记“主营业务成本”科目，按实际结算金额，贷记“银行存款”等科目。

四、本科目应按出版物单一品种、分版（印、批、期）次设置明细账，进行明细核算。

五、本科目期末贷方余额，反映已计入生产成本但尚未结算的款项。

3111　资本公积

一、出版单位应在本科目设置“宣传文化发展专项资金”明细科目，核算出版单位根据国家有关规定获得的宣传文化发展专项资金拨款和专项贴息资金。

二、出版单位收到财政部门或主管部门拨付的宣传文化发展专项资金拨款和专项贴息资金时，借记“银行存款”科目，贷记本科目。

4101　生产成本

一、本科目应按“稿酬及校订费”、“租型费用”、“原材料及辅助材料”、“制版费用”、“印装（制作）费用”、“出版损失”、“编录经费”、“其他直接费用”等项目设置明细科目。其中：

（一）稿酬及校订费，是指支付给著者、译者、校订者的基本稿酬、印数稿酬、版税、额定稿酬等所有报酬及翻译文字的校订费用；

（二）租型费用，是指从境内外出版单位租赁型版、本单位印制发行而支付给出租型版单位的专有出版权再许可使用费；

（三）原材料及辅助材料，是指出版物生产所需的纸张、装帧用料等原材料以及辅助用料的成本；

（四）制版费用，是指在出版物的排版、制版以及纸型、胶片、母片、母带的型版生产过程中支付的各种加工费用；

（五）印装（制作）费用，是指在出版物生产过程中支付的纸质出版物印刷费用、装订费用，音像制品、电子出版物的复制刻录费用、印刷费用、包装费用，投影片（含缩微制品）的复制费用和装帧费用等；

（六）出版损失，是指生产过程中某种产品尚未完工之前发现的各种废品扣除过失人应承担的赔偿或保险公司赔款和残料价值后的报废净损失，包括由于出版单位的责任形成的重新生产所支付的原材料、辅助材料及加工、退稿等费用，以及非管理原因造成的报废损失等；

（七）编录经费，是指按照合理的分配方法分配计入的编录经费；

（八）其他直接费用，是指除上述各项费用以外的其他直接成本，包括选题策划、开发、设计制图、编辑加工、专题会议、音像制品和电子出版物的实验以及各类专项费用等。

以包印张（件）方式进行结算的，应根据有关部门提供的计算清单或合理的比例按本科目所设置的明细科目分解记入相应成本。

二、确定成本核算对象时，图书应按品种分版（印）次核算，期刊按单一品种分期次核算，音像制品、电子出版物及投影片（含缩微制品）按品种分批次核算。

三、成本的归集与分配：

（一）发生书配盘（带）或盘（带）配书时，以有定价的一方作为成本核算对象，无定价的一方视为另一方的成本组成部分。书或盘都有定价的，应分别核算。

（二）正在制作过程中的同批（印）次出版物需增加制作数量时，如果能同批（印）次制作，应当将增加的数量、成本并入本批（印）次出版物；如果不能同批（印）次制作的，应按新的批（印）次核算。

（三）纸质出版物为刊登广告而加版、加页的生产成本，可按广告成本单独核算，不计入生产成本。

（四）期末，出版单位应将完工品种的生产成本全部转入库存商品，不得仅按已售产品或部分生产成本结转。完工出版物品种根据入库、发货、销售清单（包含非本社库和作者包销）确认；纸质期刊根据收到的样刊确认。

四、实际发生或应计的各项生产费用，借记本科目，贷记“现金”、“银行存款”、“原材料”、“委托加工物资”、“应计生产成本”等科目。

4106　编录经费

一、本科目核算出版单位编录部门所发生的、无法直接计入某一种出版物成本的各项间接生产费用，如人员工资、办公费、编录用品等费用。总编辑及总编室、设计、校对、绘图、印制、材料等人员工资、社会保险、职工福利、办公费、差旅费、会议费、图书资料等费用作为期间费用，应在“管理费用”科目核算，不在本科目核算。

二、编录经费中能直接确定为某种出版物费用的，直接计入其生产成本；不能直接确定为某种出版物费用的，按编录部门归集分摊。期末，归集当期完工产品生产成本时，应按总印张或总定价、总初版字数、盒数、总印数等一种方法或多种方法组合进行分配。年度内，出版数量不均衡，也可在本年度的1～11月份（或1～3季度）按计划定额分配，全年实际编录费用减去1～11月份（或1～3季度）累计已分配数后的余额，在12月份一次分配完毕。

出版单位具体采用何种分配方法，由出版单位自行决定。分配方法一经确定，不得随意变更。如需变更，应当在会计报表附注中予以说明。

三、发生编录经费时，借记本科目，贷记“现金”、“银行存款”、“原材料”、“应付工资”、“低值易耗品”、“待摊费用”等科目。

四、期末，在完工产品之间分配编录经费，借记“生产成本”科目，贷记本科目。

五、本科目可分别按编录部门、个人及费用项目等，进行明细核算。

六、编录经费按实际发生数分配的，本科目期末应无余额；采用计划定额分配的，期末编制资产负债表时，本科目如有余额，并入“存货”项目。

5101　主营业务收入

一、本科目应按品种分版（印、批、期）次、类别进行数量和金额核算。

二、出版单位应按以下规定确认销售出版物收入实现，并按已实现的收入记账，计入当期损益。

（一）出版单位销售出版物的收入，应当在下列条件均能满足时予以确认：

1. 出版单位已将出版物所有权上的主要风险和报酬转移给购买方；

2. 出版单位既没有保留通常与所有权相联系的继续管理权，也没有对已售出的出版物实施控制；

3. 与交易相关的经济利益能够流入出版单位；

4. 相关的收入和成本能够可靠地计量。

销售出版物的收入应按出版单位与购货方签订的合同或协议金额或双方接受的金额确定。

（二）采取直接收款方式销售出版物时，通常以取得索取货款的凭据，并将提单交给购买方时确认销售出版物收入。

（三）采取托收承付和委托银行收款方式销售出版物时，通常以发出出版物并办妥托收手续时确认销售出版物收入。

（四）采取赊销和分期收款销售方式销售出版物时，应按合同约定的收款日期分期确认收入。同时，按商品全部销售成本与全部销售收入的比率，计算出本期应结转的销售成本。

（五）采取委托代销（寄销）方式销售出版物时，分为视同买断和收取手续费两种情况确认收入：

1. 视同买断方式，是指由委托方和受托方签订协议，委托方按协议价收取所代销出版物的货款，实际售价可由受托方自定，实际售价与协议价之间的差额归受托方所有的销售方式。在这种销售方式下，委托方在交付出版物时不确认收入，受托方也不作为购进出版物处理。受托方将出版物售出后，应按实际售价确认为销售收入，并向委托方开具代销清单。委托方收到代销清单时，再确认收入。

2. 收取手续费方式，是指受托方根据所代销的出版物数量向委托方收取手续费的销售方式。在这种代销方式下，委托方应在受托方将出版物销售后，并向委托方出具代销清单时，确认收入；受托方在出版物销售后，按应收取的手续费确认收入。

（六）附有销售退回条件的销售出版物，是指购买方依照有关协议有权退货的销售方式。在这种销售方式下，如果出版单位能够按照以往的经验对退货的可能性作出合理估计的，应在发出出版物时，将估计不会发生退货的部分确认收入，估计可能发生退货的部分，不确认收入；如果出版单位不能合理确定退货的可能性，则在售出出版物的退货期满时确认收入。

（七）采取预交定金方式销售出版物时，以发出出版物确认收入。

（八）出口出版物

1. 采取离岸价方式销售出版物时，以办妥报关、发运手续，货物装上船或飞机确认收入；

2. 采取到岸价方式销售出版物时，以购买方开据的收货凭据确认收入；

3. 采取代销（寄销）方式销售出版物时，以收到货款确认收入。

三、出版单位对外提供劳务，其收入按以下规定确认：

（一）在同一会计年度内开始并完成的劳务，应当在完成劳务时确认收入。

（二）如果劳务的开始和完成分属不同的会计年度，在提供劳务交易的结果能够可靠估计的情况下，应当在资产负债表日按完工百分比法确认相关的劳务收入．当劳务总收入和总成本能够可靠地计量、与交易相关的经济利益能够流入出版单位、劳务的完成程度能够可靠地确定时，则交易的结果能够可靠地估计。

（三）在提供劳务交易的结果不能可靠估计的情况下，应当在资产负债表日对收入分别以下两种情况确认和计量：

1. 如果已经发生的劳务成本预计能够得到补偿，应按已经发生的劳务成本金额确认收入，并按相同金额结转成本；

2. 如果已经发生的劳务成本预计不能全部得到补偿，应按能够得到补偿的劳务成本金额确认收入，并按已经发生的劳务成本作为当期费用。确认的收入金额小于已经发生的劳务成本的差额，作为当期损失；

3. 如果已经发生的劳务成本预计全部不能得到补偿，应按已经发生的劳务成本作为当期费用，不确认收入。

四、采取出租型版方式取得专有出版权使用再许可版权使用费，以收到货款或将销售凭单交给承租型版单位时确认出版物销售收入实现。

专有出版权使用再许可版权使用费中包含著译者版权收入时，根据版权使用协议，应按扣除著译者版权收入后的部分确认收入。

五、采取刊登广告方式取得广告收入，应在相关的广告刊出或商业行为开始出现于公众面前时予以确认收入。出版单位委托广告公司等中介机构代理广告业务，广告收入按扣除代理费后的金额确认收入。

六、采取版权贸易出口版权和合作出版境外销售方式，以收到境外销售单位支付的款项确认出版物销售收入。

七、出版单位根据应确认的收入金额，借记“银行存款”、“现金”、“应收账款”、“预收账款”等科目，贷记本科目、“应交税金——应交增值税（销项税额）”科目。

八、期末，应将本科目的余额转入“本年利润”科目，结转后本科目应无余额。

5203　补贴收入

一、出版单位应在本科目设置“增值税返还款”和“其他补贴收入”明细科目，用于核算出版单位取得的增值税返还款以及出版物出版补贴等专项补助。

二、出版单位取得增值税返还款和专项补助时，借记“银行存款”科目，贷记本科目。

（三）报表项目补充编制说明

1.“编录经费”科目余额应列入资产负债表中的“存货”项目。

2.“应计生产成本”科目余额应列入资产负债表中的“应付账款”项目。

3. 出版单位应在会计报表附注中说明库存出版物的构成及提成差价的计提标准。

三、发行企业会计核算办法

（一）说明

1. 本办法对发行企业有关存货、收入的核算方法作了补充规定。

2. 发行企业可以采用售价（或码价）核算，也可以采用进价核算。

3. 发行企业出版物的采购业务可以不通过“物资采购”科目核算，直接通过“库存商品”科目核算。

4. 发行企业包装物的采购与摊销业务可以不通过“包装物”科目核算，直接通过“营业费用”、“其他业务支出”科目核算。

（二）补充会计科目使用说明

1. 会计科目的设置。

本办法在《企业会计制度》的基础上，对“库存商品”、“商品进销差价”、“委托代销商品”、“受托代销商品”、“主营业务收入”等科目的明细科目设置和核算内容进行了补充规定。

2. 补充会计科目的使用说明

1243 库存商品

一、本科目核算发行企业从供货方购进的出版物的实际成本(或进价)、或计划成本(或售价)、或明码标印的定价(码价)。凡所有权不属于本企业的出版物,不在本科目核算。

二、本科目可以按照“期刊”、“教材”、“图书”、“年(历)画”、“音像制品”、“出租商品”等出版物的种类设置明细科目,进行明细核算。

三、库存商品采用售价(或码价)核算

1. 期刊、教材、图书、年(历)画、音像制品的核算

(1) 发行企业购进出版物验收入库时,借记本科目,贷记“应付账款”、“现金”、“银行存款”、“预付账款”、“商品进销差价”等科目。

(2) 发行企业购进出版物委托外单位代销,商品发出时,借记“委托代销商品”科目,贷记本科目。

(3) 期末,结转当期出版物销售成本时,借记“主营业务成本”、“商品进销差价”科目,贷记本科目、“委托代销商品”等科目。

2. 出租商品的核算

(1) 发行企业应在“出租商品”明细科目下,按照“出租商品售价(或码价)”、“出租商品摊销”设置三级明细科目,进行明细核算。

(2) 发行企业购进出版物对外出租时,借记本科目(出租商品售价或码价),贷记本科目、“商品进销差价”科目。

(3) 期末,摊销出租出版物成本时,借记“主营业务成本”、“商品进销差价”科目,贷记本科目(出租商品摊销)。

(4) 出租出版物报废时,按已摊销的价值,借记本科目(出租商品摊销),按未摊销的价值,借记“营业费用”、“商品进销差价”科目,贷记本科目(出租商品售价或码价)。

四、库存商品采用进价核算

1. 期刊、教材、图书、年(历)画、音像制品的核算

(1) 发行企业购进出版物验收入库时,借记本科目,贷记“应付账款”、“现金”、“银行存款”、“预付账款”等科目。

(2) 发行企业购进出版物委托外单位代销,商品发出时,借记“委托代销商品”科目,贷记本科目。

(3) 期末,结转当期出版物销售成本时,借记“主营业务成本”科目,贷记本科目、“委托代销商品”等科目。

2. 出租商品的核算

(1) 发行企业应在“出租商品”明细科目下,按照“出租商品进价”、“出租商品摊销”设置三级明细科目,进行明细核算。

(2) 发行企业购进出版物对外出租时,借记本科目(出租商品进价),贷记本科目。

(3) 期末,摊销出租出版物成本时,借记“主营业务成本”科目,贷记本科目(出租商品摊销)。

(4) 出租出版物报废时,按已摊销的价值,借记本科目(出租商品摊销),按未摊销的价值,借记“营业费用”科目,按进价,贷记本科目(出租商品进价)。

1244 商品进销差价

一、本科目核算发行企业采用售价(或码价)核算的出版物售价(或码价)与进价之间的差额。

二、本科目设置“进销差价”、“进项税额”明细科目。

三、发行企业购进出版物验收入库时,按出版物的售价(或码价),借记“库存商品”科目,按售价(或码价)与含税进价之间的差额,贷记本科目(进销差价),按含税进价与不含税进价的差额,贷记本科目(进项税额),按不含税进价,贷记“应付账款”等科目。

结转当期出版物销售成本时,借记“主营业务成本”科目、本科目(进销差价、进项税额),贷记“库存商品”、“委托代销商品”、“受托代销商品”等科目。

四、本科目可以按照出版物的种类设置三级明细科目。

五、本科目的期末贷方余额，反映尚未销售也尚未摊销的出版物的进销差价。

1271 受托代销商品

一、本科目核算发行企业按照寄销方式接受外单位委托，代其销售出版物的进价或售价(或码价)。

二、本科目可以按照受托代销出版物的种类设置明细科目，进行明细核算。将受托代销出版物委托外单位代销，可以按照委托代销单位设置明细科目，进行明细核算。

三、受托代销商品的核算

1. 受托代销商品采用进价核算

(1) 发行企业收到受托代销出版物验收入库时，按进价，借记本科目(按受托代销出版物类别设置的明细科目)，贷记“代销商品款”科目。

(2) 发行企业将受托代销出版物委托外单位代销，出版物发出时，借记本科目(按委托代销单位设置的明细科目)，贷记本科目(按受托代销出版物类别设置的二级科目)。

(3) 结转当月销售成本时，借记“主营业务成本”科目，贷记本科目(按受托代销出版物类别或委托代销单位设置的明细科目)。

(4) 期末，根据受托代销出版物销售汇总单结转应付账款，借记“代销商品款”科目，贷记“应付账款”科目。

(5) 受托代销单位向发行企业发生退货时，借记本科目(按受托代销出版物类别设置的明细科目)，贷记本科目(按委托代销单位设置的明细科目)。

(6) 发行企业向委托代销单位办理退货时，借记“代销商品款”科目，贷记本科目(按受托代销出版物类别设置的二级明细科目)。

2. 受托代销采用售价(或码价)核算

(1) 发行企业收到受托代销出版物验收入库时，按售价(或码价)，借记本科目(按受托代销出版物类别设置的明细科目)，贷记“代销商品款”科目。

(2) 发行企业将受托代销出版物委托外单位代销，出版物发出时，借记本科目(按委托代销单位设置的明细科目)，贷记本科目(按受托代销出版物类别设置的明细科目)。

(3) 结转当月销售成本时，借记“主营业务成本”、“商品进销差价”科目，贷记本科目(按受托代销出版物类别或委托代销单位设置的明细科目)。

(4) 期末，根据受托代销出版物销售汇总单结转应付账款，借记“代销商品款”科目，贷记“商品进销差价”、“应付账款”科目。

(5) 委托代销单位发生退货时，借记本科目(按受托代销出版物类别设置的明细科目)，贷记本科目(按委托代销单位设置的明细科目)。

(6) 向委托代销单位办理退货时，借记“代销商品款”科目，贷记本科目(按受托代销出版物类别设置的明细科目)。

四、本科目期末借方余额，反映发行企业受托代销出版物的进价或售价(码价)。

5101 主营业务收入

一、本科目核算发行企业在出版物销售活动中所取得的销售收入、出租商品收入。托收货款过程取得付款方滞纳金收入不在本科目核算，应作为营业外收入核算。

商品销售收入的确认原则，应执行《企业会计制度》相关规定。

二、本科目可以按照核算内容设置“商品销售收入”、“出租商品收入”、“销售折让”、“销项税额”等明细科目。

三、主营业务收入的核算

(一) 采用进价核算库存出版物

1. 实现出版物销售收入时，按实际售价，借记“应收账款”、“现金”、“银行存款”、“预收账款”等科目，贷记本科目(商品销售收入)。

2. 出租出版物实现收入时，借记“现金”等科目，贷记本科目(出租商品收入)。

3. 期末，根据“商品销售收入”、“出租商品收入”等明细科目的本期发生额计算销项税额，借记本科目(销项税额)，贷记“应交税金”科目。

(二) 采用码价核算库存出版物

1. 实现出版物销售收入时,按实际售价,借记"应收账款"、"现金"、"银行存款"、"预收账款"等科目,按码价与实际售价的差额,借记本科目(销售折让),按码价,贷记本科目(商品销售收入)。

2. 出租出版物实现收入时,借记"现金"等科目,贷记本科目(出租商品收入)。

3. 期末,根据"商品销售收入"、"出租商品收入"、"销售折让"等明细科目的本期发生额计算销项税额,借记本科目(销项税额),贷记"应交税金"科目。

四、期末,应将本科目的余额转入"本年利润"科目,结转后本科目应无余额。

四、报业单位会计核算办法

(一) 说明

1. 报业集团、报社(以下简称"报业单位")在执行《企业会计制度》的同时,执行本办法。

2. 报业单位中具有独立法人资格的出版社、杂志社、发行公司、广告公司、印务公司等单位,执行《企业会计制度》及相应的会计核算办法。

3. 报业单位承接外部报刊等印刷业务时,由委托印刷单位自购提供新闻纸等印刷材料的,单独设置"代管新闻纸"等备查簿登记,进行收、付、结存的核算。

(二) 补充会计科目使用说明

1. 会计科目的设置

本办法在《企业会计制度》的基础上增设了"拨付所属资金"、"社会公益往来"、"上级拨入资金"、"采编费用"、"记者站经费"科目,并对"其他应交款"、"资本公积"、"生产成本"、"主营业务收入"、"其他业务支出"、"营业费用"等科目的明细科目设置和核算内容进行了补充规定。

2. 补充会计科目的使用说明

1441 拨付所属资金

一、本科目核算报业单位对所属的非独立法人单位拨付的经营等项目所需资金。

二、报业单位向所属单位拨付资金时,借记本科目,贷记"银行存款"等科目。

三、本科目期末借方余额,反映报业单位向所属单位投入的资金总额。

2176 其他应交款

一、报业单位应在本科目设置"文化事业建设费"明细科目,核算报业单位根据国家有关规定,按照广告收入的一定比例计算交纳的文化事业建设费。

二、报业单位按广告收入提取文化事业建设费时,借记"其他业务支出"科目,贷记本科目(文化事业建设费);实际交纳时,借记本科目(文化事业建设费),贷记"银行存款"科目。

2182 社会公益往来

一、本科目核算报业单位与国家机关、社会团体、企事业单位及个人以报纸为载体联合举办社会公益性活动的经费。

二、本科目应按社会公益活动项目名称设置明细科目,进行明细核算。

三、报业单位收到专项公益活动赞助款时,借记"银行存款"或"现金"科目,贷记本科目。专项活动发生费用支出时,借记本科目,贷记"银行存款"、"现金"科目。

待该专项活动结束时,本科目如为借方余额,借记"营业外支出"科目,贷记本科目;本科目如为贷方余额,借记本科目,贷记"营业外收入"科目。

四、本科目期末贷方余额,反映报业单位尚未结束的社会公益活动的经费余额。在编制资产负债表时,本科目余额应在"其他流动负债"项目列示。

3102 上级拨入资金

一、本科目由报业单位所属的非独立法人单位使用。

二、所属单位收到报业单位拨入的资金时,借记"银行存款"、"现金"等科目,贷记本科目。

三、本科目属于所有者权益类科目,期末余额在资产负债表中单列"上级拨入资金"项目列示。

四、运用"拨付所属资金"和"上级拨入资金"科目对报业单位进行内部核算时,期末,报业单位在编制汇总会计报表时两个科目余额相互抵销。

3111 资本公积

一、报业单位应在本科目设置"宣传文化发展专项资金或新闻出版发展基金"明细科目,核算报业单位根据国家有关规定取得的专项资金拨款。

二、报业单位收到财政部门或主管部门拨付的专项资金拨款时，借记“银行存款”科目，贷记本科目。

4101 生产成本

一、本科目核算报业单位报纸的生产成本。

二、报纸的生产成本可按纸张费、排版、传版费、印制费、采编费、其他费用等成本项目进行核算，反映报纸编辑、印刷等过程中发生的费用。一般报纸的单位成本以千对开印张（简称“千对开”）为核算对象。其中：

（一）纸张费，是指报纸印刷全部用纸成本。

（二）排版、传版费，是指报纸照排费用、委托印刷所发生的版面传输费用。

（三）印制费，是指报业单位印刷机构和委托印刷等发生的费用。

（四）采编费，是指归集采编费用、记者站经费等发生的费用。

（五）其他费用，是指除上述费用以外，应计入报纸生产成本的其他直接费用。

相关费用发生时，借记本科目，贷记“银行存款”、“现金”等科目。

三、月末，将归集完整的费用全部转入“库存商品”科目，借记“库存商品”科目，贷记本科目。期末结转后本科目应无余额。

4106 采编费用

一、本科目核算报业单位采编部门开展新闻采访、报纸编辑业务所发生的费用，主要包括采编部门人员工资及附加、福利费、稿费、办公费、差旅费、邮电通讯费、美术摄影费、图书资料费、通联费、业务招待费、外事经费、折旧费、租赁费、修理费、物业管理费、低值易耗品摊销、水电费、社会保险费等。

其中，稿费包括出版稿件支付的稿费，内部采编人员非职务撰稿及非采编人员撰稿的稿酬，按规定支付的审稿费以及对来稿摘编向投稿者支付的信息费等。通联费包括采编部门组织大型读者活动以及为作者、通讯员组织大型业务交流、培训活动的各项费用等。

二、本科目应按费用项目类别设置明细科目，进行明细核算。

三、采编费用发生时，借记本科目，贷记“现金”、“银行存款”、“应付工资”、“待摊费用”、“累计折旧”等科目。

四、月末，应将本科目余额转入“生产成本”科目，结转后本科目应无余额。

4108 记者站经费

一、本科目核算报业单位驻外记者站所发生各项费用，主要包括各驻站记者及工作人员工资及附加、福利费、办公费、差旅费、交通费、邮电通讯费、图书资料费、通联费、房屋租赁费（物业管理费）、折旧费、低值易耗品摊销、修理费、水电费、社会保险费等。

二、本科目应按费用项目类别设置明细科目，进行明细核算。

三、记者站发生费用时，借记本科目，贷记“现金”、“银行存款”等科目。

四、月末，应将本科目余额转入“生产成本”科目，结转后本科目应无余额。

5101 主营业务收入

一、本科目核算报业单位的报纸发行收入。报业单位承接外部报刊印刷等取得的印刷收入也在本科目核算。广告收入不在本科目核算，应在“其他业务收入”科目核算。

二、本科目应按收入项目设置明细科目，进行明细核算。

三、报纸发行收入的金额应为报业单位与邮局或发行机构实际应结算的金额。

四、报业单位预收的报刊费在报纸实际出版发行时，确认为报纸发行收入。

五、期末，应将本科目的余额转入“本年利润”科目，结转后本科目应无余额。

5405 其他业务支出

一、报业单位应在本科目设置“广告成本”明细科目，核算报业单位的广告成本。

二、报业单位为客户刊出广告所支付的费用，包括组稿费、广告业务费、设计制作费、专设广告机构人员工资及附加、福利费、办公费、差旅费等。广告的制版、印刷费等一般不单独计算。如采用加版、加页等方式刊登的广告，则应计算所有费用。

相关费用发生时，借记本科目，贷记“银行存款”、“现金”等科目。

三、期末，应将本科目的余额转入“本年利润”科目，结转后本科目应无余额。

5501 营业费用

一、本科目核算报业单位在报纸发行、销售业务过程中支付的各项费用，主要包括发行人员的工资及附加、福利费、办公费、差旅费、宣传推广费、业务招待费、租赁费、运输费、发行网点费、其他等项目。

其中，宣传推广费，是指报纸发行过程中，为促进和扩大发行量，支付给其他媒体或协助报纸推广的部门的相关费用、劳务费，为报纸发行、推介组织各类活动所支付的费用等。发行网点费，是指为组织报纸发行工作而设置的门市、经销网点、投送网点所发生的各项业务经费等。

二、相关费用发生时，借记本科目，贷记“现金”、“银行存款”等科目。

三、期末，应将本科目余额转入“本年利润”科目，结转后本科目应无余额。

五、印刷、复制企业成本核算办法

（一）说明

1. 为了规范印刷、复制企业的会计核算，正确计算印刷、复制企业的产品成本，根据《企业会计制度》有关规定，特制定《印刷、复制企业成本核算办法》(以下简称“办法”)。

2. 本办法适用于书刊、报纸印刷、音像电子出版复制（复录）等企业。包装装潢、铁制罐和塑料等其他印刷制品企业可参照执行。

（二）书刊、报纸印刷成本核算

1. 印刷具有连续、多品种生产和分阶段结算产品的特点，要求印刷产品成本核算采用分类与分批相结合的方法。在实际工作中，一般按产品类别、定单、批量等作为成本核算对象。在分批核算成本的基础上，也可按“本”、“件”、“张”计算成本。

2. 企业在生产经营过程中发生的各项费用，按实际发生数计入本期成本、费用。如采用计划成本法或定额成本法等方法核算的，应在规定的成本核算期内调整为实际成本。

3. 为正确计算印刷产品的生产成本，企业应按各个生产车间（包括独立工段、独立小组，下同）在生产过程中所担负的任务，划分为基本生产与辅助生产。

(1) 基本生产，是指为完成各类印刷产品加工任务而直接进行的生产，例如电脑制版、胶印印刷、装订等基本生产车间，分别核算各基本生产车间产品生产时所发生的生产费用。

(2) 辅助生产，是指为本企业基本生产服务而进行的生产，单独核算企业内部为印刷产品生产提供劳务时所发生的生产费用。

4. 为便于按加工步骤计算分类产品的分段成本和总成本，对具有几个生产工段多生产步骤的基本生产车间，企业还可按各工段在生产中担负的任务划分为基本工段和辅助工段。

(1) 基本工段，是指直接为各类印刷产品进行生产加工，并能按产品的批别分别统计工时消耗且工时所占比重较大的主要生产工段，如制版车间的电脑排版、电分，或CTP直接制版等工段，印刷车间的轮转胶印、平印、零件印刷、上光、贴塑、过油等工段，装订车间的骑马订、平装、精装、联动机等工段。

(2) 辅助工段，是指为基本工段提供劳务或对基本工段的产品进行检验的附属工段或工序，如制版车间的整版、磨版等工段或工序，印刷车间的晒版、调墨、成品检查、文字检查等工段或工序，装订车间的烊胶、毛(光)本检查、磨刀等工段或工序。

5. 为统一印刷产品的计量单位，企业计算分类产品单位成本时，应采用实物产量，个别不便统计产量的特殊产品可用百元产值；计算分批产品的单位成本和机种单位成本时，应采用实物产量。

印刷产品基本分类及计量单位，示例如下：

电脑排版（万字）

制版（四开块、十六开块）

书版轮转胶印印刷(包括上版）(令）

书版双面胶印印刷(包括上版）(令）

单色胶印印刷(包括制上车版）(对开色令）

彩色胶印印刷(包括制上车版）(对开色令）

零印印刷（百元产值）

骑马装订（千本－32开、令）

平装装订(串线订、无线胶订)(万页－32 开、令)

精装装订(万页－32 开、令)

特种装订(百元产值)

上 光(或过油)(令)

压 膜(平方米、令)

外购商品

纸张代料

其他

其中,外购商品,是指本企业向其他单位购入的不经过本企业任何加工或装配,或为客户发外加工后加收管理费的商品。

6. 印刷产品生产成本核算,应设置以下成本项目:

(1) 原材料,是指直接用于产品生产,虽不构成产品实体,但有助于产品形成的各种原材料及辅助材料,如制版用的软片和各种药水,印刷用的油墨、橡皮布、PS 版,装订用的热熔胶、线、布,压膜用的塑料薄膜、胶水等。

(2) 印刷用纸,是指为委印单位代垫纸张进行产品加工时,该产品实际耗用的纸张成本。

(3) 燃料和动力,是指直接用于产品生产的燃气和动力费用。

(4) 工资及福利费,是指直接从事产品生产人员的工资、奖金、津贴以及其他各种属于工资性质的补贴和职工福利费。

(5) 废品损失,是指在生产过程中发生的报废损失,包括纸张超伸放、产品缺交与补版和重制重印的损失。

(6) 制造费用,是指生产车间为加工产品和提供劳务而发生的各项间接费用,包括车间管理人员工资和职工福利费、折旧费、租赁费、修理费、机物料消耗、水电费、办公费、差旅费、保险费、劳动保护费、季节性和修理期间的停工损失等。

(7) 委托外加工,是指委托外加工时所发生的各项费用。

7. 企业进行印刷产品加工生产,应按生产过程中各项生产费用的用途,分别设置"生产成本"、"制造费用"科目,及相应的"生产成本——基本生产成本"、"生产成本——辅助生产成本"和"制造费用"等明细账予以归集。

(1) 基本生产明细账,应按各个基本生产车间及其所属各个基本工段和各分类产品别设置,分别按成本项目进行归集登记。

对基本生产车间所属各辅助工段的生产费用,可以合并设置一个账户予以归集;辅助工段只设置工资及福利费一个成本项目,其他各项生产费用并入"制造费用"明细账进行核算。

(2) 辅助生产明细账,应按各个辅助生产车间、部门,以及为受益部门提供的劳务或产品别由厂部统一设置,分别按成本项目进行归集登记。

(3) 制造费用明细账,应按各个基本生产车间及所属工段分别设置,并按制造费用细目进行归集。

8. 原材料成本的归集与分配:

(1) 企业生产过程中耗用的原材料,应按车间、部门、工段和用途别归集的"材料耗用汇总表",据以登记"生产成本"、"制造费用"等有关明细账。

(2) 基本生产车间一个基本工段生产两类或两类以上的产品,且耗用同一种原材料,应尽可能分别统计各类产品的实耗数,并按实耗数计入产品成本;如不能划分而又必须分配的,可按实物产量、工时比例或产值比例进行分配,计入有关产品成本。

9. 人工成本的归集与分配:

(1) 基本生产车间的工资及福利费,应按车间、部门的"工资汇总表",据以登记"生产成本——基本生产成本"、"生产成本——辅助生产成本"和"制造费用"等有关明细账。

(2) 基本生产车间的一个基本工段生产两类或两类以上产品,各类产品的人工成本,可按该工段的实耗工时(或实物产量)工资率乘各类产品的实耗工时数(或实物产量)计算后求得。计算公式如下:

基本工段实耗工时(或实物产量)工资率 ＝ 工资及福利费总额 ÷ 实耗工时(或实物产量)总数

(3) 基本生产车间的几个基本工段共同完成的同一类产品，其人工成本应按各工段的实耗工时(或实物产量)工资率乘各工段实耗工时数(或实物产量)，分段计算各个工段成本，经加总后计入该类产品成本。

(4) 基本生产车间辅助工段的工资及福利费，按各受益工段的受益程度采取定额法比例分配。

辅助工段发生对外供应劳务收入，不得直接冲减基本生产成本；对外供应劳务应负担的工资和福利费，可以根据实耗工时及工时工资率或定额成本进行分配。

(三) 音像电子出版物复制成本核算

1. 音像电子出版物的复制，是将母带、母盘上的信息进行批量翻录的生产活动，要求企业按产品载体形式(产品品种)归集产品生产费用，一般将母带、子带、CD 母盘、CD 子盘、DVD 母盘、DVD 子盘等品种作为产品成本的核算对象。企业可按上述分类产品分别核算产品成本。

2. 音像电子出版物产品的复制成本，应设置以下成本项目：

(1) 原材料，是指直接用于产品生产、构成产品实体的原料和主要材料，外购半成品，修理用备件，燃料及动力，以及有助于产品形成的辅助材料。如磁带复制企业的 C—O 外盒、印刷品(唱词等)、书型盒、饼带、A B 贴、包装膜、PP 盒、粘接带、封口胶、打包带、纸箱等，光盘复制企业的聚碳酸酯、银靶、硅靶、铝靶、镍靶、感光胶、胶水、油墨、网框、网布、包装盒、纸箱、打包带等。

(2) 委托加工母盘，是指光盘复制企业委托外部加工制作的母盘。

(3) 动力，是指直接用于产品生产的动力费用。

(4) 工资及福利费，是指直接从事产品生产人员的工资、奖金、津贴以及其他各种属于工资性质的补贴和职工福利费。

(5) 制造费用，是指直接用于产品生产但不便于直接计入产品成本，以及间接用于产品生产的各项费用。包括车间管理人员工资和职工福利费、折旧费、租赁费、修理费、机物料消耗、水电费和办公费、劳动保护费等。

3. 音像电子出版物复制成本的计量单位：磁带制品为“盒”、光盘制品为“张”。

4. 复制企业生产过程中发生的各项生产费用，按照生产步骤进行归集，分别按成本项目设置专栏进行归集登记。生产步骤一般包括：母盘(带)制作、子盘(带)复制、盘面印刷、包装装潢等。

5. 原材料的归集与分配：

产品生产耗用的原材料，应根据各生产步骤的领料凭证和“材料耗用汇总表”，直接计入该产品的生产成本；如不能直接计入的，可按各产品的产量、重量、定额消耗量或定额费用比例等确定分配标准，分配计入各有关产品成本。

6. 委托加工的归集与分配：

企业应根据委托购入母盘的实际成本，直接计入该产品的生产成本。

7. 动力费用的归集与分配：

实际发生的动力费用，应根据仪表记录耗用动力的数量以及动力的平均单价计算，直接计入该产品成本项目；如没有仪表记录的，可按生产实物产量和工时比例、机器功率时数(机器功率×机器时数)比例，或定额消耗量比例等确定分配标准，分配计入各个有关产品成本。

8. 人工费用的归集与分配：

(1) 计件工资，应根据工资结算凭证和“工资分配表”，直接计入产品生产成本；计时工资，应根据人工工种的不同，按不同工种生产各类产品的生产工时(实际工时)比例，分配计入各生产步骤的有关生产成本。

(2) 奖金、津贴、补贴和计提职工福利费，以及特殊情况下支付的工资等，应按计入的工资额比例或生产工时比例，分配计入各生产步骤的有关生产成本。

9. 制造费用的归集与分配：

(1) 根据车间、部门分别设立制造费用明细账进行归集与分配。

(2) 按车间、部门受益情况分别核算，不得将各车间、部门的制造费用汇总后统一分配。

(3) 月末，根据各类费用的项目性质和特点，确定制造费用的分配方法。计算后将制造费用分配记入各有关产品成本。

常用的分配方法有以下几种：生产工人工时比例分配法、生产工人工资比例分配法、机器工时比例分配法和年度计划分配率法等。

10. 月末，企业根据“生产成本——基本生产成本”等有关明细账和费用分配表以及各类单据，进行复制成本的计算与分配。

(1) 每个步骤产品完工经检验合格后，由车间填制完工产品转移通知单，分别作为财会部门成本计算的依据和下道工序或仓库接收的凭证，以及车间产品转移记录的备查单据。

(2) 财会部门依据最终产品车间送来的完工产品转移通知单、仓库产品入库单、产品成本明细账和有关原始凭证资料，选用移动平均法等产品计价方法，编制产品成本计算表，据以计算产成品的单位成本和总成本。

(3) 根据复制企业的生产特点，一般不计算各步骤在产品成本。月末，如有在产品及可回收废品，可按其完工程度折合成约当产量，并结合已完工产品产量，与总生产成本相配比，最终计算在产品成本和可回收废品的成本。

11. 产品销售成本，应按该产品销售数量和该产成品单位成本计算后结转。

六、印刷物资供应企业成本核算办法

(一) 说明

为了规范印刷物资供应企业的会计核算，正确计算印刷物资供应企业的商品成本，根据《企业会计制度》有关规定，特制定《印刷物资供应企业成本核算办法》(以下简称“办法”)。

(二) 印刷物资供应企业成本核算

1. 印刷物资供应属于商品流通领域，其成本核算包括印刷物资销售成本和期间费用的核算。

(1) 印刷物资销售成本，是指企业经营过程中购进商品的价格，以及属于价格性质的价外支出。

(2) 期间费用，是指其他不属于价格性质的经营支出。

2. 印刷物资供应企业的成本核算对象，为当期实现销售收入的全部商品。

印刷物资销售成本可按印刷物资的属性划分为：印刷机械设备类、印刷器材类(版材、感光材料、配件等)、印刷耗材类(油墨、包装材料等)、纸张类、木浆类、光盘材料类和其他物资类等。

3. 企业根据实际经营情况和各类商品的性质，对印刷物资销售成本可采用不同的核算方法。一般按类选用以下核算方法：

(1) 印刷机械类物资，因单价大、购销数量和次数少，适用进价计价的个别计价法核算成本。

(2) 耗材类物资，因品种多、单价小而杂，且销售数量大、进货批次多，但销价较稳定，适用售价计价的分类进销差价率的方法核算成本。

(3) 纸张、木浆和光盘材料类等物资，因进销数量大，品种少、批次多，价格较单一，适用进价计价的加权平均法(或后进先出法等)核算成本。

4. 印刷物资销售成本应与当期实现的商品销售收入相配比。企业当期商品销售成本核算一般按出版系统内外划分：

(1) 供应系统外的物资销售，以当期实现销售的商品作为成本计算的依据；

(2) 供应系统内的物资销售，以出版社、供应方和承印厂确认付印单上的数量，并按供应结算金额确认的销售收入部分，作为当期成本计算的依据。

5. 商品销售成本的核算：

(1) 根据销售收入情况，分别计算当期各类商品物资的销售数量或金额。

(2) 按确定的成本核算方法，计算各类商品物资当期销售成本。主要方法如下：

① 按进销差价率的方法计算成本

$$\text{某类商品进销差价率}=\frac{\text{某类商品期初进销差价}+\text{当期购入商品进销差价}}{\text{某类商品期初库存商品金额}+\text{当期购入库存商品金额}}\times 100\%$$

某类商品销售成本＝该类商品当期销售收入×(1－该类商品进销差价率)

② 按加权平均法的方法计算成本

$$\text{商品销售成本}=\sum(\text{某商品当期销售数量}\times\text{按用加权平均法计算的进货单价})$$

③ 月末，企业汇总各类商品销售成本后，计算出当期全部销售成本。

6. 期间费用的计算：

企业经营过程中发生非价格属性的费用，一般作为期间费用，直接计入当期损益。期间费用按经济用途划分为“营业费用”、“管理费用”和“财务费用”。

(1) 营业费用，是指企业销售商品过程中发生的各项费用以及为销售本企业商品而专设的销售机构的经营费用，以及购买商品过程中发生的进货费用。一般包括：

① 商品销售费用，是指企业在商品销售过程中发生的包装费、运输费、装卸费、保险费等。

② 商品促销费用，是指为扩大商品销售所发生的促销费用，包括展览费、广告费、经营租赁费、销售服务费等。

③ 商品仓储费，是指仓库在储存货物过程中发生的费用和仓库租赁费用。

④ 销售部门的费用，是指为销售商品专设的销售机构（含销售网点、售后服务网点等销售部门）有关人员工资及福利费、业务费、质量检测费用等。

⑤ 委托代销费用，指委托其他单位代销商品时，按代销合同规定支付的委托代销手续费。

⑥ 商品进货费用，是指企业在进货过程中发生的运输费、装卸费、包装费、保险费以及运输途中合理损耗和入库前挑选整理等。

(2) 管理费用，是指企业为组织和管理商品经营活动所发生的各种管理费用。一般包括：

① 工资性支出和管理费用，是指管理人员的工资及福利费、修理费、办公费、差旅费、物料消耗、低值易耗品摊销、工会经费、职工教育经费、劳动保险费、待业保险费、审计费、诉讼费、咨询费、聘请中介机构费等。

② 无形资产摊销。

③ 业务招待费，是指企业正常业务经营活动发生合理的支付，如招待费、业务费用等。

④ 损失或准备，是指企业存货盘点时发现盘亏、盘盈的净额损失以及按规定计提的坏账准备、存货跌价准备等。

⑤ 各项税费，是指按规定计入管理费用的房产税、车船使用税、土地使用税、印花税等。

⑥ 其他费用。

(3) 财务费用，是指企业为筹集生产经营所需资金等而发生的费用，包括应当作为期间费用的利息支出（减利息收入）、汇兑损失（减汇兑收益）及相关手续费等。

五、铁路运输企业会计核算办法

一、总说明

（一）为了统一规范铁路运输企业的会计核算，根据《中华人民共和国会计法》、《企业财务会计报告条例》、《企业会计制度》和国家有关法律、法规，并结合铁路运输企业的实际情况，特制定《铁路运输企业会计核算办法》（以下简称“本办法”）。

（二）中华人民共和国境内所有铁路运输企业在执行《企业会计制度》的同时，执行本办法。

本办法中的铁路运输企业（以下简称“企业”）是指中华人民共和国境内从事铁路运输服务的企业（城市轨道交通除外）。

（三）国务院铁路主管部门可根据铁路运输生产和经营管理的特点和国家对交通运输重要基础设施运营监管的要求，在不违背《企业会计制度》及本办法的前提下制定铁路运输企业内部核算办法。

（四）由于铁路线路中的部分资产具有通过大修实现局部更新的特点，为避免成本重复列支，对线路中的钢轨（包括道岔）、轨枕和道碴不计提折旧，其后续支出予以费用化，计入当期损益。

除上述三类资产以外的固定资产的下列后续支出分别按其性质划分为费用性和资本性支出：为消除病害对桥梁、隧道进行的局部修理支出，路基病害整治支出，机、客、货车和大型养路机械入厂修理、段做厂修、大部件大修支出，灾害复旧支出，以及各项设备的大修支出，予以费用化；各项设备的制式改变或升级支出，根据设备技术标准和行车安全需要必须发生的机车车辆加装改造支出，予以资本化；机车车辆加装改造与入厂修理或段做厂修同时进行的，属于大修性质的支出予以费用化，不属于大修性质的支出予以资本化。

（五）企业为运输设备等固定资产修理而储备的价值较高、使用期限较长且可反复修理使用的高价互换配件，购入时作为固定资产核算，在预计可使用年限内按类别计提折旧。对其它互换配件，购入时作为原材料核算，领用时一次计入当期损益。

（六）企业运输收入是指企业在从事客货运输服务等日常经营活动中所形成的经济利益的总流入（不包括代收的铁路建设基金和其他代收款），按以下原则确认：

1. 旅客和货物(含行包)运输,无论是否收讫价款,都应当在售出车票或办理承运手续并出具运输票据后确认收入;

2. 对先运输后办理手续的军事运输和政府指令性运输等特殊运输业务,应当以实际运输后的后付票据确认收入;

3. 两个及以上企业联合完成的运输业务,以及企业之间互相提供相关服务,按照国务院铁路主管部门制定的收入清算办法或联合运输合同、协议,根据全国铁路运输收入清算机构出具的收入结算凭证,或者企业间互相认定的结算金额,确认各自的收入。

二、补充会计科目设置及其使用说明

(一) 会计科目的设置

本办法在《企业会计制度》的基础上增设"拨付所属投资"、"特准储备物资"、"应交铁路建设基金"、"运输进款结算"、"内部往来"、"特准储备资金"、"上级拨入投资"和"完成工作清算"科目,并对"其他货币资金"、"原材料"、"委托加工物资"、"固定资产"、"长期待摊费用"、"主营业务收入"、"主营业务成本"、"管理费用"、"财务费用"、"营业外支出"等科目的明细科目设置和核算内容进行了补充规定。

(二) 补充会计科目的使用说明

1009　其他货币资金

一、本科目增设"在途货币资金"明细科目,核算企业运输进款解缴过程中产生的在途货币资金,包括车站未存款、车站银行存款、汇缴途中款等。

二、本明细科目的核算方法

企业内部上级核算单位根据相关运输进款凭证,对尚未收到的款项,借记本科目(在途货币资金),贷记"运输进款结算"科目。实际收到款项时,借记"银行存款"科目,贷记本科目(在途货币资金)。

1211　原材料

一、本科目设置以下明细科目:

(一) 燃料。核算机车用燃料及生产、生活用燃料(包括各种用途的固体燃料、液体燃料和气体燃料,以及可以作为燃料使用的废料)的实际成本或计划成本。

(二) 线上料。核算除旧轨料以外的线路上部建筑材料(含备用轨料)的实际成本或计划成本。

(三) 库存其它互换配件。核算库存其它互换配件的实际成本或计划成本。

(四) 旧轨料。核算陈旧可用的线路上部建筑材料、旧钢梁的实际成本或计划成本,包括旧钢轨及其连接零件、成组道岔、辙叉尖轨、防爬器、轨距杆、旧钢梁等。

(五) 库存制服及制服料。核算加工完成验收入库的制服和制服用料。

(六) 一般材料。核算除上述四种材料以外的各种材料的实际成本或计划成本。

二、旧轨料的核算方法:

(一) 线路维修、大中修等拆下的旧轨料,凡能直接使用或经整修后仍可继续使用的,根据点收记录确认的数量和规定的价格,借记本科目(旧轨料),贷记"主营业务成本"等科目;不能使用的,根据点收记录确认的数量和残料价格,借记本科目(一般材料),贷记"主营业务成本"等科目。

(二) 旧轨料整修时所发生的收集、拆卸、整理和运输等整修费用,借记"主营业务成本"等科目,贷记"银行存款"等科目。

(三) 领用旧轨料时,按账面价值,借记"主营业务成本"等科目,贷记本科目(旧轨料)。

(四) 出售旧轨料时,按售价,借记"银行存款"等科目,贷记"其他业务收入"科目,按账面价值,借记"其他业务支出"科目,贷记本科目(旧轨料)。

(五) 在国家铁路运输企业之间无偿划转旧轨料,按账面价值,划出方借记"上级拨入投资"科目,贷记本科目(旧轨料)。划入方借记本科目(旧轨料),贷记"上级拨入投资"科目。划入、划出单位所发生的装卸、运输等费用,借记"主营业务成本"等科目,贷记"银行存款"等科目。

1251　委托加工物资

一、本科目应设置"制服加工"明细科目,核算委托外单位加工制服的实际成本。

二、本明细科目的核算方法:

(一) 发给外单位加工制服用料,按计划成本或实际成本,借记本科目(制服加工),贷记"原材料"科目。按计划成本核算的企业,还应当结转材料成本差异。

(二) 企业支付加工费用、运杂费等,借记本科目(制服加工),贷记“银行存款”等科目。

(三) 加工完成验收入库的制服和剩余的制服用料,按加工收回制服和剩余制服用料的实际成本或计划成本,借记“原材料”科目,贷记本科目(制服加工)。按计划成本核算的企业,还应当结转材料成本差异。

1453 拨付所属投资

一、本科目核算企业拨付所属单位投资的增加或减少,包括拨付所属单位投资款,国家铁路运输企业之间按规定无偿划转资产,基本建设项目移交资产等。

二、本科目的核算方法:

(一) 对所属单位拨出投资,借记本科目,贷记“银行存款”等科目。

(二) 企业所属单位之间无偿划转资产,企业借记本科目(资产划入单位),贷记本科目(资产划出单位)。企业所属的资产划入单位,借记“固定资产”等科目,贷记“上级拨入投资”科目;企业所属的资产划出单位借记“上级拨入投资”科目,贷记“固定资产”等科目。

(三) 接收基本建设项目移交资产并下转所属单位,借记本科目,贷记“上级拨入投资”科目。

三、本科目的期末借方余额,反映企业拨付所属单位的投资额。

1501 固定资产

一、本科目核算企业固定资产的原价。固定资产是指单位价值较高,使用期限超过 1 年,为生产商品、提供劳务、出租或经营管理持有的有形资产。

购入为运输设备等固定资产修理而储备的高价互换配件按类别作为固定资产核算。

新购机车、车辆的随机配件,在发票账单中注明价格或另开发票账单可以单独计价的,且符合高价互换配件条件的作为固定资产核算。

未作为固定资产管理的工具、器具、其它互换配件等,作为低值易耗品核算。

二、企业应制定高价互换配件目录,列明各种高价互换配件的类别、名称、规格、单价和预计使用年限等,作为高价互换配件核算的标准和依据。高价互换配件目录一经确定,不得随意变更。

三、本科目设置以下明细科目:

(一) 机车车辆;

(二) 集装箱;

(三) 线路;

(四) 信号设备;

(五) 房屋;

(六) 建筑物;

(七) 机械动力设备;

(八) 运输起重设备;

(九) 传导设备;

(十) 电气化供电设备;

(十一) 仪器仪表;

(十二) 工具及器具;

(十三) 信息技术设备;

(十四) 高价互换配件;

(十五) 土地;

(十六) 其他。

四、本科目的核算方法:

(一) 企业高价互换配件按类别进行明细核算,原则上不计提减值准备。如果确因技术进步等原因造成该类高价互换配件已无使用价值和转让价值时,应当按照该类高价互换配件的账面价值计提固定资产减值准备。由于设备转型等原因造成该类高价互换配件已无使用价值和转让价值时,应将其账面价值计入当期损益。

(二) 国家铁路运输企业间无偿划转固定资产,划出单位按固定资产账面价值,借记“上级拨入投资”科目,按已提折旧,借记“累计折旧”科目,按已计提的减值准备,借记“固定资产减值准备”科目,按固定资产原价，贷记本科目；所发生的拆卸费、运输费等相关费用计入当期损益。划入单位按划出单位的账面价值和本单位发生的拆卸费、运输费、安装费等相关费用作为划入固定资产的入账价值，借记本科目或“在建工程”科目，贷记“上级拨入投资”等科目。

（三）基本建设项目移交固定资产的核算。建设项目竣工后，由建设单位向接管企业提供估价资料，企业根据资产分布情况将估价资料转至资产列账单位。列账单位将资产按估价入账，借记本科目，贷记“上级拨入投资”和“实收资本”等科目。建设项目正式验收后，交接双方应根据项目竣工决算办理资产交接手续，资产接管单位按实际价值，调整已估价入账资产的价值、已计提的折旧和上级拨入投资额等。

按《国有建设单位会计制度》核算的铁路基本建设业务，在形成资产经过正式验收并交付企业时，企业应分别其不同的具体资产项目和对应的权益或负债纳入会计核算。

1901　长期待摊费用

一、本科目应设置“待摊制服补贴”明细科目，核算应由企业负担的，需要在以后年度分期摊销的制服补贴。

二、本明细科目的核算方法：

（一）发放职工制服时，按企业应当负担的制服补贴，借记本科目（待摊制服补贴），按职工应当负担的部分，借记“其他应收款”等科目，按制服价值，贷记“原材料”等科目。

（二）按期制服补贴摊销时，借记“主营业务成本”、“管理费用”等科目，贷记本科目（待摊制服补贴）。

1902　特准储备物资

一、本科目核算按规定储备的，用于战备、防汛等特定用途物资的实际成本。

二、本科目的核算方法。

（一）特准储备物资增加：

1. 调入特准储备物资，根据实际成本，借记本科目，贷记“特准储备资金”科目。

2. 购入特准储备物资时，按发票账单支付物资价款、税金和运杂费，借记本科目，贷记“银行存款”等科目。

3. 按照要求将企业原材料等转作特准储备物资时，借记本科目，贷记“原材料”等科目。

（二）特准储备物资减少：

1. 调出特准储备物资时，借记“特准储备资金”等科目，贷记本科目。

2. 经批准出售特准储备物资时，按照出售物资的账面价值，借记“特准储备资金”科目，贷记本科目；同时按照收到的价款，借记“银行存款”等科目，贷记“特准储备资金”科目。

3. 减少特准储备物资储备定量，将其转为生产储备时，借记“原材料”等科目，贷记本科目。

4. 根据上级要求，将特准储备物资用于战备、防汛等特定用途时，借记有关科目，贷记本科目。

（三）根据规定调整特准储备物资价格，溢价时，借记本科目，贷记“特准储备资金”科目；折价时，作相反的分录。

（四）企业要加强对特准储备物资的管理，定期对特准储备物资进行清查，由于管理不善造成特准储备物资的损失，由企业或个人承担，借记“营业外支出”、“其他应收款”等科目，贷记本科目。发生特准储备物资的盘盈，按程序逐级审批后，借记本科目，贷记“特准储备资金”科目。

三、本科目的期末借方余额，反映企业特准储备物资的实际成本。

2178　应交铁路建设基金

一、本科目核算企业应上交的铁路建设基金及其利息。

二、本科目设置以下明细科目：

（一）铁路建设基金；

（二）铁路建设基金利息。

三、本科目的核算方法。

企业结算应交铁路建设基金时，借记“运输进款结算”科目，贷记本科目（铁路建设基金）。收到利息时，借记“银行存款”科目，贷记本科目（铁路建设基金利息）。上交时，借记本科目，贷记“银行存款”或“内部往来”科目。

四、本科目的期末贷方余额，反映企业应交未交的铁路建设基金及其利息。

2185 运输进款结算

一、本科目核算企业办理客货运输业务过程中向旅客、托运人或收货人等核收的全部款项及其结算。该科目贷方反映应收取的全部款项,借方反映已结算的款项。

二、本科目的核算方法:

(一)根据相关运输进款凭证,借记"银行存款"、"其他货币资金——在途货币资金"、"内部往来"等科目,贷记本科目。

(二)根据相关运输进款凭证,借记本科目,按应交上级运输进款,贷记"内部往来——上级单位"科目,按应交铁路建设基金,贷记"应交铁路建设基金"科目,按各项代收款项,贷记"其他应付款"等科目,按本企业独立完成运输业务取得的收入,贷记"内部往来"科目。

三、本科目年末应无余额。

2236 内部往来

一、本科目核算企业内部具有财务隶属关系的单位间相互往来的款项,包括运输进款、运营资金、代垫所属单位资金、收入清算、上交税金、利润分配等款项的往来。

二、本科目按照往来单位和款项类别进行明细核算。

三、本科目的核算方法:

(一)运输进款往来款项

1. 收到所属单位上交的运输进款时,借记"银行存款"科目,贷记本科目(下级单位)或"其他货币资金"科目。

2. 根据相关运输进款凭证转列运输进款时,借记本科目(下级单位),贷记"运输进款结算"科目。

3. 本企业独立完成运输业务取得的收入,根据相关运输进款凭证,借记"运输进款结算"科目,贷记本科目。

4. 结算运输进款时,借记本科目(上级单位),贷记"银行存款"科目。

5. 拨付运营资金时,借记本科目,贷记"银行存款"科目。

6. 运输进款垫付事故款项等,借记"应收账款"等科目,贷记本科目(下级单位)或"其他货币资金"科目。

(二)运营往来款项

1. 收到拨付的运营资金时,借记"银行存款"科目,贷记本科目。

2. 上级单位向所属单位拨付或为所属单位垫付资金时,借记本科目(下级单位),贷记"银行存款"等科目;下级单位收到上级单位拨付资金或垫付资金时,借记"银行存款"、"物资采购"、"原材料"等科目,贷记本科目(上级单位)。

3. 企业独立完成运输任务取得的收入,按进款部门的通知书,借记本科目,贷记"应收账款(资金清算中心)"科目。

4. 按规定进行收入结算或完成工作清算时,上级单位,借记"完成工作清算"科目,贷记本科目(下级单位);下级单位,借记本科目(上级单位),贷记"主营业务收入"或"完成工作清算"等科目。

5. 上交税金及附加、分配利润时,上级单位,借记本科目(下级单位),贷记"应交税金"、"利润分配"等科目;下级单位,借记"应交税金"、"应付股利"等科目,贷记本科目(上级单位)。

四、本科目的期末借方余额,反映应收未收的往来款项;期末贷方余额,反映应付未付的往来款项。

2332 特准储备资金

一、本科目核算按规定储备战备、防汛等特定用途物资的资金。

二、本科目的核算方法

(一)特准储备资金增加。

1. 调入特准储备物资,借记"特准储备物资"科目,贷记本科目。

2. 收到特准储备资金时,借记"银行存款"等科目,贷记本科目。

(二)特准储备资金减少。

1. 上交特准储备资金时,借记本科目,贷记"银行存款"或"内部往来"等科目。

2. 经批准减少特准储备物资定量,调整为生产储备,资金不再上交时,借记本科目,贷记"资本公积"

科目。

3. 向下级单位转拨特准储备资金，拨出时，借记本科目，贷记“银行存款”或“内部往来”等科目；收回该项资金时，作相反的分录。

（三）其余主要会计事项比照“特准储备物资”科目的有关规定进行核算。

三、本科目的期末贷方余额，反映企业特准储备资金的实际结存金额。

3102 上级拨入投资

一、本科目核算上级拨入投资的增加或减少，包括上级拨入投资款，国家铁路运输企业之间按规定无偿划转资产，基本建设项目移交资产等。

二、科目的核算方法：

（一）企业收到上级拨入投资时，借记“银行存款”等科目，贷记本科目。

（二）国家铁路运输企业之间按规定无偿划转资产时，划出单位，借记本科目等，贷记“固定资产”等科目；划入单位，借记“固定资产”等科目，贷记本科目。

（三）基本建设项目竣工接收资产时，借记“固定资产”、“原材料”等科目，贷记本科目。

（四）按批准的投资数额转增实收资本时，借记本科目，贷记“实收资本”科目。

三、本科目的期末贷方余额，反映企业尚未转增实收资本的投资额或所属非法人单位收到上级累计拨入的投资额。

5101 主营业务收入

一、本科目核算企业提供旅客、货物运输及相关服务等日常活动所取得的收入，包括旅客运输收入、货物运输收入、行包运输收入、提供运输服务收费收入、其他运输收入等。

二、本科目按照提供的运输产品和运输服务项目进行明细核算。

三、本科目的核算方法：

（一）企业独立完成运输任务取得的收入，按进款部门的通知书，借记“内部往来”科目，贷记“应收账款（资金清算中心）”科目；按资金清算中心下转的资料，借记“应收账款（资金清算中心）”科目，贷记本科目。

（二）企业与其他企业共同完成运输任务，按规定清算取得的收入，借记“内部往来——上级单位”科目，贷记本科目。

（三）企业提供相关服务取得的收入，借记“应收账款”等科目，贷记本科目。

四、期末，应将本科目的余额转入“本年利润”科目，结转后本科目应无余额。

5103 完成工作清算

一、本科目核算企业内部具有财务隶属关系的单位对完成运输工作进行的内部清算。

二、办理清算时，上级单位，借记本科目，贷记“内部往来——下级单位”科目；下级单位，借记“内部往来——上级单位”科目，贷记本科目。

三、期末，应将本科目的余额转入“本年利润”科目，结转后本科目应无余额。

5401 主营业务成本

一、本科目核算企业提供旅客、货物运输以及相关服务等日常活动而发生的实际成本。

二、本科目设置以下明细科目：

（一）旅客运输成本。核算为旅客运输直接发生的各种支出，包括旅客列车服务人员工资、客车运用和维护费用、相关服务付费及其他支出。

（二）货物运输成本。核算为货物运输直接发生的各种支出，包括货物发送、运行、中转、到达作业费用，货车、集装箱运用和维护费用，货车使用费，相关服务付费及其他支出。

（三）行包运输成本。核算为行李、包裹运输发生的各种直接支出，包括行包发送、运行、中转、到达作业费用，专用行包车辆运用和维护费用，相关服务付费及其他支出。

（四）基础设施成本。核算铁路路网、行车指挥等基础设施运用和维护所发生的各种直接支出，包括铁路线路设备等行车设施运用、养护费，行车指挥调度费及其他支出。

（五）其他成本。核算企业生产中发生的除旅客、货物、行包运输成本和路网成本以外的各种支出。

三、本科目的核算方法。

运输生产领用材料、燃料、低值易耗品，借记本科目，贷记“原材料”、“低值易耗品”等科目。支付生产人员工资，借记本科目，贷记“应付工资”科目。支付生产用水、用电等其他费用，借记本科目，贷记“银行存款”等科目。按规定计提固定资产折旧费，借记本科目，贷记“累计折旧”科目。其他业务应分摊的间接费用，借记“其他业务支出”科目，贷记本科目。支付相关服务费，借记本科目，贷记“银行存款”等科目。

四、期末，应将本科目的余额转入“本年利润”科目，结转后本科目应无余额。

5502 管理费用

一、本科目核算企业为组织和管理企业生产经营所发生的管理费用，除《企业会计制度》规定的内容外，还包括住房公积金、防疫经费、制服补贴、客货营销费用、上交上级管理费、上交营业外单位支出附加费等。

二、本科目按照费用项目进行明细核算。

三、本科目的核算方法

（一）企业发生的各项管理费用，借记本科目，贷记“现金”、“银行存款”、“应付工资”、“累计折旧”、“无形资产”等科目。

（二）企业上交上级管理费、营业外单位支出附加费时，借记本科目，贷记“内部往来”等科目。

四、期末，应将本科目的余额转入“本年利润”科目，结转后本科目应无余额。

5503 财务费用

一、本科目核算企业为筹集生产经营所需资金等而发生的费用，包括利息收入、利息支出、汇兑损益、铁路内部单位之间资金占用费、铁道资金结算机构内部调剂资金占用费以及相关的手续费用等。

二、本科目设置以下明细科目：

（一）利息收入。核算企业在金融机构的存款利息收入。

（二）利息支出。核算企业筹集生产经营所需资金等而发生的利息支出，包括借款利息（含交付使用资产的借款利息）、应收票据贴现利息、发行债券利息等。

（三）汇兑损益。核算企业外币折算产生的汇兑损益。

（四）资金占用费收入。核算铁路内部单位之间的资金占用费收入以及铁道资金结算机构向内部单位发放调剂资金而收取的资金占用费。

（五）资金占用费支出。核算铁路内部单位之间的资金占用费支出以及铁道资金结算机构吸收内部单位的存款而支付的资金占用费。

（六）其他财务费用。核算企业支付给金融机构、铁道资金结算机构的手续费以及铁道资金结算机构收取的手续费。

三、本科目的核算方法

（一）支付借款利息时，借记本科目（利息支出），贷记“银行存款”、“预提费用”等科目。收取金融机构存款利息收入，借记“银行存款”科目，贷记本科目（利息收入）。未到期应收票据向银行贴现，借记“银行存款”科目，贷记“应收票据”科目，借记或贷记本科目（利息支出或利息收入）。

（二）发生的汇兑损失，借记本科目（汇兑损益），贷记相关科目。企业发生的汇兑收益，借记相关科目，贷记本科目（汇兑损益）。

（三）铁道资金结算机构吸收内部单位存款而支付资金占用费，借记本科目（资金占用费支出），贷记相关科目。铁道资金结算机构向内部单位发放调剂资金而收取资金占用费，借记相关科目，贷记本科目（资金占用费收入）。

（四）支付资金占用费，借记本科目（资金占用费支出），贷记相关科目。收取资金占用费，借记相关科目，贷记本科目（资金占用费收入）。

（五）支付金融机构、铁道资金结算机构手续费，借记本科目（其他财务费用），贷记“银行存款”等科目。铁道资金结算机构收取手续费，借记“银行存款”等科目，贷记本科目（其他财务费用）。

四、期末，应将本科目的余额转入“本年利润”科目，结转后本科目应无余额。

5601 营业外支出

一、本科目核算企业发生的与其生产经营无直接关系的各项支出，除《企业会计制度》规定的内容外，还包括特准储备物资养护费，中小学、技工学校、公安机关、检察院、法院、疗养院等单位的直接支出以及与有关部门协议规定的补贴支出等。

二、本科目按照支出项目进行明细核算。

三、本科目的核算方法

(一) 企业的中小学、技工学校、公安机关、检察院、法院、疗养院等单位发生直接支出时，借记本科目，贷记"银行存款"等科目。

(二) 企业按照与有关部门签订的协议，对移交地方管理的中小学、技工学校、医院等单位支付补贴时，借记本科目，贷记"银行存款"科目。

(三) 发生特准储备物资养护支出时，借记本科目，贷记"银行存款"、"原材料"等科目。

四、期末，应将本科目的余额转入"本年利润"科目，结转后本科目应无余额。

三、补充会计科目表及报表披露说明(略)

六、保险中介公司会计核算办法

保险中介公司会计核算办法

财会[2004]10号

一、总说明

(一) 为了统一规范保险中介公司的会计核算，真实、完整地提供企业的会计信息，根据《中华人民共和国会计法》、《企业财务会计报告条例》、《企业会计制度》和国家有关法律、法规，并结合保险中介公司特点及实际情况，特制定《保险中介公司会计核算办法》(以下简称"本办法")。

(二) 中华人民共和国境内所有保险中介公司在执行《企业会计制度》的同时，执行本办法。

本办法中的保险中介公司是指经中国保险监督管理委员会批准取得营业许可证，从事保险中介服务并采取有限责任公司和股份有限公司组织形式的专业保险代理公司、保险经纪公司和保险公估公司。

(三) 采取有限责任公司和股份有限公司以外其他组织形式设立的保险中介机构，其日常经营业务的核算应参照本办法执行，所有者出资、与所有者往来等的核算另行规定。

二、补充会计科目设置及其使用说明

(一) 会计科目的设置

本办法在《企业会计制度》的基础上增设了"存出营业保证金"科目；在"应收账款"下增设了"垫付保费"、"代垫费用"二级科目；在"应付账款"下增设了"代收保费"二级科目；在"其他应付款"下增设了"协作业务费用"二级科目；在"主营业务收入"下增设了"代理佣金收入"、"经纪佣金收入"、"咨询费收入"、"公估费收入"二级科目，并对这些科目的核算内容进行了补充规定。

(二) 补充会计科目的使用说明

1131　应收账款

一、本科目核算保险中介公司因提供劳务等应向接受劳务单位收取的款项等。

二、在本科目下设置"垫付保费"明细科目，核算保险代理公司或保险经纪公司为投保人垫付给保险公司的保费。

三、为投保人垫付保费支付给保险公司时，应借记本科目(垫付保费)，贷记"现金"、"银行存款"等科目。收到投保人支付的保费时，应借记"现金"、"银行存款"等科目，贷记本科目(垫付保费)。

四、"应收账款——垫付保费"科目应按投保人设置明细账，进行明细核算。

五、在本科目下设置"代垫费用"明细科目。代垫费用是指根据合同规定的，保险中介公司在完成业务的过程中为客户暂时垫付的费用，如合同中规定的差旅费、查勘费、专家咨询费、检测费等。如果业务合同中未明确规定为代垫费用的，应作为保险中介公司的业务成本进行核算。

六、发生代垫费用时，借记本科目(代垫费用)，贷记"现金"、"银行存款"等科目。收到客户归还的代垫费用时，借记"现金"、"银行存款"等科目，贷记本科目(代垫费用)。

七、"应收账款——代垫费用"科目应按客户等设置明细账，进行明细核算。

1905　存出营业保证金

一、本科目用来核算保险中介公司缴存的营业保证金。

二、缴存保证金时，借记本科目，贷记"银行存款"科目。

三、本科目期末借方余额，反映保险中介公司缴存的营业保证金余额。

2121 应付账款

一、本科目核算保险中介公司因购入商品、接受劳务等应付给供应单位的款项等。

二、在本科目下设置"代收保费"明细科目，核算保险代理公司或保险经纪公司向投保人收取、之后再解付给保险公司的保费。

三、收到投保人交付的保费时，借记"现金"或"银行存款"等科目，贷记本科目(代收保费)。

将保费解付给保险公司时，应借记本科目(代收保费)，贷记"现金"、"银行存款"等科目。

四、"应付账款——代收保费"科目应按保险公司设置明细账，进行明细核算。

2181 其他应付款

一、本科目用来核算保险中介公司应付、暂收其他单位和个人的除代收保费之外的款项。

二、在本科目下设置"协作业务费用"明细科目，核算保险经纪公司或保险公估公司进行业务协作时一方支付给另一方的费用。

三、发生协作业务时，保险中介公司按应支付给其他中介机构的业务协作费用，借记"银行存款"、"应收账款"等科目，贷记本科目(协作业务费用)。

保险中介公司支付给协作方的业务协作费，借记本科目(协作业务费用)，贷记"银行存款"等科目。

四、"其他应付款——协作业务费用"科目应按各协作方设置明细账，进行明细核算。

5101 主营业务收入

一、本科目核算保险中介公司从事其主营业务所产生的收入。

二、保险代理公司主营业务收入是向保险公司收取的保险代理佣金，本办法在"主营业务收入"下设置"代理佣金收入"明细科目进行核算。

保险经纪公司主营业务收入包含经纪佣金收入、咨询费收入，本办法在"主营业务收入"下分别设置"经纪佣金收入"、"咨询费收入"明细科目进行核算。经纪佣金收入指为客户拟订投保或分保方案、办理投保手续、代办检验、索赔等业务的收入；咨询费收入指为客户提供防灾、防损或风险评估、风险管理咨询等服务的收入。

保险公估公司的主营业务收入是承保前或承保后检验、估价和风险评估，及标的出险后查勘、检验、估损及理算等业务的收入，本办法在"主营业务收入"下设置"公估费收入"明细科目进行核算。

三、保险中介公司在同一会计年度内开始并完成的劳务，应当在完成劳务时确认收入。

保险代理公司应在保险公司签发保单给保险代理公司或投保人时确认收入，按照与保险公司约定的佣金金额，借记"应收账款"等科目，贷记"主营业务收入——代理佣金收入"科目。

保险经纪公司应当在合同约定的劳务全部完成时确认经纪佣金收入，应当在出具评估报告或咨询报告时确认咨询费收入，借记"应收账款"、"预收账款"等科目，贷记"主营业务收入——经纪佣金收入"或"主营业务收入——咨询费收入"科目。

保险公估公司应当在出具公估报告时确认公估收入，按照合同约定的金额，借记"应收账款"等科目，贷记"主营业务收入——公估费收入"科目。

保险中介公司提供追偿服务、教育服务等业务获得的收入，在"其他业务收入"科目核算，不在本科目核算；与之相关的成本也相应计入"其他业务支出"科目。

保险中介公司的协作业务收入应当在本公司与其他中介机构协作业务的劳务全部完成时确认收入。如果合同约定，即使协作方未履行完劳务，本公司亦可在完成自己的任务后获得相应的收入，则保险中介公司应在完成自己的任务时确认收入。保险经纪公司或保险公估公司在确认收入时，不包括与其他中介机构进行协作应归属于其他中介机构的协作费用。

保险中介公司应按应收取的服务费，借记"应收账款"等科目，按应支付给其他中介机构的业务协作费，贷记"其他应付款——协作业务费用"科目，按其差额，贷记"主营业务收入"相应的二级明细科目。保险中介公司支付给协作方的业务协作费，借记"其他应付款——协作业务费用"科目，贷记"银行存款"等科目。

本公司应收的其他中介机构的业务协作费，借记“应收账款”、“银行存款”等科目，贷记“主营业务收入”相应的二级明细科目。

四、如果保险中介公司提供劳务的开始和完成分属不同的会计年度，在提供劳务交易的结果能够可靠估计的情况下，应当在资产负债表日按完工百分比法确认相关的劳务收入。当劳务的总收入和总成本能够可靠计量、与交易相关的经济利益能够流入企业、劳务的完成程度能够可靠确定时，则劳务交易的结果能够可靠地估计。

在提供劳务交易的结果不能可靠估计的情况下，应当在资产负债表日对收入分别三种情况进行确认和计量：

1. 如果已经发生的劳务成本预计能够得到补偿，应按已经发生的劳务成本金额确认收入，并按相同金额结转成本；

2. 如果已经发生的劳务成本预计不能全部得到补偿，应按能够得到补偿的劳务成本金额确认收入，并按已经发生的劳务成本作为当期费用；

3. 如果已经发生的劳务成本预计全部不能得到补偿，应按已经发生的劳务成本计入当期费用，不确认收入。

5401　主营业务成本

一、本科目核算保险中介公司从事主营业务而发生的实际成本。包括支付给营销员的佣金，业务部门的办公费、折旧费、水电费、人员工资、福利费、差旅费、交通费、通讯费，以及其他与主营业务直接相关的成本。

二、对于同一会计年度开始并完成的业务，公司应当在结转主营业务收入的同时结转主营业务成本；对于跨年度业务，应当在年末按规定的方法计算确定应结转的主营业务成本。结转主营业务成本时应借记“主营业务成本”等科目，贷记相关科目。

三、期末，应将本科目的余额转入“本年利润”科目，结转后本科目应无余额。

三、会计报表格式及补充报表项目

(一) 保险中介公司对外提供的会计报表中至少应包含资产负债表、利润表、利润分配表和现金流量表。

(二) 本办法在《企业会计制度》的基础上在资产负债表中增加了“存出营业保证金”项目，在“应收账款”下增加了“其中：垫付保费”明细项目，在“应付账款”下增加了“其中：代收保费”明细项目。

“存出营业保证金”科目余额应在资产负债表的“长期待摊费用”与“其他长期资产”项目之间单列“存出营业保证金”项目反映。

(三) 在利润表中的“主营业务收入”下增加了“其中：代理佣金收入”、“其中：经纪佣金收入”、“其中：咨询费收入”、“其中：公估费收入”等明细项目。

(四) 利润分配表和现金流量表不做变动。

根据本办法，变动后的资产负债表和利润表的格式如下(略)。

七、水运企业会计核算办法

财政部关于印发《水运企业会计核算办法》的通知

财会[2004]30号

国务院有关部委，各省、自治区、直辖市、计划单列市财政厅(局)，新疆生产建设兵团财务局：

为了规范水运企业的会计核算，提高水运企业会计信息质量，根据《中华人民共和国会计法》、《企业财务会计报告条例》、《企业会计制度》以及国家有关法律、法规，结合水运企业的实际情况，我部制定了《水运企业会计核算办法》，现予印发。于2005年1月1日起在已执行《企业会计制度》的各水运企业执行。执行中有何问题，请及时反馈我部。

二〇〇四年十二月九日

水运企业会计核算办法

第一章 总 说 明

一、为了统一规范水运企业的会计核算，真实、完整地提供企业的会计信息，根据《中华人民共和国会计法》、《企业财务会计报告条例》、《企业会计制度》和国家有关法律、法规，并结合水运企业实际情况，特制定《水运企业会计核算办法》(以下简称"本办法")。

二、中华人民共和国境内的从事内河、海洋旅客、货物运输业务的水上运输企业(以下简称"航运企业")和从事旅客接送、货物装卸、堆存及相关港务管理业务的港口、码头企业(以下简称"港口企业")在执行《企业会计制度》的同时，执行本办法。

三、本办法中使用的术语，其定义分别如下：

1. 运输业务，是指利用船舶等浮运工具提供水上旅客与货物运送的劳务。

2. 航次租船业务，是指船舶所有人向租船人出租船舶一个或数个航次运输的业务，属于运输经营方式的一种。

3. 定期租船业务，是指船舶所有人向租船人出租船舶一定期间运输的业务，属于运输经营方式的一种。

4. 光租船业务，是指船舶所有人将"光船"出租给租船人使用的业务，属于资产租赁性质。

5. 港口装卸业务，是指利用装卸机械在码头泊位或锚地上对船舶或车辆进行装货与卸货的劳务。

6. 港口堆存业务，是指利用港口库、场设施对暂时不能出港的货物进行收存保管的劳务。

7. 港务管理业务，是指对港口基础性设施(包括港口的水域设施、系船设施、港口交通和配套设施)进行维护和管理的劳务。

8. 航次，是指船舶在营运中完成的一个完整的运输生产过程的周期。一般从船舶在终点港卸货或下客完毕时起，经装货或上客后，驶至新的终点港卸货或下客完毕时止，作为一个航次。

9. 客运量，是指航运企业在一定期间船舶实际运送的旅客人数，以"人"为计算单位。

10. 旅客周转量，是指航运企业在一定期间船舶实际运送的每位旅客与该旅客运送距离的乘积之和，以"人公里"为计算单位。

11. 货运量，是指航运企业在一定期间船舶实际运送的货物重量，以"吨"为计算单位。

12. 货物周转量，是指航运企业在一定期间船舶实际运送的每批货物重量与该批货物运送距离乘积之和，以"吨公里"为计算单位。

13. 集装箱运量，是指航运企业在一定期间船舶实际运送的集装箱数量，通常按折合为20英尺集装箱的数量计算，以"TEU"为计算单位。

14. 集装箱周转量，是指航运企业在一定期间船舶实际运送的每个集装箱与该集装箱运送距离乘积之和，以"TEU公里"为计算单位。

15. 换算周转量，是指航运企业在一定期间船舶实际进行旅客运输与货物运输的工作总量，按统一比例换算成同一计量单位后加总求得，以"换算吨公里"为计算单位。换算比例为：货物周转量1吨公里＝1换算吨公里，铺位旅客周转量1人公里＝1换算吨公里，座位旅客周转量3人公里＝1换算吨公里。

16. 货物吞吐量，是指在一定期间经由水运进、出港区范围并经过港口企业装卸的货物数量，以"吨"为计算单位。

17. 装卸量，是指在一定期间经由水运或陆运进、出港区范围并经过港口企业装卸的货物数量，以"吨、TEU"为计算单位。

18. 操作量，是指在一定期间港口企业装卸作业中，完成"一个完整的操作过程"的货物数量，以"吨"为计算单位。在一个完整的操作过程中，一吨货物不论经过几部机械或几组工人操作，也不论其装卸工艺、搬运距离远近，或是否有辅助作业，均只能计算一个操作量。

19. 货物堆存数量，是指港口企业在一定期间使用仓库、堆场所堆存的货物数量，以"吨、TEU"为计算单位。

20. 货物堆存吨(TEU)天数，是指港口企业在一定期间使用仓库、堆场所堆存的货物数量与其实际堆存天数乘积之和，以"吨天、TEU天"为计算单位。

21. 运输佣金，是指企业为有助于运输业务的完成而向代理人支付的款项，包括订舱佣金、操作佣金和揽货佣金等。其中订舱佣金是指企业通过船舶代理人接受托运预约而向其支付的款项；操作佣金是指企业委托船舶代理人办理船舶进、出港口和水域的申报手续，联系安排引航、泊位等业务而支付给其的款项；揽货佣金是指企业支付给货物代理人代为招揽货源的款项。

22. 速遣费，是指装卸工作在规定的时间前完成，从而缩短了船舶在港停泊时间，船方应向有关方支付的奖励金。

23. 滞期费，是指装卸工作超过规定的时间，从而延长了船舶在港停泊时间，有关方应向船方支付的罚金。

24. 与营运业务成本无关费用，是指水运企业在营运过程中发生的与运输、装卸等营运业务无关的费用，如救援遇难船舶等发生的费用。

第二章 补充会计科目使用说明

一、会计科目的设置

1. 本办法在《企业会计制度》的基础上增设了“营业往来”、“辅助营运费用”、“营运间接费用”、“船舶共同费用”、“船舶维护费用”、“船舶固定费用”、“集装箱固定费用”等科目；对“应收账款”、“预付账款”、“备用金”、“应付账款”、“预收账款”、“主营业务收入”、“主营业务成本”、“其他业务收入”、“其他业务支出”、“营业费用”、“管理费用”、“固定资产”等科目的明细科目设置和核算内容进行了补充规定；将“原材料”科目分拆为“材料(编号 1213)”与“燃料(编号 1214)”两个科目，具体会计处理按“原材料”的规定执行。

水运企业应交的港口建设费、应交的客货运附加费等在“其他应交款”科目核算；水运企业代收的其他运输单位款与货物保险费等在“其他应付款”科目核算。

2. 企业可根据需要自行设置“拨付所属资金”、“上级拨入资金”、“内部往来”、“特准储备物资”等科目。

3. 各企业可根据实际情况，在确保会计核算真实、完整、管理需要的基础上，对本办法中所补充会计科目的明细科目进行必要的增减、合并。

二、补充会计科目的使用说明

1131 应收账款

一、本科目核算企业因营运等业务，应向托运人、收货人、代理单位、航运单位或购货单位收取的营运收入款项，以及不能收回的应收票据转入款项。

不单独设置“预收账款”科目的企业，预收的账款也在本科目核算。

二、企业发生应收账款时，按应收金额，借记本科目，按实现的营运收入，贷记“主营业务收入——运输收入”、“主营业务收入——装卸收入”、“主营业务收入——堆存收入”、“主营业务收入——港务管理收入”、“其他业务收入”或“营业往来”等科目。需要交纳增值税的，企业应按专用发票注明的增值税额，贷记“应交税金——应交增值税(销项税额)”科目。

三、应收账款的其他账务处理按《企业会计制度》的规定执行。

四、本科目应按托运人、收货人、代理单位、航运单位或购货单位设置明细账进行明细核算。

五、本科目期末借方余额，反映企业尚未收回的应收账款；期末如为贷方余额，反映不设置预收账款科目的企业预收的账款。

1134 备用金

一、本科目核算企业拨付所属营运船舶、营业站点、业务部门日常经营周转用以及职工借支差旅费的备用金。

二、本科目应按拨付的船舶、营业站点或个人设置明细科目，进行明细核算。企业也可以增设以下明细科目进行核算：

(一) 船舶业务备用金

(二) 船舶伙食备用金

(三) 营业站点备用金

(四) 其他备用金

三、企业拨付备用金时，借记本科目，贷记“现金”等科目；

收回各种款项时，借记“现金”等科目，贷记本科目。船舶航次结束报销有关费用或职工出差结束报销差旅费时，如实际支出金额大于借支备用金金额，按差额，借记“主营业务成本——运输支出”、“管理费用”等科目，贷记“现金”科目；同时，按拨付备用金的金额，借记“主营业务成本——运输支出”、“管理费用”等科目，贷记本科目。如果实际支出金额小于拨付备用金金额，按实际支出金额，借记“主营业务成本——运输支出”、“管理费用”等科目，贷记本科目，同时，按差额，借记“现金”等科目，贷记本科目。

实行定额备用金制度的企业，对于领用的备用金应当定期向财务会计部门报销。财务会计部门根据报销数用现金补足备用金定额时，借记“主营业务成本——运输支出”、“管理费用”等科目，贷记“现金”科目，报销数和拨补数都不再通过本科目核算。

四、企业期末备用金不计提坏账准备。

五、本科目应按备用金的类别以及拨付备用金的船舶、营业站点、业务部门或个人设置明细账，进行明细核算。

六、本科目期末借方余额反映企业尚未收回的备用金。

1151　预付账款

一、本科目核算企业按照合同或协议预付给物资供应单位的款项、代理单位的款项和修理单位的款项。

二、本科目可以设置以下明细科目进行核算：

（一）预付购货款

（二）预付代理费用款

（三）预付修理款

三、企业因购货而预付购货款、因修理设备预付修理费等款项时，借记本科目，贷记“银行存款”等科目。收到所购物资或船舶修理完工验收时，根据发票账单等列明的金额，需要补付款项时，借记本科目，贷记“银行存款”科目；按照货款或修船费全额，借记“物资采购”科目，按专用发票上注明的可抵扣的增值税额，借记“应交税金——应交增值税（进项税额）”科目或“主营业务成本——运输支出”等科目，贷记本科目。如发生退回多付款项时，借记“银行存款”科目，贷记本科目。

四、预付款项情况不多的企业，也可以将预付的款项直接记入“应付账款”科目的借方，不设置本科目。

五、预付账款的其他账务处理按《企业会计制度》的规定执行。

六、本科目应按预付款项的类别以及代理单位、供应单位和修理单位设置明细账，进行明细核算。

七、本科目期末借方余额，反映企业实际预付的款项；期末如为贷方余额，反映企业尚未补付的款项。

1501　固定资产

一、本科目核算企业固定资产的原价。固定资产，是指单位价值较高，使用年限超过一年，为营运生产、出租或经营管理而持有的有形资产。包括船舶、集装箱、港务与库场设施、装卸机械、车辆、通讯设备、房屋与建筑物以及其他与营运生产有关的设备、器具、工具等。

未作为固定资产管理的工具、器具等，作为低值易耗品核算。

二、固定资产的确认和计量，按照《企业会计制度》的规定执行。

对于由不同功能的独立部件系统构成的大型固定资产，如果各自具有不同的使用寿命或以不同的方式为企业提供经济利益，从而适用不同的折旧率或折旧方法，应当单独确定为固定资产，如大型运输船舶，可以将船舶的船体、栖装中的靠泊系统、主辅机系统、螺旋桨与轴系、空调系统、电气设备、电信设备、起货系统、救生系统等作为主要部件进行计价。

按部件分别确认的固定资产应按其主要部件以及各个主要部件的预计折旧年限分别计提折旧。

对于按部件分别确认的固定资产，企业应当制定这类固定资产主要部件的划分标准、折旧年限、折旧方法，作为部件计价与计提折旧的依据。

三、固定资产的其他账务处理按《企业会计制度》的规定执行。

四、本科目期末借方余额，反映企业期末固定资产的账面原价。

2121　应付账款

一、本科目核算企业因购买燃料、材料物资、接受劳务或者修理等而应付给供应单位或修理单位的款项。

二、企业因固定资产修理而发生的应付未付款项，根据修理单位的发票账单，借记“主营业务支出——运输支出”、“主营业务支出——装卸支出”、“主营业务支出——港务管理支出”、“其他业务支出”、“管理费用”等科目，贷记本科目；支付时，借记本科目，贷记“银行存款”等科目。

三、应付账款的其他账务处理按《企业会计制度》的规定执行。

四、本科目应按供应单位与修理单位设置明细账进行明细核算。

五、本科目期末贷方余额，反映企业尚未支付的应付账款。

2131　预收账款

一、本科目核算企业按照合同或协议规定向托运人、收货人、代理单位、港口单位、航运单位或购货单位等预收的营运收入款项、为其他运输单位代为预收的收入款项、为其他有关方面代为预收的款项。

预收账款不多的企业，可以不设本科目，将收取的款项直接记入“应收账款”科目的贷方。

二、本科目可以设置以下明细科目进行分类核算：

（一）预收的收入款

（二）预收的其他运输单位款

（三）预收的其他应交款

（四）预收的其他应付款（如代办的货物运输保险费等）

三、企业向托运人、收货人、代理单位、港口单位、航运单位或购货单位等预收款项时，借记“银行存款”等科目，贷记本科目；营运收入实现时，按实现的营运收入，借记本科目，贷记“主营业务收入——运输收入”、“主营业务收入——装卸收入”、“主营业务收入——堆存收入”、“主营业务收入——港务管理收入”、“其他业务收入”等科目；结转代收的各项款项时，按结转额，借记本科目，贷记“其他应付款——其他运输单位款”、“其他应交款”、“其他应付款——货物运输保险费”等科目。物料销售还需按专用发票上注明的增值税额，贷记“应交税金——应交增值税（销项税额）”。

四、预收账款的其他账务处理按《企业会计制度》的规定执行。

五、本科目应按预收账款的类别以及托运人、收货人、代理单位、港口单位、航运单位或购货单位等设置明细账，进行明细核算。

六、本科目期末贷方余额，反映企业向托运人、收货人、代理单位、港口单位、航运单位或购货单位等预收的款项；期末如为借方余额，反映企业应由托运人、收货人、代理单位、港口单位、航运单位或购货单位等补付的款项。

4108　辅助营运费用

一、本科目核算航运企业、港口企业的辅助生产船舶所发生的辅助船舶费用和企业其他辅助生产部门生产产品、提供劳务所发生的辅助生产费用。

二、本科目应分别设置“辅助船舶费用”和“辅助生产费用”明细科目。

辅助船舶费用，是指企业所属辅助营运部门为营运生产服务的辅助船舶，包括由轮驳等部门集中管理的拖轮、驳船、浮吊、燃物料（淡水）供应船、交通船等发生的各项费用。辅助船舶费用应按单船（或船舶类型）设置三级明细科目，并按工资、职工福利费、燃料、润料、材料、折旧费、修理费、保险费、港口费、事故损失、税金、劳动保护费、其他等费用项目，设置专栏进行明细核算。

辅助生产费用，是指企业所属辅助生产部门为营运生产提供工业性产品和劳务（如制造工具、备件，修理车、船、装卸机械，供应水、电、气等）所发生的各种辅助生产费用。企业可按辅助生产部门、生产的产品和劳务等设置三级明细科目，按照《企业会计制度》的有关规定，进行明细核算。

三、企业发生的辅助船舶费用和其他辅助生产部门发生的产品、劳务成本，能直接记入各项营运业务成本的，应直接记入有关业务成本；不能直接记入的，按一定的分配标准分配记入各项营运业务成本。

发生辅助营运费用时，借记本科目，贷记“应付工资”、“应付福利费”、“燃料”、“材料”、“银行存款”、“营运间接费用”等科目。月末，按照规定的分配标准由各项受益业务对象负担时，借记“主营业务成本——运输支出”、“主营业务成本——装卸支出”、“主营业务成本——堆存支出”、“主营业务成本——港务管理支出”、“其他业务支出”、“在建工程”等科目，贷记本科目。

四、本科目期末一般应无余额。若有余额，则反映从事工业性产品生产的辅助生产部门期末尚未完工的产品成本。

4109　营运间接费用

一、本科目核算企业日常生产经营过程中所发生的，应由所经营业务承担的不能直接记入有关营运业务成本的各种间接费用，如实行内部独立核算单位的船队、码头作业区管理费用、装卸队费用、自营港埠费用、船员管理部门费用等。企业行政管理部门发生的管理费用和企业辅助生产部门发生的辅助营运费用不通过本科目核算。

二、本科目应按照发生费用的不同部门设置明细科目，并分别按工资、职工福利费、燃润料、材料、低值易耗品、折旧费、修理费、办公费、水电费、业务费、差旅费等费用项目，设置专栏进行明细核算。

三、企业应于各项营运间接费用发生时，借记本科目，贷记"现金"、"银行存款"、"材料"、"应付工资"、"应付福利费"、"累计折旧"等科目。

四、期末，将本期实际发生数在有关受益对象间进行分配。海洋运输企业借记"船舶共同费用——营运间接费用"，贷记本科目；内河运输企业借记"主营业务成本——运输支出（营运间接费用）"科目，贷记本科目；港口企业借记"主营业务成本——装卸支出（营运间接费用）"、"主营业务成本——堆存支出（营运间接费用）"、"主营业务成本——港务管理支出（营运间接费用）"等科目，贷记本科目。企业其他业务分配负担的营运间接费用，借记"其他业务支出"科目，贷记本科目。

五、本科目期末应无余额。

4111 船舶共同费用

一、本科目核算从事海洋运输业务的企业发生的所有运输船舶共同受益，但不能分船直接负担，需经过分配由各船负担的费用。

二、本科目应分别按工资、职工福利费、职工教育经费、工会经费、养老保险基金、失业保险基金、船员服装费、船员差旅费、文体宣传费、单证资料费、通讯导航费、研究试验费、专有技术使用费、营运间接费用、其他等费用项目，设置专栏进行明细核算。

三、发生各项船舶共同费用时，借记本科目，贷记"应付工资"、"应付福利费"、"其他应付款"、"无形资产"、"现金"、"银行存款"、"预提费用"、"待摊费用"以及"营运间接费用"等科目。

期末，应按规定的分配标准，分配于各运输船舶承担，借记"船舶固定费用——××轮"科目，贷记本科目。

船舶共同费用分配，可以按各船的营运艘天、吨天比例或其它比例分配。

四、本科目期末分配结转后应无余额。

4113 船舶维护费用

一、本科目核算有封冻、枯水等非通航期的内河运输企业所发生的，应由通航期成本负担的船舶维护费用。

企业在非通航期从事其他业务等所发生的费用，应记入"其他业务支出"等科目，不通过本科目核算。

二、本科目应按船舶类型（或单船）设置明细科目，并按工资、职工福利费、燃料、材料、保卫费、破冰费、其他等费用项目，设置专栏进行明细核算。

三、发生船舶维护费用时，借记本科目，贷记"应付工资"、"应付福利费"、"燃料"、"材料"、"银行存款"、"应付账款"等科目。

通航期按规定的方法分配时，根据规定的分配标准，据以计算通航期每月份应负担的船舶维护费用，借记"主营业务成本——运输支出"科目，贷记本科目。实际发生的船舶维护费用与计划分配数相差较大时，应及时调整分配标准。

企业在非通航期发生的船舶维护费用，航期前的费用视同"待摊费用"处理，航期后的费用视同"预提费用"处理。

年度终了，企业应将全年的船舶维护费用实际发生数与分配数的差额，在本年度内调整有关运输业务成本，实际发生数大于分配数的差额，借记"主营业务成本——运输支出"科目，贷记本科目；实际发生数小于分配数的差额，用红字分录冲回。

四、本科目年末应无余额。

4115 船舶固定费用

一、本科目核算计算航次成本的海洋运输企业为保持船舶适航状态所发生的费用，包括船员工资、职工福利费、润料费、物料费、保险费、修理费、折旧费、备品配件、车船使用税、租费等费用。

海洋运输船舶的航次运行费用，发生时应直接记入"主营业务成本——运输支出"科目，不通过本科目核算。

二、本科目应按单船设置明细科目，并分别按工资、职工福利费、润料、物料、折旧费、修理费、保险费、税金、船舶非营运期费用、船舶共同费用、其他等费用项目，设置专栏进行明细核算。

如果企业租入按合同需要负担船舶固定费用的船舶（如光租租入船舶），应视同自有船舶，设置明细科目。

三、发生船舶固定费用时，借记本科目，贷记“应付工资”、“应付福利费”、“材料”、“银行存款”、“待摊费用”、“预提费用”、“累计折旧”、“应付账款”、“其他应付款”等科目。

期末按照船舶共同费用分配表列明的各船舶（或船舶类型）分配负担的船舶共同费用金额，借记本科目，贷记“船舶共同费用”科目。

期末，按照规定的分配标准和方法，分配由航次成本或出租业务负担的船舶固定费用时，借记“主营业务成本——运输支出——××轮——××航次”等科目，贷记本科目。

如果企业出租部分舱（箱）位，应按出租舱（箱）位占该船舱（箱）位总数的比例，计算舱（箱）位出租成本应负担的固定费用。

年末未完航次也应按年度内实际营运天数分担当年固定费用。

四、本科目期末分配结转后，应无余额。

4117　集装箱固定费用

一、本科目核算企业自有或租入的集装箱及其底盘车在营运过程中发生的固定费用。

集装箱货物费（包括集装箱装卸、绑扎、拆箱、换装、整理等费用）应直接在“主营业务成本——运输支出”科目核算，不通过本科目核算。

二、企业应按集装箱和底盘车存放的港口、地区或国家分别设置明细科目，并分别集装箱费用（按空箱保管费、折旧费、修理费、保险费、租费、底盘车费用分摊、共同费用分摊、其他等费用项目）和底盘车费用（按底盘车保管费、折旧费、修理费、保险费、租费、其他等费用项目）设置三级明细科目进行核算。

对于不能直接按港口、地区或国家归集的集装箱租金、折旧、修理费等费用的核算，应单独设置“集装箱共同费用”明细科目核算。

三、发生的集装箱固定费用，借记本科目，贷记“银行存款”、“应付账款”、“累计折旧”、“其他应付款”等科目。

期末，应将通过本科目（集装箱共同费用）明细科目归集的集装箱共同费用，分配记入各港口、地区和国家的集装箱固定费用和各船舶航次成本，借记本科目（××港口——集装箱共同费用分摊）”、“主营业务成本——运输支出——××轮——××航次”等科目，贷记本科目（集装箱共同费用）等科目。

底盘车一般在航区（线）内使用。期末，应先将当期发生的底盘车费用，结转至所在港口的集装箱费用，借记本科目（××港口——集装箱费用——底盘车费用分摊），贷记本科目（××港口——底盘车费用）。

期末，将各港口、地区或国家发生的集装箱固定费用（以下简称“区域集装箱费用”），分配由有关船舶的航次成本和集装箱出租成本负担，借记“主营业务成本——运输支出——××轮——××航次”和“其他业务支出” 科目，贷记本科目。

若底盘车出租，参照上述集装箱出租的计算办法，先按当月出租车天数，将出租期内由底盘车出租成本负担的底盘车费用，从所在港口当月发生的全部底盘车费用内扣除，余额再转入该港集装箱费用，分配记入运输业务成本。

四、本科目期末应无余额。

5101　主营业务收入

一、本科目核算航运企业经营旅客、货物运输业务，港口企业经营装卸、堆存、港务管理等日常经营活动中所产生的收入。

二、企业应按照《企业会计制度》的规定，确认主营业务收入，并按所确认实现的营业收入，记入当期损益。

对于海洋运输收入，在同一会计年度内开始并完成的航次，运输收入应当在航次结束时确认；对于开始和完成分别属于不同会计年度的航次即年末未完航次，则在航次的结果能够可靠估计的情况下，应按完工百分比法确认航次收入。完工百分比法，是指按照航次的完成程度确认运输收入和费用的方法。对于开始和完成分别属于不同会计年度的航次，如果历年的航次及相关收入较为均衡，也可以按照航次结束时确认收入。当以下条件均能满足时，航次的结果能够可靠地估计：

（一）航次的运输总收入和总成本能够可靠地计量；

（二）与航次相关的经济利益能够流入企业；

（三）航次的完成程度能够可靠地确定。

航次的完成程度按航次已发生的成本与估计的总成本的比例确定。

在航次的结果不能可靠估计的情况下，应按航次已经发生并已确定的成本对收入进行确认与计量。

对于属于航运收入的租船业务收入，业务在同一会计年度内开始并完成，应在业务完成时确认；业务的开始和完成分属于不同的会计年度（如跨年度的定期租船业务），企业应按开始和完成分别属于不同会计年度的航次运输收入相同的确认方法进行确认。

对于内河运输收入与港内短途运输收入，应在运输业务完成时确认。

港口企业向货方收取的装卸费、堆存费、货物港务费以及向船方收取的装船费、卸船费、速遣费、货运代理费及停泊费、系解缆费等，出口船舶在整船装船完毕时确认有关港口业务收入的实现；进口船舶，向船方收取的费用在整船卸船完毕时确认有关港口业务收入的实现，向货方收取的费用在收货人提货时确认收入实现。

港口向船方收取的引航费、拖带费、移泊费、理货费，及其他应船方申请提供服务而收取的费用，应在完成作业经船方签署确认后确认有关港口业务收入的实现。

三、本科目的明细科目

（一）本科目应按经营的业务类别设置如下明细科目：

1. 运输收入，核算企业从事内河或海洋旅客、货物运输业务所取得的收入，包括航次租船与定期租船的船舶出租收入；

2. 装卸收入，核算企业从事港口装卸业务所取得的收入，包括装卸，集装箱拆、装箱，散货灌包、绞包，联运货物换装，装卸杂作业，过驳，港区范围内火车和汽车的捣载收入，以及速遣收入；

3. 堆存收入，核算企业从事仓库、堆场的货物存储业务所取得的收入；

4. 港务管理收入，核算企业从事港口管理业务所取得的收入，包括货物港务费收入、旅客港务费收入、引航收入、系解缆收入、停泊费收入、铁路使用费收入等；

5. 其他收入，核算企业经营的不属于上述业务收入的其他主要业务收入。

（二）航运企业按照运输类型（旅客、货物）、船舶经营方式（自营、出租）等设置以下三级明细科目，进行明细核算：

1. 货运收入；

2. 客运收入；

3. 船舶出租收入（包括期租、舱位出租收入）；

4. 其他运输收入（包括邮件收入、行李包裹收入、海难救助的有偿收入等）。

海洋运输企业，还可以设置“以前年度运输收入”明细科目核算年末已完航次未达收入。

企业可以按照货物类别（集装箱、干杂货、散货、液体货）、船舶经营方式（自营、出租）、运输贸易性质（内贸运输、外贸运输）等设置四级明细科目核算运输收入，还可以按照船舶名称、航次设置明细科目进行明细核算。

（三）港口企业对所经营的装卸业务应按照业务收入性质、内容和管理需要分别设置以下三级明细科目，进行明细核算：

1. 外贸装卸收入，核算对从事国际航运船舶运输的国外进出口货物进行装卸获得的收入；

2. 内贸装卸收入，核算对从事国内航运船舶运输的国内进出口货物进行装卸获得的收入；

3. 速遣收入，核算企业因缩短船舶在港时间向订有速遣协议的船东或货主收取速遣费而获得的收入；

4. 包干费收入，核算企业以定额包干方式向货主、委托人或代理单位一次性收取的货物在港装卸、堆存、以及货物进出港按规定计付的其他常规费用而取得的收入。装卸收入还可以按照专业作业区或主要货种进行明细分类核算。

（四）港口企业对堆存业务收入核算，可以设置以下三级明细科目，进行明细核算：

1. 一般堆存费收入，核算对堆存在港口仓库、堆场的货物收取的一般堆存费所获得的收入；

2. 累进堆存费收入，核算对堆存在港口仓库、堆场的货物收取的累进堆存费所获得的收入。

企业也可以按照堆存库场、设施的不同，划分为专用库场堆存收入（油库、冷藏库、危险品库、散装筒仓、煤场、木场、集装箱堆场）与普通库场堆存收入；按照主要货种划分为各主要货种堆存收入。

（五）港口企业对所从事的港务管理业务应按照所提供的具体港口服务项目分别设置以下三级明细科目，进行明细核算：

1. 货物港务费收入，核算对由水路进出港口的货物征收货物港务费而获得的收入；
2. 旅客港务费收入，核算对由水路进出港口的旅客征收旅客港务费所获得的收入；
3. 引航收入，核算对进出港口的船舶提供引航服务所取得的收入；
4. 系解缆收入，核算对靠离港口码头、浮筒的船舶提供系解缆服务所取得的收入；
5. 停泊收入，核算对停泊在港口码头、浮筒泊位的船舶收取停泊费所取得的收入；
6. 助泊费收入，核算对提供帮助船舶停泊港口码头、浮筒服务而收取助泊费所取得的收入；
7. 防污费收入，核算对停泊在港口码头、浮筒泊位的船舶收取的污染费收入；
8. 铁路使用费收入，核算对使用港区铁路的单位收取费用所获得的收入；
9. 其他收入，核算不属于以上业务的港务管理收入。

四、本科目的账务处理如下：

（一）企业对取得的各项运输、装卸、堆存以及港务管理等主营业务收入，根据企业与托运人、货主或其代理单位签订的合同、协议，运输单证（包括运单、班轮提单、船票、外贸计费账单、进口货物现提申请单、现金账单、各种杂项作业签证单等），港口码头各项计费单、作业单等单证，按实际收到或应收的金额，借记“银行存款”、“应收账款”、“应收票据”等科目，贷记本科目及所属明细科目。

（二）发生退票、退运以及退回多收费用等业务，应根据经本企业有关业务主管部门出具并经签认的退费单证，冲减发生退费当期的业务收入，借记本科目，贷记“银行存款”、“应收账款”等科目。

（三）航运企业按协议给予代理单位的运输佣金，不得抵减运输收入，应当作为费用，借记“营业费用”科目。

（四）港口企业按协议支付给船方的滞期费不应从装卸收入中扣除，应作为装卸业务成本，在“主营业务成本”科目核算。

（五）航运企业采取包干费方式收取的货物运输收入，应按包干净收入金额确定运输收入。付给此段运输单位的工程运费不列入运输收入。

（六）对于海洋运输业务，期末结算或决算时，船舶营运航次已完成、运费单证尚未寄达，根据有关资料预估收入入账时，借记“已完航次未达收入”科目，贷记本科目（运输收入）。待运费单证到达，以红字冲回上述分录，按运费单证借记“应收账款”、“银行存款”等科目，贷记本科目（运输收入）。如运费单证到达时，年度决算已经办竣，应根据运费单证，借记“应收账款”、“银行存款”等科目，贷记本科目（运输收入——以前年度运输收入）；同时按上年预估入账数以红字借记“已完航次未达收入”科目，贷记本科目（运输收入）。

（七）港口企业采取包干费方式一次收取的货物包干费收入，能够分清包干收费中各项不同业务计费的，应分别装卸业务、堆存业务、港务管理业务和其他业务确定不同业务的金额，贷记本科目及所属明细科目、“其他业务收入”；不能分清包干收费中各项不同业务金额的，按包干收费全部金额，贷记本科目（包干费收入）。

（八）货物堆存业务在免费堆存期内，不予确认堆存收入。堆存费应与货主和代理单位按每计费单位每天加以计算，定期结算（每月至少一次），开出堆存费收单据，确认堆存收入，借记“应收账款”、“应收票据”、“银行存款”等科目，贷记本科目。

六、期末，除海洋运输企业以及需要确认跨年度的年末未完劳务收入的企业外，应将本科目的余额转入“本年利润”科目，结转后本科目应无余额。

海洋运输企业如果年末未完航次对本年损益影响不大，期末应将当期全部已完航次的收入和以前年度运输收入转入“本年利润”科目，本科目贷方余额反映为未完航次的已收款项，作为“未完航次收入”在资产负债表上并同“预收账款”项目反映。

海洋运输企业如果年末未完航次对本年损益影响较大，在航次的结果能够可靠估计的情况下，按已发生的航次成本与估计的航次总成本的比例确定属于本年的运输收入，将其结转“本年利润”科目。也即本年年末应确认的未完航次收入为：

未完航次收入本年年末应确认的＝估计的本航次总成本该航次已发生的成本×总收入估计的该航次

在航次的结果不能可靠估计的情况下，年末未完航次收入应按航次已发生的成本进行确认，将其结转“本年利润”科目。

需要确认年末未完航次收入的海洋运输企业与其他需要确认年末未完劳务收入的企业，年末本科目若为贷方余额，在资产负债表上并同“预收账款”项目反映；若为借方余额，在资产负债表上并同“应收账款”项目反映。

5102　其他业务收入

一、本科目核算企业经营除主营业务以外的其他业务所取得的收入。

二、本科目设置的明细科目及其核算内容：

（一）代理收入，核算企业经营船舶或货运代理业务所取得的收入；

（二）旅客服务收入，核算企业客运船舶经营的餐务、商品销售、卧具出租，以及港口客运站经营小卖部、行李寄存、搬运等业务收入；

（三）租赁收入，核算企业经营租赁性质出租船舶、装卸机械、库场等所取得的收入；

（四）理货收入，核算企业从事国轮、外轮理货和上门理货业务所取得的收入；

（五）供应服务收入，核算企业经营对外供油、供水、供电等业务所取得的收入；

（六）通讯服务收入，核算企业的通讯部门对外提供通讯服务所取得的收入；

（七）外派劳务收入，核算企业向其他单位派遣劳务人员取得的收入；

（八）销售收入，核算企业从事材料物资销售、车船及机械修理等业务取得的收入；

（九）其他收入，核算不属于上述业务收入的其他业务收入。

三、企业应按有关规定确认其他业务收入的实现。本期已实现的其他业务收入，应按实际收到或应收的金额，借记“银行存款”、“应收账款”、“应收票据”等科目，贷记本科目。

四、期末，企业应将本科目的余额转入“本年利润”科目，结转后本科目应无余额。

5401　主营业务成本

一、本科目核算水运企业经营运输、装卸、堆存、港务管理等业务所发生的各项费用。

二、本科目设置以下明细科目：

（一）本科目设置的明细科目及其核算内容：

1. 运输支出，核算海洋、内河运输企业经营旅客、货物运输业务所发生的各项费用；

2. 装卸支出，核算海、河港口企业经营装卸业务所发生的各项费用；

3. 堆存支出，核算企业经营仓库和堆场业务所发生的各项费用；

4. 港务管理支出，核算海、河港口企业所发生的各项港务管理费用；

5. 其他支出，核算企业经营的不属于上述业务的其他主要业务所发生的费用。

（二）海洋运输企业应按运输工具类型（如集装箱船、货轮、客货轮、油轮、拖轮、驳船等）或单船设置三级明细科目，核算运输业务成本。对远洋运输业务计算航次成本时，还应按各船舶的航次设立明细核算。

对于各运输业务进行成本核算，应按航次运行费用、船舶固定费用、船舶租费、舱（箱）位租费、集装箱固定费用等成本项目分别设置明细科目进行明细核算。

本科目还可分船舶另设“以前年度运输支出”明细科目，归集和核算本期登记入账的属以前年度发生的船舶经营成本费用。

（三）内河运输企业应按运输船舶、或船舶类型（如集装箱船、货轮、客货轮、油轮、拖或推轮、驳船等）、或船队、或运输业务类别（如客运、货运、油运、驳运、排运、集装箱运输等）设置三级明细科目，并按船舶直接费用、船舶维护费用、集装箱固定费用、营运间接费用等成本项目进行明细核算。

（四）港口企业对所经营的装卸业务应按专业作业区或货种等设置三级明细科目，并按装卸直接费用、营运间接费用等成本项目进行明细核算。

（五）港口企业对所经营的堆存业务，应按照装卸作业区、仓库、堆场设备种类（如堆场、油罐、筒仓、货棚等）等设置三级明细科目，并按堆存直接费用、营运间接费用等成本项目进行明细核算。

（六）港口企业对所经营的港务管理业务，应按港务管理设施种类或单项港务管理业务（如码头管理、引航管理、航道管理、铁路专用线管理、系解缆管理等)设置三级明细科目,并按港务管理直接费用、营运间接费用等成本项目进行明细核算。

三、本科目的账务处理如下:

(一)海洋运输企业经营运输业务所发生的各项费用,能够直接归属航次的各项费用,包括货物费、集装箱货物费、港口费、中转费、速遣及滞期费等,按规定的成本核算对象和成本项目汇集,借记本科目(运输支出——××船——××航次),贷记"预付账款"、"备用金"等科目;对于不能直接归属航次的各项费用,先在"船舶固定费用"、"集装箱固定费用"等科目归集核算,期末,再将这些费用按规定的分配标准,分配记入有关业务成本,按分配记入运输业务成本负担的金额,借记本科目(运输支出——××船——××航次),贷记"船舶固定费用"、"集装箱固定费用"等有关科目。

企业运输船舶领用、补给燃料、润料时,根据有关凭征,借记本科目(运输支出——××船——××航次),贷记"燃料"、"材料"、"应付账款"等科目,会计期末应实地盘存,查明实际结存量,根据实际盘存量和规定的单价,冲减有关业务成本,借记"燃料(船存燃料)"、"材料(润料)"科目,贷记本科目(运输支出——××船——××航次)。下月初将前述分录转回,借记本科目(运输支出——××船——××航次),贷记"燃料(船存燃料)"、"材料(润料)"科目。实地盘存资料难以取得时,可以各船舶最接近期末的已完成航次结束后船舶轮机日志报告记录的燃料、润料结存数量作为期末结存数量,也可据此经必要的推算确定期末结存量。

运输船舶在营运生产中从事与运输无关业务,如旅客服务业务,港内作业,救援遇难船舶等发生的费用,属于"与运输成本无关费用",不应记入运输业务成本。能够分清属于非运输工作的其它业务的船舶费用,如燃料费用、港口费用等,应直接记入其他业务成本,不通过本科目核算。不能够分清属于非运输工作的其它费用,期末应按各船舶本期从事运输工作和非运输工作天数的比例,计算和确定"与运输成本无关费用"的金额,借记"其他业务支出"等有关科目,贷记本科目(运输支出——××船——××航次)。

运输船舶因故(如厂修、自修、事故停航等)停航期间发生的燃料费、港口费等有关费用应作为船舶非营运期费用,应通过"船舶固定费用"科目"非营运期费用"项目单独归集和核算。

期末结算或决算时,如果船舶航次已完、运输支出单证尚未收到,应根据有关资料,预估支出入账时,借记本科目(运输支出——××船——××航次),贷记"已完航次未达支出"科目。当运输支出单证到达时,以红字冲回上述分录,按运输支出单证借记本科目(运输支出——××船——××航次),贷记"预付账款"、"燃料"、"应付账款"等科目。如运输支出单证到达时,年度决算已经办竣,应根据运输支出单证,借记本科目(运输支出—以前年度运输支出),贷记"预付账款"、"燃料"、"应付账款"等科目。同时按上年已预估入账数以红字借记本科目(运输支出——以前年度运输支出),贷记"已完航次未达支出"科目。

期末,对所有已完航次的成本结转"本年利润"科目。年终,对于开始和完成分别属于不同会计年度的航次即年末未完航次,如果对运输收入进行确认的情况下,应相应地确认未完航次的成本,即按已发生的航次成本结转"本年利润"科目。

海洋运输企业本科目期末若为借方余额,在资产负债表上并同"存货"项目反映。

(二)内河运输企业运输船舶所发生的船舶直接费用应根据原始凭证和有关费用分配表,借记本科目(运输支出),贷记"燃料"、"材料"、"待摊费用"、"预提费用"、"应付工资"、"应付福利费"、"应付账款"、"银行存款"等科目。

有封冻、枯水等非通航期的企业,运输船舶在封冻、枯水等非通航期发生的船舶费用应通过"船舶维护费用"科目核算。

因发生洪水或建设水利、水电设施造成断航,船舶在断航期用于船舶照明、取暖等所耗用的燃料、船舶维护耗用材料以及留船船员工资和职工福利费等船舶直接费用,应记入"营业外支出"科目。

船舶临时从事非运输工作(如救援、临时出租、短期征用等)所发生的与运输业务无关的直接费用,于费用发生时一并在本科目归集,期末按规定方法计算予以扣除,借记"其他业务支出"等科目,贷记本科目(运输支出)。

计算扣除各类运输船舶的与运输成本无关的费用(临时从事非运输工作所应负担的船舶直接费用),客轮、客货轮、货轮、油轮、驳船应按每营运吨天的船舶直接费用和船舶从事非运输工作营运吨天计算。拖(推)轮应按每营运千瓦天船舶直接费用和船舶从事非运输工作营运千瓦天计算。

企业的交通工作船舶、供应船舶、流动修理船舶以及自营港埠的港作船舶、趸船等发生的费用应分别在

“辅助营运费用”和“营运间接费用”科目核算，不通过本科目核算。

期末，内河运输企业应将本科目余额转入“本年利润”科目，结转后本科目应无余额。

（三）港口企业经营装卸、堆存以及港务管理等业务发生的各项业务费用，应按区分不同业务成本的费用，分别记入装卸、堆存以及港务管理等业务成本。能直接记入不同业务成本项目的费用，借记本科目（装卸支出、堆存支出、港务管理支出），贷记各有关科目；不能直接记入的费用应在“营运间接费用”等科目核算。月份终了，再将这些费用按规定的分配标准，分配记入有关业务成本，借记本科目（装卸支出、堆存支出、港务管理支出），贷记“营运间接费用”等科目。

企业装卸队、机械队、工具队等装卸生产部门从事另有收费来源的杂项作业（如机械出租等），应根据非装卸作业的工时记录、机械台时记录、工具领用记录和规定的单位费用或结算价格，编制“与装卸业务无关费用分配表”，据以扣除与装卸业务无关支出，结转由其他业务支出负担，借记“其他业务支出”，贷记本科目（装卸支出）。为了简化核算工作，也可按所取得的非装卸收入的一定比例作为扣除标准。

对企业仓库、堆场设施对外出租等与堆存无关业务，期末企业应根据业务部门提供的仓库、堆场及堆存设备的出租资料，按规定的计算方法计算与堆存无关业务应负担的费用金额，并借记“其他业务支出”科目，贷记本科目（堆存支出）。

期末，港口企业应将本科目的余额转入“本年利润”科目，结转后本科目一般应无余额。

（四）企业发生的事故费用、损失，除全损事故在“固定资产清理”科目核算外，其余海损、机损、货损、货差、污染、行车事故和人身伤亡等事故费用，包括施救、修理、赔偿、善后等直接损失，发生时，借记本科目（运输支出、装卸支出、堆存支出、港务管理支出——事故损失），贷记“银行存款”、“其他应付款”等科目；应由保险公司负担的保险赔偿以及办理共同海损收回的赔偿款，以及应由事故对方或过失人负担的部分，借记“银行存款”、“其他应收款”等科目，贷记本科目（运输支出、装卸支出、堆存支出、港务管理支出——事故损失）。年终，对于当年不能结案的事故，企业可根据实际情况及有关资料，合理估计事故净损失预提事故费用，列入当年的运输成本，借记本科目（运输支出、装卸支出、堆存支出、港务管理支出——事故损失），贷记“预提费用”科目；待事故结案时，将实际费用、损失与预提数的差额，调整结案年度的运输成本。

发生的货损、货差等质量事故损失（包括货物在运输过程中，因企业的责任所发生的货物丢失、短缺、毁损、受潮、污染、差错等事故，以及受损货物的削价损失费用等），在扣除过失人支付的赔偿金额后，按净损失记入有关成本、费用的“事故损失”项目，借记本科目（运输支出、装卸支出、堆存支出、港务管理支出——事故损失），贷记“银行存款”、“其他应付款”等科目。属于不可抗力造成的质量事故损失，按实际损失扣除残值和保险公司赔款后的净损失，记入当期营业外支出。

5405 其他业务支出

一、本科目核算企业除基本营运业务以外的其他业务所发生的各项支出，包括相关的成本、费用、营业税金及附加等。

二、本科目应按其他业务种类设置二级明细科目，并按直接费用、营运间接费用等成本项目进行明细核算。

三、企业经营其他业务所发生的直接费用，应根据有关凭证按业务类别直接记入“其他业务支出”相应费用项目，借记本科目，贷记“应付工资”、“应付福利费”、“累计折旧”、“材料”、“银行存款”、“燃料”、“其他应交款”、“应交税金”等科目；不能直接记入的，可先在“营运间接费用”、“辅助营运费用”等科目核算。月份终了，再将这些费用按规定的分配标准，分配记入有关业务成本，借记本科目，贷记“营运间接费用”、“辅助营运费用”等科目。

四、期末，应将本科目余额转入“本年利润”科目，结转后本科目应无余额。

5501 营业费用

一、本科目核算企业在营运过程中为了组织货源、客源而专设的揽货业务机构经费和其他为揽货而发生的费用。包括：专设揽货机构人员工资及福利费、折旧费、租赁费、差旅费、办公费、其他业务费，及其按约定支付给其他单位或代理人的揽货业务代理费（佣金）、外付劳务费、航运信息公告费、展览费用、广告费和资料印刷费等。

二、本科目应按费用项目设置明细账，进行明细核算。

三、企业发生的各项营业费用，借记本科目，贷记“现金”、“银行存款”、“待摊费用”、“预提费用”、“累计折旧”、“应付工资”、“应付福利费”、“应收账款”等科目。

四、期末，应将本科目的余额转入“本年利润”科目，结转后本科目应无余额。

5502　管理费用

一、本科目核算企业为组织和管理企业生产经营所发生的管理费用，包括企业的董事会和行政管理部门在企业的经营管理中发生的，或者应由企业统一负担的公司经费（包括行政管理部门职工工资、折旧费、修理费、物料消耗、低值易耗品摊销、办公费和差旅费等）、工会经费、待业保险费、劳动保险费、董事会费（包括董事会成员津贴、会议费和差旅费等）、聘请中介机构费、咨询费（含顾问费）、上市公司信息披露与公告费、诉讼费、业务招待费、房产税、车船使用税（不包括运输船舶的使用税）、土地（海域）使用税（费）、印花税、技术转让费、无形资产摊销、职工教育经费、研究与开发费、排污费、存货盘亏或盘盈（不包括应记入营业外支出的存货损失和应记入运输支出的船存燃料亏缺）、计提的坏账准备和存货跌价准备等。

二、本科目应按费用项目设置明细账，进行明细核算。

三、本科目的账务处理按照《企业会计制度》的规定执行。

四、期末，应将本科目的余额转入“本年利润”科目，结转后本科目应无余额。

第三章　关于水运企业营运成本、费用核算的规定

为了规范水运企业营运成本、费用的核算，对水运企业营运成本、费用的构成、营运成本、费用核算的原则、营运成本、费用的具体核算、有关水运业务的成本计算对象、成本计算单位、成本计算期、成本项目、成本费用的归集与分摊方法、成本的计算进行如下规定。

企业应根据《企业会计制度》，结合水运企业的生产经营特点和管理的需要对营运成本、费用进行核算。

第一节　营运成本、费用的构成

营运费用，是指企业在从事运输、装卸、堆存、港务管理和其他业务等日常营运活动中所发生的经济利益的总流出。营运费用不包括资本性支出、对外投资损失、营业外支出以及国家规定的不得列入费用的其他支出。

营运费用按照其能否归属于某项业务的耗费分为营运成本和期间费用两部分。

营运成本，是指能归属于某项营运业务的耗费的营运费用，是企业为从事运输、装卸、堆存、港务管理和其他业务所发生的各种耗费；期间费用是指不能归属于某项营运业务的耗费的营运费用。期间费用包括营业费用、管理费用和财务费用。

营业费用，是指企业在营运过程中为了组织货源、客源而专设的揽货业务机构经费和其他为揽货而发生的费用，包括专设揽货机构人员工资及福利费、折旧费、租赁费、差旅费、办公费、其他业务费，及其按约定支付给其他单位或代理人的揽货业务代理费（佣金）、外付劳务费、航运信息公告费、展览费用、广告费和资料印刷费等。

管理费用，是指企业为组织和管理企业生产经营所发生的管理费用，包括企业的董事会和行政管理部门在企业的经营管理中发生的，或者应由企业统一负担的公司经费（包括行政管理部门职工工资、折旧费、修理费、物料消耗、低值易耗品摊销、办公费和差旅费等）、工会经费、待业保险费、劳动保险费、董事会费（包括董事会成员津贴、会议费和差旅费等）、聘请中介机构费、咨询费（含顾问费）、上市公司信息披露与公告费、诉讼费、业务招待费、房产税、车船使用税（不包括运输船舶的使用税）、土地（海域）使用税（费）、印花税、技术转让费、无形资产摊销、职工教育经费、研究与开发费、排污费、存货盘亏或盘盈（不包括应记入营业外支出的存货损失和应记入运输支出的船存燃料亏缺）、计提的坏账准备和存货跌价准备等。

财务费用，是指企业为筹集生产经营所需资金等而发生的费用，包括应当作为期间费用的利息支出（减利息收入）、汇兑损失（减汇兑收益）、承诺费以及相关的手续费等。

第二节　营运成本、费用的核算原则

1. 企业应按照“权责发生制”的原则，根据各项费用受益期间来确定应由本期营运费用负担的各项支出。凡应由本期有关营运业务成本或期间费用负担的支出，不论款项是否支付，均应记入本期的相关业务成本或期间费用；凡不属于本期有关营运业务成本或期间费用负担的支出，即使款项已经支付，也不应记入本期的相关业务成本或期间费用。

2. 企业应将当期完成的营运业务的成本转入当期损益，期间费用应直接记入当期损益。

3. 企业经营多种业务时，必须分别各项营运业务计算成本，凡能分清应由某项营运业务负担的耗费，

则直接记入该种业务成本；凡不能分清的耗费，则应采用适当的分配方法，分配记入各项营运业务成本。

4. 企业应按照各项营运业务耗费的实际发生额确定各项营运业务的营运成本，企业不得以计划成本、估计成本、定额成本代替实际成本。采用计划成本或者定额成本核算的，应按照规定的成本计算期及时将计划成本或者定额成本调整为实际成本。

第三节 营运费用的核算（略）

八、信托业务会计核算办法

财政部关于印发《信托业务会计核算办法》的通知

财会[2005]1号

各省、自治区、直辖市、计划单列市财政厅（局），新疆生产建设兵团财务局，国务院有关部委、有关直属机构，有关中央管理企业：

为规范和加强信托业务的会计核算，保护信托财产安全，维护委托人、受托人、受益人的合法权益，根据《中华人民共和国会计法》、《金融企业会计制度》及国家其他有关法律和法规，我部制定了《信托业务会计核算办法》，现予印发，自发布之日起在涉及信托业务的所有相关单位（包括委托人、受托人、受益人）及信托项目施行。

执行中有何问题，请及时函告我部。

附件：信托业务会计核算办法

二〇〇五年一月五日

附件：

信托业务会计核算办法

一、信托项目的会计处理

（一）信托项目是指受托人根据信托文件的约定，单独或者集合管理运用、处分信托财产的基本单位。

（二）信托项目应作为独立的会计核算主体，以持续经营为前提，独立核算信托财产的管理运用和处分情况。各信托项目应单独记账，单独核算，单独编制财务报告。不同信托项目在账户设置、资金划拨、账簿记录等方面应相互独立。

信托财产是受托人承诺信托而取得的财产；受托人因信托财产的管理运用、处分或者其他情形而取得的财产，也归入信托财产。

信托财产应与属于受托人所有的财产（以下简称固有财产）相区别，不得归入受托人的固有财产或者成为固有财产的一部分。信托财产应与委托人未设立信托的其他财产相区别。

（三）信托项目的会计要素包括信托资产、信托负债、信托权益、信托项目收入、信托项目费用、信托项目利润。

（四）信托资产是指根据信托文件的要求，由受托人受托管理运用、处分信托财产而形成的各项资产，包括银行存款、短期投资、应收账款、长期股权投资、客户贷款、固定资产、无形资产等。

信托项目对委托人未终止确认的信托财产，应设置备查簿进行登记（包括信托财产的性质、信托设立日的账面原价或余额、已计提的减值准备，信托文件约定的价值、信托期间等），并按本办法的规定予以确认和计量。如委托人未终止确认的信托财产为固定资产、无形资产，仍应由委托人计提折旧或进行摊销，信托项目不应对该固定资产或无形资产计提折旧或进行摊销；如委托人未终止确认的信托财产为权益法核算的长期股权投资，仍应由委托人采用权益法核算，信托项目不应对该长期股权投资采用权益法核算。会计期末，信托项目对委托人未终止确认的信托财产不应计提减值准备。

（五）信托负债是指信托项目管理运用、处分信托财产而形成的负债，包括应付受托人报酬、应付受益人收益、应付托管费、卖出回购信贷资产款等。

（六）信托权益是指信托受益人在信托财产中享有的经济利益，其金额为信托资产减去信托负债后的余额，包括实收信托、资本公积、未分配利润等。

（七）信托项目收入是指信托项目管理运用、处分信托财产而形成的收入。信托项目收入包括利息收入、投资收益、租赁收入和其他收入。信托项目收入不包括为第三方或受托人代收的款项。

（八）信托项目费用是指信托文件约定由信托项目承担的各项费用。信托文件中没有作出约定的，信托项目费用指受托人与委托人协商达成的书面协议约定由信托项目承担的各项费用。

（九）信托项目利润是指信托项目在一定会计期间的经营成果。

信托项目利润应按信托文件的约定，分配给信托受益人。

（十）信托终止，受托人应对信托项目作出处理信托事务的清算报告。受益人或者信托财产的权利归属人在信托文件约定的期限内对清算报告无异议的，受托人对信托项目就清算报告所列事项解除责任，并按信托文件的规定书面通知受益人或信托财产归属人，取回信托清算后的全部信托财产。但法律、行政法规另有规定者除外。

信托终止的，信托财产归属于信托文件规定的人；信托文件未规定的，按下列顺序确定归属：(1)受益人或其继承人；(2)委托人或其继承人。已核销的信托资产在信托终止清算后又收回的，应返还给信托文件规定的信托财产归属人；如信托文件未规定已核销、后又收回信托财产归属人的，也应按上述顺序确定归属。

未被取回的信托财产，在由受托人负责保管期间取得的收益，应归属于信托财产的归属人；发生的保管费用由归属人承担。

（十一）信托项目会计档案是记录和反映信托业务的重要资料和证据，具体包括会计凭证、会计账簿、财务报告、信托项目清算报告等。

信托项目会计档案的立卷、保管、调阅、销毁以及保管期限，应符合财政部和国家档案局联合印发的《会计档案管理办法》（财会字[1998]32 号）有关规定。

（十二）信托项目的会计年度自公历 1 月 1 日起至 12 月 31 日止。

（十三）信托项目与其关联方（该关联方为上市公司）发生交易形成的损益，按《关联方之间出售资产等有关会计处理问题暂行规定》（财会[2001]64 号）所规定的原则办理。

二、委托人信托业务的会计处理

（一）委托人设立信托时，应视信托财产所有权上相关的风险和报酬是否已实质性转移，判断信托财产是否应终止确认（即，将信托财产从其账上和资产负债表内转出，下同）。

1. 委托人不是受益人且受益人支付对价取得信托受益权的，如委托人将该信托财产所有权上的风险和报酬已实质性转移给了信托项目，则应终止确认该信托财产；否则不应终止确认该信托财产。

(1) 信托财产终止确认的，委托人应将收到的对价与信托财产账面价值的差额，确认为资产处置损益，计入当期损益。

(2) 信托财产未终止确认的，委托人仍应将其保留在账上和资产负债表内，同时将收到的对价分别确认为一项资产和一项负债。

① 委托人应在原对应的会计科目下增设“信托财产”明细科目核算，并设置备查簿进行登记，内容包括：信托财产的性质、信托设立日的账面原价或余额、已计提的减值准备，信托文件约定的价值、信托期间，以及收取的对价等。

② 如未终止确认的信托财产为固定资产、无形资产等资产，仍应按未设立信托前确定的会计政策进行折旧或摊销，并于期末合理地计提减值准备；如未终止确认的信托财产为采用权益法核算的长期股权投资，仍应采用权益法核算，并于期末合理地计提减值准备。

对未终止确认的固定资产、无形资产等计提折旧或进行摊销时，应将计提的折旧额或摊销额通过“其他业务支出”等科目核算。

③ 委托人收到受益人支付的对价，应在“其他应付款”科目下增设“信托融资款”明细科目核算；委托人属于企业以外的其他单位或组织的，应在类似科目下增设“信托融资款”明细科目核算。

在资产负债表上，信托融资款应列入“其他应付款”项目；如信托融资款的期限超过 1 年，则应并入“其他长期负债”项目。

在信托存续期间，委托人应对所确认的信托融资款按期确认利息费用，并通过“财务费用”等科目核算。

④ 委托人在会计报表附注中，应披露未终止确认的信托财产的性质、资产负债表日的账面价值或余额、当期期末计提的减值准备、当期计提的折旧或摊销金额等。

⑤ 信托终止日，委托人应将信托财产的清算价值低于信托财产在委托人账上的账面价值之间的差额，确认为资产减值损失。

2. 委托人不是受益人且受益人没有支付对价取得信托受益权的，委托人应终止确认该信托财产，将信托财产视同对外捐赠，确认为当期营业外支出。

3. 委托人同是受益人且委托人是唯一受益人的，委托人不应终止确认信托财产，仍应将其保留在账上和资产负债表内。

未终止确认的信托财产的核算及披露、信托终止时的核算，比照上述“(一)1.(2)”的有关规定处理。

信托项目宣布分派信托利润时，委托人应按享有的份额确认信托收益，并通过“其他业务收入——信托收益”等科目核算。

4. 委托人同是受益人但不是唯一受益人、且其他受益人支付对价取得信托受益权的情况下，应按如下原则处理：

(1) 如委托人将该信托财产所有权上部分相关风险和报酬已实质性转移给了信托项目，委托人应将该信托财产的账面价值在终止确认和持续确认两部分之间按其相对公允价值进行分摊，并比照上述“(一)1”的有关规定处理；

(2) 如委托人未将该信托财产所有权上相关的风险和报酬实质性转移给信托项目，委托人应比照“(一)1.(2)”的有关规定处理。

5. 委托人同是受益人但不是唯一受益人、且其他受益人未支付对价取得信托受益权的情况下，委托人应将该信托财产的账面价值在终止确认和持续确认两部分之间按其相对公允价值进行分摊，并分别比照上述“(一)1”和“(一)2”的有关规定处理。

(二) 委托人为上市公司且为受益人的，如与其他受益人(委托人不是唯一受益人的情况下)或受托人存在关联方关系的，其信托收益的计量，按《关联方之间出售资产等有关会计处理问题暂行规定》(财会[2001]64 号)所规定的原则办理。

(三) 委托人对信托项目具有控制权的，应将其纳入合并会计报表的合并范围。

三、受托人信托业务的会计处理

(一) 受托人应按信托文件规定的计提方法、计提标准，计算确认应由信托项目承担的受托人报酬。

受托人为上市公司，且与委托人或受益人存在关联方关系的，其受托人报酬的计量，按《关联方之间出售资产等有关会计处理问题暂行规定》(财会[2001]64 号)所规定的原则办理。

(二) 受托人发生的为信托项目代垫的信托营业费用，应确认为对信托项目的债权。

(三) 受托人按规定计提的信托赔偿准备金，通过“信托赔偿准备金”科目核算；按信托文件的约定向受益人支付赔偿款时，按实际支付额，冲减“信托赔偿准备金”科目余额，不足冲减的部分直接计入营业外支出。

(四) 受托人对于已终止信托项目未被取回的信托财产，应作为代保管业务进行管理和核算，如信托财产是货币资金的，应开立银行存款专户存储。

(五) 由委托人等有关当事人直接承担的受托人报酬，应按相关合同直接记入受托人的“手续费收入”科目，不与信托项目发生往来。

四、受益人信托业务的会计处理

(一) 受益人不是委托人且受益人没有支付对价取得信托受益权的，受益人应将该信托受益权视同接受捐赠，按信托项目最近公布的信托权益中属于该受益人享有的份额，确定该信托受益权的入账价值。

受益人对取得的信托受益权，应设置“信托受益权”科目核算。取得信托受益权时，借记“信托受益权”科目，贷记“资本公积——信托收益权转入”科目；信托受益权处置完毕时，应将“资本公积——信托收益权转入”科目余额全部转入“资本公积——其他资本公积”科目。

(二) 受益人不是委托人且受益人支付对价取得信托受益权的，受益人应按支付的对价确认该信托受益权的入账价值。

受益人取得信托受益权时，借记“信托受益权”科目，贷记“银行存款”等科目。

(三) 受益人是委托人的，受益人应按本办法中“二、委托人信托业务的会计处理”的有关规定进行处理。

(四) 信托项目宣布分派信托利润时，受益人应按享有的份额确认信托收益，通过“其他业务收入——信托收益”等科目核算。

（五）受益人应定期或至少于每年年度终了，对信托项目运营情况进行查询；如有证据表明信托受益权已发生减值，受益人应对信托受益权合理计提减值准备。对信托受益权计提减值准备，借记“营业外支出”、“资产减值损失”等科目，贷记“信托受益权减值准备”科目。

如有客观证据表明，已计提减值准备的信托受益权的价值其后又得以恢复，应按不考虑减值因素情况下计算确定的信托受益权账面价值与其可收回金额进行比较，以两者中较低者，与价值恢复前的信托受益权账面价值之间的差额，借记“信托受益权减值准备”科目，贷记“营业外支出”、“资产减值损失”等科目。

（六）受益人不应在信托存续期间对信托收益权价值进行摊销。

受益人于信托期间实际收到的相当于信托收益权价值返还的金额，应冲减信托收益权的账面余额。

（七）信托收益权持有期限未超过1年的，在期末资产负债表中“一年内到期的长期债权投资”项目之后、“其他流动资产”项目之前单列“信托收益权”项目反映，并在会计报表附注中予以说明。

信托收益权持有期限超过1年的，在期末资产负债表中“无形资产及其他资产”项目之后、“递延税项”项目之前单列“信托收益权”项目反映，并在会计报表附注中予以说明。

（八）信托终止，受益人取得信托清算财产的价值与“信托受益权”账面价值的差额，确认为当期营业外收入或营业外支出。

（九）受益人为上市公司，且与委托人或受托人存在关联方关系的，其信托收益的计量，按《关联方之间出售资产等有关会计处理问题暂行规定》（财会[2001]64号）所规定的原则办理。

（十）受益人对信托项目具有控制权的，应将其纳入合并会计报表的合并范围。

五、信托项目会计科目和财务报告（略）

九、土地储备资金会计核算办法（试行）

财政部关于印发《土地储备资金会计核算办法（试行）》的通知

财会[2008]10号

各省、自治区、直辖市、计划单列市财政厅（局），新疆生产建设兵团财务局：

为了规范土地储备资金的会计核算，根据《中华人民共和国会计法》、《土地储备资金财务管理暂行办法》（财综[2007]17号）以及有关法律、行政法规的规定，我部制定了《土地储备资金会计核算办法（试行）》，现予印发，自2009年1月1日起施行。执行中有何问题，请及时反馈我部。

二〇〇八年八月十九日

附件：

土地储备资金会计核算办法（试行）

第一章　总　　则

第一条　为了规范土地储备资金的会计核算，根据《中华人民共和国会计法》、《土地储备资金财务管理暂行办法》（财综[2007]17号）以及有关法律、行政法规的规定，制定本办法。

第二条　本办法适用于土地储备机构管理的土地储备资金。

本办法所称土地储备资金是指土地储备机构按照国家有关规定征收、收购、优先购买、收回土地以及对其进行前期开发等所使用的资金。

土地储备机构在持有储备土地期间临时利用土地取得的应上缴国库的零星收入，不在本办法规范范围内。

第三条　土地储备资金应当作为独立的会计主体进行确认、计量和披露。土地储备资金应当独立于土地储备机构的固有财产及其管理的其他财产，实行分账核算。

第四条　土地储备资金的会计核算应当划分会计期间，分期结算账目和编制财务会计报告。会计期间分为年度、季度和月份。会计年度自公历1月1日起至12月31日止，季度、月份的起讫日期亦采用公历日期。

第五条 土地储备资金的会计核算主要以权责发生制为基础,对土地储备项目应进行成本核算。

第六条 土地储备资金的会计记账采用借贷记账法。

第七条 土地储备资金的会计核算应当遵循以下基本原则:

(一)土地储备资金的会计核算应当以实际发生的业务为依据,如实反映土地储备资金的收支情况和土地储备项目的成本信息,保证会计信息真实可靠、内容完整。

(二)土地储备资金的会计核算应当采用规定的会计政策,确保会计信息口径一致、相互可比。

(三)土地储备资金的会计核算应当及时进行,不得提前或者延后。

第八条 土地储备资金会计机构设置、会计人员配备、内部会计监督与控制以及相关会计基础工作等,应当遵循《中华人民共和国会计法》、《会计基础工作规范》(财会字[1996]19号)、《会计档案管理办法》(财会字[1998]32号)及内部控制规范等相关法律、行政法规和制度。

第九条 本办法由中华人民共和国财政部负责解释,需要变更时,由财政部修订。

第十条 本办法自2009年1月1日起施行。

第二章 会计科目及使用说明

第十一条 土地储备机构应当根据本办法的规定设置和使用会计科目、编制会计凭证、登记会计账簿,对土地储备资金进行会计核算。

在不违反本办法的前提下,土地储备机构可以根据核算和管理工作需要对明细科目的设置作必要的补充。

第十二条 会计科目名称和编号

序号	编号	名称
一、资产类		
1	1001	库存现金
2	1002	银行存款
3	1003	零余额账户用款额度
4	1004	财政应返还额度
5	1005	应收利息
6	1006	预付工程款
7	1007	其他应收款
8	1101	收储项目
9	1102	待摊支出
二、负债类		
10	2001	短期借款
11	2002	应付利息
12	2003	应付工程款
13	2004	应交税费
14	2005	其他应付款
15	2101	长期借款
三、净资产类		
16	3001	土地储备资金
四、收入类		
17	4001	财政拨款收入
18	4002	其他收入
五、支出类		
19	5001	交付项目支出

第十三条　会计科目使用说明。

第 1001 号科目　库存现金

一、本科目核算土地储备资金的库存现金。

二、现金的主要账务处理如下：

(一) 收到现金时，借记本科目，贷记有关科目。

(二) 支付现金时，借记有关科目，贷记本科目。

三、本科目应设置“现金日记账”，由出纳人员根据收、付款凭证，按照业务发生顺序，逐笔登记，每日终了，应计算当日的现金收入合计数、现金支出合计数和结余数，并将结余数与实际库存数进行核对，做到账款相符。

四、本科目期末借方余额，反映土地储备资金的库存现金数额。

第 1002 号科目　银行存款

一、本科目核算土地储备资金的银行存款。

二、土地储备机构应严格按照国家有关支付结算办法的规定，办理土地储备资金银行存款收支结算。

三、银行存款的主要账务处理如下：

(一) 收到财政部门拨入的土地储备资金时，借记本科目，贷记“财政拨款收入”科目。

(二) 从银行提取现金时，借记“库存现金”科目，贷记本科目。

(三) 收到的银行存款利息收入，借记本科目，贷记“应收利息”、“其他收入”等科目。

(四) 支付银行存款时，借记“收储项目”、“预付工程款”、“应付利息”等科目，贷记本科目。

四、土地储备机构应设置“银行存款日记账”，由出纳人员根据收付款凭证，按照业务发生的顺序逐笔登记，并结出账面余额。“银行存款日记账”应定期与“银行对账单”核对，至少每月核对一次。月份终了，土地储备机构账面余额与银行对账单余额如有差额，应当逐笔查明原因进行处理，并应按月编制“银行存款余额调节表”，调节相符。

五、本科目期末借方余额，反映土地储备资金的银行存款数额。

第 1003 号科目　零余额账户用款额度

一、本科目核算实行国库集中支付的土地储备机构根据财政部门批复的土地储备资金用款计划收到的零余额账户用款额度。

不实行国库集中支付的，不设置本科目。

二、零余额账户用款额度的主要账务处理如下：

(一) 在财政授权支付方式下，收到代理银行转来的“授权支付到账通知书”时，根据通知书所列数额，借记“零余额账户用款额度”科目，贷记“财政拨款收入”科目。发生实际支出时，借记“收储项目”、“待摊支出”等科目，贷记“零余额账户用款额度”科目。

(二) 从零余额账户提取现金时，借记“库存现金”科目，贷记“零余额账户用款额度”科目。

(三) 年度终了，依据代理银行提供的对账单作注销额度的相关账务处理，借记“财政应返还额度(财政授权支付)”科目，贷记“零余额账户用款额度”科目。如果土地储备资金本年度财政授权支付预算指标数大于零余额账户用款额度下达数，借记“财政应返还额度(财政授权支付)”科目，贷记“财政拨款收入”科目。

下年初，依据代理银行提供的额度恢复到账通知书作相关恢复额度的账务处理，借记“零余额账户用款额度”科目，贷记“财政应返还额度(财政授权支付)”科目。如果下年度收到财政部门批复的上年末未下达零余额账户用款额度，借记“零余额账户用款额度”科目，贷记“财政应返还额度(财政授权支付)”科目。

三、本科目期末借方余额，反映尚未支用的土地储备资金零余额账户用款额度。本科目年末应无余额。

第 1004 号科目　财政应返还额度

一、本科目核算实行国库集中支付的土地储备资金年终应收财政下年度返还的资金额度。

不实行国库集中支付的，不设置本科目。

二、本科目应设置“财政直接支付”和“财政授权支付”等明细科目，进行明细核算。

三、财政应返还额度的主要账务处理如下：

(一) 财政直接支付年终结余资金的账务处理。

年度终了,根据本年度财政直接支付预算指标数与当年财政直接支付实际支出数的差额,借记本科目(财政直接支付),贷记"财政拨款收入"科目。

下年度恢复财政直接支付额度后,发生实际支出时,借记"收储项目"、"待摊支出"等科目,贷记本科目(财政直接支付)。

(二)财政授权支付年终结余资金的账务处理。

年度终了,依据代理银行提供的对账单注销额度,具体账务处理参见"零余额账户用款额度"科目。下年初依据代理银行提供的额度恢复到账通知书恢复额度,具体账务处理参见"零余额账户用款额度"科目。

四、本科目期末借方余额,反映应收财政下年度返还的土地储备资金额度。

第 1005 号科目　应收利息

一、本科目核算土地储备资金银行存款发生的应收利息。

二、土地储备机构应当按期计算确定土地储备资金银行存款应收利息。期末,按照计算确定的应收利息,借记本科目,贷记"其他收入"科目。实际收到利息时,借记"银行存款"科目,贷记本科目。

应收利息金额不大的,也可于实际收到利息时确认相关的利息收入。收到利息时,借记"银行存款"科目,贷记"其他收入"科目。

三、本科目期末余额,反映土地储备资金银行存款应收未收的利息。

第 1006 号科目　预付工程款

一、本科目核算土地储备机构为土地储备项目预付给有关施工、设计、监理等单位的工程款项。

二、本科目应按施工单位进行明细核算。

三、预付工程款的主要账务处理如下:

(一)土地储备项目发生预付工程款时,借记本科目,贷记"银行存款"、"零余额账户用款额度"等科目。

(二)办理土地储备项目工程款结算时,按照实际发生的项目支出,借记"收储项目"等科目,按照可抵扣的预付工程款,贷记本科目,按照应付未付的工程款项,贷记"应付工程款"科目。

四、本科目期末借方余额,反映为土地储备项目预付的工程款项。

第 1007 号科目　其他应收款

一、本科目核算除应收利息、预付工程款外为土地储备项目发生的其他各种应收及暂付款项。

二、本科目应按单位和个人进行明细核算。

三、其他应收款的主要账务处理如下:

(一)为土地储备项目发生其他各种应收、暂付款项时,借记本科目,贷记有关科目。

(二)收回其他应收、暂付款项时,借记有关科目,贷记本科目。

四、本科目期末借方余额,反映为土地储备项目发生的其他各种应收及暂付款项的余额。

第 1101 号科目　收储项目

一、本科目核算土地储备机构发生的可直接归属于土地储备项目的实际成本。

二、本科目应当按照土地储备项目设置明细账,并在土地储备项目下设置"征地和拆迁补偿支出"、"土地开发支出"、"其他直接支出"、"待摊支出转入"、"交付成本"等明细科目进行二级明细核算。

(一)"征地和拆迁补偿支出"明细科目,核算征收、收购、优先购买或收回土地需要支付的土地价款或征地和拆迁补偿费用,包括土地补偿费和安置补助费、地上附着物和青苗补偿费、拆迁补偿费,以及依法需要支付的与征收、收购、优先购买或收回土地有关的其他费用。在征地过程中对被征地农民采用社会保障安置的,所发生的被征地农民的社会保障支出也在本明细科目核算。对于所发生的被征地农民的社会保障支出,应在本明细科目下单独设置"被征地农民社会保障支出"三级明细科目进行核算。

(二)"土地开发支出"明细科目,核算征收、收购、优先购买或收回土地后进行必要的前期土地开发费用,包括前期土地开发性支出以及按照财政部门规定与前期土地开发相关的费用等,含因出让土地涉及的需要进行相关道路、供水、供电、供气、排水、通讯、照明、绿化、土地平整等基础设施建设支出。

(三)"其他直接支出"明细科目,核算经同级财政部门批准的可直接归属于土地储备项目成本的其他支出。

(四)"待摊支出转入"明细科目,核算分摊计入土地储备项目成本的待摊支出。

(五)"交付成本"明细科目,核算本期已交付项目的成本。

三、本科目的主要账务处理如下：

(一) 为土地储备项目发生各项支出时，借记本科目，贷记“银行存款”、“零余额账户用款额度”等科目；采用财政直接支付方式的，借记本科目，贷记“财政拨款收入”科目。

(二) 对出包工程，土地储备机构应定期与施工单位进行工程结算。办理结算时，按照实际发生的项目支出，借记本科目，按照可抵扣的预付工程款，贷记“预付工程款”科目，按照应付未付的工程款项，贷记“应付工程款”科目。

(三) 结转待摊支出时，借记本科目(待摊支出转入)，贷记“待摊支出”科目。

(四) 单个收储项目完成收储后交付的，应按照该项目归集的成本进行结转，按照本科目“征地和拆迁补偿支出”、“土地开发支出”、“其他直接支出”、“待摊支出转入”各明细科目的借方余额合计，借记本科目(交付成本)，按照本科目“征地和拆迁补偿支出”、“土地开发支出”、“其他直接支出”、“待摊支出转入”各明细科目的借方余额，贷记本科目(征地和拆迁补偿支出、土地开发支出、其他直接支出、待摊支出转入)；同时，将该项目成本结转入“交付项目支出”科目，借记“交付项目支出”科目，贷记本科目(交付成本)。

单个收储项目未全部完成收储、部分先交付的，应按合理的方法计算确定交付部分的成本并进行结转。计算方法一经确定，不得随意变更。单个收储项目部分交付时，按照计算确定的交付部分的成本，借记本科目(交付成本)，贷记本科目(征地和拆迁补偿支出、土地开发支出、其他直接支出、待摊支出转入)；同时，将交付部分的成本结转入“交付项目支出”科目，借记“交付项目支出”科目，贷记本科目(交付成本)。待该收储项目最后未交付部分完成收储后交付时，按照最后交付部分的成本，借记本科目(交付成本)，贷记本科目(征地和拆迁补偿支出、土地开发支出、其他直接支出、待摊支出转入)；同时，将最后交付部分的成本结转入“交付项目支出”科目，借记“交付项目支出”科目，贷记本科目(交付成本)。

四、本科目期末借方余额反映尚未交付的土地储备项目累计发生的收储成本。

第1102号科目 待摊支出

一、本科目核算为多个收储项目共同发生的、按照规定应当分摊计入项目成本的各项费用支出，如借款利息支出、金融机构手续费、可行性研究费、勘探设计费、储备保管费、评估费、临时用水用电费、临时设施支出等。

可直接计入单个收储项目的支出，在“收储项目”科目核算，不通过本科目核算。

二、本科目应当按照待摊支出的内容进行明细核算。

三、待摊支出的主要账务处理如下：

(一) 为土地储备项目借款发生的利息支出，借记本科目、“收储项目”等科目，贷记“应付利息”、“银行存款”等科目。

(二) 发生其他待摊支出时，借记本科目，贷记“库存现金”、“银行存款”、“零余额账户用款额度”等科目；采用财政直接支付方式的，借记本科目，贷记“财政拨款收入”科目。

(三) 土地储备机构应按合理的方法(如按照各项目概预算占所有项目概预算总额的比例)将发生的待摊支出分摊计入有关项目成本，分摊时，借记“收储项目(待摊支出转入)”科目，贷记本科目。待摊支出的分配方法一经确定，不得随意变更。

四、本科目月末借方余额，反映为多个土地储备项目共同发生的尚未分摊的待摊支出。年末，待摊支出应分配完毕，本科目应无余额。

第2001号科目 短期借款

一、本科目核算土地储备机构为土地储备项目向银行或其他金融机构等借入的期限在一年以下(含一年)的各种借款。

二、本科目应按贷款人进行明细核算。

三、短期借款的主要账务处理如下：

(一) 为土地储备项目借入的各种短期借款，借记“银行存款”科目，贷记本科目。

(二) 短期借款应付的利息，借记“待摊支出”、“收储项目”等科目，贷记“应付利息”、“银行存款”等科目。

(三) 归还借款时，借记本科目，贷记“银行存款”科目。

四、本科目期末贷方余额，反映为土地储备项目借入的尚未偿还的短期借款本金。

第 2002 号科目　应付利息

一、本科目核算土地储备机构为土地储备项目借款而发生的应付利息。

二、土地储备机构应当按期计算确定为土地储备项目借款而发生的应付利息。期末，按照计算确定的应付利息，借记“待摊支出”、“收储项目”等科目，贷记本科目。实际支付利息时，借记本科目，贷记“银行存款”科目。

应付利息金额不大的，也可于实际支付利息时确认相关的利息成本。支付利息时，借记“待摊支出”、“收储项目”等科目，贷记“银行存款”科目。

三、本科目期末余额，反映为土地储备项目借款应付未付的利息。

第 2003 号科目　应付工程款

一、本科目核算土地储备机构为土地储备项目应付给有关施工、设计、监理等单位的工程款项。

二、本科目应按施工单位进行明细核算。

三、应付工程款的主要账务处理如下：

（一）办理土地储备项目工程款结算时，按照实际发生的项目支出，借记“收储项目”等科目，按可抵扣的预付工程款，贷记“预付工程款”科目，按照应付未付的工程款项，贷记本科目。

（二）支付应付工程款时，借记本科目，贷记“银行存款”等科目。

四、本科目期末贷方余额，反映为土地储备项目应付未付的工程款项。

第 2004 号科目　应交税费

一、本科目核算按税法等规定计算的为土地储备项目应交纳的各种税费。

二、本科目按应交的税费项目进行明细核算。

三、应交税费的主要账务处理如下：

（一）按规定计算的为土地储备项目应交的各种税费，借记“收储项目”科目，贷记本科目。涉及多个土地储备项目的，可通过“待摊支出”科目进行归集，然后按合理的方法进行分摊。

（二）实际交纳各项税费时，借记本科目，贷记“银行存款”等科目。

四、本科目期末贷方余额，反映土地储备项目应交未交的税费金额。

第 2005 号科目　其他应付款

一、本科目核算除应付利息、应付工程款、应交税费外为土地储备项目发生的其他各种应付、暂存款项。

二、本科目应按单位和个人进行明细核算。

三、其他应付款的主要账务处理如下：

（一）为土地储备项目发生其他各种应付、暂存款项时，借记有关科目，贷记本科目。

（二）实际支付时，借记本科目，贷记“银行存款”等科目。

四、本科目期末贷方余额，反映为土地储备项目发生的其他各种应付及暂存款项的余额。

第 2101 号科目　长期借款

一、本科目核算土地储备机构为土地储备项目向银行或其他金融机构等借入的期限在一年以上（不含一年）的各种借款。

二、本科目应按贷款人进行明细核算。

三、长期借款的主要账务处理如下：

（一）为土地储备项目借入的各种长期借款，借记“银行存款”科目，贷记本科目。

（二）长期借款应付的利息，借记“收储项目”、“待摊支出”等科目，贷记“应付利息”、“银行存款”等科目。

（三）归还借款时，借记本科目，贷记“银行存款”科目。

四、本科目期末贷方余额，反映为土地储备项目借入的尚未偿还的长期借款本金。

第 3001 号科目　土地储备资金

一、本科目核算土地储备资金各项收入与交付项目支出的差额。

二、期末，将各收入科目贷方余额转入本科目，借记“财政拨款收入”、“其他收入”科目，贷记本科目。将“交付项目支出”科目借方余额转入本科目，借记本科目，贷记“交付项目支出”科目。

三、本科目期末余额，反映土地储备资金各项收入与交付项目支出的累计差额。

第4001号科目　财政拨款收入

一、本科目核算当期财政部门拨付的土地储备资金。

二、本科目应设置"国有土地出让收入中安排的拨款"和"国有土地收益基金中安排的拨款"等明细科目，进行明细核算。

三、财政拨款收入的主要账务处理如下：

(一) 土地储备机构收到财政部门拨付的土地储备资金时，借记"银行存款"、"零余额账户用款额度"等科目，贷记本科目。采用财政直接支付的方式支付收储支出时，借记"收储项目"、"待摊支出"等科目，贷记本科目。

(二) 期末，将本科目贷方余额转入"土地储备资金"科目，借记本科目，贷记"土地储备资金"科目。

四、本科目期末结转后无余额。

第4002号科目　其他收入

一、本科目核算土地储备项目除财政拨款外的其他收入，如利息收入。

二、其他收入的主要账务处理如下：

(一) 取得的其他收入，借记"银行存款"、"应收利息"等科目，贷记本科目。

(二) 期末，将本科目贷方余额转入"土地储备资金"科目，借记本科目，贷记"土地储备资金"科目。

三、本科目期末结转后无余额。

第5001号科目　交付项目支出

一、本科目核算本期已交付的土地储备项目的实际支出。

二、交付项目支出的主要账务处理如下：

(一) 项目全部或部分交付时，借记本科目，贷记"收储项目(交付成本)"科目。

(二) 期末，将本科目借方余额转入"土地储备资金"科目，借记"土地储备资金"科目，贷记本科目。

三、本科目期末结转后无余额。

第三章　财务报表及编制说明

第十四条　土地储备机构应当根据本办法的规定编制土地储备资金财务报表。

第十五条　土地储备资金财务报表包括资产负债表、收支表、项目支出明细表及附注。

资产负债表、收支表、项目支出明细表按照本办法第十七条至第二十条的规定编报。

附注是对在资产负债表、收支表、项目支出明细表中列示项目的文字描述或明细资料，以及对未能在这些报表中列示项目的说明等。附注可由土地储备机构根据需要自行编制。

第十六条　土地储备资金财务报表应当至少按照月份和年度编制，做到数字真实、计算准确、手续完备、内容完整、编报及时。

第十七条　财务报表格式。

报表编号	财务报表名称	编制期
土储会01表	资产负债表	月报、年报
土储会02表	收支表	月报、年报
土储会03表	项目支出明细表	月报、年报

资产负债表

土储会01表

编制单位：　　____年__月__日　　单位:元

资　　产			负债和净资产		
	年初数	期末数		年初数	期末数
资产			负债		
货币资金			短期借款		

（续表）

资　　产	年初数	期末数	负债和净资产	年初数	期末数
财政应返还额度			应付利息		
应收利息			应付工程款		
预付工程款			应交税费		
其他应收款			其他应付款		
收储项目			长期借款		
待摊支出					
			负债合计		
			净资产		
			土地储备资金		
			净资产合计		
资产总计			负债和净资产总计		

收　支　表

土储会 02 表

编制单位：　　　　　　　　　　　　＿＿年＿＿月　　　　　　　　　　　　单位：元

	本月数	本年累计数
一、土地储备资金收入		
1. 财政拨款收入		
其中：国有土地出让收入中安排的拨款		
国有土地收益基金中安排的拨款		
2. 其他收入		
二、交付项目支出		

项目支出明细表

土储会 03 表

编制单位：　　　　　　　　　　　　＿＿年＿＿月　　　　　　　　　　　　单位：元

收储项目	以前年度累计支出					本年累计支出					合计
	小计	征地和拆迁补偿支出	土地开发支出	其他直接支出	待摊支出转入	小计	征地和拆迁补偿支出	土地开发支出	其他直接支出	待摊支出转入	
	1＝2＋3＋4＋5	2	3	4	5	6＝7＋8＋9＋10	7	8	9	10	11＝1＋6
×项目											
×项目											
×项目											
×项目											
……											

第十八条　资产负债表编制说明

(一) 本表反映月末、年末等会计期间终了时土地储备资金全部资产、负债以及净资产的构成情况。

(二) 本表"年初数"栏各项数字,应根据上年末本表"期末数"所列数字填列。

(三) 本表各项目的内容和填列方法:

1."货币资金"项目,反映库存现金、银行存款等货币资金的期末合计余额,本项目应根据"库存现金"、"银行存款"、"零余额账户用款额度"科目期末余额加总填列。

2."财政应返还额度"项目,反映期末财政应返还额度的余额。本项目应根据"财政应返还额度"科目的期末余额填列。

3."应收利息"项目,反映土地储备资金银行存款应收未收的利息。本项目应根据"应收利息"科目的期末余额填列。

4."预付工程款"项目,反映为土地储备项目预付的工程款项。本项目应根据"预付工程款"科目的期末余额填列。

5."其他应收款"项目,反映除应收利息、预付工程款外为土地储备项目发生的其他各种应收及暂付款项。本项目应根据"其他应收款"科目的期末余额填列。

6."收储项目"项目,反映尚未交付的土地储备项目累计发生的收储成本。本项目应根据"收储项目"科目的期末余额填列。

7."待摊支出"项目,反映为多个土地储备项目共同发生的尚未分摊的待摊支出。本项目根据"待摊支出"科目的期末余额填列。编制年度资产负债表时,本项目应填"0"。

8."短期借款"项目,反映为土地储备项目借入的尚未偿还的短期借款本金。本项目应根据"短期借款"科目的期末余额填列。

9."应付利息"项目,反映为土地储备项目借款应付未付的利息。本项目应根据"应付利息"科目的期末余额填列。

10."应付工程款"项目,反映土地储备项目应付未付的工程款项。本项目应根据"应付工程款"科目的期末余额填列。

11."应交税费"项目,反映土地储备项目尚未交纳的税费。本项目应根据"应交税费"科目的期末余额填列。

12."其他应付款"项目,反映除应付利息、应付工程款、应交税费外为土地储备项目发生的其他各种应付及暂存款项。本项目应根据"其他应付款"科目的期末余额填列。

13."长期借款"项目,反映为土地储备项目借入的尚未偿还的长期借款本金。本项目应根据"长期借款"科目的期末余额填列。

14."土地储备资金"项目,反映土地储备资金各项收入与交付项目支出的累计差额。本项目应根据"土地储备资金"科目的期末余额填列。

第十九条　收支表编制说明

(一) 本表反映土地储备资金在月份、年度等会计期间内的收入和费用情况。

(二) 本表"本月数"栏反映各项目的本月实际发生数,在编报年度财务报表时,将"本月数"栏改成"上年累计数"栏,填列上年全年累计实际发生数。

本表"本年累计数"栏反映各项目自年初起至本月末止的累计实际发生数。

(三) 本表中"本月数"栏各项目的内容及填列方法:

1."土地储备资金收入"项目,反映当期土地储备资金收入总额。本项目应根据本表"财政拨款收入"和"其他收入"项目金额加总计算填列。

2."财政拨款收入"项目,反映当期财政部门拨付的土地储备资金。本项目应根据"财政拨款收入"科目贷方发生额填列。"国有土地出让收入中安排的拨款"、"国有土地收益基金中安排的拨款"项目分别根据"财政拨款收入"科目所属明细科目贷方发生额填列。

3."其他收入"项目,反映当期除财政拨款外的其他收入,如利息收入。本项目应根据"其他收入"科目贷方发生额填列。

4."交付项目支出"项目,反映本期已交付的土地储备项目的实际支出。本项目应根据"交付项目支出"

科目借方发生额填列。

第二十条　项目支出明细表编制说明

（一）本表反映收储项目以前年度的累计支出和本年自年初至本月末止累计实际发生的支出，包括本年尚未交付的收储项目和本年度收储完毕并交付的项目。不含以前年度已交付的项目。

（二）本表中"以前年度累计支出"栏，反映土地储备项目本年之前累计发生的支出。各具体栏目的内容及填列方法如下：

1．"小计"（1栏），反映土地储备项目以前年度累计发生的各类支出小计，根据第2栏至第5栏的数字加总填列。

2．"征地和拆迁补偿支出"（2栏），反映土地储备项目以前年度累计发生的征地和拆迁补偿支出。根据"收储项目"科目所属"征地和拆迁补偿支出"明细科目的上年末余额填列，或根据上年12月份本表本项目对应的第2栏和第7栏的数字加总填列。

3．"土地开发支出"（3栏），反映土地储备项目以前年度累计发生的土地开发支出。根据"收储项目"科目所属"土地开发支出"明细科目的上年末余额填列，或根据上年12月份本表本项目对应的第3栏和第8栏的数字加总填列。

4．"其他直接支出"（4栏），反映土地储备项目以前年度累计发生的其他直接支出。根据"收储项目"科目所属"其他直接支出"明细科目的上年末余额填列，或根据上年12月份本表本项目对应的第4栏和第9栏的数字加总填列。

5．"待摊支出转入"（5栏），反映土地储备项目以前年度累计分摊的待摊支出。根据"收储项目"科目所属"待摊支出转入"明细科目的上年末余额填列，或根据上年12月份本表本项目对应的第5栏和第10栏的数字加总填列。

（三）本表中"本年累计支出"栏，反映土地储备项目本年自年初至本月末止累计发生的各项实际支出。各具体栏目的内容及填列方法如下：

1．"小计"（6栏），反映土地储备项目本年自年初至本月末止累计发生的各类支出小计，根据第7栏至第10栏的数字加总填列。

2．第7栏至第10栏，分别反映土地储备项目本年自年初至本月末止累计发生的征地和拆迁补偿支出、土地开发支出、其他直接支出和累计分摊的待摊支出，分别根据"收储项目"科目所属"征地和拆迁补偿支出"、"土地开发支出"、"其他直接支出"、"待摊支出转入"各明细科目本年自年初至本月末止的借方发生额填列。

（四）本表中"合计"（11栏），反映土地储备项目以前年度累计发生和本年累计发生的各类支出的合计数，根据第1栏和第6栏的数字加总填列。

第十二部分　企业涉税会计法规

一、国家税务总局关于代征代扣税款会计核算问题的通知

国家税务总局关于代征代扣税款会计核算问题的通知

国税发[2002]49号

为严格规范代征代扣税款的核算和代征代扣手续费的收支，根据《财政部、国家税务总局、中国人民银行关于代扣、代收和代征税款手续费纳入预算管理的通知》(财预[2001]523号)，现将代征代扣税款手续费纳入预算管理后的有关税收会计核算问题明确如下：

一、代征代扣税款的核算范围为：扣缴义务人按税法规定的要求已向税务机关办理申报和缴款手续的代扣代收税款；税务机关按照有利于税收控管和方便纳税的原则，根据税收征管制度规定签有委托代征协议的代征单位和个人(以下简称代征人)按协议的要求已向税务机关办理票款结报和缴款手续的代征税款。

下列税收收入不得纳入代征代扣税款核算：

(一) 海关代征的进口环节增值税、消费税；

(二) 税务机关(包括税务机关聘用的助征员)自收的现金税款(包括税收罚款、罚没收入、税款滞纳金等自收现金收入)；

(三) 企业纳税人同城直接转账缴纳的税款(包括罚款、罚没收入、税款滞纳金等转账收入，不包括税务机关委托银行向异地企业托收的转账税款)；

(四) 未办理或未保存代扣代收税款申报材料和代征协议的。

二、各税收会计入库单位和双重业务单位必须单独设置“代征代扣税款登记簿”，并下设“代扣代收”、“委托代征”二类明细科目，以辅助账形式分税种登记反映代征代扣税款征收情况。

三、扣缴义务人代扣代收税款后，在按规定向主管税务机关报送代扣代收税款报告表或结报票款时，必须同时向税务机关填报“代征代扣税款结报单”(格式见附件1)。税收会计以结报单作为核算代扣代收税款和计付代扣手续费的原始凭证。

代征人代征税款后，必须按代征协议规定的票款结报时间和要求，向主管税务机关填报“代征代扣税款结报单”，并办理票款结报。税收会计以结报单作为核算代征税款和计付代征手续费的原始凭证。

各入库单位和双重业务单位必须将代征代扣税款结算单按月单独装订成册，并按税收会计档案要求保存备查。

四、为准确反映代征代扣税款的征收情况，2002年税收会计报表中增设《代征代扣税款明细月报表》(表式见附件2)。从2002年8月份编报7月份税收会计报表起，各核算单位应根据“代征代扣税款登记簿”如实编报。同时，取消《入库税金明细月报表》中“其中：银行代征”、“其中：其他代征”和“其中：代扣代缴”三栏目。有关计算机表格及参数将通过广域网下发各地。

五、各税务机关计会部门应根据代征代扣税款结报单定期分户、分税种汇总代征代扣税款数，提供本单位财务部门作为计付代征或代扣税款手续费的依据。

凡是扣缴义务人和代征人未向税务机关报送代征代扣税款结报单的，税务机关不得向扣缴义务人和代征人支付代征代扣手续费。违规支付的，将按有关规定严肃追究责任。

从2002年7月1日起，扣缴义务人和代征人代征代扣税款时，必须严格按照上述要求，向主管税务机关填报代征代扣税款结报单，并据此核算代征代扣税款和支付代征代扣手续费；2002年7月1日前代征代扣的税款，扣缴义务人和代征人代征代扣税款时，必须严格按照上述要求，向主管税务机关填报代征代扣税款结报单，并据此核算代征代扣税款和支付代征代扣手续费；2002年7月1日前代征代扣的税款，扣缴义务人和代征人向税务机关填报手续费领款申请单，并附实际代征代扣税款的有关申报或结报证明材料。

附件:1. 代征代扣税款结报单(略)

2. 代证代扣税款明细月报表(略)

二、东北地区扩大增值税抵扣范围有关会计处理规定

财政部关于印发《东北地区扩大增值税抵扣范围有关会计处理规定》的通知

财会[2004]11 号

各省、自治区、直辖市、计划单列市财政厅(局)、新疆生产建设兵团财务局,国务院有关部委:

根据"财政部、国家税务总局关于印发《东北地区扩大增值税抵扣范围若干问题的规定》的通知"(财税[2004]156 号),我们制定了《东北地区扩大增值税抵扣范围有关会计处理规定》,请布置本地区企业执行。执行中有何问题,请及时反馈我部。

附件:东北地区扩大增值税抵扣范围有关会计处理规定

东北地区扩大增值税抵扣范围有关会计处理规定

根据"财政部、国家税务总局关于印发《东北地区扩大增值税抵扣范围若干问题的规定》的通知"(财税[2004]156 号,以下简称《规定》)的规定,现就东北地区扩大增值税抵扣范围有关会计处理规定如下:

一、会计科目

(一) 实行扩大增值税抵扣范围的企业,应在"应交税金"科目下增设"应抵扣固定资产增值税"明细科目,并在该明细科目下增设"固定资产进项税额"、"固定资产进项税额转出"、"已抵扣固定资产进项税额"等专栏。

"固定资产进项税额"专栏,记录企业购入固定资产或应税劳务等而支付的、准予抵扣的增值税进项税额。企业购入固定资产或应税劳务支付的进项税额,用蓝字登记;退回所购固定资产应冲销的进项税额,用红字登记。

"固定资产进项税额转出"专栏,记录企业购进的固定资产因某些原因而不能抵扣,按规定转出的进项税额。

"已抵扣固定资产进项税额"专栏,记录企业已抵扣的固定资产增值税进项税额。

(二) 实行扩大增值税抵扣范围的企业,应在"应交税金——应交增值税"科目下增设"新增增值税额抵扣固定资产进项税额"专栏,该专栏用于记录企业以当年新增的增值税额抵扣的固定资产进项税额。

二、账务处理

(一) 企业国内采购的固定资产,按照专用发票上注明的增值税额,借记"应交税金——应抵扣固定资产增值税(固定资产进项税额)"科目,按照专用发票上记载的应计入固定资产价值的金额,借记"固定资产"等科目,按照应付或实际支付的金额,贷记"应付账款"、"应付票据"、"银行存款"、"长期应付款"等科目。购入固定资产发生的退货,作相反的会计分录。

(二) 企业接受捐赠转入的固定资产,按照专用发票上注明的增值税额,借记"应交税金——应抵扣固定资产增值税(固定资产进项税额)"科目,按照确认的固定资产价值(已扣除增值税,下同),借记"固定资产"、"工程物资"等科目,如果捐出方代为支付了固定资产进项税额,则按照增值税进项税额与固定资产价值的合计数,贷记"待转资产价值"等科目,如果接受捐赠企业自行支付固定资产增值税,则应按支付的固定资产增值税进项税额,贷记"银行存款"等科目,按接受捐赠固定资产的价值,贷记"待转资产价值"科目。如果接受捐赠企业另支付其他费用,如运输费等,还应贷记"银行存款"等科目。

(三) 企业接受投资转入的固定资产,按照专用发票上注明的增值税额,借记"应交税金——应抵扣固定资产增值税(固定资产进项税额)"科目,按照确认的固定资产价值,借记"固定资产"、"工程物资"等科目,按照增值税与固定资产价值的合计数,贷记"实收资本"等科目。

(四) 企业购进用于自制固定资产的货物,按照专用发票上注明的增值税额,借记"应交税金——应抵扣固定资产增值税(固定资产进项税额)"科目,按照专用发票上记载的应计入工程物资成本的金额,借记

"工程物资"科目，按照应付或实际支付的金额，贷记"应付账款"、"应付票据"、"银行存款"、"长期应付款"等科目。购入货物发生的退货，作相反的会计分录。

企业购入作为存货核算的原材料等，如用于自行建造固定资产，则应按该部分存货的成本，借记"在建工程"等科目，贷记"原材料"等科目，对于与该部分原材料相对应的增值税进项税额，应借记"应交税金——应抵扣固定资产增值税（固定资产进项税额）"科目，贷记"应交税金——应交增值税（进项税额转出）"科目。

（五）企业接受用于自制固定资产的应税劳务，按照专用发票上注明的增值税额，借记"应交税金——应抵扣固定资产增值税（固定资产进项税额）"科目，按照专用发票上记载的应计入在建工程成本的金额，借记"在建工程"科目，按照应付或实际支付的金额，贷记"应付账款"、"应付票据"、"银行存款"等科目。

（六）企业进口固定资产，按照海关提供的完税凭证上注明的增值税额，借记"应交税金——应抵扣固定资产增值税（固定资产进项税额）"科目，按照专用发票上记载的应计入固定资产价值的金额，借记"固定资产"、"工程物资"等科目，按照应付或实际支付的金额，贷记"应付账款"、"应付票据"、"银行存款"、"长期应付款"等科目。

（七）为购进固定资产所支付的运输费用，按照可以抵扣的金额，借记"应交税金——应抵扣固定资产增值税（固定资产进项税额）"科目，按照应计入固定资产、工程物资等价值的金额，借记"固定资产"、"在建工程"、"工程物资"等科目，按照应付或实际支付的金额，贷记"应付账款"、"应付票据"、"银行存款"、"长期应付款"等科目。

（八）企业将自制或委托加工的固定资产用于非应税或免税项目，应视同销售货物计算应交增值税，借记"在建工程"等科目，贷记"应交税金——应交增值税（销项税额）"科目。

（九）企业将自制、委托加工或购进的固定资产（包括接受捐赠取得的固定资产及投资者投入的固定资产）作为投资，提供给其他单位或个体经营者，应按视同销售货物计算应交的增值税，借记"长期股权投资"科目，贷记"应交税金——应交增值税（销项税额）"科目。

（十）企业将自制、委托加工或购进的固定资产分配给股东或投资者，应按视同销售货物计算应交的增值税，借记"利润分配——应付普通股股利"科目，贷记"应交税金——应交增值税（销项税额）"科目。

（十一）企业将自制、委托加工的固定资产用于集体福利和个人消费，应按视同销售货物计算应交的增值税，借记"应付福利费"等科目，贷记"应交税金——应交增值税（销项税额）"科目。

（十二）企业将自制、委托加工或购进的固定资产无偿赠送他人，应按视同销售货物计算应交的增值税，借记"营业外支出"科目，贷记"应交税金——应交增值税（销项税额）"科目。

（十三）企业购入固定资产时已按规定将增值税进项税额记入"应交税金——应抵扣固定资产增值税（固定资产进项税额）"科目的，如果相关固定资产专用于非应税项目，或专用于免税项目和专用于集体福利和个人消费，以及将固定资产供未纳入《规定》适用范围的机构使用等，应将原已记入"应交税金——应抵扣固定资产增值税（固定资产进项税额）"科目的金额予以转出，借记有关科目，贷记"应交税金——应抵扣固定资产增值税（固定资产进项税额转出）"科目。

企业购进的固定资产，其不得抵扣的进项税额，应计入固定资产的成本，并按企业会计制度及相关准则的规定进行会计处理。

（十四）企业销售本企业已使用过的固定资产，如该项固定资产原取得时，其增值税进项税额已记入"应交税金——应抵扣固定资产增值税（固定资产进项税额）"科目的，销售时计算确定的增值税销项税额，应借记"固定资产清理"科目，贷记"应交税金——应交增值税（销项税额）"科目。

企业销售本企业已使用过的固定资产，如该项固定资产原取得时，其增值税进项税额未记入"应交税金——应抵扣固定资产增值税（固定资产进项税额）"科目的，但按税法规定在销售时允许抵扣的增值税进项税额，应借记"应交税金——应抵扣固定资产增值税（固定资产进项税额）"科目，贷记"固定资产清理"科目；销售时计算确定的增值税销项税额，应借记"固定资产清理"科目，贷记"应交税金——应交增值税（销项税额）"科目。

（十五）按照规定，将应抵扣的固定资产进项税额抵减未交增值税时，借记"应交税金——应交增值税（未交增值税）"科目，贷记"应交税金——应抵扣固定资产增值税（已抵扣固定资产进项税额）"科目。

（十六）期末，企业以当期新增增值税税额抵扣固定资产进项税额时，应借记“应交税金——应交增值税（新增增值税额抵扣固定资产进项税额）”科目，贷记“应交税金——应抵扣固定资产增值税（已抵扣固定资产进项税额）”科目。但对于2004年按照税务部门的规定采取退税办法的情况下，企业首先应按规定计算商品销售应交纳的增值税并按照企业会计制度及相关准则的规定进行会计处理。待收到国家退还的2004年新增固定资产应抵扣的进项税额时，应按实际收到的金额，借记“银行存款”科目，贷记“应交税金——应抵扣固定资产增值税（已抵扣固定资产进项税额）”科目。

三、纳税人财务会计报表报送管理办法

国家税务总局关于印发《纳税人财务会计报表报送管理办法》的通知

国税发[2005]20号

各省、自治区、直辖市和计划单列市国家税务局、地方税务局，扬州税务进修学院，局内各单位：

现将《纳税人财务会计报表报送管理办法》（以下简称《办法》，见附件一）印发给你们，并就有关问题明确如下：

一、认清意义，狠抓规范。针对长期以来税务机关要求纳税人报送资料过多、过滥的积弊，总局从去年开始进行清理整顿，力求逐步解决纳税人重复报送涉税资料的问题。这次规范纳税人财务会计报表报送管理是减轻纳税人负担的第一步，它不仅有利于改善和优化纳税服务，而且有助于规范税务机关的基础工作，逐步实现纳税人报送信息在税务机关内部的共享。各级税务机关务必对此高度重视，切实贯彻落实《办法》的各项规定，认真清理自行要求纳税人重复报送的各种涉税资料，力求使得“重复报送、重复采集”信息的问题在近期能够取得明显改观。

二、统一报送，信息共享。今后凡依照法律、行政法规以及总局的规定（文号见附件二）要求纳税人报送的财务会计报表，均由《办法》规定的统一报送方式替代，不再分税种单独报送。即同一种报表纳税人按规定原则上只报送一次，由税务机关统一采集、录入信息系统，按照“一户式”存储的要求进行管理。目前，各省市在财务会计报表之外要求纳税人报送的同类报表，凡财务会计报表数据能够满足工作需要的，一律取消；凡与财务会计报表数据有部分重复的，要立即修改报表内容并重新发布，以避免重复报送。确属税收管理特殊需要而报表数据又不能满足的，县级税务局可以统一确定由纳税人另行提供。与此同时，“一户式”存储的纳税人报送的所有财务会计数据，各级税务机关应当根据各个部门工作职责、使用需求确定权限，授权使用，实行信息共享，并要切实加强各个部门之间协调配合，深入细致地做好基础性工作，防止出现管理上的“真空”。

三、力求文件、软件同步。《办法》涉及的软件修改将在2005年5月1日《办法》生效前完成，确保文件、软件能够同步执行。总局今后下发涉及报表修改的文件，将在确定业务操作流程与业务、技术标准并对相应的应用软件（包括纳税人使用的报表报送软件和税务机关使用的接受报表的软件）修改完成时同步执行，以便纳税人和基层税务机关操作。省以下各级税务局业务变化涉及软件修改的，也要照此原则办理。涉及纳税人使用的报表报送软件，凡由税务机关组织开发的，由税务机关负责修改维护；凡由商业开发的，则由税务机关公开发布修订的业务与技术标准和使用时间要求，由此类软件的开发商负责修改维护，并提供纳税人使用。涉及税务机关使用的接受报表的软件，凡使用总局综合征管软件的，由总局负责修改软件；凡使用省市开发的征管软件的，由相关省市根据总局颁布的业务技术标准自行修改软件。

四、及时公告周知纳税人。各地要将报表清理情况按照不同的纳税人适用类型列出清单，明确报送哪些、废止哪些，连同财务会计报表统一报送的意义以及《办法》有关报送报表的具体规定等，编写成专题信函，发送到每一个报送财务会计报表的纳税人；同时，可通过电视、广播、网站和12366特服电话以及在办税服务厅内张贴等方式宣传，以便于纳税人的理解与遵从，也便于社会的监督与支持。

五、狠抓数据应用，提高管理水平。各级税务机关对于纳税人报送的财务会计报表载明的各项数据，要与所掌握的其他数据信息有机结合应用，切实把死数据变成管理需要的活信息，使之在审核审批、纳税评估、行业分析、税源监控、税务稽查、税收收入预测和辅助决策等各项工作中最大限度地发挥作用。

六、《办法》执行中遇到的问题，要及时向总局反馈，以便改进和完善。

附件：1. 纳税人财务会计报表报送管理办法

2. 总局涉及报送财务会计报表的文件清单

国家税务总局

二〇〇五年三月一日

附件1：

纳税人财务会计报表报送管理办法

第一章 总 则

第一条 为了统一纳税人财务会计报表报送，规范税务机关对财务会计报表数据的接收、处理及应用维护，减轻纳税人负担，夯实征管基础，根据《中华人民共和国税收征收管理法》（以下简称《征管法》）及其实施细则以及其他相关法律、法规的规定，制定本办法。

第二条 本办法所称纳税人是指《征管法》第十五条所规定的从事生产、经营的纳税人。实行定期定额征收方式管理的纳税人除外。

第三条 本办法所称财务会计报表是指会计制度规定编制的资产负债表、利润表、现金流量表和相关附表。

前款所称会计制度是指国务院颁布的《中华人民共和国企业财务会计报告条例》以及财政部制定颁发的各项会计制度。

第四条 纳税人应当按照国家相关法律、法规的规定编制和报送财务会计报表，不得编制提供虚假的财务会计报表。纳税人的法定代表人或负责人对报送的财务会计报表的真实性和完整性负责。

第五条 纳税人应当在规定期间，按照现行税收征管范围的划分，分别向主管国家税务局、地方税务局报送财务会计报表。除有特殊要求外，同样的报表只报送一次。

主管税务机关应指定部门采集录入，实行"一户式"存储，实现信息共享，不得要求纳税人按税种或者在办理其它涉税事项时重复报送财务会计报表。

第六条 税务机关应当依法对取得的纳税人财务会计报表数据保密，不得随意公开或用于税收以外的用途。

第二章 报表报送

第七条 纳税人无论有无应税收入、所得和其他应税项目，或者在减免税期间，均必须依照《征管法》第二十五条的规定，按其所适用的会计制度编制财务报表，并按本办法第八条规定的时限向主管税务机关报送；其所适用的会计制度规定需要编报相关附表以及会计报表附注、财务情况说明书、审计报告的，应当随同财务会计报表一并报送。

适用不同的会计制度报送财务会计报表的具体种类，由省、自治区、直辖市和计划单列市国家税务局和地方税务局联合确定。

第八条 纳税人财务会计报表报送期间原则上按季度和年度报送。确需按月报送的，由省、自治区、直辖市和计划单列市国家税务局和地方税务局联合确定。

第九条 纳税人财务会计报表的报送期限为：按季度报送的在季度终了后15日内报送；按年度报送的内资企业在年度终了后45天，外商投资企业和外国企业在年度终了后4个月内报送。

第十条 纳税人经批准延期办理纳税申报的，其财务会计报表报送期限可以顺延。

第十一条 纳税人可以直接到税务机关办理财务会计报表的报送，也可以按规定采取邮寄、数据电文或者其他方式办理上述报送事项。

第十二条 纳税人采取邮寄方式办理财务会计报表报送的，以邮政部门收据作为报送凭据。邮寄报送的，以寄出日的邮戳日期为实际报送日期。

第十三条 纳税人以磁盘、IC卡、U盘等电子介质（以下简称电子介质）或网络方式报送财务会计报表的，税务机关应当提供数据接口。凡使用总局软件的，数据接口格式标准由总局公布；未使用总局软件的，也必须按总局标准对自行开发软件作相应调整。

第十四条 《中华人民共和国电子签名法》正式施行后，纳税人可按照税务机关的规定只报送财务会计报表电子数据。在此之前，纳税人以电子介质或网络方式报送财务会计报表的，仍按照税务机关规定，相应报送纸质报表。

第三章　接收处理

第十五条　纳税人报送的纸质财务会计报表，由税务机关的办税服务厅或办税服务室(以下简称办税厅)负责受理、审核、录入和归档；以电子介质报送的电子财务会计报表由办税厅负责接收、读入、审核和存储；以网络方式报送的财务会计报表电子数据由税务机关指定的部门通过系统接收、读入、校验。

第十六条　主管税务机关应当对不同形式报送的财务会计报表分别审核校验：

(一) 办税厅对于纸质财务会计报表，实行完整性和时效性审核通过后在综合征管软件系统中作报送记录。凡符合规定的，当场打印回执凭证交纳税人留存；凡不符合规定的，要求纳税人在限期内补正，限期内补正的，视同按规定期限报送财务会计报表。

(二) 办税厅对于电子介质财务会计报表，实行安全过滤并进行系统校验性审核。凡符合规定的，当场打印回执凭证交纳税人留存；凡不符合规定的，要求纳税人在限期内补正，限期内补正的，视同按规定期限报送财务会计报表。

(三) 主管税务机关对于通过网络报送的财务会计报表电子数据，必须实施安全过滤后实时进行系统性校验。凡符合规定的，系统提示纳税人报送成功，并提供电子回执凭证；凡不符合要求的，系统提示报送不成功，纳税人应当及时检查纠正，重新报送。

第十七条　办税厅应当及时将纳税人当期报送的纸质财务会计报表的各项数据，准确、完整地采集和录入。

税务机关指定的部门对于纳税人当期报送的财务会计报表电子数据，应当按照“一户式”存储的管理要求，统一存储，数据共享，并负责数据安全和数据备份。

第十八条　有条件的地区，国家税务局和地方税务局可将各自采集的纳税人财务会计报表数据进行交换和比对，以提高财务会计报表数据的真实性和完整性。

第十九条　财务会计报表报送期届满，主管税务机关应当将综合征管信息系统生成的未报送财务会计报表的纳税人清单分送纳税人所辖税务机关，由所辖税务机关负责督促税收管理员逐户催报。

第二十条　纳税人报送的财务会计报表由主管税务机关根据税收征管法及其实施细则和相关法律、法规规定的保存期限归档和销毁。

第四章　数据维护

第二十一条　总局对各地反馈上报要求在财务会计报表之外增加的数据需求，应当按照《国家税务总局工作规则》的规定，由总局征收管理司(以下简称征管司)组织相关司局进行分析、确认，并提出具体的解决建议，报经局长办公会或局务会批准后，方可增加。涉及软件修改的，由征管司组织相关司局编制业务需求。

第二十二条　总局信息中心根据征管司组织相关司局编制的业务需求，负责进行需求分析，提出技术要求并分别作出处理：

(一) 涉及税务机关的业务内容变化，直接安排修改总局综合征管软件；同时将需要修改的内容标准化，下发未使用总局综合征管软件的税务机关自行修改软件。

(二) 涉及纳税人的业务变化，将需要修改的内容标准化并向社会公布，同时公布软件接口标准，以便商用软件开发商修改软件，及时为纳税人更新申报软件版本。

第二十三条　使用自行开发软件地区需要进行数据维护的，可参照本办法第二十一、二十二条的规则办理。

第二十四条　总局临时性需下级税务机关报送的各类调查表、统计表，涉及纳税人财务会计报表指标的，由征管司确认，凡可从已有的财务会计报表公共信息中提取，主管税务机关不再采集。

第五章　法律责任

第二十五条　纳税人有违反本办法规定行为的，主管税务机关应当责令限期改正。责令限期改正的期限最长不超过15天。

第二十六条　纳税人未按照规定期限报送财务会计报表，或者报送的财务会计报表不符合规定且未在规定的期限内补正的，由主管税务机关依照《征管法》第六十二条的规定处罚。

第二十七条　纳税人提供虚假的财务会计报表，或者拒绝提供财务会计报表的，由主管税务机关依照

《征管法》第七十条的规定处罚。

第二十八条 由于税务机关原因致使纳税人已报送的纸质或电子财务会计报表遗失或残缺，税务机关应当向纳税人道歉，并由纳税人重新报送。

第六章 附 则

第二十九条 纳税人按规定需要报送的财务会计报表，可以委托具有合法资质的中介机构报送。

第三十条 本办法所称日内均含本日，遇有法定公休日、节假日，按照税收征管法及其实施细则的规定顺延。

第三十一条 各省、自治区、直辖市和计划单列市国家税务局、地方税务局可根据本办法制定具体实施细则，并报国家税务总局备案。

第三十二条 本办法由国家税务总局负责解释。

第三十三条 本办法自2005年5月1日起执行。

附件2：

总局涉及报送财务会计报表的文件清单

1.《国家税务总局关于增值税一般纳税人纳税申报办法》附件八、附件九(国税发[2003]53号)

2.《国家税务总局关于印发新修订的外商投资企业和外国企业所得税汇算清缴工作规程的通知》(国税发[2003]12号)

3.《国家税务总局关于印发新修订的外商投资企业和外国企业所得税汇算清缴管理办法》(国税发[2003]13号)

四、财政部 国家税务总局关于执行《企业会计准则》有关企业所得税政策问题的通知

财政部 国家税务总局关于执行《企业会计准则》有关企业所得税政策问题的通知

财税[2007]80号

各省、自治区、直辖市、计划单列市财政厅(局)，国家税务局，地方税务局，新疆生产建设兵团财务局，财政部驻各省、自治区、直辖市、计划单列市财政监察专员办事处：

为便于企业执行2006年财政部发布的企业会计准则(以下称新会计准则)，协调会计与税收之间的政策差异，现就执行新会计准则的企业所得税政策问题明确如下：

一、企业对持有至到期投资、贷款等按照新会计准则规定采用实际利率法确认的利息收入，可计入当期应纳税所得额。对于采用实际利率法确认的与金融负债相关的利息费用，应按照现行税收有关规定的条件，未超过同期银行贷款利率的部分，可在计算当期应纳税所得额时扣除，超过的部分不得扣除。

二、企业按照国务院财政、税务主管部门有关文件规定，实际收到具有专门用途的先征后返所得税税款，按照会计准则规定应计入取得当期的利润总额，暂不计入取得当期的应纳税所得额。

三、企业以公允价值计量的金融资产、金融负债以及投资性房地产等，持有期间公允价值的变动不计入应纳税所得额，在实际处置或结算时，处置取得的价款扣除其历史成本后的差额应计入处置或结算期间的应纳税所得额。

四、企业发生的借款费用，符合会计准则规定的资本化条件的，应当资本化，计入相关资产成本，按税法规定计算的折旧等成本费用可在税前扣除。

本通知自2007年1月1日起执行，以前的政策规定与本通知规定不一致的，按本通知规定执行。

财政部

国家税务总局

二〇〇七年七月七日

五、财政部　国家税务总局关于企业关联方利息支出税前扣除标准有关税收政策问题的通知

财政部　国家税务总局关于企业关联方利息支出税前扣除标准有关税收政策问题的通知

财税[2008]121号

各省、自治区、直辖市、计划单列市财政厅(局)、国家税务局、地方税务局,新疆生产建设兵团财务局:

为规范企业利息支出税前扣除,加强企业所得税管理,根据《中华人民共和国企业所得税法》(以下简称税法)第四十六条和《中华人民共和国企业所得税法实施条例》(国务院令第512号,以下简称实施条例)第一百一十九条的规定,现将企业接受关联方债权性投资利息支出税前扣除的政策问题通知如下:

一、在计算应纳税所得额时,企业实际支付给关联方的利息支出,不超过以下规定比例和税法及其实施条例有关规定计算的部分,准予扣除,超过的部分不得在发生当期和以后年度扣除。

企业实际支付给关联方的利息支出,除符合本通知第二条规定外,其接受关联方债权性投资与其权益性投资比例为:

(一) 金融企业,为5∶1;

(二) 其他企业,为2∶1。

二、企业如果能够按照税法及其实施条例的有关规定提供相关资料,并证明相关交易活动符合独立交易原则的;或者该企业的实际税负不高于境内关联方的,其实际支付给境内关联方的利息支出,在计算应纳税所得额时准予扣除。

三、企业同时从事金融业务和非金融业务,其实际支付给关联方的利息支出,应按照合理方法分开计算;没有按照合理方法分开计算的,一律按本通知第一条有关其他企业的比例计算准予税前扣除的利息支出。

四、企业自关联方取得的不符合规定的利息收入应按照有关规定缴纳企业所得税。

财政部　国家税务总局

二〇〇八年九月十九日

六、财政部　国家税务总局关于全国实施增值税转型改革若干问题的通知

财政部　国家税务总局关于全国实施增值税转型改革若干问题的通知

财税[2008]170号

各省、自治区、直辖市、计划单列市财政厅(局)、国家税务局,新疆生产建设兵团财务局:

为推进增值税制度完善,促进国民经济平稳较快发展,国务院决定,自2009年1月1日起,在全国实施增值税转型改革。为保证改革实施到位,现将有关问题通知如下:

一、自2009年1月1日起,增值税一般纳税人(以下简称纳税人)购进(包括接受捐赠、实物投资,下同)或者自制(包括改扩建、安装,下同)固定资产发生的进项税额(以下简称固定资产进项税额),可根据《中华人民共和国增值税暂行条例》(国务院令第538号,以下简称条例)和《中华人民共和国增值税暂行条例实施细则》(财政部　国家税务总局令第50号,以下简称细则)的有关规定,凭增值税专用发票、海关进口增值税专用缴款书和运输费用结算单据(以下简称增值税扣税凭证)从销项税额中抵扣,其进项税额应当记入"应交税金——应交增值税(进项税额)"科目。

二、纳税人允许抵扣的固定资产进项税额,是指纳税人2009年1月1日以后(含1月1日,下同)实际

发生,并取得2009年1月1日以后开具的增值税扣税凭证上注明的或者依据增值税扣税凭证计算的增值税税额。

三、东北老工业基地、中部六省老工业基地城市、内蒙古自治区东部地区已纳入扩大增值税抵扣范围试点的纳税人,2009年1月1日以后发生的固定资产进项税额,不再采取退税方式,其2008年12月31日以前(含12月31日,下同)发生的待抵扣固定资产进项税额期末余额,应于2009年1月份一次性转入"应交税金——应交增值税(进项税额)"科目。

四、自2009年1月1日起,纳税人销售自己使用过的固定资产(以下简称已使用过的固定资产),应区分不同情形征收增值税:

(一) 销售自己使用过的2009年1月1日以后购进或者自制的固定资产,按照适用税率征收增值税;

(二) 2008年12月31日以前未纳入扩大增值税抵扣范围试点的纳税人,销售自己使用过的2008年12月31日以前购进或者自制的固定资产,按照4%征收率减半征收增值税;

(三) 2008年12月31日以前已纳入扩大增值税抵扣范围试点的纳税人,销售自己使用过的在本地区扩大增值税抵扣范围试点以前购进或者自制的固定资产,按照4%征收率减半征收增值税;销售自己使用过的在本地区扩大增值税抵扣范围试点以后购进或者自制的固定资产,按照适用税率征收增值税。

本通知所称已使用过的固定资产,是指纳税人根据财务会计制度已经计提折旧的固定资产。

五、纳税人已抵扣进项税额的固定资产发生条例第十条(一)至(三)项所列情形的,应在当月按下列公式计算不得抵扣的进项税额:

不得抵扣的进项税额=固定资产净值×适用税率

本通知所称固定资产净值,是指纳税人按照财务会计制度计提折旧后计算的固定资产净值。

六、纳税人发生细则第四条规定固定资产视同销售行为,对已使用过的固定资产无法确定销售额的,以固定资产净值为销售额。

七、自2009年1月1日起,进口设备增值税免税政策和外商投资企业采购国产设备增值税退税政策停止执行。具体办法,财政部、国家税务总局另行发文明确。

八、本通知自2009年1月1日起执行。《财政部国家税务总局关于印发〈东北地区扩大增值税抵扣范围若干问题的规定〉的通知》(财税[2004]156号)、《财政部国家税务总局关于印发〈2004年东北地区扩大增值税抵扣范围暂行办法〉的通知》(财税[2004]168号)、《财政部　国家税务总局关于进一步落实东北地区扩大增值税抵扣范围政策的紧急通知》(财税[2004]226号)、《财政部　国家税务总局关于东北地区军品和高新技术产品生产企业实施扩大增值税抵扣范围有关问题的通知》(财税[2004]227号)、《国家税务总局关于开展扩大增值税抵扣范围企业认定工作的通知》(国税函[2004]143号)、《财政部　国家税务总局关于2005年东北地区扩大增值税抵扣范围有关问题的通知》(财税[2005]28号)、《财政部　国家税务总局关于2005年东北地区扩大增值税抵扣范围固定资产进项税额退税问题的通知》(财税[2005]176号)、《财政部　国家税务总局关于东北地区军品和高新技术产品生产企业实施扩大增值税抵扣范围有关问题的通知》(财税[2006]15号)、《财政部　国家税务总局关于2006年东北地区固定资产进项税额退税问题的通知》(财税[2006]156号)、《财政部　国家税务总局关于印发〈中部地区扩大增值税抵扣范围暂行办法〉的通知》(财税[2007]75号)、《财政部　国家税务总局关于扩大增值税抵扣范围地区2007年固定资产抵扣(退税)有关问题的补充通知》(财税[2007]128号)、《国家税务总局关于印发〈扩大增值税抵扣范围暂行管理办法〉的通知》(国税发[2007]62号)、《财政部　国家税务总局关于印发〈内蒙古东部地区扩大增值税抵扣范围暂行办法〉的通知》(财税[2008]94号)、《财政部　国家税务总局关于印发〈汶川地震受灾严重地区扩大增值税抵扣范围暂行办法〉的通知》(财税[2008]108号)、《财政部　国家税务总局关于2008年东北 中部和蒙东地区扩大增值税抵扣范围固定资产进项税额退税问题的通知》(财税[2008]141号)同时废止。

财政部国家税务总局

二〇〇八年十二月十九日

七、国家税务总局关于开征烟叶税有关税收会计统计核算问题的通知

国家税务总局关于开征烟叶税有关税收会计统计核算问题的通知

国税函[2006]448 号

各省、自治区、直辖市和计划单列市国家税务局、地方税务局：

《中华人民共和国烟叶税暂行条例》已于近日公布施行，现将有关税收会计、统计核算和票证管理工作事项通知如下：

一、税收会计核算

各税收会计核算单位应在“应征税收、待征税收、减免税金、上解税收、入库税收、提退税金、待清理呆账税金、待处理损失税金、损失税金核销”等会计科目下增设“烟叶税”明细科目，用以核算烟叶税的征收和入库情况。

二、税收会计、统计报表

（一）在《入库税金明细月报表》、《应征税金明细月报表》、《提退税金明细月报表》、《减免税金明细月报表》、《多缴、待解、在途、待处理损失税金及损失税金核销明细月报表》、《查补税金及税款滞纳金、罚款收入明细月报表》、《滞纳金明细月报表》、《代征代扣税款明细月报表》、《待清理呆账税金明细月报表》、《税收收入分企业类型统计月报总表》的“税收收入合计”项目下分别增设“19. 烟叶税”项目，以全面反映烟叶税开征后其税收资金运动及分企业类型等收入明细情况。因缴纳烟叶税而增加的纳税户数反映在《纳税登记户数统计年报表》中增设的“19. 烟叶税”项目中。

（二）删除《入库税金明细月报表》中“三、其他收入合计”项目下的“7. 农业五税”项目，依次增设“7. 契税”和“8. 耕地占用税”两个项目，并将原“8. 其他”项目调整为“9. 其他”项目。

（三）在《税收电月报》的“税收收入合计”项目下增设“（十九）烟叶税”，其对应的排列序号为 141，“二、出口退税”及以后各项目依次后移。

（四）“烟叶税”项目反映税务机关根据《中华人民共和国烟叶税暂行条例》对收购烟叶的纳税人所征收的烟叶税；“契税”项目反映税务机关根据《中华人民共和国契税暂行条例》征收的契税；“耕地占用税”项目反映税务机关根据《中华人民共和国耕地占用税暂行条例》征收的耕地占用税。以上三项税收的预算级次划分问题，依据财政部有关规定办理。

三、税收票证使用和管理

烟叶税的税款征收开票、完税凭证和章戳使用等，执行《国家税务总局关于印发〈税收票证管理办法〉的通知》（国税发[1998]32 号）的相关规定。

上述各项规定，自《中华人民共和国烟叶税暂行条例》施行之日起执行。各类报表从 7 月份报送 6 月份数据时开始上报，具体报表任务请各地从总局 FTP 上下载使用。各地在执行中发现新情况、新问题，请及时上报国家税务总局。

国家税务总局

二〇〇六年五月十五日

八、国家税务总局关于确认企业所得税收入若干问题的通知

国家税务总局关于确认企业所得税收入若干问题的通知

国税函[2008]875 号

各省、自治区、直辖市和计划单列市国家税务局、地方税务局：

根据《中华人民共和国企业所得税法》（以下简称企业所得税法）及《中华人民共和国企业所得税法实施条例》（以下简称实施条例）规定的原则和精神，现对确认企业所得税收入的若干问题通知如下：

一、除企业所得税法及实施条例另有规定外，企业销售收入的确认，必须遵循权责发生制原则和实质重于形式原则。

（一）企业销售商品同时满足下列条件的，应确认收入的实现：

1. 商品销售合同已经签订，企业已将商品所有权相关的主要风险和报酬转移给购货方；

2. 企业对已售出的商品既没有保留通常与所有权相联系的继续管理权，也没有实施有效控制；

3. 收入的金额能够可靠地计量；

4. 已发生或将发生的销售方的成本能够可靠地核算。

（二）符合上款收入确认条件，采取下列商品销售方式的，应按以下规定确认收入实现时间：

1. 销售商品采用托收承付方式的，在办妥托收手续时确认收入。

2. 销售商品采取预收款方式的，在发出商品时确认收入。

3. 销售商品需要安装和检验的，在购买方接受商品以及安装和检验完毕时确认收入。如果安装程序比较简单，可在发出商品时确认收入。

4. 销售商品采用支付手续费方式委托代销的，在收到代销清单时确认收入。

（三）采用售后回购方式销售商品的，销售的商品按售价确认收入，回购的商品作为购进商品处理。有证据表明不符合销售收入确认条件的，如以销售商品方式进行融资，收到的款项应确认为负债，回购价格大于原售价的，差额应在回购期间确认为利息费用。

（四）销售商品以旧换新的，销售商品应当按照销售商品收入确认条件确认收入，回收的商品作为购进商品处理。

（五）企业为促进商品销售而在商品价格上给予的价格扣除属于商业折扣，商品销售涉及商业折扣的，应当按照扣除商业折扣后的金额确定销售商品收入金额。

债权人为鼓励债务人在规定的期限内付款而向债务人提供的债务扣除属于现金折扣，销售商品涉及现金折扣的，应当按扣除现金折扣前的金额确定销售商品收入金额，现金折扣在实际发生时作为财务费用扣除。

企业因售出商品的质量不合格等原因而在售价上给的减让属于销售折让；企业因售出商品质量、品种不符合要求等原因而发生的退货属于销售退回。企业已经确认销售收入的售出商品发生销售折让和销售退回，应当在发生当期冲减当期销售商品收入。

二、企业在各个纳税期末，提供劳务交易的结果能够可靠估计的，应采用完工进度（完工百分比）法确认提供劳务收入。

（一）提供劳务交易的结果能够可靠估计，是指同时满足下列条件：

1. 收入的金额能够可靠地计量；

2. 交易的完工进度能够可靠地确定；

3. 交易中已发生和将发生的成本能够可靠地核算。

（二）企业提供劳务完工进度的确定，可选用下列方法：

1. 已完工作的测量；

2. 已提供劳务占劳务总量的比例；

3. 发生成本占总成本的比例。

（三）企业应按照从接受劳务方已收或应收的合同或协议价款确定劳务收入总额，根据纳税期末提供劳务收入总额乘以完工进度扣除以前纳税年度累计已确认提供劳务收入后的金额，确认为当期劳务收入；同时，按照提供劳务估计总成本乘以完工进度扣除以前纳税期间累计已确认劳务成本后的金额，结转为当期劳务成本。

（四）下列提供劳务满足收入确认条件的，应按规定确认收入：

1. 安装费。应根据安装完工进度确认收入。安装工作是商品销售附带条件的，安装费在确认商品销售实现时确认收入。

2. 宣传媒介的收费。应在相关的广告或商业行为出现于公众面前时确认收入。广告的制作费，应根据制作广告的完工进度确认收入。

3. 软件费。为特定客户开发软件的收费，应根据开发的完工进度确认收入。

4. 服务费。包含在商品售价内可区分的服务费，在提供服务的期间分期确认收入。

5. 艺术表演、招待宴会和其他特殊活动的收费。在相关活动发生时确认收入。收费涉及几项活动的，预收的款项应合理分配给每项活动，分别确认收入。

6. 会员费。申请入会或加入会员，只允许取得会籍，所有其他服务或商品都要另行收费的，在取得该会员费时确认收入。申请入会或加入会员后，会员在会员期内不再付费就可得到各种服务或商品，或者以低于非会员的价格销售商品或提供服务的，该会员费应在整个受益期内分期确认收入。

7. 特许权费。属于提供设备和其他有形资产的特许权费，在交付资产或转移资产所有权时确认收入；属于提供初始及后续服务的特许权费，在提供服务时确认收入。

8. 劳务费。长期为客户提供重复的劳务收取的劳务费，在相关劳务活动发生时确认收入。

三、企业以买一赠一等方式组合销售本企业商品的，不属于捐赠，应将总的销售金额按各项商品的公允价值的比例来分摊确认各项的销售收入。

国家税务总局

二○○八年十月三十日

九、企业研究开发费用税前扣除管理办法(试行)

国家税务总局
关于印发《企业研究开发费用税前扣除管理办法(试行)》的通知

国税发[2008]116 号

各省、自治区、直辖市和计划单列市国家税务局、地方税务局：

现将《企业研究开发费用税前扣除管理办法(试行)》印发给你们，请遵照执行。执行中有何问题，请及时向税务总局(所得税司)反映。

附件：研发项目可加计扣除研究开发费用情况归集表

国家税务总局

二○○八年十二月十日

企业研究开发费用税前扣除管理办法(试行)

第一条 为鼓励企业开展研究开发活动，规范企业研究开发费用的税前扣除及有关税收优惠政策的执行，根据《中华人民共和国企业所得税法》及其实施条例、《中华人民共和国税收征收管理法》及其实施细则和《国务院关于印发实施〈国家中长期科学和技术发展规划纲要(2006—2020)〉若干配套政策的通知》(国发[2006]6 号)的有关规定，制定本办法。

第二条 本办法适用于财务核算健全并能准确归集研究开发费用的居民企业(以下简称企业)。

第三条 本办法所称研究开发活动是指企业为获得科学与技术(不包括人文、社会科学)新知识，创造性运用科学技术新知识，或实质性改进技术、工艺、产品(服务)而持续进行的具有明确目标的研究开发活动。

创造性运用科学技术新知识，或实质性改进技术、工艺、产品(服务)，是指企业通过研究开发活动在技术、工艺、产品(服务)方面的创新取得了有价值的成果，对本地区(省、自治区、直辖市或计划单列市)相关行业的技术、工艺领先具有推动作用，不包括企业产品(服务)的常规性升级或对公开的科研成果直接应用等活动(如直接采用公开的新工艺、材料、装置、产品、服务或知识等)。

第四条 企业从事《国家重点支持的高新技术领域》和国家发展改革委员会等部门公布的《当前优先发展的高技术产业化重点领域指南(2007 年度)》规定项目的研究开发活动，其在一个纳税年度中实际发生的下列费用支出，允许在计算应纳税所得额时按照规定实行加计扣除。

(一) 新产品设计费、新工艺规程制定费以及与研发活动直接相关的技术图书资料费、资料翻译费。

(二) 从事研发活动直接消耗的材料、燃料和动力费用。

（三）在职直接从事研发活动人员的工资、薪金、奖金、津贴、补贴。

（四）专门用于研发活动的仪器、设备的折旧费或租赁费。

（五）专门用于研发活动的软件、专利权、非专利技术等无形资产的摊销费用。

（六）专门用于中间试验和产品试制的模具、工艺装备开发及制造费。

（七）勘探开发技术的现场试验费。

（八）研发成果的论证、评审、验收费用。

第五条　对企业共同合作开发的项目，凡符合上述条件的，由合作各方就自身承担的研发费用分别按照规定计算加计扣除。

第六条　对企业委托给外单位进行开发的研发费用，凡符合上述条件的，由委托方按照规定计算加计扣除，受托方不得再进行加计扣除。

对委托开发的项目，受托方应向委托方提供该研发项目的费用支出明细情况，否则，该委托开发项目的费用支出不得实行加计扣除。

第七条　企业根据财务会计核算和研发项目的实际情况，对发生的研发费用进行收益化或资本化处理的，可按下述规定计算加计扣除：

（一）研发费用计入当期损益未形成无形资产的，允许再按其当年研发费用实际发生额的50%，直接抵扣当年的应纳税所得额。

（二）研发费用形成无形资产的，按照该无形资产成本的150%在税前摊销。除法律另有规定外，摊销年限不得低于10年。

第八条　法律、行政法规和国家税务总局规定不允许企业所得税前扣除的费用和支出项目，均不允许计入研究开发费用。

第九条　企业未设立专门的研发机构或企业研发机构同时承担生产经营任务的，应对研发费用和生产经营费用分开进行核算，准确、合理的计算各项研究开发费用支出，对划分不清的，不得实行加计扣除。

第十条　企业必须对研究开发费用实行专账管理，同时必须按照本办法附表的规定项目，准确归集填写年度可加计扣除的各项研究开发费用实际发生金额。企业应于年度汇算清缴所得税申报时向主管税务机关报送本办法规定的相应资料。申报的研究开发费用不真实或者资料不齐全的，不得享受研究开发费用加计扣除，主管税务机关有权对企业申报的结果进行合理调整。

企业在一个纳税年度内进行多个研究开发活动的，应按照不同开发项目分别归集可加计扣除的研究开发费用额。

第十一条　企业申请研究开发费加计扣除时，应向主管税务机关报送如下资料：

（一）自主、委托、合作研究开发项目计划书和研究开发费预算。

（二）自主、委托、合作研究开发专门机构或项目组的编制情况和专业人员名单。

（三）自主、委托、合作研究开发项目当年研究开发费用发生情况归集表。

（四）企业总经理办公会或董事会关于自主、委托、合作研究开发项目立项的决议文件。

（五）委托、合作研究开发项目的合同或协议。

（六）研究开发项目的效用情况说明、研究成果报告等资料。

第十二条　企业实际发生的研究开发费，在年度中间预缴所得税时，允许据实计算扣除，在年度终了进行所得税年度申报和汇算清缴时，再依照本办法的规定计算加计扣除。

第十三条　主管税务机关对企业申报的研究开发项目有异议的，可要求企业提供政府科技部门的鉴定意见书。

第十四条　企业研究开发费各项目的实际发生额归集不准确、汇总额计算不准确的，主管税务机关有权调整其税前扣除额或加计扣除额。

第十五条　企业集团根据生产经营和科技开发的实际情况，对技术要求高、投资数额大，需要由集团公司进行集中开发的研究开发项目，其实际发生的研究开发费，可以按照合理的分摊方法在受益集团成员公司间进行分摊。

第十六条　企业集团采取合理分摊研究开发费的，企业集团应提供集中研究开发项目的协议或合同，该协议或合同应明确规定参与各方在该研究开发项目中的权利和义务、费用分摊方法等内容。如不提供协议或合同,研究开发费不得加计扣除。

第十七条 企业集团采取合理分摊研究开发费的,企业集团集中研究开发项目实际发生的研究开发费,应当按照权利和义务、费用支出和收益分享一致的原则,合理确定研究开发费用的分摊方法。

第十八条 企业集团采取合理分摊研究开发费的,企业集团母公司负责编制集中研究开发项目的立项书、研究开发费用预算表、决算表和决算分摊表。

第十九条 税企双方对企业集团集中研究开发费的分摊方法和金额有争议的,如企业集团成员公司设在不同省、自治区、直辖市和计划单列市的,企业按照国家税务总局的裁决意见扣除实际分摊的研究开发费;企业集团成员公司在同一省、自治区、直辖市和计划单列市的,企业按照省税务机关的裁决意见扣除实际分摊的研究开发费。

第二十条 本办法从 2008 年 1 月 1 日起执行。

第十三部分　其他企业会计法规

一、上市公司股权分置改革相关会计处理暂行规定

财政部关于印发《上市公司股权分置改革相关会计处理暂行规定》的通知

财会[2005]18 号

各省、自治区、直辖市、计划单列市财政厅(局),新疆生产建设兵团财务局,国务院有关部委、有关直属机构,有关中央管理企业:

为配合我国上市公司股权分置改革,根据上市公司股权分置改革相关文件,我部制定了《上市公司股权分置改革相关会计处理暂行规定》,现予印发,请遵照执行。执行中有何问题,请及时反馈我部。

附件:上市公司股权分置改革相关会计处理暂行规定

二〇〇五年十一月十四日

附件:

上市公司股权分置改革相关会计处理暂行规定

为了进一步贯彻国务院《关于推进资本市场改革开放和稳定发展的若干意见》(国发[2004]3 号),根据上市公司股权分置改革等相关文件,现就股权分置改革中非流通股股东(以下简称企业)有关会计处理规定如下:

一、会计科目设置及支付对价的会计处理

企业应当设置"股权分置流通权"和"应付权证"科目,分别核算企业以各种方式支付对价取得的在证券交易所挂牌交易的流通权(以下简称流通权)和企业为取得流通权而发行权证的价值。

(一) 以支付现金方式取得的流通权。

企业根据经批准的股权分置方案,以支付现金的方式取得的流通权,应当按照所支付的金额,借记"股权分置流通权"科目,贷记"银行存款"等科目。

(二) 以送股或缩股方式取得的流通权。

企业根据经批准的股权分置方案,以送股或缩股的方式取得的流通权,以成本法核算该项长期投资的,应当按照送股或缩股部分所对应的长期股权投资账面价值,借记"股权分置流通权"科目,贷记"长期股权投资"科目;以权益法核算该项长期投资的,在贷记"长期股权投资"科目时应当按比例贷记相关明细科目(下同)。

(三) 以发行认购权证方式取得的流通权。

1. 将认购权证直接送给流通股股东的。

企业根据经批准的股权分置方案,通过发行认购权证直接送给流通股股东方式取得的流通权,发行的认购权证在相关备查登记簿中予以登记。

认购权证持有人行使认购权向企业购买股份时,企业应按照收到的价款,借记"银行存款"科目,按照行权价低于股票市场价格的差额,借记"股权分置流通权"科目,按照减少股份部分所对应的长期股权投资账面价值,贷记"长期股权投资"科目,按其差额,贷记或借记"投资收益"科目。

认购权证持有人行使认购权,要求以现金结算行权价低于股票市场价格的差价部分的,企业应按照实际支付的金额,借记"股权分置流通权"科目,贷记"银行存款"科目。在备查登记簿中应同时注销相关认购权证的记录。

2. 将认购权证以一定价格出售给流通股股东的。

企业根据经批准的股权分置方案,以一定价格发行认购权证方式取得的流通权,应按照实际收到的金

额，借记“银行存款”科目，贷记“应付权证”科目。

认购权证持有人行使认购权向企业购买股份时，企业应按照收到的价款，借记“银行存款”科目，按照行权价低于股票市场价格的差额，借记“股权分置流通权”科目，按照行权部分对应全部发行权证的比例计算的金额，借记“应付权证”科目，按照减少股份部分所对应的长期股权投资账面价值，贷记“长期股权投资”科目，按其差额，贷记或借记“投资收益”科目。

认购权证持有人行使认购权，要求以现金结算行权价低于股票市场价格的差价部分的，应按照行权部分对应全部发行权证的比例计算的金额，借记“应付权证”科目，按照实际支付的金额，贷记“银行存款”科目，按其差额，借记“股权分置流通权”科目。

认购权证存续期满，“应付权证”科目的余额应首先冲减“股权分置流通权”科目，“股权分置流通权”科目的余额冲减至零后，“应付权证”科目的余额计入“资本公积”科目。

（四）以发行认沽权证方式取得的流通权。

1. 将认沽权证直接送给流通股股东的。

企业根据经批准的股权分置方案，通过发行认沽权证直接送给流通股股东的方式取得的流通权，发行的认沽权证在相关备查登记簿中予以登记。

认沽权证持有人行使出售权将股份出售给企业时，企业应按行权价高于股票市场价格的差额，借记“股权分置流通权”科目，按照支付的价款，贷记“银行存款”科目，按其差额，借记“长期股权投资”或“短期投资”科目。

认沽权证持有人行使出售权，要求以现金结算行权价高于股票市场价格的差价部分的，企业应按照实际支付的金额，借记“股权分置流通权”科目，贷记“银行存款”科目。在备查登记簿中应同时注销相关认沽权证的记录。

2. 将认沽权证以一定价格出售给流通股股东的。

企业根据经批准的股权分置方案，以一定价格发行认沽权证方式取得的流通权，应按照实际收到的金额，借记“银行存款”科目，贷记“应付权证”科目。

认沽权证持有人行使出售权将股份出售给企业时，企业应按行权价高于股票市场价格的差额，借记“股权分置流通权”科目，按照行权部分对应全部发行权证的比例计算的金额，借记“应付权证”科目，按照支付的价款，贷记“银行存款”科目，按其差额，借记“长期股权投资”或“短期投资”科目。

认沽权证持有人行使出售权，要求以现金结算行权价高于股票市场价格的差价部分的，应按照行权部分对应全部发行权证的比例计算的金额，借记“应付权证”科目，按照实际支付的金额，贷记“银行存款”科目，按其差额，借记“股权分置流通权”科目。

认沽权证存续期满，“应付权证”科目的余额应首先冲减“股权分置流通权”科目，“股权分置流通权”科目的余额冲减至零后，“应付权证”科目的余额计入“资本公积”科目。

（五）以上市公司资本公积转增或派发股票股利形成的股份，送给流通股股东的方式取得的流通权。

企业根据经过批准的股权分置方案，将上市公司资本公积转增或派发股票股利形成的股份中非流通股股东分得的部分，送给流通股东，应首先按照上市公司资本公积金转增或派发股票股利进行会计处理。然后，企业比照本规定第（二）款的规定对向流通股股东赠送股份进行会计处理。

（六）以向上市公司注入优质资产、豁免上市公司债务、替上市公司承担债务的方式取得的流通权。

企业根据经过批准的股权分置方案，向上市公司注入优质资产、豁免上市公司债务、替上市公司承担债务的，应按照注入资产、豁免债务、承担债务的账面价值，借记“股权分置流通权”科目，贷记相关资产或负债科目。

（七）以承诺方式取得的流通权。

企业根据股权分置方案，以承诺的方式，取得非流通股的流通权，只在相关备查簿中予以登记，待承诺实现时再按照本规定的原则进行相关的会计处理。

二、取得流通权的非流通股份出售的会计处理

企业取得的流通权，平时不进行结转，一般也不计提减值准备，待取得流通权的非流通股出售时，再按出售的部分按比例予以结转。企业出售取得流通权的非流通股时，按照收到的金额，借记“银行存款”科目，按照出售股份部分所对应的长期股权投资账面价值，贷记“长期股权投资”科目，按其差额，贷记或借记“投资收益”科目。同时，按应结转的股权分置流通权成本，借记“投资收益”科目，贷记“股权分置流通权”科目。

三、财务报表的列报

企业应在其资产负债表中的长期资产项目内单列“股权分置流通权”项目反映；应在流动负债项目内单列“应付权证”项目反映。对于以承诺方式或发行权证方式取得的非流通股的流通权，应在财务报表附注中予以披露，说明承诺的具体内容；对于发行的认购权证或认沽权证，也应在财务报表附注中说明发行的认购权证或认沽权证的具体内容。

二、信贷资产证券化试点会计处理规定

财政部关于印发《信贷资产证券化试点会计处理规定》的通知

财会[2005]12 号

各省、自治区、直辖市、计划单列市财政厅(局)，新疆生产建设兵团财务局，国务院有关部委、有关直属机构，有关中央管理企业：

为规范信贷资产证券化试点工作，保护投资人及相关当事人的合法权益，根据《中华人民共和国会计法》、《中华人民共和国信托法》、《信贷资产证券化试点管理办法》等法律及相关法规，我部制定了《信贷资产证券化试点会计处理规定》，现予印发，请遵照执行。

二〇〇五年五月十六日

附件：

信贷资产证券化试点会计处理规定

第一章　总　　则

第一条　为规范信贷资产证券化试点工作，保护投资人及相关当事人的合法权益，根据《中华人民共和国会计法》、《中华人民共和国信托法》、《信贷资产证券化试点管理办法》等法律及相关法规，制定本规定。

第二条　在中国境内，银行业金融机构作为发起机构，将信贷资产信托给受托机构，由受托机构以资产支持证券的形式向投资机构发行受益证券，以该财产所产生的现金支付资产支持证券收益的结构性融资活动，适用本规定。

第二章　发起机构的会计处理

第三条　发起机构是通过设立特定目的信托转让信贷资产的金融机构。

第四条　发起机构已将信贷资产所有权上几乎所有(通常指 95%或者以上的情形，下同)的风险和报酬转移时，应当终止确认该信贷资产，并将该信贷资产的账面价值与因转让而收到的对价之间的差额，确认为当期损益。终止确认是指将信贷资产从发起机构的账上和资产负债表内转出。

转让该信贷资产时如取得了某项新资产或者承担了某项新负债(如因提供保证承担的预计负债等，下同)，应当在转让日按公允价值确认该新资产或者新负债，并将该新资产扣除新负债后的净额作为上述对价的组成部分。

公允价值是指在公平交易中，熟悉情况的交易双方自愿进行资产交换或者债务清偿的金额。上述新资产或者新负债有活跃市场的，发起机构应当按市场报价确定该新资产或者新负债的公允价值；没有活跃市场的，发起机构应当比照类似资产或者负债的市场报价，或者按未来现金流量现值，或者按市场上普遍认同的计价模型计算的结果，确定该新资产或者新负债的公允价值。

第五条　发起机构保留了信贷资产所有权上几乎所有的风险和报酬时，不应当终止确认该信贷资产；转让该信贷资产收到的对价，应当确认为一项负债。

在随后的会计期间，发起机构应当继续确认该信贷资产的收益及其相关负债的费用。

第六条　不属于第四条和第五条情形的，发起机构应当分别以下两种情况进行处理：

(一) 发起机构放弃了对该信贷资产控制的，应当在转让日终止确认该信贷资产，并将该信贷资产的账面价值与因转让而收到的对价之间的差额，确认为当期损益。

转让该信贷资产时如取得了某项新资产或者承担了某项新负债，应当在转让日按公允价值确认该新资产或者新负债，并将该新资产扣除新负债后的净额作为上述对价的组成部分。

以下条件全部符合时，表明发起机构放弃了对所转让信贷资产的控制：

1. 发起机构与该信贷资产实现了破产隔离；

2. 特定目的信托受托机构按信托合同约定，能够单独将该信贷资产出售给与其不存在关联方关系的第三方，且没有额外条件对该项出售加以限制。

（二）发起机构仍保留对该信贷资产控制的，应当在转让日按其继续涉入该信贷资产的程度确认有关资产，并相应确认有关负债。发起机构继续涉入该信贷资产的程度，是指该信贷资产价值变动使发起机构面临的风险水平。

发起机构通过对该信贷资产提供保证的方式继续涉入的，其涉入程度为该信贷资产的账面价值和保证金额两者之中的较低者。保证金额是指发起机构所收到的对价中，可能被要求偿还的最高金额。

发起机构应当在转让日按上述较低金额确认继续涉入所产生的资产，同时按保证金额与保证合同的公允价值（通常为提供保证所收取的费用）之和确认有关负债。

第七条 信贷资产部分转让符合终止确认条件的，应当将该信贷资产整体的账面价值在终止确认部分和未终止确认部分之间，按转让日各自的相对公允价值进行分摊，并将终止确认部分的账面价值与终止确认部分的对价（因该转让取得的新资产扣除承担的新负债后的净额包括在内）之间的差额，确认为当期损益。

发起机构将该信贷资产整体的账面价值在终止确认部分和未终止确认部分进行分摊时，未终止确认部分没有市场报价且最近市场上也没有与其有关的实际成交价格的，该未终止确认部分的公允价值，按该信贷资产整体的公允价值扣除终止确认部分的对价之后的差额确定；该信贷资产整体的公允价值无法取得时，按其账面价值扣除终止确认部分的对价之后的差额确定。

上述未终止确认部分应当在转让日按整体账面价值分摊后的金额确认。

第八条 发起机构仅继续涉入信贷资产一部分的，应当将该信贷资产整体的账面价值，在继续涉入仍确认的部分和终止确认部分之间，按转让日各自的相对公允价值进行分摊，并将终止确认部分的账面价值与终止确认部分的对价之间的差额，确认为当期损益。

第九条 发起机构对特定目的信托具有控制权的，应当将其纳入合并会计报表。

第十条 发起机构未终止确认所转让信贷资产，或者按继续涉入信贷资产程度确认某项资产的，应当在会计报表附注中作如下披露：

（一）资产的性质；

（二）发起机构仍保留的信贷资产所有权上风险和报酬的性质（如信用风险等）；

（三）发起机构继续确认所转让信贷资产整体的，应当披露所转让信贷资产的账面价值和相关负债的账面价值；

（四）发起机构继续涉入所转让信贷资产的，应当披露所转让信贷资产整体的账面价值、继续确认资产的账面价值以及相关负债的账面价值。

第三章 特定目的信托的会计处理

第十一条 特定目的信托应当作为独立的会计主体，以持续经营为前提，独立核算资产证券化信贷资产的管理、运用和处分情况。

第十二条 受托机构因承诺信托而取得的信贷资产是信托财产，独立于发起机构、受托机构、贷款服务机构、资金保管机构、证券登记机构及其他为证券化交易提供服务的机构的固有财产。

受托机构、贷款服务机构、资金保管机构及其为证券化交易提供服务的机构因特定目的信托财产的管理、运用或其他情形而取得的财产和收益，应当归入信托财产。

第十三条 特定目的信托的会计要素包括信托资产、信托负债、信托权益、信托项目收入、信托项目费用、信托项目利润。

信托项目利润应按信托合同的约定，分配给资产支持证券投资机构。

第十四条 特定目的信托应当单独记账、单独核算、单独编制财务会计报告。不同特定目的信托在账户设置、资金划拨、账簿记录等方面应当相互独立。

第十五条　信托终止，受托机构应当对特定目的信托作出处理信托事务的清算报告。

第十六条　特定目的的信托的其他相关业务或事项，应当根据《信托业务会计核算办法》（财会[2005]1号）进行会计处理。

第四章　受托机构的会计处理

第十七条　受托机构是承诺信托而负责管理特定目的信托财产并发行资产支持证券的机构。

第十八条　受托机构应当按信托合同规定的计提方法、计提标准，计算确认应当由特定目的的信托承担的受托机构报酬。

第十九条　受托机构发生的为特定目的信托代垫的信托营业费用，应当确认为对特定目的的信托的债权。

第二十条　受托机构对于已终止特定目的的信托未被取回的信托财产，应当作为代保管业务进行管理和核算。

第二十一条　受托机构的其他相关业务或事项，应当根据《信托业务会计核算办法》（财会[2005]1号）进行会计处理。

第五章　资金保管机构的会计处理

第二十二条　资金保管机构是接受受托机构委托，负责保管信托财产账户资金的机构。

第二十三条　资金保管机构应当按有关资金保管合同的约定确认和计量保管收入。

第二十四条　资金保管机构在向投资机构支付信托财产收益的间隔内，只能按照合同约定的方式和受托机构指令，将信托财产收益投资于流动性好、变现能力强的国债、政策性金融债以及中国人民银行允许投资的其他金融产品。

上述投资形成的收益，应当存入特定目的的信托银行账户。

第二十五条　资金保管机构应当按照保管合同约定，定期向受托机构提供资金保管报告，报告资金管理情况和资产支持证券收益支付情况。

第六章　贷款服务机构的会计处理

第二十六条　贷款服务机构是接受受托机构委托，负责管理贷款的机构。

第二十七条　贷款服务机构应当按照有关贷款服务合同确认和计量服务收入。

第二十八条　贷款服务机构对作为信托财产的信贷资产单独设账，单独管理。

第二十九条　贷款服务机构应当定期向受托机构提供服务报告，报告作为信托财产的信贷资产信息。

第七章　投资机构的会计处理

第三十条　投资机构在取得资产支持证券时，应当按实际支付价款确认一项资产支持证券投资。

第三十一条　投资机构取得信托收益时，应当区分属于资产支持证券投资本金部分和证券投资收益部分，并分别进行会计处理。

第三十二条　会计期末，投资机构应当对所持有资产支持证券的账面价值进行检查，发现账面价值高于其可收回金额的，应当计提减值准备。

第三十三条　资产支持证券在投资机构期末资产负债表内应当按其流动性，单列“资产支持证券”项目反映。

第八章　附　　则

第三十四条　本规定由中华人民共和国财政部负责解释。

第三十五条　本规定自发布之日起施行。

三、民航基础设施建设基金有关会计处理规定

民航基础设施建设基金有关会计处理规定

财会[2004]8号

为加强民航基础设施建设，促进民航事业发展，根据《国务院关于印发民航体制改革方案的通知》（国发[2002]6号），财政部制定下发了《民航基础设施建设基金征收使用管理暂行办法》（财综[2004]38号）。为

做好民航基础设施建设基金(以下简称“民航基金”)的会计核算，现对有关会计处理规定如下：

企业应在“主营业务成本”科目下增设“应交民航基础设施建设基金”明细科目，在“其他应交款”科目下增设“应交民航基础设施建设基金”明细科目。

航空运输企业收到民航总局清算机构开具的账单，借记“主营业务成本——民航基础设施建设基金”科目，贷记“其他应交款——应交民航基础设施建设基金”科目；上缴时，借记“其他应交款——应交民航基础设施建设基金”科目，贷记“银行存款”科目。

在资产负债表“其他应交款”项目下增设“其中：应交民航基础设施建设基金”项目，取消资产负债表中“应交民航基础设施建设基金”项目及其说明，其余额转入“其他应交款”项目内的“其中：应交民航基础设施建设基金”项目。

取消利润表中“其中：民航基础设施建设基金”和“转作民航基础设施建设基金”项目及其说明。

取消主营业务收支明细表中“民航基础设施建设基金”项目及其说明。

取消主营业务收入表中“2. 民航基础设施建设基金”有关项目及其说明；取消航空公司分航线、机型收入数据采集表中“民航基金”栏目。

在运输成本表中“1. 直接营运费”内的“制服费”项目下增设“民航基础设施建设基金”项目，并在本报表编制说明中增加“民航基础设施建设基金”项目，反映企业按照国家规定，从运输成本中列支的民航基础设施建设基金。

《财政部关于印发〈民航企业会计核算办法〉的通知》(财会[2003]18 号)有关民航基础设施建设基金的会计核算规定同时废止。

四、民航机场管理建设费征收管理方式改革后有关会计处理规定

民航机场管理建设费征收管理方式改革后有关会计处理规定

财会[2004]8 号

为方便旅客乘机，提高机场运营效率，财政部、民航总局日前发出通知，改革民航机场管理建设费(以下简称“机场费”)征收方式，由原在机场办理乘机手续时缴纳，改为在购买机票时一并缴纳，在机票价外单列项目反映，并由实际承运的航空运输企业负责代收。为做好机场费征管方式改革后的会计核算，现对国内运输航空公司代征代缴机场费的会计处理规定如下：

企业应在“其他应交款”科目下增设“应交民航机场管理建设费”明细科目。

各航空运输企业在代收机场费时，按规定标准代收的机场费，借记“银行存款”、“应收账款”科目，贷记“其他应交款——应交民航机场管理建设费”科目；根据民航总局清算机构开具的账单上缴机场费时，借记“其他应交款——应交民航机场管理建设费”科目，贷记“银行存款”科目。

各航空运输企业因少收、漏收、误收，以及支线机型与非支线机型之间变更，导致“其他应交款——应交民航机场管理建设费”科目出现借、贷方余额的，如为借方余额，借记“营业外支出”科目，贷记“其他应交款——应交民航机场管理建设费”科目；如为贷方余额，借记“其他应交款——应交民航机场管理建设费”科目，贷记“营业外支出”科目。

航空运输企业正常票证结算的会计核算，仍按现行规定执行。

五、其他常用会计法规

有些会计法规曾经应用的非常广泛，虽然还没有被明确废止，但随着新的《企业会计准则》的实施，应用的范围越来越小，编者在此仅提供法规名称和文号，有兴趣的读者可到互联网上查阅全文。

法　规　名　称	文　号
《就业机构就业经费会计处理规定》	财会字[1999]46 号
《公开发行证券的商业银行有关业务会计处理补充规定》	财会[2000]20 号

（续表）

法　规　名　称	文　号
《电信企业会计核算办法》	财会[2002]17号
《关于企业与银行等金融机构之间从事应收债权融资等有关业务会计处理的暂行规定》	财会[2003]14号
《关于企业收取的一次性入网费会计处理的规定》	财会[2003]16号
《从事银行卡跨行信息转接业务的企业会计核算办法》	财会[2003]23号
《国有商业银行年度财务会计报告披露办法(试行)》	财金[2003]57号
《农业企业会计核算办法》	财会[2004]5号
《东北地区扩大增值税抵扣范围有关会计处理规定》的通知	财会[2004]11号
《投资公司会计核算办法》	财会[2004]14号
《农村合作金融机构外汇业务会计核算暂行办法》	银监发[2004]25号
《电影企业会计核算办法》	财会[2004]30号
《农村合作金融机构银行承兑汇票、债券返售(回购)业务会计核算手续》	银监办发[2004]347号
《担保企业会计核算办法》	财会[2005]17号

第十四部分　企业内部控制相关法规

一、财政部关于印发企业内部控制标准委员会工作大纲和企业内部控制标准制定程序的通知

财政部关于印发企业内部控制标准委员会工作大纲和企业内部控制标准制定程序的通知

财会[2006]13号

各省、自治区、直辖市、计划单列市财政厅(局),新疆生产建设兵团财务局,中共中央直属机关事务管理局,铁道部、国务院机关事务管理局,解放军总后勤部、武警部队后勤部:

《企业内部控制标准委员会工作大纲》和《企业内部控制标准制定程序》已经2006年7月15日企业内部控制标准委员会第一次全体会议审议通过,并经我部同意,现予印发。

附件:1. 企业内部控制标准委员会工作大纲

2. 企业内部控制标准制定程序

抄送:审计署、国资委、银监会、证监会、保监会。

附件1:

企业内部控制标准委员会工作大纲

第一章　委　员　会

第一条　企业内部控制标准委员会(以下简称委员会)是中国企业内部控制标准体系的咨询机构,旨在为制定和完善中国企业内部控制标准体系提供咨询意见和建议。

第二条　委员会的主要职责包括:

(一) 指导、推动我国内部控制标准体系建设,对内部控制标准制定的总体方案、体系结构、项目立项等提供咨询意见;

(二) 对内部控制标准体系建设涉及的有关理论、政策提供咨询意见;

(三) 对内部控制标准制定中重大控制程序、内容和方法等的选择提供咨询意见;

(四) 对内部控制标准体系的实施提供咨询意见并反馈有关信息;

(五) 开展内部控制领域的国际交流与合作。

第三条　委员会下设秘书处和若干咨询专家组。

秘书处为委员会的常设办事机构,设在财政部会计司,秘书处秘书长由财政部会计司司长兼任。

咨询专家组由公开选聘的咨询专家组成。

第四条　委员会会议分为委员会全体会议、咨询专家全体会议和咨询专家组会议。

委员会全体会议、咨询专家全体会议和咨询专家组会议结束后,应对会议讨论的议题、讨论情况和结果,形成会议纪要和书面报告。委员会秘书处应视具体情况,将会议纪要和书面报告及时送达委员。

会议闭会期间,由委员会秘书处负责与委员、咨询专家联系,及时汇报工作情况,并向委员会有关领导传达委员、咨询专家的意见和建议。

第五条　委员会定期召开全体会议,研究、讨论、协调内部控制标准制定中的重大问题,包括:委员会工作大纲,内部控制标准体系建设总体方案和年度工作要点,内部控制标准制定中重大控制程序、内容和方法的选择,具有广泛影响的内部控制标准的制定、发布和实施,以及其他重大事项。

全体会议每年至少召开一次,会议时间及会议议题由秘书长提出,报经委员会主席并商副主席批准后召开,具体工作由秘书处负责。

全体会议由主席主持,全体委员参加,委员如因特殊情况无法参会的,应事先向主席或秘书长请假,并

对会议所讨论的议题提供书面意见。

第二章　委　员

第六条　委员由财政部聘任，委员应有广泛的代表性和较高的社会影响力，包括政府有关部门、企业界、理论界、会计职业团体和中介机构等方面的代表。

第七条　委员享有以下权利：

（一）参加委员会全体会议以及内部控制国际、国内研讨会，提前获取会议文件资料；

（二）对上述各种会议讨论的议题提出咨询意见；

（三）及时获得咨询专家组对有关内部控制项目的研究报告，以及委员会、咨询专家组、秘书处工作进展情况的报告；

（四）在委员会秘书处的组织、协调下，经商有关部门和单位同意，就内部控制标准制定与实施的有关问题进行调研；

（五）就内部控制标准制定与实施中的重大事项和重要问题，向委员会提出建议；

（六）优先取得委员会有关内部控制标准的资料和正式出版物。

第八条　委员应履行以下义务：

（一）按时出席委员会全体会议，参加委员会举办的研讨会等各项活动；

（二）按时完成委员会布置的研究课题和工作任务；

（三）对委员会提请咨询的问题发表意见；

（四）就内部控制标准体系建设中的有关问题进行协调，并向委员会提供内部控制标准体系实施中的问题；

（五）对委员会要求保密的信息负责保密。

第九条　委员因工作变动和其他原因需要进行调整的，由委员所在单位提出意见，经委员会主席批准后调整并公布。

第三章　咨询专家组

第十条　委员会下设若干咨询专家组。

咨询专家组可根据内部控制标准体系建设工作需要进行增设、删减或合并。

第十一条　咨询专家组成员由咨询专家组成，各咨询专家组设组长一人，副组长若干人。

咨询专家组组长、副组长由委员会秘书处秘书长提名，报委员会主席同意后确定。组长、副组长可由委员会委员兼任。

第十二条　咨询专家组可设立若干项目研究小组开展咨询工作。

第十三条　咨询专家组会议根据工作需要不定期召开，讨论本小组开展内部控制标准体系咨询工作的重要事项。咨询专家组会议原则上每年至少召开两次。

咨询专家组会议时间及会议议题由咨询专家组组长提出，报秘书处备案。

咨询专家组会议由咨询专家组组长主持，本组全体咨询专家参加。组员如因特殊情况无法参会的，应事先向咨询专家组组长请假，并对会议所讨论的议题提供书面意见。

咨询专家组召开本小组会议，可邀请其他咨询专家组的咨询专家及秘书处工作人员列席会议。

第十四条　根据工作需要，经委员会主席批准，可由委员会秘书处组织召开咨询专家全体会议。

第四章　咨询专家

第十五条　咨询专家由委员会秘书处聘任，聘期两年，均为兼职。聘期届满时，根据工作情况续聘或解聘。

第十六条　咨询专家应有广泛的代表性，包括企事业单位、职业团体、中介机构、高等院校、政府有关监管部门等方面的代表。

根据工作需要，可以适当选聘部分境外专家学者担任国际咨询专家。

第十七条　咨询专家享有以下权利：

（一）参加咨询专家全体会议和咨询专家组会议，并就会议讨论的议题提出意见和建议；

（二）参加内部控制国际、国内研讨会，并就会议讨论的议题提出意见和建议；

（三）就企业内部控制标准制定与实施中的重要问题，向企业内部控制标准委员会秘书处提出意见和建议；

（四）优先承担有关内部控制科研课题的研究工作；

（五）优先获得有关研究资料和动态信息。

第十八条 咨询专家应履行以下义务：

（一）按时参加咨询专家全体会议、咨询专家组会议以及委员会组织的内部控制国际、国内研讨会等各项活动；

（二）按时完成委员会及其秘书处交办的工作任务；

（三）按时完成所承担内部控制科研课题的研究工作，提交高质量研究报告并根据委员会秘书处的要求提交有关控制标准的建议稿；

（四）对委员会及其秘书处提出咨询的问题及时发表意见，并定期反馈企业内部控制标准制定和实施中的有关情况；

（五）按照委员会及其秘书处的要求承担保密义务。

第十九条 咨询专家不得以企业内部控制标准委员会咨询专家的名义从事营利性活动和其他与内部控制标准建设无关的活动。一经发现，立即解聘并予以公布。

第五章 委员会办事机构

第二十条 委员会秘书处是委员会的常设办事机构，承担委员会的日常工作。

第二十一条 委员会秘书处的具体职能如下：

（一）在主席及秘书长的领导下，负责筹备委员会全体会议、咨询专家全体会议、内部控制国际、国内研讨会等会议和活动，准备会议材料并按照规定时间提交委员；

（二）负责委员会与委员之间、委员会与咨询专家组之间的沟通与联络，以及相关资料和信息的上传下达；

（三）组织起草内部控制标准体系，统筹协调标准制定与实施中的有关问题；

（四）跟踪管理委员和咨询专家承担的内部控制科研课题；

（五）定期向委员会报告工作情况；

（六）管理委员会的财务；

（七）代表我国企业内部控制标准委员会，办理与内部控制国际或区域性组织之间的交流、合作等事宜；

（八）完成委员会主席和秘书长交办的其他工作任务。

第六章 经 费

第二十二条 委员会经费的来源：

（一）专项收入；

（二）其他收入。

第二十三条 委员会经费的用途：

（一）内部控制项目的课题研究经费；

（二）委员会全体会议、咨询专家全体会议和其他有关会议的会议费用；

（三）其他相关费用。

第七章 附 则

第二十四条 委员会的英文名称为：China Internal Control Standards Committee，缩写为 CICSC。

第二十五条 本工作大纲经委员会全体会议通过，报财政部批准后实施。

附件 2：

企业内部控制标准制定程序

一、为了深入贯彻落实科学民主决策精神，提高企业内部控制标准制定工作的透明度，增强企业内部控制标准的科学性、合理性和适应性，特制定本程序。

二、企业内部控制标准由财政部会同有关部门制定并发布。

企业内部控制标准的起草工作由企业内部控制标准委员会秘书处(设在财政部会计司,以下简称委员会秘书处)负责,有关咨询专家组参加。

三、草拟的企业内部控制标准分为建议稿、讨论稿、征求意见稿、草案和送审稿。

四、企业内部控制标准的制定过程分为立项阶段、起草阶段、公开征求意见阶段和发布阶段。

(一) 立项阶段。

委员会秘书处根据我国经济发展和企业发展的实际需要,提出内部控制标准建设立项意见,向企业内部控制标准委员会委员和有关方面征求意见。内部控制标准建设立项意见应包括对立项的背景和理由做出的说明。

委员会秘书处根据企业内部控制标准委员会委员和有关方面的意见和建议,对内部控制标准建设立项意见做出修改调整,按规定程序报财政部并商有关部门同意后正式立项。

委员会秘书处应将立项情况向企业内部控制标准委员会委员通报,并以适当形式向社会公布。

委员会秘书处应根据需要,结合确定的企业内部控制标准建设项目和立项意见,依托咨询专家组,成立项目研究组,开展课题研究,形成研究报告。

(二) 起草阶段。

内部控制标准建设项目立项后,委员会秘书处应即组成项目起草组,并将项目起草组的成员及有关情况向企业内部控制标准委员会委员通报。

项目起草组根据所承担的内部控制标准建设项目,及时提出工作计划和时间表,在有关研究报告和实际调查研究的基础上,起草完成建议稿,经委员会秘书处审查修改后形成讨论稿,并提交企业内部控制标准委员会委员征求意见,根据委员意见再次修改后形成征求意见稿。

(三) 公开征求意见阶段。

委员会秘书处将征求意见稿送财政部会计司审查同意后,由财政部会计司向各省、自治区、直辖市、计划单列市财政厅(局)以及中央有关业务主管部门财务司(局)和有关中央管理企业等印发征求意见稿;同时,在有关网站和主要媒体上予以公布,并通过召开座谈会、研讨会等形式,向社会广泛征求意见。

项目起草组应对社会反馈的意见进行汇总、分析,并对征求意见稿进行修改,形成草案,由委员会秘书处再次提交企业内部控制标准委员会委员征求意见。

(四) 发布阶段。

项目起草组根据企业内部控制标准委员会委员的意见对草案进行修改,形成送审稿;委员会秘书处将送审稿送财政部会计司审查同意后,按规定程序报财政部及其他有关部门领导审定、会签后联合发布,并由财政部会同有关部门组织实施。

五、已经发布实施的企业内部控制标准,如需进行重大修订,修订程序同上。

六、本程序所称企业内部控制标准,是指由财政部会同国务院有关部门制定的企业内部控制规定。

各企业根据国家有关法律法规和国务院有关部门制定的企业内部控制标准建立健全本企业的内部控制制度,不适用本程序的规定。

七、本程序自发布之日起生效。

二、企业内部控制基本规范①

财政部　证监会　审计署　银监会
保监会关于印发《企业内部控制基本规范》的通知

财会[2008]7号

中直管理局,铁道部、国管局,总后勤部、武警总部,各省、自治区、直辖市、计划单列市财政厅(局)、审计厅(局),新疆生产建设兵团财务局、审计局,中国证监会各省、自治区、直辖市、计划单列市监管局,中国证监会

① 企业内部控制具体规范正在征求意见,近期即将推出的具体规范包含了原有的内部会计控制规范的全部内容,因此修订版没有包含内部会计控制的内容。

上海、深圳专员办,各保监局、保险公司,各银监局、政策性银行、国有商业银行、股份制商业银行、邮政储蓄银行、资产管理公司,各省级农村信用联社,银监会直接管理的信托公司、财务公司、租赁公司,有关中央管理企业:

为了加强和规范企业内部控制,提高企业经营管理水平和风险防范能力,促进企业可持续发展,维护社会主义市场经济秩序和社会公众利益,根据国家有关法律法规,财政部会同证监会、审计署、银监会、保监会制定了《企业内部控制基本规范》,现予印发,自 2009 年 7 月 1 日起在上市公司范围内施行,鼓励非上市的大中型企业执行。执行本规范的上市公司,应当对本公司内部控制的有效性进行自我评价,披露年度自我评价报告,并可聘请具有证券、期货业务资格的会计师事务所对内部控制的有效性进行审计。

执行中有何问题,请及时反馈我们。

附件:企业内部控制基本规范

附件:

企业内部控制基本规范

第一章 总 则

第一条 为了加强和规范企业内部控制,提高企业经营管理水平和风险防范能力,促进企业可持续发展,维护社会主义市场经济秩序和社会公众利益,根据《中华人民共和国公司法》、《中华人民共和国证券法》、《中华人民共和国会计法》和其他有关法律法规,制定本规范。

第二条 本规范适用于中华人民共和国境内设立的大中型企业。

小企业和其他单位可以参照本规范建立与实施内部控制。

大中型企业和小企业的划分标准根据国家有关规定执行。

第三条 本规范所称内部控制,是由企业董事会、监事会、经理层和全体员工实施的、旨在实现控制目标的过程。

内部控制的目标是合理保证企业经营管理合法合规、资产安全、财务报告及相关信息真实完整,提高经营效率和效果,促进企业实现发展战略。

第四条 企业建立与实施内部控制,应当遵循下列原则:

(一) 全面性原则。内部控制应当贯穿决策、执行和监督全过程,覆盖企业及其所属单位的各种业务和事项。

(二) 重要性原则。内部控制应当在全面控制的基础上,关注重要业务事项和高风险领域。

(三) 制衡性原则。内部控制应当在治理结构、机构设置及权责分配、业务流程等方面形成相互制约、相互监督,同时兼顾运营效率。

(四) 适应性原则。内部控制应当与企业经营规模、业务范围、竞争状况和风险水平等相适应,并随着情况的变化及时加以调整。

(五) 成本效益原则。内部控制应当权衡实施成本与预期效益,以适当的成本实现有效控制。

第五条 企业建立与实施有效的内部控制,应当包括下列要素:

(一) 内部环境。内部环境是企业实施内部控制的基础,一般包括治理结构、机构设置及权责分配、内部审计、人力资源政策、企业文化等。

(二) 风险评估。风险评估是企业及时识别、系统分析经营活动中与实现内部控制目标相关的风险,合理确定风险应对策略。

(三) 控制活动。控制活动是企业根据风险评估结果,采用相应的控制措施,将风险控制在可承受度之内。

(四) 信息与沟通。信息与沟通是企业及时、准确地收集、传递与内部控制相关的信息,确保信息在企业内部、企业与外部之间进行有效沟通。

(五) 内部监督。内部监督是企业对内部控制建立与实施情况进行监督检查,评价内部控制的有效性,发现内部控制缺陷,应当及时加以改进。

第六条 企业应当根据有关法律法规、本规范及其配套办法,制定本企业的内部控制制度并组织实施。

第七条　企业应当运用信息技术加强内部控制，建立与经营管理相适应的信息系统，促进内部控制流程与信息系统的有机结合，实现对业务和事项的自动控制，减少或消除人为操纵因素。

第八条　企业应当建立内部控制实施的激励约束机制，将各责任单位和全体员工实施内部控制的情况纳入绩效考评体系，促进内部控制的有效实施。

第九条　国务院有关部门可以根据法律法规、本规范及其配套办法，明确贯彻实施本规范的具体要求，对企业建立与实施内部控制的情况进行监督检查。

第十条　接受企业委托从事内部控制审计的会计师事务所，应当根据本规范及其配套办法和相关执业准则，对企业内部控制的有效性进行审计，出具审计报告。会计师事务所及其签字的从业人员应当对发表的内部控制审计意见负责。

为企业内部控制提供咨询的会计师事务所，不得同时为同一企业提供内部控制审计服务。

第二章　内部环境

第十一条　企业应当根据国家有关法律法规和企业章程，建立规范的公司治理结构和议事规则，明确决策、执行、监督等方面的职责权限，形成科学有效的职责分工和制衡机制。

股东(大)会享有法律法规和企业章程规定的合法权利，依法行使企业经营方针、筹资、投资、利润分配等重大事项的表决权。

董事会对股东(大)会负责，依法行使企业的经营决策权。

监事会对股东(大)会负责，监督企业董事、经理和其他高级管理人员依法履行职责。

经理层负责组织实施股东(大)会、董事会决议事项，主持企业的生产经营管理工作。

第十二条　董事会负责内部控制的建立健全和有效实施。监事会对董事会建立与实施内部控制进行监督。经理层负责组织领导企业内部控制的日常运行。

企业应当成立专门机构或者指定适当的机构具体负责组织协调内部控制的建立实施及日常工作。

第十三条　企业应当在董事会下设立审计委员会。审计委员会负责审查企业内部控制，监督内部控制的有效实施和内部控制自我评价情况，协调内部控制审计及其他相关事宜等。

审计委员会负责人应当具备相应的独立性、良好的职业操守和专业胜任能力。

第十四条　企业应当结合业务特点和内部控制要求设置内部机构，明确职责权限，将权利与责任落实到各责任单位。

企业应当通过编制内部管理手册，使全体员工掌握内部机构设置、岗位职责、业务流程等情况，明确权责分配，正确行使职权。

第十五条　企业应当加强内部审计工作，保证内部审计机构设置、人员配备和工作的独立性。

内部审计机构应当结合内部审计监督，对内部控制的有效性进行监督检查。内部审计机构对监督检查中发现的内部控制缺陷，应当按照企业内部审计工作程序进行报告；对监督检查中发现的内部控制重大缺陷，有权直接向董事会及其审计委员会、监事会报告。

第十六条　企业应当制定和实施有利于企业可持续发展的人力资源政策。人力资源政策应当包括下列内容：

(一) 员工的聘用、培训、辞退与辞职。

(二) 员工的薪酬、考核、晋升与奖惩。

(三) 关键岗位员工的强制休假制度和定期岗位轮换制度。

(四) 掌握国家秘密或重要商业秘密的员工离岗的限制性规定。

(五) 有关人力资源管理的其他政策。

第十七条　企业应当将职业道德修养和专业胜任能力作为选拔和聘用员工的重要标准，切实加强员工培训和继续教育，不断提升员工素质。

第十八条　企业应当加强文化建设，培育积极向上的价值观和社会责任感，倡导诚实守信、爱岗敬业、开拓创新和团队协作精神，树立现代管理理念，强化风险意识。

董事、监事、经理及其他高级管理人员应当在企业文化建设中发挥主导作用。

企业员工应当遵守员工行为守则，认真履行岗位职责。

第十九条　企业应当加强法制教育，增强董事、监事、经理及其他高级管理人员和员工的法制观念，严格依法决策、依法办事、依法监督，建立健全法律顾问制度和重大法律纠纷案件备案制度。

第三章 风险评估

第二十条 企业应当根据设定的控制目标，全面系统持续地收集相关信息，结合实际情况，及时进行风险评估。

第二十一条 企业开展风险评估，应当准确识别与实现控制目标相关的内部风险和外部风险，确定相应的风险承受度。

风险承受度是企业能够承担的风险限度，包括整体风险承受能力和业务层面的可接受风险水平。

第二十二条 企业识别内部风险，应当关注下列因素：

（一）董事、监事、经理及其他高级管理人员的职业操守、员工专业胜任能力等人力资源因素。

（二）组织机构、经营方式、资产管理、业务流程等管理因素。

（三）研究开发、技术投入、信息技术运用等自主创新因素。

（四）财务状况、经营成果、现金流量等财务因素。

（五）营运安全、员工健康、环境保护等安全环保因素。

（六）其他有关内部风险因素。

第二十三条 企业识别外部风险，应当关注下列因素：

（一）经济形势、产业政策、融资环境、市场竞争、资源供给等经济因素。

（二）法律法规、监管要求等法律因素。

（三）安全稳定、文化传统、社会信用、教育水平、消费者行为等社会因素。

（四）技术进步、工艺改进等科学技术因素。

（五）自然灾害、环境状况等自然环境因素。

（六）其他有关外部风险因素。

第二十四条 企业应当采用定性与定量相结合的方法，按照风险发生的可能性及其影响程度等，对识别的风险进行分析和排序，确定关注重点和优先控制的风险。

企业进行风险分析，应当充分吸收专业人员，组成风险分析团队，按照严格规范的程序开展工作，确保风险分析结果的准确性。

第二十五条 企业应当根据风险分析的结果，结合风险承受度，权衡风险与收益，确定风险应对策略。

企业应当合理分析、准确掌握董事、经理及其他高级管理人员、关键岗位员工的风险偏好，采取适当的控制措施，避免因个人风险偏好给企业经营带来重大损失。

第二十六条 企业应当综合运用风险规避、风险降低、风险分担和风险承受等风险应对策略，实现对风险的有效控制。

风险规避是企业对超出风险承受度的风险，通过放弃或者停止与该风险相关的业务活动以避免和减轻损失的策略。

风险降低是企业在权衡成本效益之后，准备采取适当的控制措施降低风险或者减轻损失，将风险控制在风险承受度之内的策略。

风险分担是企业准备借助他人力量，采取业务分包、购买保险等方式和适当的控制措施，将风险控制在风险承受度之内的策略。

风险承受是企业对风险承受度之内的风险，在权衡成本效益之后，不准备采取控制措施降低风险或者减轻损失的策略。

第二十七条 企业应当结合不同发展阶段和业务拓展情况，持续收集与风险变化相关的信息，进行风险识别和风险分析，及时调整风险应对策略。

第四章 控制活动

第二十八条 企业应当结合风险评估结果，通过手工控制与自动控制、预防性控制与发现性控制相结合的方法，运用相应的控制措施，将风险控制在可承受度之内。

控制措施一般包括：不相容职务分离控制、授权审批控制、会计系统控制、财产保护控制、预算控制、运营分析控制和绩效考评控制等。

第二十九条 不相容职务分离控制要求企业全面系统地分析、梳理业务流程中所涉及的不相容职务，实施相应的分离措施，形成各司其职、各负其责、相互制约的工作机制。

第三十条　授权审批控制要求企业根据常规授权和特别授权的规定，明确各岗位办理业务和事项的权限范围、审批程序和相应责任。

企业应当编制常规授权的权限指引，规范特别授权的范围、权限、程序和责任，严格控制特别授权。常规授权是指企业在日常经营管理活动中按照既定的职责和程序进行的授权。特别授权是指企业在特殊情况、特定条件下进行的授权。

企业各级管理人员应当在授权范围内行使职权和承担责任。

企业对于重大的业务和事项，应当实行集体决策审批或者联签制度，任何个人不得单独进行决策或者擅自改变集体决策。

第三十一条　会计系统控制要求企业严格执行国家统一的会计准则制度，加强会计基础工作，明确会计凭证、会计账簿和财务会计报告的处理程序，保证会计资料真实完整。

企业应当依法设置会计机构，配备会计从业人员。从事会计工作的人员，必须取得会计从业资格证书。会计机构负责人应当具备会计师以上专业技术职务资格。

大中型企业应当设置总会计师。设置总会计师的企业，不得设置与其职权重叠的副职。

第三十二条　财产保护控制要求企业建立财产日常管理制度和定期清查制度，采取财产记录、实物保管、定期盘点、账实核对等措施，确保财产安全。

企业应当严格限制未经授权的人员接触和处置财产。

第三十三条　预算控制要求企业实施全面预算管理制度，明确各责任单位在预算管理中的职责权限，规范预算的编制、审定、下达和执行程序，强化预算约束。

第三十四条　运营分析控制要求企业建立运营情况分析制度，经理层应当综合运用生产、购销、投资、筹资、财务等方面的信息，通过因素分析、对比分析、趋势分析等方法，定期开展运营情况分析，发现存在的问题，及时查明原因并加以改进。

第三十五条　绩效考评控制要求企业建立和实施绩效考评制度，科学设置考核指标体系，对企业内部各责任单位和全体员工的业绩进行定期考核和客观评价，将考评结果作为确定员工薪酬以及职务晋升、评优、降级、调岗、辞退等的依据。

第三十六条　企业应当根据内部控制目标，结合风险应对策略，综合运用控制措施，对各种业务和事项实施有效控制。

第三十七条　企业应当建立重大风险预警机制和突发事件应急处理机制，明确风险预警标准，对可能发生的重大风险或突发事件，制定应急预案、明确责任人员、规范处置程序，确保突发事件得到及时妥善处理。

第五章　信息与沟通

第三十八条　企业应当建立信息与沟通制度，明确内部控制相关信息的收集、处理和传递程序，确保信息及时沟通，促进内部控制有效运行。

第三十九条　企业应当对收集的各种内部信息和外部信息进行合理筛选、核对、整合，提高信息的有用性。

企业可以通过财务会计资料、经营管理资料、调研报告、专项信息、内部刊物、办公网络等渠道，获取内部信息。

企业可以通过行业协会组织、社会中介机构、业务往来单位、市场调查、来信来访、网络媒体以及有关监管部门等渠道，获取外部信息。

第四十条　企业应当将内部控制相关信息在企业内部各管理级次、责任单位、业务环节之间，以及企业与外部投资者、债权人、客户、供应商、中介机构和监管部门等有关方面之间进行沟通和反馈。信息沟通过程中发现的问题，应当及时报告并加以解决。

重要信息应当及时传递给董事会、监事会和经理层。

第四十一条　企业应当利用信息技术促进信息的集成与共享，充分发挥信息技术在信息与沟通中的作用。

企业应当加强对信息系统开发与维护、访问与变更、数据输入与输出、文件储存与保管、网络安全等方面的控制，保证信息系统安全稳定运行。

第四十二条 企业应当建立反舞弊机制，坚持惩防并举、重在预防的原则，明确反舞弊工作的重点领域、关键环节和有关机构在反舞弊工作中的职责权限，规范舞弊案件的举报、调查、处理、报告和补救程序。

企业至少应当将下列情形作为反舞弊工作的重点：

（一）未经授权或者采取其他不法方式侵占、挪用企业资产，牟取不当利益。

（二）在财务会计报告和信息披露等方面存在的虚假记载、误导性陈述或者重大遗漏等。

（三）董事、监事、经理及其他高级管理人员滥用职权。

（四）相关机构或人员串通舞弊。

第四十三条 企业应当建立举报投诉制度和举报人保护制度，设置举报专线，明确举报投诉处理程序、办理时限和办结要求，确保举报、投诉成为企业有效掌握信息的重要途径。

举报投诉制度和举报人保护制度应当及时传达至全体员工。

第六章 内部监督

第四十四条 企业应当根据本规范及其配套办法，制定内部控制监督制度，明确内部审计机构（或经授权的其他监督机构）和其他内部机构在内部监督中的职责权限，规范内部监督的程序、方法和要求。

内部监督分为日常监督和专项监督。日常监督是指企业对建立与实施内部控制的情况进行常规、持续的监督检查；专项监督是指在企业发展战略、组织结构、经营活动、业务流程、关键岗位员工等发生较大调整或变化的情况下，对内部控制的某一或者某些方面进行有针对性的监督检查。

专项监督的范围和频率应当根据风险评估结果以及日常监督的有效性等予以确定。

第四十五条 企业应当制定内部控制缺陷认定标准，对监督过程中发现的内部控制缺陷，应当分析缺陷的性质和产生的原因，提出整改方案，采取适当的形式及时向董事会、监事会或者经理层报告。

内部控制缺陷包括设计缺陷和运行缺陷。企业应当跟踪内部控制缺陷整改情况，并就内部监督中发现的重大缺陷，追究相关责任单位或者责任人的责任。

第四十六条 企业应当结合内部监督情况，定期对内部控制的有效性进行自我评价，出具内部控制自我评价报告。

内部控制自我评价的方式、范围、程序和频率，由企业根据经营业务调整、经营环境变化、业务发展状况、实际风险水平等自行确定。

国家有关法律法规另有规定的，从其规定。

第四十七条 企业应当以书面或者其他适当的形式，妥善保存内部控制建立与实施过程中的相关记录或者资料，确保内部控制建立与实施过程的可验证性。

第七章 附 则

第四十八条 本规范由财政部会同国务院其他有关部门解释。

第四十九条 本规范的配套办法由财政部会同国务院其他有关部门另行制定。

第五十条 本规范自2009年7月1日起实施。

二〇〇八年五月二十二日

三、中央企业全面风险管理指引

国务院国有资产监督管理委员会关于印发《中央企业全面风险管理指引》的通知

国资发改革[2006]108号

各中央企业：

企业全面风险管理是一项十分重要的工作，关系到国有资产保值增值和企业持续、健康、稳定发展。为了指导企业开展全面风险管理工作，进一步提高企业管理水平，增强企业竞争力，促进企业稳步发展，我们制定了《中央企业全面风险管理指引》，现印发你们，请结合本企业实际执行。企业在实施过程中的经验、做法及遇到的问题，请及时反馈我委。

附:中央企业全面风险管理指引

中央企业全面风险管理指引

第一章　总　则

第一条　为指导国务院国有资产监督管理委员会(以下简称国资委)履行出资人职责的企业(以下简称中央企业)开展全面风险管理工作,增强企业竞争力,提高投资回报,促进企业持续、健康、稳定发展,根据《中华人民共和国公司法》、《企业国有资产监督管理暂行条例》等法律法规,制定本指引。

第二条　中央企业根据自身实际情况贯彻执行本指引。中央企业中的国有独资公司董事会负责督导本指引的实施;国有控股企业由国资委和国资委提名的董事通过股东(大)会和董事会按照法定程序负责督导本指引的实施。

第三条　本指引所称企业风险,指未来的不确定性对企业实现其经营目标的影响。企业风险一般可分为战略风险、财务风险、市场风险、运营风险、法律风险等;也可以能否为企业带来盈利等机会为标志,将风险分为纯粹风险(只有带来损失一种可能性)和机会风险(带来损失和盈利的可能性并存)。

第四条　本指引所称全面风险管理,指企业围绕总体经营目标,通过在企业管理的各个环节和经营过程中执行风险管理的基本流程,培育良好的风险管理文化,建立健全全面风险管理体系,包括风险管理策略、风险理财措施、风险管理的组织职能体系、风险管理信息系统和内部控制系统,从而为实现风险管理的总体目标提供合理保证的过程和方法。

第五条　本指引所称风险管理基本流程包括以下主要工作:

(一) 收集风险管理初始信息;

(二) 进行风险评估;

(三) 制定风险管理策略;

(四) 提出和实施风险管理解决方案;

(五) 风险管理的监督与改进。

第六条　本指引所称内部控制系统,指围绕风险管理策略目标,针对企业战略、规划、产品研发、投融资、市场运营、财务、内部审计、法律事务、人力资源、采购、加工制造、销售、物流、质量、安全生产、环境保护等各项业务管理及其重要业务流程,通过执行风险管理基本流程,制定并执行的规章制度、程序和措施。

第七条　企业开展全面风险管理要努力实现以下风险管理总体目标:

(一) 确保将风险控制在与总体目标相适应并可承受的范围内;

(二) 确保内外部,尤其是企业与股东之间实现真实、可靠的信息沟通,包括编制和提供真实、可靠的财务报告;

(三) 确保遵守有关法律法规;

(四) 确保企业有关规章制度和为实现经营目标而采取重大措施的贯彻执行,保障经营管理的有效性,提高经营活动的效率和效果,降低实现经营目标的不确定性;

(五) 确保企业建立针对各项重大风险发生后的危机处理计划,保护企业不因灾害性风险或人为失误而遭受重大损失。

第八条　企业开展全面风险管理工作,应注重防范和控制风险可能给企业造成损失和危害,也应把机会风险视为企业的特殊资源,通过对其管理,为企业创造价值,促进经营目标的实现。

第九条　企业应本着从实际出发,务求实效的原则,以对重大风险、重大事件(指重大风险发生后的事实)的管理和重要流程的内部控制为重点,积极开展全面风险管理工作。具备条件的企业应全面推进,尽快建立全面风险管理体系;其他企业应制定开展全面风险管理的总体规划,分步实施,可先选择发展战略、投资收购、财务报告、内部审计、衍生产品交易、法律事务、安全生产、应收账款管理等一项或多项业务开展风险管理工作,建立单项或多项内部控制子系统。通过积累经验,培养人才,逐步建立健全全面风险管理体系。

第十条　企业开展全面风险管理工作应与其他管理工作紧密结合,把风险管理的各项要求融入企业管理和业务流程中。具备条件的企业可建立风险管理三道防线,即各有关职能部门和业务单位为第一道防线;风险管理职能部门和董事会下设的风险管理委员会为第二道防线;内部审计部门和董事会下设的审计委员会为第三道防线。

第二章　风险管理初始信息

第十一条　实施全面风险管理,企业应广泛、持续不断地收集与本企业风险和风险管理相关的内部、外部初始信息,包括历史数据和未来预测。应把收集初始信息的职责分工落实到各有关职能部门和业务单位。

第十二条　在战略风险方面,企业应广泛收集国内外企业战略风险失控导致企业蒙受损失的案例,并至少收集与本企业相关的以下重要信息:

(一) 国内外宏观经济政策以及经济运行情况、本行业状况、国家产业政策;

(二) 科技进步、技术创新的有关内容;

(三) 市场对本企业产品或服务的需求;

(四) 与企业战略合作伙伴的关系,未来寻求战略合作伙伴的可能性;

(五) 本企业主要客户、供应商及竞争对手的有关情况;

(六) 与主要竞争对手相比,本企业实力与差距;

(七) 本企业发展战略和规划、投融资计划、年度经营目标、经营战略,以及编制这些战略、规划、计划、目标的有关依据;

(八) 本企业对外投融资流程中曾发生或易发生错误的业务流程或环节。

第十三条　在财务风险方面,企业应广泛收集国内外企业财务风险失控导致危机的案例,并至少收集本企业的以下重要信息(其中有行业平均指标或先进指标的,也应尽可能收集):

(一) 负债、或有负债、负债率、偿债能力;

(二) 现金流、应收账款及其占销售收入的比重、资金周转率;

(三) 产品存货及其占销售成本的比重、应付账款及其占购货额的比重;

(四) 制造成本和管理费用、财务费用、营业费用;

(五) 盈利能力;

(六) 成本核算、资金结算和现金管理业务中曾发生或易发生错误的业务流程或环节;

(七) 与本企业相关的行业会计政策、会计估算、与国际会计制度的差异与调节(如退休金、递延税项等)等信息。

第十四条　在市场风险方面,企业应广泛收集国内外企业忽视市场风险、缺乏应对措施导致企业蒙受损失的案例,并至少收集与本企业相关的以下重要信息:

(一) 产品或服务的价格及供需变化;

(二) 能源、原材料、配件等物资供应的充足性、稳定性和价格变化;

(三) 主要客户、主要供应商的信用情况;

(四) 税收政策和利率、汇率、股票价格指数的变化;

(五) 潜在竞争者、竞争者及其主要产品、替代品情况。

第十五条　在运营风险方面,企业应至少收集与本企业、本行业相关的以下信息:

(一) 产品结构、新产品研发;

(二) 新市场开发,市场营销策略,包括产品或服务定价与销售渠道,市场营销环境状况等;

(三) 企业组织效能、管理现状、企业文化,高、中层管理人员和重要业务流程中专业人员的知识结构、专业经验;

(四) 期货等衍生产品业务中曾发生或易发生失误的流程和环节;

(五) 质量、安全、环保、信息安全等管理中曾发生或易发生失误的业务流程或环节;

(六) 因企业内、外部人员的道德风险致使企业遭受损失或业务控制系统失灵;

(七) 给企业造成损失的自然灾害以及除上述有关情形之外的其他纯粹风险;

(八) 对现有业务流程和信息系统操作运行情况的监管、运行评价及持续改进能力;

(九) 企业风险管理的现状和能力。

第十六条　在法律风险方面,企业应广泛收集国内外企业忽视法律法规风险、缺乏应对措施导致企业蒙受损失的案例,并至少收集与本企业相关的以下信息:

（一）国内外与本企业相关的政治、法律环境；

（二）影响企业的新法律法规和政策；

（三）员工道德操守的遵从性；

（四）本企业签订的重大协议和有关贸易合同；

（五）本企业发生重大法律纠纷案件的情况；

（六）企业和竞争对手的知识产权情况。

第十七条　企业对收集的初始信息应进行必要的筛选、提炼、对比、分类、组合，以便进行风险评估。

第三章　风险评估

第十八条　企业应对收集的风险管理初始信息和企业各项业务管理及其重要业务流程进行风险评估。风险评估包括风险辨识、风险分析、风险评价三个步骤。

第十九条　风险评估应由企业组织有关职能部门和业务单位实施，也可聘请有资质、信誉好、风险管理专业能力强的中介机构协助实施。

第二十条　风险辨识是指查找企业各业务单元、各项重要经营活动及其重要业务流程中有无风险，有哪些风险。风险分析是对辨识出的风险及其特征进行明确的定义描述，分析和描述风险发生可能性的高低、风险发生的条件。风险评价是评估风险对企业实现目标的影响程度、风险的价值等。

第二十一条　进行风险辨识、分析、评价，应将定性与定量方法相结合。定性方法可采用问卷调查、集体讨论、专家咨询、情景分析、政策分析、行业标杆比较、管理层访谈、由专人主持的工作访谈和调查研究等。定量方法可采用统计推论（如集中趋势法）、计算机模拟（如蒙特卡罗分析法）、失效模式与影响分析、事件树分析等。

第二十二条　进行风险定量评估时，应统一制定各风险的度量单位和风险度量模型，并通过测试等方法，确保评估系统的假设前提、参数、数据来源和定量评估程序的合理性和准确性。要根据环境的变化，定期对假设前提和参数进行复核和修改，并将定量评估系统的估算结果与实际效果对比，据此对有关参数进行调整和改进。

第二十三条　风险分析应包括风险之间的关系分析，以便发现各风险之间的自然对冲、风险事件发生的正负相关性等组合效应，从风险策略上对风险进行统一集中管理。

第二十四条　企业在评估多项风险时，应根据对风险发生可能性的高低和对目标的影响程度的评估，绘制风险坐标图，对各项风险进行比较，初步确定对各项风险的管理优先顺序和策略。

第二十五条　企业应对风险管理信息实行动态管理，定期或不定期实施风险辨识、分析、评价，以便对新的风险和原有风险的变化重新评估。

第四章　风险管理策略

第二十六条　本指引所称风险管理策略，指企业根据自身条件和外部环境，围绕企业发展战略，确定风险偏好、风险承受度、风险管理有效性标准，选择风险承担、风险规避、风险转移、风险转换、风险对冲、风险补偿、风险控制等适合的风险管理工具的总体策略，并确定风险管理所需人力和财力资源的配置原则。

第二十七条　一般情况下，对战略、财务、运营和法律风险，可采取风险承担、风险规避、风险转换、风险控制等方法。对能够通过保险、期货、对冲等金融手段进行理财的风险，可以采用风险转移、风险对冲、风险补偿等方法。

第二十八条　企业应根据不同业务特点统一确定风险偏好和风险承受度，即企业愿意承担哪些风险，明确风险的最低限度和不能超过的最高限度，并据此确定风险的预警线及相应采取的对策。确定风险偏好和风险承受度，要正确认识和把握风险与收益的平衡，防止和纠正忽视风险，片面追求收益而不讲条件、范围，认为风险越大、收益越高的观念和做法；同时，也要防止单纯为规避风险而放弃发展机遇。

第二十九条　企业应根据风险与收益相平衡的原则以及各风险在风险坐标图上的位置，进一步确定风险管理的优选顺序，明确风险管理成本的资金预算和控制风险的组织体系、人力资源、应对措施等总体安排。

第三十条　企业应定期总结和分析已制定的风险管理策略的有效性和合理性，结合实际不断修订和完善。其中，应重点检查依据风险偏好、风险承受度和风险控制预警线实施的结果是否有效，并提出定性或定量的有效性标准。

第五章　风险管理解决方案

第三十一条　企业应根据风险管理策略，针对各类风险或每一项重大风险制定风险管理解决方案。方案一般应包括风险解决的具体目标，所需的组织领导，所涉及的管理及业务流程，所需的条件、手段等资源，风险事件发生前、中、后所采取的具体应对措施以及风险管理工具（如：关键风险指标管理、损失事件管理等）。

第三十二条　企业制定风险管理解决的外包方案，应注重成本与收益的平衡、外包工作的质量、自身商业秘密的保护以及防止自身对风险解决外包产生依赖性风险等，并制定相应的预防和控制措施。

第三十三条　企业制定风险解决的内控方案，应满足合规的要求，坚持经营战略与风险策略一致、风险控制与运营效率及效果相平衡的原则，针对重大风险所涉及的各管理及业务流程，制定涵盖各个环节的全流程控制措施；对其他风险所涉及的业务流程，要把关键环节作为控制点，采取相应的控制措施。

第三十四条　企业制定内控措施，一般至少包括以下内容：

（一）建立内控岗位授权制度。对内控所涉及的各岗位明确规定授权的对象、条件、范围和额度等，任何组织和个人不得超越授权做出风险性决定；

（二）建立内控报告制度。明确规定报告人与接受报告人，报告的时间、内容、频率、传递路线、负责处理报告的部门和人员等；

（三）建立内控批准制度。对内控所涉及的重要事项，明确规定批准的程序、条件、范围和额度、必备文件以及有权批准的部门和人员及其相应责任；

（四）建立内控责任制度。按照权利、义务和责任相统一的原则，明确规定各有关部门和业务单位、岗位、人员应负的责任和奖惩制度；

（五）建立内控审计检查制度。结合内控的有关要求、方法、标准与流程，明确规定审计检查的对象、内容、方式和负责审计检查的部门等；

（六）建立内控考核评价制度。具备条件的企业应把各业务单位风险管理执行情况与绩效薪酬挂钩；

（七）建立重大风险预警制度。对重大风险进行持续不断的监测，及时发布预警信息，制定应急预案，并根据情况变化调整控制措施；

（八）建立健全以总法律顾问制度为核心的企业法律顾问制度。大力加强企业法律风险防范机制建设，形成由企业决策层主导、企业总法律顾问牵头、企业法律顾问提供业务保障、全体员工共同参与的法律风险责任体系。完善企业重大法律纠纷案件的备案管理制度；

（九）建立重要岗位权力制衡制度，明确规定不相容职责的分离。主要包括：授权批准、业务经办、会计记录、财产保管和稽核检查等职责。对内控所涉及的重要岗位可设置一岗双人、双职、双责，相互制约；明确该岗位的上级部门或人员对其应采取的监督措施和应负的监督责任；将该岗位作为内部审计的重点等。

第三十五条　企业应当按照各有关部门和业务单位的职责分工，认真组织实施风险管理解决方案，确保各项措施落实到位。

第六章　风险管理的监督与改进

第三十六条　企业应以重大风险、重大事件和重大决策、重要管理及业务流程为重点，对风险管理初始信息、风险评估、风险管理策略、关键控制活动及风险管理解决方案的实施情况进行监督，采用压力测试、返回测试、穿行测试以及风险控制自我评估等方法对风险管理的有效性进行检验，根据变化情况和存在的缺陷及时加以改进。

第三十七条　企业应建立贯穿于整个风险管理基本流程，连接各上下级、各部门和业务单位的风险管理信息沟通渠道，确保信息沟通的及时、准确、完整，为风险管理监督与改进奠定基础。

第三十八条　企业各有关部门和业务单位应定期对风险管理工作进行自查和检验，及时发现缺陷并改进，其检查、检验报告应及时报送企业风险管理职能部门。

第三十九条　企业风险管理职能部门应定期对各部门和业务单位风险管理工作实施情况和有效性进行检查和检验，要根据本指引第三十条要求对风险管理策略进行评估，对跨部门和业务单位的风险管理解决方案进行评价，提出调整或改进建议，出具评价和建议报告，及时报送企业总经理或其委托分管风险管理工作的高级管理人员。

第四十条　企业内部审计部门应至少每年一次对包括风险管理职能部门在内的各有关部门和业务单位能否按照有关规定开展风险管理工作及其工作效果进行监督评价，监督评价报告应直接报送董事会或董事会下设的风险管理委员会和审计委员会。此项工作也可结合年度审计、任期审计或专项审计工作一并开展。

第四十一条　企业可聘请有资质、信誉好、风险管理专业能力强的中介机构对企业全面风险管理工作进行评价，出具风险管理评估和建议专项报告。报告一般应包括以下几方面的实施情况、存在缺陷和改进建议：

（一）风险管理基本流程与风险管理策略；

（二）企业重大风险、重大事件和重要管理及业务流程的风险管理及内部控制系统的建设；

（三）风险管理组织体系与信息系统；

（四）全面风险管理总体目标。

第七章　风险管理组织体系

第四十二条　企业应建立健全风险管理组织体系，主要包括规范的公司法人治理结构，风险管理职能部门、内部审计部门和法律事务部门以及其他有关职能部门、业务单位的组织领导机构及其职责。

第四十三条　企业应建立健全规范的公司法人治理结构，股东（大）会（对于国有独资公司或国有独资企业，即指国资委，下同）、董事会、监事会、经理层依法履行职责，形成高效运转、有效制衡的监督约束机制。

第四十四条　国有独资公司和国有控股公司应建立外部董事、独立董事制度，外部董事、独立董事人数应超过董事会全部成员的半数，以保证董事会能够在重大决策、重大风险管理等方面作出独立于经理层的判断和选择。

第四十五条　董事会就全面风险管理工作的有效性对股东（大）会负责。董事会在全面风险管理方面主要履行以下职责：

（一）审议并向股东（大）会提交企业全面风险管理年度工作报告；

（二）确定企业风险管理总体目标、风险偏好、风险承受度，批准风险管理策略和重大风险管理解决方案；

（三）了解和掌握企业面临的各项重大风险及其风险管理现状，做出有效控制风险的决策；

（四）批准重大决策、重大风险、重大事件和重要业务流程的判断标准或判断机制；

（五）批准重大决策的风险评估报告；

（六）批准内部审计部门提交的风险管理监督评价审计报告；

（七）批准风险管理组织机构设置及其职责方案；

（八）批准风险管理措施，纠正和处理任何组织或个人超越风险管理制度做出的风险性决定的行为；

（九）督导企业风险管理文化的培育；

（十）全面风险管理其他重大事项。

第四十六条　具备条件的企业，董事会可下设风险管理委员会。该委员会的召集人应由不兼任总经理的董事长担任；董事长兼任总经理的，召集人应由外部董事或独立董事担任。该委员会成员中需有熟悉企业重要管理及业务流程的董事，以及具备风险管理监管知识或经验、具有一定法律知识的董事。

第四十七条　风险管理委员会对董事会负责，主要履行以下职责：

（一）提交全面风险管理年度报告；

（二）审议风险管理策略和重大风险管理解决方案；

（三）审议重大决策、重大风险、重大事件和重要业务流程的判断标准或判断机制，以及重大决策的风险评估报告；

（四）审议内部审计部门提交的风险管理监督评价审计综合报告；

（五）审议风险管理组织机构设置及其职责方案；

（六）办理董事会授权的有关全面风险管理的其他事项。

第四十八条　企业总经理对全面风险管理工作的有效性向董事会负责。总经理或总经理委托的高级管理人员，负责主持全面风险管理的日常工作，负责组织拟订企业风险管理组织机构设置及其职责方案。

第四十九条　企业应设立专职部门或确定相关职能部门履行全面风险管理的职责。该部门对总经理或其委托的高级管理人员负责，主要履行以下职责：

（一）研究提出全面风险管理工作报告；

（二）研究提出跨职能部门的重大决策、重大风险、重大事件和重要业务流程的判断标准或判断机制；

（三）研究提出跨职能部门的重大决策风险评估报告；

（四）研究提出风险管理策略和跨职能部门的重大风险管理解决方案，并负责该方案的组织实施和对该风险的日常监控；

（五）负责对全面风险管理有效性评估，研究提出全面风险管理的改进方案；

（六）负责组织建立风险管理信息系统；

（七）负责组织协调全面风险管理日常工作；

（八）负责指导、监督有关职能部门、各业务单位以及全资、控股子企业开展全面风险管理工作；

（九）办理风险管理其他有关工作。

第五十条　企业应在董事会下设立审计委员会，企业内部审计部门对审计委员会负责。审计委员会和内部审计部门的职责应符合《中央企业内部审计管理暂行办法》（国资委令第8号）的有关规定。内部审计部门在风险管理方面，主要负责研究提出全面风险管理监督评价体系，制定监督评价相关制度，开展监督与评价，出具监督评价审计报告。

第五十一条　企业其他职能部门及各业务单位在全面风险管理工作中，应接受风险管理职能部门和内部审计部门的组织、协调、指导和监督，主要履行以下职责：

（一）执行风险管理基本流程；

（二）研究提出本职能部门或业务单位重大决策、重大风险、重大事件和重要业务流程的判断标准或判断机制；

（三）研究提出本职能部门或业务单位的重大决策风险评估报告；

（四）做好本职能部门或业务单位建立风险管理信息系统的工作；

（五）做好培育风险管理文化的有关工作；

（六）建立健全本职能部门或业务单位的风险管理内部控制子系统；

（七）办理风险管理其他有关工作。

第五十二条　企业应通过法定程序，指导和监督其全资、控股子企业建立与企业相适应或符合全资、控股子企业自身特点、能有效发挥作用的风险管理组织体系。

第八章　风险管理信息系统

第五十三条　企业应将信息技术应用于风险管理的各项工作，建立涵盖风险管理基本流程和内部控制系统各环节的风险管理信息系统，包括信息的采集、存储、加工、分析、测试、传递、报告、披露等。

第五十四条　企业应采取措施确保向风险管理信息系统输入的业务数据和风险量化值的一致性、准确性、及时性、可用性和完整性。对输入信息系统的数据，未经批准，不得更改。

第五十五条　风险管理信息系统应能够进行对各种风险的计量和定量分析、定量测试；能够实时反映风险矩阵和排序频谱、重大风险和重要业务流程的监控状态；能够对超过风险预警上限的重大风险实施信息报警；能够满足风险管理内部信息报告制度和企业对外信息披露管理制度的要求。

第五十六条　风险管理信息系统应实现信息在各职能部门、业务单位之间的集成与共享，既能满足单项业务风险管理的要求，也能满足企业整体和跨职能部门、业务单位的风险管理综合要求。

第五十七条　企业应确保风险管理信息系统的稳定运行和安全，并根据实际需要不断进行改进、完善或更新。

第五十八条　已建立或基本建立企业管理信息系统的企业，应补充、调整、更新已有的管理流程和管理程序，建立完善的风险管理信息系统；尚未建立企业管理信息系统的，应将风险管理与企业各项管理业务流程、管理软件统一规划、统一设计、统一实施、同步运行。

第九章　风险管理文化

第五十九条　企业应注重建立具有风险意识的企业文化，促进企业风险管理水平、员工风险管理素质的提升，保障企业风险管理目标的实现。

第六十条　风险管理文化建设应融入企业文化建设全过程。大力培育和塑造良好的风险管理文化，树立正确的风险管理理念，增强员工风险管理意识，将风险管理意识转化为员工的共同认识和自觉行动，促进企业建立系统、规范、高效的风险管理机制。

第六十一条　企业应在内部各个层面营造风险管理文化氛围。董事会应高度重视风险管理文化的培育，总经理负责培育风险管理文化的日常工作。董事和高级管理人员应在培育风险管理文化中起表率作用。重要管理及业务流程和风险控制点的管理人员和业务操作人员应成为培育风险管理文化的骨干。

第六十二条　企业应大力加强员工法律素质教育，制定员工道德诚信准则，形成人人讲道德诚信、合法合规经营的风险管理文化。对于不遵守国家法律法规和企业规章制度、弄虚作假、徇私舞弊等违法及违反道德诚信准则的行为，企业应严肃查处。

第六十三条　企业全体员工尤其是各级管理人员和业务操作人员应通过多种形式，努力传播企业风险管理文化，牢固树立风险无处不在、风险无时不在、严格防控纯粹风险、审慎处置机会风险、岗位风险管理责任重大等意识和理念。

第六十四条　风险管理文化建设应与薪酬制度和人事制度相结合，有利于增强各级管理人员特别是高级管理人员风险意识，防止盲目扩张、片面追求业绩、忽视风险等行为的发生。

第六十五条　企业应建立重要管理及业务流程、风险控制点的管理人员和业务操作人员岗前风险管理培训制度。采取多种途经和形式，加强对风险管理理念、知识、流程、管控核心内容的培训，培养风险管理人才，培育风险管理文化。

第十章　附　则

第六十六条　中央企业中未设立董事会的国有独资企业，由经理办公会议代行本指引中有关董事会的职责，总经理对本指引的贯彻执行负责。

第六十七条　本指引在中央企业投资、财务报告、衍生产品交易等方面的风险管理配套文件另行下发。

第六十八条　本指引的《附录》对本指引所涉及的有关技术方法和专业术语进行了说明。

第六十九条　本指引由国务院国有资产监督管理委员会负责解释。

第七十条　本指引自印发之日起施行。

四、上海证券交易所上市公司内部控制指引

上海证券交易所关于发布《上海证券交易所上市公司内部控制指引》的通知

2006年6月5日

各上市公司：

为推动和指导上市公司建立健全内部控制制度，提高公司风险管理水平，保护投资者的合法权益，根据《公司法》、《证券法》、《国务院批转证监会〈关于提高上市公司质量意见〉的通知》等法律法规及规范性文件和《上海证券交易所股票上市规则》的规定，本所制定了《上海证券交易所上市公司内部控制指引》，现予以发布实施。

第一章　总　则

第一条　为推动和指导上海证券交易所(以下简称本所)上市公司建立健全和有效实施内部控制制度，提高上市公司风险管理水平，保护投资者的合法权益，依据《公司法》、《证券法》、《国务院批转证监会〈关于提高上市公司质量意见〉的通知》等法律法规及规范性文件和《上海证券交易所股票上市规则》的规定，制定本指引。

第二条　内部控制是指上市公司(以下简称公司)为了保证公司战略目标的实现，而对公司战略制定和经营活动中存在的风险予以管理的相关制度安排。它是由公司董事会、管理层及全体员工共同参与的一项活动。

第三条　在本所上市的公司应当按照法律、行政法规、部门规章以及本所股票上市规则的规定建立健全内部控制制度(以下简称内控制度)，保证内控制度的完整性、合理性及实施的有效性，以提高公司经营的

效果与效率，增强公司信息披露的可靠性，确保公司行为合法合规。

第四条 公司董事会对公司内控制度的建立健全、有效实施及其检查监督负责，董事会及其全体成员应保证内部控制相关信息披露内容的真实、准确、完整。

第二章 内部控制的框架

第五条 公司内控制度应力求全面、完整，至少在以下层面作出安排：

（一）公司层面；

（二）公司下属部门及附属公司层面；

（三）公司各业务环节层面。

第六条 公司建立和实施内控制度时，应考虑以下基本要素：

（一）目标设定，指董事会和管理层根据公司的风险偏好设定战略目标。

（二）内部环境，指公司的组织文化以及其他影响员工风险意识的综合因素，包括员工对风险的看法、管理层风险管理理念和风险偏好、职业道德规范和工作氛围、董事会和监事会对风险的关注和指导等。

（三）风险确认，指董事会和管理层确认影响公司目标实现的内部和外部风险因素。

（四）风险评估，指董事会和管理层根据风险因素发生的可能性和影响，确定管理风险的方法。

（五）风险管理策略选择，指董事会和管理层根据公司风险承受能力和风险偏好选择风险管理策略。

（六）控制活动，指为确保风险管理策略有效执行而制定的制度和程序，包括核准、授权、验证、调整、复核、定期盘点、记录核对、职能分工、资产保全、绩效考核等。

（七）信息沟通，指产生服务于规划、执行、监督等管理活动的信息并适时向使用者提供的过程。

（八）检查监督，指公司自行检查和监督内部控制运行情况的过程。

第七条 公司应在符合总体战略目标的基础上，针对各下属部门、附属公司以及各业务环节的特点，建立相应的内控制度。

第八条 公司内部控制通常应涵盖经营活动中所有业务环节，包括但不限于：

（一）销货及收款环节：包括订单处理、信用管理、运送货物、开出销货发票、确认收入及应收账款、收到现款及其记录等。

（二）采购及付款环节：包括采购申请、处理采购单、验收货物、填写验收报告或处理退货、记录应付账款、核准付款、支付现款及其记录等。

（三）生产环节：包括拟定生产计划、开出用料清单、储存原材料、投入生产、计算存货生产成本、计算销货成本、质量控制等。

（四）固定资产管理环节：包括固定资产的自建、购置、处置、维护、保管与记录等。

（五）货币资金管理环节：包括货币资金的入账、划出、记录、报告、出纳人员和财务人员的授权等。

（六）关联交易环节：包括关联方的界定，关联交易的定价、授权、执行、报告和记录等。

（七）担保与融资环节：包括借款、担保、承兑、租赁、发行新股、发行债券等的授权、执行与记录等。

（八）投资环节：包括投资有价证券、股权、不动产、经营性资产、金融衍生品及其他长、短期投资、委托理财、募集资金使用的决策、执行、保管与记录等。

（九）研发环节：包括基础研究、产品设计、技术开发、产品测试、研发记录及文件保管等。

（十）人事管理环节：包括雇用、签订聘用合同、培训、请假、加班、离岗、辞退、退休、计时、计算薪金、计算个人所得税及各项代扣款、薪资记录、薪资支付、考勤及考核等。

公司在内控制度制定过程中，可以根据自身所处行业及生产经营特点对上述业务环节进行调整。

第九条 公司内控制度除涵盖对经营活动各环节的控制外，还包括贯穿于经营活动各环节之中的各项管理制度，包括但不限于：印章使用管理、票据领用管理、预算管理、资产管理、质量管理、担保管理、职务授权及代理制度、定期沟通制度、信息披露管理制度及对附属公司的管理制度等。

第十条 公司使用计算机信息系统的，还应制定信息管理的内控制度。信息管理的内控制度至少应涵盖下列内容：

（一）信息处理部门与使用部门权责的划分；

（二）信息处理部门的功能及职责划分；

（三）系统开发及程序修改的控制；

（四）程序及资料的存取、数据处理的控制；

（五）档案、设备、信息的安全控制；

（六）在本所网站或公司网站上进行公开信息披露活动的控制。

第十一条　公司应根据国家财政主管部门的有关规定，建立内部会计控制规范。

第十二条　金融等特殊行业的公司建立内控制度，还应遵循有关主管部门的规定。

第十三条　公司应根据自身业务特点建立相应的内控制度，本所鼓励公司聘请中介机构协助建立内控制度。

第三章　专项风险的内部控制

第一节　对附属公司的管理控制

第十四条　公司应对控股子公司实行管理控制，主要包括：

（一）依法建立对控股子公司的控制架构，确定控股子公司章程的主要条款，选任董事、监事、经理及财务负责人。

（二）根据公司的战略规划，协调控股子公司的经营策略和风险管理策略，督促控股子公司据以制定相关业务经营计划、风险管理程序。

（三）制定控股子公司的业绩考核与激励约束制度。

（四）制定母子公司业务竞争、关联交易等方面的政策及程序。

（五）制定控股子公司重大事项的内部报告制度。重大事项包括但不限于发展计划及预算、重大投资、收购出售资产、提供财务资助、为他人提供担保、从事证券及金融衍生品投资、签订重大合同、海外控股子公司的外汇风险管理等。

（六）定期取得控股子公司月度财务报告和管理报告，并根据相关规定，委托会计师事务所审计控股子公司的财务报告。

第十五条　公司应对控股子公司内控制度的实施及其检查监督工作进行评价。

第十六条　公司应比照上述要求，对分公司和具有重大影响的参股公司的内控制度作出安排。

第二节　金融衍生品交易的内部控制

第十七条　参与金融衍生品交易的公司，应评估自身风险控制能力，制定相应的内控制度。金融衍生品交易包括但不限于以商品或证券为基础的期货、期权、远期、调期等交易。

第十八条　公司董事会应充分认识金融衍生品交易的性质和风险，根据公司的风险承受能力，合理确定金融衍生品交易的风险限额和相关交易参数。

第十九条　公司应按照下列要求，对金融衍生品交易实行内部控制：

（一）合理制定金融衍生品交易的目标、套期保值的策略；

（二）制定金融衍生品交易的执行制度，包括交易员的资质、考核、风险隔离、执行、止损、记录和报告等的政策和程序；

（三）制定金融衍生品交易的风险报告制度，包括授权、执行、或有资产、隐含风险、对冲策略及其他交易细节；

（四）制定金融衍生品交易风险管理制度，包括机构设置、职责、记录和报告的政策和程序。

第三节　其他风险的内部控制

第二十条　公司应根据行业特点、战略目标和风险管理策略的不同，就特有风险作出相关内控制度安排。

第二十一条　公司应制定危机管理控制制度。

第四章　内部控制的检查监督

第二十二条　公司应对内控制度的落实情况进行定期和不定期的检查。董事会及管理层应通过内控制度的检查监督，发现内控制度是否存在缺陷和实施中是否存在问题，并及时予以改进，确保内控制度的有效实施。

第二十三条　公司应确定专门职能部门负责内部控制的日常检查监督工作，并根据相关规定以及公司的实际情况配备专门的内部控制检查监督人员。公司可根据自身组织架构和行业特点安排该职能部门的设置。

前款所述专门部门(以下简称“检查监督部门”)可直接向董事会报告,该部门负责人的任免可由董事会决定。

第二十四条 公司应制定内部控制检查监督办法,该办法至少包括如下内容:

(一)董事会或相关机构对内部控制检查监督的授权;

(二)公司各部门及下属机构对内部控制检查监督的配合义务;

(三)内部控制检查监督的项目、时间、程序及方法;

(四)内部控制检查监督工作报告的方式;

(五)内部控制检查监督工作相关责任的划分;

(六)内部控制检查监督工作的激励制度。

第二十五条 公司应根据自身经营特点制定年度内部控制检查监督计划,并作为评价内部控制运行情况的依据。

公司应将收购和出售资产、关联交易、从事衍生品交易、提供财务资助、为他人提供担保、募集资金使用、委托理财等重大事项作为内部控制检查监督计划的必备事项。

第二十六条 检查监督部门应在年度和半年度结束后向董事会提交内部控制检查监督工作报告。

公司董事会可根据公司经营特点,制定内部控制检查监督工作报告的内容与格式要求。

第二十七条 公司董事会对内部控制检查监督工作进行指导,并审阅检查监督部门提交的内部控制检查监督工作报告。公司董事会下设审计委员会的,可由审计委员会进行上述工作。

第二十八条 检查监督工作人员对于检查中发现的内部控制缺陷及实施中存在的问题,应在内部控制检查监督工作报告中据实反映,并在向董事会报告后进行追踪,以确定相关部门已及时采取适当的改进措施。

公司可将前款所发现的内部控制缺陷及实施中存在的问题列为各部门绩效考核的重要项目。

第二十九条 检查监督部门的工作资料,包括内部控制检查监督工作报告、工作底稿及相关资料,保存时间不少于十年。

第五章 内部控制的信息披露

第三十条 公司在内部控制的检查监督中如发现内部控制存在重大缺陷或存在重大风险,应及时向董事会报告。公司董事会应及时向本所报告该事项。经本所认定,公司董事会应及时发布公告。

公司应在公告中说明内部控制出现缺陷的环节、后果、相关责任追究以及拟采取的补救措施。

第三十一条 董事会应根据内部控制检查监督工作报告及相关信息,评价公司内部控制的建立和实施情况,形成内部控制自我评估报告。公司董事会应在审议年度财务报告等事项的同时,对公司内部控制自我评估报告形成决议。

公司董事会下设审计委员会的,可由审计委员会编制内部控制自我评估报告草案并报董事会审议。

第三十二条 公司董事会应在年度报告披露的同时,披露年度内部控制自我评估报告,并披露会计师事务所对内部控制自我评估报告的核实评价意见。

第三十三条 公司内部控制自我评估报告至少应包括如下内容:

(一)内控制度是否建立健全;

(二)内控制度是否有效实施;

(三)内部控制检查监督工作的情况;

(四)内控制度及其实施过程中出现的重大风险及其处理情况;

(五)对本年度内部控制检查监督工作计划完成情况的评价;

(六)完善内控制度的有关措施;

(七)下一年度内部控制有关工作计划。

会计师事务所应参照主管部门有关规定对公司内部控制自我评估报告进行核实评价。

第六章 附 则

第三十四条 本指引由本所负责解释。

第三十五条 本指引自2006年7月1日起施行。

五、深圳证券交易所上市公司内部控制指引

深圳证券交易所关于发布《深圳证券交易所上市公司内部控制指引》的通知

2006 年 9 月 28 日

各上市公司：

为加强上市公司内部控制，促进上市公司规范运作和健康发展，保护投资者合法权益，本所制定了《深圳证券交易所上市公司内部控制指引》(以下简称“《内控指引》”)，现予以发布，并就有关实施事项通知如下：

1. 上市公司应当认真学习《内控指引》，自本通知发布之日至 2007 年 6 月 30 日期间，建立健全公司内部控制制度。

2.《内控指引》自 2007 年 7 月 1 日起施行。

特此通知。

附件：《深圳证券交易所上市公司内部控制指引》

深圳证券交易所上市公司内部控制指引

第一章　总　则

第一条　为加强上市公司内部控制，促进上市公司规范运作和健康发展，保护投资者合法权益，根据《公司法》、《证券法》等法律、行政法规、部门规章和《深圳证券交易所股票上市规则》(以下简称“《上市规则》”)的规定，制定本指引。

第二条　本指引所称内部控制是指上市公司(以下简称“公司”)董事会、监事会、高级管理人员及其他有关人员为实现下列目标而提供合理保证的过程：

(一) 遵守国家法律、法规、规章及其他相关规定；

(二) 提高公司经营的效益及效率；

(三) 保障公司资产的安全；

(四) 确保公司信息披露的真实、准确、完整和公平。

第三条　公司应按照本指引的要求及有关主管部门的相关内部控制规定，根据自身经营特点和所处环境，制定内部控制制度。

公司董事会应对公司内部控制制度的制定和有效执行负责。

第四条　本指引适用于其股票在本所主板上市的公司(不含中小企业板上市公司)。

第二章　基本要求

第五条　公司的内部控制应充分考虑以下要素：

(一) 内部环境：指影响公司内部控制制度制定、运行及效果的各种综合因素，包括公司组织结构、企业文化、风险理念、经营风格、人事管理政策等。

(二) 目标设定：公司管理层根据风险偏好设定公司战略目标，并在公司内层层分解和落实。

(三) 事项识别：公司管理层对影响公司目标实现的内外事件进行识别，分清风险和机会。

(四) 风险评估：公司管理层对影响其目标实现的内、外各种风险进行分析，考虑其可能性和影响程度，以便公司制定必要的对策。

(五) 风险对策：公司管理层按照公司的风险偏好和风险承受能力，采取规避、降低、分担或接受的风险应对方式，制定相应的风险控制措施。

(六) 控制活动：公司管理层为确保风险对策有效执行和落实所采取的措施和程序，主要包括批准、授权、验证、协调、复核、定期盘点、记录核对、财产的保护、职责的分离、绩效考核等内容。

(七) 信息与沟通：指识别、采集来自于公司内部和外部的相关信息，并及时向相关人员有效传递。

(八) 检查监督：指对公司内部控制的效果进行监督、评价的过程，它通过持续性监督活动、专项监督评

价或者两者的结合进行。

第六条 公司应完善公司治理结构，确保董事会、监事会和股东大会等机构合法运作和科学决策，建立有效的激励约束机制，树立风险防范意识，培育良好的企业精神和内部控制文化，创造全体职工充分了解并履行职责的环境。

第七条 公司应明确界定各部门、岗位的目标、职责和权限，建立相应的授权、检查和逐级问责制度，确保其在授权范围内履行职能；设立完善的控制架构，并制定各层级之间的控制程序，保证董事会及高级管理人员下达的指令能够被严格执行。

第八条 公司的内部控制活动应涵盖公司所有营运环节，包括但不限于：销售及收款、采购和费用及付款、固定资产管理、存货管理、资金管理（包括投资融资管理）、财务报告、信息披露、人力资源管理和信息系统管理等。

上述控制活动涉及关联交易的，还应包括关联交易的控制政策及程序。

第九条 上市公司应依据所处的环境和自身经营特点，建立印章使用管理、票据领用管理、预算管理、资产管理、担保管理、资金借贷管理、职务授权及代理人制度、信息披露管理、信息系统安全管理等专门管理制度。

第十条 公司应重点加强对控股子公司的管理控制，加强对关联交易、对外担保、募集资金使用、重大投资、信息披露等活动的控制，按照本指引及有关规定的要求建立相应控制政策和程序。

第十一条 公司应建立完整的风险评估体系，对经营风险、财务风险、市场风险、政策法规风险和道德风险等进行持续监控，及时发现、评估公司面临的各类风险，并采取必要的控制措施。

第十二条 公司应制定公司内部信息和外部信息的管理政策，确保信息能够准确传递，确保董事会、监事会、高级管理人员及内部审计部门及时了解公司及其控股子公司的经营和风险状况，确保各类风险隐患和内部控制缺陷得到妥善处理。

第十三条 公司应明确各部门、岗位的目标、职责和权限，建立相关部门之间、岗位之间的制衡和监督机制，并设立专门负责监督检查的内部审计部门。

第三章 重点关注的控制活动

第一节 对控股子公司的管理控制

第十四条 公司应制定对控股子公司的控制政策及程序，并在充分考虑控股子公司业务特征等的基础上，督促其建立内部控制制度。

第十五条 公司对其控股子公司的管理控制，至少应包括下列控制活动：

（一）建立对各控股子公司的控制制度，明确向控股子公司委派的董事、监事及重要高级管理人员的选任方式和职责权限等；

（二）依据公司的经营策略和风险管理政策，督导各控股子公司建立起相应的经营计划、风险管理程序；

（三）要求各控股子公司建立重大事项报告制度和审议程序，及时向公司分管负责人报告重大业务事项、重大财务事项以及其他可能对公司股票及其衍生品种交易价格产生重大影响的信息，并严格按照授权规定将重大事项报公司董事会审议或股东大会审议；

（四）要求控股子公司及时向公司董事会秘书报送其董事会决议、股东大会决议等重要文件，通报可能对公司股票及其衍生品种交易价格产生重大影响的事项；

（五）定期取得并分析各控股子公司的季度（月度）报告，包括营运报告、产销量报表、资产负债报表、损益报表、现金流量报表、向他人提供资金及提供担保报表等；

（六）建立对各控股子公司的绩效考核制度。

第十六条 公司的控股子公司同时控股其他公司的，公司应督促其控股子公司参照本指引要求，逐层建立对其下属子公司的管理控制制度。

第二节 关联交易的内部控制

第十七条 公司关联交易的内部控制应遵循诚实信用、平等、自愿、公平、公开、公允的原则，不得损害公司和其他股东的利益。

第十八条 公司应按照有关法律、行政法规、部门规章以及《上市规则》等有关规定，明确划分公司股东大会、董事会对关联交易事项的审批权限,规定关联交易事项的审议程序和回避表决要求。

第十九条　公司应参照《上市规则》及其他有关规定,确定公司关联方的名单,并及时予以更新,确保关联方名单真实、准确、完整。

公司及其下属控股子公司在发生交易活动时,相关责任人应仔细查阅关联方名单,审慎判断是否构成关联交易。如果构成关联交易,应在各自权限内履行审批、报告义务。

第二十条　公司审议需独立董事事前认可的关联交易事项时,前条所述相关人员应于第一时间通过董事会秘书将相关材料提交独立董事进行事前认可。独立董事在作出判断前,可以聘请中介机构出具专门报告,作为其判断的依据。

第二十一条　公司在召开董事会审议关联交易事项时,会议召集人应在会议表决前提醒关联董事须回避表决。关联董事未主动声明并回避的,知悉情况的董事应要求关联董事予以回避。

公司股东大会在审议关联交易事项时,公司董事会及见证律师应在股东投票前,提醒关联股东须回避表决。

第二十二条　公司在审议关联交易事项时,应做到:

(一) 详细了解交易标的的真实状况,包括交易标的运营现状、盈利能力、是否存在抵押、冻结等权利瑕疵和诉讼、仲裁等法律纠纷;

(二) 详细了解交易对方的诚信纪录、资信状况、履约能力等情况,审慎选择交易对手方;

(三) 根据充分的定价依据确定交易价格;

(四) 遵循《上市规则》的要求以及公司认为有必要时,聘请中介机构对交易标的进行审计或评估;

公司不应对所涉交易标的状况不清、交易价格未确定、交易对方情况不明朗的关联交易事项进行审议并作出决定。

第二十三条　公司与关联方之间的交易应签订书面协议,明确交易双方的权利义务及法律责任。

第二十四条　公司董事、监事及高级管理人员有义务关注公司是否存在被关联方挪用资金等侵占公司利益的问题。公司独立董事、监事至少应每季度查阅一次公司与关联方之间的资金往来情况,了解公司是否存在被控股股东及其关联方占用、转移公司资金、资产及其他资源的情况,如发现异常情况,及时提请公司董事会采取相应措施。

第二十五条　公司发生因关联方占用或转移公司资金、资产或其他资源而给公司造成损失或可能造成损失的,公司董事会应及时采取诉讼、财产保全等保护性措施避免或减少损失。

第三节　对外担保的内部控制

第二十六条　公司对外担保的内部控制应遵循合法、审慎、互利、安全的原则,严格控制担保风险。

第二十七条　公司应按照有关法律、行政法规、部门规章以及《上市规则》等有关规定,在《公司章程》中明确股东大会、董事会关于对外担保事项的审批权限,以及违反审批权限和审议程序的责任追究机制。

在确定审批权限时,公司应执行《上市规则》关于对外担保累计计算的相关规定。

第二十八条　公司应调查被担保人的经营和信誉情况。董事会应认真审议分析被担保方的财务状况、营运状况、行业前景和信用情况,审慎依法作出决定。

公司可在必要时聘请外部专业机构对实施对外担保的风险进行评估,以作为董事会或股东大会进行决策的依据。

第二十九条　公司对外担保应尽可能要求对方提供反担保,谨慎判断反担保提供方的实际担保能力和反担保的可执行性。

第三十条　公司独立董事应在董事会审议对外担保事项时发表独立意见,必要时可聘请会计师事务所对公司累计和当期对外担保情况进行核查。如发现异常,应及时向董事会和监管部门报告并公告。

第三十一条　公司应妥善管理担保合同及相关原始资料,及时进行清理检查,并定期与银行等相关机构进行核对,保证存档资料的完整、准确、有效,注意担保的时效期限。

在合同管理过程中,一旦发现未经董事会或股东大会审议程序批准的异常合同,应及时向董事会和监事会报告。

第三十二条　公司应指派专人持续关注被担保人的情况,收集被担保人最近一期的财务资料和审计报告,定期分析其财务状况及偿债能力,关注其生产经营、资产负债、对外担保以及分立合并、法定代表人变化等情况，建立相关财务档案，定期向董事会报告。

如发现被担保人经营状况严重恶化或发生公司解散、分立等重大事项的，有关责任人应及时报告董事会。董事会有义务采取有效措施，将损失降低到最小程度。

第三十三条 对外担保的债务到期后，公司应督促被担保人在限定时间内履行偿债义务。若被担保人未能按时履行义务，公司应及时采取必要的补救措施。

第三十四条 公司担保的债务到期后需展期并需继续由其提供担保的，应作为新的对外担保，重新履行担保审批程序。

第三十五条 公司控股子公司的对外担保比照上述规定执行。公司控股子公司应在其董事会或股东大会做出决议后，及时通知公司按规定履行信息披露义务。

第四节 募集资金使用的内部控制

第三十六条 公司募集资金使用的内部控制应遵循规范、安全、高效、透明的原则，遵守承诺，注重使用效益。

第三十七条 公司应建立募集资金管理制度，对募集资金存储、审批、使用、变更、监督和责任追究等内容进行明确规定。

第三十八条 公司应对募集资金进行专户存储管理，与开户银行签订募集资金专用账户管理协议，掌握募集资金专用账户的资金动态。

第三十九条 公司应制定严格的募集资金使用审批程序和管理流程，保证募集资金按照招股说明书所列资金用途使用，按项目预算投入募集资金投资项目。

第四十条 公司应跟踪项目进度和募集资金的使用情况，确保投资项目按公司承诺计划实施。相关部门应细化具体工作进度，保证各项工作能按计划进行，并定期向董事会和公司财务部门报告具体工作进展情况。

确因不可预见的客观因素影响，导致项目不能按投资计划正常进行时，公司应按有关规定及时履行报告和公告义务。

第四十一条 公司应由内部审计部门跟踪监督募集资金使用情况并每季度向董事会报告。

独立董事和监事会应监督募集资金使用情况，定期就募集资金的使用情况进行检查。独立董事可根据公司章程规定聘请会计师事务所对募集资金使用情况进行专项审核。

第四十二条 公司应配合保荐人的督导工作，主动向保荐人通报其募集资金的使用情况，授权保荐代表人到有关银行查询募集资金支取情况以及提供其他必要的配合和资料。

第四十三条 公司如因市场发生变化，确需变更募集资金用途或变更项目投资方式的，必须经公司董事会审议、通知保荐机构及保荐代表人，并依法提交股东大会审批。

第四十四条 公司决定终止原募集资金投资项目的，应尽快选择新的投资项目。

公司董事会应当对新募集资金投资项目的可行性、必要性和投资效益作审慎分析。

第四十五条 公司应当在每个会计年度结束后全面核查募集资金投资项目的进展情况，并在年度报告中作相应披露。

第五节 重大投资的内部控制

第四十六条 公司重大投资的内部控制应遵循合法、审慎、安全、有效的原则，控制投资风险、注重投资效益。

第四十七条 公司应在《公司章程》中明确股东大会、董事会对重大投资的审批权限，制定相应的审议程序。

公司委托理财事项应由公司董事会或股东大会审议批准，不得将委托理财审批权授予公司董事个人或经营管理层行使。

第四十八条 公司应指定专门机构，负责对公司重大投资项目的可行性、投资风险、投资回报等事宜进行专门研究和评估，监督重大投资项目的执行进展，如发现投资项目出现异常情况，应及时向公司董事会报告。

第四十九条 公司进行以股票、利率、汇率和商品为基础的期货、期权、权证等衍生产品投资的，应制定严格的决策程序、报告制度和监控措施，并根据公司的风险承受能力，限定公司的衍生产品投资规模。

第五十条　公司进行委托理财的，应选择资信状况、财务状况良好，无不良诚信记录及盈利能力强的合格专业理财机构作为受托方，并与受托方签订书面合同，明确委托理财的金额、期间、投资品种、双方的权利义务及法律责任等。

第五十一条　公司董事会应指派专人跟踪委托理财资金的进展及安全状况，出现异常情况时应要求其及时报告，以便董事会立即采取有效措施回收资金，避免或减少公司损失。

第五十二条　公司董事会应定期了解重大投资项目的执行进展和投资效益情况，如出现未按计划投资、未能实现项目预期收益、投资发生损失等情况，公司董事会应查明原因，追究有关人员的责任。

第六节　信息披露的内部控制

第五十三条　公司应建立信息披露管理制度和重大信息内部报告制度，明确重大信息的范围和内容，指定董事会秘书为公司对外发布信息的主要联系人，并明确各相关部门（包括公司控股子公司）的重大信息报告责任人。

第五十四条　公司应明确规定，当出现、发生或即将发生可能对公司股票及其衍生品种的交易价格产生较大影响的情形或事件时，负有报告义务的责任人应及时将相关信息向公司董事会和董事会秘书进行报告；当董事会秘书需了解重大事项的情况和进展时，相关部门（包括公司控股子公司）及人员应予以积极配合和协助，及时、准确、完整地进行回复，并根据要求提供相关资料。

第五十五条　公司应建立重大信息的内部保密制度。因工作关系了解到相关信息的人员，在该信息尚未公开披露之前，负有保密义务。若信息不能保密或已经泄漏，公司应采取及时向监管部门报告和对外披露的措施。

第五十六条　公司应按照《深圳证券交易所上市公司公平信息披露指引》、《深圳证券交易所上市公司投资者关系管理指引》等规定，规范公司对外接待、网上路演等投资者关系活动，确保信息披露的公平性。

第五十七条　公司董事会秘书应对上报的内部重大信息进行分析和判断。如按规定需要履行信息披露义务的，董事会秘书应及时向董事会报告，提请董事会履行相应程序并对外披露。

第五十八条　公司及其控股股东及其实际控制人存在公开承诺事项的，公司应指定专人跟踪承诺事项的落实情况，关注承诺事项履行条件的变化，及时向公司董事会报告事件动态，按规定对外披露相关事实。

第四章　内部控制的检查和披露

第五十九条　公司应按照本指引第十三条的规定设立内部审计部门，直接对董事会负责，定期检查公司内部控制缺陷，评估其执行的效果和效率，并及时提出改进建议。

第六十条　公司应根据自身经营特点和实际状况，制定公司内部控制自查制度和年度内部控制自查计划。

公司应要求内部各部门（含分支机构）、控股子公司，积极配合内部审计部门的检查监督，必要时可以要求其定期进行自查。

第六十一条　公司内部审计部门应对公司内部控制运行情况进行检查监督，并将检查中发现的内部控制缺陷和异常事项、改进建议及解决进展情况等形成内部审计报告，向董事会和列席监事通报。

公司内部审计部门如发现公司存在重大异常情况，可能或已经遭受重大损失时，应立即报告公司董事会并抄报监事会。公司董事会应提出切实可行的解决措施，必要时应及时报告本所并公告。

第六十二条　公司董事会应依据公司内部审计报告，对公司内部控制情况进行审议评估，形成内部控制自我评价报告。公司监事会和独立董事应对此报告发表意见。

自我评价报告至少应包括以下内容：

（一）对照本指引及有关规定，说明公司内部控制制度是否建立健全和有效运行，是否存在缺陷；

（二）说明本指引重点关注的控制活动的自查和评估情况；

（三）说明内部控制缺陷和异常事项的改进措施（如适用）；

（四）说明上一年度的内部控制缺陷及异常事项的改善进展情况（如适用）。

第六十三条　注册会计师在对公司进行年度审计时，应参照有关主管部门的规定，就公司财务报告内部控制情况出具评价意见。

第六十四条　如注册会计师对公司内部控制有效性表示异议的，公司董事会、监事会应针对该审核意见涉及事项做出专项说明，专项说明至少应包括以下内容：

（一）异议事项的基本情况；

（二）该事项对公司内部控制有效性的影响程度；

（三）公司董事会、监事会对该事项的意见；

（四）消除该事项及其影响的可能性；

（五）消除该事项及其影响的具体措施。

第六十五条 公司应将内部控制制度的健全完备和有效执行情况，作为对公司各部门（含分支机构）、控股子公司的绩效考核重要指标之一。公司应建立起责任追究机制，对违反内部控制制度和影响内部控制制度执行的有关责任人予以查处。

第六十六条 公司应于每个会计年度结束后四个月内将内部控制自我评价报告和注册会计师评价意见报送本所，与公司年度报告同时对外披露。

第六十七条 公司内部审计部门的工作底稿、审计报告及相关资料，保存时间应遵守有关档案管理规定。

第五章 附 则

第六十八条 公司及其有关人员违反本指引规定，本所参照《上市规则》有关规定给予处分。

第六十九条 本指引由本所负责解释。

第七十条 本指引自 2007 年 7 月 1 日起施行。

第十五部分　企业会计人员管理法规

一、中央企业总会计师工作职责管理暂行办法

国务院国有资产监督管理委员会令

（第13号）

《中央企业总会计师工作职责管理暂行办法》已经国务院国有资产监督管理委员会第37次主任办公会议审议通过，现予公布，自2006年5月14日起施行。

国务院国有资产监督管理委员会主任　李荣融

二〇〇六年四月十四日

中央企业总会计师工作职责管理暂行办法

第一章　总　　则

第一条　为加强对国务院国有资产监督管理委员会（以下简称国资委）所出资企业（以下简称企业）总会计师工作职责管理，规范企业财务会计工作，促进建立健全企业内部控制机制，有效防范企业经营风险，依据《企业国有资产监督管理暂行条例》和国家有关规定，制定本办法。

第二条　企业总会计师工作职责管理，适用本办法。

第三条　本办法所称总会计师是指具有相应专业技术资格和工作经验，在企业领导班子成员中分工负责企业会计基础管理、财务管理与监督、财会内控机制建设、重大财务事项监管等工作，并按照干部管理权限通过一定程序被任命（或者聘任）为总会计师的高级管理人员。

第四条　本办法所称总会计师工作职责是指总会计师在企业会计基础管理、财务管理与监督、财会内控机制建设，以及企业投融资、担保、大额资金使用、兼并重组等重大财务事项监管工作中的职责。

第五条　企业及其各级子企业应当按规定建立和完善总会计师管理制度，明确总会计师的工作权限与责任，加强总会计师工作职责履行情况的监督管理。

第六条　国资委依法对企业总会计师工作职责履行情况进行监督管理。

第二章　职 位 设 置

第七条　企业应当按照规定设置总会计师职位，配备符合条件的总会计师有效履行工作职责。符合条件的各级子企业，也应当按规定设置总会计师职位。

（一）现分管财务工作的副总经理（副院长、副所长、副局长），符合总会计师任职资格和条件的，可以兼任或者转任总会计师，人选也可以通过交流或公开招聘等方式及时配备。

（二）设置属于企业高管层的财务总监、首席财务官等类似职位的企业或其各级子企业，可不再另行设置总会计师职位，但应当明确指定其履行总会计师工作职责。

第八条　企业总会计师的任免按照国资委有关规定办理：

（一）已设立董事会的国有独资公司和国有控股公司的总会计师，应当经董事会审议批准，并按照有关干部管理权限与程序任命。

（二）未设立董事会的国有独资公司、国有独资企业的总会计师，按照有关干部管理权限与程序任命。

第九条　企业可以按照有关规定对其各级子企业实施总会计师或者财务总监委派等方式，积极探索完善总会计师工作职责监督管理的有效途径和方法。

第十条　担任企业总会计师应当具备以下条件：

（一）具有相应政治素养和政策水平，坚持原则、廉洁奉公、诚信至上、遵纪守法；

（二）大学本科以上文化程度，一般应当具有注册会计师、注册内部审计师等职业资格，或者具有高级

会计师、高级审计师等专业技术职称或者类似职称；

（三）从事财务、会计、审计、资产管理等管理工作8年以上，具有良好的职业操守和工作业绩；

（四）分管企业财务会计工作或者在企业(单位)财务、会计、审计、资产管理等相关部门任正职3年以上，或者主管子企业或单位财务、会计、审计、资产管理等相关部门工作3年以上；

（五）熟悉国家财经法规、财务会计制度，以及现代企业管理知识，熟悉企业所属行业基本业务，具备较强组织领导能力，以及较强的财务管理能力、资本运作能力和风险防范能力。

第十一条 具有下列情形之一的，不得担任总会计师：

（一）不具备第十条规定的；

（二）曾严重违反法律法规和国家有关财经纪律，有弄虚作假、贪污受贿、挪用公款等重大违法行为，被判处刑罚或者受过党纪政纪处分的；

（三）曾因渎职或者决策失误造成企业重大经济损失的；

（四）对企业财务管理混乱、经营成果严重不实负主管或直接责任的；

（五）个人所负企业较大数额债务到期未清偿的；

（六）党纪、政纪、法律法规规定的其他情形。

第十二条 具有下列情形之一的，总会计师任职或者工作应当回避：

（一）按照国家关于干部任职回避工作有关规定应当进行任职回避的；

（二）除国资委或公司董事会批准外，在所在企业或其各级子企业、关联企业拥有股权，以及可能影响总会计师正常履行职责的其他重要利益的；

（三）在重大项目投资、招投标、对外经济技术合作等工作中，涉及与本人及本人亲属利益的。

第三章 职责权限

第十三条 企业应当结合董事会建设，积极推动建立健全内部控制机制，逐步规范企业主要负责人、总会计师、财务机构负责人的职责权限，促进建立分工协作、相互监督、有效制衡的经营决策、执行和监督管理机制。

第十四条 总会计师的主要职责包括：企业会计基础管理、财务管理与监督、财会内控机制建设和重大财务事项监管等。

第十五条 企业会计基础管理职责主要包括：

（一）贯彻执行国家方针政策和法律法规，遵守国家财经纪律，运用现代管理方法，组织和规范本企业会计工作；

（二）组织制定企业会计核算方法、会计政策，确定企业财务会计管理体系；

（三）组织实施企业财务收支核算与管理，开展财务收支的分析、预测、计划、控制和监督等工作，组织开展经济活动分析，提出加强和改进经营管理的具体措施；

（四）组织制定财会人员管理制度，提出财会机构人员配备和考核方案；

（五）组织企业会计诚信建设，依法组织编制和及时提供财务会计报告；

（六）推动实施财务信息化建设，及时掌控财务收支状况。

第十六条 企业财务管理与监督职责主要包括：

（一）组织制定企业财务管理规章制度，并监督各项财务管理制度执行情况；

（二）组织制定和实施财务战略，组织拟订和下达财务预算，评估分析预算执行情况，促进企业预算管理与发展战略实施相连接，推行全面预算管理工作；

（三）组织编制和审核企业财务决算，拟订公司的利润分配方案和弥补亏损方案；

（四）组织制定和实施长短期融资方案，优化企业资本结构，开展资产负债比例控制和财务安全性、流动性管理；

（五）制定企业增收节支、节能降耗计划，组织成本费用控制，落实成本费用控制责任；

（六）制定资金管控方案，组织实施大额资金筹集、使用、催收和监控工作，推行资金集中管理；

（七）及时评估监测集团及其各级子企业财务收支状况和财务管理水平，组织开展财务绩效评价，组织实施企业财务收支定期稽核检查工作；

（八）定期向股东会或者出资人、董事会、监事会和相关部门报告企业财务状况和经济效益情况。

第十七条 企业财会内控机制建设职责主要包括：

（一）研究制定本企业财会内部控制制度，促进建立健全企业财会内部控制体系；

（二）组织评估、测试财会内部控制制度的有效性；

（三）组织建立多层次的监督体制，落实财会内部控制责任，对本单位经济活动的全过程进行财务监督和控制；

（四）组织建立和完善企业财务风险预警与控制机制。

第十八条 企业重大财务事项监管职责主要包括：

（一）组织审核企业投融资、重大经济合同、大额资金使用、担保等事项的计划或方案；

（二）对企业业务整合、技术改造、新产品开发及改革改制等事项组织开展财务可行性论证分析，并提供资金保障和实施财务监督；

（三）对企业重大投资、兼并收购、资产划转、债务重组等事项组织实施必要的尽职调查，并独立发表专业意见；

（四）及时报告重大财务事件，组织实施财务危机或者资产损失的处理工作。

第十九条 企业应当赋予总会计师有效履行职责的相应工作权限，具体包括：对企业重大事项的参与权、重大决策和规章制度执行情况的监督权、财会人员配备的人事建议权，以及企业大额资金支出联签权。

第二十条 总会计师对企业重大事项的参与权是指总会计师应参加总经理办公会议或者企业其他重大决策会议，参与表决企业重大经营决策，具体包括：

（一）拟定企业年度经营目标、中长期发展规划以及企业发展战略；

（二）制定企业资金使用和调度计划、费用开支计划、物资采购计划、筹融资计划以及利润分配（派）、亏损弥补方案；

（三）贷款、担保、对外投资、企业改制、产权转让、资产重组等重大决策和企业资产管理工作；

（四）企业重大经济合同的评审。

第二十一条 总会计师对重大决策和规章制度执行情况的监督权具体包括：

（一）按照职责对董事会或总经理办公会议批准的重大决策执行情况进行监督；

（二）对企业的财务运作和资金收支情况进行监督、检查，有权向董事会或者总经理办公会提出内部审计或委托外部审计建议；

（三）对企业的内部控制制度和程序的执行情况进行监督。

第二十二条 财会人员配备的人事权是指企业财务部门负责人的任用、晋升、调动、奖惩，应当事先征求总会计师的意见。企业总会计师应当参与组织财务部门负责人或下一级企业总会计师的业务培训和考核工作。

第二十三条 总会计师大额资金支出联签权是指企业按规定对大额资金使用，应当建立由总会计师与企业主要负责人联签制度；对于应当实施联签的资金，未经总会计师签字或者授权，财会人员不得支出。

第二十四条 企业行为有下列情形之一的，总会计师有权拒绝签字：

（一）违反法律法规和国家财经纪律；

（二）违反企业财务管理规定；

（三）违反企业经营决策程序；

（四）对企业可能造成经济损失或者导致国有资产流失。

第二十五条 总会计师对企业作出的重大经营决策应当发表独立的专业意见，有不同意见或者有关建议未被采纳可能造成经济损失或者国有资产流失的情况，应当及时向国资委报告。

第四章 履职评估

第二十六条 为督促企业总会计师正确履行工作职责，应当建立规范的企业总会计师工作履职评估制度。

第二十七条 总会计师履职评估工作分为年度述职和任期履职评估。年度述职应当结合企业年度财务决算工作和下一年度财务预算工作，对总会计师年度履职情况予以评估；任期履职评估应当结合经济责任审计工作，对总会计师任职期间的履职情况进行评估。

第二十八条 设立董事会的公司，总会计师应当在会计年度终了向董事会述职，董事会应当对总会计师工作进行履职评议，董事会评议结果及总会计师述职报告应当抄报股东会或者出资人备案；未建立董事会的企业，总会计师应当将述职报告报送出资人，出资人根据企业财会管理状况对总会计师工作进行履职评估。

第二十九条 总会计师年度述职报告应当围绕企业当年重大经营活动、财务状况、资产质量、经营风险、内控机制等全面报告本人的履职情况，对本人在其中发挥的监督制衡作用进行自我评价，并提出改进措施。

第三十条 企业应当按照人事管理权限，做好对其各级子企业总会计师履职评估工作。

第三十一条 对总会计师履职情况评估，应当根据总会计师在企业中的职责权限，全面考核总会计师职责的履行情况，具体应当包括以下内容：

（一）企业会计核算规范性、会计信息质量，以及企业财务预算、决算和财务动态编制工作质量情况；

（二）企业经营成果及财务状况，资金管理和成本费用控制情况；

（三）企业财会内部控制制度的完整性和有效性，企业财务风险控制情况；

（四）在企业重大经营决策中的监督制衡情况，有无重大经营决策失误；

（五）财务信息化建设情况；

（六）其他需考核的事项。

第三十二条 为充分发挥企业总会计师财务监督管理作用，建立健全企业内部控制机制，企业应当保障总会计师相应的工作权限。

第五章 工作责任

第三十三条 企业主要负责人对企业提供和披露的财务会计报告信息的真实性、完整性负领导责任；总会计师对企业提供和披露的财务会计报告信息的真实性、完整性负主管责任；企业财务机构负责人对企业提供和披露的财务会计信息的真实性、完整性负直接责任。对可能存在问题的财务会计报告，总会计师有责任提请总经理办公会讨论纠正，有责任向董事会、股东会（出资人）报告。

第三十四条 企业总会计师对下列事项负有主管责任：

（一）企业提供和披露的财务会计信息的真实性、完整性；

（二）企业会计核算规范性、合理性以及财务管理合规性、有效性；

（三）企业财会内部控制机制的有效性；

（四）企业违反国家财经法规造成严重后果的财务会计事项。

第三十五条 总会计师对下列事项负有相应责任：

（一）企业管理不当造成的重大经济损失；

（二）企业决策失误造成的重大经济损失；

（三）企业财务联签事项形成的重大经济损失。

第三十六条 企业总会计师应当严格遵守国家法律法规规定。对于企业出现严重违反法律法规和国家财经纪律行为的，以及企业内部控制制度存在严重缺陷的，应当依法追究企业总会计师的工作责任；造成重大损失的，应当追究其法律责任。

第三十七条 在企业财务会计工作中，对于违反国家法律法规和财经纪律行为，总会计师不抵制、不制止、不报告的，应当依法追究总会计师工作责任；造成重大损失的，应当追究其法律责任。

第三十八条 企业总会计师未履行或者未正确履行工作职责，致使出现下列情形之一的，应当引咎辞职：

（一）企业财务会计信息严重失真的；

（二）企业财务基础管理混乱且在规定时间内整改不力的；

（三）企业出现重大财务决策失误造成重大资产损失的。

第三十九条 在企业重大经营决策过程中，总会计师未能正确履行责任造成失误的，根据情节轻重，给予通报批评、经济处罚、撤职等处分，或给予职业禁入处理；涉嫌犯罪的，依法移交司法机关处理。

企业总会计师认真履行职责，成绩突出的，由本企业或者由本企业建议国资委给予表彰奖励。

第四十条 对于企业总会计师玩忽职守，造成企业财务会计工作严重混乱的，或以权谋私、滥用职权、徇私舞弊以及其他渎职行为致使国有资产遭受损失的，依照国家有关规定给予相应纪律处分；涉嫌犯罪的，依法移交司法机关处理。

第四十一条 在追究总会计师工作责任时,发现企业负责人、财务审计部门负责人和其他有关人员应当承担相关责任的,一并进行工作责任追究。

第四十二条 企业未按规定设置总会计师职位,或者未按规定明确分管财务负责人及类似职位人员兼任总会计师并履行总会计师工作职责的,或者企业总会计师未被授予必要管理权限有效履行工作职责的,本办法第三十五条、第三十六条、第三十七条、第三十八条规定的工作责任应当由企业主要负责人承担。

第六章 附 则

第四十三条 各企业可结合本企业实际情况,制定总会计师工作职责管理具体实施细则。

第四十四条 各省、自治区、直辖市国有资产监督管理机构可以参照本办法,制定本地区所出资企业总会计师工作职责管理相关工作规范。

第四十五条 本办法自2006年5月14日起施行。

二、国有大中型企业总会计师岗位培训方案

国有大中型企业总会计师岗位培训方案

财人[2002]19号

根据《中华人民共和国会计法》和中央《2001年—2005年全国干部教育培训规划》精神,为了落实朱总理视察北京国家会计学院的指示精神,决定对国有大中型企业总会计师实行岗位培训,提高总会计师的职业道德水准和专业水平,以适应新形势发展的要求。具体方案如下:

一、培训目标

通过培训使学员全面熟悉我国财政方针、政策和法规,掌握市场经济运行规律,熟练掌握会计理论知识,通晓国际惯例,恪守"诚信为本,操守为重,遵循准则,不做假账",全面提高职业道德水准和执业水平。

二、培训对象、地点和时间

培训对象:国有大中型企业总会计师(含行使总会计师职责的财务总监)以及总会计师后备人员和国有金融企业总行、总公司、省级分支机构财务主要负责同志及其后备人员。

培训地点:北京、上海国家会计学院。厦门国家会计学院建成后也将承担总会计师培训任务。

培训时间:每期脱产培训一个月,每年计划培训4 000人,北京、上海国家会计学院各2 000人。在做好准备工作的基础上,从2002年一季度起,北京、上海两院同时开班。

三、课程设置

针对我国国有大中型企业总会计师的现状,结合WTO和市场经济的要求,以及总会计师应具备的知识结构和职业道德,暂按以下五个重要方面的内容设置课程:

1. 当前宏观经济政策。主要包括:"国民经济可持续发展战略"、"国民经济'十五规划'纲要"、"加入WTO与中国经济"、"世界经济全球化浪潮"以及"知识经济与信息化"等。

2. 会计相关法律、法规制度。主要内容包括:《会计法》、《企业财务报告条例》、新会计准则、会计制度、财政、税务、金融、合同、担保以及WTO规则等法规、制度、规则等。

3. 诚信与会计职业道德。主要内容包括:会计职业道德与"以德治国"方略、会计职业道德与市场经济、会计职业道德与会计法律制度、会计职业道德教育与修养、会计职业道德自律与他律机制构建等。

4. 公司治理与内部控制。主要包括:"企业财务管理"、"企业预算管理"、"企业战略与企业信誉"、"公司治理"、"内部会计控制规范"、"信息化与企业管理"等。

5. 典型案例研讨。如:"银广夏事件与会计责任"、"海尔集团企业管理与战略实践"、"黑龙江斯达造纸公司经营管理与内部控制"、"潍坊亚星集团经营管理与内部控制实践"、"广东大亚湾核电站现代企业管理与内部控制"、"跨国公司治理与内部控制"等。

四、教学方法

以案例教学、专题报告为主,并建立总会计师论坛,定期组织研讨,深化教学活动。

五、考核与结业

考核采用闭卷、开卷、撰写专题研究报告等多种形式。

学员学习期满、完成教学计划规定的全部课程，考核成绩合格者予以结业。国家会计学院与学员所在单位主管部门共同负责培训情况的考核评定工作，并建立学员培训档案。

学员结业时，由国家会计学院颁发《总会计师岗位培训证书》(样式见附件 2 略)

中华人民共和国财政部
中国共产党中央委员会组织部
中共中央企业工作委员会
中共中央金融工作委员会
中华人民共和国人事部
中华人民共和国国家经济贸易委员会
二〇〇二年一月三十日

三、财政部等六部委关于开展国有大中型企业总会计师岗位培训的通知

财政部等六部委关于开展国有大中型企业总会计师岗位培训的通知

财人[2002]19 号

各省、自治区、直辖市、计划单列市党委组织部、财政厅（局)、人事厅(局)、经贸委，各中央管理企业，各有关金融企业，北京国家会计学院，上海国家会计学院：

根据《中华人民共和国会计法》和中央《2001 年—2005 年全国干部教育培训规划》精神，落实朱总理视察北京国家会计学院时关于“所有的大中型企业总会计师都必须到国家会计学院来培训”的指示精神，全面提高总会计师的职业道德水准和专业水平，经研究决定，对国有大中型企业总会计师实行岗位培训制度。现将有关事项通知如下：

一、培养目标与培训对象

总会计师岗位培训的对象是，国有大中型企业总会计师(含行使总会计师职责的财务总监，下同)以及总会计师后备人员和国有金融企业总行、总公司、省级分支机构财务部门主要负责同志及其后备人员。通过培训，培养一大批能够恪守“诚信为本，操守为重，遵循准则，不做假账”，懂得市场经济运行规律，适应国内外多变的市场竞争环境，并通晓国际惯例的，高素质的国有企业高级财务管理人才。

二、培训时间、地点与人数

从 2002 年起，拟分期分批将全国国有大中型企业总会计师及其后备人员轮训一遍。每期脱产培训时间拟定 1 个月，每年计划培训 4 000 人次，北京、上海国家会计学院各培训 2 000 人次(厦门国家会计学院建成后承担相应培训任务，下同)，在做好各项准备工作的基础上，从 2002 年 1 季度起，北京、上海两院同时开班。

三、培训内容

当前宏观经济政策、会计相关法律法规制度、会计职业道德、公司治理与内部控制和现代金融保险知识等。两所国家会计学院须根据“国有大中型企业总会计师岗位培训方案”(见附件 1)制定培训实施方案，并按培训内容要求，聘请国内外知名专家学者授课，为学员提供高水平的课程。

四、课程开发

根据上述培训内容，委托北京、上海、厦门国家会计学院着手研究开发“总会计师岗位培训系列课程及教材”，国家会计学院应设置“总会计师岗位培训课程开发专项费用”，专门用于该系列课程研发。财政部已经开发或正着手开发的培训教材，不再重复开发。凡涉及当前宏观经济政策、相关法律、法规制度等方面的教材，学院应主动与主管部门联系，取得他们的支持或共同开发。

五、结业与证书

学员学习期满、完成教学计划规定的全部课程，考试成绩合格者予以结业。

国家会计学院与学员所在主管部门共同负责培训情况的考核、评定工作，并建立学员培训档案。

学员结业时，由财政部、中组部、人事部、国家经贸委、中央企业工委、中央金融工委委托北京、上海国家会计学院颁发“总会计师岗位培训证书”（样式见附件二），证书内容如实记载学员学习课程及成绩。

六、组织分工

财政部、中组部、人事部、国家经贸委、中央企业工委、中央金融工委等有关部门组成联席会议，负责决定总会计师培训的重大事项。

财政部牵头总会计师培训的协调工作，组织开发培训教材，指导北京、上海国家会计学院的教学工作。

财政部会同中组部、人事部、国家经贸委、中央企业工委、中央金融工委负责总会计师及后备人员分期分批参加培训的组织工作，并对学员实行跟踪管理。同时要求地方主管部门组织其所属的国有大中型企业总会计师及其后备人员按要求参加培训。

北京、上海国家会计学院负责教学组织、课程开发、聘请教师及教务管理等工作。

每期培训班招生通知由中组部、中央企业工委、中央金融工委、国家经贸委以及地方主管部门分别与北京、上海国家会计学院联合印发。

七、配套措施

（一）国有大中型企业总会计师每五年到国家会计学院培训一遍。从2003年起凡被续聘或任命为总会计师的，一般应到国家会计学员进行任职前培训后再上岗。学员学习期间，所在单位请不要抽回原单位工作或安排开会、出国等任务。

（二）财政部拟修订《总会计师条例》，将总会计师岗位培训纳入会计人员继续教育范畴。

八、培训费用

北京、上海国家会计学院，按规定向学员收取食宿及培训费用。住宿费、培训费由学员所在单位负担；伙食费学员自理，所在单位可按标准给予补助。

附件：一、国有大中型企业总会计师岗位培训方案（略）

二、国有大中型企业总会计师岗位培训证书样本（略）

中华人民共和国财政部
中国共产党中央委员会组织部
中共中央企业工作委员会
中共中央金融工作委员会
中华人民共和国人事部
中华人民共和国国家经济贸易委员会
二○○二年一月三十日

四、财政部关于开展高级会计人才培训的通知

财政部关于开展高级会计人才培训的通知

财会[2005]15号

党中央有关部委，国务院有关部委、有关直属机构，北京、上海、厦门国家会计学院，各省、自治区、直辖市、计划单列市财政厅（局）：

为贯彻《会计法》关于“对会计人员的教育和培训工作应当加强”的规定，实施人才强国战略，加快我国高级会计人才培养，着力造就一批符合社会经济发展要求的高素质、复合型高级会计人才，我部在组织、指导全国高级会计人才培训工作的同时，决定依托国家会计学院定期组织高级会计人才培训班，请省级财政部门、中央有关主管单位协助我部做好政策宣传、培训对象选拔、考核等工作。现将有关事项通知如下：

一、组织领导

财政部成立全国高级会计人才培训工作领导小组（以下简称“领导小组”），负责指导高级会计人才培训工作开展。领导小组下设全国高级会计人才培训工作领导小组办公室（设在财政部会计司，以下简称“领导

小组办公室”)，负责培训的组织和协调工作，制定高级会计人才能力框架，组织协调开发培训教材，建立高级会计人才信息库，对学员实行跟踪管理，指导北京、上海、厦门国家会计学院的培训工作。

各省、自治区、直辖市、计划单列市财政厅(局)、中央有关主管单位在组织开展本地区、本部门会计人才培训的同时，负责培训对象的选拔推荐、考试考核和后期管理等工作。

北京、上海、厦门三家国家会计学院负责高级会计人才培训的实施，具体负责培训课程开发、教学组织、结业考核、学员档案库建设、教务管理等。

二、培训对象的选拔

各省级财政部门、中央有关主管单位根据《财政部关于高级会计人才培训实施方案》(附件1)规定的培训对象选拔条件、程序等要求，认真选拔、考核、推荐培训学员。有关要求如下：

1. 申请与资格审查。具备条件的学员，由本人申请，经所在单位同意，填写《全国高级会计人才培训项目申请表》，按照会计从业资格证书管理体制，报省级财政部门和中央有关主管单位。具体报名方式由各省级财政部门和中央有关主管单位确定。省级财政部门和中央有关主管单位对申请培训学员的基本条件进行初审，确定拟报送培训人选，原则上为5～10人。

2. 组织考试。省级财政部门和中央有关主管单位组织对培训人选进行集中考试。由领导小组办公室统一组织命题，考试范围为会计、企业内部控制、企业管理综合知识和英语。考试为闭卷考试，考试时间为2005年10月29日上午8:30—12:00，考试地点由省级财政部门、中央有关主管单位确定并提前通知学员。

3. 确定培训对象。省级财政部门和中央有关部门将考试试卷连同申请人申报材料于2005年11月2日前，一并报送领导小组办公室，领导小组办公室组织专家对报送的试卷和申请材料进行评卷和审核，确定培训人选。

三、培训时间与地点

从2005年开始，拟分期对全国通过选拔方式确定的培养对象进行培训。3年为一个培训周期，每周期第1年先集中培训1个月，其后实行在职学习、实践考核与跟踪培训相结合，领导小组办公室和国家会计学院对学员的在职学习、实践、研究等情况实行跟踪管理。集中培训地点在北京、上海、厦门国家会计学院。为确保培训质量，不断完善培训方案，2005年12月，在上海国家会计学院试办1期培训班，具体开学时间和有关要求，由上海国家会计学院通知学员。

四、培训费用

学员在培训期间的食宿费自理，可由学员所在单位按标准给予补贴。培训期间发生的其他培训费用由国家会计学院专项经费解决。

附件：1. 财政部关于高级会计人才培训实施方案

2. 财政部关于高级会计人才培训项目选拔时间及安排

财政部

二〇〇五年九月一日

五、财政部关于高级会计人才培训实施方案

财政部关于高级会计人才培训实施方案

一、培训目标

实施人才强国战略，适应我国市场经济和会计行业发展要求，培养和造就一批精通业务、善于管理、熟悉国际惯例、具有国际视野和战略思维的高素质、复合型会计人才，发挥高级会计人才在强化会计职能、宣传会计政策、组织继续教育、研究实务问题等方面的组织推动和辐射作用，促进我国会计队伍整体素质的全面提高。

二、培训对象

主要培训对象为具有高级会计师资格或高级会计师资格考评结合考试成绩合格者。具体包括：

1. 国有大、中型企业总会计师或会计机构负责人的后备人员(国有大中型企业现任总会计师、会计机

构负责人也可参加)；

2. 在国有大、中型企业担任副职的总会计师和机构负责人；

3. 大、中型企业中有一定工作经历、具有发展潜力的中青年高级财务会计人员。

三、培训对象的选拔

(一) 基本条件

1. 遵守《会计法》等相关法律法规，诚实守信。

2. 具有开拓创新意识，担任过一个单位财务会计管理工作，或从事过企业内部会计制度设计、重要课题项目研究；有较强的组织协调能力、分析研究能力。

3. 具有经济管理类专业大学本科以上学历，有较高的政策水平和较丰富的财务工作经验，从事财务会计工作5年以上；具有高级会计师职务资格或通过高级会计师资格考评结合考试。

4. 具有一定的英语基础，能够使用英语获取必要的信息。

5. 年龄原则上不超过40岁；身体健康。

(二) 选拔程序

1. 申请与推荐。具备条件的学员由本人申请，经所在单位同意，填写《全国高级会计人才培训项目申请表》(见附表)，按照会计从业资格证书管理体制，报单位所在地省级财政部门、中央有关主管单位。具体报名方式由各省级财政部门和中央有关主管单位确定。

2. 资格审查。省级财政部门和中央有关主管单位对申请人的基本条件进行初审，并确定培训人选5～10人。

3. 选拔考试。省级财政部门和中央有关主管单位负责组织对培训人选进行集中考试。考试由领导小组办公室统一组织命题，考试范围为会计、企业内部控制、企业管理综合知识和英语。考试为闭卷考试，考试时间为3个半小时。2005年选拔考试统一于10月29日上午8:30—12:00进行，考试地点由各省级财政部门、中央有关主管单位确定。

4. 确定人选。省级财政部门和中央有关主管单位将考试试卷连同申请人申报材料，一并报送领导小组办公室，领导小组办公室组织专家对报送的试卷和申请材料进行评卷和审核，确定培训人选。

四、培训方式

按照因材施教、学用结合的原则，实行集中培训与在职学习实践相结合、课堂教学与应用研究相结合的培训方式，通过建立学习、研究、实践、交流平台，全面培养和提升培训对象的综合素质。

(一) 3年为一个培训周期，每周期第1年先集中培训1个月，其后实行在职学习与跟踪培训相结合的培训模式

集中培训以专题讲座、专题研讨、论坛等方式为主，主要是通过在国家会计学院的学习和交流，夯实基础理论、提升知识结构、更新经营观念、拓展管理视野，搭建起学员之间和学员与培训师资之间的沟通平台，同时，通过培训和综合考察，确定学员在职学习的方向和参与科研、实践的具体任务。集中培训结束时，由国家会计学院提供自学书目、课题项目和网上辅导服务，指导学员理论联系实际，深化培训内容。

集中培训结束后，学员按照国家会计学院提供的自学书目、课题项目进行自学，定期参与专属网络论坛的讨论，按时参加领导小组办公室要求的各项活动，定期向领导小组办公室报送学习心得体会、业绩报告、专业论文、案例研究报告、调研报告、考察报告等(1年内报送材料的数量不得少于2篇)，边工作，边学习，努力把学到的理论知识运用到工作中去。

(二) 在职学习的跟踪管理

建立高级会计人才学习、研究、实践、交流平台，引导学员在结束集中培训后，持续进行在职学习，进一步提升学员的理论联系实际、解决实际问题的能力。具体措施是：

1. 建立高级会计人才信息库和培训学员档案，对学员实行动态跟踪管理。在培训周期内，财政部或国家会计学院每年与学员联系1～2次，了解学员学习、工作、科研等情况。

2. 组织、引导学员参加科研和社会实践活动。国家会计学院有计划、有针对性地组织学员到国内外知名企业实地考察、研究，学习先进管理经验。同时，组织学员根据培训情况和所在单位实际，撰写研究报告，国家会计学院提供学术指导。另外，培训周期内和培训期满后，根据学员特点和所在单位实际情况，组织优秀学员参加财政部、财政部会计准则委员会、中国会计学会、国家会计学院的课题项目、学术研究、调查研

究、出国考察、准则制度征求意见、学术会议等活动，承担国家会计学院授课任务，逐步使学员成长为宣传会计政策的专家、研究会计准则制度的专家、培训辅导会计准则制度的专家、财政部了解基层实际情况的专家，给学员提供进一步施展才能的平台。

3. 建立培训后持续跟踪评价体系。定期了解学员完成培训后的职业岗位变化，听取学员对学习课程的建议，为测评培训实施效果提供基础数据。

五、培训教材

根据每期培训学员的特点和需求，"量身定做"培训方案和培训内容。

（一）以高级会计人才能力框架为指导，交流讲授高级会计人才应具备的知识和技能。

（二）以学员的实际需求为出发点，学以致用，解决学员在工作中遇到的实际问题。在国家会计学院近年来组织的高级会计培训课程的基础上，制定《高级会计人才培训大纲》，印发学员征求意见，并根据学员反馈的意见，进行修改、完善。

（三）关注社会经济热点问题。结合企业改革、经济改革和会计改革等热点问题，组织系列专题讲座和互动研讨等，拓展学员视野。

（四）以国家会计学院为主导，开发高级会计人才培训系列辅导教材，形成一套高级会计人才教材库，并根据学科发展趋势、我国经济管理和财务会计工作的发展进程、学员参与学习的效果等情况，定期对培训教材进行充实、修订、完善。

六、对学员的考核与管理

（一）国家会计学院负责培训期间学员的日常管理。国家会计学院应当建立学员档案，系统记载学员在培训期间的学习、科研等情况。

（二）实行政府资助与考核挂钩制度。参加培训的学员，培训周期结束考核合格的，其培训期间的培训费用由国家会计学院专项资金资助。未能按照规定定期向领导小组办公室报送学习心得体会、业绩报告、专业论文、案例研究报告、调研报告、考察报告等的，视为自动放弃继续参加培训的权利。

（三）引入淘汰机制。根据学员在每个3年培训周期中的综合表现，择优选拔可塑性强、表现优秀的学员参加下一周期更高层次培训。每一周期的学员淘汰比例不低于10%。

（四）颁发全国高级会计人才培训证书。学员学习期满，完成教学计划规定的全部课程，考核合格者予以结业。学员结业时，由财政部用印、国家会计学院颁发全国高级会计人才培训证书。

（五）培养与使用相结合。取得全国高级会计人才培训证书者，将择优聘任为财政部会计准则咨询专家组成员，申请成为中国会计学会个人会员，优先参加财政部、中国会计学会、国家会计学院组织的科研、学术等活动。

七、培训时间、地点与规模

（一）培训时间。从2005年下半年起，拟对选拔的高级会计人才进行分期分批培训，3年为1个培训阶段，每阶段第1年集中培训1个月。

（二）培训地点。北京、上海、厦门国家会计学院。

（三）培训人数。2005年试办1期50人左右，积累经验后，逐步扩大培训规模。

附表1：全国高级会计人才培训项目申请表（略）

附件2：财政部关于高级会计人才培训项目选拔时间及安排(2005年)(略)

六、证券业财务与会计人员执业行为规范

关于发布《证券业财务与会计人员执业行为规范》的通知

中证协发[2009]65号

各会员单位：

为规范证券业财务与会计人员的执业行为，不断提高财务与会计人员的执业素质和职业道德水准，我会制定了《证券业财务与会计人员执业行为规范》，并经理事会表决通过，现予发布，请遵照执行。

附件：证券业财务与会计人员执业行为规范

证券业财务与会计人员执业行为规范

第一章 总 则

第一条 为规范证券业财务与会计人员(以下简称财务与会计人员)的执业行为,不断提高财务与会计人员的执业素质和职业道德水准,根据《中华人民共和国会计法》、《中华人民共和国证券法》、《会计基础工作规范》、《会计人员职业道德规范》、《金融企业财务规则》等有关规定,制定本规范。

第二条 本规范所称财务与会计人员是指证券公司、证券投资基金管理公司或中国证券监督管理委员会(以下简称中国证监会)规定的其他应当接受中国证券业协会(以下简称协会)自律管理的机构中从事会计核算、财务管理、资金管理等活动的财务与会计人员。

上述证券公司、证券投资基金管理公司或中国证监会规定的其他应当接受协会自律管理的机构在本规范中统称为机构。

第二章 执业要求

第三条 财务与会计人员应熟悉并遵守国家财务、会计、税务和其他相关法律法规,遵守所在机构的各项规章制度。

第四条 财务与会计人员应取得会计从业资格证书和证券从业资格证书。

第五条 财务与会计人员在执业工作中应当做到勤勉尽责,客观诚信和廉洁自律。

第六条 财务与会计人员应当客观、公允、及时地判断和反映各项经济活动,依据法律法规、自律规则和机构规程做好会计确认、计量、记录和报告工作。

第七条 财务与会计人员应当具备从事证券业财务或会计工作所必需的专业知识和业务能力,不断优化本职工作,快速理解并适应证券业新业务。

会计人员应通过学习和参加培训等途径,不断提高会计理论水平、会计实务能力和职业判断能力。

第八条 财务与会计人员应依法进行财务处理和会计核算,杜绝编造虚假会计信息等违法活动;认真履行职责,抵制违反财经纪律的行为,促进所在机构合规经营,防范和化解财务会计风险。

第九条 财务与会计人员应严格保守企业商业秘密,不得泄露和违法使用在工作过程中知悉的商业秘密。法律法规和监管部门规定应当披露的情形除外。

第十条 财务与会计人员应当树立服务意识,运用掌握的会计信息,不断提高财务信息质量,积极主动地为企业决策提供相关信息。

第十一条 财务与会计人员应当协助所在机构业务部门建立健全财务制度和业务流程,改善内部管理,提高经济效益。

第十二条 财务与会计人员应积极参加所在机构和行业自律组织举办的业务培训,所接受后续职业培训学时不得少于协会最低要求。

第十三条 机构应为财务与会计人员提供相应的履职保障。

第三章 执业纪律

第十四条 财务与会计人员禁止从事以下行为:

(一) 承担与本职岗位有冲突的工作;

(二) 违反内部工作流程和岗位职责管理规定,将本人工作委托他人代为履行;

(三) 违规向其他人员提供自己保管的印章、凭证、钥匙等物品或泄漏密码信息;

(四) 未经授权动用本单位的资金、财产;

(五) 擅自修改或危害本单位的财务系统;

(六) 损害、侵占、挪用和滥用本单位及其所管理的资金、财产;

(七) 损坏、隐匿或丢弃凭证、账簿、印章等财务资料;

(八) 法律法规或自律规则规定的其他行为。

第十五条 财务与会计人员在工作过程中发现存在违法犯罪、违反行业自律规则或违反本单位内部制度行为的,应当加以制止,并依法向本单位的管理层、行业自律组织、监管机构报告,或向国家司法机关举报。

第十六条 财务与会计人员应当正确处理财务会计工作与业务发展、客户利益保护与所在单位利益之间的关系，对存在潜在冲突的情形，应主动向所在机构的管理层说明，并提出合理处理利益冲突的建议。

第十七条 财务与会计人员应当依据法律法规和自律规则积极配合行政监管部门、司法部门和自律管理组织的工作。

第四章 权益保护

第十八条 财务与会计人员有权要求所在机构有关部门和人员认真执行国家有关法律法规，遵守财经纪律和财务制度。

财务与会计人员有权拒绝不真实、不合法的原始凭证，并向所在机构负责人报告；有权退回记载不准确、不完整的原始凭证，并要求按相关规定更正、补充。

业务指令违反法律法规和自律规则的，财务与会计人员有权拒绝执行、依职权予以纠正，或依法向所在机构、协会或有关监管机构反映。

第十九条 机构不得授意、指使、强令财务与会计人员违法办理会计事项；不得在工作上刁难和打击报复依法履行职责的财务与会计人员。

第二十条 财务与会计人员因依法执业和抵制违法违规业务指令而受到所在机构打击报复或受到其他不公正待遇的，可以向协会反映，协会根据相关规定进行调解。

第二十一条 对于忠于职守，坚持原则，做出突出成绩的财务与会计人员，所在机构应给予适当奖励。

第五章 自律惩戒

第二十二条 财务与会计人员不按照《会计法》等规定进行会计核算和财务处理的，所在机构应视情节轻重给予处分；情节严重的，所在机构应向协会报告，协会将记入从业人员诚信信息系统。

第二十三条 财务与会计人员违反本规范的，协会可视具体情节给予其警告、行业内通报批评、公开谴责等纪律处分，并将相关信息记入从业人员诚信信息系统。

财务与会计人员对协会纪律处分决定不服的，可以向协会申请复议。

第二十四条 财务与会计人员违反法律法规规定，需要给予行政处罚或应当追究刑事责任的，所在机构应当及时将其移交行政或司法机关处理。

第二十五条 机构违反法律法规或自律规则，侵犯证券业财务与会计人员合法权益的，协会可依据《中国证券业协会会员管理办法》等给予其纪律处分。

第六章 附 则

第二十六条 本规范由协会负责解释。

第二十七条 本规范自发布之日起生效。

第十六部分　企业财务管理法规

一、企业财务通则

中华人民共和国财政部令

（第 41 号）

根据《国务院关于〈企业财务通则〉、〈企业会计准则〉的批复》的（国函[1992]178 号）规定，财政部对《企业财务通则》（财政部令第 4 号）进行了修订，修订后的《企业财务通则》已经财政部部务会议讨论通过，现予公布，自 2007 年 1 月 1 日起施行。

部长　金人庆

二〇〇六年十二月四日

企业财务通则

第一章　总　则

第一条　为了加强企业财务管理，规范企业财务行为，保护企业及其相关方的合法权益，推进现代企业制度建设，根据有关法律、行政法规的规定，制定本通则。

第二条　在中华人民共和国境内依法设立的具备法人资格的国有及国有控股企业适用本通则。金融企业除外。

其他企业参照执行。

第三条　国有及国有控股企业（以下简称企业）应当确定内部财务管理体制，建立健全财务管理制度，控制财务风险。

企业财务管理应当按照制定的财务战略，合理筹集资金，有效营运资产，控制成本费用，规范收益分配及重组清算财务行为，加强财务监督和财务信息管理。

第四条　财政部负责制定企业财务规章制度。

各级财政部门（以下通称主管财政机关）应当加强对企业财务的指导、管理、监督，其主要职责包括：

（一）监督执行企业财务规章制度，按照财务关系指导企业建立健全内部财务制度。

（二）制定促进企业改革发展的财政财务政策，建立健全支持企业发展的财政资金管理制度。

（三）建立健全企业年度财务会计报告审计制度，检查企业财务会计报告质量。

（四）实施企业财务评价，监测企业财务运行状况。

（五）研究、拟订企业国有资本收益分配和国有资本经营预算的制度。

（六）参与审核属于本级人民政府及其有关部门、机构出资的企业重要改革、改制方案。

（七）根据企业财务管理的需要提供必要的帮助、服务。

第五条　各级人民政府及其部门、机构，企业法人、其他组织或者自然人等企业投资者（以下通称投资者），企业经理、厂长或者实际负责经营管理的其他领导成员（以下通称经营者），依照法律、法规、本通则和企业章程的规定，履行企业内部财务管理职责。

第六条　企业应当依法纳税。企业财务处理与税收法律、行政法规规定不一致的，纳税时应当依法进行调整。

第七条　各级人民政府及其部门、机构出资的企业，其财务关系隶属同级财政机关。

第二章　企业财务管理体制

第八条　企业实行资本权属清晰、财务关系明确、符合法人治理结构要求的财务管理体制。

企业应当按照国家有关规定建立有效的内部财务管理级次。企业集团公司自行决定集团内部财务管理体制。

第九条 企业应当建立财务决策制度，明确决策规则、程序、权限和责任等。法律、行政法规规定应当通过职工（代表）大会审议或者听取职工、相关组织意见的财务事项，依照其规定执行。

企业应当建立财务决策回避制度。对投资者、经营者个人与企业利益有冲突的财务决策事项，相关投资者、经营者应当回避。

第十条 企业应当建立财务风险管理制度，明确经营者、投资者及其他相关人员的管理权限和责任，按照风险与收益均衡、不相容职务分离等原则，控制财务风险。

第十一条 企业应当建立财务预算管理制度，以现金流为核心，按照实现企业价值最大化等财务目标的要求，对资金筹集、资产营运、成本控制、收益分配、重组清算等财务活动，实施全面预算管理。

第十二条 投资者的财务管理职责主要包括：

（一）审议批准企业内部财务管理制度、企业财务战略、财务规划和财务预算。

（二）决定企业的筹资、投资、担保、捐赠、重组、经营者报酬、利润分配等重大财务事项。

（三）决定企业聘请或者解聘会计师事务所、资产评估机构等中介机构事项。

（四）对经营者实施财务监督和财务考核。

（五）按照规定向全资或者控股企业委派或者推荐财务总监。

投资者应当通过股东（大）会、董事会或者其他形式的内部机构履行财务管理职责，可以通过企业章程、内部制度、合同约定等方式将部分财务管理职责授予经营者。

第十三条 经营者的财务管理职责主要包括：

（一）拟订企业内部财务管理制度、财务战略、财务规划，编制财务预算。

（二）组织实施企业筹资、投资、担保、捐赠、重组和利润分配等财务方案，诚信履行企业偿债义务。

（三）执行国家有关职工劳动报酬和劳动保护的规定，依法缴纳社会保险费、住房公积金等，保障职工合法权益。

（四）组织财务预测和财务分析，实施财务控制。

（五）编制并提供企业财务会计报告，如实反映财务信息和有关情况。

（六）配合有关机构依法进行审计、评估、财务监督等工作。

第三章 资金筹集

第十四条 企业可以接受投资者以货币资金、实物、无形资产、股权、特定债权等形式的出资。其中，特定债权是指企业依法发行的可转换债券、符合有关规定转作股权的债权等。

企业接受投资者非货币资产出资时，法律、行政法规对出资形式、程序和评估作价等有规定的，依照其规定执行。

企业接受投资者商标权、著作权、专利权及其他专有技术等无形资产出资的，应当符合法律、行政法规规定的比例。

第十五条 企业依法以吸收直接投资、发行股份等方式筹集权益资金的，应当拟订筹资方案，确定筹资规模，履行内部决策程序和必要的报批手续，控制筹资成本。

企业筹集的实收资本，应当依法委托法定验资机构验资并出具验资报告。

第十六条 企业应当执行国家有关资本管理制度，在获准工商登记后30日内，依据验资报告等向投资者出具出资证明书，确定投资者的合法权益。

企业筹集的实收资本，在持续经营期间可以由投资者依照法律、行政法规以及企业章程的规定转让或者减少，投资者不得抽逃或者变相抽回出资。

除《公司法》等有关法律、行政法规另有规定外，企业不得回购本企业发行的股份。企业依法回购股份，应当符合有关条件和财务处理办法，并经投资者决议。

第十七条 对投资者实际缴付的出资超出注册资本的差额（包括股票溢价），企业应当作为资本公积管理。

经投资者审议决定后，资本公积用于转增资本。国家另有规定的，从其规定。

第十八条 企业从税后利润中提取的盈余公积包括法定公积金和任意公积金，可以用于弥补企业亏损或者转增资本。法定公积金转增资本后留存企业的部分，以不少于转增前注册资本的25%为限。

第十九条 企业增加实收资本或者以资本公积、盈余公积转增实收资本，由投资者履行财务决策程序后，办理相关财务事项和工商变更登记。

第二十条 企业取得的各类财政资金，区分以下情况处理：

(一) 属于国家直接投资、资本注入的，按照国家有关规定增加国家资本或者国有资本公积。

(二) 属于投资补助的，增加资本公积或者实收资本。国家拨款时对权属有规定的，按规定执行；没有规定的，由全体投资者共同享有。

(三) 属于贷款贴息、专项经费补助的，作为企业收益处理。

(四) 属于政府转贷、偿还性资助的，作为企业负债管理。

(五) 属于弥补亏损、救助损失或者其他用途的，作为企业收益处理。

第二十一条 企业依法以借款、发行债券、融资租赁等方式筹集债务资金的，应当明确筹资目的，根据资金成本、债务风险和合理的资金需求，进行必要的资本结构决策，并签订书面合同。

企业筹集资金用于固定资产投资项目的，应当遵守国家产业政策、行业规划、自有资本比例及其他规定。

企业筹集资金，应当按规定核算和使用，并诚信履行合同，依法接受监督。

第四章 资产营运

第二十二条 企业应当根据风险与收益均衡等原则和经营需要，确定合理的资产结构，并实施资产结构动态管理。

第二十三条 企业应当建立内部资金调度控制制度，明确资金调度的条件、权限和程序，统一筹集、使用和管理资金。企业支付、调度资金，应当按照内部财务管理制度的规定，依据有效合同、合法凭证，办理相关手续。

企业向境外支付、调度资金应当符合国家有关外汇管理的规定。

企业集团可以实行内部资金集中统一管理，但应当符合国家有关金融管理等法律、行政法规规定，并不得损害成员企业的利益。

第二十四条 企业应当建立合同的财务审核制度，明确业务流程和审批权限，实行财务监控。

企业应当加强应收款项的管理，评估客户信用风险，跟踪客户履约情况，落实收账责任，减少坏账损失。

第二十五条 企业应当建立健全存货管理制度，规范存货采购审批、执行程序，根据合同的约定以及内部审批制度支付货款。

企业选择供货商以及实施大宗采购，可以采取招标等方式进行。

第二十六条 企业应当建立固定资产购建、使用、处置制度。

企业自行选择、确定固定资产折旧办法，可以征询中介机构、有关专家的意见，并由投资者审议批准。固定资产折旧办法一经选用，不得随意变更。确需变更的，应当说明理由，经投资者审议批准。

企业购建重要的固定资产、进行重大技术改造，应当经过可行性研究，按照内部审批制度履行财务决策程序，落实决策和执行责任。

企业在建工程项目交付使用后，应当在一个年度内办理竣工决算。

第二十七条 企业对外投资应当遵守法律、行政法规和国家有关政策的规定，符合企业发展战略的要求，进行可行性研究，按照内部审批制度履行批准程序，落实决策和执行的责任。

企业对外投资应当签订书面合同，明确企业投资权益，实施财务监管。依据合同支付投资款项，应当按照企业内部审批制度执行。

企业向境外投资的，还应当经投资者审议批准，并遵守国家境外投资项目核准和外汇管理等相关规定。

第二十八条 企业通过自创、购买、接受投资等方式取得的无形资产，应当依法明确权属，落实有关经营、管理的财务责任。

无形资产出现转让、租赁、质押、授权经营、连锁经营、对外投资等情形时，企业应当签订书面合同，明确双方的权利义务，合理确定交易价格。

第二十九条 企业对外担保应当符合法律、行政法规及有关规定，根据被担保单位的资信及偿债能力，按照内部审批制度采取相应的风险控制措施，并设立备查账簿登记，实行跟踪监督。

企业对外捐赠应当符合法律、行政法规及有关财务规定，制定实施方案，明确捐赠的范围和条件，落实执行责任，严格办理捐赠资产的交接手续。

第三十条 企业从事期货、期权、证券、外汇交易等业务或者委托其他机构理财，不得影响主营业务的正常开展，并应当签订书面合同，建立交易报告制度，定期对账，控制风险。

第三十一条 企业从事代理业务，应当严格履行合同，实行代理业务与自营业务分账管理，不得挪用客户资金、互相转嫁经营风险。

第三十二条 企业应当建立各项资产损失或者减值准备管理制度。各项资产损失或者减值准备的计提标准，一经选用，不得随意变更。企业在制订计提标准时可以征询中介机构、有关专家的意见。

对计提损失或者减值准备后的资产，企业应当落实监管责任。能够收回或者继续使用以及没有证据证明实际损失的资产，不得核销。

第三十三条 企业发生的资产损失，应当及时予以核实、查清责任，追偿损失，按照规定程序处理。

企业重组中清查出的资产损失，经批准后依次冲减未分配利润、盈余公积、资本公积和实收资本。

第三十四条 企业以出售、抵押、置换、报废等方式处理资产时，应当按照国家有关规定和企业内部财务管理制度规定的权限和程序进行。其中，处理主要固定资产涉及企业经营业务调整或者资产重组的，应当根据投资者审议通过的业务调整或者资产重组方案实施。

第三十五条 企业发生关联交易的，应当遵守国家有关规定，按照独立企业之间的交易计价结算。投资者或者经营者不得利用关联交易非法转移企业经济利益或者操纵关联企业的利润。

第五章 成本控制

第三十六条 企业应当建立成本控制系统，强化成本预算约束，推行质量成本控制办法，实行成本定额管理、全员管理和全过程控制。

第三十七条 企业实行费用归口、分级管理和预算控制，应当建立必要的费用开支范围、标准和报销审批制度。

第三十八条 企业技术研发和科技成果转化项目所需经费，可以通过建立研发准备金筹措，据实列入相关资产成本或者当期费用。

符合国家规定条件的企业集团，可以集中使用研发费用，用于企业主导产品和核心技术的自主研发。

第三十九条 企业依法实施安全生产、清洁生产、污染治理、地质灾害防治、生态恢复和环境保护等所需经费，按照国家有关标准列入相关资产成本或者当期费用。

第四十条 企业发生销售折扣、折让以及支付必要的佣金、回扣、手续费、劳务费、提成、返利、进场费、业务奖励等支出的，应当签订相关合同，履行内部审批手续。

企业开展进出口业务收取或者支付的佣金、保险费、运费，按照合同规定的价格条件处理。

企业向个人以及非经营单位支付费用的，应当严格履行内部审批及支付的手续。

第四十一条 企业可以根据法律、法规和国家有关规定，对经营者和核心技术人员实行与其他职工不同的薪酬办法，属于本级人民政府及其部门、机构出资的企业，应当将薪酬办法报主管财政机关备案。

第四十二条 企业应当按照劳动合同及国家有关规定支付职工报酬，并为从事高危作业的职工缴纳团体人身意外伤害保险费，所需费用直接作为成本（费用）列支。

经营者可以在工资计划中安排一定数额，对企业技术研发、降低能源消耗、治理“三废”、促进安全生产、开拓市场等作出突出贡献的职工给予奖励。

第四十三条 企业应当依法为职工支付基本医疗、基本养老、失业、工伤等社会保险费，所需费用直接作为成本（费用）列支。

已参加基本医疗、基本养老保险的企业，具有持续盈利能力和支付能力的，可以为职工建立补充医疗保险和补充养老保险，所需费用按照省级以上人民政府规定的比例从成本（费用）中提取。超出规定比例的部分，由职工个人负担。

第四十四条 企业为职工缴纳住房公积金以及职工住房货币化分配的财务处理，按照国家有关规定执行。

职工教育经费按照国家规定的比例提取，专项用于企业职工后续职业教育和职业培训。

工会经费按照国家规定比例提取并拨缴工会。

第四十五条 企业应当依法缴纳行政事业性收费、政府性基金以及使用或者占用国有资源的费用等。

企业对没有法律法规依据或者超过法律法规规定范围和标准的各种摊派、收费、集资,有权拒绝。

第四十六条 企业不得承担属于个人的下列支出:

(一) 娱乐、健身、旅游、招待、购物、馈赠等支出。

(二) 购买商业保险、证券、股权、收藏品等支出。

(三) 个人行为导致的罚款、赔偿等支出。

(四) 购买住房、支付物业管理费等支出。

(五) 应由个人承担的其他支出。

第六章 收益分配

第四十七条 投资者、经营者及其他职工履行本企业职务或者以企业名义开展业务所得的收入,包括销售收入以及对方给予的销售折扣、折让、佣金、回扣、手续费、劳务费、提成、返利、进场费、业务奖励等收入,全部属于企业。

企业应当建立销售价格管理制度,明确产品或者劳务的定价和销售价格调整的权限、程序与方法,根据预期收益、资金周转、市场竞争、法律规范约束等要求,采取相应的价格策略,防范销售风险。

第四十八条 企业出售股权投资,应当按照规定的程序和方式进行。股权投资出售底价,参照资产评估结果确定,并按照合同约定收取所得价款。在履行交割时,对尚未收款部分的股权投资,应当按照合同的约定结算,取得受让方提供的有效担保。

上市公司国有股减持所得收益,按照国务院的规定处理。

第四十九条 企业发生的年度经营亏损,依照税法的规定弥补。税法规定年限内的税前利润不足弥补的,用以后年度的税后利润弥补,或者经投资者审议后用盈余公积弥补。

第五十条 企业年度净利润,除法律、行政法规另有规定外,按照以下顺序分配:

(一) 弥补以前年度亏损。

(二) 提取10%法定公积金。法定公积金累计额达到注册资本50%以后,可以不再提取。

(三) 提取任意公积金。任意公积金提取比例由投资者决议。

(四) 向投资者分配利润。企业以前年度未分配的利润,并入本年度利润,在充分考虑现金流量状况后,向投资者分配。属于各级人民政府及其部门、机构出资的企业,应当将应付国有利润上缴财政。

国有企业可以将任意公积金与法定公积金合并提取。股份有限公司依法回购后暂未转让或者注销的股份,不得参与利润分配;以回购股份对经营者及其他职工实施股权激励的,在拟订利润分配方案时,应当预留回购股份所需利润。

第五十一条 企业弥补以前年度亏损和提取盈余公积后,当年没有可供分配的利润时,不得向投资者分配利润,但法律、行政法规另有规定的除外。

第五十二条 企业经营者和其他职工以管理、技术等要素参与企业收益分配的,应当按照国家有关规定在企业章程或者有关合同中对分配办法作出规定,并区别以下情况处理:

(一) 取得企业股权的,与其他投资者一同进行企业利润分配。

(二) 没有取得企业股权的,在相关业务实现的利润限额和分配标准内,从当期费用中列支。

第七章 重组清算

第五十三条 企业通过改制、产权转让、合并、分立、托管等方式实施重组,对涉及资本权益的事项,应当由投资者或者授权机构进行可行性研究,履行内部财务决策程序,并组织开展以下工作:

(一) 清查财产,核实债务,委托会计师事务所审计。

(二) 制订职工安置方案,听取重组企业的职工、职工代表大会的意见或者提交职工代表大会审议。

(三) 与债权人协商,制订债务处置或者承继方案。

(四) 委托评估机构进行资产评估,并以评估价值作为净资产作价或者折股的参考依据。

(五) 拟订股权设置方案和资本重组实施方案,经过审议后履行报批手续。

第五十四条 企业采取分立方式进行重组,应当明晰分立后的企业产权关系。

企业划分各项资产、债务以及经营业务,应当按照业务相关性或者资产相关性原则制订分割方案。对不能分割的整体资产,在评估机构评估价值的基础上,经分立各方协商,由拥有整体资产的一方给予他方适当经济补偿。

第五十五条 企业可以采取新设或者吸收方式进行合并重组。企业合并前的各项资产、债务以及经营业务，由合并后的企业承继，并应当明确合并后企业的产权关系以及各投资者的出资比例。

企业合并的资产税收处理应当符合国家有关税法的规定，合并后净资产超出注册资本的部分，作为资本公积；少于注册资本的部分，应当变更注册资本或者由投资者补足出资。

对资不抵债的企业以承担债务方式合并的，合并方应当制定企业重整措施，按照合并方案履行偿还债务责任，整合财务资源。

第五十六条 企业实行托管经营，应当由投资者决定，并签订托管协议，明确托管经营的资产负债状况、托管经营目标、托管资产处置权限以及收益分配办法等，并落实财务监管措施。

受托企业应当根据托管协议制订相关方案，重组托管企业的资产与债务。未经托管企业投资者同意，不得改组、改制托管企业，不得转让托管企业及转移托管资产、经营业务，不得以托管企业名义或者以托管资产对外担保。

第五十七条 企业进行重组时，对已占用的国有划拨土地应当按照有关规定进行评估，履行相关手续，并区别以下情况处理：

（一）继续采取划拨方式的，可以不纳入企业资产管理，但企业应当明确划拨土地使用权权益，并按规定用途使用，设立备查账簿登记。国家另有规定的除外。

（二）采取作价入股方式的，将应缴纳的土地出让金转作国家资本，形成的国有股权由企业重组前的国有资本持有单位或者主管财政机关确认的单位持有。

（三）采取出让方式的，由企业购买土地使用权，支付出让费用。

（四）采取租赁方式的，由企业租赁使用，租金水平参照银行同期贷款利率确定，并在租赁合同中约定。

企业进行重组时，对已占用的水域、探矿权、采矿权、特许经营权等国有资源，依法可以转让的，比照前款处理。

第五十八条 企业重组过程中，对拖欠职工的工资和医疗、伤残补助、抚恤费用以及欠缴的基本社会保险费、住房公积金，应当以企业现有资产优先清偿。

第五十九条 企业被责令关闭、依法破产、经营期限届满而终止经营的，或者经投资者决议解散的，应当按照法律、法规和企业章程的规定实施清算。清算财产变卖底价，参照资产评估结果确定。国家另有规定的，从其规定。

企业清算结束，应当编制清算报告，委托会计师事务所审计，报投资者或者人民法院确认后，向相关部门、债权人以及其他的利益相关人通告。其中，属于各级人民政府及其部门、机构出资的企业，其清算报告应当报送主管财政机关。

第六十条 企业解除职工劳动关系，按照国家有关规定支付的经济补偿金或者安置费，除正常经营期间发生的列入当期费用以外，应当区别以下情况处理：

（一）企业重组中发生的，依次从未分配利润、盈余公积、资本公积、实收资本中支付。

（二）企业清算时发生的，以企业扣除清算费用后的清算财产优先清偿。

第八章 信息管理

第六十一条 企业可以结合经营特点，优化业务流程，建立财务和业务一体化的信息处理系统，逐步实现财务、业务相关信息一次性处理和实时共享。

第六十二条 企业应当逐步创造条件，实行统筹企业资源计划，全面整合和规范财务、业务流程，对企业物流、资金流、信息流进行一体化管理和集成运作。

第六十三条 企业应当建立财务预警机制，自行确定财务危机警戒标准，重点监测经营性净现金流量与到期债务、企业资产与负债的适配性，及时沟通企业有关财务危机预警的信息，提出解决财务危机的措施和方案。

第六十四条 企业应当按照有关法律、行政法规和国家统一的会计制度的规定，按时编制财务会计报告，经营者或者投资者不得拖延、阻挠。

第六十五条 企业应当按照规定向主管财政机关报送月份、季度、年度财务会计报告等材料，不得在报送的财务会计报告等材料上作虚假记载或者隐瞒重要事实。主管财政机关应当根据企业的需要提供必要的培训和技术支持。

企业对外提供的年度财务会计报告,应当依法经过会计师事务所审计。国家另有规定的,从其规定。

第六十六条 企业应当在年度内定期向职工公开以下信息:

(一) 职工劳动报酬、养老、医疗、工伤、住房、培训、休假等信息。

(二) 经营者报酬实施方案。

(三) 年度财务会计报告审计情况。

(四) 企业重组涉及的资产评估及处置情况。

(五) 其他依法应当公开的信息。

第六十七条 主管财政机关应当建立健全企业财务评价体系,主要评估企业内部财务控制的有效性,评价企业的偿债能力、盈利能力、资产营运能力、发展能力和社会贡献。评估和评价的结果可以通过适当方式向社会发布。

第六十八条 主管财政机关及其工作人员应当恰当使用所掌握的企业财务信息,并依法履行保密义务,不得利用企业的财务信息谋取私利或者损害企业利益。

第九章 财务监督

第六十九条 企业应当依法接受主管财政机关的财务监督和国家审计机关的财务审计。

第七十条 经营者在经营过程中违反本通则有关规定的,投资者可以依法追究经营者的责任。

第七十一条 企业应当建立、健全内部财务监督制度。

企业设立监事会或者监事人员的,监事会或者监事人员依照法律、行政法规、本通则和企业章程的规定,履行企业内部财务监督职责。

经营者应当实施内部财务控制,配合投资者或者企业监事会以及中介机构的检查、审计工作。

第七十二条 企业和企业负有直接责任的主管人员和其他人员有以下行为之一的,县级以上主管财政机关可以责令限期改正、予以警告,有违法所得的,没收违法所得,并可以处以不超过违法所得3倍、但最高不超过3万元的罚款;没有违法所得的,可以处以1万元以下的罚款。

(一) 违反本通则第三十九条、四十条、四十二条第一款、四十三条、四十六条规定列支成本费用的。

(二) 违反本通则第四十七条第一款规定截留、隐瞒、侵占企业收入的。

(三) 违反本通则第五十条、五十一条、五十二条规定进行利润分配的。但依照《公司法》设立的企业不按本通则第五十条第一款第二项规定提取法定公积金的,依照《公司法》的规定予以处罚。

(四) 违反本通则第五十七条规定处理国有资源的。

(五) 不按本通则第五十八条规定清偿职工债务的。

第七十三条 企业和企业负有直接责任的主管人员和其他人员有以下行为之一的,县级以上主管财政机关可以责令限期改正、予以警告。

(一) 未按本通则规定建立健全各项内部财务管理制度的。

(二) 内部财务管理制度明显与法律、行政法规和通用的企业财务规章制度相抵触,且不按主管财政机关要求修正的。

第七十四条 企业和企业负有直接责任的主管人员和其他人员不按本通则第六十四条、第六十五条规定编制、报送财务会计报告等材料的,县级以上主管财政机关可以依照《公司法》、《企业财务会计报告条例》的规定予以处罚。

第七十五条 企业在财务活动中违反财政、税收等法律、行政法规的,依照《财政违法行为处罚处分条例》(国务院令第427号)及有关税收法律、行政法规的规定予以处理、处罚。

第七十六条 主管财政机关以及政府其他部门、机构有关工作人员,在企业财务管理中滥用职权、玩忽职守、徇私舞弊或者泄露国家机密、企业商业秘密的,依法进行处理。

第十章 附 则

第七十七条 实行企业化管理的事业单位比照适用本通则。

第七十八条 本通则自2007年1月1日起施行。

二、企业国有资本与财务管理暂行办法

财政部关于印发《企业国有资本与财务管理暂行办法》的通知

财企[2001]325号

为了适应建立现代企业制度的需要，规范企业国有资本与财务管理行为，我们制定了《企业国有资本与财务管理暂行办法》。现印发给你们，请遵照执行。在执行中有何问题，请及时向我部反映。

附件：企业国有资本与财务管理暂行办法

企业国有资本与财务管理暂行办法

第一章 总 则

第一条 为适应建立现代企业制度的需要，加强企业国有资本与财务管理，根据我国有关法律、行政法规的规定，制定本办法。

第二条 本办法适用于持有国有资本的各类非金融企业（以下统称企业）。金融企业国有资本与财务管理办法由财政部另行制定。

第三条 按照国家所有、分级管理、授权经营、分工监管的原则，各级主管财政机关根据本级人民政府赋予的职权，负责企业国有资本与财务管理；企业按照国家有关国有资本与财务管理的规章制度，承担国有资本保值增值的责任。

第四条 企业应当按照建立现代企业制度的要求，明晰产权，理顺和规范资本与财务管理关系。

企业拥有子公司的，要建立母子公司资本与财务管理体制，母公司以其出资额为限对子公司承担责任。

第五条 本办法所称"国有资本"，是指国家对企业各种形式的投资和投资所形成的权益，以及依法认定为国家所有的其他权益。

本办法所称"主管财政机关"，是指负责企业国有资本与财务管理的各级人民政府财政部门。其中：中央管理企业的主管财政机关是指财政部；地方管理企业的主管财政机关是指地方同级财政部门。

本办法所称"母公司"，是指直接持有国有资本的各类集团公司、总公司以及国家授权投资的机构。

本办法所称"子公司"，是指由母公司直接投资或者由各级人民政府划转母公司直接管理并取得控制权的企业。

第二章 管理职责与权限

第六条 财政部负责制定国家统一的企业国有资本与财务管理的各项规章、制定。各级主管财政机关的主要职责如下：

（一）核定企业国有资本，监管国有资本变动事宜；

（二）参与企业制度改革，负责国有股权管理；

（三）组织清产核资和产权界定，办理国有资产产权登记；

（四）负责国有资产产权纠纷调处；

（五）指导财产评估业务，监管国有资产评估；

（六）制定企业税后利润分配制度，监缴国有资本收益；

（七）制定企业财务考核指标体系，组织国有资本营运效绩评价；

（八）监管国有资本保值增值情况，防止国有资产流失；

（九）指导和督促企业建立健全内部资本与财务管理办法；

（十）各级政府授予行使的企业国有资本与财务管理的其他职责。

第七条 母公司的主要职责如下：

（一）执行国家有关企业国有资本与财务管理的各项规章制度，建立健全内部资本与财务管理办法；

（二）确定企业内容财务管理体制；

（三）编制企业年度财务预算和财务会计报告；

（四）按照规定的程序和权限处置企业各项资产；

（五）按照国家政策确定企业内部工资分配制度；

（六）拟订母公司增加或减少注册资本的方案，依法决定子公司注册资本增加或减少事宜；

（七）拟订子公司资产重组方案，依法审定子公司以下企业的资产重组事项；

（八）实行企业内部资金集中统一管理，依法管理子公司投资、融资事项；

（九）制订企业对外担保管理措施，依法审议子公司及其以下企业对外担保事项；

（十）制订母公司的税后利润分配方案和弥补亏损方案，依法审定子公司税后利润分配和弥补亏损事宜；

（十一）组织内部财务考核和评价，落实国有资本保值增值的责任；

（十二）统一向主管财政机关报送财务会计报表和年度财务预算、申办企业国有资本与财务审批事项；

（十三）按照主管财政机关的规定行使其他有关企业国有资本与财务管理的职责。

第八条 主管财政机关对企业国有资本与财务的部分管理职能，可以委托给母公司。

母公司可向全资子公司或者通过子公司董事会向拥有控制权的子公司委派财务主管或财务总监。

第九条 企业合并、分立、转让、中外合资合作、公司制改建等涉及国有资本变动的，应当按以下权限报经批准：

（一）母公司国有资本变动的，中央管理企业报请国务院批准，地方管理企业报请地市级以上（含地市级）人民政府批准；

（二）子公司国有资本变动的，属于集团内部结构调整的，由母公司审批，涉及集团外部的，由母公司报主管财政机关审批；

（三）子公司以下企业国有资本变动的，由母公司审批的。

股份有限公司国有股设置方案和上市公司国有股减持的，按照国务院和财政部的有关规定执行。

第十条 企业国有资本与财务管理的重大事项，包括合并、分立、转让、中外合资合作、公司制改建、注册资本变动、重大投融资、对外担保、工资制度、财务预算等，应当由有关业务部门提出方案，经过财务部门审核提出意见，报企业董事会审议决定；没有设立董事会的企业，由经理办公会研究决定。对工资制度、社会保障、职工安置等涉及职工合法权益的财务事项，应当按照国家法律、行政法规的有关规定事先听取职工代表大会的意见。

企业董事会或经理办公会研究，审议国有资本与财务管理事项，必须作出会议纪要。企业财务部门负责人应当出席或者列席企业董事会或经理办公会等相关的会议。

第十一条 企业对于按规定需要报告主管财政机关的国有资本与财务管理的重大事项，以书面形式报送，并附送相关资料。

第三章 国有资本投入的管理

第十二条 企业依照国家有关规定进行清产核资时，所持有的国有资本按照经主管财政机关审核的结果调整；发生产权变动时，企业持有的国有资本按照实际交易价格调整。

第十三条 国家对企业注册的国有资本实行保全原则。

企业在持续经营期间，对注册的国有资本除依法转让以外，不得抽回，并且以出资额为限承担责任。持续经营的子公司发生资不抵债情形时，母公司对其未确认的股权投资损失，不能冲减所持有的国有资本；如需注入资本的，按国家有关规定及公司章程执行。

第十四条 企业拟定以盈余公积、资本公积转增实收资本的，国有企业和国有独资企公司由企业董事会或者经理办公会决定，并报主管财政机关备案；股份有限公司和有限责任公司由董事会决定，并经股东大会或者股东会审议通过。

第十五条 国有资本在不同企业法人单位之间的转移，实行有偿转让，国家另有规定的除外。

第十六条 企业必须按规定办理国有资产产权登记。国有资产产权登记证（表）是国有资本的出资证明，也是企业持有并经营国有资本的法律凭证。

第四章 国有资本营运的管理

第十七条 企业对年度内的资本营运与各项财务活动，应当实行财务预算管理制度。

母公司编制执行的年度财务预算以及预算调整方案，应当报主管财政机关备案。

第十八条 企业应当制定各项人工、材料、物料的消耗定额，编制各项经营管理费用预算，健全各项原始记录及相关的稽核制度，建立有效的内部控制制度。

企业大宗原辅材料或商品物资的采购、固定资产的购建和工程建设一般应当按照公开、公正、公平的原则,采取招标方式进行。

第十九条 企业应当执行国家规定的工资政策。在工资总额增长幅度不超过本企业经济效益增长幅度、职工实际平均增长幅度不超过本企业劳动生产率增长幅度的前提下,企业可以自主确定内部工资分配办法。

企业高级管理人员经批准可以实行年薪制、股票期权等分配制度。

第二十条 企业借款必须坚持适度筹措的原则,注意防范财务风险,并纳入财务预算管理。

母公司应当建立以现金流为核心的内部资金管理制度,对企业资金实行统一集中管理,明确资金高度的权限和程序,控制负债规模并改善债务结构,降低企业资金成本。

第二十一条 企业对外提供担保,应符合《中华人民共和国担保法》的规定,充分考虑被担保单位的资信和偿债能力,并按照企业内部管理制度规定的程序、权限审议决定。

对企业向外提供的各种类型的担保,财务部门要设置备查簿逐笔登记,并进行跟踪监督。

第二十二条 企业对外投资必须符合国家产业政策和企业发展战略,做好可行性研究,纳入财务预算管理,并明确投资项目决策者和实施者应承担的责任。

企业投入中外合资、合作经营企业的财产,必须在中外合资、合作经营项目批准后30日内,到主管财政机关办理中方财产转移申报手续。涉及国有划拨土地使用权的,企业应当按照国家有关规定办理。

企业向境外投资,应当符合国家有关规定,办理境外资产权属关系,承担有限责任。

第二十三条 企业合并、分立、转让、公司制改建等,应当在做好可行性研究的基础上,对各项资产进行全面清查,编制清查日资产负债表、财产清册和债权债务清单,与债权银行依法订立债务保全协议,制定包括职工安置、债权债务承继、转让价款结算、企业重整等内容的方案。

第二十四条 企业合并前,各方企业欠缴的职工社会保险费、税款和尚未归还的银行借款以及其他债务随同各项债权及其他资产,经审计、评估后一并转入合并后的企业。

企业分立前的各项债权及其他资产按照业务相关性原则划分,对不宜分割的整体资产,由持有的一方给另一方相应的价值补偿;企业欠缴的职工社会保险费、税款和尚未归还的银行借款以及其他债务,根据人员、业务相关性原则,随同资产由分立后的企业分别承担。

第二十五条 企业实施产权转让,转让方应当对受让方的资质、信誉、财务状况进行调查,确认受让方具有支付产权转让价款、承担债务、安置职工的能力。对持续经营但已资不抵债的企业,受让方具有实际资金投入、能够妥善安置职工并征得主要债权人同意的,可以采取承担企业债务的方式对企业进行兼并。

第二十六条 企业实行公司制改建,母体企业或者存续企业必须与公司制企业实行人、财、物和经营业务分开,防止国有资产流失。子公司实行公司制改建时,对没有纳入改建范围的国有资本,应当划转给母公司其他全资子公司持有。

第二十七条 企业发生对外投资、合并、分立、转让、公司制改建等行为的,必须委托相关中介机构进行资产评估,并以评估价值作为确定资产交易价格的基础。

第五章 国有资本收益的管理

第二十八条 国有资本收益是指注册的国有资本分享的企业税后利润以及国家法律、行政法规规定的其他国有资本收益。

第二十九条 企业实现的年度净利润,归企业投资者所有,必须按规定进行分配。以前年度未分配利润,并入本年度可向投资者分配的利润进行分配。

母公司制订的年度利润分配方案,应当报主管财政机关备案。母公司向主管财政机关上缴利润的具体办法,由财政部根据国务院的决定制定。

第三十条 企业发生的年度经营亏损,依法用以后年度实现的利润弥补。连续5年不足弥补的,用税后利润弥补,或者经企业董事会或经理办公会审议后,依次用企业盈余公积、资本公积弥补。

企业在以前年度亏损未弥补之前,不得向投资者分配利润。

第三十一条 企业发生的资产损失,包括坏账损失、存货损失、股权投资损失、固定资产及在建工程损失、担保(抵押)损失以及经营证券、期货、外汇交易损失等,由有关部门及时按财务制度等规定予以核实,查清责任。

对核实清楚的资产损失,企业可区别以下情况处理:生产经营的损失计入本期损益;清算期间的损失计入清算费用；公司制改建中的损失，可以冲减所有者权益。

第三十二条　转让母公司国有资本所得收益，上缴主管财政机关；企业转让子公司股权所得收益与其对子公司股权投资的差额，作为投资损益处理。

上市公司国有股减持所得收益，按国务院规定执行。

第三十三条　企业被责令关闭、依法破产或者经营期限届满终止经营或解散的，应当按照法律、行政法规的规定实施清算。

企业清算净收益归投资者所有，其中：子公司清算所得净收益，投资者分享的份额与其对子公司股权投资的差额，作为投资收益处理；母公司清算所得净收益，上缴主管财政机关。

第六章　财务考核与评价

第三十四条　企业财务考核评价以国有资本保值增值能力为核心，内容包括财务效益、资产营运、偿债能力和发展能力四个方面，具体指标和方法，按照《国有资本金效债评价规则》和《国有资本金效绩评价操作细则》执行。

企业财务考核与评价指标的标准值，由财政部制定发布。

第三十五条　企业财务考核与评价分为外部考评与内部考评。

企业外部考评由主管财政机关会同政府有关部门组织进行。

企业内部考评由母公司组织进行，主要检查、分析企业年度财务预算执行情况，按照国家统一制定的评价方法和评价标准考核各预算执行单位的经营业绩，并作为企业内部人力资源管理的一项重要依据。

第三十六条　主管财政机关会同政府有关部门对母公司进行年度财务考核与评价后，向同级人民政府以及负责管理企业领导人员的部门提交财务考核与评价报告，作为对企业领导人员的奖惩及任免的参考。

企业符合国家规定条件，经政府有关部门批准，可以对经营者产行年薪制等激励政策；对已批准实行年薪制的企业，可以财务考核与评价结果作为确定年薪的基本依据。

第三十七条　企业财务考核与评价以企业会计报告为基础。

企业财务会计报告应当经过会计师事务所审计。财政部另有规定的，从其规定。

企业委托的会计师事务所，应当符合财政部规定的条件。

第三十八条　除国家法律、行政法规另有规定以外，主管财政机关对企业年度财务会计报告进行财务考核与评价的结果，可以一定的方式向社会发布。

第七章　法 律 责 任

第三十九条　主管机关有权对企业的国有资本与财务管理和相关社会中介机构的执业质量进行检查监督，对违法、违规行为依法进行处罚。

第四十条　企业凡有以下行为之一的，主管财政机关根据《中华人民共和国行政处罚法》的规定，可以责令限期纠正、追回损失或者没收非法所得、通报批评：

（一）企业不按规定进行资产评估，或者在评估中故意压低资产评估价值的；

（二）企业违反规定，将财产低价出售或无偿处置给其他单位或个人的；

（三）企业违反规定，将资产低价折股或者无偿量化给个人的；

（四）企业取得资产不按规定办理资产转移手续造成资产损失的；

（五）企业违反规定对外提供担保或抵押、对外投资、赊账经营、大宗商品物资采购及固定资产修建等，给企业造成损失的；

（六）企业未经批准擅自实行产权激励制度，或者违反国家有关规定发放薪酬，侵蚀国有资本权益的；

（七）国有股持股单位、中方出资者或合作者及其委派的股权代表与他人串通，损害国有资本权益或者对损害国有资本权益的行为不反对、不制止的；

（八）企业违反规定，隐瞒、截留国有资本收益，或者拖延应缴国有资本收益超过 180 天的。

第四十一条　企业未按照规定建立并实施内部控制制度，或者不按规定报送财务会计报表、不如实提供有关情况的，主管财政机关根据《中华人民共和国会计法》、《企业财务会计报告条例》的规定予以处罚。

第四十二条　企业凡有以下行为之一的，主管财政机关根据《中华人民共和国行政处罚法》的规定，可以责令限期改正：

（一）企业制定的内部资本与财务管理办法不按规定报主管财政机关备案的；

(二) 不按规定编报年度财务预算的；

(三) 不按规定申报国有资本变动事项，但尚未造成国有资本损失的；

(四) 不按规定委托相关中介机构办理审计、评估业务，或者不按规定提交审计报告、资产评估报告的。

第四十三条 企业不按规定办理产权登记的，主管财政机关根据《企业国有资产产权登记管理办法》的规定予以处罚。

第四十四条 企业编制、对外提供虚假的或者隐瞒重要事实的财务会计报告的，或者拒绝主管财政机关对财务会计报告依法监督检查的，主管财政机关根据《中华人民共和国会计法》、《企业财务会计报告条例》的规定予以处罚。

第四十五条 主管财政机关对企业违法、违规行为进行财政处罚时，对负有直接责任的主管人员和其他人员，可建议人事管理部门给予行政处分。构成犯罪的，移交司法机关依法追究刑事责任。

第四十六条 主管财政机关的有关工作人员，在国有资本与财务管理中滥用职权、玩忽职守、徇私舞弊或者泄露国家机密、商业秘密，给予行政处分。构成犯罪的，移交司法机关依法追究刑事责任。

第八章 附 则

第四十七条 各省、自治区、直辖市及计划单列市财政厅(局)可以根据本办法，结合本地区实际情况制定实施细则，并报财政部备案。

第四十八条 企业应当根据本办法及国家其他有关规定，制定内部资本与财务管理办法，并报主管财政机关备案。

第四十九条 本办法自发布之日起执行。

三、中央企业国有资本收益收取管理暂行办法

财政部国资委关于印发《中央企业国有资本收益收取管理暂行办法》的通知

财企[2007]309 号

有关中央管理企业：

经国务院批准，现将《中央企业国有资本收益收取管理暂行办法》印发给你们，请遵照执行。执行中如有问题，请及时与我们联系。

2007 年作为试点，对国资委所监管企业 2006 年实现的国有资本收益进行收取，其中，企业税后利润按标准减半收取。请各有关企业于 2007 年 12 月 20 日前按规定申报交纳。

附件：中央企业国有资本收益收取管理暂行办法

抄送：各省、自治区、直辖市、计划单列市财政厅(局)，财政部驻北京、上海、辽宁、吉林、黑龙江、山东、湖北、广东、深圳、四川、陕西省(直辖市)财政监察专员办事处。

附件：

中央企业国有资本收益收取管理暂行办法

第一章 总 则

第一条 为建立国有资本经营预算制度，规范国家与企业的分配关系，加强中央企业国有资本收益管理，依据《中华人民共和国公司法》、《中华人民共和国预算法》、《国务院关于试行国有资本经营预算的意见》(国发[2007]26 号)，制定本办法。

第二条 本办法试行范围包括国资委所监管企业和中国烟草总公司，简称中央企业。

第三条 本办法所称国有资本收益，是指国家以所有者身份依法取得的国有资本投资收益，具体包括：

(一) 应交利润，即国有独资企业按规定应当上交国家的利润；

(二) 国有股股利、股息，即国有控股、参股企业国有股权(股份)获得的股利、股息收入；

(三) 国有产权转让收入，即转让国有产权、股权(股份)获得的收入；

(四) 企业清算收入，即国有独资企业清算收入(扣除清算费用)，国有控股、参股企业国有股权(股份)分享的公司清算收入(扣除清算费用)；

（五）其他国有资本收益。

第四条　中央企业国有资本收益应当按规定直接上交中央财政，纳入中央本级国有资本经营预算收入管理。

国家对中央企业国有资本收益另有规定的，从其规定。

第五条　中央企业国有资本收益由财政部负责收取，国资委负责组织所监管企业上交国有资本收益。

第二章　中央企业国有资本收益的申报与核定

第六条　中央企业上交国有资本收益应当按规定申报，并如实填写中央企业国有资本收益申报表（详见附表1～4）。具体申报时间及要求如下：

（一）应交利润，在年度终了后5个月内，由中央企业一次申报；

（二）国有股股利、股息，在股东会或者股东大会（没有设立股东会或者股东大会的为董事会，下同）表决日后30个工作日内，由国有控股、参股企业据实申报，并附送股东会、股东大会的决议文件；

（三）国有产权转让收入，在签订产权转让合同后30个工作日内，由中央企业或者国资委授权的机构据实申报，并附送产权转让合同和资产评估报告；

（四）企业清算收入，在清算组或者管理人编制剩余财产分配方案后30个工作日内，由清算组或者管理人据实申报，并附送企业清算报告和中国注册会计师出具的审计报告；

（五）其他国有资本收益，在收益确定后30个工作日内，由有关单位申报，并附送有关经济事项发生和金额确认的资料。

第七条　国资委所监管企业在向国资委申报上交国有资本收益时，将申报表及相关材料报送财政部；中国烟草总公司申报上交国有资本收益，将申报表及相关材料直接报送财政部。

第八条　国有独资企业拥有全资公司或者控股子公司、子企业的，应当由集团公司（母公司、总公司）以年度合并财务报表反映的归属于母公司所有者的净利润为基础申报。

企业计算应交利润的年度净利润，可以抵扣以前年度未弥补亏损。

第九条　国有独资企业上交年度净利润的比例，区别不同行业，分以下三类执行（企业分类名单详见附表5）：

（一）第一类10%；

（二）第二类5%；

（三）第三类暂缓3年上交或者免交。

第十条　国有控股、参股企业应付国有投资者的股利、股息，按照股东会或者股东大会决议通过的利润分配方案执行。

国有控股、参股企业应当依法分配年度净利润。当年不予分配的，应当说明暂不分配的理由和依据，并出具股东会或者股东大会的决议。

第十一条　中央企业上交国有资本收益区别以下情况核定：

（一）应交利润，根据经中国注册会计师审计的企业年度合并财务报表反映的归属于母公司所有者的净利润和规定的上交比例计算核定；

（二）国有股股利、股息，根据国有控股、参股企业关于利润分配的决议核定；

（三）国有产权转让收入，根据企业产权转让协议和资产评估报告等资料核定；

（四）企业清算收入，根据清算组或者管理人提交的企业清算报告核定；

（五）其他国有资本收益，根据有关经济行为的财务会计资料核定。

第十二条　中央企业根据国家政策进行重大调整，或者由于遭受重大自然灾害等不可抗力因素造成巨大损失，需要减免应交利润的，应当向财政部、国资委提出申请，由财政部商国资委报国务院批准后，将减免的应交利润直接转增国家资本或者国有资本公积。

第三章　中央企业国有资本收益的上交

第十三条　中央企业国有资本收益上交，使用政府收支分类科目中“国有资本经营收入”款级科目。

第十四条　中央企业国有资本收益上交，按照以下程序执行：

（一）国资委在收到所监管企业上报的国有资本收益申报表及相关材料后15个工作日内提出审核意见，报送财政部复核，财政部在收到国资委审核意见后15个工作日内提出复核意见；

(二) 国资委根据财政部同意的审核结果向所监管企业下达国有资本收益上交通知，财政部向财政部驻企业所在省(自治区、直辖市、计划单列市)财政监察专员办事处下达国有资本收益收取通知；财政部驻企业所在省(自治区、直辖市、计划单列市)财政监察专员办事处依据财政部下达的国有资本收益收取通知向企业开具"非税收入一般缴款书"；

(三) 国资委所监管企业依据国资委下达的国有资本收益上交通知和财政部驻企业所在省(自治区、直辖市、计划单列市)财政监察专员办事处开具的"非税收入一般缴款书"办理国有资本收益交库手续；

(四) 财政部在收到中国烟草总公司的国有资本收益申报表及相关材料后 15 个工作日内，完成审核工作并向财政部驻北京市财政监察专员办事处下达国有资本收益收取通知；中国烟草总公司凭财政部驻北京市财政监察专员办事处开具的"非税收入一般缴款书"办理国有资本收益交库手续。

第十五条　中央企业当年应交利润应当在申报日后 5 个月内交清，其中：应交利润在 10 亿元以下(含 10 亿元)的，须一次交清；应交利润在 10 亿元以上、50 亿元以下(含 50 亿元)的，可分两次交清；应交利润在 50 亿元以上的，可分三次交清。

第十六条　对中央企业欠交国有资本收益的情况，财政部、国资委应当查明原因，采取措施予以催交。

第四章　附　　则

第十七条　本办法自公布之日起执行。

附表：1. 中央企业国有资本收益(应交利润)申报表(略)

2. 中央企业国有资本收益(国有股股息、股利)申报表(略)

3. 中央企业国有资本收益(国有产权转让收入)申报表(略)

4. 中央企业国有资本收益(企业清算收入)申报表(略)

5. 试行国有资本经营预算中央企业税后利润上交比例表(略)

四、企业公司制改建有关国有资本管理与财务处理的暂行规定

财政部关于印发《企业公司制改建有关国有资本管理与财务处理的暂行规定》的通知

财企[2002]313 号

国务院各部委，各省、自治区、直辖市、计划单列市财政厅(局)，中央直管企业：

为了适应建立现代企业制度的需要，促进国有经济结构调整，规范企业在公司制改建中有关国有资本与财务处理的行为，根据《中华人民共和国公司法》、《财政部关于印发〈企业国有资本与财务管理暂行办法〉的通知》(财企[2001]325 号)以及国家其他有关法律、行政法规的规定，我们制定了《企业公司制改建有关国有资本管理与财务处理的暂行规定》。现发给你们，请遵照执行。执行中有何问题，请及时向我部反映。

附件：

企业公司制改建有关国有资本管理与财务处理的暂行规定

第一条　为适应建立现代企业制度的需要，促进国有经济结构调整，规范企业公司制改建中国有资本管理与财务处理行为，根据《中华人民共和国公司法》、《企业国有资本与财务管理暂行办法》以及国家有关法律、行政法规，制定本规定。

第二条　本规定所称公司制改建，是指国有企业经批准改建为有限责任公司(含国有独资公司)或者股份有限公司。

本规定所称改建企业，是指经批准实行公司制改建的国有企业。

本规定所称公司制企业，是指实行公司制改建以后依法设立的有限责任公司(含国有独资公司)或者股份有限公司。

本规定所称国有资本持有单位，是指直接持有或者直接管理改建企业国有资本的国家授权的部门或者国家授权投资的机构、国有企业以及其他组织。

本规定所称存续企业，是指企业采取分立式改建后继续保留的企业。

第三条　企业实行公司制改建，应当由国有资本持有单位负责组织实施，并遵循《企业国有资本与财务管理暂行办法》第十条规定的内部议事规范。

第四条　改建企业的产权应当清晰。对于权属关系不明确或者存在产权纠纷的改建企业，应当按照国家有关规定先进行产权界定或者产权纠纷调处。

对于出资证据齐全但尚未明确产权归属关系的，应当由原占有单位按照国家规定补办相应手续。

第五条　改建企业应当对各类资产进行全面清查登记，对各类资产以及债权债务进行全面核对查实，编制改建日的资产负债表及财产清册。

在资产清查中，对拥有实际控制权的长期投资，应当延伸清查至被投资企业。

资产清查的结果由国有资本持有单位委托中介机构进行审计。委托中介机构所发生的费用由改建企业支付。

第六条　改建企业清查出来的资产损失，包括坏账损失、存货损失、固定资产及在建工程损失、担保损失、股权投资损失或者债权投资损失以及经营证券、期货、外汇交易损失等，按照财政部有关企业资产损失管理的规定确认处理。

第七条　企业实行公司制改建，国有资本持有单位应当按照国家有关规定委托具有相应资格的评估机构，对改建企业所涉及的全部资产，应当按照《国有资产评估管理办法》(1991 年 11 月 16 日国务院令第 91 号)、《国有资产评估管理若干问题的规定》(2001 年 12 月 31 日财政部令第 14 号)等有关规定进行评估。

第八条　资产评估结果是国有资本持有单位出资折股的依据，自评估基准日起一年内有效。

自评估基准日到公司制企业设立登记日的有效期内，原企业实现利润而增加的净资产，应当上缴国有资本持有单位，或经国有资本持有单位同意，作为公司制企业国家独享资本公积管理，留待以后年度扩股时转增国有股份；对原企业经营亏损而减少的净资产，由国有资本持有单位补足，或者由公司制企业用以后年度国有股份应分得的股利补足。

企业超过有效期未能注册登记，或者在有效期内被评估资产价值发生重大变化的，应当重新进行评估。

第九条　企业实行公司制改建，不得将国有资本低价折股或者低价转让给经营者及其他职工个人。

企业实行整体改建的，改建企业的国有资本应当按照评估结果全部折算为国有股份，由原企业国有资本持有单位持有，并将改建企业全部资产转入公司制企业。

企业实行分立式改建的，应当按照转入公司制企业的资产、负债经过评估后的净资产折合为国有股份，并可以由原企业国有资本持有单位持有，也可以由存续企业持有。分立后没有纳入改建范围的资产，按照本规定第十四条进行处理。

企业实行合并式改建的，经过评估后的净资产折合的国有股份，合并前各方如果属于同一投资主体，应当由原共同的国有资本持有单位一并持有；如果分属不同投资主体，应当有合并前各方原国有资本持有单位分别持有。企业合并后没有纳入改建范围的资产，按照本规定第十四条进行处理。

第十条　企业实行公司制改建的股权设置方案，应当由国有资本持有单位制定；在存在两个或者两个以上国有资本持有单位的情况下，应当由具有控制权的国有资本持有单位会同其他的国有资本持有单位协商制定。

股权设置方案应当载明以下内容：

(一) 股本总数及其股权结构；

(二) 国有资本折股以及股份认购；

(三) 股份转让条件及其定价；

(四) 其他规定。

第十一条　企业国有资本持有单位应当按照《企业国有资本与财务管理暂行办法》第九条规定的权限，向国有资本变动的审批单位提出书面报告，并附送以下文件资料：

(一) 企业实行公司制改建的批准文件；

(二) 改建企业的国有资产产权登记证；

(三) 改建企业董事会或经理办公会议决议；

(四) 改建企业资产清理结果以及资产重组方案；

(五) 改建企业工会或者职工代表大会通过的职工安置方案；

(六) 资产评估报告核准文件或者备案表；

(七) 公司制企业国有股权设置方案；

(八) 公司制企业股东认购股份的协议;

(九) 公司制企业的公司章程。

设立股份有限公司应当报送的资料,按照财政部《关于股份有限公司国有股权管理工作有关问题的通知》(财管字[2000]200号)执行。

第十二条 经批准实行内部职工持股的企业,内部职工股份的认购应当符合《中华人民共和国公司法》的有关规定。改建企业或者公司制企业不得为个人认购股份垫付款项,也不得为个人贷款提供担保。

内部职工(包括经营者)持有股份尚未缴付认股资金的,不得参与分红;超过法律规定期限尚未缴付认股资金的,应当调整公司制企业的股权比例,并依法承担出资违约的责任。

第十三条 企业实行公司制改建,对占有的国有划拨土地应当进行评估并按照土地主管机关的规定履行相关手续后,区别以下情况处理:

(一) 采取作价入股方式的,评估后将国有土地使用权作价投资,随同改建企业国有资本一并折股,增加公司制企业的国有股份;

(二) 采取出让方式的,由公司制企业购买国有土地使用权,按照规定支付土地使用权出让金;

(三) 采取租赁方式的,由公司制企业租赁使用,按照规定支付租金。

第十四条 国有资本持有单位对没有纳入改建企业范围、具备经营条件的剥离资产,可以其组建企业法人,独立核算,依法经营;对不具备经营条件的剥离资产,可以按以下方法处置:

(一) 整体出售,即以资产评估结果为作价基础,向其他单位和个人公开出售。出售价格低于评估结果10%以上的,国有资本持有单位应当向国有资本变动的审批单位作出书面说明。所得出售净收益,应当作为本期损益处理。

(二) 租赁经营,即向公司制企业或者有条件的其他单位和个人租赁经营,并签订租赁合同。租赁费可以参照同期银行贷款利率约定。国有资本持有单位所得租赁收益,应当按照规定纳入财务预算管理。

(三) 无偿移交,即与当地政府部门充分协商后,将改建企业原承担社会职能的相关资产,无偿移交当地政府有关部门或所在地社区管理,相应核减改建企业的国有资本。

凡是不能按照前款规定处置的剥离资产,可以由存续企业管理,也可以由国有资本持有单位直接管理。

第十五条 改建企业清理核实的各项债权债务,应当按照以下要求确定债权债务承继关系,并与债务人或者债权人订立债务保全协议:

(一) 企业实行整体改建,应当由公司制企业承继原企业的全部债权债务;

(二) 企业实行分立式改建,应当由分立的各方承继原企业的相关债权债务;

(三) 企业实行合并式改建,应当由合并后的企业承继合并前各方的全部债权债务。

第十六条 企业实行公司改建时,经批准或者与债权人协商,可以实施债权转为股权。

(一) 经国家批准的各金融资产管理公司持有的债权,可以实行债权转股权,原企业相应的债务转为金融资产管理公司的股权,企业相应增加实收资本或者资本公积;

(二) 经银行以外的其他债权人协商同意,可以按照有关协议和公司章程将其债权转为股权,企业相应增加实收资本或者资本公积。

改建企业经过充分协商,债权人同意给予全部豁免或者部分豁免的债务,应当转作资本公积。

第十七条 改建企业账面原有的应付福利费、职工教育经费余额,仍作为流动负债管理,不得转为职工个人投资。因医疗费超支产生的职工福利费不足部分,可以依次以公益金、盈余公积金、资本公积金和资本金弥补。

改建企业账面原有应付工资余额中欠发职工工资部分,在符合国家政策、职工自愿的条件下,依法扣除个人所得税后可转为个人投资。不属于欠发职工工资的应付工资余额,作为工资基金使用,不得转为个人投资。

改建企业未退还的职工集资款、欠缴的社会保险费,应当以现有资产清偿。在符合国家政策、职工自愿的条件下,改建企业也可以将未退还的职工集资款转作个人投资。

第十八条 改建企业原由国家财政专项拨款、其他各类财政性资金投入以及实行先征后返政策返给企业的税收等,按照规定形成资本公积的,应当计入国有资本。对其中尚未形成资本公积而在专项应付款账户单独反映的部分,继续作为负债管理,形成资本公积后作为国家投资单独反映,留待以后年度按规定程序转增国有股份。

公司制企业享受国家财政扶持政策，收到财政拨给的资本性补助资金按照前款规定执行。

第十九条　在公司制改建过程中，企业依照国家有关规定支付解除劳动合同的职工的经济补偿金，以及为移交社会保障机构管理的职工一次性缴付的社会保险费，可从改建企业净资产中扣除或者以改建企业剥离资产的出售收入优先支付。

企业支付的经济补偿金，所在地县级以上人民政府有规定标准的，按照规定执行；没有规定标准的，按照原劳动部印发的《违反和解除劳动关系的经济补偿办法》（劳部发[1994]481号）规定的标准执行。企业支付的社会保险费，按照省级人民政府确定的缴费比例执行。

第二十条　企业实行分立式改建，应当理顺存续企业与公司制企业的产权关系，明确存续企业及分立的公司制企业国有股权持有单位。

存续企业和分立后的公司制企业应当根据资产相关性和业务相关性的原则分离资产及其债权、债务，不得相互转嫁债权、债务。

存续企业和分离后的公司制企业之间的业务往来，应当严格按照独立企业之间的业务活动和市场价格结算，不得相互转移收入。

存续企业和分离后的公司制企业应当实行人员分开，经营人员不得相互兼职、转嫁工资性费用。

存续企业和分离后的公司制企业应当按照国家有关规定，严格分账，建立新账，分别编制企业财务会计报告。

第二十一条　企业实行公司制改建后，应当及时依法办理国有产权登记。

第二十二条　公司制企业吸收新的股东而增资，或者由部分股东增资，新增出资应当按照公司制企业账面每股净资产折股，或者按照原有股东协商的比例折股。

第二十三条　经批准实行内部职工持股的公司制企业，因吸收其他单位投资或者进行资本重组、经营者任期届满或者任期未满而离职、因故调离、解除职务或者离退休时，经与股份持有人协商一致，有关股份可以在公司制企业内部转让。

第二十四条　公司制企业应当按照《中华人民共和国公司法》和企业资本与财务管理制度的规定进行利润分配。向投资者分配利润，应当坚持同股同利的原则，国家股红利的具体收缴办法按财政部、原国家国有资产管理局、中国人民银行《关于颁发〈国有资产收益收缴管理办法〉的通知》[（94）财工字第295号]及财政部其他有关规定执行。

第二十五条　企业整体或者合并改建为公司制企业的，改建前的会计档案、资料应当由公司制企业按照有关规定保管、处理。

第二十六条　主管财政机关对企业实行公司制改建中涉及的国有资本变动行为，应当进行检查监督。

企业未经批准擅自实行公司制改建的，或者在公司制改建过程中未按照本规定执行导致国有资产流失的，主管财政机关按照《中华人民共和国公司法》及国家其他有关法律、行政法规的规定给予处罚；涉嫌犯罪的，移交司法机关依法处理。

第二十七条　各省、自治区、直辖市及计划单列市主管财政机关可以结合本地区实际情况，制定具体实施办法，并报财政部备案。

第二十八条　本规定自2002年8月27日起执行。财政部《关于印发〈国有企业公司制改建有关财务问题的暂行规定〉的通知》（财工字[1995]第29号）文件即予废止。财政部、原国家国有资产管理局此前发布的有关规定与本规定相抵触的，以本规定为准。

五、高危行业企业安全生产费用的财务管理暂行办法

财政部　安全生产监管总局关于印发《高危行业企业安全生产费用财务管理暂行办法》的通知

财企[2006]478号

各省、自治区、直辖市、计划单列市财政厅（局）、安全生产监督管理局，新疆生产建设兵团财务局，有关中央管理企业：

为了建立高危行业企业安全生产投入长效机制，加强企业安全生产费用财务管理，根据《国务院关于进

一步加强安全生产工作的决定》(国发[2004]2 号),财政部、国家安全生产监督管理总局联合制定了《高危行业企业安全生产费用财务管理暂行办法》。现予印发,请遵照执行。

附件:高危行业企业安全生产费用财务管理暂行办法

二〇〇六年十二月八日

附件:

高危行业企业安全生产费用财务管理暂行办法

第一章 总 则

第一条 为了建立高危行业企业安全生产投入长效机制,加强企业安全生产费用财务管理,维护企业、职工以及社会公共利益,根据有关法律和国务院有关决定,制定本办法。

第二条 在中华人民共和国境内从事矿山开采、建筑施工、危险品生产以及道路交通运输的企业以及其他经济组织(以下简称企业)适用本办法。

国家对煤炭开采企业和烟花爆竹生产企业另有规定的,从其规定。地热、温泉、矿泉水、卤盐开采矿山和河道采砂、采金船作业、小型砖瓦粘土矿等危险性较小的非煤矿山,不适用本办法。

第三条 企业应当建立安全生产费用管理制度。

安全生产费用(以下简称安全费用)是指企业按照规定标准提取,在成本中列支,专门用于完善和改进企业安全生产条件的资金。

第四条 安全费用按照"企业提取、政府监管、确保需要、规范使用"的原则进行财务管理。

第五条 本办法下列用语的含义是:

矿山开采是指石油和天然气、金属矿、非金属矿及其他矿产资源的勘探和生产、闭坑及有关活动。

建筑施工是指土木工程、建筑工程、井巷工程、线路管道和设备安装及装修工程的新建、扩建、改建以及矿山建设。

危险品是指列入国家标准《危险货物品名表》(GB12268)和国家有关部门确定并公布的《剧毒化学品目录》的物品,包括军工生产危险品和民用爆炸物品等。

道路交通运输是指以机动车为交通工具的旅客和货物运输。

第二章 安全费用的提取标准

第六条 矿山企业安全费用依据开采的原矿产量按月提取。各类矿山原矿单位产量安全费用提取标准如下:

(一) 石油,每吨原油 17 元;

(二) 天然气,每千立方米原气 5 元;

(三) 金属矿山,其中露天矿山每吨 4 元,井下矿山每吨 8 元;

(四) 核工业矿山,每吨 22 元;

(五) 非金属矿山,其中露天矿山每吨(立方米)1 元,井下矿山每吨(立方米)2 元;

(六) 小型露天采石场,即年采剥总量 50 万吨以下,且最大开采高度不超过 50 米,产品用于建筑、铺路的山坡型露天采石场,每吨 0.5 元。

原矿产量不含金属、非金属矿山尾矿库和废石场中用于综合利用的尾砂和低品位矿石。

第七条 煤系及与煤共(伴)生的金属非金属矿山、水体下开采矿山、有自然发火可能性的矿山、在需要保护的建(构)筑物和铁路下面开采的矿山,以及其他对安全生产有特殊要求的矿山,经省级安全生产监督管理局会同财政厅(局)核准后,可以在本办法第六条规定的基础上提高提取标准,但增加的提取标准不得超过原提取标准的 50%。

第八条 建筑施工企业以建筑安装工程造价为计提依据。各工程类别安全费用提取标准如下:

(一) 房屋建筑工程、矿山工程为 2.0%;

(二) 电力工程、水利水电工程、铁路工程为 1.5%;

(三) 市政公用工程、冶炼工程、机电安装工程、化工石油工程、港口与航道工程、公路工程、通信工程为 1.0%。

建筑施工企业提取的安全费用列入工程造价，在竞标时，不得删减。国家对基本建设投资概算另有规定的，从其规定。

总包单位应当将安全费用按比例直接支付分包单位，分包单位不再重复提取。

第九条　危险品生产企业以本年度实际销售收入为计提依据，采取超额累退方式按照以下标准逐月提取：

(一) 全年实际销售收入在 1 000 万元及以下的，按照 4%提取；

(二) 全年实际销售收入在 1 000 万元至 10 000 万元(含)的部分，按照 2%提取；

(三) 全年实际销售收入在 10 000 万元至 100 000 万元(含)的部分，按照 0.5%提取；

(四) 全年实际销售收入在 100 000 万元以上的部分，按照 0.2%提取。

第十条　道路交通运输企业以营业收入为计提依据，按照以下标准逐月提取：

(一) 客运业务按照 0.5%提取；

(二) 普通货运业务按照 1%提取；

(三) 危险品等特殊货运业务按照 1.5%提取。

第十一条　中小型企业和大型企业上年末安全费用专户结余分别达到本企业上年度销售收入的 5%和 2%时，经当地县级以上安全生产监督管理部门商财政部门同意，企业本年度可以缓提或少提安全费用。

企业规模划分标准按照原国家经贸委、原国家计委、财政部、国家统计局《关于印发中小企业标准暂行规定的通知》(国经贸中小企[2003]143 号)和国家统计局《统计上大中小型企业划分办法(暂行)》(国统字[2003]17 号)规定执行。

第十二条　本办法公布前，各省级政府已制定下发企业安全生产费用提取使用办法的，其提取标准如果低于本办法规定的标准，应当按照本办法进行调整；如果高于本办法规定的标准，按照原标准执行。

第三章　安全生产费用的使用和管理

第十三条　安全费用应当按照以下规定范围使用。

(一) 完善、改造和维护安全防护设备、设施支出，其中：

1. 矿山企业安全设备设施是指矿山综合防尘、地质监控、防灭火、防治水、危险气体监测、通风系统，支护及防治边帮滑坡设备、机电设备、供配电系统、运输(提升)系统以及尾矿库(坝)等；

2. 危险品生产企业安全设备设施是指车间、库房等作业场所的监控、监测、通风、防晒、调温、防火、灭火、防爆、泄压、防毒、消毒、中和、防潮、防雷、防静电、防腐、防渗漏、防护围堤或者隔离操作等设施设备；

3. 道路交通运输企业安全设备设施是指运输工具安全状况检测及维护系统、运输工具附属安全设备等。

(二) 配备必要的应急救援器材、设备和现场作业人员安全防护物品支出。

(三) 安全生产检查与评价支出。

(四) 重大危险源、重大事故隐患的评估、整改、监控支出。

(五) 安全技能培训及进行应急救援演练支出。

(六) 其他与安全生产直接相关的支出。

第十四条　在本办法规定的使用范围内，企业应当将安全费用优先用于满足安全生产监督管理部门对企业安全生产提出的整改措施或达到安全生产标准所需支出。

第十五条　企业提取安全费用应当专户核算，按规定范围安排使用。年度结余下年度使用，当年计提安全费用不足的，超出部分按正常成本费用渠道列支。

集团公司经过履行内部决策程序，可以对所属企业提取的安全费用按照一定比例集中管理，统筹使用。

第十六条　企业应当建立健全内部安全费用管理制度，明确安全费用使用、管理的程序、职责及权限，接受安全生产监督管理部门和财政部门的监督。

第十七条　企业利用安全费用形成的资产，应当纳入相关资产进行管理。

第十八条　企业应当为从事高空、高压、易燃、易爆、剧毒、放射性、高速运输、野外、矿井等高危作业的人员办理团体人身意外伤害保险或个人意外伤害保险。所需保险费用直接列入成本(费用)，不在安全费用中列支。

企业为职工提供的职业病防治、工伤保险、医疗保险所需费用，不在安全费用中列支。

第十九条　矿山企业已提取维持简单再生产费用的，应当继续提取维持简单再生产费用，但其使用范围不再包含安全生产方面的用途。

第二十条 危险品生产企业转产、停产、停业或者解散的，应将安全费用结余用于处理转产、停产、停业或者解散前危险品生产或储存的设备、库存产品及生产原料所需支出。

第二十一条 企业由于产权转让、公司制改建等变更股权结构或者组织形式的，其结余的安全费用应当继续按照本办法管理使用。

企业调整业务、终止经营或者依法清算，其结余的安全费用应当结转本期收益或者清算收益。

第四章 财务监督

第二十二条 企业应当及时、足额提取安全费用，并按规定使用。在年度财务会计报告中，企业应当披露安全费用提取和使用的具体情况。

第二十三条 财政部门、安全生产监督管理部门对企业安全费用提取、管理、使用进行监督检查。

第二十四条 企业未按本办法提取和使用安全费用的，安全生产监督管理部门应当会同财政部门责令其限期改正、予以警告。逾期不改正的，由安全生产监督管理部门按照相关法规进行处理。

第五章 附则

第二十五条 企业安全费用的会计处理，应当符合国家统一的会计制度的规定。

第二十六条 各省、自治区、直辖市财政部门和安全生产监督管理部门可以结合本地区实际情况，制订具体实施办法，并报财政部、国家安全生产监督管理总局备案。

第二十七条 本办法由财政部、国家安全生产监督管理总局负责解释。

第二十八条 本办法自2007年1月1日起施行。

六、煤炭生产安全费用提取和使用管理办法

关于印发《煤炭生产安全费用提取和使用管理办法》和《关于规范煤矿维简费管理问题的若干规定》的通知

财建[2004]119号

各省、自治区、直辖市、计划单列市财政厅(局)、发展改革委(计委)、经贸委(经委)、煤矿安全监察局、煤炭工业管理部门，北京、新疆生产建设兵团煤矿安全监察办事处，中央管理的煤矿企业：

为建立煤矿安全生产设施长效投入机制，经国务院批准，建立煤炭生产企业单独提取安全费用制度，同时规范煤矿维简费管理。财政部、国家发展改革委、国家煤矿安全监察局在征求中国煤炭工业协会意见的基础上，联合制定了《煤炭生产安全费用提取和使用管理办法》和《关于规范煤矿维简费管理问题的若干规定》。现予下发，请遵照执行。

本《通知》由国家煤矿安全监察机构负责转发到境内所有煤炭生产企业。

附件：1. 煤炭生产安全费用提取和使用管理办法

2. 关于规范煤矿维简费管理问题的若干规定

二○○四年五月二十一日

附件1：

煤炭生产安全费用提取和使用管理办法

第一条 为建立煤矿安全生产设施长效投入机制，我国境内所有煤炭生产企业(以下简称企业)建立提取煤炭生产安全费用(以下简称安全费用)制度。为加强对安全费用的管理，特制定本办法。

第二条 本办法所称安全费用，是指企业按原煤实际产量从成本中提取，专门用于煤矿安全生产设施投入的资金。

第三条 企业按下列标准，在成本中按月提取安全费用。

(一) 大中型煤矿：

1. 高瓦斯、煤与瓦斯突出、自然发火严重和涌水量大的矿井吨煤3～8元；

2. 低瓦斯矿井吨煤2～5元；

3. 露天矿吨煤 2～3 元。

（二）小型煤矿：

1. 高瓦斯、煤与瓦斯突出、自然发火严重和涌水量大的矿井吨煤 10 元；

2. 瓦斯矿井吨煤 6 元。

有关企业分类标准，按现行国家煤炭工业矿井设计规范标准执行；有关高、低瓦斯矿井和煤与瓦斯突出矿井的界定，按现行《煤矿安全规程》的规定执行。

本办法下发前，企业若已执行经省级（含省级）以上政府部门制定的安全费用提取标准，与本办法相对照，按孰高原则执行，并按规定程序备案。

第四条 企业在上述标准和规定的浮动范围内自行确定安全费用提取标准，报当地主管税务机关、煤炭管理部门和煤矿安全监察机构备案。安全费用提取标准一经确定，不得随意改动。确需变动的，经报主管税务机关、煤炭管理部门和煤矿安全监察机构备案后，从下一年度开始执行新的提取标准。

第五条 安全费用在本办法规定的范围内由企业自行安排使用，专户存储，专款专用。年度结余资金允许结转下年度使用。

第六条 安全费用具体使用范围是：

（一）矿井主要通风设备的更新改造支出；

（二）完善和改造矿井瓦斯监测系统与抽放系统支出；

（三）完善和改造矿井综合防治煤与瓦斯突出支出；

（四）完善和改造矿井防灭火支出；

（五）完善和改造矿井防治水支出；

（六）完善和改造矿井机电设备的安全防护设备设施支出；

（七）完善和改造矿井供配电系统的安全防护设备设施支出；

（八）完善和改造矿井运输（提升）系统的安全防护设备设施支出；

（九）完善和改造矿井综合防尘系统支出；

（十）其他与煤矿安全生产直接相关的支出。

第七条 企业提取的安全费用在缴纳企业所得税前列支。

第八条 有关安全费用的会计核算问题，按国家统一会计制度处理。

第九条 企业要切实加强安全费用提取和使用管理。应制定年度使用计划，并纳入企业全面预算。年度终了，企业应将安全费用提取和使用情况报当地主管财政、税务、审计机关、煤炭管理部门和煤矿安全监察机构备案，接受监督。对不按本办法提取和使用安全费用的企业，有关部门应责令其限期整改，并按有关法律和行政法规的规定予以处罚。

第十条 本办法自印发之日起执行。

七、关于规范煤矿维简费管理问题的若干规定

第一条 为进一步规范煤矿维持简单再生产费用（以下简称煤矿维简费）管理，完善煤矿维持简单再生产投入机制，特制定本规定。

第二条 本规定所称煤矿维简费，是指我国境内所有煤炭生产企业（以下简称企业）从成本中提取，专项用于维持简单再生产的资金。鉴于原在煤矿维简费中用于安全投入的支出项目已经独立出来，单独提取煤炭生产安全费用（管理办法见本文附件 1），因此，本规定所称煤矿维简费不包括安全费用，但包括井巷费用。

第三条 企业根据原煤实际产量，每月按下列标准在成本中提取煤矿维简费：

（一）河北、山西、山东、安徽、江苏、河南、宁夏、新疆、云南等省（区）煤矿，吨煤 8.50 元；

（二）黑龙江、吉林、辽宁等省煤矿，吨煤 8.70 元；

（三）内蒙古自治区煤矿，吨煤 9.50 元；

（四）其他省（区、市）煤矿，吨煤 10.50 元。

本规定下发前，企业原执行的经省级(含省级)以上政府部门制定的煤矿维简费提取标准，与本规定相对照，按孰高原则执行，并按规定程序备案。

第四条 煤矿维简费由煤炭企业按规定标准提取，自行安排使用。煤矿维简费提取和使用，应坚持先提后用，量入为出的原则，专款专用，专项核算。

煤矿维简费年度结余资金允许结转下年度使用。

第五条 煤矿维简费，主要用于煤矿生产正常接续的开拓延深、技术改造等，以确保矿井持续稳定和安全生产，提高效率。具体使用范围是：

(一) 矿井(露天)开拓延深工程；

(二) 矿井(露天)技术改造；

(三) 煤矿固定资产更新、改造和固定资产零星购置；

(四) 矿区生产补充勘探；

(五) 综合利用和"三废"治理支出；

(六) 大型煤矿一次拆迁民房50户以上的费用和中小煤矿采动范围的搬迁赔偿；

(七) 矿井新技术的推广；

(八) 小型矿井的改造联合工程。

第六条 有关煤矿维简费的会计核算问题，按国家统一会计制度处理。

第七条 任何单位和部门不得强制集中企业提取的维简费。

第八条 本规定自印发之日起执行。

第九条 本规定未及事项仍按以前国家所发有关维简费的规定和办法执行。

八、其他企业相关财务法规

法　规　名　称	文　号
《企业资产损失财务处理暂行办法》	财企[2003]233号
《民航基础设施建设基金征收使用管理暂行办法》	民航规财发[2004]94号
《金融资产管理公司托管业务有关财务管理问题的规定》	财金[2004]108号
《中小企业服务体系专项补助资金使用管理办法(暂行)》	财建[2004]124号
财政部关于《企业公司制改建有关国有资本管理与财务处理的暂行规定》有关问题的补充通知	财企[2005]12号
《科技型中小企业技术创新基金财务管理暂行办法》	财企[2005]22号
《禁止金融机构设置"小金库"的财务管理规定》	财金[2005]67号
《土地储备资金财务管理暂行办法》	财综[2007]17号
《关于实施修订后的〈企业财务通则〉有关问题的通知》	财企[2007]48号
《财政部关于〈公司法〉施行后有关企业财务处理问题的通知》	财企[2006]67号
《中央国有资本经营预算编报试行办法》	财企[2007]304号
《金融资产管理公司资产处置管理办法(修订)》	财金[2008]85号
《金融资产管理公司资产处置公告管理办法(修订)》	财金[2008]87号
《财政部　国家税务总局关于城市商业银行和农村合作金融机构财务管理工作的通知》	财金[2008]93号
《科技型中小企业创业投资引导基金管理暂行办法》	财企[2007]128号
《包装行业高新技术研发资金管理办法》	财企[2008]154号
《中小企业发展专项资金管理办法》	财企[2008]179号
《风力发电设备产业化专项资金管理暂行办法》	财建[2008]476号

第三编

注册会计师行业法规[①]

① 本书没有收录审计准则应用指南，主要考虑的是企业和行政事业单位的会计人员很少有人要了解这部分内容，注册会计师基本上都有相关的资料。

第十七部分　注册会计师行业综合法规

一、中华人民共和国注册会计师法

中华人民共和国主席令

（第十三号）

《中华人民共和国注册会计师法》已由中华人民共和国第八届全国人民代表大会常务委员会第四次会议于1993年10月31日通过，现予公布，自1994年1月1日起施行。

中华人民共和国主席　江泽民

1993年10月31日

中华人民共和国注册会计师法

（1993年10月31日第八届全国人民代表大会常务委员会第四次会议通过）

第一章　总　　则

第一条　为了发挥注册会计师在社会经济活动中的鉴证和服务作用，加强对注册会计师的管理，维护社会公共利益和投资者的合法权益，促进社会主义市场经济的健康发展，制定本法。

第二条　注册会计师是依法取得注册会计师证书并接受委托从事审计和会计咨询、会计服务业务的执业人员。

第三条　会计师事务所是依法设立并承办注册会计师业务的机构。

注册会计师执行业务，应当加入会计师事务所。

第四条　注册会计师协会是由注册会计师组成的社会团体。中国注册会计师协会是注册会计师的全国组织，省、自治区、直辖市注册会计师协会是注册会计师的地方组织。

第五条　国务院财政部门和省、自治区、直辖市人民政府财政部门，依法对注册会计师、会计师事务所和注册会计师协会进行监督、指导。

第六条　注册会计师和会计师事务所执行业务，必须遵守法律、行政法规。

注册会计师和会计师事务所依法独立、公正执行业务，受法律保护。

第二章　考试和注册

第七条　国家实行注册会计师全国统一考试制度。注册会计师全国统一考试办法，由国务院财政部门制定，由中国注册会计师协会组织实施。

第八条　具有高等专科以上学校毕业的学历、或者具有会计或者相关专业中级以上技术职称的中国公民，可以申请参加注册会计师全国统一考试；具有会计或者相关专业高级技术职称的人员，可以免予部分科目的考试。

第九条　参加注册会计师全国统一考试成绩合格，并从事审计业务工作二年以上的，可以向省、自治区、直辖市注册会计师协会申请注册。

除有本法第十条所列情形外，受理申请的注册会计师协会应当准予注册。

第十条　有下列情形之一的，受理申请的注册会计师协会不予注册：

（一）不具有完全民事行为能力的；

（二）因受刑事处罚，自刑罚执行完毕之日起至申请注册之日止不满五年的；

（三）因在财务、会计、审计、企业管理或者其他经济管理工作中犯有严重错误受行政处罚、撤职以上处分，自处罚、处分决定之日起至申请注册之日止不满二年的；

（四）受吊销注册会计师证书的处罚，自处罚决定之日起至申请注册之日止不满五年的；

（五）国务院财政部门规定的其他不予注册的情形的。

第十一条 注册会计师协会应当将准予注册的人员名单报国务院财政部门备案。国务院财政部门发现注册会计师协会的注册不符合本法规定的，应当通知有关的注册会计师协会撤销注册。

注册会计师协会依照本法第十条的规定不予注册的，应当自决定之日起十五日内书面通知申请人。申请人有异议的，可以自收到通知之日起十五日内向国务院财政部门或者省、自治区、直辖市人民政府财政部门申请复议。

第十二条 准予注册的申请人，由注册会计师协会发给国务院财政部门统一制定的注册会计师证书。

第十三条 已取得注册会计师证书的人员，除本法第十一条第一款规定的情形外，注册后有下列情形之一的，由准予注册的注册会计师协会撤销注册，收回注册会计师证书：

（一）完全丧失民事行为能力的；

（二）受刑事处罚的；

（三）因在财务、会计、审计、企业管理或者其他经济管理工作中犯有严重错误受行政处罚、撤职以上的处分的；

（四）自行停止执行注册会计师业务满一年的。

被撤销注册的当事人有异议的，可以自接到撤销注册、收回注册会计师证书的通知之日起十五日内向国务院财政部门或者省、自治区、直辖市人民政府财政部门申请复议。

依照第一款规定被撤销注册的人员可以重新申请注册，但必须符合本法第九条、第十条的规定。

第三章 业务范围和规则

第十四条 注册会计师承办下列审计业务：

（一）审查企业会计报表，出具审计报告；

（二）验证企业资本，出具验资报告；

（三）办理企业合并、分立、清算事宜中的审计业务，出具有关的报告；

（四）法律、行政法规规定的其他审计业务。

注册会计师依法执行审计业务出具的报告，具有证明效力。

第十五条 注册会计师可以承办会计咨询、会计服务业务。

第十六条 注册会计师承办业务，由其所在的会计师事务所统一受理并与委托人签订委托合同。

会计师事务所对本所注册会计师依照前款规定承办的业务，承担民事责任。

第十七条 注册会计师执行业务，可以根据需要查阅委托人的有关会计资料和文件，查看委托人的业务现场和设施，要求委托人提供其他必要的协助。

第十八条 注册会计师与委托人有利害关系的，应当回避；委托人有权要求其回避。

第十九条 注册会计师对在执行业务中知悉的商业秘密，负有保密义务。

第二十条 注册会计师执行审计业务，遇有下列情形之一的，应当拒绝出具有关报告：

（一）委托人示意其作不实或者不当证明的；

（二）委托人故意不提供有关会计资料和文件的；

（三）因委托人有其他不合理要求，致使注册会计师出具的报告不能对财务会计的重要事项作出正确表述的。

第二十一条 注册会计师执行审计业务，必须按照执业准则、规则确定的工作程序出具报告。

注册会计师执行审计业务出具报告时，不得有下列行为：

（一）明知委托人对重要事项的财务会计处理与国家有关规定相抵触，而不予指明；

（二）明知委托人的财务会计处理会直接损害报告使用人或者其他利害关系人的利益，而予以隐瞒或者作不实的报告；

（三）明知委托人的财务会计处理会导致报告使用人或者其他利害关系人产生重大误解，而不予指明；

（四）明知委托人的会计报表的重要事项有其他不实的内容，而不予指明。

对委托人有前款所列行为，注册会计师按照执业准则、规则应当知道的，适用前款规定。

第二十二条 注册会计师不得有下列行为：

（一）在执行审计业务期间，在法律、行政法规规定不得买卖被审计单位的股票、债券或者不得购买被审计单位或者个人的其他财产的期限内，买卖被审计的单位的股票、债券或者购买被审计单位或者个人所拥有的其他财产；

（二）索取、收受委托合同约定以外的酬金或者其他财物，或者利用执行业务之便，谋取其他不正当的利益；

（三）接受委托催收债款；

（四）允许他人以本人名义执行业务；

（五）同时在两个或者两个以上的会计师事务所执行业务；

（六）对其能力进行广告宣传以招揽业务；

（七）违反法律、行政法规的其他行为。

第四章　会计师事务所

第二十三条　会计师事务所可以由注册会计师合伙设立。

合伙设立的会计师事务所的债务，由合伙人按照出资比例或者协议的约定，以各自的财产承担责任。合伙人对会计师事务所的债务承担连带责任。

第二十四条　会计师事务所符合下列条件的，可以是负有限责任的法人：

（一）不少于三十万元的注册资本；

（二）有一定数量的专职从业人员，其中至少有五名注册会计师；

（三）国务院财政部门规定的业务范围和其他条件。

负有限责任的会计师事务所以其全部资产对其债务承担责任。

第二十五条　设立会计师事务所，由国务院财政部门或者省、自治区、直辖市人民政府财政部门批准。

申请设立会计师事务所，申请者应当向审批机关报送下列文件：

（一）申请书；

（二）会计师事务所的名称、组织机构和业务场所；

（三）会计师事务所章程，有合伙协议的并应报送合伙协议；

（四）注册会计师名单、简历及有关证明文件；

（五）会计师事务所主要负责人、合伙人的姓名、简历及有关证明文件；

（六）负有限责任的会计师事务所的出资证明；

（七）审批机关要求的其他文件。

第二十六条　审批机关应当自收到申请文件之日起三十日内决定批准或不批准。

省、自治区、直辖市人民政府财政部门批准的会计师事务所，应当报国务院财政部门备案。国务院财政部门发现批准不当的，应当自收到备案报告之日起三十日内通知原审批机关重新审查。

第二十七条　会计师事务所设立分支机构，须经分支机构所在地的省、自治区、直辖市人民政府部门批准。

第二十八条　会计师事务所依法纳税。

会计师事务所按照国务院财政部门的规定建立职业风险基金，办理职业保险。

第二十九条　会计师事务所受理业务，不受行政区域、行业的限制；但是，法律、行政法规另有规定的除外。

第三十条　委托人委托会计师事务所办理业务，任何单位和个人不得干预。

第三十一条　本法第十八条至第二十一条的规定，适用于会计师事务所。

第三十二条　会计师事务所不得有本法第二十二条第（一）项至第（四）项、第（六）项、第（七）项所列的行为。

第五章　注册会计师协会

第三十三条　注册会计师应当加入注册会计师协会。

第三十四条　中国注册会计师协会的章程由全国会员代表大会制定，并报国务院财政部门备案；省、自治区、直辖市注册会计师协会的章程由省、自治区、直辖市会员代表大会制定，并报省、自治区、直辖市人民政府财政部门备案。

第三十五条　中国注册会计师协会依法拟订注册会计师执业准则、规则，报国务院财政部门批准后施行。

第三十六条 注册会计师协会应当支持注册会计师依法执行业务，维护其合法权益，向有关方面反映其意见和建议。

第三十七条 注册会计师协会应当对注册会计师的任职资格和执业情况进行年度检查。

第三十八条 注册会计师协会依法取得社会团体法人资格。

第六章 法律责任

第三十九条 会计师事务所违反本法第二十条、第二十一条规定的，由省级以上人民政府财政部门给予警告，没收违法所得，可以并处违法所得一倍以上五倍以下的罚款；情节严重的，并可以由省级以上人民政府财政部门暂停其经营业务或者予以撤销。

注册会计师违反本法第二十条、第二十一条规定的，由省级以上人民政府财政部门给予警告；情节严重的，可以由省级以上人民政府财政部门暂停其执行业务或者吊销注册会计师证书。

会计师事务所、注册会计师违反本法第二十条、第二十一条的规定，故意出具虚假的审计报告、验资报告，构成犯罪的，依法追究刑事责任。

第四十条 对未经批准承办本法第十四条规定的注册会计师业务的单位，由省级以上人民政府财政部门责令其停止违法活动，没收违法所得，可以并处违法所得一倍以上五倍以下的罚款。

第四十一条 当事人对行政处罚决定不服的，可以在接到处罚通知之日起十五日内向作出处罚决定的机关的上一级机关申请复议；当事人也可以在接到处罚决定通知之日起十五日内直接向人民法院起诉。

复议机关应当在接到复议申请之日起六十日内作出复议决定。当事人对复议决定不服的，可以在接到复议决定之日起十五日内向人民法院起诉。复议机关逾期不作出复议决定的，当事人可以在复议期满之日起十五日内向人民法院起诉。

当事人逾期不申请复议，也不向人民法院起诉，又不履行处罚决定的，作出处罚决定的机关可以申请人民法院强制执行。

第四十二条 会计师事务所违反本法规定，给委托人、其他利害关系人造成损失的，应当依法承担赔偿责任。

第七章 附 则

第四十三条 在审计事务所工作的注册审计师，经认定为具有注册会计师资格的，可以执行本法规定的业务，其资格认定和对其监督、指导、管理的办法由国务院另行规定。

第四十四条 外国人申请参加中国注册会计师全国统一考试和注册，按照互惠原则办理。外国会计师事务所在中国境内设立常驻代表机构，须报国务院财政部门批准。外国会计师事务所与中国的会计师事务所共同举办中外合作会计师事务所，须经国务院对外经济贸易主管部门或者国务院授权的部门和省级人民政府审查同意后报国务院财政部门批准。

除前款规定的情形外，外国会计师事务所需要在中国境内临时办理有关业务的，须经有关的省、自治区、直辖市人民政府财政部门批准。

第四十五条 国务院可以根据本法制定实施条例。

第四十六条 本法自1994年1月1日起施行。1986年7月3日国务院发布的《中华人民共和国注册会计师条例》同时废止。

二、关于加快发展我国注册会计师行业的若干意见

国务院办公厅转发财政部关于加快发展我国注册会计师行业若干意见的通知

国办发［2009］56号

各省、自治区、直辖市人民政府，国务院各部委、各直属机构：

财政部《关于加快发展我国注册会计师行业的若干意见》已经国务院同意，现转发给你们，请认真贯彻执行。

建立和完善社会主义市场经济体制，促进我国经济社会持续健康发展，需要大力发展会计、审计等经济

鉴证类中介行业。加快发展我国注册会计师行业，对于提高经济发展质量，维护国家经济信息安全具有重要意义。各地区、各部门要高度重视、加强领导，密切配合、落实责任，根据若干意见提出的要求，创新体制机制，完善政策措施，优化发展环境，加强行业监管，提高自律水平，引导和促进我国注册会计师行业又好又快发展。

国务院办公厅

二〇〇九年十月三日

关于加快发展我国注册会计师行业的若干意见

注册会计师行业是运用专业特长，对企事业单位会计信息进行鉴证，并提供会计、税务、管理咨询等商务服务的中介行业。改革开放以来，我国注册会计师行业经过恢复重建和不断发展，取得了显著成绩。目前，会计师事务所超过 7 400 家，执业注册会计师超过 8.5 万人，从业人员近 30 万人，注册会计师执业范围和服务对象日益拓展，执业能力和行业监管水平稳步提高，相关法律制度体系基本健全，社会影响力和国际话语权逐步增强，注册会计师行业已经成为促进经济社会健康发展不可或缺的力量。但是，由于起步较晚、基础薄弱等多种原因，我国注册会计师行业的整体水平与经济社会发展要求和全球会计行业发展水平还有较大差距。为加快我国注册会计师行业健康发展，现提出以下意见：

一、充分认识加快发展注册会计师行业的重要意义

（一）加快发展注册会计师行业，是建立和完善社会主义市场经济体制的必然要求。注册会计师行业服务领域已从传统的会计审计向管理咨询、内部控制、资信调查、投资决策等领域延伸，规模较大的会计师事务所汇聚了会计、审计、金融、税务、法律、财务管理、风险控制、战略规划等方面的专家，在提高经济信息质量、引导资源合理配置、优化企业治理结构、维护市场经济秩序和社会公众利益等方面发挥着重要作用。

（二）加快发展注册会计师行业，是贯彻中央"走出去"战略的重要举措。会计是国际通用的商业语言，企业跨国经营、资本跨境流动离不开注册会计师行业的专业支持。注册会计师行业为我国企业进入国际市场提供会计、税务、管理咨询等综合性服务，有助于我国企业在经营管理上与国际接轨，在更高层次和更广领域内参与国际竞争。

（三）加快发展注册会计师行业，是应对国际金融危机、促进经济平稳较快发展的迫切需要。当前，我国应对国际金融危机取得了明显成效，经济运行正处在企稳回升的关键时期。注册会计师行业作为经济工作的基础和社会审计监督体系的重要力量，充分发挥其在保增长、调结构中的作用，有助于落实国家重大宏观经济政策，确保投资安全和投资效益，为建立经济运行风险防范机制提供强有力的专业支持。

二、加快发展注册会计师行业的指导思想、基本原则和主要目标

（一）指导思想

以邓小平理论和"三个代表"重要思想为指导，深入贯彻落实科学发展观，全面总结行业发展经验，针对当前困扰行业发展的突出问题，着力从体制机制上深化改革、开拓创新，加强行业监管，推动诚信建设和组织建设，通过必要的扶持政策和鼓励措施，引导会计师事务所协调发展和走向国际，不断扩大执业领域和执业范围，全面提升执业质量和服务能力，大力改善执业环境和内部治理，促进注册会计师行业又好又快发展。

（二）基本原则

一是坚持解放思想、开拓创新。要立足我国国情，借鉴国际经验，在遵循法制要求和市场规则的前提下，大力支持会计师事务所改革创新，积极探索加快行业发展的多种模式、途径和方法，鼓励优化组合、兼并重组、强强联合，促进行业走跨越式发展道路。

二是坚持科学发展、规范管理。要以科学发展观指导行业发展，形成大型、中型和小型会计师事务所执业领域各有侧重、市场定位各有特色、服务对象各有倾斜、地域分布较为合理，不同规模的会计师事务所有序竞争、接续发展的格局。同时，强化政府行政管理和监督，充分发挥行业协会的服务、协调和行业自律管理作用，健全会计师事务所组织形式、治理机制和行业制度，确保行业健康发展。

三是坚持诚信为本、质量第一。要始终把诚信建设作为行业发展的生命线，以维护社会公众利益为宗旨，以职业道德建设为核心，坚守独立、客观、公正的职业立场，全面提升行业的诚信度和公信力，使注册会计师行业成为受社会尊重和信赖的专业服务行业。

（三）主要目标

力争通过5年左右的时间，努力实现以下主要发展目标：

——会计师事务所的规模结构优化合理。重点扶持10家左右具有核心竞争力、能够跨国经营并提供综合服务的大型会计师事务所。积极促进中型会计师事务所健康发展，努力形成200家左右能够为大中型企事业单位及上市公司提供高质量服务、管理规范的中型会计师事务所。科学引导小型会计师事务所规范有序发展。

——会计师事务所执业领域大幅度拓展。认真落实《中华人民共和国公司法》"公司应当在每一会计年度终了时编制财务会计报告，并依法经会计师事务所审计"的规定，确保公司依法接受注册会计师审计。同时，将医院等医疗卫生机构、大中专院校以及基金会等非营利组织的财务报表纳入注册会计师审计范围。在巩固财务会计报告审计、资本验证、涉税鉴证等业务的基础上，积极向企事业单位内部控制、管理咨询、并购重组、资信调查、专项审计、业绩评价、司法鉴定、投资决策、政府购买服务等相关业务领域延伸，推动大型会计师事务所业务转变和升级，加速向高端型、高附加值、国际化业务发展。

——会计师事务所执业环境显著改善。切实打破制约会计师事务所发展的行政壁垒、业务限制和地方保护，有效治理指定业务、索取回扣等不当行为，为会计师事务所创造更加公平的执业环境。各地区、各部门、各单位不得人为限制会计师事务所执业，不得干预注册会计师独立发表审计意见。

——会计师事务所组织形式、治理机制和管理制度更加科学。本着有利于注册会计师行业健康发展、提高会计师事务所治理水平、增强会计师事务所竞争能力的原则，支持会计师事务所依法采用与其发展战略、业务特点和规模相适应的组织形式。进一步健全透明高效、相互制衡的治理结构和内控机制，不断完善内部管理制度和执业责任保险制度。全面提高会计师事务所内部管理信息化水平，基本实现大中型会计师事务所利用信息化手段实施财务报告审计、内部控制审计和提供其他相关服务。

——注册会计师队伍职业道德水平和专业胜任能力显著提高。通过制定和实施注册会计师行业人才战略规划，有计划、有步骤地培养造就一大批适应行业发展要求的国际化、复合型人才，建设一支诚信执业、素质过硬的注册会计师队伍。

三、加快形成大中小会计师事务所协调发展的合理布局

（一）重点扶持大型会计师事务所加快发展

大型会计师事务所是在人才、品牌、规模、技术标准、执业质量和管理水平等方面居于行业领先地位，能够为我国企业"走出去"提供国际化综合服务的会计师事务所。要积极探索适应大型会计师事务所发展需要的组织形式，大力推进特殊普通合伙制。鼓励执业质量优良、治理机制科学、发展势头良好的中型会计师事务所采用多种科学有效的形式进行强强联合，发展成为大型会计师事务所。会计师事务所在结构调整、兼并重组、做强做大过程中，要重视资源的优化配置和集中管理，完善治理结构、打造强有力的后台支持系统，实现人事、财务、业务、技术标准和信息管理等方面的实质统一。

（二）积极促进中型会计师事务所健康发展

中型会计师事务所是在人才、品牌、规模、技术标准、执业质量和管理水平等方面具有较高水准，能够为大中型企事业单位、上市公司提供专业或综合服务的会计师事务所。要稳步扩大中型会计师事务所数量，不断提高中型会计师事务所专业服务能力和内部管理水平。鼓励信誉良好、成长快速的小型会计师事务所重组联合，成为中型会计师事务所或其分所，提高为市场服务的能力和水平。

（三）科学引导小型会计师事务所规范发展

小型会计师事务所是规模较小，主要提供相关专项服务的会计师事务所。小型会计师事务所要突出服务特色，重在做精做专。要科学引导小型会计师事务所在规范管理运作、严格质量控制的基础上，创新发展模式、服务方式和技术手段，不断挖掘市场需求，深化专项领域服务，使小型会计师事务所成为面向小规模企事业单位和广大农村提供优质服务的主体力量。

四、切实加大促进注册会计师行业发展的政策扶持和引导力度

（一）完善扶持政策，合力促进发展

财政部要会同有关部门进一步建立健全促进注册会计师行业加快发展的支持政策，在优秀人才引进与合理流动、从业人员培养培训、外事外汇、税收政策、规范执业收费、优化发展环境等方面给予支持。要支持会计师事务所按照市场规律和平等互利、公平自愿的原则，采用多种发展模式进行优化组合、做大做强，确保合并、分立、重组和联合规范运作。要把注册会计师行业作为发展现代服务业的重要内容来抓，突出工作重点，更好地发挥其在经济社会发展中的服务职能。

（二）坚持统筹兼顾，加强分类指导

境外上市企业，金融、能源、通信企业以及其他关系国计民生的大型骨干国有企业，应当优先选择有利于保障国家经济信息安全的大型会计师事务所提供相关服务。鼓励大型会计师事务所通过收购、合并等方式在境外设立成员所或分所，重视发挥其窗口和平台作用，为增强境外业务竞争力创造必要条件。要为大型会计师事务所"走出去"提供便利条件，在境外投资促进、扶持、保障、服务、核准等方面给予支持，并在资质认可、信息咨询、市场考察和对外联络等方面予以帮助。加快现有中外合作会计师事务所本土化进程，在我国法律框架和统一市场规则下公平竞争。支持我国会计师事务所在平等互利的基础上加盟国际会计公司。

各级财政部门和注册会计师协会要研究探索引导社会合理选聘中小型会计师事务所的评价机制和措施。促进中型会计师事务所业务范围不断拓展和服务能力不断提升。支持小型会计师事务所扩大代理记账、税务代理、外包业务、IT 支持、个人理财、社区事业等咨询服务领域，积极承办社会主义新农村建设中"村账乡管"代理记账业务。

五、全面实施注册会计师行业人才战略

（一）重视人才培养，抓好队伍建设

会计师事务所要在行业人才培养中发挥基础性、主渠道作用。要制定员工职业发展规划和各层次人才培养计划，分阶段、分步骤抓好组织实施。加盟国际会计公司的中国成员所，要与国际会计公司签署人才培养协议。要积极参与注册会计师行业领军人才培养计划，加强业务练兵和岗位培训，致力于培养一批专业扎实、技术过硬、品德优良的领军人才。要改革完善人力资源制度，进一步优化激励约束机制、考核分配制度及合伙人进入与退出机制，把加快培养中青年管理团队和业务骨干列入重要议事日程，推动从业人员队伍顺利实现新老交替、平稳过渡。要培育尊重人才、保护人才的企业文化，形成以事业留人、待遇留人、感情留人、合伙文化留人的良好氛围。

（二）搭建良好平台，创新培养机制

各级财政部门和注册会计师协会要大力抓好行业领军人才和后备人才培养工作，力争用 5 年左右的时间，打造一批在业内具有较高声望、在行业"走出去"过程中能够发挥关键作用、承担国际化业务的复合型领军人物。要进一步完善注册会计师行业领军人才培养机制，健全选拔、培养、考核和使用制度。要进一步加大继续教育培训力度，着力提高行业从业人员的整体素质。要积极选聘高校应届优秀毕业生和海内外优秀人才，抓好人才储备，优化队伍结构，为我国注册会计师行业发展提供人才保障。

六、严格注册会计师行业行政监管和自律约束

（一）加强行政许可，严格市场准入

财政部和各省级财政部门要根据注册会计师法、行政许可法的要求和设立会计师事务所的规定，按照公开、公平、公正、便民、高效的原则，依照法定程序严格审批会计师事务所。未持有中国注册会计师证书的人员、不在会计师事务所专职执业人员、在申请设立会计师事务所前 3 年内因执业行为受到行政处罚的人员，不得担任会计师事务所的合伙人（股东）。在执业活动中受到行政处罚、刑事处罚，自处罚决定生效之日起不满 3 年的会计师事务所，不得申请设立证券期货资格会计师事务所。要及时跟踪了解会计师事务所有关信息和动态，监督会计师事务所业务活动，防止出现重审批、轻监管等现象。会计师事务所之外的其他中介机构和个人不得承办注册会计师审计业务。不具备证券期货资格的会计师事务所，不得承接证券期货相关业务。禁止会计师事务所一所多章分头签发业务报告等行为。

（二）加强行政监管，提高监管效能

财政部和各省级财政部门要加强对注册会计师行业的行政监管，健全行业监管跨部门沟通协调机制，建立财政部门和审计、银行、证券、保险等监管部门的信息共享制度，不断提高监管效能。要建立并实施会计师事务所及其注册会计师退出机制，严厉惩治通同舞弊、挂名签字、兼职执业等违法违规行为。财政部要重点加强对大中型会计师事务所及其注册会计师的监管。各省级财政部门要重点加强对小型会计师事务所的监管。采取多种形式交流监管经验，建立完善定期检查制度。要研究建立注册会计师监管责任追究制度，寓监管于服务之中，将强化监管与改进服务结合起来，将打击不良风气、违规行为与表彰先进、弘扬正气结合起来。要加强国际交流，把握全球行业发展动向，推动注册会计师行业始终保持良性快速发展态势。

（三）加强协会建设，严格自律约束

要充分发挥注册会计师协会的作用，不断提高管理和服务水平，促进行业又好又快发展。要加强注册会计师协会自身组织建设，严格注册会计师注册及考试制度，大力开展继续教育，夯实行业自律基础。要加强对注册会计师执业质量的自律检查和惩戒力度，建立健全行业诚信信息监控体系，不断丰富和创新行业自律手段。要进一步完善执业准则体系和职业道德准则体系，促进注册会计师执业质量和诚信水平不断提高。

七、不断加强注册会计师行业诚信建设和内部治理

（一）深化诚信建设，铸造诚信精神

诚信是注册会计师行业的安身立命之本和长远发展之基。要进一步大力弘扬诚信为本、操守为重、坚持准则的职业风尚，深入推进行业法制教育和诚信建设。要不断完善行业信用管理制度和诚信档案制度，积极探索会计师事务所信用评级制度，建立推广行业从业人员诚信宣誓制度和会计师事务所诚信公约制度，有力推动独立、客观、公正的执业精神深入人心，不断提升行业的诚信度和公信力。

（二）狠抓内部治理，建设人合文化

会计师事务所要确立可持续发展战略目标，立足于打造“百年老店”。要吸收借鉴国际同行先进管理经验，充分利用现代信息技术手段，狠抓内部治理、严格质量控制，加快完善“权责清晰、决策科学、管理严格、和谐发展”的治理机制，建立健全以决策程序、风险控制、人才培养、收益分配、执业网络协调为重点的内部管理制度，增强管理的科学性和透明度，规范和理顺合伙人（股东）之间、合伙人（股东）与注册会计师和员工之间的关系。倡导大中型会计师事务所设立专门的技术支持部门、质量管控部门和信息技术部门，建立健全并有效实施全过程质量控制规程。各级财政部门和注册会计师协会在考察、评价会计师事务所时，要将其内部治理情况作为重要衡量标准。要采取切实有效的措施，积极培育人合、事合、心合、志合的合伙文化。主任会计师、合伙人（股东）和高级管理团队要在文化建设中发挥主导作用，同时引导和规范从业人员行为，形成整体团队的向心力，促进会计师事务所长远发展。

八、进一步强化注册会计师行业加快发展的组织领导

（一）加强行业党建，提供政治保障

要加强注册会计师行业党建工作，健全行业党建工作机制，落实行业党建工作责任，加大行业党组织组建力度，发挥中国注册会计师行业党委的重要作用，不断扩大党的组织和工作覆盖面。要加强行业党员教育、管理和服务工作，不断提高行业党员队伍素质。要创新行业党建工作方式，增强党的工作活力，充分发挥行业基层党组织战斗堡垒作用和党员先锋模范作用，为加快发展注册会计师行业提供坚强的政治保证。

（二）强化行政领导，明确职责任务

财政部作为我国注册会计师行业的主管部门，要全面把握加快发展注册会计师行业的形势和任务，加强领导、落实责任，科学筹划、认真实施，确保加快发展注册会计师行业的各项政策措施落到实处、抓出实效。

各省、自治区、直辖市人民政府财政部门要充分认识加快发展我国注册会计师行业的重要意义，结合本地区经济社会发展实际，积极研究制定支持注册会计师行业加快发展的具体措施和办法，共同促进注册会计师行业加快发展。

各级财政部门在推进注册会计师行业发展中，要重视发挥注册会计师协会的作用。

（三）加大宣传力度，营造良好氛围

各级财政部门和注册会计师协会要加大对注册会计师行业执业性质、职能作用、发展状况、先进事迹等的宣传力度，加深全社会对注册会计师行业的认知度和认同感，营造理解、支持、尊重注册会计师行业的有利氛围，为加快发展注册会计师行业凝聚共识、汇聚力量，创造更加良好的外部发展环境。

三、委托会计师事务所审计招标规范

财政部关于印发《委托会计师事务所审计招标规范》的通知

财会[2006]2号

各省、自治区、直辖市财政厅（局）深圳市财政局，国务院有关部委、有关直属机构，中央管理企业：

为了规范招标委托会计师事务所从事审计业务的活动，促进注册会计师行业的公平竞争，保护招标单位和投标会计师事务所的合法权益，我部制定了《委托会计师事务所审计招标规范》，现印发给你们。自2006年3月1日起执行。

附件：委托会计师事务所审计招标规范

中华人民共和国财政部
二〇〇六年一月二十六日

委托会计师事务所审计招标规范

第一条　为了规范招标委托会计师事务所（以下简称“事务所”）从事审计业务的活动，促进注册会计师行业的公平竞争，保护招标单位和投标事务所的合法权益，根据《中华人民共和国招标投标法》、《中华人民共和国注册会计师法》及相关法律，制定本规范。

第二条　招标单位采用招标方式委托事务所从事审计业务的，应当遵守《中华人民共和国招标投标法》，并符合本规范的规定。

第三条　招标投标活动应当遵循公开、公平、公正和诚实信用的原则。

任何单位和个人不得违反法律、行政法规规定，限制或者排斥事务所参加投标，不得以任何方式非法干涉招标投标活动。

事务所通过投标承接和执行审计业务的，应当遵守审计准则和职业道德规范，严格按照业务约定书履行义务、完成中标项目。

第四条　招标委托事务所从事审计业务，按照下列程序进行：

（一）招标，包括确定招标方式、发布招标公告（公开招标方式下）或发出投标邀请书（邀请招标方式下）、编制招标文件、向潜在投标事务所发出招标文件；

（二）开标；

（三）评标；

（四）确定中标事务所，发出中标通知书，与中标事务所签订业务约定书。

第五条　招标单位一般应当采用公开招标方式委托事务所。

对于符合下列情形之一的招标项目，可以采用邀请招标方式：

（一）具有特殊性，只能从有限范围的事务所中选择的；

（二）具有突发性，按公开招标程序无法在规定时间内完成委托事宜的。

第六条　采用公开招标方式的，应当发布招标公告。采用邀请招标方式的，应当向3家以上事务所发出投标邀请书。

招标公告和投标邀请书应当载明招标单位的名称和地址、招标项目的性质、数量、实施地点和时间以及获取招标文件的办法等事项。

第七条　招标单位可以根据招标项目本身的要求，在招标公告或者投标邀请书中，要求潜在投标事务所提供有关资质证明文件和业绩情况，并对潜在投标事务所进行资格审查。

在资格审查过程中，招标单位应当充分利用财政部门和注册会计师协会公开的行业信息，并执行财政部有关审计的管理规定。

第八条　招标单位应当根据招标项目的特点和需要编制招标文件。招标文件应当包括下列内容：

（一）招标项目介绍；

（二）对投标事务所资格审查的标准；

（三）投标报价要求；

（四）评标标准；

（五）拟签定业务约定书的主要条款。

第九条　招标单位应当在招标文件中详细披露便于投标事务所确定工作量、制定工作方案、提出合理报价、编制投标文件的招标项目信息，包括被审计单位的组织架构、所处行业、业务类型、地域分布、财务信息（如资产规模及结构、负债水平、年业务收入水平、其它相关财务指标）等。

第十条　招标单位应当根据招标项目要求，综合考虑投标事务所的工作方案、人员配备、相关工作经验、职业道德记录和质量控制水平、商务响应程度、报价等方面，合理确定评审内容、设定评审标准、设计各项评审内容分值占总分值的权重。投标事务所报价分值的权重不应高于20%。

评标标准的具体设计可以参考所附《评审内容及其权重设计参考表》。

第十一条　招标项目需要确定工期的，招标单位应当考虑注册会计师行业服务的特殊性，合理确定事务所完成相应工作的工期，并在招标文件中载明。

第十二条　招标单位可以根据招标项目的具体情况，组织潜在投标事务所座谈、答疑。潜在投标事务所需要查询招标项目详细资料的，招标单位应当在可能的情况下提供便利。

第十三条　招标单位在做出投标事务所编制投标文件的时限要求时，应当考虑注册会计师行业服务的特殊性，自招标文件开始发出之日起至投标事务所提交投标文件截止之日止，一般不得少于20日。

第十四条　招标单位应当公开进行开标，并邀请所有投标事务所参加。

第十五条　招标单位应当组建评标委员会，由评标委员会负责评标。

评标委员会由招标单位的代表和熟悉注册会计师行业的专家组成，与投标单位有利害关系的人不得进入相关项目的评标委员会。

评标委员会成员（以下简称"评委"）人数应当为5人以上单数，其中熟悉注册会计师行业的专家一般不应少于成员总数的2/3。

评委名单在中标结果确定前应当保密。

第十六条　招标单位应当采取必要的措施，保证评标在严格保密的情况下进行。任何单位和个人不得非法干预、影响评标的过程和结果。

第十七条　评委应当依据评标标准对投标事务所进行评分。

评标委员会应当按照各投标事务所得分高低次序排出名次，并根据名次推荐中标候选事务所。

第十八条　评标委员会完成评标后，应当向招标单位提出书面评标报告。

招标单位应当根据评标委员会提出的书面评标报告和推荐的中标候选事务所确定中标事务所。招标单位也可以授权评标委员会直接确定中标事务所。

第十九条　中标事务所确定后，招标单位应当向中标事务所发出中标通知书，同时将中标结果通知所有未中标的投标事务所。

第二十条　招标单位应当自中标通知书发出之日起30日内，以招标文件和中标事务所投标文件的内容为依据，与中标事务所签订业务约定书。

招标单位不得向中标事务所提出改变招标项目实质性内容、提高招标项目的技术要求、降低支付委托费用等要求，不得以各种名目向中标事务所索要回扣。

招标单位不得与中标事务所再行订立背离业务约定书实质性内容的其他协议。

第二十一条　财政部和各省、自治区、直辖市财政部门应当对审计招标投标活动进行监督，对审计招标投标活动中的违法违规行为予以制止并依法进行处理。

第二十二条　招标单位招标委托事务所从事其他鉴证业务和相关服务业务的，参照执行本规范。

第二十三条　本规范由财政部负责解释。

第二十四条　本规范自2006年3月1日起施行。

附表：

评审内容及其权重设计参考表

评审内容	权重范围
工作方案	20%～30%
人员配备	20%～30%
相关工作经验	15%～25%
职业道德记录和质量控制水平	10%～15%
商务响应程度	5%
报价	10%～20%

注：对于报价的评审，应当以报价与平均报价差异的绝对值作为评审标准，差异绝对值越小，所得分值越高。

四、国资委统一委托会计师事务所工作试行办法

国务院国有资产监督管理委员会关于印发《国资委统一委托会计师事务所工作试行办法》的通知

国资发评价[2004]289号

各中央企业：

为加强国有资产监督管理，规范企业年度财务决算审计工作，提高企业会计信息质量，根据《中央企业财务决算报告管理办法》(国资委令第5号)和《中央企业财务决算审计工作规则》(国资发评价[2004]173号)的有关规定，国资委将有计划、有步骤地对所出资企业试行统一委托会计师事务所进行年度财务决算审计工作。现将我委制定的《国资委统一委托会计师事务所工作试行办法》印发给你们，请将执行中的有关情况和问题及时反映。

二〇〇四年九月二十九日

国资委统一委托会计师事务所工作试行办法

第一条　为加强国有资产监督管理，有效履行出资人职责，规范国务院国有资产监督管理委员会(以下简称国资委)所出资企业(以下简称企业)年度财务决算审计工作，提高会计信息质量，根据《中央企业财务决算报告管理办法》(国资委令第5号)和《中央企业财务决算审计工作规则》(国资发评价[2004]173号)的有关规定，特制定本办法。

第二条　国资委根据出资人财务监督工作的需要，将有计划、有步骤地试行统一委托会计师事务所对企业年度财务决算审计工作。

第三条　国资委统一委托会计师事务所对企业年度财务决算审计工作，按照“公开、公平、公正”的原则，采取公开招标或邀请招标的方式进行。

第四条　按照国家有关招投标法律、法规及国资委有关财务决算审计规章制度的规定，国资委通过对外公开招标或者由被审计企业推荐报国资委核准的方式确定邀请招标对象，具体组织统一委托会计师事务所工作。

第五条　投标会计师事务所应具有以下资质要求：

(一) 经工商登记为企业法人，并具备国家主管部门颁发的执业资格；

(二) 会计师事务所应具备与被审计企业相适应的资质条件，并与被审计企业规模相适应；

(三) 在规定工作期间，有能力调配较强工作力量，按照国资委年度财务决算审计工作要求开展审计工作，并按时保质完成审计任务；

(四) 近三年内没有违法违规行为被国家有关部门予以处罚的记录，并在承担中央企业有关审计工作中没有出现重大审计质量问题和不良记录。

第六条　投标会计师事务所资质条件与被审计企业规模相适应是指承担企业审计业务的会计师事务所，其注册会计师人数不得少于40名，其中：

(一) 企业资产总额(合并口径，下同)在100亿～500亿元的，主审会计师事务所注册会计师人数不得少于60名；

(二) 企业资产总额在500亿～1 000亿元的，主审会计师事务所注册会计师人数不得少于80名；

(三) 企业资产总额在1 000亿元以上的，主审会计师事务所注册会计师人数不得少于100名。

第七条　企业资产总额在100亿元以下，原则上委托一家会计师事务所独立承担企业年度财务决算的审计业务；企业资产总额在100亿元以上且子企业户数较多、分布较广的，可委托一家或多家会计师事务所(最多不得超过5家)承担企业年度财务决算的审计业务。

第八条　投标方应按照国资委年度财务决算统一工作要求，在投标书中对以下方面作出明确的承诺或陈述：

(一) 同意承担招标书规定的工作内容；

(二) 审计工作方案及保证措施;

(三) 项目小组构成、项目负责人及成员简介(含近三年从事类似审计项目的工作业绩,主要成员应具有从事企业财务决算审计工作的经历)及其相关资格证书的复印件;

(四) 收取费用预算及支付方式(费用预算中人工费用、差旅费用、其他费用等应分别列示);

(五) 按照国家有关规定和独立审计准则的要求,确保审计报告内容的真实性、合法性。

第九条 允许委托多家会计师事务所的被审计企业,可由多家会计师事务所组成共同投标人进行投标,并在投标书中明确主审会计师事务所与参审会计师事务所的职责分工。

第十条 投标。国资委根据确定的招标范围,向相关的会计师事务所发出招标邀请。投标方根据邀请招标的要求以及招标书中的规定审计对象其中之一进行投标。

会计师事务所应按照规定的程序及相关要求,在规定时间内将投标文件报送国资委。未密封的投标文件、迟报的投标文件等均视为投标无效。

第十一条 开标。在会计师事务所按规定投标后,由国资委密封保存,并于评标时在监票人员的监督下统一开标。

第十二条 评标。按照公平、公正、择优的原则进行评标,由国资委组织有关方面的专业人士组成评标委员会,在对投标会计师事务所执业情况初审的基础上,依据国家有关招投标法律、法规对会计师事务所的投标文件和陈述进行审核、比较和评分。

第十三条 以下情况作为废标处理:

(一) 投标人以他人的名义投标、串通投标、以行贿手段谋取中标或者以其他弄虚作假方式投标的;

(二) 投标文件不符合招标文件提出的全部实质性要求,未能在实质上响应的投标;

(三) 投标文件出现重大偏差。

第十四条 评标程序:

(一) 投标人情况介绍;

(二) 评标委员会成员审核投标文件;

(三) 评标委员会成员按照规定的程序和格式评标评分;

(四) 现场统计投标人的评分情况,对投标人按得分高低顺序排出名次,并当场公布;

(五) 在评标结果基础上,国资委按排名次序与相关会计师事务所协商企业财务决算审计具体工作组织等相关事宜;

(六) 根据评标结果和协商情况,报经批准后与中标会计师事务所签定《业务约定书》。

第十五条 中标会计师事务所应于接到国资委中标通知的5个工作日内,与国资委签定《业务约定书》,国资委同时向被审计企业下达《委托审计通知书》。过期不签《业务约定书》的,视为该会计师事务所弃权。

第十六条 中标会计师事务所为多家会计师事务所共同组织投标的,由国资委与主审会计师事务所签,定《业务约定书》;参审会计师事务所与主审会计师事务所签定有关业务约定书,并报国资委备案。

第十七条 会计师事务所在承办企业的财务决算审计工作中,应严格遵守《中央企业财务决算审计工作规则》及国资委有关年度财务决算的工作要求。

第十八条 在实施审计过程中发现以下情形的,国资委有权更换会计师事务所:

(一) 在投标中有故意隐瞒与投标书不符的重大事实的;

(二) 将所中标业务再转包或分包给其他会计师事务所的;

(三) 被国家有关部门予以处罚的。

第十九条 国资委在会计师事务所按规定程序执行审计任务并出具符合工作要求的审计报告后,根据国家有关规定及《业务约定书》有关费用条款支付相关审计费用。

第二十条 被审计企业应当按照国资委的相关工作要求认真做好推荐会计师事务所的工作。企业推荐的会计师事务所不得与企业及企业相关工作人员有利害关系。

第二十一条 国资委的相关工作人员在招投标过程中,应当严格执行相关工作纪律、工作要求和工作程序,加强监督,强化责任。国资委工作人员不得向企业推荐会计师事务所,不得影响和干预企业对会计师事务所的推荐工作。

第二十二条 参加评标工作的评委及监票等工作人员应当客观、公正地履行职责,严格执行评标工作纪律,并对所提出的评审意见承担责任。评委不得与任何投标人或者与招标结果有利害关系的人进行私下接触,不得透露投标评审及相关工作情况。

第二十三条　本办法从公布之日起施行。

五、关于不再实施特定上市公司特殊审计要求的通知

证监会计字[2007]12 号

各上市公司、拟上市公司、相关会计师事务所:

2006 年,财政部颁布了新的企业会计准则、审计准则体系(以下简称"新会计、审计准则"),并已于 2007 年 1 月 1 日开始执行。新会计、审计准则同国际会计、审计准则实现了实质性趋同。鉴于我国会计和审计制度的调整,此前实施的金融类上市公司在法定审计之外聘请国际会计师事务所进行审计和对一次发行量超过 3 亿(含 3 亿)股以上的公司进行补充审计的相关规定不再执行。

自本通知发布之日起,《公开发行证券的公司信息披露编报规则第 16 号——A 股公司实行补充审计的暂行规定》(证监发[2001]161 号),《关于 A 股公司做好补充审计工作的通知》(证监发[2001]162 号),《关于 2002 年 A 股公司进行补充审计试点有关问题的通知》(证监发[2002]10 号),《公开发行证券的公司信息披露规范问答第 4 号——金融类公司境内外审计差异及利润分配基准》(证监会计字[2001]58 号),《公开发行证券的公司信息披露编报规则第 5 号——证券公司招股说明书内容与格式特别规定》(证监发[2000]76 号)第 13 条,《公开发行证券的公司信息披露编报规则第 8 号——证券公司年度报告的内容与格式特别规定》(证监发[2000]80 号)第 5 条,《公开发行证券的公司信息披露编报规则第 18 号——商业银行信息披露特别规定》(证监会计字[2003]3 号)第 17 条、第 21 条以及《公开发行证券的公司信息披露编报规则第 3 号——保险公司招股说明书内容与格式特别规定》(证监发行字[2006]151 号)第 25 条等规定予以废止。

特此通知。

中国证券监督管理委员会
二〇〇七年三月八日

六、高新技术企业认定专项审计指引

中国注册会计师协会关于印发《高新技术企业认定专项审计指引》的通知

会协[2008]83 号

各省、自治区、直辖市注册会计师协会:

为指导和规范注册会计师执行高新技术企业认定专项审计业务,明确工作要求,保证执业质量,满足高新技术企业认定管理工作的需要,我会制定了《高新技术企业认定专项审计指引》,现予以印发,并自印发之日起施行。

附件:高新技术企业认定专项审计指引

中国注册会计师协会
二〇〇八年十一月十二日

高新技术企业认定专项审计指引目录[①]

第一章　总　则

一、制定目的与依据

① 高新技术企业认定专项审计指引的内容非常多,此处只提供目录,需要查找详细规定的读者请到中国注册会计师协会网站查找全文。

二、相关定义
三、申报企业管理层的责任
四、注册会计师的责任
五、职业道德要求
六、职业怀疑态度
七、审计目标
八、总体要求
九、合理保证
十、适用范围

第二章 初步业务活动

一、初步业务活动的目的
(一) 初步业务活动的基本要求
(二) 接受委托时应当考虑的事项
二、初步业务活动的内容
三、业务约定书
(一) 签订专项审计业务约定书的总体要求
(二) 专项审计业务约定书的内容

第三章 计划审计工作

一、总体审计策略
(一) 审计范围
(二) 审计时间
(三) 审计方向
(四) 审计资源调配
二、具体审计计划
(一) 研究开发费用支出
(二) 高新技术产品(服务)收入
三、更改审计计划

第四章 风险评估

一、了解申报企业及其环境
(一) 行业状况、法律环境与监管环境以及其他外部因素
(二) 申报企业的性质
(三) 申报企业对会计政策的选择与运用
(四) 申报企业的目标、战略以及相关经营风险
(五) 申报企业财务业绩的衡量与评价
二、评估重大错报风险
(一) 识别和评估重大错报风险的程序
(二) 识别与评估申报明细表层次的重大错报风险
(三) 识别与评估认定层次重大错报风险
(四) 内部控制对评估认定层次重大错报风险的影响
(五) 需要特别考虑的重大错报风险
(六) 考虑与特别风险相关的控制
(七) 仅通过实质性程序无法应对的重大错报风险

第五章 了解内部控制

一、内部控制要素
(一) 控制环境
(二) 风险评估过程

（三）信息系统与沟通
（四）控制活动
（五）对控制的监督
二、了解和评价与研究开发费用相关的控制活动和信息系统
（一）了解业务流程的主要步骤
（二）确定错报可能发生的环节
（三）了解和识别相关控制
（四）执行穿行测试
三、了解与高新技术产品(服务)收入相关的控制活动和信息系统
（一）了解业务流程的主要步骤
（二）确定错报可能发生的环节
（三）了解和识别相关控制
（四）执行穿行测试

第六章　对研究开发费用实施的进一步审计程序

一、控制测试
（一）一般要求
（二）控制测试的程序
二、实质性程序
（一）一般要求
（二）审计目标和实质性程序

第七章　对高新技术产品(服务)收入实施的进一步审计程序

一、控制测试
（一）一般要求
（二）控制测试的程序
二、实质性程序
（一）一般要求
（二）审计目标和实质性程序

第八章　专项审计报告

一、完成审计工作
二、专项审计报告的要素
（一）标题
（二）收件人
（三）引言段
（四）管理层的责任段
（五）注册会计师的责任段
（六）说明段
（七）审计意见段
（八）编制基础及使用限制段
（九）注册会计师的签名和盖章
（十）会计师事务所的名称、地址及盖章
（十一）报告日期
三、专项审计报告的类型
（一）无保留意见的专项审计报告
（二）带强调事项段的专项审计报告
（三）保留意见的专项审计报告
（四）否定意见的专项审计报告

(五) 无法表示意见的专项审计报告

四、出具专项审计报告的特殊考虑

(一) 专项审计报告不应后附整套财务报表

(二) 对年度财务报表审计报告的特殊考虑

第九章 附 则

附录 1:专项审计业务约定书参考格式

附录 2:专项审计报告参考格式

附录 3:研究开发费用结构明细表和高新技术产品(服务)收入明细表及其编制说明参考格式

七、内部控制审核指导意见

中国注册会计师协会关于印发《内部控制审核指导意见》的通知

会协[2002]41 号

各省、自治区、直辖市注册会计师协会,深圳市注册会计师协会:

为了规范注册会计师执行内部控制审核业务,明确工作要求,保证执业质量,我会制定了《内部控制审核指导意见》,现印发给你们,请自 2002 年 5 月 1 日起参照执行。执行中有何问题,请及时函告我会。

附件:内部控制审核指导意见

内部控制审核指导意见

第一章 总 则

第一条 为了规范注册会计师执行内部控制审核业务,明确工作要求,保证执业质量,根据国家有关法规的要求,提出本指导意见。

第二条 本意见所称内部控制审核,是指注册会计师接受委托,就被审核单位管理当局对特定日期与会计报表相关的内部控制有效性的认定进行审核,并发表审核意见。

第三条 按照国家有关法规的要求,建立健全内部控制并保持其有效性,是被审核单位管理当局的责任。

按照本意见的要求,了解、测试和评价内部控制,出具审核报告,是注册会计师的责任。

第四条 注册会计师应当保持应有的职业谨慎,关注内部控制的固有限制,获取充分、适当的证据,将审核风险降低至可接受的水平。

第五条 注册会计师对特定期间与会计报表相关的内部控制的有效性执行审核业务,可参照本意见办理。

第二章 业务约定书

第六条 注册会计师应当在了解被审核单位基本情况的基础上,考虑自身能力和能否保持独立性,初步评估审核风险,确定是否接受委托。

如果接受委托,会计师事务所应当与委托人就约定事项达成一致意见,并签订业务约定书。

第七条 业务约定书应当包括以下主要内容:

(一) 委托目的;

(二) 委托业务的性质;

(三) 审核范围;

(四) 被审核单位管理当局的责任和注册会计师的责任;

(五) 内部控制的固有限制;

(六) 评价内部控制有效性的标准;

(七) 报告分发和使用的限制。

第三章 审核计划

第八条 在制定审核计划前，注册会计师应当向被审核单位管理当局获取有关内部控制有效性的书面认定，以及内部控制手册、流程图、调查问卷和备忘录等文件。

第九条 在制定审核计划时，注册会计师应当考虑以下主要因素：

(一) 被审核单位所在行业的情况，包括行业景气程度、经营风险、技术进步等；

(二) 被审核单位的内部情况，包括组织结构、经营特征、资本构成、生产和业务流程、员工素质等；

(三) 被审核单位近期在经营和内部控制方面的变化；

(四) 管理当局的诚信、能力及发生舞弊的可能性；

(五) 管理当局评价内部控制有效性的方法和证据；

(六) 对重要性水平、固有风险及其他与确定内部控制重大缺陷有关的因素的初步判断；

(七) 特定内部控制的性质及其在内部控制整体中的重要性；

(八) 对内部控制有效性的初步判断；

(九) 从其他专业服务中了解到的有关被审核单位内部控制的情况。

第十条 如果被审核单位有多个经营场所，注册会计师应当选择某些经营场所的内部控制进行了解和测试。

在选择了解和测试的经营场所时，注册会计师除考虑第九条列举的有关因素外，还应当考虑以下因素：

(一) 不同场所之间经营活动和内部控制的相似性；

(二) 会计处理的集中程度；

(三) 控制环境的有效性，尤其是管理当局对各经营场所行使授权的控制和有效监督经营活动的能力；

(四) 各经营场所发生交易的性质和金额。

第十一条 内部审计的工作结果是管理当局评价内部控制有效性的重要基础，注册会计师应当考虑被审核单位内部审计人员的专业能力、独立性及工作范围。

第四章 审核程序

第十二条 注册会计师应当根据审核计划，实施以下工作步骤：

(一) 了解内部控制的设计；

(二) 评价内部控制设计的合理性；

(三) 测试和评价内部控制执行的有效性。

第十三条 注册会计师应当实施以下程序，以了解内部控制的设计：

(一) 询问被审核单位的有关人员；

(二) 检查内部控制生成的文件和记录；

(三) 观察被审核单位的经营管理活动。

第十四条 注册会计师应当在了解内部控制各要素的基础上，根据内部控制能否防止和发现会计报表有关认定的重大错报，评价内部控制设计的合理性。

第十五条 在评价内部控制设计的合理性时，注册会计师应当关注内部控制整体能否实现控制目标，而不应孤立地关注特定内部控制。

第十六条 在确定评价特定内部控制设计合理性的程序时，注册会计师应当考虑以下因素：

(一) 特定内部控制的性质；

(二) 特定内部控制的描述方式；

(三) 经营活动及其管理系统的复杂性。

第十七条 注册会计师应当对相关内部控制进行测试，获取充分、适当的证据，以评价内部控制执行的有效性。

在测试内部控制执行的有效性时，注册会计师应当关注该项内部控制是否得到执行、如何执行、由谁执行以及是否得到一贯执行。

第十八条 在测试内部控制执行的有效性时，注册会计师通常实施以下程序：

(一) 询问被审核单位的有关人员；

(二) 检查内部控制生成的文件和记录；

（三）观察被审核单位的经营管理活动；

（四）重新执行有关内部控制。

第十九条 在评价获取的证据是否充分、适当时，注册会计师应当运用专业判断，并考虑以下因素：

（一）特定内部控制的性质；

（二）特定内部控制在实现控制目标中的重要性；

（三）被审核单位对特定内部控制执行有效性进行测试的性质和范围；

（四）特定内部控制未得到遵循的风险。

第二十条 在评价内部控制执行的有效性时，注册会计师可考虑利用管理当局对内部控制执行有效性的测试结果，但应获取充分、适当的证据进行印证。

第二十一条 在评价特定内部控制未得到遵循的风险时，注册会计师应当考虑以下因素：

（一）交易的数量和性质是否发生变化，以致对特定内部控制的设计和执行产生不利影响；

（二）内部控制是否发生变化；

（三）特定内部控制对其他内部控制有效性的依赖程度；

（四）执行或监控内部控制的关键人员是否发生变动；

（五）特定内部控制的执行是依赖人工还是电子设备；

（六）特定内部控制的复杂程度；

（七）特定控制目标的实现是否依赖于多项内部控制。

第二十二条 某些内部控制是连续执行的，而某些内部控制只在特定时间执行，注册会计师应当根据内部控制的性质及其执行的时间和频率，合理确定控制测试的性质、时间和范围。

第二十三条 当管理当局在作出内部控制有效性认定之前已对内部控制作了改进时，如果注册会计师确定新的内部控制能够实现相关目标，并且已有效执行了适当的时间，可不考虑改进前内部控制设计的合理性和执行的有效性。

第二十四条 对已发现的内部控制重大缺陷，注册会计师应当及时以书面形式与被审核单位进行沟通。

第二十五条 在判断某项内部控制缺陷单独或连同其他内部控制缺陷是否为重大缺陷时，注册会计师应当考虑潜在的错误或舞弊可能导致错报的金额和性质。

第二十六条 注册会计师应当就以下重要事项向管理当局获取书面声明：

（一）管理当局对建立健全内部控制并保持其有效性负责；

（二）管理当局已对内部控制的有效性进行了评价；

（三）管理当局已作出特定日期与会计报表相关的内部控制有效性的认定；

（四）管理当局已向注册会计师告知内部控制在设计和执行方面存在的重大缺陷；

（五）管理当局已向注册会计师告知发生的重大舞弊，以及虽不重大但涉及管理人员或在内部控制过程中起关键作用的员工的其他舞弊；

（六）期后发生的内部控制变化和可能影响内部控制的其他因素，包括管理当局针对重大缺陷采取的各项改进措施。

第二十七条 如果管理当局拒绝提供有关内部控制的书面声明，注册会计师应当将其视为审核范围受到限制，并考虑管理当局其他声明的可靠性。

第二十八条 注册会计师应当将实施的审核程序及其结果，连同取得的有关资料，形成审核工作底稿。

第五章 审核报告

第二十九条 注册会计师应当复核与评价审核证据，形成审核意见，出具审核报告。

第三十条 审核报告应当包括以下基本内容：

（一）标题；

（二）收件人；

（三）引言段；

（四）范围段；

（五）固有限制段；

（六）意见段；

（七）签章和会计师事务所地址；

（八）报告日期。

第三十一条　审核报告的标题应当统一规范为“内部控制审核报告”。

第三十二条　审核报告的收件人应当为审核业务的委托人。审核报告应当载明收件人的全称。

第三十三条　审核报告的引言段应当说明以下内容：

（一）被审核单位管理当局对特定日期与会计报表相关的内部控制有效性的认定；

（二）被审核单位管理当局的责任；

（三）注册会计师的责任。

第三十四条　审核报告的范围段应当说明以下内容：

（一）审核依据，即《内部控制审核指导意见》；

（二）审核程序；

（三）实施的审核程序为注册会计师发表审核意见提供了合理的基础。

第三十五条　审核报告的固有限制段应当说明以下内容：

（一）内部控制的固有限制；

（二）根据内部控制评价结果推测未来内部控制有效性的风险。

第三十六条　审核报告的意见段应当说明被审核单位于特定日期在所有重大方面是否保持了与会计报表相关的有效的内部控制。

第三十七条　审核报告应当由注册会计师签名并盖章，加盖会计师事务所公章，标明会计师事务所地址。

第三十八条　报告日期是指注册会计师完成外勤审核工作的日期。

第三十九条　如果注册会计师认为被审核单位内部控制存在重大缺陷，而管理当局已在书面声明 及认定中恰当地说明了内部控制的重大缺陷及其对实现控制目标的影响，注册会计师应当在审核意见段前增设说明段说明重大缺陷，并视其重要程度发表保留意见或否定意见。

第四十条　如果注册会计师认为被审核单位内部控制存在重大缺陷，而管理当局未在其书面声明及认定中说明内部控制的重大缺陷及其对实现控制目标的影响，或虽已说明重大缺陷，却认定其内部控制依然有效，注册会计师应当发表否定意见。

第四十一条　如果审核范围受到限制，注册会计师应当视其重要程度，发表保留意见或拒绝表示意见。

第四十二条　当存在下列情况时，注册会计师应当考虑其对审核报告的影响 ：

（一）管理当局的认定仅涉及部分内部控制的有效性；

（二）管理当局的认定仅涉及内部控制设计的合理性。

第四十三条　如果认为期后事项严重影响内部控制的有效性，注册会计师应当视其重要程度，发表保留意见或否定意见；如果不能确定其影响，注册会计师应当发表拒绝表示意见。

附录：内部控制审核报告参考格式

1. 无保留意见

内部控制审核报告

×股份有限公司：

我们接受委托，审核了贵公司管理当局对××××年×月×日与会计报表相关的内部控制有效性的认定。贵公司管理当局的责任是建立健全内部控制并保持其有效性，我们的责任是对贵公司内部控制的有效性发表意见。

我们的审核是依据《内部控制审核指导意见》进行的。在审核过程中，我们实施了包括了解、测试和评价内部控制设计的合理性和执行的有效性，以及我们认为必要的其他程序。我们相信，我们的审核为发表意见提供了合理的基础。

内部控制具有固有限制，存在由于错误或舞弊而导致错报发生和未被发现的可能性。此外，由于情况的变化可能导致内部控制变得不恰当，或降低对控制政策、程序遵循的程度，根据内部控制评价结果推测未来内部控制有效性具有一定的风险。

我们认为，贵公司按照×标准于××××年×月×日在所有重大方面保持了与会计报表相关的有效的内部控制。

×会计师事务所(公章)　　　　　　中国注册会计师(签名并盖章)

地　址　　　　　　　　　　　　　年　月　日

2. 保留意见

内部控制审核报告

×股份有限公司：

我们接受委托，审核了贵公司管理当局对××××年×月×日与会计报表相关的内部控制有效性的认定。贵公司管理当局的责任是建立健全内部控制并保持其有效性，我们的责任是对贵公司内部控制的有效性发表意见。

我们的审核是依据《内部控制审核指导意见》进行的。在审核过程中，我们实施了包括了解、测试和评价内部控制设计的合理性和执行的有效性，以及我们认为必要的其他程序。我们相信，我们的审核为发表意见提供了合理的基础。

内部控制具有固有限制，存在由于错误或舞弊而导致错报发生和未被发现的可能性。此外，由于情况的变化可能导致内部控制变得不恰当，或降低对控制政策、程序遵循的程度，根据内部控制评价结果推测未来内部控制有效性具有一定的风险。

(描述内部控制的重大缺陷及其对实现控制目标的影响)有效的内部控制能够为企业及时防止或发现会计报表中的重大错报提供合理保证，而上述重大缺陷使贵公司内部控制失去这一功能。

我们认为，除上述内部控制的重大缺陷及其对实现控制目标的影响外，贵公司按照×标准于××××年×月×日在所有重大方面保持了与会计报表相关的有效的内部控制。

×会计师事务所(公章)　　　　　　中国注册会计师(签名并盖章)

地　址　　　　　　　　　　　　　年　月　日

3. 否定意见

内部控制审核报告

×股份有限公司：

我们接受委托，审核了贵公司管理当局对××××年×月×日与会计报表相关的内部控制有效性的认定。贵公司管理当局的责任是建立健全内部控制并保持其有效性，我们的责任是对贵公司内部控制的有效性发表意见。

我们的审核是依据《内部控制审核指导意见》进行的。在审核过程中，我们实施了包括了解、测试和评价内部控制设计的合理性和执行的有效性，以及我们认为必要的其他程序。我们相信，我们的审核为发表意见提供了合理的基础。

内部控制具有固有限制，存在由于错误或舞弊而导致错报发生和未被发现的可能性。此外，由于情况的变化可能导致内部控制变得不恰当，或降低对控制政策、程序遵循的程度，根据内部控制评价结果推测未来内部控制有效性具有一定的风险。

(描述内部控制的重大缺陷及其对实现控制目标的影响)有效的内部控制能够为企业及时防止或发现会计报表中的重大错报提供合理保证，而上述重大缺陷使贵公司内部控制失去这一功能。

我们认为，由于上述内部控制的重大缺陷及其对实现控制目标的影响，贵公司未能按照×标准于××××年×月×日保持与会计报表相关的有效的内部控制。

×会计师事务所（公章）　　　　　　中国注册会计师（签名并盖章）
地　址　　　　　　　　　　　　　　年　月　日

4. 拒绝表示意见

内部控制审核报告

×股份有限公司：

我们接受委托审核贵公司管理当局对××××年×月×日与会计报表相关的内部控制有效性的认定。贵公司管理当局的责任是建立健全内部控制并保持其有效性。

内部控制具有固有限制，存在由于错误或舞弊而导致错报发生和未被发现的可能性。此外，由于情况的变化可能导致内部控制变得不恰当，或降低对控制政策、程序遵循的程度，根据内部控制评价结果推测未来内部控制有效性具有一定的风险。

由于管理当局（描述范围限制），我们未能实施必要的审核程序以获取充分的证据，因此，我们无法对贵公司内部控制的有效性发表意见。

×会计师事务所（公章）　　　　　　中国注册会计师（签名并盖章）
地　址　　　　　　　　　　　　　　年　月　日

八、中国注册会计师协会关于规范注册会计师执行企业年度检验审计业务的通知

会协[2007]17号

各省、自治区、直辖市注册会计师协会：

《中华人民共和国公司法》和《企业年度检验办法》（国家工商行政管理总局令第23号）修订实施以来，对于注册会计师依法执行审计业务起到了积极作用。但注册会计师在为了满足企业年度检验的需要而针对其财务报表执行审计业务（以下简称年检审计业务）时，遇到了一些新情况、新问题。为进一步规范注册会计师执行年检审计业务，保证审计质量，现就有关问题通知如下：

一、注册会计师执行年检审计业务时，应当遵守法律法规、职业道德规范和审计准则的规定，合理计划和实施审计工作，获取充分、适当的审计证据，出具恰当的审计报告。

二、注册会计师应当按照审计准则的要求对实收资本（股本）及其有关项目实施必要的审计程序，并充分关注企业与重要出资者之间的资金往来情况。

三、注册会计师应当根据企业会计准则和相关会计制度的规定，对企业的资产负债表、利润表、现金流量表等报表及其附注发表意见，并出具审计报告。在出具审计报告时，注册会计师应当遵守《中国注册会计师审计准则第1501号——审计报告》和《中国注册会计师审计准则第1502号——非标准审计报告》的规定。

对于小企业，如果《小企业会计制度》允许不编制现金流量表，注册会计师可只针对资产负债表和利润表（损益表）及其附注发表意见，并出具审计报告（参考格式见附件）。

四、会计师事务所依法执行年检审计业务，任何单位和个人不应实行地区封锁和垄断，也不得阻挠、干预和限定注册会计师的审计工作。

五、会计师事务所应当按照国家有关中介服务收费管理的规定和中国注册会计师职业道德规范的规定收取审计费，不得恶意压价竞争，损害执业质量，或以任何名义支付回扣或其他形式的好处费。

六、中国注册会计师协会和地方注册会计师协会要加强对注册会计师执行年检审计业务的监管，组织执业质量检查，对不按审计准则和职业道德规范的要求执行年检审计业务的会计师事务所及注册会计师，将按规定予以惩戒。

附件：针对小企业资产负债表和利润表（损益表）出具的审计报告的参考格式（无保留意见）

二〇〇七年四月五日

附件：

针对小企业资产负债表和利润表(损益表)出具的审计报告的参考格式(无保留意见)

审计报告

ABC有限责任公司全体股东：

我们审计了后附的ABC有限责任公司（以下简称ABC公司）20×1年12月31日的资产负债表、20×1年度的利润表及其附注（以下简称财务报表）。

一、管理层对财务报表的责任

按照《小企业会计制度》的规定编制财务报表是ABC公司管理层的责任。这种责任包括：(1)设计、实施和维护与财务报表编制相关的内部控制，以使财务报表不存在由于舞弊或错误而导致的重大错报；(2)选择和运用恰当的会计政策；(3)作出合理的会计估计。

二、注册会计师的责任

我们的责任是在实施审计工作的基础上对财务报表发表审计意见。我们按照中国注册会计师审计准则的规定执行了审计工作。中国注册会计师审计准则要求我们遵守职业道德规范，计划和实施审计工作以对财务报表是否不存在重大错报获取合理保证。

审计工作涉及实施审计程序，以获取有关财务报表金额和披露的审计证据。选择的审计程序取决于注册会计师的判断，包括对由于舞弊或错误导致的财务报表重大错报风险的评估。在进行风险评估时，我们考虑与财务报表编制相关的内部控制，以设计恰当的审计程序，但目的并非对内部控制的有效性发表意见。审计工作还包括评价管理层选用会计政策的恰当性和作出会计估计的合理性，以及评价财务报表的总体列报。

我们相信，我们获取的审计证据是充分、适当的，为发表审计意见提供了基础。

三、审计意见

我们认为，ABC公司财务报表已经按照《小企业会计制度》的规定编制，在所有重大方面公允反映了ABC公司20×1年12月31日的财务状况以及20×1年度的经营成果。

××会计师事务所　　　　　　　　　　中国注册会计师：×××
（盖章）　　　　　　　　　　　　　　（签名并盖章）
　　　　　　　　　　　　　　　　　　中国注册会计师：×××
　　　　　　　　　　　　　　　　　　（签名并盖章）
中国××市　　　　　　　　　　　　　二〇×二年×月×日

九、企业集团会计报表审计指导意见

中国注册会计师协会关于印发《企业集团会计报表审计指导意见》的通知

会协[2004]27号

各省、自治区、直辖市注册会计师协会，深圳市注册会计师协会：

为了规范注册会计师执行企业集团会计报表审计业务，明确工作要求，保证执业质量，我会制定了《企业集团会计报表审计指导意见》现予以印发，于2004年5月1起施行。

附件：企业集团会计报表审计指导意见

企业集团会计报表审计指导意见

第一章　总　　则

第一条　为了规范注册会计师执行企业集团(以下简称集团)会计报表审计业务，明确工作要求，保证执业质量，根据《独立审计基本准则》，制定本指导意见。

第二条　本指导意见使用的下列术语含义为：

(一) 集团会计报表，是指通过合并程序、权益法或汇总程序将两个以上(含两个)组成部分会计信息包括在内的会计报表。

(二) 组成部分，是指集团总部、母公司、分部、分公司、子公司、合营企业、联营企业以及其他需要按照合并程序、权益法或汇总程序纳入集团会计报表的主体。

(三) 集团管理当局，是指负责编制集团会计报表的管理当局。

(四) 组成部分管理当局，是指负责编制组成部分会计信息的管理当局。

(五) 集团注册会计师，是指负责对集团会计报表实施审计、并在审计报告上签字和盖章的注册会计师及其所在的会计师事务所。

(六) 其他注册会计师，是指负责对组成部分会计信息实施审计、除集团注册会计师之外的注册会计师及其所在的会计师事务所。

第三条　集团管理当局的责任是按照国家颁布的企业会计准则和相关会计制度的规定编制集团会计报表，公允反映集团的财务状况、经营成果和现金流量；保证与集团会计报表相关的内部控制设计的合理性和执行的有效性。

集团注册会计师的责任是对集团会计报表的合法性和公允性发表审计意见。

第四条　如果决定利用其他注册会计师的工作，集团注册会计师应当确定其他注册会计师的工作对集团会计报表审计的影响。

第五条　其他注册会计师应当配合集团注册会计师的工作，并在征得组成部分管理当局同意后，提供集团注册会计师需要的信息。

第六条　在对集团会计报表发表审计意见时，集团注册会计师应当对审计意见独自承担责任，除第二十九条规定的情形外，不应在审计报告中提及其他注册会计师的工作。

第二章　接受业务委托

第七条　在承接集团会计报表审计业务之前，集团注册会计师应当考虑对集团会计报表直接审计的程度是否足以承担集团注册会计师的责任。

在确定对集团会计报表直接审计的程度时，集团注册会计师应当考虑以下因素的影响：

(一) 集团注册会计师直接审计的集团会计报表的比重是否占集团资产总额或主营业务收入的50%以上；

(二) 是否存在可能导致集团会计报表产生重大错报的组成部分，以及这些组成部分的会计信息是否由其他注册会计师审计；

(三) 集团会计报表的复杂程度；

(四) 集团注册会计师对其他注册会计师的职业资格、独立性、专业胜任能力、审计资源以及质量控制程序的初步了解；

(五) 集团管理当局和组成部分管理当局是否允许集团注册会计师不受限制地接触集团管理当局、组成部分管理当局、组成部分的信息或其他注册会计师(包括审计工作底稿)，是否允许集团注册会计师在必要时对组成部分会计信息实施进一步的审计；

(六) 集团管理当局聘用其他注册会计师审计组成部分会计信息的理念。

第八条　如果对集团会计报表直接审计的程度不足以接受业务委托，集团注册会计师应当考虑能否通过适当参与其他注册会计师的工作得到解决。

集团注册会计师通常采用以下方式参与其他注册会计师的工作：

(一) 与组成部分管理当局会谈；

(二) 直接或与其他注册会计师共同制定审计计划和实施审计程序；

（三）参与其他注册会计师评价审计证据的过程；

（四）参与其他注册会计师和组成部分管理当局之间举行的重要会议；

（五）复核其他注册会计师的审计工作底稿。

如果无法适当参与其他注册会计师的工作，集团注册会计师不应接受业务委托。

第九条 集团注册会计师在接受业务委托时，除按照《独立审计具体准则第2号——审计业务约定书》的要求就有关事项与集团管理当局达成一致意见外，还应当在业务约定书中明确以下事项：

（一）集团注册会计师和其他注册会计师之间的沟通不应受到任何限制；

（二）如果集团管理当局、组成部分管理当局或客观环境对其他注册会计师实施审计的范围施加了限制，集团管理当局和组成部分管理当局应当及时告知集团注册会计师；

（三）集团注册会计师应当及时获悉其他注册会计师与组成部分管理当局之间的重要沟通（包括就内部控制重大缺陷进行的沟通）；

（四）集团注册会计师应当及时获悉组成部分管理当局与监管机构就财务报告事项进行的重要沟通；

（五）集团管理当局应当在集团注册会计师认为必要时允许其接触组成部分的信息、组成部分管理当局或其他注册会计师（包括审计工作底稿），并允许其对组成部分会计信息实施审计程序。

第三章 确定工作范围

第十条 集团注册会计师应当针对评估的集团会计报表重大错报风险，确定对报表合并所需实施的审计程序，以及需要对组成部分会计信息直接实施、或由其他注册会计师实施的工作范围。

第十一条 在确定对组成部分会计信息所需实施的工作范围时，集团注册会计师应当识别单个组成部分是否具有财务重大性，即组成部分是否占集团财务状况或经营成果的较大比重。例如，组成部分是否占集团资产总额、主营业务收入或净利润的10%以上。

如果单个组成部分具有财务重大性，集团注册会计师应当对组成部分会计信息直接实施审计，或要求其他注册会计师根据集团注册会计师确定的重要性实施审计。

第十二条 如果单个组成部分不具有财务重大性，集团注册会计师应当识别该组成部分是否可能导致集团会计报表产生重大错报风险。例如，某组成部分负责从事期货、外汇等高风险领域的经济交易，即使不具有财务重大性，也可能导致集团会计报表产生重大错报风险。

如果单个组成部分不具有财务重大性，但可能导致集团会计报表产生重大错报风险，集团注册会计师应当直接实施、或要求其他注册会计师实施以下一项或多项工作：

（一）根据集团注册会计师确定的重要性对组成部分会计信息实施审计；

（二）针对特定账户余额实施特殊目的审计；

（三）针对重大风险领域实施特定审计程序。

第十三条 如果单个组成部分不具有财务重大性，且很可能不会导致集团会计报表产生重大错报风险，但与其他类似的组成部分累积在一起时，可能具有财务重大性，或导致集团会计报表产生重大错报风险，集团注册会计师应当考虑直接实施、或要求其他注册会计师实施以下一项或多项工作：

（一）根据集团注册会计师确定的重要性对组成部分会计信息实施审计；

（二）针对重大风险领域实施特定审计程序；

（三）对组成部分会计信息进行审阅；

（四）在集团层次实施分析性程序。

第十四条 如果单个组成部分不具有财务重大性，也很可能不会导致集团会计报表产生重大错报风险，且与其他类似的组成部分累积在一起时仍不具有财务重大性或导致集团会计报表产生重大错报风险，集团注册会计师通常在集团层次上对此类组成部分实施分析性程序。

第四章 接触信息和沟通情况

第十五条 如果无法充分接触组成部分的信息、组成部分管理当局或其他注册会计师（包括审计工作底稿），集团注册会计师应当要求集团管理当局安排与组成部分管理当局接触，以获取必要的信息。

第十六条 如果对组成部分的信息、组成部分管理当局或其他注册会计师（包括审计工作底稿）的接触存在限制，且这种限制不能通过集团管理当局或采取其他措施予以解决时，集团注册会计师应当考虑这种限制对集团会计报表审计的影响。

第十七条　如果决定利用其他注册会计师的工作，集团注册会计师应当了解其他注册会计师的职业资格、独立性、专业胜任能力、审计资源以及质量控制程序。

在了解其他注册会计师的情况时，集团注册会计师可以向其进行问卷调查，或向注册会计师协会、政府监管机构进行询问。

第十八条　集团注册会计师应当与其他注册会计师进行沟通，以便使其了解集团注册会计师的要求。

沟通通常采用书面文件形式。集团注册会计师应当在书面沟通文件中说明由其他注册会计师实施的工作范围，并要求其他注册会计师确认以下事项：

（一）确认已收到集团注册会计师的书面沟通文件，并告知集团注册会计师是否存在不能遵循特定要求的情形，或由于要求不清楚而需要集团注册会计师予以澄清；

（二）知悉组成部分会计信息将纳入集团会计报表；

（三）充分了解并遵循《中国注册会计师职业道德基本准则》和《中国注册会计师职业道德规范指导意见》；

（四）充分了解适用于集团会计报表的企业会计准则和相关会计制度；

（五）充分了解适用于集团会计报表审计的独立审计准则和相关要求，并按照准则和相关要求对组成部分会计信息实施审计；

（六）充分了解并遵循《中国注册会计师质量控制基本准则》等有关规定；

（七）知悉集团注册会计师将考虑利用自己的工作，以满足集团会计报表审计的要求。

第十九条　集团注册会计师应当向其他注册会计师获取书面沟通文件，包括其他注册会计师在审计工作开始前提交的确认函，以及在完成审计工作时提交的报告或备忘录。

报告或备忘录的内容包括：

（一）说明由其他注册会计师出具报告的组成部分会计信息；

（二）说明由其他注册会计师实施的工作范围；

（三）确认已遵循集团注册会计师的要求；

（四）说明其他注册会计师发现的问题、得出的结论以及形成的意见；

（五）列出已发现但尚未调整的组成部分会计信息的错报。

第二十条　其他注册会计师应当将书面沟通文件直接提交给集团注册会计师，无需向第三方分发。

第五章　考虑其他注册会计师工作的充分性

第二十一条　集团注册会计师应当确定其他注册会计师的工作是否充分，以满足集团会计报表审计的要求。

第二十二条　集团注册会计师在确定其他注册会计师工作的充分性时，应当考虑以下因素：

（一）单个组成部分的财务重大性；

（二）组成部分是否可能导致集团会计报表产生重大错报风险，以及风险的性质，例如舞弊风险；

（三）在集团会计报表审计期间引起集团注册会计师关注的事项；

（四）与其他注册会计师的合作经历，对其他注册会计师职业资格、独立性、专业胜任能力、审计资源以及质量控制程序的评价；

（五）对其他注册会计师工作的参与程度。

第二十三条　如果集团注册会计师没有充分参与其他注册会计师的工作，而其他注册会计师审计的组成部分具有财务重大性，或可能导致集团会计报表产生重大错报风险，集团注册会计师应当直接复核其他注册会计师的审计工作底稿。

第二十四条　如果认为其他注册会计师的工作不充分，集团注册会计师应当要求其他注册会计师实施进一步的审计程序，也可在必要时直接实施、或与其他注册会计师共同实施进一步的审计程序。

第二十五条　集团注册会计师应当考虑其他注册会计师发现的问题对集团会计报表审计的影响。

第二十六条　集团注册会计师应当与其他注册会计师和组成部分管理当局讨论影响组成部分会计信息的重要事项，并在必要时直接实施、或与其他注册会计师共同实施进一步的审计程序。

第六章　出具审计报告时的考虑

第二十七条　集团注册会计师在出具审计报告时应当严格遵守《独立审计具体准则第 7 号——审计报

告》,不得变动准则规定的审计报告的基本内容、格式和类型。

第二十八条 如果审计委托人、集团管理当局或其他利益相关者要求集团注册会计师披露《独立审计具体准则第7号——审计报告》规定之外的其他信息,例如集团审计情况、组成部分审计情况、内部控制重大缺陷、资本保值增值以及经济效益指标等,集团注册会计师应当以专项报告或说明予以披露,不在审计报告中列示。

第二十九条 如果集团注册会计师认为其他注册会计师的工作不能提供充分、适当的审计证据,且集团注册会计师无法获取相关的审计证据,集团注册会计师应当考虑这种范围限制对出具审计报告的影响。

第三十条 集团注册会计师应当考虑与其他注册会计师沟通所发现的问题对出具审计报告的影响。

第三十一条 如果存在对组成部分会计信息不重要且尚未调整的错报,当与其他组成部分尚未调整的错报汇总在一起时,集团注册会计师应当考虑汇总的错报对出具审计报告的影响。

第七章 形成审计工作底稿

第三十二条 集团注册会计师除了遵循《独立审计具体准则第6号——审计工作底稿》和其他独立审计准则中有关审计工作底稿的要求外,还应当在审计工作底稿中记录以下内容:

(一) 集团注册会计师对其他注册会计师的职业资格、独立性、专业胜任能力、审计资源以及质量控制程序得出的评价结论;

(二) 对集团会计报表产生重大错报风险(可能由单个组成部分单独或连同其他组成部分导致)的评估,以及集团注册会计师对风险做出的反应;

(三) 对组成部分会计信息以及报表合并实施的工作范围;

(四) 集团注册会计师是否获取充分、适当的审计证据,表明其他注册会计师的工作是充分的,以及集团注册会计师对组成部分会计信息实施的进一步审计程序是否足以实现审计目的;

(五) 集团注册会计师就其他注册会计师发现的重大问题得出的结论;

(六) 与集团管理当局、组成部分管理当局或其他注册会计师就重大的会计、审计和财务报告事项进行的讨论。

第八章 附 则

第三十三条 本指导意见自2004年5月1日起施行。

第十八部分　中国注册会计师审计准则

一、中国注册会计师鉴证业务基本准则

第一章　总　　则

第一条　为了规范注册会计师执行鉴证业务，明确鉴证业务的目标和要素，确定中国注册会计师审计准则、中国注册会计师审阅准则、中国注册会计师其他鉴证业务准则(分别简称审计准则、审阅准则和其他鉴证业务准则)适用的鉴证业务类型，根据《中华人民共和国注册会计师法》，制定本准则。

第二条　鉴证业务包括历史财务信息审计业务、历史财务信息审阅业务和其他鉴证业务。

注册会计师执行历史财务信息审计业务、历史财务信息审阅业务和其他鉴证业务时，应当遵守本准则以及依据本准则制定的审计准则、审阅准则和其他鉴证业务准则。

第三条　本准则所称注册会计师，是指取得注册会计师证书并在会计师事务所执业的人员，有时也指其所在的会计师事务所。

本准则所称鉴证业务要素，是指鉴证业务的三方关系、鉴证对象、标准、证据和鉴证报告。

第四条　注册会计师执行鉴证业务时，应当遵守中国注册会计师职业道德规范(简称职业道德规范)和会计师事务所质量控制准则。

第二章　鉴证业务的定义和目标

第五条　鉴证业务是指注册会计师对鉴证对象信息提出结论，以增强除责任方之外的预期使用者对鉴证对象信息信任程度的业务。

鉴证对象信息是按照标准对鉴证对象进行评价和计量的结果。如责任方按照会计准则和相关会计制度(标准)对其财务状况、经营成果和现金流量(鉴证对象)进行确认、计量和列报(包括披露，下同)而形成的财务报表(鉴证对象信息)。

第六条　鉴证对象信息应当恰当反映既定标准运用于鉴证对象的情况。如果没有按照既定标准恰当反映鉴证对象的情况，鉴证对象信息可能存在错报，而且可能存在重大错报。

第七条　鉴证业务分为基于责任方认定的业务和直接报告业务。

在基于责任方认定的业务中，责任方对鉴证对象进行评价或计量，鉴证对象信息以责任方认定的形式为预期使用者获取。如在财务报表审计中，被审计单位管理层(责任方)对财务状况、经营成果和现金流量(鉴证对象)进行确认、计量和列报(评价或计量)而形成的财务报表(鉴证对象信息)即为责任方的认定，该财务报表可为预期报表使用者获取，注册会计师针对财务报表出具审计报告。这种业务属于基于责任方认定的业务。

在直接报告业务中，注册会计师直接对鉴证对象进行评价或计量，或者从责任方获取对鉴证对象评价或计量的认定，而该认定无法为预期使用者获取，预期使用者只能通过阅读鉴证报告获取鉴证对象信息。如在内部控制鉴证业务中，注册会计师可能无法从管理层(责任方)获取其对内部控制有效性的评价报告(责任方认定)，或虽然注册会计师能够获取该报告，但预期使用者无法获取该报告，注册会计师直接对内部控制的有效性(鉴证对象)进行评价并出具鉴证报告，预期使用者只能通过阅读该鉴证报告获得内部控制有效性的信息(鉴证对象信息)。这种业务属于直接报告业务。

第八条　鉴证业务的保证程度分为合理保证和有限保证。

合理保证的鉴证业务的目标是注册会计师将鉴证业务风险降至该业务环境下可接受的低水平，以此作为以积极方式提出结论的基础。如在历史财务信息审计中，要求注册会计师将审计风险降至可接受的低水平，对审计后的历史财务信息提供高水平保证(合理保证)，在审计报告中对历史财务信息采用积极方式提出结论。这种业务属于合理保证的鉴证业务。

有限保证的鉴证业务的目标是注册会计师将鉴证业务风险降至该业务环境下可接受的水平，以此作为以消极方式提出结论的基础。如在历史财务信息审阅中，要求注册会计师将审阅风险降至该业务环境下可

接受的水平（高于历史财务信息审计中可接受的低水平），对审阅后的历史财务信息提供低于高水平的保证（有限保证），在审阅报告中对历史财务信息采用消极方式提出结论。这种业务属于有限保证的鉴证业务。

第三章 业务承接

第九条 在接受委托前，注册会计师应当初步了解业务环境。

业务环境包括业务约定事项、鉴证对象特征、使用的标准、预期使用者的需求、责任方及其环境的相关特征，以及可能对鉴证业务产生重大影响的事项、交易、条件和惯例等其他事项。

第十条 在初步了解业务环境后，只有认为符合独立性和专业胜任能力等相关职业道德规范的要求，并且拟承接的业务具备下列所有特征，注册会计师才能将其作为鉴证业务予以承接：

（一）鉴证对象适当；

（二）使用的标准适当且预期使用者能够获取该标准；

（三）注册会计师能够获取充分、适当的证据以支持其结论；

（四）注册会计师的结论以书面报告形式表述，且表述形式与所提供的保证程度相适应；

（五）该业务具有合理的目的。如果鉴证业务的工作范围受到重大限制，或委托人试图将注册会计师的名字和鉴证对象不适当地联系在一起，则该业务可能不具有合理的目的。

第十一条 当拟承接的业务不具备本准则第十条规定的鉴证业务的所有特征，不能将其作为鉴证业务予以承接时，注册会计师可以提请委托人将其作为非鉴证业务（如商定程序、代编财务信息、管理咨询、税务服务等相关服务业务），以满足预期使用者的需要。

第十二条 如果某项鉴证业务采用的标准不适当，但满足下列条件之一时，注册会计师可以考虑将其作为一项新的鉴证业务：

（一）委托人能够确认鉴证对象的某个方面适用于所采用的标准，注册会计师可以针对该方面执行鉴证业务，但在鉴证报告中应当说明该报告的内容并非针对鉴证对象整体；

（二）能够选择或设计适用于鉴证对象的其他标准。

第十三条 对已承接的鉴证业务，如果没有合理理由，注册会计师不应将该项业务变更为非鉴证业务，或将合理保证的鉴证业务变更为有限保证的鉴证业务。

当业务环境变化影响到预期使用者的需求，或预期使用者对该项业务的性质存在误解时，注册会计师可以应委托人的要求，考虑同意变更该项业务。如果发生变更，注册会计师不应忽视变更前获取的证据。

第四章 鉴证业务的三方关系

第十四条 鉴证业务涉及的三方关系人包括注册会计师、责任方和预期使用者。

责任方与预期使用者可能是同一方，也可能不是同一方。

第十五条 注册会计师可以承接符合本准则第十条规定的各类鉴证业务。

如果鉴证业务涉及的特殊知识和技能超出了注册会计师的能力，注册会计师可以利用专家协助执行鉴证业务。在这种情况下，注册会计师应当确信包括专家在内的项目组整体已具备执行该项鉴证业务所需的知识和技能，并充分参与该项鉴证业务和了解专家所承担的工作。

第十六条 责任方是指下列组织或人员：

（一）在直接报告业务中，对鉴证对象负责的组织或人员；

（二）在基于责任方认定的业务中，对鉴证对象信息负责并可能同时对鉴证对象负责的组织或人员。

责任方可能是鉴证业务的委托人，也可能不是委托人。

第十七条 注册会计师通常提请责任方提供书面声明，表明责任方已按照既定标准对鉴证对象进行评价或计量，无论该声明是否能为预期使用者获取。

在直接报告业务中，当委托人与责任方不是同一方时，注册会计师可能无法获取此类书面声明。

第十八条 预期使用者是指预期使用鉴证报告的组织或人员。责任方可能是预期使用者，但不是唯一的预期使用者。

注册会计师可能无法识别使用鉴证报告的所有组织和人员，尤其在各种可能的预期使用者对鉴证对象存在不同的利益需求时。注册会计师应当根据法律法规的规定或与委托人签订的协议识别预期使用者。

在可行的情况下，鉴证报告的收件人应当明确为所有的预期使用者。

第十九条 在可行的情况下，注册会计师应当提请预期使用者或其代表，与注册会计师和责任方（如果委托人与责任方不是同一方，还包括委托人）共同确定鉴证业务约定条款。

无论其他人员是否参与，注册会计师都应当负责确定鉴证业务程序的性质、时间和范围，并对鉴证业务中发现的、可能导致对鉴证对象信息作出重大修改的问题进行跟踪。

第二十条　当鉴证业务服务于特定的使用者，或具有特定目的时，注册会计师应当考虑在鉴证报告中注明该报告的特定使用者或特定目的，对报告的用途加以限定。

第五章　鉴证对象

第二十一条　鉴证对象与鉴证对象信息具有多种形式，主要包括：

（一）当鉴证对象为财务业绩或状况时（如历史或预测的财务状况、经营成果和现金流量），鉴证对象信息是财务报表；

（二）当鉴证对象为非财务业绩或状况时（如企业的运营情况），鉴证对象信息可能是反映效率或效果的关键指标；

（三）当鉴证对象为物理特征时（如设备的生产能力），鉴证对象信息可能是有关鉴证对象物理特征的说明文件；

（四）当鉴证对象为某种系统和过程时（如企业的内部控制或信息技术系统），鉴证对象信息可能是关于其有效性的认定；

（五）当鉴证对象为一种行为时（如遵守法律法规的情况），鉴证对象信息可能是对法律法规遵守情况或执行效果的声明。

第二十二条　鉴证对象具有不同特征，可能表现为定性或定量、客观或主观、历史或预测、时点或期间。这些特征将对下列方面产生影响：

（一）按照标准对鉴证对象进行评价或计量的准确性；

（二）证据的说服力。

鉴证报告应当说明与预期使用者特别相关的鉴证对象特征。

第二十三条　适当的鉴证对象应当同时具备下列条件：

（一）鉴证对象可以识别；

（二）不同的组织或人员对鉴证对象按照既定标准进行评价或计量的结果合理一致；

（三）注册会计师能够收集与鉴证对象有关的信息，获取充分、适当的证据，以支持其提出适当的鉴证结论。

第六章　标　准

第二十四条　标准是指用于评价或计量鉴证对象的基准，当涉及列报时，还包括列报的基准。

标准可以是正式的规定，如编制财务报表所使用的会计准则和相关会计制度；也可以是某些非正式的规定，如单位内部制定的行为准则或确定的绩效水平。

第二十五条　注册会计师在运用职业判断对鉴证对象作出合理一致的评价或计量时，需要有适当的标准。

适当的标准应当具备下列所有特征：

（一）相关性：相关的标准有助于得出结论，便于预期使用者作出决策；

（二）完整性：完整的标准不应忽略业务环境中可能影响得出结论的相关因素，当涉及列报时，还包括列报的基准；

（三）可靠性：可靠的标准能够使能力相近的注册会计师在相似的业务环境中，对鉴证对象作出合理一致的评价或计量；

（四）中立性：中立的标准有助于得出无偏向的结论；

（五）可理解性：可理解的标准有助于得出清晰、易于理解、不会产生重大歧义的结论。

注册会计师基于自身的预期、判断和个人经验对鉴证对象进行的评价和计量，不构成适当的标准。

第二十六条　注册会计师应当考虑运用于具体业务的标准是否具备本准则第二十五条所述的特征，以评价该标准对此项业务的适用性。在具体鉴证业务中，注册会计师评价标准各项特征的相对重要程度，需要运用职业判断。

标准可能是由法律法规规定的，或由政府主管部门或国家认可的专业团体依照公开、适当的程序发布的，也可能是专门制定的。采用标准的类型不同，注册会计师为评价该标准对于具体鉴证业务的适用性所需执行的工作也不同。

第二十七条　标准应当能够为预期使用者获取，以使预期使用者了解鉴证对象的评价或计量过程。标准可以通过下列方式供预期使用者获取：

（一）公开发布；

（二）在陈述鉴证对象信息时以明确的方式表述；

（三）在鉴证报告中以明确的方式表述；

（四）常识理解，如计量时间的标准是小时或分钟。

如果确定的标准仅能为特定的预期使用者获取，或仅与特定目的相关，鉴证报告的使用也应限于这些特定的预期使用者或特定目的。

第七章　证　　据

第一节　总体要求

第二十八条　注册会计师应当以职业怀疑态度计划和执行鉴证业务，获取有关鉴证对象信息是否不存在重大错报的充分、适当的证据。

注册会计师应当及时对制定的计划、实施的程序、获取的相关证据以及得出的结论作出记录。

第二十九条　注册会计师在计划和执行鉴证业务，尤其在确定证据收集程序的性质、时间和范围时，应当考虑重要性、鉴证业务风险以及可获取证据的数量和质量。

第二节　职业怀疑态度

第三十条　职业怀疑态度是指注册会计师以质疑的思维方式评价所获取证据的有效性，并对相互矛盾的证据，以及引起对文件记录或责任方提供的信息的可靠性产生怀疑的证据保持警觉。

第三十一条　鉴证业务通常不涉及鉴定文件记录的真伪，注册会计师也不是鉴定文件记录真伪的专家，但应当考虑用作证据的信息的可靠性，包括考虑与信息生成和维护相关的控制的有效性。

如果在执行业务过程中识别出的情况使其认为文件记录可能是伪造的或文件记录中的某些条款已发生变动，注册会计师应当作出进一步调查，包括直接向第三方询证，或考虑利用专家的工作，以评价文件记录的真伪。

第三节　证据的充分性和适当性

第三十二条　证据的充分性是对证据数量的衡量，主要与注册会计师确定的样本量有关。证据的适当性是对证据质量的衡量，即证据的相关性和可靠性。

所需证据的数量受鉴证对象信息重大错报风险的影响，即风险越大，可能需要的证据数量越多；所需证据的数量也受证据质量的影响，即证据质量越高，可能需要的证据数量越少。

尽管证据的充分性和适当性相关，但如果证据的质量存在缺陷，注册会计师仅靠获取更多的证据可能无法弥补其质量上的缺陷。

第三十三条　证据的可靠性受其来源和性质的影响，并取决于获取证据的具体环境。

注册会计师通常按照下列原则考虑证据的可靠性：

（一）从外部独立来源获取的证据比从其他来源获取的证据更可靠；

（二）内部控制有效时内部生成的证据比内部控制薄弱时内部生成的证据更可靠；

（三）直接获取的证据比间接获取或推论得出的证据更可靠；

（四）以文件记录形式（无论是纸质、电子或其他介质）存在的证据比口头形式的证据更可靠；

（五）从原件获取的证据比从传真或复印件获取的证据更可靠。

在运用本条第二款第（一）项至第（五）项所述原则评价证据的可靠性时，注册会计师应当注意可能出现的重大例外情况。

第三十四条　如果针对某项认定从不同来源获取的证据或获取的不同性质的证据能够相互印证，与该项认定相关的证据通常具有更强的说服力。

如果从不同来源获取的证据或获取的不同性质的证据不一致，可能表明某项证据不可靠，注册会计师应当追加必要的程序予以解决。

第三十五条　针对一个期间的鉴证对象信息获取充分、适当的证据，通常要比针对一个时点的鉴证对象信息获取充分、适当的证据更困难。

针对过程提出的结论通常限于鉴证业务涵盖的期间，注册会计师不应对该过程是否在未来以特定方式继续发挥作用提出结论。

第三十六条　注册会计师可以考虑获取证据的成本与所获取信息有用性之间的关系，但不应仅以获取证据的困难和成本为由减少不可替代的程序。

在评价证据的充分性和适当性以支持鉴证报告时，注册会计师应当运用职业判断，并保持职业怀疑态度。

第四节　重　要　性

第三十七条　在确定证据收集程序的性质、时间和范围，评估鉴证对象信息是否不存在错报时，注册会计师应当考虑重要性。在考虑重要性时，注册会计师应当了解并评估哪些因素可能会影响预期使用者的决策。

注册会计师应当综合数量和性质因素考虑重要性。在具体业务中评估重要性以及数量和性质因素的相对重要程度，需要注册会计师运用职业判断。

第五节　鉴证业务风险

第三十八条　鉴证业务风险是指在鉴证对象信息存在重大错报的情况下，注册会计师提出不恰当结论的可能性。

在直接报告业务中，鉴证对象信息仅体现在注册会计师的结论中，鉴证业务风险包括注册会计师不恰当地提出鉴证对象在所有重大方面遵守标准的结论的可能性。

第三十九条　在合理保证的鉴证业务中，注册会计师应当将鉴证业务风险降至具体业务环境下可接受的低水平，以获取合理保证，作为以积极方式提出结论的基础。

在有限保证的鉴证业务中，由于证据收集程序的性质、时间和范围与合理保证的鉴证业务不同，其风险水平高于合理保证的鉴证业务；但注册会计师实施的证据收集程序至少应当足以获取有意义的保证水平，作为以消极方式提出结论的基础。

当注册会计师获取的保证水平很有可能在一定程度上增强预期使用者对鉴证对象信息的信任时，这种保证水平是有意义的保证水平。

第四十条　鉴证业务风险通常体现为重大错报风险和检查风险。

重大错报风险是指鉴证对象信息在鉴证前存在重大错报的可能性。

检查风险是指某一鉴证对象信息存在错报，该错报单独或连同其他错报是重大的，但注册会计师未能发现这种错报的可能性。

注册会计师对重大错报风险和检查风险的考虑受具体业务环境的影响，特别受鉴证对象性质，以及所执行的是合理保证鉴证业务还是有限保证鉴证业务的影响。

第六节　证据收集程序的性质、时间和范围

第四十一条　证据收集程序的性质、时间和范围因业务的不同而不同。注册会计师应当清楚表达证据收集程序，并以适当的形式运用于合理保证的鉴证业务和有限保证的鉴证业务。

第四十二条　在合理保证的鉴证业务中，为了能够以积极方式提出结论，注册会计师应当通过下列不断修正的、系统化的执业过程，获取充分、适当的证据：

（一）了解鉴证对象及其他的业务环境事项，在适用的情况下包括了解内部控制；

（二）在了解鉴证对象及其他的业务环境事项的基础上，评估鉴证对象信息可能存在的重大错报风险；

（三）应对评估的风险，包括制定总体应对措施以及确定进一步程序的性质、时间和范围；

（四）针对已识别的风险实施进一步程序，包括实施实质性程序，以及在必要时测试控制运行的有效性；

（五）评价证据的充分性和适当性。

第四十三条　合理保证提供的保证水平低于绝对保证。由于下列因素的存在，将鉴证业务风险降至零几乎不可能，也不符合成本效益原则：

（一）选择性测试方法的运用；

（二）内部控制的固有局限性；

（三）大多数证据是说服性而非结论性的；

（四）在获取和评价证据以及由此得出结论时涉及大量判断；

（五）在某些情况下鉴证对象具有特殊性。

第四十四条 合理保证的鉴证业务和有限保证的鉴证业务都需要运用鉴证技术和方法，收集充分、适当的证据。与合理保证的鉴证业务相比，有限保证的鉴证业务在证据收集程序的性质、时间、范围等方面是有意识地加以限制的。

无论是合理保证还是有限保证的鉴证业务，如果注意到某事项可能导致对鉴证对象信息是否需要作出重大修改产生疑问，注册会计师应当执行其他足够的程序，追踪这一事项，以支持鉴证结论。

第七节 可获取证据的数量和质量

第四十五条 可获取证据的数量和质量受下列因素的影响：

（一）鉴证对象和鉴证对象信息的特征；

（二）业务环境中除鉴证对象特征以外的其他事项。

第四十六条 对任何类型的鉴证业务，如果下列情形对注册会计师的工作范围构成重大限制，阻碍注册会计师获取所需要的证据，注册会计师提出无保留结论是不恰当的：

（一）客观环境阻碍注册会计师获取所需要的证据，无法将鉴证业务风险降至适当水平；

（二）责任方或委托人施加限制，阻碍注册会计师获取所需要的证据，无法将鉴证业务风险降至适当水平。

第八节 记　录

第四十七条 注册会计师应当记录重大事项，以提供证据支持鉴证报告，并证明其已按照鉴证业务准则的规定执行业务。

第四十八条 对需要运用职业判断的所有重大事项，注册会计师应当记录推理过程和相关结论。

如果对某些事项难以进行判断，注册会计师还应当记录得出结论时已知悉的有关事实。

第四十九条 注册会计师应当将鉴证过程中考虑的所有重大事项记录于工作底稿。

在运用职业判断确定工作底稿的编制和保存范围时，注册会计师应当考虑，使未曾接触该项鉴证业务的有经验的专业人士了解实施的鉴证程序，以及作出重大决策的依据。

第八章 鉴证报告

第五十条 注册会计师应当出具含有鉴证结论的书面报告，该鉴证结论应当说明注册会计师就鉴证对象信息获取的保证。

注册会计师应当考虑其他报告责任，包括在适当时与治理层沟通。

第五十一条 在基于责任方认定的业务中，注册会计师的鉴证结论可以采用下列两种表述形式：

（一）明确提及责任方认定，如“我们认为，责任方作出的‘根据×标准，内部控制在所有重大方面是有效的’这一认定是公允的”。

（二）直接提及鉴证对象和标准，如“我们认为，根据×标准，内部控制在所有重大方面是有效的”。

在直接报告业务中，注册会计师应当明确提及鉴证对象和标准。

第五十二条 在合理保证的鉴证业务中，注册会计师应当以积极方式提出结论，如“我们认为，根据×标准，内部控制在所有重大方面是有效的”或“我们认为，责任方作出的‘根据×标准，内部控制在所有重大方面是有效的’这一认定是公允的”。

在有限保证的鉴证业务中，注册会计师应当以消极方式提出结论，如“基于本报告所述的工作，我们没有注意到任何事项使我们相信，根据×标准，×系统在任何重大方面是无效的”或“基于本报告所述的工作，我们没有注意到任何事项使我们相信，责任方作出的‘根据×标准，×系统在所有重大方面是有效的’这一认定是不公允的”。

第五十三条 当存在本准则第五十四条至第五十六条所述情况时，注册会计师应当对其影响程度作出判断。如果这些情况影响重大，注册会计师不能出具无保留结论的报告。

第五十四条 对任何类型的鉴证业务，如果注册会计师的工作范围受到限制，注册会计师应当视受到限制的重大与广泛程度，出具保留结论或无法提出结论的报告。

在某些情况下，注册会计师应当考虑解除业务约定。

第五十五条 如果存在下列情形,注册会计师应当视其影响的重大与广泛程度,出具保留结论或否定结论的报告:

(一) 注册会计师的结论提及责任方的认定,且该认定未在所有重大方面作出公允表达;

(二) 注册会计师的结论直接提及鉴证对象和标准,且鉴证对象信息存在重大错报。

第五十六条 在承接业务后,如果发现标准或鉴证对象不适当,可能误导预期使用者,注册会计师应当视其重大与广泛程度,出具保留结论或否定结论的报告。

如果发现标准或鉴证对象不适当,造成工作范围受到限制,注册会计师应当视受到限制的重大与广泛程度,出具保留结论或无法提出结论的报告。

在某些情况下,注册会计师应当考虑解除业务约定。

第五十七条 当注册会计师针对鉴证对象信息出具报告,或同意将其姓名与鉴证对象联系在一起时,则注册会计师与该鉴证对象发生了关联。

如果获知他人不恰当地将其姓名与鉴证对象相关联,注册会计师应当要求其停止这种行为,并考虑采取其他必要的措施,包括将不恰当使用注册会计师姓名这一情况告知所有已知的使用者或征询法律意见。

第九章 附 则

第五十八条 注册会计师执行司法诉讼中涉及会计、审计、税务或其他事项的鉴定业务,除有特定要求者外,应当参照本准则办理。

第五十九条 某些业务可能符合本准则第五条鉴证业务的定义,使用者可能从业务报告的意见、观点或措辞中推测出某种程度的保证,但如果满足下列所有条件,注册会计师执行这些业务不必遵守本准则:

(一) 注册会计师的意见、观点或措辞对整个业务而言仅是附带性的;

(二) 注册会计师出具的书面报告被明确限定为仅供报告中所提及的使用者使用;

(三) 与特定预期使用者达成的书面协议中,该业务未被确认为鉴证业务;

(四) 在注册会计师出具的报告中,该业务未被称为鉴证业务。

第六十条 本准则自 2007 年 1 月 1 日起施行。

二、中国注册会计师审计准则第 1101 号——财务报表审计的目标和一般原则

第一章 总 则

第一条 为了规范注册会计师执行财务报表审计业务,明确财务报表审计的目标和一般原则,制定本准则。

第二条 本准则适用于注册会计师执行财务报表审计业务。

第三条 按照中国注册会计师审计准则(以下简称审计准则)的规定对财务报表发表审计意见是注册会计师的责任;在被审计单位治理层的监督下,按照适用的会计准则和相关会计制度的规定编制财务报表是被审计单位管理层的责任。

财务报表审计不能减轻被审计单位管理层和治理层的责任。

第二章 财务报表审计的目标

第四条 财务报表审计的目标是注册会计师通过执行审计工作,对财务报表的下列方面发表审计意见:

(一) 财务报表是否按照适用的会计准则和相关会计制度的规定编制;

(二) 财务报表是否在所有重大方面公允反映被审计单位的财务状况、经营成果和现金流量。

第五条 财务报表审计属于鉴证业务,注册会计师的审计意见旨在提高财务报表的可信赖程度。

第三章 与财务报表审计相关的职业道德要求

第六条 注册会计师应当遵守相关的职业道德规范,恪守独立、客观、公正的原则,保持专业胜任能力和应有的关注,并对执业过程中获知的信息保密。

第七条 注册会计师应当遵守会计师事务所质量控制准则。

第八条 注册会计师应当按照审计准则的规定执行审计工作。

第四章 财务报表的审计范围

第九条 财务报表的审计范围是指为实现财务报表审计目标，注册会计师根据审计准则和职业判断实施的恰当的审计程序的总和。

第十条 在确定拟实施的审计程序时，注册会计师应当遵守与财务报表审计相关的各项审计准则。

第五章 职业怀疑态度

第十一条 在计划和实施审计工作时，注册会计师应当保持职业怀疑态度，充分考虑可能存在导致财务报表发生重大错报的情形。

第十二条 职业怀疑态度是指注册会计师以质疑的思维方式评价所获取审计证据的有效性，并对相互矛盾的审计证据，以及引起对文件记录或管理层和治理层提供的信息的可靠性产生怀疑的审计证据保持警觉。

第六章 合 理 保 证

第十三条 注册会计师按照审计准则的规定执行审计工作，能够对财务报表整体不存在重大错报获取合理保证。

第十四条 由于审计中存在的固有限制影响注册会计师发现重大错报的能力，注册会计师不能对财务报表整体不存在重大错报获取绝对保证。导致固有限制的因素主要包括：

（一）选择性测试方法的运用；

（二）内部控制的固有局限性；

（三）大多数审计证据是说服性而非结论性的；

（四）为形成审计意见而实施的审计工作涉及大量判断；

（五）某些特殊性质的交易和事项可能影响审计证据的说服力。

第十五条 审计工作不能对财务报表整体不存在重大错报提供担保。

审计意见不是对被审计单位未来生存能力或管理层经营效率、效果提供的保证。

第七章 审计风险和重要性

第十六条 被审计单位在实施战略以实现其目标的过程中可能面临各种经营风险，注册会计师应当重点关注可能影响财务报表的经营风险。

第十七条 合理保证意味着审计风险始终存在，注册会计师应当通过计划和实施审计工作，获取充分、适当的审计证据，将审计风险降至可接受的低水平。

审计风险是指财务报表存在重大错报而注册会计师发表不恰当审计意见的可能性。

第十八条 审计风险取决于重大错报风险和检查风险。注册会计师应当实施审计程序，评估重大错报风险，并根据评估结果设计和实施进一步审计程序，以控制检查风险。

重大错报风险是指财务报表在审计前存在重大错报的可能性。

检查风险是指某一认定存在错报，该错报单独或连同其他错报是重大的，但注册会计师未能发现这种错报的可能性。

第十九条 注册会计师应当关注财务报表的重大错报，但没有责任发现对财务报表整体不产生重大影响的错报。

注册会计师应当考虑已识别但未更正的单个或累计的错报是否对财务报表整体产生重大影响。

重要性与审计风险相关，注册会计师应当合理确定重要性水平。

第二十条 在设计审计程序以确定财务报表整体是否存在重大错报时，注册会计师应当从财务报表层次和各类交易、账户余额、列报（包括披露，下同）认定层次考虑重大错报风险。

财务报表层次重大错报风险通常与控制环境有关，并与财务报表整体存在广泛联系，可能影响多项认定，但难以界定于某类交易、账户余额、列报的具体认定。

第二十一条 注册会计师应当评估财务报表层次的重大错报风险，并根据评估结果确定总体应对措施，包括向项目组分派更有经验或具有特殊技能的审计人员、利用专家的工作或提供更多的督导等。

第二十二条 注册会计师应当评估认定层次的重大错报风险，并根据既定的审计风险水平和评估的认定层次重大错报风险确定可接受的检查风险水平。

在既定的审计风险水平下，可接受的检查风险水平与认定层次重大错报风险的评估结果成反向关系。

评估的重大错报风险越高，可接受的检查风险越低；评估的重大错报风险越低，可接受的检查风险越高。

注册会计师应当获取认定层次充分、适当的审计证据，以便在完成审计工作时，能够以可接受的低审计风险对财务报表整体发表审计意见。

第二十三条　检查风险取决于审计程序设计的合理性和执行的有效性。

注册会计师应当合理设计审计程序的性质、时间和范围，并有效执行审计程序，以控制检查风险。

第八章　附　则

第二十四条　本准则自 2007 年 1 月 1 日起施行。

三、中国注册会计师审计准则第 1111 号——审计业务约定书

第一章　总　则

第一条　为了规范审计业务约定书的内容以及审计业务的变更，制定本准则。

第二条　本准则适用于注册会计师执行财务报表审计业务。

第三条　本准则所称审计业务约定书，是指会计师事务所与被审计单位签订的，用以记录和确认审计业务的委托与受托关系、审计目标和范围、双方的责任以及报告的格式等事项的书面协议。

第四条　注册会计师应当在审计业务开始前，与被审计单位就审计业务约定条款达成一致意见，并签订审计业务约定书，以避免双方对审计业务的理解产生分歧。

如果被审计单位不是委托人，在签订审计业务约定书前，注册会计师应当与委托人、被审计单位就审计业务约定相关条款进行充分沟通，并达成一致意见。

第二章　审计业务约定书的内容

第五条　审计业务约定书的具体内容可能因被审计单位的不同而存在差异，但应当包括下列主要方面：

（一）财务报表审计的目标；

（二）管理层对财务报表的责任；

（三）管理层编制财务报表采用的会计准则和相关会计制度；

（四）审计范围，包括指明在执行财务报表审计业务时遵守的中国注册会计师审计准则（以下简称审计准则）；

（五）执行审计工作的安排，包括出具审计报告的时间要求；

（六）审计报告格式和对审计结果的其他沟通形式；

（七）由于测试的性质和审计的其他固有限制，以及内部控制的固有局限性，不可避免地存在着某些重大错报可能仍然未被发现的风险；

（八）管理层为注册会计师提供必要的工作条件和协助；

（九）注册会计师不受限制地接触任何与审计有关的记录、文件和所需要的其他信息；

（十）管理层对其作出的与审计有关的声明予以书面确认；

（十一）注册会计师对执业过程中获知的信息保密；

（十二）审计收费，包括收费的计算基础和收费安排；

（十三）违约责任；

（十四）解决争议的方法；

（十五）签约双方法定代表人或其授权代表的签字盖章，以及签约双方加盖的公章。

第六条　如果情况需要，注册会计师应当考虑在审计业务约定书中列明下列内容：

（一）在某些方面对利用其他注册会计师和专家工作的安排；

（二）与审计涉及的内部审计人员和被审计单位其他员工工作的协调；

（三）预期向被审计单位提交的其他函件或报告；

（四）与治理层整体直接沟通；

（五）在首次接受审计委托时，对与前任注册会计师沟通的安排；

（六）注册会计师与被审计单位之间需要达成进一步协议的事项。

第七条 如果负责集团财务报表审计的注册会计师同时负责组成部分财务报表的审计，注册会计师应当考虑下列因素，决定是否与各个组成部分单独签订审计业务约定书：

（一）组成部分注册会计师的委托人；

（二）是否对组成部分单独出具审计报告；

（三）法律法规的规定；

（四）母公司、总公司或总部占组成部分的所有权份额；

（五）组成部分管理层的独立程度。

第三章 连续审计

第八条 对于连续审计，注册会计师应当考虑是否需要根据具体情况修改业务约定的条款，以及是否需要提醒被审计单位注意现有的业务约定条款。

第九条 注册会计师可以与被审计单位签订长期审计业务约定书，但如果出现下列情况，应当考虑重新签订审计业务约定书：

（一）有迹象表明被审计单位误解审计目标和范围；

（二）需要修改约定条款或增加特别条款；

（三）高级管理人员、董事会或所有权结构近期发生变动；

（四）被审计单位业务的性质或规模发生重大变化；

（五）法律法规的规定；

（六）管理层编制财务报表采用的会计准则和相关会计制度发生变化。

第四章 审计业务的变更

第十条 在完成审计业务前，如果被审计单位要求注册会计师将审计业务变更为保证程度较低的鉴证业务或相关服务，注册会计师应当考虑变更业务的适当性。

第十一条 下列原因可能导致被审计单位要求变更业务：

（一）情况变化对审计服务的需求产生影响；

（二）对原来要求的审计业务的性质存在误解；

（三）审计范围存在限制。

本条前款第(一)项和第(二)项通常被认为是变更业务的合理理由，但如果有迹象表明该变更要求与错误的、不完整的或者不能令人满意的信息有关，注册会计师不应认为该变更是合理的。

第十二条 在同意将审计业务变更为其他服务前，注册会计师还应当考虑变更业务对法律责任或业务约定条款的影响。

如果变更业务引起业务约定条款的变更，注册会计师应当与被审计单位就新条款达成一致意见。

第十三条 如果认为变更业务具有合理的理由，并且按照审计准则的规定已实施的审计工作也适用于变更后的业务，注册会计师可以根据修改后的业务约定条款出具报告。

为避免引起报告使用者的误解，报告不应提及下列内容：

（一）原审计业务；

（二）在原审计业务中已执行的程序。只有将审计业务变更为执行商定程序业务，注册会计师才可在报告中提及已执行的程序。

第十四条 如果没有合理的理由，注册会计师不应当同意变更业务。

第十五条 如果不同意变更业务，被审计单位又不允许继续执行原审计业务，注册会计师应当解除业务约定，并考虑是否有义务向被审计单位董事会或股东会等方面说明解除业务约定的理由。

第五章 附 则

第十六条 本准则自 2007 年 1 月 1 日起施行。

四、中国注册会计师审计准则第 1121 号——历史财务信息审计的质量控制

第一章 总 则

第一条 为了规范包括财务报表在内的历史财务信息审计的质量控制程序，明确会计师事务所人员责

任，制定本准则。

第二条　本准则适用于注册会计师执行历史财务信息审计业务。

第三条　会计师事务所应当按照《会计师事务所质量控制准则第 5101 号——业务质量控制》的规定，制定质量控制制度，以合理保证：

(一) 会计师事务所及其人员遵守法律法规、职业道德规范和中国注册会计师审计准则(以下简称审计准则)的规定；

(二) 会计师事务所和项目负责人根据具体情况出具恰当的审计报告。

项目负责人是指会计师事务所中负责某项审计业务及其执行，并代表会计师事务所在审计报告上签字的主任会计师或经授权签字的注册会计师。

第四条　项目组应当实施会计师事务所质量控制制度中适用于单项审计业务的质量控制程序。

项目组是指执行某项审计业务的所有人员，包括会计师事务所为执行该项业务聘请的专家。

第二章　对审计质量承担的领导责任

第五条　项目负责人应当对会计师事务所分派的每项审计业务的总体质量负责。

第六条　项目负责人应当在审计业务的所有阶段，通过行动示范和信息传达，向项目组其他成员强调下列事项的重要性，以保证审计业务的质量：

(一) 按照法律法规、职业道德规范和审计准则的规定执行审计工作；

(二) 遵守适用的会计师事务所质量控制政策和程序；

(三) 根据具体情况出具恰当的审计报告。

第三章　职业道德规范

第七条　项目负责人应当考虑项目组成员是否已遵守职业道德规范。

职业道德规范要求项目组成员恪守独立、客观、公正的原则，保持专业胜任能力和应有的关注，并对审计过程中获知的信息保密。

第八条　在整个审计过程中，项目负责人应当对项目组成员违反职业道德规范的迹象保持警惕。

如果发现项目组成员违反职业道德规范，项目负责人应当与会计师事务所的相关人员商讨，以便采取适当的措施。

项目负责人应当记录识别出的违反职业道德规范的问题，以及这些问题是如何得到解决的。在适当情况下，项目组其他成员也应当记录上述内容。

第九条　项目负责人应当就审计业务的独立性要求是否得到遵守形成结论。

在执行本条前款的规定时，项目负责人应当采取下列措施：

(一) 从会计师事务所获取相关信息，以识别、评价对独立性造成威胁的情况和关系；

(二) 评价已识别的违反会计师事务所独立性政策和程序的情况，以确定是否对审计业务的独立性造成威胁；

(三) 采取适当的防护措施以消除对独立性的威胁，或将其降至可接受的水平；对未能解决的事项，项目负责人应当立即向会计师事务所报告，以便会计师事务所采取适当的行动；

(四) 记录与独立性有关的结论及讨论情况。

第四章　客户关系和具体审计业务的接受与保持

第十条　项目负责人应当确信，有关客户关系和具体审计业务的接受与保持的质量控制程序已得到恰当遵守，形成的有关结论是适当的并已记录于工作底稿。

第十一条　无论有关审计业务接受与保持的决策过程是否由项目负责人发起，项目负责人都应当确定最近的决策是否适当。

第十二条　项目负责人在确定客户关系和具体审计业务的接受与保持是否适当时，应当考虑下列主要事项：

(一) 被审计单位的主要股东、关键管理人员和治理层是否诚信；

(二) 项目组是否具有执行审计业务的专业胜任能力以及必要的时间和资源；

(三) 会计师事务所和项目组能否遵守职业道德规范。

如果认为前款第(一)项至第(三)项存在问题，项目组应当根据本准则第二十五条至第二十七条的规定进行适当的咨询，并记录问题如何得到解决。

第十三条 在决定是否保持与某一客户的关系时，项目负责人应当考虑本期或上期审计中发现的重大事项，及其对保持该客户关系的影响。

第十四条 如果项目负责人在接受审计业务后获知了某项信息，而该信息若在接受业务前获知，可能导致会计师事务所拒绝该项业务，项目负责人应当立即将该信息告知会计师事务所，以使会计师事务所和项目负责人能够采取必要的行动。

第五章 项目组的工作委派

第十五条 项目负责人应当确信项目组整体具有适当的素质、专业胜任能力以及必要的时间，能够按照法律法规、职业道德规范和审计准则的规定执行审计业务，并根据具体情况出具恰当的审计报告。

第十六条 项目组整体应当具备下列方面的素质和专业胜任能力：

（一）通过适当的培训和参与审计业务，获得执行类似性质和复杂程度审计业务的知识和实务经验；

（二）掌握法律法规、职业道德规范和审计准则的规定；

（三）具有相关技术知识，包括信息技术知识；

（四）熟悉客户所处的行业；

（五）具有职业判断能力；

（六）掌握会计师事务所质量控制政策和程序。

第六章 业务执行

第一节 指导、监督与复核

第十七条 项目负责人应当对下列事项负责：

（一）按照法律法规、职业道德规范和审计准则的规定指导、监督与执行审计业务；

（二）根据具体情况出具恰当的审计报告。

第十八条 项目负责人在指导审计业务时应当告知项目组成员下列事项：

（一）项目组成员各自的责任；

（二）被审计单位的业务性质；

（三）与风险相关的事项；

（四）可能出现的问题；

（五）执行审计业务的方案。

第十九条 项目负责人对审计业务的监督应当包括：

（一）追踪审计业务的进程；

（二）考虑项目组各成员的素质和专业胜任能力，以及是否有足够的时间执行审计工作，是否理解工作指令，是否按照计划的方案执行审计工作；

（三）解决在审计过程中发现的重大问题，考虑其重要程度并适当修改原计划的方案；

（四）识别在审计过程中需要咨询的事项，或需要由经验较丰富的项目组成员考虑的事项。

第二十条 在复核已实施的审计工作时，复核人员应当考虑：

（一）审计工作是否已按照法律法规、职业道德规范和审计准则的规定执行；

（二）重大事项是否已提请进一步考虑；

（三）相关事项是否已进行适当咨询，由此形成的结论是否得到记录和执行；

（四）是否需要修改已执行审计工作的性质、时间和范围；

（五）已执行的审计工作是否支持形成的结论，并已得到适当记录；

（六）获取的审计证据是否充分、适当；

（七）审计程序的目标是否实现。

确定复核人员的原则是，由项目组内经验较多的人员复核经验较少的人员执行的工作。

第二十一条 在出具审计报告前，项目负责人应当通过复核审计工作底稿和与项目组讨论，确信获取的审计证据已经充分、适当，足以支持形成的结论和拟出具的审计报告。

第二十二条 项目负责人应当在审计过程的适当阶段及时实施复核，以使重大事项在出具审计报告前能够得到满意解决。

项目负责人复核的内容包括对关键领域所作的判断，尤其是执行业务过程中识别出的疑难问题或争议事项、特别风险以及项目负责人认为重要的其他领域。

项目负责人应当对复核的范围和时间予以适当记录。

第二十三条　如果在审计过程中更换项目负责人，新任项目负责人应当对截至变更日已完成的工作实施足够的复核程序，以确信此前计划和实施的工作符合法律法规、职业道德规范和审计准则的规定。

第二十四条　如果会计师事务所多位高级管理人员参与某项审计业务，各高级管理人员的职责应当予以明确界定，并使项目组成员能够了解。

第二节　咨　询

第二十五条　项目负责人应当对咨询承担下列责任：

（一）对项目组就疑难问题或争议事项进行适当咨询负责；

（二）确信项目组成员在审计过程中就相关事项进行了适当咨询，咨询的对象可能是项目组成员，或本所内部或外部的其他适当人员；

（三）确信这些咨询的性质、范围以及形成的结论已得到记录，并经被咨询者认可；

（四）确定咨询形成的结论已得到执行。

第二十六条　项目组在向会计师事务所内部或外部其他专业人士咨询时，应当提供所有相关事实，以使其能够对咨询的技术、职业道德或其他问题提出有见地的意见。

第二十七条　项目组就疑难问题或争议事项向其他专业人士咨询所形成的记录，应当经被咨询者认可。

咨询形成的记录应当完整详细，并包括下列事项：

（一）寻求咨询的事项；

（二）咨询的结果，包括作出的决策、决策依据以及决策的执行情况。

第三节　意见分歧

第二十八条　如果项目组内部、项目组与被咨询者之间、项目负责人与项目质量控制复核人员之间出现意见分歧，项目组应当遵守会计师事务所处理及解决意见分歧的政策和程序。

第四节　项目质量控制复核

第二十九条　项目质量控制复核是指在出具审计报告前，对项目组作出的重大判断和在准备审计报告时得出的结论进行客观评价的过程。

对上市公司财务报表审计，项目负责人应当采取下列措施：

（一）确定会计师事务所已委派项目质量控制复核人员；

（二）与项目质量控制复核人员讨论在审计过程中遇到的重大事项，包括项目质量控制复核中识别的重大事项；

（三）在项目质量控制复核完成后，才能出具审计报告。

对上市公司财务报表审计以外的其他审计业务，如果实施项目质量控制复核，项目负责人应当遵守本条第二款的规定。

第三十条　如果在业务开始时认为没有必要实施项目质量控制复核，项目负责人应当关注可能因情况变化而需要这种复核。

第三十一条　项目质量控制复核应当包括客观评价下列事项：

（一）项目组作出的重大判断；

（二）项目组在准备审计报告时得出的结论。

项目质量控制复核的范围取决于审计业务的复杂程度和审计风险。

项目质量控制复核并不减轻项目负责人的责任。

第三十二条　在对上市公司财务报表审计实施项目质量控制复核时，复核人员应当考虑：

（一）项目组就具体审计业务对会计师事务所独立性作出的评价；

（二）项目组在审计过程中识别的特别风险以及采取的应对措施，包括项目组对舞弊风险的评估及采取的应对措施；

（三）作出的判断，尤其是关于重要性和特别风险的判断；

（四）项目组是否已就存在的意见分歧、其他疑难问题或争议事项进行适当咨询，以及咨询得出的结论；

（五）项目组在审计中识别的已更正和未更正的错报的重要程度及处理情况；

（六）项目组拟与管理层、治理层以及其他方面沟通的事项；

（七）所复核的审计工作底稿是否反映了项目组针对重大判断执行的工作，是否支持得出的结论；

（八）项目组拟出具的审计报告的适当性。

在对上市公司财务报表审计以外的其他审计业务实施项目质量控制复核时，项目质量控制复核人员可根据情况考虑本条前款部分或全部事项。

第七章 监 控

第三十三条 监控是指对会计师事务所质量控制制度持续考虑和评价的过程，包括定期选取已完成的审计业务进行检查，以使会计师事务所能够合理保证其质量控制制度正在有效运行。

会计师事务所应当按照《会计师事务所质量控制准则第 5101 号——业务质量控制》的规定，建立监控政策和程序，以合理保证质量控制制度是相关和充分的，并正在有效运行。

第三十四条 项目负责人应当根据会计师事务所通报的最新监控信息考虑下列事项：

（一）该监控信息提及的缺陷是否会对项目负责人负责的审计业务产生影响；

（二）会计师事务所的整改措施对该审计业务是否足够。

第八章 附 则

第三十五条 本准则自 2007 年 1 月 1 日起施行。

五、中国注册会计师审计准则第 1131 号——审计工作底稿

第一章 总 则

第一条 为了规范审计工作底稿的格式、内容和范围，以及审计工作底稿的归档，制定本准则。

第二条 本准则适用于注册会计师执行财务报表审计业务。

第三条 本准则所称审计工作底稿，是指注册会计师对制定的审计计划、实施的审计程序、获取的相关审计证据，以及得出的审计结论作出的记录。

第四条 注册会计师应当及时编制审计工作底稿，以实现下列目的：

（一）提供充分、适当的记录，作为审计报告的基础；

（二）提供证据，证明其按照中国注册会计师审计准则（以下简称审计准则）的规定执行了审计工作。

第五条 编制审计工作底稿的文字应当使用中文。少数民族自治地区可以同时使用少数民族文字。中国境内的中外合作会计师事务所、国际会计公司成员所和联系所可以同时使用某种外国文字。会计师事务所执行涉外业务时可以同时使用某种外国文字。

第六条 会计师事务所应当按照《会计师事务所质量控制准则第 5101 号——业务质量控制》的规定，对审计工作底稿实施适当的控制程序，以满足下列要求：

（一）安全保管审计工作底稿并对审计工作底稿保密；

（二）保证审计工作底稿的完整性；

（三）便于对审计工作底稿的使用和检索；

（四）按照规定的期限保存审计工作底稿。

第二章 审计工作底稿的性质

第七条 审计工作底稿可以以纸质、电子或其他介质形式存在。

审计工作底稿通常包括总体审计策略、具体审计计划、分析表、问题备忘录、重大事项概要、询证函回函、管理层声明书、核对表、有关重大事项的往来信件（包括电子邮件），以及对被审计单位文件记录的摘要或复印件等。

审计工作底稿通常不包括已被取代的审计工作底稿的草稿或财务报表的草稿、对不全面或初步思考的记录、存在印刷错误或其他错误而作废的文本，以及重复的文件记录等。

第八条 对每项具体审计业务，注册会计师应当将审计工作底稿归整为审计档案。

第三章　审计工作底稿的格式、内容和范围

第一节　总 体 要 求

第九条　注册会计师编制的审计工作底稿，应当使得未曾接触该项审计工作的有经验的专业人士清楚了解：

（一）按照审计准则的规定实施的审计程序的性质、时间和范围；

（二）实施审计程序的结果和获取的审计证据；

（三）就重大事项得出的结论。

有经验的专业人士，是指对下列方面有合理了解的人士：

（一）审计过程；

（二）相关法律法规和审计准则的规定；

（三）被审计单位所处的经营环境；

（四）与被审计单位所处行业相关的会计和审计问题。

第十条　在确定审计工作底稿的格式、内容和范围时，注册会计师应当考虑下列因素：

（一）实施审计程序的性质；

（二）已识别的重大错报风险；

（三）在执行审计工作和评价审计结果时需要作出判断的范围；

（四）已获取审计证据的重要程度；

（五）已识别的例外事项的性质和范围；

（六）当从已执行审计工作或获取审计证据的记录中不易确定结论或结论的基础时，记录结论或结论的基础的必要性；

（七）使用的审计方法和工具。

第二节　记录测试的特定项目或事项的识别特征

第十一条　在记录实施审计程序的性质、时间和范围时，注册会计师应当记录测试的特定项目或事项的识别特征。

第十二条　识别特征是指被测试的项目或事项表现出的征象或标志。如在对被审计单位生成的订购单进行细节测试时，注册会计师可能以订购单的日期或编号作为测试订购单的识别特征。

识别特征因审计程序的性质和所测试的项目或事项的不同而不同。

第三节　重 大 事 项

第十三条　注册会计师应当根据具体情况判断某一事项是否属于重大事项。

重大事项通常包括：

（一）引起特别风险的事项；

（二）实施审计程序的结果，该结果表明财务信息可能存在重大错报，或需要修正以前对重大错报风险的评估和针对这些风险拟采取的应对措施；

（三）导致注册会计师难以实施必要审计程序的情形；

（四）导致出具非标准审计报告的事项。

第十四条　注册会计师应当考虑编制重大事项概要，将其作为审计工作底稿的组成部分，以有效地复核和检查审计工作底稿，并评价重大事项的影响。

重大事项概要包括审计过程中识别的重大事项及其如何得到解决，或对其他支持性审计工作底稿的交叉索引。

第十五条　注册会计师应当及时记录与管理层、治理层和其他人员对重大事项的讨论，包括讨论的内容、时间、地点和参加人员。

第十六条　如果识别出的信息与针对某重大事项得出的最终结论相矛盾或不一致，注册会计师应当记录形成最终结论时如何处理该矛盾或不一致的情况。

第四节　编制人员和复核人员

第十七条　在记录实施审计程序的性质、时间和范围时，注册会计师应当记录：

（一）审计工作的执行人员及完成该项审计工作的日期；

(二) 审计工作的复核人员及复核的日期和范围。

第四章 审计工作底稿的归档

第十八条 注册会计师应当按照会计师事务所质量控制政策和程序的规定,及时将审计工作底稿归整为最终审计档案。

审计工作底稿的归档期限为审计报告日后六十天内。

如果注册会计师未能完成审计业务,审计工作底稿的归档期限为审计业务中止后的六十天内。

第十九条 在审计报告日后将审计工作底稿归整为最终审计档案是一项事务性的工作,不涉及实施新的审计程序或得出新的结论。

如果在归档期间对审计工作底稿作出的变动属于事务性的,注册会计师可以作出变动,主要包括:

(一) 删除或废弃被取代的审计工作底稿;

(二) 对审计工作底稿进行分类、整理和交叉索引;

(三) 对审计档案归整工作的完成核对表签字认可;

(四) 记录在审计报告日前获取的、与审计项目组相关成员进行讨论并取得一致意见的审计证据。

第二十条 在完成最终审计档案的归整工作后,如果发现有必要修改现有审计工作底稿或增加新的审计工作底稿,无论修改或增加的性质如何,注册会计师均应当记录下列事项:

(一) 修改或增加审计工作底稿的时间和人员,以及复核的时间和人员;

(二) 修改或增加审计工作底稿的具体理由;

(三) 修改或增加审计工作底稿对审计结论产生的影响。

第二十一条 在完成最终审计档案的归整工作后,注册会计师不得在规定的保存期届满前删除或废弃审计工作底稿。

第二十二条 会计师事务所应当自审计报告日起,对审计工作底稿至少保存十年。

如果注册会计师未能完成审计业务,会计师事务所应当自审计业务中止日起,对审计工作底稿至少保存十年。

第五章 审计报告日后对审计工作底稿的变动

第二十三条 在审计报告日后,如果发现例外情况要求注册会计师实施新的或追加的审计程序,或导致注册会计师得出新的结论,注册会计师应当记录:

(一) 遇到的例外情况;

(二) 实施的新的或追加的审计程序,获取的审计证据以及得出的结论;

(三) 对审计工作底稿作出变动及其复核的时间和人员。

例外情况主要是指审计报告日后发现与已审计财务信息相关,且在审计报告日已经存在的事实,该事实如果被注册会计师在审计报告日前获知,可能影响审计报告。

第六章 附 则

第二十四条 本准则自2007年1月1日起施行。

六、中国注册会计师审计准则第1141号——财务报表审计中对舞弊的考虑

第一章 总 则

第一条 为了规范注册会计师在财务报表审计中对被审计单位舞弊的考虑,以及具体运用《中国注册会计师审计准则第1211号——了解被审计单位及其环境并评估重大错报风险》和《中国注册会计师审计准则第1231号——针对评估的重大错报风险实施的程序》,以识别、评估和应对舞弊导致的重大错报风险,制定本准则。

第二条 本准则适用于注册会计师执行财务报表审计业务。

第三条 在计划和实施审计工作以将审计风险降至可接受的低水平时,注册会计师应当考虑由于舞弊导致的财务报表重大错报风险。

第二章 舞弊的特征

第四条 财务报表的错报可能由于舞弊或错误所致。舞弊和错误的区别在于,导致财务报表发生错报

的行为是故意行为还是非故意行为。

第五条　错误是指导致财务报表错报的非故意行为，主要包括：

（一）为编制财务报表而收集和处理数据时发生失误；

（二）由于疏忽和误解有关事实而作出不恰当的会计估计；

（三）在运用与确认、计量、分类或列报（包括披露，下同）相关的会计政策时发生失误。

第六条　舞弊是指被审计单位的管理层、治理层、员工或第三方使用欺骗手段获取不当或非法利益的故意行为。

舞弊是一个宽泛的法律概念，但本准则并不要求注册会计师对舞弊是否已经发生作出法律意义上的判定，只要求关注导致财务报表发生重大错报的舞弊。

第七条　下列两类故意错报与财务报表审计相关：

（一）对财务信息作出虚假报告导致的错报；

（二）侵占资产导致的错报。

第八条　对财务信息作出虚假报告，可能源于管理层通过操纵利润误导财务报表使用者对被审计单位业绩或盈利能力的判断。

对财务信息作出虚假报告的动机主要包括：

（一）迎合市场预期或特定监管要求；

（二）牟取以财务业绩为基础的私人报酬最大化；

（三）偷逃或骗取税款；

（四）骗取外部资金；

（五）掩盖侵占资产的事实。

第九条　对财务信息作出虚假报告通常表现为：

（一）对财务报表所依据的会计记录或相关文件记录的操纵、伪造或篡改；

（二）对交易、事项或其他重要信息在财务报表中的不真实表达或故意遗漏；

（三）对与确认、计量、分类或列报有关的会计政策和会计估计的故意误用。

第十条　对财务信息作出虚假报告通常与管理层凌驾于控制之上有关。管理层通过凌驾于控制之上实施舞弊的手段主要包括：

（一）编制虚假的会计分录，特别是在临近会计期末时；

（二）滥用或随意变更会计政策；

（三）不恰当地调整会计估计所依据的假设及改变原先作出的判断；

（四）故意漏记、提前确认或推迟确认报告期内发生的交易或事项；

（五）隐瞒可能影响财务报表金额的事实；

（六）构造复杂的交易以歪曲财务状况或经营成果；

（七）篡改与重大或异常交易相关的会计记录和交易条款。

第十一条　侵占资产是指被审计单位的管理层或员工非法占用被审计单位的资产，其手段主要包括：

（一）贪污收入款项；

（二）盗取货币资金、实物资产或无形资产；

（三）使被审计单位对虚构的商品或劳务付款；

（四）将被审计单位资产挪为私用。

侵占资产通常伴随着虚假或误导性的文件记录，其目的是隐瞒资产缺失或未经适当授权使用资产的事实。

第十二条　舞弊的发生通常涉及下列因素：

（一）动机或压力；

（二）机会；

（三）借口。

第三章　治理层、管理层的责任和注册会计师的责任

第十三条　防止或发现舞弊是被审计单位治理层和管理层的责任。

第十四条 治理层有责任监督管理层建立和维护内部控制。

第十五条 管理层有责任在治理层的监督下建立良好的控制环境,维护有关政策和程序,以保证有序和有效地开展业务活动,包括制定和维护与财务报告可靠性相关的控制,并对可能导致财务报表发生重大错报的风险实施管理。

第十六条 注册会计师有责任按照中国注册会计师审计准则(以下简称审计准则)的规定实施审计工作,获取财务报表在整体上不存在重大错报的合理保证,无论该错报是由于舞弊还是错误导致。

第十七条 注册会计师应当在整个审计过程中保持职业怀疑态度,考虑管理层凌驾于控制之上的可能性,并应当意识到,可以有效发现错误的审计程序未必适用于发现舞弊导致的重大错报。

第四章 审计的固有限制

第十八条 由于存在下列固有限制,即使按照审计准则的规定恰当地计划和实施审计工作,注册会计师也不能对财务报表整体不存在重大错报获取绝对保证:

(一) 选择性测试方法的运用;

(二) 内部控制的固有局限性;

(三) 大多数审计证据是说服性而非结论性的;

(四) 为形成审计意见而实施的审计工作涉及大量判断;

(五) 某些特殊性质的交易和事项可能影响审计证据的说服力。

第十九条 由于舞弊者可能通过精心策划以掩盖其舞弊行为,舞弊导致的重大错报未被发现的风险,通常大于错误导致的重大错报未被发现的风险。

由于管理层往往能够直接或间接地操纵会计记录并编报虚假财务信息,管理层舞弊导致的重大错报未被发现的风险,通常大于员工舞弊导致的重大错报未被发现的风险。

第二十条 影响注册会计师发现舞弊导致的重大错报的因素主要包括:

(一) 舞弊者的狡诈程度;

(二) 串通舞弊的程度;

(三) 舞弊者在被审计单位的职位级别;

(四) 舞弊者操纵会计记录的频率和范围;

(五) 舞弊者操纵的每笔金额的大小。

第二十一条 如果在完成审计工作后发现舞弊导致的财务报表重大错报,特别是串通舞弊或伪造文件记录导致的重大错报,并不必然表明注册会计师没有遵守审计准则。注册会计师是否按照审计准则的规定实施了审计工作,取决于其是否根据具体情况实施了审计程序,是否获取了充分、适当的审计证据,以及是否根据证据评价结果出具了恰当的审计报告。

第五章 职业怀疑态度

第二十二条 注册会计师应当在整个审计过程中以职业怀疑态度计划和实施审计工作,充分考虑由于舞弊导致财务报表发生重大错报的可能性,而不应依赖以往审计中对管理层、治理层诚信形成的判断。

第二十三条 注册会计师应当结合审计过程中获取的其他证据,慎重考虑管理层和治理层对询问所作答复的合理性,以及提供的其他信息的合理性。

第二十四条 审计工作通常不涉及鉴定文件记录的真伪,注册会计师也不是鉴定文件记录真伪的专家,而且可能无法发现文件记录中某些条款已发生变动。但在审计过程中,注册会计师应当考虑作为审计证据的信息的可靠性,并考虑与生成和维护这些信息相关的控制的有效性。

除非存在相反的理由,注册会计师通常认为文件记录是真品。但如果在审计过程中识别出的情况使其认为文件记录可能是伪造的或文件记录中的某些条款已发生变动,注册会计师应当作出进一步调查,包括直接向第三方询证,或考虑利用专家的工作以评价文件记录的真伪。

第六章 项目组内部的讨论

第二十五条 项目组应当讨论由于舞弊导致财务报表发生重大错报的可能性。

第二十六条 项目负责人应当参与项目组内部的讨论,并根据职业判断、以往的审计经验以及对被审计单位本期变化情况的了解,确定参与讨论的项目组成员。项目组的关键成员应当参与讨论。如果项目组需要拥有信息技术或其他特殊技能的专家,这些专家也应当参与讨论。

项目负责人应当考虑需要将哪些事项向未参与讨论的项目组成员传达。

第二十七条　项目负责人应当在讨论时强调在整个审计过程中对舞弊导致的重大错报风险保持警惕的重要性。

第二十八条　在整个审计过程中，项目组成员应当持续交换可能影响舞弊导致的重大错报的风险评估及其应对程序的信息。

第二十九条　项目组讨论的内容通常包括：

（一）由于舞弊导致财务报表重大错报的可能性，重大错报可能发生的领域及方式；

（二）在遇到哪些情形时需要考虑存在舞弊的可能性；

（三）已了解的可能产生舞弊动机或压力、提供舞弊机会、营造舞弊行为合理化环境的外部和内部因素；

（四）已注意到的对被审计单位舞弊的指控；

（五）已注意到的管理层或员工在行为或生活方式上出现的异常或无法解释的变化；

（六）管理层凌驾于控制之上的可能性；

（七）是否有迹象表明管理层操纵利润，以及采取的可能导致舞弊的操纵利润手段；

（八）管理层对接触现金或其他易被侵占资产的员工实施监督的情况；

（九）为应对舞弊导致财务报表重大错报可能性而选择的审计程序，以及各种审计程序的有效性；

（十）如何使拟实施审计程序的性质、时间和范围不易为被审计单位预见。

第七章　风险评估程序

第一节　总 体 要 求

第三十条　注册会计师应当实施下列审计程序，以获取用于识别舞弊导致的财务报表重大错报风险所需的信息：

（一）询问被审计单位的管理层、治理层以及内部的其他相关人员，以了解管理层针对舞弊风险设计的内部控制，以及治理层如何监督管理层对舞弊风险的识别和应对过程；

（二）考虑是否存在舞弊风险因素；

（三）考虑在实施分析程序时发现的异常关系或偏离预期的关系；

（四）考虑有助于识别舞弊导致的重大错报风险的其他信息。

第二节　询　　问

第三十一条　在了解被审计单位及其环境时，注册会计师应当向管理层询问下列事项：

（一）管理层对舞弊导致的财务报表重大错报风险的评估；

（二）管理层对舞弊风险的识别和应对过程；

（三）管理层就其对舞弊风险的识别和应对过程与治理层沟通的情况；

（四）管理层就其经营理念及道德观念与员工沟通的情况。

第三十二条　注册会计师应当考虑管理层对舞弊风险及相应控制所作评估的性质、范围和频率，以了解控制环境。

第三十三条　在业主直接经营的小型被审计单位中，参与经营管理的业主（以下简称业主）可能比大型被审计单位实施更有效的控制监督，并由此弥补不相容职责分离不足的缺陷；但也可能由于内部控制不正规，业主容易凌驾于内部控制之上。

在识别小型被审计单位由于舞弊导致的重大错报风险时，注册会计师应当考虑小型被审计单位的上述特征。

第三十四条　注册会计师应当询问管理层、内部审计人员和内部其他相关人员，以确定其是否知悉任何舞弊事实、舞弊嫌疑或舞弊指控。

第三十五条　注册会计师通过询问管理层可能获取关于员工舞弊导致的财务报表重大错报风险的有用信息，但难以获取关于管理层舞弊导致的重大错报风险的有用信息。

注册会计师还应当询问被审计单位内部的其他相关人员，以便从不同于管理层和对财务报告负有责任的人员的角度获取信息。

注册会计师应当运用职业判断，确定拟询问的被审计单位内部其他人员的范围及询问内容。

第三十六条　如果被审计单位设有内部审计职能，注册会计师应当询问内部审计人员，询问内容主要包括：

(一) 内部审计人员对被审计单位舞弊风险的认识；

(二) 内部审计人员在本期是否实施了用以发现舞弊的程序；

(三) 管理层对通过内部审计程序发现的舞弊是否采取了适当的应对措施；

(四) 内部审计人员是否了解任何舞弊事实、舞弊嫌疑或舞弊指控。

第三十七条　注册会计师应当考虑向被审计单位内部的下列人员询问是否存在或可能存在舞弊：

(一) 不直接参与财务报告过程的业务人员；

(二) 负责生成、处理或记录复杂、异常交易的人员及其监督人员；

(三) 负责法律事务的人员；

(四) 负责道德事务的人员；

(五) 负责处理舞弊指控的人员。

在询问时，注册会计师应当考虑询问不同级别的人员。

第三十八条　在评价管理层对询问作出的答复时，注册会计师应当保持职业怀疑态度，认识到管理层通常最有条件实施舞弊。

注册会计师应当运用职业判断，确定是否有必要通过其他信息对管理层的答复进行印证。如果管理层的答复与其他信息不一致，注册会计师应当采取适当措施予以解决。

第三十九条　注册会计师应当了解治理层如何监督管理层对舞弊风险的识别和应对过程，以及管理层为降低舞弊风险设计的内部控制。

注册会计师可通过参加相关会议、阅读会议纪要或询问治理层等审计程序了解有关情况。

第四十条　注册会计师应当询问治理层，以确定其是否知悉任何舞弊事实、舞弊嫌疑或舞弊指控。

治理层对注册会计师询问的答复可作为管理层答复的佐证信息。如果治理层的答复与管理层的答复不一致，注册会计师应当获取进一步的审计证据予以解决。

第三节　考虑舞弊风险因素

第四十一条　在了解被审计单位及其环境时，注册会计师应当考虑所获取的信息是否表明存在舞弊风险因素。

舞弊风险因素是指注册会计师在了解被审计单位及其环境时识别的、可能表明存在舞弊动机或压力、机会的事项或情况，以及被审计单位对可能存在的舞弊行为的合理化解释。

第四十二条　舞弊风险因素的存在并不一定表明发生了舞弊，但在舞弊发生时通常存在舞弊风险因素。

注册会计师应当考虑舞弊风险因素的存在对其评估重大错报风险可能产生的影响。

第四十三条　注册会计师应当运用职业判断，考虑被审计单位的规模、复杂程度、所有权结构及所处行业等，以确定舞弊风险因素的相关性和重要程度。

第四节　考虑异常关系或偏离预期的关系

第四十四条　在实施分析程序以了解被审计单位及其环境时，注册会计师应当考虑可能表明存在舞弊导致的重大错报风险的异常关系或偏离预期的关系。

第四十五条　注册会计师实施分析程序有助于识别异常的交易或事项，以及对财务报表和审计产生影响的金额、比率和趋势。

在实施分析程序时，注册会计师应当预期可能存在的合理关系，并与被审计单位记录的金额、依据记录金额计算的比率或趋势相比较；如果发现异常关系或偏离预期的关系，注册会计师应当在识别舞弊导致的重大错报风险时考虑这些比较结果。

第五节　考虑其他信息

第四十六条　注册会计师应当考虑在了解被审计单位及其环境时所获取的其他信息，是否表明被审计单位存在舞弊导致的重大错报风险。

其他信息可能来源于项目组内部的讨论、客户承接或续约过程以及向被审计单位提供其他服务所获得的经验。

第八章　识别和评估舞弊导致的重大错报风险

第四十七条　在识别和评估财务报表层次以及各类交易、账户余额、列报认定层次的重大错报风险时，注册会计师应当识别和评估舞弊导致的重大错报风险。

舞弊导致的重大错报风险属于需要注册会计师特别考虑的重大错报风险，即特别风险。对于此类风险，注册会计师应当评价被审计单位相关控制的设计情况，并确定其是否已经得到执行。

第四十八条　在运用职业判断评估舞弊导致的重大错报风险时，注册会计师应当考虑：

（一）实施风险评估程序获取的信息，并考虑各类交易、账户余额、列报，以识别舞弊风险；

（二）将识别的风险与认定层次可能发生错报的领域相联系；

（三）识别的风险是否重大；

（四）识别的风险导致财务报表发生重大错报的可能性。

第四十九条　注册会计师应当了解管理层为防止或发现舞弊而设计、实施的内部控制，以进一步了解舞弊风险因素及管理层对舞弊风险的态度。

第五十条　对财务信息作出虚假报告导致的重大错报通常源于多计或少计收入，注册会计师应当假定被审计单位在收入确认方面存在舞弊风险，并应当考虑哪些收入类别以及与收入有关的交易或认定可能导致舞弊风险。

第九章　应对舞弊导致的重大错报风险

第一节　总 体 要 求

第五十一条　注册会计师应当针对评估的舞弊导致的财务报表层次重大错报风险确定总体应对措施，并针对评估的舞弊导致的认定层次重大错报风险设计和实施进一步审计程序。

第五十二条　舞弊导致的重大错报风险属于特别风险，注册会计师应当专门针对该风险实施实质性程序。

第五十三条　为应对评估的舞弊导致的重大错报风险，注册会计师应当保持高度的职业怀疑态度，包括：

（一）对有关重大交易的文件记录进行检查时，对文件记录的性质和范围的选择保持敏感；

（二）就管理层对重大事项作出的解释或声明，有意识地通过其他信息予以验证。

第二节　总体应对措施

第五十四条　注册会计师应当针对评估的舞弊导致的财务报表层次重大错报风险确定下列总体应对措施：

（一）考虑人员的适当分派和督导；

（二）考虑被审计单位采用的会计政策；

（三）在选择进一步审计程序的性质、时间和范围时，应当注意使某些程序不为被审计单位预见或事先了解。

第五十五条　注册会计师应当根据舞弊导致的重大错报风险的评估结果，分派具备相应知识和技能的人员或利用专家的工作，并进行相应的督导。

第五十六条　注册会计师应当考虑管理层对重大会计政策（特别是涉及主观计量或复杂交易时）的选择和运用，是否可能表明管理层通过操纵利润对财务信息作出虚假报告。

第五十七条　熟悉常规审计程序的被审计单位内部人员更有能力掩盖其对财务信息作出虚假报告的行为，注册会计师在选择进一步审计程序的性质、时间和范围时，应当有意识地避免被这些人员预见或事先了解。

注册会计师应当考虑采取下列措施：

（一）对通常由于风险程度较低而不会作出测试的账户余额实施实质性程序；

（二）调整审计程序的时间，使之有别于预期的时间安排；

（三）运用不同的抽样方法；

（四）对不同地理位置的多个组成部分实施审计程序；

（五）以不预先通知的方式实施审计程序。

第三节　针对舞弊导致的认定层次的重大错报风险实施的审计程序

第五十八条　注册会计师应当考虑通过下列方式，应对舞弊导致的认定层次的重大错报风险：

（一）改变拟实施审计程序的性质，以获取更为可靠、相关的审计证据，或获取其他佐证性信息，包括更加重视实地观察或检查，在实施函证程序时改变常规函证内容，询问被审计单位的非财务人员等；

（二）改变实质性程序的时间，包括在期末或接近期末实施实质性程序，或针对本期较早时间发生的交易事项或贯穿于整个本期的交易事项实施测试；

（三）改变审计程序的范围，包括扩大样本规模，采用更详细的数据实施分析程序等。

第四节 针对管理层凌驾于控制之上的风险实施的程序

第五十九条 管理层凌驾于控制之上的风险属于特别风险，注册会计师针对该特别风险应当实施的审计程序包括：

（一）测试日常会计核算过程中作出的会计分录以及为编制财务报表作出的调整分录是否适当；

（二）复核会计估计是否有失公允，从而可能产生舞弊导致的重大错报；

（三）对于注意到的、超出正常经营过程或基于对被审计单位及其环境的了解显得异常的重大交易，了解其商业理由的合理性。

第六十条 在设计和实施审计程序，以测试日常会计核算过程中作出的会计分录以及为编制财务报表作出的调整分录是否适当时，注册会计师应当采取下列措施：

（一）了解被审计单位的财务报告过程，并了解被审计单位对日常会计分录及财务报表编制过程中的调整分录的控制；

（二）评价被审计单位对日常会计分录及财务报表编制过程中的调整分录的控制，并确定其是否得到执行；

（三）询问被审计单位内部参与财务报告过程的人员是否注意到在编制会计分录或调整分录时存在不恰当或异常活动；

（四）确定测试的时间；

（五）选择拟测试的会计分录或调整分录。

第六十一条 为选择拟测试的会计分录或调整分录并确定适当的测试方法，注册会计师应当考虑下列因素：

（一）注册会计师对舞弊导致的重大错报风险的评估；

（二）被审计单位对会计分录或调整分录已实施的控制；

（三）被审计单位的财务报告过程以及所能获取的证据性质；

（四）虚假会计分录或调整分录的特征；

（五）会计账户的性质和复杂程度；

（六）在常规业务流程之外处理的会计分录和调整分录。

第六十二条 管理层通常通过故意作出不当的会计估计对财务信息作出虚假报告。在复核会计估计是否有失公允、从而可能产生舞弊导致的重大错报时，注册会计师应当采取下列措施：

（一）从财务报表整体上考虑管理层作出的某项会计估计是否反映出管理层的某种偏向，是否与注册会计师所获取审计证据表明的最佳估计存在重大差异；

（二）复核管理层在以前年度财务报表中作出的重大会计估计及其依据的假设。

第六十三条 如果发现管理层作出的会计估计可能有失公允，注册会计师应当评价这是否表明存在舞弊导致的重大错报风险。

注册会计师应当考虑管理层在作出会计估计时是否同时高估或低估所有准备，从而使收益在两个或多个会计期间内得以平滑，或达到某特定收益水平。

第六十四条 对于超出正常经营过程或基于对被审计单位及其环境的了解显得异常的重大交易，注册会计师应当了解这些交易的商业理由的合理性。

在了解这些交易的商业理由的合理性时，注册会计师应当考虑下列事项：

（一）交易的形式是否过于复杂；

（二）管理层是否已与治理层就此类交易的性质和会计处理进行讨论并作出适当记录；

（三）管理层是否更强调需要采用某种特定的会计处理方式，而不强调交易的经济实质；

（四）对于涉及不纳入合并范围的关联方（包括特殊目的的实体）的交易，是否已得到治理层的适当审核与批准；

（五）交易是否涉及以往未识别的关联方，或不具备实质性交易基础或独立财务能力的第三方。

第十章 评价审计证据

第六十五条 注册会计师应当根据实施的审计程序和获取的审计证据，评价对认定层次重大错报风险的评估是否仍然适当。如果认为不适当，注册会计师应当考虑实施追加的审计程序或修改审计程序。

在作出评价时，注册会计师应当考虑项目组内部是否在整个审计过程中，就可能表明存在舞弊导致的重大错报风险的信息或情形进行了适当沟通。

第六十六条 财务报表审计是一个累积和不断修正的过程。

随着计划的审计程序的实施，注册会计师可能发现获取的信息与评估舞弊导致的重大错报风险所依据的信息存在重大差异。在这种情况下，注册会计师应当考虑修正风险评估结果，并据以修改原计划的其他审计程序的性质、时间和范围。

第六十七条 注册会计师应当考虑，在审计工作完成或接近完成阶段实施的分析程序，是否表明存在以往未识别的舞弊导致的重大错报风险。

注册会计师应当运用职业判断确定可能表明存在舞弊导致的重大错报风险的趋势或关系，尤其是与期末确认的收入或利润有关的异常趋势或关系。

第六十八条 如果发现某项错报，注册会计师应当考虑该项错报是否表明存在舞弊。

如果某项错报表明存在舞弊，注册会计师应当考虑该项错报对审计工作其他方面的影响，特别是考虑管理层声明的可靠性。

第六十九条 注册会计师不应将审计中发现的舞弊视为孤立发生的事项。注册会计师还应当考虑发现的错报是否表明，在某一特定领域存在舞弊导致的更高的重大错报风险。

第七十条 如果认为错报是舞弊或可能是舞弊导致的，即使错报金额对财务报表的影响并不重大，注册会计师仍应考虑错报涉及的人员在被审计单位中的职位。

如果错报涉及较高级别的管理层，即使错报金额对财务报表的影响并不重大，也可能表明存在更具广泛影响的问题。在这种情况下，注册会计师应当采取下列措施：

（一）重新评估舞弊导致的重大错报风险，并考虑重新评估的结果对审计程序的性质、时间和范围的影响；

（二）重新考虑此前获取的审计证据的可靠性，包括管理层声明的完整性和可信性，以及作为审计证据的文件和会计记录的真实性，并考虑管理层与员工或第三方串通舞弊的可能性。

第七十一条 如果认为财务报表存在舞弊导致的重大错报，或虽认为存在舞弊但无法确定其对财务报表的影响，注册会计师应当考虑该事项对审计的影响。

第十一章 与管理层、治理层和监管机构的沟通

第七十二条 注册会计师应当获取管理层就下列事项作出的书面声明：

（一）设计和执行内部控制以防止或发现舞弊是管理层的责任；

（二）已向注册会计师披露了其对舞弊导致的财务报表重大错报风险的评估结果；

（三）已向注册会计师披露了已知的涉及管理层、在内部控制中承担重要职责的员工以及其舞弊行为可能对财务报表产生重大影响的其他人员的舞弊或舞弊嫌疑；

（四）已向注册会计师披露了从现任和前任员工、分析师、监管机构等方面获知的、影响财务报表的舞弊指控或舞弊嫌疑。

第七十三条 如果发现舞弊或获取的信息表明可能存在舞弊，注册会计师应当尽早将此类事项与适当层次的管理层沟通。

第七十四条 注册会计师应当运用职业判断确定拟沟通的适当层次的管理层，并考虑串通舞弊的可能性、舞弊嫌疑的性质和重大程度等因素的影响。

通常情况下，拟沟通的管理层应当比涉嫌舞弊人员至少高出一个级别。

第七十五条 如果发现舞弊涉及管理层、在内部控制中承担重要职责的员工以及其舞弊行为可能对财务报表产生重大影响的其他人员，注册会计师应当尽早将此类事项与治理层沟通。

第七十六条 如果对管理层、治理层的诚信产生怀疑，注册会计师应当考虑征询法律意见，以采取适当

措施。

第七十七条　在审计工作的前期,注册会计师应当就审计中可能发现的、不会导致财务报表重大错报的员工舞弊如何进行沟通与治理层达成共识。

第七十八条　如果注意到旨在防止或发现舞弊的内部控制在设计或执行方面存在重大缺陷,注册会计师应当尽早告知适当层次的管理层和治理层。

第七十九条　如果识别出管理层未加控制或控制不当的舞弊导致的重大错报风险,或认为被审计单位的风险评估过程存在重大缺陷,注册会计师应当就此类内部控制缺陷与治理层沟通。

第八十条　注册会计师应当考虑是否还存在其他需要与治理层讨论的有关舞弊的事项,主要包括:

(一) 注册会计师对管理层实施的财务报表错报风险评估及相关控制评估的性质、范围和频率的疑虑;

(二) 管理层未能恰当应对已发现的内部控制重大缺陷的事实;

(三) 管理层未能恰当应对已发现的舞弊的事实;

(四) 注册会计师对被审计单位控制环境的评价,包括对管理层胜任能力和诚信的疑虑;

(五) 注册会计师注意到的可能表明管理层对财务信息作出虚假报告的行为;

(六) 注册会计师对超出正常经营过程的交易的授权适当性的疑虑。

第八十一条　如果在审计过程中发现管理层和治理层的重大舞弊,注册会计师应当考虑征询法律意见,以采取适当措施。

注册会计师应当根据法律法规的规定,确定是否向监管机构报告管理层和治理层的重大舞弊。

第十二章　无法继续执行审计业务时的考虑

第八十二条　如果财务报表存在舞弊或舞弊嫌疑导致的错报,且注册会计师遇到难以继续执行审计业务的异常情形,注册会计师应当考虑:

(一) 相应的职业责任和法律责任,包括向审计业务委托人报告,或根据法律法规的规定向监管机构报告;

(二) 对审计报告的影响,或解除业务约定。

注册会计师难以继续执行审计业务的异常情形通常包括:

(一) 被审计单位针对舞弊未能采取注册会计师认为必要的措施;

(二) 注册会计师通过考虑舞弊导致的重大错报风险和审计测试的结果,认为存在重大和广泛的舞弊风险;

(三) 注册会计师对管理层、治理层的胜任能力或诚信产生了极大的疑虑。

第八十三条　如果决定解除业务约定,注册会计师应当采取下列措施:

(一) 与适当层次的管理层和治理层讨论解除业务约定的决定和理由;

(二) 向审计业务委托人报告解除业务约定的决定和理由;

(三) 根据法律法规的规定向监管机构报告解除业务约定的决定和理由。

第八十四条　在决定是否解除业务约定时,注册会计师应当考虑管理层或治理层参与舞弊的程度及其影响等因素。

第八十五条　在决定是否解除业务约定以及采取适当措施时,注册会计师应当考虑征询法律意见。

第十三章　审计工作记录

第八十六条　注册会计师应当按照《中国注册会计师审计准则第 1211 号——了解被审计单位及其环境并评估重大错报风险》的规定,对下列内容形成审计工作记录:

(一) 项目组内部就舞弊导致的财务报表重大错报的可能性进行的讨论及得出的重要结论;

(二) 识别和评估的舞弊导致的财务报表层次和认定层次的重大错报风险。

第八十七条　注册会计师应当按照《中国注册会计师审计准则第 1231 号——针对评估的重大错报风险实施的程序》的规定,对下列内容形成审计工作记录:

(一) 对评估的舞弊导致的财务报表层次的重大错报风险采取的总体应对措施;

(二) 实施进一步审计程序的性质、时间和范围;

(三) 实施的进一步审计程序与评估的舞弊导致的认定层次的重大错报风险之间的联系;

(四) 实施进一步审计程序(包括用于应对管理层凌驾于控制之上的风险而实施的审计程序)的结果。

第八十八条　注册会计师应当在审计工作底稿中记录与管理层、治理层、监管机构或其他相关各方就舞弊事项进行沟通的情况。

第八十九条　根据本准则第五十条的规定实施审计工作后，如果认为被审计单位在收入确认方面不存在舞弊导致的重大错报，注册会计师应当将得出该结论的理由形成审计工作记录。

第十四章　附　则

第九十条　本准则自2007年1月1日起施行。

七、中国注册会计师审计准则第1142号——财务报表审计中对法律法规的考虑

第一章　总　则

第一条　为了规范注册会计师在财务报表审计中对法律法规的考虑，明确执业责任，制定本准则。

第二条　本准则适用于注册会计师执行财务报表审计业务。

本准则不适用于注册会计师接受专项委托审计并报告被审计单位遵守特定法律法规的业务。

第三条　本准则所称违反法规行为，是指被审计单位有意或无意地违反会计准则和相关会计制度之外的法律法规的行为。

第四条　在设计和实施审计程序以及评价和报告审计结果时，注册会计师应当充分关注被审计单位违反法规行为可能对财务报表产生重大影响。

第五条　在考虑被审计单位的一项行为是否违反法律法规时，注册会计师应当征询法律意见。

第二章　管理层遵守法律法规的责任

第六条　保证经营活动符合法律法规的规定，防止和发现违反法规行为是被审计单位管理层的责任。

第七条　管理层通常通过执行下列政策和程序，以防止和发现违反法规行为：

（一）了解相关法律法规，确保设计的经营程序符合法律法规的规定；

（二）建立和实施适当的内部控制；

（三）制定、公布并遵守行为规范；

（四）确保员工经过适当培训，了解各项行为规范；

（五）监控行为规范的遵守情况，对违反行为规范的员工给予适当处罚；

（六）聘请法律顾问，帮助管理层了解法律法规要求；

（七）汇集必须遵守的法律法规，保存被投诉的记录；

（八）将适当的职责分派给内部审计和审计委员会，帮助管理层履行防止和发现违反法规行为的责任。

第三章　对被审计单位遵守法律法规的考虑

第八条　注册会计师不应当、也不能对防止被审计单位违反法规行为负责，但执行年度财务报表审计可能是遏制违反法规行为的一项措施。

第九条　由于存在下列因素，注册会计师应当考虑违反法规行为会导致更高的重大错报风险：

（一）许多法律法规主要与被审计单位经营活动相关，且不能被会计信息系统所反映；

（二）审计程序的有效性受到内部控制的固有局限性和使用的测试方法的影响；

（三）注册会计师获取的审计证据大多是说服性而非结论性的；

（四）违反法规行为可能涉及故意隐瞒的行为。

第十条　在计划和实施审计工作时，注册会计师应当保持职业怀疑态度，充分关注审计可能揭露导致其对被审计单位遵守法律法规产生怀疑的情况或事项。

第十一条　如果法律法规要求注册会计师报告被审计单位对某些法定条款的遵守情况，注册会计师应当制定计划，以测试被审计单位对这些条款的遵守情况。

第十二条　在计划审计工作时，注册会计师应当总体了解适用于被审计单位及其所处行业的法律法规，以及被审计单位如何遵守这些法律法规。

第十三条　在获得总体了解时，注册会计师应当特别关注某些法律法规可能导致对被审计单位经营活动产生重要影响的经营风险，即违反法律法规可能导致被审计单位停业或对其持续经营产生重大影响。

第十四条 为获得对法律法规的总体了解，注册会计师应当实施下列审计程序：

（一）利用了解被审计单位行业状况、法律环境与监管环境以及其他外部因素时所获知的信息；

（二）向管理层询问被审计单位为遵守有关法律法规而采用的政策和程序；

（三）向管理层询问对被审计单位经营活动可能产生重要影响的法律法规；

（四）与管理层讨论在识别、评价和处理诉讼、索赔与税务纠纷时采用的政策和程序；

（五）与审计组成部分的其他注册会计师讨论适用于该组成部分的法律法规。

第十五条 在获得总体了解后，注册会计师应当实施下列进一步审计程序，以有助于识别被审计单位在编制财务报表时应当考虑的违反法规行为：

（一）向管理层询问被审计单位是否遵守了适用于被审计单位及其行业的法律法规；

（二）检查被审计单位与许可证颁发机构或监管机构的往来函件。

第十六条 对影响财务报表重大金额和披露的法律法规，注册会计师应当获取被审计单位遵守这些法律法规的充分、适当的审计证据。

注册会计师应当充分了解这些法律法规及其变化，以便在审计财务报表相关认定时考虑这些法律法规。

第十七条 除实施本准则第十五条和第十六条规定的审计程序以外，注册会计师不需对被审计单位遵守法律法规情况实施其他审计程序，因为实施其他审计程序超出了财务报表的审计范围。

第十八条 为形成财务报表审计意见所实施的审计程序，可能使注册会计师注意到被审计单位存在影响财务报表的违反法规行为，注册会计师应当对此保持警觉。

第十九条 注册会计师应当向管理层获取书面声明，以表明被审计单位已将其知悉的、影响财务报表的所有违反或可能违反相关法律法规的情况告知注册会计师。

第二十条 如果没有证据表明被审计单位存在违反法规行为，注册会计师可推定被审计单位遵守了相关法律法规。

第四章 发现违反法规行为时实施的审计程序

第二十一条 注册会计师应当充分关注可能表明被审计单位违反法律法规的下列信息：

（一）受到政府有关部门的调查或处罚；

（二）提供异常贷款或支付不明费用；

（三）与关联方存在异常交易；

（四）支付异常的销售佣金或代理费用；

（五）购销价格严重偏离市场价格；

（六）异常的现金收支；

（七）与在税收优惠地注册的公司存在异常交易；

（八）向商品或劳务提供者以外的单位或个人支付商品或劳务款项；

（九）收付款缺少适当的交易控制记录；

（十）现有的会计信息系统不能提供适当审计轨迹或充分证据；

（十一）交易未经授权或记录不当；

（十二）媒介评论。

第二十二条 当发现可能存在违反法规行为时，注册会计师应当了解该行为的性质及发生的环境，并获取其他适当信息，以评价其对财务报表可能产生的影响。

第二十三条 在评价违反法规行为对财务报表可能产生的影响时，注册会计师应当考虑：

（一）因罚款、没收违法所得、封存财产、强制停业及诉讼等导致的潜在财务后果；

（二）潜在财务后果是否需要披露；

（三）潜在财务后果是否严重，以至于影响到财务报表的公允反映。

第二十四条 当认为可能存在违反法规行为时，注册会计师应当记录所发现的情况，并与管理层讨论。

第二十五条 如果管理层不能提供令人满意的信息证明其确实遵守了法律法规，注册会计师应当向被审计单位律师咨询有关法律法规的遵守情况，及其对财务报表可能产生的影响。

当认为向被审计单位律师咨询是不适当的，或不满意其提供的咨询意见时，注册会计师应当考虑向其所在会计师事务所的律师咨询，以确定：

（一）被审计单位是否存在违反法规行为；

（二）可能导致的法律后果；

（三）应采取的进一步行动。

第二十六条　当怀疑被审计单位存在违反法规行为而又无法获取充分信息时，注册会计师应当考虑缺乏充分、适当的审计证据对审计报告的影响。

第二十七条　注册会计师应当考虑违反法规行为对审计的其他方面的影响，尤其对管理层声明可靠性的影响。

如果违反法规行为未被内部控制发现或未包含在管理层声明中，注册会计师应当重新考虑风险评估结果和管理层声明的有效性。

第五章　对违反法规行为的报告

第一节　与治理层沟通

第二十八条　注册会计师应当将注意到的违反法规行为尽快地与治理层沟通，或获取治理层已获知违反法规行为的审计证据。

第二十九条　如果认为违反法规行为是故意和重大的，注册会计师应当就发现的情况立即与治理层沟通。

第三十条　如果怀疑违反法规行为涉及高级管理人员，注册会计师应当向被审计单位内部的审计委员会或监事会等更高层次的机构报告。

如果不存在更高层次的机构，或注册会计师认为报告不起作用，或难以确定向谁报告，注册会计师应当考虑征询法律意见。

第二节　出具审计报告

第三十一条　如果认为违反法规行为对财务报表有重大影响，且未能在财务报表中得到恰当反映，注册会计师应当出具保留意见或否定意见的审计报告。

第三十二条　如果因被审计单位阻挠无法获取充分、适当的审计证据，以评价是否发生或可能发生对财务报表具有重大影响的违反法规行为，注册会计师应当根据审计范围受到限制的程度，出具保留意见或无法表示意见的审计报告。

第三十三条　如果因审计范围受到被审计单位以外的其他条件限制而无法确定违反法规行为是否发生，注册会计师应当考虑其对审计报告的影响。

第三节　向监管机构报告

第三十四条　如果发现被审计单位存在严重违反法规行为，注册会计师应当考虑法律法规是否要求其向监管机构报告；必要时，征询法律意见。

第六章　解除业务约定

第三十五条　如果被审计单位存在违反法规行为，且没有采取注册会计师认为必要的补救措施，注册会计师应当考虑解除业务约定。

第三十六条　在解除业务约定后，如果接到后任注册会计师的询问，注册会计师应当按照《中国注册会计师审计准则第1152号——前后任注册会计师的沟通》的规定，向其说明是否存在不应承接该业务的理由。

第七章　附　　则

第三十七条　本准则自2007年1月1日起施行。

八、中国注册会计师审计准则第1151号——与治理层的沟通

第一章　总　　则

第一条　为了规范注册会计师与被审计单位治理层的沟通，制定本准则。

第二条　本准则适用于注册会计师执行财务报表审计业务。

第三条　本准则所称治理层，是指对被审计单位战略方向以及管理层履行经营管理责任负有监督责任

的人员或组织。治理层的责任包括对财务报告过程的监督。

本准则所称管理层,是指对被审计单位经营活动的执行负有管理责任的人员或组织。管理层负责编制财务报表,并受到治理层的监督。

第四条 注册会计师应当就与财务报表审计相关、且根据职业判断认为与治理层责任相关的重大事项,以适当的方式及时与治理层沟通。

第五条 注册会计师与治理层沟通的主要目的是:

(一) 就审计范围和时间以及注册会计师、治理层和管理层各方在财务报表审计和沟通中的责任,取得相互了解;

(二) 及时向治理层告知审计中发现的与治理层责任相关的事项;

(三) 共享有助于注册会计师获取审计证据和治理层履行责任的其他信息。

第六条 注册会计师应当与治理层进行明晰的沟通,并提请治理层以同样的方式与注册会计师沟通,以建立有效的双向沟通关系。注册会计师在建立这种关系时应当保持独立性和客观性。

第二章 沟通的对象

第一节 总体要求

第七条 注册会计师应当确定与被审计单位治理结构中的哪些适当人员沟通。适当人员可能因沟通事项的不同而不同。

第八条 在确定与哪些适当人员沟通特定事项时,注册会计师应当利用在了解被审计单位及其环境时获取的有关治理结构和治理过程的信息。

第九条 如果无法清楚地识别需要与哪些人员沟通,注册会计师应当与委托人商定。

第二节 与治理层的下设组织或个人沟通

第十条 在决定与治理层某下设组织或个人沟通时,注册会计师应当考虑下列主要事项:

(一) 下设组织、个人以及治理层整体各自的责任;

(二) 拟沟通事项的性质;

(三) 法律法规的规定;

(四) 下设组织或个人是否有权对沟通的信息采取措施,以及是否能够提供注册会计师可能需要的进一步信息和解释;

(五) 是否有必要将有关信息详尽或扼要地与治理层整体沟通。

注册会计师应当考虑在业务约定条款中明确与治理层整体直接沟通的权利。

第十一条 如果被审计单位设有审计委员会或监事会,注册会计师应当着重与审计委员会或监事会沟通。

注册会计师应当考虑仅与审计委员会或监事会沟通是否足以履行其与治理层沟通的责任。在某些情况下,注册会计师可能还需要与治理层整体沟通。

第十二条 如果被审计单位是某集团的组成部分,注册会计师应当根据不同的业务环境和沟通事项,确定与哪些适当人员沟通。适当人员除了包括该组成部分治理层外,可能还包括集团治理层。当集团治理层履行组成部分治理责任时,适当人员为集团治理层。

第三节 与管理层沟通

第十三条 在审计中,注册会计师应当就财务报表审计相关事项与管理层讨论,包括讨论本准则规定的与治理层沟通的相关事项。

第十四条 在与治理层沟通特定事项前,注册会计师通常先与管理层讨论,除非这些事项不适合与管理层讨论。不适合与管理层讨论的事项包括管理层的胜任能力和诚信问题等。

如果被审计单位设有内部审计职能,注册会计师可以在与治理层沟通特定事项前,先与内部审计人员讨论有关事项。

如果管理层或内部审计人员的意见及拟采取的措施有助于治理层了解特定事项,注册会计师应当考虑将这些意见和措施包括在与治理层沟通的内容中。

第十五条 管理层就本准则第十八条所列事项与治理层的沟通,并不能减轻注册会计师就这些事项与治理层沟通的责任。

对于本准则第三章第七节所规定的补充事项，如果认为管理层已与治理层有效沟通，注册会计师无需再就这些事项与治理层沟通。

第四节 治理层全部参与管理的情形

第十六条 在治理层全部参与管理的情况下，如果就本准则要求沟通的事项已与负有管理责任的人员沟通，且这些人员同时负有治理责任，注册会计师无需就这些事项再次与负有治理责任的相同人员沟通。

对于应予沟通且仅与治理层的监督职能相关的事项，由于监督与管理没有分离，通常不要求注册会计师就这些事项予以沟通。

第十七条 如果治理层全部参与管理，注册会计师仍应考虑与负有管理责任人员的沟通能否向所有负有治理责任的人员充分传递应予沟通的内容。

第三章 沟通的事项

第一节 沟通事项的基本内容

第十八条 注册会计师应当直接与治理层沟通的事项包括：

（一）注册会计师的责任；

（二）计划的审计范围和时间；

（三）审计工作中发现的问题；

（四）注册会计师的独立性。

第十九条 除了本准则第十八条所列事项外，注册会计师还应当就下列事项与治理层沟通：

（一）要求和商定沟通的其他事项；

（二）补充事项。

第二节 注册会计师的责任

第二十条 注册会计师应当就其责任直接与治理层沟通。注册会计师通常考虑将该沟通事项包含在审计业务约定书中。

注册会计师应当向治理层说明，注册会计师的责任是对管理层在治理层监督下编制的财务报表发表审计意见，对财务报表的审计并不能减轻管理层和治理层的责任。

第二十一条 注册会计师还应当与治理层沟通下列事项：

（一）注册会计师有责任按照审计准则的规定执行审计业务，发表审计意见；审计准则要求沟通的事项包括财务报表审计中发现的、且与治理层履行对财务报告过程监督职责相关的重大事项；

（二）审计准则并不要求注册会计师专门为识别与治理层沟通的补充事项设计程序，但如果注册会计师注意到根据其职业判断认为重大且与治理层责任相关的补充事项，并且这些事项没有通过其他渠道与治理层作过有效沟通，注册会计师应当就这些事项与治理层沟通；

（三）如果存在要求和商定沟通的其他事项，注册会计师还有责任就这些事项与治理层沟通。

第三节 计划的审计范围和时间

第二十二条 注册会计师应当就计划的审计范围和时间直接与治理层作简要沟通。

第二十三条 当与治理层沟通计划的审计范围和时间时，注册会计师应当保持职业谨慎，以防止由于具体审计程序易于被治理层，尤其是承担管理责任的治理层所预见等原因而损害审计工作的有效性。

第二十四条 注册会计师应当考虑与治理层沟通下列事项：

（一）注册会计师拟如何应对由于舞弊或错误导致的重大错报风险；

（二）注册会计师对与审计相关的内部控制采取的方案；

（三）重要性的概念，但不宜涉及重要性的具体底线或金额；

（四）审计业务受到的限制或法律法规对审计业务的特定要求；

（五）注册会计师与治理层商定的沟通事项的性质。

第二十五条 注册会计师可以考虑与治理层讨论下列事项：

（一）当被审计单位设有内部审计职能时，注册会计师拟利用内部审计工作的范围，以及双方如何更好地协调和配合工作；

（二）治理层对内部控制和舞弊的态度、认识和措施；

（三）与拟实施的审计程序相关的事项，这些程序是在法律法规和审计准则的规定之外、应治理层或管理层要求而实施的；

（四）治理层对会计准则和相关会计制度，以及与财务报表相关的法律法规和其他事项等方面的变化作出的反应；

（五）治理层对以前的沟通如何作出反应。

第二十六条　注册会计师还可以考虑就治理层对下列事项的看法与其进行讨论：

（一）与治理结构中的哪些适当人员沟通；

（二）治理层和管理层责任的划分；

（三）被审计单位的目标、战略以及可能导致财务报表发生重大错报的相关经营风险；

（四）治理层认为审计中应特别注意的事项，以及需要采取额外程序的领域；

（五）与监管机构沟通的重大事项；

（六）治理层认为可能会影响财务报表审计的事项。

第二十七条　与治理层的沟通有助于注册会计师计划审计范围和时间，但并不改变注册会计师独自承担制定总体审计策略和具体审计计划的责任。

第四节　审计工作中发现的问题

第二十八条　注册会计师应当就审计工作中发现的问题与治理层直接沟通下列事项：

（一）注册会计师对被审计单位会计处理质量的看法；

（二）审计工作中遇到的重大困难；

（三）尚未更正的错报，除非注册会计师认为这些错报明显不重要；

（四）审计中发现的、根据职业判断认为重大且与治理层履行财务报告过程监督责任直接相关的其他事项。

第二十九条　除非被审计单位治理层全部参与管理，注册会计师还应当与治理层直接沟通下列事项：

（一）根据职业判断认为需要提请治理层注意的管理层声明；

（二）已与管理层讨论或书面沟通的、审计中发现的重大事项。

第三十条　注册会计师应当就下列重要会计处理的质量和可接受性与治理层沟通：

（一）选用的会计政策；

（二）作出的会计估计；

（三）财务报表的披露。

第三十一条　如果认为某项重大的会计处理不恰当，注册会计师应当向治理层说明理由，并在必要时提请更正。

如果不恰当的会计处理未予更正，注册会计师应当考虑该事项对本期和未来期间财务报表的影响，以及对审计报告的影响，并将这种影响告知治理层。

第三十二条　注册会计师在审计中遇到的重大困难可能包括：

（一）管理层在提供审计所需信息时出现严重拖延；

（二）不合理地要求缩短完成审计工作的时间；

（三）为获取充分、适当的审计证据需要付出的努力远远超过预期；

（四）无法获取预期的证据；

（五）管理层对注册会计师施加的限制；

（六）管理层不愿按照注册会计师的要求对持续经营能力作出评估，或拒绝将评估期间延伸至资产负债表日起的十二个月。

在某些情况下，上述困难可能构成对审计范围的限制，注册会计师应当出具保留意见或无法表示意见的审计报告。

第三十三条　除非认为错报明显不重大，注册会计师应当要求管理层更正所有已知错报。如果错报未予更正，注册会计师应当就此与治理层沟通，并再次提请予以更正。

对未更正的重大错报，注册会计师应当逐笔与治理层沟通。对未更正的大量小额错报，注册会计师可以向治理层提供列明这些错报的笔数和累计影响额的汇总表，而不必沟通每笔错报的细节。

第三十四条　注册会计师应当考虑与治理层讨论未能更正错报的原因及其影响，包括对未来财务报表可能产生的影响。

第三十五条　为了降低发生误解的可能性，注册会计师可以要求治理层提供书面声明，说明已引起治理层注意的错报没有得到更正的原因；但获取该声明并不能减轻注册会计师对未更正错报的影响形成结论的责任。

第三十六条　注册会计师应当与治理层沟通审计中发现的、与治理层履行对财务报告过程的监督职责直接相关的其他重大事项，包括已更正的、含有已审计财务报表的文件中的其他信息存在的对事实的重大错报或重大不一致。

第三十七条　如果出现下列情形，注册会计师应当将管理层声明中的相关事项提请治理层注意：

(一) 除管理层声明之外的审计证据很少；

(二) 相关的会计处理可能会因被审计单位意图的不同而不同；

(三) 管理层对作出注册会计师要求的声明很勉强；

(四) 管理层声明与其他审计证据不符。

第三十八条　在某些情况下，注册会计师应当向治理层提供完整的管理层声明书副本。此时，注册会计师应当明确列示根据职业判断认为需要提请治理层关注的事项。

第三十九条　本准则第二十九条所述的已与管理层讨论或书面沟通的重大事项主要包括：

(一) 管理层已更正的错报；

(二) 对管理层就会计或审计事项向其他专业人士进行咨询的关注；

(三) 管理层在首次委托或连续委托中，就会计准则和审计准则应用、审计或其他服务费用与注册会计师进行的讨论或书面沟通。

第五节　注册会计师的独立性

第四十条　如果被审计单位是上市公司，注册会计师应当就独立性与治理层直接沟通下列内容：

(一) 就审计项目组成员、会计师事务所其他相关人员以及会计师事务所按照法律法规和职业道德规范的规定保持了独立性作出声明；

(二) 根据职业判断，注册会计师认为会计师事务所与被审计单位之间存在的可能影响独立性的所有关系和其他事项，其中包括会计师事务所在财务报表涵盖期间为被审计单位和受被审计单位控制的组成部分提供审计、非审计服务的收费总额；

(三) 为消除对独立性的威胁或将其降至可接受的水平，已经采取的相关防护措施。

第四十一条　如果被审计单位是非上市公司，但可能涉及重大的公众利益，注册会计师应当考虑本准则第四十条所述的沟通事项是否适用。

第四十二条　如果出现了违反与注册会计师独立性有关的职业道德规范的情形，注册会计师应当尽早就该情形及已经或拟采取的补救措施与治理层直接沟通。

第六节　要求和商定沟通的其他事项

第四十三条　要求和商定沟通的其他事项包括：

(一) 法律法规和本准则以外的其他审计准则要求沟通的事项；

(二) 与治理层或管理层商定沟通的事项。

第四十四条　与治理层或管理层商定沟通的事项，可能与治理层对财务报告过程的监督责任相关，也可能与治理层的其他责任相关。

在某些情况下，可能要求注册会计师实施额外程序识别这些事项；在其他情况下，可能仅要求注册会计师就财务报表审计中注意到的事项进行沟通。

第七节　补充事项

第四十五条　如果存在本准则和其他审计准则未作要求的下列事项，注册会计师应当将其作为补充事项与治理层沟通：

(一) 已引起注册会计师注意的事项；

(二) 根据职业判断认为与治理层的责任关系重大、且管理层或其他人员尚未与治理层有效沟通的事项。

第四十六条　补充事项可能是注册会计师在财务报表审计中发现的、但与治理层对财务报告过程的监督并不直接相关的事项，也可能是通过审计以外的其他方式注意到的事项。

第四十七条 除非法律法规或协议要求执行审计程序以确定是否发生了补充事项，注册会计师在与治理层沟通这些事项时，应当使其了解：

（一）识别补充事项只是审计的副产品，注册会计师除为形成审计意见实施必要程序外，没有实施额外程序以识别这些事项；

（二）没有专门实施程序以确定是否还存在与已沟通事项性质相同的其他事项；

（三）除不适合与管理层讨论的事项外，已就补充事项与管理层进行讨论。

第四章 沟通的过程

第一节 总体要求

第四十八条 注册会计师应当根据被审计单位的规模、治理结构、治理层的运作方式以及对拟沟通事项重要程度的看法等因素，合理确定沟通过程。

第二节 取得相互了解

第四十九条 注册会计师应当就沟通的形式、时间和拟沟通的基本内容与治理层取得相互了解。

第五十条 对注册会计师的责任以及计划实施审计工作的范围和时间进行清楚的沟通，旨在为相互了解奠定基础，以便建立有效的双向沟通。

难以取得相互了解，可能表明注册会计师与治理层之间的双向沟通是无效的。

第五十一条 为了取得相互了解，注册会计师可能需要与治理层讨论下列事项：

（一）沟通的目的；

（二）沟通的形式；

（三）就特定事项拟参与沟通的审计项目组和治理层成员；

（四）注册会计师对沟通的期望；

（五）注册会计师对沟通事项采取措施并予以反馈的过程；

（六）治理层对沟通事项采取措施并予以反馈的过程；

（七）除法律法规和审计准则的规定外，商定的其他沟通责任。

注册会计师应当考虑是否在业务约定书中强调上述事项。

第三节 沟通的形式

第五十二条 沟通的形式涉及口头或书面沟通、详细或简略沟通、正式或非正式沟通。

有效的沟通形式不仅包括正式声明和书面报告等正式形式，也包括讨论等非正式的形式。

第五十三条 注册会计师就下列事项与治理层沟通时，应当采取书面形式：

（一）本准则第二十八条和第二十九条规定的审计工作中发现的重大问题，其中已向治理层提出并得到妥善解决的事项不必包含在书面沟通文件中；

（二）本准则第四十条规定的注册会计师的独立性。

对于除本条前款所述事项外的其他事项的沟通，既可以采用书面形式，也可以采用口头形式。

第五十四条 如果以口头形式沟通涉及治理层责任的事项，注册会计师应当确信沟通的事项已记录于讨论纪要或审计工作底稿。

第五十五条 注册会计师在确定采用何种沟通形式时，除了考虑特定事项的重要程度外，还应当考虑下列因素：

（一）管理层是否已就该事项与治理层沟通；

（二）被审计单位的规模、经营结构、控制环境和法律结构；

（三）如果执行的是特殊目的财务报表审计，注册会计师是否同时审计该被审计单位的通用目的财务报表；

（四）法律法规的规定；

（五）治理层的期望，包括与注册会计师定期会面或沟通的安排；

（六）注册会计师与治理层保持联系和对话的数量；

（七）治理层的成员是否发生重大变化。

第五十六条 如果就某一重大事项与治理层的某一成员以非正式方式进行讨论，注册会计师应当考虑在随后的正式沟通中概述该事项，以便治理层的其他成员得到完整和对称的信息。

第四节　保　密

第五十七条　为防止治理层未经注册会计师允许将书面沟通文件提供给第三方，注册会计师应当在书面沟通文件中声明：

（一）书面沟通文件仅供治理层使用，如果被审计单位是集团的组成部分，也可供集团管理层和负责集团审计的注册会计师使用；

（二）注册会计师对第三方不承担责任；

（三）未经注册会计师事先书面同意，沟通文件不得被引用、提及或向其他人披露。

第五十八条　如果法律法规要求注册会计师向监管机构或其他第三方提供为治理层编制的书面沟通文件，注册会计师在提供这些文件前应当事先征得治理层的同意，并对本准则第五十七条所述的声明内容进行适当修改。

第五节　沟通的时间

第五十九条　注册会计师应当及时与治理层沟通。

第六十条　沟通的时间因沟通事项的重大程度和性质，以及治理层拟采取的措施等业务环境的不同而不同。

注册会计师应当根据具体的业务环境确定适当的沟通时间：

（一）对于计划事项的沟通，通常在审计业务的早期进行，如系首次接受委托，沟通可以随同对业务约定条款的协商一并进行；

（二）对于审计中遇到的重大困难，如果治理层能够协助注册会计师克服这些困难，或者这些困难可能导致出具保留意见或无法表示意见的审计报告，应尽快予以沟通；

（三）对于注册会计师注意到的内部控制设计或实施中的重大缺陷，应尽快与管理层或治理层沟通；

（四）对于审计中发现的与财务报表或审计报告相关的事项，包括注册会计师对被审计单位会计处理质量的看法，应在最终完成财务报表前进行沟通；

（五）对于注册会计师的独立性，应在最终完成财务报表前或在对独立性威胁及其防护措施作出重大判断时进行沟通；

（六）如果同时审计特殊目的财务报表或其他历史财务信息，沟通时间应与通用目的财务报表审计的沟通时间相协调。

第六十一条　可能与沟通时间相关的其他因素包括：

（一）被审计单位的规模、经营结构、控制环境和法律结构；

（二）其他法律法规要求的期限；

（三）治理层的期望，包括对与注册会计师定期会面或沟通的安排；

（四）注册会计师识别出特定事项的时间。

第六节　沟通过程的充分性

第六十二条　注册会计师应当评价其与治理层之间的双向沟通是否足以实现审计目标。

第六十三条　如果注册会计师无法进行足够的沟通，就可能存在不能获取充分、适当的审计证据的风险。在这种情况下，注册会计师应当考虑沟通不充分对评估重大错报风险的影响，并寻求与治理层讨论这种情况。如果这种情况得不到解决，注册会计师应采取下列主要措施：

（一）根据审计范围受限的程度出具保留意见或无法表示意见的审计报告；

（二）就采取不同措施的后果征询法律意见；

（三）与治理结构中拥有更高权力的组织或人员沟通，或与监管机构等第三方沟通；

（四）解除业务约定。

第五章　记　录

第六十四条　注册会计师应当记录与治理层沟通的重大事项。

如果以被审计单位编制的纪要作为沟通的记录，注册会计师应当确定这些纪要恰当地记录了沟通的内容，并将其副本形成审计工作底稿。

第六十五条　如果根据业务环境不易识别适当的沟通人员，注册会计师还应当记录识别治理结构中的适当沟通人员的过程。

第六十六条 如果治理层全部参与管理，注册会计师还应当记录根据本准则第十七条的规定对沟通的充分性进行考虑的过程。

第六章 附 则

第六十七条 本准则自2007年1月1日起施行。

九、中国注册会计师审计准则第1152号——前后任注册会计师的沟通

第一章 总 则

第一条 为了规范前后任注册会计师的沟通，制定本准则。

第二条 本准则适用于注册会计师执行财务报表审计业务。

第三条 本准则所称前任注册会计师，是指代表会计师事务所对最近期间财务报表出具了审计报告或接受委托但未完成审计工作，已经或可能与委托人解除业务约定的注册会计师。

本准则所称后任注册会计师，是指代表会计师事务所正在考虑接受委托或已经接受委托，接替前任注册会计师执行财务报表审计业务的注册会计师。

第四条 如果被审计单位委托注册会计师对已审计财务报表进行重新审计，正在考虑接受委托或已经接受委托的注册会计师应视为后任注册会计师，之前对已审计财务报表发表审计意见的其他会计师事务所的注册会计师应视为前任注册会计师。

第五条 后任注册会计师应当征得被审计单位的同意，主动与前任注册会计师沟通。沟通可以采用口头和书面等方式进行。

前后任注册会计师应当将沟通的情况记录于审计工作底稿。

第六条 前后任注册会计师应当对沟通过程中获知的信息保密。即使未接受委托，后任注册会计师仍应履行保密义务。

第二章 接受委托前的沟通

第七条 在接受委托前，后任注册会计师应当与前任注册会计师进行必要沟通，并对沟通结果进行评价，以确定是否接受委托。

第八条 后任注册会计师应当提请被审计单位以书面方式允许前任注册会计师对其询问作出充分答复。

如果被审计单位不同意前任注册会计师作出答复，或限制答复的范围，后任注册会计师应当向被审计单位询问原因，并考虑是否接受委托。

第九条 后任注册会计师向前任注册会计师询问的内容应当合理、具体，通常包括：

（一）是否发现被审计单位管理层存在诚信方面的问题；

（二）前任注册会计师与管理层在重大会计、审计等问题上存在的意见分歧；

（三）前任注册会计师与被审计单位治理层沟通的管理层舞弊、违反法规行为以及内部控制的重大缺陷；

（四）前任注册会计师认为导致被审计单位变更会计师事务所的原因。

第十条 在征得被审计单位书面同意后，前任注册会计师应当根据所了解的事实，对后任注册会计师的合理询问及时作出充分的答复。

如果受到被审计单位的限制或存在法律诉讼的顾虑，决定不向后任注册会计师作出充分答复，前任注册会计师应当向后任注册会计师表明其答复是有限的，并说明原因。

如果得到的答复是有限的，或未得到答复，后任注册会计师应当考虑是否接受委托。

第三章 接受委托后的沟通

第十一条 接受委托后，如果需要查阅前任注册会计师的工作底稿，后任注册会计师应当征得被审计单位同意，并与前任注册会计师进行沟通。

第十二条 在征得被审计单位同意后，前任注册会计师可根据情况确定是否允许后任注册会计师查阅相关工作底稿以及查阅的内容。

第十三条 在允许查阅工作底稿之前，前任注册会计师应当向后任注册会计师获取确认函，就工作底稿的使用目的、范围和责任等与后任注册会计师达成一致意见。

第十四条 查阅前任注册会计师工作底稿获取的信息可能影响后任注册会计师实施审计程序的性质、时间和范围，但后任注册会计师应当对自身实施的审计程序和得出的审计结论负责。

后任注册会计师不应在审计报告中表明，其审计意见全部或部分地依赖前任注册会计师的审计报告或工作。

第四章 发现前任注册会计师审计的财务报表可能存在重大错报时的处理

第十五条 如果发现前任注册会计师审计的财务报表可能存在重大错报，后任注册会计师应当提请被审计单位告知前任注册会计师。必要时，后任注册会计师可要求被审计单位安排三方会谈，以便采取措施进行妥善处理。

第十六条 如果被审计单位拒绝告知前任注册会计师，或前任注册会计师拒绝参加三方会谈，或后任注册会计师对解决问题的方案不满意，后任注册会计师应当考虑对审计报告的影响或解除业务约定。

第五章 附 则

第十七条 本准则自 2007 年 1 月 1 日起施行。

十、中国注册会计师审计准则第 1201 号——计划审计工作

第一章 总 则

第一条 为了规范注册会计师计划财务报表审计工作，制定本准则。

第二条 本准则适用于注册会计师执行财务报表审计业务。

第三条 注册会计师应当计划审计工作，使审计业务以有效的方式得到执行。

第四条 计划审计工作包括针对审计业务制定总体审计策略和具体审计计划，以将审计风险降至可接受的低水平。

第五条 项目负责人和项目组其他关键成员应当参与计划审计工作，利用其经验和见解，以提高计划过程的效率和效果。

第二章 初步业务活动

第六条 注册会计师应当在本期审计业务开始时开展下列初步业务活动：

(一) 针对保持客户关系和具体审计业务实施相应的质量控制程序；

(二) 评价遵守职业道德规范的情况，包括评价独立性；

(三) 就业务约定条款与被审计单位达成一致理解。

由于在审计工作中情况会发生变化，注册会计师对本条前款第(一)项和第(二)项的考虑应当贯穿审计业务的全过程。

第七条 注册会计师开展初步业务活动有助于确保在计划审计工作时达到下列要求：

(一) 注册会计师已具备执行业务所需要的独立性和专业胜任能力；

(二) 不存在因管理层诚信问题而影响注册会计师保持该项业务意愿的情况；

(三) 与被审计单位不存在对业务约定条款的误解。

第三章 总体审计策略

第八条 注册会计师应当为审计工作制定总体审计策略。

第九条 总体审计策略用以确定审计范围、时间和方向，并指导制定具体审计计划。

总体审计策略的制定应当包括：

(一) 确定审计业务的特征，包括采用的会计准则和相关会计制度、特定行业的报告要求以及被审计单位组成部分的分布等，以界定审计范围；

(二) 明确审计业务的报告目标，以计划审计的时间安排和所需沟通的性质，包括提交审计报告的时间要求，预期与管理层和治理层沟通的重要日期等；

(三) 考虑影响审计业务的重要因素，以确定项目组工作方向，包括确定适当的重要性水平，初步识别可能存在较高的重大错报风险的领域，初步识别重要的组成部分和账户余额，评价是否需要针对内部控制

的有效性获取审计证据，识别被审计单位、所处行业、财务报告要求及其他相关方面最近发生的重大变化等。

在制定总体审计策略时，注册会计师还应考虑初步业务活动的结果，以及为被审计单位提供其他服务时所获得的经验。

第十条 针对本准则第九条确定的事项，注册会计师应当在总体审计策略中清楚地说明下列内容：

（一）向具体审计领域调配的资源，包括向高风险领域分派有适当经验的项目组成员，就复杂的问题利用专家工作等；

（二）向具体审计领域分配资源的数量，包括安排到重要存货存放地观察存货盘点的项目组成员的数量，对其他注册会计师工作的复核范围，对高风险领域安排的审计时间预算等；

（三）何时调配这些资源，包括是在期中审计阶段还是在关键的截止日期调配资源等；

（四）如何管理、指导、监督这些资源的利用，包括预期何时召开项目组预备会和总结会，预期项目负责人和经理如何进行复核，是否需要实施项目质量控制复核等。

注册会计师应当根据实施风险评估程序的结果对上述内容予以调整。

第十一条 总体审计策略一经制定，注册会计师应当针对总体审计策略中所识别的不同事项，制定具体审计计划，并考虑通过有效利用审计资源以实现审计目标。

第十二条 总体审计策略的详略程度应当随被审计单位的规模及该项审计业务的复杂程度的不同而变化。在小型被审计单位审计中，全部审计工作可能由一个很小的审计项目组执行，项目组成员间容易沟通和协调，总体审计策略可以相对简单。

第四章 具体审计计划

第十三条 注册会计师应当为审计工作制定具体审计计划。

第十四条 具体审计计划比总体审计策略更加详细，其内容包括为获取充分、适当的审计证据以将审计风险降至可接受的低水平，项目组成员拟实施的审计程序的性质、时间和范围。

第十五条 具体审计计划应当包括下列内容：

（一）按照《中国注册会计师审计准则第 1211 号——了解被审计单位及其环境并评估重大错报风险》的规定，为了足够识别和评估财务报表重大错报风险，注册会计师计划实施的风险评估程序的性质、时间和范围；

（二）按照《中国注册会计师审计准则第 1231 号——针对评估的重大错报风险实施的程序》的规定，针对评估的认定层次的重大错报风险，注册会计师计划实施的进一步审计程序的性质、时间和范围；

（三）根据中国注册会计师审计准则（以下简称审计准则）的规定，注册会计师针对审计业务需要实施的其他审计程序。

第五章 审计过程中对计划的更改

第十六条 计划审计工作并非审计业务的一个孤立阶段，而是一个持续的、不断修正的过程，贯穿于整个审计业务的始终。

第十七条 由于未预期事项、条件的变化或在实施审计程序中获取的审计证据等原因，注册会计师应当在审计过程中对总体审计策略和具体审计计划作出必要的更新和修改。

第六章 指导、监督与复核

第十八条 注册会计师应当就对项目组成员工作的指导、监督与复核的性质、时间和范围制定计划。

第十九条 对项目组成员工作的指导、监督与复核的性质、时间和范围主要取决于下列因素：

（一）被审计单位的规模和复杂程度；

（二）审计领域；

（三）重大错报风险；

（四）执行审计工作的项目组成员的素质和专业胜任能力。

第七章 对计划审计工作的记录

第二十条 注册会计师应当记录总体审计策略和具体审计计划，包括在审计工作过程中作出的任何重大更改。

第二十一条 注册会计师对总体审计策略的记录，应当包括为恰当计划审计工作和向项目组传达重大事项而作出的关键决策。

第二十二条 注册会计师对具体审计计划的记录,应当能够反映计划实施的风险评估程序的性质、时间和范围,以及针对评估的重大错报风险计划实施的进一步审计程序的性质、时间和范围。

注册会计师可以使用标准的审计程序表或审计工作完成核对表,但应当根据具体审计业务的情况作出适当修改。

第二十三条 注册会计师应当记录对总体审计策略和具体审计计划作出的重大更改及其理由,以及对导致此类更改的事项、条件或审计程序结果采取的应对措施。

第二十四条 注册会计师对计划审计工作记录的形式和范围,取决于被审计单位的规模和复杂程度、重要性、具体审计业务的情况以及对其他审计工作记录的范围等事项。

第八章 与治理层和管理层的沟通

第二十五条 注册会计师可以就计划审计工作的基本情况与被审计单位治理层和管理层进行沟通。

第二十六条 当就总体审计策略和具体审计计划中的内容与治理层、管理层进行沟通时,注册会计师应当保持职业谨慎,以防止由于具体审计程序易于被管理层或治理层所预见而损害审计工作的有效性。

第九章 首次接受审计委托的补充考虑

第二十七条 在首次接受审计委托前,注册会计师应当执行下列程序:

(一) 针对建立客户关系和承接具体审计业务实施相应的质量控制程序;

(二) 如果被审计单位变更了会计师事务所,按照职业道德规范和审计准则的规定,与前任注册会计师沟通。

第二十八条 对于首次接受审计委托,在制定总体审计策略和具体审计计划时,注册会计师还应当考虑下列事项:

(一) 就与前任注册会计师沟通作出安排,包括查阅前任注册会计师的工作底稿等;

(二) 与管理层讨论的有关首次接受审计委托的重大问题,就这些重大问题与治理层沟通的情况,以及这些重大问题是如何影响总体审计策略和具体审计计划的;

(三) 针对期初余额获取充分、适当的审计证据而计划实施的审计程序;

(四) 针对预见到的特别风险,分派具有相应素质和专业胜任能力的人员;

(五) 根据会计师事务所关于首次接受审计委托的质量控制制度实施的其他程序。

第十章 附 则

第二十九条 本准则自 2007 年 1 月 1 日起施行。

十一、中国注册会计师审计准则第 1211 号——了解被审计单位及其环境并评估重大错报风险

第一章 总 则

第一条 为了规范注册会计师了解被审计单位及其环境,识别和评估财务报表重大错报风险,制定本准则。

第二条 本准则适用于注册会计师执行财务报表审计业务。

第三条 注册会计师应当了解被审计单位及其环境,以足够识别和评估财务报表重大错报风险,设计和实施进一步审计程序。

第四条 了解被审计单位及其环境是必要程序,特别是为注册会计师在下列关键环节作出职业判断提供重要基础:

(一) 确定重要性水平,并随着审计工作的进程评估对重要性水平的判断是否仍然适当;

(二) 考虑会计政策的选择和运用是否恰当,以及财务报表的列报(包括披露,下同)是否适当;

(三) 识别需要特别考虑的领域,包括关联方交易、管理层运用持续经营假设的合理性,或交易是否具有合理的商业目的等;

(四) 确定在实施分析程序时所使用的预期值;

(五) 设计和实施进一步审计程序,以将审计风险降至可接受的低水平;

（六）评价所获取审计证据的充分性和适当性。

第五条 了解被审计单位及其环境是一个连续和动态地收集、更新与分析信息的过程，贯穿于整个审计过程的始终。注册会计师应当运用职业判断确定需要了解被审计单位及其环境的程度。

第二章 风险评估程序、信息来源以及项目组内部的讨论

第一节 风险评估程序和信息来源

第六条 注册会计师应当实施下列风险评估程序以了解被审计单位及其环境：

（一）询问被审计单位管理层和内部其他相关人员；

（二）分析程序；

（三）观察和检查。

第七条 注册会计师除了询问管理层和对财务报告负有责任的人员外，还应当考虑询问内部审计人员、采购人员、生产人员、销售人员等其他人员，并考虑询问不同级别的员工，以获取对识别重大错报风险有用的信息。

第八条 注册会计师实施分析程序有助于识别异常的交易或事项，以及对财务报表和审计产生影响的金额、比率和趋势。

在实施分析程序时，注册会计师应当预期可能存在的合理关系，并与被审计单位记录的金额、依据记录金额计算的比率或趋势相比较；如果发现异常或未预期到的关系，注册会计师应当在识别重大错报风险时考虑这些比较结果。

如果使用了高度汇总的数据，实施分析程序的结果仅可能初步显示财务报表存在重大错报风险，注册会计师应当将分析结果连同识别重大错报风险时获取的其他信息一并考虑。

第九条 观察和检查程序可以印证对管理层和其他相关人员的询问结果，并可提供有关被审计单位及其环境的信息，注册会计师应当实施下列观察和检查程序：

（一）观察被审计单位的生产经营活动；

（二）检查文件、记录和内部控制手册；

（三）阅读由管理层和治理层编制的报告；

（四）实地察看被审计单位的生产经营场所和设备；

（五）追踪交易在财务报告信息系统中的处理过程（穿行测试）。

第十条 如果根据职业判断认为从被审计单位外部获取的信息有助于识别重大错报风险，注册会计师应当实施其他审计程序以获取这些信息。

第十一条 注册会计师应当考虑在承接客户或续约过程中获取的信息，以及向被审计单位提供其他服务所获得的经验是否有助于识别重大错报风险。

第十二条 对于连续审计业务，如果拟利用在以前期间获取的信息，注册会计师应当确定被审计单位及其环境是否已发生变化，以及该变化是否可能影响以前期间获取的信息在本期审计中的相关性。

第二节 项目组内部的讨论

第十三条 注册会计师应当组织项目组成员对财务报表存在重大错报的可能性进行讨论，并运用职业判断确定讨论的目标、内容、人员、时间和方式。

第十四条 项目组通过讨论可以使成员更好地了解在各自负责的领域中，由于舞弊或错误导致财务报表重大错报的可能性，并了解各自实施审计程序的结果如何影响审计的其他方面，包括对确定进一步审计程序的性质、时间和范围的影响。

第十五条 项目组应当讨论被审计单位面临的经营风险、财务报表容易发生错报的领域以及发生错报的方式，特别是由于舞弊导致重大错报的可能性。

第十六条 项目组的关键成员应当参与讨论。如果项目组需要拥有信息技术或其他特殊技能的专家，这些专家也应参与讨论。

第十七条 项目组应当根据审计的具体情况，在整个审计过程中持续交换有关财务报表发生重大错报可能性的信息。

第十八条 项目组在讨论时应当强调在整个审计过程中保持职业怀疑态度，警惕可能发生重大错报的迹象，并对这些迹象进行严格追踪。

第三章 了解被审计单位及其环境

第一节 总体要求

第十九条 注册会计师应当从下列方面了解被审计单位及其环境：

（一）行业状况、法律环境与监管环境以及其他外部因素；

（二）被审计单位的性质；

（三）被审计单位对会计政策的选择和运用；

（四）被审计单位的目标、战略以及相关经营风险；

（五）被审计单位财务业绩的衡量和评价；

（六）被审计单位的内部控制。

注册会计师应当根据本章第二节至第六节的规定了解本条前款第(一)项至第(五)项，根据本准则第四章的规定了解本条前款第(六)项。

在针对本条第一款各项确定风险评估程序的性质、时间和范围时，注册会计师应当考虑审计业务的具体情况和相关审计经验，并识别本条第一款各项与以前期间相比发生的重大变化。

第二节 行业状况、法律环境与监管环境以及其他外部因素

第二十条 注册会计师应当了解被审计单位的行业状况，主要包括：

（一）所在行业的市场供求与竞争；

（二）生产经营的季节性和周期性；

（三）产品生产技术的变化；

（四）能源供应与成本；

（五）行业的关键指标和统计数据。

第二十一条 注册会计师应当了解被审计单位所处的法律环境及监管环境，主要包括：

（一）适用的会计准则、会计制度和行业特定惯例；

（二）对经营活动产生重大影响的法律法规及监管活动；

（三）对开展业务产生重大影响的政府政策，包括货币、财政、税收和贸易等政策；

（四）与被审计单位所处行业和所从事经营活动相关的环保要求。

第二十二条 注册会计师应当了解影响被审计单位经营的其他外部因素，主要包括：

（一）宏观经济的景气度；

（二）利率和资金供求状况；

（三）通货膨胀水平及币值变动；

（四）国际经济环境和汇率变动。

第二十三条 注册会计师应当考虑被审计单位所在行业的业务性质或监管程度是否可能导致特定的重大错报风险，考虑项目组是否配备了具有相关知识和经验的成员。

第三节 被审计单位的性质

第二十四条 注册会计师应当主要从下列方面了解被审计单位的性质：

（一）所有权结构；

（二）治理结构；

（三）组织结构；

（四）经营活动；

（五）投资活动；

（六）筹资活动。

了解被审计单位的性质有助于注册会计师理解预期在财务报表中反映的各类交易、账户余额、列报。

第二十五条 注册会计师应当了解所有权结构以及所有者与其他人员或单位之间的关系，考虑关联方关系是否已经得到识别，以及关联方交易是否得到恰当核算。

第二十六条 注册会计师应当了解被审计单位的治理结构，考虑治理层是否能够在独立于管理层的情况下对被审计单位事务(包括财务报告)做出客观判断。

第二十七条 注册会计师应当了解被审计单位的组织结构，考虑复杂组织结构可能导致的重大错报风

险，包括财务报表合并、商誉摊销和减值、长期股权投资核算以及特殊目的实体核算等问题。

第二十八条　注册会计师应当了解被审计单位的经营活动，主要包括：

（一）主营业务的性质；

（二）与生产产品或提供劳务相关的市场信息；

（三）业务的开展情况；

（四）联盟、合营与外包情况；

（五）从事电子商务的情况；

（六）地区与行业分布；

（七）生产设施、仓库的地理位置及办公地点；

（八）关键客户；

（九）重要供应商；

（十）劳动用工情况；

（十一）研究与开发活动及其支出；

（十二）关联方交易。

第二十九条　注册会计师应当了解被审计单位的投资活动，主要包括：

（一）近期拟实施或已实施的并购活动与资产处置情况；

（二）证券投资、委托贷款的发生与处置；

（三）资本性投资活动，包括固定资产和无形资产投资，以及近期或计划发生的变动；

（四）不纳入合并范围的投资。

第三十条　注册会计师应当了解被审计单位的筹资活动，主要包括：

（一）债务结构和相关条款，包括担保情况及表外融资；

（二）固定资产的租赁；

（三）关联方融资；

（四）实际受益股东；

（五）衍生金融工具的运用。

第四节　被审计单位对会计政策的选择和运用

第三十一条　注册会计师应当了解被审计单位对会计政策的选择和运用，是否符合适用的会计准则和相关会计制度，是否符合被审计单位的具体情况。

第三十二条　在了解被审计单位对会计政策的选择和运用是否适当时，注册会计师应当关注下列重要事项：

（一）重要项目的会计政策和行业惯例；

（二）重大和异常交易的会计处理方法；

（三）在新领域和缺乏权威性标准或共识的领域，采用重要会计政策产生的影响；

（四）会计政策的变更；

（五）被审计单位何时采用以及如何采用新颁布的会计准则和相关会计制度。

第三十三条　如果被审计单位变更了重要的会计政策，注册会计师应当考虑变更的原因及其适当性，并考虑是否符合适用的会计准则和相关会计制度的规定。

第三十四条　注册会计师应当考虑，被审计单位是否按照适用的会计准则和相关会计制度的规定恰当地进行了列报，并披露了重要事项。

第五节　被审计单位的目标、战略以及相关经营风险

第三十五条　注册会计师应当了解被审计单位的目标和战略，以及可能导致财务报表重大错报的相关经营风险。

第三十六条　经营风险源于对被审计单位实现目标和战略产生不利影响的重大情况、事项、环境和行动，或源于不恰当的目标和战略。

注册会计师应当了解被审计单位是否存在与下列方面有关的目标和战略，并考虑相应的经营风险：

（一）行业发展，及其可能导致的被审计单位不具备足以应对行业变化的人力资源和业务专长等风险；

（二）开发新产品或提供新服务，及其可能导致的被审计单位产品责任增加等风险；

（三）业务扩张，及其可能导致的被审计单位对市场需求的估计不准确等风险；

（四）新颁布的会计法规，及其可能导致的被审计单位执行法规不当或不完整，或会计处理成本增加等风险；

（五）监管要求，及其可能导致的被审计单位法律责任增加等风险；

（六）本期及未来的融资条件，及其可能导致的被审计单位由于无法满足融资条件而失去融资机会等风险；

（七）信息技术的运用，及其可能导致的被审计单位信息系统与业务流程难以融合等风险。

第三十七条　多数经营风险最终都会产生财务后果，从而影响财务报表。注册会计师应当根据被审计单位的具体情况考虑经营风险是否可能导致财务报表发生重大错报。

第三十八条　管理层通常制定识别和应对经营风险的策略，注册会计师应当了解被审计单位的风险评估过程。

第三十九条　小型被审计单位通常没有正式的计划和程序来确定其目标、战略并管理经营风险。注册会计师应当询问管理层或观察小型被审计单位如何应对这些事项。

第六节　被审计单位财务业绩的衡量和评价

第四十条　被审计单位内部或外部对财务业绩的衡量和评价可能对管理层产生压力，促使其采取行动改善财务业绩或歪曲财务报表。

注册会计师应当了解被审计单位财务业绩的衡量和评价情况，考虑这种压力是否可能导致管理层采取行动，以至于增加财务报表发生重大错报的风险。

第四十一条　在了解被审计单位财务业绩衡量和评价情况时，注册会计师应当关注下列信息：

（一）关键业绩指标；

（二）业绩趋势；

（三）预测、预算和差异分析；

（四）管理层和员工业绩考核与激励性报酬政策；

（五）分部信息与不同层次部门的业绩报告；

（六）与竞争对手的业绩比较；

（七）外部机构提出的报告。

第四十二条　注册会计师应当关注被审计单位内部财务业绩衡量所显示的未预期到的结果或趋势、管理层的调查结果和纠正措施，以及相关信息是否显示财务报表可能存在重大错报。

第四十三条　如果拟利用被审计单位内部信息系统生成的财务业绩衡量指标，注册会计师应当考虑相关信息是否可靠，以及利用这些信息是否足以实现审计目标。

第四十四条　小型被审计单位通常没有正式的财务业绩衡量和评价程序，管理层往往依据某些关键指标，作为评价财务业绩和采取适当行动的基础，注册会计师应当了解管理层使用的关键指标。

第四章　了解被审计单位的内部控制

第一节　内部控制的内涵和要素

第四十五条　注册会计师应当了解与审计相关的内部控制以识别潜在错报的类型，考虑导致重大错报风险的因素，以及设计和实施进一步审计程序的性质、时间和范围。

第四十六条　内部控制是被审计单位为了合理保证财务报告的可靠性、经营的效率和效果以及对法律法规的遵守，由治理层、管理层和其他人员设计和执行的政策和程序。

第四十七条　内部控制包括下列要素：

（一）控制环境；

（二）风险评估过程；

（三）信息系统与沟通；

（四）控制活动；

（五）对控制的监督。

本准则所称的内部控制包括本条前款所述的五项要素；本准则所称的控制包括本条前款所述的一项或

多项要素，或要素表现出的各个方面。

第四十八条 本准则对内部控制要素的分类提供了了解内部控制的框架，但无论对内部控制要素如何进行分类，注册会计师都应当重点考虑被审计单位某项控制，是否能够以及如何防止或发现并纠正各类交易、账户余额、列报存在的重大错报。

第四十九条 小型被审计单位通常采用非正式和简单的内部控制实现其目标，参与日常经营管理的业主(以下简称业主)可能承担多项职能，内部控制要素没有得到清晰区分，注册会计师应当综合考虑小型被审计单位内部控制要素能否实现其目标。

第二节 与审计相关的控制

第五十条 与审计相关的控制，包括被审计单位为实现财务报告可靠性目标设计和实施的控制。注册会计师应当运用职业判断，考虑一项控制单独或连同其他控制是否与评估重大错报风险以及针对评估的风险设计和实施进一步审计程序有关。

在运用职业判断时，注册会计师应当考虑下列因素：

(一) 注册会计师确定的重要性水平；

(二) 被审计单位的性质；

(三) 被审计单位的规模；

(四) 被审计单位经营的多样性和复杂性；

(五) 法律法规和监管要求；

(六) 作为内部控制组成部分的系统的性质和复杂性。

第五十一条 如果在设计和实施进一步审计程序时拟利用被审计单位内部生成的信息，注册会计师应当考虑用以保证该信息完整性和准确性的控制可能与审计相关。

第五十二条 如果用以保证经营效率、效果的控制以及对法律法规遵守的控制与实施审计程序时评价或使用的数据相关，注册会计师应当考虑这些控制可能与审计相关。

第五十三条 用以保护资产的内部控制可能包括与实现财务报告可靠性和经营效率、效果目标相关的控制。注册会计师在了解保护资产的内部控制各项要素时，可仅考虑其中与财务报告可靠性目标相关的控制。

第三节 对内部控制了解的深度

第五十四条 注册会计师在了解内部控制时，应当评价控制的设计，并确定其是否得到执行。

评价控制的设计是指考虑一项控制单独或连同其他控制是否能够有效防止或发现并纠正重大错报。

控制得到执行是指某项控制存在且被审计单位正在使用。

设计不当的控制可能表明内部控制存在重大缺陷，注册会计师在确定是否考虑控制得到执行时，应当首先考虑控制的设计。

第五十五条 注册会计师通常实施下列风险评估程序，以获取有关控制设计和执行的审计证据：

(一) 询问被审计单位的人员；

(二) 观察特定控制的运用；

(三) 检查文件和报告；

(四) 追踪交易在财务报告信息系统中的处理过程(穿行测试)。

询问本身并不足以评价控制的设计以及确定其是否得到执行，注册会计师应当将询问与其他风险评估程序结合使用。

第五十六条 除非存在某些可以使控制得到一贯运行的自动化控制，注册会计师对控制的了解并不能够代替对控制运行有效性的测试。

第四节 内部控制的人工和自动化成分

第五十七条 内部控制可能既包括人工成分又包括自动化成分，在风险评估以及设计和实施进一步审计程序时，注册会计师应当考虑内部控制的人工和自动化特征及其影响。

第五十八条 信息技术通常在下列方面提高被审计单位内部控制的效率和效果：

(一) 在处理大量的交易或数据时，一贯运用事先确定的业务规则，并进行复杂运算；

(二) 提高信息的及时性、可获得性及准确性；

（三）有助于对信息的深入分析；

（四）加强对被审计单位政策和程序执行情况的监督；

（五）降低控制被规避的风险；

（六）通过对操作系统、应用程序系统和数据库系统实施安全控制，提高不相容职务分离的有效性。

第五十九条　注册会计师应当从下列方面了解信息技术对内部控制产生的特定风险：

（一）系统或程序未能正确处理数据，或处理了不正确的数据，或两种情况同时并存；

（二）在未得到授权情况下访问数据，可能导致数据的毁损或对数据不恰当的修改，包括记录未经授权或不存在的交易，或不正确地记录了交易；

（三）信息技术人员可能获得超越其履行职责以外的数据访问权限，破坏了系统应有的职责分工；

（四）未经授权改变主文档的数据；

（五）未经授权改变系统或程序；

（六）未能对系统或程序作出必要的修改；

（七）不恰当的人为干预；

（八）数据丢失的风险或不能访问所需要的数据。

第六十条　内部控制的人工成分在处理下列需要主观判断或酌情处理的情形时可能更为适当：

（一）存在大额、异常或偶发的交易；

（二）存在难以定义、防范或预见的错误；

（三）为应对情况的变化，需要对现有的自动化控制进行调整；

（四）监督自动化控制的有效性。

第六十一条　注册会计师应当从下列方面了解人工控制产生的特定风险：

（一）人工控制可能更容易被规避、忽视或凌驾；

（二）人工控制可能不具有一贯性；

（三）人工控制可能更容易产生简单错误或失误。

第六十二条　注册会计师应当考虑人工控制在下列情形中可能是不适当的：

（一）存在大量或重复发生的交易；

（二）事先可预见的错误能够通过自动化控制得以防范或发现；

（三）控制活动可得到适当设计和自动化处理。

第六十三条　在了解内部控制时，注册会计师应当考虑被审计单位是否通过建立有效的控制，以恰当应对由于使用信息技术系统或人工系统而产生的风险。

第五节　内部控制的局限性

第六十四条　内部控制存在下列固有局限性，无论如何设计和执行，只能对财务报告的可靠性提供合理的保证：

（一）在决策时人为判断可能出现错误和由于人为失误而导致内部控制失效；

（二）可能由于两个或更多的人员进行串通或管理层凌驾于内部控制之上而被规避。

第六十五条　小型被审计单位拥有的员工通常较少，限制了其职责分离的程度，业主凌驾于内部控制之上的可能性较大，注册会计师应当考虑一些关键领域是否存在有效的内部控制。

第六节　控制环境

第六十六条　注册会计师应当了解控制环境。

控制环境包括治理职能和管理职能，以及治理层和管理层对内部控制及其重要性的态度、认识和措施。

第六十七条　在评价控制环境的设计和实施情况时，注册会计师应当了解管理层在治理层的监督下，是否营造并保持了诚实守信和合乎道德的文化，以及是否建立了防止或发现并纠正舞弊和错误的恰当控制。

第六十八条　在评价控制环境的设计时，注册会计师应当考虑构成控制环境的下列要素，以及这些要素如何被纳入被审计单位业务流程：

（一）对诚信和道德价值观念的沟通与落实；

（二）对胜任能力的重视；

（三）治理层的参与程度；

（四）管理层的理念和经营风格；

（五）组织结构；

（六）职权与责任的分配；

（七）人力资源政策与实务。

第六十九条　在确定构成控制环境的要素是否得到执行时，注册会计师应当考虑将询问与其他风险评估程序相结合以获取审计证据。

通过询问管理层和员工，注册会计师可能了解管理层如何就业务规程和道德价值观念与员工进行沟通。

通过观察和检查，注册会计师可能了解管理层是否建立了正式的行为守则，在日常工作中行为守则是否得到遵守，以及管理层如何处理违反行为守则的情形。

第七十条　控制环境对重大错报风险的评估具有广泛影响，注册会计师应当考虑控制环境的总体优势是否为内部控制的其他要素提供了适当的基础，并且未被控制环境中存在的缺陷所削弱。

第七十一条　控制环境本身并不能防止或发现并纠正各类交易、账户余额、列报认定层次的重大错报，注册会计师在评估重大错报风险时应当将控制环境连同其他内部控制要素产生的影响一并考虑。

第七十二条　在小型被审计单位，可能无法获取以文件形式存在的有关控制环境要素的审计证据，注册会计师应当重点了解管理层对内部控制设计的态度、认识和措施。

第七节　被审计单位的风险评估过程

第七十三条　注册会计师应当了解被审计单位的风险评估过程和结果。

风险评估过程包括识别与财务报告相关的经营风险，以及针对这些风险所采取的措施。

第七十四条　在评价被审计单位风险评估过程的设计和执行时，注册会计师应当确定管理层如何识别与财务报告相关的经营风险，如何估计该风险的重要性，如何评估风险发生的可能性，以及如何采取措施管理这些风险。

第七十五条　注册会计师应当询问管理层识别出的经营风险，并考虑这些风险是否可能导致重大错报。

在审计过程中，如果识别出管理层未能识别的重大错报风险，注册会计师应当考虑被审计单位的风险评估过程为何没有识别出这些风险，以及评估过程是否适合于具体环境。

第七十六条　在小型被审计单位，管理层可能没有正式的风险评估过程，注册会计师应当与管理层讨论其如何识别经营风险以及如何应对这些风险。

第八节　信息系统与沟通

第七十七条　与财务报告相关的信息系统，包括用以生成、记录、处理和报告交易、事项和情况，对相关资产、负债和所有者权益履行经营管理责任的程序和记录。

与财务报告相关的信息系统应当与业务流程相适应。

第七十八条　与财务报告相关的信息系统所生成信息的质量，对管理层能否作出恰当的经营管理决策以及编制可靠的财务报告具有重大影响。

与财务报告相关的信息系统通常包括下列职能：

（一）识别与记录所有的有效交易；

（二）及时、详细地描述交易，以便在财务报告中对交易作出恰当分类；

（三）恰当计量交易，以便在财务报告中对交易的金额作出准确记录；

（四）恰当确定交易生成的会计期间；

（五）在财务报表中恰当列报交易。

第七十九条　注册会计师应当从下列方面了解与财务报告相关的信息系统：

（一）在被审计单位经营过程中，对财务报表具有重大影响的各类交易；

（二）在信息技术和人工系统中，对交易生成、记录、处理和报告的程序；

（三）与交易生成、记录、处理和报告有关的会计记录、支持性信息和财务报表中的特定项目；

（四）信息系统如何获取除各类交易之外的对财务报表具有重大影响的事项和情况；

(五)被审计单位编制财务报告的过程,包括作出的重大会计估计和披露。

第八十条　在了解与财务报告相关的信息系统时,注册会计师应当特别关注由于管理层凌驾于账户记录控制之上,或规避控制行为而产生的重大错报风险,并考虑被审计单位如何纠正不正确的交易处理。

第八十一条　与财务报告相关的沟通包括使员工了解各自在与财务报告有关的内部控制方面的角色和职责,员工之间的工作联系,以及向适当级别的管理层报告例外事项的方式。

注册会计师应当了解被审计单位内部如何对财务报告的岗位职责,以及与财务报告相关的重大事项进行沟通。

注册会计师还应当了解管理层与治理层之间的沟通,以及被审计单位与外部的沟通。

第八十二条　在小型被审计单位,与财务报告相关的信息系统和沟通可能不如大型被审计单位正式和复杂,注册会计师应当考虑这种特征对评估重大错报风险的影响。

第九节　控制活动

第八十三条　注册会计师应当了解控制活动,以足够评估认定层次的重大错报风险和针对评估的风险设计进一步审计程序。

控制活动是指有助于确保管理层的指令得以执行的政策和程序,包括与授权、业绩评价、信息处理、实物控制和职责分离等相关的活动。

第八十四条　注册会计师应当了解与授权有关的控制活动,包括一般授权和特别授权。

一般授权是指管理层制定的要求组织内部遵守的普遍适用于某类交易或活动的政策。

特别授权是指管理层针对特定类别的交易或活动逐一设置的授权。

第八十五条　注册会计师应当了解与业绩评价有关的控制活动,主要包括被审计单位分析评价实际业绩与预算(或预测、前期业绩)的差异,综合分析财务数据与经营数据的内在关系,将内部数据与外部信息来源相比较,评价职能部门、分支机构或项目活动的业绩,以及对发现的异常差异或关系采取必要的调查与纠正措施。

第八十六条　注册会计师应当了解与信息处理有关的控制活动,包括信息技术一般控制和应用控制。

信息技术一般控制是指与多个应用系统有关的政策和程序,有助于保证信息系统持续恰当地运行(包括信息的完整性和数据的安全性),支持应用控制作用的有效发挥,通常包括数据中心和网络运行控制,系统软件的购置、修改及维护控制,接触或访问权限控制,应用系统的购置、开发及维护控制。

信息技术应用控制是指主要在业务流程层次运行的人工或自动化程序,与用于生成、记录、处理、报告交易或其他财务数据的程序相关,通常包括检查数据计算准确性,审核账户和试算平衡表,设置对输入数据和数字序号的自动检查,以及对例外报告进行人工干预。

第八十七条　注册会计师应当了解实物控制,主要包括了解对资产和记录采取适当的安全保护措施,对访问计算机程序和数据文件设置授权,以及定期盘点并将盘点记录与会计记录相核对。

实物控制的效果影响资产的安全,从而对财务报表的可靠性及审计产生影响。

第八十八条　注册会计师应当了解职责分离,主要包括了解被审计单位如何将交易授权、交易记录以及资产保管等职责分配给不同员工,以防范同一员工在履行多项职责时可能发生的舞弊或错误。

第八十九条　在了解控制活动时,注册会计师应当重点考虑一项控制活动单独或连同其他控制活动,是否能够以及如何防止或发现并纠正各类交易、账户余额、列报存在的重大错报。

如果多项控制活动能够实现同一目标,注册会计师不必了解与该目标相关的每项控制活动。

第九十条　在了解其他内部控制要素时,如果获取了控制活动是否存在的信息,注册会计师应当确定是否有必要进一步了解这些控制活动。

第九十一条　小型被审计单位通常难以实施适当的职责分离,注册会计师应当考虑小型被审计单位采取的控制活动能否有效实现控制目标。

第十节　对控制的监督

第九十二条　注册会计师应当了解被审计单位对与财务报告相关的内部控制的监督活动,并了解如何采取纠正措施。

对控制的监督是指被审计单位评价内部控制在一段时间内运行有效性的过程,该过程包括及时评价控制的设计和运行,以及根据情况的变化采取必要的纠正措施。

第九十三条 注册会计师应当了解被审计单位对控制的持续监督活动和专门的评价活动。

持续的监督活动通常贯穿于被审计单位的日常经营活动与常规管理工作中。

被审计单位可能使用内部审计人员或具有类似职能的人员对内部控制的设计和执行进行专门的评价。

被审计单位也可能利用与外部有关各方沟通或交流所获取的信息监督相关的控制活动。

第九十四条 注册会计师应当了解与被审计单位监督活动相关的信息来源，以及管理层认为信息具有可靠性的依据。

如果拟利用被审计单位监督活动使用的信息（包括内部审计报告），注册会计师应当考虑该信息是否具有可靠的基础，是否足以实现审计目标。

第九十五条 小型被审计单位通常没有正式的持续监督活动，且持续的监督活动与日常管理工作难以明确区分，注册会计师应当考虑业主对经营活动的密切参与能否有效实现其对控制的监督目标。

第五章 评估重大错报风险

第一节 识别和评估财务报表层次和认定层次的重大错报风险

第九十六条 注册会计师应当识别和评估财务报表层次以及各类交易、账户余额、列报认定层次的重大错报风险。

在识别和评估重大错报风险时，注册会计师应当实施下列审计程序：

（一）在了解被审计单位及其环境的整个过程中识别风险，并考虑各类交易、账户余额、列报；

（二）将识别的风险与认定层次可能发生错报的领域相联系；

（三）考虑识别的风险是否重大；

（四）考虑识别的风险导致财务报表发生重大错报的可能性。

第九十七条 注册会计师应当利用实施风险评估程序获取的信息，包括在评价控制设计和确定其是否得到执行时获取的审计证据，作为支持风险评估结果的审计证据。

注册会计师应当根据风险评估结果，确定实施进一步审计程序的性质、时间和范围。

第九十八条 注册会计师应当关注下列事项和情况可能表明被审计单位存在重大错报风险：

（一）在经济不稳定的国家或地区开展业务；

（二）在高度波动的市场开展业务；

（三）在严厉、复杂的监管环境中开展业务；

（四）持续经营和资产流动性出现问题，包括重要客户流失；

（五）融资能力受到限制；

（六）行业环境发生变化；

（七）供应链发生变化；

（八）开发新产品或提供新服务，或进入新的业务领域；

（九）开辟新的经营场所；

（十）发生重大收购、重组或其他非经常性事项；

（十一）拟出售分支机构或业务分部；

（十二）复杂的联营或合资；

（十三）运用表外融资、特殊目的实体以及其他复杂的融资协议；

（十四）重大的关联方交易；

（十五）缺乏具备胜任能力的会计人员；

（十六）关键人员变动；

（十七）内部控制薄弱；

（十八）信息技术战略与经营战略不协调；

（十九）信息技术环境发生变化；

（二十）安装新的与财务报告有关的重大信息技术系统；

（二十一）经营活动或财务报告受到监管机构的调查；

（二十二）以往存在重大错报或本期期末出现重大会计调整；

（二十三）发生重大的非常规交易；

（二十四）按照管理层特定意图记录的交易；

（二十五）应用新颁布的会计准则或相关会计制度；

（二十六）会计计量过程复杂；

（二十七）事项或交易在计量时存在重大不确定性；

（二十八）存在未决诉讼和或有负债。

第九十九条 注册会计师应当确定，识别的重大错报风险是与特定的某类交易、账户余额、列报的认定相关，还是与财务报表整体广泛相关，进而影响多项认定。

第一百条 财务报表层次的重大错报风险很可能源于薄弱的控制环境。

薄弱的控制环境带来的风险可能对财务报表产生广泛影响，难以限于某类交易、账户余额、列报，注册会计师应当采取总体应对措施。

第一百零一条 在评估重大错报风险时，注册会计师应当将所了解的控制与特定认定相联系。

控制与认定直接或间接相关；关系越间接，控制对防止或发现并纠正认定错报的效果越小。

注册会计师可能识别出有助于防止或发现并纠正特定认定发生重大错报的控制。在确定这些控制是否能够实现上述目标时，注册会计师应当将控制活动和其他要素综合考虑。

第一百零二条 如果通过对内部控制的了解发现下列情况，并对财务报表局部或整体的可审计性产生疑问，注册会计师应当考虑出具保留意见或无法表示意见的审计报告：

（一）被审计单位会计记录的状况和可靠性存在重大问题，不能获取充分、适当的审计证据以发表无保留意见；

（二）对管理层的诚信存在严重疑虑。

必要时，注册会计师应当考虑解除业务约定。

第二节 需要特别考虑的重大错报风险

第一百零三条 作为风险评估的一部分，注册会计师应当运用职业判断，确定识别的风险哪些是需要特别考虑的重大错报风险（以下简称特别风险）。

第一百零四条 在确定哪些风险是特别风险时，注册会计师应当在考虑识别出的控制对相关风险的抵消效果前，根据风险的性质、潜在错报的重要程度和发生的可能性，判断风险是否属于特别风险。

第一百零五条 在确定风险的性质时，注册会计师应当考虑下列事项：

（一）风险是否属于舞弊风险；

（二）风险是否与近期经济环境、会计处理方法和其他方面的重大变化有关；

（三）交易的复杂程度；

（四）风险是否涉及重大的关联方交易；

（五）财务信息计量的主观程度，特别是对不确定事项的计量存在较大区间；

（六）风险是否涉及异常或超出正常经营过程的重大交易。

第一百零六条 特别风险通常与重大的非常规交易和判断事项有关。

非常规交易是指由于金额或性质异常而不经常发生的交易。

判断事项通常包括作出的会计估计。

第一百零七条 由于非常规交易具有下列特征，与重大非常规交易相关的特别风险可能导致更高的重大错报风险：

（一）管理层更多地介入会计处理；

（二）数据收集和处理涉及更多的人工成分；

（三）复杂的计算或会计处理方法；

（四）非常规交易的性质可能使被审计单位难以对由此产生的特别风险实施有效控制。

第一百零八条 由于下列原因，与重大判断事项相关的特别风险可能导致更高的重大错报风险：

（一）对涉及会计估计、收入确认等方面的会计原则存在不同的理解；

（二）所要求的判断可能是主观和复杂的，或需要对未来事项作出假设。

第一百零九条 对特别风险，注册会计师应当评价相关控制的设计情况，并确定其是否已经得到执行。

与重大非常规交易或判断事项相关的风险很少受到日常控制的约束，注册会计师应当了解被审计单位是否针对该特别风险设计和实施了控制。

第一百一十条 如果管理层未能实施控制以恰当应对特别风险，注册会计师应当认为内部控制存在重大缺陷，并考虑其对风险评估的影响。

第三节 仅通过实质性程序无法应对的重大错报风险

第一百一十一条 作为风险评估的一部分，如果认为仅通过实质性程序获取的审计证据无法将认定层次的重大错报风险降至可接受的低水平，注册会计师应当评价被审计单位针对这些风险设计的控制，并确定其执行情况。

第一百一十二条 在被审计单位对日常交易采用高度自动化处理的情况下，审计证据可能仅以电子形式存在，其充分性和适当性通常取决于自动化信息系统相关控制的有效性，注册会计师应当考虑仅通过实施实质性程序不能获取充分、适当审计证据的可能性。

如果认为仅通过实施实质性程序不能获取充分、适当的审计证据，注册会计师应当考虑依赖的相关控制的有效性。

第四节 对风险评估的修正

第一百一十三条 注册会计师对认定层次重大错报风险的评估应以获取的审计证据为基础，并可能随着不断获取审计证据而作出相应的变化。

如果通过实施进一步审计程序获取的审计证据与初始评估获取的审计证据相矛盾，注册会计师应当修正风险评估结果，并相应修改原计划实施的进一步审计程序。

第六章 与治理层和管理层的沟通

第一百一十四条 注册会计师应当及时将注意到的内部控制设计或执行方面的重大缺陷告知适当层次的管理层或治理层。

第一百一十五条 如果识别出被审计单位未加控制或控制不当的重大错报风险，或认为被审计单位的风险评估过程存在重大缺陷，注册会计师应当就此类内部控制缺陷与治理层沟通。

第七章 审计工作记录

第一百一十六条 注册会计师应当就下列内容形成审计工作记录：

（一）项目组对由于舞弊或错误导致财务报表发生重大错报的可能性进行的讨论，以及得出的重要结论；

（二）根据本准则第十九条的规定，对被审计单位及其环境各个方面的了解要点（包括对本准则第四十七条所述的内部控制各项要素的了解要点）、信息来源以及实施的风险评估程序；

（三）根据本准则第九十六条的规定，在财务报表层次和认定层次识别、评估出的重大错报风险；

（四）根据本准则第一百零九条和第一百一十一条的规定，识别出的特别风险和仅通过实质性程序无法应对的重大错报风险，以及对相关控制的评估。

第八章 附 则

第一百一十七条 本准则自2007年1月1日起施行。

十二、中国注册会计师审计准则第1212号——对被审计单位使用服务机构的考虑

第一章 总 则

第一条 为了规范注册会计师对被审计单位使用服务机构的考虑，以及对服务机构注册会计师的报告的考虑，制定本准则。

第二条 本准则适用于注册会计师执行财务报表审计业务。

第三条 本准则所称服务机构，是指接受被审计单位委托，为被审计单位记录交易和处理相关数据，或为其执行交易并履行受托责任的机构。

本准则所称服务机构注册会计师，是指为服务机构提供鉴证服务的注册会计师。

第四条 注册会计师应当考虑被审计单位使用服务机构对其内部控制的影响，以识别和评估重大错报风险，设计和实施进一步审计程序。

第二章 注册会计师考虑的内容

第五条 服务机构可能制定和执行影响被审计单位内部控制的政策和程序，这些政策和程序在实体和运行上与被审计单位相分离。

如果服务机构提供的服务仅限于记录交易和处理相关数据，且被审计单位保留交易授权并履行受托责任，被审计单位可能有能力在自身内部执行有效的政策和程序。

如果服务机构执行被审计单位的交易，并履行受托责任，被审计单位可能认为有必要依赖服务机构的政策和程序。

第六条 在了解被审计单位及其环境时，注册会计师应当确定服务机构活动对被审计单位的重要性以及与审计的相关性。

在执行本条前款规定时，注册会计师应当根据具体情况了解下列事项：

(一) 服务机构提供服务的性质；

(二) 被审计单位与服务机构签订的合同条款以及双方的关系；

(三) 被审计单位内部控制与服务机构相关系统的相互影响程度；

(四) 与服务机构活动相关的被审计单位的内部控制，包括对由服务机构处理的交易的控制，以及被审计单位如何识别和管理与使用服务机构相关的风险等；

(五) 服务机构履行受托责任的能力和财务实力，包括服务机构经营失败对被审计单位可能造成的影响；

(六) 用户手册和技术手册等反映的有关服务机构的信息；

(七) 可获得的与服务机构信息系统相关的控制的信息。

第七条 注册会计师应当考虑服务机构注册会计师、内部审计人员或监管机构等第三方的报告，以获取服务机构内部控制设计、执行和运行有效性的信息。

如果拟利用服务机构的内部审计工作，注册会计师应当按照《中国注册会计师审计准则第 1411 号——考虑内部审计工作》的规定办理。

第八条 如果通过了解被审计单位及其环境，认为服务机构的内部控制不会影响对被审计单位重大错报风险的评估，注册会计师不必再考虑本章第九条至第十二条以及第三章的规定。

第九条 如果认为服务机构的活动对被审计单位具有重大影响，并且与审计相关，注册会计师应当充分了解服务机构的活动对被审计单位及其环境的影响，以识别和评估重大错报风险，并针对评估的重大错报风险设计进一步审计程序。

第十条 如果了解的结果不足以识别和评估重大错报风险，注册会计师应当考虑提请服务机构要求其注册会计师实施风险评估程序以提供必要信息，或实地考察服务机构以获取信息。

如果拟实地考察服务机构，注册会计师应当建议被审计单位要求服务机构允许注册会计师获取必要信息。

第十一条 注册会计师通过阅读服务机构注册会计师出具的报告，可能能够充分了解受服务机构影响的被审计单位内部控制。

在评估重大错报风险时，对受到服务机构内部控制影响的认定，注册会计师也可能使用服务机构注册会计师出具的报告。

如果使用服务机构注册会计师出具的报告，注册会计师应当考虑服务机构注册会计师承担特定业务的专业胜任能力。

第十二条 如果风险评估结果预期服务机构的控制运行有效，或仅实施实质性程序不能提供认定层次充分、适当的审计证据，注册会计师应当实施控制测试，以获取控制运行有效性的审计证据。

注册会计师可以通过下列方式获取控制运行有效性的审计证据：

(一) 测试被审计单位对服务机构活动的控制；

(二) 获取服务机构注册会计师对与审计相关的内部控制运行有效性出具的报告；

(三) 实地考察服务机构并实施控制测试。

第三章 服务机构注册会计师的报告

第十三条 在使用服务机构注册会计师的报告时，注册会计师应当考虑报告的性质和内容。

第十四条 注册会计师使用的服务机构注册会计师的报告通常为下列两种类型之一：

（一）内部控制设计与执行的报告；

（二）内部控制设计、执行和运行有效性的报告。

第十五条 内部控制设计与执行的报告，包括由服务机构管理层对服务机构内部控制作出的描述，以及服务机构注册会计师发表的意见。

服务机构注册会计师发表的意见包括：

（一）对内部控制的描述是否准确；

（二）为实现既定目标，内部控制的设计是否合理；

（三）内部控制是否已得到执行。

第十六条 内部控制设计、执行和运行有效性的报告，包括由服务机构管理层对服务机构内部控制作出的描述，以及服务机构注册会计师发表的意见。

服务机构注册会计师发表的意见包括：

（一）对内部控制的描述是否准确；

（二）为实现既定目标，内部控制的设计是否合理；

（三）内部控制是否已得到执行；

（四）根据控制测试结果，内部控制的运行是否有效。

除了对内部控制运行有效性发表意见外，服务机构注册会计师还可能在报告中说明所实施的控制测试及其结果。

第十七条 服务机构注册会计师通常对报告的使用作出限制，报告的使用者通常包括服务机构及其客户，以及被审计单位注册会计师。

被审计单位注册会计师，是指代表所在的会计师事务所为被审计单位提供审计服务的注册会计师。

第十八条 注册会计师应当考虑服务机构注册会计师实施工作的范围，并评价服务机构注册会计师出具报告的有用性和适当性。

第十九条 尽管内部控制设计与执行的报告可能有助于注册会计师了解服务机构的内部控制，但注册会计师不应将其作为服务机构控制运行有效性的证据。

第二十条 内部控制设计、执行和运行有效性的报告可以提供控制运行有效性的审计证据。

如果将内部控制设计、执行和运行有效性的报告作为控制运行有效性的审计证据，注册会计师应当考虑服务机构注册会计师实施的控制测试是否与被审计单位的各类交易、账户余额、列报（包括披露）的认定有关，以及服务机构注册会计师实施的控制测试及其结果是否适当。

在考虑服务机构注册会计师实施的控制测试及其结果是否适当时，注册会计师应当重点考虑服务机构注册会计师控制测试涵盖的期间，以及实施这些控制测试以来的时间间隔。

第二十一条 对服务机构注册会计师实施的与审计相关的控制测试及其结果，注册会计师应当考虑这些测试的性质、时间和范围是否能提供有关内部控制运行有效性的充分、适当的审计证据，以支持评估的重大错报风险。

第二十二条 服务机构注册会计师可能接受委托，实施对被审计单位注册会计师有用的实质性程序。此类业务约定可能涉及实施由被审计单位及其注册会计师、服务机构及其注册会计师商定的程序。

第二十三条 当使用服务机构注册会计师的报告时，注册会计师不应在审计报告中提及服务机构注册会计师的报告。

第四章 附 则

第二十四条 本准则自 2007 年 1 月 1 日起施行。

十三、中国注册会计师审计准则第 1221 号——重要性

第一章 总 则

第一条 为了规范注册会计师运用重要性原则，明确重要性概念及其与审计风险的关系，制定本准则。

第二条　本准则适用于注册会计师执行财务报表审计业务。

第三条　重要性取决于在具体环境下对错报金额和性质的判断。如果一项错报单独或连同其他错报可能影响财务报表使用者依据财务报表作出的经济决策，则该项错报是重大的。

第四条　在执行审计业务时，注册会计师应当考虑重要性及其与审计风险的关系。

第二章　重要性的确定

第五条　注册会计师应当运用职业判断确定重要性。

第六条　在计划审计工作时，注册会计师应当确定一个可接受的重要性水平，以发现在金额上重大的错报。

第七条　注册会计师应当考虑较小金额错报的累计结果可能对财务报表产生重大影响。

第八条　注册会计师应当考虑财务报表层次和各类交易、账户余额、列报(包括披露，下同)认定层次的重要性。

第九条　在确定审计程序的性质、时间和范围以及评价错报的影响时，注册会计师应当考虑重要性。

第三章　重要性与审计风险的关系

第十条　在计划审计工作时，注册会计师应当考虑导致财务报表发生重大错报的原因。

注册会计师应当在了解被审计单位及其环境的基础上确定重要性，并随着审计过程的推进，评价对重要性的判断是否仍然合理。

注册会计师应当对各类交易、账户余额、列报认定层次的重要性进行评估，以有助于确定进一步审计程序的性质、时间和范围，将审计风险降至可接受的低水平。

第十一条　重要性与审计风险之间存在反向关系。重要性水平越高，审计风险越低；重要性水平越低，审计风险越高。注册会计师在确定审计程序的性质、时间和范围时应当考虑这种反向关系。

在确定审计程序后，如果注册会计师决定接受更低的重要性水平，审计风险将增加。注册会计师应当选用下列方法将审计风险降至可接受的低水平：

(一) 如有可能，通过扩大控制测试范围或实施追加的控制测试，降低评估的重大错报风险，并支持降低后的重大错报风险水平；

(二) 通过修改计划实施的实质性程序的性质、时间和范围，降低检查风险。

第十二条　在评价审计程序结果时，注册会计师确定的重要性和审计风险，可能与计划审计工作时评估的重要性和审计风险存在差异。在这种情况下，注册会计师应当重新确定重要性和审计风险，并考虑实施的审计程序是否充分。

第四章　评价错报的影响

第十三条　注册会计师应当评估在审计过程中已识别但尚未更正错报的汇总数是否重大。

第十四条　尚未更正错报的汇总数包括：

(一) 注册会计师已识别的具体错报，包括在以前期间审计中已识别但尚未更正错报的净影响额；

(二) 注册会计师对不能明确识别的其他错报的最佳估计数，即推断误差。

第十五条　如果认为尚未更正错报的汇总数可能是重大的，注册会计师应当考虑通过扩大审计程序的范围或要求管理层调整财务报表降低审计风险。

在任何情况下，注册会计师都应当要求管理层就已识别的错报调整财务报表。

第十六条　如果管理层拒绝调整财务报表，并且扩大审计程序范围的结果不能使注册会计师认为尚未更正错报的汇总数不重大，注册会计师应当考虑出具非无保留意见的审计报告。

第十七条　如果已识别但尚未更正错报的汇总数接近重要性水平，注册会计师应当考虑该汇总数连同尚未发现的错报是否可能超过重要性水平，并考虑通过实施追加的审计程序，或要求管理层调整财务报表降低审计风险。

第五章　与管理层和治理层的沟通

第十八条　如果识别出由于舞弊或错误而导致的重大错报，注册会计师应当按照《中国注册会计师审计准则第 1151 号——与治理层的沟通》的规定，考虑与管理层和治理层沟通。

第六章　附　　则

第十九条　本准则自 2007 年 1 月 1 日起施行。

十四、中国注册会计师审计准则第1231号——针对评估的重大错报风险实施的程序

第一章 总 则

第一条 为了规范注册会计师针对已评估的重大错报风险确定总体应对措施，设计和实施进一步审计程序，制定本准则。

第二条 本准则适用于注册会计师执行财务报表审计业务。

第三条 注册会计师应当针对评估的财务报表层次重大错报风险确定总体应对措施，并针对评估的认定层次重大错报风险设计和实施进一步审计程序，以将审计风险降至可接受的低水平。

第四条 在确定总体应对措施以及设计和实施进一步审计程序的性质、时间和范围时，注册会计师应当运用职业判断。

第二章 针对财务报表层次重大错报风险的总体应对措施

第五条 注册会计师应当针对评估的财务报表层次重大错报风险确定下列总体应对措施：

（一）向项目组强调在收集和评价审计证据过程中保持职业怀疑态度的必要性；

（二）分派更有经验或具有特殊技能的审计人员，或利用专家的工作；

（三）提供更多的督导；

（四）在选择进一步审计程序时，应当注意使某些程序不被管理层预见或事先了解；

（五）对拟实施审计程序的性质、时间和范围作出总体修改。

第六条 注册会计师对控制环境的了解影响其对财务报表层次重大错报风险的评估。

有效的控制环境可以使注册会计师增强对内部控制和被审计单位内部产生的证据的信赖程度。

如果控制环境存在缺陷，注册会计师在对拟实施审计程序的性质、时间和范围作出总体修改时应当考虑：

（一）在期末而非期中实施更多的审计程序；

（二）主要依赖实质性程序获取审计证据；

（三）修改审计程序的性质，获取更具说服力的审计证据；

（四）扩大审计程序的范围。

第七条 注册会计师评估的财务报表层次重大错报风险以及采取的总体应对措施，对拟实施进一步审计程序的总体方案具有重大影响。

拟实施进一步审计程序的总体方案包括实质性方案和综合性方案。

实质性方案是指注册会计师实施的进一步审计程序以实质性程序为主；综合性方案是指注册会计师在实施进一步审计程序时，将控制测试与实质性程序结合使用。

第三章 针对认定层次重大错报风险的进一步审计程序

第一节 进一步审计程序的内涵和要求

第八条 注册会计师应当针对评估的认定层次重大错报风险设计和实施进一步审计程序，包括审计程序的性质、时间和范围。

进一步审计程序是指注册会计师针对评估的各类交易、账户余额、列报（包括披露，下同）认定层次重大错报风险实施的审计程序，包括控制测试和实质性程序。

注册会计师应当根据本章的规定考虑进一步审计程序的性质、时间和范围；根据本准则第四章的规定设计和实施控制测试；根据本准则第五章的规定设计和实施实质性程序；根据本准则第六章的规定评价列报的适当性。

第九条 注册会计师设计和实施的进一步审计程序的性质、时间和范围，应当与评估的认定层次重大错报风险具备明确的对应关系。

在应对评估的风险时，合理确定审计程序的性质是最重要的。

第十条 在设计进一步审计程序时，注册会计师应当考虑下列因素：

（一）风险的重要性；

（二）重大错报发生的可能性；

（三）涉及的各类交易、账户余额、列报的特征；

（四）被审计单位采用的特定控制的性质；

（五）注册会计师是否拟获取审计证据，以确定内部控制在防止或发现并纠正重大错报方面的有效性。

第十一条　注册会计师应当根据对认定层次重大错报风险的评估结果，恰当选用实质性方案或综合性方案。

无论选择何种方案，注册会计师都应当对所有重大的各类交易、账户余额、列报设计和实施实质性程序。

第十二条　小型被审计单位可能不存在能够被注册会计师识别的控制活动，注册会计师实施的进一步审计程序可能主要是实质性程序。

在缺乏控制的情况下，注册会计师应当考虑仅通过实施实质性程序是否能够获取充分、适当的审计证据。

第二节　进一步审计程序的性质

第十三条　进一步审计程序的性质是指进一步审计程序的目的和类型。

进一步审计程序的目的包括通过实施控制测试以确定内部控制运行的有效性，通过实施实质性程序以发现认定层次的重大错报。

进一步审计程序的类型包括检查、观察、询问、函证、重新计算、重新执行和分析程序。

不同的审计程序应对特定认定错报风险的效力不同。

第十四条　注册会计师应当根据认定层次重大错报风险的评估结果选择审计程序。

评估的认定层次重大错报风险越高，对通过实质性程序获取的审计证据的相关性和可靠性的要求越高，从而可能影响进一步审计程序的类型及其综合运用。

第十五条　在确定拟实施的审计程序时，注册会计师应当考虑评估的认定层次重大错报风险产生的原因，包括考虑各类交易、账户余额、列报的具体特征以及内部控制。

第十六条　如果在实施进一步审计程序时拟利用被审计单位信息系统生成的信息，注册会计师应当就信息的准确性和完整性获取审计证据。

第三节　进一步审计程序的时间

第十七条　进一步审计程序的时间是指注册会计师何时实施进一步审计程序，或审计证据适用的期间或时点。

第十八条　注册会计师可以在期中或期末实施控制测试或实质性程序。

当重大错报风险较高时，注册会计师应当考虑在期末或接近期末实施实质性程序；或采用不通知的方式，或在管理层不能预见的时间实施审计程序。

第十九条　在期中实施进一步审计程序，可能有助于注册会计师在审计工作初期识别重大事项，并在管理层的协助下及时解决这些事项；或针对这些事项制定有效的实质性方案或综合性方案。

如果在期中实施了进一步审计程序，注册会计师还应当针对剩余期间获取审计证据。

第二十条　在确定何时实施审计程序时，注册会计师应当考虑下列因素：

（一）控制环境；

（二）何时能得到相关信息；

（三）错报风险的性质；

（四）审计证据适用的期间或时点。

第二十一条　某些审计程序只能在期末或期末以后实施，包括将财务报表与会计记录相核对，检查财务报表编制过程中所作的会计调整等。

如果被审计单位在期末或接近期末发生了重大交易，或重大交易在期末尚未完成，注册会计师应当考虑交易的发生或截止等认定可能存在的重大错报风险，并在期末或期末以后检查此类交易。

第四节　进一步审计程序的范围

第二十二条　进一步审计程序的范围是指实施进一步审计程序的数量，包括抽取的样本量，对某项控制活动的观察次数等。

在确定审计程序的范围时，注册会计师应当考虑下列因素：

（一）确定的重要性水平；

（二）评估的重大错报风险；

（三）计划获取的保证程度。

随着重大错报风险的增加，注册会计师应当考虑扩大审计程序的范围。但是，只有当审计程序本身与特定风险相关时，扩大审计程序的范围才是有效的。

第二十三条 注册会计师可以使用计算机辅助审计技术对电子化的交易和账户文档进行更广泛的测试，包括从主要电子文档中选取交易样本，或按照某一特征对交易进行分类，或对总体而非样本进行测试。

第二十四条 注册会计师使用恰当的抽样方法通常可以得出有效结论。

如果存在下列情形，注册会计师依据样本得出的结论可能与对总体实施同样的审计程序得出的结论不同，出现不可接受的风险：

（一）从总体中选择的样本量过小；

（二）选择的抽样方法对实现特定目标不适当；

（三）未对发现的例外事项进行恰当的追查。

第二十五条 注册会计师在综合运用不同审计程序时，不仅应当考虑各类审计程序的性质，还应当考虑测试的范围是否适当。

第四章 控制测试

第一节 控制测试的内涵和要求

第二十六条 当存在下列情形之一时，注册会计师应当实施控制测试：

（一）在评估认定层次重大错报风险时，预期控制的运行是有效的；

（二）仅实施实质性程序不足以提供认定层次充分、适当的审计证据。

第二十七条 如果在评估认定层次重大错报风险时预期控制的运行是有效的，注册会计师应当实施控制测试，就控制在相关期间或时点的运行有效性获取充分、适当的审计证据。

只有认为控制设计合理、能够防止或发现并纠正认定层次的重大错报，注册会计师才有必要对控制运行的有效性实施测试。

第二十八条 如果认为仅实施实质性程序获取的审计证据无法将认定层次重大错报风险降至可接受的低水平，注册会计师应当实施相关的控制测试，以获取控制运行有效性的审计证据。

第二十九条 测试控制运行的有效性与确定控制是否得到执行所需获取的审计证据是不同的。

在实施风险评估程序以获取控制是否得到执行的审计证据时，注册会计师应当确定某项控制是否存在，被审计单位是否正在使用。

在测试控制运行的有效性时，注册会计师应当从下列方面获取关于控制是否有效运行的审计证据：

（一）控制在所审计期间的不同时点是如何运行的；

（二）控制是否得到一贯执行；

（三）控制由谁执行；

（四）控制以何种方式运行。

如果被审计单位在所审计期间内的不同时期使用了不同的控制，注册会计师应当考虑不同时期控制运行的有效性。

第三十条 为评价控制设计和确定控制是否得到执行而实施的某些风险评估程序并非专为控制测试而设计，但可能提供有关控制运行有效性的审计证据，注册会计师应当考虑这些审计证据是否足以实现控制测试的目的。

注册会计师可以考虑在评价控制设计和获取其得到执行的审计证据的同时测试控制运行有效性，以提高审计效率。

第二节 控制测试的性质

第三十一条 注册会计师应当选择适当类型的审计程序以获取有关控制运行有效性的保证。

计划的保证水平越高，对有关控制运行有效性的审计证据的可靠性要求越高。

当拟实施的进一步审计程序主要以控制测试为主，尤其是仅实施实质性程序获取的审计证据无法将认定层次重大错报风险降至可接受的低水平时，注册会计师应当获取有关控制运行有效性的更高的保证水平。

第三十二条　控制测试与了解内部控制的目的不同，但两者采用审计程序的类型通常相同，包括询问、观察、检查和穿行测试。此外，控制测试的程序还包括重新执行。

第三十三条　询问本身并不足以测试控制运行的有效性，注册会计师应当将询问与其他审计程序结合使用，以获取有关控制运行有效性的审计证据。

将询问与检查或重新执行结合使用，通常能够比仅实施询问和观察获取更高的保证；观察提供的证据仅限于观察发生的时点，本身不足以测试控制运行的有效性。

第三十四条　注册会计师应当根据特定控制的性质选择所需实施审计程序的类型。

某些控制可能存在反映控制运行有效性的文件记录，注册会计师应当考虑检查这些文件记录以获取控制运行有效性的审计证据；某些控制可能不存在文件记录，或文件记录与证实控制运行有效性不相关，注册会计师应当考虑实施检查以外的其他审计程序，以获取有关控制运行有效性的审计证据。

第三十五条　在设计控制测试时，注册会计师不仅应当考虑与认定直接相关的控制，还应当考虑这些控制所依赖的与认定间接相关的控制，以获取支持控制运行有效性的审计证据。

第三十六条　对于一项自动化的应用控制，由于信息技术处理过程的内在一贯性，注册会计师可以利用该项控制得以执行的审计证据和信息技术一般控制（特别是对系统变动的控制）运行有效性的审计证据，作为支持该项控制在相关期间运行有效性的重要审计证据。

第三十七条　控制测试的目的是评价控制是否有效运行；细节测试的目的是发现认定层次的重大错报。尽管两者目的不同，但注册会计师可以考虑针对同一交易同时实施控制测试和细节测试，以实现双重目的。

如果拟实施双重目的测试，注册会计师应当仔细设计和评价测试程序。

第三十八条　注册会计师应当考虑实施实质性程序发现的错报对评价相关控制运行有效性的影响。

如果实施实质性程序发现被审计单位没有识别出的重大错报，通常表明内部控制存在重大缺陷，注册会计师应当就这些缺陷与管理层和治理层进行沟通。

第三节　控制测试的时间

第三十九条　注册会计师应当根据控制测试的目的确定控制测试的时间，并确定拟信赖的相关控制的时点或期间。

如果测试特定时点的控制，注册会计师仅得到该时点控制运行有效性的审计证据；如果测试某一期间的控制，注册会计师可获取控制在该期间有效运行的审计证据。

第四十条　如果仅需要测试控制在特定时点的运行有效性，注册会计师只需要获取该时点的审计证据。

如果需要获取控制在某一期间有效运行的审计证据，仅获取与时点相关的审计证据是不充分的，注册会计师应当辅以其他控制测试，包括测试被审计单位对控制的监督。

第四十一条　如果已获取有关控制在期中运行有效性的审计证据，并拟利用该证据，注册会计师应当实施下列审计程序：

（一）获取这些控制在剩余期间变化情况的审计证据；

（二）确定针对剩余期间还需获取的补充审计证据。

在执行本条前款第（二）项的规定时，注册会计师应当考虑下列因素：

（一）评估的认定层次重大错报风险的重大程度；

（二）在期中测试的特定控制；

（三）在期中对有关控制运行有效性获取的审计证据的程度；

（四）剩余期间的长度；

（五）在信赖控制的基础上拟减少进一步实质性程序的范围；

（六）控制环境。

第四十二条　通过测试剩余期间控制的运行有效性或测试被审计单位对控制的监督，注册会计师可以获取补充审计证据。

第四十三条 如果拟信赖以前审计获取的有关控制运行有效性的审计证据，注册会计师应当通过实施询问并结合观察或检查程序，获取这些控制是否已经发生变化的审计证据。

第四十四条 如果控制在本期发生变化，注册会计师应当考虑以前审计获取的有关控制运行有效性的审计证据是否与本期审计相关。

如果拟信赖的控制自上次测试后已发生变化，注册会计师应当在本期审计中测试这些控制的运行有效性。

第四十五条 如果拟信赖的控制自上次测试后未发生变化，且不属于旨在减轻特别风险的控制，注册会计师应当运用职业判断确定是否在本期审计中测试其运行有效性，以及本次测试与上次测试的时间间隔，但两次测试的时间间隔不得超过两年。

第四十六条 在确定利用以前审计获取的有关控制运行有效性的审计证据是否适当以及再次测试控制的时间间隔时，注册会计师应当考虑：

（一）内部控制其他要素的有效性，包括控制环境、对控制的监督以及被审计单位的风险评估过程；

（二）控制特征（人工控制还是自动化控制）产生的风险；

（三）信息技术一般控制的有效性；

（四）控制设计及其运行的有效性，包括在以前审计中测试控制运行有效性时发现的控制运行偏差的性质和程度；

（五）由于环境发生变化而特定控制缺乏相应变化导致的风险；

（六）重大错报的风险和对控制的拟信赖程度。

第四十七条 当出现下列情况时，注册会计师应当缩短再次测试控制的时间间隔或完全不信赖以前审计获取的审计证据：

（一）控制环境薄弱；

（二）对控制的监督薄弱；

（三）相关控制中人工控制的成分较大；

（四）信息技术一般控制薄弱；

（五）对控制运行产生重大影响的人事变动；

（六）环境的变化表明需要对控制作出相应的变动；

（七）重大错报风险较大或对控制的拟信赖程度较高。

第四十八条 如果拟信赖以前审计获取的某些控制运行有效性的审计证据，注册会计师应当在每次审计时从中选取足够数量的控制，测试其运行有效性；不应将所有拟信赖控制的测试集中于某一次审计，而在之后的两次审计中不进行任何测试。

第四十九条 如果确定评估的认定层次重大错报风险是特别风险，并拟信赖旨在减轻特别风险的控制，注册会计师不应依赖以前审计获取的审计证据，而应在本期审计中测试这些控制的运行有效性。

第四节 控制测试的范围

第五十条 注册会计师应当设计控制测试，以获取控制在整个拟信赖的期间有效运行的充分、适当的审计证据。

在确定某项控制的测试范围时，注册会计师通常考虑下列因素：

（一）在整个拟信赖的期间，被审计单位执行控制的频率；

（二）在所审计期间，注册会计师拟信赖控制运行有效性的时间长度；

（三）为证实控制能够防止或发现并纠正认定层次重大错报，所需获取审计证据的相关性和可靠性；

（四）通过测试与认定相关的其他控制获取的审计证据的范围；

（五）在风险评估时拟信赖控制运行有效性的程度；

（六）控制的预期偏差。

第五十一条 注册会计师在风险评估时对控制运行有效性的拟信赖程度越高，需要实施控制测试的范围越大。

第五十二条 控制的预期偏差率越高，需要实施控制测试的范围越大。如果控制的预期偏差率过高，注册会计师应当考虑控制可能不足以将认定层次的重大错报风险降至可接受的低水平，从而针对某一认定实施的控制测试可能是无效的。

第五十三条　信息技术处理具有内在一贯性，除非系统发生变动，注册会计师通常不需要增加自动化控制的测试范围。

第五章　实质性程序

第一节　实质性程序的内涵和要求

第五十四条　注册会计师应当针对评估的重大错报风险设计和实施实质性程序，以发现认定层次的重大错报。

实质性程序包括对各类交易、账户余额、列报的细节测试以及实质性分析程序。

第五十五条　注册会计师对重大错报风险的评估是一种判断，可能无法充分识别所有的重大错报风险，并且由于内部控制存在固有局限性，无论评估的重大错报风险结果如何，注册会计师都应当针对所有重大的各类交易、账户余额、列报实施实质性程序。

第五十六条　注册会计师实施的实质性程序应当包括下列与财务报表编制完成阶段相关的审计程序：

(一) 将财务报表与其所依据的会计记录相核对；

(二) 检查财务报表编制过程中作出的重大会计分录和其他会计调整。

注册会计师对会计分录和其他会计调整检查的性质和范围，取决于被审计单位财务报告过程的性质和复杂程度以及由此产生的重大错报风险。

第五十七条　如果认为评估的认定层次重大错报风险是特别风险，注册会计师应当专门针对该风险实施实质性程序。

第五十八条　如果针对特别风险仅实施实质性程序，注册会计师应当使用细节测试，或将细节测试和实质性分析程序结合使用，以获取充分、适当的审计证据。

第二节　实质性程序的性质

第五十九条　注册会计师应当根据各类交易、账户余额、列报的性质选择实质性程序的类型。

细节测试适用于对各类交易、账户余额、列报认定的测试，尤其是对存在或发生、计价认定的测试；对在一段时期内存在可预期关系的大量交易，注册会计师可以考虑实施实质性分析程序。

第六十条　注册会计师应当针对评估的风险设计细节测试，获取充分、适当的审计证据，以达到认定层次所计划的保证水平。

在针对存在或发生认定设计细节测试时，注册会计师应当选择包含在财务报表金额中的项目，并获取相关审计证据。

在针对完整性认定设计细节测试时，注册会计师应当选择有证据表明应包含在财务报表金额中的项目，并调查这些项目是否确实包括在内。

第六十一条　在设计实质性分析程序时，注册会计师应当考虑下列因素：

(一) 对特定认定使用实质性分析程序的适当性；

(二) 对已记录的金额或比率作出预期时，所依据的内部或外部数据的可靠性；

(三) 作出预期的准确程度是否足以在计划的保证水平上识别重大错报；

(四) 已记录金额与预期值之间可接受的差异额。

当实施实质性分析程序时，如果使用被审计单位编制的信息，注册会计师应当考虑测试与信息编制相关的控制，以及这些信息是否在本期或前期经过审计。

第三节　实质性程序的时间

第六十二条　如果在期中实施了实质性程序，注册会计师应当针对剩余期间实施进一步的实质性程序，或将实质性程序和控制测试结合使用，以将期中测试得出的结论合理延伸至期末。

第六十三条　注册会计师在期中实施实质性程序，增加期末存在错报而未被发现的风险，并且该风险随着剩余期间的延长而增加。

在考虑是否在期中实施实质性程序时，注册会计师应当考虑下列因素：

(一) 控制环境和其他相关的控制；

(二) 实施审计程序所需信息在期中之后的可获得性；

(三) 实质性程序的目标；

（四）评估的重大错报风险；

（五）各类交易或账户余额以及相关认定的性质；

（六）针对剩余期间，能否通过实施实质性程序或将实质性程序与控制测试相结合，降低期末存在错报而未被发现的风险。

第六十四条 如果拟将期中测试得出的结论延伸至期末，注册会计师应当考虑针对剩余期间仅实施实质性程序是否足够。

如果认为实施实质性程序本身不充分，注册会计师还应测试剩余期间相关控制运行的有效性或针对期末实施实质性程序。

第六十五条 如果已识别出由于舞弊导致的重大错报风险，为将期中得出的结论延伸至期末而实施的审计程序通常是无效的，注册会计师应当考虑在期末或者接近期末实施实质性程序。

第六十六条 如果已在期中实施了实质性程序，或将控制测试与实质性程序相结合，并拟信赖期中测试得出的结论，注册会计师应当将期末信息和期中的可比信息进行比较、调节，识别和调查出现的异常金额，并针对剩余期间实施实质性分析程序或细节测试。

在确定针对剩余期间拟实施的实质性程序时，注册会计师应当考虑是否已在期中实施控制测试，并考虑与财务报告相关的信息系统能否充分提供与期末账户余额及剩余期间交易有关的信息。

在针对剩余期间实施实质性程序时，注册会计师应当重点关注并调查重大的异常交易或分录、重大波动以及各类交易或账户余额在构成上的重大或异常变动。

如果拟针对剩余期间实施实质性分析程序，注册会计师应当考虑某类交易的期末累计发生额或账户期末余额在金额、相对重要性及构成方面能否被合理预期。

第六十七条 如果在期中检查出某类交易或账户余额存在错报，注册会计师应当考虑修改与该类交易或账户余额相关的风险评估以及针对剩余期间拟实施实质性程序的性质、时间和范围，或考虑在期末扩大实质性程序的范围或重新实施实质性程序。

第六十八条 在以前审计中实施实质性程序获取的审计证据，通常对本期只有很弱的证据效力或没有证据效力，不足以应对本期的重大错报风险。

只有当以前获取的审计证据及其相关事项未发生重大变动时，以前获取的审计证据才可能用作本期的有效审计证据。

如果拟利用以前审计中实施实质性程序获取的审计证据，注册会计师应当在本期实施审计程序，以确定这些审计证据是否具有持续相关性。

第四节 实质性程序的范围

第六十九条 在确定实质性程序的范围时，注册会计师应当考虑评估的认定层次重大错报风险和实施控制测试的结果。

注册会计师评估的认定层次的重大错报风险越高，需要实施实质性程序的范围越广。

如果对控制测试结果不满意，注册会计师应当考虑扩大实质性程序的范围。

第七十条 在设计细节测试时，注册会计师除了从样本量的角度考虑测试范围外，还要考虑选样方法的有效性等因素。

第七十一条 在设计实质性分析程序时，注册会计师应当确定已记录金额与预期值之间可接受的差异额。

在确定该差异额时，注册会计师应当主要考虑各类交易、账户余额、列报及相关认定的重要性和计划的保证水平。

第六章 评价列报的适当性

第七十二条 注册会计师应当实施审计程序，以评价财务报表总体列报是否符合适用的会计准则和相关会计制度的规定。

第七十三条 在评价财务报表总体列报时，注册会计师应当考虑评估的认定层次重大错报风险。

第七十四条 注册会计师应当考虑财务报表是否正确反映财务信息及其分类，以及对重大事项的披露是否充分。

第七章 评价审计证据的充分性和适当性

第七十五条 注册会计师应当根据实施的审计程序和获取的审计证据，评价对认定层次重大错报风险的评估是否仍然适当。

第七十六条　财务报表审计是一个累积和不断修正的过程。随着计划的审计程序的实施，如果获取的信息与风险评估时依据的信息有重大差异，注册会计师应当考虑修正风险评估结果，并据以修改原计划的其他审计程序的性质、时间和范围。

第七十七条　在实施控制测试时，如果发现被审计单位控制运行出现偏差，注册会计师应当了解这些偏差及其潜在后果，并确定已实施的控制测试是否为信赖控制提供了充分、适当的审计证据，是否需要实施进一步的控制测试或实质性程序以应对潜在的错报风险。

第七十八条　注册会计师不应将审计中发现的舞弊或错误视为孤立发生的事项，而应当考虑其对评估的重大错报风险的影响。

在完成审计工作前，注册会计师应当评价是否已将审计风险降至可接受的低水平，是否需要重新考虑已实施审计程序的性质、时间和范围。

第七十九条　在形成审计意见时，注册会计师应当从总体上评价是否已经获取充分、适当的审计证据，以将审计风险降至可接受的低水平。

注册会计师应当考虑所有相关的审计证据，包括能够印证财务报表认定的审计证据和与之相矛盾的审计证据。

第八十条　在评价审计证据的充分性和适当性时，注册会计师应当运用职业判断，并考虑下列因素的影响：

（一）认定发生潜在错报的重要程度，以及潜在错报单独或连同其他潜在错报对财务报表产生重大影响的可能性；

（二）管理层应对和控制风险的有效性；

（三）在以前审计中获取的关于类似潜在错报的经验；

（四）实施审计程序的结果，包括审计程序是否识别出舞弊或错误的具体情形；

（五）可获得信息的来源和可靠性；

（六）审计证据的说服力；

（七）对被审计单位及其环境的了解。

第八十一条　如果对重大的财务报表认定没有获取充分、适当的审计证据，注册会计师应当尽可能获取进一步的审计证据。

如果不能获取充分、适当的审计证据，注册会计师应当出具保留意见或无法表示意见的审计报告。

第八章　审计工作记录

第八十二条　注册会计师应当就下列事项形成审计工作记录：

（一）对评估的财务报表层次重大错报风险采取的总体应对措施；

（二）实施进一步审计程序的性质、时间和范围；

（三）实施的进一步审计程序与评估的认定层次重大错报风险的联系；

（四）实施进一步审计程序的结果。

第八十三条　如果拟利用在以前审计中获取的有关控制运行有效性的审计证据，注册会计师应当记录信赖这些控制的理由和结论。

第九章　附　则

第八十四条　本准则自2007年1月1日起施行。

十五、中国注册会计师审计准则第1301号——审计证据

第一章　总　则

第一条　为了规范注册会计师获取审计证据的内容、数量和质量，以及为获取审计证据所需实施的审计程序，制定本准则。

第二条　本准则适用于注册会计师执行财务报表审计业务。

第三条　本准则所称审计证据，是指注册会计师为了得出审计结论、形成审计意见而使用的所有信息，

包括财务报表依据的会计记录中含有的信息和其他信息。

第四条 依据会计记录编制财务报表是被审计单位管理层的责任，注册会计师应当测试会计记录以获取审计证据。

会计记录中含有的信息本身并不足以提供充分的审计证据作为对财务报表发表审计意见的基础，注册会计师还应当获取用作审计证据的其他信息。

第五条 可用作审计证据的其他信息包括注册会计师从被审计单位内部或外部获取的会计记录以外的信息；通过询问、观察和检查等审计程序获取的信息；以及自身编制或获取的可以通过合理推断得出结论的信息。

第六条 注册会计师应当获取充分、适当的审计证据，以得出合理的审计结论，作为形成审计意见的基础。

第二章 审计证据的充分性和适当性

第七条 注册会计师应当保持职业怀疑态度，运用职业判断，评价审计证据的充分性和适当性。

第八条 审计证据的充分性是对审计证据数量的衡量，主要与注册会计师确定的样本量有关。

审计证据的适当性是对审计证据质量的衡量，即审计证据在支持各类交易、账户余额、列报(包括披露，下同)的相关认定，或发现其中存在错报方面具有相关性和可靠性。

第九条 注册会计师需要获取的审计证据的数量受错报风险的影响。错报风险越大，需要的审计证据可能越多。

注册会计师需要获取的审计证据的数量也受审计证据质量的影响。审计证据质量越高，需要的审计证据可能越少。

尽管审计证据的充分性和适当性相关，但如果审计证据的质量存在缺陷，注册会计师仅靠获取更多的审计证据可能无法弥补其质量上的缺陷。

第十条 在确定审计证据的相关性时，注册会计师应当考虑：

(一) 特定的审计程序可能只为某些认定提供相关的审计证据，而与其他认定无关；

(二) 针对同一项认定可以从不同来源获取审计证据或获取不同性质的审计证据；

(三) 只与特定认定相关的审计证据并不能替代与其他认定相关的审计证据。

第十一条 审计证据的可靠性受其来源和性质的影响，并取决于获取审计证据的具体环境。

注册会计师通常按照下列原则考虑审计证据的可靠性：

(一) 从外部独立来源获取的审计证据比从其他来源获取的审计证据更可靠；

(二) 内部控制有效时内部生成的审计证据比内部控制薄弱时内部生成的审计证据更可靠；

(三) 直接获取的审计证据比间接获取或推论得出的审计证据更可靠；

(四) 以文件记录形式(无论是纸质、电子或其他介质)存在的审计证据比口头形式的审计证据更可靠；

(五) 从原件获取的审计证据比从传真或复印件获取的审计证据更可靠。

在运用本条前款第(一)项至第(五)项所述的原则评价审计证据的可靠性时，注册会计师应当注意可能出现的重大例外情况。

第十二条 审计工作通常不涉及鉴定文件记录的真伪，注册会计师也不是鉴定文件记录真伪的专家，但应当考虑用作审计证据的信息的可靠性，并考虑与这些信息生成与维护相关的控制的有效性。

如果在审计过程中识别出的情况使其认为文件记录可能是伪造的或文件记录中的某些条款已发生变动，注册会计师应当作出进一步调查，包括直接向第三方询证，或考虑利用专家的工作以评价文件记录的真伪。

第十三条 如果在实施审计程序时使用被审计单位生成的信息，注册会计师应当就这些信息的准确性和完整性获取审计证据。

第十四条 如果针对某项认定从不同来源获取的审计证据或获取的不同性质的审计证据能够相互印证，与该项认定相关的审计证据则具有更强的说服力。

如果从不同来源获取的审计证据或获取的不同性质的审计证据不一致，可能表明某项审计证据不可靠，注册会计师应当追加必要的审计程序。

第十五条 注册会计师可以考虑获取审计证据的成本与所获取信息的有用性之间的关系，但不应以获取审计证据的困难和成本为由减少不可替代的审计程序。

第三章　获取审计证据时对认定的运用

第十六条　注册会计师应当详细运用各类交易、账户余额、列报认定，作为评估重大错报风险以及设计与实施进一步审计程序的基础。

认定是指管理层对财务报表各组成要素的确认、计量、列报作出的明确或隐含的表达。

第十七条　注册会计师对所审计期间的各类交易和事项运用的认定通常分为下列类别：

（一）发生：记录的交易和事项已发生，且与被审计单位有关；

（二）完整性：所有应当记录的交易和事项均已记录；

（三）准确性：与交易和事项有关的金额及其他数据已恰当记录；

（四）截止：交易和事项已记录于正确的会计期间；

（五）分类：交易和事项已记录于恰当的账户。

第十八条　注册会计师对期末账户余额运用的认定通常分为下列类别：

（一）存在：记录的资产、负债和所有者权益是存在的；

（二）权利和义务：记录的资产由被审计单位拥有或控制，记录的负债是被审计单位应当履行的偿还义务；

（三）完整性：所有应当记录的资产、负债和所有者权益均已记录；

（四）计价和分摊：资产、负债和所有者权益以恰当的金额包括在财务报表中，与之相关的计价或分摊调整已恰当记录。

第十九条　注册会计师对列报运用的认定通常分为下列类别：

（一）发生以及权利和义务：披露的交易、事项和其他情况已发生，且与被审计单位有关；

（二）完整性：所有应当包括在财务报表中的披露均已包括；

（三）分类和可理解性：财务信息已被恰当地列报和描述，且披露内容表述清楚；

（四）准确性和计价：财务信息和其他信息已公允披露，且金额恰当。

第四章　获取审计证据的审计程序

第二十条　注册会计师应当通过实施下列审计程序，获取充分、适当的审计证据，得出合理的审计结论，作为形成审计意见的基础：

（一）风险评估程序；

（二）控制测试（必要时或决定测试时）；

（三）实质性程序。

第二十一条　注册会计师应当实施风险评估程序，以此作为评估财务报表层次和认定层次重大错报风险的基础。

风险评估程序本身并不足以为发表审计意见提供充分、适当的审计证据，注册会计师还应当实施进一步审计程序，包括实施控制测试（必要时或决定测试时）和实质性程序。

第二十二条　当存在下列情形之一时，控制测试是必要的：

（一）在评估认定层次重大错报风险时，预期控制的运行是有效的，注册会计师应当实施控制测试以支持评估结果；

（二）仅实施实质性程序不足以提供认定层次充分、适当的审计证据，注册会计师应当实施控制测试，以获取内部控制运行有效性的审计证据。

第二十三条　注册会计师应当计划和实施实质性程序，以应对评估的重大错报风险。

注册会计师对重大错报风险的评估是一种判断，并且由于内部控制存在固有局限性，无论评估的重大错报风险结果如何，注册会计师均应当针对所有重大的各类交易、账户余额、列报实施实质性程序，以获取充分、适当的审计证据。

第二十四条　注册会计师可以采用下列审计程序获取审计证据：

（一）检查记录或文件；

（二）检查有形资产；

（三）观察；

（四）询问；

（五）函证；

（六）重新计算；

（七）重新执行；

（八）分析程序。

在实施风险评估程序、控制测试或实质性程序时，注册会计师可根据需要单独或综合运用本条前款第(一)项至第(八)项所列审计程序，以获取充分、适当的审计证据。

第二十五条 检查记录或文件是指注册会计师对被审计单位内部或外部生成的，以纸质、电子或其他介质形式存在的记录或文件进行审查。

检查记录或文件可提供可靠程度不同的审计证据，审计证据的可靠性取决于记录或文件的来源和性质。

第二十六条 检查有形资产是指注册会计师对资产实物进行审查。

检查有形资产可为其存在性提供可靠的审计证据，但不一定能够为权利和义务或计价认定提供可靠的审计证据。

第二十七条 观察是指注册会计师察看相关人员正在从事的活动或执行的程序。

观察提供的审计证据仅限于观察发生的时点，并且在相关人员已知被观察时，相关人员从事活动或执行程序可能与日常的做法不同，从而影响注册会计师对真实情况的了解。

第二十八条 询问是指注册会计师以书面或口头方式，向被审计单位内部或外部的知情人员获取财务信息和非财务信息，并对答复进行评价的过程。

知情人员对询问的答复可能为注册会计师提供尚未获悉的信息或佐证证据，也可能提供与已获悉信息存在重大差异的信息；注册会计师应当根据询问结果考虑修改审计程序或实施追加的审计程序。

询问本身不足以发现认定层次存在的重大错报，也不足以测试内部控制运行的有效性，注册会计师还应当实施其他审计程序获取充分、适当的审计证据。

第二十九条 函证是指注册会计师为了获取影响财务报表或相关披露认定的项目的信息，通过直接来自第三方对有关信息和现存状况的声明，获取和评价审计证据的过程。

第三十条 重新计算是指注册会计师以人工方式或使用计算机辅助审计技术，对记录或文件中的数据计算准确性进行核对。

第三十一条 重新执行是指注册会计师以人工方式或使用计算机辅助审计技术，重新独立执行作为被审计单位内部控制组成部分的程序或控制。

第三十二条 分析程序是指注册会计师通过研究不同财务数据之间以及财务数据与非财务数据之间的内在关系，对财务信息作出评价。

分析程序还包括调查识别出的、与其他相关信息不一致或与预期数据严重偏离的波动和关系。

第三十三条 审计程序的性质和时间可能受会计数据和其他相关信息的生成和储存方式的影响，注册会计师应当提请被审计单位保存某些信息以供查阅，或在可获得该信息的期间执行审计程序。

第三十四条 某些会计数据和其他信息只能以电子形式存在，或只能在某一时点或某一期间得到，注册会计师应当考虑这些特点对审计程序的性质和时间的影响。

当信息以电子形式存在时，注册会计师可以通过使用计算机辅助审计技术实施某些审计程序。

第五章 附 则

第三十五条 本准则自2007年1月1日起施行。

十六、中国注册会计师审计准则第1311号——存货监盘

第一章 总 则

第一条 为了规范注册会计师实施存货监盘程序，制定本准则。

第二条 本准则适用于注册会计师执行财务报表审计业务。

第三条 本准则所称存货监盘，是指注册会计师现场观察被审计单位存货的盘点，并对已盘点的存货

进行适当检查。

第四条　定期盘点存货，合理确定存货的数量和状况是被审计单位管理层的责任。

实施存货监盘，获取有关期末存货数量和状况的充分、适当的审计证据是注册会计师的责任。

第二章　存货监盘计划

第五条　注册会计师应当根据被审计单位存货的特点、盘存制度和存货内部控制的有效性等情况，在评价被审计单位存货盘点计划的基础上，编制存货监盘计划，对存货监盘作出合理安排。

第六条　在编制存货监盘计划时，注册会计师应当实施下列审计程序：

(一) 了解存货的内容、性质、各存货项目的重要程度及存放场所；

(二) 了解与存货相关的内部控制；

(三) 评估与存货相关的重大错报风险和重要性；

(四) 查阅以前年度的存货监盘工作底稿；

(五) 考虑实地察看存货的存放场所，特别是金额较大或性质特殊的存货；

(六) 考虑是否需要利用专家的工作或其他注册会计师的工作；

(七) 复核或与管理层讨论其存货盘点计划。

第七条　在复核或与管理层讨论其存货盘点计划时，注册会计师应当考虑下列主要因素，以评价其能否合理地确定存货的数量和状况：

(一) 盘点的时间安排；

(二) 存货盘点范围和场所的确定；

(三) 盘点人员的分工及胜任能力；

(四) 盘点前的会议及任务布置；

(五) 存货的整理和排列，对毁损、陈旧、过时、残次及所有权不属于被审计单位的存货的区分；

(六) 存货的计量工具和计量方法；

(七) 在产品完工程度的确定方法；

(八) 存放在外单位的存货的盘点安排；

(九) 存货收发截止的控制；

(十) 盘点期间存货移动的控制；

(十一) 盘点表单的设计、使用与控制；

(十二) 盘点结果的汇总以及盘盈或盘亏的分析、调查与处理。

第八条　注册会计师应当根据被审计单位的存货盘存制度和相关内部控制的有效性，评价其盘点时间是否合理。

第九条　如果认为被审计单位的存货盘点计划存在缺陷，注册会计师应当提请被审计单位调整。

第十条　存货监盘计划应当包括下列主要内容：

(一) 存货监盘的目标、范围及时间安排；

(二) 存货监盘的要点及关注事项；

(三) 参加存货监盘人员的分工；

(四) 检查存货的范围。

第三章　存货监盘程序

第十一条　在被审计单位盘点存货前，注册会计师应当观察盘点现场，确定应纳入盘点范围的存货是否已经适当整理和排列，并附有盘点标识，防止遗漏或重复盘点。

对未纳入盘点范围的存货，注册会计师应当查明未纳入的原因。

第十二条　对所有权不属于被审计单位的存货，注册会计师应当取得其规格、数量等有关资料，并确定这些存货是否已分别存放、标明，且未被纳入盘点范围。

第十三条　注册会计师应当观察被审计单位盘点人员是否遵守盘点计划并准确地记录存货的数量和状况。

第十四条　注册会计师应当对已盘点的存货进行适当检查，将检查结果与被审计单位盘点记录相核对，并形成相应记录。

第十五条 在检查已盘点的存货时，注册会计师应当从存货盘点记录中选取项目追查至存货实物，以测试盘点记录的准确性；注册会计师还应当从存货实物中选取项目追查至存货盘点记录，以测试存货盘点记录的完整性。

第十六条 如果检查时发现差异，注册会计师应当查明原因，及时提请被审计单位更正。如果差异较大，注册会计师应当扩大检查范围或提请被审计单位重新盘点。

第十七条 注册会计师应当特别关注存货的移动情况，防止遗漏或重复盘点。

第十八条 注册会计师应当特别关注存货的状况，观察被审计单位是否已经恰当区分所有毁损、陈旧、过时及残次的存货。

第十九条 注册会计师应当获取盘点日前后存货收发及移动的凭证，检查库存记录与会计记录期末截止是否正确。

第二十条 在被审计单位存货盘点结束前，注册会计师应当实施下列审计程序：

（一）再次观察盘点现场，以确定所有应纳入盘点范围的存货是否均已盘点；

（二）取得并检查已填用、作废及未使用盘点表单的号码记录，确定其是否连续编号，查明已发放的表单是否均已收回，并与存货盘点的汇总记录进行核对。

第二十一条 注册会计师应当复核盘点结果汇总记录，评估其是否正确地反映了实际盘点结果。

第二十二条 如果存货盘点日不是资产负债表日，注册会计师应当实施适当的审计程序，确定盘点日与资产负债表日之间存货的变动是否已作出正确的记录。

第二十三条 在永续盘存制下，如果永续盘存记录与存货盘点结果之间出现重大差异，注册会计师应当实施追加的审计程序，查明原因，并检查永续盘存记录是否已作出适当的调整。

第二十四条 如果认为被审计单位的盘点方式及其结果无效，注册会计师应当提请被审计单位重新盘点。

第四章 特殊情况的处理

第二十五条 如果由于被审计单位存货的性质或位置等原因导致无法实施存货监盘，注册会计师应当考虑能否实施替代审计程序，获取有关期末存货数量和状况的充分、适当的审计证据。

注册会计师实施的替代审计程序主要包括：

（一）检查进货交易凭证或生产记录以及其他相关资料；

（二）检查资产负债表日后发生的销货交易凭证；

（三）向顾客或供应商函证。

第二十六条 如果因不可预见的因素导致无法在预定日期实施存货监盘或接受委托时被审计单位的期末存货盘点已经完成，注册会计师应当评估与存货相关的内部控制的有效性，对存货进行适当检查或提请被审计单位另择日期重新盘点；同时测试在该期间发生的存货交易，以获取有关期末存货数量和状况的充分、适当的审计证据。

第二十七条 对被审计单位委托其他单位保管的或已作质押的存货，注册会计师应当向保管人或债权人函证。如果此类存货的金额占流动资产或总资产的比例较大，注册会计师还应当考虑实施存货监盘或利用其他注册会计师的工作。

第二十八条 当首次接受委托未能对上期期末存货实施监盘，且该存货对本期财务报表存在重大影响时，如果已获取有关本期期末存货余额的充分、适当的审计证据，注册会计师应当实施下列一项或多项审计程序，以获取有关本期期初存货余额的充分、适当的审计证据：

（一）查阅前任注册会计师工作底稿；

（二）复核上期存货盘点记录及文件；

（三）检查上期存货交易记录；

（四）运用毛利百分比法等进行分析。

第五章 存货监盘结果对审计报告的影响

第二十九条 注册会计师应当根据已获取的审计证据，形成有关期末存货数量和状况的审计结论，并确定对审计报告的影响。

第三十条 如果无法实施存货监盘，也无法实施替代审计程序以获取有关期末存货数量和状况的充分、适当的审计证据，注册会计师应当考虑出具保留意见或无法表示意见的审计报告。

第三十一条　如果通过实施存货监盘发现被审计单位财务报表存在重大错报，且被审计单位拒绝调整，注册会计师应当考虑出具保留意见或否定意见的审计报告。

第三十二条　如果首次接受委托，按照本准则第二十八条的规定实施审计程序后，仍未能获取有关本期期初存货余额的充分、适当的审计证据，注册会计师应当考虑出具保留意见或无法表示意见的审计报告。

第六章　附　则

第三十三条　本准则自2007年1月1日起施行。

十七、中国注册会计师审计准则第1312号——函证

第一章　总　则

第一条　为了规范注册会计师实施函证获取审计证据，制定本准则。

第二条　本准则适用于注册会计师执行财务报表审计业务。

第三条　本准则所称函证，是指注册会计师为了获取影响财务报表或相关披露认定的项目的信息，通过直接来自第三方对有关信息和现存状况的声明，获取和评价审计证据的过程。

第四条　注册会计师在实施函证时，应当保持应有的关注。

第二章　函证决策

第五条　注册会计师应当确定是否有必要实施函证以获取认定层次的充分、适当的审计证据。在作出决策时，注册会计师应当考虑评估的认定层次重大错报风险，以及通过实施其他审计程序获取的审计证据如何将检查风险降至可接受的水平。

第六条　注册会计师应当考虑被审计单位的经营环境、内部控制的有效性、账户或交易的性质、被询证者处理询证函的习惯做法及回函的可能性等，以确定函证的内容、范围、时间和方式。

第七条　注册会计师应当对银行存款、借款(包括零余额账户和在本期内注销的账户)及与金融机构往来的其他重要信息实施函证。

第八条　注册会计师应当对应收账款实施函证，除非有充分证据表明应收账款对财务报表不重要，或函证很可能无效。

如果不对应收账款函证，注册会计师应当在工作底稿中说明理由。

如果认为函证很可能无效，注册会计师应当实施替代审计程序，获取充分、适当的审计证据。

第九条　函证的内容通常还涉及下列账户余额或其他信息：

(一) 短期投资；

(二) 应收票据；

(三) 其他应收款；

(四) 预付账款；

(五) 由其他单位代为保管、加工或销售的存货；

(六) 长期投资；

(七) 委托贷款；

(八) 应付账款；

(九) 预收账款；

(十) 保证、抵押或质押；

(十一) 或有事项；

(十二) 重大或异常的交易。

第十条　注册会计师采用审计抽样或其他选取测试项目的方法选择函证样本时，样本应当足以代表总体，并包括：

(一) 金额较大的项目；

(二) 账龄较长的项目；

(三) 交易频繁但期末余额较小的项目；

（四）重大关联方交易；

（五）重大或异常的交易；

（六）可能存在争议以及产生重大舞弊或错误的交易。

第十一条 注册会计师通常以资产负债表日为截止日，在资产负债表日后适当时间内实施函证。如果重大错报风险评估为低水平，注册会计师可选择资产负债表日前适当日期为截止日实施函证，并对所函证项目自该截止日起至资产负债表日止发生的变动实施实质性程序。

第十二条 当被审计单位管理层要求对拟函证的某些账户余额或其他信息不实施函证时，注册会计师应当考虑该项要求是否合理。

如果认为管理层的要求合理，注册会计师应当实施替代审计程序，以获取与这些账户余额或其他信息相关的充分、适当的审计证据。

如果认为管理层的要求不合理，且被其阻挠而无法实施函证，注册会计师应当视为审计范围受到限制，并考虑对审计报告可能产生的影响。

第十三条 在分析管理层要求不实施函证的原因时，注册会计师应当保持职业怀疑态度，并考虑：

（一）管理层是否诚信；

（二）是否可能存在重大的舞弊或错误；

（三）替代审计程序能否提供与这些账户余额或其他信息相关的充分、适当的审计证据。

第三章 询证函的设计

第十四条 注册会计师应当根据特定审计目标设计询证函。

第十五条 在设计询证函时，注册会计师应当考虑所审计的认定以及可能影响函证可靠性的因素。

可能影响函证可靠性的因素主要包括：

（一）函证的方式；

（二）以往审计或类似业务的经验；

（三）拟函证信息的性质；

（四）选择被询证者的适当性；

（五）被询证者易于回函的信息类型。

第十六条 注册会计师可采用积极的或消极的函证方式实施函证，也可将两种方式结合使用。

如果采用积极的函证方式，注册会计师应当要求被询证者在所有情况下必须回函，确认询证函所列示信息是否正确，或填列询证函要求的信息。

如果采用消极的函证方式，注册会计师只要求被询证者仅在不同意询证函列示信息的情况下才予以回函。

第十七条 积极的函证方式通常比消极的函证方式提供的审计证据可靠。当同时存在下列情况时，注册会计师可考虑采用消极的函证方式：

（一）重大错报风险评估为低水平；

（二）涉及大量余额较小的账户；

（三）预期不存在大量的错误；

（四）没有理由相信被询证者不认真对待函证。

第四章 函证的实施与评价

第十八条 当实施函证时，注册会计师应当对选择被询证者、设计询证函以及发出和收回询证函保持控制。

第十九条 注册会计师应当采取下列措施对函证实施过程进行控制：

（一）将被询证者的名称、地址与被审计单位有关记录核对；

（二）将询证函中列示的账户余额或其他信息与被审计单位有关资料核对；

（三）在询证函中指明直接向接受审计业务委托的会计师事务所回函；

（四）询证函经被审计单位盖章后，由注册会计师直接发出；

（五）将发出询证函的情况形成审计工作记录；

（六）将收到的回函形成审计工作记录，并汇总统计函证结果。

第二十条　如果被询证者以传真、电子邮件等方式回函，注册会计师应当直接接收，并要求被询证者寄回询证函原件。

第二十一条　如果采用积极的函证方式实施函证而未能收到回函，注册会计师应当考虑与被询证者联系。

如果未能得到被询证者的回应，注册会计师应当实施替代审计程序。替代审计程序应当能够提供实施函证所能够提供的同样效果的审计证据。

第二十二条　如果实施函证和替代审计程序都不能提供财务报表有关认定的充分、适当的审计证据，注册会计师应当实施追加的审计程序。

第二十三条　在评价实施函证和替代审计程序获取的审计证据是否充分、适当时，注册会计师应当考虑：

(一) 函证和替代审计程序的可靠性；

(二) 不符事项的原因、频率、性质和金额；

(三) 实施其他审计程序获取的审计证据。

第二十四条　在评价函证的可靠性时，注册会计师应当考虑：

(一) 对询证函的设计、发出及收回的控制情况；

(二) 被询证者的胜任能力、独立性、授权回函情况、对函证项目的了解及其客观性；

(三) 被审计单位施加的限制或回函中的限制。

第二十五条　如果有迹象表明收回的询证函不可靠，注册会计师应当实施适当的审计程序予以证实或消除疑虑。

第二十六条　注册会计师应当考虑不符事项是否构成错报及其对财务报表可能产生的影响，并将结果形成审计工作记录。

如果不符事项构成错报，注册会计师应当重新考虑所实施审计程序的性质、时间和范围。

第二十七条　注册会计师应当评价函证及函证以外的审计程序的实施结果是否为所审计的认定提供了充分、适当的审计证据。

第五章　附　　则

第二十八条　本准则自 2007 年 1 月 1 日起施行。

十八、中国注册会计师审计准则第 1313 号——分析程序

第一章　总　　则

第一条　为了规范注册会计师运用分析程序，制定本准则。

第二条　本准则适用于注册会计师执行财务报表审计业务。

第三条　本准则所称分析程序，是指注册会计师通过研究不同财务数据之间以及财务数据与非财务数据之间的内在关系，对财务信息作出评价。

分析程序还包括调查识别出的、与其他相关信息不一致或与预期数据严重偏离的波动和关系。

第四条　注册会计师应当将分析程序用作风险评估程序，以了解被审计单位及其环境，并在审计结束时运用分析程序对财务报表进行总体复核。

注册会计师也可将分析程序用作实质性程序。

第二章　分析程序的性质和目的

第五条　在实施分析程序时，注册会计师应当考虑将被审计单位的财务信息与下列各项信息进行比较：

(一) 以前期间的可比信息；

(二) 被审计单位的预期结果或者注册会计师的预期数据；

(三) 所处行业或同行业中规模相近的其他单位的可比信息。

第六条　在实施分析程序时，注册会计师还应当考虑下列关系：

(一) 财务信息各构成要素之间的关系；

（二）财务信息与相关非财务信息之间的关系。

第七条　注册会计师实施分析程序可以使用不同的方法，包括从简单的比较到使用高级统计技术的复杂分析。

分析程序可以运用于合并财务报表、组成部分的财务报表以及财务信息的要素。

第八条　注册会计师实施分析程序的目的包括：

（一）用作风险评估程序，以了解被审计单位及其环境；

（二）当使用分析程序比细节测试能更有效地将认定层次的检查风险降至可接受的水平时，分析程序可以用作实质性程序；

（三）在审计结束或临近结束时对财务报表进行总体复核。

第三章　用作风险评估程序

第九条　在实施风险评估程序时，注册会计师应当运用分析程序，以了解被审计单位及其环境。

第十条　注册会计师在将分析程序用作风险评估程序时，应当遵守《中国注册会计师审计准则第1211号——了解被审计单位及其环境并评估重大错报风险》的相关规定。

第四章　用作实质性程序

第一节　总体要求

第十一条　注册会计师应当针对评估的认定层次重大错报风险设计和实施实质性程序。实质性程序包括对各类交易、账户余额、列报（包括披露，下同）的细节测试以及实质性分析程序。

用作实质性程序的分析程序称为实质性分析程序。

第十二条　在设计和实施实质性分析程序时，注册会计师应当考虑下列主要因素：

（一）确定实质性分析程序对特定认定的适用性；

（二）对已记录的金额或比率作出预期时，所依据的内部或外部数据的可靠性；

（三）作出预期的准确程度是否足以在计划的保证水平上识别重大错报；

（四）已记录金额与预期值之间可接受的差异额。

第二节　确定实质性分析程序对特定认定的适用性

第十三条　实质性分析程序通常更适用于在一段时期内存在可预期关系的大量交易。

在信赖实质性分析程序的结果时，注册会计师应当考虑实质性分析程序存在的风险，即分析程序的结果显示数据之间存在预期关系而实际上却存在重大错报。

第十四条　在确定实质性分析程序对特定认定的适用性时，注册会计师应当考虑下列因素：

（一）评估的重大错报风险。如果针对特别风险仅实施实质性程序，注册会计师应当使用细节测试，或将细节测试和实质性分析程序结合使用，以获取充分、适当的审计证据。

（二）针对同一认定的细节测试。在对同一认定实施细节测试的同时实施实质性分析程序可能是适当的。

第三节　数据的可靠性

第十五条　数据的可靠性受其来源及性质的影响，并有赖于获取该数据的环境。

在确定实质性分析程序使用的数据是否可靠时，注册会计师应当考虑下列因素：

（一）可获得信息的来源；

（二）可获得信息的可比性；

（三）可获得信息的性质和相关性；

（四）与信息编制相关的控制。

第十六条　当实施实质性分析程序时，如果使用被审计单位编制的信息，注册会计师应当考虑测试与信息编制相关的控制，以及这些信息是否在本期或前期经过审计。

第四节　作出预期的准确程度

第十七条　在评价作出预期的准确程度是否足以在计划的保证水平上识别重大错报时，注册会计师应当考虑下列主要因素：

（一）对实质性分析程序的预期结果作出预测的准确性；

（二）信息可分解的程度；

（三）财务和非财务信息的可获得性。

第五节　已记录金额与预期值之间可接受的差异额

第十八条　在设计和实施实质性分析程序时，注册会计师应当确定已记录金额与预期值之间可接受的差异额。

在确定该差异额时，注册会计师应当主要考虑各类交易、账户余额、列报及相关认定的重要性和计划的保证水平。

注册会计师可以通过降低可接受的差异额应对重大错报风险的增加。

第十九条　如果在期中实施实质性程序，并计划针对剩余期间实施实质性分析程序，注册会计师应当考虑本准则第十三条至第十八条所述的因素如何影响针对剩余期间获取充分、适当的审计证据的能力，并考虑某类交易的期末累计发生额或账户期末余额在金额、相对重要性及构成方面能否被合理预期。

第五章　用于总体复核

第二十条　在审计结束或临近结束时，注册会计师应当运用分析程序对财务报表进行总体复核，以确定财务报表整体是否与其对被审计单位的了解一致。

如果识别出以前未识别的重大错报风险，注册会计师应当重新考虑对全部或部分各类交易、账户余额、列报评估的风险，并在此基础上重新评价之前计划的审计程序。

第六章　调查异常项目

第二十一条　当通过实施分析程序识别出与其他相关信息不一致或者偏离预期数据的重大波动或关系时，注册会计师应当进行调查并获取充分的解释和恰当的佐证审计证据。

第二十二条　在调查异常波动和关系时，注册会计师应当在询问管理层的基础上采取下列措施：

（一）将管理层的答复与注册会计师对被审计单位的了解以及在审计过程中获取的其他审计证据进行比较，以印证管理层的答复；

（二）如果管理层不能提供解释或者解释不充分，考虑是否需要运用其他审计程序。

第七章　附　　则

第二十三条　本准则自2007年1月1日起施行。

十九、中国注册会计师审计准则第1314号——审计抽样和其他选取测试项目的方法

第一章　总　　则

第一条　为了规范注册会计师在设计审计程序时使用审计抽样和其他选取测试项目的方法，制定本准则。

第二条　本准则适用于注册会计师执行财务报表审计业务。

第三条　本准则所称审计抽样，是指注册会计师对某类交易或账户余额中低于百分之百的项目实施审计程序，使所有抽样单元都有被选取的机会。

本准则所称抽样单元，是指构成总体的个体项目。

本准则所称总体，是指注册会计师从中选取样本并据此得出结论的整套数据。总体可分为多个层或子总体。每一层或子总体可予以分别检查。

第四条　在设计审计程序时，注册会计师应当确定用以选取测试项目的适当方法，以获取充分、适当的审计证据，实现审计程序的目标。

第二章　获取审计证据时对审计抽样和其他选取测试项目的方法的考虑

第五条　注册会计师应当通过设计和实施下列审计程序，获取充分、适当的审计证据，得出合理的审计结论，作为形成审计意见的基础：

（一）风险评估程序；

（二）控制测试（必要时或决定测试时）；

（三）实质性程序。

第六条　风险评估程序通常不涉及使用审计抽样和其他选取测试项目的方法。但如果注册会计师在

了解控制的设计和确定其是否得到执行时，一并计划和实施控制测试，则会涉及审计抽样和其他选取测试项目的方法。

第七条 当控制的运行留下轨迹时，注册会计师可以考虑使用审计抽样和其他选取测试项目的方法实施控制测试。

第八条 实质性程序包括对各类交易、账户余额、列报的细节测试，以及实质性分析程序。

在实施细节测试时，注册会计师可以使用审计抽样和其他选取测试项目的方法获取审计证据，以验证有关财务报表金额的一项或多项认定，或对某些金额作出独立估计。

在实施实质性分析程序时，注册会计师不宜使用审计抽样和其他选取测试项目的方法。

第三章 获取审计证据时对抽样风险和非抽样风险的考虑

第九条 在获取审计证据时，注册会计师应当运用职业判断，评估重大错报风险，并设计进一步审计程序，以确保将审计风险降至可接受的低水平。

第十条 抽样风险和非抽样风险可能影响重大错报风险的评估和检查风险的确定。

第十一条 抽样风险是指注册会计师根据样本得出的结论，与对总体全部项目实施与样本同样的审计程序得出的结论存在差异的可能性。

抽样风险分为下列两种类型：

（一）在实施控制测试时，注册会计师推断的控制有效性高于其实际有效性的风险；或在实施细节测试时，注册会计师推断某一重大错报不存在而实际上存在的风险。此类风险影响审计的效果，并可能导致注册会计师发表不恰当的审计意见。

（二）在实施控制测试时，注册会计师推断的控制有效性低于其实际有效性的风险；或在实施细节测试时，注册会计师推断某一重大错报存在而实际上不存在的风险。此类风险影响审计的效率。

第十二条 非抽样风险是指由于某些与样本规模无关的因素而导致注册会计师得出错误结论的可能性。

注册会计师采用不适当的审计程序，或者误解审计证据而没有发现误差等，均可能导致非抽样风险。

在实施控制测试时，误差是指控制偏差；在实施细节测试时，误差是指错报。总误差用来表示偏差率或错报总额。

可容忍误差是指注册会计师可接受的总体中的最大误差。

第十三条 无论是控制测试还是细节测试，注册会计师都可以通过扩大样本规模降低抽样风险，通过对业务的指导、监督与复核降低非抽样风险。

第四章 选取测试项目以获取审计证据

第十四条 在设计审计程序时，注册会计师应当确定选取测试项目的适当方法。

注册会计师可以使用的方法，包括选取全部项目、选取特定项目和审计抽样。

第十五条 注册会计师可以根据具体情况，单独或综合使用选取测试项目的方法，但所使用的方法应当能够有效地提供充分、适当的审计证据，以实现审计程序的目标。

第十六条 当存在下列情形之一时，注册会计师应当考虑选取全部项目进行测试：

（一）总体由少量的大额项目构成；

（二）存在特别风险且其他方法未提供充分、适当的审计证据；

（三）由于信息系统自动执行的计算或其他程序具有重复性，对全部项目进行检查符合成本效益原则。

对全部项目进行检查，通常更适用于细节测试。

第十七条 根据对被审计单位的了解、评估的重大错报风险以及所测试总体的特征等，注册会计师可以确定从总体中选取特定项目进行测试。

选取的特定项目可能包括：

（一）大额或关键项目；

（二）超过某一金额的全部项目；

（三）被用于获取某些信息的项目；

（四）被用于测试控制活动的项目。

根据判断选取特定项目，容易产生非抽样风险。

第十八条　选取特定项目实施检查，通常是获取审计证据的有效手段，但并不构成审计抽样。对按照这种方法所选取的项目实施审计程序的结果，不能推断至整个总体。

当总体的剩余部分重大时，注册会计师应当考虑是否需要针对该剩余部分获取充分、适当的审计证据。

第十九条　在对某类交易或账户余额使用审计抽样时，注册会计师可以使用统计抽样方法，也可以使用非统计抽样方法。

统计抽样是指同时具备下列特征的抽样方法：

（一）随机选取样本；

（二）运用概率论评价样本结果，包括计量抽样风险。

不同时具备上述两个特征的抽样方法为非统计抽样。

第五章　统计抽样与非统计抽样方法的使用

第二十条　注册会计师应当根据具体情况并运用职业判断，确定使用统计抽样或非统计抽样方法，以最有效率地获取审计证据。

第二十一条　如果注册会计师采用的方法不符合统计抽样的定义，而只使用了统计方法的部分要素，则不能有效计量抽样风险。

第六章　样本设计

第一节　基本要求

第二十二条　在设计审计样本时，注册会计师应当考虑审计程序的目标和抽样总体的属性。

第二十三条　注册会计师应当根据所获取的审计证据的性质，以及与该审计证据相关的可能的误差情况或其他特征，界定误差构成条件和抽样总体。

第二十四条　对总体的预计误差率或误差额的评估，有助于设计审计样本和确定样本规模。

在实施控制测试时，注册会计师通常根据对相关控制的设计和执行情况的了解，或根据从总体中抽取少量项目进行检查的结果，对拟测试总体的预计误差率进行评估。

在实施细节测试时，注册会计师通常对总体的预计误差额进行评估。

第二节　总　体

第二十五条　注册会计师应当确保总体的适当性和完整性。

第二十六条　如果在实施审计程序时使用被审计单位信息系统生成的信息，注册会计师应当获取与该信息的准确性和完整性有关的审计证据。

在实施审计抽样时，注册会计师应当实施相应的审计程序，以确保实施审计抽样所依据的全部信息足够完整和准确。

第三节　分　层

第二十七条　分层是指将一个总体划分为多个子总体的过程，每个子总体由一组具有相同特征（通常为货币金额）的抽样单元组成。

分层可以降低每一层中项目的变异性，从而在抽样风险没有成比例增加的前提下减小样本规模。注册会计师可以考虑将总体分为若干个离散的具有识别特征的子总体（层），以提高审计效率。

注册会计师应当仔细界定子总体，以使每一抽样单元只能属于一个层。

第二十八条　当实施细节测试时，注册会计师通常按照货币金额对某类交易或账户余额进行分层，以将更多的审计资源投入到大额项目中。

注册会计师也可以按照显示较高误差风险的某一特定特征对总体进行分层。

第二十九条　对某一层中的样本项目实施审计程序的结果，只能用于推断构成该层的项目。如果对整个总体作出结论，注册会计师应当考虑与构成整个总体的其他层有关的重大错报风险。

第四节　金额加权选样

第三十条　在实施细节测试时，特别是测试高估时，将构成某类交易或账户余额的每一货币单位（如人民币元）作为抽样单元，通常效率很高。注册会计师通常从总体中选取特定货币单位，然后检查包含这些货币单位的特定项目。

这种方法可以与系统选样方法结合使用，且在使用计算机辅助审计技术选取项目时效率最高。

第七章　样本规模

第三十一条　在确定样本规模时，注册会计师应当考虑能否将抽样风险降至可接受的低水平。样本规模受注册会计师可接受的抽样风险水平的影响；可接受的风险水平越低，需要的样本规模越大。

第三十二条 注册会计师可以使用统计学公式或运用职业判断，确定样本规模。

第八章 选取样本

第三十三条 在选取样本项目时，注册会计师应当使总体中的所有抽样单元均有被选取的机会。

在统计抽样中，注册会计师应当随机选取样本项目，以使每一抽样单元以已知的机会被选中。抽样单元可能是实物项目（如发票）或货币单位。

在非统计抽样中，注册会计师应当运用职业判断选取样本项目。由于抽样的目的是对整个总体得出结论，注册会计师应当尽量选取具有总体典型特征的样本项目，并在选取样本时避免偏见。

第三十四条 选取样本的基本方法，包括使用随机数表或计算机辅助审计技术选样、系统选样和随意选样。

第九章 实施审计程序

第三十五条 注册会计师应当针对选取的每个项目，实施适合于具体审计目标的审计程序。

第三十六条 如果选取的项目不适合实施审计程序，注册会计师通常使用替代项目。

第三十七条 如果因凭证缺失等原因导致注册会计师无法对所选取的项目实施已设计的审计程序，且不能针对该项目实施适当的替代审计程序，注册会计师通常考虑将该项目视作误差。

第十章 误差的性质和原因

第三十八条 注册会计师应当考虑样本的结果、已识别的所有误差的性质和原因，及其对具体审计目标和审计的其他方面可能产生的影响。

第三十九条 当实施控制测试时，注册会计师应当获取控制在整个拟信赖的期间有效运行的充分、适当的审计证据。当识别出控制的运行存在误差时，注册会计师应当进行专门调查，并考虑下列事项：

（一）已识别的误差对财务报表的直接影响；

（二）内部控制的有效性及其对审计方法的影响。

在上述情况下，注册会计师应当确定实施的控制测试能否提供适当的审计证据，是否需要增加控制测试，或是否需要使用实质性程序应对潜在的错报风险。

第四十条 在分析发现的误差时，注册会计师可能注意到许多误差具有共同的特征。在这种情况下，注册会计师应当考虑识别出总体中具有共同特征的全部项目，并将审计程序延伸至所有这些项目。这些误差有可能是故意的，并显示可能存在舞弊。

第四十一条 如果将某一误差视为异常误差，注册会计师应当实施追加的审计程序，以高度确信该误差对总体误差不具有代表性。追加的审计程序取决于具体情况，但应能为注册会计师提供充分、适当的审计证据，以证明该误差并不影响总体的剩余部分。

异常误差是指由某一孤立事件引起的误差，该事件只有在特定条件下才会重复发生，因而异常误差对总体误差不具有代表性。

第十一章 推断误差

第四十二条 当实施细节测试时，注册会计师应当根据样本中发现的误差金额推断总体误差金额，并考虑推断误差对特定审计目标及审计的其他方面的影响。

注册会计师应当将推断的总体误差金额与可容忍误差比较。在细节测试中，可容忍误差即可容忍错报，其金额小于或等于注册会计师针对所审计的某类交易或账户余额而使用的重要性水平。

第四十三条 在根据样本误差推断总体时，如果将某一误差确定为异常误差，注册会计师可以将其排除在外。

如果异常误差未得到更正，注册会计师除需推断非异常误差外，还需考虑异常误差的影响。

如果某类交易或账户余额已经分层，注册会计师应当在每一层分别推断误差。在考虑误差对某类交易或账户余额的总额可能的影响时，注册会计师应当将每个层的推断误差与异常误差汇总起来考虑。

第四十四条 在实施控制测试时，由于样本的误差率就是整个总体的推断误差率，注册会计师无需推断总体误差率。

第十二章 评价样本结果

第四十五条 注册会计师应当评价样本结果，以确定对总体相关特征的评估是否得到证实或需要修正。

在实施控制测试时，如果样本的误差率超出预期，注册会计师应当修正评估的重大错报风险，或获取进一步审计证据支持初始评估结果。

在实施细节测试时，如果样本的误差额超出预期，除非有进一步的证据证明不存在重大错报，注册会计师应当认为所测试的交易或账户余额存在重大错报。

第四十六条　如果推断误差总额与异常误差之和低于但接近可容忍误差，注册会计师应当根据其他审计程序考虑样本结果的说服力，并考虑是否需要获取更多的审计证据。

第四十七条　如果对样本结果的评价显示，对总体相关特征的评估需要修正，注册会计师可以单独或综合采取下列措施：

（一）提请管理层对已识别的误差和存在更多误差的可能性进行调查，并在必要时予以调整；

（二）修改进一步审计程序的性质、时间和范围；

（三）考虑对审计报告的影响。

第十三章　附　　则

第四十八条　本准则自 2007 年 1 月 1 日起施行。

二十、中国注册会计师审计准则第 1321 号——会计估计的审计

第一章　总　　则

第一条　为了规范注册会计师对会计估计的审计，制定本准则。

第二条　本准则适用于注册会计师执行财务报表审计业务。

本准则不适用于预测性财务信息的审核。

第三条　本准则所称会计估计，与适用的会计准则和相关会计制度的相应概念一致。

第四条　被审计单位管理层应当对其作出的包括在财务报表中的会计估计负责。

按照中国注册会计师审计准则的规定，获取充分、适当的审计证据，评价被审计单位作出的会计估计是否合理、披露是否充分，是注册会计师的责任。

第五条　会计估计通常是被审计单位在不确定情况下作出的，发生重大错报的可能性较大，注册会计师应当按照《中国注册会计师审计准则第 1211 号——了解被审计单位及其环境并评估重大错报风险》的规定，确定会计估计的重大错报风险是否属于特别风险。

第二章　针对会计估计的重大错报风险实施的审计程序

第六条　注册会计师应当设计和实施进一步审计程序，获取充分、适当的审计证据，以判断特定环境下的会计估计是否合理，并在必要时是否得以充分披露。

注册会计师对被审计单位及其环境的了解，包括对管理层作出会计估计的程序和方法(包括相关控制活动，下同)的了解，有助于识别和评估会计估计的重大错报风险。

第七条　在审计会计估计时，注册会计师应当采用下列一种或多种审计程序：

（一）复核和测试管理层作出会计估计的过程；

（二）运用独立估计与管理层作出的会计估计进行比较；

（三）复核能够证实会计估计合理性的期后事项。

第三章　复核和测试管理层作出会计估计的过程

第八条　在复核和测试管理层作出会计估计的过程时，注册会计师应当按照下列步骤实施审计程序：

（一）评价会计估计依据的数据，考虑会计估计依据的假设；

（二）测试会计估计的计算过程；

（三）如有可能，将以前期间作出的会计估计与其实际结果进行比较；

（四）考虑管理层对会计估计的批准程序。

第九条　注册会计师应当评价会计估计依据的数据的准确性、完整性和相关性。

当利用被审计单位生成的信息时，注册会计师应当核对该信息是否与会计信息系统处理的数据相一致。

第十条　注册会计师应当考虑从被审计单位外部获取与会计估计相关的审计证据。

第十一条　注册会计师应当评价被审计单位是否对收集的数据进行恰当的分析，并将其作为确定会计估计的合理基础。

第十二条　注册会计师应当评价被审计单位在作出会计估计时使用的主要假设是否具有合理的依据。

第十三条　在评价特定会计估计依据的假设时，注册会计师应当考虑下列事项：

（一）根据以前期间的实际结果，判断这些假设是否合理；

（二）这些假设是否与其他会计估计依据的假设一致；

（三）这些假设是否与管理层合理可行的计划一致。

注册会计师应当特别关注主观的、容易引起重大错报的或对情况变化敏感的假设。

第十四条　对于涉及特殊技术的复杂会计估计过程，注册会计师应当考虑利用专家的工作。

第十五条　注册会计师应当根据了解的被审计单位以前期间的财务成果、所处行业的惯例以及管理层向注册会计师披露的未来计划，复核管理层在作出会计估计时使用的会计估计公式的持续适当性。

第十六条　注册会计师应当对管理层作出会计估计的计算过程实施审计程序。

实施审计程序的性质、时间和范围取决于下列因素：

（一）评估的重大错报风险，该风险受会计估计计算的复杂性的影响；

（二）注册会计师对管理层会计估计程序和方法的了解与评价；

（三）会计估计在财务报表中的重要性。

第十七条　在可能的情况下，注册会计师应当将被审计单位以前期间作出的会计估计与其实际结果进行比较，以实现下列目的：

（一）获取有关会计估计程序和方法总体可靠性的审计证据；

（二）考虑是否需要调整会计估计公式；

（三）评价会计估计与实际结果之间的差异是否已经量化，如有必要，是否已作适当调整或披露。

第十八条　重要的会计估计通常需要取得管理层的复核和批准。注册会计师应当考虑这种复核和批准是否由适当层次的管理层执行，并在支持作出会计估计的书面文件中留下证据。

第四章　运用独立估计

第十九条　注册会计师可以自行作出独立估计或从其他渠道获取独立估计，并与管理层作出的会计估计进行比较。

当运用独立估计时，注册会计师应当评价独立估计依据的数据、假设和使用的公式，并针对计算过程实施审计程序。

第五章　复核期后事项

第二十条　资产负债表日后至审计完成之前发生的交易或事项，可能为注册会计师审计会计估计提供审计证据。

注册会计师对这些交易或事项的复核可能减少甚至取代对管理层形成会计估计过程的复核和实施的其他审计程序，或取代在评估会计估计合理性时运用的独立估计。

第六章　评价审计程序的结果

第二十一条　注册会计师应当根据对被审计单位及其环境的了解，对会计估计的合理性以及会计估计是否与审计过程中获取的其他审计证据相一致作出最终评价。

第二十二条　注册会计师应当考虑是否存在影响作出会计估计时使用的假设和数据的重大期后交易或事项。

第二十三条　如果依据审计证据得出的估计结果与包括在财务报表中的估计金额存在差异，注册会计师应当确定是否需要调整该项差异。

如果认为该项差异不合理，注册会计师应当提请管理层予以调整。如果管理层拒绝调整，注册会计师应当将该项差异视为一项错报，并连同所有其他错报一并考虑，以评价对财务报表的影响是否重大。

第二十四条　如果认为被接受的各项差异合理但均偏向一个方向，以致各项差异的累积数可能对财务报表产生重大影响，注册会计师应当从整体上评价会计估计的合理性。

第七章　附　　则

第二十五条　本准则自2007年1月1日起施行。

二十一、中国注册会计师审计准则第 1322 号——公允价值计量和披露的审计

第一章 总 则

第一条 为了规范注册会计师对公允价值计量和披露的审计,制定本准则。

第二条 本准则适用于注册会计师执行财务报表审计业务。

第三条 在公允价值计量下,资产和负债按照在公平交易中,熟悉情况的交易双方自愿进行资产交换或者债务清偿的金额计量。

第四条 按照适用的会计准则和相关会计制度的规定,作出公允价值计量和披露是被审计单位管理层的责任。

注册会计师应当获取充分、适当的审计证据,以确定公允价值计量和披露是否符合适用的会计准则和相关会计制度的规定。

第二章 了解被审计单位公允价值计量和披露的程序以及相关控制活动并评估重大错报风险

第五条 注册会计师应当按照《中国注册会计师审计准则第 1211 号——了解被审计单位及其环境并评估重大错报风险》的规定,了解被审计单位公允价值计量和披露的程序及相关控制活动,以足够识别和评估认定层次的重大错报风险,设计和实施进一步审计程序。

第六条 在了解被审计单位公允价值计量和披露的程序及相关控制活动时,注册会计师应当考虑下列事项:

(一) 从事公允价值计量的人员的专业知识和经验;

(二) 信息技术在计量过程中的作用;

(三) 需要以公允价值计量或披露的账户或交易的类型;

(四) 依赖服务机构提供公允价值计量或支持计量数据的范围;

(五) 在确定公允价值计量和披露时,利用专家工作的程度;

(六) 在确定公允价值时,管理层作出的重大假设;

(七) 支持管理层作出假设的记录;

(八) 在形成和运用假设以及监控假设的变化时,管理层采用的方法;

(九) 估值模型及相关信息系统的更改控制和安全性程序的完整性;

(十) 对估值模型中使用数据的一致性、及时性和可靠性的控制。

第七条 在了解被审计单位确定公允价值计量和披露的程序及相关控制活动后,注册会计师应当识别和评估与公允价值计量和披露相关的认定层次的重大错报风险,以确定进一步审计程序的性质、时间和范围。

第八条 当确定与公允价值计量或披露相关的重大错报风险是特别风险时,注册会计师应当遵守《中国注册会计师审计准则第 1211 号——了解被审计单位及其环境并评估重大错报风险》的相关规定。

第九条 公允价值计量通常涉及管理层的主观判断,可能影响能够实施的控制活动的性质,注册会计师在评估重大错报风险时应当考虑控制的固有局限性。

第三章 评价公允价值计量的适当性和披露的充分性

第十条 注册会计师应当评价财务报表中公允价值计量和披露是否符合适用的会计准则和相关会计制度的规定。

第十一条 注册会计师应当通过了解适用的会计准则和相关会计制度的规定、被审计单位的业务和行业情况以及实施其他审计程序的结果,评价应以公允价值计量的资产和负债的会计处理是否适当,对公允价值计量和相关重大不确定性的披露是否充分。

第十二条 如果适用的会计准则和相关会计制度已规定公允价值计量方法,注册会计师应当考虑被审计单位采用的计量方法是否与规定的方法一致。

第十三条 被审计单位对资产和负债以公允价值进行计量和披露,应当以公允价值能够可靠计量的假定为前提。

如果某项资产和负债不存在活跃的市价,且其他合理估计公允价值的方法也明显不适用或无法实施,

该项假定可能不成立。当管理层确定公允价值能够可靠计量的假定不成立时，注册会计师应当获取支持管理层作出这项决定的充分、适当的审计证据，并确定该事项是否得到恰当的会计处理。

第十四条 如果管理层采取特定措施的意图与公允价值计量和披露相关，注册会计师应当就管理层的意图获取审计证据，并考虑管理层实施该意图的能力。

第十五条 针对管理层意图获取审计证据的范围属于职业判断，注册会计师实施的审计程序通常包括向管理层询问，并通过下列方式对管理层的答复予以印证：

（一）考虑管理层以前所述的对于资产和负债的意图的实际实施情况；

（二）复核包括预算、会议纪要等在内的书面计划和其他文件记录；

（三）考虑管理层选择特定措施的理由；

（四）考虑管理层在既定经济环境下实施特定措施的能力。

第十六条 如果适用的会计准则和相关会计制度规定了可供选择的公允价值计量方法，或者对公允价值计量方法未作出规定，注册会计师应当评价被审计单位是否根据具体情况采用适当的计量方法。

第十七条 在评价特定情况下采用的公允价值计量方法是否适当时，注册会计师应当运用职业判断。如果被审计单位从可供选择的方法中选用某一估值方法，注册会计师应当通过与管理层讨论，了解其选择该估值方法的理由，并考虑下列事项：

（一）如果适用的会计准则和相关会计制度规定了选用估值方法的标准，管理层是否充分评价和恰当运用这些标准，以支持其选用的方法；

（二）根据被估值资产或负债的性质以及适用的会计准则和相关会计制度的规定，采用的估值方法是否适当；

（三）根据被审计单位业务情况、行业状况和所处的环境，采用的估值方法是否适当。

第十八条 管理层可能已经确定不同的估值方法将导致公允价值计量结果存在重大差异。在这种情况下，注册会计师应当评价被审计单位在确定公允价值的估值方法时如何调查产生这些差异的原因。

第十九条 注册会计师应当评价公允价值计量方法是否得到一贯运用。

第二十条 如果管理层选定了某种公允价值估值方法，注册会计师应当评价其是否得到一贯运用。如果得到一贯运用，注册会计师应当考虑影响被审计单位的环境和情况可能发生的变化，或适用的会计准则和相关会计制度要求的变更，以确定这种一贯性的运用是否仍然适当。

如果管理层变更了估值方法，注册会计师应当考虑管理层是否能够充分说明变更后的估值方法提供了更为适当的计量基础，或适用的会计准则和相关会计制度或其所处环境的变化能够支持其变更估值方法。

第四章 利用专家的工作

第二十一条 注册会计师应当确定是否需要利用专家的工作。

第二十二条 如果计划利用专家的工作，注册会计师应当获取充分、适当的审计证据，以证明专家的工作能够满足审计的需要，并符合《中国注册会计师审计准则第 1421 号——利用专家的工作》的要求。

第二十三条 在计划利用专家的工作时，注册会计师应当考虑专家对公允价值定义的理解和确定公允价值拟使用的方法，是否与管理层的理解和方法一致，是否与适用的会计准则和相关会计制度的规定一致。

第二十四条 注册会计师应当了解专家使用的重大假设和估值方法，并基于对被审计单位情况的了解和实施其他审计程序的结果，考虑这些假设和估值方法是否适当、完整和合理。

第二十五条 注册会计师应当评价专家工作的结果作为审计证据的适当性。

第五章 针对公允价值计量和披露的重大错报风险实施的审计程序

第一节 总体要求

第二十六条 注册会计师应当针对评估的与公允价值计量和披露相关的认定的重大错报风险，设计和实施进一步审计程序。

第二十七条 由于公允价值计量可能相对简单，也可能非常复杂，注册会计师实施的审计程序在性质、时间和范围上可能存在很大差异。注册会计师实施的与公允价值计量和披露相关的实质性程序通常包括：

（一）测试管理层的重大假设、估值模型和基础数据；

（二）对公允价值进行独立估值，以印证其计量是否适当；

（三）考虑期后事项对公允价值计量和披露的影响。

第二节　测试管理层的重大假设、估值模型和基础数据

第二十八条　注册会计师对管理层确定公允价值过程的可靠性的了解，是支持公允价值计量结果的重要因素，并影响进一步审计程序的性质、时间和范围。

在针对管理层确定公允价值过程的可靠性获取审计证据时，注册会计师应当评价下列因素：

（一）管理层使用的假设是否合理；

（二）当使用模型进行公允价值计量时，模型是否适当；

（三）管理层是否使用了在当时能够合理获取的相关信息。

第二十九条　注册会计师考虑管理层以前期间使用的估值技术和假设，并将前期确定的公允价值计量结果与本期可取得的实际结果进行比较，可能获取有关管理层公允价值计量过程可靠性的审计证据。注册会计师还应当考虑公允价值计量结果和实际结果的差异是否源于经济环境的变化。

第三十条　如果认为存在与公允价值计量相关的特别风险，注册会计师应当从个别和整体的角度评价管理层在计量公允价值时所使用的重大假设，以确定这些假设是否为财务报表中公允价值计量和披露提供了合理基础。

第三十一条　注册会计师应当特别关注估值方法依据的重大假设，并评估假设是否合理。只有当假设具有相关性、可靠性、中立性、可理解性和完整性时，才能为公允价值的计量和披露提供合理的基础。

第三十二条　注册会计师应当评价支持管理层假设的审计证据的来源及其可靠性，包括根据历史信息考虑这些假设，并评估这些假设是否以被审计单位有能力执行的计划为基础。

第三十三条　在财务报表审计过程中，注册会计师针对管理层假设实施审计程序的目的不是为了对假设本身发表意见，而是为了评价这些假设是否对公允价值计量提供了合理基础。

第三十四条　管理层需要运用判断识别对公允价值计量有重大影响的假设，注册会计师应当重点关注这些重大假设。

重大假设通常涉及可能对公允价值计量产生重大影响的下列事项：

（一）对数量、性质的变化或不确定性敏感的事项；

（二）易于误用和易受偏见影响的事项。

第三十五条　注册会计师应当考虑公允价值估值对重大假设（包括可能影响价值的市场状况）变化的敏感度。在适用的情况下，注册会计师应当提请管理层使用敏感性分析等技术，以识别特别敏感的假设。

当管理层拒绝进行分析时，注册会计师应当考虑是否进行独立分析。

第三十六条　注册会计师应当考虑与公允价值计量相关的不确定性或缺乏客观数据是否可能导致无法合理估计公允价值。

第三十七条　在考虑假设是否为公允价值计量提供合理基础时，注册会计师既要将这些假设作为一个整体来考虑，也要对每一假设单独考虑。

第三十八条　注册会计师应当考虑假设从个别和整体上是否合理，是否符合实际，并与下列事项保持一致：

（一）总体经济环境和被审计单位的经营状况；

（二）被审计单位的计划；

（三）适当的情况下，前期使用的假设；

（四）当前仍然适用的被审计单位以往的经验或状况；

（五）与财务报表相关的其他事项，如管理层作出其他会计估计所运用的假设；

（六）与现金流量相关的风险，包括现金流量的潜在变化及其对折现率的影响。

如果假设反映了管理层的意图和实施特定措施的能力，注册会计师应当考虑这些假设与被审计单位的计划和以往经验是否一致。

第三十九条　历史信息可能无法反映未来的状况或事项。如果管理层在形成假设时依赖了历史财务信息，注册会计师应当考虑是否能够依赖这些信息。

第四十条　对被审计单位使用估值模型进行公允价值计量的项目，注册会计师应当复核该估值模型，并评价该模型是否恰当以及使用的假设是否合理。

第四十一条　注册会计师应当针对形成公允价值计量和披露的数据实施审计程序，评价公允价值计量

所依据的数据是否准确、完整和相关,以及公允价值是否依据这些数据和管理层的假设予以适当计量。

第三节 对公允价值进行独立估值

第四十二条 注册会计师可以对公允价值进行独立估值,以印证被审计单位的公允价值计量结果。

如果运用管理层的假设进行独立估值,注册会计师应当按照本准则第三十条至第四十条的规定评价管理层的假设。

注册会计师也可另行设定假设,而不使用管理层的假设。在这种情况下,注册会计师仍应了解管理层的假设,据此确定另行设定的估值模型是否已考虑管理层估值模型所含的重要变量,并与管理层的公允价值计量结果进行比较及评价重大差异。

第四十三条 在对公允价值进行独立估值时,注册会计师仍应按照本准则第四十一条的规定对形成公允价值计量和披露的数据实施审计程序。

第四节 考虑期后事项

第四十四条 注册会计师应当考虑期后事项对财务报表中公允价值计量和披露的影响。

第四十五条 财务报表期末存在的一些情况在财务报表期后的一段时间内可能已经发生了变化,期后的公允价值信息可能仅反映期后发生的事项,而不反映资产负债表日已经存在的情况。当评估与这些期后事项相关的审计证据时,注册会计师应当遵守《中国注册会计师审计准则第 1332 号——期后事项》的相关规定。

第六章 评价审计程序实施的结果

第四十六条 在最终评估财务报表中公允价值计量和披露是否符合适用的会计准则和相关会计制度的规定时,注册会计师应当评价获取审计证据的充分性和适当性,及其与执行其他审计程序获取的审计证据的一致性。

第七章 管理层声明

第四十七条 注册会计师应当就公允价值计量和披露的重大假设的合理性获取管理层的书面声明,包括这些假设是否恰当地反映管理层针对公允价值计量或披露而采取特定措施的意图和能力。

第四十八条 管理层的声明取决于公允价值的性质、重要性和复杂性,通常还包括下列内容:

(一) 管理层在适用的会计准则和相关会计制度下确定公允价值计量方法(包括相关的假设)的适当性及运用这些方法的一贯性;

(二) 在适用的会计准则和相关会计制度规定了运用公允价值的假定时,管理层确定该项假定不成立的理由;

(三) 在适用的会计准则和相关会计制度下,公允价值披露的完整性和适当性;

(四) 期后事项是否要求对财务报表中公允价值计量和披露予以调整。

第八章 与治理层的沟通

第四十九条 某些公允价值的计量通常涉及不确定性,由此产生的特别风险对财务报表的潜在影响可能为治理层所关注。注册会计师应当按照《中国注册会计师审计准则第 1151 号——与治理层的沟通》的规定,就此与治理层沟通。

第九章 附　　则

第五十条 本准则自 2007 年 1 月 1 日起施行。

二十二、中国注册会计师审计准则第 1323 号——关联方

第一章 总　　则

第一条 为了规范注册会计师对关联方和关联方交易的审计,明确执业责任,制定本准则。

第二条 本准则适用于注册会计师执行财务报表审计业务。

第三条 本准则所称关联方和关联方交易,与适用的会计准则和相关会计制度的相应概念一致。

第四条 注册会计师应当实施审计程序,就管理层是否按照适用的会计准则和相关会计制度的规定识别、披露关联方和关联方交易,获取充分、适当的审计证据。

第五条 管理层有责任识别、披露关联方和关联方交易。

第六条　注册会计师应当了解被审计单位及其环境，以足够识别可能导致与关联方和关联方交易有关的重大错报风险的交易和事项。

第二章　关联方的存在和披露

第七条　注册会计师应当复核由治理层和管理层提供的所有已知关联方名称的信息，并针对信息的完整性实施下列审计程序：

（一）复核以前年度工作底稿，确认已识别的关联方名称；

（二）复核被审计单位识别关联方的程序；

（三）询问治理层和关键管理人员是否与其他单位存在隶属关系；

（四）复核投资者记录以确定主要投资者的名称；在适当情况下，从股权登记机构获取主要投资者的名单；

（五）查阅股东会和董事会的会议纪要，以及其他相关的法定记录；

（六）询问其他注册会计师或前任注册会计师所知悉的其他关联方；

（七）复核被审计单位向监管机构报送的所得税申报表和其他信息。

第八条　注册会计师应当按照适用的会计准则和相关会计制度的规定，确定被审计单位对关联方关系的披露是否充分。

第三章　关联方交易的识别

第九条　注册会计师应当复核由治理层和管理层提供的关联方交易的信息，并对其他重要的关联方交易保持警惕。

第十条　在了解被审计单位内部控制时，注册会计师应当考虑与关联方交易授权和记录相关的控制活动的适当性。

第十一条　在审计过程中，注册会计师应当对显得异常的交易保持警惕，考虑是否存在以前尚未识别出的关联方。

这些交易主要包括：

（一）价格、利率、担保和付款等条件异常的交易；

（二）商业理由明显不合乎逻辑的交易；

（三）实质与形式不符的交易；

（四）处理方式异常的交易；

（五）与某些顾客或供货商进行的大量或重大交易；

（六）未予记录的交易。

第十二条　在审计过程中，注册会计师实施的下列审计程序可能识别出关联方交易的存在：

（一）执行交易和余额的细节测试；

（二）查阅股东会和董事会的会议纪要；

（三）复核大额或异常的交易、账户余额的会计记录，特别关注接近报告期末或在报告期末确认的交易；

（四）复核对债权债务关系的询证函回函以及来自银行的询证函回函，以发现担保关系和其他关联方交易；

（五）复核投资交易。

第四章　检查已识别的关联方交易

第十三条　在检查已识别的关联方交易时，注册会计师应当获取充分、适当的审计证据，以确定这些交易是否已得到恰当记录和充分披露。

第十四条　关联方关系的性质可能导致与关联方交易有关的审计证据有限，注册会计师应当考虑实施下列审计程序：

（一）向关联方函证交易的条件和金额；

（二）检查关联方拥有的信息；

（三）向与交易相关的人员和机构（如银行、律师、担保人或代理商等）函证或与之讨论相关信息。

第五章　管 理 层 声 明

第十五条　注册会计师应当就下列事项向管理层获取书面声明：

（一）提供的关于识别关联方信息的完整性；

（二）在财务报表中关联方和关联方交易披露的充分性。

第六章 审计结论和报告

第十六条 如果无法就关联方和关联方交易获取充分、适当的审计证据，或关联方和关联方交易的披露不充分，注册会计师应当出具恰当的非无保留意见的审计报告。

第七章 附 则

第十七条 本准则自2007年1月1日起施行。

二十三、中国注册会计师审计准则第1324号——持续经营

第一章 总 则

第一条 为了规范注册会计师考虑持续经营假设的适当性，明确执业责任，制定本准则。

第二条 本准则适用于注册会计师执行财务报表审计业务。

第三条 本准则所称持续经营假设，是指被审计单位在编制财务报表时，假定其经营活动在可预见的将来会继续下去，不拟也不必终止经营或破产清算，可以在正常的经营过程中变现资产、清偿债务。

可预见的将来通常是指资产负债表日后十二个月。

第四条 在计划和实施审计程序以及评价其结果时，注册会计师应当考虑管理层在编制财务报表时运用持续经营假设的适当性。

第二章 管理层的责任

第五条 根据适用的会计准则和相关会计制度的规定评估被审计单位的持续经营能力是管理层的责任。

第六条 管理层对持续经营能力的评估涉及在特定时点对事项或情况的未来结果作出判断，这些事项或情况的未来结果具有固有的不确定性。

第七条 被审计单位在财务、经营以及其他方面存在的某些事项或情况可能导致经营风险，这些事项或情况单独或连同其他事项或情况可能导致对持续经营假设产生重大疑虑。

第八条 被审计单位在财务方面存在的可能导致对持续经营假设产生重大疑虑的事项或情况主要包括：

（一）无法偿还到期债务；

（二）无法偿还即将到期且难以展期的借款；

（三）无法继续履行重大借款合同中的有关条款；

（四）存在大额的逾期未缴税金；

（五）累计经营性亏损数额巨大；

（六）过度依赖短期借款筹资；

（七）无法获得供应商的正常商业信用；

（八）难以获得开发必要新产品或进行必要投资所需资金；

（九）资不抵债；

（十）营运资金出现负数；

（十一）经营活动产生的现金流量净额为负数；

（十二）大股东长期占用巨额资金；

（十三）重要子公司无法持续经营且未进行处理；

（十四）存在大量长期未作处理的不良资产；

（十五）存在因对外巨额担保等或有事项引发的或有负债。

第九条 被审计单位在经营方面存在的可能导致对持续经营假设产生重大疑虑的事项或情况主要包括：

（一）关键管理人员离职且无人替代；

（二）主导产品不符合国家产业政策；

（三）失去主要市场、特许权或主要供应商；

（四）人力资源或重要原材料短缺。

第十条　被审计单位在其他方面存在的可能导致对持续经营假设产生重大疑虑的事项或情况主要包括：

（一）严重违反有关法律法规或政策；

（二）异常原因导致停工、停产；

（三）有关法律法规或政策的变化可能造成重大不利影响；

（四）经营期限即将到期且无意继续经营；

（五）投资者未履行协议、合同、章程规定的义务，并有可能造成重大不利影响；

（六）因自然灾害、战争等不可抗力因素遭受严重损失。

第三章　注册会计师的责任

第十一条　注册会计师的责任是考虑管理层在编制财务报表时运用持续经营假设的适当性，并考虑是否存在需要在财务报表中披露的有关持续经营能力的重大不确定性。

第四章　计划审计工作与实施风险评估程序

第十二条　在了解被审计单位时，注册会计师应当考虑是否存在可能导致对持续经营能力产生重大疑虑的事项或情况以及相关经营风险。

第十三条　在整个审计过程中，注册会计师应当始终关注可能导致对持续经营能力产生重大疑虑的事项或情况以及相关经营风险。

如果识别出这些事项或情况，除实施本准则第二十六条规定的程序外，注册会计师还应当考虑其是否影响评估的重大错报风险。

第十四条　在实施风险评估程序时，注册会计师应当考虑与持续经营假设相关的事项或情况，以便及时与管理层讨论并复核其针对已识别的持续经营问题制定的应对计划。

第十五条　如果管理层已对持续经营能力作出初步评估，注册会计师应当复核该初步评估，以确定管理层是否识别出本准则第八条至第十条所述的事项或情况，并复核管理层提出的应对计划。

第十六条　如果管理层没有对持续经营能力作出初步评估，注册会计师应当与管理层讨论运用持续经营假设的理由，询问是否存在本准则第八条至第十条所述的事项或情况，并提请管理层对持续经营能力作出评估。

第十七条　注册会计师应当考虑在实施风险评估程序时识别出的事项或情况对重大错报风险评估的影响，及其对进一步审计程序的性质、时间和范围的影响。

第五章　评价管理层对持续经营能力作出的评估

第十八条　管理层对持续经营能力的评估是注册会计师考虑持续经营假设的一个重要组成部分。注册会计师应当评价管理层对持续经营能力作出的评估。

第十九条　注册会计师应当确定管理层评估持续经营能力涵盖的期间是否符合适用的会计准则和相关会计制度的规定。

如果管理层评估持续经营能力涵盖的期间少于自资产负债表日起的十二个月，注册会计师应当提请管理层将其延伸至自资产负债表日起的十二个月。

第二十条　在评价管理层作出的评估时，注册会计师应当考虑管理层作出评估的过程、依据的假设以及应对计划。

注册会计师应当考虑管理层作出的评估是否已考虑所有相关信息，其中包括注册会计师实施审计程序获取的信息。

第二十一条　如果被审计单位具有良好的盈利记录并很容易获得外部资金支持，管理层可能无需详细分析就能对持续经营能力作出评估。在此情况下，注册会计师通常无需实施详细的审计程序，就可对管理层作出评估的适当性得出结论。

第六章　超出管理层评估期间的事项或情况

第二十二条　注册会计师应当询问管理层是否知悉超出评估期间的、可能导致对持续经营能力产生重大疑虑的事项或情况以及相关经营风险。

第二十三条 注册会计师应当注意可能存在管理层现已知悉的、在评估期间以后将会发生的事项或情况，这些事项或情况可能对注册会计师考虑管理层运用持续经营假设编制财务报表的适当性产生重大影响。

第二十四条 在考虑超出管理层评估期间的事项或情况时，注册会计师应当确定这些事项或情况对持续经营能力的影响。如果影响重大，注册会计师应当考虑采取进一步措施。

注册会计师应当考虑提请管理层确定这些事项或情况对评估持续经营能力的潜在影响。

第二十五条 除实施询问程序外，注册会计师没有责任设计其他审计程序，以测试是否存在超出评估期间的、可能导致对持续经营能力产生重大疑虑的事项或情况。

第七章 进一步审计程序

第二十六条 当识别出可能导致对持续经营能力产生重大疑虑的事项或情况时，注册会计师应当实施下列进一步审计程序：

（一）复核管理层依据持续经营能力评估结果提出的应对计划；

（二）通过实施必要的审计程序，包括考虑管理层提出的应对计划和其他缓解措施的效果，获取充分、适当的审计证据，以确认是否存在与此类事项或情况相关的重大不确定性；

（三）向管理层获取有关应对计划的书面声明。

第二十七条 注册会计师应当询问管理层的应对计划，包括是否准备变卖资产、借款或债务重组、削减或延缓开支以及获得新的投资等。

注册会计师还应当对管理层作出持续经营能力评估后发生的事实或可获得的信息予以考虑。

第二十八条 注册会计师应当实施必要的审计程序，获取充分、适当的审计证据，以判断管理层提出的应对计划是否可行，以及应对计划的结果是否能够改善持续经营能力。

注册会计师应当考虑实施的相关审计程序主要包括：

（一）与管理层分析和讨论现金流量预测、盈利预测以及其他相关预测；

（二）与管理层分析和讨论最近的中期财务报表；

（三）复核债券和借款协议条款并确定是否存在违约情况；

（四）阅读股东会会议、董事会会议以及相关委员会会议有关财务困境的记录；

（五）向被审计单位的律师询问是否存在针对被审计单位的诉讼或索赔，并向其询问管理层对诉讼或索赔结果及其财务影响的估计是否合理；

（六）确认财务支持协议的存在性、合法性和可行性，并对提供财务支持的关联方或第三方的财务能力作出评价；

（七）考虑被审计单位准备如何处理尚未履行的客户订单；

（八）复核期后事项并考虑其是否可能改善或影响持续经营能力。

第二十九条 如果现金流量分析对考虑事项或情况的未来结果是重要的，注册会计师应当实施下列审计程序：

（一）考虑被审计单位生成相关信息的信息系统的可靠性；

（二）考虑管理层作出现金流量预测所依赖的假设是否存在充分的依据；

（三）将最近若干期间的预测性财务信息与实际结果进行比较；

（四）将本期的预测性财务信息与截至目前的实际结果进行比较。

第八章 审计结论与报告

第三十条 注册会计师应当根据获取的审计证据，确定可能导致对持续经营能力产生重大疑虑的事项或情况是否存在重大不确定性。

第三十一条 如果认为被审计单位在编制财务报表时运用持续经营假设是适当的，但可能导致对持续经营能力产生重大疑虑的事项或情况存在重大不确定性，注册会计师应当考虑：

（一）财务报表是否已充分描述导致对持续经营能力产生重大疑虑的主要事项或情况，以及管理层针对这些事项或情况提出的应对计划；

（二）财务报表是否已清楚指明可能导致对持续经营能力产生重大疑虑的事项或情况存在重大不确定性，被审计单位可能无法在正常的经营过程中变现资产、清偿债务。

第三十二条 如果财务报表已作出充分披露，注册会计师应当出具无保留意见的审计报告，并在审计意见段之后增加强调事项段，强调可能导致对持续经营能力产生重大疑虑的事项或情况存在重大不确定性的事实，并提醒财务报表使用者注意财务报表附注中对有关事项的披露。

在极端情况下，如同时存在多项重大不确定性，注册会计师应当考虑出具无法表示意见的审计报告，而不是在审计意见段之后增加强调事项段。

第三十三条 如果财务报表未能作出充分披露，注册会计师应当出具保留意见或否定意见的审计报告。

审计报告应当具体提及可能导致对持续经营能力产生重大疑虑的事项或情况存在重大不确定性的事实，并指明财务报表未对该事实作出披露。

第三十四条 如果判断被审计单位将不能持续经营，但财务报表仍然按照持续经营假设编制，注册会计师应当出具否定意见的审计报告。

第三十五条 如果管理层认为编制财务报表时运用持续经营假设不再适当，选用了其他基础编制财务报表。在这种情况下，注册会计师应当实施补充的审计程序。

如果认为管理层选用的其他编制基础是适当的，且财务报表已作出充分披露，注册会计师可以出具无保留意见的审计报告，并考虑在审计意见段之后增加强调事项段，提醒财务报表使用者关注管理层选用的其他编制基础。

第三十六条 如果被审计单位存在本准则第十六条、第十九条或第二十四条所述的情形，注册会计师应当提请管理层对持续经营能力作出评估，或将评估期间延伸至自资产负债表日起的十二个月。

如果管理层拒绝注册会计师的要求，注册会计师应当将其视为审计范围受到限制，考虑出具保留意见或无法表示意见的审计报告。

第三十七条 如果管理层在资产负债表日后严重拖延对财务报表的签署或批准，注册会计师应当考虑拖延签署或批准的原因。

当拖延原因涉及与管理层评估持续经营能力有关的事项或情况时，注册会计师应当考虑是否有必要实施追加的审计程序，以及是否存在本准则第三十条所述的重大不确定性。

第九章 附 则

第三十八条 本准则自 2007 年 1 月 1 日起施行。

二十四、中国注册会计师审计准则第 1331 号——首次接受委托时对期初余额的审计

第一章 总 则

第一条 为了规范注册会计师在首次接受委托时对财务报表中期初余额的审计，明确执业责任，制定本准则。

第二条 本准则适用于注册会计师执行财务报表审计业务。

第三条 本准则所称首次接受委托，是指注册会计师在被审计单位财务报表首次接受审计，或上期财务报表由前任注册会计师审计的情况下接受的审计委托。

本准则所称期初余额，是指期初已存在的账户余额。期初余额以上期期末余额为基础，反映了以前期间的交易和上期采用的会计政策的结果。

第四条 对首次接受委托业务，注册会计师应当获取充分、适当的审计证据以确定：

（一）期初余额不存在对本期财务报表产生重大影响的错报；

（二）上期期末余额已正确结转至本期，或在适当的情况下已作出重新表述；

（三）被审计单位一贯运用恰当的会计政策，或对会计政策的变更作出正确的会计处理和恰当的列报（包括披露，下同）。

第二章 审计程序

第五条 在确定有关期初余额的审计证据的充分性和适当性时，注册会计师应当考虑下列事项：

（一）被审计单位运用的会计政策；

(二) 上期财务报表是否经过审计;如果经过审计,审计报告是否为非标准审计报告;

(三) 账户的性质和本期财务报表中的重大错报风险;

(四) 期初余额对于本期财务报表的重要程度。

第六条 注册会计师应当考虑期初余额是否反映上期运用恰当会计政策的结果,以及这些会计政策是否在本期财务报表中得到一贯运用。

当会计政策发生变更时,注册会计师应当考虑这些变更是否恰当、会计处理是否正确、列报是否恰当。

第七条 如果上期财务报表由前任注册会计师审计,注册会计师应当考虑通过查阅前任注册会计师的工作底稿获取有关期初余额的充分、适当的审计证据,并考虑前任注册会计师的独立性和专业胜任能力。

第八条 在与前任注册会计师沟通时,注册会计师应当遵守职业道德规范和《中国注册会计师审计准则第 1152 号——前后任注册会计师的沟通》的规定。

第九条 如果上期财务报表未经审计,或在实施本准则第七条规定的审计程序后对期初余额不能得出满意结论,注册会计师应当实施本准则第十条和第十一条规定的审计程序。

第十条 对流动资产和流动负债,注册会计师通常可以通过本期实施的审计程序获取部分审计证据。对于存货,注册会计师还应当按照《中国注册会计师审计准则第 1311 号——存货监盘》第四章第二十八条的规定,实施追加的审计程序。

第十一条 对非流动资产和非流动负债,注册会计师通常检查形成期初余额的会计记录和其他信息。

在某些情况下,注册会计师可向第三方函证期初余额,或实施追加的审计程序。

第三章 审计结论和报告

第十二条 如果实施相关审计程序后无法获取有关期初余额的充分、适当的审计证据,注册会计师应当出具保留意见或无法表示意见的审计报告。

第十三条 如果期初余额存在对本期财务报表产生重大影响的错报,注册会计师应当告知管理层;如果上期财务报表由前任注册会计师审计,注册会计师还应当考虑提请管理层告知前任注册会计师。

如果错报的影响未能得到正确的会计处理和恰当的列报,注册会计师应当出具保留意见或否定意见的审计报告。

第十四条 如果与期初余额相关的会计政策未能在本期得到一贯运用,并且会计政策的变更未能得到正确的会计处理和恰当的列报,注册会计师应当出具保留意见或否定意见的审计报告。

第十五条 如果前任注册会计师对上期财务报表出具了非标准审计报告,注册会计师应当考虑该审计报告对本期财务报表的影响。

如果导致出具非标准审计报告的事项对本期财务报表仍然相关和重大,注册会计师应当对本期财务报表出具非标准审计报告。

第四章 附 则

第十六条 本准则自 2007 年 1 月 1 日起施行。

二十五、中国注册会计师审计准则第 1332 号——期后事项

第一章 总 则

第一条 为了规范注册会计师对期后事项的审计,明确执业责任,制定本准则。

第二条 本准则适用于注册会计师执行财务报表审计业务。

第三条 本准则所称期后事项,是指资产负债表日至审计报告日之间发生的事项以及审计报告日后发现的事实。

第四条 注册会计师应当考虑期后事项对财务报表和审计报告的影响。

下列两类期后事项可能对财务报表和审计报告产生影响:

(一) 资产负债表日后调整事项,是指对资产负债表日已经存在的情况提供了新的或进一步证据的事项;

(二) 资产负债表日后非调整事项,是指表明资产负债表日后发生的情况的事项。

第二章 截至审计报告日发生的事项

第五条 注册会计师应当实施必要的审计程序,获取充分、适当的审计证据,以确定截至审计报告日发

生的、需要在财务报表中调整或披露的事项是否均已得到识别。

第六条　注册会计师应当尽量在接近审计报告日时，实施旨在识别需要在财务报表中调整或披露事项的审计程序。这些程序包括：

（一）复核被审计单位管理层建立的用于确保识别期后事项的程序；

（二）查阅股东会、董事会及其专门委员会在资产负债表日后举行的会议的纪要，并在不能获取会议纪要时询问会议讨论的事项；

（三）查阅最近的中期财务报表；如认为必要和适当，还应当查阅预算、现金流量预测及其他相关管理报告；

（四）向被审计单位律师或法律顾问询问有关诉讼和索赔事项；

（五）向管理层询问是否发生可能影响财务报表的期后事项。

第七条　在向管理层询问可能影响财务报表的期后事项时，注册会计师询问的内容主要包括：

（一）根据初步或尚无定论的数据作出会计处理的项目的现状；

（二）是否发生新的担保、借款或承诺；

（三）是否出售或购进资产，或者计划出售或购进资产；

（四）是否已发行或计划发行新的股票或债券，是否已签订或计划签订合并或清算协议；

（五）资产是否被政府征用或因不可抗力而遭受损失；

（六）在风险领域和或有事项方面是否有新进展；

（七）是否已作出或考虑作出异常的会计调整；

（八）是否已发生或可能发生影响会计政策适当性的事项。

第八条　如果被审计单位的分支机构、子公司等组成部分的财务信息由其他注册会计师审计，注册会计师应当考虑其他注册会计师对资产负债表日后事项所实施的审计程序，并考虑是否需要向其告知计划的审计报告日。

第九条　如果知悉对财务报表有重大影响的期后事项，注册会计师应当考虑这些事项在财务报表中是否得到恰当的会计处理并予以充分披露。

第三章　审计报告日后至财务报表报出日前发现的事实

第十条　在审计报告日后，注册会计师没有责任针对财务报表实施审计程序或进行专门查询。在审计报告日至财务报表报出日期间，管理层有责任告知注册会计师可能影响财务报表的事实。

本准则所称财务报表报出日，是指被审计单位对外披露已审计财务报表的日期。

第十一条　在审计报告日后至财务报表报出日前，如果知悉可能对财务报表产生重大影响的事实，注册会计师应当考虑是否需要修改财务报表，并与管理层讨论，同时根据具体情况采取适当措施。

第十二条　如果管理层修改了财务报表，注册会计师应当根据具体情况实施必要的审计程序，并针对修改后的财务报表出具新的审计报告。

新的审计报告日期不应早于董事会或类似机构批准修改后的财务报表的日期。相应地，注册会计师应当将本准则第五条至第七条规定的审计程序延伸至新的审计报告日。

第十三条　如果注册会计师认为应当修改财务报表而管理层没有修改，并且审计报告尚未提交给被审计单位，注册会计师应当按照《中国注册会计师审计准则第 1502 号——非标准审计报告》的规定，出具保留意见或否定意见的审计报告。

第十四条　如果注册会计师认为应当修改财务报表而管理层没有修改，并且审计报告已提交给被审计单位，注册会计师应当通知治理层不要将财务报表和审计报告向第三方报出。

如果财务报表仍被报出，注册会计师应当采取措施防止财务报表使用者信赖该审计报告；采取的措施取决于自身的权利和义务以及征询的法律意见。

第四章　财务报表报出后发现的事实

第十五条　在财务报表报出后，注册会计师没有义务针对财务报表作出查询。

第十六条　在财务报表报出后，如果知悉在审计报告日已存在的、可能导致修改审计报告的事实，注册会计师应当考虑是否需要修改财务报表，并与管理层讨论，同时根据具体情况采取适当措施。

第十七条　如果管理层修改了财务报表，注册会计师应当根据具体情况实施必要的审计程序，复核管理层采取的措施能否确保所有收到原财务报表和审计报告的人士了解这一情况，并针对修改后的财务报表出具新的审计报告。

第十八条 新的审计报告应当增加强调事项段，提请财务报表使用者注意财务报表附注中对修改原财务报表原因的详细说明，以及注册会计师出具的原审计报告。

新的审计报告日期不应早于董事会或类似机构批准修改后的财务报表的日期。相应地，注册会计师应当将本准则第五条至第七条规定的审计程序延伸至新的审计报告日。

第十九条 如果管理层既没有采取必要措施确保所有收到原财务报表和审计报告的人士了解这一情况，又没有在注册会计师认为需要修改的情况下修改财务报表，注册会计师应当采取措施防止财务报表使用者信赖该审计报告，并将拟采取的措施通知治理层；采取的措施取决于自身的权利和义务以及征询的法律意见。

第二十条 如果临近公布下一期财务报表，且能够在下一期财务报表中进行充分披露，注册会计师应当根据法律法规的规定确定是否仍有必要提请被审计单位修改财务报表，并出具新的审计报告。

第五章 公开发行证券的考虑

第二十一条 当被审计单位公开发行证券时，注册会计师应当考虑有关证券发行的法律法规对期后事项的特殊规定。

第六章 附 则

第二十二条 本准则自 2007 年 1 月 1 日起施行。

二十六、中国注册会计师审计准则第 1341 号——管理层声明

第一章 总 则

第一条 为了规范注册会计师获取和使用管理层声明，制定本准则。

第二条 本准则适用于注册会计师执行财务报表审计业务。

第三条 注册会计师应当向被审计单位管理层获取适当声明。

第二章 管理层对财务报表责任的认可

第四条 注册会计师应当获取审计证据，以确定管理层认可其按照适用的会计准则和相关会计制度的规定编制财务报表的责任，并且已批准财务报表。

在获取此类审计证据时，注册会计师应当考虑查阅治理层相关会议纪要、向管理层获取书面声明或已签署的财务报表副本。

第三章 将管理层声明作为审计证据

第五条 如果合理预期不存在其他充分、适当的审计证据，注册会计师应当就对财务报表具有重大影响的事项向管理层获取书面声明。

管理层对其口头声明的书面确认可以减少注册会计师与管理层之间产生误解的可能性。

第六条 注册会计师要求管理层提供的书面声明可仅限于单独或汇总起来对财务报表产生重大影响的事项。必要时，注册会计师应将对声明事项重要性的理解告知管理层。

第七条 注册会计师应当就下列事项向管理层获取书面声明：

（一）管理层认可其设计和实施内部控制以防止或发现并纠正错报的责任；

（二）管理层认为注册会计师在审计过程中发现的未更正错报，无论是单独还是汇总起来考虑，对财务报表整体均不具有重大影响。

未更正错报项目的概要应当包含在书面声明中或附于书面声明后。

第八条 当管理层声明的事项对财务报表具有重大影响时，注册会计师应当实施下列审计程序：

（一）从被审计单位内部或外部获取佐证证据；

（二）评价管理层声明是否合理并与获取的其他审计证据（包括其他声明）一致；

（三）考虑作出声明的人员是否熟知所声明的事项。

第九条 注册会计师不应以管理层声明替代能够合理预期获取的其他审计证据。

如果不能获取对财务报表具有或可能具有重大影响的事项的充分、适当的审计证据，而这些证据预期

是可以获取的，即使已收到管理层就这些事项作出的声明，注册会计师仍应将其视为审计范围受到限制。

第十条　在某些情况下，如果除通过询问外，预期不能获取其他审计证据，注册会计师应当向管理层获取书面声明。

第十一条　如果管理层的某项声明与其他审计证据相矛盾，注册会计师应当调查这种情况。必要时，重新考虑管理层作出的其他声明的可靠性。

第四章　对管理层声明的记录

第十二条　注册会计师应当将获取的管理层声明作为审计证据，并形成审计工作底稿。

第十三条　管理层声明包括书面声明和口头声明。书面声明作为审计证据通常比口头声明可靠。

书面声明可采取下列形式：

（一）管理层声明书；

（二）注册会计师提供的列示其对管理层声明的理解并经管理层确认的函；

（三）董事会及类似机构的相关会议纪要，或已签署的财务报表副本。

第十四条　当要求管理层提供声明书时，注册会计师应当要求将声明书径送注册会计师本人。声明书应当包括要求列明的信息，标明适当的日期并经签署。

第十五条　管理层声明书标明的日期通常与审计报告日一致。但在某些情况下，注册会计师也可能在审计过程中或审计报告日后就某些交易或事项获取单独的声明书。

第十六条　管理层声明书通常由管理层中对被审计单位及其财务负主要责任的人员签署。

在某些情况下，注册会计师也可以向管理层中的其他人员获取管理层声明书。

第五章　管理层拒绝提供声明时的措施

第十七条　如果管理层拒绝提供注册会计师认为必要的声明，注册会计师应当将其视为审计范围受到限制，出具保留意见或无法表示意见的审计报告。

在这种情况下，注册会计师应当评价审计过程中获取的管理层其他声明的可靠性，并考虑管理层拒绝提供声明是否可能对审计报告产生其他影响。

第六章　附　则

第十八条　本准则自2007年1月1日起施行。

二十七、中国注册会计师审计准则第1401号——利用其他注册会计师的工作

第一章　总　则

第一条　为了规范主审注册会计师利用其他注册会计师的工作，制定本准则。

第二条　本准则适用于注册会计师执行财务报表审计业务。

本准则不适用于下列情况：

（一）联合审计；

（二）组成部分的财务信息不重要；

（三）前后任注册会计师之间的沟通。

当多个本身不重要的组成部分累计起来变得重要时，注册会计师应当考虑实施本准则规定的程序。

第三条　本准则所称主审注册会计师，是指当被审计单位财务报表包含由其他注册会计师审计的一个或多个组成部分的财务信息时，负责对该财务报表出具审计报告的注册会计师。

本准则所称其他注册会计师，是指除主审注册会计师以外的，负责对组成部分财务信息出具审计报告的其他会计师事务所的注册会计师。

本准则所称组成部分，是指被审计单位的分部、分支机构、子公司、合资公司和联营公司等，其财务信息包含在由主审注册会计师审计的财务报表中。

第四条　当主审注册会计师利用其他注册会计师的工作时，主审注册会计师应当确定其他注册会计师的工作将如何影响审计。

第二章　接受委托担任主审注册会计师

第五条　注册会计师应当考虑其对审计工作的参与程度是否足以担当主审注册会计师。

注册会计师应当考虑的因素包括：

（一）主审注册会计师审计的财务报表部分的重要性；

（二）主审注册会计师对组成部分业务的了解程度；

（三）其他注册会计师审计的组成部分财务信息的重大错报风险；

（四）对其他注册会计师审计的组成部分实施本准则规定的追加程序，使得主审注册会计师在相当程度上参与对组成部分的审计。

第三章 主审注册会计师的审计程序

第六条 当计划利用其他注册会计师的工作时，主审注册会计师应当根据其他注册会计师承担的具体业务考虑其专业胜任能力。

第七条 主审注册会计师应当实施审计程序，获取充分、适当的审计证据，确定其他注册会计师的工作能否满足主审注册会计师审计的需要。

第八条 主审注册会计师应当就下列事项向其他注册会计师获取书面声明：

（一）其他注册会计师遵守与被审计单位和组成部分保持独立性的要求；

（二）其他注册会计师遵守会计、审计等有关规定和编制报告的要求。

第九条 如果拟利用其他注册会计师的工作和报告，主审注册会计师应当在审计的初始计划阶段对双方的配合作出充分安排，并将有关重要事项告知其他注册会计师，包括需要特别考虑的审计领域、识别被审计单位与组成部分之间交易的审计程序以及完成审计工作的时间安排等。

第十条 主审注册会计师应当考虑与其他注册会计师讨论其运用的审计程序，复核其他注册会计师实施的审计程序的书面摘要，或复核其他注册会计师的审计工作底稿。

第十一条 如果有充分的证据表明其他注册会计师在执业时遵守了适用的质量控制政策和程序，主审注册会计师可以考虑不实施本准则第十条规定的程序。

第十二条 主审注册会计师应当考虑其他注册会计师得出的重大审计结论。

第十三条 主审注册会计师应当考虑，是否与其他注册会计师和组成部分管理层讨论影响组成部分财务信息的审计结论或其他事项，并考虑是否对组成部分的会计记录或财务信息实施追加程序。此类程序可视具体情况由主审注册会计师或其他注册会计师实施。

第十四条 主审注册会计师应当在审计工作底稿中记录由其他注册会计师审计的组成部分、组成部分对财务报表整体的重要程度、其他注册会计师的名称，以及所得出的组成部分不重要的结论。

主审注册会计师还应当记录在利用其他注册会计师工作时所实施的审计程序和得出的结论。

第四章 注册会计师之间的配合

第十五条 在知悉主审注册会计师拟利用其工作后，其他注册会计师应当与主审注册会计师配合。

如果其他注册会计师无法按照要求完成工作，应当告知主审注册会计师。如果主审注册会计师注意到可能影响其他注册会计师工作的事项，应当告知其他注册会计师。

第五章 出具审计报告的考虑

第十六条 主审注册会计师不应当在审计报告中提及其他注册会计师的工作。

第十七条 如果主审注册会计师认为无法利用其他注册会计师的工作，且无法对由其他注册会计师审计的组成部分财务信息实施充分的追加程序，主审注册会计师应当将其视为审计范围受到限制，出具保留意见或无法表示意见的审计报告。

第十八条 如果其他注册会计师出具或拟出具非标准审计报告，主审注册会计师应当考虑导致其他注册会计师出具非标准审计报告事项的性质和重要程度，决定是否需要对财务报表出具非标准审计报告。

第六章 附 则

第十九条 本准则自 2007 年 1 月 1 日起施行。

二十八、中国注册会计师审计准则第 1411 号——考虑内部审计工作

第一章 总 则

第一条 为了规范注册会计师考虑内部审计工作，制定本准则。

第二条　本准则适用于注册会计师执行财务报表审计业务。

本准则提及的审计程序仅适用于与财务报表审计相关的内部审计活动，不涉及内部审计人员协助注册会计师实施审计程序的情况。

第三条　本准则所称内部审计，是指由被审计单位内部机构或人员，对其内部控制的有效性、财务信息的真实性和完整性以及经营活动的效率和效果等开展的一种评价活动。

第四条　注册会计师应当考虑内部审计活动及其可能对注册会计师审计程序的影响。

第五条　虽然注册会计师对发表审计意见以及确定审计程序的性质、时间和范围独自承担责任，但内部审计工作的某些部分可能有助于注册会计师的工作。

第二章　内部审计的范围和目标

第六条　内部审计的范围和目标因被审计单位的规模、组织结构和管理层需求的不同而存在很大差异。

内部审计通常包括下列一项或多项活动：

（一）监督内部控制；

（二）检查财务信息和经营信息；

（三）评价经营活动的效率和效果；

（四）评价对法律法规、其他外部要求以及管理层政策、指示和其他内部要求的遵守情况。

第三章　内部审计和注册会计师的关系

第七条　内部审计和注册会计师审计用以实现各自目标的某些手段通常是相似的，注册会计师应当考虑内部审计工作的某些方面是否有助于确定审计程序的性质、时间和范围。

第八条　注册会计师应当对发表的审计意见独立承担责任，其责任不因为利用内部审计工作而减轻。注册会计师应当对与财务报表审计有关的所有重大事项独立作出职业判断，不应完全依赖内部审计工作。

第四章　了解与初步评估内部审计

第九条　注册会计师应当充分了解内部审计工作，以识别和评估财务报表重大错报风险，并设计和实施进一步审计程序。

第十条　有效的内部审计通常有助于注册会计师修改审计程序的性质和时间，并缩小实施审计程序的范围，但不能完全取代注册会计师应当实施的审计程序。在某些情况下，考虑内部审计活动后，注册会计师可能认为内部审计对其实施的审计程序没有任何作用。

第十一条　当内部审计与注册会计师的风险评估相关时，注册会计师应当对内部审计的职能进行评估。

第十二条　注册会计师应当根据对内部审计职能的评估结果，确定在实施风险评估以及修改进一步审计程序的性质、时间和范围时是否利用内部审计。

第十三条　在了解内部审计并对其进行评估时，注册会计师应当考虑下列重要因素：

（一）内部审计的组织地位及其对客观性的影响；

（二）内部审计的职责范围；

（三）内部审计人员的专业胜任能力；

（四）内部审计人员应有的职业关注。

第五章　沟 通 和 协 调

第十四条　当计划利用内部审计工作时，注册会计师应当考虑内部审计的工作计划，并尽早与内部审计人员进行讨论。

第十五条　如果内部审计工作是注册会计师确定审计程序性质、时间和范围时考虑的一项因素，注册会计师应当预先就下列事项与内部审计人员协调：

（一）审计工作的时间；

（二）审计覆盖的范围；

（三）重要性水平；

（四）拟确定的选取样本的方法；

（五）对已实施工作的记录；

(六) 复核与报告程序。

第十六条 注册会计师应当获取相关的内部审计报告,并了解所有引起内部审计人员关注、可能影响注册会计师工作的重大事项。

注册会计师也应当将所有可能影响内部审计工作的重大事项告知内部审计人员。

第六章 评价内部审计的特定工作

第十七条 如果拟利用内部审计的特定工作,注册会计师应当评价内部审计的特定工作并实施审计程序,以确定是否能够满足注册会计师审计的需要。

第十八条 在评价内部审计的特定工作时,注册会计师应当从下列方面考虑内部审计工作范围和相关方案的适当性,以及对内部审计的评估是否仍然适当:

(一) 内部审计工作是否由经过充分技术培训且精通业务的人员担任,助理人员的工作是否得到适当的监督、复核和记录;

(二) 内部审计是否能够获取充分、适当的审计证据,以得出合理的审计结论;

(三) 内部审计结论是否恰当,内部审计报告是否与内部审计工作的结果一致;

(四) 内部审计发现的例外或异常事项是否得以适当解决。

第十九条 对内部审计的特定工作实施审计程序的性质、时间和范围取决于注册会计师对下列因素的判断:

(一) 相关领域的重大错报风险;

(二) 对内部审计工作的评估;

(三) 对内部审计的特定工作的评价。

第二十条 注册会计师对内部审计的特定工作实施的审计程序主要包括:

(一) 检查内部审计人员已检查的项目;

(二) 检查其他类似项目;

(三) 观察内部审计程序的实施情况。

第二十一条 注册会计师应当将下列事项记录于审计工作底稿:

(一) 对内部审计的特定工作的评价;

(二) 对内部审计工作所实施的审计程序。

第七章 附 则

第二十二条 本准则自 2007 年 1 月 1 日起施行。

二十九、中国注册会计师审计准则第 1421 号——利用专家的工作

第一章 总 则

第一条 为了规范注册会计师利用专家的工作,制定本准则。

第二条 本准则适用于注册会计师执行财务报表审计业务。

第三条 本准则所称专家,是指除会计、审计之外的某一特定领域中具有专门技能、知识和经验的个人或组织。

专家可以是被审计单位或会计师事务所的员工,也可以是被审计单位或会计师事务所从外部聘请的个人或组织。

第四条 在利用专家的工作时,注册会计师应当获取充分、适当的审计证据,以确信专家的工作可以满足审计的需要。

第二章 确定是否需要利用专家的工作

第五条 在了解被审计单位及其环境以及针对评估的风险实施进一步审计程序时,注册会计师可能需要会同被审计单位或独立获取专家的报告、意见、估价和说明等形式的审计证据。

注册会计师利用专家工作的领域主要包括:

(一) 对特定资产的估价;

(二) 对资产的数量和实物状况的测定;

(三) 需用特殊技术或方法的金额测算；

(四) 未完成合同中已完成和未完成工作的计量；

(五) 涉及法律法规和合同的法律意见。

第六条　在确定是否需要利用专家的工作时，注册会计师应当考虑下列因素：

(一) 项目组成员对所涉及事项具有的知识和经验；

(二) 根据所涉及事项的性质、复杂程度和重要性确定的重大错报风险；

(三) 预期获取的其他审计证据的数量和质量。

第三章　专家的专业胜任能力和客观性

第七条　在计划利用专家的工作时，注册会计师应当评价专家的专业胜任能力，包括考虑：

(一) 专家是否具有适当职业团体授予的专业资格或执业许可证，或是适当职业团体的会员；

(二) 在注册会计师寻求审计证据的领域中，专家的经验和声望。

当利用会计师事务所内部专家的工作时，注册会计师可以依赖会计师事务所的招聘和培训系统确定专家的专业胜任能力，而不必就每一项审计业务对专家的工作进行评价。

第八条　注册会计师应当评价专家的客观性。

当存在下列情况时，专家的客观性受到损害的风险将会增加：

(一) 专家受雇于被审计单位；

(二) 专家在其他方面与被审计单位存在关联关系，如经济上依赖于被审计单位或投资于被审计单位。

第九条　如果对专家的专业胜任能力或客观性存有疑虑，注册会计师应当与管理层交换意见，并考虑能否通过专家的工作获取充分、适当的审计证据。必要时，注册会计师应当考虑实施追加的审计程序，或利用其他专家获取审计证据。

第四章　专家的工作范围

第十条　注册会计师应当获取充分、适当的审计证据，以确信专家的工作范围可以满足审计的需要。

如果专家受雇于被审计单位，注册会计师可以通过查阅被审计单位对专家的职责范围作出规定的书面文件，以获取相关审计证据。该书面文件通常包括下列内容：

(一) 专家工作的目标和范围；

(二) 对专家报告所涵盖的特定事项的概述；

(三) 专家工作的预定用途，包括可能向第三方告知专家的身份和参与程度；

(四) 专家接触适当记录和文件的范围；

(五) 专家与被审计单位之间存在关系的说明；

(六) 对信息保密的要求；

(七) 专家拟使用的假设和方法，及其与以前期间的一致性。

如果书面文件中未明确说明上述内容，注册会计师应当直接与专家沟通，以获取相关审计证据。

第十一条　注册会计师应当考虑在项目组讨论被审计单位财务报表存在重大错报的可能性时，是否邀请专家参与讨论。

第五章　评价专家的工作

第十二条　在将专家工作结果作为审计证据时，注册会计师应当评价专家工作的适当性，包括评价专家工作结果是否在财务报表中得到适当的反映或支持相关认定，以及考虑下列因素：

(一) 专家使用的原始数据；

(二) 专家使用的假设和方法，及其与以前期间的一致性；

(三) 专家工作的结果与注册会计师对被审计单位的了解和实施其他审计程序的结果是否相符。

第十三条　在考虑专家使用的原始数据是否适合具体情况时，注册会计师应当考虑实施下列审计程序：

(一) 询问专家为确信原始数据是否相关和可靠而实施的程序；

(二) 复核或测试专家使用的原始数据。

第十四条　专家应当对其选择的假设和方法的适当性、合理性及其运用负责。

注册会计师不具备与专家同等的专业技能，对专家选择的假设和方法提出异议存在一定的困难。但是，注册会计师应当了解专家选择的假设和方法，并根据对被审计单位的了解和实施其他审计程序的结果，考虑专家选择的假设和方法是否适当和合理。

第十五条 如果专家工作结果未能提供充分、适当的审计证据，或专家工作结果与其他审计证据不一致，注册会计师应当考虑采取下列措施：

(一) 与被审计单位和专家讨论；

(二) 实施追加的审计程序，包括聘请其他专家；

(三) 出具非无保留意见的审计报告。

第六章 在审计报告中提及专家的工作

第十六条 当出具无保留意见的审计报告时，注册会计师不应在审计报告中提及专家的工作。

第十七条 如果专家工作结果致使注册会计师出具非无保留意见的审计报告，注册会计师应当考虑在审计报告中提及或描述专家的工作，包括专家的身份和专家的参与程度等。在这种情况下，注册会计师应当征得专家的同意。如果专家不同意而注册会计师认为有必要提及，注册会计师应当征询法律意见。

第七章 附 则

第十八条 本准则自2007年1月1日起施行。

三十、中国注册会计师审计准则第1501号——审计报告

第一章 总 则

第一条 为了规范注册会计师形成审计意见和出具审计报告，制定本准则。

第二条 本准则适用于注册会计师执行整套通用目的财务报表(以下简称财务报表)审计业务。

第三条 本准则所称审计报告，是指注册会计师根据中国注册会计师审计准则的规定，在实施审计工作的基础上对被审计单位财务报表发表审计意见的书面文件。

第四条 注册会计师应当在审计报告中清楚地表达对财务报表的意见，并对出具的审计报告负责。

第五条 注册会计师应当将已审计的财务报表附于审计报告后。

第二章 审计意见的形成

第六条 注册会计师应当评价根据审计证据得出的结论，以作为对财务报表形成审计意见的基础。

第七条 在对财务报表形成审计意见时，注册会计师应当根据已获取的审计证据，评价是否已对财务报表整体不存在重大错报获取合理保证。

第八条 在评价财务报表是否按照适用的会计准则和相关会计制度的规定编制时，注册会计师应当考虑下列内容：

(一) 选择和运用的会计政策是否符合适用的会计准则和相关会计制度，并适合于被审计单位的具体情况；

(二) 管理层作出的会计估计是否合理；

(三) 财务报表反映的信息是否具有相关性、可靠性、可比性和可理解性；

(四) 财务报表是否作出充分披露，使财务报表使用者能够理解重大交易和事项对被审计单位财务状况、经营成果和现金流量的影响。

第九条 在评价财务报表是否作出公允反映时，注册会计师应当考虑下列内容：

(一) 经管理层调整后的财务报表，是否与注册会计师对被审计单位及其环境的了解一致；

(二) 财务报表的列报、结构和内容是否合理；

(三) 财务报表是否真实地反映了交易和事项的经济实质。

第三章 审计报告的基本内容

第十条 审计报告应当包括下列要素：

(一) 标题；

(二) 收件人；

(三) 引言段；

（四）管理层对财务报表的责任段；

（五）注册会计师的责任段；

（六）审计意见段；

（七）注册会计师的签名和盖章；

（八）会计师事务所的名称、地址及盖章；

（九）报告日期。

第十一条　审计报告的标题应当统一规范为“审计报告”。

第十二条　审计报告的收件人是指注册会计师按照业务约定书的要求致送审计报告的对象，一般是指审计业务的委托人。审计报告应当载明收件人的全称。

第十三条　审计报告的引言段应当说明被审计单位的名称和财务报表已经过审计，并包括下列内容：

（一）指出构成整套财务报表的每张财务报表的名称；

（二）提及财务报表附注；

（三）指明财务报表的日期和涵盖的期间。

第十四条　管理层对财务报表的责任段应当说明，按照适用的会计准则和相关会计制度的规定编制财务报表是管理层的责任，这种责任包括：

（一）设计、实施和维护与财务报表编制相关的内部控制，以使财务报表不存在由于舞弊或错误而导致的重大错报；

（二）选择和运用恰当的会计政策；

（三）作出合理的会计估计。

第十五条　注册会计师的责任段应当说明下列内容：

（一）注册会计师的责任是在实施审计工作的基础上对财务报表发表审计意见。注册会计师按照中国注册会计师审计准则的规定执行了审计工作。中国注册会计师审计准则要求注册会计师遵守职业道德规范，计划和实施审计工作以对财务报表是否不存在重大错报获取合理保证。

（二）审计工作涉及实施审计程序，以获取有关财务报表金额和披露的审计证据。选择的审计程序取决于注册会计师的判断，包括对由于舞弊或错误导致的财务报表重大错报风险的评估。在进行风险评估时，注册会计师考虑与财务报表编制相关的内部控制，以设计恰当的审计程序，但目的并非对内部控制的有效性发表意见。审计工作还包括评价管理层选用会计政策的恰当性和作出会计估计的合理性，以及评价财务报表的总体列报。

（三）注册会计师相信已获取的审计证据是充分、适当的，为其发表审计意见提供了基础。

如果接受委托，结合财务报表审计对内部控制有效性发表意见，注册会计师应当省略本条第（二）项中“但目的并非对内部控制的有效性发表意见”的术语。

第十六条　审计意见段应当说明，财务报表是否按照适用的会计准则和相关会计制度的规定编制，是否在所有重大方面公允反映了被审计单位的财务状况、经营成果和现金流量。

第十七条　如果认为财务报表符合下列所有条件，注册会计师应当出具无保留意见的审计报告：

（一）财务报表已经按照适用的会计准则和相关会计制度的规定编制，在所有重大方面公允反映了被审计单位的财务状况、经营成果和现金流量；

（二）注册会计师已经按照中国注册会计师审计准则的规定计划和实施审计工作，在审计过程中未受到限制。

当出具无保留意见的审计报告时，注册会计师应当以“我们认为”作为意见段的开头，并使用“在所有重大方面”、“公允反映”等术语。

第十八条　当注册会计师出具的无保留意见的审计报告不附加说明段、强调事项段或任何修饰性用语时，该报告称为标准审计报告。

注册会计师出具非标准审计报告时，应当遵守《中国注册会计师审计准则第1502号——非标准审计报告》和本准则的相关规定。

第十九条　审计报告应当由注册会计师签名并盖章。

第二十条　审计报告应当载明会计师事务所的名称和地址，并加盖会计师事务所公章。

第二十一条 审计报告应当注明报告日期。审计报告的日期不应早于注册会计师获取充分、适当的审计证据(包括管理层认可对财务报表的责任且已批准财务报表的证据),并在此基础上对财务报表形成审计意见的日期。

第四章 附 则

第二十二条 本准则自2007年1月1日起施行。

附录:

标准审计报告的参考格式

审计报告

ABC股份有限公司全体股东:

我们审计了后附的ABC股份有限公司(以下简称ABC公司)财务报表,包括20×1年12月31日的资产负债表,20×1年度的利润表、股东权益变动表和现金流量表以及财务报表附注。

一、管理层对财务报表的责任

按照企业会计准则和《××会计制度》的规定编制财务报表是ABC公司管理层的责任。这种责任包括:(1)设计、实施和维护与财务报表编制相关的内部控制,以使财务报表不存在由于舞弊或错误而导致的重大错报;(2)选择和运用恰当的会计政策;(3)作出合理的会计估计。

二、注册会计师的责任

我们的责任是在实施审计工作的基础上对财务报表发表审计意见。我们按照中国注册会计师审计准则的规定执行了审计工作。中国注册会计师审计准则要求我们遵守职业道德规范,计划和实施审计工作以对财务报表是否不存在重大错报获取合理保证。

审计工作涉及实施审计程序,以获取有关财务报表金额和披露的审计证据。选择的审计程序取决于注册会计师的判断,包括对由于舞弊或错误导致的财务报表重大错报风险的评估。在进行风险评估时,我们考虑与财务报表编制相关的内部控制,以设计恰当的审计程序,但目的并非对内部控制的有效性发表意见。审计工作还包括评价管理层选用会计政策的恰当性和作出会计估计的合理性,以及评价财务报表的总体列报。

我们相信,我们获取的审计证据是充分、适当的,为发表审计意见提供了基础。

三、审计意见

我们认为,ABC公司财务报表已经按照企业会计准则和《××会计制度》的规定编制,在所有重大方面公允反映了ABC公司20×1年12月31日的财务状况以及20×1年度的经营成果和现金流量。

××会计师事务所　　　　　　　　　　中国注册会计师:×××
(盖章)　　　　　　　　　　　　　　(签名并盖章)

中国注册会计师:×××
(签名并盖章)

中国××市
二〇×二年×月×日

三十一、中国注册会计师审计准则第1502号——非标准审计报告

第一章 总 则

第一条 为了规范注册会计师出具非标准审计报告,制定本准则。

第二条 本准则适用于注册会计师执行整套通用目的的财务报表(以下简称财务报表)审计业务。

第三条 本准则所称非标准审计报告,是指标准审计报告以外的其他审计报告,包括带强调事项段的

无保留意见的审计报告和非无保留意见的审计报告。

非无保留意见的审计报告包括保留意见的审计报告、否定意见的审计报告和无法表示意见的审计报告。

第四条 注册会计师在出具非标准审计报告时,应当遵守本准则和《中国注册会计师审计准则第1501号——审计报告》的相关规定。

第二章 审计报告的强调事项段

第五条 审计报告的强调事项段是指注册会计师在审计意见段之后增加的对重大事项予以强调的段落。

强调事项应当同时符合下列条件:

(一) 可能对财务报表产生重大影响,但被审计单位进行了恰当的会计处理,且在财务报表中作出充分披露;

(二) 不影响注册会计师发表的审计意见。

第六条 当存在可能导致对持续经营能力产生重大疑虑的事项或情况、但不影响已发表的审计意见时,注册会计师应当在审计意见段之后增加强调事项段对此予以强调。

第七条 当存在可能对财务报表产生重大影响的不确定事项(持续经营问题除外)、但不影响已发表的审计意见时,注册会计师应当考虑在审计意见段之后增加强调事项段对此予以强调。

不确定事项是指其结果依赖于未来行动或事项,不受被审计单位的直接控制,但可能影响财务报表的事项。

第八条 除本准则第六条和第七条规定的两种情形以及其他审计准则规定的增加强调事项段的情形外,注册会计师不应在审计报告的审计意见段之后增加强调事项段或任何解释性段落,以免财务报表使用者产生误解。

第九条 注册会计师应当在强调事项段中指明,该段内容仅用于提醒财务报表使用者关注,并不影响已发表的审计意见。

第三章 非无保留意见的审计报告

第十条 当存在下列情形之一时,如果认为对财务报表的影响是重大的或可能是重大的,注册会计师应当出具非无保留意见的审计报告:

(一) 注册会计师与管理层在被审计单位会计政策的选用、会计估计的作出或财务报表的披露方面存在分歧;

(二) 审计范围受到限制。

第十一条 如果认为财务报表整体是公允的,但还存在下列情形之一,注册会计师应当出具保留意见的审计报告:

(一) 会计政策的选用、会计估计的作出或财务报表的披露不符合适用的会计准则和相关会计制度的规定,虽影响重大,但不至于出具否定意见的审计报告;

(二) 因审计范围受到限制,不能获取充分、适当的审计证据,虽影响重大,但不至于出具无法表示意见的审计报告。

当出具保留意见的审计报告时,注册会计师应当在审计意见段中使用"除……的影响外"等术语。如果因审计范围受到限制,注册会计师还应当在注册会计师的责任段中提及这一情况。

第十二条 如果认为财务报表没有按照适用的会计准则和相关会计制度的规定编制,未能在所有重大方面公允反映被审计单位的财务状况、经营成果和现金流量,注册会计师应当出具否定意见的审计报告。

当出具否定意见的审计报告时,注册会计师应当在审计意见段中使用"由于上述问题造成的重大影响"、"由于受到前段所述事项的重大影响"等术语。

第十三条 如果审计范围受到限制可能产生的影响非常重大和广泛,不能获取充分、适当的审计证据,以至于无法对财务报表发表审计意见,注册会计师应当出具无法表示意见的审计报告。

当出具无法表示意见的审计报告时,注册会计师应当删除注册会计师的责任段,并在审计意见段中使用"由于审计范围受到限制可能产生的影响非常重大和广泛"、"我们无法对上述财务报表发表意见"等术语。

第十四条 当出具非无保留意见的审计报告时，注册会计师应当在注册会计师的责任段之后、审计意见段之前增加说明段，清楚地说明导致所发表意见或无法发表意见的所有原因，并在可能情况下，指出其对财务报表的影响程度。

审计报告的说明段是指审计报告中位于审计意见段之前用于描述注册会计师对财务报表发表保留意见、否定意见或无法表示意见理由的段落。

第四章 附 则

第十五条 本准则自2007年1月1日起施行。

附录：

非标准审计报告的参考格式

1. 带强调事项段的无保留意见的审计报告

审 计 报 告

ABC股份有限公司全体股东：

我们审计了后附的ABC股份有限公司(以下简称ABC公司)财务报表，包括20×1年12月31日的资产负债表，20×1年度的利润表、股东权益变动表和现金流量表以及财务报表附注。

一、管理层对财务报表的责任

按照企业会计准则和《××会计制度》的规定编制财务报表是ABC公司管理层的责任。这种责任包括：(1)设计、实施和维护与财务报表编制相关的内部控制，以使财务报表不存在由于舞弊或错误而导致的重大错报；(2)选择和运用恰当的会计政策；(3)作出合理的会计估计。

二、注册会计师的责任

我们的责任是在实施审计工作的基础上对财务报表发表审计意见。我们按照中国注册会计师审计准则的规定执行了审计工作。中国注册会计师审计准则要求我们遵守职业道德规范，计划和实施审计工作以对财务报表是否不存在重大错报获取合理保证。

审计工作涉及实施审计程序，以获取有关财务报表金额和披露的审计证据。选择的审计程序取决于注册会计师的判断，包括对由于舞弊或错误导致的财务报表重大错报风险的评估。在进行风险评估时，我们考虑与财务报表编制相关的内部控制，以设计恰当的审计程序，但目的并非对内部控制的有效性发表意见。审计工作还包括评价管理层选用会计政策的恰当性和作出会计估计的合理性，以及评价财务报表的总体列报。

我们相信，我们获取的审计证据是充分、适当的，为发表审计意见提供了基础。

三、审计意见

我们认为，ABC公司财务报表已经按照企业会计准则和《××会计制度》的规定编制，在所有重大方面公允反映了ABC公司20×1年12月31日的财务状况以及20×1年度的经营成果和现金流量。

四、强调事项

我们提醒财务报表使用者关注，如财务报表附注×所述，ABC公司在20×1年发生亏损×万元，在20×1年12月31日，流动负债高于资产总额×万元。ABC公司已在财务报表附注×充分披露了拟采取的改善措施，但其持续经营能力仍然存在重大不确定性。本段内容不影响已发表的审计意见。

××会计师事务所　　　　中国注册会计师：×××
（盖章）　　　　（签名并盖章）

中国注册会计师：×××
（签名并盖章）

中国××市
二〇×二年×月×日

2. 保留意见的审计报告(审计范围受到限制)

审 计 报 告

ABC 股份有限公司全体股东：

我们审计了后附的 ABC 股份有限公司(以下简称 ABC 公司)财务报表，包括 20×1 年 12 月 31 日的资产负债表，20×1 年度的利润表、股东权益变动表和现金流量表以及财务报表附注。

一、管理层对财务报表的责任

按照企业会计准则和《××会计制度》的规定编制财务报表是 ABC 公司管理层的责任。这种责任包括：(1)设计、实施和维护与财务报表编制相关的内部控制，以使财务报表不存在由于舞弊或错误而导致的重大错报；(2)选择和运用恰当的会计政策；(3)作出合理的会计估计。

二、注册会计师的责任

我们的责任是在实施审计工作的基础上对财务报表发表审计意见。除本报告“三、导致保留意见的事项”所述事项外，我们按照中国注册会计师审计准则的规定执行了审计工作。中国注册会计师审计准则要求我们遵守职业道德规范，计划和实施审计工作以对财务报表是否不存在重大错报获取合理保证。

审计工作涉及实施审计程序，以获取有关财务报表金额和披露的审计证据。选择的审计程序取决于注册会计师的判断，包括对由于舞弊或错误导致的财务报表重大错报风险的评估。在进行风险评估时，我们考虑与财务报表编制相关的内部控制，以设计恰当的审计程序，但目的并非对内部控制的有效性发表意见。审计工作还包括评价管理层选用会计政策的恰当性和作出会计估计的合理性，以及评价财务报表的总体列报。

我们相信，我们获取的审计证据是充分、适当的，为发表审计意见提供了基础。

三、导致保留意见的事项

ABC 公司 20×1 年 12 月 31 日的应收账款余额×万元，占资产总额的×%。由于 ABC 公司未能提供债务人地址，我们无法实施函证以及其他审计程序，以获取充分、适当的审计证据。

四、审计意见

我们认为，除了前段所述未能实施函证可能产生的影响外，ABC 公司财务报表已经按照企业会计准则和《××会计制度》的规定编制，在所有重大方面公允反映了 ABC 公司 20×1 年 12 月 31 日的财务状况以及 20×1 年度的经营成果和现金流量。

××会计师事务所　　　　中国注册会计师：×××
(盖章)　　　　(签名并盖章)

中国注册会计师：×××
(签名并盖章)

中国××市
二〇×二年×月×日

3. 否定意见的审计报告

审 计 报 告

ABC 股份有限公司全体股东：

我们审计了后附的 ABC 股份有限公司(以下简称 ABC 公司)财务报表，包括 20×1 年 12 月 31 日的资产负债表，20×1 年度的利润表、股东权益变动表和现金流量表以及财务报表附注。

一、管理层对财务报表的责任

按照企业会计准则和《××会计制度》的规定编制财务报表是 ABC 公司管理层的责任。这种责任包括：(1)设计、实施和维护与财务报表编制相关的内部控制，以使财务报表不存在由于舞弊或错误而导致的重大错报；(2)选择和运用恰当的会计政策；(3)作出合理的会计估计。

二、注册会计师的责任

我们的责任是在实施审计工作的基础上对财务报表发表审计意见。我们按照中国注册会计师审计准则的规定执行了审计工作。中国注册会计师审计准则要求我们遵守职业道德规范，计划和实施审计工作以对财务报表是否不存在重大错报获取合理保证。

审计工作涉及实施审计程序，以获取有关财务报表金额和披露的审计证据。选择的审计程序取决于注册会计师的判断，包括对由于舞弊或错误导致的财务报表重大错报风险的评估。在进行风险评估时，我们考虑与财务报表编制相关的内部控制，以设计恰当的审计程序，但目的并非对内部控制的有效性发表意见。审计工作还包括评价管理层选用会计政策的恰当性和作出会计估计的合理性，以及评价财务报表的总体列报。

我们相信，我们获取的审计证据是充分、适当的，为发表审计意见提供了基础。

三、导致否定意见的事项

如财务报表附注×所述，ABC公司的长期股权投资未按企业会计准则的规定采用权益法核算。如果按权益法核算，ABC公司的长期投资账面价值将减少×万元，净利润将减少×万元，从而导致ABC公司由盈利×万元变为亏损×万元。

四、审计意见

我们认为，由于受到前段所述事项的重大影响，ABC公司财务报表没有按照企业会计准则和《××会计制度》的规定编制，未能在所有重大方面公允反映ABC公司20×1年12月31日的财务状况以及20×1年度的经营成果和现金流量。

××会计师事务所　　　　　　　　　　　　中国注册会计师：×××
（盖章）　　　　　　　　　　　　　　　　（签名并盖章）

中国注册会计师：×××
（签名并盖章）

中国××市
二○×二年×月×日

4. 无法表示意见的审计报告

审计报告

ABC股份有限公司全体股东：

我们接受委托，审计后附的ABC股份有限公司（以下简称ABC公司）财务报表，包括20×1年12月31日的资产负债表，20×1年度的利润表、股东权益变动表和现金流量表以及财务报表附注。

一、管理层对财务报表的责任

按照企业会计准则和《××会计制度》的规定编制财务报表是ABC公司管理层的责任。这种责任包括：(1)设计、实施和维护与财务报表编制相关的内部控制，以使财务报表不存在由于舞弊或错误而导致的重大错报；(2)选择和运用恰当的会计政策；(3)作出合理的会计估计。

二、导致无法表示意见的事项

ABC公司未对20×1年12月31日的存货进行盘点，金额为×万元，占期末资产总额的40%。我们无法实施存货监盘，也无法实施替代审计程序，以对期末存货的数量和状况获取充分、适当的审计证据。

三、审计意见

由于上述审计范围受到限制可能产生的影响非常重大和广泛，我们无法对ABC公司财务报表发表意见。

××会计师事务所　　　　　　　　　　　　中国注册会计师：×××
（盖章）　　　　　　　　　　　　　　　　（签名并盖章）

中国注册会计师：×××
（签名并盖章）

中国××市
二○×二年×月×日

三十二、中国注册会计师审计准则第1511号——比较数据

第一章　总　则

第一条　为了明确注册会计师对比较数据的责任，制定本准则。

第二条　本准则适用于注册会计师执行财务报表审计业务。

第三条　本准则所称比较数据，是指作为本期财务报表组成部分的上期对应数和相关披露。比较数据本身不构成完整的财务报表，应当与本期相关的金额和披露联系起来阅读。

第四条　本准则不涉及与已审计财务报表一同披露的简要财务报表的情形。

第二章　注册会计师的责任

第五条　注册会计师应当获取充分、适当的审计证据，以确定比较数据的编制是否符合适用的会计准则和相关会计制度的规定。

注册会计师针对比较数据实施的审计程序的范围明显小于针对本期数据实施的审计程序的范围，通常限于评价比较数据是否正确列报和适当分类。

在执行本条第一款的规定时，注册会计师应当评价下列事项：

（一）比较数据采用的会计政策与本期数据采用的会计政策是否一致；如不一致，是否已经作出适当调整和充分披露；

（二）比较数据与上期财务报表反映的金额和相关披露是否一致；如不一致，是否已经作出适当调整和充分披露。

第六条　如果上期财务报表由前任注册会计师审计，或未经审计，注册会计师应当评价比较数据是否符合本准则第五条的规定，并按照《中国注册会计师审计准则第1331号——首次接受委托时对期初余额的审计》的规定实施审计程序，获取充分、适当的审计证据。

第七条　在实施本期审计时，如果注意到比较数据可能存在重大错报，注册会计师应当根据实际情况实施追加的审计程序。

第三章　报　告

第八条　由于审计意见是针对包括比较数据在内的本期财务报表整体发表的，注册会计师通常无需在审计报告中特别提及比较数据。

只有出现本准则第九条、第十条第二款、第十一条第（二）项和第（三）项、第十三条以及第十四条所述的情形，注册会计师才应当在审计报告中提及比较数据。

第九条　如果以前针对上期财务报表出具了非无保留意见的审计报告，且导致非无保留意见的事项仍未解决，注册会计师应当分下列两种情况予以处理：

（一）如果未解决的事项导致对本期数据出具非无保留意见的审计报告，注册会计师应当在审计报告中对比较数据和本期数据发表非无保留意见；

（二）如果未解决的事项不导致对本期数据出具非无保留意见的审计报告，注册会计师应当在审计报告中对比较数据发表非无保留意见。

第十条　当以前针对上期财务报表出具的审计报告为非无保留意见的审计报告时，如果导致非无保留意见的事项已经解决，并已在本期财务报表中得到恰当处理，注册会计师针对本期财务报表出具的审计报告通常不再提及该事项。

如果导致非无保留意见的事项虽已解决，但对本期仍很重要，注册会计师可在审计报告中增加强调事项段提及这一情况。

第十一条　注册会计师在对本期财务报表进行审计时，可能注意到影响上期财务报表的重大错报，而以前未就该重大错报出具非无保留意见的审计报告。在这种情况下，注册会计师应当考虑《中国注册会计师审计准则第1332号——期后事项》的规定，并区分下列情况予以处理：

（一）如果上期财务报表已经更正，并已重新出具审计报告，注册会计师应当获取充分、适当的审计证据，以确定比较数据与更正的财务报表是否一致；

（二）如果上期财务报表未经更正，也未重新出具审计报告，且比较数据未经恰当重述和充分披露，注

册会计师应当对本期财务报表出具非无保留意见的审计报告，说明比较数据对本期财务报表的影响；

（三）如果上期财务报表未经更正，也未重新出具审计报告，但比较数据已在本期财务报表中恰当重述和充分披露，注册会计师可以在审计报告中增加强调事项段，说明这一情况。

第四章　对新任注册会计师的补充要求

第十二条　如果上期财务报表已经前任注册会计师审计，后任注册会计师应当按照《中国注册会计师审计准则第1331号——首次接受委托时对期初余额的审计》的规定对本期期初余额实施审计程序，不得在审计报告中提及前任注册会计师。

第十三条　如果上期财务报表未经审计，注册会计师应当在审计报告中予以说明，但这种说明并不减轻注册会计师针对本期期初余额实施恰当的审计程序的责任。

第十四条　如果识别出比较数据存在重大错报，注册会计师应当要求管理层更正比较数据。如果管理层拒绝更正，注册会计师应当出具恰当的非无保留意见的审计报告。

第五章　附　　则

第十五条　本准则自2007年1月1日起施行。

三十三、中国注册会计师审计准则第1521号——含有已审计财务报表的文件中的其他信息

第一章　总　　则

第一条　为了规范注册会计师考虑含有已审计财务报表的文件中的其他信息，明确执业责任，制定本准则。

第二条　本准则适用于注册会计师执行财务报表审计业务。

第三条　注册会计师应当阅读其他信息，以识别其他信息与已审计财务报表存在的重大不一致。

第二章　其他信息

第四条　其他信息是指根据法律法规的规定或惯例，在被审计单位年度报告、招股说明书等文件中包含的除已审计财务报表和审计报告以外的其他财务信息和非财务信息。

其他信息主要包括：

（一）被审计单位管理层或治理层的经营报告；

（二）财务数据摘要；

（三）就业数据；

（四）计划的资本性支出；

（五）财务比率；

（六）董事和高级管理人员的姓名；

（七）择要列示的季度数据。

第五条　无论是否有法定或约定的义务对其他信息出具鉴证报告，注册会计师在对财务报表出具审计报告时都应当考虑其他信息，以防止其他信息与已审计财务报表之间存在的不一致可能导致已审计财务报表的可信赖程度受到损害。

第六条　如果有法定或约定的义务对某些其他信息实施特别的程序，当这些其他信息存在遗漏或缺陷时，注册会计师应当考虑是否在审计报告中提及该事项。

第七条　如果有法定或约定的义务对其他信息出具专项鉴证报告，注册会计师的责任取决于业务的性质、法律法规和相关执业准则的规定。

第八条　注册会计师应当提请被审计单位作出适当安排，以便在审计报告日前获取其他信息。如果在审计报告日前无法获取所有其他信息，注册会计师应当按照本准则第十八条至第二十二条的规定办理。

第九条　注册会计师应当按照中国注册会计师审计准则的规定对财务报表发表审计意见，但没有专门责任确定其他信息是否得到适当陈述。

第三章　重大不一致

第十条　重大不一致是指其他信息与已审计财务报表中的信息相矛盾。重大不一致可能会导致注册

会计师对根据以前获取的审计证据得出的审计结论产生怀疑，甚至对形成审计意见的基础产生怀疑。

第十一条　如果在阅读其他信息时发现重大不一致，注册会计师应当确定已审计财务报表或其他信息是否需要修改。

第十二条　如果需要修改已审计财务报表而被审计单位拒绝修改，注册会计师应当根据具体情况出具保留意见或否定意见的审计报告。

第十三条　如果需要修改其他信息而被审计单位拒绝修改，注册会计师应当考虑在审计报告中增加强调事项段说明该重大不一致，或采取其他措施。

其他措施取决于具体情况、不一致的性质和重要程度，包括不出具审计报告或解除业务约定；必要时，注册会计师应当征询法律意见。

第四章　对事实的重大错报

第十四条　在阅读其他信息以发现重大不一致时，注册会计师可能会注意到明显的对事实的重大错报。

对事实的重大错报是指在其他信息中，对与已审计财务报表所反映事项不相关的重要信息作出了不正确的表述或列报。

第十五条　如果注意到其他信息可能含有对事实的重大错报，注册会计师应当与管理层讨论该事项。

第十六条　如果仍然认为其他信息可能含有明显的对事实的重大错报，注册会计师应当提请管理层征询法律顾问等第三方的意见，并考虑收到的咨询意见。

第十七条　如果注册会计师确定其他信息中存在对事实的重大错报而管理层拒绝更正，注册会计师应当考虑采取适当的进一步措施。

进一步措施包括向治理层书面说明注册会计师对其他信息的关注，以及征询法律意见。

第五章　审计报告日后获取的其他信息

第十八条　当在审计报告日前无法获取所有其他信息时，注册会计师应当在审计报告日后尽早阅读其他信息以识别重大不一致。

第十九条　如果在阅读其他信息时发现重大不一致或注意到明显的对事实的重大错报，注册会计师应当确定是否需要修改已审计财务报表或其他信息。

第二十条　当需要修改已审计财务报表时，注册会计师应当按照《中国注册会计师审计准则第 1332 号——期后事项》的规定办理。

第二十一条　当需要修改其他信息且被审计单位同意修改时，注册会计师应当根据具体情况实施必要的审计程序。

审计程序可能包括复核管理层采取的措施能否确保所有收到原财务报表、审计报告及其他信息的人士了解所作的修改。

第二十二条　当需要修改其他信息而管理层拒绝修改时，注册会计师应当考虑采取适当的进一步措施。

进一步措施包括向治理层书面说明注册会计师对其他信息的关注，以及征询法律意见。

第六章　附　　则

第二十三条　本准则自 2007 年 1 月 1 日起施行。

三十四、中国注册会计师审计准则第 1601 号——对特殊目的审计业务出具审计报告

第一章　总　　则

第一条　为了规范注册会计师对特殊目的审计业务出具审计报告，制定本准则。

第二条　本准则所称特殊目的审计业务，是指注册会计师接受委托，对下列财务信息进行审计并出具审计报告的业务：

（一）按照企业会计准则和相关会计制度以外的其他基础（简称特殊基础）编制的财务报表；

（二）财务报表的组成部分，包括财务报表特定项目、特定账户或特定账户的特定内容；

（三）合同的遵守情况；

（四）简要财务报表。

第三条 注册会计师应当复核和评价在执行特殊目的审计业务过程中获取的审计证据和由此得出的结论，以作为发表审计意见的基础。

注册会计师应当以书面报告的形式清晰地表达审计意见。

第二章 总体要求

第四条 在执行特殊目的审计业务时，注册会计师实施的审计程序的性质、时间和范围因业务具体情况的不同而存在差异。在承接特殊目的的审计业务前，注册会计师应当与委托人就业务性质、审计报告的格式和内容等达成一致意见。

第五条 在计划审计工作时，注册会计师应当清楚了解所审计信息的用途及可能的使用者。为了避免审计报告被用于非预定目的，注册会计师可以在审计报告中说明出具审计报告的目的，以及在分发和使用上的限制。

第六条 除对简要财务报表出具的审计报告外，对其他特殊目的审计业务出具的审计报告应当包括下列要素：

（一）标题；

（二）收件人；

（三）引言段；

（四）范围段；

（五）审计意见段；

（六）注册会计师的签名和盖章；

（七）会计师事务所的名称、地址及盖章；

（八）报告日期。

第七条 引言段应当说明下列内容：

（一）所审计的财务信息；

（二）被审计单位管理层的责任和注册会计师的责任。

第八条 范围段应当说明下列内容：

（一）执行特殊目的的审计业务依据的审计准则；

（二）注册会计师已实施的工作。

第九条 审计意见段应当清楚地说明对财务信息发表的审计意见。

第十条 如果委托人要求按照指定格式出具审计报告，注册会计师应当考虑指定格式报告的实质要求及措辞。必要时，应当修改指定格式报告的措辞，或另附一份报告，以符合本准则的规定。

第十一条 如果所审计的信息基于某项合同的条款，注册会计师应当考虑管理层在编制信息时是否已对所依据的合同作出重要解释。

第十二条 注册会计师应当考虑对合同作出的重要解释是否已在财务信息中得到清晰的披露，并考虑是否有必要在审计报告中提醒信息使用者注意财务信息附注中对这些解释的描述。

第三章 对按照特殊基础编制的财务报表出具的审计报告

第十三条 特殊基础通常包括下列基础：

（一）计税基础；

（二）收付实现制基础；

（三）监管机构的报告要求。

第十四条 对按照特殊基础编制的财务报表，注册会计师应当在出具的审计报告中指明财务报表编制的基础，或提醒财务报表使用者注意财务信息附注中对编制基础作出的说明。

审计意见应当说明财务报表是否按照指定的特殊基础编制。

第十五条 注册会计师应当考虑财务报表的标题或附注是否清楚表明，该财务报表并非按照企业会计准则和相关会计制度的规定编制。

如果按照特殊基础编制的财务报表未能冠以适当的标题，或特殊基础未得到充分披露，注册会计师应当出具恰当的非无保留意见的审计报告。

第四章　对财务报表组成部分出具的审计报告

第十六条　注册会计师可能应委托人的要求对财务报表的一个或多个组成部分发表审计意见。这种类型的业务可以作为一项独立的业务予以承接，也可以连同财务报表审计一起承接。

第十七条　在确定财务报表组成部分的审计范围时，注册会计师应当考虑与所审计的财务报表组成部分相互关联，且可能对其具有重大影响的其他财务报表项目。

第十八条　注册会计师应当从对财务报表组成部分出具审计报告的角度考虑重要性概念。

第十九条　为避免信息使用者误认为对财务报表组成部分出具的审计报告与整套财务报表相关，注册会计师应当提请委托人不应将整套财务报表附于审计报告后。

第二十条　对财务报表组成部分出具审计报告时，注册会计师应当在审计报告中指明财务报表组成部分的编制基础，或提及规定编制基础的协议。

审计意见应当说明财务报表组成部分是否按照指定的编制基础编制。

第二十一条　如果已对整套财务报表出具否定意见或无法表示意见的审计报告，只有在组成部分并不构成财务报表的主要部分时，注册会计师才可以对组成部分出具审计报告。

第五章　对合同的遵守情况出具的审计报告

第二十二条　注册会计师可能应委托人的要求对合同的遵守情况出具审计报告。

第二十三条　只有当合同遵守情况的总体方面与会计和财务事项相关，且在注册会计师专业胜任能力范围内时，注册会计师才能承接该项业务。

如果该业务的某些方面超越注册会计师的专业胜任能力，注册会计师应当考虑利用专家的工作。

第二十四条　审计意见应当说明被审计单位是否遵守了合同的特定条款。

第六章　对简要财务报表出具的审计报告

第二十五条　为了满足某些财务报表使用者对被审计单位财务状况和经营成果主要情况的了解，被审计单位可能依据年度已审计财务报表编制一份简要财务报表。

只有对简要财务报表所依据的财务报表发表了审计意见，注册会计师才可对简要财务报表出具审计报告。

第二十六条　简要财务报表应当冠以适当的标题，以指明其所依据的已审计财务报表。

第二十七条　简要财务报表并未包含年度已审计财务报表中的所有信息。注册会计师在对简要财务报表发表审计意见时，不应使用“在所有重大方面”、“公允反映”等术语。

第二十八条　对简要财务报表出具的审计报告应当包括下列要素：

（一）标题；

（二）收件人；

（三）指出简要财务报表所依据的已审计财务报表；

（四）提及对已审计财务报表出具的审计报告的日期和意见类型；

（五）审计意见段；

（六）强调事项段；

（七）注册会计师的签名和盖章；

（八）会计师事务所的名称、地址及盖章；

（九）报告日期。

第二十九条　审计意见段应当说明，简要财务报表中的信息是否在所有重大方面与其依据的已审计财务报表一致。

如果对已审计财务报表出具了非无保留意见的审计报告，即使对简要财务报表的编制表示满意，注册会计师仍应在对简要财务报表出具的审计报告中指出，简要财务报表依据的已审计财务报表已被注册会计师出具非无保留意见的审计报告。

第三十条　审计报告的强调事项段应当指出，为了更好地理解被审计单位的财务状况、经营成果以及注册会计师实施审计工作的范围，简要财务报表应当与已审计财务报表以及审计报告一并阅读；或提醒财务报表使用者注意财务信息附注中对上述事项的说明。

第七章　附　　则

第三十一条　本准则自2007年1月1日起施行。

三十五、中国注册会计师审计准则第1602号——验资

第一章　总　　则

第一条　为了规范注册会计师执行验资业务，明确工作要求，制定本准则。

第二条　注册会计师在执行验资业务时，应当将本准则与相关审计准则结合使用。

第三条　本准则所称验资，是指注册会计师依法接受委托，对被审验单位注册资本的实收情况或注册资本及实收资本的变更情况进行审验，并出具验资报告。

验资分为设立验资和变更验资。设立验资是指注册会计师对被审验单位申请设立登记时的注册资本实收情况进行的审验。变更验资是指注册会计师对被审验单位申请变更登记时的注册资本及实收资本的变更情况进行的审验。

本准则所称被审验单位，是指在中华人民共和国境内拟设立或已设立的，依法应当接受验资的有限责任公司和股份有限公司。

第四条　按照法律法规以及协议、合同、章程的要求出资，提供真实、合法、完整的验资资料，保护资产的安全、完整，是出资者和被审验单位的责任。

第五条　按照本准则的规定，对被审验单位注册资本的实收情况或注册资本及实收资本的变更情况进行审验，出具验资报告，是注册会计师的责任。

注册会计师的责任不能减轻出资者和被审验单位的责任。

第六条　注册会计师执行验资业务，应当遵守相关的职业道德规范，恪守独立、客观、公正的原则，保持专业胜任能力和应有的关注，并对执业过程中获知的信息保密。

第二章　业务约定书

第七条　注册会计师应当了解被审验单位基本情况，考虑自身独立性和专业胜任能力，初步评估验资风险，以确定是否接受委托。

第八条　注册会计师应当就下列主要事项与委托人沟通，并达成一致意见：

（一）委托目的；

（二）出资者和被审验单位的责任以及注册会计师的责任；

（三）审验范围；

（四）时间要求；

（五）验资收费；

（六）报告分发和使用的限制。

第九条　如果接受委托，注册会计师应当与委托人就双方达成一致的事项签订业务约定书。

第三章　计划、程序与记录

第十条　注册会计师执行验资业务，应当编制验资计划，对验资工作作出合理安排。

第十一条　注册会计师应当向被审验单位获取注册资本实收情况明细表或注册资本、实收资本变更情况明细表。

第十二条　设立验资的审验范围一般限于与被审验单位注册资本实收情况有关的事项，包括出资者、出资币种、出资金额、出资时间、出资方式和出资比例等。

第十三条　变更验资的审验范围一般限于与被审验单位注册资本及实收资本增减变动情况有关的事项。

增加注册资本及实收资本时，审验范围包括与增资相关的出资者、出资币种、出资金额、出资时间、出资方式、出资比例和相关会计处理，以及增资后的出资者、出资金额和出资比例等。

减少注册资本及实收资本时，审验范围包括与减资相关的减资者、减资币种、减资金额、减资时间、减资方式、债务清偿或债务担保情况、相关会计处理，以及减资后的出资者、出资金额和出资比例等。

第十四条　对于出资者投入的资本及其相关的资产、负债，注册会计师应当分别采用下列方法进行

审验：

（一）以货币出资的，应当在检查被审验单位开户银行出具的收款凭证、对账单及银行询证函回函等的基础上，审验出资者的实际出资金额和货币出资比例是否符合规定。对于股份有限公司向社会公开募集的股本，还应当检查证券公司承销协议、募股清单和股票发行费用清单等。

（二）以实物出资的，应当观察、检查实物，审验其权属转移情况，并按照国家有关规定在资产评估的基础上审验其价值。如果被审验单位是外商投资企业，注册会计师应当按照国家有关外商投资企业的规定，审验实物出资的价值。

（三）以知识产权、土地使用权等无形资产出资的，应当审验其权属转移情况，并按照国家有关规定在资产评估的基础上审验其价值。如果被审验单位是外商投资企业，注册会计师应当按照国家有关外商投资企业的规定，审验无形资产出资的价值。

（四）以净资产折合实收资本的，或以资本公积、盈余公积、未分配利润转增注册资本及实收资本的，应当在审计的基础上按照国家有关规定审验其价值。

（五）以货币、实物、知识产权、土地使用权以外的其他财产出资的，注册会计师应当审验出资是否符合国家有关规定。

（六）外商投资企业的外方出资者以本条第（一）项至第（五）项所述方式出资的，注册会计师还应当关注其是否符合国家外汇管理有关规定，向企业注册地的外汇管理部门发出外方出资情况询证函，并根据外方出资者的出资方式附送银行询证函回函、资本项目外汇业务核准件及进口货物报关单等文件的复印件，以询证上述文件内容的真实性、合规性。

第十五条　对于出资者以实物、知识产权和土地使用权等非货币财产作价出资的，注册会计师应当在出资者依法办理财产权转移手续后予以审验。

第十六条　对于设立验资，如果出资者分次缴纳注册资本，注册会计师应当关注全体出资者的首次出资额和出资比例是否符合国家有关规定。

第十七条　对于变更验资，注册会计师应当关注被审验单位以前的注册资本实收情况，并关注出资者是否按照规定的期限缴纳注册资本。

第十八条　注册会计师在审验过程中利用专家协助工作时，应当考虑其专业胜任能力和客观性，并对利用专家工作结果所形成的审验结论负责。

第十九条　注册会计师应当向出资者和被审验单位获取与验资业务有关的重大事项的书面声明。

第二十条　注册会计师应当对验资过程及结果进行记录，形成验资工作底稿。

第四章　验资报告

第二十一条　注册会计师应当评价根据审验证据得出的结论，以作为形成审验意见和出具验资报告的基础。

第二十二条　验资报告应当包括下列要素：

（一）标题；

（二）收件人；

（三）范围段；

（四）意见段；

（五）说明段；

（六）附件；

（七）注册会计师的签名和盖章；

（八）会计师事务所的名称、地址及盖章；

（九）报告日期。

第二十三条　验资报告的标题应当统一规范为“验资报告”。

第二十四条　验资报告的收件人是指注册会计师按照业务约定书的要求致送验资报告的对象，一般是指验资业务的委托人。验资报告应当载明收件人的全称。

第二十五条　验资报告的范围段应当说明审验范围、出资者和被审验单位的责任、注册会计师的责任、审验依据和已实施的主要审验程序等。

第二十六条　验资报告的意见段应当说明已审验的被审验单位注册资本的实收情况或注册资本及实收资本的变更情况。

对于变更验资,注册会计师仅对本次注册资本及实收资本的变更情况发表审验意见。

第二十七条　验资报告的说明段应当说明验资报告的用途、使用责任及注册会计师认为应当说明的其他重要事项。

对于变更验资,注册会计师还应当在验资报告说明段中说明对以前注册资本实收情况审验的会计师事务所名称及其审验情况,并说明变更后的累计注册资本实收金额。

第二十八条　如果在注册资本及实收资本的确认方面与被审验单位存在异议,且无法协商一致,注册会计师应当在验资报告说明段中清晰地反映有关事项及其差异和理由。

第二十九条　验资报告的附件应当包括已审验的注册资本实收情况明细表或注册资本、实收资本变更情况明细表和验资事项说明等。

第三十条　验资报告应当由注册会计师签名并盖章。

第三十一条　验资报告应当载明会计师事务所的名称和地址,并加盖会计师事务所公章。

第三十二条　验资报告日期是指注册会计师完成审验工作的日期。

第三十三条　注册会计师在审验过程中,遇有下列情形之一时,应当拒绝出具验资报告并解除业务约定:

(一) 被审验单位或出资者不提供真实、合法、完整的验资资料的;

(二) 被审验单位或出资者对注册会计师应当实施的审验程序不予合作,甚至阻挠审验的;

(三) 被审验单位或出资者坚持要求注册会计师作不实证明的。

第三十四条　验资报告具有法定证明效力,供被审验单位申请设立登记或变更登记及据以向出资者签发出资证明时使用。

验资报告不应被视为对被审验单位验资报告日后资本保全、偿债能力和持续经营能力等的保证。委托人、被审验单位及其他第三方因使用验资报告不当所造成的后果,与注册会计师及其所在的会计师事务所无关。

第五章　附　　则

第三十五条　注册会计师执行有限责任公司和股份有限公司以外的其他单位的验资业务,除有特定要求者外,应当参照本准则办理。

第三十六条　本准则自2007年1月1日起施行。

三十六、中国注册会计师审计准则第1611号——商业银行财务报表审计

第一章　总　　则

第一条　为了规范注册会计师执行商业银行财务报表审计业务,制定本准则。

第二条　注册会计师在执行商业银行财务报表审计业务时,应当将本准则与相关审计准则结合使用。

第三条　本准则所称商业银行,是指依照《中华人民共和国公司法》和《中华人民共和国商业银行法》设立的从事吸收公众存款、发放贷款、办理结算等业务的企业法人。

第四条　商业银行通常具有下列主要特征:

(一) 经营大量货币性项目,要求建立健全严格的内部控制;

(二) 从事的交易种类繁多、次数频繁、金额巨大,要求建立严密的会计信息系统,并广泛使用计算机信息系统及电子资金转账系统;

(三) 分支机构众多、分布区域广、会计处理和控制职能分散,要求保持统一的操作规程和会计信息系统;

(四) 存在大量不涉及资金流动的资产负债表表外业务,要求采取控制程序进行记录和监控;

(五) 高负债经营,债权人众多,与社会公众利益密切相关,受到银行监管法规的严格约束和政府有关部门的严格监管。

第五条　商业银行具有下列主要风险:

（一）信用风险；
（二）国家风险和转移风险；
（三）市场风险；
（四）利率风险；
（五）流动性风险；
（六）操作风险；
（七）法律风险；
（八）声誉风险。

第六条　由于商业银行具有的特征和风险，注册会计师应当保持应有的职业谨慎，以将审计风险降至可接受的低水平。

第二章　接受业务委托

第七条　注册会计师应当初步了解商业银行的基本情况，评价自身独立性和专业胜任能力，初步评估审计风险，以确定是否接受业务委托。

第八条　在评价自身专业胜任能力时，注册会计师应当考虑：
（一）是否具备商业银行审计所需要的专门知识和技能；
（二）是否熟悉商业银行计算机信息系统及电子资金转账系统；
（三）是否具有对商业银行国内外分支机构实施审计的充足人力资源。

第九条　注册会计师在接受业务委托时，应当就审计目标和范围、双方的责任、审计报告的用途等事项与商业银行达成一致意见。

第三章　计划审计工作

第十条　在计划审计工作前，注册会计师应当了解商业银行下列主要情况：
（一）宏观经济形势对商业银行的影响；
（二）适用的银行监管法规及银行监管机构的监管程度；
（三）特殊会计惯例及问题；
（四）组织结构及资本结构；
（五）金融产品、服务及市场状况；
（六）风险及管理策略；
（七）相关内部控制；
（八）计算机信息系统及电子资金转账系统；
（九）资产、负债结构及信贷资产质量；
（十）主要贷款对象所处行业状况；
（十一）重大诉讼。

第十一条　在了解上述情况时，注册会计师应当重点查阅商业银行下列资料：
（一）章程、营业执照、经营许可证等法律文件；
（二）组织结构图；
（三）股东会、董事会、监事会及管理委员会的会议纪要；
（四）年度财务报表和中期财务报表；
（五）分部报告；
（六）风险管理策略和相关报告；
（七）有关控制程序和会计信息系统的文件；
（八）计算机信息系统和电子资金转账系统硬件、软件清单及流程图；
（九）信贷、投资等经营政策；
（十）银行监管机构的检查报告和有关文件；
（十一）内部审计报告；
（十二）经营计划、资本补足计划；
（十三）重大诉讼法律文书；

（十四）金融产品和服务营销手册；

（十五）新近颁布的影响商业银行经营的法规。

第十二条　在制定总体审计策略时，注册会计师应当考虑下列主要事项：

（一）重要性水平；

（二）预期的重大错报风险；

（三）商业银行使用计算机信息系统和电子资金转账系统的程度；

（四）商业银行内部控制的预期可信赖程度；

（五）重点审计领域；

（六）商业银行持续经营假设的合理性；

（七）利用内部审计的工作；

（八）利用专家的工作；

（九）利用其他注册会计师的工作；

（十）利用银行监管机构的检查报告及有关文件；

（十一）审计工作的组织与安排。

第十三条　在确定重要性水平时，注册会计师应当考虑：

（一）相对小的错报对资产负债表的影响可能不重要，但对利润表和资本充足率可能产生重大影响；

（二）既影响资产负债表又影响利润表的错报，比只影响资产、负债和资产负债表表外承诺的错报更重要；

（三）重要性水平有助于识别导致商业银行严重违反监管法规的错报。

第十四条　商业银行的重大错报风险较高，内部控制对防止或发现并纠正舞弊与错误至关重要；注册会计师应当评估重大错报风险，以确定检查风险的可接受水平。

第十五条　商业银行的计算机信息系统和电子资金转账系统具有下列重要作用，注册会计师应当关注其使用的方式和程度：

（一）计算和记录利息收入和支出；

（二）计算外汇和证券交易头寸，并记录相关的损益；

（三）提供资产、负债余额的最新记录；

（四）每日处理大量巨额交易。

第十六条　由于商业银行具有的特征和风险，注册会计师通常需要依赖控制测试而不能完全依赖实质性程序。

第十七条　注册会计师应当关注下列可能导致财务报表发生重大错报风险的重点审计领域：

（一）贷款损失准备；

（二）资产负债表表外业务；

（三）不符合银行监管法规的交易和事项；

（四）发生重大变动的财务报表项目；

（五）资产负债表日前后发生的重大一次性交易；

（六）高度复杂或投机性强的交易；

（七）非常规贷款；

（八）关联方交易；

（九）新金融产品或服务；

（十）受新近颁布的监管法规影响的业务领域。

第十八条　注册会计师应当考虑商业银行编制财务报表所依据的持续经营假设的合理性。

第十九条　内部审计是商业银行内部控制的重要组成部分，注册会计师应当考虑是否利用内部审计的工作。

第二十条　在评价计算机信息系统和电子资金转账系统等特殊领域时，注册会计师应当考虑是否利用专家的工作。

第二十一条　商业银行拥有的分支机构众多且分布区域广，注册会计师应当考虑是否利用其他注册会计师的工作。

第二十二条　注册会计师应当查阅商业银行持有的银行监管机构的检查报告和有关文件，以获取对确定重点审计领域有用的信息，提高审计效率。

第二十三条　在组织和安排审计工作时，注册会计师应当考虑：

（一）项目组组成及分工；

（二）其他注册会计师参与的程度；

（三）计划利用内部审计工作的程度；

（四）计划利用专家工作的程度；

（五）出具审计报告的时间要求；

（六）需要商业银行管理层提供的专项分析资料。

第二十四条　注册会计师应当根据总体审计策略制定具体审计计划，以合理确定进一步审计程序的性质、时间和范围。

第四章　了解和测试内部控制

第二十五条　注册会计师应当充分了解商业银行的相关内部控制，以确定有效的审计方案。

第二十六条　商业银行的相关内部控制应当实现下列目标：

（一）所有交易经管理层一般授权或特别授权方可执行；

（二）所有交易和事项以正确的金额，在恰当的会计期间及时记录于适当的账户，使编制的财务报表符合适用的会计准则和相关会计制度的规定；

（三）只有经过管理层授权才能接触资产和记录；

（四）将记录的资产与实有资产定期核对，并在出现差异时采取适当的措施；

（五）恰当履行受托保管协议规定的职责。

第二十七条　注册会计师应当了解商业银行分级授权体系的下列要素：

（一）有权批准特定交易的人员；

（二）授权遵守的程序；

（三）授权限额及条件；

（四）风险报告及监控。

第二十八条　注册会计师应当检查授权控制，以确定为各类交易设定的风险限额是否得到遵守，超出风险限额是否及时向适当层次管理人员报告。

第二十九条　由于临近资产负债表日发生的交易往往尚未完成，或在确定取得资产、承担债务的价值时缺乏依据，注册会计师应当重点检查这些交易的授权控制。

第三十条　在评价与交易和事项记录有关的内部控制的有效性时，注册会计师应当考虑：

（一）商业银行处理大量交易，其中单笔或数笔交易可能涉及巨额资金，需要定期执行试算平衡和调节程序，以及时发现差错并进行调查和纠正，将造成损失的风险降至最低；

（二）许多交易的会计核算有特殊规定，商业银行需要采取控制程序以保证这些规定得以遵守；

（三）有些交易不在资产负债表中列示，甚至不在财务报表附注中披露，商业银行需要采取控制程序保证这些交易以适当的方式被记录和监控，并能及时确认因交易状况变化而产生的损益；

（四）商业银行不断推出新的金融产品和服务，需要及时更新会计信息系统和相关内部控制；

（五）每日余额可能并不反映当日系统处理的全部交易量或最大损失风险，商业银行需要对最大交易量或最大损失风险保持控制；

（六）对大多数交易的记录应便于商业银行内部、商业银行客户及交易对方核对。

第三十一条　计算机信息系统和电子资金转账系统的广泛使用，对注册会计师评价商业银行的内部控制有重要影响。

注册会计师应当对影响系统开发、修改、接触、数据登录、网络安全和应急计划的相关内部控制进行评价。

注册会计师应当考虑商业银行使用电子资金转账系统的程度，评价交易前监督控制和交易后确认及调节程序的完整性。

第三十二条 商业银行的资产易于转移，金额巨大，仅通过实物控制难以奏效，管理层通常实施下列控制程序：

（一）凭借密码和接触控制，只有获得授权的人员才能操作计算机信息系统和电子资金转账系统；

（二）将资产接触与记录职责分离；

（三）由独立人员向第三方函证和调节资产余额。

注册会计师应当合理确信上述所有控制是否有效运行，必要时，复核或参与年末函证和调节程序。

第三十三条 将记录的资产与实有资产定期进行核对是一项重要的调节控制，该项控制具有下列重要作用：

（一）验证现金、有价证券等资产的存在性，及时发现舞弊与错误；

（二）检查易发生价值波动的资产计价的正确性；

（三）验证资产接触和授权控制运行的有效性。

注册会计师应当运用检查和询问等程序，测试该项控制的有效性。

第三十四条 在评价调节控制的有效性时，注册会计师应当考虑：

（一）需要调节的账户较多且调节频率较高；

（二）调节结果具有累积性；

（三）调节项目可能被不适当地结转到同一时期内未被调节和调查的账户。

第三十五条 在评价受托保管业务的内部控制有效性时，注册会计师应当考虑：

（一）是否由专门部门履行受托保管职责；

（二）是否将自有资产与受托保管资产适当分离；

（三）是否已对受托保管资产作出适当记录。

第三十六条 在评价特定控制程序有效性时，注册会计师应当考虑下列控制环境因素的影响：

（一）组织结构和权力、责任的划分；

（二）管理层监控工作的质量；

（三）内部审计工作的范围和效果；

（四）关键管理人员的素质；

（五）银行监管机构的监管程度。

第三十七条 对审计过程中注意到的商业银行内部控制的重大缺陷，注册会计师应当及时与治理层和管理层沟通。

第五章 实质性程序

第三十八条 注册会计师应当在评估商业银行财务报表重大错报风险的基础上，确定可接受的检查风险水平和实质性程序的性质、时间和范围。

第三十九条 注册会计师对重大错报风险的评估是一种判断，可能无法充分识别所有的重大错报风险，并且由于内部控制存在固有局限性，无论评估的重大错报风险结果如何，注册会计师都应当针对所有重大的各类交易、账户余额、列报（包括披露）实施实质性程序。

第四十条 在实施实质性程序时，注册会计师应当特别考虑运用下列重要审计程序：

（一）分析程序；

（二）监盘；

（三）检查；

（四）询问和函证。

第四十一条 注册会计师应当考虑对下列项目实施分析程序，以测试其总体合理性：

（一）利息收入、支出；

（二）手续费收入；

（三）贷款损失准备。

第四十二条 注册会计师应当考虑对下列项目实施监盘程序，以测试其存在性：

（一）现金；

（二）贵金属；

(三) 有价证券；

(四) 其他易转移资产。

第四十三条　在实施监盘程序时，注册会计师应当关注受托保管资产是否存在，是否与自有资产相混淆。

第四十四条　注册会计师应当考虑实施检查程序，以了解贷款协议、承诺协议等重要协议的条款，评价其约束力及相关会计处理的适当性。

第四十五条　注册会计师应当考虑实施询问和函证程序，以实现下列目的：

(一) 确认货币性资产、负债和资产负债表表外承诺的存在性和完整性；

(二) 获取经商业银行客户或交易对方确认的某项交易金额、条款和状况的审计证据；

(三) 获取不能直接从商业银行会计记录中得到的其他信息。

第四十六条　注册会计师应当考虑对下列事项实施函证程序：

(一) 存款、贷款和同业往来等账户的余额；

(二) 特定贷款抵押品的状况；

(三) 因担保、承诺和承兑等资产负债表表外业务产生的或有负债；

(四) 资产回购和返售协议以及未履约期权；

(五) 与远期外汇合约和其他未履行合约有关的信息；

(六) 委托保管的有价证券等项目。

第四十七条　为了提高审计效率，注册会计师应当考虑：

(一) 在资产负债表日前实施某些测试；

(二) 使用计算机辅助审计技术；

(三) 当存在大量同质账户或交易时，使用统计抽样技术。

第四十八条　在审计资产负债表表外业务时，注册会计师应当检查相应收入的来源，并实施其他审计程序，以证实：

(一) 相关会计记录是否完整；

(二) 计提的损失准备是否充足；

(三) 披露是否充分。

第四十九条　在审计关联方和关联方交易时，注册会计师应当实施必要的审计程序，以确定：

(一) 所有重要的关联方和关联方交易是否都已被识别；

(二) 所有重要的关联方交易是否都经适当授权；

(三) 关联方和关联方交易是否已按照适用的会计准则和相关会计制度的规定予以充分披露。

第五十条　在实施下列审计程序时，注册会计师可能注意到商业银行持续经营假设不再合理的迹象：

(一) 分析程序；

(二) 检查资产负债表日后事项；

(三) 检查债务协议条款的遵守情况；

(四) 查阅股东会、董事会、监事会及管理委员会的会议纪要；

(五) 向商业银行的法律顾问询问有关诉讼、索赔等情况；

(六) 函证关联方或第三方向商业银行提供财务支持的详细情况；

(七) 查阅商业银行持有的银行监管机构的检查报告和有关文件；

(八) 检查法定资本要求的遵守情况。

第五十一条　注册会计师应当关注商业银行持续经营假设不再合理的下列主要迹象：

(一) 贷款业务量显著下降；

(二) 不良贷款剧增；

(三) 大量贷款集中于陷入困境的行业；

(四) 过度依赖少数存款人的大额存款；

(五) 存款大量流失；

(六) 信用等级下降；

（七）未能达到银行监管机构规定的流动性监管指标；

（八）未能达到最低法定资本要求或未能遵守银行监管机构批准的资本补足计划；

（九）银行监管法规的变化已对商业银行经营产生重大不利影响；

（十）严重违反银行监管法规；

（十一）银行监管机构已对商业银行的不审慎经营表示关注或采取措施。

第五十二条 注册会计师应当就下列主要事项获取商业银行管理层声明：

（一）持有的银行监管机构的检查报告和有关文件已提供给注册会计师；

（二）长期投资和短期投资的分类准确地反映了管理层的计划和意图；

（三）确定公允价值所依据的假设是合理的；

（四）资本补足计划及其实施符合银行监管机构的要求，并已作充分的披露；

（五）或有负债已在财务报表中充分披露；

（六）关联方交易符合银行监管法规的规定，并已作充分的披露；

（七）对资产负债表日持有的有价证券、贷款等资产可能发生的损失计提充足的准备；

（八）具有重大风险的资产负债表表外业务已作充分的披露。

第六章 审计报告

第五十三条 注册会计师应当在实施必要的审计程序后，对财务报表进行总体复核，根据经过核实的审计证据形成审计意见，出具审计报告。

第五十四条 在评价审计证据、形成审计意见时，注册会计师应当考虑商业银行会计处理和报告的特殊规定。

第五十五条 在出具审计报告之前，注册会计师应当根据银行监管法规的有关要求，确定是否需要将重大事项告知银行监管机构。

第七章 附 则

第五十六条 本准则自2007年1月1日起施行。

三十七、中国注册会计师审计准则第1612号——银行间函证程序

第一章 总 则

第一条 为了规范注册会计师在商业银行财务报表审计中实施银行间函证程序，制定本准则。

第二条 本准则所称银行间函证程序，是指注册会计师为了获取影响商业银行财务报表或相关披露认定的项目的信息，以商业银行的名义向确认银行寄发询证函，获取和评价审计证据的过程。

本准则所称确认银行，是指接收商业银行的询证函并被请求回函的银行。

第三条 在实施银行间函证程序时，注册会计师应当保持应有的关注，对函证全过程进行控制。

第二章 询证函的编制与寄发

第四条 注册会计师在选择确认银行时，应当考虑与商业银行的账户余额或其他信息有关的下列主要因素：

（一）账户余额的大小；

（二）交易的性质、数量和金额；

（三）相关内部控制的可信赖程度；

（四）重要性与审计风险。

第五条 注册会计师应当采用积极的函证方式，要求确认银行对所函证的账户余额或其他信息予以回函。

第六条 注册会计师在编制询证函时，可选用下列方法：

（一）在询证函中列示账户余额或其他信息，要求确认银行确认其准确性和完整性；

（二）要求确认银行在询证函中列示账户余额或其他信息的详细情况，据以与商业银行的记录相比较。

在选用上述方法时，注册会计师应当考虑函证的目的、对审计证据质量的要求及回函的可能性。

第七条 注册会计师应当经商业银行同意，以商业银行的名义向确认银行寄发询证函，并要求确认银

行直接向注册会计师所在的会计师事务所回函。

第八条　注册会计师应当根据函证事项的性质等因素确定寄发询证函的时间。

第三章　函证的内容

第九条　注册会计师应当根据函证目的及商业银行会计信息系统等情况确定函证的内容。

第十条　注册会计师函证的内容主要包括：

（一）商业银行与确认银行之间的存款、贷款和同业往来等账户（包括零余额的往来账户和在函证日之前十二个月内注销的往来账户）的余额及到期日、利息条款、未使用的授信额度、抵销权、抵押权和质押权等详细情况。询证函应当载明账户摘要、账号和币种等有关信息。

（二）商业银行与确认银行之间因担保、承诺和承兑等资产负债表表外业务产生的或有负债。询证函应当载明或有负债的性质、币种和金额等有关信息。

（三）资产回购和返售协议以及未履约期权。询证函应当载明协议标的、签订日、到期日和达成交易的条件等有关信息。

（四）与远期外汇合约和其他未履行合约有关的信息。询证函应当载明每项合约的编号、交易日、到期日、成交价格、币种和金额等有关信息。

（五）确认银行代为保管的有价证券等项目。询证函应当载明项目摘要和权属等有关信息。

第四章　回函的评价

第十一条　在评价通过函证程序获取的审计证据是否充分时，注册会计师应当考虑：

（一）函证程序的可靠性；

（二）不符事项的性质和金额；

（三）实施其他审计程序获取的审计证据。

第十二条　当未收到确认银行的回函时，注册会计师应当实施替代审计程序。

第十三条　如果通过函证、替代审计程序和其他审计程序所获取的审计证据不充分，注册会计师应当扩大函证范围或追加审计程序。

第五章　附　则

第十四条　本准则自2007年1月1日起施行。

三十八、中国注册会计师审计准则第1613号——与银行监管机构的关系

第一章　总　则

第一条　为了明确在商业银行财务报表审计中商业银行治理层、管理层的责任和注册会计师的责任，促进注册会计师与银行监管机构之间的理解与合作，提高审计的有效性，制定本准则。

第二条　本准则适用于注册会计师执行商业银行财务报表审计业务，并适用于接受银行监管机构委托执行专项业务。

第二章　商业银行治理层和管理层的责任

第三条　商业银行的治理层和管理层应当按照《中华人民共和国公司法》、《中华人民共和国商业银行法》及其他法律法规的规定履行治理责任和管理责任。

第四条　商业银行的经营管理主要由治理层及其任命的管理层负责。这种责任旨在确保实现下列主要目的：

（一）商业银行工作人员具备充分的专业技能和诚信，关键岗位工作人员具有丰富的工作经验；

（二）针对商业银行各项业务建立并实施恰当的政策、制度和程序；

（三）建立适当的管理信息系统；

（四）具有适当的风险管理政策和程序；

（五）遵守包括有关偿付能力和流动性要求在内的法律法规及监管规定；

（六）充分保障股东、存款人及其他债权人的利益。

第五条　管理层负责建立会计信息系统，保持足以支持财务报表的会计记录，并按照适用的会计准则和相关会计制度的规定编制财务报表。管理层的责任还包括确保注册会计师完整地、不受限制地获得对财

务报表和审计意见产生重大影响的所有必需信息。

第六条 治理层有责任确保建立并维护有效的内部控制，并根据法律法规的规定成立审计委员会履行有关职责。为提高工作有效性，审计委员会应当允许和鼓励内部审计人员、注册会计师参加审计委员会会议。

第七条 管理层有责任按照相关法律法规的规定和治理层的要求，设立与商业银行规模及业务性质相适应的内部审计部门并保证其有效运行。

第八条 为保证审计工作充分有效，内部审计部门应当独立于所审计或核查的业务活动，并独立于日常内部控制过程。

商业银行的所有业务活动以及分支机构、子公司和其他组成部分都应纳入内部审计部门的核查范围。

内部审计部门应当定期向治理层和管理层报告内部控制及风险管理系统的运行情况，以及内部审计目标完成情况。管理层应当建立能够确保内部审计建议得到考虑、并在适当时得以实施的程序。

第九条 注册会计师对商业银行财务报表的审计不能减轻商业银行治理层和管理层的责任。

第三章 注册会计师的责任

第十条 注册会计师的责任是按照中国注册会计师审计准则(以下简称审计准则)的规定，对商业银行财务报表是否按照适用的会计准则和相关会计制度的规定编制，是否在所有重大方面公允反映商业银行的财务状况、经营成果和现金流量发表审计意见。

第十一条 注册会计师应当根据业务约定恰当致送审计报告，致送对象通常为股东或董事会，但审计报告也可能被存款人、债权人及银行监管机构等方面获取。

注册会计师的审计意见可以提高商业银行财务报表的可信赖程度，但不是对商业银行未来生存能力或管理层经营效率、效果提供的保证。

第十二条 注册会计师应当了解商业银行及其环境，以足够识别和评估财务报表重大错报风险、设计和实施进一步审计程序。

第十三条 在评估商业银行财务报表重大错报风险时，注册会计师应当考虑商业银行的特征，主要包括：

(一) 经营大量货币性项目，要求建立健全严格的内部控制；

(二) 从事的交易种类繁多、次数频繁、金额巨大，要求建立严密的会计信息系统，并广泛使用信息技术及电子资金转账系统；

(三) 分支机构众多，分布区域广，会计处理和控制职能分散，要求保持统一的操作规程和会计信息系统；

(四) 存在大量不涉及资金流动的资产负债表表外业务，要求采取控制程序进行记录和监控；

(五) 高负债经营，债权人众多，与社会公众利益密切相关，受到商业银行监管法规的严格约束和政府有关部门的严格监管。

第十四条 注册会计师应当针对评估的财务报表层次重大错报风险确定总体应对措施，并针对认定层次重大错报风险设计和实施进一步审计程序。

第十五条 商业银行的内部审计工作有助于注册会计师执行审计业务，注册会计师应当评价和考虑利用内部审计工作。

注册会计师在评价内部审计工作时，应当考虑内部审计部门在组织结构中的地位、工作范围、内部审计人员的专业胜任能力以及能否保持职业谨慎。

第十六条 职业判断贯穿于注册会计师审计工作的全过程。注册会计师主要在下列方面运用职业判断：

(一) 评估重大错报风险；

(二) 确定审计程序的性质、时间和范围；

(三) 评价审计程序的实施结果；

(四) 评估管理层在编制财务报表时所作出的判断和估计的合理性。

第十七条 注册会计师应当从财务报表层次和各类交易、账户余额、列报(包括披露)认定层次考虑重要性。

注册会计师审计商业银行财务报表时使用的重要性水平可能与其向银行监管机构提交专项报告时使用的重要性水平不同。

第十八条　注册会计师应当获取商业银行财务报表整体不存在重大错报的合理保证。但由于存在下列固有限制，注册会计师即使按照审计准则的规定恰当地计划和实施审计工作，也不可能绝对保证发现商业银行财务报表中的所有重大错报：

（一）选择性测试方法的运用；

（二）内部控制的固有局限性；

（三）大多数审计证据是说服性而非结论性的；

（四）为形成审计意见而实施的审计工作涉及大量判断；

（五）某些特殊性质的交易和事项可能影响审计证据的说服力。

第十九条　注册会计师应当考虑商业银行财务报表是否存在舞弊或错误导致的重大错报。

在考虑由舞弊导致的重大错报时，注册会计师应当关注：

（一）由于舞弊者可能通过精心策划以掩盖其舞弊行为，舞弊导致的重大错报未被发现的风险，通常大于错误导致的重大错报未被发现的风险。尤其是在串谋的情况下，舞弊导致的重大错报更难发现；

（二）由于管理层往往能够凌驾于内部控制之上，直接或间接地操纵会计记录并编报虚假财务信息，管理层舞弊导致的重大错报未被发现的风险，通常大于员工舞弊导致的重大错报未被发现的风险。

第二十条　如果发现财务报表存在重大错报，注册会计师应当提请商业银行予以更正。如果商业银行拒绝更正，注册会计师应当对财务报表出具保留意见或否定意见的审计报告。

如果商业银行未能提供审计工作所要求的所有必需信息，注册会计师应当就这些事项与商业银行管理层和治理层沟通。如果仍未获得所有必需信息，注册会计师应当对财务报表出具保留意见或无法表示意见的审计报告。

第二十一条　注册会计师应当按照《中国注册会计师审计准则第 1151 号——与治理层的沟通》的规定，及时和管理层、治理层沟通与财务报表审计相关的事项。

在某些情况下，注册会计师可以向管理层或银行监管机构提交一份长式报告，详细说明某些重大事项，如账户余额或贷款组合的明细项目、某些财务比率、内部控制的有效性、商业银行风险分析及合规情况。

第二十二条　如果存在下列事项，注册会计师应当根据相关法律法规的规定，考虑是否需要及时将这些事项告知银行监管机构：

（一）构成重大违反法律法规的事项；

（二）影响商业银行持续经营的事项或情况；

（三）出具非标准审计报告。

第四章　注册会计师与银行监管机构的关系

第二十三条　注册会计师与银行监管机构对下列事项关注的角度可能存在差异，但可以相互补充：

（一）注册会计师主要关心的是对商业银行财务报表出具审计报告，为此，应当评价管理层在编制财务报表时采用持续经营假设的合理性。银行监管机构主要关心的是保持商业银行系统的稳定性，促进各商业银行安全、稳健运行，以保证存款人的利益，因而银行监管机构需要依据财务报表评价商业银行经营状况和业绩，监控其现在和未来的生存能力。

（二）注册会计师关心的是评价内部控制，以确定在计划和实施审计工作时对内部控制的信赖程度。银行监管机构关心的是商业银行是否存在健全的内部控制，以作为商业银行安全经营和审慎管理的基础。

（三）注册会计师关心的是商业银行是否具有充分和可靠的会计记录，以使其编制的财务报表不存在重大错报。银行监管机构关心的是商业银行是否依据一贯的会计政策，保持充分的会计记录，并按规定定期公布财务报表。

第二十四条　如果银行监管机构在监管活动中使用已审计财务报表，注册会计师应当考虑以适当的方式提请商业银行管理层说明下列事项：

（一）商业银行编制财务报表的首要目的并非满足监管的需要；

（二）注册会计师依据审计准则实施审计工作旨在对财务报表整体不存在重大错报获取合理保证；

（三）商业银行在编制财务报表时，按照会计准则和相关会计制度的规定，需要在判断的基础上选择并运用会计政策；

（四）财务报表中包含的信息建立在管理层判断和估计的基础上；

（五）商业银行的财务状况可能受财务报表期后事项的影响；

（六）银行监管机构与注册会计师评价和测试内部控制的目的可能不同，银行监管机构不应假定注册会计师为审计目标而作出的有关内部控制的评价能够充分满足监管目的；

（七）注册会计师考虑的内部控制和会计政策可能不同于商业银行为银行监管机构提供信息时依据的内部控制和会计政策。

第二十五条 如果银行监管机构对商业银行出具了监管报告，注册会计师应当考虑向商业银行获取该报告。

第二十六条 基于履行保密责任的需要，注册会计师与银行监管机构进行必要联系时，通常需要事先告知商业银行管理层或请其到场。

如果需要沟通的事项涉及商业银行违反法规行为、治理层或管理层重大舞弊等事项，注册会计师应当考虑征询法律意见，以及时采取适当措施。

第二十七条 某些涉及治理层责任的事项可能为银行监管机构所关注，特别是那些需要银行监管机构采取紧急措施的事项。如果法律法规要求直接与银行监管机构沟通，注册会计师应当及时就这些事项与银行监管机构沟通。

如果法律法规没有要求直接与银行监管机构沟通，注册会计师应当提请管理层或治理层与银行监管机构沟通。如果管理层或治理层没有及时与银行监管机构沟通，注册会计师应当征询法律意见，考虑是否有必要直接与银行监管机构沟通。

第二十八条 注册会计师应当予以关注并需要提请银行监管机构采取紧急措施的事项主要包括：

（一）显示商业银行未能满足某项银行许可要求的信息；

（二）商业银行决策机构内部发生严重冲突或关键职能部门经理突然离职；

（三）显示商业银行可能严重违反法律法规、银行章程、规章或行业规范的信息；

（四）注册会计师拟辞聘或被解聘；

（五）银行经营风险的重大不利变化及影响未来经营的潜在风险。

注册会计师应当考虑就这些事项与治理层沟通。

第二十九条 注册会计师可以根据银行监管机构的委托，就商业银行的下列事项出具专项报告，以协助银行监管机构履行监管职能：

（一）是否满足许可条件；

（二）保持会计记录和其他记录的信息系统是否适当，内部控制是否有效；

（三）为银行监管机构编制的报告所使用的方法是否适当，这些报告中包含的诸如资产负债率及其他审慎指标的信息是否准确；

（四）是否根据银行监管机构规定的标准建立恰当的组织机构；

（五）是否遵守相关法律法规；

（六）是否采用恰当的会计政策。

第五章 协助完成特定监管任务时的补充要求

第三十条 如果银行监管机构依据明确的法律法规或与商业银行签订的协议，委托注册会计师协助完成特定监管任务，注册会计师应当另行签订业务约定书。

第三十一条 向银行监管机构提供完整、准确的信息是商业银行管理层的责任，注册会计师的责任是就该信息或特定程序的实施出具报告。注册会计师不承担任何监管责任，而是通过提供报告使银行监管机构更有效地对商业银行的状况作出判断。

第三十二条 注册会计师与商业银行的正常关系应被保护。如果没有法定要求或制约注册会计师工作的合约安排，注册会计师应当提请银行监管机构在商业银行的安排下进行沟通。

第三十三条 在接受银行监管机构的任务前，注册会计师应当考虑是否产生利益冲突。如果产生利益冲突，注册会计师应在工作开始前予以解决，解决方法通常是获得商业银行管理层的批准。

第三十四条 注册会计师应当提请银行监管机构以书面形式对监管要求作出详细、清楚的说明，并尽量详细描述对银行经营状况的评价标准，以便对商业银行是否符合监管要求出具报告。

注册会计师应当与银行监管机构就重要性及其运用达成一致的理解。

第三十五条 注册会计师在接受银行监管机构的委托时，应当考虑是否具有必要的素质和专业胜任能力。

第三十六条 注册会计师应当对执业过程中知悉的信息保密，尤其不应将通过业务关系获得的其他客户信息披露给被审计商业银行或公众。

第六章 附 则

第三十七条 本准则自2007年1月1日起施行。

三十九、中国注册会计师审计准则第1621号——对小型被审计单位审计的特殊考虑

第一章 总 则

第一条 为了规范注册会计师执行小型被审计单位财务报表审计业务，制定本准则。

第二条 注册会计师在执行小型被审计单位财务报表审计业务时，应当将本准则与相关审计准则结合使用。

第三条 本准则所称小型被审计单位，是指资产总额或营业额较小，职工人数较少，所有权和管理权集中于少数个人，并具备下列一项或多项特征的单位：

(一) 收入来源单一；

(二) 会计记录简单；

(三) 内部控制有限，存在管理层凌驾于内部控制之上的可能性。

第四条 注册会计师应当运用职业判断，确定被审计单位是否为小型被审计单位。注册会计师的判断结果，并不改变审计目标及应当承担的审计责任。

第二章 业务约定书

第五条 注册会计师应当充分了解小型被审计单位的基本情况，初步评价审计风险，以确定是否接受委托。

第六条 如果小型被审计单位会计记录不完整、内部控制不存在或管理层缺乏诚信，可能导致无法获取充分、适当的审计证据，注册会计师应当考虑拒绝接受委托，或解除业务约定。

第七条 参与日常经营管理的业主，通常认识不到按照适用的会计准则和相关会计制度的规定编制财务报表是其自身的责任，因此业务约定书应当载明注册会计师和业主各自的责任。

第八条 小型被审计单位的治理结构通常难以清楚界定，对于应与治理层沟通的相关事项，注册会计师应当与被审计单位商定沟通的对象，并将商定的结果载入业务约定书中。

第三章 计划审计工作

第九条 注册会计师应当根据小型被审计单位的具体情况，合理计划审计工作，使审计业务以有效的方式得到执行。

第十条 在小型被审计单位审计中，全部审计工作可能由一个很小的审计项目组执行，项目组成员间容易沟通和协调，总体审计策略和具体审计计划可以相对简单。

第四章 风险评估程序

第十一条 注册会计师应当了解小型被审计单位及其环境，以足够识别和评估财务报表重大错报风险，设计和实施进一步审计程序。

第十二条 注册会计师应当从下列方面了解小型被审计单位及其环境：

(一) 行业状况、法律环境与监管环境以及其他外部因素；

(二) 被审计单位的性质；

(三) 被审计单位对会计政策的选择和运用；

(四) 被审计单位的目标、战略以及相关经营风险；

(五) 被审计单位财务业绩的衡量和评价；

（六）被审计单位的内部控制。

第十三条 小型被审计单位通常没有正式的计划和程序来确定其目标、战略及管理经营风险，注册会计师应当询问管理层或观察小型被审计单位如何应对这些事项。

第十四条 小型被审计单位通常没有正式的财务业绩衡量和评价程序，管理层往往依据某些关键指标，作为评价财务业绩和采取适当行动的基础，注册会计师应当了解管理层使用的关键指标。

第十五条 小型被审计单位通常采用非正式和简单的内部控制实现其目标，参与日常经营管理的业主可能承担多项职能，内部控制要素没有得到清晰区分，注册会计师应当综合考虑小型被审计单位内部控制要素能否实现其目标。

第十六条 小型被审计单位拥有的员工通常较少，限制了其职责分离的程度，业主凌驾于内部控制之上的可能性较大，注册会计师应当考虑一些关键领域是否存在有效的内部控制。

第十七条 在小型被审计单位审计中，可能无法获取以文件形式存在的有关控制环境要素的审计证据，注册会计师应当重点了解管理层对内部控制设计的态度、认识和措施。

第十八条 小型被审计单位的管理层可能没有正式的风险评估过程，注册会计师应当与管理层讨论其如何识别经营风险以及如何应对这些风险。

第十九条 小型被审计单位与财务报告相关的信息系统和沟通可能不如其他被审计单位正式和复杂，注册会计师应当考虑这种特征对评估重大错报风险的影响。

第二十条 小型被审计单位通常难以实施适当的职责分离，注册会计师应当考虑小型被审计单位采取的控制活动能否有效实现控制目标。

第二十一条 小型被审计单位通常没有正式的持续监督活动，且持续的监督活动与日常管理工作难以明确区分，注册会计师应当考虑业主对经营活动的密切参与能否有效实现其对控制的监督目标。

第二十二条 注册会计师应当根据对小型被审计单位及其环境的了解，识别和评估财务报表层次以及各类交易、账户余额、列报（包括披露）认定层次的重大错报风险。

第五章 进一步审计程序

第二十三条 在小型被审计单位审计中，注册会计师应当针对评估的财务报表层次重大错报风险确定总体应对措施，并针对评估的认定层次重大错报风险设计和实施进一步审计程序，以将审计风险降至可接受的低水平。

第二十四条 小型被审计单位可能不存在能够被注册会计师识别的控制活动，注册会计师实施的进一步审计程序可能主要是实质性程序。

在缺乏控制的情况下，注册会计师应当考虑仅通过实施实质性程序是否能够获取充分、适当的审计证据。

第二十五条 注册会计师实施实质性程序时，应当考虑成本与效益原则，采用下列方法，以有效地获取审计证据：

（一）对重要账户的余额进行细节测试；

（二）对重要交易进行细节测试；

（三）对利润表的某些项目执行分析程序。

第二十六条 注册会计师实施实质性程序时，应当特别关注可能导致小型被审计单位财务报表发生重大错报的下列情况：

（一）业主或管理人员为减少纳税等目的而低估收入或高估费用；

（二）业主或管理人员将私人费用在被审计单位列支；

（三）业主或管理人员为解决个人财务问题而从被审计单位谋取不当利益；

（四）业主或管理人员因对外筹资等需要而粉饰财务状况和经营成果；

（五）管理人员从被审计单位获得的报酬与其承担的责任及经营规模不相称；

（六）管理人员获得的报酬取决于经营成果的大小。

第六章 审计工作记录

第二十七条 在小型被审计单位审计中，注册会计师应当将下列内容形成审计工作记录：

（一）按照审计准则的规定实施的审计程序的性质、时间和范围；

（二）实施审计程序的结果和获取的审计证据；

（三）就重大事项得出的结论。

第二十八条　注册会计师对小型被审计单位及其业务的了解可能比较深入，但是这种了解并不能减少注册会计师形成充分的工作记录的需要。

第七章　附　则

第二十九条　本准则自 2007 年 1 月 1 日起施行。

四十、中国注册会计师审计准则第 1631 号——财务报表审计中对环境事项的考虑

第一章　总　则

第一条　为了规范注册会计师在财务报表审计中对被审计单位环境事项的考虑，制定本准则。

第二条　本准则适用于注册会计师执行财务报表审计业务。

第三条　本准则所称环境事项是指：

（一）被审计单位按照有关环境保护的法律法规（以下简称环境法律法规）或合同要求，或自愿为预防、减轻或弥补对环境造成的破坏，或为保护可再生资源和不可再生资源而采取的措施；

（二）因违反环境法律法规可能导致的后果；

（三）环境的破坏对他人或自然资源造成的后果；

（四）法律法规规定的代偿责任，包括由原使用者（或所有者）造成的环境破坏引起的责任。

第四条　影响财务报表的环境事项主要包括：

（一）因环境法律法规的实施导致资产减值，需要计提资产减值准备；

（二）因没有遵守环境法律法规，需要计提补救、赔偿或诉讼费用，或支付罚款等；

（三）某些被审计单位，如石油、天然气开采企业，化工厂或废弃物管理公司，因其核心业务而随之带来的环境保护义务；

（四）被审计单位自愿承担的环境保护推定义务；

（五）被审计单位需要在财务报表附注中披露的与环境事项相关的或有负债；

（六）在特殊情况下，违反环境法律法规可能对被审计单位的持续经营产生影响，并由此影响财务报表的编制基础。

第五条　对环境事项的恰当确认、计量和列报（包括披露，下同）是被审计单位管理层的责任。

注册会计师在财务报表审计中应当考虑可能导致财务报表重大错报风险的环境事项。

第六条　注册会计师是否需要考虑环境事项以及考虑的范围，取决于其对环境事项是否会引起财务报表重大错报风险作出的职业判断。

第七条　注册会计师对财务报表的审计，并非专为发现被审计单位可能违反环境法律法规的行为，所实施的审计程序也不足以就被审计单位环境法律法规的遵守情况，或与环境事项相关的内部控制的有效性得出结论。

第二章　实施风险评估程序时对环境事项的考虑

第一节　了解环境保护要求和问题

第八条　注册会计师在实施风险评估程序时，应当从下列方面考虑对被审计单位所处行业及其业务产生重大影响的环境保护要求和问题：

（一）所处行业存在的重大环境风险，包括已有的和潜在的风险；

（二）所处行业通常面临的环境保护问题；

（三）适用于被审计单位的环境法律法规；

（四）被审计单位的产品或生产过程中使用的原材料、技术、工艺及设备等是否属于法律法规强制要求淘汰或行业自愿淘汰之列；

（五）监管机构采取的行动或发布的报告是否对被审计单位及其财务报表可能产生重大影响；

（六）被审计单位为预防、减轻或弥补对环境造成的破坏，或为保护可再生资源和不可再生资源拟采取

的措施；

（七）被审计单位因环境事项遭受处罚和诉讼的记录及其原因；

（八）是否存在与遵守环境法律法规相关的未决诉讼；

（九）所投保险是否涵盖环境风险。

第九条 对具体审计业务而言，注册会计师拥有的环境事项知识程度通常不如管理层或环境专家。但注册会计师应当具备足够的环境事项知识，以识别和了解与环境事项相关的，可能对财务报表及其审计产生重大影响的交易、事项和惯例。

第十条 某些行业因性质特殊存在重大环境风险，如石油天然气、化工、制药、冶金、采矿、造纸、制革、印染和公用事业等行业，注册会计师应当特别关注被审计单位存在因环境事项导致负债和或有负债的可能性。

第十一条 某些被审计单位并不一定处于本准则第十条所述的存在重大环境风险的行业，但如果存在下列情况，可能面临潜在的重大环境风险：

（一）在很大程度上受到环境法律法规的约束；

（二）拥有被原使用者（或所有者）污染的场地，或为之担保而可能承担代偿责任；

（三）某些业务可能会造成土壤、地下水和地表水及空气的污染；使用有害物质；产生或处理有害废弃物；或可能对顾客、员工或附近居民造成不利影响。

第二节 了解内部控制

第十二条 设计和执行内部控制，以有序、有效地开展业务活动（包括环境方面的活动）是管理层的责任。

不同被审计单位的管理层可能对环境事项采取下列不同的控制方式：

（一）处于环境风险较低行业的被审计单位或小型被审计单位，管理层可能把监控环境事项作为日常内部控制的一部分；

（二）处于环境风险较高行业的被审计单位，管理层可能针对环境事项设计和执行一套单独的内部控制子系统，以符合现有的环境管理系统标准；

（三）对某些被审计单位，管理层可能在一个整合的控制系统内设计和执行其所有的控制，包括与会计、环境和其他事项（如质量、健康和安全）相关的政策和程序。

第十三条 注册会计师的审计目标并不受管理层对环境事项实施控制方式的影响，但注册会计师应当考虑与环境事项相关的内部控制是否有效。

第十四条 根据职业判断，只有认为环境事项可能对财务报表产生重大影响，注册会计师才有必要了解与环境事项相关的内部控制。

第十五条 注册会计师应当主要从下列方面了解与环境事项相关的控制环境：

（一）治理层对与环境事项相关的内部控制承担的职责；

（二）管理层对于环境事项的诚信和道德价值观念、管理理念、经营风格及其处理方法；

（三）被审计单位管理环境事项的机构以及职权与责任的划分；

（四）控制系统，包括内部审计、环境审计、与环境事项相关的人力资源政策与实务以及恰当的职责分离。

第十六条 注册会计师应当主要从下列方面了解与环境事项相关的风险评估过程：

（一）被审计单位是否建立风险评估程序以识别环境风险，并评估该风险的重要性和发生的可能性，以及针对该风险采取的措施；

（二）管理层是否识别出环境风险，并考虑这些风险是否可能导致财务报表发生重大错报。

第十七条 注册会计师应当主要从下列方面了解有关环境事项的信息系统与沟通：

（一）按照环境法律法规的规定或自身对环境风险评估的需要，被审计单位是否建立适当的信息系统，以记录排放物和有害废弃物的数量、产品的环境特征、利益相关者的投诉、监管机构的监测结果、环保事故的发生及其影响等；

（二）该信息系统是否能够为与环境事项相关的财务数据和列报提供信息支持，如为计算废弃物的处置成本提供的废弃物数量等；

（三）被审计单位是否就环境事项进行有效沟通。

第十八条 注册会计师应当从授权、业绩评价、信息处理、实物控制和职责分离等方面，了解与环境事项相关的控制活动。

注册会计师在了解与环境事项相关的控制活动时，应当特别关注被审计单位的下列行为：

（一）是否执行环境管理系统标准并取得独立机构的认证；

（二）是否发布环境绩效报告，并经独立第三方验证；

（三）是否建立适当程序，处理员工或第三方对环境事项的投诉；

（四）是否按照环境法律法规的规定，建立适当的程序处理有害物和废弃物。

第十九条 注册会计师应当主要从下列方面了解被审计单位对与环境事项相关的控制的监督：

（一）被审计单位是否及时评价与环境事项相关的内部控制设计的合理性和运行的有效性，是否遵守环境法律法规和内部规定；

（二）被审计单位是否根据环境事项的变化，及时采取必要的纠正措施。

第三节 考虑与环境事项相关的法律法规

第二十条 保证经营活动符合环境法律法规要求，防止或发现并纠正违反环境法律法规行为，是管理层的责任。

第二十一条 注册会计师应当考虑通过下列途径了解相关环境法律法规及其遵守情况：

（一）利用在了解被审计单位所处行业和业务性质时获取的信息；

（二）向管理层和负责环境事项的关键管理人员询问为遵守相关环境法律法规而采用的政策和程序；

（三）向管理层询问对经营活动具有根本性影响的环境法律法规；

（四）与管理层讨论其采用的对诉讼和索赔进行识别、评价及会计处理的政策和程序。

第二十二条 注册会计师应当按照《中国注册会计师审计准则第1142号——财务报表审计中对法律法规的考虑》的规定，保持职业怀疑态度，充分考虑可能导致财务报表发生重大错报的违反环境法律法规行为。

第四节 评估重大错报风险

第二十三条 注册会计师应当利用风险评估程序收集的信息，识别和评估由于环境事项引起的财务报表层次以及各类交易、账户余额、列报认定层次的重大错报风险。

第二十四条 注册会计师应当重点关注下列与财务报表层次相关的环境风险：

（一）遵守环境法律法规或执行合同的成本；

（二）违反环境法律法规的风险；

（三）顾客对环境事项的具体要求以及对被审计单位环境保护行为作出的反应可能产生的影响。

第二十五条 注册会计师应当将环境风险的评估结果与重要的交易、账户余额、列报认定层次相联系，以设计和实施进一步审计程序。

注册会计师应当重点关注下列与各类交易、账户余额、列报认定层次相关的环境风险：

（一）账户余额依据与环境事项相关的会计估计的复杂程度；

（二）账户余额受与环境事项相关的异常或非常规交易的影响程度。

第三章 针对评估的重大错报风险实施审计程序时对环境事项的考虑

第二十六条 注册会计师应当针对评估的环境事项导致的财务报表层次重大错报风险确定总体应对措施，并针对评估的环境事项导致的认定层次重大错报风险设计和实施进一步审计程序。

第二十七条 针对环境事项，注册会计师实施的实质性程序主要包括：

（一）询问管理层和负责环境事项的关键管理人员，包括询问被审计单位商业保险是否涵盖环境事项；

（二）检查与环境事项相关的文件或记录；

（三）利用环境专家的工作；

（四）利用环境审计的工作；

（五）利用内部审计的工作；

（六）执行分析程序；

（七）检查与环境事项相关的财务报表项目；

（八）检查被审计单位因环境事项作出的会计估计；

（九）检查财务报表列报的适当性；

（十）获取管理层关于环境事项的书面声明。

第二十八条 由于确认和计量环境事项的结果存在下列困难，注册会计师运用职业判断显得尤为重要：

（一）环境问题从发生到被识别通常经历较长的时间；

（二）由于会计估计建立在假设的基础上，假设的数量和性质可能导致会计估计不存在既定的模式，或会计估计在很大的区间内似乎都是合理的；

（三）环境法律法规不断变化，对其解释可能面临困难或不明确；

（四）除法定义务或合同义务引起的负债外，还可能存在其他情况产生的负债。

第二十九条 注册会计师应当检查下列与环境事项相关的文件或记录：

（一）治理层及专职负责环境事项的委员会的会议纪要或工作记录；

（二）包含环境事项的公开行业信息；

（三）环境专家报告，如场地评估报告、环境影响研究报告；

（四）环境审计报告；

（五）内部审计报告；

（六）尽职调查报告；

（七）监管机构报告及被审计单位与监管机构的往来函件；

（八）可获取的生态环境恢复公开记录或规划；

（九）被审计单位的环境绩效报告；

（十）与监管机构和律师的往来函件。

第三十条 注册会计师在利用环境专家的工作时，应当按照《中国注册会计师审计准则第 1421 号——利用专家的工作》的规定，考虑环境专家的工作对于实现审计目标是否充分，并考虑专家的专业胜任能力、客观性、经验和声誉。

第三十一条 注册会计师应当考虑将环境审计的结果作为适当的审计证据。在这种情况下，注册会计师应当按照《中国注册会计师审计准则第 1411 号——考虑内部审计工作》和《中国注册会计师审计准则第 1421 号——利用专家的工作》的规定，考虑利用环境审计工作的适当性。

第三十二条 如果内部审计人员已将被审计单位经营活动的环境方面作为内部审计工作的一部分，注册会计师应当按照《中国注册会计师审计准则第 1411 号——考虑内部审计工作》的规定，考虑利用内部审计工作的适当性。

第三十三条 注册会计师可以实施分析程序，考虑相关财务信息与环境记录中的数量信息之间的关系。

第三十四条 在实施实质性程序时，注册会计师应当重点关注下列与环境事项相关的交易或事项：

（一）本期增加的土地、房屋建筑物和机器设备；

（二）受环境事项影响的长期投资项目；

（三）因环境事项需要计提的资产减值准备；

（四）因环境事项发生的支出和取得的索赔收入；

（五）因环境事项导致的负债和或有负债。

第三十五条 在检查与环境事项相关的会计估计时，注册会计师应当遵守《中国注册会计师审计准则第 1321 号——会计估计》的有关规定。

第三十六条 在整个审计过程中，如果注意到下列情形显示财务报表存在因环境事项导致的重大错报风险，注册会计师应当对此予以关注：

（一）环境专家或内部审计人员出具的报告中显示有重大环境问题；

（二）被审计单位与监管机构的往来函件或监管机构发布的报告中提及存在违反环境法律法规行为；

（三）在生态环境恢复的公开记录或规划中列有被审计单位的名称；

（四）媒体评论涉及被审计单位的重大环境问题；

（五）律师函中对环境事项的评价意见；

（六）有证据表明被审计单位购买与环境事项相关的商品或服务，相对于常规业务活动而言属于异常交易；

（七）因违反环境法律法规导致诉讼费用、环境咨询费用或罚金增加或异常。

如果出现上述情形，注册会计师应当考虑是否需要重新评估重大错报风险。

第三十七条　注册会计师应当就环境事项向管理层获取下列书面声明：

（一）没有发现由环境事项引起的重大负债和或有负债；

（二）没有发现对财务报表产生重大影响的其他环境事项；

（三）如果发现上述第（一）项或第（二）项所述的环境事项，已在财务报表中进行了恰当的列报。

第四章　出具审计报告时对环境事项的考虑

第三十八条　在形成审计意见时，注册会计师应当考虑被审计单位是否已按照适用的会计准则和相关会计制度的规定对环境事项的影响作出适当的处理，并进行恰当的列报。

注册会计师还应当阅读含有已审计财务报表的文件中的其他信息所涉及的环境事项，以识别其是否与已审计财务报表存在重大不一致。

第三十九条　注册会计师在判断不确定事项对审计报告的影响时，应当重点考虑管理层对不确定事项的评价及披露程度。

如果认为环境事项对财务报表的影响具有重大不确定性或相关披露不充分，或根据职业判断认为环境事项可能导致持续经营假设不再合理，注册会计师应当按照《中国注册会计师审计准则第 1502 号——非标准审计报告》和《中国注册会计师审计准则第 1324 号——持续经营》的规定，出具恰当的审计报告。

第五章　附　则

第四十条　本准则自 2007 年 1 月 1 日起实施。

四十一、中国注册会计师审计准则第 1632 号——衍生金融工具的审计

第一章　总　则

第一条　为了规范注册会计师针对与衍生金融工具相关的财务报表认定计划和实施审计程序，制定本准则。

第二条　本准则适用于注册会计师在财务报表审计中，对被审计单位作为最终使用者持有的衍生金融工具的审计。

第三条　本准则所称最终使用者，是指为了达到套期、资产负债管理或投机目的，通过交易所或经纪商进行金融交易的单位。

第二章　衍生金融工具及活动

第四条　衍生金融工具是指同时具备下列特征，并形成一个单位的金融资产及其他单位的金融负债或权益工具的合同：

（一）其价值随特定利率、金融工具价格、商品价格、汇率、价格指数、费率指数、信用等级、信用指数或其他类似变量的变动而变动；变量为非金融变量的，该变量与合同的任一方不存在特定关系；

（二）不要求初始净投资，或与对市场情况变化有类似反应的其他类型合同相比，要求很少的初始净投资；

（三）在未来某一日期结算。

衍生金融工具包括金融远期合同、金融期货合同、金融互换和期权，以及具有金融远期合同、金融期货合同、金融互换和期权中一种或一种以上特征的工具。

第五条　被审计单位从事衍生活动的主要目的包括：

（一）管理当前或预期的与经营和财务状况有关的风险；

（二）通过未平仓或投机性头寸从预期市场变化中获利。

第六条　所有金融工具都有一定的风险，而衍生金融工具通常具有风险杠杆效应的特征，包括：

（一）在交易到期前不要求现金流出或流入，或只要求很少的现金流出或流入；

（二）不要求支付或收取本金或其他固定的金额；

（三）潜在的风险和回报可能远远大于目前的支出；

（四）衍生金融资产或负债的价值可能超过其在财务报表中已确认的金额，特别是那些在财务报表中未采用公允价值计量的衍生金融工具。

第七条 衍生金融工具和衍生活动的固有特征可能导致某些被审计单位经营风险的增加，注册会计师应当关注由此增加的审计风险。

第三章 管理层和治理层的责任

第八条 按照适用的会计准则和相关会计制度的规定编制财务报表是被审计单位管理层的责任。在编制财务报表时，管理层需要作出下列与衍生金融工具相关的认定：

（一）在财务报表中记录的所有衍生金融工具是存在的；

（二）在资产负债表日不存在未记录的衍生金融工具；

（三）在财务报表中记录的衍生金融工具得到恰当的计价和列报；

（四）在财务报表中作出了所有与衍生金融工具相关的披露。

第九条 被审计单位治理层通过监督管理层对下列方面负责：

（一）设计和实施内部控制，以便对风险和财务控制进行监督，合理保证被审计单位在其风险管理政策允许的范围内使用衍生金融工具，以及确保被审计单位遵守适用的法律法规；

（二）确保财务报告信息系统的完备性，以保证衍生活动的财务报告的可靠性。

第十条 财务报表审计不能减轻被审计单位管理层和治理层的责任。

第四章 注册会计师的责任

第十一条 在财务报表审计中，注册会计师对审计衍生金融工具的责任是，考虑管理层作出的与衍生金融工具相关的认定是否使得已编制的财务报表符合适用的会计准则和相关会计制度的规定。

第十二条 财务报表审计的目标是对财务报表发表审计意见，而不是对被审计单位与衍生活动相关的风险管理或控制的充分性提供保证。注册会计师应当考虑和管理层讨论与衍生活动相关的审计工作的性质和范围，以免发生误解。

第十三条 注册会计师可能需要特殊的知识和技能，以计划和实施与衍生金融工具相关的特定认定的审计程序。

这些特殊的知识和技能包括：

（一）了解被审计单位所处行业的经营特征和风险状况；

（二）了解被审计单位使用的衍生金融工具及其特征；

（三）了解被审计单位关于衍生金融工具的信息系统，包括服务机构提供的服务；

（四）了解衍生金融工具的估值方法；

（五）熟悉适用的会计准则和相关会计制度有关衍生金融工具的规定。

第十四条 在下列情形下，注册会计师应当考虑利用专家的工作：

（一）衍生金融工具本身非常复杂；

（二）简单的衍生金融工具应用于复杂的情形；

（三）衍生金融工具交易活跃；

（四）衍生金融工具的估值基于复杂的定价模型。

第五章 了解可能影响衍生活动及其审计的因素

第十五条 注册会计师应当从下列方面了解可能对衍生活动及其审计产生影响的因素：

（一）经济环境；

（二）行业状况；

（三）被审计单位相关情况；

（四）主要财务风险；

（五）与衍生金融工具认定相关的错报风险；

（六）持续经营；

（七）会计处理方法；

(八) 会计信息系统;

(九) 内部控制。

注册会计师应当按照本章第十六条至第二十三条的规定了解本条前款第(一)项至第(八)项,按照第六章的规定了解本条前款第(九)项。

第十六条 注册会计师应当了解经济环境对衍生活动的影响。

经济环境因素主要包括:

(一) 经济活动的总体水平;

(二) 利率(包括利率的期限结构)和融资的可获得性;

(三) 通货膨胀和币值调整;

(四) 汇率和外汇管制;

(五) 与被审计单位使用的衍生金融工具相关的市场特征,包括该市场的流动性和波动性。

第十七条 注册会计师应当了解被审计单位所处行业状况对衍生活动的影响。

被审计单位所处行业状况主要包括:

(一) 价格风险;

(二) 市场和竞争;

(三) 生产经营的季节性和周期性;

(四) 经营业务的扩张或衰退;

(五) 外币交易、折算或经济风险。

第十八条 注册会计师应当了解被审计单位的相关情况对衍生活动的影响。

被审计单位相关情况主要包括:

(一) 管理层、治理层的知识和经验;

(二) 及时和可靠的管理信息的可获得性;

(三) 利用衍生金融工具的目标。

第十九条 注册会计师应当了解与衍生活动相关的主要财务风险。

与衍生活动相关的主要财务风险包括:

(一) 市场风险,是指因权益价格、利率、汇率、商品价格或其他市场因素的变动导致衍生金融工具公允价值的不利变动而引起损失的风险,包括价格风险、流动性风险、模型风险、基准风险等;

(二) 信用风险,是指客户或交易对方在到期时或之后期间内没有全额履行义务的风险;

(三) 结算风险,是指被审计单位已履行交易义务,但没有从客户或交易对方收到对价的风险;

(四) 偿债风险,是指被审计单位在付款承诺到期时没有资金履行承诺的风险;

(五) 法律风险,是指某项法律法规或监管措施阻止被审计单位或交易对方执行合同条款或相关总互抵协议,或使其执行无效,从而给被审计单位带来损失的风险。

第二十条 注册会计师应当考虑下列因素,以了解与衍生金融工具认定相关的错报风险:

(一) 衍生活动的经济和业务目的;

(二) 衍生金融工具的复杂性;

(三) 交易是否产生了涉及现金交换的衍生金融工具;

(四) 被审计单位在衍生金融工具方面的经验;

(五) 衍生金融工具是否嵌入在一项协议中;

(六) 外部因素是否影响认定;

(七) 衍生金融工具是在国内交易所交易还是跨国交易。

第二十一条 衍生金融工具潜在的损失可能足以引起对被审计单位持续经营能力的重大疑虑,注册会计师应当按照《中国注册会计师审计准则第 1324 号——持续经营》的规定,考虑被审计单位持续经营假设的合理性。

第二十二条 注册会计师应当了解被审计单位对衍生金融工具的会计处理方法,包括是否将衍生金融工具指定为套期工具并采用套期会计,以及套期关系是否高度有效。

第二十三条 注册会计师应当了解被审计单位会计信息系统的设计、变更及其运行。

如果认为会计信息系统或其中的某些方面较为薄弱，注册会计师应当关注是否有必要修改审计方案。

第六章 了解内部控制

第一节 控制环境

第二十四条 注册会计师在了解控制环境及其变化时，应当考虑治理层、管理层对衍生活动的总体态度和关注程度。

治理层负责确定被审计单位对风险的态度，管理层负责监控和管理被审计单位面临的风险。注册会计师应当了解衍生金融工具的控制环境如何对管理层的风险评估结果作出反应。

第二十五条 注册会计师应当特别关注控制环境的下列方面对衍生活动控制的潜在影响：

（一）管理层是否通过清晰表述的既定政策，指导衍生金融工具的买进、卖出和持有；

（二）衍生活动的交易、结算和记录的职责是否适当分离；

（三）总体控制环境是否已经影响负责衍生活动的人员。

第二十六条 如果被审计单位对涉及衍生活动的人员实施激励机制，注册会计师应当考虑被审计单位是否已经制定适当的规范、限额和控制，以确定执行的激励机制是否可能导致背离总体风险管理战略目标的交易。

第二十七条 如果被审计单位采用电子商务进行衍生金融工具交易，注册会计师应当按照《中国注册会计师审计准则第 1633 号——电子商务对财务报表审计的影响》的规定，考虑被审计单位如何处理与公共网络使用相关的安全和控制问题。

第二节 控制活动

第二十八条 注册会计师应当了解与衍生金融工具相关的控制活动，包括充分的职责分离、风险管理监控、管理层的监督和其他为实现控制目标而设计的政策和程序。

第二十九条 与衍生金融工具的买入、卖出和持有相关的内部控制的复杂程度因下列事项而存在差异：

（一）衍生金融工具的复杂程度和错报风险；

（二）相对于使用的资本，衍生交易的风险敞口；

（三）交易量。

第三十条 如果被审计单位在未对内部控制进行相应调整的情况下扩展其衍生活动的类型，注册会计师应当对此予以关注。

第三十一条 注册会计师应当考虑计算机信息系统环境对审计工作的影响，了解计算机信息系统活动的复杂性和重要程度、数据的可获得性以及资金转账的方法。

第三十二条 注册会计师应当了解与衍生活动相关的调节程序。

调节程序主要包括下列类型：

（一）交易员的记录与用于持续监控过程的记录以及与在总分类账中反映的头寸或利得和损失的调节；

（二）明细分类账与总分类账的调节；

（三）为保证所有尚未结清的项目及时得到识别和结算，所有的结算账户、银行账户与经纪商对账单的调节；

（四）在适用的情况下，被审计单位会计记录与服务机构持有记录的调节。

第三十三条 注册会计师应当了解被审计单位的初始成交记录是否明确反映单笔交易的性质和目的，以及每个衍生合同产生的权利和义务。

除基本财务信息外，注册会计师还应当关注下列信息：

（一）交易员的身份；

（二）记录交易人员的身份；

（三）交易的日期和具体时间；

（四）交易的性质和目的，包括是否为了某项敞口进行套期；

（五）在采用套期会计时，符合套期会计要求的信息。

第三十四条 注册会计师应当了解被审计单位是否将衍生金融工具的交易记录保存在数据库、登记簿或明细分类账中，并就记录的准确性与从交易对方收到的独立的确认信息相核对。

第三十五条　注册会计师应当了解与保持衍生交易记录完整性相关的控制，包括被审计单位是否将自身记录与交易对方的确认函进行独立比较和核对。

第三节　内部审计

第三十六条　注册会计师应当按照《中国注册会计师审计准则第 1411 号——考虑内部审计工作》的规定，考虑内部审计人员是否具备与审计衍生活动相适应的知识和技能，以及内部审计工作范围涵盖衍生活动的程度。

第三十七条　内部审计工作可能有助于注册会计师评价内部控制，进而评价重大错报风险。

可能与注册会计师审计相关的内部审计工作包括：

（一）编制衍生金融工具使用范围的概况；

（二）复核政策和程序的适当性及管理层的遵守情况；

（三）复核控制程序的有效性；

（四）复核用以处理衍生交易的会计信息系统；

（五）复核与衍生活动相关的系统；

（六）确保被审计单位所有部门及人员，尤其是最有可能产生风险敞口的经营部门，完全了解衍生金融工具的管理目标；

（七）评价与衍生金融工具相关的新风险是否能够被即时识别、评估和管理；

（八）评价衍生金融工具的会计处理是否符合适用的会计准则和相关会计制度的规定，包括采用套期会计处理的衍生金融工具是否满足套期关系的条件；

（九）进行定期复核，以向管理层提供衍生活动得到恰当控制的保证，并确保新风险及为管理这些风险使用的衍生金融工具被即时识别、评估和管理。

第三十八条　当拟利用内部审计的特定工作时，注册会计师应当评价和测试其适当性，以确定能否满足审计目标。

第四节　服务机构

第三十九条　被审计单位可能使用服务机构进行衍生金融工具的买入、卖出或代为记录衍生交易。

注册会计师应当按照《中国注册会计师审计准则第 1212 号——对被审计单位使用服务机构的考虑》的规定，考虑使用服务机构对被审计单位内部控制的影响。

第四十条　如果服务机构担任被审计单位的投资顾问，注册会计师应当考虑与服务机构相关的风险。

在评价该风险时，注册会计师应当考虑的因素包括：

（一）被审计单位如何监督服务机构提供的服务；

（二）用以保护信息完备性及保密性的程序；

（三）应急安排；

（四）如果服务机构是被审计单位的关联方，又同时作为交易对方与被审计单位进行衍生交易，将产生关联方交易的问题。

第七章　控制测试

第四十一条　在了解相关内部控制后，如果预期控制运行是有效的，注册会计师应当实施控制测试，以获取支持重大错报风险评估结果的证据。

如果认为仅实施实质性程序获取的审计证据无法将认定层次的重大错报风险降至可接受的低水平，注册会计师应当实施相关的控制测试，以获取控制运行有效性的审计证据。

当被审计单位只进行少数几笔的衍生交易，或相对被审计单位整体规模而言，衍生金融工具具有特别的重要性，注册会计师应当考虑主要实施实质性方案，包括在某些情况下结合实施控制测试。

第四十二条　注册会计师在实施控制测试时，应当选取适当规模的交易样本，重点对下列方面进行评价：

（一）衍生金融工具是否根据既定的政策、操作规范并在授权范围内使用；

（二）适当的决策程序是否已得到运用，交易的原因是否可以清楚理解；

（三）执行的交易是否符合衍生交易政策，包括条款、限额、跨境交易或关联方交易；

（四）交易对方是否具有适当的信用风险等级；

（五）衍生金融工具是否由独立于交易员的其他人员适当、及时地计量，并报告风险敞口；

（六）是否已将确认函发给交易对方；

（七）是否已对交易对方的确认回函进行适当比较、核对和调节；

（八）衍生金融工具的提前终止或延期是否受到与新的衍生交易同样的控制；

（九）投机或套期的指定及其变更是否经过适当授权；

（十）是否适当地记录交易，并将其完整、准确地反映在会计信息系统中；

（十一）是否有足够措施保证电子资金转账密码的安全。

第四十三条 在实施控制测试时，注册会计师应当考虑实施下列程序：

（一）阅读治理层的会议纪要，以获取被审计单位定期复核衍生活动和套期有效性并遵守既定政策的证据；

（二）将衍生交易（包括已结算的衍生交易）与被审计单位政策相比较，以确定这些政策是否得到遵守。

第四十四条 在确定衍生交易的政策是否得到遵守时，注册会计师应当考虑：

（一）测试交易是否依据被审计单位政策中的特定授权执行；

（二）测试买入前是否进行相关投资政策要求的敏感性分析；

（三）测试交易，以确定被审计单位是否获得了从事相关交易的批准以及是否仅使用了经授权的经纪商或交易对方；

（四）向管理层询问衍生金融工具及相关交易是否得到及时监控和报告，并阅读相关支持文件；

（五）测试已记录的衍生金融工具的买入交易，包括测试衍生金融工具的分类、价格以及相关分录；

（六）测试是否及时调查和解决调节的差异，测试是否由监督人员复核和批准调节事项；

（七）测试与未记录交易相关的控制，包括检查被审计单位的第三方确认函，及其对确认函中例外事项的处理；

（八）测试与数据安全和备份相关的控制，并考虑被审计单位对电子化记录场所进行年度检查和维护的程序。

第八章 实质性程序

第一节 总体要求

第四十五条 由于衍生金融工具性质特殊，注册会计师在确定重要性时，除了考虑资产负债表金额外，还应当考虑衍生金融工具对财务报表中各类交易或账户余额的潜在影响。

第四十六条 注册会计师在设计衍生金融工具的实质性程序时，应当考虑下列因素：

（一）会计处理的适当性；

（二）服务机构的参与程度；

（三）期中实施的审计程序；

（四）衍生交易是常规还是非常规交易；

（五）在财务报表其他领域实施的程序。

第四十七条 在审计衍生活动时，注册会计师可能将分析程序作为实质性程序，以获取有关被审计单位经营业务的信息。

由于影响衍生金融工具价值的各种因素之间复杂的相互作用往往掩盖可能出现的异常趋势，分析程序本身通常不能提供衍生金融工具相关认定的充分证据。

第四十八条 如果获得了负责衍生活动人员对衍生活动结果分析的资料，注册会计师应当在评价其完整性和准确性以及分析人员的能力和经验的基础上，考虑利用这些资料，进一步了解被审计单位的衍生活动。

第四十九条 如果被审计单位在套期策略中使用衍生金融工具，而分析程序的结果表明已发生大额的利得或损失，注册会计师应当怀疑套期的有效性，以及运用套期会计的适当性。

第五十条 由于存在下列原因，注册会计师在评价衍生金融工具认定的审计证据时，需要运用较多的职业判断：

（一）衍生金融工具的性质特殊；

（二）适用的会计政策和会计处理方法复杂；

（三）相关认定尤其是计价认定依据高度主观的假设作出，或对基本假设的变化极其敏感。

第二节　存在和发生认定

第五十一条　对衍生金融工具存在和发生认定实施的实质性程序通常包括：

（一）向衍生金融工具持有者或交易对方进行函证；

（二）检查支持报告金额的协议或其他支持文件，包括被审计单位收到的有关报告金额的书面或电子形式的确认函；

（三）检查报告期后实现或结算的支持文件；

（四）询问和观察。

第三节　权利和义务认定

第五十二条　对衍生金融工具权利和义务认定实施的实质性程序通常包括：

（一）向衍生金融工具的持有者或交易对方函证重要的条款；

（二）检查书面或电子形式的协议和其他支持文件。

第四节　完 整 性 认 定

第五十三条　对衍生金融工具完整性认定实施的实质性程序通常包括：

（一）向衍生金融工具的持有者或交易对方进行函证，要求其提供所有与被审计单位相关的衍生金融工具和交易的详细信息；

（二）对余额为零的衍生金融工具账户，向可能的持有者或交易对方发出询证函；

（三）复核经纪商的对账单以测试是否存在被审计单位未记录的衍生交易和持有的头寸；

（四）复核收到的但与交易记录不匹配的交易对方的询证函回函；

（五）复核尚未解决的调节事项；

（六）检查贷款或权益协议、销售合同等，以了解这些协议或合同是否包含嵌入衍生金融工具；

（七）检查报告期后发生的活动的支持文件；

（八）询问和观察；

（九）阅读治理层的会议纪要，以及治理层收到的与衍生活动相关的文件和报告等其他信息。

第五节　计 价 认 定

第五十四条　注册会计师应当根据计量或披露所采用的估值方法设计计价认定的实质性程序。

对衍生金融工具计价认定实施的实质性程序通常包括：

（一）检查买入价格的支持文件；

（二）向衍生金融工具的持有者或交易对方进行函证；

（三）复核交易对方的信用状况；

（四）对按照公允价值计量或披露的衍生金融工具，获取支持其公允价值的证据。

第五十五条　如果公允价值信息由衍生金融工具交易对方提供，注册会计师应当考虑这些信息的客观性。在某些情况下，注册会计师需要从独立的第三方获取对公允价值的估计结果。

第五十六条　从财经出版物或交易所获得的市场报价通常可为衍生金融工具的价值提供充分的证据，但注册会计师在使用市场报价测试计价认定时，可能需要特别了解报价形成的环境。

在某些情况下，注册会计师可能认为有必要从经纪商或其他第三方获取对公允价值的估计。如果某一价格来源与被审计单位可能存在损害客观性的关系，注册会计师应当考虑从多个价格来源获取估计结果。

第五十七条　如果被审计单位使用估值模型估计衍生金融工具的价值，注册会计师可以通过下列程序，测试运用模型确定的公允价值的相关认定：

（一）评价估值模型的合理性和适当性；

（二）使用自身或专家开发的估值模型进行重新计算，以印证公允价值的合理性；

（三）将被审计单位估计的公允价值与最近交易价格相比较；

（四）考虑估值对变量和假设变动的敏感性；

（五）检查报告期后发生的衍生交易实现和结算的支持文件，以获取有关资产负债表日估值的进一步证据。

第五十八条 当管理层确定衍生金融工具公允价值能够可靠计量的假定不成立时，注册会计师应当获取支持管理层作出这项决定的审计证据，并确定衍生金融工具是否按照适用的会计准则和相关会计制度的规定进行恰当的会计处理。如果管理层不能提出该假定不成立的合理理由，注册会计师应当出具保留意见或否定意见的审计报告。

如果无法获取充分的审计证据确定该假定是否成立，注册会计师应当将其视为审计工作范围受到限制，出具保留意见或无法表示意见的审计报告。

第六节 列报认定

第五十九条 注册会计师应当通过对下列事项的判断，评价衍生金融工具的列报（包括披露）是否符合适用的会计准则和相关会计制度的规定：

（一）选用的会计政策和会计处理方法是否符合适用的会计准则和相关会计制度的规定；

（二）会计政策和会计处理方法是否与具体情况相适应；

（三）财务报表（包括相关附注）是否提供了可能影响其使用和理解的事项的信息；

（四）披露是否充分，以确保被审计单位完全遵守适用的会计准则和相关会计制度对披露的规定；

（五）财务报表列报信息的分类和汇总是否合理；

（六）财务报表是否在能够合理和可行地获取信息的范围内列报财务状况、经营成果和现金流量，从而反映相关的交易和事项。

第九章 对套期活动的额外考虑

第六十条 注册会计师应当考虑被审计单位对套期交易进行会计处理时，管理层是否在交易之初指定衍生金融工具为套期，并记录下列事项：

（一）套期关系；

（二）套期风险管理目标和战略；

（三）被审计单位如何评估套期工具抵销被套期项目公允价值变动风险，或被套期交易现金流量变动风险的有效性。

第六十一条 注册会计师应当获取审计证据，以确定管理层是否遵守适用的会计准则和相关会计制度有关套期会计的规定，包括指定要求和记录要求。

第十章 管理层声明

第六十二条 尽管管理层声明书通常由被审计单位负责人及财务负责人签署，注册会计师仍应当考虑向被审计单位负责衍生活动的人员获取关于衍生活动的声明。

第六十三条 管理层关于衍生金融工具的声明通常包括：

（一）持有衍生金融工具的目的；

（二）关于衍生金融工具的财务报表认定，包括已记录所有的衍生交易、已识别所有的嵌入衍生金融工具、估值模型已采用合理的假设和方法；

（三）所有的交易是否按照正常公平交易条件和公允市价进行；

（四）衍生交易的条款；

（五）是否存在与衍生金融工具相关的附属协议；

（六）是否订立签出期权；

（七）是否符合适用的会计准则和相关会计制度有关套期的记录要求。

第十一章 与管理层和治理层的沟通

第六十四条 如果注意到与衍生金融工具相关的内部控制在设计或运行方面存在重大缺陷，注册会计师应当按照《中国注册会计师审计准则第 1151 号——与治理层的沟通》的规定，尽早与管理层和治理层沟通。

第六十五条 在审计衍生金融工具时，注册会计师应当考虑与治理层职责相关的下列事项，并及时与治理层沟通：

（一）内部控制在设计或运行方面存在的重大缺陷；

（二）管理层对衍生活动的性质、范围以及相关风险缺乏了解；

（三）缺乏关于使用衍生金融工具的目标和战略的全面政策，包括业务控制、对套期关系有效性的界定、风险敞口监控以及财务报告政策；

(四) 不相容职务缺乏分离。

第十二章　附　则

第六十六条　本准则自2007年1月1日起施行。

四十二、中国注册会计师审计准则第1633号——电子商务对财务报表审计的影响

第一章　总　则

第一条　为了规范注册会计师在财务报表审计中对被审计单位电子商务的考虑，制定本准则。

第二条　本准则适用于注册会计师执行财务报表审计业务。

第三条　本准则所称电子商务，是指被审计单位利用互联网等公共网络从事的商品购买和销售、劳务接受和提供等交易活动。

第四条　广泛使用互联网从事电子商务，产生了新的风险因素，需要被审计单位有效应对。注册会计师应当考虑电子商务在被审计单位业务活动中的重要性，以及对重大错报风险评估的影响。

第五条　注册会计师按照本准则的规定对电子商务进行考虑，旨在对财务报表形成审计意见，而非对电子商务系统或活动本身提出鉴证结论或咨询意见。

第二章　知识和技能的要求

第六条　当电子商务对被审计单位的业务活动具有重大影响时，注册会计师应当具备适当水平的信息技术和互联网商务知识，以实现下列目的：

(一) 了解开展电子商务对财务报表的影响；

(二) 确定审计程序的性质、时间和范围，评价审计证据；

(三) 考虑被审计单位依赖电子商务的程度对持续经营能力的影响。

第七条　由于电子商务的特殊性和复杂性，必要时，注册会计师应当考虑利用专家的工作。

第三章　对被审计单位电子商务的了解

第一节　总 体 要 求

第八条　注册会计师应当考虑电子商务导致的被审计单位经营环境的变化，以及识别出的对财务报表产生影响的电子商务风险。

第九条　在了解被审计单位及其环境时，注册会计师应当考虑下列事项对财务报表的影响：

(一) 业务活动和所处行业；

(二) 电子商务战略；

(三) 开展电子商务的程度；

(四) 外包安排。

第二节　被审计单位的业务活动和所处行业

第十条　在了解被审计单位的业务活动和所处行业时，注册会计师应当关注与电子商务相关的下列特点：

(一) 电子商务可能是对传统业务活动的补充，也可能是新的业务类型；

(二) 电子商务不具备货物和服务等实体贸易所具有的清晰、固定的运送路线这一传统特征；

(三) 某些行业运用电子商务的程度较高，可能增大对财务报表产生影响的经营风险。

第三节　被审计单位的电子商务战略

第十一条　被审计单位的电子商务战略，包括在电子商务中运用信息技术的方式以及对可接受风险水平的评估，可能对财务记录的安全性和相关财务信息的完整性与可靠性产生影响。

在考虑被审计单位的电子商务战略时，注册会计师应当结合对控制环境的了解，关注下列事项：

(一) 在整合电子商务与总体经营战略的过程中，治理层的参与程度；

(二) 被审计单位开展电子商务的目的，是为新业务提供支持，还是提高现有业务的效率，抑或为现有业务开辟新的市场；

（三）被审计单位的收入来源及其正在发生的变化；

（四）管理层对电子商务如何影响盈利状况和财务需求的评价；

（五）管理层对风险的态度及其对风险总体状况可能产生的影响；

（六）管理层在多大程度上识别出电子商务战略所描述的机遇和风险，或者管理层仅在机遇和风险出现时才临时制定应对措施；

（七）管理层对执行相关最佳实务规则或者网络签章程序的信守程度。

第四节　被审计单位开展电子商务的程度

第十二条　不同的被审计单位可能以不同的方式开展电子商务。电子商务可能用于下列方面：

（一）仅提供关于被审计单位及其活动的信息，供投资者、顾客、供应商、资金提供者和员工等访问；

（二）通过互联网处理交易，方便已有的顾客；

（三）通过在互联网上提供信息和处理交易，开拓新市场和发展新客户；

（四）访问应用服务提供商；

（五）创立一种全新的经营模式。

第十三条　随着被审计单位开展电子商务程度的加深，以及内部系统更加集成化和复杂化，新的交易方式与传统业务活动的差异可能更加明显，并可能导致新的风险。

注册会计师应当了解电子商务的开展程度如何影响被审计单位需要应对的风险的性质。

第五节　被审计单位的外包安排

第十四条　被审计单位可能在下列方面使用服务机构的工作：

（一）提供电子商务运作所需的全部或部分信息技术支持；

（二）与电子商务相关的其他工作，包括订单履行、商品交付、呼叫中心运转，以及某些会计工作等。

被审计单位使用的服务机构包括互联网服务提供商、应用服务提供商和数据服务公司等。

第十五条　在被审计单位使用服务机构的情况下，服务机构采用和保持的某些政策、程序和记录可能与被审计单位财务报表审计相关，注册会计师应当按照《中国注册会计师审计准则第1212号——对被审计单位使用服务机构的考虑》的规定，考虑被审计单位的外包安排及相关风险的应对措施，以确定其对审计的影响。

第四章　识别风险

第十六条　管理层可能面临下列各种与电子商务相关的经营风险：

（一）无法保证交易的完备性，尤其在缺少充分的审计轨迹（无论是纸质还是电子形式）时，该风险的影响将更大；

（二）电子商务安全风险，包括顾客、员工和其他人士通过未经授权的访问实施舞弊的可能性，以及病毒攻击；

（三）运用不恰当的会计政策，包括收入确认、网站开发成本等支出的处理、与产品质量保证相关的预计负债的确认、外币折算等问题；

（四）未能遵守税法和其他法律法规，尤其在通过互联网开展跨国或跨地区电子商务时更易出现此类情况；

（五）无法保证仅以电子形式存在的合同具有约束力；

（六）过度依赖电子商务；

（七）系统和基础架构失效或崩溃。

第十七条　注册会计师应当利用对被审计单位及其环境的了解，识别电子商务中可能导致经营风险的事项、交易和惯例。

第十八条　注册会计师应当关注被审计单位是否运用适当的安全基础架构和相关控制，应对电子商务中出现的某些经营风险。

第十九条　注册会计师应当考虑被审计单位是否已恰当处理与电子商务环境密切相关的下列法律法规问题：

（一）隐私权保护；

（二）对特定行业的管制；

（三）合同的强制执行效力；

（四）特殊交易或事项的合法性；

（五）反洗钱；

（六）知识产权保护。

第二十条 在跨国或跨地区的电子商务中，注册会计师应当考虑被审计单位是否对电子商务涉及的不同司法管辖区内的法律法规差异有足够的了解，并遵守所有适用的法律法规；注册会计师尤其要考虑被审计单位有无适当的程序确认其在不同司法管辖区内的纳税义务（特别是营业税、增值税等流转税）。

可能导致电子商务交易产生相应纳税义务的因素包括：

（一）被审计单位的法定注册地；

（二）被审计单位的实际经营所在地；

（三）被审计单位网络服务器所在地；

（四）商品和服务的来源地；

（五）顾客所在地，或商品交付地和劳务提供地。

第二十一条 注册会计师应当按照《中国注册会计师审计准则第 1142 号——财务报表审计中对法律法规的考虑》的规定，实施相关程序，充分考虑被审计单位可能存在的违反与电子商务有关的法律法规的行为及其可能对财务报表产生的重大影响。必要时，应当考虑征询法律意见。

第五章 对内部控制的考虑

第一节 总体要求

第二十二条 注册会计师应当按照《中国注册会计师审计准则第 1211 号——了解被审计单位及其环境并评估重大错报风险》和《中国注册会计师审计准则第 1231 号——针对评估的重大错报风险实施的程序》的规定，考虑被审计单位在电子商务中运用的与审计相关的内部控制。

在某些情况下，仅依靠实施实质性程序不足以将审计风险降至可接受的低水平，注册会计师应当实施控制测试，并考虑使用计算机辅助审计技术。这些情况主要包括：

（一）电子商务系统高度自动化；

（二）交易量过大；

（三）未保留包含审计轨迹的电子证据。

第二十三条 当被审计单位从事电子商务时，注册会计师应当考虑与电子商务相关的安全性控制、交易完备性控制和流程整合。

注册会计师还应当考虑内部控制中与审计特别相关的下列方面：

（一）在快速变化的电子商务环境中保持控制程序的完备性；

（二）确保能够访问相关记录，以满足被审计单位和注册会计师审计的需要。

第二节 安全性控制

第二十四条 注册会计师应当考虑被审计单位安全基础架构和相关控制是否足以应对与电子商务交易的记录和处理相关的安全性风险。

第二十五条 注册会计师应当考虑下列事项对财务报表认定的潜在影响：

（一）有效使用防火墙和病毒防护软件；

（二）有效使用加密技术；

（三）对用于支持电子商务活动的系统的开发和运行的控制；

（四）当出现的新技术可能危害互联网安全时，现有的安全控制是否仍然有效；

（五）控制环境能否对所采用的控制程序提供支持。

第三节 交易完备性控制

第二十六条 注册会计师应当考虑交易完备性控制，包括被审计单位会计处理所依据信息的完整性、准确性、及时性以及是否经过授权。

第二十七条 注册会计师针对会计系统中与电子商务交易相关的信息完备性所实施的审计程序，主要涉及评估用于采集和处理此类信息的系统的可靠性。

在针对复杂电子商务实施审计程序时，注册会计师应当重点考虑在交易信息的采集和即时自动化处理中与交易完备性相关的自动化控制。

第二十八条 在电子商务环境中，与交易完备性相关的控制通常用于：

（一）验证输入；

（二）防止交易的重复记录或遗漏；

（三）确保在处理订单之前，交易双方已就交货条件和信用条件等交易条款达成一致；

（四）区分顾客的浏览和正式订单，确保交易的一方事后不能否认已达成一致的特定条款，必要时还应确保交易是与经核准的交易方进行的；

（五）确保所有步骤均已完成并得以记录，或拒绝未完成所有步骤的订单，以防止出现处理不完整的情况；

（六）确保交易的详细信息在同一网络内的多个系统之间适当分配；

（七）确保记录得到适当保管、备份和保护。

第四节 流程整合

第二十九条 流程整合是指将多个信息技术系统集成，使之实质上如同一个系统运转的过程。

第三十条 注册会计师应当关注被审计单位采集电子商务交易数据并将其传递至会计系统的方式可能对下列事项产生影响：

（一）交易处理和信息存储的完整性和准确性；

（二）销售收入、采购和其他交易的确认时点；

（三）有争议交易的识别和记录。

第三十一条 当下列控制与财务报表认定相关时，注册会计师应当予以考虑：

（一）针对电子商务交易与内部系统的集成实施的控制；

（二）针对系统改变和数据转换实施的控制。

第六章 电子记录对审计证据的影响

第三十二条 注册会计师应当考虑被审计单位实施的信息安全政策和安全控制措施，是否足以防止未经授权修改会计系统或会计记录，或修改向会计系统提供数据的系统。

第三十三条 在考虑电子证据的充分性和适当性时，注册会计师可能需要测试自动化控制（如记录完备性检查、电子日戳、数字签章和版本控制），并根据对这些控制的评价结论，考虑是否需要实施追加的审计程序，比如向第三方函证交易细节或账户余额。

第七章 附 则

第三十四条 本准则自2007年1月1日起施行。

四十三、中国注册会计师审阅准则第2101号——财务报表审阅

第一章 总 则

第一条 为了规范注册会计师执行财务报表审阅业务，明确执业责任，制定本准则。

第二条 财务报表审阅的目标，是注册会计师在实施审阅程序的基础上，说明是否注意到某些事项，使其相信财务报表没有按照适用的会计准则和相关会计制度的规定编制，未能在所有重大方面公允反映被审阅单位的财务状况、经营成果和现金流量。

第三条 注册会计师应当遵守相关的职业道德规范，恪守独立、客观、公正的原则，保持专业胜任能力和应有的关注，并对执业过程中获知的信息保密。

第四条 注册会计师应当按照本准则的规定执行财务报表审阅业务。

第五条 在计划和实施审阅工作时，注册会计师应当保持职业怀疑态度，充分考虑可能存在导致财务报表发生重大错报的情形。

第六条 注册会计师应当主要通过询问和分析程序获取充分、适当的证据，作为得出审阅结论的基础。

第二章 审阅范围和保证程度

第七条 审阅范围是指为实现财务报表审阅目标，注册会计师根据本准则和职业判断实施的恰当的审阅程序的总和。

注册会计师应当根据本准则确定执行财务报表审阅业务所要求的程序。必要时，还应当考虑业务约定条款的要求。

第八条　由于实施审阅程序不能提供在财务报表审计中要求的所有证据，审阅业务对所审阅的财务报表不存在重大错报提供有限保证，注册会计师应当以消极方式提出结论。

第三章　业务约定书

第九条　注册会计师应当与被审阅单位就业务约定条款达成一致意见，并签订业务约定书。

第十条　业务约定书应当包括下列主要内容：

（一）审阅业务的目标；

（二）管理层对财务报表的责任；

（三）审阅范围，其中应提及按照本准则的规定执行审阅工作；

（四）注册会计师不受限制地接触审阅业务所要求的记录、文件和其他信息；

（五）预期提交的报告样本；

（六）说明不能依赖财务报表审阅揭示错误、舞弊和违反法规行为；

（七）说明没有实施审计，因此注册会计师不发表审计意见，不能满足法律法规或第三方对审计的要求。

第四章　审阅计划

第十一条　注册会计师应当计划审阅工作，以有效执行审阅业务。

第十二条　在计划审阅工作时，注册会计师应当了解被审阅单位及其环境，或更新以前了解的内容，包括考虑被审阅单位的组织结构、会计信息系统、经营管理情况以及资产、负债、收入和费用的性质等。

第五章　审阅程序和审阅证据

第十三条　在确定审阅程序的性质、时间和范围时，注册会计师应当运用职业判断，并考虑下列因素：

（一）以前期间执行财务报表审计或审阅所了解的情况；

（二）对被审阅单位及其环境的了解，包括适用的会计准则和相关会计制度、行业惯例；

（三）会计信息系统；

（四）管理层的判断对特定项目的影响程度；

（五）各类交易和账户余额的重要性。

第十四条　在考虑重要性水平时，注册会计师应当采用与执行财务报表审计业务相同的标准。

第十五条　财务报表审阅程序通常包括：

（一）了解被审阅单位及其环境；

（二）询问被审阅单位采用的会计准则和相关会计制度、行业惯例；

（三）询问被审阅单位对交易和事项的确认、计量、记录和报告的程序；

（四）询问财务报表中所有重要的认定；

（五）实施分析程序，以识别异常关系和异常项目；

（六）询问股东会、董事会以及其他类似机构决定采取的可能对财务报表产生影响的措施；

（七）阅读财务报表，以考虑是否遵循指明的编制基础；

（八）获取其他注册会计师对被审阅单位组成部分财务报表出具的审计报告或审阅报告。

注册会计师应当向负责财务会计事项的人员询问下列事项：

（一）所有交易是否均已记录；

（二）财务报表是否按照指明的编制基础编制；

（三）被审阅单位业务活动、会计政策和行业惯例的变化；

（四）在实施本条前款第（一）项至第（八）项程序时所发现的问题。

必要时，注册会计师应当获取管理层书面声明。

第十六条　注册会计师应当询问在资产负债表日后发生的、可能需要在财务报表中调整或披露的期后事项。注册会计师没有责任实施程序以识别审阅报告日后发生的事项。

第十七条　如果有理由相信所审阅的财务报表可能存在重大错报，注册会计师应当实施追加的或更为广泛的程序，以便能够以消极方式提出结论或确定是否出具非无保留结论的报告。

第十八条 在利用其他注册会计师或专家的工作时，注册会计师应当考虑其工作是否满足财务报表审阅的需要。

第十九条 注册会计师应当记录为审阅报告提供证据的重大事项，以及按照本准则的规定执行审阅业务的证据。

第六章 结论和报告

第二十条 审阅报告应当清楚地表达有限保证的结论。

注册会计师应当复核和评价根据审阅证据得出的结论，以此作为表达有限保证的基础。

第二十一条 根据已实施的工作，注册会计师应当评估在审阅过程中获知的信息是否表明财务报表没有按照适用的会计准则和相关会计制度的规定编制，未能在所有重大方面公允反映被审阅单位的财务状况、经营成果和现金流量。

第二十二条 审阅报告应当包括下列要素：

（一）标题；

（二）收件人；

（三）引言段；

（四）范围段；

（五）结论段；

（六）注册会计师的签名和盖章；

（七）会计师事务所的名称、地址及盖章；

（八）报告日期。

第二十三条 审阅报告的标题应当统一规范为“审阅报告”。

第二十四条 审阅报告的收件人应当为审阅业务的委托人。审阅报告应当载明收件人的全称。

第二十五条 审阅报告的引言段应当说明下列内容：

（一）所审阅财务报表的名称；

（二）管理层的责任和注册会计师的责任。

第二十六条 审阅报告的范围段应当说明审阅的性质，包括下列内容：

（一）审阅业务所依据的准则；

（二）审阅主要限于询问和实施分析程序，提供的保证程度低于审计；

（三）没有实施审计，因而不发表审计意见。

第二十七条 注册会计师应当根据实施审阅程序的情况，在审阅报告的结论段中提出下列之一的结论：

（一）根据注册会计师的审阅，如果没有注意到任何事项使其相信财务报表没有按照适用的会计准则和相关会计制度的规定编制，未能在所有重大方面公允反映被审阅单位的财务状况、经营成果和现金流量，注册会计师应当提出无保留的结论。

（二）如果注意到某些事项使其相信财务报表没有按照适用的会计准则和相关会计制度的规定编制，未能在所有重大方面公允反映被审阅单位的财务状况、经营成果和现金流量，注册会计师应当在审阅报告的结论段前增设说明段，说明这些事项对财务报表的影响，并提出保留结论。

如果这些事项对财务报表的影响非常重大和广泛，以至于认为仅提出保留结论不足以揭示财务报表的误导性或不完整性，注册会计师应当对财务报表提出否定结论，即财务报表没有按照适用的会计准则和相关会计制度的规定编制，未能在所有重大方面公允反映被审阅单位的财务状况、经营成果和现金流量。

（三）如果存在重大的范围限制，注册会计师应当在审阅报告中说明，假定范围不受限制，注册会计师可能发现需要调整财务报表的事项，因而提出保留结论。

如果范围限制的影响非常重大和广泛，以至于注册会计师认为不能提供任何程度的保证时，不应提供任何保证。

第二十八条 审阅报告应当由注册会计师签名并盖章。

第二十九条 审阅报告应当载明会计师事务所的名称和地址，并加盖会计师事务所公章。

第三十条 审阅报告应当注明报告日期。审阅报告的日期是指注册会计师完成审阅工作的日期，不应早于管理层批准财务报表的日期。

第七章 附 则

第三十一条 本准则自2007年1月1日起施行。

附录：

审阅报告参考格式

1. 无保留结论的审阅报告

审 阅 报 告

ABC股份有限公司全体股东：

我们审阅了后附的ABC股份有限公司(以下简称ABC公司)财务报表，包括20×1年12月31日的资产负债表，20×1年度的利润表、股东权益变动表和现金流量表以及财务报表附注。这些财务报表的编制是ABC公司管理层的责任，我们的责任是在实施审阅工作的基础上对这些财务报表出具审阅报告。

我们按照《中国注册会计师审阅准则第2101号——财务报表审阅》的规定执行了审阅业务。该准则要求我们计划和实施审阅工作，以对财务报表是否不存在重大错报获取有限保证。审阅主要限于询问公司有关人员和对财务数据实施分析程序，提供的保证程度低于审计。我们没有实施审计，因而不发表审计意见。

根据我们的审阅，我们没有注意到任何事项使我们相信财务报表没有按照企业会计准则和《××会计制度》的规定编制，未能在所有重大方面公允反映被审阅单位的财务状况、经营成果和现金流量。

××会计师事务所　　　　中国注册会计师：×××
（盖章）　　　　（签名并盖章）

中国注册会计师：×××
（签名并盖章）

中国××市
二〇×二年×月×日

2. 保留结论的审阅报告

审 阅 报 告

ABC股份有限公司全体股东：

我们审阅了后附的ABC股份有限公司(以下简称ABC公司)财务报表，包括20×1年12月31日的资产负债表，20×1年度的利润表、股东权益变动表和现金流量表以及财务报表附注。这些财务报表的编制是ABC公司管理层的责任，我们的责任是在实施审阅工作的基础上对这些财务报表出具审阅报告。

我们按照《中国注册会计师审阅准则第2101号——财务报表审阅》的规定执行了审阅业务。该准则要求我们计划和实施审阅工作，以对财务报表是否不存在重大错报获取有限保证。审阅主要限于询问公司有关人员和对财务数据实施分析程序，提供的保证程度低于审计。我们没有实施审计，因而不发表审计意见。

ABC公司管理层告知我们，存货以高于可变现净值的成本计价。由ABC公司管理层编制并经过我们审阅的计算表显示，如果根据企业会计准则规定的成本与可变现净值孰低法计价，存货的账面价值将减少×元，净利润和股东权益将减少×元。

根据我们的审阅，除了上述存货价值高估所造成的影响外，我们没有注意到任何事项使我们相信财务报表没有按照适用的会计准则和相关会计制度的规定编制，未能在所有重大方面公允反映被审阅单位的财务状况、经营成果和现金流量。

××会计师事务所　　　　中国注册会计师：×××
（盖章）　　　　（签名并盖章）

中国注册会计师：×××
（签名并盖章）

中国××市
二〇×二年×月×日

3. 否定结论的审阅报告

审 阅 报 告

ABC 股份有限公司全体股东：

我们审阅了后附的 ABC 股份有限公司(以下简称 ABC 公司)财务报表，包括 20×1 年 12 月 31 日的资产负债表，20×1 年度的利润表、股东权益变动表和现金流量表以及财务报表附注。这些财务报表的编制是 ABC 公司管理层的责任，我们的责任是在实施审阅工作的基础上对这些财务报表出具审阅报告。

我们按照《中国注册会计师审阅准则第 2101 号——财务报表审阅》的规定执行了审阅业务。该准则要求我们计划和实施审阅工作，以对财务报表是否不存在重大错报获取有限保证。审阅主要限于询问公司有关人员和对财务数据实施分析程序，提供的保证程度低于审计。我们没有实施审计，因而不发表审计意见。

如财务报表附注×所述，ABC 公司在编制财务报表时未将各子公司纳入合并范围，且对这些子公司的长期股权投资以成本法核算。根据企业会计准则的规定，ABC 公司应当对子公司的长期股权投资采用权益法核算，并将子公司纳入合并范围。

根据我们的审阅，由于受到前段所述事项的重大影响，财务报表未能按照企业会计准则和《××会计制度》的规定编制。

××会计师事务所　　　　中国注册会计师：×××
（盖章）　　　　（签名并盖章）

中国注册会计师：×××
（签名并盖章）

中国××市
二〇×二年×月×日

四十四、中国注册会计师其他鉴证业务准则第 3101 号——历史财务信息审计或审阅以外的鉴证业务

第一章 总 则

第一条 为了规范注册会计师执行历史财务信息审计或审阅以外的鉴证业务，制定本准则。

第二条 本准则适用于注册会计师执行历史财务信息审计或审阅以外的鉴证业务(以下简称其他鉴证业务)。

第三条 注册会计师执行其他鉴证业务，应当遵守《中国注册会计师鉴证业务基本准则》和其他鉴证业务准则，以及职业道德规范和会计师事务所质量控制准则。

第四条 其他鉴证业务的保证程度分为合理保证和有限保证。

合理保证的其他鉴证业务的目标是注册会计师将鉴证业务风险降至该业务环境下可接受的低水平，以此作为以积极方式提出结论的基础。

有限保证的其他鉴证业务的目标是注册会计师将鉴证业务风险降至该业务环境下可接受的水平，以此作为以消极方式提出结论的基础。

有限保证的其他鉴证业务的风险水平高于合理保证的其他鉴证业务的风险水平。

第二章 承接与保持业务

第五条 只有符合下列所有条件，会计师事务所才能承接或保持其他鉴证业务：

（一）鉴证对象由预期使用者和注册会计师以外的第三方负责；

（二）在初步了解业务环境的基础上，未发现不符合职业道德规范和《中国注册会计师鉴证业务基本准则》要求的情况；

（三）确信执行其他鉴证业务的人员在整体上具备必要的专业胜任能力。

第六条 注册会计师应当向责任方获取书面声明，以明确责任方对鉴证对象的责任。如果无法获取责

任方的书面声明，注册会计师应当考虑：

（一）承接业务是否适当，法律法规或合同是否明确了相关责任；

（二）如果承接业务，是否在鉴证报告中披露该情况。

第七条　注册会计师应当考虑职业道德规范中有关独立性的要求，以及拟承接的其他鉴证业务是否具备《中国注册会计师鉴证业务基本准则》第十条规定的所有特征。

第八条　在某些情况下，鉴证对象要求的专业知识和技能可能超出注册会计师通常具有的专业胜任能力。在这种情况下，注册会计师应当考虑利用专家工作或拒绝接受业务委托。

第九条　注册会计师应当在其他鉴证业务开始前，与委托人就其他鉴证业务约定条款达成一致意见，并签订业务约定书，以避免双方对其他鉴证业务的理解产生分歧。如果委托人与责任方不是同一方，业务约定书的性质和内容可以有所不同。

第十条　在完成其他鉴证业务前，如果委托人要求将其他鉴证业务变更为非鉴证业务，或将合理保证的其他鉴证业务变更为有限保证的其他鉴证业务，注册会计师应当考虑这一要求的合理性。如果没有合理的理由，注册会计师不应当同意这一变更。

当业务环境变化影响到预期使用者的需求，或预期使用者对该项业务的性质存在误解时，注册会计师可以应委托人的要求，考虑同意变更该项业务。如果发生变更，注册会计师不应忽视变更前获取的证据。

第三章　计划与执行业务

第一节　总体要求

第十一条　注册会计师应当计划其他鉴证业务工作，以有效执行其他鉴证业务。

计划工作包括制定总体策略和具体计划。总体策略包括确定其他鉴证业务的范围、重点、时间安排和实施。具体计划包括拟执行的证据收集程序的性质、时间和范围以及选择这些程序的理由。

计划工作的性质和范围因被鉴证单位的规模、复杂程度以及注册会计师的相关经验等情况的不同而存在差异。在计划其他鉴证业务工作时，注册会计师应当考虑下列主要因素：

（一）业务约定条款；

（二）鉴证对象特征和既定标准；

（三）其他鉴证业务的实施过程和可能的证据来源；

（四）对被鉴证单位及其环境的了解，包括对鉴证对象信息可能存在重大错报风险的了解；

（五）确定预期使用者及其需要，考虑重要性以及鉴证业务风险要素；

（六）对参与业务的人员及其技能的要求，包括专家参与的性质和范围。

第十二条　计划其他鉴证业务工作不是一个孤立阶段，而是整个其他鉴证业务中持续的、不断修正的过程。

由于未预期事项、业务情况变化或获取的证据等因素，注册会计师可能需要在业务实施过程中修订总体策略和具体计划，进而修改计划实施的进一步程序的性质、时间和范围。

第十三条　在计划和执行其他鉴证业务时，注册会计师应当保持职业怀疑态度，以识别可能导致鉴证对象信息发生重大错报的情况。

第十四条　注册会计师应当了解鉴证对象和其他的业务环境事项，以足够识别和评估鉴证对象信息发生重大错报的风险，并设计和实施进一步的证据收集程序。

第十五条　在计划和执行其他鉴证业务时，注册会计师应当了解鉴证对象和其他的业务环境事项，以便为在下列关键环节作出职业判断提供重要基础：

（一）考虑鉴证对象特征；

（二）评估标准的适当性；

（三）确定需要特殊考虑的领域，比如显示存在舞弊的迹象、需要特殊技能或利用专家工作的领域；

（四）确定重要性水平，评价其数量的持续适当性，并考虑其性质因素；

（五）实施分析程序时确定期望值；

（六）设计和实施进一步的证据收集程序，以将鉴证业务风险降至适当水平；

（七）评价证据，包括评价责任方口头声明和书面声明的合理性。

第十六条　注册会计师应当运用职业判断，确定需要了解鉴证对象及其他的业务环境事项的程度，并考虑这种了解是否足以评估鉴证对象信息发生重大错报的风险。

第二节 评估鉴证对象的适当性

第十七条 注册会计师应当评估鉴证对象的适当性。

适当的鉴证对象应当具备下列所有条件：

(一) 鉴证对象可以识别；

(二) 不同的组织或人员按照既定标准对鉴证对象进行评价或计量的结果合理一致；

(三) 注册会计师能够收集与鉴证对象有关的信息，获取充分、适当的证据，以支持其提出适当的鉴证结论。

第十八条 只有当对业务环境的初步了解表明鉴证对象适当时，会计师事务所才能承接其他鉴证业务。

在承接其他鉴证业务后，如果认为鉴证对象不适当，注册会计师应当出具保留结论、否定结论或无法提出结论的报告。必要时，注册会计师应当考虑解除业务约定。

第三节 评估标准的适当性

第十九条 注册会计师应当评估用于评价或计量鉴证对象的标准的适当性。

适当的标准应当具备下列所有特征：

(一) 相关性：相关的标准有助于得出结论，便于预期使用者作出决策；

(二) 完整性：完整的标准不应忽略业务环境中可能影响得出结论的相关因素，当涉及列报时，还包括列报的基准；

(三) 可靠性：可靠的标准能够使能力相近的注册会计师在相似的业务环境中，对鉴证对象作出合理一致的评价或计量；

(四) 中立性：中立的标准有助于得出无偏向的结论；

(五) 可理解性：可理解的标准有助于得出清晰、易于理解、不会产生重大歧义的结论。

第二十条 只有当对业务环境的初步了解表明使用的标准适当时，会计师事务所才能承接其他鉴证业务。

在承接其他鉴证业务后，如果认为使用的标准不适当，注册会计师应当出具保留结论、否定结论或无法提出结论的报告。必要时，注册会计师应当考虑解除业务约定。

第二十一条 标准可能是由法律法规规定的，或由政府主管部门或国家认可的专业团体依照公开、适当的程序发布的(以下简称公开发布标准)，也可能是专门制定的。在通常情况下，只有当与预期使用者的需求相关时，公开发布标准才是适当的。

如果某鉴证对象存在公开发布标准，而特定的预期使用者出于特定目的使用其他标准，或专门建立一套标准满足其特殊需要，在这种情况下，注册会计师应当在鉴证报告中指明：

(一) 使用的标准不是公开发布标准；

(二) 使用的标准仅供特定的预期使用者使用，且仅适用于特殊目的。

第二十二条 对某些鉴证对象，可能不存在公开发布标准，而需要专门制定标准。注册会计师应当考虑专门制定的标准是否会导致鉴证报告对预期使用者产生误导。注册会计师应当尽可能使预期使用者或委托人确认专门制定的标准符合预期使用者的目的。

如果未获得对专门制定标准的确认，注册会计师应当考虑这种情况对评估既定标准适当性的影响，以及对鉴证报告中有关该标准的信息的影响。

第四节 重要性与鉴证业务风险

第二十三条 在计划和执行其他鉴证业务时，注册会计师应当考虑重要性和鉴证业务风险。

第二十四条 在确定证据收集程序的性质、时间和范围，评价鉴证对象信息是否不存在错报时，注册会计师应当考虑重要性。

在考虑重要性时，注册会计师应当了解并评价哪些因素可能会影响预期使用者的决策。

注册会计师应当综合数量和性质因素考虑重要性。在具体业务中，注册会计师需要运用职业判断，评估重要性以及数量和性质因素的相对重要程度。

第二十五条 注册会计师应当将鉴证业务风险降至该业务环境下可接受的水平。

在合理保证的其他鉴证业务中，注册会计师应当将鉴证业务风险降至该业务环境下可接受的低水平，以此作为以积极方式提出结论的基础。

由于证据收集程序的性质、时间和范围不同，有限保证的其他鉴证业务的风险水平高于合理保证的其他鉴证业务的风险水平。但在有限保证的其他鉴证业务中，证据收集程序的性质、时间和范围应当至少足以使注册会计师获得某种有意义的保证水平，以此作为注册会计师以消极方式提出结论的基础。

当注册会计师获取的保证水平很有可能在一定程度上增强预期使用者对鉴证对象信息的信任时，这种保证水平是有意义的保证水平。

第二十六条　鉴证业务风险通常体现为重大错报风险和检查风险。

重大错报风险是指鉴证对象信息在鉴证前存在重大错报的可能性。

检查风险是指注册会计师未能发现存在的重大错报的可能性。

注册会计师对重大错报风险和检查风险的考虑受具体业务环境的影响，特别受鉴证对象性质，以及所执行的是合理保证还是有限保证的其他鉴证业务的影响。

第四章　利用专家的工作

第二十七条　在收集和评价证据时，对于某些其他鉴证业务的鉴证对象和相关标准，可能需要运用特殊知识和技能。在这种情况下，注册会计师应当考虑利用专家的工作。

第二十八条　当利用专家的工作收集和评价证据时，注册会计师与专家作为一个整体，应当具备与鉴证对象和标准相关的足够的专业知识和技能。

第二十九条　参与其他鉴证业务的所有人员（包括专家），都应当保持应有的关注。

在执行其他鉴证业务时，尽管并不要求专家在所有方面与注册会计师具备同样的专业知识和技能，但注册会计师应当确定专家已充分了解其他鉴证业务准则，以使专家能够按照具体业务目标开展工作。

第三十条　注册会计师应当实施质量控制程序，明确执行其他鉴证业务人员的责任，包括专家的工作责任，以确保其遵守其他鉴证业务准则。

第三十一条　注册会计师应当充分参与其他鉴证业务和了解专家所承担的工作，以足以对鉴证对象信息形成的结论承担责任。

在形成鉴证结论时，注册会计师应当考虑利用专家工作的程度是否合理。

第三十二条　尽管并不期望注册会计师具备与专家相同的专业知识和技能，但注册会计师应当具备足够的知识和技能，以实现下列目的：

（一）界定专家工作的目标及其如何与鉴证业务目标相联系；

（二）考虑专家使用的假设、方法和原始数据的合理性；

（三）考虑专家发现的问题和得出结论的合理性。

第三十三条　注册会计师应当获取充分、适当的证据，确定专家的工作是否符合其他鉴证业务的目标。

在评估专家提供证据的充分性和适当性时，注册会计师应当评价：

（一）专家的专业胜任能力，包括专家的经验和客观性；

（二）专家使用的假设、方法和原始数据的合理性；

（三）专家发现的问题和得出结论的合理性及其重要性。

第五章　获取证据

第一节　总体要求

第三十四条　注册会计师应当获取充分、适当的证据，据此形成鉴证结论。

证据的充分性是对证据数量的衡量。证据的适当性是对证据质量的衡量，即证据的相关性和可靠性。

第三十五条　注册会计师可以考虑获取证据的成本与所获取信息有用性之间的关系，但不应仅以获取证据的困难和成本为由减少不可替代的程序。

第三十六条　在评价证据的充分性和适当性以支持鉴证结论时，注册会计师应当运用职业判断，并保持职业怀疑态度。

第三十七条　其他鉴证业务通常不涉及鉴定文件记录的真伪，注册会计师也不是鉴定文件记录真伪的专家，但应当考虑用作证据的信息的可靠性，包括考虑与信息生成和维护相关的控制的有效性。

如果在执行业务过程中识别出的情况使其认为文件记录可能是伪造的或文件记录中的某些条款已发

生变动，注册会计师应当作进一步调查，包括直接向第三方询证，或考虑利用专家的工作，以评价文件记录的真伪。

第三十八条 在合理保证的其他鉴证业务中，注册会计师应当通过下列不断修正的、系统化的执业过程，获取充分、适当的证据：

（一）了解鉴证对象及其他的业务环境事项，必要时包括了解内部控制；

（二）在了解鉴证对象及其他的业务环境事项的基础上，评估鉴证对象信息可能存在的重大错报风险；

（三）应对评估的风险，包括制定总体应对措施以及确定进一步程序的性质、时间和范围；

（四）针对识别的风险实施进一步程序，包括实施实质性程序，以及在必要时测试控制运行的有效性；

（五）评价证据的充分性和适当性。

第三十九条 合理保证提供的保证水平低于绝对保证。由于存在下列因素，将鉴证业务风险降至零几乎不可能，也不符合成本效益原则：

（一）选择性测试方法的运用；

（二）内部控制的固有局限性；

（三）大多数证据是说服性而非结论性的；

（四）在获取和评价证据以及由此得出结论时涉及大量判断；

（五）在某些情况下鉴证对象具有特殊性。

第四十条 合理保证的其他鉴证业务和有限保证的其他鉴证业务都需要运用鉴证技术和方法，收集充分、适当的证据。与合理保证的其他鉴证业务相比，有限保证的其他鉴证业务在证据收集程序的性质、时间、范围等方面是有意识地加以限制的。

第四十一条 无论是合理保证还是有限保证的其他鉴证业务，如果注意到某事项可能导致对鉴证对象信息是否需要作出重大修改产生疑问，注册会计师应当执行其他足够的程序，追踪这一事项，以支持鉴证结论。

第二节 责任方声明

第四十二条 注册会计师在必要时应当向责任方获取声明。责任方声明包括书面声明和口头声明。责任方对口头声明的书面确认，可以减少注册会计师和责任方之间产生误解的可能性。

注册会计师应当要求责任方就其按照既定标准对鉴证对象进行评价或计量出具书面声明，无论该声明作为责任方的认定能否为预期使用者获取。如果无法获取该项书面声明，注册会计师应当根据工作范围受到限制的程度，考虑出具保留结论或无法提出结论的鉴证报告，并考虑是否需要对鉴证报告的使用作出限制。

第四十三条 在其他鉴证业务中，责任方可能主动提供声明或以回复注册会计师询问的方式提供声明。当责任方声明与某一事项相关，且该事项对鉴证对象的评价或计量有重大影响时，注册会计师应当实施下列程序：

（一）评价责任方声明的合理性及其与其他证据（包括其他声明）的一致性；

（二）考虑作出声明的人员是否充分知晓所声明的特定事项；

（三）在合理保证的其他鉴证业务中，获取佐证性的证据；在有限保证的其他鉴证业务中，考虑是否有必要寻求佐证性的证据。

第四十四条 责任方声明不能替代注册会计师合理预期能够获取的其他证据。如果某事项对评价或计量鉴证对象产生重大影响或可能产生重大影响，且对该事项无法获取在正常情况下能够获取的充分、适当的证据，即使已从责任方获取相关声明，注册会计师应将其视为工作范围受到限制。

第六章 考虑期后事项

第四十五条 注册会计师应当考虑截至鉴证报告日发生的事项对鉴证对象信息和鉴证报告的影响。

第四十六条 注册会计师对期后事项的考虑程度，取决于这些事项对鉴证对象信息和鉴证结论适当性的潜在影响。

在某些其他鉴证业务中，由于鉴证对象性质特殊，注册会计师可能无需考虑期后事项，如对某一时点统计报表的准确性提出鉴证结论。

第七章 形成工作记录

第四十七条 注册会计师应当记录重大事项，以提供证据支持鉴证报告，并证明其已按照其他鉴证业务准则的规定执行业务。

第四十八条 对需要运用职业判断的所有重大事项，注册会计师应当记录推理过程和相关结论。

如果对某些事项难以进行判断，注册会计师还应当记录得出结论时已知悉的有关事实。

第四十九条 注册会计师应当将鉴证过程中考虑的所有重大事项记录于工作底稿。

在运用职业判断确定工作底稿的编制和保存范围时，注册会计师应当考虑，使未曾接触该项其他鉴证业务的有经验的专业人士了解实施的鉴证程序，以及作出重大决策的依据。

第八章 编制鉴证报告

第一节 总体要求

第五十条 注册会计师应当判断是否已获取充分、适当的证据，以支持鉴证结论。

在形成鉴证结论时，注册会计师应当考虑所有相关的证据，包括能够印证鉴证对象信息的证据和与之相矛盾的证据。

第五十一条 注册会计师应当以书面报告形式提出鉴证结论，鉴证报告应当清晰表述注册会计师对鉴证对象信息提出的结论。

第五十二条 注册会计师应当根据具体业务环境选择短式报告或长式报告，将信息有效地传达给预期使用者。

短式报告通常包括本准则第五十三条所述的鉴证报告基本内容。长式报告除包括基本内容外，还包括：

（一）对业务约定条款的详细说明；

（二）在特定方面发现的问题以及提出的相关建议。

在长式报告中，注册会计师应当将发现的问题及相关建议与鉴证结论清楚分开，并以适当措辞指出这些问题和建议不会影响鉴证结论。

第二节 鉴证报告的内容

第五十三条 鉴证报告应当包含下列基本内容：

（一）标题；

（二）收件人；

（三）对鉴证对象信息（适当时也包括鉴证对象）的界定与描述；

（四）使用的标准；

（五）适当时，对按照标准评价或计量鉴证对象存在的所有重大固有限制的说明；

（六）必要时，对报告使用者和使用目的的限定；

（七）责任方的界定，以及对责任方和注册会计师各自责任的说明；

（八）按照其他鉴证业务准则的规定执行业务的说明；

（九）工作概述；

（十）鉴证结论；

（十一）注册会计师的签名及盖章；

（十二）会计师事务所的名称、地址及盖章；

（十三）报告日期。

第五十四条 鉴证报告的标题应当清晰表述其他鉴证业务的性质。

第五十五条 鉴证报告的收件人是指鉴证报告应当提交的对象，在可行的情况下，鉴证报告的收件人应当明确为所有的预期使用者。

第五十六条 鉴证报告中对鉴证对象信息（适当时也包括鉴证对象）的界定与描述主要包括：

（一）与评价或计量鉴证对象相关的时点或期间；

（二）鉴证对象涉及的被鉴证单位或其组成部分的名称；

（三）对鉴证对象或鉴证对象信息的特征及其影响的解释，包括解释这些特征如何影响对鉴证对象按照既定标准进行评价或计量的准确性，以及如何影响所获取证据的说服力。

如果在鉴证结论中提及责任方的认定，注册会计师应当将该认定附于鉴证报告后，或在鉴证报告中复述该认定，或指明预期使用者能够从何处获取该认定。

第五十七条 鉴证报告应当指出评价或计量鉴证对象所使用的标准，以使预期使用者能够了解注册会计师提出结论的依据。

注册会计师可以将该标准直接包括在鉴证报告中。如果预期使用者能够获取的责任方认定中已包括该标准，或容易从其他来源获取该标准，注册会计师也可以仅在鉴证报告中提及该标准。

第五十八条 注册会计师应当根据具体业务环境考虑是否披露：

（一）标准的来源，以及标准是否为公开发布标准；如果不是公开发布标准，应当说明采用该标准的理由；

（二）当标准允许选用多种计量方法时，采用的计量方法；

（三）使用标准时作出的重要解释；

（四）采用的计量方法是否发生变更。

第五十九条 如果根据标准评价或计量鉴证对象存在重大固有限制，且预期鉴证报告的使用者不能充分理解，注册会计师应当在鉴证报告中明确提及该限制。

第六十条 如果用于评价或计量鉴证对象的标准仅能为特定使用者所获取，或仅与特定目的相关，注册会计师应当在鉴证报告中指明该鉴证报告的使用仅限于特定使用者或特定目的。

第六十一条 注册会计师应当在鉴证报告中界定责任方以及责任方和注册会计师各自的责任。

对于直接报告业务，注册会计师应当指明责任方对鉴证对象负责；对于基于认定的业务，注册会计师应当指明责任方对鉴证对象信息负责。

注册会计师的责任是对鉴证对象信息独立地提出结论。

第六十二条 注册会计师应当在鉴证报告中说明，该项其他鉴证业务是按照其他鉴证业务准则的规定执行的。如果存在针对该项其他鉴证业务的具体准则，注册会计师应当根据该准则的规定决定是否在鉴证报告中特别提及该准则。

第六十三条 为使预期使用者了解鉴证报告所表达的保证性质，注册会计师应当参照相关的审计准则和审阅准则，在鉴证报告中概述已执行的鉴证工作。

如果没有相关鉴证业务准则对特定鉴证对象的证据收集程序作出规定，注册会计师应当在概述时更具体地说明已执行的工作。

第六十四条 在有限保证的其他鉴证业务中，为使预期使用者理解以消极方式表达的结论所传达的保证性质，注册会计师对已执行工作的概述通常比在合理保证的其他鉴证业务中更加详细。

在有限保证的其他鉴证业务中，对已执行工作的概述应当包括下列内容：

（一）指出证据收集程序的性质、时间和范围存在的限制，必要时，说明没有执行合理保证的其他鉴证业务中通常实施的程序；

（二）说明由于证据收集程序比合理保证的其他鉴证业务更为有限，因此，获得的保证程度低于合理保证的其他鉴证业务的保证程度。

第六十五条 注册会计师应当在鉴证报告中清楚地说明鉴证结论。如果鉴证对象信息由多个方面组成，注册会计师可就每个方面分别提出结论。

虽然提出这些结论并非都需要执行相同水平的证据收集程序，但注册会计师应当根据某一方面执行的工作是合理保证还是有限保证，决定该方面结论的适当表达方式。

第六十六条 在适当情况下，注册会计师应当在鉴证报告中告知预期使用者提出该结论的背景，比如注册会计师的结论中可能包括“本结论是在受到鉴证报告中指出的固有限制的条件下形成的”的措辞。

第六十七条 在合理保证的其他鉴证业务中，注册会计师应当以积极方式提出结论，如“我们认为，根据×标准，内部控制在所有重大方面是有效的”或“我们认为，责任方作出的‘根据×标准，内部控制在所有重大方面是有效的’这一认定是公允的”。

第六十八条 在有限保证的其他鉴证业务中，注册会计师应当以消极方式提出结论，如“基于本报告所述的工作，我们没有注意到任何事项使我们相信，根据×标准，×系统在任何重大方面是无效的”或“基于本报告所述的工作，我们没有注意到任何事项使我们相信，责任方作出的‘根据×标准，×系统在所有重大方面是有效的’这一认定是不公允的”。

第六十九条 如果提出无保留结论之外的其他结论，注册会计师应当在鉴证报告中清楚地说明提出该结论的理由。

第七十条 鉴证报告应当注明报告日期，以使预期使用者了解注册会计师已考虑截至报告日发生的事项对鉴证对象信息和鉴证报告的影响。

第七十一条 注册会计师可以在鉴证报告中增加不会影响鉴证结论的其他信息或解释。这些信息或解释主要包括：

（一）注册会计师和其他参加具体业务的人员的资格和经验；

（二）重要性水平；

（三）在该业务的特定方面发现的问题及相关建议。

鉴证报告中是否包含此类信息取决于该信息对预期使用者需求的重要程度。增加的信息应当与注册会计师的结论清楚分开，并在措辞上不影响鉴证结论。

第三节 保留结论、否定结论和无法提出结论

第七十二条 如果存在下列事项，且判断该事项的影响重大或可能重大，注册会计师不应当提出无保留结论：

（一）由于工作范围受到业务环境、责任方或委托人的限制，注册会计师不能获取必要的证据将鉴证业务风险降至适当水平，在这种情况下，应当出具保留结论或无法提出结论的报告；

（二）如果结论提及责任方认定，且该认定未在所有重大方面作出公允表达，注册会计师应当提出保留结论或否定结论；如果结论直接提及鉴证对象及标准，且鉴证对象信息存在重大错报，注册会计师应当提出保留结论或否定结论；

（三）在承接业务后，如果发现标准或鉴证对象不适当，可能误导预期使用者，注册会计师应当提出保留结论或否定结论；如果发现标准或鉴证对象不适当，造成工作范围受到限制，注册会计师应当出具保留结论或无法提出结论的报告。

第七十三条 如果某事项造成影响的重大与广泛程度不足以导致出具否定结论或无法提出结论的报告，注册会计师应当提出保留结论，并在报告中使用“除……的影响外”等措辞。

第七十四条 如果责任方认定已指出并适当说明鉴证对象信息存在重大错报，注册会计师应当选择下列一种方式提出鉴证结论：

（一）直接对鉴证对象和使用的标准提出保留结论或否定结论；

（二）如果业务约定条款特别要求针对责任方认定提出结论，注册会计师应当提出无保留结论，并在鉴证报告中增加强调事项段，说明鉴证对象信息存在重大错报且责任方认定已对此作出了适当说明。

第九章 其他报告责任

第七十五条 注册会计师应当考虑其他报告责任，包括考虑就执行业务过程中注意到的与治理层责任相关的事项与治理层沟通的适当性。

如果委托人并非责任方，注册会计师直接与责任方或责任方的治理层沟通可能是不适当的。

第七十六条 如果业务约定条款没有特殊要求，注册会计师不必设计专门的程序以识别与治理层责任相关的事项。

第十章 附　　则

第七十七条 本准则自 2007 年 1 月 1 日起施行。

四十五、中国注册会计师其他鉴证业务准则第 3111 号——预测性财务信息的审核

第一章 总　　则

第一条 为了规范注册会计师执行预测性财务信息审核业务，制定本准则。

第二条 本准则所称预测性财务信息，是指被审核单位依据对未来可能发生的事项或采取的行动的假设而编制的财务信息。

预测性财务信息可以表现为预测、规划或两者的结合，可能包括财务报表或财务报表的一项或多项要素。

本准则所称预测，是指管理层在最佳估计假设的基础上编制的预测性财务信息。最佳估计假设是指截至编制预测性财务信息日，管理层对预期未来发生的事项和采取的行动作出的假设。

本准则所称规划，是指管理层基于推测性假设，或同时基于推测性假设和最佳估计假设编制的预测性财务信息。推测性假设是指管理层对未来事项和采取的行动作出的假设，该事项或行动预期在未来未必发生。

第三条　在执行预测性财务信息审核业务时，注册会计师应当就下列事项获取充分、适当的证据：

（一）管理层编制预测性财务信息所依据的最佳估计假设并非不合理；在依据推测性假设的情况下，推测性假设与信息的编制目的是相适应的；

（二）预测性财务信息是在假设的基础上恰当编制的；

（三）预测性财务信息已恰当列报，所有重大假设已充分披露，包括说明采用的是推测性假设还是最佳估计假设；

（四）预测性财务信息的编制基础与历史财务报表一致，并选用了恰当的会计政策。

第四条　管理层负责编制预测性财务信息，包括识别和披露预测性财务信息依据的假设。

注册会计师接受委托对预测性财务信息实施审核并出具报告，可增强该信息的可信赖程度。

第二章　保 证 程 度

第五条　注册会计师不应对预测性财务信息的结果能否实现发表意见。

第六条　当对管理层采用的假设的合理性发表意见时，注册会计师仅提供有限保证。

第三章　接受业务委托

第七条　在承接预测性财务信息审核业务前，注册会计师应当考虑下列因素：

（一）信息的预定用途；

（二）信息是广为分发还是有限分发；

（三）假设的性质，即假设是最佳估计假设还是推测性假设；

（四）信息中包含的要素；

（五）信息涵盖的期间。

第八条　如果假设明显不切实际，或认为预测性财务信息并不适合预定用途，注册会计师应当拒绝接受委托，或解除业务约定。

第九条　注册会计师应当与委托人就业务约定条款达成一致意见，并签订业务约定书。

第四章　了解被审核单位情况

第十条　注册会计师应当充分了解被审核单位情况，以评价管理层是否识别出编制预测性财务信息所要求的全部重要假设。

注册会计师还应当通过考虑下列事项，熟悉被审核单位编制预测性财务信息的过程：

（一）与编制预测性财务信息相关的内部控制，以及负责编制预测性财务信息人员的专业技能和经验；

（二）支持管理层作出假设的文件的性质；

（三）运用统计、数学方法及计算机辅助技术的程度；

（四）形成和运用假设时使用的方法；

（五）以前期间编制预测性财务信息的准确性，及其与实际情况出现重大差异的原因。

第十一条　注册会计师应当考虑被审核单位编制预测性财务信息时依赖历史财务信息的程度是否合理。

注册会计师应当了解被审核单位的历史财务信息，以评价预测性财务信息与历史财务信息的编制基础是否一致，并为考虑管理层假设提供历史基准。

注册会计师应当确定相关历史财务信息是否已经审计或审阅，是否选用了恰当的会计政策。

第十二条　如果对上期历史财务信息出具了非标准审计报告或非标准审阅报告，或被审核单位尚处于营业初期，注册会计师应当考虑各项相关的事实及其对预测性财务信息审核的影响。

第五章　涵 盖 期 间

第十三条　注册会计师应当考虑预测性财务信息涵盖的期间。

随着涵盖期间的延长，假设的主观性将会增加，管理层作出最佳估计假设的能力将会减弱。预测性财务信息涵盖的期间不应超过管理层可作出合理假设的期间。

第十四条　注册会计师可以从下列方面考虑预测性财务信息涵盖的期间是否合理：

（一）经营周期；

（二）假设的可靠程度；

（三）使用者的需求。

第六章　审核程序

第十五条　在确定审核程序的性质、时间和范围时，注册会计师应当考虑下列因素：

（一）重大错报的可能性；

（二）以前期间执行业务所了解的情况；

（三）管理层编制预测性财务信息的能力；

（四）预测性财务信息受管理层判断影响的程度；

（五）基础数据的恰当性和可靠性。

第十六条　注册会计师应当评估支持管理层作出最佳估计假设的证据的来源和可靠性。注册会计师可以从内部或外部来源获取支持这些假设的充分、适当的证据，包括根据历史财务信息考虑这些假设，以及评价这些假设是否依据被审核单位有能力实现的计划。

第十七条　当使用推测性假设时，注册会计师应当确定这些假设的所有重要影响是否已得到考虑。

对推测性假设，注册会计师不需要获取支持性的证据，但应当确定这些假设与编制预测性财务信息的目的相适应，并且没有理由相信这些假设明显不切合实际。

第十八条　注册会计师应当通过检查数据计算准确性和内在一致性等，确定预测性财务信息是否依据管理层确定的假设恰当编制。

内在一致性是指管理层拟采取的各项行动相互之间不存在矛盾，以及根据共同的变量确定的金额之间不存在不一致。

第十九条　注册会计师应当关注对变化特别敏感的领域，并考虑该领域影响预测性财务信息的程度。

第二十条　当接受委托审核预测性财务信息的一项或多项要素时，注册会计师应当考虑该要素与财务信息其他要素之间的关联关系。

第二十一条　当预测性财务信息包括本期部分历史信息时，注册会计师应当考虑对历史信息需要实施的程序的范围。

第二十二条　注册会计师应当就下列事项向管理层获取书面声明：

（一）预测性财务信息的预定用途；

（二）管理层作出的重大假设的完整性；

（三）管理层认可对预测性财务信息的责任。

第七章　列　　报

第二十三条　在评价预测性财务信息的列报（包括披露）时，注册会计师除考虑相关法律法规的具体要求外，还应当考虑下列事项：

（一）预测性财务信息的列报是否提供有用信息且不会产生误导；

（二）预测性财务信息的附注中是否清楚地披露会计政策；

（三）预测性财务信息的附注中是否充分披露所依据的假设，是否明确区分最佳估计假设和推测性假设；对于涉及重大且具有高度不确定性的假设，是否已充分披露该不确定性以及由此导致的预测结果的敏感性；

（四）预测性财务信息的编制日期是否得以披露，管理层是否确认截至该日期止，编制该预测性财务信息所依据的各项假设仍然适当；

（五）当预测性财务信息的结果以区间表示时，是否已清楚说明在该区间内选取若干点的基础，该区间的选择是否不带偏见或不产生误导；

（六）从最近历史财务信息披露以来，会计政策是否发生变更、变更的原因及其对预测性财务信息的影响。

第八章　审核报告

第二十四条　注册会计师对预测性财务信息出具的审核报告应当包括下列内容：

（一）标题；

（二）收件人；

（三）指出所审核的预测性财务信息；

（四）提及审核预测性财务信息时依据的准则；

（五）说明管理层对预测性财务信息(包括编制该信息所依据的假设)负责；

（六）适当时，提及预测性财务信息的使用目的和分发限制；

（七）以消极方式说明假设是否为预测性财务信息提供合理基础；

（八）对预测性财务信息是否依据假设恰当编制，并按照适用的会计准则和相关会计制度的规定进行列报发表意见；

（九）对预测性财务信息的可实现程度作出适当警示；

（十）注册会计师的签名及盖章；

（十一）会计师事务所的名称、地址及盖章；

（十二）报告日期。报告日期应为完成审核工作的日期。

第二十五条 审核报告应当说明：

（一）根据对支持假设的证据的检查，注册会计师是否注意到任何事项，导致其认为这些假设不能为预测性财务信息提供合理基础；

（二）对预测性财务信息是否依据这些假设恰当编制，并按照适用的会计准则和相关会计制度的规定进行列报发表意见。

第二十六条 审核报告还应当说明：

（一）由于预期事项通常并非如预期那样发生，并且变动可能重大，实际结果可能与预测性财务信息存在差异；同样，当预测性财务信息以区间形式表述时，对实际结果是否处于该区间内不提供任何保证。

（二）在审核规划的情况下，编制预测性财务信息是为了特定目的(列明具体目的)。在编制过程中运用了一整套假设，包括有关未来事项和管理层行动的推测性假设，而这些事项和行动预期在未来未必发生。因此，提醒信息使用者注意，预测性财务信息不得用于该特定目的以外的其他目的。

第二十七条 如果认为预测性财务信息的列报不恰当，注册会计师应当对预测性财务信息出具保留或否定意见的审核报告，或解除业务约定。

第二十八条 如果认为一项或者多项重大假设不能为依据最佳估计假设编制的预测性财务信息提供合理基础，或在给定的推测性假设下，一项或者多项重大假设不能为依据推测性假设编制的预测性财务信息提供合理基础，注册会计师应当对预测性财务信息出具否定意见的审核报告，或解除业务约定。

第二十九条 如果审核范围受到限制，导致无法实施必要的审核程序，注册会计师应当解除业务约定，或出具无法表示意见的审核报告，并在报告中说明审核范围受到限制的情况。

第九章 附　　则

第三十条 本准则自 2007 年 1 月 1 日起施行。

附录：

审核报告参考格式

1. 对预测性财务报表出具无保留意见的报告(以预测为基础)

审 核 报 告

ABC 股份有限公司：

我们审核了后附的 ABC 股份有限公司(以下简称 ABC 公司)编制的预测(列明预测涵盖的期间和预测的名称)。我们的审核依据是《中国注册会计师其他鉴证业务准则第 3111 号——预测性财务信息的审核》。ABC 公司管理层对该预测及其所依据的各项假设负责。这些假设已在附注×中披露。

根据我们对支持这些假设的证据的审核，我们没有注意到任何事项使我们认为这些假设没有为预测提供合理基础。而且，我们认为，该预测是在这些假设的基础上恰当编制的，并按照××编制基础的规定进行了列报。

由于预期事项通常并非如预期那样发生，并且变动可能重大，实际结果可能与预测性财务信息存在差异。

××会计师事务所　　　　　　　　　　　　中国注册会计师：×××
（盖章）　　　　　　　　　　　　　　　（签名并盖章）

中国注册会计师：×××
（签名并盖章）

中国××市
二〇×二年×月×日

2. 对预测性财务报表出具无保留意见的报告（以规划为基础）

审 核 报 告

ABC股份有限公司：

我们审核了后附的ABC股份有限公司（以下简称ABC公司）编制的规划（列明规划涵盖的期间和规划的名称）。我们的审核依据是《中国注册会计师其他鉴证业务准则第3111号——预测性财务信息的审核》。ABC公司管理层对该规划及其所依据的各项假设负责。这些假设已在附注×中披露。

ABC公司编制规划是为了××目的。由于ABC公司尚处于营业初期，在编制规划时运用了一整套假设，包括有关未来事项和管理层行动的推测性假设，而这些事项和行动预期在未来未必发生。因此，我们提醒信息使用者注意，该规划不得用于××目的以外的其他目的。

根据我们对支持这些假设的证据的审核，在推测性假设（列明推测性假设）成立的前提下，我们没有注意到任何事项使我们认为这些假设没有为规划提供合理基础。我们认为，该规划是在这些假设的基础上恰当编制的，并按照××编制基础的规定进行了列报。

即使在推测性假设中所涉及的事项发生，但由于预期事项通常并非如预期那样发生，并且变动可能重大，因此实际结果仍然可能与预测性财务信息存在差异。

××会计师事务所　　　　　　　　　　　　中国注册会计师：×××
（盖章）　　　　　　　　　　　　　　　（签名并盖章）

中国注册会计师：×××
（签名并盖章）

中国××市
二〇×二年×月×日

四十六、中国注册会计师相关服务准则第4101号——对财务信息执行商定程序

第一章　总　　则

第一条　为了规范注册会计师对财务信息执行商定程序业务，明确执业责任，制定本准则。

第二条　对财务信息执行商定程序的目标，是注册会计师对特定财务数据、单一财务报表或整套财务报表等财务信息执行与特定主体商定的具有审计性质的程序，并就执行的商定程序及其结果出具报告。

本准则所称特定主体，是指委托人和业务约定书中指明的报告致送对象。

第三条　注册会计师执行商定程序业务，仅报告执行的商定程序及其结果，并不提出鉴证结论。报告使用者自行对注册会计师执行的商定程序及其结果作出评价，并根据注册会计师的工作得出自己的结论。

第四条　商定程序业务报告仅限于参与协商确定程序的特定主体使用，以避免不了解商定程序的人对

报告产生误解。

第五条　注册会计师执行商定程序业务，应当遵守相关职业道德规范，恪守客观、公正的原则，保持专业胜任能力和应有的关注，并对执业过程中获知的信息保密。

第六条　本准则不对商定程序业务提出独立性要求；但如果业务约定书或委托目的对注册会计师的独立性提出要求，注册会计师应当从其规定。

如果注册会计师不具有独立性，应当在商定程序业务报告中说明这一事实。

第七条　注册会计师应当按照本准则的规定和业务约定书的要求执行商定程序业务。

第二章　业务约定书

第八条　注册会计师应当与特定主体进行沟通，确保其已经清楚理解拟执行的商定程序和业务约定条款。

注册会计师应当就下列事项与特定主体沟通，并达成一致意见：

（一）业务性质，包括说明执行的商定程序并不构成审计或审阅，不提出鉴证结论；

（二）委托目的；

（三）拟执行商定程序的财务信息；

（四）拟执行的具体程序的性质、时间和范围；

（五）预期的报告样本；

（六）报告分发和使用的限制。

第九条　如果无法与所有的报告致送对象直接讨论拟执行的商定程序，注册会计师应当考虑采取下列措施：

（一）与报告致送对象的代表讨论拟执行的商定程序；

（二）查阅来自报告致送对象的相关信函和文件；

（三）向报告致送对象提交报告样本。

第十条　如果接受委托，注册会计师应当与委托人就双方达成一致的事项签订业务约定书，以避免双方对商定程序业务的理解产生分歧。

第三章　计划、程序与记录

第十一条　注册会计师应当合理制定工作计划，以有效执行商定程序业务。

第十二条　注册会计师应当执行商定的程序，并将获取的证据作为出具报告的基础。

第十三条　执行商定程序业务运用的程序通常包括：

（一）询问和分析；

（二）重新计算、比较和其他核对方法；

（三）观察；

（四）检查；

（五）函证。

第十四条　注册会计师应当记录支持商定程序业务报告的重大事项，并记录按照本准则的规定和业务约定书的要求执行商定程序的证据。

第四章　报　　告

第十五条　商定程序业务报告应当详细说明业务的目的和商定的程序，以便使用者了解所执行工作的性质和范围。

第十六条　商定程序业务报告应当包括下列内容：

（一）标题；

（二）收件人；

（三）说明执行商定程序的财务信息；

（四）说明执行的商定程序是与特定主体协商确定的；

（五）说明已按照本准则的规定和业务约定书的要求执行了商定程序；

（六）当注册会计师不具有独立性时，说明这一事实；

（七）说明执行商定程序的目的；

（八）列出所执行的具体程序；

（九）说明执行商定程序的结果，包括详细说明发现的错误和例外事项；

（十）说明所执行的商定程序并不构成审计或审阅，注册会计师不提出鉴证结论；

（十一）说明如果执行商定程序以外的程序，或执行审计或审阅，注册会计师可能得出其他应报告的结果；

（十二）说明报告仅限于特定主体使用；

（十三）在适用的情况下，说明报告仅与执行商定程序的特定财务数据有关，不得扩展到财务报表整体；

（十四）注册会计师的签名和盖章；

（十五）会计师事务所的名称、地址及盖章；

（十六）报告日期。

第五章 附 则

第十七条 如果注册会计师具备专业胜任能力，且存在合理的判断标准，可参照本准则对非财务信息执行商定程序业务。

第十八条 本准则自 2007 年 1 月 1 日起施行。

四十七、中国注册会计师相关服务准则第 4111 号——代编财务信息

第一章 总 则

第一条 为了规范注册会计师执行代编财务信息业务（以下简称代编业务），制定本准则。

第二条 代编业务的目标是注册会计师运用会计而非审计的专业知识和技能，代客户编制一套完整或非完整的财务报表，或代为收集、分类和汇总其他财务信息。

注册会计师执行代编业务使用的程序并不旨在、也不能对财务信息提出任何鉴证结论。

第三条 注册会计师执行代编业务，应当遵守相关职业道德规范，恪守客观、公正的原则，保持专业胜任能力和应有的关注，并对执业过程中获知的信息保密。

第四条 本准则不对代编业务提出独立性要求。但如果注册会计师不具有独立性，应当在代编业务报告中说明这一事实。

第五条 在任何情况下，如果注册会计师的姓名与代编的财务信息相联系，注册会计师应当出具代编业务报告。

第二章 业务约定书

第六条 注册会计师应当在代编业务开始前，与客户就代编业务约定条款达成一致意见，并签订业务约定书，以避免双方对代编业务的理解产生分歧。

第七条 业务约定书应当包括下列主要事项：

（一）业务的性质，包括说明拟执行的业务既非审计也非审阅，注册会计师不对代编的财务信息提出任何鉴证结论；

（二）说明不能依赖代编业务揭露可能存在的错误、舞弊以及违反法规行为；

（三）客户提供的信息的性质；

（四）说明客户管理层应当对提供给注册会计师的信息的真实性和完整性负责，以保证代编财务信息的真实性和完整性；

（五）说明代编财务信息的编制基础，并说明将在代编财务信息和出具的代编业务报告中对该编制基础以及任何重大背离予以披露；

（六）代编财务信息的预期用途和分发范围；

（七）如果注册会计师的姓名与代编的财务信息相联系，说明注册会计师出具的代编业务报告的格式；

（八）业务收费；

（九）违约责任；

（十）解决争议的方法；

(十一) 签约双方法定代表人或其授权代表的签字盖章,以及签约双方加盖的公章。

第三章 计划、程序与记录

第八条 注册会计师应当制定代编业务计划,以有效执行代编业务。

第九条 注册会计师应当了解客户的业务和经营情况,熟悉其所处行业的会计政策和惯例,以及与具体情况相适应的财务信息的形式和内容。

第十条 注册会计师应当了解客户业务交易的性质、会计记录的形式和财务信息的编制基础。

注册会计师通常利用以前经验、查阅文件记录或询问客户的相关人员,获取对这些事项的了解。

第十一条 除本准则规定的程序外,注册会计师通常不需要执行下列程序:

(一) 询问管理层,以评价所提供信息的可靠性和完整性;

(二) 评价内部控制;

(三) 验证任何事项;

(四) 验证任何解释。

第十二条 如果注意到管理层提供的信息不正确、不完整或在其他方面不令人满意,注册会计师应当考虑执行本准则第十一条提及的程序,并要求管理层提供补充信息。

如果管理层拒绝提供补充信息,注册会计师应当解除该项业务约定,并告知客户解除业务约定的原因。

第十三条 注册会计师应当阅读代编的财务信息,并考虑形式是否恰当,是否不存在明显的重大错报。

本条前款所述的重大错报包括下列情形:

(一) 错误运用编制基础;

(二) 未披露所采用的编制基础和获知的重大背离;

(三) 未披露注册会计师注意到的其他重大事项。

注册会计师应当在代编财务信息中披露采用的编制基础和获知的重大背离,但不必报告背离的定量影响。

第十四条 如果注意到存在重大错报,注册会计师应当尽可能与客户就如何恰当地更正错报达成一致意见。如果重大错报仍未得到更正,并且认为财务信息存在误导,注册会计师应当解除该项业务约定。

第十五条 注册会计师应当从管理层获取其承担恰当编制财务信息和批准财务信息的责任的书面声明。该声明还应当包括管理层对会计数据的真实性和完整性负责,以及已向注册会计师完整提供所有重要且相关的信息。

第十六条 注册会计师应当记录重大事项,以证明其已按照本准则的规定和业务约定书的要求执行代编业务。

第四章 代编业务报告

第十七条 代编业务报告应当包括下列内容:

(一) 标题;

(二) 收件人;

(三) 说明注册会计师已按照本准则的规定执行代编业务;

(四) 当注册会计师不具有独立性时,说明这一事实;

(五) 指出财务信息是在管理层提供信息的基础上代编的,并说明代编财务信息的名称、日期或涵盖的期间;

(六) 说明管理层对注册会计师代编的财务信息负责;

(七) 说明执行的业务既非审计,也非审阅,因此不对代编的财务信息提出鉴证结论;

(八) 必要时,应当增加一个段落,提醒注意代编财务信息对采用的编制基础的重大背离;

(九) 注册会计师的签名及盖章;

(十) 会计师事务所的名称、地址及盖章;

(十一) 报告日期。

第十八条 注册会计师应当在代编财务信息的每页或一套完整的财务报表的首页明确标示"未经审计或审阅"、"与代编业务报告一并阅读"等字样。

第五章 附 则

第十九条 注册会计师执行代编非财务信息业务,除有特定要求者外,应当参照本准则办理。

第二十条　本准则自2007年1月1日起施行。

附录：

代编业务报告参考格式

1. 代编财务报表业务报告

代编财务报表业务报告

（收件人名称）：

在ABC公司管理层提供信息的基础上，我们按照《中国注册会计师相关服务准则第4111号——代编财务信息》的规定，代编了ABC公司20××年12月31日的资产负债表，20××年度的利润表、股东权益变动表和现金流量表以及财务报表附注。管理层对这些财务报表负责。我们未对这些财务报表进行审计或审阅，因此不对其提出鉴证结论。

××会计师事务所　　　　中国注册会计师：×××
（盖章）　　　　（签名并盖章）

中国××市
二〇×二年×月×日

2. 代编财务报表业务报告，增加段落以引起对背离编制基础的关注

代编财务报表业务报告

（收件人名称）：

在ABC公司管理层提供信息的基础上，我们按照《中国注册会计师相关服务准则第4111号——代编财务信息》的规定，代编了ABC公司20××年12月31日的资产负债表，20××年度的利润表、股东权益变动表和现金流量表以及财务报表附注。管理层对这些财务报表负责。我们未对这些财务报表进行审计或审阅，因此不对其提出鉴证结论。

我们提请注意，如财务报表附注×所述，管理层对融资租赁的机器设备未予资本化，该事项不符合企业会计准则和《××会计制度》的规定。

××会计师事务所　　　　中国注册会计师：×××
（盖章）　　　　（签名并盖章）

中国××市
二〇×二年×月×日

四十八、会计师事务所质量控制准则第5101号——业务质量控制

第一章　总　则

第一条　为了规范会计师事务所的业务质量控制，明确会计师事务所及其人员的质量控制责任，制定本准则。

第二条　本准则适用于会计师事务所执行历史财务信息审计和审阅业务、其他鉴证业务及相关服务业务。

第三条　会计师事务所应当根据本准则制定质量控制制度，以合理保证：

（一）会计师事务所及其人员遵守法律法规、中国注册会计师职业道德规范以及中国注册会计师审计准则、中国注册会计师审阅准则、中国注册会计师其他鉴证业务准则和中国注册会计师相关服务准则（以下分别简称审计准则、审阅准则、其他鉴证业务准则和相关服务准则；本准则将审计准则、审阅准则、其他鉴证业务准则和相关服务准则统称为业务准则）的规定；

（二）会计师事务所和项目负责人根据具体情况出具恰当的报告。

项目负责人是指会计师事务所中负责某项业务及其执行，并代表会计师事务所在业务报告上签字的主任会计师或经授权签字的注册会计师。

第四条 质量控制制度包括会计师事务所为实现本准则第三条第一款规定的目标而制定的政策，以及为执行政策和监控政策的遵守情况而设计的必要程序。

第五条 会计师事务所在制定质量控制政策和程序时，应当考虑自身规模和业务特征等因素。

第二章 质量控制制度的要素

第六条 会计师事务所的质量控制制度应当包括针对下列要素而制定的政策和程序：

（一）对业务质量承担的领导责任；

（二）职业道德规范；

（三）客户关系和具体业务的接受与保持；

（四）人力资源；

（五）业务执行；

（六）业务工作底稿；

（七）监控。

第七条 会计师事务所应当将质量控制政策和程序形成书面文件，并传达到全体人员。

第三章 对业务质量承担的领导责任

第八条 会计师事务所应当制定政策和程序，培育以质量为导向的内部文化。这些政策和程序应当要求会计师事务所主任会计师对质量控制制度承担最终责任。

第九条 会计师事务所的领导层及其作出的示范对会计师事务所的内部文化有重大影响。会计师事务所各级管理层应当通过清晰、一致及经常的行动示范和信息传达，强调质量控制政策和程序的重要性以及下列要求：

（一）按照法律法规、职业道德规范和业务准则的规定执行工作；

（二）根据具体情况出具恰当的报告。

第十条 会计师事务所的领导层应当树立质量至上的意识。会计师事务所应当通过下列措施实现质量控制的目标：

（一）合理确定管理责任，以避免重商业利益轻业务质量；

（二）建立以质量为导向的业绩评价、薪酬及晋升的政策和程序；

（三）投入足够的资源制定和执行质量控制政策和程序，并形成相关文件记录。

第十一条 受会计师事务所主任会计师委派承担质量控制制度运作责任的人员，应当具有足够、适当的经验和能力以及必要的权限以履行其责任。

第四章 职业道德规范

第十二条 会计师事务所应当制定政策和程序，以合理保证会计师事务所及其人员遵守职业道德规范。

职业道德规范要求会计师事务所及其人员恪守客观、公正的原则，保持专业胜任能力和应有的关注，并对执业过程中获知的信息保密。

第十三条 会计师事务所制定的政策和程序应当强调遵守职业道德规范的重要性，并通过下列途径予以强化：

（一）会计师事务所领导层的示范；

（二）教育和培训；

（三）监控；

（四）对违反职业道德规范行为的处理。

独立性对于鉴证业务非常重要，会计师事务所应当根据本准则第十四条至第二十条的规定制定政策和程序，以保持独立性。

第十四条 会计师事务所应当制定政策和程序，以合理保证会计师事务所及其人员，包括聘用的专家和其他需要满足独立性要求的人员，保持职业道德规范要求的独立性。

这些政策和程序应当使会计师事务所能够：

（一）向相关人员传达独立性要求；

（二）识别和评价对独立性造成威胁的情况和关系，并采取适当的防护措施以消除对独立性的威胁，或将其降至可接受的水平。必要时，解除业务约定。

第十五条　会计师事务所制定的政策和程序应当要求：

（一）项目负责人向会计师事务所提供与客户委托业务相关的信息，以使会计师事务所能够评价这些信息对保持独立性的总体影响；

（二）会计师事务所人员立即向会计师事务所报告对独立性造成威胁的情况和关系，以便会计师事务所采取适当行动；

（三）会计师事务所收集相关信息，并向适当人员传达。

会计师事务所向适当人员传达收集的相关信息，有助于：

（一）会计师事务所及其人员确定是否满足独立性要求；

（二）会计师事务所保持并更新有关独立性的记录；

（三）会计师事务所针对已识别的对独立性的威胁采取适当的行动。

第十六条　会计师事务所应当制定政策和程序，以合理保证能够获知违反独立性要求的情况，并采取适当行动予以解决。

这些政策和程序应当包括下列要求：

（一）所有应当保持独立性的人员，将注意到的违反独立性要求的情况立即告知会计师事务所；

（二）会计师事务所将已识别的违反这些政策和程序的情况，立即传达给需要与会计师事务所共同处理这些情况的项目负责人，以及需要采取适当行动的会计师事务所内部其他相关人员和受独立性要求约束的人员；

（三）项目负责人、会计师事务所内部的其他相关人员，以及需要保持独立性的其他人员，在必要时，立即向会计师事务所告知他们为解决有关问题采取的行动，以便会计师事务所能够决定是否应当采取进一步的行动。

第十七条　会计师事务所和相关项目负责人采取的适当行动，包括采取适当的防护措施以消除对独立性的威胁或将威胁降至可接受的水平，或解除业务约定。

会计师事务所应当为需要保持独立性的人员提供关于独立性政策和程序的培训。

第十八条　会计师事务所应当每年至少一次向所有受独立性要求约束的人员获取其遵守独立性政策和程序的书面确认函。

第十九条　会计师事务所应当制定下列政策和程序，以防范同一高级人员由于长期执行某一客户的鉴证业务可能对独立性造成的威胁：

（一）建立适当的标准，以便确定是否需要采取防护措施，将由于关系密切造成的威胁降至可接受的水平；

（二）对所有的上市公司财务报表审计，按照法律法规的规定定期轮换项目负责人。

第二十条　在建立适当的标准时，会计师事务所应当考虑下列事项：

（一）鉴证业务的性质，包括涉及公众利益的范围；

（二）高级管理人员提供该项鉴证业务的服务年限。

第五章　客户关系和具体业务的接受与保持

第二十一条　会计师事务所应当制定有关客户关系和具体业务接受与保持的政策和程序，以合理保证只有在下列情况下，才能接受或保持客户关系和具体业务：

（一）已考虑客户的诚信，没有信息表明客户缺乏诚信；

（二）具有执行业务必要的素质、专业胜任能力、时间和资源；

（三）能够遵守职业道德规范。

在接受新客户的业务前，或决定是否保持现有业务或考虑接受现有客户的新业务时，会计师事务所应当根据具体情况获取本条前款第（一）项至第（三）项的信息。

当识别出问题而又决定接受或保持客户关系或具体业务时，会计师事务所应当记录问题如何得到解决。

第二十二条　针对有关客户的诚信，会计师事务所应当考虑下列主要事项：

（一）客户主要股东、关键管理人员、关联方及治理层的身份和商业信誉；

（二）客户的经营性质；

（三）客户主要股东、关键管理人员及治理层对内部控制环境和会计准则等的态度；

（四）客户是否过分考虑将会计师事务所的收费维持在尽可能低的水平；

（五）工作范围受到不适当限制的迹象；

（六）客户可能涉嫌洗钱或其他刑事犯罪行为的迹象；

（七）变更会计师事务所的原因。

第二十三条　会计师事务所可以通过下列途径，获取与客户诚信相关的信息：

（一）与为客户提供专业会计服务的现任或前任人员进行沟通，并与其讨论；

（二）向会计师事务所其他人员、监管机构、金融机构、法律顾问和客户的同行等第三方询问；

（三）从相关数据库中搜索客户的背景信息。

第二十四条　在确定是否具有接受新业务所需的必要素质、专业胜任能力、时间和资源时，会计师事务所应当考虑下列事项，以评价新业务的特定要求和所有相关级别的现有人员的基本情况：

（一）会计师事务所人员是否熟悉相关行业或业务对象；

（二）会计师事务所人员是否具有执行类似业务的经验，或是否具备有效获取必要技能和知识的能力；

（三）会计师事务所是否拥有足够的具有必要素质和专业胜任能力的人员；

（四）在需要时，是否能够得到专家的帮助；

（五）如果需要项目质量控制复核，是否具备符合标准和资格要求的项目质量控制复核人员；

（六）会计师事务所是否能够在提交报告的最后期限内完成业务。

第二十五条　在确定是否接受新业务时，会计师事务所还应当考虑接受该业务是否会导致现实或潜在的利益冲突。

如果识别出潜在的利益冲突，会计师事务所应当考虑接受该业务是否适当。

第二十六条　在确定是否保持客户关系时，会计师事务所应当考虑在本期或以前业务执行过程中发现的重大事项，及其对保持客户关系可能造成的影响。

第二十七条　如果会计师事务所在接受业务后获知了某项信息，而该信息若在接受业务前获知，可能导致会计师事务所拒绝该项业务，针对保持该项业务及其客户关系制定的政策和程序应当包括下列内容：

（一）适用于该业务环境的法律责任，包括是否要求会计师事务所向委托人报告或在某些情况下向监管机构报告；

（二）解除该项业务约定，或同时解除该项业务约定及其客户关系的可能性。

第二十八条　会计师事务所针对解除业务约定或同时解除业务约定及其客户关系制定的政策和程序应当包括下列要求：

（一）与客户适当级别的管理层和治理层讨论会计师事务所根据有关事实和情况可能采取的适当行动；

（二）如果确定解除业务约定或同时解除业务约定及其客户关系是适当的，会计师事务所应当就解除的情况及原因，与客户适当级别的管理层和治理层讨论；

（三）考虑是否存在法律法规的规定，要求会计师事务所应当保持现有的客户关系，或向监管机构报告解除的情况及原因；

（四）记录重大事项及其咨询情况、咨询结论和得出结论的依据。

第六章　人力资源

第二十九条　会计师事务所应当制定政策和程序，合理保证拥有足够的具有必要素质和专业胜任能力并遵守职业道德规范的人员，以使会计师事务所和项目负责人能够按照法律法规、职业道德规范和业务准则的规定执行业务，并根据具体情况出具恰当的报告。

第三十条　会计师事务所制定的人力资源政策和程序应当解决下列人事问题：

（一）招聘；

（二）业绩评价；

（三）人员素质；

（四）专业胜任能力；

（五）职业发展；

（六）晋升；

（七）薪酬；

（八）人员需求预测。

第三十一条　会计师事务所应当制定招聘程序，以选择正直的、通过发展能够具备执行业务所需的必要素质和专业胜任能力的人员。

第三十二条　会计师事务所可以通过下列途径提高人员素质和专业胜任能力：

（一）职业教育；

（二）职业发展，包括培训；

（三）工作经验；

（四）由经验更丰富的员工提供辅导。

会计师事务所应当在人力资源政策和程序中强调对各级别人员进行继续培训的重要性，并提供必要的培训资源和帮助，以使人员能够发展和保持必要的素质和专业胜任能力。

第三十三条　会计师事务所应当制定业绩评价、薪酬及晋升程序，对发展和保持专业胜任能力并遵守职业道德规范的人员给予应有的肯定和奖励。

业绩评价、薪酬及晋升程序应当强调：

（一）使人员知晓会计师事务所对业绩和遵守职业道德规范的期望；

（二）向人员提供业绩、工作进步及职业发展方面的评价和咨询；

（三）帮助人员了解提高业务质量及遵守职业道德规范是晋升更高职位的主要途径，而不遵守会计师事务所的政策和程序可能招致惩戒。

第三十四条　会计师事务所应当对每项业务委派至少一名项目负责人。

会计师事务所应当制定政策和程序，明确下列要求：

（一）将项目负责人的身份和作用告知客户管理层和治理层的关键成员；

（二）项目负责人具有履行职责必要的素质、专业胜任能力、权限和时间；

（三）清楚界定项目负责人的职责，并告知该项目负责人。

第三十五条　会计师事务所应当制定政策和程序，监控项目负责人的工作负荷及可供调配的项目负责人数量，以使项目负责人有足够的时间履行职责。

第三十六条　会计师事务所应当委派具有必要素质、专业胜任能力和时间的员工，按照法律法规、职业道德规范和业务准则的规定执行业务，以使会计师事务所和项目负责人能够根据具体情况出具恰当的报告。

第三十七条　会计师事务所应当制定程序，评价员工的素质和专业胜任能力。

在委派项目组以及确定所需的监督层次时，会计师事务所应当考虑员工是否具有下列方面的素质和专业胜任能力：

（一）通过适当的培训和参与业务，获得执行类似性质和复杂程度业务的知识和实务经验；

（二）掌握法律法规、职业道德规范和业务准则的规定；

（三）具有相关技术知识，包括信息技术知识；

（四）熟悉客户所处的行业；

（五）具有职业判断能力；

（六）掌握会计师事务所质量控制政策和程序。

第七章　业务执行

第一节　指导、监督与复核

第三十八条　会计师事务所应当制定政策和程序，以合理保证按照法律法规、职业道德规范和业务准则的规定执行业务，使会计师事务所和项目负责人能够根据具体情况出具恰当的报告。

第三十九条 会计师事务所通常使用书面或电子手册、标准化底稿以及指南性材料等文件使其制定的政策和程序得到贯彻。这些文件针对的事项包括：

（一）如何将业务情况简要告知项目组，使项目组了解工作目标；

（二）保证适用的业务准则得以遵守的程序；

（三）业务监督、员工培训和辅导的程序；

（四）对已实施的工作、作出的重大判断以及拟出具的报告进行复核的方法；

（五）对已实施的工作及其复核的时间和范围作出适当记录；

（六）保证所有的政策和程序是合时宜的。

第四十条 项目组的所有成员应当了解拟执行工作的目标。

项目负责人应当通过适当的团队工作和培训，使经验较少的项目组成员清楚了解所分派工作的目标。

第四十一条 项目负责人对业务的监督包括：

（一）追踪业务进程；

（二）考虑项目组各成员的素质和专业胜任能力，以及是否有足够的时间执行工作，是否理解工作指令，是否按照计划的方案执行工作；

（三）解决在执行业务过程中发现的重大问题，考虑其重要程度并适当修改原计划的方案；

（四）识别在执行业务过程中需要咨询的事项，或需要由经验较丰富的项目组成员考虑的事项。

第四十二条 在复核项目组成员已执行的工作时，复核人员应当考虑：

（一）工作是否已按照法律法规、职业道德规范和业务准则的规定执行；

（二）重大事项是否已提请进一步考虑；

（三）相关事项是否已进行适当咨询，由此形成的结论是否得到记录和执行；

（四）是否需要修改已执行工作的性质、时间和范围；

（五）已执行的工作是否支持形成的结论，并得以适当记录；

（六）获取的证据是否充分、适当；

（七）业务程序的目标是否实现。

确定复核人员的原则是，由项目组内经验较多的人员复核经验较少的人员执行的工作。

第二节 咨 询

第四十三条 会计师事务所应当建立政策和程序，以合理保证：

（一）就疑难问题或争议事项进行适当咨询；

（二）可获取充分的资源进行适当咨询；

（三）咨询的性质和范围得以记录；

（四）咨询形成的结论得到记录和执行。

咨询包括与会计师事务所内部或外部具有专门知识的人员，在适当专业层次上进行的讨论，以解决疑难问题或争议事项。

第四十四条 会计师事务所应当形成一种良好的咨询氛围，鼓励会计师事务所人员就疑难问题或争议事项进行咨询。

第四十五条 项目组应当考虑就重大的技术、职业道德及其他事项，向会计师事务所内部或在适当情况下向会计师事务所外部具备适当知识、资历和经验的其他专业人士咨询，并适当记录和执行咨询形成的结论。

项目组在向会计师事务所内部或外部其他专业人士咨询时，应当提供所有相关事实，以使其能够对咨询的事项提出有见地的意见。

第四十六条 需要向外部咨询的会计师事务所，可以利用其他会计师事务所、职业团体、监管机构或商业机构提供的咨询服务，但应当考虑外部咨询提供者是否能够胜任这项工作。

第四十七条 项目组就疑难问题或争议事项向其他专业人士咨询所形成的记录应当经被咨询者认可。

咨询形成的记录应当完整详细，包括下列内容：

（一）寻求咨询的事项；

（二）咨询的结果，包括作出的决策、决策依据以及决策的执行情况。

第三节 意见分歧

第四十八条 会计师事务所应当制定政策和程序，以处理和解决项目组内部、项目组与被咨询者之间以及项目负责人与项目质量控制复核人员之间的意见分歧。形成的结论应当得以记录和执行。

第四十九条 只有意见分歧问题得到解决，项目负责人才能出具报告。

第四节 项目质量控制复核

第五十条 会计师事务所应当制定政策和程序，要求对特定业务实施项目质量控制复核，以客观评价项目组作出的重大判断以及在准备报告时得出的结论。

这些政策和程序应当包括下列要求：

(一) 对所有上市公司财务报表审计实施项目质量控制复核；

(二) 规定适当的标准，据此评价上市公司财务报表审计以外的历史财务信息审计和审阅、其他鉴证业务及相关服务业务，以确定是否应当实施项目质量控制复核；

(三) 对符合适当标准的所有业务实施项目质量控制复核。

项目质量控制复核是指在出具报告前，对项目组作出的重大判断和在准备报告时形成的结论作出客观评价的过程。

第五十一条 会计师事务所的政策和程序应当要求在出具报告前完成项目质量控制复核。

第五十二条 在制定用于确定除上市公司财务报表审计以外的其他业务是否需要实施项目质量控制复核的标准时，会计师事务所应当考虑下列事项：

(一) 业务的性质，包括涉及公众利益的范围；

(二) 在某项业务或某类业务中已识别的异常情况或风险；

(三) 法律法规是否要求实施项目质量控制复核。

第五十三条 会计师事务所应当制定政策和程序，以规定：

(一) 项目质量控制复核的性质、时间和范围；

(二) 项目质量控制复核人员的资格标准；

(三) 对项目质量控制复核的记录要求。

第五十四条 项目质量控制复核通常包括：

(一) 与项目负责人进行讨论；

(二) 复核财务报表或其他业务对象信息及报告，尤其考虑报告是否适当；

(三) 选取与项目组作出重大判断及形成结论有关的工作底稿进行复核。

项目质量控制复核的范围取决于业务的复杂程度和出具不恰当报告的风险。

项目质量控制复核并不减轻项目负责人的责任。

第五十五条 在对上市公司财务报表审计实施项目质量控制复核时，复核人员应当考虑：

(一) 项目组就具体业务对会计师事务所独立性作出的评价；

(二) 在审计过程中识别的特别风险以及采取的应对措施；

(三) 作出的判断，尤其是关于重要性和特别风险的判断；

(四) 是否已就存在的意见分歧、其他疑难问题或争议事项进行适当咨询，以及咨询得出的结论；

(五) 在审计中识别的已更正和未更正的错报的重要程度及处理情况；

(六) 拟与管理层、治理层以及其他方面沟通的事项；

(七) 所复核的审计工作底稿是否反映了针对重大判断执行的工作，是否支持得出的结论；

(八) 拟出具的审计报告的适当性。

在对上市公司财务报表审计以外的其他业务实施项目质量控制复核时，项目质量控制复核人员可根据情况考虑上述部分或全部事项。

第五十六条 项目质量控制复核人员应当在业务过程中的适当阶段及时实施复核，以使重大事项在出具报告前得到满意解决。

第五十七条 如果项目负责人不接受项目质量控制复核人员的建议，并且重大事项未得到满意解决，项目负责人不应当出具报告。只有在按照会计师事务所处理意见分歧的程序解决重大事项后，项目负责人才能出具报告。

第五十八条 会计师事务所应当制定政策和程序，明确被委派的项目质量控制复核人员应符合的下列要求：

（一）履行职责需要的技术资格，包括必要的经验和权限；

（二）在不损害其客观性的前提下，提供业务咨询的程度。

第五十九条 项目质量控制复核人员应当具备复核具体业务所需要的足够、适当的技术专长、经验和权限。

第六十条 会计师事务所应当制定政策和程序，保证项目质量控制复核人员的客观性。在确定项目质量控制复核人员时，会计师事务所应当避免下列情形：

（一）由项目负责人挑选；

（二）在复核期间以其他方式参与该业务；

（三）代替项目组进行决策；

（四）存在可能损害复核人员客观性的其他情形。

第六十一条 在业务执行过程中，项目负责人可以向项目质量控制复核人员进行咨询。当咨询问题的性质和范围十分重大时，项目组和复核人员应当谨慎从事，以使复核人员保持客观性。

如果复核人员不能保持客观性，会计师事务所应当委派其他人员或聘请具有适当资格的外部人员，担当项目质量控制复核人员或该项业务的被咨询者。

具有适当资格的外部人员是指会计师事务所外部的、具有担任项目负责人的必要素质和专业胜任能力的个人。

第六十二条 小型会计师事务所在识别出需要实施项目质量控制复核的业务后，可以聘请具有适当资格的外部人员或利用其他会计师事务所实施项目质量控制复核。

在聘请具有适当资格的外部人员时，小型会计师事务所应当遵守本准则第五十八条至第六十一条的规定。

第六十三条 会计师事务所应当制定政策和程序，要求记录项目质量控制复核情况，包括：

（一）有关项目质量控制复核的政策所要求的程序已得到执行；

（二）项目质量控制复核在出具报告前业已完成；

（三）复核人员没有发现任何尚未解决的事项，使其认为项目组作出的重大判断及形成的结论不适当。

第八章 业务工作底稿

第六十四条 会计师事务所应当制定政策和程序，以使项目组在出具业务报告后及时将工作底稿归整为最终业务档案。

第六十五条 会计师事务所应当根据业务的具体情况，确定适当的业务工作底稿归档期限。

对历史财务信息审计和审阅业务、其他鉴证业务，业务工作底稿的归档期限为业务报告日后六十天内。

第六十六条 如果针对客户的同一财务信息执行不同的委托业务，出具两个或多个不同的报告，会计师事务所应当将其视为不同的业务，根据制定的政策和程序，在规定的归档期限内分别将业务工作底稿归整为最终业务档案。

第六十七条 会计师事务所应当制定政策和程序，以满足下列要求：

（一）安全保管业务工作底稿并对业务工作底稿保密；

（二）保证业务工作底稿的完整性；

（三）便于使用和检索业务工作底稿；

（四）按照规定的期限保存业务工作底稿。

第六十八条 除下列情况外，会计师事务所应当对业务工作底稿包含的信息予以保密：

（一）取得客户的授权；

（二）根据法律法规的规定，会计师事务所为法律诉讼准备文件或提供证据，以及向监管机构报告发现的违反法规行为；

（三）接受注册会计师协会和监管机构依法进行的质量检查。

第六十九条 无论业务工作底稿存在于纸质、电子还是其他介质，会计师事务所都应当针对业务工作底稿设计和实施适当的控制，以实现下列目的：

(一) 使业务工作底稿清晰地显示其生成、修改及复核的时间和人员；

(二) 在业务的所有阶段，尤其是在项目组成员共享信息或通过互联网将信息传递给其他人员时，保护信息的完整性；

(三) 防止未经授权改动业务工作底稿；

(四) 允许项目组和其他经授权的人员为适当履行职责而接触业务工作底稿。

第七十条　如果原纸质记录经电子扫描后存入业务档案，会计师事务所应当实施适当的控制程序，以保证：

(一) 生成与原纸质记录的形式和内容完全相同的扫描复制件，包括人工签名、交叉索引和有关注释；

(二) 将扫描复制件，包括必要时对扫描复制件的索引和签字，归整到业务档案中；

(三) 能够检索和打印扫描复制件。

会计师事务所应当保留已扫描的原纸质记录。

第七十一条　会计师事务所应当制定政策和程序，以使业务工作底稿保存期限满足法律法规的规定和会计师事务所的需要。

对历史财务信息审计和审阅业务、其他鉴证业务，会计师事务所应当自业务报告日起，对业务工作底稿至少保存10年。

第七十二条　业务工作底稿的所有权属于会计师事务所。

会计师事务所可自主决定允许客户获取业务工作底稿部分内容，或摘录部分工作底稿，但披露这些信息不得损害会计师事务所执行业务的有效性。对鉴证业务，披露这些信息不得损害会计师事务所及其人员的独立性。

第九章　监　控

第七十三条　会计师事务所应当制定监控政策和程序，以合理保证质量控制制度中的政策和程序是相关、适当的，并正在有效运行。这些监控政策和程序应当包括持续考虑和评价会计师事务所的质量控制制度，如定期选取已完成的业务进行检查。

对质量控制政策和程序遵守情况的监控旨在评价：

(一) 遵守法律法规、职业道德规范和业务准则的情况；

(二) 质量控制制度设计是否适当，运行是否有效；

(三) 质量控制政策和程序应用是否得当，以便会计师事务所和项目负责人能够根据具体情况出具恰当的业务报告。

第七十四条　对会计师事务所质量控制制度的监控应当由具有专业胜任能力的人员实施，监控内容包括质量控制制度设计的适当性和运行的有效性。

会计师事务所可以委派主任会计师、副主任会计师或具有足够、适当经验和权限的其他人员履行监控责任。

第七十五条　会计师事务所应当从下列方面对质量控制制度进行持续考虑和评价：

(一) 确定质量控制制度的完善措施，包括要求对有关教育与培训的政策和程序提供反馈意见；

(二) 与会计师事务所适当人员沟通已识别的质量控制制度在设计、理解或执行方面存在的缺陷；

(三) 由会计师事务所适当人员采取追踪措施，以对质量控制政策和程序及时作出必要的修正。

对质量控制制度的持续考虑和评价还包括分析下列事项：

(一) 法律法规、职业道德规范和业务准则的新变化，以及会计师事务所的政策和程序如何适当反映这些变化；

(二) 有关独立性政策和程序遵守情况的书面确认函；

(三) 职业发展，包括培训；

(四) 与接受和保持客户关系及具体业务相关的决策。

第七十六条　会计师事务所应当周期性地选取已完成的业务进行检查，周期最长不得超过三年。在每个周期内，应对每个项目负责人的业务至少选取一项进行检查。

周期性检查的组织方式，包括对单项业务检查时间的安排，取决于下列主要因素：

(一) 会计师事务所的规模；

（二）分支机构的数量及分布；

（三）前期实施监控程序的结果；

（四）人员和分支机构的权限；

（五）会计师事务所业务和组织结构的性质及复杂程度；

（六）与特定客户和业务相关的风险。

第七十七条 会计师事务所在选取单项业务进行检查时，可以不事先告知相关项目组。

参与业务执行或项目质量控制复核的人员不应承担该项业务的检查工作。

在确定检查的范围时，会计师事务所可以考虑外部独立检查的范围或结论，但这些检查并不能替代自身的内部监控。

第七十八条 小型会计师事务所可以利用具有适当资格的外部人员或其他会计师事务所执行业务检查及其他监控程序。

第七十九条 会计师事务所应当评价实施监控程序发现的缺陷的影响，并确定这些缺陷属于下列哪种情况：

（一）该缺陷并不必然表明质量控制制度不足以合理保证会计师事务所遵守法律法规、职业道德规范和业务准则的规定，以及会计师事务所和项目负责人根据具体情况出具恰当的报告；

（二）该缺陷是系统性的、重复出现的或其他需要及时纠正的重大缺陷。

第八十条 会计师事务所应当将实施监控程序发现的缺陷及建议采取的适当补救措施，告知相关项目负责人及其他适当人员。

第八十一条 会计师事务所在评价各种缺陷后，应当提出下列改进措施：

（一）采取与某项业务或某个成员相关的适当补救措施；

（二）将监控发现的缺陷告知负责培训和职业发展的人员；

（三）改进质量控制政策和程序；

（四）对违反会计师事务所政策和程序的人员，尤其是对反复违规的人员实施惩戒。

第八十二条 如果实施监控程序的结果表明出具的报告可能不适当，或在执行业务过程中遗漏了应有的程序，会计师事务所应当确定采取适当的进一步行动，以遵守法律法规、职业道德规范和相关业务准则的规定。同时，会计师事务所应当考虑征询法律意见。

第八十三条 会计师事务所应当每年至少一次将质量控制制度的监控结果，传达给项目负责人及会计师事务所内部的其他适当人员，以使会计师事务所及其相关人员能够在其职责范围内及时采取适当的行动。

传达的信息应当包括：

（一）已实施的监控程序；

（二）实施监控程序得出的结论；

（三）系统性的、重复出现的或其他重大的缺陷及其整改措施。

第八十四条 向相关项目负责人以外的人员传达已发现的缺陷，通常不指明涉及的具体业务，除非指明具体业务对这些人员适当履行职责是必要的。

第八十五条 会计师事务所应当适当记录下列监控事项：

（一）制定的监控程序，包括选取已完成的业务进行检查的程序；

（二）对监控程序实施情况的评价；

（三）识别出的缺陷，对其影响的评价，是否采取行动及采取何种行动的依据。

对监控程序实施情况评价的记录包括下列方面：

（一）对法律法规、职业道德规范和业务准则的遵守情况；

（二）质量控制制度的设计是否适当，运行是否有效；

（三）质量控制政策和程序是否已得到适当遵守，以使会计师事务所和项目负责人能够根据具体情况出具恰当的报告。

第八十六条 会计师事务所应当制定政策和程序，以合理保证能够适当处理针对下列事项的投诉和指控：

（一）已实施的工作未能遵守法律法规、职业道德规范和业务准则的规定；

（二）未能遵守会计师事务所质量控制制度。

投诉和指控既可能源自会计师事务所内部，也可能源自会计师事务所外部。

第八十七条　作为处理投诉和指控过程的一部分，会计师事务所应当设立投诉和指控渠道，以使会计师事务所人员能够没有顾虑地提出关心的问题。

第八十八条　会计师事务所应当按照既定的政策和程序调查投诉和指控事项，并对投诉和指控及其处理情况予以记录。

会计师事务所应当委派不参与该项业务的具有足够、适当经验和权限的人员负责对调查的监督。必要时，聘请法律专家参与调查工作。

小型会计师事务所可以利用具有适当资格的外部人员或其他会计师事务所进行调查。

第八十九条　如果调查结果表明质量控制政策和程序在设计或运行方面存在缺陷，或者存在违反质量控制制度的情况，会计师事务所应当按照本准则第八十一条的规定采取适当行动。

第十章　记　　录

第九十条　会计师事务所应当制定政策和程序，对质量控制制度各项要素的运行情况形成适当记录。

第九十一条　在确定记录的方式和内容时，会计师事务所应当考虑下列因素：

（一）会计师事务所的规模和分支机构的数量；

（二）会计师事务所相关人员和分支机构的权限；

（三）会计师事务所业务和组织结构的性质及复杂程度。

会计师事务所可以根据自身情况合理确定记录的方式。

第九十二条　会计师事务所对质量控制记录的保存期限，应当足以使执行监控程序的人员能够评价质量控制制度的遵守情况。

第十一章　附　　则

第九十三条　本准则自 2007 年 1 月 1 日起施行。

第十九部分　会计师事务所管理法规

一、会计师事务所审批和监督暂行办法

财 政 部 令

（第 24 号）

《会计师事务所审批和监督暂行办法》已经部务会议讨论通过，现予公布，自 2005 年 3 月 1 日起施行。

部长：金人庆

二〇〇五年一月十八日

会计师事务所审批和监督暂行办法

第一章　总　则

第一条　为规范会计师事务所的审批，加强对会计师事务所的监督，促进注册会计师行业健康发展，根据《中华人民共和国注册会计师法》及相关法律，制定本办法。

第二条　财政部和省、自治区、直辖市人民政府财政部门（以下简称"省级财政部门"）审批和监督会计师事务所，适用本办法。

第三条　财政部和省级财政部门应当遵循公开、公平、公正、便民、高效的原则，依法审批会计师事务所，监督会计师事务所的业务活动。

第四条　会计师事务所、注册会计师应当遵守法律、行政法规，恪守职业道德，遵循执业规范。

第五条　会计师事务所、注册会计师依法独立、客观、公正执业，受法律保护，任何单位和个人不得违法干预。

第二章　会计师事务所的设立

第六条　注册会计师可以申请设立合伙会计师事务所或者有限责任会计师事务所。

第七条　设立合伙会计师事务所，应当具备下列条件：

（一）有 2 名以上的合伙人；

（二）有书面合伙协议；

（三）有会计师事务所的名称；

（四）有固定的办公场所。

第八条　设立有限责任会计师事务所，应当具备下列条件：

（一）有 5 名以上的股东；

（二）有一定数量的专职从业人员；

（三）有不少于人民币 30 万元的注册资本；

（四）有股东共同制定的章程；

（五）有会计师事务所的名称；

（六）有固定的办公场所。

第九条　会计师事务所的合伙人或者股东，应当具备下列条件：

（一）持有中华人民共和国注册会计师证书（以下简称"注册会计师证书"）。

（二）在会计师事务所专职执业。

（三）成为合伙人或者股东前 3 年内没有因为执业行为受到行政处罚。

（四）有取得注册会计师证书后最近连续 5 年在会计师事务所从事下列审计业务的经历，其中在境内会计师事务所的经历不少于 3 年。

1. 审查企业会计报表，出具审计报告；

2. 验证企业资本，出具验资报告；

3. 办理企业合并、分立、清算事宜中的审计业务，出具有关的报告；

4. 法律、行政法规规定的其他审计业务。

（五）成为合伙人或者股东前1年内没有因采取隐瞒或提供虚假材料、欺骗、贿赂等不正当手段申请设立会计师事务所而被省级财政部门作出不予受理、不予批准或者撤销会计师事务所的决定。

第十条 会计师事务所应当设立主任会计师。

合伙会计师事务所的主任会计师由执行会计师事务所事务的合伙人担任。

有限责任会计师事务所的主任会计师由法定代表人担任，法定代表人由股东担任。

第十一条 注册会计师在成为会计师事务所的合伙人或者股东之前，应当在省、自治区、直辖市注册会计师协会（以下简称“省级注册会计师协会”）办理完从原会计师事务所转出的手续。若为原会计师事务所合伙人或者股东，还应当按照有关法律、行政法规，以及合伙协议或者章程办理完退伙或者股权转让手续。

第十二条 会计师事务所的名称应当符合国家有关规定。未经同意，会计师事务所不得使用包含其他会计师事务所字号的名称。

第十三条 设立会计师事务所，应当由全体合伙人或者全体股东提出申请，由拟设立的会计师事务所所在地的省级财政部门批准。

第十四条 申请设立会计师事务所，应当向省级财政部门提交下列材料：

（一）设立会计师事务所申请表（附表1）；

（二）会计师事务所合伙人或者股东情况汇总表（附表2）；

（三）注册会计师情况汇总表（附表3）；

（四）工商行政管理部门出具的企业名称预先核准通知书复印件；

（五）全体合伙人或者全体股东现所在的省级注册会计师协会为其出具的从事本办法第九条第（四）项规定的审计业务情况的证明、已转出原会计师事务所证明，若合伙人或者股东为原会计师事务所合伙人或者股东的，还应提交退伙或者股权转让证明；

（六）会计师事务所注册会计师的注册会计师证书复印件；

（七）书面合伙协议或者股东共同制定的章程；

（八）办公场所的产权或者使用权的有效证明复印件。

设立有限责任会计师事务所，还应当提交验资证明。

因合并或者分立新设会计师事务所的，还应当提交合并协议或者分立协议。

申请人应当对申请材料内容的真实性负责。

第十五条 省级财政部门批准设立会计师事务所，应当按照下列程序办理：

（一）对申请人提交的申请材料进行审查，并核对有关复印件与原件是否相符。对申请材料不齐全或者不符合法定形式的，应当当场或者在5日内一次告知申请人需要补正的全部内容。对申请材料齐全、符合法定形式，或者申请人按照要求提交全部补正申请材料的应当受理。受理申请或者不予受理申请，应当向申请人出具加盖本行政机关专用印章和注明日期的书面凭证。

（二）对申请材料的内容进行审查，并将申请材料中有关会计师事务所名称以及合伙人或者股东执业资格及执业时间等情况予以公示。

（三）自受理申请之日起30日内作出批准或者不予批准设立会计师事务所的决定。

（四）作出批准设立会计师事务所决定的，应当自作出批准决定之日起10日内向申请人下达批准文件、颁发会计师事务所执业证书，并予以公告。批准文件中应当载明下列事项：

1. 会计师事务所的名称和组织形式；

2. 会计师事务所合伙人或者股东的姓名；

3. 会计师事务所主任会计师的姓名；

4. 有限责任会计师事务所的注册资本；

5. 会计师事务所的办公场所；

6. 会计师事务所的业务范围。

省级财政部门下达的批准文件应当抄送所在地的省级注册会计师协会。

省级财政部门作出不予批准设立会计师事务所决定的，应当自作出不予批准决定之日起 10 日内书面通知申请人。书面通知中应当说明不予批准的理由，并告知申请人享有依法申请行政复议或者提起行政诉讼的权利。

第十六条　省级财政部门作出批准设立会计师事务所决定的，应当自作出批准决定之日起 30 日内将批准文件连同下列材料报送财政部、中国注册会计师协会：

（一）批准设立会计师事务所有关情况表(附表 4)；

（二）会计师事务所合伙人或者股东情况汇总表(附表 2)。

财政部发现批准不当的，应当自收到备案材料之日起 30 日内书面通知省级财政部门重新审查。

第十七条　经省级财政部门批准设立的会计师事务所，应当依法办理工商登记手续。

第十八条　会计师事务所的合伙人或者股东应当自会计师事务所办理完工商登记手续之日起 60 日内办理完转入该会计师事务所的手续。

注册会计师在未办理完转入手续以前，不得在新设立的会计师事务所执业。

第十九条　因合并或者分立新设会计师事务所，按照本办法设立会计师事务所有关规定办理。

第三章　会计师事务所分所的设立

第二十条　会计师事务所设立分支机构应当按照本办法规定设立分所。

第二十一条　会计师事务所应当在人事、财务、执业标准、质量控制等方面对其设立的分所进行统一管理，并对分所的业务活动和债务承担法律责任。

第二十二条　会计师事务所设立分所，应当由分所所在地的省级财政部门批准。

第二十三条　设立分所的会计师事务所，应当具备下列条件：

（一）依法成立 3 年以上，内部管理制度健全；

（二）注册会计师数量(不包括拟到分所执业的注册会计师)不低于 50 名；

（三）有限责任会计师事务所上年末的净资产和职业风险基金总额不低于人民币 300 万元，合伙会计师事务所上年末的净资产和职业风险基金总额不低于人民币 150 万元；

（四）申请设立分所前 3 年内该会计师事务所及其已设立的分所没有因为执业行为受到行政处罚。

因合并或者分立新设的会计师事务所申请设立分所的，其成立时间可以合并或者分立前会计师事务所的成立时间为准。

第二十四条　会计师事务所设立的分所，应当具备下列条件：

（一）分所负责人为会计师事务所的合伙人或者股东；

（二）至少有 5 名注册会计师(含分所负责人)；

（三）有固定的办公场所。

第二十五条　分所的名称应当采用"会计师事务所名称＋分所所在行政区划名＋分所"的形式。

第二十六条　会计师事务所申请设立分所，应当向拟设立分所所在地的省级财政部门提交下列材料：

（一）会计师事务所设立分所申请表(附表 5)；

（二）会计师事务所全体合伙人或者股东会作出的设立分所的决议；

（三）注册会计师情况汇总表(附表 3)；

（四）会计师事务所上年度资产负债表；

（五）会计师事务所拟设立的分所注册会计师的注册会计师证书复印件；

（六）会计师事务所对分所的管理办法；

（七）分所办公场所的产权或者使用权的有效证明复印件。

合并后的会计师事务所于合并当年提出设立分所的，不需要提交前款第(四)项规定的材料，但应当提交合并协议和合并基准日的资产负债表。

第二十七条　省级财政部门批准会计师事务所设立分所的程序比照本办法第十五条规定办理。

跨省级行政区划设立分所的，分所所在地的省级财政部门应当就设立该分所的会计师事务所是否符合本办法第二十三条规定的条件，征求该会计师事务所所在地的省级财政部门的意见。该会计师事务所所在地的省级财政部门应当在 10 日内回复意见。

省级财政部门应当自受理设立分所申请之日起20日内作出是否批准的决定。批准设立会计师事务所分所的，应当向申请人下达批准文件、颁发会计师事务所分所执业证书，并将批准文件抄报财政部、中国注册会计师协会。

会计师事务所跨省级行政区划设立分所的，批准设立分所的省级财政部门还应当将批准文件抄送会计师事务所所在地的省级财政部门及省级注册会计师协会。

第二十八条 会计师事务所设立的分所经省级财政部门批准后，应当依法办理分所工商登记手续。

第四章 会计师事务所的变更、终止

第二十九条 会计师事务所发生下列事项之一的，应当自作出决议之日起20日内向所在地的省级财政部门备案：

（一）变更会计师事务所名称、办公场所（在省级行政区划内）、主任会计师；

（二）变更合伙会计师事务所合伙人；

（三）变更有限责任会计师事务所注册资本、股东。

会计师事务所变更分所名称、负责人、办公场所，或者撤销已设立的分所，应当自作出决议之日起20日内同时向会计师事务所和分所所在地的省级财政部门备案。

第三十条 会计师事务所及其分所发生本办法第二十九条所列变更事项之一的，应当向所在地的省级财政部门报送下列备案材料：

（一）会计师事务所变更事项情况表（附表6）或者会计师事务所分所变更事项情况表（附表7）；

（二）变更后的情况符合本办法第七条至第十二条、第二十四条和第二十五条规定的证明材料。

第三十一条 会计师事务所及其设立的分所变更名称的，应当同时向会计师事务所及其分所所在地的省级财政部门备案，提交工商行政管理部门出具的企业名称预先核准通知书复印件，交回原会计师事务所执业证书或者原会计师事务所分所执业证书，换取新的会计师事务所执业证书或者会计师事务所分所执业证书。

会计师事务所撤销已设立的分所，应当向会计师事务所及其分所所在地省级财政部门报送会计师事务所撤销分所情况表（附表8），并交回会计师事务所分所执业证书。

省级财政部门收到会计师事务所撤销分所情况表或者换发执业证书后，应当将有关情况予以公告。

第三十二条 因合并或者分立存续的会计师事务所，应当按照本办法第二十九条至第三十一条的规定向所在地的省级财政部门备案。

第三十三条 会计师事务所跨省级行政区划迁移办公场所，应当由迁入地的省级财政部门批准。

第三十四条 会计师事务所跨省级行政区划迁移办公场所，应当具备下列条件：

（一）符合法定设立条件；

（二）申请迁移时未正在接受财政部或省级财政部门检查，或者中国注册会计师协会或省级注册会计师协会调查。

第三十五条 会计师事务所跨省级行政区划迁移办公场所，应当向迁入地省级财政部门提交下列材料：

（一）会计师事务所跨省级行政区划迁移申请表（附表9）；

（二）会计师事务所合伙人或者股东情况汇总表（附表2）；

（三）注册会计师情况汇总表（附表3）；

（四）书面合伙协议或者股东共同制定的章程；

（五）全体合伙人或者股东的注册会计师证书复印件；

（六）迁入地办公场所的产权或者使用权的有效证明复印件；

（七）全体合伙人或者股东会作出的迁移办公场所决议。

迁移同时需要变更会计师事务所名称的，还应当提交迁入地的工商行政管理部门出具的企业名称预先核准通知书复印件。

第三十六条 省级财政部门批准会计师事务所跨省级行政区划迁移办公场所的程序比照本办法第十五条规定办理。

迁入地的省级财政部门应当就该会计师事务所是否符合本办法第三十四条规定的条件，征求迁出地的省级财政部门的意见。迁出地的省级财政部门应当在10日内回复意见。

省级财政部门应当自受理申请之日起20日内作出决定。批准会计师事务所迁入的，应当向申请人下达批准文件、换发会计师事务所执业证书，并在30日内与迁出地的省级财政部门办理该会计师事务所档案材料的移交手续。

省级财政部门下达的批准文件还应当抄报财政部、中国注册会计师协会，抄送迁出地的省级财政部门和省级注册会计师协会。

第三十七条 经批准跨省级行政区划迁移办公场所的会计师事务所设有分所的，应当向其分所所在地的省级财政部门备案，并交回原会计师事务所分所执业证书。省级财政部门应当为其换发新的会计师事务所分所执业证书。

第三十八条 省级财政部门应当在受理申请的办公场所将申请设立会计师事务所、会计师事务所分所和跨省级行政区划迁移办公场所的条件、应当提交的材料目录及要求、批准的程序及期限予以公示。

第三十九条 会计师事务所与境外会计师事务所签订协议，建立成员所或者联系所关系的，应当自签订协议之日起20日内，通过所在地的省级财政部门向财政部、中国注册会计师协会报送会计师事务所与境外会计师事务所建立合作关系情况表(附表10)以及会计师事务所与境外会计师事务所签定的协议复印件。

第四十条 会计师事务所有下列情形之一的，应当终止：

(一) 合伙协议或者章程规定的解散事由出现，自愿解散；

(二) 全体合伙人或者股东会决议解散；

(三) 因合并或者分立解散；

(四) 被依法宣告破产；

(五) 被依法注销、撤销或者吊销营业执照；

(六) 被依法撤销或者撤回会计师事务所执业证书；

(七) 法律、行政法规规定的其他终止情形。

第四十一条 会计师事务所发生应当终止的情形时，应当分别向会计师事务所及其分所所在地的省级财政部门备案，报送会计师事务所终止情况表(附表11)，同时交回会计师事务所执业证书和会计师事务所分所执业证书。

会计师事务所终止，应当按照有关法律、行政法规的规定进行清算。

第四十二条 省级财政部门收到会计师事务所报送的会计师事务所终止情况表并收回会计师事务所执业证书或者会计师事务所分所执业证书后，应当将会计师事务所或者分所终止的有关情况予以公告。

第五章 监督检查

第四十三条 财政部和省级财政部门依法对下列事项实施监督检查：

(一) 会计师事务所保持设立条件的情况；

(二) 会计师事务所应当向财政部和省级财政部门备案事项的报备情况；

(三) 会计师事务所和注册会计师的执业情况；

(四) 会计师事务所的质量控制制度；

(五) 法律、行政法规规定的其他监督检查事项。

第四十四条 财政部和省级财政部门在实施监督检查过程中应当严格遵守财政检查工作的有关规定，不得妨碍会计师事务所的正常经营活动，不得索取或者收受财物，不得谋取其他利益；应当在认定事实清楚、证据确凿、定性准确、法律依据充分的情况下依法处理。

第四十五条 财政部和省级财政部门在开展检查过程中，可以根据工作需要，聘用一定数量的专业人员协助检查。

第四十六条 财政部和省级财政部门及被聘用的专业人员对检查工作中知悉的国家秘密和商业秘密负有保密义务。

第四十七条 财政部应当加强对省级财政部门监督、指导注册会计师、会计师事务所工作的监督检查。

省级财政部门应当建立信息报告制度，对会计师事务所、注册会计师发生的重大违法违规案件及时上报财政部。

第四十八条　会计师事务所及其分所未保持设立条件的，应在20日内向所在地的省级财政部门备案，由所在地的省级财政部门责令其在60日内整改。未在规定期限内备案或者整改期满仍未达到设立条件的，由所在地的省级财政部门撤回设立许可。

第四十九条　会计师事务所和注册会计师存在下列情形之一的，财政部和省级财政部门应当进行重点监督检查：

（一）被投诉或者举报的；

（二）未保持设立条件的；

（三）在执业中有不良记录的；

（四）采取不正当竞争手段承接业务的。

第五十条　财政部和省级财政部门可以对会计师事务所依法进行实地检查，或者将有关材料调到本机关或检查人员办公地点进行核查。

调阅的有关材料应当在3个月内送还并保持完整。

第五十一条　财政部和省级财政部门在实施监督检查过程中，可以要求会计师事务所和注册会计师说明有关情况，调阅会计师事务所工作底稿及相关资料，向相关单位和人员调查、询问、取证和核实有关情况。

第五十二条　会计师事务所和注册会计师必须接受财政部和省级财政部门依法实施的监督检查，如实提供中文工作底稿以及有关资料，不得拒绝、阻挠、逃避检查，不得谎报、隐匿、销毁相关证据材料。

会计师事务所或者注册会计师有明显转移、隐匿有关证据材料迹象的，财政部和省级财政部门可以对证据材料先行登记保存。

第五十三条　对会计师事务所和注册会计师的违法违规行为，财政部和省级财政部门可以在作出行政处罚决定后予以公告。

第五十四条　会计师事务所应当于每年5月31日之前，向所在地的省级财政部门报送下列材料：

（一）会计师事务所基本情况表（附表12）和会计师事务所分所基本情况表（附表13）；

（二）会计师事务所上年末资产负债表和上年度利润表；

（三）会计师事务所合伙人或者股东情况汇总表（附表2）；

（四）对分所的业务管理和执业质量控制情况的说明；

（五）会计师事务所出具审计报告情况表（附表14）；

（六）会计师事务所及其注册会计师接受业务检查、被处罚情况；

（七）会计师事务所由于执行业务涉及法律诉讼情况。

会计师事务所与境外会计师事务所有成员所或者联系所合作关系的，还应当报送上年度与境外会计师事务所、境外会计师事务所其他成员所或者联系所合作开展业务的情况。

会计师事务所跨省级行政区划设有分所的，还应当将该分所有关材料报送分所所在地的省级财政部门。

第五十五条　省级财政部门收到会计师事务所按照本办法第五十四条的规定报送的材料后，应当对会计师事务所及其分所保持设立条件等情况进行汇总，并于6月30日之前报财政部、中国注册会计师协会。

第五十六条　会计师事务所和注册会计师必须按照执业准则、规则的要求，在实施必要的审计程序后，以经过核实的审计证据为依据，形成审计意见，出具审计报告，不得有下列行为：

（一）在未履行必要的审计程序，未获取充分适当的审计证据的情况下出具审计报告；

（二）对同一委托单位的同一事项，依据相同的审计证据出具不同结论的审计报告；

（三）隐瞒审计中发现的问题，发表不恰当的审计意见；

（四）未实施严格的逐级复核制度，未按规定编制和保存审计工作底稿；

（五）违反执业准则、规则的其他行为。

会计师事务所和注册会计师执行审计业务，遇到下列情形之一的，应当拒绝出具有关报告：

（一）委托人示意其作不实或者不当证明的；

（二）委托人故意不提供有关会计资料和文件的；

（三）因委托人有其他不合理要求，致使其出具的报告不能对财务会计的重要事项作出正确表述的。

第五十七条　注册会计师不得有下列行为：

（一）在执行审计业务期间，在法律、行政法规规定不得买卖被审计单位的股票、债券或者不得购买被审计单位或者个人的其他财产的期限内，买卖被审计单位的股票、债券或者购买被审计单位或者个人所拥有的其他财产；

（二）索取、收受委托合同约定以外的酬金或者其他财物，或者利用执行业务之便，谋取其他不正当利益；

（三）接受委托催收债款；

（四）允许他人以本人名义执行业务；

（五）同时在两个或者两个以上的会计师事务所执行业务；

（六）对其能力进行广告宣传以招揽业务；

（七）违反法律、行政法规的其他行为。

第五十八条 会计师事务所不得有下列行为：

（一）未经批准设立分所；

（二）向省级以上财政部门提供虚假材料或者不及时报送相关材料；

（三）雇用正在其他会计师事务所执业的注册会计师，或者明知本所的注册会计师在其他会计师事务所执业而不予制止；

（四）允许本所注册会计师只在本所挂名而不在本所执行业务，或者明知本所注册会计师在其他单位从事获取工资性收入的工作而不予制止；

（五）允许其他单位或者个人以本所名义承办业务；

（六）采取强迫、欺诈等不正当方式招揽业务；

（七）承办与自身规模、执业能力、承担风险能力不匹配的业务；

（八）违反法律、行政法规的其他行为。

第六章 法律责任

第五十九条 会计师事务所或者注册会计师违反本办法规定的，由财政部或者省级财政部门依法给予行政处罚；违法情节轻微，没有造成危害后果的，可以采取下达关注函等方式进行处理或移送注册会计师协会处理。

第六十条 申请人隐瞒有关情况或者提供虚假材料提出申请的，省级财政部门不予受理或者不予批准，并给予警告。

第六十一条 会计师事务所及其分所采取欺骗、贿赂等不正当手段获得批准设立的，由所在地的省级财政部门予以撤销。

第六十二条 会计师事务所有下列情形之一的，责令限期改正，逾期不改正的予以公告：

（一）会计师事务所设立后合伙人或者股东未在规定时间内办理完转入该所手续的；

（二）未按照本办法规定办理有关事项备案手续的；

（三）对分所的人事、财务、执业标准、质量控制等不实施统一管理的；

（四）违反《中华人民共和国注册会计师法》第三十二条规定的；

（五）违反本办法第十条、第五十八条规定的。

第六十三条 会计师事务所向财政部或者省级财政部门隐瞒有关情况、提供虚假材料或者拒绝提供反映其活动情况的真实材料的，给予警告。

第六十四条 会计师事务所违反本办法第五十六条规定的，给予警告，没收违法所得，可并处违法所得1倍以上5倍以下的罚款；情节严重的，可以暂停其经营业务或者予以撤销。

第六十五条 注册会计师违反本办法第五十六条规定的，给予警告；情节严重的，可以暂停其执行业务或者吊销注册会计师证书。

注册会计师违反本办法第五十七条规定的，责令限期改正，逾期不改正的予以公告。

第六十六条 会计师事务所或者注册会计师违反本办法第五十六条的规定，故意出具虚假的审计报告、验资报告，构成犯罪的，依法追究刑事责任。

第六十七条 公民、法人或者其他组织未经批准，擅自从事注册会计师法第十四条规定的注册会计师业务的，给予警告，并责令其停止违法活动，没收违法所得；情节严重的，可以并处1倍以上5倍以下的罚款。

第六十八条　财政部或者省级财政部门在作出较大数额罚款、暂停执业、吊销注册会计师证书或者撤销会计师事务所的决定之前，应当告知当事人有要求听证的权利；当事人要求听证的，应当按照《财政部行政处罚听证实施办法》的规定组织听证。

第六十九条　当事人对财政部或者省级财政部门审批和监督行为不服的，可依法申请行政复议或者提起行政诉讼。

第七十条　财政部或者省级财政部门的工作人员在实施审批和监督过程中，滥用职权、玩忽职守、徇私舞弊或者泄露国家秘密、商业秘密的，依法给予行政处分。

第七章　附　则

第七十一条　本办法规定的批准、备案期限均以工作日计算，不含法定节假日。

第七十二条　本办法有关申请材料规定中所指的“注册会计师证书复印件”均包括所有记录页的复印件。

第七十三条　境外人员申请设立会计师事务所适用本办法。

第七十四条　本办法施行前批准设立的会计师事务所及其分所发生变更事项，其变更后的情况应当符合本办法的规定。

第七十五条　本办法自 2005 年 3 月 1 日起施行。

自本办法施行之日起，以下文件同时废止：《合伙会计师事务所设立及审批试行办法》[(93)财会协字第 110 号]、《财政部关于明确合伙会计师事务所审批权限的通知》(财会协字[1997]46 号)、《违反注册会计师法处罚暂行办法》(财法字[1998]1 号)、《财政部关于会计师(审计)事务所终止的若干事项的通知》(财会协字[1998]23 号)、《有限责任会计师事务所审批办法》(财会协字[1998]55 号)、《注册会计师证书及事务所执业证书管理暂行办法》(财协字[1998]35 号)、《财政部关于有限责任会计师事务所出资人资格有关问题的复函》(财协字[1999]140 号)、《会计师事务所合并审批管理暂行办法》(财协字[2000]27 号)、《会计师事务所分所审批管理暂行办法》(财协字[2000]28 号)、《财政部关于会计师事务所设立分所有关问题的通知》(财会[2000]1017 号)、《财政部关于会计师事务所的股东离开事务所后是否继续享有股东资格的批复》(财会[2001]1014 号)、《财政部关于会计师事务所跨省设立分所有关注册管理事项的通知》(财会[2001]1024 号)。

附表 1：设立会计师事务所申请表(略)

附表 2：会计师事务所合伙人或者股东情况汇总表(略)

附表 3：注册会计师情况汇总表(略)

附表 4：批准设立会计师事务所有关情况表(略)

附表 5：会计师事务所设立分所申请表(略)

附表 6：会计师事务所变更事项情况表(略)

附表 7：会计师事务所分所变更事项情况表(略)

附表 8：会计师事务所撤销分所情况表(略)

附表 9：会计师事务所跨省级行政区划迁移申请表(略)

附表 10：会计师事务所与境外会计师事务所建立合作关系情况表(略)

附表 11：会计师事务所终止情况表(略)

附表 12：会计师事务所基本情况表(略)

附表 13：会计师事务所分所基本情况表(略)

附表 14：会计师事务所出具审计报告情况表(略)

二、会计师事务所(分所)执业证书管理办法

财政部关于印发《会计师事务所(分所)执业证书管理办法》的通知

财会[2007]5 号

各省、自治区、直辖市财政厅(局)，深圳市财政局：

为规范会计师事务所(分所)执业证书的管理，配合财政会计行业管理系统的推广运用，我部对会计师

事务所执业证书和会计师事务所分所执业证书进行了改版，并制定了《会计师事务所(分所)执业证书管理办法》，现予印发。有关事项通知如下：

一、自本办法印发之日起，审批机关新批会计师事务所(包括分所)发放证书，一律使用新版证书。旧版证书换发时间另行通知。

二、本办法中的"会计师事务所(分所)编号"为旧版证书中的"执业证书编号"。会计师事务所(分所)编号是每家会计师事务所(分所)的唯一标识号，由财政会计行业管理系统根据编号规则自动生成。

三、接到本办法后，各省级财政部门应当根据使用需要，及时向我部申领新版证书，申领数量一般不应超过一年的使用量。

四、本办法印发后，各审批机关应当严格按照本办法的规定履行证书管理职责。执行中有何问题，请及时向我部反映。

附件：会计师事务所(分所)执业证书管理办法

财政部

二○○七年四月三日

附件：

会计师事务所(分所)执业证书管理办法

第一条 为规范会计师事务所(分所)执业证书管理，根据《中华人民共和国注册会计师法》、《会计师事务所审批和监督暂行办法》(财政部令第24号)规定，制定本办法。

第二条 会计师事务所执业证书和会计师事务所分所执业证书(以下统称执业证书)由财政部统一印制，由审批机关发放。

第三条 执业证书不得伪造、涂改、出租、出借、转让。

第四条 会计师事务所执业证书记载事项包括：事务所名称、主任会计师姓名、办公场所、组织形式、事务所编号、注册资本(出资额)、批准设立文号、批准设立日期、发证机关、发证日期。

会计师事务所分所执业证书记载事项包括：分所名称、负责人、办公场所、分所编号、批准设立文号、批准设立日期、发证机关、发证日期。

执业证书中各记载事项必须由发证机关填写完整，"发证机关"处应加盖发证机关印章。记载不完整或者未加盖印章的，执业证书无效。

第五条 会计师事务所(分所)编号遵循全国统一编号规则。

会计师事务所跨省级行政区划迁移(以下简称跨省迁移)，该所及其分所应重新编号。会计师事务所(分所)发生其他变更事项换发执业证书，或者因遗失补发执业证书，编号不变。

第六条 证书序号是每份执业证书唯一标识号，由财政部统一编列。发证机关发放执业证书时，应当记录所发证书序号。

会计师事务所执业证书序号范围为：000001～499999；会计师事务所分所执业证书序号范围为：500001～999999。

第七条 审批机关做出批准设立会计师事务所(分所)决定的，应当自决定之日起10个工作日内向申请人发放执业证书。

批准设立会计师事务所(分所)发放证书的，发证日期填批准设立日期。

第八条 会计师事务所(分所)根据《会计师事务所审批和监督暂行办法》(财政部令第24号)向原审批机关申请变更备案，变更事项涉及执业证书记载事项的，原审批机关应当自收到有关变更备案材料之日起3个工作日内换发执业证书。

变更备案发放证书的，发证日期填备案日期。

第九条 审批机关批准会计师事务所跨省迁移的，应当自决定之日起10个工作日内向申请人换发执业证书。

批准跨省迁移发放证书的，发证日期填批准迁移日期。

第十条 执业证书遗失的，会计师事务所(分所)应当在省级以上报刊和原审批机关指定网站上刊登遗失声明，申明证书作废。遗失声明应当标明遗失的证书序号。

会计师事务所(分所)应携带刊登遗失声明的报刊原件向原审批机关申请补发。原审批机关应当自收到申请之日起3个工作日内向申请人补发执业证书。

补发证书的，发证日期填决定补发证书日期。

第十一条　审批机关作出撤销会计师事务所(分所)、撤回会计师事务所(分所)设立许可决定的，应当通知会计师事务所(分所)限期交回执业证书。自作出撤销、撤回决定之日起，执业证书失效。

第十二条　会计师事务所(分所)因本办法第十一条规定以外的原因终止的，应当在向原审批机关报终止备案同时交回执业证书。

第十三条　审批机关应设专人管理执业证书，每次申领执业证书时，应对上次申领和使用情况进行说明。

第十四条　本办法自印发之日起施行。

附：

会计师事务所(分所)编号规则

一、会计师事务所(以下简称事务所)编号为8位数字。前2位为事务所所在省级行政区划代码，第3、4位为所在地市级行政区划代码，后4位为同一地市内的顺序编号。

二、事务所分所编号为12位数字。前8位为所属事务所编号，第9、10位为分所所在省级行政区划代码，后2位为事务所在同一省级行政区划内设立分所的顺序编号。

三、事务所跨省迁移，应当按照第一条规定重新编号，其所属分所编号的前8位相应改变，后4位不变。

四、事务所终止、跨省迁移、分所终止，其原编号注销，不重新分配给其他事务所和分所。

五、行政区划代码执行国家标准《中华人民共和国行政区划代码》(GB2260)。各省级行政区划代码为：

北京市11	天津市12	河北省13	山西省14	内蒙古15
辽宁省21	吉林省22	黑龙江23	上海市31	江苏省32
浙江省33	安徽省34	福建省35	江西省36	山东省37
河南省41	湖北省42	湖南省43	广东省44	广　西45
海南省46	重庆市50	四川省51	贵州省52	云南省53
西　藏54	陕西省61	甘肃省62	青海省63	宁　夏64
新　疆65				

三、财政部关于会计师事务所跨省设立分所有关注册管理事项的通知

财政部关于会计师事务所跨省设立分所有关注册管理事项的通知

财会[2001]1024号

各省、自治区、直辖市财政厅(局)，深圳市财政局：

为了加强对会计师事务所(以下简称事务所)跨省设立分所的注册管理工作，根据《中华人民共和国注册会计师法》等有关法规的规定，现就有关事项通知如下：

一、事务所跨省设立的分所的日常注册管理工作，按照属地管理原则，由分所所在地省、自治区、直辖市注册会计师协会(以下简称"省级注协")负责。

事务所设立分所后，总所的从业人员和注册会计师不应少于《会计师事务所分所审批管理暂行办法》(财协字[2000]28号)第六条的规定，并应设立健全的执业质量控制、业务开拓及培训等部门，在业务、管理等方面发挥调控作用。

二、事务所跨省合并的，有限责任事务所应当按照《中华人民共和国公司登记管理条例》第十七的规定，自省级以上财政部门批准之日起90天内，申请办理新设立或存续的事务所(以下简称"合并后事务所")

的工商登记或工商变更登记(以下统称"工商登记");合伙制事务所比照执行。逾期未办理工商登记的,合并批复失效。

合并后事务所办理工商登记后,原合并一方(或多方)不得以原所名义执行业务,并在 90 天内完成清算、工商注销工作。

三、合并后事务所工商登记后 15 日内,应将合并各方的注册会计师关系转至合并后事务所。

事务所设立分所的,应在分所办理工商登记后 15 日内,将有关注册会计师的关系转至分所。

逾期未办理注册会计师转所手续的,由所在地省级注协对合并后事务所予以通报。合并后事务所工商登记 90 天后,仍未办理注册会计师转所手续的,撤销对有关人员的注册。

四、在分所工作的人员符合注册会计师条件申请注册时,应经事务所审核同意盖章,由分所向其所在地省级注协申报。分所所在地省级注协审核批准后,在 30 日内将批准文件抄送中国注册会计师协会、事务所所在地省级注协备案。分所注册人员的注册会计师证书应注明"××会计师事务所××分所"字样,并加盖分所所在地省级注协、中国注册会计师协会印章。

五、注册会计师由事务所(含分所)转到其他事务所(含分所),或在事务所与分所、分所与分所之间调动并执业时,应按现行的注册会计师转所程序办理相关的手续。转所审批表中"调入所(或调出所)意见"一栏,应由事务所出具意见,或由分所出具意见并附事务所的核准意见;"调入(或调出)省级注协意见"一栏,按属地管理原则,由所在地省级注协出具意见。

分所所在地省级注协应在转入分所的注册会计师办理转所手续后,将有关情况抄送事务所所在地省级注协备案。

六、分所注册会计师年检由分所所在地省级注协负责。分所报送的有关年检材料,应经事务所审核同意盖章。年检合格的注册会计师,由分所所在地省级注协公告并抄送事务所所在地省级注协备案。

各省级注协在年检公告中应注明,本省事务所跨省设立的分所的注册会计师由分所所在地省级注协公告。

七、省级注协对注册会计师的统计,按属地管理原则。对外省事务所设在本省的分所的注册会计师应进行统计;不统计本省事务所在其他省所设分所的注册会计师。

八、未经批准设立的分所(或其他形式的分支机构),经所在地省级注协核实后,由所在地省级财政部门予以取缔;事务所提交虚假证明文件或者采取其他欺骗手段隐瞒重要事实设立分所的,由分所所在地省级财政部门撤销对设立分所的批复。

省级财政部门在做出上述处理后,在 15 日内抄送事务所所在地省级财政部门、中国注册会计师协会备案,并在三年内不再受理该事务所设立分所的申请。

九、分所设立后因违反规定被撤销的,其所在地省级财政部门三年内不再受理该事务所设立分所的申请。事务所三年内因违反规定被撤销三个以上(含三个)分所的,其所在地省级注协五年内不得为其出具跨省设立分所的证明文件。

十、财政部《关于会计师事务所扩大规模过程中有关事项的补充通知》(财会[2000]1031 号)同时废止。

二〇〇一年五月二十四日

四、财政部、证监会关于会计师事务所从事证券、期货相关业务有关问题的通知

财政部、证监会关于会计师事务所从事证券、期货相关业务有关问题的通知

财会[2007]6 号

各省、自治区、直辖市财政厅(局),深圳市财政局,中国证券监督管理委员会各派出机构:

为了规范会计师事务所从事证券、期货相关业务,维护证券市场秩序,保护投资者和社会公众的合法权益,现对会计师事务所从事证券、期货相关业务有关问题补充通知如下:

一、会计师事务所从事证券、期货相关业务资格的申请条件

会计师事务所从事证券、期货相关业务(以下简称证券业务),应当按照本通知规定取得证券、期货相关

业务资格(以下简称证券资格)。

会计师事务所申请证券资格,应当具备下列条件:

(一) 依法成立3年以上;

(二) 质量控制制度和内部管理制度健全并有效执行,执业质量和职业道德良好;

(三) 注册会计师不少于80人,其中通过注册会计师全国统一考试取得注册会计师证书的不少于55人,上述55人中最近5年持有注册会计师证书且连续执业的不少于35人;

(四) 有限责任会计师事务所净资产不少于500万元,合伙会计师事务所净资产不少于300万元;

(五) 会计师事务所职业保险的累计赔偿限额与累计职业风险基金之和不少于600万元;

(六) 上一年度审计业务收入不少于1 600万元;

(七) 持有不少于50%股权的股东,或半数以上合伙人最近在本机构连续执业3年以上;

(八) 不存在下列情形之一:

1. 在执业活动中受到行政处罚、刑事处罚,自处罚决定生效之日起至提出申请之日止未满3年;

2. 因以欺骗等不正当手段取得证券资格而被撤销该资格,自撤销之日起至提出申请之日止未满3年;

3. 申请证券资格过程中,因隐瞒有关情况或者提供虚假材料被不予受理或者不予批准的,自被出具不予受理凭证或者不予批准决定之日起至提出申请之日止未满3年。

会计师事务所具备前款第(一)项、第(七)项和第(八)项规定条件,并通过吸收合并具备前款第(二)项至第(六)项规定条件的,自吸收合并后工商变更登记之日起至提出申请之日止应当满一年。

会计师事务所发生吸收合并前已具备第二款规定条件的,不受第三款规定限制。

二、证券资格的申请材料

会计师事务所申请证券资格,应当提交下列材料(一式2份):

(一) 会计师事务所证券资格申请表(详见附件1);

(二) 会计师事务所营业执照副本复印件和执业证书复印件;

(三) 会计师事务所质量控制制度、内部管理制度及执行情况说明;

(四) 注册会计师证书复印件,经省(自治区、直辖市)注册会计师协会(以下简称省级注册会计师协会)确认的提出申请上月末注册会计师情况表(详见附件2);

(五) 由其他具有证券资格的会计师事务所出具的上一年度本机构财务报表的审计报告,审计报告后附的会计报表附注中应当包括对审计业务收入的单项说明;

(六) 职业保险保单复印件;

(七) 会计师事务所上一年度审计业务收费情况表(详见附件3);

(八) 自上年末至提出申请上月末净资产、职业风险基金变动情况说明。

属于本通知第一条第三款规定情形的,除提交前款规定材料外,还应当提交会计师事务所合并协议复印件。

属于本通知第一条第四款规定情形,且自吸收合并工商变更登记之日起至提出申请之日止未满一年的,除提交本条第一款规定材料外,还应当提交下列材料:

(九) 会计师事务所合并协议复印件;

(十) 合并前吸收方质量控制制度、内部管理制度及执行情况说明;

(十一) 经省级注册会计师协会确认的合并协议签署日合并各方注册会计师情况表;

(十二) 由其他具有证券资格的会计师事务所出具的发生合并行为上一年度吸收方财务报表的审计报告,会计报表附注中应当包括对审计业务收入的单项说明;

(十三) 自发生合并行为上年末至合并基准日上月末净资产、职业风险基金变动情况说明;

(十四) 合并前吸收方职业保险保单复印件;

(十五) 发生合并行为上一年度吸收方审计业务收费情况表。

申请人应当对申请材料内容的真实、完整负责。

财政部、中国证监会对会计师事务所提交的申请材料进行审查,必要时可以采取抽查工作底稿、实地调查等方式对申请材料的内容进行核实。

三、具有证券资格的会计师事务所的合并、分立

具有证券资格的会计师事务所合并后存续或者分立后存续,并且具备本通知第一条第二款规定条件的,

证券资格继续有效。该会计师事务所应当自工商变更登记之日起5个工作日内提交下列材料(一式2份):

(一)会计师事务所合并变更备案表(详见附件4)或者会计师事务所分立变更备案表(详见附件5);

(二)会计师事务所合并、分立协议复印件;

(三)合并、分立后会计师事务所营业执照副本复印件;

(四)经省级注册会计师协会确认的合并、分立后工商变更登记日注册会计师情况表;

(五)合并、分立后职业保险保单复印件;

(六)由其他具有证券资格的会计师事务所出具的合并、分立基准日资产负债表的审计报告。

具有证券资格的会计师事务所合并或者分立后新设的会计师事务所,不具有证券资格。

四、具有证券资格的会计师事务所重大事项报备

具有证券资格的会计师事务所变更名称的,应当自工商变更登记之日起5个工作日内交回证券资格证书,并提交下列材料(一式2份):

(一)会计师事务所名称变更登记表(详见附件6);

(二)会计师事务所营业执照副本复印件。

具有证券资格的会计师事务所变更名称的,财政部、证监会应当自收到材料和证券资格证书后换发新的证券资格证书,并予以公告。

具有证券资格的会计师事务所地址、主任会计师、股东或合伙人发生变更的,应当自变更之日起5个工作日内将有关情况报财政部、证监会备案(详见附件7)。

具有证券资格的会计师事务所设立或撤销分所,应当在分所工商登记之日起10个工作日内向财政部、证监会报送有关情况(详见附件8)。

五、具有证券资格的会计师事务所的年度报备

具有证券资格的会计师事务所应当于每年5月31日之前提交下列材料(一式2份):

(一)会计师事务所基本情况表(详见附件9);

(二)会计师事务所、分所营业执照副本复印件;

(三)会计师事务所质量控制制度、对分所管理制度和其他内部管理制度的执行情况以及上述制度的变动情况说明;

(四)经省级注册会计师协会确认的上年末注册会计师情况表;

(五)由其他具有证券资格的会计师事务所出具的上一年度本机构财务报表的审计报告,审计报告后附的会计报表附注中应当包括对审计业务收入的单项说明;

(六)职业保险保单复印件;

(七)上一年度证券业务情况表(详见附件10);

(八)上一年度审计业务收费情况表。

财政部、证监会应当对有关材料进行核查,必要时可以进行实地调查。

六、会计师事务所证券资格的监管

具有证券资格的会计师事务所在从事证券业务期间,应当持续具备本通知第一条第二款规定的条件。

发生不具备本通知第一条第二款第(二)项至第(五)项条件之一情形的,不得承接证券业务,并应当自出现该情形之日起5个工作日内提交会计师事务所整改计划书(详见附件11,一式2份)。该会计师事务所应当自出现上述情形之日起两个月内进行整改,并自整改结束之日起5个工作日内报送整改情况说明(一式2份)。未按规定提交会计师事务所整改计划书或者逾期仍未达到条件的,财政部、证监会撤回其证券资格。

发生不具备本通知第一条第二款第(六)项、第(七)项条件情形的,财政部、证监会撤回其证券资格。

具有证券资格的会计师事务所终止的,证券资格失效,应当在工商注销登记前交回证券资格证书。财政部、证监会应当自收到证券资格证书后将终止的具有证券资格的会计师事务所予以公告。

具有证券资格的会计师事务所,除被依法撤销、撤回资格的情形外,不再从事证券业务的,应当交回证券资格证书,并提交会计师事务所终止证券业务情况说明表(详见附件12,一式2份)。财政部、证监会应当自收到材料和证券资格证书后将不再从事证券业务的会计师事务所予以公告。

财政部、证监会依法对具有证券资格的会计师事务所从事证券业务的情况进行监督检查。会计师事务所及其注册会计师应当予以配合。

具有证券资格的会计师事务所存在下列情形之一的，财政部、证监会将给予特别关注：

(一) 受到举报的；

(二) 受到公众质疑，被有关媒体披露的；

(三) 首次承接证券业务，或者最近 1 年内未从事证券业务的；

(四) 注册会计师流动过于频繁的；

(五) 股东或者合伙人之间关系不协调，可能对执业质量造成影响的；

(六) 高层管理人员发生重大变动的；

(七) 收费异常的；

(八) 客户数量、规模与会计师事务所的执业能力、承担风险能力不相称的；

(九) 发生合并或者分立的；

(十) 在上市公司更换会计师事务所时承接业务的；

(十一) 受到行政处罚、刑事处罚的；

(十二) 不按规定进行业务报备的；

(十三) 财政部、证监会认为需要给予特别关注的其他情形。

财政部、证监会应当建立会计师事务所从事证券业务诚信档案，记载会计师事务所、注册会计师的执业质量和质量控制情况，以及违法违规行为和对其采取的监管措施等内容，并予以公布。

具有证券资格的会计师事务所发生违反本通知规定行为的，财政部、证监会可以出具警示函并责令其整改；对会计师事务所负责人、直接负责的主管人员和其他直接责任人员，可以采取监管谈话、出具警示函、认定为不适宜从事证券业务人员等行政监管措施，并予以公告。

七、其他事项

(一) 本通知所称证券业务，是指证券、期货相关机构的财务报表审计、净资产验证、实收资本(股本)的审验、盈利预测审核、内部控制制度审核、前次募集资金使用情况专项审核等业务。

(二) 本通知所称证券、期货相关机构，是指上市公司、首次公开发行证券公司、证券及期货经营机构、证券及期货交易所、证券投资基金及其管理公司、证券登记结算机构等。

(三) 本通知所称“以上”、“以下”、“以内”，均包括本数。

(四) 会计师事务所按照本通知规定提交的有关附表和审计报告，应当同时报送电子文档；提交的有关材料为复印件的，应当加盖单位公章。

(五) 本通知自印发之日起施行。持有原证券资格证书的会计师事务所，在本通知施行之日起 60 日内报送《会计师事务所基本情况表》，并应当在 2008 年 1 月 1 日之前达到本通知第一条第二款第(一)项至第(七)项条件。

附件：

1. 会计师事务所证券资格申请表
2. 注册会计师情况表
3. 会计师事务所年度审计业务收费情况表
4. 会计师事务所合并变更备案表
5. 会计师事务所分立变更备案表
6. 会计师事务所名称变更登记表
7. 会计师事务所其他重要事项变更登记表
8. 证券资格会计师事务所设立分所备案表
9. 会计师事务所基本情况表
10. 会计师事务所年度证券业务情况表
11. 会计师事务所整改计划表
12. 会计师事务所终止证券业务情况说明表

中华人民共和国财政部

中国证券监督管理委员会

二〇〇七年四月九日

五、会计师事务所从事基本建设工程预算、结算、决算审核暂行办法

财政部关于《会计师事务所从事基本建设工程预算、结算、决算审核暂行办法》的通知

财协字[1999]103号

各省、自治区、直辖市财政厅(局):

为了进一步提高基本建设工程预算、结算、决算编报与审核质量,充分发挥社会中介机构在投资监督体系中的作用,根据《中华人民共和国注册会计师法》和《国务院关于整顿会计工作秩序进一步提高会计工作质量的通知》(国发[1996]16号)等规定,现将《会计师事务所从事基本建设工程预算、结算、决算审核暂行办法》印发给你们,请认真贯彻执行。原执行的《基本建设施工预决(结)算审计验证规则(试行)》(会协字[1996]399号)同时废止。

财政部

一九九九年八月五日

会计师事务所从事基本建设工程预算、结算、决算审核暂行办法

第一章　总　则

第一条　为了进一步提高基本建设工程预算、结算、决算编报质量,规范会计师事务所从事基本建设工程预算、结算、决算审核业务,适应社会主义市场经济发展的需要,根据《中华人民共和国注册会计师法》及国家其他有关法律、法规的规定,制定本办法。

第二条　本办法所称基本建设工程预算、结算、决算审核,是指会计师事务所接受委托,对基本建设工程预算、结算、决算及其相关资料进行审查与复核,并发表审核意见。

本办法所称被审核单位,是指对基本建设工程预算、结算、决算负责并接受审核的项目法人单位或其他单位。

本办法所称审核人员,是指在会计师事务所从事基本建设工程预算、结算、决算审核的注册会计师、造价工程师等专业人员。

本办法所称基本建设工程预算,是指根据施工图所确定的工程量,选套相应的预算定额、预算单价及有关的取费标准,预先估算工程项目价格的文件。

本办法所称基本建设工程结算,是指按工程进度、施工合同、施工监理情况办理的工程价款结算,以及根据工程实施过程中发生的超出施工合同范围的工程变更情况,调整施工图预算价格,确定工程项目最终结算价格的竣工结算文件。

本办法所称基本建设工程决算,是指在工程项目或单荐工程竣工后编制的,综合反映工程项目实际造价、建设成果的文件。

第三条　会计师事务所执行基本建设工程的其他审核业务或其他工程审核业务,除有关特定要求者外,应当参照本办法办理。

第二章　一般原则

第四条　合理编制并充分披露基本建设工程预算、结算及决算,保证预算、结算、决算及相关资料的真实、合法、完整,是被审核单位的责任;按照本办法的要求出具基本建设工程预算、结算及决算审核报告,并保证审核报告的真实性、合法性,是会计师事务所及审核人员的责任。

审核报告的真实性是指审核报告应如实反映审核人员的审核范围、审核依据、已实施的主要审核程序和应发表的审核意见。

审核报告的合法性是指审核报告的编制和出具必须符合《中华人民共和国注册会计师法》和本办法的规定。

第五条　会计师事务所和审核人员承办基本建设工程预算、结算、决算审核业务,应当符合国家有关部门规定的条件,并取得相应的资格。

第六条　基本建设工程预算具有固有的不确定性，审核人员不应对预算结果的可实现程度做出保证。

第七条　审核人员执行基本建设工程结算、决算审核应当在国家认可的工程监理等质量管理部门对工程项目质量验证后进行。

第八条　审核人员应当将基本建设工程预算、结算、决算审核的过程及其结果记录于审核工作底稿，并进行必要的复核。

第三章　审核计划

第九条　在接受委托前，审核人员应当了解被审核单位及基本建设工程项目的基本情况，并考虑自身能力和能否保持独立性，初步评估审核风险，以确定是否接受委托。

如接受委托，会计师事务所应与委托人就基本建设工程预算、结算、决算审核的目的与范围，双方的责任与义务等事项进行商议，达成一致意见，并签订审核业务约定书。

第十条　审核人员应当了解所审核的基本建设工程项目的以下情况：

(一) 工程项目性质、类别、规模、承建方式等情况；

(二) 审核所需的相关资料的可获得性；

(三) 工程材料的供应方式；

(四) 工程价款结算情况；

(五) 工程项目预算、结算、决算已审核情况及审核结果的处理；

(六) 工程项目现场施工条件；

(七) 建设期内工程预算定额、预算单价、取费标准等的变化情况；

(八) 其他需要了解的情况。

第十一条　基本建设工程预算、结算、决算审核的范围应当根据有关法规的规定及业务约定书的要求确定。

第十二条　审核人员执行基本建设工程预算、结算、决算审核业务，应当在充分了解被审核单位有关情况和获取审核资料的基础上，合理制定审核计划，并根据审核过程中情况的变化，予以必要的修改或补充。

第十三条　在编制审核计划时，审核人员应当获取被审核单位基本建设工程预算、结算、决算及其编制所依据的以下资料：

(一) 工程项目批准建设、监理、质量验收等有关文件；

(二) 概算资料及招投标文件；

(三) 合同、协议；

(四) 施工图或竣工图；

(五) 工程量计算书；

(六) 材料费用资料；

(七) 取费资料；

(八) 付款资料；

(九) 有关证照；

(十) 施工组织设计；

(十一) 工程变更签证资料；

(十二) 隐蔽工程资料；

(十三) 工程决算的财务资料；

(十四) 其他影响工程造价的有关资料。

第四章　审核实施

第十四条　审核人员在审核基本建设工程预算时，应当重点审查以下事项：

(一) 单项工程预算编制是否真实、准确，主要包括：

1. 工程量计算是否符合规定的计算规则、是否准确；

2. 分项工程预算定额选套是否合规，选用是否恰当；

3. 工程取费是否执行相应计算基数和费率标准；

4. 设备、材料用量是否与定额含量或设计含量一致；

5. 设备、材料是否按国家定价或市场价计价；

6. 利润和税金的计算基数、利润率、税率是否符合规定。

（二）预算项目是否与图纸相符；

（三）多个单项工程构成一个工程项目时，审查工程项目是否包含各个单项工程，费用内容是否正确；

（四）预算是否控制在概算允许范围以内。

第十五条 审核人员在审核基本建设工程结算时，应当在审查本办法第十四条规定的预算审查事项的基础上，重点审查对工程项目的价格产生影响的以下事项：

（一）工程实施过程中发生的设计变更和现场签证；

（二）工程材料和设备价格的变化情况；

（三）工程实施过程中的建筑经济政策变化情况；

（四）补充合同的内容。

第十六条 审核人员在审核基本建设工程决算时，应当在审查本办法第十五条规定的结算审查事项的基础上，重点审查以下事项：

（一）工程项目概算执行情况；

（二）工程项目资金的来源、支出及结余等财务情况；

（三）工程项目合同工期执行情况和合同质量等级控制情况；

（四）交付使用资产情况。

第十七条 会计师事务所接受政府有关部门委托，审核基本建设工程决算时，除重点审查本办法第十六条规定内容外，还应当审查以下事项：

（一）被审核单位是否有计划外建设项目，有无自行扩大投资规模和提高建设标准的情况；

（二）各项费用支出是否合法，有无混淆生产成本和建设成本的情况；

（三）交付使用资产是否符合条件，有无虚报完成及虚列应付债务或转移基建资金等情况；

（四）历年的各项基本建设拨款数额和结余资金是否真实、准确，应收回的设备材料以及拆除临时建筑和原有建筑的残值是否作价收回，对器材的盘盈、盘亏及销售盈亏是否按照有关规定及时处理；

（五）报废工程是否经主管部门审批；

（六）竣工投产时间是否符合国家计划规定；

（七）基本建设收入的来源、分配、上缴和留成及使用情况；

（八）有无隐匿、截留或拖延不交应交财政部门的包干结余、竣工结余及各项收入；

（九）尾工工程的预留工程款及建设情况；

（十）有必要审查的其他事项。

第十八条 审核人员在审核基本建设工程结算、决算过程中，必要时，应通过委托人会同建设单位、施工单位，对以下项目进行现场查勘核实：

（一）分部或分项工程；

（二）实际施工用料偏离结算的工程项目；

（三）变更设计的工程项目；

（四）必须丈量的工程项目；

（五）交付使用的资产；

（六）预留的尾工工程；

（七）需要查勘的其他事项。

第十九条 审核人员审核基本建设工程结算及决算遇到以下情况时，应当获取适当的证据：

（一）变更工程设计；

（二）建设单位提供材料和设备；

（三）施工中使用的工程材料或设备的价格与规定不符；

（四）变更不同资质的施工企业；

（五）改变工程项目的性质；

（六）提高或降低建设标准；

（七）计划外工程项目；

（八）其他应当获取证据的情况。

第二十条 审核人员审核基本建设工程结算及决算遇到以下情况时，应当获取必要的签证：

（一）施工情况与图纸不符；

（二）实物工程量与图纸不符；

（三）施工用料发生变化；

（四）施工情况与施工合同不符。

第二十一条 审核人员应当特别关注以下事项，以判断基本建设工程预算、结算是否运用了不合理定额和取费标准：

（一）对预算、结算有重大影响的；

（二）特别容易受关键因素变动影响的；

（三）具有高度不确定性的分项工程；

（四）预算定额没有列入或需要换算的。

第二十二条 审核人员在审核过程中没有责任专门就基本建设工程项目的定额标准、取费标准发表意见。

第二十三条 审核人员通常应当就审核后的意见与委托人、建设单位和施工单位会审，根据会审情况形成审核结论。经会审后，如果委托人、建设单位、施工单位对审核结论无异议，审核人员应提请其在“基本建设工程预算审核定案表”、“基本建设工程结算审核定案表”上签章确认。

第五章 审核报告

第二十四条 审核人员应当在实施必要的审核程序后，以经过核实的证据为依据，分析、评价审核结论，形成审核意见，出具审核报告。

第二十五条 审核报告应当包括以下基本内容：

（一）标题。标题应当统一规范为“基本建设工程预算审核报告”、“基本建设工程结算审核报告”或“基本建设工程决算审核报告”。

（二）收件人。收件人为审核业务的委托人，审核报告应当载明收件人的全称；

（三）范围段。范围段应当说明审核范围、被审核单位责任与审核责任、审核依据和已实施的主要审核程序；

（四）意见段。意见段应当明确说明审核意见；

（五）签章和会计师事务所地址。审核报告应当由审核人员签名、盖章，并加盖会计师事务所公章；

（六）报告日期。审核报告日期是指审核人员完成外勤审核工作的日期，审核报告日期不应早于被审核单位确认和签署基本建设工程预算、结算及决算的日期；

（七）附件。基本建设工程预算审核报告附件包括“基本建设工程预算审核定案表”，基本建设工程结算审核报告附件包括“基本建设工程结算审核定案表”。

第二十六条 审核人员应当在审核报告范围中明确指明已审核基本建设工程预算、结算及决算的名称、建设期间及建设单位、施工单位名称，工程项目质量验证情况。

第二十七条 审核人员应当在基本建设工程预算或工程结算审核报告的意见段中说明基本建设工程预算或结算金额、审定金额、核增或核减金额。

第二十八条 审核人员应当在基本建设工程决算审核报告的意见段中说明工程项目资金来源、支出及结余或超支等财务情况，概算执行情况，工程价款结算情况，尾工工程及未尽事宜处理情况，项目支出存在的问题，资产交付使用情况。

第二十九条 审核人员与委托人、建设单位、施工单位在审核意见方面存在异议，且无法协商一致时，或审核人员认为必要时，应当在意见段之后增列说明段予以说明。

第三十条 审核人员在出具基本建设工程预算审核报告时，应附送已审核的《基本建设工程预算书》。

审核人员在出具基本建设工程结算审核报告时，应附送已审核的《基本建设工程结算书》。

审核人员在出具基本建设工程决算审核报告时，应附送已审核的《基本建设项目竣工财务决算表》。

第六章 附 则

第三十一条 本办法由中国注册会计师协会负责解释。

第三十二条　本办法自发布之日起施行。

六、会计师事务所从事 H 股企业审计业务试点工作方案

关于印发《会计师事务所从事 H 股企业审计业务试点工作方案》的通知

财会便[2009]79 号

各证券期货资格会计师事务所：

为了贯彻落实《国务院办公厅转发财政部关于加快发展我国注册会计师行业若干意见的通知》(国办发[2009]56 号)精神，加快推进符合认可要求的内地会计师事务所从事 H 股企业审计业务，实现与香港会计行业双赢，促进两地资本市场更加繁荣，根据《内地与香港关于建立更紧密经贸关系的安排(CEPA)》、《关于内地企业会计准则与香港财务报告准则等效的联合声明》和《关于内地审计准则与香港审计准则等效的联合声明》，经财政部、证监会领导批准，财政部会计司、证监会会计部制定了《会计师事务所从事 H 股企业审计业务试点工作方案》(见附件)，现予印发，自印发之日起施行。

符合《会计师事务所从事 H 股企业审计业务试点工作方案》要求的内地会计师事务所，可从印发之日起开展申报工作，有关申报材料一式四份，并请同时提供电子版。

联 系 人：财政部会计司注册会计师处　韩冰、王宏

联系电话：68552533、68552532、68552934(传真)

电子邮件：hanbing@mof. gov. cn；hongwang@mof. gov. cn

申报截止时间为 11 月 30 日。

附件：会计师事务所从事 H 股企业审计业务试点工作方案

财政部会计司

证监会会计部

二〇〇九年十一月九日

会计师事务所从事 H 股企业审计业务试点工作方案

根据《内地与香港关于建立更紧密经贸关系的安排(CEPA)》、《关于内地企业会计准则与香港财务报告准则等效的联合声明》和《关于内地审计准则与香港审计准则等效的联合声明》，经财政部、证监会领导批准，财政部会计司、证监会会计部决定实施内地会计师事务所从事 H 股企业审计业务试点工作。为加快发展我国注册会计师行业，促进内地会计师事务所有序从事 H 股企业审计业务，实现与香港会计行业双赢，维护 H 股投资者利益和两地资本市场健康发展，现提出以下试点工作方案：

一、试点原则

试点工作必须坚持以下原则，确保参加试点的会计师事务所高质量完成 H 股企业审计业务：

(一) 严格要求、质量第一。从事 H 股企业审计业务的会计师事务所应当适应内地企业赴港上市对注册会计师职业提出的要求，具有较好的专业胜任能力和社会认可度。

(二) 择优选拔、稳步推进。试点初期，应择优选择符合条件的少数会计师事务所从事 H 股企业审计业务。根据具体情况，再择机审慎扩大试点范围。

(三) 自愿申请、强化审核。符合要求的内地会计师事务所可自愿申请参加试点。财政部、证监会要强化审核，严把质量关，从源头上防范不符合要求的会计师事务所从事 H 股企业审计业务。

二、审核推荐机构

财政部、证监会成立“内地会计师事务所从事 H 股企业审计业务试点工作审核推荐委员会”(以下简称委员会)，负责对申请参加试点工作的会计师事务所的审核推荐工作。委员会主任由财政部会计司负责人担任，副主任由证监会会计部负责人担任，委员由财政部会计司和监督检查局、证监会会计部、中注协相关负责人组成。委员会下设办公室(财政部会计司)，成员由财政部会计司和监督检查局、证监会会计部、中注协有关人员组成。

三、基本要求

委员会从符合以下基本要求的会计师事务所中择优选择参加试点：

(一) 具有证券期货相关业务资格，从事过 H 股企业审计业务或预期能够承接 H 股企业审计业务；

(二) 上年度业务收入(含境内、外分支机构收入，下同)不低于 30 000 万元，其中审计业务收入不低于 20 000 万元，且证券业务收入不低于 5 000 万元或者上市公司审计客户不低于 30 家；

(三) 中国注册会计师人数不少于 400 人，其中通过考试取得注册会计师资格的人数不少于 300 人；

(四) (自然人)股东持股比例或合伙人的财产份额每人不得超过 25%；

(五) 治理结构、质量控制和内部管理等相关制度健全并有效执行；

(六) 在香港发展有成员所或者与香港会计师事务所同属某一国际会计公司的成员所。

会计师事务所通过合并满足上述基本要求的，可以申请参加试点，但应在 2009 年 10 月 31 日之前完成实质性合并程序。实质性合并程序包括签署合并协议、发布合并公告、交回被合并方的证券期货从业资格证书和(或)会计师事务所执业资格证书等。完成实质性合并程序的，本条第一款第(二)项"上年度业务收入"可以合并各方上年度经审计的业务收入总额汇总计算，第(三)项中国注册会计师人数也根据同一原则认定。

四、优先考虑因素

在满足基本要求的同等条件下，对具有以下情况之一的会计师事务所予以优先考虑：

(一) 高级管理团队关系和谐、年富力强的。

(二) 运用信息化手段实施质量控制和内部管理的。

(三) 具有较强的执业责任承担能力的。

(四) 组建会计师事务所管理公司的。

五、申请材料

会计师事务所申请参加试点工作，应当向委员会办公室提交以下材料：

(一) 会计师事务所参加 H 股企业审计试点工作申请书(含申请表，附表 1)。

(二) 会计师事务所营业执照副本复印件、证券期货从业资格证书复印件和执业证书复印件。

(三) 在 H 股审计试点工作实施前从事 H 股企业审计业务执业经历的情况说明及相关业务合同复印件，或者预期能够承接 H 股企业审计业务的说明。

(四) 会计师事务所上年度财务报表、审计业务收费情况表(附表 2)、证券业务情况表(附表 3)以及由其他具有证券、期货相关业务资格的会计师事务所出具的本会计师事务所上年度财务报表的审计报告。审计报告应当特别说明符合基本要求第(二)项的情况。

(五) 通过财政会计行业管理系统(http://www.acc.gov.cn)和证监会会计师事务所与资产评估机构监管系统(http://assdata.csrc.gov.cn)打印的股东/合伙人情况表和注册会计师情况表。

(六) 会计师事务所治理结构、质量控制制度、内部管理制度及执行情况说明。

(七) 香港成员所的商业登记证明复印件、执业证书复印件以及成员所相关协议复印件。

(八) 会计师事务所高级管理人员的身份证复印件。

(九) 运用信息化手段实施质量控制和内部管理的情况说明。

(十) 职业保险保单复印件(或其他证明文件)或职业风险基金相关说明。

(十一) 会计师事务所管理公司营业执照副本复印件以及在管理公司范围内实现品牌、业务管理、资源调度、质量控制、教育培训和信息技术平台实质性统一的情况说明。

(十二) 委员会办公室要求提交的其他材料。

涉及本办法第三条中合并事项的会计师事务所，除提交上述材料外，还需提交以下材料：合并协议复印件；在公开媒体发布的合并公告复印件；被合并方经审计的财务报表；交回证券期货从业资格证书和(或)会计师事务所执业证书的说明。

因办理工商手续、业务衔接等客观原因确实难以在 2009 年 10 月 31 日之前交回被合并方的证券期货从业资格证书和(或)会计师事务所执业资格证书的，应当出具经合并双方会计师事务所及其主任会计师签章的承诺书，明确承诺在办理完毕相关工商、业务手续后立即交回相应证书。延期交回证书的截止时间不得迟于 2009 年 12 月 31 日。

申请人应当对申请材料内容的真实性、完整性负责。对隐瞒有关情况或者提供虚假材料的会计师事务所，取消其申请资格。

六、工作程序

委员会办公室收到申请材料后，根据本方案要求进行初审。初审通过后，通过财政会计行业管理系统网站和证监会网站进行公示。

委员会办公室应当对初审公示的会计师事务所进行实地考察，并形成书面报告上报委员会。委员会应当召开全体会议对初审公示和实地考察情况进行综合审核评议。

审核评议后，委员会应当将评议结果报财政部、证监会领导确定。委员会对确定参加试点的会计师事务所，将在财政会计行业管理系统网站和证监会网站上发布公告，同时推荐给香港财经事务及库务局、香港财务汇报局、香港证监会、香港联交所和香港会计师公会。自推荐之日起，被推荐的会计师事务所可以开始承接 H 股企业审计业务。

参加试点的会计师事务所应在出具 H 股企业审计报告 15 个工作日内向财政部会计司、证监会会计部报送审计报告复印件，并在每年证券期货从业资格会计师事务所年度报备材料中单独报送上年度从事 H 股审计业务情况说明。

参加试点的会计师事务所必须持续符合本方案规定的基本要求，对于不再符合本方案基本要求的，财政部会计司、证监会会计部将撤回推荐，同时告知香港财经事务及库务局、香港财务汇报局、香港证监会、香港联交所和香港会计师公会。

七、会计师事务所、资产评估机构、税务师事务所会计核算办法

财政部关于印发《会计师事务所、资产评估机构、税务师事务所会计核算办法》的通知

财会[2001]61 号

国务院有关部委，各省、自治区、直辖市、计划单列市财政厅（局），新疆生产建设兵团财务局：

为了规范会计师事务所、资产评估机构、税务师事务所（以下简称“事务所”）的会计核算，提高事务所会计信息质量，根据国家有关规定，事务所于 2002 年 1 月 1 日起执行《企业会计制度》。为实现原事务所财务会计核算办法向《企业会计制度》的平稳过渡，保证《企业会计制度》的实施，我们起草了《会计师事务所、资产评估机构、税务师事务所会计核算办法》，请事务所遵照执行。律师事务所可参照执行。事务所执行《企业会计制度》及本规定后，有何问题，请及时函告我部。

附件：会计师事务所、资产评估机构、税务师事务所会计核算办法

中华人民共和国财政部

二〇〇一年十一月二十九日

会计师事务所、资产评估机构、税务师事务所会计核算办法

为了规范会计师事务所、资产评估机构、税务师事务所（以下简称“事务所”）的会计核算，根据《中华人民共和国会计法》、《企业会计制度》和国家有关法律、法规，并结合事务所的实际情况，特制定本办法。

一、事务所应于 2002 年 1 月 1 日起执行《企业会计制度》，按照《企业会计制度》规范的会计要素确认、计量和记录要求，进行会计核算，并按照《企业会计制度》的规定编制财务会计报告。

二、事务所在执行《企业会计制度》的基础上，作如下调整：

（一）增设“2333 职业风险基金”科目。

“职业风险基金”科目核算事务所按规定提取的用于职业风险赔偿的准备金。事务所提取职业风险基金时，借记“管理费用——职业风险基金”科目，贷记“职业风险基金”科目；事务所依法赔偿时，借记“职业风险基金”科目，贷记“银行存款”科目。如果所提取的职业风险基金不足以赔偿时，其差额直接计入当期损益。

（二）在“管理费用”科目下设置“职业责任保险费”明细科目。

“管理费用——职业责任保险费”科目核算事务所为抵御风险、保护有关当事人的利益而支付的各种保险费。事务所支付职业责任保险费时，借记“管理费用——职业责任保险费”科目，贷记“银行存款”等科目。

（三）在“其他应付款”科目下设置“业务协作费”明细科目。

“其他应付款——业务协作费”科目核算事务所之间进行业务协作时一方支付给另一方的费用。事务所在确认收入时，不包括与其他事务所进行业务协作而需支付给其他事务所的费用。事务所应按应收取的

服务费用,借记"银行存款"等科目,按应支付给其他事务所的业务协作费,贷记"其他应付款——业务协作费"科目,按其差额,贷记"主营业务收入"科目。事务所支付的业务协作费,借记"其他应付款——业务协作费"科目,贷记"银行存款"等科目;事务所收到其他事务所支付的业务协作费,借记"银行存款"等科目,贷记"主营业务收入"科目。

(四)在"盈余公积"科目下设置"共同基金"明细科目。

"盈余公积——共同基金"科目核算事务所按照一定比例从净利润中提取的用于事务所发展的基金。事务所提取共同基金时,借记"利润分配——提取法定盈余公积"科目,贷记"盈余公积——共同基金"科目。

取消"盈余公积"科目下的"法定盈余公积"、"任意盈余公积"、"法定公益金"明细科目;取消"利润分配"科目下的"提取任意盈余公积"、"提取法定公益金"明细科目。

三、财务会计报告

(一)资产负债表各项目应当按照《企业会计制度》规定的格式进行设置,并作如下调整:

1. 在"专项应付款"项目下增设"职业风险基金"项目,反映事务所按照规定提取的用于职业风险赔偿的准备金余额;

2. 取消"盈余公积"项目下的"其中:法定公益金"项目。其他会计报表中相关法定公益金、任意盈余公积的项目也一并取消。

(二)利润表各项目应当按照《企业会计制度》规定的格式进行设置,事务所各项收入、支出的具体内容按照分部报表的要求填报。

四、新旧会计制度衔接有关问题的规定

(一)事务所由于执行《企业会计制度》导致所采用的会计政策发生变更,除按本规定要求进行特别处理外,均采用追溯调整法进行处理。

(二)对于《企业会计制度》施行之日以前发生的投资业务,会计处理方法与《企业会计制度》规定的方法不同的,不予追溯调整。对于《企业会计制度》施行之日以前发生、但在施行之日仍然持有的投资,自《企业会计制度》施行之日起应按《企业会计制度》的规定处理,即在《企业会计制度》执行之前,按原事务所会计制度已确认的投资,不予追溯调整;其后对投资收益的确认和投资账面价值的调整等,应按《企业会计制度》的规定进行处理。

(三)已计提减值准备的固定资产在计提折旧时,应当按照该项固定资产的账面价值(即固定资产原价减去累计折旧和已计提的减值准备,下同),以及尚可使用年限重新计算确定折旧率和折旧额;如果已计提减值准备的固定资产价值又得以恢复,该项固定资产的折旧率和折旧额的确定方法,按照固定资产价值恢复后的账面价值,以及尚可使用年限重新计算确定折旧率和折旧额。因实施《企业会计制度》,按规定计提固定资产减值准备而调整固定资产折旧率和折旧额时,对未计提固定资产减值准备前已计提的累计折旧不作调整。

因无形资产计提减值准备而对其摊销额的影响,按上述同一原则处理。

(四)事务所在执行《企业会计制度》时,其他有关问题的处理,按以下规定执行:

1. "递延资产"科目余额,应区别不同情况处理:属于尚未摊销的开办费以及不能使以后会计期间受益的部分,应将其余额直接转入期初留存收益,借记"利润分配——未分配利润"科目,贷记"递延资产"科目;其余"递延资产"科目的余额,全部转入"长期待摊费用"科目,借记"长期待摊费用"科目,贷记"递延资产"科目。

2. "事业发展基金"和"合伙人共同基金"科目余额,转入"盈余公积——共同基金"科目。

八、会计师事务所职业风险基金管理办法

财政部关于印发《会计师事务所职业风险基金管理办法》的通知

财会函[2007]9号

各省、自治区、直辖市财政厅(局),深圳市财政局:

为规范会计师事务所职业风险基金的管理,促进会计师事务所增强职业责任风险意识,提高抵御职业责任风险的能力,根据《中华人民共和国注册会计师法》,我部制定了《会计师事务所职业风险基金管理办法》,现予印发,自印发之日起施行。

附件:会计师事务所职业风险基金管理办法

财政部

二〇〇七年三月一日

附件:

会计师事务所职业风险基金管理办法

第一条 为规范会计师事务所(以下简称事务所)职业风险基金的管理,促进事务所增强职业责任风险意识,提高抵御职业责任风险的能力,根据《中华人民共和国注册会计师法》,制定本办法。

第二条 事务所应当按照本办法规定提取和使用职业风险基金。事务所分所的职业风险基金,由事务所统一提取和使用。

第三条 事务所应当于每年年末,以本年度审计业务收入为基数,按照不低于5%的比例提取职业风险基金。

第四条 事务所可以通过购买职业保险方式提高抵御职业责任风险的能力。事务所购买职业保险的,实际缴纳的保险费可以按以下公式计算抵扣保险受益年度的应提职业风险基金金额:可抵扣金额=当年度负担的保险费×15。可抵扣金额大于或者等于当年度应提职业风险基金金额的,当年度可以不提取职业风险基金。可抵扣金额小于当年度应提职业风险基金金额的,应当按其差额提取职业风险基金。事务所以保险费抵扣应提职业风险基金金额的,应当于每年5月31日前,将保单(含保险条款)复印件报所在地的省级财政部门、省级注册会计师协会备案。

第五条 中外合作事务所由国际总部统一办理职业保险的,该中外合作事务所应当于每年5月31日前将保险机构出具的、证明该中外合作事务所当年度交纳保险费金额的文件通过所在地省级财政部门报财政部、中国注册会计师协会备案。

第六条 事务所存续期间,职业风险基金只能用于下列支出:

(一)因职业责任引起的民事赔偿;

(二)与民事赔偿相关的律师费、诉讼费等法律费用。

第七条 有限责任事务所合并,合并各方合并前已提取的职业风险基金应当并入合并后事务所。

第八条 有限责任事务所分立,已提取的职业风险基金应当按照净资产分割比例在分立各方之间分割。分立各方另有约定的,从其约定。

第九条 事务所存续期间不得分配职业风险基金。

第十条 脱钩改制前事务所形成的职业风险基金,如果脱钩改制时事务所与挂靠单位签订了书面协议,明确该部分职业风险基金留给脱钩改制后事务所占有的,该部分职业风险基金纳入脱钩改制后形成的职业风险基金统一使用和分配。

第十一条 除第十条规定情形外,脱钩改制前事务所形成的职业风险基金留归脱钩改制后事务所的,该部分职业风险基金应当与脱钩改制后形成的职业风险基金分别核算,仅用于脱钩改制前业务引起的民事赔偿及相关法律费用。事务所清算时,该部分职业风险基金有结余的,应当交还原挂靠单位。原挂靠单位不存在的,应当上缴国库。

第十二条 除第十一条规定情形外,事务所清算时,职业风险基金应当纳入清算范围。

第十三条 事务所违反本办法规定的,由省级以上财政部门责令限期改正,逾期不改正的予以公告。

第十四条 本办法自印发之日起施行。

九、会计师事务所内部治理指南

中国注册会计师协会关于印发《会计师事务所内部治理指南》的通知

会协[2007]34号

各省、自治区、直辖市注册会计师协会:

为加强会计师事务所内部治理机制建设,支持和推动会计师事务所做大做强,2006年以来,我会启动了以制定会计师事务所内部治理指南为核心的事务所内部治理规范体系建设工作。日前,《会计师事务所内部治理指南》已经中注协第四届常务理事会审议通过,现予印发,自2008年1月1日起施行。

附件:会计师事务所内部治理指南

二〇〇七年五月二十六日

会计师事务所内部治理指南

第一章　总　则

第一条　为了加强会计师事务所(以下简称事务所)内部治理,建立健全事务所内部决策和管理机制,提高事务所风险管理和质量控制能力,为事务所做大做强奠定坚实的微观基础,根据《公司法》、《合伙企业法》、《注册会计师法》及相关法律法规,制定本指南。

第二条　本指南旨在为事务所加强章程(合伙事务所为合伙协议,以下统称章程)和制度建设、完善内部治理和内部管理提供指导。

除特别指明外,本指南条款同时适用于所有有限责任事务所和合伙事务所。

第三条　事务所内部治理应当以维护公众利益为宗旨,建立风险管理严格、质量控制有效、公开透明、相互制衡的治理结构和治理机制。

第四条　事务所内部治理应当以法律法规为依据,形成以章程为核心的、完善的内部决策和管理制度体系,以及尊重制度、执行制度的管理氛围。

第五条　事务所内部治理应当以"人合"为基础,尊重注册会计师的智力劳动和专业价值,充分发挥专业和知识在事务所内部决策和管理中的主导作用。

第六条　事务所内部治理应当以增进内部和谐为重点,合理规范和有效协调事务所股东(合伙人)之间、股东(合伙人)与注册会计师和员工之间以及其他各相关方面的关系,充分发挥事务所各层次管理机构的职能作用,保障事务所及各利益相关者的合法权益。

第七条　事务所内部治理应当以合伙文化为导向,积极树立"人合、事合、心合、志合"的事务所治理理念,推动形成诚信、合作、平等、协商的事务所合伙文化。

第二章　股东(合伙人)

第一节　股东(合伙人)的权利与义务

第八条　事务所应当在章程中约定股东(合伙事务所为合伙人,以下统称股东)应享有的权利及其应承担的义务。

第九条　事务所所有股东享有平等地位。股东之间应当相互信任,建立相互尊重、沟通协商、共谋发展的和谐关系。

第十条　股东享有股东会(合伙人会议)的表决权。股东有权查阅、复制事务所章程、股东会(合伙人会议)会议记录、董事会(合伙人管理委员会)会议决议和财务会计报告。

股东可以要求查阅事务所会计账簿。事务所有合理根据认为股东查阅会计账簿有不正当目的,可能损害事务所合法利益的,可以拒绝提供查阅,并说明理由。事务所拒绝提供查阅的,股东可以请求人民法院要求事务所提供查阅。

第十一条　股东对事务所可供分配利润以及清算后的剩余财产享有分配权。

事务所对每年可供股东分配的利润,应当在优先考虑事务所长远发展的基础上,充分尊重专业、知识和能力的价值贡献,在章程中约定合理的分配方式。

第十二条　股东应当合法行使权利、履行义务,不得滥用其权利损害事务所或其他股东的利益。

股东不得从事与本事务所相竞争或有其他利益冲突的业务;不得利用其股东身份和地位获得的各种业务信息及经营秘密,谋取属于所在事务所的商业机会,损害事务所的整体利益。

大股东不得利用其特殊地位损害事务所和其他股东的合法权益。

第十三条　股东违反法律法规、行业规范和事务所章程的规定,给事务所造成损害的,应当承担赔偿责任。

第十四条　事务所应当建立股东争议的解决协调机制。协商解决不成的,可向仲裁机构提请仲裁,或向有管辖权的人民法院起诉。

第二节　股东的加入与退出

第十五条　事务所股东除应当符合法律法规和行业规范规定的资格条件外，事务所可在章程中约定成为事务所股东在诚信记录、专业经历、议事能力和年龄条件等方面的要求。

第十六条　事务所应当在章程中约定新股东的加入程序，并明确新股东与原股东的权利与义务。未明确约定的，则享有同等权利、承担同等义务。

新股东的加入，应当经股东会同意，签订书面入股协议。

新股东加入时，原股东应当向新股东如实履行告知义务。

第十七条　事务所应当在章程中对股东退出的情形和程序作出约定。对于符合退出条件的股东，应当按约定程序准予退出。

事务所应当在章程中约定强制退出的情形，比如不在事务所专职执业、已离开事务所、超过约定的年龄界限、丧失股东资格条件等。

第十八条　事务所应当在章程中约定股东退出的财产份额的结算与退还办法。

对基于退出人退出前的原因发生的事务所债务，事务所应当明确其所应承担的清偿责任。

第十九条　事务所应当在章程中约定股东资格不可以继承。股东财产的合法继承人成为事务所的股东，应当具备事务所股东的资格条件，并按照章程约定的新股东加入的程序办理。

股东财产的合法继承人不能成为事务所股东的，事务所应当向其退还被继承股东的财产份额。

第三节　股东出资与股权(财产份额)转让

第二十条　事务所应当在章程中约定股东的出资方式、出资金额、出资比例、出资时间及相应的违约责任。

股东应当依法履行出资义务，按期足额缴纳约定的各自所认缴的出资额，不得以任何方式虚假出资、抽逃或者变相抽逃出资，不得以任何形式占有、转移事务所的财产。

第二十一条　股东应当直接持有事务所的股权，不得为他人代为持有股权，也不得委托他人持有自己的股权。

第二十二条　事务所应当在章程中约定股东之间或向股东以外的人转让其全部或者部分股权的程序和办法。

其他股东对转让股东转让的全部或部分股权享有优先购买权。

股东向股东以外的人转让其全部或者部分股权的，该受让人必须符合事务所章程约定的股东资格条件。

股东之间或股东以外的人依法受让股东在事务所中的全部或部分股权的，应当办理股权转让手续。

第二十三条　事务所应当在章程中约定股东不得以其在事务所中的股权出质。

第三章　决策与监督

第一节　股东会(合伙人会议)

第二十四条　股东会(合伙事务所为合伙人会议，以下统称股东会)是事务所的最高权力机构。事务所应当切实保障股东会的正常运转和职权行使，任何股东不得凌驾于股东会之上，不得越过股东会或者超越股东会的授权，代行股东会的职权。

事务所应当根据自身规模建立合理的股权结构。大中型事务所应当合理分散股权，防止出现绝对控股股东“一股独霸”的情况。

第二十五条　股东会的运转应当符合法律法规、行业规范和事务所章程的规定。

事务所应当在章程中约定股东会的职权范围、议事方式和表决程序，对股东会会议的召开、提案的审议、表决的程序、会议记录及其签署、决议的公布及其生效等议事规则应当进行详细约定，充分保障股东会按约定行使职权和有效运转。

第二十六条　股东会可以授权董事会(合伙人管理委员会)行使部分职权，但授权内容应当明确具体，并在事务所章程中作出约定或经股东会批准。

对于可能对事务所造成特别重大影响的事项，股东会应当谨慎授权。

第二十七条　股东会会议应当确保所有股东拥有充分参与议事、讨论和决策的权利，尊重股东提案，给予每个提案必要的讨论时间。

第二十八条 事务所应当根据行业“人合”的特性，在章程中约定股东会表决权的分配方式。

合伙事务所采取一人一票或其他体现“人合”特性的表决权分配方式。

有限责任事务所如果股权结构不能体现专业意见的决策作用，可采取一人一票、出资比例与股东人数相结合或其他体现“人合”特性的表决权分配方式。

第二十九条 事务所可根据表决事项的重要性程度，在章程中约定不同的股东会表决程序。

对一般事项，可约定经代表二分之一以上表决权的股东通过。

对涉及事务所重大利益的事项，比如修改章程，实施合并、分立、解散，变更事务所组织形式，增减注册资本，开设或撤销分所，股东加入与退出等，应当约定经代表三分之二以上或更高比例表决权的股东通过。

第二节 董事会（合伙人管理委员会）

第三十条 事务所设董事会（合伙事务所为合伙人管理委员会，以下统称董事会），由股东会在股东中选举产生，对股东会负责并向其报告工作。

规模较小的事务所可以不设立董事会，只设一名执行董事或执行事务合伙人。

第三十一条 董事会的运转应当符合法律法规、行业规范和事务所章程的规定。

事务所应当在章程中约定董事（合伙事务所为合伙人管理委员会成员，以下统称董事）的任职条件和产生程序、董事会的人数及人员构成、董事会的职权范围以及董事会的议事规则等，以确保董事会的高效运转和科学决策。

第三十二条 事务所选举的董事，应当具有良好的职业道德和诚信记录，具备履行职责所需的专业能力、管理能力、协调能力、议事能力和丰富的工作经验，能够忠实、勤勉地履行职责。

第三十三条 董事会及其成员，应当公平对待所有股东，并关注其他利益相关者的权益。

第三十四条 董事会审议有关事项应当确保充分的时间和完备的程序，实行一人一票的表决方式。

董事会会议应当由董事本人亲自出席。本人不能亲自出席的，可以书面委托董事会其他成员代为出席。授权委托书应当写明授权范围；涉及表决事项的，应当载明委托人的具体表决意见。

事务所可以在章程中对董事的委托表决次数以及弃权次数予以限制，以保障董事会会议的议事效率和决议质量。

第三十五条 董事会可以设发展战略委员会、风险管理和质量控制委员会、专业技术委员会、薪酬与考核委员会等专门委员会，并制定明确的工作规则和工作职责，为董事会决策提供参考意见，保证董事会职能的充分发挥。

规模较小的事务所可以不设专门委员会，但应当指定董事分工负责相关方面的工作。

第三节 监 事 会

第三十六条 有限责任事务所设监事会。规模较小的事务所可以不设监事会，只设一至二名监事。

第三十七条 事务所应当在章程中约定监事的任职条件、监事会的构成、监事会的职责以及监事会的工作规则，切实保障监事会职责的履行。

第三十八条 监事会应当包括股东代表和适当比例的员工代表，使其人员结构确保监事会能够独立有效地行使监督权。其中，监事会的员工代表由事务所员工选举产生。

事务所的监事应当具备与其职责相适应的专业知识、监督能力和工作经验，审慎、勤勉地履行职责。

事务所董事、高级管理人员不得担任本事务所的监事。

第三十九条 监事会应当对事务所的财务活动，以及事务所董事、高级管理人员履行职责的合法性、合规性等进行监督，维护事务所及各利益相关者的合法权益。

监事会应当重点关注涉及中小股东、员工和其他利益相关者权益的事项。

第四十条 事务所应当采取措施保障监事的知情权，并为监事会提供必要的工作保障。董事会以及其他任何个人不得干预、阻挠监事会行使职权。

监事有了解事务所运作情况以及有关重大决策的权利，并应承担相应的保密义务。

第四章 主任会计师

第四十一条 事务所设主任会计师。

合伙事务所的主任会计师由执行事务所事务的合伙人担任。

有限责任事务所的主任会计师由法定代表人担任，从董事中产生。

第四十二条 事务所应当约定主任会计师的任职条件、任职期限、产生办法、任免程序和职责权限。

第四十三条 主任会计师应当具有良好的职业道德和诚信记录、严谨的工作作风和职业精神、突出的领导能力和专业能力，德才兼备，身体力行，得到股东的充分认同，在事务所内部具有影响力和号召力。

第四十四条 主任会计师应当切实履行法定代表人或执行事务合伙人的职权，其中包括主持事务所全面的业务和管理工作、组织实施股东会和董事会的决议、组织拟订和实施事务所执业操作规程和质量控制等内部管理制度。

第五章 员 工

第四十五条 人才是事务所加强风险管理和质量控制、切实履行社会责任的核心力量。事务所应当积极制定和落实人才发展战略，根据自身的发展战略和专业发展目标，制定实施科学、合理的人力资源政策和专业人才结构规划，注重人力资源的有效使用、合理配置和战略储备，保证事务所专业队伍始终保持良好的职业素质和专业胜任能力。

第四十六条 事务所应当建立健全员工聘用管理和权益保障制度。

事务所可以结合当年业务总量、员工结构情况、事务所专业发展目标及客户群特征，编制员工发展计划，合理安排包括知识、技能、经验和年龄在内的人才结构。

事务所聘用员工应当重点考察其执业诚信和专业发展潜力。事务所对决定予以聘用的员工，应当签订劳动合同，明确约定员工的工资福利、社会保险、劳动保护、辞退辞职条件与程序等事项。

事务所研究决策有关工资福利、劳动保护、社会保险等涉及员工切身利益的重大问题时，应当充分听取员工的意见和建议。

第四十七条 事务所应当充分关注员工职业道德教育、专业胜任能力的保持及其职业发展，建立健全以岗前培训、继续教育和职业生涯开发为主要内容的员工培训体系。

事务所应当合理安排培训时间、培训方式、培训内容，保障员工培训质量，并为员工完成行业规定的继续教育任务提供支持和条件。对于新聘用的员工，应当经过岗前培训方能上岗。

事务所应当结合发展战略需要，在全面规划人才培养结构的同时，重视培养高层次专业人才和管理人才，为事务所的持续发展奠定坚实的人才基础。

第四十八条 事务所应当建立以质量为导向的、科学合理的员工业绩评价制度及奖惩制度，明确员工业绩评价标准、评价程序和要求，充分调动全体员工的积极性和创造性。

员工业绩评价标准应当客观、公正、全面，涵盖员工的执业质量、工作强度、工作效率、工作态度、职业道德、专业胜任能力、市场开拓能力、培训完成情况等因素。

第四十九条 事务所应当建立与业绩评价制度相结合的薪酬制度和晋升制度，"资合"与"人合"并重、责任与薪酬匹配、物质报酬与精神激励结合，不断保持和吸引优秀人才，支持员工成长和发展，建立与事务所发展战略、市场拓展、质量控制相适应的人才晋升机制。

第六章 质量控制

第五十条 执业质量是事务所的生命线，也是行业维护公众利益的专业基础和诚信义务。事务所应当按照质量控制准则的要求，制定实施科学、严谨的业务质量控制政策和程序，强化风险管理，保障质量控制落到实处。

第五十一条 事务所应当明确业务质量控制的领导责任和执行机构、控制制度体系和职业道德规范、风险领域和风险环节以及控制措施和程序等内容。

第五十二条 事务所应当强化董事会在制定和组织实施质量控制政策与程序中的责任，建立对重大项目、高风险业务、重大事项等的董事会审议决策制度。

主任会计师对事务所建立健全质量控制政策与程序以及业务质量控制等承担最终责任。

第五十三条 事务所应当建立风险管理和质量控制委员会或者设置专门机构，对事务所业务质量进行监控和把关。

规模较小的事务所可配备专职人员对事务所业务质量进行监控和把关。

第五十四条 事务所应当制定合理保障执业质量的收费标准，不得恶性压价，不得向他人支付佣金、回扣，杜绝收入分成，杜绝变相减少收费损害执业质量的行为。

第五十五条　事务所应当建立业务的风险评估制度。在业务承接与保持前,应当进行风险评估。

事务所对于决定承接的业务,应当进行统一的客户信息管理,为事务所统一业务质量控制提供充分的基础信息,杜绝事务所个人或部门垄断客户信息。客户信息应当包括客户的基本情况、业务执行过程及其结果。

第五十六条　事务所应当建立业务质量控制的分类管理制度,明确规定常规与非常规业务、一般风险业务与重大风险业务以及是否涉及公众利益的划分标准与识别标准,并制定相应的业务质量控制程序。

非常规业务、高风险业务以及涉及公众利益的业务,事务所应当制定更为严格的质量控制程序。

第五十七条　事务所应当建立执业的回避制度,明确规定在执业过程中可能损害独立性应予回避的情形及补救措施。

事务所应当保证其形式上和实质上的独立性,制定事务所及注册会计师独立性的总体要求、评价与保持独立性的制度规范,明确规定影响事务所和注册会计师独立性的重要因素及应采取的措施。

第五十八条　事务所应当建立重大风险事项的报告制度,各级专业人员在执业过程中应当向专门机构或专职人员、上级业务主管人员报告所发现的重大风险事项。

第五十九条　事务所应当建立专业咨询制度,就重大疑难问题或争议事项向内部或外部专家进行咨询。

第六十条　事务所应当建立项目质量控制复核制度,确定实施项目质量控制复核的业务类型、复核方法与复核内容等。

第六十一条　事务所应当建立业务报告签发制度,严格各类业务报告的签发人和签发程序,禁止出卖公章的行为。

第六十二条　事务所应当建立业务工作底稿的归档、管理和使用制度。

第六十三条　事务所应当对质量控制制度进行不断检查和完善,并建立业务质量检查与评价制度以及相应的业务质量责任追究与赔偿机制。

第六十四条　事务所应当按照《会计师事务所职业风险基金管理办法》的规定提取和使用职业风险基金。事务所可以通过购买职业保险方式提高抵御职业责任风险的能力,为维护公众利益提供责任保障。

事务所存续期间不得分配职业风险基金,只能用于列支因职业责任引起的民事赔偿及其相关的法律费用。

第六十五条　事务所应当统一调度和组织本所人力资源,根据项目的复杂程度与工作量,合理安排项目参与人员及时间,保障项目参与人员的专业胜任能力和工作精力。项目参与人员应当相对稳定,如有调整,应当确保前后任项目参与人员的衔接与沟通。

事务所应当充分关注时间压力对执业质量可能造成的影响,并考虑自身的业务承接能力,采取相应的缓解措施。

第七章　分　　所

第六十六条　加强分所管理,有效控制分所的执业风险,是事务所做大做强新形势下内部治理面临的一项新的重大课题。事务所应当高度重视分所管理,切实控制与分所相关的连带风险。

第六十七条　事务所应当在人事、财务、执业标准、质量控制、员工培训等方面对其分所进行统一管理。

第六十八条　事务所应当建立项目授权管理制度,对分所明确授权范围和限度。对事务所可能产生重大影响的业务或事项,应当严格限制其范围和权限,以有效控制事务所运行和决策风险。

事务所应当明确规定分所业务项目承接、独立承办的授权标准和范围。对禁止分所承接、独立承办的非常规和高风险等特殊业务项目,应当予以特别强调。

分所承办授权项目,应当执行事务所统一制定的质量控制政策和程序。

事务所应当建立项目授权检查制度,重点对分所独立承办的业务项目进行定期或不定期的检查。

第六十九条　事务所应当统一委派分所负责人,由其对分所的运行和执业质量进行控制。分所负责人应当为事务所的股东。

第七十条　事务所应当建立分所重大事项的报告制度。分所应当及时向事务所报告执业过程中的重大事项、业务承接情况及结果、执业中发现的风险事项及重大不确定事项。

第七十一条　事务所应当重视和加强对分所从业人员的统一培训,确保事务所的执业标准、业务质量控制政策和程序等得到全面、正确地理解与执行。

第八章 合伙文化建设

第七十二条 合伙文化是保障事务所和谐、持续发展的内在力量。事务所应当继承传统文化的精髓，汲取现代管理的成果，构建符合注册会计师职业特征、有益于事务所健康发展的合伙文化。

第七十三条 合伙文化是事务所在发展过程中不断培育和形成的统一的职业定位、价值取向、发展理念、道德标准和行为规范。事务所应当大力倡导包括诚信、民主、尊重、平等、合作、包容、协商等在内的合伙文化要素。

第七十四条 董事会对事务所合伙文化的形成有着重要的影响力。董事会及其成员，以及董事会聘任的高级管理人员，应当带头垂范，讲诚信、重协商、谋合作，相互信任，相互包容，引导事务所形成积极向上的合伙文化。

第七十五条 制度是合伙文化的固化表现，同时也是合伙文化建设的保障。事务所应当把合伙文化的精髓融入到各项制度和机制当中。

事务所应当重视治理机构的议事制度和沟通机制的建设，营造事务所决策、执行的民主氛围，增进理解、相互包容、化解矛盾、提升合力。

事务所应当建立与员工的平等对话机制，畅通员工参与事务所管理、监督事务所运行、服务事务所发展的渠道，形成尊重知识、尊重人才、尊重注册会计师的专业价值的良好风尚，增强员工的主人翁意识。

第七十六条 合伙文化的形成在于获得全体员工的充分认同和积极实践。事务所应当通过形象设计和推广、宣传和培训以及形式多样的文化活动，培育员工团队精神，增强事务所凝聚力，构建事务所诚信文化，建立形成积极、健康、向上的行为规范和工作氛围，大力弘扬诚信为本、操守为重的职业理念，牢固树立独立、客观、公正的职业形象。

第九章 信息沟通与披露

第七十七条 信息沟通与披露是监督和规范事务所治理行为、畅通与公众的联系、赢得公众信任的重要途径。事务所应当建立包括会计信息、治理信息等在内的信息沟通与披露制度，向各利益相关者有效沟通和披露相关信息。

第七十八条 事务所应当尊重股东对事务所重大事项的知情权和参与权。事务所应当向股东及时公开事务所的财务状况和经营管理情况、重要会议决定和重要制度、董事会成员的薪酬政策、重大事项的决策程序、可预见的重大风险、接受外部监督检查情况，以及其他有可能对股东产生实质性影响的信息。

事务所应当建立财务会计报告制度，在每一会计年度终了时编制财务会计报告，并依法接受独立审计。

第七十九条 事务所应当向员工公开包括事务所行为规范、业绩评价制度、薪酬制度、晋升制度、培训制度、质量控制政策和程序等在内的内部管理制度信息。

对于影响事务所未来发展的重大决策事项，事务所应当向员工通报。

第八十条 信息披露有助于增进公众对事务所道德标准和执业活动等方面的理解与信任。鼓励事务所建立信息披露制度，向公众披露事务所的内部治理状况、股东及注册会计师的基本情况、收费标准、事务所风险管理与质量控制体系建立情况、重大违规与接受处罚情况等方面的信息，接受公众的监督，提高事务所的公众信任度。

第八十一条 事务所应当对信息披露的质量、范围、流程以及披露权限和方式进行规范。

事务所对外披露信息应当不涉及商业秘密，不损害同行利益及客户利益。

第十章 附 则

第八十二条 注册会计师协会可以组织对事务所内部治理状况进行检查和评价。

第八十三条 本指南由中国注册会计师协会负责解释。

第八十四条 本指南自2008年1月1日起施行。

十、会计师事务所综合评价办法（试行）

中国注册会计师协会关于发布《会计师事务所综合评价办法（试行）》的通知

各省、自治区、直辖市注册会计师协会，深圳市注册会计师协会：

《会计师事务所综合评价办法（试行）》已经中国注册会计师协会第四届常务理事会审议通过，现予发布，自发布之日起施行。

附件：《会计师事务所综合评价办法（试行）》

中国注册会计师协会
二〇〇六年十一月三日

会计师事务所综合评价办法（试行）

第一条　为综合评价会计师事务所（以下简称事务所）的整体质量，引导提升专业素质和执业水平，促进注册会计师行业健康快速发展，提高服务社会经济发展的能力，制定本办法。

第二条　中国注册会计师协会（以下简称中注协）负责组织事务所综合评价工作，并公布综合评价的有关信息。

第三条　事务所综合评价每年进行一次。

第四条　经批准设立的事务所，除具有下列情形之一者外，均可参加综合评价：

（一）未持续达到规定的设立条件；

（二）未按时履行会员义务；

（三）填报综合评价信息严重失实；

（四）因故终止；

（五）中注协认定不能参加综合评价的其他情形。

第五条　符合本办法第四条规定的事务所，可自愿申请参加综合评价。每年 3 月 31 日前，填写《会计师事务所综合评价基本情况表》（以下简称《情况表》），上报所在地的省、自治区、直辖市注册会计师协会（以下简称省级协会）审核。

事务所跨省级行政区设立的分所，每年 3 月 31 日前，填写《会计师事务所分所综合评价基本情况表》（以下简称《分所情况表》），上报分所所在地的省级协会审核。

事务所在所在省级行政区内设立的分所的相关数据在《情况表》内合并填报。

第六条　事务所在填报《情况表》前已合并、分立的，可以以合并、分立后的事务所参加综合评价。

合并、分立的事务所应提交工商管理部门变更登记手续的证明、相关决议、协议等证明材料。

第七条　事务所及其分所应对《情况表》、《分所情况表》内容的真实性负责。

第八条　省级协会负责审核本地区事务所填报的《情况表》和本地区分所填报的《分所情况表》，在每年的 4 月 30 日前，上报中注协。

第九条　每年 5 月份，中注协根据情况进行抽查。如发现填报情况严重失实，取消事务所当年及下一年度综合评价资格，并通报批评。

第十条　每年 6 月份，中注协根据事务所上报的数据，按照本办法的规定，计算并确认事务所的综合评价得分。

第十一条　每年 7 月份，中注协通过认定的网站和报刊，公布综合评价得分前百家的信息。

对于在公布前终止的事务所的信息，不予公布。

第十二条　对事务所的综合评价包括：总收入、注册会计师人数、培训完成率、行业领军人才后备人选人数（以下称领军人才人数）、处罚和惩戒情况等五项指标。

（一）总收入，是指事务所上报的、经过审计的上一年度会计报表数据，不包括具有独立法人资格的成员所的收入。

（二）注册会计师人数，是指截至上一年 12 月 31 日，事务所在中注协认定的管理系统中登记的数据。

（三）培训完成率，是指截至上一年 12 月 31 日，事务所完成规定继续教育学时的注册会计师人数占本所注册会计师人数的比率。

（四）领军人才人数，是指事务所在填报《情况表》、《分所情况表》时，已通过中注协组织的测试并选拔的领军人才人数。

（五）处罚和惩戒情况，是指截至上一年 12 月 31 日的前 3 年，事务所及其注册会计师在执业中受到刑事处罚、行政处罚和行业惩戒的情况。

第十三条 综合评价指标中的总收入、注册会计师人数、培训完成率，按照一定的权重计算得分。

领军人才人数为直接加分项，每名加0.5分。

处罚和惩戒为直接减分项，按照下列不同处罚和惩戒种类减分：

（一）事务所受到暂停业务处罚及与其他处罚并处的，一次减5分；单处警告、没收违法所得、罚款及以上三项或者两项处罚并处的，一次减4分；受到公开谴责的，一次减3分；受到通报批评的，一次减2分；受到训诫的，一次减1分。

（二）注册会计师受到吊销注册会计师证书、撤销会员资格的，减4分；受到其他行政处罚和行业惩戒的应减分值，分别按照事务所受到相应行政处罚和行业惩戒应减分值的50％计算；受到刑事处罚的，按照对事务所的最高处罚减分。

第十四条 综合得分的计算公式如下：

综合评价得分＝总收入得分＋注册会计师人数得分＋培训完成率得分＋领军人才人数得分－事务所和注册会计师的处罚、惩戒应减分值

（一）总收入得分＝（某事务所总收入/上一评价年度前100家事务所收入平均值）×70

（二）注册会计师人数得分＝（某事务所注册会计师人数/上一评价年度前100家事务所的注册会计师人数平均值）×10

（三）培训完成率得分＝（某事务所完成继续教育的注册会计师人数/该事务所的注册会计师人数）×20

（四）领军人才人数得分＝领军人才人数×0.5

（五）事务所和注册会计师的处罚、惩戒应减分值＝Σ[刑事处罚、行政处罚和行业惩戒的次数（人数）×相关分值]

第十五条 本办法自发布之日起试行。

附表1 会计师事务所综合评价基本情况表（略）

附表2 会计师事务所分所综合评价基本情况表（略）

十一、会计师事务所与资产评估机构证券期货相关业务监管责任制

会计师事务所与资产评估机构证券期货相关业务监管责任制

证监会计字[2005]13号

第一章 总 则

第一条 为加强对会计师事务所、资产评估机构（以下简称“会计与评估机构”）及其相关人员执行证券、期货相关业务的监管，明确会计部与派出机构、证券及期货交易所的职责分工，对会计与评估机构形成有效的监管网络，加大对其监管力度，促进其诚信建设和提高执业质量，根据《中华人民共和国证券法》、《国务院批转证监会关于提高上市公司质量意见的通知》（国发[2005]34号）以及《派出机构监管工作职责》（证监发[2003]86号）的有关规定，制订本制度。

第二条 会计与评估机构监管责任制指在集中统一监管体制下，对会计与评估机构执行证券期货相关业务的监管建立一套分工科学、职责明确、协调有力的监管制度，以充分利用整体的监管资源，提高监管的针对性、有效性、协调性，形成监管合力，实现科学、有效监管。

第三条 本制度所称证券、期货相关业务，主要包括证券、期货相关机构的会计报表审计、净资产验证、实收资本（股本）的审验、盈利预测审核、非经常性损益审核、内部控制制度审核、前次募集资金使用情况专项审核等业务，以及涉及各类企业公开发行证券、上市公司购买、出售、置换资产，以及其他涉及证券、期货相关机构的资产评估业务。

本制度所称证券、期货相关机构，是指上市公司、首次公开发行证券的公司、证券及期货经营机构、证券投资咨询机构、证券及期货交易所、证券投资基金及其管理公司、证券登记结算机构等。

第四条 会计部全面负责对会计与评估机构证券期货相关业务执行情况的监管工作，包括监管工作的

总体规划、监管政策法规的制订与解释、对会计与评估机构证券期货业务资格的审批与管理、监管工作的协调、建立统一的监管工作数据库，并负责安排、指导、培训、协调、督促、检查、考核各派出机构的相关监管工作等。

第五条　派出机构负责落实会计部的有关会计与评估机构执业资格方面的监管要求，对辖区内会计与评估机构的质量控制制度和内部管理制度进行巡回检查和专项检查，对会计与评估机构的证券期货相关业务活动进行监管，建立会计与评估机构的持续监管档案。

派出机构应按证监会有关规定设置专人或机构负责对会计与评估机构的监管工作。

第六条　证券及期货交易所在日常监管中发现会计与评估机构的问题应及时反馈给相应的派出机构及会计部。

第七条　会计部、派出机构、证券及期货交易所应明确监管人员岗位责任制，积极推进依法行政，建立责任追究制度。

第二章　监管职责与分工

第八条　对会计与评估机构证券期货相关业务执业资格的管理：

（一）会计部按照有关法律法规的规定，对会计与评估机构从事证券期货相关业务活动实施许可证管理制度，并对已获得批准的会计与评估机构后续执业资格情况进行持续监督与管理。在执业资格管理工作中，会计部可征求相关派出机构的意见，对有关会计与评估机构执业资格方面发现的疑点或问题，可以委托派出机构进行核查。

（二）派出机构应按照会计部的要求，对向中国证监会及财政部申请执业资格的会计与评估机构申报材料中存在的疑点进行核查，对已有执业资格的会计与评估机构的执业资格所存疑点进行核查，并将核查结果及时上报会计部，同时计入监管档案。

第九条　对会计与评估机构的质量控制制度和内部管理制度进行监管：

（一）会计部负责督促、检查、指导、协调派出机构对辖区内会计与评估机构的质量控制制度和内部管理制度的检查工作。会计部可以直接抽查会计与评估机构的质量控制制度和内部管理制度，抽查工作由会计部直接负责，可以组织相关派出机构参加。

（二）派出机构对辖区内会计与评估机构的质量控制制度和内部管理制度进行巡回检查或专项检查。派出机构的检查工作可以根据日常监管的需要进行安排，相关安排和检查情况应及时报告会计部。

第十条　对会计与评估机构的证券期货相关业务活动进行监管：

（一）会计部负责督促、检查、指导、协调派出机构对会计与评估机构证券期货相关业务活动的检查工作。会计部可以直接抽查会计与评估机构的证券期货相关业务活动，抽查工作由会计部直接负责，可以组织相关派出机构参加。

（二）派出机构在现场检查辖区内证券、期货相关机构时，应对相关会计与评估机构从事证券、期货业务活动情况进行检查；事后审核证券、期货相关机构信息披露文件、申报文件时，可对相关会计与评估机构从事证券、期货业务活动情况进行检查。

（三）派出机构应对会计与评估机构在辖区内从事证券、期货业务活动执行情况进行巡回检查或专项检查。

（四）派出机构对辖区外会计与评估机构在本辖区内从事证券期货业务活动应建立档案制度，对业务活动实施检查并将检查情况及时通报会计或评估机构注册地派出机构和相关证券及期货交易所。

（五）派出机构的检查工作可以根据日常监管的需要进行安排，相关安排和检查情况应及时报告会计部。

（六）派出机构在检查工作中发现的与上市公司有关的问题，应及时通报交易所，并对交易所在日常监管过程中产生的和会计与评估机构有关的监管协作需求予以及时回复。

第十一条　建立会计与评估机构持续监管档案

（一）会计部负责设计、建立会计与评估机构监管信息系统，实现监管信息网络化共享，提高监管效率。对于监管信息系统中的有关信息，会计部可以要求派出机构进行实地调查与核实。

（二）派出机构负责监管、督促辖区内注册的会计与评估机构真实、完整、及时地填报、更新中国证监会会计与评估机构监管信息系统所涉及的信息。设有分所、办事处等分支机构的会计与评估机构，由总所注册地派出机构负责监管、督促总所完成总所本部及其所有分支机构的监管系统填报与更新工作。

（三）派出机构在对会计与评估机构的监管过程中，应当建立持续监管档案，并将监管信息及时向会计部建立的监管系统中填报。会计与评估机构的整体监管档案由注册地派出机构负责建立。

（四）派出机构对于总所或分支机构注册地均不在本辖区内，但在本辖区内有证券期货业务活动的会计与评估机构，应要求其向业务活动地派出机构报备，对其执业情况要建立监管档案，在需要时提供给会计部或其他派出机构。

第十二条 构建对会计与评估机构的综合监管体系：

（一）会计部负责与财政部、国务院国有资产监督管理委员会、国家审计署、国家税务总局、中国注册会计师协会、中国资产评估协会、中国土地估价师协会、中国房地产估价师与房地产经纪人学会等相关部门进行沟通与协作，联合发布规范性文件，协同各方力量监管会计与评估机构及其相关人员，构建综合监管体系，增强监管合力，提高监管效率。

（二）派出机构负责与辖区内地方政府以及财政部门及财政部专员办、审计部门、地方注册会计师协会和资产评估协会等有关部门的沟通与协作，协同各方力量监管会计与评估机构在本辖区从事的证券、期货相关业务活动。

（三）派出机构在与其他有关部门协同监管时，可以通过与其他有关部门签署监管合作备忘录、召开联席工作会议、下发会议纪要、组建监管协调机构、建立共享的监管信息系统、成立联合检查组等多种方式进行。

（四）证券及期货交易所在日常监管中发现会计与评估机构的问题应及时反馈给相应的派出机构及会计部，并根据派出机构与会计部的要求予以协助；必要时可以约见会计与评估机构及其相关人员谈话以澄清事实的真相。会计部对交易所遇到的业务问题给予业务指导和技术支持。

第十三条 建立良好的内部监管协作机制：

（一）会计部负责制订、修改与解释会计与评估机构监管政策。在相关政策措施拟订过程中，会计部应视情况征求派出机构的意见。派出机构在执行政策过程中遇到问题应及时向会计部报告，还可就有关问题，结合监管实际主动向会计部提出政策性意见或建议。

（二）会计部负责指导、协调派出机构之间的监管协作，对派出机构的日常监管工作进行指导，统一部署和安排检查工作，对派出机构采取的重大监管措施、遇到的疑难监管问题及时给予专业指导和技术支持，督促、检查和考核派出机构的监管工作。

（三）派出机构应及时向会计部报告对会计与评估机构从事的证券、期货相关业务活动进行监管的重大监管事项，还应于每年 7 月底前向会计部汇总报告会计与评估机构监管工作情况。

（四）派出机构应当主动向相关派出机构通报监管情况，积极配合异地派出机构提出的协助监管事项。

（五）会计部与各地派出机构、各地派出机构之间应当密切协作，监管信息及时共享，定期或不定期地就监管协作情况进行沟通。

（六）会计部负责组织情况通报会、经验交流会，开展调研工作、组织个案研讨会及相关业务培训。

第十四条 监管措施：

（一）派出机构对于监管中发现的问题，应视情节轻重采取包括谈话提醒、监管备忘录、限期整改以及下发警示函、认定不适宜从事证券期货相关业务、要求证券公司更换会计师事务所等方式。其中下发警示函、认定不适宜从事证券期货相关业务应经会计部同意。派出机构采取相应监管措施应报会计部备案。

（二）派出机构发现会计与评估机构存在涉嫌违法、违规行为的重大线索，可自行立案，同时向会机关稽查局、会计部履行备案程序；对查办过程中所存疑问，派出机构可征求会计部意见，会计部应给予指导。

（三）会计部除可采取派出机构所有的监管措施外，还可直接采取下发警示函、认定不适宜从事证券期货相关业务、撤回证券期货相关业务资格等监管措施。

（四）会计与评估机构未经批准，擅自从事证券业务的，依据《证券法》相关规定处理。

第三章 评价与考核

第十五条 建立相应的监管评价与考核机制：

（一）会计部按照本制度制订对派出机构的评价标准，并负责评价各派出机构对会计与评估机构监管工作情况。会计部对派出机构的评价结果将作为证监会对派出机构综合考评的一部分。

（二）派出机构应将对会计与评估机构从事证券期货相关业务的考核纳入本单位监管人员的考核评价体系，并在本单位内进行考核与评价。

第四章　附　则

第十六条　本制度涉及的监管对象为境内所有从事证券、期货相关业务的会计与评估机构，包括在境内从事证券、期货相关业务的境外会计与评估机构。

第十七条　对土地评估机构以及其他评估中介机构从事证券、期货相关业务的监管可参照本制度执行。

第十八条　本制度由中国证监会会计部负责解释。

第十九条　本制度自发布之日起实施。

十二、最高人民法院关于审理涉及会计师事务所在审计业务活动中民事侵权赔偿案件的若干规定

中华人民共和国最高人民法院公告

《最高人民法院关于审理涉及会计师事务所在审计业务活动中民事侵权赔偿案件的若干规定》已于2007年6月4日由最高人民法院审判委员会第1428次会议通过，现予公布，自2007年6月15日起施行。

二〇〇七年六月十一日

最高人民法院关于审理涉及会计师事务所在审计业务活动中民事侵权赔偿案件的若干规定

法释[2007]12号

为正确审理涉及会计师事务所在审计业务活动中民事侵权赔偿案件，维护社会公共利益和相关当事人的合法权益，根据《中华人民共和国民法通则》、《中华人民共和国注册会计师法》、《中华人民共和国公司法》、《中华人民共和国证券法》等法律，结合审判实践，制定本规定。

第一条　利害关系人以会计师事务所在从事注册会计师法第十四条规定的审计业务活动中出具不实报告并致其遭受损失为由，向人民法院提起民事侵权赔偿诉讼的，人民法院应当依法受理。

第二条　因合理信赖或者使用会计师事务所出具的不实报告，与被审计单位进行交易或者从事与被审计单位的股票、债券等有关的交易活动而遭受损失的自然人、法人或者其他组织，应认定为注册会计师法规定的利害关系人。

会计师事务所违反法律法规、中国注册会计师协会依法拟定并经国务院财政部门批准后施行的执业准则和规则以及诚信公允的原则，出具的具有虚假记载、误导性陈述或者重大遗漏的审计业务报告，应认定为不实报告。

第三条　利害关系人未对被审计单位提起诉讼而直接对会计师事务所提起诉讼的，人民法院应当告知其对会计师事务所和被审计单位一并提起诉讼；利害关系人拒不起诉被审计单位的，人民法院应当通知被审计单位作为共同被告参加诉讼。

利害关系人对会计师事务所的分支机构提起诉讼的，人民法院可以将该会计师事务所列为共同被告参加诉讼。

利害关系人提出被审计单位的出资人虚假出资或者出资不实、抽逃出资，且事后未补足的，人民法院可以将该出资人列为第三人参加诉讼。

第四条　会计师事务所因在审计业务活动中对外出具不实报告给利害关系人造成损失的，应当承担侵权赔偿责任，但其能够证明自己没有过错的除外。

会计师事务所在证明自己没有过错时，可以向人民法院提交与该案件相关的执业准则、规则以及审计工作底稿等。

第五条　注册会计师在审计业务活动中存在下列情形之一，出具不实报告并给利害关系人造成损失

的，应当认定会计师事务所与被审计单位承担连带赔偿责任：

（一）与被审计单位恶意串通；

（二）明知被审计单位对重要事项的财务会计处理与国家有关规定相抵触，而不予指明；

（三）明知被审计单位的财务会计处理会直接损害利害关系人的利益，而予以隐瞒或者作不实报告；

（四）明知被审计单位的财务会计处理会导致利害关系人产生重大误解，而不予指明；

（五）明知被审计单位的会计报表的重要事项有不实的内容，而不予指明；

（六）被审计单位示意其作不实报告，而不予拒绝。

对被审计单位有前款第（二）至（五）项所列行为，注册会计师按照执业准则、规则应当知道的，人民法院应认定其明知。

第六条 会计师事务所在审计业务活动中因过失出具不实报告，并给利害关系人造成损失的，人民法院应当根据其过失大小确定其赔偿责任。

注册会计师在审计过程中未保持必要的职业谨慎，存在下列情形之一，并导致报告不实的，人民法院应当认定会计师事务所存在过失：

（一）违反注册会计师法第二十条第（二）、（三）项的规定；

（二）负责审计的注册会计师以低于行业一般成员应具备的专业水准执业；

（三）制定的审计计划存在明显疏漏；

（四）未依据执业准则、规则执行必要的审计程序；

（五）在发现可能存在错误和舞弊的迹象时，未能追加必要的审计程序予以证实或者排除；

（六）未能合理地运用执业准则和规则所要求的重要性原则；

（七）未根据审计的要求采用必要的调查方法获取充分的审计证据；

（八）明知对总体结论有重大影响的特定审计对象缺少判断能力，未能寻求专家意见而直接形成审计结论；

（九）错误判断和评价审计证据；

（十）其他违反执业准则、规则确定的工作程序的行为。

第七条 会计师事务所能够证明存在以下情形之一的，不承担民事赔偿责任：

（一）已经遵守执业准则、规则确定的工作程序并保持必要的职业谨慎，但仍未能发现被审计的会计资料错误；

（二）审计业务所必须依赖的金融机构等单位提供虚假或者不实的证明文件，会计师事务所在保持必要的职业谨慎下仍未能发现其虚假或者不实；

（三）已对被审计单位的舞弊迹象提出警告并在审计业务报告中予以指明；

（四）已经遵照验资程序进行审核并出具报告，但被验资单位在注册登记后抽逃资金；

（五）为登记时未出资或者未足额出资的出资人出具不实报告，但出资人在登记后已补足出资。

第八条 利害关系人明知会计师事务所出具的报告为不实报告而仍然使用的，人民法院应当酌情减轻会计师事务所的赔偿责任。

第九条 会计师事务所在报告中注明“本报告仅供年检使用”、“本报告仅供工商登记使用”等类似内容的，不能作为其免责的事由。

第十条 人民法院根据本规定第六条确定会计师事务所承担与其过失程度相应的赔偿责任时，应按照下列情形处理：

（一）应先由被审计单位赔偿利害关系人的损失。被审计单位的出资人虚假出资、不实出资或者抽逃出资，事后未补足，且依法强制执行被审计单位财产后仍不足以赔偿损失的，出资人应在虚假出资、不实出资或者抽逃出资数额范围内向利害关系人承担补充赔偿责任。

（二）对被审计单位、出资人的财产依法强制执行后仍不足以赔偿损失的，由会计师事务所在其不实审计金额范围内承担相应的赔偿责任。

（三）会计师事务所对一个或者多个利害关系人承担的赔偿责任应以不实审计金额为限。

第十一条 会计师事务所与其分支机构作为共同被告的，会计师事务所对其分支机构的责任部分承担连带赔偿责任。

第十二条　本规定所涉会计师事务所侵权赔偿纠纷未经审判，人民法院不得将会计师事务所追加为被执行人。

第十三条　本规定自公布之日起施行。本院过去发布的有关会计师事务所民事责任的相关规定，与本规定相抵触的，不再适用。

在本规定公布施行前已经终审，当事人申请再审或者按照审判监督程序决定再审的会计师事务所民事侵权赔偿案件，不适用本规定。

在本规定公布施行后尚在一审或者二审阶段的会计师事务所民事侵权赔偿案件，适用本规定。

第二十部分　注册会计师管理法规

一、注册会计师全国统一考试办法

注册会计师全国统一考试办法

财会[2001]1053号

第一条　根据《中华人民共和国注册会计师法》的规定，国家实行注册会计师全国统一考试制度。为规范考试组织管理工作，制定本办法。

第二条　注册会计师全国统一考试是中华人民共和国国家级执业资格考试，其组织领导机构为财政部组织成立的注册会计师考试委员会（以下简称全国考委会）。全国考委会下设办公室为具体办事机构（以下简称全国考办），全国考办设在中国注册会计师协会。

各省、自治区、直辖市财政厅（局）组织成立的注册会计师考试委员会（以下简称地方考委会）是当地注册会计师考试组织领导机构，地方考委会办公室（以下简称地方考办）设在各省、自治区、直辖市注册会计师协会。

第三条　全国考委会组织领导注册会计师全国统一考试，确定考试组织工作原则，制定考试工作方针、政策及规则，审定《考试大纲》，确定考试命题原则，处理考试组织工作的重大问题，指导地方考委会工作。全国考办负责具体组织、实施考试工作，指导地方考办工作。

地方考委会贯彻、实施全国考委会的决定，组织、领导本地区的考试工作。地方考办负责具体组织、实施本地区的考试工作。

第四条　符合下列条件的人员，可以报名参加注册会计师全国统一考试：

（一）拥护《中华人民共和国宪法》，享有选举权和被选举权；

（二）具有完全行为能力；

（三）具有高等专科以上学校毕业学历、或者具有会计或者相关专业中级以上技术职称。

第五条　有下列情形之一的人员，不能报名参加注册会计师全国统一考试，已经办理报名手续的报名无效：

（一）因受过刑事处罚，自刑罚完毕之日起至申请报名之日止不满5年者；

（二）因吊销注册会计师证书，自处罚决定之日起至申请报名之日止不满5年者；

（三）以前年度参加注册会计师考试因作弊而受到停考处分期限未满者或终身不得参加注册会计师行业组织的各类考试者。

第六条　具有会计或者相关专业高级技术职称的人员，可以申请免予部分科目的考试。

第七条　考试科目为会计、审计、财务成本管理、经济法、税法。每科考试具体时间，在各年度全国考委会发布的《报名简章》中明确。

考试范围在全国考委会发布的各年度《考试大纲》中确定。

第八条　考试方式为闭卷、笔试。

第九条　报名参加考试的人员报名时需要交纳考试报名费。费用标准由各地物价部门会同财政部门本着以收抵支、收支平衡的原则核定。

根据《国家计委关于注册会计师考试收费标准问题的通知》（计价格[2001]527号）规定，由地方考办向考生收取的报名费中应包含上交全国考办的每人每科10元人民币的考务费，用于全国考办组织考试命题、试卷印制、发放及评阅、考试工作研究等项工作。

第十条　报名的具体时间在全国考委会印发的各年度《报名简章》中规定，地方考委会应据此确定本地区具体报名日期，并向社会公告。

第十一条　报名人员可在一次考试中同时报考五个科目，也可选择报考部分科目。

第十二条　全国考办根据《考试大纲》组织编写、出版考试辅导教材及其相关参考资料，由地方考办征订、发行。

第十三条　应考人员答卷由全国考办集中组织评阅，考试成绩由全国考委会负责认定，由地方考办复核后通知应考人员。

每科考试均实行百分制，六十分为成绩合格分数线。

单科成绩合格者，其合格成绩在取得单科合格成绩后的连续4次考试中有效。

第十四条　考生在规定的时间内取得全部应考科目合格成绩后，应及时到地方考办办理全科合格证书，并交纳全科合格证书工本费人民币6元。

在两个以上地区参加考试的考生，在规定的时间内取得全部应考科目合格成绩后，可向取得合格成绩的地方考办申请办理全科合格证书，并应提供在其他地区考试取得合格成绩的证明资料。

第十五条　报名参加注册会计师考试的人员及考试组织相关人员必须遵守全国考委会制定的相关规则、守则等，违者按《注册会计师全国统一考试违纪、作弊处罚规则》予以处罚。

第十六条　港、澳、台地区居民及外国籍公民参加中华人民共和国注册会计师全国统一考试办法，另行规定。

第十七条　本办法自发布之日起执行。

二、注册会计师注册办法

中华人民共和国财政部令

（第25号）

《注册会计师注册办法》已经部务会议讨论通过，现予公布，自2005年3月1日起施行。

部长　金人庆

二〇〇五年一月二十二日

注册会计师注册办法

第一条　为了规范注册会计师注册工作，根据《中华人民共和国注册会计师法》及相关法律，制定本办法。

第二条　申请注册成为注册会计师适用本办法。

第三条　省、自治区、直辖市注册会计师协会（以下简称"省级注册会计师协会"）负责本地区注册会计师的注册及相关管理工作。中国注册会计师协会对省级注册会计师协会的注册管理工作进行指导。

注册会计师依法执行业务，应当取得财政部统一制定的中华人民共和国注册会计师证书（以下简称"注册会计师证书"）。

第四条　具备下列条件之一，并在中国境内从事审计业务工作2年以上者，可以向省级注册会计师协会申请注册：

（一）参加注册会计师全国统一考试成绩合格；

（二）经依法认定或者考核具有注册会计师资格。

第五条　注册申请人有下列情形之一的，不予注册：

（一）不具有完全民事行为能力的；

（二）因受刑事处罚，自刑罚执行完毕之日起至申请注册之日止不满5年的；

（三）因在财务、会计、审计、企业管理或者其他经济管理工作中犯有严重错误受行政处罚、撤职以上处分，自处罚、处分决定生效之日起至申请注册之日止不满2年的；

（四）受吊销注册会计师证书的处罚，自处罚决定生效之日起至申请注册之日止不满5年的；

（五）因以欺骗、贿赂等不正当手段取得注册会计师证书而被撤销注册，自撤销注册决定生效之日起至申请注册之日止不满3年的；

（六）不在会计师事务所专职执业的；

（七）年龄超过70周岁的。

第六条 注册申请人申请注册，应当通过所在的会计师事务所向会计师事务所所在地的省级注册会计师协会提交下列材料：

（一）注册会计师注册申请表（附表1）；

（二）注册会计师全国统一考试全科合格证书复印件；

（三）2名注册会计师出具的注册申请人从事审计业务2年以上证明表（附表2）；

（四）与所在会计师事务所签定的聘用合同复印件；

（五）有效身份证件或者身份证明复印件（外国人应当提交护照和签证复印件，香港、澳门特别行政区及台湾地区居民应当提交在香港、澳门特别行政区及台湾地区的身份证件复印件和中国出入境行政管理部门发放的通行证复印件替代此项材料）；

（六）有效人事档案证明或者退休证明复印件（外国人和香港、澳门特别行政区及台湾地区居民应当提交由中国劳动行政管理部门发放的就业证复印件替代此项材料）。

经依法认定或者考核具有注册会计师资格的，应当提交相关文件和符合认定或者考核条件的相关证明，替代前款第（二）项材料。

第七条 注册申请人和所在的会计师事务所应当对申请材料内容的真实性负责，证明人应当对证明材料内容的真实性负责。

第八条 省级注册会计师协会应当在受理注册申请的办公场所将申请注册应当提交的材料目录及要求、准予注册的程序及期限，以及不予注册的情形予以公示。

第九条 省级注册会计师协会收到注册申请人提交的申请材料后，应当对注册申请人提交的申请材料进行形式审查，并核对有关复印件与原件是否相符。对申请材料不齐全或者不符合法定形式的注册申请人，应当当场或者在5个工作日内一次告知其需要补正的全部材料及内容。

对申请材料齐全、符合法定形式，或者按照要求提交全部补正申请材料的注册申请人，应当受理其注册申请。

第十条 省级注册会计师协会受理或者不予受理注册申请，应当向注册申请人出具加盖本单位专用印章和注明日期的书面凭证。

第十一条 省级注册会计师协会应当对申请材料的内容进行审查，并自受理注册申请之日起20个工作日内作出准予或者不予注册的决定。20个工作日内不能作出决定的，经省级注册会计师协会负责人批准，可以延长10个工作日，并应当将延长期限的理由告知注册申请人。

第十二条 省级注册会计师协会作出准予注册决定的，应当自作出决定之日起10个工作日内向注册申请人颁发注册会计师证书。

省级注册会计师协会应当自作出准予注册决定之日起20个工作日内，将准予注册的决定和注册会计师注册备案表（附表3）报送财政部、中国注册会计师协会备案，抄报所在地的省、自治区、直辖市人民政府财政部门（以下简称“省级财政部门”）并将准予注册人员的名单在全国性报刊或者相关网站上予以公告。

第十三条 省级注册会计师协会作出不予注册决定的，应当自作出决定之日起15个工作日内书面通知注册申请人。书面通知中应当说明不予注册的理由，并告知注册申请人享有依法申请行政复议或者提起行政诉讼的权利。

第十四条 财政部依法对省级注册会计师协会的注册工作进行检查，发现注册不符合本办法规定的，应当通知省级注册会计师协会撤销注册。

第十五条 中国注册会计师协会和省级注册会计师协会应当对注册会计师的任职资格和执业情况进行监督检查，必要时可以进行实地检查。

第十六条 注册会计师有下列情形之一的，由所在地的省级注册会计师协会撤销注册，收回注册会计师证书：

（一）完全丧失民事行为能力的；

（二）受刑事处罚的；

（三）自行停止执行注册会计师业务满1年的；

（四）以欺骗、贿赂等不正当手段取得注册会计师证书的。

第十七条　省级注册会计师协会工作人员滥用职权、玩忽职守准予注册的，或者对不具备申请资格或不符合法定条件的申请人准予注册的，由省级注册会计师协会撤销注册，收回注册会计师证书。

第十八条　被撤销注册的人员可以重新申请注册，但必须符合本办法第四条规定条件，并且没有本办法第五条规定所列情形。

第十九条　注册会计师有下列情形之一的，由所在地的省级注册会计师协会注销注册：

（一）依法被撤销注册，或者吊销注册会计师证书的；

（二）不在会计师事务所专职执业的。

第二十条　省级注册会计师协会应当将注销注册的决定抄报财政部和所在地的省级财政部门、中国注册会计师协会，并自作出决定之日起10个工作日内将注销注册人员的名单在全国性报刊或者相关网站上予以公告。

第二十一条　注册会计师违反《中华人民共和国注册会计师法》第二十条、第二十一条规定，由财政部或者所在地的省级财政部门给予警告；情节严重的，可以由财政部或者所在地的省级财政部门暂停其执行业务或者吊销注册会计师证书。

财政部和省级财政部门应当按照《中华人民共和国行政处罚法》及有关规定实施行政处罚，并将行政处罚决定抄送中国注册会计师协会和注册会计师所在地的省级注册会计师协会。

第二十二条　受到行政处罚，或者被撤销注册或注销注册的当事人有异议的，可以依法申请行政复议或者提起行政诉讼。

第二十三条　香港、澳门特别行政区和台湾地区居民以及按照互惠原则确认的外国人申请注册，依照本办法办理。

第二十四条　本办法自2005年3月1日起施行。

自本办法施行之日起，《注册会计师注册审批暂行办法》[（93）财会协字第122号]、《外籍中国注册会计师注册审批暂行办法》（财协字[1998]9号）、《〈外籍中国注册会计师注册审批暂行办法〉的补充规定》（财会[2003]34号）同时废止。

附件：注册会计师申请注册材料（略）

附表1：注册会计师注册申请表（略）

附表2：注册申请人从事审计业务两年以上证明表（略）

附表3：注册会计师注册备案表（略）

三、中国注册会计师继续教育制度

中国注册会计师协会关于发布《中国注册会计师继续教育制度》的通知

会协[2006]63号

各省、自治区、直辖市注册会计师协会：

《中国注册会计师继续教育制度》已经中国注册会计师协会第四届常务理事会第三次会议通过，现予发布，自2007年1月1日起施行。

附件：

1. 中国注册会计师继续教育制度
2. 《中国注册会计师继续教育制度》起草说明

中国注册会计师协会

二〇〇六年九月十三日

附件 1

中国注册会计师继续教育制度

第一章　总　则

第一条　为保持和提升注册会计师的专业素质、执业能力和职业道德水平，加强注册会计师行业人才培养，建立一支在质量和数量上都能够满足我国经济和资本市场发展战略，以及现代企业制度需要的执业队伍，根据《中华人民共和国注册会计师法》、《中国注册会计师协会关于加强行业人才培养工作的指导意见》的有关规定，制定本制度。

第二条　注册会计师享有继续教育的权利，任何个人或机构不得以任何理由限制或剥夺注册会计师参加继续教育的权利。

继续教育贯穿于注册会计师的整个执业生涯，注册会计师应当按照本制度的要求接受继续教育。

第二章　继续教育的形式与学时要求

第三条　注册会计师可参加有组织形式及其他形式的继续教育活动。

第四条　有组织形式的继续教育包括：

（一）中国注册会计师协会（以下简称中注协）或各省、自治区、直辖市注册会计师协会（以下简称地方协会）举办，或者委托专业培训机构举办的各种类型的培训班、专业论坛、研讨会、学术报告会等；

（二）经所在地地方协会认可的会计师事务所（以下简称事务所）内部培训；

（三）中注协或地方协会通过远程教育直播系统提供的注册会计师培训；

（四）中注协或地方协会认可的其他方式。

第五条　其他形式的继续教育包括：

（一）完成专业著作或专业论文，并公开出版或发表；

（二）担当中注协、地方协会举办或委托举办的注册会计师继续教育培训的授课人、研讨会的主持人或演讲人；

（三）参加行业执业质量检查；

（四）承担学术团体、行业、政府部门组织的专业课题研究，并取得研究成果；

（五）在境外事务所实习期间接受当地组织的继续教育培训；

（六）参加会计相关专业的在职学位教育；

（七）经中注协或地方协会认可的专业论坛、研讨会；

（八）中注协或地方协会认可的其他方式。

第六条　注册会计师继续教育每两年为一个考核周期，即从起始年度的 1 月 1 日起至次年的 12 月 31 日止。在每个考核周期内接受的继续教育时间累计不得少于 80 个学时，且任何一年均不得少于 30 个学时。

有关职业道德的培训，每个周期不得少于 4 个学时。

上一考核周期超过的学时数不得滚动到下一考核周期。

第七条　注册会计师参加第四条所列的有组织形式的继续教育，至少 45 分钟为一个学时，按照实际参加时间确认。

第八条　注册会计师参加第五条所列的其他形式的继续教育，按下列标准确认学时：

（一）参加中注协或地方协会组织的执业质量检查，每天可折算 1 个学时，每年最多可确认 30 个学时；

（二）担当注册会计师继续教育培训班的授课人、研讨会的主持人或演讲人，可按实际授课、主持或演讲时间的三倍折算学时，每年最多可确认 20 个学时；

（三）公开出版专业著作、承担课题研究，每项可确定 15 个学时，每年最多可确认 15 个学时；

（四）公开发表专业论文，每篇可确认 5 个学时，每年最多可确认 15 个学时；

（五）在境外事务所实习期间接受培训，按照实际参加时间确认，每年最多可确认 40 个学时；

（六）参加在职学位教育，当年可确认 30 个学时；

（七）参加中注协或地方协会认可的专业论坛、研讨会，每半天可确认为 4 个学时，每年最多可确认 20 个学时。

在每个考核周期内，其他形式的培训学时最多确认60个学时。

本制度中未明确的其他形式的培训学时，由中注协或地方协会认定。其中，地方协会认定的，应当将其认定的其他继续教育形式及培训学时等情况报中注协备案。

第九条 参加第五条所列继续教育的，可填写学时确认申请表，连同有关证明材料一并提交所在地地方协会确认。

第十条 未按照本制度完成继续教育的注册会计师，存在下列情形之一的，可以向所在的地方协会提出书面申请，经批准可以不参加当年度的继续教育培训，但不得影响下一年度继续教育学时的完成。

（一）在境外停留半年以上的；

（二）生育休产假的；

（三）因疾病半年以上无法正常工作的；

（四）7月1日之后新注册的；

（五）地方协会认可的其他情形。

注册会计师有以上情形，在考核周期内第一年免予接受继续教育的，次年应当接受不少于40个学时的继续教育；在考核周期内第二年的，在下一个考核周期按照本制度要求接受规定学时的继续教育。

第三章 继续教育的组织

第十一条 中注协和地方协会可以自行举办继续教育培训班。

第十二条 中注协和地方协会可以委托专业培训机构举办继续教育培训班。

受托举办培训班的培训机构，应当按照中注协或地方协会的规划和要求及本制度的规定，合理设计培训内容，选择科学适用的培训方式，聘请具有胜任能力的师资，并向协会报告注册会计师培训班实施情况。

培训机构应当向培训合格的注册会计师提供证明文件，并妥善保管相关资料。保管期至少五年。

第十三条 事务所或者事务所分所具备下列条件，可在每个考核周期起始年度的年初向所在地地方协会申请内部培训资格：

（一）至少50名注册会计师；

（二）具有健全的内部培训制度和科学的培训计划；

（三）能够提供符合培训要求的师资、场地和设施；

（四）地方协会要求的其他条件。

具有内部培训资格的事务所开展的内部培训，经地方协会认可，承认其有组织形式的继续教育学时。

事务所内部培训资格评估确认和管理办法由地方协会在本制度的基础上规定，并报中注协备案。

第十四条 跨省设立分所的事务所，如具有本制度所称的内部培训资格，跨省分所所在地地方协会可以根据本地区培训工作实际情况，在对总所培训质量进行考核、评估的基础上，决定是否确认分所注册会计师在总所接受的培训学时，并就确认程序和要求做出具体规定。

分所注册会计师接受总所培训并申请确认学时的，应当提交书面申请和有关证明材料。证明材料包括由总所所在地地方协会出据或者书面认可的学时证明、总所内部培训资格证明、培训师资及内容等。

第四章 继续教育学时的确认与考核

第十五条 地方协会负责确认和登记本地区注册会计师参加继续教育的学时，并考核其完成情况。

对未完成继续教育学时，且不符合本制度第十条规定情形的注册会计师，由地方协会进行公告，并限期接受强制培训。

第十六条 培训班实行结业考试、考核制度，考试、考核不合格者不计算培训学时，不发给结业证明，同时要将培训结果通报所在事务所。

第十七条 注册会计师应将继续教育的证明文件及相关资料至少保留3年，并在地方协会检查或抽查时予以提供。

第十八条 转会的注册会计师，转出地方协会已经确认的继续教育学时，转入地方协会应当予以认可。

第五章 附 则

第十九条 本制度自2007年1月1日起实施。1996年1月16日发布的《注册会计师后续教育培训制度（试行）》同时废止。

附表 1:中国注册会计师继续教育学时确认申请表(略)

附表 2:注册会计师培训学时证明表(略)

四、《中国注册会计师继续教育制度》补充规定

中国注册会计师协会关于印发《〈中国注册会计师继续教育制度〉补充规定》的通知

会协[2008]67 号

各省、自治区、直辖市注册会计师协会,深圳市注册会计师协会:

《〈中国注册会计师继续教育制度〉补充规定》已经中国注册会计师协会常务理事会审议通过,现印发给你们,请遵照执行。

附件:《中国注册会计师继续教育制度》补充规定

二〇〇八年九月十六日

附件:

《中国注册会计师继续教育制度》补充规定

为了进一步落实行业人才培养"三十条",提高注册会计师继续教育质量,根据行业培训工作实际,现就《中国注册会计师继续教育制度》(以下简称《制度》)作如下补充规定:

一、为了积极发挥会计师事务所在继续教育中的基础作用,符合《制度》第十三条规定的会计师事务所(以下简称事务所)开展的内部培训,可以确认其有组织形式的继续教育学时。

事务所申请内部培训资格,原则上应符合《制度》第十三条规定。各省、自治区、直辖市注册会计师协会(以下简称地方协会)也可以根据本地实际情况,在确保培训质量的前提下,适当降低注册会计师人数标准,但最低不得少于 30 名。

各地方协会在确认事务所内部培训资格时,要建立健全资格审查制度和考核评估程序,要在考核事务所数量和规模条件的同时,对师资配备、培训条件、培训效果等开展定期考核和同业互查,以保证事务所内部培训的质量。

各地方协会应及时将其认可的具有内部培训资格的事务所名单报送中国注册会计师协会备案。

二、为拓宽培训渠道,提高培训工作效率,各地方协会可根据实际情况,试行组织开展视频点播形式的继续教育,并制定和完善相关管理规定。

在保证培训质量和学习效果的前提下,地方协会可以确认注册会计师参加视频点播的学时。视频点播学时依据《制度》第五条中"其他形式"继续教育进行确认,每个培训周期确认的视频点播学时数不超过 32 个。

对于当年仅参加视频点播培训的注册会计师,由地方协会组织统一考试,检查培训效果。成绩不合格的应参加强制面授培训。

事务所根据规模及内部管理情况,应当有一定比例的人员必须参加面授培训。事务所高层管理人员必须参加一定数量的面授培训。

三、事务所分所注册会计师接受总所培训,应当提前向分所所在地方协会报备。完成培训后申请确认学时的,应在取得相应的证明材料后,报分所所在地方协会确认和记录所获得的学时。

四、注册会计师未完成继续教育学时,且存在《制度》第十条规定情形的,经所在地方协会批准,可以不参加当年度的继续教育培训。

在培训周期第二年上半年新注册的注册会计师,注册当年应完成不少于 30 个学时的继续教育培训。

五、参加《制度》规定的继续教育,是注册会计师保持执业水平、职业道德和职业胜任能力的必要途径,也是注册会计师享有的基本权力和应尽的会员义务。各地方协会应严格贯彻落实《制度》要求,注册会计师在继续教育过程中未达到相关制度规定标准和培训项目管理要求的,不予确认学时。

六、对于未完成继续教育学时,且不符合《制度》第十条规定情形的注册会计师,由地方协会进行公告,并限期接受强制培训。

七、各地方协会应完善培训管理手段，充分利用行业管理信息系统，及时完整地录入培训项目信息，确认和登记本地区注册会计师参加继续教育的完成情况。

八、会计师事务所应当建立健全内部培训制度，加大对培训工作的投入，尊重和保障注册会计师参加继续教育的权力，敦促注册会计师完成规定的继续教育任务，并将有关情况纳入员工考核体系之中。会计师事务所应当于每年3月31日前，通过行业信息管理系统，报备培训相关材料，包括：上年度内部培训制度建设及执行情况，上年度培训经费预算及执行情况等。

九、本规定自印发之日起施行。

五、关于《中国注册会计师继续教育制度》的说明

关于《中国注册会计师继续教育制度》的说明

1996年，中国注册会计师协会（以下简称中注协）发布实施了《注册会计师后续教育培训制度（试行）》（以下简称《培训制度》）。该制度在提高注册会计师执业素质和执业质量、积淀行业培训工作经验等方面都发挥了积极作用。随着我国社会主义市场经济体制改革的不断深化，以及注册会计师行业的飞速发展，对行业人才队伍建设提出了新的更高的要求。在新的形势下，该制度已经难以适应和满足注册会计师继续教育工作的要求。

2005年，中注协发布了《中国注册会计师协会关于加强行业人才培养工作的指导意见》（以下简称“三十条”），明确提出了人才培养工作的总体思路和具体目标。其中，对培训制度建设提出了指导性意见：“根据新形势对行业培训工作的新要求，改革完善继续教育培训制度，进一步规范各级培训组织的职责、分工，完善注册会计师继续教育和从业人员岗前培训制度，建立健全考核评价机制，加强培训考核管理。”为了全面贯彻落实“三十条”，使人才培养工作更科学，管理更规范，责任、分工更明确，2005年3月，中注协启动了《培训制度》的修订工作，并成立了修订工作组。工作组对修改中的问题进行了大量研究，并翻译了国际会计师联合会等9个国际行业组织有关注册会计师继续教育的规定作为参考与借鉴。

《培训制度》在修订过程中，曾先后4次在全行业范围内征求意见。2006年5月28日，向中注协常务理事会提交了《中国注册会计师继续教育制度（草案）》，并获得原则通过。会后，根据常务理事的具体意见又作了进一步修改，并再次以书面形式征求了常务理事意见。

在反复征求各方面意见的基础上，经中注协第四届常务理事会第三次会议通过，中注协发布《中国注册会计师继续教育制度》（以下简称《继续教育制度》）。

现就《继续教育制度》作如下说明：

一、《继续教育制度》修订的主要方面

同《培训制度》相比，《继续教育制度》作了如下修改：

1. 制度名称。目前，对注册会计师已经不仅仅局限于专业知识补课，而是全面的、立体的、多层次的在职教育；继续教育的形式也不应当再局限于集中培训，而应当吸收和引进各种有利于保持和提高注册会计师职业胜任能力的形式。因此，经过多方征求意见，最后将制度定名为《中国注册会计师继续教育制度》。

2. 增加对培训机构的规定。专业培训机构是承办培训项目的主要力量之一，其培训质量和培训效果关系到行业继续教育培训目标的最终实现。《继续教育制度》中对此进行了规范。

3. 明确了考试、考核制度。通过对学员考试或考核，可以考察教师的授课质量、注册会计的受训效果、培训机构的教学管理等。《继续教育制度》对培训期间实施考试、考核进行了明确规定。

4. 不再规定具体的培训内容。注册会计师继续教育的内容已经从过去的专业知识、专业技能的培训，发展扩大到与注册会计师执业相关的政治、经济、法律、管理等多学科知识的培训。培训内容是随着形势发展的不断变化而变化的，而《继续教育制度》是有一定的稳定期，不变期的，因此《继续教育制度》中不再规定具体的培训内容。

5. 明确了继续教育形式。《继续教育制度》将继续教育的形式分为“有组织形式”和“其他形式”两类。由各级协会组织的各种形式的培训和事务所经批准组织的内部培训等，为有组织形式的培训；“其他形式”则包括了出版著作、发表论文、参加行业执业质量检查等。

6. 缩短考核周期。将继续教育考核周期由三年改为两年，提高继续教育考核的操作性。

7. 细化学时，便于操作。实际工作中经常遇到因培训形式多样化，而造成的学时确认困难。《继续教育制度》对集中培训之外的多种其他形式的继续教育学时认定进行了明确规定。

8. 为保证人才合理流动，增加了注册会计师转会时的学时认定条款。

9. 保留了继续教育学时豁免条款，并有所补充。

二、《继续教育制度》框架

《继续教育制度》共5章19条。第一章总则，共2条。包括，《继续教育制度》制订目的和依据；注册会计师接受继续教育的权利。第二章继续教育的形式与学时要求，共8条。包括，继续教育的具体形式；继续教育的学时要求及具体折算标准；关于继续教育豁免条款。第三章继续教育的组织，共4条。包括，继续教育的组织主体；专业培训机构的服务内容和所应达到的基本标准；事务所内部培训的资格条件。第四章继续教育学时的确认与考核，共4条。包括，明确了地方协会对继续教育工作的考核与管理责任；注册会计师未完成规定学时的惩戒措施；注册会计师转会时的学时确认。第五章附则，1条。

三、继续教育形式

注册会计师继续教育形式包括两种，一种是有组织形式，一种是其他形式。有组织形式，按主办机构划分为：中注协和地方协会自行培训，委托专业培训机构培训和事务所内部培训。其他形式主要包括撰写发表专业论文和出版书籍，参加行业业务质量检查，担当注册会计师继续教育培训的授课人、研讨会的主持人或演讲人等八项规定。

本制度所列的继续教育的形式，均为应当确认继续教育学时的形式。对于阅读专业资料、借助录像、网络等进行的学习，以及其他形式，由于目前在我国尚难以认定或者考核学时，考虑到本制度的操作性，不在制度中进行规定。

四、继续教育学时确认

1. 继续教育考核周期和培训学时。注册会计师继续教育以2年为一个考核周期，每个考核周期接受继续教育学时不得少于80学时，每年不得少于30学时。每年7月1日以后注册的注册会计师可以不参加当年的继续教育培训。6月30日以前注册的注册会计师应当完成当年的培训学时。

2. 学时确认标准。

(1) 有组织形式的继续教育学时按照实际培训学时数确认；

(2) 参加由中注协或地方协会组织的业务质量检查，每日可折算为1个学时，但每年最多可确认15个学时；

(3) 担当注册会计师继续教育培训班的授课人、研讨会的主持人或演讲人可按其实际授课或演讲时间的3倍折算培训学时，但每年最多可确认20个学时；

(4) 公开出版专业著作、承担课题研究，每项可确定15个学时，每年最多可确认15个学时；

(5) 公开发表专业论文，每篇可确认5个学时，每年最多可确认为15个学时；

(6) 在境外事务所实习期间接受培训，按照实际培训时间确认学时数；每年最多可确认40个学时；

(7) 参加在职学位教育，当年可确认30个学时；

(8) 参加中注协或地方协会认可的专业论坛、研讨会，每半天可确认4个学时，每年最多可确认20个学时。

为能使注册会计师保持专业胜任能力，达到知识不断更新的目的，注册会计师应当参加一定学时的有组织形式继续教育培训。为此，《继续教育制度》中制订了保证性条款，即：在每个培训考核周期(两年)内，其他继续教育形式的培训学时最多确认为60个学时，注册会计师还应当完成至少20个有组织形式的继续教育培训。

五、会计师事务所内部培训

为充分利用事务所内部的继续教育资源，保证绝大多数注册会计师完成继续教育，《继续教育制度》中对事务所内部培训资格作了规定。事务所达到规定要求的，其组织的内部培训可确认继续教育学时。省级地方协会可在《继续教育制度》规定的基础上，制订本地区事务所内部培训资格管理办法，并至少对以下内容做出具体规定，报中注协备案：

第一，资格条件。《继续教育制度》中规定，开展事务所内部培训“不少于50名注册会计师”。各地方协会可以根据本地实际情况适当提高标准。

第二,内部培训资格认可程序。

第三,对事务所内部培训学时的确认。在实际操作中,地方协会可以确认事务所内部培训的所有学时,或者认可事务所的某期培训班的学时;可以对事务所全年培训学时予以一次认可,或者一班一认可;对培训班可以要求事务所提请报备,或者报批。

第四,对事务所组织内部培训的具体要求。

六、规范培训机构

为规范培训机构的服务,保证培训质量,《继续教育制度》对培训机构提出了基本要求。培训机构应当保证所提供的培训项目是最新的或是中注协和地方协会要求的内容,传授的知识应准确,项目的设计应合理,采用的学习方式应科学、适用。培训机构应当按照培训项目的特点组织师资力量,确保派出的教师具有胜任能力。培训机构应当向参加培训者提供可证明其完成培训活动的证明,并将相关书面资料妥善保管,保管期至少5年。

七、豁免规定

从"以人为本"角度出发,针对因病、生育、出国等原因无法完成培训学时的会员,制订了豁免条款。规定可以在本年度不参加继续教育培训,但不得影响下一年度继续教育培训学时的完成。

八、培训管理

《继续教育制度》明确了地方协会对继续教育工作的考核与管理责任,对未完成培训学时的注册会计师强制培训的权利;明确了培训班实行考试、考核制度,对不合格者不发结业证明,并通报给所在事务所。注册会计师应将继续教育证明文件及相关资料至少保留3年,以备检查时提供。

注册会计师跨省转会的,应当填写《注册会计师培训学时证明表》,由转出协会确认其已经完成的学时。转入协会应当认可转出协会确认的继续教育学时。

九、其他说明

《继续教育制度》的考核周期,自2007年1月1日起算。

对于非执业会员的培训要求,另行规定。各地方协会可以参照《继续教育制度》,根据本地区实际情况,制订注册会计师继续教育细则或实施办法,以及非执业会员继续教育有关规定。

六、注册会计师转所规定

中国注册会计师协会关于印发《注册会计师转所规定》的通知

会协[2008]105号

各省、自治区、直辖市注册会计师协会,深圳市注册会计师协会:

为进一步规范注册会计师转所工作,保证注册会计师正常、合理流动,维护注册会计师和会计师事务所的合法权益,我会根据相关法律法规的规定,总结各地方注协在注册会计师转所方面的经验和做法,制定了《注册会计师转所规定》。现印发你们,请遵照执行。

附件1:《注册会计师转所规定》

附件2:关于《注册会计师转所规定》的说明

二〇〇八年十二月三十日

附件1

注册会计师转所规定

第一条　为规范注册会计师转所工作,保证注册会计师正常、合理流动,维护注册会计师与会计师事务所的合法权益。根据《中华人民共和国注册会计师法》及《会计师事务所审批和监督暂行办法》(财政部令第24号)、《注册会计师注册办法》(财政部令第25号)的相关规定,制定本规定。

第二条　各省、自治区、直辖市注册会计师协会及深圳市注册会计师协会(以下简称地方注协)负责办理注册会计师转所事宜。

第三条 注册会计师申请设立会计师事务所，或离开原会计师事务所加入其他会计师事务所，应当办理转所手续。

注册会计师在同一会计师事务所与分所（含分所与分所）之间调动时，其注册会计师关系的变更，按本规定的相关要求办理。

会计师事务所分所负责人，应当将其注册会计师关系转入分所。有特殊情况不能将注册会计师关系转入分所的，应当报分所所在地注协备案。

第四条 具有下列情形之一的注册会计师，不得申请转所：

（一）会计师事务所清算期间，负责清算工作的该所股东（合伙人）代表。

（二）因执业行为受到司法、行政机关和行业协会等部门检查、调查，检查或调查结论未下达之前。

（三）原会计师事务所股东（合伙人），拟成为其他会计师事务所的股东（合伙人）时，尚未办理完成股权转让（退伙）手续的。

（四）受暂停执业处罚期间的。

（五）地方注协规定不得转所的其他情形。

第五条 注册会计师申请转所，应当按照与转出会计师事务所（以下简称转出所）签订的劳动合同或者其他协议、约定，办理财务、业务等方面的交接事宜，认真填写“注册会计师转所申请表”（附表1，以下简称《转所申请表》）。

注册会计师为转出所股东（合伙人）的，还应当办理股权转让（退伙）手续。

第六条 注册会计师应当先将《转所申请表》送转出所，转出所同意的，应当由主任会计师或其授权的该所其他负责人（以下简称主任会计师）在《转所申请表》上签字，并加盖转出所公章。转出所不同意的，应当说明理由。主任会计师授权该所其他负责人签署转所意见的，应将授权文件报所在地注协备案。

会计师事务所无正当理由拒绝办理注册会计师转所手续及股权转让（退伙）手续的，注册会计师可以向所在地注协提出书面投诉。地方注协接到注册会计师投诉后，应当在10个工作日内进行调解。

自地方注协调解之日起满1个月，注册会计师与会计师事务所仍未达成一致的，除第四条规定的情形外，地方注协可以直接为注册会计师办理转出手续。注册会计师与会计师事务所的纠纷，由相关当事人通过劳动仲裁和诉讼等法律途径解决。

第七条 注册会计师应当将经转出所同意的《转所申请表》送转入会计师事务所（以下简称转入所）；具有第十二条规定情形的注册会计师，应当将《转所申请表》暂存在转出地注协，待新所设立或确定转入所后，再将《转所申请表》送转入所。

转入所同意的，应当由主任会计师在《转所申请表》上签字并加盖转入所公章。

在分所工作的注册会计师，其转出或者转入，经会计师事务所授权，可由分所负责人在《转所申请表》上签字并加盖分所公章。会计师事务所应将授权文件报分所所在地注协备案。

第八条 在转入所同意后的15个工作日内，注册会计师应当持经转出所和转入所签章同意的《转所申请表》、注册会计师证书，在所在地注协办理转所手续。

注册会计师跨省级行政区域转所时，应当在转入所同意后的15个工作日内，在转出地注协办理转出手续；并在转出地注协同意后的15个工作日内，在转入地注协办理转入手续。

新设会计师事务所（含合并、分立后新设）的注册会计师，应当自会计师事务所办理完成工商登记手续之日起60日内，办理完成转入该所的手续。被吸收合并的会计师事务所的注册会计师，应自合并协议正式生效之日起30个工作日内，办理完成注册会计师的转所手续。

超过上述规定期限的，转入所签署的意见失效，注册会计师应当经转入所重新确认。

第九条 地方注协应对转所申请人提交的《转所申请表》的相关内容进行审查，对未按规定填写《转所申请表》的，应当当场或者在5个工作日内一次告知申请人需要补正的全部内容。必要时，地方注协可要求注册会计师提供《转所申请表》中相关内容的证明材料。

对于《转所申请表》的相关内容齐全或者申请人按照要求补正相关内容的，地方注协应当当场或在5个工作日内（本规定另有规定者除外），在《转所申请表》、注册会计师证书上盖章并签署意见。

第十条 因会计师事务所合并、分立需批量办理注册会计师转所的，可以简化相关手续。具体程序如下：

（一）会计师事务所向地方注协申请，跨省级行政区域转所的，应当先向转出地注协申请，再向转入地注协申请；

（二）会计师事务所提交“注册会计师批量转所、迁移汇总表”（附表 2，以下简称《注册会计师汇总表》）、会计师事务所合并（分立）相关协议或决议复印件、注册会计师证书；

（三）地方注协同意的，应当在《注册会计师汇总表》及注册会计师证书上签署相关意见。

第十一条　会计师事务所跨省迁移的，应当自迁入地财政部门下达批准文件之日起 30 日内，由会计师事务所统一办理注册会计师的迁出、迁入手续。具体程序如下：

（一）会计师事务所向迁出地注协申请，同时提交《注册会计师汇总表》、迁入地财政部门批准迁入文件复印件、注册会计师证书；

（二）迁出地注协同意后，会计师事务所应当将上述材料提交迁入地注协；

（三）地方注协应当在《注册会计师汇总表》及注册会计师证书上签署相关意见。

第十二条　注册会计师有下列情况之一时，应当将《转所申请表》暂存转出地注协，注册会计师关系转为该协会代管：

（一）拟成为新设会计师事务所股东（合伙人）的。

（二）已办理完转出手续，尚无其他事务所同意转入的。

（三）地方注协认为可以代管的其他情形。

由地方注协代管的注册会计师，其注册会计师关系保留 1 年。超过 1 年仍未转入其他会计师事务所的，地方注协应撤销其注册，收回注册会计师证书。

第十三条　会计师事务所应加强对注册会计师的管理。注册会计师离开会计师事务所，不再执行注册会计师业务时，会计师事务所在为注册会计师办理相关人事调动手续或解除和终止劳动合同、聘用合同时，应在 20 个工作日内向地方注协书面报告并上交该注册会计师证书。地方注协应当按相关规定注销注册，收回其注册会计师证书。

第十四条　注册会计师、会计师事务所应当对《转所申请表》内容的真实性负责。

地方注协认为必要时，可对《转所申请表》所填内容的真实性进行实地检查，对于弄虚作假的，地方注协应予通报批评；符合撤销、注销注册的，应根据《中华人民共和国注册会计师法》、《注册会计师注册办法》的相关规定进行处理。

第十五条　注册会计师提出转所申请至转出地注协办理期间，尚未离开转出所的，经转出所同意可以执行业务并签署报告。

注册会计师转所手续未办理完毕时，不得在转入所执行业务并签署报告。

第十六条　注册会计师、会计师事务所、地方注协在办理注册会计师转所时，应当同时在会计行业管理网（www. acc. gov. cn）中完成转所操作。地方注协在批准注册会计师转所后的 5 个工作日内，在行业管理信息系统（cmis. cicpa. org. cn）中录入注册会计师转所情况。

第十七条　地方注协应将注册会计师转所信息在网站上进行公告。具有第六条第三款情形的，地方注协应将涉及会计师事务所、注册会计师的相关事由，在网站上予以公布。

第十八条　《转所申请表》及其他附件应当至少保存二年。

第十九条　本规定自印发之日起施行。

中国注册会计师协会颁发的《注册会计师办理转所手续的暂行规定》（会协字[1995]101 号）、《中国注册会计师协会关于注册会计师转所有关问题的答复》（会协字[1998]369 号）及《中国注册会计师协会关于具有股东（合伙人）身份的注册会计师办理转所 转为非执业会员等有关事宜的批复》（会协[2006]68 号）同时废止。

附表 1　注册会计师转所申请表（略）

附表 2　注册会计师批量转所、迁移（跨省）汇总表（略）

附件 2

关于《注册会计师转所规定》的说明

一、制定的目的

（一）根据法律、法规的规定，进一步完善行业管理工作。1995 年，中国注册会计师协会（以下简称中注协)发布实施了《注册会计师办理转所手续的暂行规定》(会协字[1995]101号)(以下简称《暂行规定》),该规定在规范注册会计师转所、完善行业管理等方面发挥了积极作用。随着我国经济体制改革的不断深入和全行业脱钩改制的完成,注册会计师行业得到长足的发展,不断完善的法律、法规,对注册会计师行业管理提出了更高的要求。在新的形势下,该规定已经难以适应和满足行业管理的要求。

《会计师事务所审批和监督暂行办法》(财政部令第24号)第十一条明确:注册会计师在成为会计师事务所的合伙人或者股东之前,应当办理完从原会计师事务所转出的手续。若为原会计师事务所合伙人或者股东,还应当办理完退伙或者股权转让手续;该办法还对会计师事务所跨省迁移作出了规定。《暂行规定》则未包括上述相关内容,需加以补充完善。

(二) 适应新的发展阶段行业管理的特点。事务所脱钩改制,将注册会计师彻底推向市场,注册会计师面临着更多的机会和挑战,转所的人数急剧增加,也随之产生了一些矛盾。同时,一些拟新设事务所的注册会计师,办理完从原会计师事务所转出的手续后,至新所批准期间,其资格如何进行管理等,均需要进行规范。

(三) 简化注册会计师提交的材料。《暂行规定》对注册会计师转所的要求较为严格,需由转出事务所对注册会计师在该所任职期间的执业质量、职业道德方面的表现,作出书面鉴定;转入事务所向所在地注协办理转所手续时,应附送转入事务所的申请报告、与该注册会计师签定的聘任合同书复印件、注册会计师转所申请表、转出事务所对该注册会计师的工作鉴定复印件、注册会计师证书复印件等材料。《注册会计师年检办法》(现修订为《注册会计师任职资格检查办法》)发布后,注册会计师协会每年对注册会计师实施任职资格检查,因此,转所时再提供大量的证明材料已无必要。为了提高工作效率,避免注册会计师重复提交证明材料,应当简化注册会计师转所需提交的材料。

(四) 推动注协提高办事效率,更好地为注册会计师服务。《暂行规定》中未规定办理转所手续的时间,不仅无法处理那些办理转出手续后,长期不办理转入手续的注册会计师;而且由于各地注协对办理注册会计师转所手续的规定各不相同,有的一周办理一次,有的一月办理一次,给注册会计师带来极大的不方便。为规范注册会计师转所工作,需要进一步明确注册会计师、地方注协办理转所手续的期限。对于注册会计师与会计师事务所在转所时所形成的矛盾,需要充分发挥行业组织的作用予以调解。

二、制定的过程

《注册会计师转所规定》自2004年起草并修改至今,中注协多次召开专题会议,曾先后3次征求全行业意见,2次征求财政部相关司局意见,2008年5月,在中注协网站上公开征求意见。2008年8月,在充分吸收地方注协和会计师事务所、注册会计师以及财政部相关司局意见的基础上,对《注册会计师转所规定(征求意见稿)》进行认真修改后,再次在一定范围内征求意见,形成了《注册会计师转所规定(送审稿)》,提请中注协常务理事会审议通过。

三、《注册会计师转所规定》的主要内容

《注册会计师转所规定》共19条,从制订目的和依据、适用范围、转所程序、审核要求、相关责任、转所信息的录入和档案保管等七个方面,对注册会计师转所作了规定。与《暂行规定》相比,主要在以下几个方面作了修改:

(一) 严格管理。根据近年来注册会计师行业呈现的新特点,为加强管理,在第四条规定了注册会计师不得申请转所的情形。即具有下列情形之一的注册会计师,不得申请转所:会计师事务所清算期间,负责清算工作的该所股东(合伙人)代表。因执业行为受到司法、行政机关和行业协会等部门检查、调查,检查或调查结论未下达之前。原会计师事务所股东(合伙人),拟成为其他会计师事务所的股东(合伙人)时,尚未办理完成股权转让(退伙)手续的。受暂停执业处罚期间的。地方注协规定不得转所的其他情形。

第十四条明确,注册会计师、会计师事务所应当对《转所申请表》内容的真实性负责。对于弄虚作假的,地方注协应予通报批评;符合撤销、注销注册的,应根据《中华人民共和国注册会计师法》、《注册会计师注册办法》的相关规定进行处理。

(二) 构建和谐。为了构建和谐的执业环境,针对转所中出现的注册会计师与事务所达不成一致意见的问题,在第六条进一步明确,事务所无正当理由不得拒绝办理注册会计师转所手续,并规定"地方注协接到注册会计师的申诉后,应当在10个工作日内进行调解"。为防止矛盾进一步激化,维护注册会计师的合法权益,除法律、法规另有规定者外,对于调解无效的,地方注协可为注册会计师办理转所手续,但应将涉及会计师事务所、注册会计师的相关事由，在行业网站上予以公布。

（三）提高效率。为促进地方注协提高办事效率，为注册会计师提供优质服务，第九条对地方注协办理注册会计师转所的时间进行了规范。地方注协收到注册会计师提交的材料和注册会计师证书后，应当当场或在5个工作日内办理。

同时，第十条至第十一条规定，对出现合并、分立、迁移情形的会计师事务所，需批量转注册会计师的，还简化了转所手续。可由会计师事务所统一、批量办理注册会计师转所。

（四）创新机制。根据注册会计师行业的特点，结合管理的需要，第十二条明确了注册会计师关系可由注协代管的三种情形：拟成为新设会计师事务所的股东（合伙人）的；已办理完转出手续，尚无其他事务所同意转入的；地方注协认为可以代管的其他情形。新增加的注协代管的形式，不仅填补了管理中的漏洞，对于那些暂不能归属会计师事务所的注册会计师，明确由注协来管理；而且明确了管理权限，即由转出地注协代管，避免在对这些注册会计师的管理与服务中，出现相互推诿的情况。

（五）加强监督。第十三条强调了会计师事务所应加强对注册会计师的管理，注册会计师离开会计师事务所，不再执行注册会计师业务的，注册会计师、会计师事务所应向地方注协书面报告，地方注协应当按相关规定注销注册，收回其注册会计师证书。

（六）信息管理。为促进行业信息化建设工作，增加了信息录入及公告的要求。第十六条要求，注册会计师的转所情况，应当同时在财政会计行业管理网和行业管理信息系统中录入；第十七条明确，注册会计师的转所信息应在行业网站上进行公告。

除此之外，《注册会计师转所规定》还对《转所申请表》及其他附件的保管期限进行了规定。

七、注册会计师执行证券、期货相关业务许可证管理规定

财政部、证监会关于注册会计师执行证券期货相关业务许可证管理规定

财协字[2000]56号

各省、自治区、直辖市财政厅（局），深圳市财政局，中国证券监督管理委员会各派出机构：

现将《注册会计师执行证券、期货相关业务许可证管理规定》印发给你们，请遵照执行。

本规定下发之前已经取得执行证券、期货相关业务许可证的会计师事务所，应于2000年换发证券、期货相关业务许可证之前，达到本规定所要求的条件。逾期达不到规定条件的，不予换发证券、期货相关业务许可证。

经查实尚未达到脱钩改制政策要求的会计师事务所，不得申请证券、期货相关业务许可证，已经取得证券、期货相关业务许可证的，不予换发证券、期货相关业务许可证。

二〇〇〇年六月十日

附件：

注册会计师执行证券、期货相关业务许可证管理规定

第一章　总　则

第一条　为了规范注册会计师在证券、期货市场中的执业行为，维护投资者、债权人和社会公众的合法权益，根据《中华人民共和国注册会计师法》、《中华人民共和国证券法》及其他有关法律、行政法规的规定，制定本规定。

第二条　财政部和中国证券监督管理委员会（以下简称中国证监会）对注册会计师、会计师事务所执行证券、期货相关业务实行许可证管理。

注册会计师、会计师事务所执行证券、期货相关业务，必须取得证券、期货相关业务许可证（以下简称“证券许可证”）。

第三条　本规定所称证券、期货相关业务，是指证券、期货相关机构的会计报表审计、净资产验证、实收资本（股本）的审验及盈利预测审核等业务。

本规定所称证券、期货相关机构，是指上市公司，证券、期货经营机构，证券、期货交易所和证券投资基金管理公司等。

第四条　注册会计师、会计师事务所依法执行证券、期货相关业务，不受行政区域、行业限制，任何单位和个人不得干预。

证券、期货相关机构有权自主选择有证券许可证的会计师事务所。但是，证券、期货相关机构一旦确定了有证券许可证的会计师事务所，无正当理由不得任意更换。

第二章　证券许可证的申请条件

第五条　注册会计师申请证券许可证，应当符合下列条件：

（一）所在会计师事务所已取得证券许可证或者符合本规定第六条所规定的条件并已提出申请；

（二）具有证券、期货相关业务资格考试合格证书；

（三）取得注册会计师证书1年以上；

（四）不超过60周岁；

（五）执业质量和职业道德良好，在以往3年执业活动中没有违法违规行为。

注册会计师证券、期货相关业务资格考试办法，由财政部另行制定。

第六条　会计师事务所申请证券许可证，应当符合下列条件：

（一）成立3年以上，内部质量控制制度和其他管理制度健全并有效执行，执业质量和职业道德良好，在以往3年执业活动中没有违法违规行为；

（二）具有20名以上符合本规定第五条或者第十四条或者第十五条第二、三款相关条件的注册会计师；

（三）60周岁以内注册会计师不少于40人；

（四）上年度业务收入不低于800万元；

（五）有限责任会计师事务所的实收资本不低于200万元，合伙会计师事务所净资产不低于100万元。

第三章　证券许可证的申请与审批程序

第七条　注册会计师和会计师事务所申请证券许可证，应当由会计师事务所向财政部、中国证监会提出申请。

财政部、中国证监会每年9月受理申请。

第八条　注册会计师、会计师事务所申请证券许可证，应当根据财政部、中国证监会的要求报送有关材料。

第九条　注册会计师申请证券许可证，应当报送下列材料：

（一）省级注册会计师协会同意注册会计师申请证券许可证的文件；

（二）注册会计师申请证券许可证申请表；

（三）证券、期货相关业务资格考试合格证书复印件；

（四）注册会计师证书复印件；

（五）身份证复印件；

（六）由人才交流中心等人事管理中介机构出具的有效人事证明或者退休证明复印件；

（七）财政部、中国证监会要求报送的其他材料。

第十条　会计师事务所申请证券许可证，应当报送下列材料：

（一）省级注册会计师协会同意会计师事务所申请证券许可证的文件；

（二）会计师事务所证券许可证申请报告；

（三）会计师事务所基本情况表；

（四）会计师事务所申请证券许可证注册会计师汇总表；

（五）注册会计师申请（变更、恢复）证券许可证申请表等有关材料；

（六）会计师事务所其他注册会计师及助理人员汇总表；

（七）经过其他会计师事务所审计的上年度会计报表和审计报告复印件；

（八）会计师事务所最近三年执业情况总结；

（九）会计师事务所内部质量控制制度及执行情况说明；

（十）财政部、中国证监会要求报送的其他材料。

第十一条 注册会计师、会计师事务所申请证券许可证的有关材料，应经省级注册会计师协会根据本规定第五条第一款、第六条的要求审查并出具有关文件后，一同报中国注册会计师协会一式两份。中国注册会计师协会审核后，报财政部、中国证监会批准。

中国注册会计师协会认为申请材料不足时，应当及时通知会计师事务所补充。

中国注册会计师协会、中国证监会对申请证券许可证的注册会计师、会计师事务所的执业质量、职业道德和其他资格条件进行抽查。

第十二条 财政部、中国证监会自收到申请材料之日起 30 日内作出同意或不同意的决定并通知会计师事务所。

第十三条 对于符合规定条件的注册会计师、会计师事务所，由财政部、中国证监会批准授予证券许可证，并对取得证券许可证的会计师事务所予以公告。中国注册会计师协会办理颁发证券许可证的有关事宜。

第四章 证券许可证的管理

第十四条 具有证券许可证的注册会计师离开原具有证券许可证的会计师事务所，转入其他具有证券许可证的会计师事务所，应当及时办理证券许可证的变更手续。

注册会计师变更证券许可证，应当由个人提出申请，现所在会计师事务所提出意见，经现所在省级注册会计师协会审查；送中国注册会计师协会审核；报财政部、中国证监会批准后．由中国注册会计师协会办理证券许可证变更手续。

第十五条 具有证券许可证的注册会计师离开原具有证券许可证的会计师事务所从事其他行业工作，或者转入未取得证券许可证的其他会计师事务所，其原所在会计师事务所应当将其证券许可证收回，送省级注册会计师协会转交中国注册会计师协会。

有前款所列情形的注册会计师，在证券许可证上交后 3 年内重新进入具有证券许可证或者符合证券许可证申报条件的会计师事务所，并符合本规定第五条第(四)、(五)项条件的，可以申请恢复证券许可证；超过 3 年的，经过省级以上注册会计师协会认可的培训，并符合本规定第五条第(四)、(五)项条件的，可以申请恢复证券许可证。

注册会计师恢复证券许可证，应当由个人提出申请，现所在会计师事务所提出意见，经现所在省级注册会计师协会审查，送中国注册会计师协会审核，报财政部、中国证监会批准后，由中国注册会计师协会办理证券许可证恢复手续。

第十六条 注册会计师变更、恢复证券许可证，应当报送下列材料：

（一）省级注册会计师协会同意注册会计师变更、恢复证券许可证的文件；

（二）注册会计师变更证券许可证申请表或者注册会计师恢复证券许可证申请表；

（三）原证券许可证或者证券资格批准文件复印件；

（四）注册会计师证书复印件；

（五）转所批准文件或转所登记表复印件；

（六）身份证复印件；

（七）由人才交流中心等人事管理中介机构出具的有效人事证明或者退休证明复印件；

（八）财政部、中国证监会要求报道的其他材料。

第十七条 注册会计师取得、变更、恢复证券许可证后，12 个月之内不得变更。

第十八条 具有证券许可证的会计师事务所变更名称，涉及证券许可证变更的，应当由会计师事务所提出书面申请，经所在省级注册会计师协会审查，送中国注册会计师协会审核，报财政部、中国证监会批准后，由中国注册会计师协会办理证券许可证变更手续。

具有证券许可证的会计师事务所发生合并、分立等行为，涉及证券许可证变更的，应当由合并后或分立后符合证券许可证申请条件的一家会计师事务所提出书面申请，经其所在省级注册会计师协会审查，送中国注册会计师协会审核后，报财政部、中国证监会批准，决定保留、收回或者变更其证券许可证。

第十九条 注册会计师、会计师事务所的证券许可证实行年检制度。

证券许可证年检办法另行规定。

第二十条 中国注册会计师协会、中国证监会对取得证券许可证的注册会计师、会计师事务所执行证券、期货相关业务的情况进行检查。

第五章 罚 则

第二十一条 会计师事务所未取得证券许可证或者在暂停执行证券、期货相关业务期间，擅自执行证券、期货相关业务的，责令改正，给予警告，没收违法所得，可以并处违法所得1倍以上5倍以下的罚款。对有关责任人员根据有关法律、法规予以处罚。构成犯罪的，依法追究刑事责任。

注册会计师有前款行为的，责令改正，给予警告；情节严重的，永久不得执行证券、期货相关业务。构成犯罪的，依法追究刑事责任。

第二十二条 会计师事务所以欺骗或者其他不正当手段获得证券许可证的，收回其证券许可证，给予警告，没收违法所得，可以并处违法所得1倍以上5倍以下的罚款。对有关责任人员根据有关法律、法规予以处罚。构成犯罪的，依法追究刑事责任。

注册会计师有前款行为的，收回其证券许可证，给予警告；情节严重的，永久不得执行证券、期货相关业务。构成犯罪的；依法追究刑事责任。

第二十三条 会计师事务所在执行证券、期货相关业务中，违反《中华人民共和国注册会计师法》、《中华人民共和国证券法》及其他有关法律、法规，给予警告，没收违法所得，可以并处违法所得1倍以上5倍以下的罚款；情节严重的，暂停执行证券、期货相关业务或者吊销证券许可证。构成犯罪的，依法追究刑事责任。

注册会计师在执行证券、期货相关业务中有前款行为的，给予警告；情节严重的，暂停执行证券、期货相关业务或者吊销证券许可证。构成犯罪的，依法追究刑事责任。

第二十四条 对本规定第二十一条、第二十二条、第二十三条所列行为给予的行政处罚决定，由省级以上财政部门、中国证监会作出，其中，属于吊销证券许可证的行政处罚决定，由财政部会同中国证监会作出。

第二十五条 注册会计师、会计师事务所对行政处罚决定不服的，可以依法申请复议，或者依法直接向人民法院提起诉讼。

第二十六条 省级以上财政部门、中国证监会、省级以上注册会计师协会的工作人员，在实施证券许可证管理检查中滥用职权、玩忽职守、徇私舞弊或者故意刁难有关当事人的，依法给予行政处分。构成犯罪的，依法追究刑事资任。

第六章 附 则

第二十七条 本规定所称“以上”、“以下”、“以内”，均包括本数。

第二十八条 本规定由财政部会同中国证监会负责解释。

第二十九条 本规定自发布之日起施行。财政部、中国证监会1997年12月3I日发布的《关于注册会计师执行证券、期货相关业务实行许可证管理的暂行规定》(财会协字［1997]52号)同时废止。

2000年6月10日

八、《注册会计师执行证券、期货相关业务许可证管理规定》的补充规定

财政部、中国证券监督管理委员会关于印发《〈注册会计师执行证券、期货相关业务许可证管理规定〉的补充规定》的通知

财会[2003]22号

各省、自治区、直辖市财政厅(局)，深圳市财政局，上海证券交易所，中国证监会各派出机构：

现将《〈注册会计师执行证券、期货相关业务许可证管理规定〉的补充规定》印发给你们，请遵照执行。

附件：

《注册会计师执行证券、期货相关业务许可证管理规定》的补充规定

为了进一步完善注册会计师执行证券、期货相关业务许可证(以下简称证券许可证)管理制度，现对《注

册会计师执行证券、期货相关业务许可证管理规定》(以下简称《规定》)补充规定如下：

一、会计师事务所申请、变更、恢复证券许可证，注册会计师申请、变更、恢复证券许可证，应当符合《规定》的条件，并按《规定》要求报送相关材料，经所在省(自治区、直辖市)财政厅(局)审核后，报财政部、中国证监会批准。

对恢复证券许可证的会计师事务所，财政部、中国证监会将在其恢复证券许可证之后进行不定期复查。

二、具有证券许可证的会计师事务所发生合并，涉及证券许可证变更的，合并后的会计师事务所如果符合《规定》第六条规定的条件，由合并后的会计师事务所按《规定》第十条要求报送有关材料，经所在省(自治区、直辖市)财政厅(局)审核后，报财政部、中国证监会批准。

三、具有证券许可证的会计师事务所发生分立，分立后会计师事务所符合《规定》第六条第二至五款条件，并且第二款条件所指注册会计师的三分之二以上从事过证券、期货相关业务的，应按《规定》第十条要求报送有关证券许可证申请材料，并报送证明注册会计师从业经验的审计工作底稿复印件，经所在省(自治区、直辖市)财政厅(局)审核后，报财政部、中国证监会批准。

四、具有证券许可证的会计师事务所由于人员流动或其他原因导致具有证券许可证的注册会计师不足20人的，应当自事务所具有证券许可证的注册会计师不足20人之日起10日内，将转出具有证券许可证的注册会计师和现有具有证券许可证的注册会计师的相关情况报财政部、中国证监会备案。逾期未进行备案的，一经查实，收回该会计师事务所证券许可证。已经备案的会计师事务所，应当自具有证券许可证的注册会计师不足20人之日起3个月内，补足所缺具有证券许可证的注册会计师；3个月内，会计师事务所在未补足具有证券许可证的注册会计师之前不得承揽证券期货相关业务；超过3个月，具有证券许可证的注册会计师仍不足20人的，收回会计师事务所证券许可证。

五、对会计师事务所为达到“具有20名以上证券资格注册会计师”条件，以欺诈手段获得证券许可证的，一经查实，吊销有关会计师事务所和涉及欺诈行为的注册会计师的证券许可证；尚未取得证券许可证的，不再受理其证券许可证申请。

六、具有证券许可证的会计师事务所因名称变更而变更证券许可证的，其注册会计师可一并办理证券许可证变更手续，不受《规定》第十七条关于变更、恢复证券许可证后12个月内不得再次变更的限制。

七、《规定》第六条所指业务收入限于审计和会计服务业务收入。

八、本补充规定与《规定》不一致的，以本补充规定为准。

财政部
中国证监会
2003年7月30日

九、关于证券期货审计业务签字注册会计师定期轮换的规定

中国证券监督管理委员会、财政部关于印发《关于证券期货审计业务签字注册会计师定期轮换的规定》的通知

证监会计字[2003]13号

各证券监管办公室、办事处、特派员办事处，各省、自治区、直辖市财政厅(局)，深圳市财政局，各具有证券期货相关业务资格的会计师事务所，各上市公司：

为了维护证券期货相关机构审计工作的独立性，提高其经审计财务资料的质量，我们制定了《关于证券期货审计业务签字注册会计师定期轮换的规定》(以下简称《规定》)，现予印发，请遵照执行。执行中遇到问题，请及时反馈给我们。

截止2004年1月1日，签字注册会计师及《规定》第十二条所指审计项目负责人的审计服务期限达到或超过五年的，也应当按照第三条至第八条的规定执行。

附件:《关于证券期货审计业务签字注册会计师定期轮换的规定》

中国证券监督管理委员会
财政部
二〇〇三年十月八日

关于证券期货审计业务签字注册会计师定期轮换的规定

第一条　为了维护注册会计师执行证券期货审计业务的独立性,提高证券期货相关机构(以下简称"相关机构")经审计财务资料的质量,根据《中华人民共和国证券法》、《中华人民共和国注册会计师法》及其他有关规定,制定本规定。

第二条　本规定所指相关机构,是指上市公司、首次公开发行证券公司、证券及期货经营机构、证券及期货交易所、证券投资基金及其管理公司、证券登记结算机构等。

第三条　除本规定第七条外,签字注册会计师连续为某一相关机构提供审计服务,不得超过五年。

第四条　签字注册会计师由于工作单位变动,在不同会计师事务所连续为同一相关机构提供审计服务的期限应当合并计算。

第五条　为首次公开发行证券公司提供审计服务的签字注册会计师,在该公司上市后连续提供审计服务的期限,不得超过两个完整会计年度。

第六条　相关机构发生重大资产重组,为其提供审计服务的签字注册会计师未变更的,该签字注册会计师在该相关机构重组前后提供审计服务的期限应连续计算。

第七条　两名签字注册会计师为同一相关机构连续提供审计服务的期限在同一年度达到五年的,可以由一名签字注册会计师延期为该相关机构提供审计服务,但延期不得超过一年。

第八条　签字注册会计师已连续为同一相关机构提供五年审计服务并被轮换后,在两年以内,不得重新为该相关机构提供审计服务。根据本规定第七条延期的签字注册会计师延期后被轮换的,在两年以内,不得重新为该相关机构提供审计服务。

第九条　会计师事务所应当在每年5月15日以前向中国证券监督管理委员会(以下简称"中国证监会")会计部、财政部会计司以及负责监管被审计相关机构的中国证监会派出机构报告证券期货审计业务签字注册会计师的轮换情况,并将有关信息填入中国证监会网站会计部"会计资产评估机构监管数据库"。

第十条　上市公司应当在定期报告中披露有关轮换签字注册会计师的事项。

第十一条　中国证监会派出机构应当检查辖区内会计师事务所执行本规定的情况,中国证监会、财政部可以对会计师事务所执行本规定的情况进行抽查。

第十二条　除签字注册会计师外,会计师事务所还设有相关机构审计项目负责人的,该审计项目负责人应按照以上有关签字注册会计师定期轮换的规定进行定期轮换。

第十三条　本规定自2004年1月1日起施行。

十、财政部关于注册会计师在审计报告上签名盖章有关问题的通知

财政部关于注册会计师在审计报告上签名盖章有关问题的通知

财会[2001]1035号

各省、自治区、直辖市财政厅(局),深圳市财政局:

为了规范注册会计师在审计报告上签名盖章的行为,强化会计师事务所的内部控制制度,维护注册会计师的合法权益,保证执业质量,根据《中华人民共和国注册会计师法》和《中国注册会计师独立审计准则》的有关规定,现就注册会计师在审计报告上签名盖章的有关问题通知如下:

一、会计师事务所应当建立健全全面质量控制政策与程序以及各审计项目的质量控制程序,严格按照有关规定和本通知的要求在审计报告上签名盖章。

二、审计报告应当由两名具备相关业务资格的注册会计师签名盖章并经会计师事务所盖章方为有效:

(一)合伙会计师事务所出具的审计报告,应当由一名对审计项目负最终复核责任的合伙人和一名负

责该项目的注册会计师签名盖章；

(二) 有限责任会计师事务所出具的审计报告，应当由会计师事务所主任会计师或其授权的副主任会计师和一名负责该项目的注册会计师签名盖章。

三、会计师事务所出具验资报告、盈利预测审核报告等具有法定证明效力的报告，应当遵照本通知执行。

四、本通知自发布之日起执行。

十一、中国注册会计师职业道德规范指导意见

中国注册会计师协会关于印发《中国注册会计师职业道德规范指导意见》的通知

会协[2002]160号

各省、自治区、直辖市注册会计师协会，深圳市注册会计师协会：

为了加强注册会计师行业的诚信建设，规范注册会计师职业道德行为，提高注册会计师职业道德水准，维护注册会计师职业形象，保护社会公众利益，我会制定了《中国注册会计师职业道德规范指导意见》(以下简称《指导意见》)。现予印发，于2002年7月1日起施行。

为保证《指导意见》的贯彻实施，特作如下要求：

一、各地注册会计师协会应当高度重视注册会计师职业道德建设，将此作为行业诚信建设的一项重要措施来办，做好职业道德规范的宣传、培训和监督工作。

二、各会计师事务所、注册会计师应当严格遵守《指导意见》的要求；会计师事务所可结合自身的具体情况，制定职业道德规范措施。

三、各地注册会计师协会应当将会计师事务所、注册会计师是否遵守《指导意见》，作为业务检查的一项重要内容。

四、会计师事务所、注册会计师违反《指导意见》的，各地注册会计师协会应当视情节轻重给予强制培训、谈话提醒、公开谴责、通报批评、限期整改等行业自律性惩戒。

附件：中国注册会计师职业道德规范指导意见

中国注册会计师职业道德规范指导意见

第一章　总　则

第一条　为了规范注册会计师职业道德行为，提高注册会计师职业道德水准，维护注册会计师职业形象，根据《中华人民共和国注册会计师法》和《中国注册会计师职业道德基本准则》，制定本指导意见。

第二条　注册会计师应当遵守职业道德准则，履行相应的社会责任，维护社会公众利益。

第三条　注册会计师执行审计、审核和审阅等鉴证业务，应当恪守独立、客观、公正的原则。

第四条　注册会计师应当保持应有的职业谨慎，保持和提高专业胜任能力，遵守独立审计准则等职业规范，勤勉尽责。

第五条　注册会计师应当履行对客户的责任，对执业过程中获知的客户信息保密。

第六条　注册会计师应当与同行保持良好的工作关系，配合同行的工作。

第二章　独　立　性

第七条　注册会计师执行鉴证业务时应当保持实质上和形式上的独立，不得因任何利害关系影响其客观、公正的立场。

第八条　可能损害独立性的因素包括经济利益、自我评价、关联关系和外界压力等。

第九条　会计师事务所和注册会计师应当考虑经济利益对独立性的损害，可能损害独立性的情形主要包括：

(一) 与鉴证客户存在专业服务收费以外的直接经济利益或重大的间接经济利益；

(二) 收费主要来源于某一鉴证客户；

（三）过分担心失去某项业务；

（四）与鉴证客户存在密切的经营关系；

（五）对鉴证业务采取或有收费的方式；

（六）可能与鉴证客户发生雇佣关系。

第十条 会计师事务所和注册会计师应当考虑自我评价对独立性的损害，可能损害独立性的情形主要包括：

（一）鉴证小组成员曾是鉴证客户的董事、经理、其他关键管理人员或能够对鉴证业务产生 直接重大影响的员工；

（二）为鉴证客户提供直接影响鉴证业务对象的其他服务；

（三）为鉴证客户编制属于鉴证业务对象的数据或其他记录。

第十一条 会计师事务所和注册会计师应当考虑关联关系对独立性的损害，可能损害独立性的情形主要包括：

（一）与鉴证小组成员关系密切的家庭成员是鉴证客户的董事、经理、其他关键管理人员或 能够对鉴证业务产生直接重大影响的员工；

（二）鉴证客户的董事、经理、其他关键管理人员或能够对鉴证业务产生直接重大影响的员 工是会计师事务所的前高级管理人员；

（三）会计师事务所的高级管理人员或签字注册会计师与鉴证客户长期交往；

（四）接受鉴证客户或其董事、经理、其他关键管理人员或能够对鉴证业务产生直接重大影 响的员工的贵重礼品或超出社会礼仪的款待。

第十二条 会计师事务所和注册会计师应当考虑外界压力对独立性的损害，可能损害独立性的情形主要包括：

（一）在重大会计、审计等问题上与鉴证客户存在意见分歧而受到解聘威胁；

（二）受到有关单位或个人不恰当的干预；

（三）受到鉴证客户降低收费的压力而不恰当地缩小工作范围。

第十三条 当识别出损害独立性的因素时，会计师事务所和注册会计师应当采取必要的措施以消除影响或将其降至可接受水平。

第十四条 会计师事务所应当从整体上维护其独立性。

维护独立性的措施主要包括：

（一）会计师事务所的高级管理人员重视独立性，并要求鉴证小组成员保持独立性；

（二）制定有关独立性的政策和程序，包括识别损害独立性的因素、评价损害的严重程度以 及采取相应的维护措施；

（三）建立必要的监督及惩戒机制以促使有关政策和程序得到遵循；

（四）及时向所有高级管理人员和员工传达有关政策和程序及其变化；

（五）制定能使员工向更高级别人员反映独立性问题的政策和程序。

第十五条 在承办具体鉴证业务时，会计师事务所应当维护其独立性。

维护独立性的措施主要包括：

（一）安排鉴证小组以外的注册会计师进行复核；

（二）定期轮换项目负责人及签字注册会计师；

（三）与鉴证客户的审计委员会或监事会讨论独立性问题；

（四）向鉴证客户的审计委员会或监事会告知服务性质和收费范围；

（五）制定确保鉴证小组成员不代替鉴证客户行使管理决策或承担相应责任的政策和程序；

（六）将独立性受到损害的鉴证小组成员调离鉴证小组。

第十六条 当维护措施不足以消除损害独立性因素的影响或将其降至可接受水平时，会计师事务所应当拒绝承接业务或解除业务约定。

第三章 专业胜任能力

第十七条 注册会计师应当通过教育、培训和执业实践保持和提高专业胜任能力。

第十八条 注册会计师不得宣称自己具有本不具备的专业知识、技能或经验。

第十九条 注册会计师不得提供不能胜任的专业服务。

第二十条 在提供专业服务时，注册会计师可以在特定领域利用专家协助其工作。

第二十一条 在利用专家工作时，注册会计师应当对专家遵守职业道德的情况进行监督和指导。

第四章 保 密

第二十二条 注册会计师应当对在执业过程中获知的客户信息保密，这一保密责任不因业务约定的终止而终止。

第二十三条 注册会计师应当采取措施，确保业务助理人员和专家遵守保密原则。

第二十四条 注册会计师不得利用在执业过程中获知的客户信息为自己或他人谋取不正当的利益。

第二十五条 注册会计师在以下情况下可以披露客户的有关信息：

(一) 取得客户的授权；

(二) 根据法规要求，为法律诉讼准备文件或提供证据，以及向监管机构报告发现的违反法规行为；

(三) 接受同业复核以及注册会计师协会和监管机构依法进行的质量检查。

第二十六条 在决定披露客户的有关信息时，注册会计师应当考虑以下因素：

(一) 是否了解和证实了所有相关信息；

(二) 信息披露的方式和对象；

(三) 可能承担的法律责任和后果。

第五章 收费与佣金

第二十七条 在确定收费时，会计师事务所应当考虑以下因素，以客观反映为客户提供专业服务的价值：

(一) 专业服务所需的知识和技能；

(二) 所需专业人员的水平和经验；

(三) 每一专业人员提供服务所需的时间；

(四) 提供专业服务所需承担的责任。

第二十八条 在专业服务得到良好的计划、监督及管理的前提下，收费通常以每一专业人员适当的小时费用率或日费用率为基础计算。

第二十九条 专业服务的收费依据、收费标准及收费结算方式与时间应在业务约定书中予以明确。

第三十条 如果收费报价明显低于前任注册会计师或其他会计师事务所的相应报价，会计师事务所应当确保：

(一) 在提供专业服务时，工作质量不会受到损害，并保持应有的职业谨慎，遵守执业准则和质量控制程序；

(二) 客户了解专业服务的范围和收费基础。

第三十一条 除法规允许外，会计师事务所不得以或有收费方式提供鉴证服务，收费与否或多少不得以鉴证工作结果或实现特定目的为条件。

第三十二条 会计师事务所和注册会计师不得为招揽客户而向推荐方支付佣金，也不得因向第三方推荐客户而收取佣金。

第三十三条 会计师事务所和注册会计师不得因宣传他人的产品或服务而收取佣金。

第六章 与执行鉴证业务不相容的工作

第三十四条 注册会计师不得从事有损于或可能有损于其独立性、客观性、公正性或职业声誉的业务、职业或活动。

第三十五条 注册会计师应当就其向鉴证客户提供的非鉴证服务与鉴证服务是否相容做出评价。

第三十六条 会计师事务所不得为上市公司同时提供编制会计报表和审计服务。

第三十七条 会计师事务所的高级管理人员或员工不得担任鉴证客户的董事(包括独立董事)、经理或其他关键管理职务。

第七章 接任前任注册会计师的审计业务

第三十八条 后任注册会计师在接任前任注册会计师的审计业务时不得蓄意侵害前任注册会计师的

合法权益。

第三十九条 在接受审计业务委托前，后任注册会计师应当向前任注册会计师询问审计客户变更会计师事务所的原因，并关注前任注册会计师与审计客户之间在重大会计、审计等问题上可能存在的意见分歧。

第四十条 后任注册会计师应当提请审计客户授权前任注册会计师对其询问作出充分的答复。

如果审计客户拒绝授权，或限制前任注册会计师作出答复的范围，后任注册会计师应当向审计客户询问原因，并考虑是否接受业务委托。

第四十一条 前任注册会计师应当根据所了解的情况对后任注册会计师的询问作出及时、充分的答复。

如果受到审计客户的限制或存在法律诉讼的顾虑，决定不向后任注册会计师作出充分答复，前任注册会计师应当向后任注册会计师表明其答复是有限的。

第四十二条 如果审计客户委托注册会计师对已审计会计报表进行重新审计，接受委托的注册会计师应视为后任注册会计师，而之前已发表审计意见的注册会计师则视为前任注册会计师。

第四十三条 如果后任注册会计师发现前任注册会计师所审计的会计报表存在重大错报，应当提请审计客户告知前任注册会计师，并要求审计客户安排三方会谈，以便采取措施进行妥善处理。

第八章 广告、业务招揽和宣传

第四十四条 注册会计师应当维护职业形象，在向社会公众传递信息时，应当客观、真实、得体。

第四十五条 会计师事务所不得利用新闻媒体对其能力进行广告宣传，但刊登设立、合并、分立、解散、迁址、名称变更、招聘员工等信息以及注册会计师协会为会员所作的统一宣传不在此限。

第四十六条 会计师事务所和注册会计师不得采用强迫、欺诈、利诱或骚扰等方式招揽业务。

第四十七条 会计师事务所和注册会计师在招揽业务时不得有以下行为：

（一）暗示有能力影响法院、监管机构或类似机构及其官员；

（二）作出自我标榜的陈述，且陈述无法予以证实；

（三）与其他注册会计师进行比较；

（四）不恰当地声明自己是某一特定领域的专家；

（五）作出其他欺骗性的或可能导致误解的声明。

第四十八条 会计师事务所和注册会计师进行宣传时，不得有以下行为：

（一）利用政府委托或特别奖励谋取不正当利益；

（二）当会计师事务所将其名称、地址、电话号码以及其他必要的联系信息载入电话簿、信纸或其他载体时，含有自我标榜的措辞；

（三）当注册会计师就专业问题参与演讲、访谈或广播、电视节目时，抬高自己及其会计师事务所；

（四）当会计师事务所通过新闻媒体发布招聘信息时，含有抬高自己的成分。

第四十九条 会计师事务所可以将印制的手册向客户发放，也可以应非客户的要求向非客户发放，但手册的内容应当真实、客观。

第五十条 注册会计师在名片上可以印有姓名、专业资格、职务及其会计师事务所的地址和标识等，但不得印有社会职务、专家称谓以及所获荣誉等。

第九章 附 则

第五十一条 本指导意见自 2002 年 7 月 1 日起施行。

十二、中国注册会计师协会会员诚信档案管理暂行办法

中国注册会计师协会会员诚信档案管理暂行办法

会协[2004]15 号

第一条 为了加强行业诚信建设，提高行业诚信水平和社会公信力，贯彻《注册会计师、注册资产评估

师行业诚信建设纲要》的精神，根据有关法律、法规的规定，制定本办法。

第二条　中国注册会计师协会会员诚信档案(以下简称会员诚信档案)，是记载中国注册会计师协会个人会员和团体会员诚信状况的信息系统。

第三条　会员诚信档案由个人会员诚信档案和团体会员诚信档案构成。分别包括个人会员和团体会员的基本信息、提示信息、警示信息。

第四条　个人会员诚信档案采集的信息主要包括：

(一) 个人会员基本信息：姓名、性别、学历、所在单位、执业资格、执业证书号及取得时间等。

(二) 个人会员提示信息：向行业协会和有关管理部门提供虚假材料；因超龄或离开事务所以外的原因年检未通过；被投诉且已立案的事项；接受协会谈话提醒情况；挂名、兼职、跨所执业；拒绝接受行业协会依据有关规定对其检查、调查；无正当理由不履行法定义务和章程规定义务等对诚信有影响的情形。

(三) 个人会员警示信息：违反法律、法规、职业道德、行业纪律所受的刑事处罚、行政处罚、行业惩戒和与执业行为相关的民事赔偿。

第五条　团体会员诚信档案采集的信息主要包括：

(一) 团体会员基本信息：成立时间、名称、事务所代码、法定代表人或合伙人姓名、注册办公地址、联系电话、组织形式、执业的个人会员人数、执业资格等。

(二) 团体会员提示信息：向行业协会和有关管理部门提供虚假材料；被投诉且已立案的事项；接受协会谈话提醒情况；超越批准执业范围执业；擅自设立分支机构；拒绝接受行业协会依据有关规定对其检查、调查；无正当理由不履行法定义务和章程规定义务等对诚信有影响的情形。

(三) 团体会员警示信息：违反法律、法规、职业道德、行业纪律所受的刑事处罚、行政处罚、行业惩戒和与执业行为相关的民事赔偿。

第六条　中国注册会计师协会负责会员诚信档案管理制度制定、网络开发和维护、政策解释和培训，以及全行业诚信信息的分析、披露，并对各省级协会的会员诚信档案建设、管理工作进行监督指导。

省级协会负责本协会所属团体会员和个人会员诚信信息的归集、录入、分析、更新、维护等。

跨省设立分所的事务所，按照属地管理原则，其个人会员诚信信息由分所所在地省级协会记录、管理；其分所的诚信信息，由分所所在地省级协会转总所所在地省级协会记录、管理。

第七条　省级协会在日常管理中发现会员出现提示信息情形的，以及依据协会职能对会员作出惩戒或处理的，可直接将相关信息即时记入会员诚信档案。团体会员和个人会员在接到民事赔偿判决、立案或处罚通知之日起 15 日内，应向省级协会如实提供相应信息和资料，并对其真实合法性负责；省级协会在接到相应信息和资料之日起 5 日内对数据进行更新，并保存相应的文字(或电子文档)资料。

第八条　会员诚信档案信息记录的处理规则如下：

(一) 会员一年中出现三种以上(含三种)提示信息情形的，以及其提示信息涉及事项出现最终处罚结果的，应由提示信息转为警示信息；提示信息满三年后消除相应记录，不再保存。

(二) 会员受刑事处罚的自刑罚执行完毕之日起满五年、发生民事赔偿以及受行政处罚或行业惩戒的自处罚决定之日起满三年，应由警示信息转为系统永久保存，不再显示。

(三) 会员诚信档案记录至个人不再执业或机构注销时止，转为系统永久保存。

第九条　团体会员和个人会员有充分证据证明会员诚信档案信息有误，可向省级协会提出书面申请，协会应在接到书面申请之日起 15 日内作出处理，并出具书面处理意见，告知申请人。

第十条　会员诚信档案目前主要用于协会对会员诚信状况的监督管理，同时将创造条件过渡到对外披露和查询。各级协会对会员诚信档案信息的管理应合理、客观、公正；对个人隐私和商业秘密负有保密义务；有关管理部门需依法对会员进行检查、调查、了解有关信息的，协会提供与检查、调查事项相关的诚信档案信息。

第十一条　各省级协会应设专人负责管理会员诚信档案，及时补充和更新会员诚信档案信息，以保证会员诚信档案的真实性和完整性。

第十二条　各省级协会应依据本办法制定内部操作程序，报中国注册会计师协会备案。

十三、中国注册会计师协会关于印发《中国注册会计师协会会员执业违规行为惩戒办法》、《中国注册会计师协会惩戒委员会暂行规则》、《中国注册会计师协会申诉委员会暂行规则》的通知

中国注册会计师协会关于印发《中国注册会计师协会会员执业违规行为惩戒办法》、《中国注册会计师协会惩戒委员会暂行规则》、《中国注册会计师协会申诉委员会暂行规则》的通知

会协[2008]73号

各省、自治区、直辖市注册会计师协会：

新修订的《中国注册会计师协会会员执业违规行为惩戒办法》、《中国注册会计师协会惩戒委员会暂行规则》、《中国注册会计师协会申诉委员会暂行规则》已经中国注册会计师协会第四届常务理事会审议通过，现予印发，自2008年10月15日起施行。

附件：

1. 中国注册会计师协会会员执业违规行为惩戒办法
2. 中国注册会计师协会惩戒委员会暂行规则
3. 中国注册会计师协会申诉委员会暂行规则

二〇〇八年十月十四日

附件1：

中国注册会计师协会会员执业违规行为惩戒办法

第一章 总 则

第一条 为了加强注册会计师行业管理，规范对会员违规行为的惩戒，根据《中华人民共和国注册会计师法》(以下简称《注册会计师法》)和《中国注册会计师协会章程》，制定本办法。

第二条 中国注册会计师协会(以下简称中注协)对会员违规行为实施行业惩戒，适用本办法。

本办法所称会员，是指团体会员和个人会员中的执业会员，即会计师事务所和注册会计师。

第三条 中注协实施惩戒，应当遵循客观、公正原则，坚持惩戒与教育相结合，保障法律、法规以及行业规范得到贯彻执行。

实施惩戒应当以事实为依据，与违规行为的性质、情节以及社会影响程度相当。

第四条 会员对中注协给予的惩戒，享有陈述和申辩权利；对惩戒不服的，可以提起申诉。

第二章 惩戒的种类与适用

第五条 中注协对会员违规行为给予惩戒的种类有：

(一) 训诫；

(二) 行业内通报批评；

(三) 公开谴责。

第六条 中注协认为会员的违规行为应当给予行政处罚或可能构成犯罪的，应当及时提请行政、司法机关调查处理。

第七条 会员具有下列违规行为之一的，应当给予行业惩戒：

(一) 违反《注册会计师法》有关规定的；

(二) 违反注册会计师职业道德规范的；

(三) 违反注册会计师业务准则的；

(四) 违反会计师事务所质量控制准则的；

(五) 应当给予惩戒的其他情形。

第八条 会员违反《注册会计师法》第二十条、第二十一条和第二十二条的规定的，视情节给予行业内

通报批评或公开谴责。

第九条　会员违反注册会计师职业道德规范的要求，有下列行为之一的，视情节给予训诫、行业内通报批评或公开谴责：

（一）由于经济利益、自我评价、关联关系和外界压力等因素导致违反独立性要求的；

（二）宣称自己具有事实上不具备的专业知识、技能、经验或资质的；

（三）泄漏客户商业秘密或利用客户商业秘密为自身或他人谋取利益的；

（四）泄漏执业中获取的证券交易内幕信息或利用内幕信息为自身或他人谋取利益的；

（五）对客户或其他有关单位和个人进行强迫、欺诈、利诱的；

（六）除法律、法规另有规定外，以或有收费方式提供鉴证服务的；

（七）在接任审计业务时蓄意侵害前任注册会计师合法权益的；

（八）明示或暗示有能力影响司法机关、监管机构或其工作人员的；

（九）利用与司法机关、监管机构或其他具有社会管理职能组织的关系，进行不正当竞争的；

（十）为招揽客户而向推荐方支付佣金、回扣，或向第三方推荐客户而收取佣金的；

（十一）以低于成本的收费承揽业务的；

（十二）捏造、散布虚假事实，损害、诋毁其他会员声誉的。

前款所称自我评价，是指下列情形之一：

（一）鉴证小组成员曾是鉴证客户的董事、经理、其他关键管理人员或能够对鉴证业务产生直接重大影响的员工；

（二）为鉴证客户提供直接影响鉴证业务对象的其他服务；

（三）为鉴证客户编制属于鉴证业务对象的数据或其他记录。

第十条　会员违反注册会计师审计准则的规定，有下列行为之一的，视情节给予训诫、行业内通报批评或公开谴责：

（一）未以应有的职业谨慎计划和执行审计业务的；

（二）未获取充分、适当的审计证据支持审计结论的；

（三）因过失出具不恰当审计报告的；

（四）未按规定编制、归整和保存审计工作底稿的；

（五）隐瞒审计中发现的问题，出具不实审计报告的；

（六）与客户通同作弊，故意出具虚假审计报告的。

会员执行审阅业务、其他鉴证业务和相关服务业务，未遵守中国注册会计师审阅准则、中国注册会计师其他鉴证业务准则和中国注册会计师相关服务准则的，参照前款给予惩戒。

第十一条　会员违反会计师事务所质量控制准则的规定，有下列行为之一的，视情节给予训诫、行业内通报批评或公开谴责：

（一）未按规定制定质量控制制度的；

（二）未合理保证会计师事务所及其人员遵守职业道德规范的；

（三）未合理保证会计师事务所恰当接受或保持客户关系和具体业务的；

（四）未合理保证会计师事务所和项目负责人按照法律法规、职业道德规范和业务准则的规定执行业务并出具恰当报告的；

（五）未要求对上市公司审计业务和其他规定的业务实施项目质量控制复核的；

（六）未使项目组在出具业务报告后按时将工作底稿归整为最终业务档案并按照规定的期限保存业务工作底稿的；

（七）未制定监控政策和程序对质量控制制度的有效性进行监控的。

第十二条　会员在执业中因违法违规行为受到行政处罚或刑事处罚的，相应给予行业内通报批评或公开谴责。

第十三条　会员阻挠或拒绝注册会计师协会的质量检查和调查的，给予行业内通报批评或公开谴责。

第十四条　会员有下列情形之一的，应当从重惩戒：

（一）同时具有两种或两种以上应予惩戒的行为的；

（二）在两年内发生两次或两次以上同一性质的应予惩戒的行为的；

（三）对投诉人、举报人、证人等有关人员打击报复的；

（四）违规行为发生后编造、隐匿、销毁证据的。

第十五条 会员有下列情形之一的，可以从轻、减轻或免于惩戒：

（一）初次违规并且情节轻微的；

（二）主动报告其违规行为的；

（三）主动配合查处其违规行为的；

（四）自觉纠正违规行为，及时采取有效措施，防止或减轻不良后果的。

第三章 惩戒的实施机构和惩戒的回避

第十六条 中注协设立惩戒委员会。

惩戒委员会负责对中注协直接查处的违规行为实施惩戒。

第十七条 惩戒委员会的日常工作机构设在中注协秘书处，其职责是：

（一）受理投诉和相关部门移送的案件；

（二）负责违规行为的调查；

（三）负责组织、召集惩戒委员会会议；

（四）负责惩戒委员会相关文书的制作、送达、整理归档；

（五）负责办理惩戒委员会委托的其他事项。

第十八条 惩戒委员会委员有下列情形之一的，应当自行回避，当事人、投诉人有权申请其回避：

（一）本人或近亲属与案件有直接利害关系的；

（二）与本案当事人在同一会计师事务所执业的；

（三）可能影响案件公正处理的其他情形。

前款规定，适用于惩戒委员会日常工作机构的工作人员。

第十九条 惩戒委员会主任委员的回避，由惩戒委员会于惩戒会议开始时按多数票原则投票决定；惩戒委员会其他委员和工作人员的回避，由惩戒委员会主任委员在收到回避申请后的5个工作日内作出决定。

第四章 惩戒的程序和决定

第二十条 对于中注协直接查处的违规行为，由惩戒委员会日常工作机构组织调查后，向惩戒委员会提交调查报告。

第二十一条 惩戒委员会在作出惩戒决定前，应向当事人发送拟惩戒告知书，告知当事人初步认定的违规事实、拟作出的惩戒种类、理由及依据，并告知当事人享有陈述和申辩的权利。

当事人可在收到告知书后的8个工作日内向惩戒委员会提交书面的陈述和申辩理由；当事人逾期不提交的，视为放弃陈述与申辩权利，不影响作出惩戒决定。

在提交书面的陈述和申辩材料后，当事人可以要求向惩戒委员会作口头陈述。

惩戒委员会应当充分听取当事人的意见；当事人提出的事实、理由或者证据成立的，惩戒委员会应当采纳。

第二十二条 惩戒委员会根据不同情况，分别作出以下决定：

（一）确认会员有违规行为的，作出给予训诫、行业内通报批评、公开谴责的决定；

（二）确认会员违规事实不成立或情节轻微的，作出撤销案件或不予惩戒的决定。

第二十三条 惩戒委员会应当通过召开会议作出惩戒决定。会议至少应由三分之二的委员出席，惩戒决定应由出席会议委员的三分之二以上（含本数）通过。

第二十四条 惩戒决定通过后，惩戒委员会应当以中注协的名义制作惩戒决定书。惩戒决定书应当载明下列事项：

（一）被惩戒会员是个人会员的，写明姓名、性别、年龄、住所、注册会计师证书号码及其所在会计师事务所的名称；被惩戒会员是团体会员的，写明会计师事务所名称、办公地址以及主任会计师姓名；

（二）事实和证据；

（三）惩戒结论和依据；

（四）提起申诉的权利、期限；

（五）作出惩戒决定的日期。

第二十五条 惩戒决定自送达之日起生效。

第五章 惩戒的申诉机构和申诉的回避

第二十六条 中注协设立申诉委员会。

申诉委员会负责受理会员不服中注协惩戒委员会作出的惩戒决定而提出的申诉。

第二十七条 申诉委员会的日常工作机构设在中注协秘书处，其职责是：

（一）负责受理会员提出的申诉；

（二）负责申诉案件相关事实和证据的复查和核实；

（三）负责组织、召集申诉委员会会议；

（四）负责申诉委员会相关文书的制作、送达、整理归档；

（五）负责办理申诉委员会委托的其他事项。

第二十八条 申诉委员会委员有下列情形之一的，应当自行回避，当事人有权申请其回避：

（一）本人或近亲属与案件有直接利害关系的；

（二）与本案当事人在同一会计师事务所执业的；

（三）其他可能影响案件公正处理的。

前款规定，适用于申诉委员会日常工作机构的工作人员。

第二十九条 申诉委员会主任委员的回避，由申诉委员会于申诉会议开始时按多数票原则投票决定；申诉委员会其他委员和工作人员的回避，由申诉委员会主任委员在收到回避申请后的5个工作日内作出决定。

第六章 申诉的程序和决定

第三十条 当事人对中注协惩戒委员会作出的惩戒决定不服的，可以在收到惩戒决定书之日起5个工作日内向中注协申诉委员会提起申诉，提交书面申诉材料。当事人提起申诉的，不影响惩戒决定的执行。

在申诉被受理后，当事人可以要求向申诉委员会作口头陈述。

申诉委员会应当充分听取当事人的意见；当事人提出的事实、理由或者证据成立的，申诉委员会应当采纳。

第三十一条 申诉委员会根据不同情况，分别作出以下决定：

（一）原惩戒决定认定事实清楚，适用依据正确，程序适当的，维持原决定；

（二）原惩戒决定主要事实认定清楚，次要事实认定不清或不成立的，补正原决定；

（三）原惩戒决定认定事实不清，或适用依据错误，或程序严重不适当的，撤销原惩戒决定，重新作出惩戒决定；原惩戒决定认定事实不成立的，撤销原惩戒决定，作出不予惩戒的决定。

第三十二条 申诉委员会应当通过召开会议作出申诉审议决定。会议至少应由三分之二的委员出席，申诉审议决定应由出席会议委员的三分之二以上（含本数）通过。

第三十三条 申诉审议决定通过后，申诉委员会应当以中注协的名义制作申诉审议决定书。申诉审议决定书应当载明下列事项：

（一）申诉人是个人会员的，写明姓名、性别、年龄、住所、注册会计师证书号码及其所在会计师事务所的名称；申诉人是团体会员的，写明会计师事务所名称、办公地址以及主任会计师姓名；

（二）申诉请求和理由；

（三）申诉委员会认定的事实和理由；

（四）申诉审议结论和依据；

（五）作出申诉审议决定的日期。

第三十四条 申诉委员会应当在受理申诉后的两个月内作出申诉审议决定。

第三十五条 申诉委员会的申诉审议决定是最终决定，自送达之日起生效。

第七章 附 则

第三十六条 会员的违规行为及惩戒决定，应当记入中注协行业管理信息系统。

第三十七条 各省、自治区、直辖市注册会计师协会可以直接采用本办法，也可以根据本办法，制定本地区的惩戒办法。

第三十八条 本办法所称当事人是指被投诉、被立案调查、被惩戒的会员。

第三十九条 本办法自2008年10月15日起施行。

附件2：

中国注册会计师协会惩戒委员会暂行规则

第一条 为规范行业惩戒，加强行业监管，维护会员的合法权益，根据有关法律法规及《中国注册会计师协会章程》、《中国注册会计师协会会员执业违规行为惩戒办法》的规定，制定本规则。

第二条 惩戒委员会是中国注册会计师协会（以下简称中注协）理事会下设的专门委员会，负责对中注协直接查处的违规行为实施惩戒；惩戒委员会的日常工作机构设在中注协秘书处（以下简称秘书处），负责办理惩戒委员会的日常事务。

第三条 惩戒委员会通过惩戒委员会会议（以下简称惩戒会议）履行职责。

第四条 惩戒委员会由15名委员组成，其中注册会计师8名，秘书处代表1名，政府部门代表2名，会计、审计学者2名，法律专家2名。

惩戒委员会设主任委员和副主任委员各1名。

惩戒委员会委员（以下简称委员）不得兼任申诉委员会委员。

第五条 注册会计师担任委员应当符合下列基本条件：

（一）从事注册会计师审计工作8年以上，具有较高的专业理论水平和丰富的实践经验；

（二）担任会计师事务所部门经理或相应职位以上人员；

（三）从业以来没有受到刑事、行政处罚和行业惩戒，具有良好的职业道德和执业记录。

第六条 会计、审计学者、法律专家和政府部门代表担任委员应当符合下列基本条件：

（一）具有相关专业高级职称或相应资历；

（二）熟悉注册会计师行业情况；

（三）具有良好的职业道德和社会信誉。

第七条 委员产生，由中注协秘书长提出方案，报理事会批准。理事会闭会期间，报常务理事会批准。

第八条 委员任期两年，可以连聘连任。

第九条 委员有下列情形之一的，中注协应当予以解聘：

（一）违反法律法规和惩戒工作纪律的；

（二）未按照中注协有关规定勤勉尽职的；

（三）本人提出辞聘申请的；

（四）一届任期内累计两次以上无故不出席惩戒会议的；

（五）应当予以解聘的其他情形。

委员解聘不受任期是否届满的限制。委员缺额时，按聘任程序及时增补新的委员。

第十条 惩戒会议由主任委员担任召集人。主任委员因故不能出席会议时，由副主任委员担任会议召集人；主任委员、副主任委员因故均不能出席会议时，由委员协商产生会议召集人。

会议召集人负责召集惩戒会议，组织委员发表意见、讨论，总结惩戒会议审议意见和组织投票表决等事项。

第十一条 秘书处根据工作需要向惩戒委员会主任委员提议召开惩戒会议，并提交调查报告和拟处理方案。主任委员根据秘书处建议，确定会议时间，并由秘书处提前将会议议程通知委员。

第十二条 秘书处应当在惩戒会议召开前，将调查报告、拟处理方案以及当事人的陈述和申辩意见提前送达各委员。

第十三条 委员应当依据法律法规及行业规范的规定，结合自身的专业知识，以谨慎负责的态度，独立、客观、公正地发表惩戒审议意见。

第十四条 秘书处工作人员可列席惩戒会议，说明有关案情。

第十五条 惩戒委员会可要求当事人到会作有关说明；当事人也可要求向惩戒委员会作口头陈述。

第十六条 出席惩戒会议半数以上（含本数）委员认为调查报告事实不清、证据不足的，应当中止对该事项的审议，并要求秘书处重新组织调查取证。

第十七条　会议应当在充分讨论的基础上，由会议召集人总结审议意见并组织表决投票。

会议至少应由三分之二的委员出席，惩戒决定应由出席会议委员的三分之二以上(含本数)通过。

第十八条　当事人对惩戒决定不服的，可以向申诉委员会提起申诉。

第十九条　秘书处负责对惩戒会议讨论情况进行记录，会议结束后，参会委员应当在会议记录、审议意见、表决结果等会议资料上签名确认。

第二十条　委员应当遵循下列规定：

(一) 按时出席惩戒会议，并在工作中勤勉尽职；

(二) 对有关案情和会议审议情况保密；

(三) 不得有与惩戒当事人进行私下接触或串通表决等可能影响案件公平公正处理的舞弊行为。

第二十一条　委员与当事人存在直接利害关系或有其他可能影响案件公正处理的情形的，应当自觉提出回避申请。

第二十二条　委员应当按要求参加委员会的各项会议和活动；委员因故不能出席的，应当在接到参加会议通知之日起5个工作日内向主任委员书面请假。

第二十三条　本规则自2008年10月15日起施行。

附件3：

中国注册会计师协会申诉委员会暂行规则

第一条　为规范行业惩戒，加强行业监管，维护会员的合法权益，根据有关法律法规及《中国注册会计师协会章程》、《中国注册会计师协会会员执业违规行为惩戒办法》的规定，制定本规则。

第二条　申诉委员会是中国注册会计师协会(以下简称中注协)理事会下设的专门委员会，负责受理会员对中注协作出的惩戒决定的申诉；申诉委员会的日常工作机构设在中注协秘书处(以下简称秘书处)，负责办理申诉委员会的日常事务。

第三条　申诉委员会通过申诉委员会会议(以下简称申诉会议)履行职责。

第四条　申诉委员会由15名委员组成，其中注册会计师9名，秘书处代表1名，政府部门代表1名，会计、审计学者2名，法律专家2名。

申诉委员会设主任委员和副主任委员各1名。

申诉委员会委员(以下简称委员)不得兼任惩戒委员会委员。

第五条　注册会计师担任委员应当符合下列基本条件：

(一) 从事注册会计师审计工作8年以上，具有较高的专业理论水平和丰富的实践经验；

(二) 担任会计师事务所部门经理或相应职位以上人员；

(三) 从业以来没有受到刑事、行政处罚和行业惩戒，具有良好的职业道德和执业记录。

第六条　会计、审计学者、法律专家和政府部门代表担任委员应当符合下列基本条件：

(一) 具有相关专业高级职称或相当资历；

(二) 熟悉注册会计师行业情况；

(三) 具有良好的职业道德和社会信誉。

第七条　委员产生，由中注协秘书长提出方案，报理事会批准。理事会闭会期间，报常务理事会批准。

第八条　委员任期两年，可以连聘连任。

第九条　委员有下列情形之一的，中注协应当予以解聘：

(一) 违反法律法规和申诉工作纪律的；

(二) 未按照中注协有关规定勤勉尽职的；

(三) 本人提出辞聘申请的；

(四) 一届任期内累计两次以上无故不出席申诉会议的；

(五) 应当予以解聘的其他情形。

委员解聘不受任期是否届满的限制，委员缺额时，按聘任程序及时增补新的委员。

第十条　申诉会议由主任委员担任召集人。主任委员因故不能出席会议时，由副主任委员担任会议召集人；主任委员、副主任委员因故均不能出席会议时，由委员协商产生会议召集人。

会议召集人负责召集申诉会议，组织委员发表意见、讨论，总结申诉会议审议意见和组织投票表决等事项。

第十一条 秘书处应当及时向申诉委员会主任委员提议召开申诉会议，主任委员根据秘书处建议，确定会议时间，并由秘书处提前将会议议程通知委员。

第十二条 秘书处应当在申诉会议召开前，将案卷材料以及当事人的申诉意见提前送达各委员。

第十三条 委员应当依据法律法规及行业规范的规定，结合自身的专业知识，以谨慎负责的态度，独立、客观、公正地发表申诉审议意见。

第十四条 秘书处工作人员可列席申诉会议，说明有关案情。

第十五条 申诉委员会可要求当事人到会作有关说明；当事人也可要求向申诉委员会作口头陈述。

第十六条 会议应当在充分讨论的基础上，由会议召集人总结审议意见并组织表决投票。

会议至少应由三分之二的委员出席，申诉审议决定应由出席会议委员的三分之二以上(含本数)通过。

第十七条 申诉审议决定为中注协作出的最终决定。

第十八条 秘书处负责对申诉会议讨论情况进行记录，会议结束后，参会委员应当在会议记录、审议意见、表决结果等会议资料上签名确认。

第十九条 委员应当遵循下列规定：

(一) 按时出席申诉会议，并在工作中勤勉尽职；

(二) 对有关案情和会议审议情况保密；

(三) 不得有与申诉人进行私下接触或串通表决等可能影响案件公平公正处理的舞弊行为。

第二十条 委员与申诉人存在直接利害关系或有其他可能影响案件公正处理的情形的，应当自觉提出回避申请。

第二十一条 委员应当按要求参加委员会的各项会议和活动；委员因故不能出席的，应当在接到参加会议通知之日起5个工作日内向主任委员书面请假。

第二十二条 本规则自2008年10月15日起施行。

十四、财政部会计司与香港特别行政区签署《内地与香港签署注册会计师部分考试科目相互豁免补充协议及扩大部分考试科目相互豁免受惠人员范围协议》

财政部会计司与香港特别行政区签署《内地与香港签署注册会计师部分考试科目相互豁免补充协议及扩大部分考试科目相互豁免受惠人员范围协议》

2008年7月29日

附件1:内地与香港注册会计师部分考试科目相互豁免补充协议

附件2:扩大内地与香港注册会计师部分考试科目相互豁免受惠人员范围协议

附件1:

内地与香港注册会计师部分考试科目相互豁免补充协议

为了进一步落实《内地与香港关于建立更紧密经贸关系的安排》，促进内地与香港注册会计师行业的共同发展，在两地会计准则已经实现等效的情况下，经双方商定，对《内地与香港注册会计师部分考试科目相互豁免协议》补充如下：

一、相互豁免的考试科目

参加内地注册会计师全国统一考试并全科合格的人员，在报名应考香港会计师公会的专业资格课程时，可以再豁免“财务汇报”单元科目。

参加香港会计师公会的专业资格课程考试并全科合格的人员，在报名应考内地注册会计师全国统一考试时，可以再豁免“会计”考试科目。

二、考试科目相互豁免实施

中国注册会计师协会和香港会计师公会根据本协议协商具体实施的有关事宜。

三、考试科目相互豁免协议生效、变更和终止

（一）本协议自双方代表正式签署之日起生效。

（二）本协议以中文书就，一式两份。

（三）经双方协商同意，可以书面形式修正本协议的内容。

（四）任何一方均有权终止本协议；如一方提出终止协议，应提前12个月以书面形式告知对方。

（五）本协议于二〇〇八年七月二十九在香港签署。

中华人民共和国
财政部会计司司长

刘玉廷

中华人民共和国
香港特别行政区财经事务及
库务局常任秘书长（财经事务）
郑恩赐

附件2：

扩大内地与香港注册会计师部分考试科目相互豁免受惠人员范围协议

为了促进内地与香港特别行政区（以下简称"香港"）注册会计师行业的共同发展，进一步落实《内地与香港关于建立更紧密经贸关系的安排》（以下简称《安排》），经双方商定，就扩大《内地与香港注册会计师部分考试科目相互豁免协议》（以下简称《协议》）和《内地与香港注册会计师部分考试科目相互豁免补充协议》（以下简称《补充协议》）受惠人员范围有关事项达成如下协议：

一、扩大考试科目相互豁免受惠人员范围原则

（一）落实《安排》，促进内地与香港注册会计师行业的共同发展。

（二）符合平等、对等、互惠互利、公平竞争原则。

（三）符合两地关于注册会计师的相关法律、法规规定。

（四）会员专业胜任能力要求相同或相近。

二、扩大部分考试科目相互豁免受惠人员的范围

自本协议签署之日起，在本协议签署之日及之前通过考核并经申请为中国注册会计师协会会员的人员，在报名应考香港会计师公会的专业资格课程时，可以按照《协议》及《补充协议》申请豁免相应部分单元科目。

自本协议签署之日起，在本协议签署之日及之前非完全通过香港会计师公会专业资格课程但通过考核并经申请成为香港会计师公会会员的人员，在报名应考内地注册会计师全国统一考试时，可以按照《协议》及《补充协议》申请豁免相应部分考试科目。

三、扩大考试科目相互豁免受惠人员范围实施

中国注册会计师协会和香港会计师公会根据本协议协商具体实施的有关事宜。

四、扩大考试科目相互豁免受惠人员范围协议生效、变更和终止

（一）本协议自双方代表正式签署之日起生效。

（二）本协议以中文书就，一式两份。

（三）经双方协商同意，可以书面形式修正本协议的内容。

（四）任何一方均有权终止本协议；如一方提出终止协议，应提前12个月以书面形式告知对方。

（五）本协议于二〇〇八年七月二十九日在香港签署。

中华人民共和国
财政部会计司司长

刘玉廷

中华人民共和国
香港特别行政区财经事务及
库务局常任秘书长（财经事务）
郑恩赐

第四编

行政事业单位法规汇编

第二十一部分　行政事业单位会计制度

一、财政总预算会计制度

关于印发《财政总预算会计制度》的通知

财预字[1997]第 287 号

省、自治区、直辖市、计划单列城市财政厅(局)：

为了加强财政预算管理，进一步规范各级财政总预算会计核算，我部重新制定了《财政总预算会计制度》。现印发给你们，请即组织贯彻实施。新制度从 1998 年 1 月 1 日起执行，我部 1988 年制定的《财政机关总预算会计制度》同时废止。执行中如有问题，请及时函告我部。

财　政　部

1997 年 6 月 25 日

附件：

财政总预算会计制度

第一章　总　　则

第一条　为了规范各级财政部门总预算会计(以下简称总预算会计)的核算，充分发挥总预算会计的职能作用，根据《中华人民共和国会计法》、《中华人民共和国预算法》，制定本制度。

第二条　本制度适用于中央，省、自治区、直辖市，设区的市、自治州，县、自治县、不设区的市、市辖区，乡、民族乡、镇等各级财政部门的总预算会计。

第三条　总预算会计是各级政府财政部门核算、反映、监督政府预算执行和财政周转金等各项财政性资金活动的专业会计。

第四条　总预算会计的主要职责是进行会计核算，反映预算执行，实行会计监督，参与预算管理，合理调度资金。基本任务如下：

一、处理总预算会计的日常核算事务。办理财政各项收支、资金调拨及往来款项的会计核算工作；及时组织年度政府决算、行政事业单位决算的编审和汇总工作，进行上下级财政之间的年终结算工作。

二、调度财政资金。根据财政收支的特点，妥善解决财政资金库存和用款单位需求的矛盾，在保证按计划及时供应资金的基础上，合理调度资金，提高资金使用效益。

三、实行会计监督，参与预算管理。通过会计核算和反映，提出预算执行情况分析，并对总预算、部门预算和单位预算的执行实施会计监督。

协调参与预算执行的国库会计、收入征解会计等之间的业务关系，共同做好预算执行的核算、反映和监督工作。

四、组织和指导本行政区域预算会计工作。省、自治区、直辖市(含计划单列城市，下同)总预算会计在与本制度不相违背的前提下，负责制定或审定本行政区域预算会计有关具体核算办法的补充规定；组织预算会计人员的培训活动；组织检查、辅导本单位会计和下级总预算会计工作，不断提高政策、业务水平。

五、做好预算会计的事务管理工作。负责预算会计的基础工作管理，参与预算会计人员专业技术资格考试、评定及核发会计证工作。

第五条　各级财政部门应当根据工作需要，设置与其工作任务相适应的总预算会计机构，配备一定数量的专职总预算会计，负责组织与管理预算会计工作，并要保持相对的稳定。

第六条　总预算会计工作应按工作任务建立岗位责任制，明确会计人员分工。

总预算会计机构应建立健全内部稽核制度。

总预算会计人员，不得兼任单位会计，不得收付现金和经管收缴的物资。

第七条 总预算会计核算应当按会计期间结算账目和编制会计报表。会计期间分为年度、季度和月份。会计年度、季度和月份以公历起讫日期为准。

年度终了后,可根据工作特殊需要设置一定期限的上年决算清理期。清理期限和清理事项,由各省、自治区、直辖市财政部门,根据财政部规定的原则作出具体规定。

第八条 总预算会计记账采用借贷记账法。

第九条 总预算会计核算以人民币为记账本位币,以元为金额单位,元以下记至角、分。有外币收支的,在登记外币金额的同时应根据国家银行公布的人民币外汇汇率折算成人民币记账。

第十条 总预算会计记录文字使用中文,少数民族地区可以同时使用本民族文字。

第二章 一般原则

第十一条 总预算会计核算应当以实际发生的经济业务为依据,如实反映财政收支执行情况和结果。

第十二条 总预算会计信息,应当符合预算法的要求,适应国家宏观经济管理和上级财政部门及本级政府对财政管理的需要。

第十三条 总预算会计核算应当按照规定的会计处理方法进行。

第十四条 财政部门管理的各项财政资金(包括一般预算资金、纳入预算管理的政府性基金、专用基金、财政周转金等)都应当纳入总预算会计核算管理。

第十五条 总预算会计处理方法前后各期应当一致,不得随意变更。如确有必要变更,应将变更的情况、原因和对会计报表的影响在预算执行报告中说明。

第十六条 总预算会计核算,应当及时进行。

第十七条 总预算会计记录和会计报表应当清晰明了,便于理解;对于重要的经济业务,应当单独反映。

第十八条 总预算会计核算以收付实现制为基础。

第十九条 凡是有指定用途的资金,必须按规定用途使用。

第三章 资 产

第二十条 资产是一级财政掌管或控制的能以货币计量的经济资源。包括财政性存款、有价证券、暂付及应收款项、预拨款项、财政周转金放款、借出财政周转金以及待处理周转金等。

第二十一条 财政性存款是财政部门代表政府所掌管的财政资金。包括国库存款及其他财政存款。财政性存款的支配权属于同级政府财政部门,并由总预算会计负责管理,统一收付。总预算会计在管理财政性存款中,应当遵循以下原则:

一、集中资金,统一调度。各种应由财政部门掌管的资金,都应纳入总预算会计的存款账户。调度资金,应根据事业进度和资金使用情况,保证满足计划内各项正常支出的需求,并要充分发挥资金效益,把资金用活用好。

二、严格控制存款开户。财政部门的预算资金除财政部有明确规定者外,一律由总预算会计统一在国库或指定的银行开立存款账户。不得在国家规定之外将预算资金或其他财政性资金任意转存其他金融机构。

三、根据年度预算或季度分月用款计划拨付资金。不得办理超预算、无用款计划的拨款。

四、转账结算。总预算会计的各种会计凭证不得用以提取现金。

五、在存款余额内支付,不得透支。

第二十二条 有价证券是中央财政以信用方式发行的国家公债。各级财政只能用各项财政结余购买国家指定由地方各级政府购买的有价证券。

有价证券应按取得时实际支付的价款记账,购入有价证券(含债券收款单)应视同货币妥善保管。

当期取得有价证券的兑付利息及转让有价证券取得的收入与账面成本的差额,记入当期收入。

第二十三条 暂付及应收款项属于往来结算中形成的债权。包括在预算执行过程中上下级财政结算形成的债权以及对用款单位借垫款形成的债权。

暂付及应收款项应按实际发生数额记账,并应及时清理结算,不得长期挂账。

第二十四条 预拨款项是按规定预拨给用款单位的待结算资金,包括预拨经费和基建拨款。

预拨经费是用预算资金预拨给用款单位的款项。凡年度预算执行中总预算会计用预算资金预拨出应在以后各期列支的款项以及会计年度终了前预拨给用款单位的下年度经费款，均应作为预拨经费管理。

基建拨款是预拨给受托经办基本建设支出的专业银行或拨付基本建设财务管理部门的基本建设款项。

各项预拨款项应按实际预拨数额记账。预拨经费(不含预拨下年度经费)应在年终前转列支出或清理收回。基建拨款应按建设单位银行支出数(限额部分)和拨付建设单位数(非限额部分)转列支出账。

对行政事业单位拨款，应按照单位领报关系转拨。凡有上级主管部门的单位，不能作为主管会计单位，直接与各级财政部门发生领报关系。

第二十五条　财政周转金放款是直接贷付给用款单位的财政有偿资金。

借出财政周转金是指上级财政部门借给下级财政部门用于周转使用的有偿资金。

财政周转金的贷付、借出和回收，应按实际发生数额记账。

待处理财政周转金是指周转金放款超过约定的还款期限，经审核已成呆账，但尚未按规定程序报批核销的财政周转金。

待处理财政周转金应按实际转入数额记账。

第四章　负　　债

第二十六条　负债是一级财政所承担的能以货币计量、需以资产偿付的债务。包括应付及暂收款项、按法定程序及核定的预算举借的债务、借入财政周转金等。

第二十七条　应付及暂收款项是在预算执行期间，上下级财政或财政与其他部门结算中形成的债务，包括结算中发生的暂存款、与上级往来款以及收到其他性质不明的款项等。

第二十八条　按法定程序及核定的预算举借的债务，是指中央预算按全国人民代表大会批准的数额举借的国内和国外债务以及地方预算根据国家法律或国务院特别规定举借的债务。

第二十九条　借入财政周转金是指下级财政部门从上级财政部门借入的用于周转使用的有偿资金。

第三十条　各种负债应按实际发生数额和偿还数额记账。

第三十一条　各种债务应及时结算。属于应付暂收款及不明性质的款项应及时清理转账。

第五章　净　资　产

第三十二条　净资产是指资产减去负债的差额。包括各项结余、预算周转金及财政周转基金等。

第三十三条　结余是财政收支的执行结果。财政各项结余包括一般预算结余、基金预算结余和专用基金结余。

各项结余必须分别核算，不得混淆。

第三十四条　各项结余应每年结算一次。年终将各项收入与相应的支出冲销后，即成为该项资金的当年结余。当年结余加上年年末滚存结余为本年年末滚存结余。

第三十五条　预算周转金是为调剂预算年度内季节性收支差额，保证及时用款而设置的周转资金。预算周转金一般用年度预算结余资金设置、补充或由上级财政部门拨入。

第三十六条　财政周转基金是财政用于有偿使用的资金，在列报财政支出的同时转入。周转金的利息收入(或占用费收入)按规定扣除必要的业务费用后应用于补充财政周转金。

第六章　收　　入

第三十七条　财政收入是国家为实现其职能，根据法令和法规所取得的非偿还性资金，是一级财政的资金来源。收入包括一般预算收入、基金预算收入、专用基金收入、资金调拨收入和财政周转金收入等。

第三十八条　一般预算收入是通过一定的形式和程序，有计划组织的由国家支配，纳入预算管理的资金。预算收入项目的具体划分和内容，按《国家预算收入科目》办理。

各级预算收入的收纳、划分和报解，应通过国家金库，按《中华人民共和国国家金库条例》、《中华人民共和国国家金库条例实施细则》规定办理。

第三十九条　一般预算收入一般以本年度缴入基层国库(支金库)的数额为准。

已建乡(镇)国库的地区，乡(镇)财政的本级收入以乡(镇)国库收到数为准。县(含县本级)以上各级财政的各项预算收入(含固定收入与共享收入)仍以缴入基层国库数额为准。

未建乡(镇)国库的地区，乡(镇)财政的本级收入以乡(镇)总预算会计收到县级财政返回数额为准。

第四十条　基层国库在年度库款报解整理期内收到经收处报来的上年度收入，记入上年度账。整理期结束后，收到上年度收入一律记入新年度账。

第四十一条 基金预算收入是按规定收取、转入或通过当年财政安排,由财政管理并具有指定用途的政府性基金等。

各项基金预算收入以缴入国库数或总预算会计实际收到数额为准。

第四十二条 专用基金收入是指总预算会计管理的各项专用基金,如粮食风险基金。专用基金收入以总预算会计实际收到数额为准。

第四十三条 资金调拨收入是根据财政体制规定在各级财政之间进行资金调拨以及在本级财政各项资金之间的调剂所形成的收入。包括补助收入、上解收入和调入资金。

补助收入是上级财政按财政体制规定或因专项需要补助给本级财政的款项。

上解收入是按财政体制规定由下级财政上交给本级财政的款项。

调入资金是为平衡一般预算收支,从预算外资金结余调入预算的资金,以及按规定从其他渠道调入的资金。

乡(镇)财政部门收到由预算外资金财政专户拨付的自筹资金,视同调入资金处理。但乡(镇)财政的统筹资金不得作为调入资金,调入预算。

资金调拨收入应按上级财政部门的规定或实际发生数额记账。

第四十四条 财政周转金收入是指财政部门在办理财政周转金借出或放款业务中收取的资金占用费收入和利息收入。

财政周转金收入按实际收到数额记账。

第四十五条 各级总预算会计应加强各项收入的管理,严格会计核算手续。对于各项收入的事务处理必须以审核无误的国库入库凭证、预算收入日报表和其他合法的凭证为依据。发现错误,应在发现错误的月份按《中华人民共和国国家金库条例实施细则》及其他有关规定,及时通知有关单位共同更正。

对于已入库的预算收入和其他财政收入的退库,要严格把关,强化监督。凡不属于国家规定的退库项目,一律不得冲退预算收入。

属于国家规定的退库事项,按财政部规定的退库手续办理审批。

第七章 支 出

第四十六条 财政支出是一级政府为实现其职能,对财政资金的再分配。包括一般预算支出、基金预算支出、专用基金支出、资金调拨支出和财政周转金支出等。

第四十七条 一般预算支出是国家对集中的预算收入有计划地分配和使用而安排的支出。预算支出项目的具体划分和内容,按《国家预算支出科目》规定执行。

第四十八条 一般预算支出列报口径如下:

实行限额管理的基本建设支出按用款单位银行支出数列报支出。不实行限额管理的基本建设支出按拨付用款单位的拨款数列报支出。

对行政事业单位的非包干性支出和专项支出,平时按财政拨款数列报支出,清理结算收回拨款时,再冲销已列支出。对于收回以前年度已列支出的款项,除财政部门另有规定者外,应冲销当年支出。

除以上两款以外的其他各项支出均以财政拨款数列报支出。

第四十九条 凡是预拨以后各期的经费,不得直接按预拨数列作本期支出,应作为预拨款处理。到期后,按第四十八条规定的列报口径转列支出。

第五十条 总预算会计按拨款数办理预算支出必须认真做到以下几点:

一、严格执行《中华人民共和国预算法》。办理拨款支出必须以预算为准。预备费的动用必须经同级人民政府批准。

二、对主管部门(主管会计单位)提出的季度分月用款计划及分"款"、"项"填制的"预算经费请拨单",应认真审核。根据经审核批准的拨款申请,结合库款余存情况按时向用款单位拨款。

三、总预算会计应根据预算管理要求和拨款的实际情况,分"款"、"项"核算、列报当期预算支出。

四、主管会计单位应按计划控制用款,不得随意改变资金用途。"款"、"项"之间如确需调剂,应填制"科目流用申请书",报经同级财政部门核准后使用。总预算会计凭核定的流用数调整预算支出明细账。

总预算会计不得列报超预算的支出;不得任意调整预算支出科目;未拨付的经费,原则上不得列报当年支出。因特殊情况确需在当年预留的支出,应严格控制,并按规定的审批程序办理。

第五十一条　基金预算支出是用基金预算收入安排的支出。基金预算支出的会计事务处理，比照预算支出的有关规定办理。

专用基金支出是用专用基金收入安排的支出。

基金预算支出和专用基金支出应按规定的用途开支，并做到先收后支，量入为出。

第五十二条　资金调拨支出是根据财政体制规定在各级财政之间进行资金调拨以及在本级财政各项资金之间的调剂所形成的支出。资金调拨支出包括补助支出、上解支出、调出资金等等。

补助支出是本级财政按财政体制规定或因专项需要补助给下级财政的款项及其他转移支付的支出。

上解支出是按财政体制规定由本级财政上交给上级财政的款项。

调出资金是为平衡一般预算收支而从基金预算的地方财政税费附加收入结余中调出，补充预算的资金。

资金调拨支出按上级财政部门的规定或实际发生数额记账。

第五十三条　财政周转金支出是指地方财政部门从上级借入财政周转金所支付的占用费以及周转金管理使用过程中按规定开支的相关费用。

财政周转金支出应按实际支付数额记账。

第八章　会计科目

第五十四条　会计科目是各级总预算会计设置账户、确定核算内容的依据。各级总预算会计必须按以下要求使用会计科目：

一、各级总预算会计应按本制度规定设置会计科目，按本科目使用说明使用。不需要的可以不用，不得擅自更改科目名称。

二、明细科目的设置，除本制度已有规定者外，各级总预算会计可根据需要，自行设置。

三、为便于编制会计凭证、登记账簿、查阅账目和实行会计电算化，本制度统一规定了会计科目编码。各级总预算会计不得随意变更或打乱科目编码。

四、总预算会计在填制会计凭证、登记账簿时，应填列会计科目的名称或者同时填列名称和编码，不得只填编码，不填名称。

五、有关财政周转金的会计核算，可由各级财政的预算部门或专门管理机构按本制度规定的科目办理。

第五十五条　各级总预算会计适用的会计科目如下：

会计科目表

序号	编码	科目名称
		一、资产类
1	101	国库存款
2	102	其他财政存款
3	104	有价证券
4	105	在途款
5	111	暂付款
6	112	与下级往来
7	121	预拨经费
8	122	基建拨款
9	131	财政周转金放款
10	132	借出财政周转金
11	133	待处理财政周转金
		二、负债类
12	211	暂存款
13	212	与上级往来
14	222	借入款

15	223	借入财政周转金
		三、净资产
16	301	预算结余
17	305	基金预算结余
18	307	专用基金结余
19	321	预算周转金
20	322	财政周转基金
		四、收入类
21	401	一般预算收入
22	405	基金预算收入
23	407	专用基金收入
24	411	补助收入
25	412	上解收入
26	414	调入资金
27	425	财政周转金收入
		五、支出类
28	501	一般预算支出
29	505	基金预算支出
30	507	专用基金支出
31	511	补助支出
32	512	上解支出
33	514	调出资金
34	524	财政周转金支出

第五十六条 会计科目使用说明：

(一) 资产类

第101号科目 国库存款

1. 本科目核算各级总预算会计在国库的预算资金(含一般预算和基金预算)存款。

2. 本科目借方,记国库存款增加数;贷方,记国库存款减少数。本科目借方余额,反映国库存款的结存数。

3. 总预算会计收到预算收入时,根据国库报来的预算收入日报表入账。收到上级预算补助时,根据国库转来有关结算凭证入账。办理库款支付时,根据支付凭证回单入账。

4. 有外币收支业务的总预算会计应按外币的种类设置外币存款明细账。发生外币收支业务时,应根据中国人民银行公布的人民币外汇汇率折合为人民币记账,并登记外国货币金额和折合率。年度终了,应将外币账户余额按照期末国家银行颁布的人民币外汇汇价折合为人民币,作为外币账户期末人民币余额。调整后的各种外币账户人民币余额与原账面余额的差额,作为汇兑损溢列入有关支出科目。

本科目可分一般预算和基金预算存款进行明细核算。

第102号科目 其他财政存款

1. 本科目核算各级总预算会计未列入“国库存款”科目反映的各项财政性存款。包括财政周转金、未设国库的乡(镇)财政在专业银行的预算资金存款以及部分由财政部指定存入专业银行的专用基金存款等。

2. 本科目借方,记其他财政存款增加数;贷方,记其他财政存款减少数。本科目借方余额,反映其他财政存款的实际结存数,其年终余额结转下年。

3. 总预算会计应根据经办行报来的收入日报表或银行收款通知入账。

总预算会计支付其他财政存款时,应根据有关支付凭证的回单入账。

4. 为便于分类管理,“其他财政存款”总账科目下应按交存地点和资金性质分设明细账。

第104号科目 有价证券

1. 本科目核算各级政府按国家统一规定用各项财政结余购买有价证券的库存数。

2. 购入有价证券，借记本科目，贷记“国库存款”、“其他财政存款”科目；到期兑付有价证券时，其兑付本金部分，借记“国库存款”、“其他财政存款”科目，贷记本科目。利息收入通过有关收入科目核算。

3. 本科目借方余额反映有价证券的实际库存数。

4. 本科目应按有价证券种类和资金性质设置明细账。

第 105 号科目　在途款

1. 本科目核算决算清理期和库款报解整理期内发生的上下年度收入、支出业务及需要通过本科目过渡处理的资金数。

2. 决算清理期内收到属于上年度收入时，借记本科目，贷记“一般预算收入”、“补助收入”、“上解收入”等收入科目；收回属于上年度拨款或支出时，借记本科目，贷记“预拨经费”或“一般预算支出”等科目；冲转在途款时，借记“国库存款”科目，贷记本科目。

第 111 号科目　暂付款

1. 本科目核算各级财政部门借给所属预算单位或其他单位临时急需的款项。

2. 借出时，借记本科目，贷记“国库存款”、“其他财政存款”科目；收回或转作预算支出时，借记“国库存款”、“其他财政存款”或有关支出科目，贷记本科目。

3. 本科目应及时清理结算。年终，原则上应无余额。

4. 本科目应按资金性质及借款单位名称设置明细账。

第 112 号科目　与下级往来

1. 本科目核算与下级财政的往来待结算款项。

2. 借给下级财政款时，借记本科目，贷记“国库存款”科目。体制结算中应由下级财政上交的收入数，借记本科目，贷记“上解收入”科目；借款收回、转作补助支出或体制结算应补助下级财政数时，借记“国库存款”、“补助支出”等有关科目，贷记本科目。

3. 本科目借方余额，反映下级财政应归还本级财政的款项；本科目贷方余额，反映本级财政欠下级财政的款项。

4. 本科目应及时清理结算。应转作补助支出的部分，应在当年结清；其他年终未能结清的余额，结转下年。

5. 本科目是往来性质的科目，如发生贷方余额，在编制“资产负债表”时应以负数反映。

6. 本科目应按资金性质和下级财政部门名称设置明细账。

第 121 号科目　预拨经费

1. 本科目核算财政部门预拨给行政事业单位、尚未列为预算支出的经费。

2. 预拨经费时，借记本科目，贷记“国库存款”科目[未设国库的乡（镇）总预算会计，贷记“其他财政存款”科目，下同]；转列支出或收到用款单位交回数时，借记“一般预算支出”、“国库存款”等科目，贷记本科目。

3. 本科目借方余额反映尚未转列支出或尚待收回的预拨经费数。

4. 本科目应按拨款单位设明细账。

第 122 号科目　基建拨款

1. 本科目核算拨付给经办基本建设支出的专业银行或拨付基本建设财务管理部门的基本建设拨款和贷款数。直接拨给建设单位的基本建设资金，不通过本科目核算。

2. 拨出款项时，借记本科目，贷记“国库存款”科目；收到基本建设财务管理部门或受委托的专业银行报来拨付建设单位数及缴回财政数时，借记“一般预算支出”、“国库存款”等有关科目，贷记本科目。

3. 本科目借方余额反映尚未列报支出数。

4. 本科目应按拨款单位设明细账。

第 131 号科目　财政周转金放款

1. 本科目核算财政有偿资金的拨出、贷付及收回情况。

2. 将财政周转金贷给用款单位时，借记本科目，贷记“其他财政存款”科目；收回时，借记“其他财政存款”科目，贷记本科目。

3. 本科目借方余额，反映总预算会计掌握的财政有偿资金放款数。

4. 本科目应按拨(放)款的对象及放款期限设分户明细账。对于周转金放款业务较多的地区,可以由总预算会计或周转金管理机构进行总分类核算,财政业务部门进行明细核算。

第 132 号科目 借出财政周转金

1. 本科目核算上级财政部门借给下级财政部门周转金的借出和收回情况。

2. 借给下级财政部门周转金时,借记本科目,贷记"其他财政存款"科目;下级财政部门归还时作相反会计分录。

3. 本科目借方余额反映借出周转金尚未收回数。

4. 本科目应按借款对象设明细账。

第 133 号科目 待处理财政周转金

1. 本科目核算经审核已经成为呆账,但尚未按规定程序报批核销的逾期财政周转金转入和核销情况。

2. 逾期未还的周转金经批准转入时,借记本科目,贷记"财政周转金贷款"科目;按规定程序报经核销时,借记"财政周转基金"科目,贷记本科目。

3. 本科目借方余额反映尚待核销的待处理资金数。

4. 本科目应按欠款单位名称设明细账。

(二) 负债类

第 211 号科目 暂存款

1. 本科目核算各级财政临时发生的应付、暂收和收到不明性质的款项。

2. 收到暂存款时,借记"国库存款"、"其他财政存款"科目,贷记本科目;冲转退还或转作收入时,借记本科目,贷记"国库存款"、"其他财政存款"或有关收入科目。

3. 本科目贷方余额,反映尚未结清的暂存款数额。

4. 本科目应按资金性质、债权单位或款项来源设明细账。

第 212 号科目 与上级往来

1. 本科目核算与上级财政的往来待结算款项。

2. 从上级财政借入款或体制结算中发生应上交上级财政款项时,借记"国库存款"或"上解支出"科目,贷记本科目;归还借款、转作上级补助收入数或体制结算中应由上级补给款项时,借记本科目,贷记"国库存款"、"补助收入"等科目。

3. 本科目贷方余额,为本级财政欠上级财政的款项;借方余额,为上级财政欠本级财政的款项。

4. 本科目应及时清理结算,年终未能结清的余额,结转下年。

5. 本科目是往来性质的科目,如发生借方余额,在编制"资产负债表"时,应以负数反映。

有基金预算往来的地区,可按资金性质分设明细账。

第 222 号科目 借入款

1. 本科目核算中央财政和地方财政按照国家法律、国务院规定向社会以发行债券等方式举借的债务。上下级财政之间临时性借垫款,不通过本科目核算。

2. 发行债券或举借债务时,借记"国库存款"科目,贷记本科目;到期偿还本金时,借记本科目,贷记"国库存款"科目。

3. 本科目贷方余额,反映尚未偿还的债务。

4. 本科目应按债券种类或债权人设明细账。

第 223 号科目 借入财政周转金

1. 本科目核算地方财政部门向上级财政部门借入有偿使用的财政周转金。

2. 借入时,借记"其他财政存款"科目,贷记本科目;还款时,作相反会计分录。

3. 本科目贷方余额,反映尚未归还的借入财政周转金数。

(三) 净资产类

第 301 号科目 预算结余

1. 本科目核算各级财政预算收支的年终执行结果。

2. 年终转账时,财政部门应将"一般预算收入"、"补助收入——一般预算补助"、"上解收入"、"调入资金"等科目贷方余额转入本科目贷方;将"预算支出"、"补助支出——一般预算补助"、"上解支出"等科目借方余额转入本科目借方。

根据本年预算结余增设周转金时，按增设数借记本科目，贷记"预算周转金"科目。

3. 本科目年终贷方余额，反映本年的预算滚存结余（含有价证券），转入下年度。

第 305 号科目　基金预算结余

1. 本科目核算各级财政管理的政府性基金收支的年终执行结果。

2. 年终转账时，应将"基金预算收入"、"补助收入——基金预算补助"科目余额转入本科目贷方；将"基金预算支出"、"补助支出——基金预算补助"、"调出资金"科目余额转入本科目借方。

3. 本科目年终贷方余额，反映本年基金预算滚存结余，转入下年度。

本科目应根据基金预算科目所列的基金项目逐一反映各项基金的结余。

第 307 号科目　专用基金结余

1. 本科目用于核算总预算会计管理的专用基金收支的年终执行结果。

2. 年终转账时，将"专用基金收入"科目余额转入本科目，借记"专用基金收入"科目，贷记本科目；将"专用基金支出"科目余额转入本科目数，借记本科目，贷记"专用基金支出"科目。

3. 本科目年终贷方余额，反映本年专用基金的滚存结余，转入下年度。

第 321 号科目　预算周转金

1. 本科目核算各级财政设置的用于平衡季节性预算收支差额周转使用的资金。预算周转金应根据《中华人民共和国预算法》要求设置，并不得随意减少。

2. 设置和补充预算周转金时，借记"预算结余"科目，贷记本科目。本科目借方一般无发生额。

第 322 号科目　财政周转基金

1. 本科目核算各级财政部门设置的有偿使用资金。

2. 用预算资金增补有偿使用周转基金时，借记有关预算支出科目，贷记"国库存款"科目；同时借记"其他财政存款"科目，贷记本科目。收回财政周转基金时，借记本科目，贷记有关预算支出科目。用财政周转金收入补充财政周转基金时，借记"财政周转金收入"科目，贷记本科目。

3. 本科目贷方余额，反映财政部门财政周转基金总额，年终余额结转下年。

4. 本科目可根据实际需要设置相应的明细账。

（四）收入类

第 401 号科目　一般预算收入

1. 本科目核算各级财政部门组织的纳入预算的各项收入。

2. 根据国库报来的预算收入日报表所列当日预算收入数，借记"国库存款"科目，贷记本科目；当日收入数为负数时，以红字记入（采用计算机记账的，用负数反映）。年终结账时，将本科目贷方余额全数转入"预算结余"科目，借记本科目，贷记"预算结余"科目。

3. 未设国库的乡（镇）总预算会计根据征收机关（如税务所）报来的预算收入日报表登记预算收入辅助账，待收到县财政返回收入时，再做收入的账务处理。

4. 本科目平时贷方余额，反映预算收入累计数。

5. 本科目应根据《国家预算收支科目》中的"一般预算收入"科目（不含一般预算调拨收入类）设置相应明细账。

第 405 号科目　基金预算收入

1. 本科目核算各级财政部门管理的政府性基金预算收入。

2. 取得基金预算收入时，借记"国库存款"科目，贷记本科目。

对于财政部明文规定在指定银行存储的基金，应按规定办理转存手续。基金预算收入在银行的存款利息收入，作为基金预算收入处理。

年终转账时，将本科目贷方余额全数转入"基金预算结余"科目，借记本科目，贷记"基金预算结余"科目。

3. 本科目平时贷方余额，反映当年基金预算收入累计数。

4. 本科目应按"基金预算收入"科目（不含基金预算调拨收入类）规定设置明细账。

第 407 号科目　专用基金收入

1. 本科目核算财政部门按规定设置或取得的专用基金收入。

2. 从上级财政部门或通过本级预算支出安排取得专用基金收入时，借记“其他财政存款”科目，贷记本科目；退回专用基金收入时，做相反的会计分录。

3. 年终转账时，将本科目余额全部转入“专用基金结余”科目，借记本科目，贷记“专用基金结余”科目。

本科目年终无余额。

第411号科目　补助收入

1. 本科目核算上级财政部门拨来的补助款。包括：

(1) 税收返还收入；

(2) 按财政体制规定由上级财政补助的款项；

(3) 上级财政对本级的专项补助和临时性补助。

2. 收到上级拨入的补助款，借记“国库存款”科目，贷记本科目；从“与上级往来”科目转入本科目时，借记“与上级往来”科目，贷记本科目；退还上级补助，借记本科目，贷记“国库存款”等有关科目。年终本科目贷方余额，应转入“预算结余”科目，借记本科目，贷记“预算结余”科目。

3. 本科目平时贷方余额，反映上级补助收入累计数。

4. 上级财政的“补助支出”应与所属下级财政的“补助收入”的数额相等。

5. 有基金预算补助收入的地区，应将基金预算补助通过明细科目核算。

第412号科目　上解收入

1. 本科目核算下级财政上缴的预算上解款。包括：

(1) 按体制规定由国库在下级预算收入中直接划解给本级财政的款项；

(2) 按体制结算后由下级财政补缴给本级财政的款项和各种专项上解款项。

2. 收到下级上解款时，借记“国库存款”科目，贷记本科目；收入退还时，作相反的会计分录。年终，本科目贷方余额，应全数转入“预算结余”科目，借记本科目，贷记“预算结余”科目。

3. 本科目平时贷方余额，反映下级上解收入累计数。

4. 本级财政的“上解收入”应与所属下级财政的“上解支出”的数额相等。

5. 本科目应按上解地区设明细账。

第414号科目　调入资金

1. 本科目核算各级财政部门因平衡一般预算收支从预算外资金结余以及其他渠道调入的资金。

2. 调入资金，借记“国库存款”科目，贷记本科目。

3. 年终，本科目贷方余额转入“预算结余”科目，借记“调入资金”，贷记“预算结余”科目。

第425号科目　财政周转金收入

1. 本科目核算财政周转金利息及占用费的收入情况。

2. 本科目应设置“利息收入”和“占用费收入”二个明细科目。取得利息收入时，借记“其他财政存款”科目，贷记本科目(利息)；取得占用费收入时，借记“其他财政存款”科目，贷记本科目(占用费)。

3. 年终结账时，应将“财政周转金支出”科目余额转入本科目，借记本科目，贷记“财政周转金支出”科目。本科目余额为当年财政周转金收支结余数，应全数转入“财政周转基金”科目，借记本科目，贷记“财政周转基金”科目，结转后，本科目无余额。

(五) 支出类

第501号科目　一般预算支出

1. 本科目核算各级总预算会计办理的应由预算资金支付的各项支出。

2. 总预算会计办理预算直接支出时，借记本科目，贷记“国库存款”等有关科目；将预拨行政事业单位经费转列支出时，借记本科目，贷记“预拨经费”科目；办理基本建设支出时，实行限额管理的，根据建设银行报来的银行支出数借记本科目，不实行限额管理的，根据拨付用款单位数，借记本科目。支出收回或冲销转账时，借记有关科目，贷记本科目。年终，本科目借方余额应全数转入“预算结余”科目，借记“预算结余”科目，贷记本科目。

3. 本科目平时借方余额，反映预算支出累计数。

4. 本科目应根据《国家预算收支科目》中的“一般预算支出”科目(不含一般预算调拨支出类)分“款”、“项”设明细账。

第505号科目　基金预算支出

1. 本科目核算各级财政部门用基金预算收入安排的支出。

2. 发生基金预算支出时，借记本科目，贷记“国库存款（其他财政存款）”等有关科目；支出收回或冲销转账时，借记有关科目，贷记本科目。年终，本科目借方余额应全数转入“基金预算结余”科目冲销，借记“基金预算结余”科目，贷记本科目。

3. 本科目平时借方余额，反映基金预算支出累计数。

4. 本科目根据“基金预算支出”科目（不含基金预算调拨支出类）设置明细账。

第507号科目　专用基金支出

1. 本科目用于核算各级财政部门用专用基金收入安排的支出。

2. 发生专用基金支出时，借记本科目，贷记“国库存款”（对于根据国家规定将基金存在指定银行的，应为“其他财政存款”，下同）科目。支出收回时，做相反的会计分录。

3. 年终转账时，将本科目余额全部转入“专用基金结余”科目，借记“专用基金结余”科目，贷记本科目。

4. 本科目平时借方余额，反映专用基金支出累计数。

第511号科目　补助支出

1. 本科目核算本级财政对下级财政的补助支出。包括：

(1) 税收返还支出；

(2) 按原财政体制结算应补助给下级财政的款项；

(3) 专项补助或临时性补助。

2. 发生补助支出或从“与下级往来”科目转入时，借记本科目，贷记“国库存款”、“与下级往来”科目；支出退转时，作相反的会计分录。年终，本科目借方余额应转入“预算结余”科目冲销，借记“预算结余”科目，贷记本科目。

3. 本科目平时借方余额，反映补助支出累计数。

4. 本科目应按补助地区设明细账。

5. 用基金预算资金补助下级财政的地区，应分设基金预算补助明细账。

第512号科目　上解支出

1. 本科目核算解缴上级财政的款项。包括：

(1) 按体制由国库在本级预算收入中直接划解给上级财政的款项；

(2) 按体制结算补解给上级财政款项和各种专项上解款项。

2. 发生上解支出时，借记本科目，贷记“国库存款”等有关科目；支出退转时，借记有关科目，贷记本科目。年终，本科目借方余额转入“预算结余”科目，借记“预算结余”科目，贷记本科目。

3. 本科目平时借方余额，反映上解支出累计数。

4. 本科目一般可不设明细账。

第514号科目　调出资金

1. 本科目用于核算各级财政部门从基金预算的地方财政税费附加收入结余中调出，用于平衡预算收支的资金。

2. 调出基金预算结余时，借记本科目，贷记“调入资金”科目。凡是一般预算与基金预算分设存款账户的地区，应同时调整国库存款的明细账。

3. 年终转账时，应将本科目借方余额转入“基金预算结余”科目，借记“基金预算结余”科目，贷记本科目。

第524号科目　财政周转金支出

1. 本科目核算借入上级财政周转金支付的占用费及周转金管理使用过程中按规定开支的相关费用支出情况。

2. 本科目应设置“占用费支出”、“业务费支出”等二个明细科目。

“占用费支出”核算因借入上级财政周转金而支付的资金占用费；

“业务费支出”核算委托银行放款支付的手续费以及经财政部门确定的有关费用支出。

3. 支付占用费时，借记本科目（占用费支出），贷记“其他财政存款”科目；支付手续费时，借记本科目（手续费支出），贷记“其他财政存款”科目。

4. 本科目平时借方余额为已支付的周转金占用费及手续费。

5. 年终结账时将本科目借方余额转入"财政周转金收入"科目冲销，借记"财政周转金收入"科目，贷记本科目。年终结账后本科目无余额。

第九章 会计结账和结算

第五十七条 各级总预算会计应当定期、及时地进行会计结账。结账期限为每月一次。结账的具体方法，按《会计基础工作规范》办理。

第五十八条 各级总预算会计，在会计年度结束前，应当全面进行年终清理结算。年终清理结算的主要事项如下：

一、核对年度预算。预算数字是考核决算和办理收支结算的依据，也是进行会计结算的依据。年终前，各级总预算会计，应配合预算管理部门把本级财政总预算与上、下级财政总预算和本级各单位预算之间的全年预算数核对清楚。追加追减、上划下划数字，必须在年度终了前核对完毕。为了便于年终清理，本年预算的追加追减和企事业单位的上划下划，一般截至 11 月底为止。各项预算拨款，一般截至 12 月 25 日为止。

二、清理本年预算收支。凡属本年的一般预算收入，都要认真清理，年终前必须如数缴入国库。督促国库在年终库款报解整理期内，迅速报齐当年的预算收入。应在本年预算支领列报的款项，非特殊原因，应在年终前办理完毕。

清理基金预算收支和专用基金收支。凡属应列入本年的收入，应及时催收，并缴入国库或指定的银行账户。

三、组织征收机关和国库进行年度对账。年度终了后，按照国库制度的规定，支库应设置十天的库款报解整理期(设置决算清理期的年度，库款报解整理期相应顺延)。各经收处 12 月 31 日前所收款项均应在"库款报解整理期"内报达支库，列入当年决算。同时，各级国库要按年度决算对账办法编制收入对账单，分送同级财政部门、征收机关核对签章。保证财政收入数字的一致。

四、清理核对当年拨款支出。各级总预算会计对本级各单位的拨款支出应与单位的拨款收入核对清楚。对于当年安排的非包干使用的拨款，其结余部分应根据具体情况处理。属于单位正常周转占用的资金，可仍作为预算支出处理；属于应收回的拨款，应及时收回，并按收回数相应冲减预算支出。属于预拨下年度的经费，不得列入当年预算支出。

五、清理往来款项。各级财政的暂收、暂付等各种往来款项，要在年度终了前认真清理结算，做到人欠收回，欠人归还。应转作各项收入或各项支出的款项，要及时转入本年有关收支账。

六、清理财政周转金收支。各级财政预算部门或周转金管理机构应对财政周转金收支款项、上下级财政之间的财政周转金借入借出款项进行清理。同时对于各项财政周转金贷放款进行清理。财政周转金明细账由财政业务部门核算的，各预算部门或周转金管理机构应与业务部门的明细账进行核对，做到账账相符。

七、进行年终财政结算。各级财政要在年终清理的基础上，结清上下级财政总预算之间的预算调拨收支和往来款项。要按照财政管理体制的规定，计算出全年应补助、应上解和应返还数额，与年度预算执行过程中已补助、已上解和已返还数额进行比较，结合借垫款项，计算出全年最后应补或应退数额，填制"年终财政决算结算单"，经核对无误后，作为年终财政结算凭证，据以入账。

第五十九条 各级总预算会计，对年终决算清理期内发生的会计事项，应当划清会计年度。属于清理上年度的会计事项，记入上年度账内；属于新年度的会计事项，记入新账。要防止错记漏记。

第六十条 经过年终清理和结算，把各项结算收支记入旧账后，即可办理年终结账。年终结账工作一般分为年终转账、结清旧账和记入新账三个环节，依次作账。

一、年终转账。计算出各账户 12 月份合计数和全年累计数，结出 12 月末余额，编制结账前的"资产负债表"。再将应对冲转账的各个收入、支出账户余额，填制 12 月份的记账凭证(凭证按 12 月份连续编号，填制实际处理日期)，分别转入"预算结余"、"基金预算结余"和"专用基金结余"科目冲销。将当年"财政周转金支出"转入"财政周转金收入"科目冲销，并将财政周转金收支相抵后的余额转入"财政周转基金"。

二、结清旧账。将各个收入和支出账户的借方、贷方结出全年总计数，然后在下面划双红线，表示本账户全部结清。

对年终有余额的账户，在“摘要”栏内注明“结转下年”字样，表示转入新账。

三、记入新账。根据本年度各个总账账户和明细账户年终转账后的余额编制年终决算“资产负债表”和有关明细表（不编记账凭证），将表列各账户的余额直接记入新年度有关总账和明细账各账户预留空行的余额栏内，并在“摘要”栏注明“上年结转”字样，以区别新年度发生数。

决算经本级人民代表大会常务委员会（或人民代表大会）审查批准后，如需更正原报决算草案收入、支出数字时，则要相应调整旧账，重新办理结账和记入新账。

第十章　会计报表的编审

第六十一条　总预算会计报表是各级预算收支执行情况及其结果的定期书面报告，是各级政府和上级财政部门了解情况、掌握政策、指导预算执行工作的重要资料，也是编制下年度预算的基础。

各级总预算会计必须定期编制和汇总预算会计报表。

第六十二条　总预算会计报表有资产负债表、预算执行情况表、财政周转金收支情况表、财政周转金设放情况表、预算执行情况说明书及其他附表等。其他附表有基本数字表、行政事业单位收支汇总表以及所附会计报表。报表格式及说明详见本制度附件三。

各级总预算会计报表按旬、按月、按年编报。旬报、月报和年报的报送期限及编报内容应根据上级财政部门具体要求和本行政区域预算管理的需要办理。

第六十三条　各级总预算会计报表要做到数字正确，报送及时，内容完整。

一、各级总预算会计要加强日常会计核算工作，督促有关单位及时记账、结账。所有预算会计单位都应在规定的期限内报出报表，以便主管部门和财政部门及时汇总。

二、总预算会计报表的数字，必须根据核对无误的账户记录汇总。切实做到账表相符，有根有据。不能估列代编，更不能弄虚作假。

三、总预算会计报表要严格按照统一规定的种类、格式、内容、计算方法和编制口径填制，以保证全国统一汇总和分析。汇总报表的单位，要把所属单位的报表汇集齐全，防止漏报。

第六十四条　总预算会计的年报，即各级政府决算，反映着年度预算收支的最终结果。各级总预算会计在财政部门首长的领导下，参与或具体负责组织下列决算草案编审工作：

一、参与组织制定决算草案编审办法。根据上级财政部门的统一要求和本行政区域预算管理的需要，提出年终收支清理、数字编列口径、决算审查和组织领导等具体要求，并对财政结算、结余处理等具体问题规定处理办法。

参与组织制定本级单位决算草案编审办法。

二、参与制发或根据上级财政部门的要求结合本行政区域的具体情况转（制）发本行政区域财政总决算统一表格和本级单位决算统一表格。协同财务部门设计基本数字表及其他附表。

三、办理全年各项收支、预拨款项、往来款项等会计对账、结账工作。

四、对下级财政部门和同级单位预算主管部门布置决算草案编审工作，并督促检查其及时汇总报送决算。

五、审查、汇总所属财政决算草案收支各表，并负责全部决算草案的审查汇总工作。

六、编写决算说明书，向上级财政部门汇报决算编审工作情况，进行上下级财政之间的财政体制结算以及财政总决算的文件归档工作。

第六十五条　各级财政部门应将汇总编制的本级决算草案及时报本级政府审定。各级财政部门应按照上级财政部门规定的时限和份数，将经本级人民政府审定的本行政区域决算草案逐级及时报送备案。计划单列城市的会计报表和年度财政决算在报送省级财政部门的同时，直接报送财政部。

第十一章　会 计 电 算 化

第六十六条　为了保证总预算会计电算化核算的准确、安全，省级（含省本级）以上财政部门必须制订相应的会计电算化管理办法并严格执行。省以下各级财政部门应相应制定有关具体实施办法。

第六十七条　随着计算机在会计领域的开发和运用，各级总预算会计人员要熟练掌握计算机在会计上的运用，实现会计操作技术的现代化。

第六十八条　总预算会计电算化软件，必须符合本制度规定的核算方法，并经财政部鉴定通过后，才能投入使用。

第十二章 会计监督

第六十九条 各级总预算会计应加强各项财政性资金的核算管理与会计监督。严格依法办事,对于不合法的会计事项,应及时予以纠正或及时向领导反映。

第七十条 各级总预算会计应自觉接受审计及监察部门的监督,按规定向审计及监察部门提供有关资料。

第七十一条 各级总预算会计应加强对用款单位拨出款项的管理,及时了解掌握有关单位的用款情况,发现问题及时纠正。

第十三章 附 则

第七十二条 本制度未规定的一般会计处理方法,按财政部发布的《会计基础工作规范》处理。会计档案的管理,按财政部、国家档案局颁发的《会计档案管理办法》执行。

第七十三条 有关预算外资金的核算,由我部另行发文规定。财政周转金由专设的周转金管理部门管理的,其核算应由周转金管理部门参照本制度的规定执行。

第七十四条 本制度解释权属财政部。

第七十五条 本制度自 1998 年 1 月 1 日起执行。财政部 1988 年制发的《财政机关总预算会计制度》及有关补充规定,同时废止。

附一:财政部门总预算会计凭证(略)

附二:财政部门总预算会计账簿(略)

附三:财政部门总预算会计报表(略)

二、行政单位会计制度

财政部关于印发《行政单位会计制度》的通知

财预字[1998]49 号

国务院各部委、各直属机构,各中直机关,各人民团体,全国人大常委会办公厅,全国政协办公厅,高法院,高检院,各省、自治区、直辖市、计划单列市财政厅(局):

为规范行政单位的会计核算行为,我部重新制定了《行政单位会计制度》,现发给你们。本制度从 1998 年 1 月 1 日起执行。我部 1988 年制发的《事业行政单位预算会计制度》同时废止。执行中有何问题,请及时函告我部。

附件:

行政单位会计制度

第一章 总 则

第一条 为了适应我国社会主义市场经济发展的需要,规范行政单位会计核算行为,保证会计信息质量,根据《中华人民共和国会计法》,制定本制度。

第二条 本制度适用于中华人民共和国各级行政机关和实行行政财务管理的其他机关、政党组织(以下统称行政单位)。

第三条 行政单位会计是预算会计的组成部分。其会计核算必须遵守国家有关法律、法规及本制度的规定。

第四条 根据机构建制和经费领报关系,行政单位的会计组织系统,分为主管会计单位、二级会计单位和基层会计单位三级。

向财政部门领报经费,并发生预算管理关系的,为主管会计单位。

向主管会计单位或上一级会计单位领报经费,并发生预算管理关系,有下一级会计单位的,为二级会计单位。

向上一级会计单位领报经费,并发生预算管理关系,没有下级会计单位的,为基层会计单位。

向同级财政部门领报经费,没有下级会计单位的,视同基层会计单位。

主管会计单位、二级会计单位和基层会计单位实行独立会计核算,负责组织管理本部门、本单位的全部会计工作。

不具备独立核算条件的行政单位，实行单据报账制度，作为“报销单位”管理。

第五条　行政单位应当根据本单位的业务规模、人员编制以及负担的会计工作任务，设置相应的会计工作机构，配备会计人员，并应建立岗位责任制度和内部稽核制度。

第六条　会计核算应当以行政单位发生的各项经济业务为对象，记录和反映行政单位自身的各项经济活动。

行政单位的各项资金和财产，均应纳入行政单位会计核算。

第七条　会计核算应当划分会计期间，分期结算账目和编制会计报表。会计期间分为年度、季度和月份。会计年度、季度和月份采用公历日期。

第八条　会计核算以人民币为记账本位币。发生外币收支的，应当按照中国人民银行公布的当日人民币外汇汇率折算为人民币核算。业务收支以外币为主的，也可以选定某种外币为记账本位币。但编制会计报表时，应该按照编报日期的人民币外汇汇率折算为人民币反映。

第九条　会计记账采用借贷记账法。

第十条　会计记录应当使用中文，少数民族地区可以同时使用本民族文字。

第二章　一般原则

第十一条　会计核算应当以行政单位实际发生的经济业务为依据，客观真实地记录、反映各项收支情况及结果。

第十二条　会计信息应当符合国家宏观经济管理的要求，适应预算管理和有关方面了解行政单位财务状况及收支结果的需要，有利于单位加强内部财务管理。

第十三条　会计核算应当按照规定的会计处理方法进行。同类单位会计指标应当口径一致，相互可比。

第十四条　会计处理方法应当前后各期一致，不得随意变更。如确有必要变更，应当将变更的情况、原因和对单位财务收支情况及结果的影响在会计报表中说明。

第十五条　会计核算应当及时进行。

第十六条　会计记录和会计报表应当清晰明了，便于理解和运用。

第十七条　会计核算以收付实现制为基础。

第十八条　凡是指定用途的资金应按规定的用途使用，并单独核算反映。

第十九条　各项财产物资应当按照取得或购建时的实际成本计价。除国家另有规定者外，一律不得自行调整其账面价值。

第二十条　会计报表应当全面反映行政单位的财务收支情况及其结果。对于重要的业务事项，应当单独反映。

第三章　资　　产

第二十一条　资产是行政单位占有或者使用的，能以货币计量的经济资源。包括流动资产和固定资产。

第二十二条　流动资产是指可以在一年内变现或者耗用的资产，包括现金、银行存款、暂付款、库存材料等。

现金和银行存款按照实际收入和支出数额记账。

行政单位必须严格银行存款的开户管理，禁止多头开户。预算经费应由财务部门统一在同级财政部门或上级主管部门指定的国家银行开户，不得自行转移资金。

暂付款是行政单位在业务活动中与其他单位、所属单位或本单位职工发生的临时性待结算款项。

暂付款按实际发生数额记账。

行政单位对暂付款业务要严格控制，健全手续，及时清理。属于临时性往来借欠款要及时结算，不得长期挂账。

库存材料是指行政单位大宗购入进入库存，并陆续耗用的行政用物资材料。库存材料应按实际耗用数列支。办公用品数量不大，随买随用的，按购入数直接列为支出。

行政单位的库存材料每年至少应当清点一次。如发生盘亏、盘盈，应当查明原因，作为增加或减少当期支出处理。

第二十三条 有价证券是指行政单位用结余资金购买的国债。行政单位购买的有价证券作为流动资产管理。

有价证券按取得时的实际成本记账。购入的有价证券应作为货币资金妥善保管,做到账券相符。

当期有价证券的利息以及转让有价证券取得的收入与其账面成本的差额,记入当期收入。

第二十四条 固定资产是指使用年限在一年以上,单位价值在规定标准以上,并在使用过程中基本保持原来物质形态的资产。包括房屋及建筑物、专用设备、一般设备、文物和陈列品、图书、其他固定资产。

单价虽然未达到规定标准,但使用时间在一年以上的大批同类物资,应作为固定资产核算。

固定资产应当按照取得或购建时的实际成本记账。盘盈和接受损赠的固定资产应当按照同类资产的市场价格或者有关凭据确定固定资产价值。

对固定资产进行改建、扩建,其净增值部分,应当计入固定资产价值。

行政单位的固定资产不计提折旧。

第二十五条 行政单位对其占有或使用的固定资产,每年应当盘点一次。

固定资产报废、调拨和变卖,必须按规定的程序报经审批。

转让、毁损、报废及盘亏的固定资产,应当相应减少固定资产账面价值。有偿转让、变卖固定资产取得的变价收入和清理报废固定资产取得的变价收入,作为其他收入处理。清理固定资产所发生的费用,作为当期支出。出租固定资产取得的价款,应当记入其他收入。

第四章 负 债

第二十六条 负债是行政单位承担的能以货币计量,需要以资产偿付的债务,包括应缴预算款、应缴财政专户款、暂存款等。

第二十七条 应缴预算款是指行政单位在业务活动中按规定取得的应缴财政预算的各种款项,主要包括纳入预算管理的政府性基金、行政性收费罚款(指按国家规定由行政机关直接收缴的部分,下同)、没收财物变价款、无主财物变价款、赃款和赃物变价款、其他应缴预算的资金等。

行政单位取得的应缴预算款项应当按照规定及时、足额上缴国库。对于未达到缴款起点或需要定期清缴的,应及时存入银行存款账户。

行政单位的应缴预算款项应当按照同级财政部门规定的缴款方式、缴款期限及其他缴款要求及时办理缴库。每月月末不论是否达到缴款额度,均应清理结缴。任何单位不得缓缴、截留、挪用或自行坐支应缴预算款项。年终必须将当年的应缴预算款项全部清缴入库。

第二十八条 应缴财政专户款是指行政单位按规定代收的应上缴财政专户的预算外资金。应缴财政专户的预算外资金范围及管理办法,按国务院和财政部规定办理。

第二十九条 暂存款是行政单位在业务活动中与其他单位和个人发生的待结算款项。

各种应缴款及暂存款项应及时清理并按规定办理结算。不得长期挂账。

第三十条 各项负债应按实际发生数额记账。

第五章 净 资 产

第三十一条 净资产是指行政单位资产减负债和收入减支出的差额,包括固定基金、结余等。

第三十二条 固定基金是指行政单位固定资产所占用的基金。

固定基金按实际发生数额记账。

第三十三条 结余是行政单位各项收入与支出相抵后的余额。行政单位的正常经费结余与专项资金结余应分别核算。

第六章 收 入

第三十四条 收入是指行政单位为开展业务活动,依法取得的非偿还性资金。包括拨入经费、预算外资金收入、其他收入等。

第三十五条 拨入经费是指行政单位按照经费领报关系,由财政部门或上级单位拨入的预算经费。

行政单位应根据经上级主管部门或财政部门核定的季度(分月)用款计划,按经费领报关系向上级主管部门或同级财政部门申请拨款。

拨入经费应按预算规定的用途使用,未经同级财政部门批准,不得擅自改变用途。

第三十六条　预算外资金收入是指财政部门按规定从财政专户核拨给行政单位的预算外资金和部分经财政部门核准不上缴预算外资金财政专户，而直接由行政单位按计划使用的预算外资金。

其他收入是指行政单位按规定收取的各种收入，以及其他来源形成的收入。

第三十七条　由财政部门拨入的经费和预算外资金收入中属于指定用途，用于完成专项工程或专项工作，并需要单独报账结算的资金，应当与正常的拨款区分开来，分别核算。

第三十八条　行政单位的各项收入应按实际发生数额记账。

第七章　支　出

第三十九条　支出是指行政单位为开展业务活动所发生的各项资金耗费及损失。

第四十条　行政单位的支出根据资金管理要求分为经常性支出和专项支出。

经常性支出是指行政单位为维持正常运转和完成日常工作任务发生的支出；专项支出是行政单位为完成专项或特定工作任务发生的支出。经常性支出和专项支出的具体项目包括基本工资、补助工资、其他工资、职工福利费、社会保障费、公务费、业务费，修缮费、设备购置费、其他费用等。

行政单位收回本年度已列为经费支出的款项，冲减当年的经费支出；收回以前年度已经列为经费支出的款项，增加上年结余，不得冲减当年经费支出。

第四十一条　行政单位的各项支出按实际支出数额记账。

第八章　会计科目

第四十二条　行政单位会计科目使用要求：

一、本制度规定的会计科目，是汇总和检查行政单位资金活动情况和结果的总账科目。非经财政部同意，不得减并或自行增设，不得擅自更改科目名称。不需要的科目可以不用。

二、本制度统一规定会计科目编号。各行政单位在使用会计科目编号时，应与会计科目名称同时使用。可以只使用会计科目名称，不用科目编号，但不得只填科目编号，不写科目名称。

第四十三条　各行政单位适用的会计科目如下：

会计科目表

编号	科目名称	编号	科目名称
	一、资产类		三、净资产类
101	现金	301	固定基金
102	银行存款	303	结余
103	有价证券		四、收入类
104	暂付款	401	拨入经费
105	库存材料	404	预算外资金收入
106	固定资产	407	其他收入
	二、负债类		五、支出类
201	应缴预算款	501	经费支出
202	应缴财政专户款	502	拨出经费
203	暂存款	505	结转自筹基建

第四十四条　会计科目使用说明：

(一) 资产类

第101号科目　现金

1. 本科目核算行政单位的库存现金。

2. 收到现金，借记本科目，贷记有关科目；支出现金，借记有关科目，贷记本科目。

本科目借方余额，反映行政单位库存现金数额。

3. 行政单位应设置“现金日记账”，由出纳人员根据收付款凭证，按照业务的发生顺序逐笔登记。每日业务终了，应计算当日的现金收入合计数、现金支出合计数和结余数，并将结余数与实际库存数核对，做到账款相符。

4. 有外币现金的行政单位，应分别按人民币、各种外币设置“现金日记账”进行明细核算。具体参见“银行存款”科目。

第102号科目　银行存款

1. 本科目核算行政单位存入银行其他金融机构的各种款项。

2. 行政单位将款项存入银行或其他金融机构时，借记本科目，贷记“现金”等有关科目；提取和支出存款时，借记“现金”等有关科目，贷记本科目。

本科目借方余额，反映行政单位银行存款数额。

3. 行政单位应按开户银行、存款种类等，分别设置“银行存款日记账”。由出纳人员根据收付款凭证，按照业务的发生顺序逐笔登记，每日终了应结出余额。“银行存款日记账”应定期与银行对账，至少每月核对一次。月份终了，行政单位账面结余与银行对账单人余额之间如有差额，应逐笔查明原因，分别情况进行处理。属于未达账项，应按月编制“银行存款余调节表”，调节相符。

4. 有外币存款的行政单位，应在本科目下分别人民币和各种外币设置“银行存款日记账”进行明细核算。

行政单位发生的外币银行存款业务，应将外币金额折合为人民币记账，并登记外国货币金额和折合率。外国货币折合为人民币记账时，应按业务发生时的中国人民银行公布的人民币外汇汇率折算。年度终了(外币存款业务量大的机关可按季或月结算)，行政单位应将外币账户余额按照期末中国人民银行公布的人民币外汇汇率折合为人民币，作为外币账户的期末人民币余额。调后的各外币账户人民币余额与原账面余额的差额，作为汇兑损溢列入有关支出。

第103号科目　有价证券

1. 本科目核算行政单位购入的有价证券。

2. 购入有价证券时，按照实际支付的款项，借记本科目，贷记“银行存款”科目；兑付本息时，借记“银行存款”科目，贷记本科目(本金)和“其他收入”(利息)科目。

本科目借方余额，反映尚未兑付的有价证券本金数。

第104号科目　暂付款

1. 本科目核算行政单位发生的待核销的结算款项。

2. 发生暂付款时，借记本科目，贷记“现金”、“银行存款”等有关科目；结算收回或核销转列支出时，借记“经费支出”等有关科目，贷记本科目。

本科目借方余额，反映尚等结算的暂付款累计数。

3. 本科目应按债务单位或个人名称设置明细账。

第105号科目　库存材料

1. 本科目核算行政单位大宗购入、需要库存的物资材料等。行政单位办公材料随买随用或没有大宗购入，不需要库存的，可以不设本科目。

2. 购入、有偿调入的材料，分别以购价、调拨价作为入账价格。材料采购、运输过程中发生的差旅费、运杂费等不计入库存材料价格，直接列入有关支出科目核算。

3. 购入材料并已验收入库时，借记本科目，贷记“银行存款”等有关科目；领用出库时，贷记本科目，借记有关支出科目。

本科目借方余额，反映行政单位库存材料的实际库存数。

4. 本科目应按库存材料的类别、品种等有关项目设置明细账，并根据库存材料入库、出库单逐笔登记。

5. 行政单位的库存材料，每年至少应盘点一次。对于发生的盘盈、盘亏等情况，应当查明原因，属于正常的溢出或损耗，作为减少或增加当期支出处理。盘盈时，借记本科目，贷记有关支出科目；盘亏时，借记有关支出科目，贷记本科目。属于非正常性的毁损，应按规定的程序报经批准后处理。

库存材料变价处理，恢复存款。变价发生损溢，相应增减当期支出。

第106号科目　固定资产

1. 本科目核算行政单位固定资产的原价。

2. 行政单位的固定资产应按照下列规定确定其价值，登记入账：

(1) 购入、调入的固定资产，按实际支付的买价、调拨价以及运杂费、保险费、安装费、车辆购置附加费记账。

(2) 自行建造的固定资产，应按建造过程中实际发生的全部支出记账。

(3) 在原有固定资产基础上进行改建、扩建的固定资产，应按改建、扩建发生的支出，减去改建、扩建过程中发生的变价收入后的净增加值，增记固定资产。

(4) 接受捐赠的固定资产，应当按照同类固定资产的市场价格或者有关凭据记账。接受固定资产时发生的相关费用，应当记入固定资产价值。

(5) 无偿调入的固定资产，应当按估计价值记账。

(6) 盘盈的固定资产，按重置完全价值记账。

(7) 已投入使用但尚未办理移交手续的固定资产，可先按估计价值记账。待确定实际价值后，再进行调整。

购置固定资产过程中发生的差旅费，不计入固定资产价值。

3. 已经入账的固定资产，除发生下列情况外，不得任意变动：

(1) 根据国家规定对固定资产价值重新估价；

(2) 增加补充设备或改良装置的；

(3) 将固定资产的一部分拆除的；

(4) 根据实际价值调整原来暂估价值的；

(5) 发现原来记录固定资产价值有错误的。

4. 本科目的使用方法：

购建、有偿调入固定资产时，借记有关支出科目，贷记“银行存款”等科目；同时，借记本科目，贷记“固定基金”科目。

接受捐赠固定资产，借记本科目，贷记“固定基金”科目。

盘盈的固定资产，按重置完全价值，借记本科目，贷记“固定基金”科目。

有偿调出、变卖的固定资产，按其账面价值销账，借记“固定基金”科目，贷记“固定资产”科目。

盘亏、毁损、报废的固定资产，按减少固定资产的账面原值销账。毁损、报废固定资产清理过程中发生的收入记入“其他收入”科目，清理过程中的支出，记入有关支出科目。

5. 本科目借方余额，反映行政单位所有固定资产价值的总额。

6. 行政单位应设置“固定资产登记簿”或“固定资产卡片”，按固定资产类别进行明细核算。

(二) 负债类

第 201 号科目　应缴预算款

1. 本科目核算行政单位按规定应缴入国家预算的款项。

行政单位的应缴预算款主要包括：纳入预算管理的政府性基金、行政性收费、罚款、没收财物变价款、无主财物变价款、赃款和赃物变价款、其他按照预算管理规定应上缴预算的款项。

2. 收到应缴预算款项时，借记“银行存款”等科目，贷记本科目；上缴时，借记本科目，贷记“银行存款”等科目。

本科目贷方余额，反映应缴未缴数。年终，本科目应无余额。

3. 本科目应按应缴预算款项的类别设置明细账。

第 202 号科目　应缴财政专户款

1. 本科目核算行政单位按规定代收的应上缴财政专户的预算外资金。

2. 收到应上缴财政专户的各项收入时，借记“银行存款”等科目，贷记本科目；上缴财政专户时，作相反的会计分录；实行预算外资金结余上缴财政专户办法的单位定期结算预算外资金结余时，应按结余数借记“预算外资金收入”科目，贷记本科目；实行按比例上缴财政专户的行政单位收到预算外资金收入时，应分别记入“应缴财政专户款”和“预算外资金收入”科目，借记“银行存款”科目，贷记“预算外资金收入”科目，贷记“应缴财政专户款”科目。

本科目贷方余额，反映应缴未缴数。年终，本科目应无余额。

3. 本科目应按预算外资金的类别设置明细账。

第 203 号科目　暂存款

1. 本科目核算行政单位发生的临时性暂存、应付等待结算款项。

2. 收到暂存款时，借记“银行存款”、“现金”等科目，贷记本科目；冲转或结算退还时，借记本科目，贷记

"银行存款"、"现金"等科目。

本科目贷方余额,反映尚未结算的暂存款数额。

3. 本科目应按债权单位或个人名称设置明细账。

(三) 净资产类

第 301 号科目 固定基金

1. 本科目核算行政单位因购入、调入、建造、接受捐赠以及盘盈固定资产所形成的基金。

2. 增加固定基金时,借记"固定资产"科目或有关科目,贷记本科目;减少固定资产基金时,借记本科目,贷记有关科目。

本科目贷方余额,反映行政单位固定基金总额。

第 303 号科目 结余

1. 本科目核算行政单位年度各项收支相抵后的累计余额。

2. 年终,将"拨入经费"(不含预拨下年经费)、"预算外资金收入"和"其他收入"科目的余额转入本科目的贷方,借记"拨入经费"、"预算外资金收入"、"其他收入"科目,贷记本科目;将"经费支出"(不含预拨下年经费)、"拨出经费"和"结转自筹基建"科目的余额转入本科目借方,借记本科目,贷记"经费支出"、"拨出经费"科目。有专项资金收支的单位,应将非专项的收支分别转入"结余"科目的"经常性结余"明细科目中;将专项收入和支出分别转入结余科目的"专项结余"明细科目中。

年终本科目贷方余额为行政单位滚存结余。

3. 有专项资金的单位应将结余分为经常性结余和专项结余进行明细核算。

(四) 收入类

第 401 号科目 拨入经费

1. 本科目核算行政单位按照经费领报关系,由财政部门或上级单位拨入的预算经费。

2. 收到拨款时,借记"银行存款"科目,贷记本科目;缴回拨款时,借记本科目,贷记"银行存款"科目。平时贷方余额反映拨入经费累计数。

3. 年终结账时,将本科目贷方余额(不含收到财政部门或上级单位预拨下年度的经费)转入"结余"科目。借记本科目,贷记"结余"科目。

4. 本科目应按拨入经费的资金管理要求分别设置拨入经常性经费和拨入专项经费两个二级科目。二级科目下按"国家预算收支"科目的"款"级科目设明细账。行政单位收到非主管会计单位拨入的财政性资金(如公费医疗经费、住房基金等),应在"拨入专项经费"二级科目下按拨入的单位分别进行明细核算。

第 404 号科目 预算外资金收入

1. 本科目核算行政单位预算外资金的收入情况。

2. 行政单位收到从财政专户核拨本单位的预算外资金时,借记"银行存款"等有关科目,贷记本科目。主管部门收到财政专户核拨的属于应返还所属单位的预算外资金时,通过"暂存款"科目核算。

实行按确定的比例上缴预算外资金财政专户办法的行政单位收到预算外资金时,借记"银行存款"等科目,贷记"应缴财政专户款"科目,贷记本科目;实行结余上缴预算外资金财政专户办法的单位收到预算外资金收入时,借记"银行存款"科目,贷记本科目,定期结算应缴预算外资金结余时,借记本科目,贷记"应缴财政专户款"科目。

3. 年终结账时,将本科目贷方余额全数转入"结余"科目,结转后本科目无余额。

4. 本科目应按预算外资金收入管理要求分别设置经常性收入和专项收入二级科目,二级科目下按预算外资金项目设置明细账。

第 407 号科目 其他收入

1. 本科目核算行政单位其他资金收入的情况。包括:行政单位在业务活动中取得的不必上交财政的零星杂项收入、有偿服务收入、有价证券及银行存款利息收入等。

2. 发生其他收入时,借记"银行存款"、"现金"等科目,贷记本科目;冲销转出时,借记本科目,贷记有关科目。平时本科目贷方余额反映其他收入累计数。

年终结账时,本科目贷方余额全数转入"结余"科目,借记本科目,贷记"结余"科目。年终转账后,本科目无余额。

3. 本科目可按收入的主要类别设置明细账。

（五）支出类

第501号科目 经费支出

1. 本科目核算行政单位在业务活动中发生的各项支出。

2. 发生支出时，借记本科目，贷记“银行存款”、“现金”等科目；支出收回或冲销转出时，借记有关科目，贷记本科目。平时借方余额反映经费实际支出累计数。

3. 年终，本科目借方余额应转入“结余”科目，借记“结余”科目，贷记本科目。年终转账后，本科目无余额。

4. 本科目应按经常性支出和专项支出分设二级科目，二级科目下按财政部门统一规定的“目”、“节”级支出科目设置明细账。

第502号科目 拨出经费

1. 本科目核算行政单位按核定预算拨付所属单位的预算资金。

2. 转拨经费时，借记本科目，贷记“银行存款”等科目；收回或冲销转出时，借记有关科目，贷记本科目，平时本科目借方余额反映拨出经费累计数。

3. 年终结账时，将本科目借方余额（不含预拨下年经费）转入“结余”科目。

4. 本科目应按拨出经常性经费和拨出专项经费分设二级科目，并按所属拨款单位设置明细账。

第505号科目 结转自筹基建

1. 本科目用于核算行政单位经批准用拨入经费拨款以外的资金安排基本建设，其所筹集并转存建设银行的资金。

2. 将自筹的基本建设资金转存建设银行时，根据转存数借记本科目，贷记“银行存款”科目。基本建设项目完工后剩余资金收回时，做相反的会计分录。

3. 年终结账时，应将本科目借方余额全数转入“结余”科目，借记“结余”科目，贷记本科目。结转后，本科目年终无余额。

第九章 年终清理结算和结账

第四十五条 行政单位在年度终了前，应根据财政部门或主管部门的决算编审工作要求，对各项收支账目、往来款项、货币资金和财产物资进行全面的清理结算。并在此基础上办理年度结账，编报决算。

第四十六条 清理、核对年度预算收支数字和各项缴拨款，保证上下级之间的年度预算数和领拨经费数一致。

第四十七条 为了准确反映各项收支数额，凡属本年度的应拨款项，应当在12月31日前汇达对方。主管会计单位对所属各单位的预算拨款和预算外资金拨款，截止12月25日为止，逾期一般不再下拨。

第四十八条 凡属本年的各项收入，都要及时入账。本年的各项应缴预算款和应缴财政专户的预算外资金要在年终前全部上缴。属于本年的各项支出，要按规定的支出渠道如实列报。

年度单位支出决算，一律以基层用款单位截止12月31日止的本年实际支出数为准，不得将年终前预拨下级单位的下年预算拨款列入本年的支出，也不得以上级会计单位的拨款数代替基层会计单位的实际支出数。

第四十九条 行政单位的往来款项，年终前应尽量清理完毕。按照有关规定应当转作各项收入或各项支出的往来款项要及时转入各有关账户，编入本年决算。主管单位收到财政专户核算的预算外资金属于应返还所属单位的部分应及时转拨所属单位，不得在“暂存款”挂账。

第五十条 行政单位年终要及时同开户银行对账，银行存款账面余额，要同银行对账单的余额核对相符。现金账面余额，要同库存现金核对相符。有价证券账面数额，要同实存的有价证券实际成本核对相符。

第五十一条 年终前，应对各项财产物资进行清理盘点，发生盘盈、盘亏的，要及时查明原因，按规定作出处理，调整账务，做到账实相符，账账相符。

第五十二条 行政单位在年终清理结算的基础上进行年终结账。年终结账包括年终转账、结清旧账和记入新账。

年终转账。账目核对无误后，首先计算出各账户借方或贷方的12月份合计数和全年累计数，结出12月末的余额。然后，编制结账前的“资产负债表”，试算平衡后，再将应对冲结转的各个收支账户的余额按年终转账办法，填制 12 月 31 日的记账凭单办理结账冲转。

结清旧账。将转账后无余额的账户结出全年总累计数，然后在下面划双红线，表示本账户全部结清。对年终有余额的账户，在“全年累计数”下行的“摘要”栏内注明“结转下年”字样，再在下面划双红线，表示年终余额转入新账，旧账结束。

记入新账。根据本年度各账户余额，编制年终决算的“资产负债表”和有关明细表，将表列各账户的年终余额数(不编制记账凭单)，直接记入新年度相应的各有关账户，并在“摘要”栏注明“上年结转”字样，以区别新年度发生数。

第五十三条　行政单位的决算经财政部门或上级单位审核批复后，需调整决算数字时，应作相应调整。

第十章　会计报表的编审

第五十四条　会计报表是反映行政单位财务会计状况和预算执行结果的书面文件。包括资产负债表、收入支出总表、支出明细表、附表和报表说明书。具体报表格式见本制度所附《会计凭证、账簿、报表》。

有专款收支业务的，还应按专款的种类编报专项资金支出明细表。

第五十五条　资产负债表是反映行政单位在某一特定日期财务状况的报表。资产负债表的项目，应当按会计要素的类别分别列示。

收入支出总表是反映行政单位年度收支总规模的报表。收入支出总表按单位实有各项收支项目汇总列示。

支出明细表是反映行政单位在一定时期内预算执行情况的报表。支出明细表的项目，应当按“国家预算支出”科目列示。对于用财政拨款和预算外资金收入安排的支出应按支出的用途分别列示。

附表是指根据财政部门或主管会计单位的要求编报的补充性报表，如基本数字表。附表按财政部门和上级单位规定的项目列示。

第五十六条　行政单位应当按财政部门或上级单位的规定报送月度、季度和年度会计报表。

月报，是反映行政单位截止报告月度资金活动和经费收支情况的报表。月报要求编报资产负债表、支出明细表。

季报，是分析、检查行政单位季度资金活动情况和经费收支情况的报表，应在月报的基础上较详细地反映单位经费收支的全貌。各行政单位的季报，要求在月报的基础上加报基本数字表。

年报(年度决算)，是全面反映年度资金活动和经费收支执行结果的报表。年度决算报表种类和要求等，按照财政部门和上级单位下达的有关决算编审规定组织执行。

第五十七条　行政单位的会计报表，要保证数字准确、内容完整、报送及时。会计报表必须经会计主管人员在机关负责人审阅签章并加盖公章后上报。财政部门和上级单位对于屡催不报报表的单位，有权暂停其预算拨款或预算外资金的拨付。

第五十八条　基层单位的会计报表，应根据登记完整、核对无误的账簿记录和其他有关资料编制，切实做到账表相符，不得估列代编。

第五十九条　主管会计单位除根据会计账簿记录和有关资料编制本级的会计报表外，还应根据本级会计报表和经审查过的所属单位会计报表，编制汇总会计报表。

第六十条　行政单位在报送月报、季报、年报时都应编写报表说明书。报表说明书包括报表编制技术说明和报表分析说明。

报表技术说明主要包括：采用的主要会计处理方法，特殊事项的会计处理方法，会计处理方法的变更情况，变更原因以及对收支情况和结果的影响等。

报表分析说明一般包括：基本情况，影响预算执行、资金活动的原因，经费支出、资金活动的趋势，管理中存在的问题和改进措施，对上级会计单位工作的意见和建议。

第十一章　附　　则

第六十一条　本制度没有特殊规定的一般会计处理方法，按财政部发布的《会计基础工作规范》办理。会计档案的管理，按财政部、国家档案局颁发的《会计档案管理办法》执行。

行政单位基本建设投资会计核算，按照有关规定办理。

第六十二条　本制度由财政部负责解释。

第六十三条　本制度从 1998 年 1 月 1 日起执行。财政部 1988 年制定的《事业行政单位预算会计制度》及其补充规定在行政单位同时停止执行。各部门自行制定的适用于行政单位的会计制度同时废止。

附件一　行政单位会计凭证(略)

附件二　行政单位会计账簿(略)

附件三　行政单位会计报表(略)

三、事业单位会计准则

财政部关于发布《事业单位会计准则(试行)》的通知

财预字[1997]第286号

国务院各部委、直属机构,各省、自治区、直辖市、计划单列城市财政厅(局):

为了适应社会主义市场经济体制和社会事业发展的需要,规范事业单位会计核算行为,强化事业单位会计的管理与监督职能,推动社会事业稳步、健康发展。根据《中华人民共和国会计法》,我们制定了《事业单位会计准则(试行)》,现发给你们,请遵照执行。财政部1988年制发的《事业行政单位预算会计制度》同时废止。对于执行中发现的问题,请及时向我部反映。

附件:事业单位会计准则(试行)

事业单位会计准则(试行)

第一章　总　则

第一条　为了适应我国社会主义市场经济体制和社会事业发展的需要,规范事业单位会计核算,保证会计信息质量,根据《中华人民共和国会计法》,制定本准则。

第二条　本准则适用于各级各类国有事业单位。

第三条　事业单位会计是预算会计的一个组成部分。事业单位的会计核算工作必须遵守国家有关法律、法规及本准则的规定。事业单位的各项资金和财产均应纳入单位的会计核算。

第四条　会计核算应当以事业单位自身发生的各项经济业务为对象,记录和反映事业单位自身的各项经济活动。

第五条　会计核算应当以事业单位各项业务活动持续正常地进行为前提。

第六条　会计核算应当划分会计期间,分期结算账目和编制会计报表。会计期间分为年度、季度和月份。会计年度、季度和月份的起讫日期采用公历日期。

第七条　会计核算以人民币为记账本位币。发生外币收支的,应当折算为人民币核算。

第八条　会计记账采用借贷记账法。

第九条　会计记录的文字应当使用中文,少数民族地区可以同时使用少数民族文字。

第二章　一般原则

第十条　会计核算应当以实际发生的经济业务为依据,客观真实地记录、反映各项收支情况和结果。

第十一条　会计信息应当符合国家宏观经济管理的要求,适应预算管理和有关方面了解事业单位财务状况及收支情况的需要,并有利于事业单位加强内部经营管理。

第十二条　会计核算应当按照规定的会计处理方法进行。同类单位会计指标应当口径一致,相互可比。

第十三条　会计处理方法应前后各期一致,不得随意变更。如确有必要变更,应将变更的情况、原因和对单位财务收支情况及结果的影响在会计报告中说明。

第十四条　会计核算应当及时进行。

第十五条　会计记录和会计报表应当清晰明了,便于理解和运用。

第十六条　会计核算一般采用收付实现制,但经营性收支业务核算可采用权责发生制。

第十七条　有经营活动的事业单位,其经营支出与相关的收入应当配比。

第十八条　对于国家指定用途的资金,应当按规定的用途使用,并单独核算反映。

第十九条　各项财产物资应当按照取得或购建时的实际成本计价。除国家另有规定者外,不得自行调整其账面价值。

第二十条　会计报表应当全面反映事业单位的财务收支情况及结果。对于重要的业务事项，应当单独反映。

第三章　资　　产

第二十一条　资产是使用单位占有或者使用的能以货币计量的经济资源。包括各种财产、债券和其他权利。

第二十二条　事业单位的资产分为流动资产、对外投资、固定资产、无形资产等。

第二十三条　流动资产是指可以在一年内变现或者耗用的资产。包括现金、各种存款、应收及预付款项、存货等。

现金和各种存款按照实际收入和支出数额记账。

应收及预付款项包括应收票据、应收账款、其他应收款、预付账款等。

应收及预付款项应当按实际发生数额记账。

各项应收及预付款项应当定期与债务人对账核实，及时清算、催收。

存货是指事业单位在业务及其他活动过程中为耗用或者为销售而储存的各种资产。包括材料、产成品等。

各项存货应当按取得时的实际成本记账。

各项存货发出时，可以根据实际情况选择先进现出法、加权平均法等方法，确定其实际成本，计价入账。

各项存货应当定期进行清查盘点。对于发生的盘盈、盘亏以及过时、变质、毁损等报废的，应当计入当期收支。

第二十四条　对外投资是指事业单位利用货币资金、实物和无形资产等方式向其他单位的投资。包括债券投资和其他投资。

以货币资金对外投资，应当按实际支付的款项记账。

以实物和无形资产的方式对外投资，应当按评估确认的价值记账。

投资期内取得的利息、红利等各项投资收益，应当计入当期收入。

转让债券取得的价款或债券到期收回的本息与其账面成本的差额，应当计入当期收入。

第二十五条　固定资产是指使用年限在一年以上，单位价值在规定的标准以上，并在使用过程中基本保持原来物质形态的资产。包括房屋和建筑物、专用设备、一般设备、文物和陈列品、图书、其他固定资产等。

单位价值虽然不足规定标准，但耐用时间在一年以上的大批同类资产，应当作为固定资产核算。

购建的固定资产应当按照取得时的实际成本记账。固定资产借款利息和有关费用，以及外币借款的汇兑差额，在固定资产办理竣工决算之前发生的，应当计入固定资产价值；竣工决算之后发生的，计入当期支出或费用。

接受捐赠的固定资产应当按照同类资产的市场价格或者有关凭据确定固定资产价值。接受捐赠固定资产时发生的相关费用，应当计入固定资产价值。

融资租入的固定资产应当比照自有固定资产核算，并在会计报表附注中说明。

对固定资产进行改建、扩建，其净增值部分，应当计入固定资产价值。

固定资产应当定期进行清查盘点。固定资产转让、清理取得的收入和清理固定资产报废、毁损发生的损失应当相应增减修购基金。盘盈、盘亏固定资产，应当相应增减固定基金。

第二十六条　无形资产是指不具有实物形态而能为事业单位提供某种权利的资产。包括专利权、土地使用权、非专利技术、著作权、商标权、商誉等。

自行开发的无形资产，应当按开发过程中实际发生的支出记账；购入的无形资产，应当按实际成本记账。

实行内部成本核算的事业单位，无形资产应当在受益期内平均摊销，未摊销余额在会计报表中列示。

第四章　负　　债

第二十七条　负债是指事业单位所承担的能以货币计量，需要以资产或劳务偿付的债务。包括借入款项、应付账款、预收账款、其他应付款、各种应缴款项等。

第二十八条　借入款项包括财政部门、上级单位、金融机构借款和向其他单位借入有偿使用的各种款项。

各种应缴款项包括按财政部门规定应缴预算的资金、应缴财政专户的预算外资金、应缴税金以及其他按上级单位规定应上缴的款项。

第二十九条　各种负债应当按实际发生数额记账。负债已经发生而数额需要预计确定的，应当合理预计，待实际数额确定后，进行调整。

第三十条　各种应付款项及应缴款项应及时清理并按规定办理结算，不得长期挂账。

第五章　商品化会计核算软件通过评审后的管理净资产

第三十一条　事业单位净资产是指资产减去负债的差额。包括事业基金、固定基金、专用基金、结余等。

第三十二条　事业基金是指事业单位拥有的非限定用途的净资产。主要包括滚存结余资金等。

事业基金按当期实际发生数额记账。

第三十三条　固定基金是指事业单位固定资产占用的基金。

固定基金应按实际发生数额记账。

第三十四条　专用基金是指事业单位按规定提取、设置的有专门用途的资金。主要包括修购基金、职工福利基金、医疗基金以及其他基金等。

专用基金增加应按当期实际提取转入的数额记账；减少应按当期实际支出数额记账。

第三十五条　结余是指事业单位在一定期间各项收入与支出相抵后的余额。主要包括事业结余和经营结余。

事业结余是指事业单位各项非经营收支相抵后的余额。

经营结余是指事业单位经营收支相抵后的余额。

事业单位结余应按规定进行分配。

第六章　收　　入

第三十六条　收入是指事业单位为开展业务活动，依法取得的非偿还性资金。包括财政补助收入、上级补助收入、事业收入、经营收入、附属单位缴款、其他收入和基本建设拨款收入等。

第三十七条　财政补助收入是指事业单位按核定的预算和经费领报关系从财政部门取得的各类事业经费。

上级补助收入是指事业单位从主管部门和上级单位取得的费财政补助收入。

事业收入是指事业单位开展专业业务活动及辅助活动所取得的收入。其中按规定应上缴财政预算的资金和应缴财政专户的预算外资金不计入事业收入；从财政专户核拨的预算外资金和部分经财政部门核准不上缴财政专户管理的预算外资金，计入事业收入。

经营收入是指事业单位在专业业务活动及辅助活动之外开展非独立核算经营活动取得的收入。

附属单位缴款是指事业单位附属的独立核算单位按规定标准或比例缴纳的各项收入。

事业单位取得的投资收益、利息收入、捐赠收入等应当作为其他收入处理。

基本建设拨款收入是指国家投资于事业单位用于固定资产新建、改扩建工程的拨款。

第三十八条　事业单位的收入一般应当在收到款项时予以确认；对于采用权责发生制的单位取得的经营收入，可以在提供劳务或发出商品，同时收讫价款或者取得索取价款的凭据时予以确认。

对于长期项目的收入，应当根据年度完成进度予以合理确认。

第三十九条　事业单位取得收入为实物时，应当根据有关凭据确认其价值；没有凭据可供确认的，参照其市场价格确定。

第七章　支　　出

第四十条　支出是指事业单位为开展业务活动和其他活动所发生的各项资金耗费及损失以及用于基本建设项目的开支。包括事业支出、经营支出、对附属单位补助、上缴上级支出、基本建设支出等。

第四十一条　事业支出是指事业单位开展各项专业业务活动及其辅助活动发生的支出。

经营支出是指事业单位在专业业务活动及其辅助活动之外开展非独立核算经营活动发生的支出。

对附属单位补助是指事业单位用非财政预算资金对附属单位补助发生的支出。

上缴上级支出是指事业单位按规定标准或比例上缴上级单位的支出。

基本建设支出是指事业单位列入基本建设计划，用国家基本建设资金或自筹资金安排的固定资产新建、扩建和改建形成的支出。

第四十二条 事业单位从事各项业务活动发生的支出，应当正确予以归集；无法直接归集的，应当按标准和规定的比例在事业支出和经营支出中进行合理分摊。

第四十三条 事业单位在实行内部成本核算中发生的各项费用应当正确予以归集。

第八章 会计报表

第四十四条 会计报表是反映事业单位财务状况和收支情况的书面文件。包括资产负债表、收入支出表、基建投资表、附表及会计报表附注和收支情况说明书等。

第四十五条 资产负债表是反映事业单位在某一特定日期财务状况的报表。资产负债表的项目应当按会计要素的类别，分别列示。

第四十六条 收入支出表是反映事业单位在一定期间的收支结余及其分配情况的报表。收入支出表的项目，应当按收支的构成和结余分配情况分项列示。

收入支出表的附表主要有事业支出明细表和结余支出明细表。支出明细表的项目应按"国家预算支出"科目列示。在事业支出明细表中，对于用财政拨款和预算外资金收入安排的支出应按财政部门的规定列示。

第四十七条 基建投资表是反映投入、借入的基本建设资金及其使用情况的报表。

第四十八条 会计报表可以采用前后期对比方式编列。上期项目分类和内容与本期不一致的，应当将上期数按本期项目和内容进行调整，必要时需加以说明。

第四十九条 会计报表应当根据登记完整、核对无误的账簿记录和其他有关资料编制，做到数字真实、计算准确、内容完整、报送及时。

第五十条 主管部门或单位应根据同级财政部门的要求，在认真审核所属事业单位会计报表的基础上，编制汇总会计报表。

第五十一条 会计报表附注是为帮助理解会计报表的内容而对报表的有关项目等所作的解释，其内容主要包括：特殊事项的说明，会计报表中有关重要项目的明细资料，其他有助于理解和分析会计报表需要说明的事项。

第九章 附 则

第五十二条 本准则不适应于事业单位附属的企业。已纳入企业会计核算体系的事业单位，按企业会计制度执行。

非国有事业单位可参照本准则执行。

事业单位设在中华人民共和国境外的分支机构应按本准则向国内有关方面和上级部门或单位编报会计报表。

第五十三条 全国统一的事业单位会计制度，由财政部根据本准则制定。行业特点特出的事业单位会计制度由财政部会同主管部门制定。

有关基本建设拨款与支出的财务会计核算，按现行有关制度执行。

第五十四条 本准则自1998年1月1日起试行。本准则由财政部负责解释。

四、事业单位会计制度

财预字[1997]288号

国务院各部委，直属机构，各省、自治区、直辖市、计划单列市财政厅(局)：

为了适应社会主义市场经济体制的需要，进一步规范事业单位会计核算，加强会计管理，促进社会各项事业健康、有序发展。根据《事业单位会计准则》(试行)我们制定了《事业单位会计制度》，现发给你们，请遵照执行。财政部1988年制发的《事业行政单位预算会计制度》同时废止。对于在执行过程中发现的问题，请及时向我部反映。

附件：事业单位会计制度

事业单位会计制度

第一部分　总　说　明

一、为了贯彻《事业单位会计准则》(试行)，规范事业单位会计核算，特制定本制度。

二、本制度适用于中华人民共和国境内的国有事业单位。

根据财政部规定适用特殊行业会计制度的事业单位，不执行本制度；事业单位有关基本建设投资的会计核算，按有关规定执行，不执行本制度；已经纳入企业会计核算体系的事业单位，按有关企业会计制度执行。

三、国有事业单位的会计组织系统分为主管会计单位、二级会计单位和基层会计单位三级。向同级财政部门领报经费，并发生预算管理关系，下面有所属会计单位的，为主管会计单位；向主管会计单位或上级单位领报经费，并发生预算管理关系，下面有所属会计单位的，为二级会计单位；向上级单位领报经费，并发生预算管理关系，下面没有所属会计单位的，为基层会计单位。

以上三级会计单位实行独立会计核算，负责组织管理本部门、本单位的全部会计工作。不具备独立核算条件的，实行单据报账制度，作为"报销单位"管理。

四、事业单位应按本制度的规定设置和使用会计科目，不需用的科目可以不用。

本制度统一规定的会计科目编号，各单位不得打乱重编。

五、事业单位会计核算以人民币"元"为金额单位，元以下记至角、分。

六、事业单位会计档案的管理，按财政部和国家档案局制定的《会计档案管理办法》执行。

有关会计核算的一般要求及会计核算事宜，按财政部印发的《会计基础工作规范》办理。

七、本制度由中华人民共和国财政部负责解释。未经财政部批准，各地区、各部门不得自行制定事业单位会计制度。

八、本制度自1998年1月1日起执行。财政部1988年发布的《事业行政单位预算会计制度》同时废止。各地区、各部门在本制度生效前制定的会计制度，凡与本制度不一致的，应停止执行。

第二部分　事业单位通用会计科目

一、会计科目表

序号	编号	科目名称
		(一) 资产类
1	101	现金
2	102	银行存款
3	105	应收票据
4	106	应收账款
5	108	预付账款
6	110	其他应收款
7	115	材料
8	116	产成品
9	117	对外投资
10	120	固定资产
11	124	无形资产
		(二) 负债类
12	201	借入款项
13	202	应付票据
14	203	应付账款
15	204	预收账款
16	207	其他应付款
17	208	应缴预算款
18	209	应缴财政专户款

19	210	应交税金
		(三) 净资产类
20	301	事业基金
21	302	固定基金
22	303	专用基金
23	306	事业结余
24	307	经营结余
25	308	结余分配
		(四) 收入类
26	401	财政补助收入
27	403	上级补助收入
28	404	拨入专款
29	405	事业收入
30	409	经营收入
31	412	附属单位缴款
32	413	其他收入
		(五) 支出类
33	501	拨出经费
34	502	拨出专款
35	503	专款支出
36	504	事业支出
37	505	经营支出
38	509	成本费用
39	512	销售税金
40	516	上缴上级支出
41	517	对附属单位补助
42	520	结转自筹基建

二、事业单位通用会计科目使用说明

(一) 资产类

第 101 号科目　现金

1. 本科目核算事业单位的库存现金。

2. 收到现金,借记本科目,贷记有关科目;支出现金,借记有关科目,贷记本科目。本科目借方余额反映库存现金数额。

3. 事业单位应设置"现金日记账",出纳人员根据原始凭证逐笔顺序登记。每日业务终了,应计算当日现金收入合计数、现金支出合计数和结余数,并将结余数与实际库存数核对,做到账款相符,并编制"库存现金日报表"。

现金收入业务较多,单独设有收款部门的单位,收款部门的收款员应将每天所收现金连同收款收据副联编制"现金收入日报表",送会计部门的出纳员核收;或者将所收现金直接送存开户银行后,将收款收据副联、"现金收入日报表"和向银行送存现金的凭证一并交会计部门的会计员核收记账。

4. 有外币现金的事业单位,应分别按人民币、各种外币设置"现金日记账"进行明细核算。

第 102 号科目　银行存款

1. 本科目核算事业单位存入银行和其他金融机构的各种存款。事业单位应加强对本单位银行账户的管理,由会计部门统一在银行开户,避免多头开户。

2. 事业单位将款项存入银行或其他金融机构时,借记本科目,贷记有关科目;提取和支出存款时,借记有关科目,贷记本科目。本科目借方余额,反映事业单位银行存款数额。

3. 事业单位按开户银行和其他金融机构的名称以及存款种类等,分别设置"银行存款日记账",由出纳人员根据收付款凭证逐笔顺序登记，每日终了应结出余额。银行存款日记账应定期与银行对账，至少每月核对一次。月终时，单位账面余额与银行对账单余额之间如有差额，应逐笔查明原因进行处理。属于未达账项，应编制"银行存款余额调节表"，调节相符。

4. 有外币存款的事业单位，应在本科目下分别按人民币和各种外币设置"银行存款日记账"进行明细核算。

事业单位发生的外币银行存款业务，应按当日中国人民银行颁布的人民币外汇汇率，将外币金额折合为人民币记账，并登记外国货币金额和折合率。年度终了(外币存款业务量大的单位可按季或月结算)，事业单位应将外币账户余额按照期末中国人民银行颁布的人民币外汇汇率折合为人民币，作为外币账户期末人民币余额。调整后的各种外币账户人民币余额与原账面余额的差额，作为汇兑损溢列入事业支出科目。

第105号科目 应收票据

1. 本科目核算事业单位因从事经营活动销售产品而收到的商业汇票，包括商业承兑汇票和银行承兑汇票。

2. 事业单位收到应收票据，借记本科目，贷记"经营收入"等有关科目。应收票据到期收回的票面金额，借记"银行存款"科目，贷记本科目。本科目借方余额为应收票据未到期数额。

单位持未到期的应收票据向银行贴现，应按实际收到的金额(扣除贴现息后的净额)，借记"银行存款"等科目；按贴现息部分，借记"经营支出"科目，按应收票据的票面金额，贷记本科目。

3. 事业单位应设置"应收票据备查簿"，逐笔登记每一应收票据的种类、号数和出票日期、票面金额、付款人、承兑人、背书人的姓名或单位名称、到期日、收款日和收回金额等资料。

第106号科目 应收账款

1. 本科目核算事业单位因提供劳务、开展有偿服务及销售产品等业务应收取的款项。

2. 发生应收账款时，借记本科目，贷记"经营收入"、"其他收入"等科目；收到款项时，借记"银行存款"科目，贷记本科目。本科目借方余额反映待结算应收账款的累计数。

3. 本科目应按债务单位或个人名称设置明细账。

第108号科目 预付账款

1. 本科目核算按照购货、劳务合同规定预付给供应单位的款项。

2. 事业单位预付款项时，借记本科目，贷记"银行存款"科目。收到所购物品或劳务结算时，根据发票账单等所列的金额，借记"材料"等科目，贷记本科目。补付的货款，借记本科目，贷记"银行存款"科目；退回多付的货款，借记"银行存款"科目。贷记本科目。本科目借方余额为尚未结算的预付款项。

预付款项业务不多的单位也可以将预付的账款直接记入"应收账款"科目的借方，不设本科目。

3. 本科目应按供应单位名称设置明细账。

第110号科目 其他应收款

1. 本科目核算事业单位除应收票据、应收账款、预付账款以外的其他应收、暂付款项。包括：借出款、备用金、应向职工收取的各种垫付款项等。

2. 发生其他各种应收款项时，借记本科目，贷记有关科目；收回各种款项时，借记有关科目，贷记本科目。本科目借方余额为尚未结算的应收款项。

3. 本科目应按其他应收款的项目和债务人设置明细账。

第115号科目 材料

1. 本科目核算事业单位库存的物资材料以及达不到固定资产标准的工具、器具、低值易耗品等。

事业单位随买随用的零星办公用品，可在购进时直接列作支出，不适用本科目。

2. 材料入账价值的确认：

(1) 购入材料，应以购价、运杂费作为材料入账价格。

单位购入的自用材料，按实际支付的含税价格计算。

事业单位按《中华人民共和国增值税暂行条例》规定属于小规模纳税人(以下简称小规模纳税人)的，其购进材料应按实际支付的含税价格计算。

事业单位按《中华人民共和国增值税暂行条例》规定属于一般纳税人(以下简称一般纳税人)的，其购进的材料非自用部分按不含税价格计算。

(2) 材料出库可以根据实际情况选择先进先出法或加权平均法确定其实际成本。

3. 科目使用方法：

(1) 购入自用材料并已验收入库的，借记本科目，贷记"银行存款"等科目。领用出库时，借记"事业支出"等科目，贷记本科目。

(2) 属于小规模纳税人的事业单位购进材料并已验收入库的，借记本科目，贷记"银行存款"等科目。领用出库时，借记"事业支出"、"经营支出"等科目，贷记本科目。

(3) 属于一般纳税人的事业单位购入非自用材料并已验收入库的，按照采购材料专用发票上注明的增值税额，借记"应交税金——应交增值税(进项税额)"科目，按专用发票上记载的应计入采购成本的金额，借记本科目，按实际支付的金额，贷记"银行存款"、"应付账款"等科目。领用出库时，按采购成本(不含税)借记"事业支出"、"经营支出"等科目，贷记本科目。

4. 事业单位的材料，每年至少盘点一次，发生盘盈、盘亏等情况，属于正常的溢出或损耗，按照实际成本，作增加或减少材料处理，其中属于经营用材料同时相应冲减或增加"经营支出"，属于事业用材料应冲减或增加"事业支出"。

5. 本科目的期末借方余额为事业单位材料的实际库存数。

6. 本科目应按照材料的保管地点、材料的种类和规格设置明细账，并根据材料的收、发凭证逐笔登记。

第116号科目　产成品

1. 本科目核算事业单位生产并已验收入库产品的实际成本。从事劳务活动的单位，其劳务成果可视同产成品核算。

2. 生产完成验收入库的产成品，借记本科目，贷记"成本费用"科目。产品出库销售时，按先进先出法或加权平均法计算实际成本，借记"事业支出"或"经营支出"科目，贷记本科目。本科目借方余额，反映库存产成品的实际成本。

3. 清查盘点出现产成品盘盈或盘亏，作增加或减少产成品处理。盘盈时，借记本科目，贷记"事业支出"或"经营支出"科目；盘亏时，借记"事业支出"或"经营支出"科目，贷记本科目。

4. 本科目应按产成品的种类、品种和规格设置明细账。

第117号科目　对外投资

1. 本科目核算事业单位通过各种方式向其他单位的投资，包括债券投资和其他投资。

2. 事业单位购入各种债券形成的对外投资，应按实际支付的款项，借记本科目，贷记"银行存款"等科目；同时借记"事业基金——一般基金"科目，贷记"事业基金——投资基金"科目。

事业单位以固定资产对外投资，应按评估价或合同、协议确认的价值借记本科目，贷记"事业基金——投资基金"科目；按账面原价，借记"固定基金"科目，贷记"固定资产"科目。

属于一般纳税人的事业单位向其他单位投出材料，按合同协议确定的价值，借记本科目，按材料账面价值(不含增值税)，贷记"材料"科目，贷记"应交税金——应交增值税(销项税额)"科目。按合同协议确定的价值扣除材料账面价值与应交增值税的销项税额的差额，借记或贷记"事业基金——投资基金"科目；同时按材料的账面价值，借记"事业基金——一般基金"科目，贷记"事业基金——投资基金"科目。

属于小规模纳税人的事业单位对外投出材料，按合同协议确定的价值，借记本科目，按材料账面价值(含税)，贷记"材料"科目。按合同协议确定的价值与材料账面价值的差额，借记或贷记"事业基金——投资基金"科目；同时，按材料账面价值，借记"事业基金——一般基金"科目，贷记"事业基金——投资基金"科目。

事业单位向其他单位投入的无形资产，按双方确定的价值，借记本科目，按账面原价，贷记"无形资产"科目，按其差额，借记或贷记"事业基金——投资基金"科目；同时按无形资产账面价值，借记"事业基金——一般基金"科目，贷记"事业基金——投资基金"科目。

事业单位以货币资金对外投资，借记本科目，贷记"银行存款"科目；同时借记"事业基金——一般基金"科目，贷记"事业基金——投资基金"科目。

3. 事业单位转让债券以及到期兑付的债券本息，按实际收到的金额，借记"银行存款"科目，按实际成本贷记本科目。实收金额与账面金额的差额，借记或贷记"其他收入"科目。同时，调整事业基金的明细科目。

4. 本科目应按债券种类和投资对象进行明细核算。

第 120 号科目 固定资产

1. 本科目核算事业单位固定资产的原价。

2. 事业单位应根据规定的固定资产标准和分类，结合本单位情况，制定固定资产目录，作为核算依据。

3. 事业单位的固定资产按下列规定的价值记账。

(1) 购入、调入的固定资产，按照实际支付的买价或调拨款、运杂费、安装费等记账。购置车辆按规定支付的车辆购置附加费计入购价之内。

(2) 自制的固定资产，按开支的工、料、费记账。

(3) 在原有固定资产基础上进行改建、扩建的固定资产，应按改建、扩建发生的支出减去改建、扩建过程中的变价收入后的净增加值，增记固定资产。

(4) 融资租入的固定资产，按租赁协议确定的设备价款、运杂费、安装费等记账。

(5) 接受捐赠的固定资产，按照同类固定资产的市场价格或根据所提供的有关凭据记账。接受固定资产时发生的相关费用，应当计入固定资产价值。

(6) 盘盈的固定资产，按重置完全价值入账。

(7) 已投入使用但尚未办理移交手续的固定资产，可先按估计价值入账，待确定实际价值后，再进行调整。

购置固定资产过程中发生的差旅费不计入固定资产价值。

4. 本科目使用方法：

(1) 事业单位购置固定资产时，应按资金来源分别借记“专用基金——修购基金”、“事业支出”、“专款支出”等科目，贷记“银行存款”科目，同时借记本科目，贷记“固定基金”科目。

(2) 单位接受捐赠的固定资产，借记本科目，贷记“固定基金”科目。

(3) 融资租入的固定资产，借记本科目，贷记“其他应付款”科目，支付租金时，借记有关支出科目，贷记“固定基金”科目；同时借记“其他应付款”科目，贷记“银行存款”科目。

(4) 盘盈的固定资产，按重置价借记本科目，贷记“固定基金”科目。

(5) 因报废、毁损及盘亏等原因减少的固定资产，按减少固定资产的原值，借记“固定基金”科目，贷记“固定资产”科目。

清理报废、毁损固定资产的残值变价收入和清理费用列入专用基金科目中的修购基金。

(6) 出售固定资产时，按实际收到的价款，借记“银行存款”科目，贷记“专用基金——修购基金”科目，同时按原价借记“固定基金”科目，贷记本科目。

(7) 投资转出固定资产，按“对外投资”科目的有关规定处理。

5. 事业单位应按固定资产分类设置明细账和固定资产卡片进行明细核算。

第 124 号科目 无形资产

1. 本科目核算事业单位的专利权、非专利技术、著作权、商标权、土地使用权、商誉等各种无形资产的价值。

2. 事业单位购入或自行开发并按法律程序申请取得无形资产应按实际支出数，借记本科目，贷记“银行存款”等有关科目。

3. 各种无形资产应合理摊销。不实行内部成本核算的事业单位，其购入和自行开发的无形资产摊销时，应一次记入“事业支出”科目，借记“事业支出”科目，贷记本科目。对于实行内部成本核算的事业单位，其无形资产应在受益期内分期摊销，摊销时借记“经营支出”科目，贷记本科目。

4. 单位向外转让已入账的无形资产的所有权，其转让收入，借记“银行存款”科目，贷记“事业收入”科目，结转转让无形资产的成本，借记“事业支出——其他费用”科目，贷记本科目。

对外投资转出无形资产按“对外投资”科目的有关规定处理。

5. 本科目的期末余额为尚未摊销的无形资产的价值。

6. 本科目应按无形资产类别设明细账。

(二) 负债类

第 201 号科目 借入款项

1. 本科目核算事业单位从财政部门、上级主管部门、金融机构借入的有偿使用的款项。

2. 借入款项时，借记“银行存款”等科目，贷记本科目；归还本金时，借记本科目，贷记“银行存款”科目；支付借款利息，借记“事业支出”、“经营支出”科目，贷记“银行存款”科目。

3. 本科目贷方余额反映尚未归还的借入款余额。

4. 本科目应按债权单位设置明细账。

第 202 号科目　应付票据

1. 本科目核算事业单位对外发生债务时所开出、承兑的商业汇票，包括银行承兑汇票和商业承兑汇票。

2. 单位开出、承兑汇票或以汇票抵付货款时，借记“材料”、“应付账款”等科目，贷记本科目。支付银行承兑汇票手续费，借记有关支出或费用科目，贷记“银行存款”科目。收到银行支付本息通知时，借记本科目和有关支出科目，贷记“银行存款”科目。

3. 各单位应设置“应付票据备查簿”，详细登记每一应付票据的种类、号数、签发日期、到期日、票面金额、收款人姓名或单位名称以及付款日期和金额等详细资料。应付票据到期付清时，应在备查簿内逐笔注销。

第 203 号科目　应付账款

1. 本科目核算事业单位因购买材料、物资或接受劳务供应而应付给供应单位的款项。

本科目适用于实行内部成本核算的事业单位。

2. 单位购入材料、物资等已验收入库，但货款尚未支付时，应根据有关凭证，借记“材料”等有关科目，贷记本科目。

单位接受其他单位提供的劳务而发生的应付未付款项，应根据供应单位提供的发票账单，借记有关支出(费用)科目，贷记本科目。

3. 单位偿付应付账款时，借记本科目，贷记“银行存款”等科目。

单位开出、承兑商业汇票抵冲应付账款时，借记本科目，贷记“应付票据”科目。

4. 本科目应按供应单位设明细账。

第 204 号科目　预收账款

1. 本科目核算事业单位按照合同规定向购货单位或接受劳务单位预收的款项。

2. 单位预收账款时，借记“银行存款”或“现金”科目，贷记本科目；货物销售实现(劳务兑现)时，借记本科目，贷记有关收入科目。退回多付的款项，作相反会计分录。

3. 预收账款业务不多的单位，也可将预收的账款直接记入“应付账款”科目的贷方，不设本科目。

4. 本科目应按购买单位设置明细账。

第 207 号科目　其他应付款

1. 本科目核算事业单位应付、暂收其他单位或个人的款项，如租入固定资产的租金、存入保证金、应付统筹退休金、个人交存的住房金等。

2. 单位发生的各种应付、暂收款项，借记“银行存款”、“事业支出”、“经营支出”等科目，贷记本科目；支付时，借记本科目，贷记“银行存款”等科目。

3. 本科目应按应付、暂收款项的类别或单位、个人设置明细账。

第 208 号科目　应缴预算款

1. 本科目核算事业单位按规定应缴入国家预算的收入。

应缴预算收入主要包括：事业单位代收的纳入预算管理的基金、行政性收费收入、罚没收入、无主财物变价收入和其他按预算管理规定应上缴预算的款项。

2. 取得应缴预算的各项收入时，借记“银行存款”等科目，贷记本科目；上缴时，借记本科目，贷记“银行存款”等科目。

3. 本科目贷方余额，反映应缴未缴数。年终本科目应无余额。

4. 本科目应按应缴预算款项类别设置明细账。

第 209 号科目　应缴财政专户款

1. 本科目核算事业单位按规定代收的应上缴财政专户的预算外资金。应上缴财政专户的预算外资金范围按财政部规定办理。

2. 收到应缴财政专户的各项收入时,借记"银行存款"等科目,贷记本科目;上缴财政专户时,作相反会计分录。实行预算外资金结余上缴办法的单位定期结算预算外资金结余时,借记"事业收入"科目,贷记本科目。

3. 本科目贷方余额,反映应缴未缴数。年终本科目无余额。

4. 本科目应按预算外资金的类别设置明细账。

第 210 号科目　应交税金

1. 本科目核算事业单位应交纳的各种税金。各单位应按所交纳的税金种类进行明细核算。其中属于一般纳税人的事业单位,其应交增值税明细账中应设置"进项税额"、"已交税金"、"销项税额"等专栏。

2. 单位一般在月份终了,计算出应交纳的税金(除一般纳税人缴纳的增值税)时,借记"销售税金"、"结余分配"等科目,贷记本科目;交纳税金时,借记本科目,贷记"银行存款"等科目。

有关应交增值税进项税额的核算,详见"材料"科目说明。有关增值税销项税额的核算,详见"经营收入"科目说明。

3. 本科目期末借方余额为多交的税金,贷方余额为应交未交的税金。

(三) 净资产类

第 301 号科目　事业基金

1. 本科目核算事业单位拥有的非限定用途的净资产,主要包括滚存结余资金等。

本科目应按核算的业务内容下设"一般基金"和"投资基金"两个明细科目。"一般基金"主要用以核算滚存结余资金:"投资基金"用以核算对外投资部分的基金。

2. 年终,单位应将当期未分配结余转入本科目,借记"结余分配"科目,贷记本科目(一般基金)。

对于项目已经完成的拨入专款结余,按规定留归本单位使用的,转入本科目核算,借记"拨入专款"科目,贷记本科目(一般基金)。

3. 用固定资产对外投资时,应按评估价或合同、协议确定的价值,借记"对外投资"科目,贷记本科目(投资基金);同时按固定资产账面原价,借记"固定基金"科目,贷记"固定资产"科目。

4. 用材料、无形资产对外投资,按"对外投资"科目的有关规定处理。

第 302 号科目　固定基金

1. 本科目核算事业单位因购入、自制、调入、融资租入(有所有权的)、接受捐赠以及盘盈固定资产所形成的基金。

2. 新建、购入固定资产时,借记有关支出科目,贷记"银行存款"等科目,同时借记"固定资产"科目,贷记本科目。

融资租入固定资产,按实际支付的租金,借记有关支出科目,贷记本科目。

接受捐赠的固定资产,借记"固定资产"科目,贷记本科目。

盘盈的固定资产,按重置完全价值借记"固定资产"科目,贷记本科目;盘亏的固定资产,按账面原价借记本科目,贷记"固定资产"科目。

出售、对外投资转出固定资产,借记本科目,贷记有关科目。

第 303 号科目　专用基金

1. 本科目核算事业单位按规定提取、设置的有专门用途的资金的收入、支出及结存情况。

2. 事业单位专用基金的种类主要包括:职工福利基金、医疗基金、修购基金、住房基金等。

3. 提取医疗基金时,借记"事业支出——社会保障费"、"经营支出——社会保障费"等科目,贷记"专用基金——医疗基金"科目。

提取修购基金时,借记"事业支出——修缮费、设备购置费"或"经营支出——修缮费、设备购置费"科目,贷记"专用基金——修购基金"科目;清理报废固定资产残值变价收入转入时,借记"银行存款"科目,贷记本科目;支付清理报废固定资产所发生的清理费用时,借记本科目,贷记"银行存款"科目。

年终,事业单位按规定比例从当年结余计提职工福利基金时,借记"结余分配——职工福利基金"等科目,贷记本科目。

事业单位收到各项住房基金收入(不包括个人缴纳的住房公积金)时,借记"银行存款"科目,贷记"专用基金——住房基金"科目。对于个人住房公积金缴存情况,单位应设置辅助账进行登记并核算其缴纳、使用及余存情况。

4. 使用专用基金时，借记本科目，贷记“银行存款”等有关科目。

5. 期末，本科目贷方余额为单位专用基金结存数。

6. 本科目应按专用基金种类设明细账。

第306号科目　事业结余

1. 本科目核算事业单位在一定期间除经营收支外各项收支相抵后的余额(不含实行预算外资金结余上缴办法的预算外资金结余)。

2. 期末，计算结余时，应将“财政补助收入”、“上级补助收入”、“附属单位缴款”、“事业收入”、“其他收入”等科目余额转入本科目，借记“财政补助收入”、“上级补助收入”、“附属单位缴款”、“事业收入”及“其他收入”科目，贷记本科目；将“拨出经费”、“事业支出”、“上缴上级支出”、“销售税金(非经营业务)”、“对附属单位补助”、“结转自筹基建”等科目余额转入本科目，借记本科目，贷记“拨出经费”、“事业支出”、“上缴上级支出”、“销售税金”、“对附属单位补助”、“结转自筹基建”等科目。

3. 本科目贷方余额为当期实现的结余。

4. 年度终了，单位应将当年实现的结余全数转入“结余分配”科目，结转后，本科目无余额。

第307号科目　经营结余

1. 本科目核算事业单位在一定期间各项经营收入与支出相抵后的余额。

2. 期末计算经营结余时，应将“经营收入”科目余额转入本科目，借记“经营收入”科目，贷记本科目；将“经营支出”、“销售税金”等科目余额转入本科目，借记本科目，贷记“经营支出”、“销售税金”科目。

3. 本科目贷方余额为实现的经营结余，如为借方余额，则为经营亏损。

4. 年度终了，单位应将实现的经营结余全数转入“结余分配”科目，结转后本科目无余额。如为亏损则不结转。

第308号科目　结余分配

1. 本科目核算事业单位当年结余分配的情况和结果。

2. 本科目一般应设置“应交所得税”、“提取专用基金”等明细科目。

有所得税缴纳业务的单位计算出应交纳的所得税，借记本科目(应交所得税)，贷记“应交税金”科目。

单位计算出应提取的专用基金，借记本科目(提取专用基金)，贷记“专用基金”科目。

3. 年终，应将当年事业结余和经营结余全数转入本科目，借记“事业结余”、“经营结余”科目，贷记本科目。

4. 本科目贷方余额，为未分配结余。

5. 分配后，单位应将当年未分配结余，全数转入“事业基金——一般基金”科目，借记本科目，贷记“事业基金——一般基金”科目。结转后，本科目应无余额。

6. 单位年终结账后发生以前年度会计事项的调整或变更，涉及到以前年度结余的，凡国家有规定的，从其规定；没有规定的，应直接通过“事业基金”科目进行核算，并在会计报表上加以注明。

(四) 收入类

第401号科目　财政补助收入

1. 本科目核算事业单位按照核定的预算和经费领报关系收到的由财政部门或上级单位拨入的各类事业经费。

为加强预算资金的核算管理，主管会计单位应编报季度分月用款计划。在申请当期财政补助时，应分“款”、“项”填写“预算经费请拨单”，报同级财政部门。事业单位在使用财政补助时，应按计划控制用款，不得随意改变资金用途。“款”、“项”用途如需调整，应填写“科目流用申请书”，报经同级财政部门批准后使用。

2. 收到财政补助收入时，借记“银行存款”等科目，贷记本科目；缴回时作相反的会计分录。平时本科目贷方余额反映财政补助收入累计数。

3. 年终结账时，将本科目贷方余额全数转入“事业结余”科目，借记本科目，贷记“事业结余”科目。

4. 年终结账后，本科目无余额。

5. 本科目应按“国家预算收入科目”的“款”级科目设明细账。

第403号科目 上级补助收入

1. 本科目核算事业单位收到上级单位拨入的非财政补助资金。

2. 收到上级补助收入时，借记"银行存款"科目，贷记本科目。

3. 年终将本科目余额全数转入"事业结余"科目，借记本科目，贷记"事业结余"科目。

4. 年终结账后，本科目无余额。

第404号科目 拨入专款

1. 本科目核算事业单位收到财政部门、上级单位或其他单位拨入的有指定用途，并需要单独报账的专项资金。

2. 收到拨款时，借记"银行存款"科目，贷记本科目；缴回拨款时，作相反的会计分录。平时，本科目贷方余额反映拨入专款累计数。

3. 年终结账时，对已完工的项目，将本科目与"拨出专款"、"专款支出"科目对冲，借记本科目，贷记"拨出专款"、"专款支出"科目，其余额按拨款单位规定办理。

4. 本科目应按资金来源和项目设明细账，进行明细核算。

第405号科目 事业收入

1. 本科目核算事业单位开展专业业务活动及辅助活动所取得的收入。单位收到的从财政专户核拨的预算外资金和部分经财政部门核准不上缴财政专户管理的预算外资金，也在本科目核算。但收到应返还所属单位的预算外资金，主管部门要通过"其他应付款"科目核算。

2. 收到款项或取得收入时，借记"银行存款"、"应收账款"等科目，贷记本科目；对属于一般纳税人的单位取得收入时，按实际收到的价款扣除增值税销项税额，贷记本科目，按计算出的应交增值税的销项税额，贷记"应交税金——应交增值税(销项税额)"。经财政部门核准，预算外资金实行按比例上缴财政专户办法的单位取得收入时，应按核定的比例分别贷记"应缴财政专户款"和本科目。

实行预算外资金结余上缴财政专户办法的单位，平时取得收入时，先全额通过本科目反映，定期结算出应缴财政专户资金结余时，再将应上缴财政专户部分扣出，借记本科目，贷记"应缴财政专户款"科目。

3. 期末，应将本科目余额转入"事业结余"科目，借记本科目，贷记"事业结余"科目。结转后本科目应无余额。

4. 事业单位应根据事业收入种类或来源，设置明细账。

第409号科目 经营收入

1. 本科目核算事业单位在专业业务活动及辅助活动之外开展非独立核算经营活动取得的收入。

2. 取得(或确认)经营收入时，借记"银行存款"、"应收账款"、"应收票据"等科目，属于小规模纳税人的单位，按实际收到的价款贷记本科目；属于一般纳税人的单位，按实际收到的价款扣除增值税销项税额，贷记本科目，按计算出的应交增值税的销项税额，贷记"应交税金——应交增值税(销项税额)。

3. 发生销货退回，不论是否属于本年度销售的，都应冲减本期的经营收入，属于小规模纳税人的事业单位，借记本科目，贷记"银行存款"科目；属于一般纳税人单位，按不含税价格借记本科目，按销售时计算出的应交增值税的销项税额，借记"应交税金——应交增值税(销项税额)"科目，贷记"银行存款"科目。

单位为取得经营收入而发生的折让和折扣，应当相应冲减经营收入。

4. 期末，应将本科目余额转入"经营结余"科目，结转后，本科目无余额。

5. 单位可根据收入种类设置明细科目，也可以并设若干总账科目。

第412号科目 附属单位缴款

1. 本科目核算事业单位收到附属单位按规定缴来的款项。

2. 单位实际收到款项时，借记"银行存款"科目，贷记本科目，发生缴款退回则作相反的会计分录。

3. 年终，将本科目贷方余额全数转入"事业结余"科目，借记本科目，贷记"事业结余"科目。结转后，本科目无余额。

4. 本科目应按缴款单位设置明细账。

第413号科目 其他收入

1. 本科目核算事业单位除上述各项收入以外的收入。如对外投资收益、固定资产出租、外单位捐赠未限定用途的财物、其他单位对本单位的补助以及其他零星杂项收入等。

2. 其他收入以单位实际收到数额予以确认。取得收入时，借记“银行存款”等科目，贷记本科目，收入退回时作相反的会计分录。

3. 年末，将本科目贷方余额全数转入“事业结余”科目，借记本科目，贷记“事业结余”科目。结转后本科目应无余额。

4. 本科目应按收入种类，如“投资收益”、“固定资产出租”、“捐赠收入”等设置明细账。

（五）支出类

第501号科目　拨出经费

1. 本科目核算事业单位按核定的预算拨付所属单位的预算资金。

2. 事业单位拨出经费时，借记本科目，贷记“银行存款”科目。收回拨出经费时，借记“银行存款”科目，贷记本科目。

3. 年终，将本科目借方余额全数转入“事业结余”科目，借记“事业结余”科目，贷记本科目。结转后本科目无余额。

4. 对附属单位拨付的非财政性补助资金或专项资金不通过本科目核算。

5. 本科目应按所属单位名称设置明细账。

第502号科目　拨出专款

1. 本科目核算主管部门或上级单位拨给所属单位的需要单独报账的专项资金。

2. 拨出专项资金时，借记本科目，贷记“银行存款”科目。收回时，做相反的会计分录。

3. 所属单位报销专款支出时，应区别情况处理。

(1) 专项资金如系上级单位拨入的，则借记“拨入专款”科目，贷记本科目。

(2) 属于本单位用自有资金设置对所属单位的专项拨款，按资金渠道借记有关科目，贷记本科目。

4. 本科目借方余额为所属单位尚未报销数。

5. 本科目按所属单位的名称或项目设置明细账。

第503号科目　专款支出

1. 本科目核算由财政部门、上级单位和其他单位拨入的指定项目或用途并需要单独报账的专项资金的实际支出数。

2. 专款支出主要有科研课题经费、挖潜改造资金、科技三项费用等指定项目或用途的支出。

3. 事业单位按指定的项目或用途开支工、料费时，借记本科目，贷记“银行存款”、“材料”等科目；项目完工向有关部门单独列报时，借记“拨入专款”科目，贷记本科目。

4. 本科目按专款的项目设明细账。

第504号科目　事业支出

1. 本科目核算事业单位开展各项专业业务活动及其辅助活动发生的实际支出。

有财政补助收入的事业单位，其财政补助资金必须按拟定的用途使用，不得自行改变资金用途。

2. 事业支出应按以下科目进行明细核算：基本工资、补助工资、其他工资、职工福利费、社会保障费、助学金、公务费、业务费、设备购置费、修缮费和其他费用。

3. 事业支出的报销口径规定如下：

(1) 对于发给个人的工资、津贴、补贴和抚恤救济费等，应根据实有人数和实发金额，取得本人签收的凭证后列报支出。

(2) 购入办公用品可直接列报支出。购入其他各种材料可在领用时列报支出。

(3) 社会保障费、职工福利费和管理部门支付的工会经费，按照规定标准和实有人数每月计算提取，直接列报支出。

(4) 固定资产修购基金按核定的比例提取，直接列报支出。

(5) 购入固定资产，经验收后列报支出，同时记入“固定资产”和“固定基金”科目。

(6) 其他各项费用，均以实际报销数列报支出。

4. 发生事业支出时，借记本科目，贷记“现金”、“银行存款”等科目。当年支出收回时作冲减事业支出处理。

实行内部成本核算的事业单位结转已销业务成果或产品成本时，按实际成本，借记本科目，贷记“产成品”科目。

5. 有经营活动的事业单位应正确划分事业支出和经营支出的界限。对于能分清的支出，要合理归集，对于不能分清的，应按一定标准进行分配，不得将应列入经营支出的项目列入事业支出，也不得将应列入事业支出的项目列入经营支出。

6. 年终，将本科目借方余额全数转入“事业结余”科目，借记“事业结余”科目，贷记本科目。结账后本科目无余额。

第505号科目　经营支出

1. 本科目核算事业单位在专业业务活动及其辅助活动之外开展非独立核算经营活动发生的各项支出以及实行内部成本核算单位已销产品实际成本。

2. 经营支出一般应按以下项目进行明细核算：基本工资、补助工资、其他工资、职工福利费、社会保障费、助学金、公务费、业务费、设备购置费、修缮费和其他费用等。经营业务种类较多的单位，应按经营业务的主要类别进行二级明细核算。

3. 事业单位发生各项经营支出时，借记本科目，贷记“银行存款”或有关科目。

实行内部成本核算的事业单位结转已销经营性劳务成果或产品时，按实际成本借记本科目，贷记“产成品”科目。

4. 期末应将本科目余额全部转入“经营结余”科目，借记“经营结余”科目，贷记本科目。

5. 本科目应按单位经营业务的主要类别设置明细账。

第509号科目　成本费用

1. 本科目核算实行内部成本核算的事业单位应列入劳务(产品、商品)成本的各项费用。

2. 业务活动或经营过程中发生的各项费用，借记本科目，贷记“材料”、“银行存款”等有关科目；产品验收入库时，借记“产成品”科目，贷记本科目。

3. 本科目应按经营类别或产品品种设置明细账。

4. 对于成本核算业务较复杂的单位，可根据需要自行设置必要的成本核算科目。

第512号科目　销售税金

1. 本科目核算事业单位提供劳务或销售产品应负担的税金及附加，包括营业税、城市维护建设税、资源税和教育费附加等。

2. 月末，事业单位按照规定计算出应负担的销售税金及附加，借记本科目，贷记“应交税金”、“其他应付款”科目；交纳税金及附加时，借记“应交税金”、“其他应付款”科目，贷记“银行存款”科目。

3. 期末，应将本科目余额转入“经营结余”或“事业结余”科目，借记“经营结余”或“事业结余”科目，贷记本科目。

4. 本科目应按产(商)品类别或品种设置明细账。

第516号科目　上缴上级支出

1. 本科目核算附属于上级单位的独立核算单位按规定的标准或比例上缴上级单位的支出。

2. 上缴时，借记本科目，贷记“银行存款”等科目。年终将本科目借方余额全数转入“事业结余”科目，借记“事业结余”科目，贷记本科目。结账后，本科目无余额。

第517号科目　对附属单位补助

1. 本科目核算事业单位用非财政预算资金对附属单位补助发生的支出。

2. 对附属单位补助时，借记本科目，贷记“银行存款”科目；补助收回时，做相反的会计分录。

3. 年终结账时，将本科目的借方余额全数转入“事业结余”科目，借记“事业结余”科目，贷记本科目。结转后本科目无余额。

4. 本科目应按接受补助的附属单位名称设置明细账。

第520号科目　结转自筹基建

1. 本科目核算事业单位经批准用财政补助收入以外的资金安排自筹基本建设，其所筹集并转存建设银行的资金。

2. 将自筹的基本建设资金转存建设银行时，根据转存数借记本科目，贷记“银行存款”科目。

3. 年终结账时，应将本科目借方余额全数转入“事业结余”科目，借记“事业结余”科目，贷记本科目。

结转后，本科目年终无余额。

第三部分　年终清理结算和结账

事业单位在年度终了前，应根据财政部门或主管部门的决算编审工作要求，对各项收支账目、往来款项、货币资金和财产物资进行全面的年终清理结算，在此基础上办理年度结账，编报决算。

年终清理结算的主要事项包括：

清理、核对年度预算收支数字和各项缴拨款项、上交下拨款项数字。年终前，对财政部门、上级单位和所属各单位之间的全年预算数(包括追加追减和上、下划数字)以及应上交、拨补的款项等，都应按规定逐笔进行清理结算，保证上下级之间的年度预算数、领拨经费数和上交、下拨数一致。

为了准确反映各项收支数额，凡属本年度的应拨应交款项，应当在12月31日前汇达对方。主管会计单位对所属各单位的拨款应截至12月25日为止，逾期一般不再下拨。

凡属本年的各项收入都应及时入账。本年的各项应缴预算款和应缴财政专户的预算外资金收入，应在年终前全部上缴。属于本年的各项支出，应按规定的支出用途如实列报。

年度单位支出决算，一律以基层用款单位截至12月31日的本年实际支出数为准，不得将年终前预拨下年的预算拨款列入本年的支出，也不得以上级会计单位的拨款数代替基层会计单位的实际支出数。

事业单位的往来款项，年终前应尽量清理完毕。按照有关规定应当转作各项收入或各项支出的往来款项要及时转入各有关账户，编入本年决算。

事业单位年终应及时同开户银行对账，银行存款账面余额应同银行对账单的余额核对相符。现金账面余额应同库存现金核对相符。有价证券账面数字，一般应同实存的有价证券核对相符。

年终前，应对各项财产物资进行清理盘点。发生盘盈、盘亏的，应及时查明原因，按规定作出处理，调整账务，做到账实相符，账账相符。

事业单位在年终清理结算的基础上进行年终结账。年终结账包括年终转账、结清旧账和记入新账。

年终转账。账目核对无误后，首先计算出各账户借方或贷方的12月份合计数和全年累计数，结出12月末的余额。然后，编制结账前的“资产负债表”，试算平衡后，再将应对冲结转的各个收支账户的余额按年终冲转办法，填制12月31日的记账凭单办理结账冲转。

结清旧账。将转账后无余额的账户结出全年总累计数，然后在下面划双红线，表示本账户全部结清。对年终有余额的账户，在“全年累计数”下行的“摘要”栏内注明“结转下年”字样，再在下面划双红线，表示年终余额转入新账，旧账结束。

记入新账。根据本年度各账户余额，编制年终决算的“资产负债表”和有关明细表。将表列各账户的年终余额数(不编制记账凭单)，直接记入新年度相应的各有关账户，并在“摘要”栏注明“上年结转”字样，以区别新年度发生数。

事业单位的决算经财政部门或上级单位审批后，需调整决算数字时，应作相应调整。

第四部分　会计报表的编审

事业单位会计报表是反映事业单位财务状况和收支情况的书面文件，是财政部门和上级单位了解情况、掌握政策、指导单位预算执行工作的重要资料，也是编制下年度单位财务收支计划的基础。各单位财务部门必须认真做好会计报表的编审工作。

事业单位会计报表主要包括资产负债表、收入支出表、附表及会计报表附注和收支情况说明书等。报表格式及说明详见本制度附件《事业单位会计凭证》、《事业单位会计账簿》和《事业单位会计报表》。对于有专款收支业务的单位，应根据财政部门或主管部门的要求编报专项资金收支情况表，报表格式另定。

事业单位会计报表应当根据登记完整、核对无误的账簿记录和其他有关资料编制，要做到数字正确，内容完整，报送及时。

一、各单位应当加强日常会计核算工作，会计报表的数字要根据经审核无误的会计账簿记录汇总，切实做到账表相符，有根有据，不得估列代编。

二、会计报表要层层汇总，上级单位要在编制本级会计报表的基础上，根据本级会计报表和经审查过的所属单位会计报表，编制汇总会计报表，并将上下级之间的对应科目数字冲销后，逐级汇总上报。上报上级单位和同级财政部门的会计报表必须经会计主管人员和单位负责人审阅签章并加盖公章。

三、国有事业单位应按本制度规定的格式、内容和期限，向财政部门或主管单位报送会计报表。中央各部门、各省、自治区、直辖市财政厅(局)可根据工作需要增设会计报表。事业单位内部管理需要的特殊会计报表,由单位自行规定。

四、会计报表分为月报、季报和年报(决算)三种。月份会计报表应于月份终了后三日报出;季度报表应于季度终了后五日报出;年度会计报表应按财政部决算通知规定及主管部门要求的格式和期限报出。年报应抄报同级国有资产管理部门。

第五部分　附　件

附件一

事业单位会计凭证

一、原始凭证

原始凭证是经济业务发生时取得的书面证明,是会计事项的唯一合法凭证,是登记明细账的依据。事业单位原始凭证主要有:

1. 收款收据;

2. 借款凭证;

3. 预算拨款凭证;

4. 各种税票;

5. 材料出、入库单;

6. 固定资产出、入库单;

7. 开户银行转来的收、付款凭证;

8. 往来结算凭证;

9. 其他足以证明会计事项发生经过的凭证和文件等。

二、记账凭证

记账凭证是由会计人员根据审核后的原始凭证填制的,并作为登记账簿依据的凭证。事业单位的记账凭证主要包括收款凭证、付款凭证和转账凭证三种。

1. 记账凭证参考格式见格式一、格式二和格式三。(略)

2. 记账凭证编制方法

(1) 事业单位应根据经审核无误的原始凭证,归类整理编制记账凭证。

记账凭证的各项内容必须填列齐全,经复核后凭以记账。制证人必须签名或盖章。

(2) 记账凭证一般根据每项经济业务的原始凭证编制。当天发生的同类会计事项可以适当归并后编制。不同会计事项的原始凭证,不得合并编制一张记账凭证,也不得把几天的会计事项加在一起作一个记账凭证。

(3) 记账凭证必须附有原始凭证。一张原始凭证涉及到几张记账凭证的,可以把原始凭证附在主要的一张记账凭证后面,在其他记账凭证上注明附有原始凭证的记账凭证的编号。结账和更正错误的记账凭证,可以不附原始凭证,但应经主管会计人员签章。

(4) 记账凭证必须清晰、工整、不得潦草。记账凭证由指定人员复核,并经会计主管人员签章后据以记账。

(5) 记账凭证应按照会计事项发生的日期,顺序整理制证记账。按照制证的顺序,每月从第一号起编一个连续号。

三、账簿使用要求

1. 会计账簿的使用,以每一会计年度为限。每一账簿启用时,应填写“经管人员一览表”和“账簿目录”,附于账簿扉页上。

账簿经管人员一览表和账户目录样式见格式七、格式八。(略)

2. 手工记账必须使用蓝、黑色墨水书写,不得使用铅笔、圆珠笔。红色墨水除登记收入负数使用外,只能在划线、改错、冲账时使用。账簿必须按照编定的页数连续记载,不得隔页、跳行。如因工作疏忽发生跳行或隔页时,应当将空行、空页划线注销,并由记账人员签名盖章。

登记账簿要及时准确,日清月结,文字和数字的书写要清晰整洁。

3. 会计账簿应根据已经审核过的会计凭证登记。记账时,将记账凭证的编号记入账簿内;记账后,在记账凭证上用"√"符号注明，表示已登记入账。

4. 各种账簿记录应按月结账，求出本期发生额和余额。

四、错误更正

账簿记录如发生错误，不能挖补、涂抹、刮擦或用化学药水除迹。应按下列方法更正：手工记账发生文字或数字书写错误，用"划线更正法"更正，并由记账人员在更正处盖章。

由于记账凭证科目对应关系填错引起的，应按更正的记账凭证登记账簿。

附件三

事业单位会计报表

一、资产负债表

1. 资产负债表(格式九)是反映事业单位在某一特定日期财务状况的报表。本表按照"资产＋支出＝负债＋净资产＋收入"的平衡公式设置。左方为资产部类，右方为负债部类，左右两方总计数相等。

2. 事业单位应先编出本单位的资产负债表，然后与经审核无误的所属下级单位汇总的资产负债表汇总，编成本部门总的资产负债表。

二、收入支出表

收入支出表(格式十)是反映事业单位在一定期间的收支结余及其分配情况的报表。收入支出表的项目，应当按收支的构成和结余分配情况分项列示。

收入支出表的附表主要是事业支出明细表(格式十一)和经营支出明细表(格式十二)。支出明细表的项目应按"国家预算支出科目"列示。在事业支出明细表中，对于用财政拨款和预算外资金收入安排的支出应按财政部门的要求分别列示。

五、高等学校会计制度(试行)

高等学校会计制度(试行)1

财预字[1998]105号

第一部分　总　说　明

一、为了适应我国社会主义市场经济体制和高等学校各项事业发展的需要，规范高等学校会计核算，保证会计信息质量，根据《中华人民共和国会计法》和《事业单位会计准则(试行)》(财预字(1997)286号)，制定本制度。

二、本制度适用于各级人民政府举办的全日制普通高等学校、成人高等学校。普通中等专业学校、技工学校、成人中等专业学校依照执行。企业事业组织、社会团体及其他社会组织举办的上述学校参照执行。

独立核算的高等学校校办产业的会计核算执行《企业会计准则》(财政部令第5号)和同行业或者相近行业企业的会计制度。

国家对高等学校的基本建设投资的会计核算，按照国家有关规定办理。

三、高等学校会计年度自公历1月1日起至12月31日止。

四、高等学校会计记账采用借贷记账法。

五、高等学校会计核算一般采用收付实现制，但经营性收支业务的核算采用权责发生制。

六、高等学校会计核算以人民币为记账本位币，记账以"元"为单位，元以下记至"角"、"分"；发生外币收支的，应当折算为人民币核算。

七、高等学校应按本制度的规定设置和使用会计科目，不可减少或合并会计科目。在不影响会计核算要求和会计报表指标汇总，以及对外提供统一会计报表的前提下，可以结合实际情况分设一级科目，并报主管部门备案。

本制度统一规定会计科目的编号，以便于编制会计凭证，登记账簿，查阅账目，实行会计电算化。各高等学校不得改变或打乱重编。在某些会计科目之间留有空号，供增设会计科目之用。

高等学校在填制会计凭证、登记账簿时，必须填制会计科目的名称，或者同时填列会计科目的名称和编号，不得只填科目编号，不填科目名称。

八、实行"统一领导,分级管理"财务管理体制的高等学校,可采用两级核算方式核算二级单位的收支;在保证会计信息真实、完整的前提下,具体核算办法由各高等学校结合实际情况确定。

九、本制度由财政部、教育部负责解释和修订。

十、本制度自1998年1月1日起试行。

第二部分　会计科目

一、会计科目表

顺序号	科目编号	科目名称	顺序号	科目编号	科目名称
		一、资产类	20	341	事业结余
1	101	现金	21	351	经营结余
2	102	银行存款	22	352	结余分配
3	110	应收票据			
4	112	应收及暂付款			四、收入类
5	115	借出款	23	411	教育经费拨款
6	120	材料	24	413	科研经费拨款
7	131	对校办产业投资	25	415	其他经费拨款
8	132	其他对外投资	26	421	上级补助收入
9	140	固定资产	27	431	教育事业收入
10	150	无形资产	28	432	科研事业收入
			29	451	经营收入
		二、负债类	30	461	附属单位缴款
11	201	借入款项	31	471	其他收入
12	211	应付票据			
13	212	应付及暂存款			五、支出类
14	221	应缴财政专户款	32	511	拨出经费
15	222	应交税金	33	521	教育事业支出
16	230	代管款项	34	531	科研事业支出
			35	551	经营支出
		三、净资产类	36	561	上缴上级支出
17	301	事业基金	37	571	对附属单位补助
18	310	固定基金	38	581	结转自筹基建
19	320	专用基金			

二、会计科目使用说明(略)

第三部分　年终清理结算和结账(略)

第四部分　会计报表

一、会计报表的编报要求

(一)高等学校会计报表是反映高等学校财务状况和收支情况的书面文件,是财政部门和上级单位了解情况、掌握政策、指导高等学校预算执行工作的重要资料,也是编制下年度高等学校财务收支计划的基础。高等学校必须认真做好会计报表的编审工作。

(二)高等学校会计报表包括资产负债表、收入支出表、附表及收支情况说明书等。高等学校应按本制度规定的格式、内容对外报送会计报表。对于有指定项目和用途的资金,应当按照经费提供单位的要求编报有关报表。

高等学校必须根据管理需要,建立定期的内部会计报告制度。

(三) 高等学校会计报表应当根据完整、核对无误的账簿记录和其他有关资料编制,做到数字准确,内容完整,报送及时,说明充分。

(四) 高等学校会计报表应按规定期限报送各有关单位。月份报表应于月份终了后 5 日内报出;季度报表应于季度终了后 10 日内报出;年度会计报表应按主管部门规定的期限报出。

二、会计报表的种类与格式(略)

三、会计报表编制说明(略)

六、中小学校会计制度(试行)

中小学会计制度(试行)

第一部分　总　说　明

一、为规范中小学校的会计核算,保证会计信息质量,根据《中华人民共和国会计法》及《事业单位会计准则(试行)》(财预字(1997)286 号)等有关法规,结合中小学校的特点,制定本制度。

二、本制度适用于各级人民政府举办的普通中小学校、职业中学、特殊教育学校、工读教育学校、幼儿园、成人中学和成人初等学校。企业事业组织、社会团体及其他社会组织举办的上述学校参照执行。

学校所属独立核算、自负盈亏的校办产业的会计核算按照同行业企业会计制度执行,必须定期向学校报送会计报表。

学校基本建设投资的会计核算,按照国家有关规定执行。

三、学校会计年度自公历 1 月 1 日起至 12 月 31 日止。

四、会计核算基础主要采用收付实现制,对实行内部成本核算的勤工俭学收支可采用权责发生制。

五、学校会计记账采用借贷记账法。

六、会计核算以人民币为记账本位币,发生外币收支的业务,应当折合为人民币核算。

七、会计记录及报表填列以人民币“元”为金额单位,元以下记至角、分。

八、学校会计核算,应按本制度的规定设置和使用会计科目。不需用的科目,可以不用。

各省、自治区、直辖市在不影响会计核算要求、会计报表指标汇总以及提供统一的会计报表的前提下,可根据实际情况分设某些科目,统一二级科目和明细科目的设置。学校在符合上述要求前提下,也可根据实际情况分设某些明细科目。

本制度规定的会计科目编号不得改变或重编。会计科目之间留有的空号,供各地分设会计科目之用。

九、填制会计凭证、登记账簿,应同时填列会计科目的名称和编号,或只填列会计科目名称,省略其编号。不准只填科目编号,不填科目名称。

十、本制度规定了学校对外报送会计报表的格式和编制报表的要求,学校内部管理需要的报表可自行规定。

十一、会计报表的报送时间按当地财政部门的规定执行。年度会计报表应附收支情况说明书,对年度预算的执行情况,资产、负债及专用基金变动情况,对本期或者下期财务状况发生重大影响的事项以及需要说明的其他事项加以说明。

对外报出的会计报表应依次编定页数,加具封面,装订成册,加盖公章。封面上应注明:学校名称、报表所属期间、报出日期等,并由校长和会计主管人员签名。

十二、学校会计档案的管理,按财政部和国家档案局制定的《会计档案管理办法》执行。

有关会计核算的一般要求及会计核算事宜,按财政部印发的《会计基础工作规范》(财会字(1996)19 号)办理。

十三、本制度由财政部和教育部负责解释和修订。

十四、本制度自 1998 年 1 月 1 日起试行。

第二部分　会 计 科 目

一、会计科目表

序号	科目名称及编号	序号	科目名称及编号
	一、资产类		01. 城市教育费附加
1	101　现金		02. 农村教育事业费附加
2	102　银行存款		03. 地方教育附加费
3	110　应收及暂付款	22	403　上级补助收入
4	115　材料	23	404　拨入专款
5	117　对勤工俭学项目投资	24	405　事业收入
6	118　其他对外投资		01. 杂费
7	120　固定资产		02. 学费
8	124　无形资产		03. 借读费
			04. 住宿费
	二、负债类		05. 其他事业收入
9	201　借入款项	25	409　勤工俭学收入
10	206　代管款项	26	412　附属单位缴款
11	207　应付及暂存款	27	413　捐赠收入
12	209　应缴财政专户款	28	414　其他收入
13	210　应交税金		
			五、支出类
	三、净资产类	29	501　拨出经费
14	301　事业基金		01. 拨出教育事业费
	01. 一般基金		02. 拨出教育费附加
	02. 投资基金		03. 拨出其他经费
15	302　固定基金	30	503　专款支出
16	303　专用基金	31	504　事业支出
	01. 修购基金		01. 基本工资
	02. 职工福利基金		02. 补助工资
	03. 医疗基金		03. 其他工资
	04. 奖教奖学基金		04. 职工福利费
	05. 住房基金		05. 社会保障费
	06. 留本基金		06. 助学金
	07. 其他专用基金		07. 公务费
17	306　事业结余		08. 业务费
18	307　勤工俭学结余		09. 设备购置费
19	308　结余分配		10. 修缮费
			11. 其他费用
	四、收入类	32	505　勤工俭学支出
20	401　教育经费拨款	33	516　上缴上级支出
	01. 教育事业费拨款	34	517　对附属单位补助
	02. 其他经费拨款	35	520　结转自筹基建
21	402　教育附加拨款		

二、会计科目使用说明(略)

第三部分　年终清理结算和结账(略)

第四部分　会计报表(略)

第五部分　会计档案(略)

七、医院会计制度

医院会计制度 2

财库财会字[1998]58 号

各省、自治区、直辖市、计划单列市财政厅(局)、卫生厅(局)：

为了适应社会主义市场经济体制下卫生事业改革与发展的需要，规范和加强医院的会计核算工作，根据《事业单位会计准则(试行)》，我们两部联合制定了《医院会计制度》，现印发给你们，请转发所属医院，自1999 年 1 月 1 日起执行。卫生部和财政部 1988 年制定的《医院会计制度(试行)》同时废止。对于执行中发现的问题，请及时函告我们两部。

抄送：总后卫生部、国家经贸委

财政部　卫生部

1998 年 11 月 17 日

第一部分　总　说　明

一、为了加强医院会计核算工作，保证会计信息质量，根据《中华人民共和国会计法》、《事业单位会计准则》(财预字[1997]286 号)以及国家其他有关法律、法规，制定本制度。

二、本制度适用于中华人民共和国境内各级各类独立核算的公立医疗机构(以下简称医院)，包括综合医院、专科医院、门诊部(所)、疗养院、卫生院等。

三、医院的会计核算除采用权责发生制外，均按照《事业单位会计准则》规定的一般原则和本制度的要求进行。

四、医院应按下列规定运用会计科目：

(一) 本制度统一规定会计科目的编号，便于编制会计凭证，登记账簿，查阅账目，实行会计电算化。医院不应随意改变或打乱重编。

(二) 医院应按本制度的规定，设置和使用会计科目。明细科目的设置，除本制度已有规定者外，在不违反统一会计核算要求的前提下，医院可按根据需要，自行规定。

(三) 医院在填制会计凭证、登记账簿时，应填列会计科目的名称，或者同时填列会计科目的名称和编号，不应只填列科目编号，不填列科目名称。

五、医院应按下列规定编制和提供财务报告：

(一) 医院应当按照《事业单位会计准则》和本制度的规定，编制和提供合法、真实和公允的财务报告。

(二) 医院的财务报告由会计报表和财务情况说明书组成。医院对外提供的财务报告的内容、会计报表种类和格式等，由本制度规定；医院内部管理需要的会计报表由医院自行规定。

(三) 医院向外提供的会计报表包括：

1. 资产负债表；

2. 收入支出总表；

3. 基金变动情况表；

4. 有关附表。

(四) 医院的财务报告应当报送财政部门和主管部门，报送时间由各省、自治区、直辖市财政部门和卫生部门规定。

(五) 医院会计报表，以人民币“元”为金额单位，“元”以下填至“分”。

(六) 医院向外提供的会计报表应依次编定页数，加具封面，装订成册，加盖公章。封面上应注明：医院名称、地址、报表所属年度、月份、送出日期等，并由医院法定代表人、总会计师（或代行总会计师职权的人员）和会计机构负责人签名或盖章。

六、医院会计机构设置、会计人员配备、会计核算、会计监督、内部会计管理制度的要求，按照《会计基础工作规范》的规定执行。

七、本制度由中华人民共和国财政部、卫生部负责解释。本制度需要变更时，由财政部、卫生部负责修订。

八、本制度自1999年1月1日起施行。

第二部分　会计科目

一、会计科目表

序号	编号	会计科目名称
	（一）资产类	
01	101	现金
02	102	银行存款
03	109	其他货币资金
04	111	应收在院病人医药费
05	113	应收医疗款
06	114	坏账准备
07	119	其他应收款
08	121	药品
09	122	药品进销差价
10	123	库存物资
11	125	在加工材料
12	131	待摊费用
13	141	对外投资
14	151	固定资产
15	153	在建工程
16	161	无形资产
17	171	开办费
18	181	待处理财产损溢
	（二）负债类	
19	201	短期借款
20	202	应付账款
21	204	预收医疗款
22	205	应付工资
23	207	应付社会保障金
24	209	其他应付款
25	211	应缴超收款
26	221	预提费用
27	231	长期借款
28	241	长期应付款
	（三）净资产类	
29	301	事业基金
30	302	固定基金
31	303	专用基金
32	305	收支结余
33	306	结余分配

序号	编号	会计科目名称
	(四) 收支类	
34	401	财政补助收入
35	402	上级补助收入
36	403	医疗收入
37	404	药品收入
38	409	其他收入
39	411	医疗支出
40	412	药品支出
41	415	管理费用
42	416	财政专项支出
43	419	其他支出

二、会计科目使用说明(略)

第三部分　会计报表(略)

一、会计报表种类与格式

会计报表目录

编　　号	会计报表名称	编　报　期
会医 01 表	资产负债表	月、季、年
会医 02 表	收入支出总表	月、季、年
会医 02 表附表 1	医疗收支明细表	月、季、年
会医 02 表附表 2	药品收支明细表	月、季、年
会医 03 表	基金变动情况表	年

资产负债表(略)

收入支出总表(略)

医疗收支明细表(略)

药品收支明细表(略)

基金变动情况表(略)

八、科学事业单位会计制度

科学事业单位会计制度

财预字[1997]460 号

第一部分　总　　则

第一条　为贯彻《事业单位会计准则》,规范科学事业单位的会计核算,特制定本制度。

第二条　本制度适用于设在中华人民共和国境内的国有科学事业单位,包括主管会计单位、二级会计单位和基层会计单位。

第三条　科学事业单位应根据本制度的规定,进行会计核算,编制会计报表,准确反映单位的财务状况,满足国家预算管理、单位内部管理及有关各方了解单位财务状况的需要。

第四条　科学事业单位的会计核算应当以单位各项业务活动及其它活动持续正常地进行为前提。依照本制度的规定,科学事业单位应规范地建立各种账簿,及时、全面、如实地进行会计核算,正确记录和反映单位的各项业务活动及其它活动情况。

对于国家指定用途的资金应当按规定的用途使用,并在统一的会计账簿中专项予以核算。

第五条　科学事业单位必须设置独立的会计机构,配备合格的会计人员,做好会计工作。财务主管部门和大、中型科学事业单位应当设置总会计师。

第六条　科学事业单位的会计核算应当划分会计期间，分期结算账目和编制会计报表。会计期间分为年度、季度和月份。会计年度、季度和月份的起迄日期采用公历日期。

第七条　科学事业单位的会计核算以人民币为记账本位币。发生外币收支业务的，应当折算为人民币核算。

第八条　科学事业单位的会计记账方法采用借贷记账法。

第九条　科学事业单位会计记录的文字应当使用中文，少数民族地区可同时使用少数民族文字。

第二部分　资产计价的一般原则

第十条　应收及预付款项的计价原则

应收及预付款项按实际业务发生时的价格或金额计价。

第十一条　存货计价原则。

购入的材料，按照买价加运输费、装卸费、保险费、途中合理损耗、入库前的加工、整理及挑选费用以及缴纳的有关税费等计价。

委托外单位加工的材料，按照实际耗用的原材料或者半成品成本加运输费、装卸费、保险费、加工费用及有关的税费等计价。

自制的科技产品，按照制造过程中发生的各项实际成本计价。

盘盈的存货，按照同类存货的账面价值计价，单位没有同类存货的，按同类存货的市场价或评估价计价。

接受捐赠的实物，按照捐赠实物的发票、报关单、有关协议以及同类实物的国内或国际市场价格等资料确定的价值加由单位负担的运输费保险费、缴纳的有关税费等计价。

领用或发出材料、科技产品等存货时，可选择先进先出法、加权平均法、后进先出法等计价。

盘亏、毁损的各项存货，按账面价值计价。

第十二条　在研项目、在制产品计价原则。

在研项目和在制产品按照研究和制造过程中发生的各项实际成本计价。

在研项目中止和在制产品盘亏，按实际成本计价。

第十三条　固定资产计价原则。

购入的，按照买价加上支付的运输费、保险费、包装费、安装调试费和缴纳的有关税费等计价。

自行建造的，按照建造过程中实际发生的全部支出(含竣工交付使用前支付的借款利息及外币借款的折合差额等)计价。

融资租入，按照租赁协议或者合同确定的价款加运输费、保险费、安装调试费等计价。

接受捐赠的，按照同类资产的市场价格或所提供的有关凭据加上单位负担的运输费、保险费、安装调试费等计价。

在原有固定资产基础上进行改扩建的，按照改扩建前的固定资产的原价，加上改扩建过程中发生的支出，减去改扩建过程中发生的变价收入后的余额计价。

盘盈的，按照同类固定资产的重置完全价值计价。

固定资产由于投资、转让、报废、盘亏、毁损等原因减少时，按其账面原值计价。

第十四条　实物已收到，各种单据尚未收到的各项资产按合同或同类资产账面价值或市场价暂估计价，待收到正式单据后调整计价。

第十五条　无形资产计价原则。

购入的，按照实际支付的价款计价。

接受捐赠的，按照所提供的有关凭据或同类无形资产的市价计价。

自行开发使用并且依法申请取得的无形资产，按照开发过程中的实际成本计价，或者按照经评估确认的金额计价。

对实行内部成本费用核算的单位取得的无形资产，其价值应在一定期限内平均摊销，一定的期限是指：凡法律和合同及单位申请书分别规定有法定有限期限和受益年限的，按二者孰短的原则确定；法律未规定有限期限的，按合同或单位申请书规定的受益年限确定；法律、合同或单位申请书都未规定的，按预计受益年限确定;受益期限难以预计的,按不少于10年的期限确定。未实行内部成本费用核算的单位,按实际成本一次记入支出。

转让无形资产所有权,按其账面价值计价。

第十六条 对外投资计价原则。

以货币资金方式对外投资的,按照实际支付金额计价。

以实物或无形资产方式对外投资的,按照评估确认的价值计价。

认购的债券,按照实际支付的款项计价。实际支付款项中含有应计利息的,按照扣除应计利息后的差额计价。

第三部分 收入确认原则

第十七条 对财政补助收入、上级补助收入、附属单位上缴收入和其他收入,以在实际收到款项时确认为收入。

第十八条 对科研收入、技术收入、试制产品收入、学术活动收入、科普活动收入和经营收入,以在提供科研成果、技术服务、发出产品等,同时收讫价款或取得索取价款的凭据时,确认为收入。

对于长期项目的收入,须根据年度完成进度,合理确认为收入。

第十九条 对经财政部门核准不上缴财政专户管理的预算外资金,在实际收到款项时确认为收入;对财政专户核拨的预算外资金,在收到资金后,确认为收入。

第四章 支出及内部成本费用核算原则

第二十条 为加强单位的支出管理,提高经济核算水平,根据单位业务活动特点及内部管理需要,单位应按照财务主管部门的要求,采取直接实行支出核算办法或内部成本费用核算办法。

第二十一条 科学事业单位发生的事业支出、经营支出、结转自筹基建、对附属单位补助和上缴上级支出,应正确予以归集。对从事各项业务活动发生的支出无法直接归集的,应按规定的比例和标准在事业支出和经营支出中进行合理会摊。

单位对发生的事业支出、经营支出,应按照“国家预算支出科目”分别归集到基本工资、补助工资、其他工资、职工福利费、社会保障费、助学金、公务费、设备购置费、修缮费、业务费和其他费用中。

第二十二条 实行内部成本费用核算,其成本费用应按照直接费用、间接费用、期间费用分别归集。期末,按规定将各项成本费用分别归集到事业支出和经营支出的相应科目中。

第二十三条 成本核算采用制造成本法。对于各项直接费用,直接计入各成本核算对象的成本中;对于各项间接费用,定期按一定标准分配计入成本核算对象的成本中。

对于期间费用,定期按规定的比例和标准分配记入事业支出和经营支出相应的科目中。

第二十四条 科研成本、技术成本、学术成本及科普成本,年末按实际成本转入事业支出相应的科目中。

第二十五条 试制成本及经营成本,应在产成品与在产品间进行合理分配。完工产品在验收入库后,其成本转入科技产品。

第五部分 会计科目及使用说明(略)

九、测绘事业单位会计制度

财政部、国家测绘局关于印发《测绘事业单位会计制度》的通知

财会字[1999]第1号

各省、自治区、直辖市及计划单列市财政厅(局),各省、自治区、直辖市测绘局[测绘管理办公室(处)]、各直属单位,国务院各有关部门:

为规范和加强测绘事业单位的会计核算工作,保证会计信息质量,根据《事业单位会计准则(试行)》,财政部和国家测绘局联合制定了《测绘事业单位会计制度》,现印发给你们,请转发所属单位,自1999年1月1日起执行。对于执行过程中发现的问题,请及时向我们反映。

测绘事业单位会计制度

一、总　说　明

（一）为了规范测绘事业单位的会计核算，保证会计信息质量，根据《事业单位会计准则（试行）》和国家有关规定，结合测绘事业单位的特点，特制定本制度。

（二）本制度适用于纳入事业单位财务管理体系的各级各类国有测绘事业单位。接受国家经常性资助的非国有测绘事业单位，依照本制度执行；其他非国有测绘事业单位，参照本制度执行。

测绘事业单位基本建设投资会计核算，按照国家有关规定执行。

测绘科研、教育、出版等事业单位，经上报主管部门和财政机关批准执行相应行业的会计制度。

测绘事业单位附属独立核算的生产经营单位执行相应的企业会计制度。

（三）测绘事业单位会计核算应按年度、季度和月份结算账目和编制会计报表。会计年度、季度和月份的起讫日期采用公历日期。

（四）测绘事业单位的会计核算以人民币为记账本位币。发生外币收支的，应按照中国人民银行公布的当日人民币的汇率折算为人民币核算。

（五）测绘事业单位的会计记账采用借贷记账法。

（六）测绘事业单位的会计核算基础一般采用权责发生制。

（七）测绘事业单位的支出与相关的收入应当配比。

（八）测绘事业单位取得的事业收入和经营收入，可在完成测绘工程项目或提供测绘成果成图资料、经营产品、劳务同时收讫价款，或者取得应索取价款的凭据后予以确认。

对于长期项目的收入，应根据年度完成工作量予以合理确认。

（九）测绘事业单位应实行内部成本费用核算办法。

1. 对于发生的成本费用支出应按照直接费用、间接费用、期间费用分别归集。期末将成本费用和期间费用按支出的用途分别结转到事业支出和经营支出（见附件一）。

2. 完成测绘项目、经营产品或提供劳务所发生的直接费用，直接计入测绘工程成本、测绘科技成本、提供成果成图成本以及经营成本中；对于发生的间接费用，期末按一定标准分配计入成本核算对象的成本中。

3. 测绘工程成本、测绘科技成本、提供成果成图成本以及经营成本，期末应将其实际成本最终分别结转到事业支出和经营支出。

4. 期间费用应按规定的比例和标准分配计入事业支出和经营支出。

5. 本期支付应由本期和以后各期负担的费用，应按一定标准分配计入本期和以后各期。本期尚未支付但应由本期负担的费用，应预提计入本期。

6. 成本计算以当年测绘项目、经营产品实际完成时期为成本计算期。跨年度的测绘项目、经营产品以年度为成本计算期，核算当年实际完成工作量的实际成本。

（十）测绘事业单位应按本制度的规定设置和使用会计科目，不需用的会计科目可以不设。

本制度统一规定会计科目的编号，测绘事业单位不得随意改变或打乱重编，以便于编制会计凭证、登记账簿、查阅账目、实现会计电算化。

测绘事业单位在填制会计凭证、登记账簿时，应填列会计科目名称，或者同时填列会计科目名称和编号，不得只填会计科目编号。

（十一）测绘事业单位向外报送的会计报表的具体格式和编制说明，按本制度规定执行；测绘事业单位内部管理需要的会计报表，由测绘事业单位自行规定。

会计报表应根据登记完整、核对无误的账簿记录和其他有关资料编制，做到数字真实、计算准确、内容完整、报送及时。

月份会计报表应于月末终了后7天内报出；季度报表应于季度终了后15日报出；年度报表应于年度终了后30天内报出。国家另有规定者，从其规定。

上级主管部门或单位应根据同级财政机关的要求，在认真审核所属测绘事业单位会计报表的基础上，编制汇总会计报表。

向外报送的会计报表应依次编定页数，加具封面，装订成册。封面上应注明：单位名称、地址、报表所属年度与月份、报送日期，并由单位行政领导、总会计师（或代行总会计师职权的人员）和会计主管人员签名或盖章。

（十二）本制度由财政部、国家测绘局负责解释和修订。

（十三）本制度自1999年1月1日起执行。

二、会计科目

（一）会计科目表（略）

（二）会计科目使用说明（略）

三、会计报表

（一）会计报表的种类和格式（略）

（二）会计报表编制说明（略）

十、工会会计制度及其新旧衔接规定

关于做好贯彻实施新《工会会计制度》准备工作的通知

财会[2009]10号

各省、自治区、直辖市、计划单列市财政厅（局），新疆生产建设兵团财务局，各省、自治区、直辖市总工会，中华全国铁路总工会、中国民航工会全国委员会、中国金融工会全国委员会、中共中央直属机关工会联合会、中央国家机关工会联合会：

2009年5月31日，财政部发布了《工会会计制度》（财会[2009]7号），自2010年1月1日起在全国各级工会组织范围内实施。为了做好新制度贯彻实施的准备工作，现将有关事项通知如下：

一、充分认识发布新《工会会计制度》的重要意义

新《工会会计制度》进一步完善了我国工会会计核算规范体系，属于国家统一会计制度的组成部分。该制度适应了新时期工会业务发展的需要，有利于规范各级工会组织的会计行为，统一会计核算标准，使工会各项经济业务的处理有章可循、有法可依；有利于促进各级工会组织加强内部管理，完善规章制度，提高管理水平；有利于提高工会会计信息质量和透明度，提升工会在社会各界的诚信度，促进工会组织健康、规范发展。

二、统一思想、高度重视，认真贯彻实施新《工会会计制度》

各级工会组织要统一思想，高度重视新《工会会计制度》的贯彻实施工作。要充分利用各种方式加大宣传和培训力度，让各级工会组织的负责人充分认识新《工会会计制度》发布的重要意义，使广大工会财会人员全面掌握新《工会会计制度》的各项规定和具体要求，严格按照规定核算各项经济业务，规范会计行为，以贯彻实施新制度为契机，促进工会会计工作再上新台阶。

各级财政部门应当按照新《工会会计制度》的规定和要求，与各级工会组织加强合作，采取有效措施，认真做好制度实施的指导工作，依法对会计工作进行监督。

三、加强领导、健全机构，确保制度落实到位

各级工会组织要加强对会计工作的领导，按照新《工会会计制度》和全国总工会会计规范化要求，健全会计机构，配备具有从业资格的专职或兼职会计人员，建立健全内部控制，加强管理。上一级工会要加强对下级工会的会计业务指导，切实保证新《工会会计制度》的贯彻实施。

《中华人民共和国会计法》规定，单位负责人对单位的会计工作和会计资料的真实性、完整性负责。单位的财务会计报告应当由单位负责人和主管会计工作的负责人、会计机构负责人签名并盖章。各级工会组织的负责人要认真履行法定职责，确保本单位执行好新制度，严格按照新制度进行会计核算、编制会计报表，保证会计信息真实、完整。

四、联合培训，全面覆盖，造就高素质的工会财会队伍

财政部、全国总工会负责省级工会财会干部的师资培训。在财政部、全国总工会的统一领导下，各级财政部门和工会组织要制定本地区、本系统的培训计划，认真组织新制度的培训工作。要以新《工会会计制度》、《工会会计制度讲解》为依据，逐级培训，扩大覆盖面，直至基层工会，使各级工会财会干部尽快熟悉和掌握新的财会制度，高水平、高质量做好工会会计工作。

五、做好新旧会计制度衔接，保证平稳过渡

各级工会组织应当自2010年1月1日起，严格按照新《工会会计制度》进行会计核算。中华全国总工会1998年发布的《工会会计制度》截至2009年12月31日废止。2009年度各项会计核算和报表编制仍执行原制度不变，自2010年1月1日起，根据新制度设置账目，并将2009年末余额转入相应账目，编制2010年的年初资产负债表。

各级工会组织要根据财政部发布的新《工会会计制度》和《工会新旧会计制度有关衔接问题的处理规定》，对现有资产和负债进行全面清查和盘点，明晰产权，完善记录，做好各项会计基础工作和执行新制度的准备工作。对于清查出的资产报废、毁损、盘盈盘亏和应确认而未确认的资产，以及应确认而未确认的负债等，报经批准后及时进行账务处理。特别是要建立健全资金管理办法，保证新旧制度转换过程中货币资金的安全完整和合规使用。

各级工会应当抓紧做好新旧会计制度的衔接工作，以实现平稳过渡。

六、全面推进工会会计电算化工作，大力提高会计信息化水平

工会会计核算软件将由全国总工会统一发放到包括基层工会在内的各级工会组织免费使用。一些县以上工会根据工作需要，自行研发会计核算软件或对原相关软件进行改版使用的，务必要坚持"免费发放，覆盖基层"的原则，保证会计核算统一，汇总一致，管理规范。

同时，各级工会财务部门，要按照财政部发布的《全面推进我国会计信息化工作的指导意见》(财会[2009]6号)的要求，抓住贯彻实施新《工会会计制度》的新机遇，加强会计电算化培训，提高电算化人员专业技术水平和实际业务能力，全面普及会计电算化，规范基本操作，全面提高会计信息化水平。

工会会计制度

第一章 总 则

第一条 为了规范工会会计行为，保证会计信息质量，根据《中华人民共和国会计法》、《中华人民共和国工会法》等有关规定，制定本制度。

第二条 本制度适用于各级工会组织。

第三条 工会会计是各级工会核算、反映、监督工会预算执行和经济活动的专业会计。工会依法建立独立的会计核算管理体系，与工会预算管理体制相适应。

第四条 县级以上(含县级，下同)工会应当设置会计机构，配备专职会计人员。县级以下工会应当根据会计业务的需要设置会计机构或者在有关机构中设置专职会计人员；不具备设置条件的基层工会，应当委托经批准设立从事会计代理记账业务的中介机构代理记账或者聘请兼职会计。

第五条 各级工会应当建立健全内部控制体系，完善岗位责任制度和内部稽核制度。县级以上工会应当组织指导和检查下级工会会计工作，负责制定有关实施细则或补充规定；组织工会会计人员培训，不断提高政策、业务水平。

第六条 工会应当对其自身发生的经济业务进行会计处理和报告。

第七条 工会会计应当以工会的持续运行为前提。

第八条 工会应当划分会计期间，分期结算账目和编制会计报表。会计期间分为年度和中期，中期是指短于一个完整的会计年度的报告期间(如半年度、季度和月度)。

第九条 工会会计应当以货币计量，以人民币作为记账本位币。

第十条 工会会计以收付实现制为基础，以权责发生制为补充。

第十一条 工会会计要素包括：资产、负债、净资产、收入和支出。其平衡公式为：资产＝负债＋净资产。

第十二条 会计应当采用借贷记账法记账。

第十三条 会计记录的文字应当使用中文。在民族自治地方，会计记录可以同时使用当地通用的一种民族文字。

第二章 一般原则

第十四条 工会提供的会计信息应当符合工会宏观管理的要求，满足会计信息使用者的需要，满足本级工会加强财务管理的需要。

第十五条 工会会计应当以实际发生的经济业务为依据，如实反映工会财务状况、各项收支情况及结果，保证会计信息真实可靠、内容完整。

第十六条 工会提供的会计信息应当清晰明了，便于理解和使用。

第十七条 工会会计应当按照规定的会计处理方法进行，前后各期一致，不得随意变更，以确保会计信息口径一致，相互可比。

第十八条 工会会计应当遵循重要性原则。对于重要的经济业务，应当单独反映。

第十九条 工会应当及时进行会计处理和报告，不得提前或延后。

第二十条 资产在取得时应当按照实际成本计量。除另有规定外，一律不得自行调整账面价值。

第二十一条 凡是指定用途的资金，应按规定的用途专款专用，并单独反映。

第三章 资 产

第二十二条 资产是工会拥有或控制的能以货币计量的经济资源。包括流动资产、投资和固定资产等。

第二十三条 流动资产是指预计在一年内（含一年）变现或者耗用的资产。主要包括货币资金、借出款、应收款项、库存物品等。

（一）货币资金包括库存现金、银行存款等。

货币资金应当按照实际发生额入账。工会应当设置库存现金和银行存款日记账，按照业务发生顺序逐日逐笔登记。库存现金的核算应当做到日清月结，其账面余额必须与库存数相符；银行存款的账面余额应当与银行对账单定期核对，如有不符，应编制银行存款余额调节表调节相符。

工会发生外币业务时，应当将有关外币金额折算成人民币金额记账。

（二）借出款是工会因开展工作或发展工运事业的需要而出借给其他工会或工会所属单位的款项。

工会应当对借出款严格管理，借出每笔款项时均需与借款单位签订书面文件，署明用途和还款期限，还款期限通常不应超过三年；对于逾期未还款的借出款，需在年度会计报表附注中说明原因。逾期三年以上、因借款单位原因尚未收回的借出款，报经批准认定确实无法收回或者报经批准认定不再要求借款单位还款的，应及时予以核销。

（三）应收款项包括应收上级经费、应收下级经费、其他应收款等。

应收上级经费是工会应收未收的上级工会应拨付（或划转）工会经费和补助。应收下级经费是本级工会应收下级工会的上缴经费。其他应收款是工会除应收上下级经费以外的其他应收及暂付款项。

应收款项应当按照实际发生额入账。期末，工会应当分析各项应收款项的可收回性，对于确实不能收回的应收款项应报经批准认定后及时予以核销。

（四）库存物品指工会取得的将在日常活动中耗用的材料、物品及达不到固定资产标准的工具、器具等。

库存物品在取得时应当按照其实际成本入账。购入、有偿调入的库存物品以实际支付的价款记账。无偿调拨、接受捐赠的库存物品以其公允价值或者有关凭据注明的金额（加上相关费用）记账。

库存物品在发出（领用或出售等）时，应当根据实际情况在先进先出法、加权平均法、个别计价法中选择一种方法确定发出库存物品的实际成本，一经选定，不得随意变更。

工会应当定期对库存物品进行清查盘点，每年至少全面盘点一次。对于盘盈、盘亏或报废、毁损的库存物品，应当及时查明原因，报经批准认定后及时进行处理。盘盈的库存物品按照其公允价值入账，并计入当期收入；盘亏的库存物品，将其账面余额计入当期支出。报废、毁损的库存物品，先扣除残料价值、可以收回的保险赔偿和责任人赔偿等，将净损失计入当期支出。

第二十四条 投资是指工会按照国家有关法律、行政法规和工会的相关规定，以货币资金、实物资产等方式向其他单位的投资。投资按其流动性分为短期投资和长期投资；按其性质分为股权投资、债权投资等。

（一）投资在取得时应当按照其实际成本入账。以货币资金方式对外投资，以实际支付的款项记账。以实物资产方式对外投资，以评估确认或合同、协议确定的价值记账。

（二）投资期内取得的利息、利润、红利等各项投资收益，应当计入当期收入。

（三）处置（出售）投资时，实际取得价款与投资账面余额的差额，应当计入当期投资收益。

对于因被投资单位破产、被撤销、注销、吊销营业执照或者被政府责令关闭等情况造成难以收回的未处置不良投资，报经批准认定后应当及时核销。

第二十五条　固定资产是指工会使用年限在一年以上，单位价值在规定标准以上，并在使用过程中基本保持原来物质形态的资产。包括房屋及建筑物、专用设备、一般设备、文物和陈列品、图书、其他固定资产。

（一）一般设备单位价值在500元以上，专用设备单位价值在800元以上，为固定资产。单位价值虽未达到规定标准，但是使用时间在一年以上的大批同类物资，按固定资产管理。

（二）固定资产在取得时应当按照其实际成本入账。

购入、有偿调入的固定资产，以实际支付的买价、运输费、保险费、安装费、装卸费及相关税费等记账。

自行建造的固定资产，以建造过程中实际发生的全部必要支出记账。

无偿调入、接受捐赠的固定资产，以其公允价值或者有关凭据注明的金额（加上相关费用）记账。

对固定资产进行改建、扩建，其净增值部分，应当计入固定资产价值。固定资产修理费用直接计入当期支出。

（三）处置（出售）固定资产时，冲减其账面余额并相应减少固定基金，处置中取得的变价收入扣除处置费用后的净收入（或损失）计入当期收入（或支出）。

（四）工会应当定期对固定资产进行清查盘点，每年至少全面盘点一次。对于盘盈、盘亏或报废、毁损的固定资产，应当及时查明原因，报经批准认定后及时进行处理。盘盈的固定资产按照其公允价值入账，并相应增加固定基金；盘亏的固定资产，冲减其账面余额并相应减少固定基金。报废、毁损的固定资产，冲减其账面余额并相应减少固定基金，清理中取得的变价收入扣除清理费用后的净收入（或损失）计入当期收入（或支出）。

第四章　负　　债

第二十六条　负债是指工会承担的能以货币计量，需以资产偿付的债务。包括借入款、应付个人收入、应付款项等。

第二十七条　借入款指工会借入的款项。

第二十八条　应付个人收入包括应付工资（离退休费）、应付地方（部门）津贴补贴、应付其他个人收入。

（一）应付工资（离退休费）指应付未付给本单位职工的工资及离退休费。其中，工资指按国家统一规定发放给在职人员的职务工资、级别工资、年终一次性奖金以及经国务院或人事部、财政部批准设立的津贴补贴等。离退休费指按国家统一规定发放给离退休人员的离休、退休费及经国务院或人事部、财政部批准设立的津贴补贴。

（二）应付地方（部门）津贴补贴指应付未付给本单位职工的地方（部门）津贴补贴。其中，地方（部门）津贴补贴指各地区各部门各单位出台的津贴补贴。

（三）应付其他个人收入指应付未付给本单位职工的其他个人收入。其中，其他个人收入指按国家规定发给个人除上述以外的其他收入，包括误餐费、夜餐费，出差人员伙食补助费、市内交通费，出国人员伙食费、公杂费、个人国外零用费，发放给个人的一次性奖励等。

第二十九条　应付款项包括应付上级经费、应付下级经费、其他应付款。

（一）应付上级经费指本级工会按规定应上缴的工会经费及建会筹备金。

（二）应付下级经费指本级工会应付下级工会的各项补助以及应转拨下级工会的工会经费和建会筹备金。

（三）其他应付款指除应付上下级经费之外的其他应付及暂存款项。

第三十条　各项负债应当按照实际发生额入账。

第五章　净　资　产

第三十一条　净资产是指工会的资产减去负债后的余额。包括固定基金、在建工程占用资金、投资基金、专用基金、后备金、结余。

第三十二条　固定基金指工会固定资产占用的基金。固定基金应当按照实际发生额入账。

在建工程占用资金指工会在建工程完工前累计占用的资金。在建工程占用资金应当按照实际发生额记账，待工程完工后转入固定基金。

第三十三条 投资基金指工会对外投资占用的基金。投资基金应当按照实际发生数额入账。

第三十四条 专用基金指工会按规定依法提取和使用的有专门用途的基金。包括增收留成基金、财务专用基金、工会干部权益保障金。

提取专用基金时,按照实际提取金额计入当期支出;使用专用基金时,按照实际支出金额冲减专用基金余额;专用基金未使用的余额,可滚存下一年度使用。

第三十五条 后备金指县级以上工会按规定依法提取的特殊情况下使用的储备金。

提取后备金时,按照实际提取金额冲减结余;使用后备金时,按照实际支出金额冲减后备金余额;后备金未使用的余额,可滚存下一年度使用。

第三十六条 结余指工会各项收入与支出相抵后滚存的累计余额。

第六章 收 入

第三十七条 收入是指工会根据《工会法》以及有关政策规定开展业务活动所取得的非偿还性资金。收入按照来源分为会费收入、拨缴经费收入、上级补助收入、政府补助收入、行政补助收入、事业收入、投资收益、其他收入。

(一) 会费收入指工会会员依照规定向工会组织缴纳的会费。

(二) 拨缴经费收入指基层单位行政拨缴、下级工会按规定上缴及上级工会按规定转拨的工会经费中归属于本级工会的经费及建会筹备金。

(三) 上级补助收入指本级工会收到的上级工会补助的款项。包括回拨补助、专项补助、超收补助、帮扶补助、送温暖补助、救灾补助、其他补助。

(四) 政府补助收入指各级人民政府按照《工会法》和国家的有关规定给予工会的补助款项。

(五) 行政补助收入指工会取得的所在单位行政方面按照《工会法》和国家的有关规定给予工会的补助款项。

(六) 事业收入指独立核算的工会附属事业单位上缴的收入和非独立核算的附属事业单位的各项事业收入。

(七) 投资收益指工会对外投资发生的损益。

(八) 其他收入指工会除会费收入、拨缴经费收入、上级补助收入、政府补助收入、行政补助收入、事业收入、投资收益之外的各项收入。

第三十八条 各项收入应当按照实际发生额入账。

第七章 支 出

第三十九条 支出是指工会为开展各项工作和活动所发生的各项资金耗费及损失。支出按照功能分为职工活动支出、维权支出、业务支出、行政支出、资本性支出、补助下级支出、事业支出、其他支出。

(一) 职工活动支出指工会为会员及其他职工开展教育、文体、宣传等活动发生的支出。

(二) 维权支出指工会直接用于维护职工权益的支出。

(三) 业务支出指工会培训工会干部、加强自身建设及开展业务工作发生的各项支出。

(四) 行政支出指工会为行政管理、后勤保障等发生的各项日常支出。

(五) 资本性支出指工会从事建设工程、设备工具购置、大型修缮和信息网络购建而发生的实际支出。

(六) 补助下级支出指工会为解决下级工会经费不足或根据有关规定给予下级工会的各类补助款项。

(七) 事业支出指工会对独立核算的附属事业单位的补助和非独立核算的附属事业单位的各项支出。

(八) 其他支出指各级工会除职工活动支出、维权支出、业务支出、行政支出、资本性支出、补助下级支出、事业支出以外的各项支出。

第四十条 各项支出应当按照实际发生额入账。

第八章 会计报表

第四十一条 工会会计报表是反映各级工会财务状况、业务活动和预算执行结果的书面文件。工会会计报表是各级工会领导、上级工会及其他会计报表使用者了解情况,掌握政策,指导工作的重要资料。

第四十二条 工会会计报表主要包括资产负债表、收入支出表和附注。

(一) 资产负债表,是反映工会某一会计期末全部资产、负债和净资产情况的报表。

(二) 收入支出表,是反映工会某一会计期间全部收入、支出及结余情况的报表。

（三）附注。附注应分析说明工会预算执行情况以及工会在筹集、分配、使用、管理经费过程中的成绩和问题，分析影响预算执行的原因，经费收支变动趋势，提出改进措施、意见和建议。

第四十三条　工会会计报表分为年度会计报表和中期会计报表。以短于一个完整的会计年度的期间（如半年度、季度和月度）编制的会计报表称为中期会计报表。年度会计报表是以整个会计年度为基础编制的会计报表。

第四十四条　工会要负责对所属单位会计报表和下级工会报送的年报进行审核、核批和汇总工作，定期向本级工会领导和上级工会报告本级工会预算执行情况。

第四十五条　会计报表要根据登记完整、核对无误的账簿记录和其他有关资料编制，做到数字准确、内容完整、报送及时。会计报表必须经会计主管人员和单位负责人审阅签章并加盖审查公章后上报。

第九章　附　　则

第四十六条　工会填制会计凭证、登记会计账簿、管理会计档案等，应当按照《会计基础工作规范》、《会计档案管理办法》等规定执行。

第四十七条　本制度从2010年1月1日起实施。

工会会计制度——会计科目和会计报表

第一部分　总　说　明

一、本制度统一规定工会会计科目的名称和编号，以便于编制会计凭证，登记账簿，查阅账目，实行会计电算化。本制度已规定的一级科目和明细科目，不得减并、自行增设，不得擅自更改科目名称，不需要的科目可以不用。

二、各省级工会可以根据需要自行增设未规定的明细科目，或将相应权限授权给所属下级工会。

三、工会在填制会计凭证、登记会计账簿时，应当填列会计科目的名称，或者同时填列会计科目的名称或编号，不得只填列科目编号，不填列科目名称。

四、工会应当根据本制度有关会计报表的编制基础、编制依据、编制原则和方法的要求，提供真实、完整的会计报表。工会不得违反规定，随意改变会计报表的编制基础、编制依据、编制原则和方法，不得随意改变本制度规定的会计报表有关数据的会计口径。

第二部分　会计科目名称和编号

序号	科目编码		名　称
	一级科目	明细科目	
一、资产类			
1	101		库存现金
2	102		银行存款
3	111		零余额账户用款额度
4	112		财政应返还额度
		11201	财政直接支付
		11202	财政授权支付
5	121		借出款
6	131		应收上级经费
		13101	应收上级补助
		13102	应收上级转拨经费
		13103	应收建会筹备金
7	132		应收下级经费
8	135		其他应收款
9	141		库存物品

（续表）

序号	科目编码		名　称
	一级科目	明细科目	
10	151		投资
11	161		在建工程
12	162		固定资产
		二、负债类	
13	201		应付工资(离退休费)
14	202		应付地方(部门)津贴补贴
15	203		应付其他个人收入
16	211		借入款
17	221		应付上级经费
18	222		应付下级经费
		22201	应付下级补助
		22202	应付下级转拨经费
		22203	应付建会筹备金
19	225		其他应付款
20	231		代管经费
		三、净资产类	
21	301		固定基金
22	302		在建工程占用资金
23	311		投资基金
24	321		专用基金
		32101	增收留成基金
		32102	财务专用基金
		32103	权益保障金
25	322		后备金
26	331		结余
		四、收入类	
27	401		会费收入
28	402		拨缴经费收入
29	403		上级补助收入
		40301	回拨补助
		40302	专项补助
		40303	超收补助
		40304	帮扶补助
		40305	送温暖补助
		40306	救灾补助
		40307	其他补助

（续表）

序号	科目编码		名　称
	一级科目	明细科目	
30	404		政府补助收入
31	405		行政补助收入
32	406		事业收入
33	407		投资收益
34	408		其他收入
		五、支出类	
35	501		职工活动支出
		50101	职工教育费
		50102	文体活动费
		50103	宣传活动费
		50104	其他活动支出
36	502		维权支出
		50201	劳动关系协调费
		50202	劳动保护费
		50203	法律援助费
		50204	困难职工帮扶费
		50205	送温暖费
		50206	其他维权支出
37	503		业务支出
		50301	培训费
		50302	会议费
		50303	外事费
		50304	专项业务费
		50305	其他业务支出
38	504		行政支出
		50401	工资福利支出
		50402	商品和服务支出
		50403	对个人和家庭的补助
		50404	其他行政支出
39	505		资本性支出
		50501	房屋建筑物购建
		50502	办公设备购置
		50503	专用设备购置
		50504	交通工具购置
		50505	大型修缮
		50506	信息网络购建
		50507	其他资本性支出

（续表）

序号	科目编码		名　称
	一级科目	明细科目	
40	506		补助下级支出
		50601	回拨补助
		50602	专项补助
		50603	超收补助
		50604	帮扶补助
		50605	送温暖补助
		50606	救灾补助
		50607	其他补助
41	507		事业支出
42	508		其他支出

第三部分　会计科目使用说明

一、资产类科目

第101号科目　库存现金

一、本科目核算工会的库存现金。

二、各级工会应当严格按照国家有关现金管理的规定收支现金。

三、库存现金的主要账务处理如下：

（一）从银行提取现金，借记本科目，贷记“银行存款”科目；将现金存入银行，借记“银行存款”科目，贷记本科目。

（二）因支付内部职工出差等原因所需的现金，借记“其他应收款”科目，贷记本科目；收到出差人员交回的差旅费剩余款并结算时，按实际收回的现金，借记本科目，按应报销的金额，借记“行政支出”等有关科目，按实际借出的现金，贷记“其他应收款”科目。

（三）因其他业务收到现金，借记本科目，贷记有关科目；支出现金，借记有关科目，贷记本科目。

四、本科目应设置“现金日记账”，由出纳人员根据收付款凭证，按照业务发生顺序，逐笔登记，每日终了，应计算当日的现金收入合计数、支出合计数和结余数，并将结余数与实际库存数进行核对，做到账款相符。

五、有外币现金的工会，按照折算后的人民币金额记账，并设立辅助账登记外币现金的币种、外币金额、即期汇率、折算后的人民币金额及来源简要说明等。

六、每日终了结算现金收支、财产清查等发现的现金短缺或溢余，应当及时查明原因，并根据管理权限，报经批准后，在期末结账前处理完毕：

（一）如为现金短缺，属于应由责任人等赔偿的部分，借记“其他应收款”科目，贷记本科目；属于无法查明的其他原因的部分，借记“其他支出”科目，贷记本科目。

（二）如为现金溢余，属于应支付给有关人员或单位的部分，借记本科目，贷记“其他应付款”科目；属于无法查明的其他原因的部分，借记本科目，贷记“其他收入”科目。

七、本科目期末借方余额，反映工会实际持有的库存现金。

第102号科目　银行存款

一、本科目核算工会存入银行或其他金融机构的各种款项。包括活期存款、定期存款等。

二、工会可以根据实际情况在本科目下设置经费集中户等明细科目。设置经费集中户的工会，应当先在经费集中户中归集工会经费，再按规定将属于本级工会的经费转入本级工会基本户，属于上级或下级工会的经费上缴上级工会或转拨下级工会。

三、工会应当严格按照国家有关支付结算办法的规定，正确地办理银行存款收支结算。

四、银行存款的主要账务处理如下：

（一）将现金存入银行，借记本科目，贷记"库存现金"科目。从银行提取现金，借记"库存现金"科目，贷记本科目。

（二）通过银行转账方式取得工会经费，借记本科目，贷记"拨缴经费收入"、"应付上级经费"、"应付下级经费"科目。

通过银行转账方式取得相关收入，借记本科目，贷记"上级补助收入"、"政府补助收入"、"行政补助收入"、"事业收入"、"投资收益"等科目。

（三）通过银行转账方式支付各项支出，借记"职工活动支出"、"维权支出"、"业务支出"、"行政支出"、"资本性支出"、"补助下级支出"、"事业支出"等科目，贷记本科目。

（四）收到的银行存款利息，借记本科目，贷记"其他收入"科目。

五、各级工会应按开户银行、存款种类分别设置"银行存款日记账"，由出纳人员根据收付款凭证，按照业务的发生顺序逐笔登记，每日终了应结出余额。"银行存款日记账"应定期与银行对账，至少每月核对一次，如有差额，应编制"银行存款余额调节表"，调节相符。

六、本科目期末借方余额，反映工会实际存在银行或其他金融机构的款项。

第111号科目　零余额账户用款额度

一、本科目核算在实行财政国库管理制度改革试点的地区，工会根据财政部门批复的用款计划收到的、尚未动用的零余额账户用款额度。

二、零余额账户用款额度的主要账务处理如下：

（一）在财政授权支付方式下，收到代理银行转来的"授权支付到账通知书"时，根据通知书所列数额，借记本科目，贷记"政府补助收入"科目。实际发生支出时，借记"维权支出"、"行政支出"、"资本性支出"等科目，贷记本科目。

（二）从零余额账户提取现金时，借记"库存现金"科目，贷记本科目。

（三）年度终了，根据代理银行提供的对账单作注销额度的相关账务处理，借记"财政应返还额度——财政授权支付"科目，贷记本科目。如果工会本年度财政授权支付预算指标数大于零余额账户用款额度下达数，借记"财政应返还额度——财政授权支付"科目，贷记"政府补助收入"科目。

下年初，根据代理银行提供的额度恢复到账通知书作相关恢复额度的账务处理，借记本科目，贷记"财政应返还额度——财政授权支付"科目。如果下年度收到财政部门批复的上年末下达零余额账户用款额度，借记本科目，贷记"财政应返还额度——财政授权支付"科目。

三、本科目期末借方余额，反映工会尚未支用的零余额账户用款额度。本科目年末应无余额。

第112号科目　财政应返还额度

一、本科目核算实行国库集中支付的工会年终应收财政下年度返还的资金额度。

二、本科目应设置两个明细科目：11201财政直接支付、11202财政授权支付，进行明细核算。

三、财政应返还额度的主要账务处理如下：

（一）财政直接支付年终结余资金的账务处理。

年度终了，根据本年度财政直接支付预算指标数与当年财政直接支付实际支出数的差额，借记本科目（财政直接支付），贷记"政府补助收入"科目。

下年度恢复财政直接支付额度后，发生实际支出时，借记"维权支出"、"行政支出"、"资本性支出"等科目，贷记本科目（财政直接支付）。

（二）财政授权支付年终结余资金的账务处理。

年度终了，根据代理银行提供的对账单注销额度，具体账务处理参见"零余额账户用款额度"。下年度年初根据代理银行提供的额度恢复到账通知书恢复额度，具体账务处理参见"零余额账户用款额度"。

四、本科目期末借方余额，反映工会应收财政下年度返还的资金额度。

第121号科目　借出款

一、本科目核算工会因开展工作或发展工运事业的需要而出借给其他工会或工会所属单位的款项。

二、本科目应按借款单位设置明细账。

三、借出款的主要账务处理如下：

（一）借出款项时，借记本科目，贷记"银行存款"等科目。

（二）收回借款时，借记“银行存款”等科目，贷记本科目。

（三）逾期三年以上、因借款单位原因尚未收回的借出款，报经批准认定确实无法收回，或者报经批准认定不再要求借款单位还款的，转入相关支出科目，借记“补助下级支出”、“事业支出”等科目，贷记本科目。

四、各级工会应对借出款严格控制，健全手续，及时清理，不得长期挂账。

五、本科目期末借方余额，反映工会尚未收回的借出款项。

第 131 号科目　应收上级经费

一、本科目核算工会应收未收的上级工会应拨付（或转拨）工会经费、建会筹备金和补助。

二、工会可以根据需要在本科目下设置以下明细科目：

13101　应收上级补助：核算上级工会应拨付给本级工会的回拨、专项和超收等补助收入。

13102　应收上级转拨经费：核算上级工会采用税务代收、财政划拨的形式收缴工会经费的，收缴的金额中应划转给本级工会的部分。

13103　应收建会筹备金：核算上级工会采用税务代收、财政划拨的形式收缴建会筹备金的，收缴的金额中应划转给本级工会的部分。

三、应收上级经费的主要账务处理如下：

（一）根据上级工会回拨、专项和超收等补助通知中的相关金额，借记本科目（应收上级补助），贷记“上级补助收入”科目相关明细科目。

收到上级工会拨来的回拨、专项和超收等补助时，借记“银行存款”科目，贷记本科目（应收上级补助）。

（二）根据上级工会经费转拨通知中的相关金额，借记本科目（应收上级转拨经费），按规定属于本级工会的部分，贷记“拨缴经费收入”科目，按规定应转拨下级工会的部分，贷记“应付下级经费——应付下级转拨经费”科目。

收到上级工会转拨的工会经费时，借记“银行存款”科目，贷记本科目（应收上级转拨经费）。

（三）根据上级工会有关建会筹备金转拨通知中的金额，借记本科目（应收建会筹备金），按规定属于本级工会的部分，贷记“拨缴经费收入”，按规定应转拨下级工会或需返还给筹建单位工会的部分，贷记“应付下级经费——应付建会筹备金”等科目。

收到上级工会转拨的建会筹备金时，借记“银行存款”科目，贷记本科目（应收建会筹备金）。

四、本科目期末借方余额，反映工会应收未收的上级经费、建会筹备金和补助。

第 132 号科目　应收下级经费

一、本科目核算工会按规定应收下级工会的上缴工会经费和建会筹备金。

二、工会可以根据需要在本科目下设置应收经费、应收建会筹备金等明细科目。

三、应收下级经费的主要账务处理如下：

（一）根据下级工会经费收缴报告表中的相关金额，借记本科目，按规定属于本级工会的部分，贷记“拨缴经费收入”科目，按规定应上缴上级工会的部分，贷记“应付上级经费”科目。

（二）收到下级工会的上缴经费时，借记“银行存款”科目，贷记本科目。

四、本科目期末借方余额，反映年末应收未收的下级工会上缴经费。

第 135 号科目　其他应收款

一、本科目核算工会除应收上下级经费以外的其他应收及暂付款项。

二、本科目应按债务人设置明细账，进行明细核算。

三、其他应收款的主要账务处理如下：

（一）发生其他应收及暂付款项，借记本科目，贷记“库存现金”、“银行存款”等科目。

结算收回或核销转列支出时，按收回的金额，借记“库存现金”、“银行存款”等科目，按列入支出的金额，借记有关支出科目，按结算总额，贷记本科目。

（二）逾期三年以上、因债务人原因尚未收回的其他应收款，报经批准认定确实无法收回的，应作为呆账及时进行账务处理，借记“其他支出”科目，贷记本科目。

核销的呆账，应保留备查账簿中登记。

已核销呆账重新收回的，按照实际收到的款项，借记“银行存款”科目，贷记“其他收入”科目。

四、各级工会应对其他应收及暂付款项严格控制，健全手续，及时清理，不得长期挂账。

五、本科目期末借方余额，反映尚未收回的其他应收及暂付款项。

第141号科目　库存物品

一、本科目核算工会取得的将在日常活动中耗用的材料、物品及达不到固定资产标准的工具、器具等。

二、本科目应按库存物品的类别、品名设置明细账，并根据出入库单逐笔核算。

三、库存物品的主要账务处理如下：

(一) 购入物品时，借记本科目，贷记“银行存款”等科目。

(二) 领用物品时，借记“职工活动支出”、“维权支出”、“行政支出”等科目，贷记本科目。

四、库存物品每年至少盘点一次，盘盈、盘亏或报废、毁损应查明原因，按规定程序批准后及时处理。

(一) 发生盘盈的，借记本科目，贷记“其他收入”科目。

(二) 盘亏的库存物品，按照账面余额，借记“其他支出”科目，贷记本科目。

报废、毁损的库存物品，按照库存物品账面余额扣除可以收回的保险赔偿和过失人的赔偿等后的金额，借记“其他支出”科目，按库存物品账面余额，贷记本科目，按照可以收回的保险赔偿和过失人赔偿等，借记“库存现金”、“银行存款”、“其他应收款”等科目。

五、本科目期末借方余额，反映尚未使用的库存物品的实际价值。

第151号科目　投资

一、本科目核算工会按照国家有关法律、行政法规和工会的相关规定，以货币资金、实物资产等方式向其他单位的投资。

二、本科目可按投资类别、投资单位等设置明细账，进行明细核算。

三、投资的主要账务处理如下：

(一) 取得投资时：

1. 购入国债等债券，借记本科目，贷记“银行存款”等科目；同时，借记“结余”科目，贷记“投资基金”科目。

2. 以货币资金对外进行股权投资，借记本科目，贷记“银行存款”等科目；同时，借记“结余”科目，贷记“投资基金”科目。

3. 以固定资产对外进行股权投资，按固定资产的评估价等，借记本科目，贷记“投资基金”科目；同时，按投出固定资产的账面原值，借记“固定基金”科目，贷记“固定资产”科目。

4. 以库存物品对外进行股权投资，按库存物品的评估价等，借记本科目，按库存物品账面价值，贷记“库存物品”科目，按评估价等与账面价值的差额，借记或贷记“投资基金”科目；同时，按库存物品的账面价值，借记“结余”科目，贷记“投资基金”科目。

(二) 实际收到利息、股利等投资收益时，借记“银行存款”等科目，贷记“投资收益”科目。

(三) 投资收回时，按照实际收到的价款，借记“银行存款”科目，按照本科目的账面价值，贷记本科目，按照其差额，贷记或借记“投资收益”科目。同时借记“投资基金”科目，贷记“结余”科目。

(四) 投资出现损失，报经批准认定确实无法收回的，借记“投资基金”科目，贷记本科目。

已经核销的投资呆账，保留备查账簿，对投资失误者要追查责任。

已经核销的投资呆账，重新收回的，借记“银行存款”等科目，贷记“其他收入”科目。收回实物的，需重新进行评估，按公允价值入账。

四、本科目期末借方余额，反映工会持有投资的金额。

第161号科目　在建工程

一、本科目核算工会进行在建工程所发生的实际支出。

二、本科目可按具体工程项目设置明细科目，进行明细核算。

三、在建工程的主要账务处理如下：

(一) 预付工程款时，按照实际支付的金额，借记本科目，贷记“在建工程占用资金”科目，同时借记“资本性支出”科目，贷记“银行存款”科目。

(二) 工程完工时，借记“固定资产”科目，贷记本科目，同时借记“在建工程占用资金”科目，贷记“固定基金”科目。

四、本科目的期末借方余额，反映工会尚未完工的各项在建工程发生的实际支出。

第162号科目 固定资产

一、本科目核算工会拥有或控制的各项固定资产原值。

二、工会应设置固定资产明细账,按类别、品名进行明细核算。

三、固定资产的主要账务处理如下:

(一)购入、有偿调入固定资产,借记“资本性支出”等科目,贷记“银行存款”等科目,同时借记本科目,贷记“固定基金”科目。

(二)自行建造固定资产,发生基建支出时,借记“在建工程”科目,贷记“在建工程占用资金”科目,同时借记“资本性支出”科目,贷记“银行存款”科目。工程完工时,借记本科目,贷记“在建工程”科目,同时借记“在建工程占用资金”科目,贷记“固定基金”科目。

(三)无偿调入、接受捐赠固定资产,借记本科目,贷记“固定基金”科目。

(四)以固定资产对外进行股权投资,按固定资产的评估价等,借记“投资”科目,贷记“投资基金”科目;同时,按投出固定资产的账面原值,借记“固定基金”科目,贷记本科目。

(五)出售固定资产,按账面原值,借记“固定基金”科目,贷记本科目,取得的收入扣减相关支出后的净额,借记“银行存款”等科目,贷记“其他收入”科目。

四、固定资产每年必须盘点一次,对盘盈、盘亏、报废或毁损的,资产监督管理部门应当查明原因,写出书面报告,按规定报经批准认定后及时进行账务处理,同时将有关情况在会计报表说明中加以披露。

(一)盘盈的固定资产,借记本科目,贷记“固定基金”科目。

(二)盘亏的固定资产,按账面原值,借记“固定基金”科目,贷记本科目。

(三)毁损、报废的固定资产,按账面原值,借记“固定基金”科目,贷记本科目。同时,按清理过程中取得的收入,借记“库存现金”、“银行存款”等科目,按清理过程中发生的支出,贷记“库存现金”、“银行存款”等科目,按清理净收入(或净支出),贷记“其他收入”科目或借记“其他支出”科目。

五、工会可以设置专门的辅助账记录各项固定资产的原值、购入时间、预计使用年限、应计提折旧(一般采用直线法计提折旧)、固定资产净值等。

六、本科目期末借方余额,反映固定资产的原值。

二、负债类科目

第201号科目 应付工资(离退休费)

一、本科目核算向本单位职工发放的工资或离退休费。

二、工会可以根据需要在本科目下设置在职人员、离休人员、退休人员等明细科目。

三、应付工资(离退休费)的主要账务处理如下:

实际发放工资(离退休费)时,借记“行政支出”等科目,贷记本科目;同时,借记本科目,贷记“银行存款”、“零余额账户用款额度”等科目。

四、本科目期末贷方一般无余额。

第202号科目 应付地方(部门)津贴补贴

一、本科目核算向本单位职工发放的各类地方(部门)津贴补贴。

二、工会可以根据需要在本科目下设置在职人员、离休人员、退休人员等明细科目。

三、应付地方(部门)津贴补贴的主要账务处理如下:

实际发放地方(部门)津贴补贴时,借记“行政支出”等科目,贷记本科目;同时,借记本科目,贷记“银行存款”、“零余额账户用款额度”等科目。

四、本科目期末贷方一般无余额。

第203号科目 应付其他个人收入

一、本科目核算向本单位职工发放除“201应付工资(离退休费)”和“202应付地方(部门)津贴补贴”以外的其他个人收入。

二、工会可以根据需要在本科目下设置在职人员、离休人员、退休人员等明细科目。

三、应付其他个人收入的主要账务处理如下:

实际发放其他个人收入时,借记“行政支出”等科目,贷记本科目;同时,借记本科目,贷记“银行存款”、“零余额账户用款额度”等科目。

四、本科目期末贷方一般无余额。

第 211 号科目　借入款

一、本科目核算工会借入的款项。

二、借入款的主要账务处理如下：

（一）发生借入款时，借记“银行存款”科目，贷记本科目。

（二）归还借款时，借记本科目，贷记“银行存款”等科目。

三、本科目期末贷方余额，反映工会尚未偿还的借入款项。

第 221 号科目　应付上级经费

一、本科目核算工会按规定应上缴的工会经费及建会筹备金。

二、工会可以根据需要在本科目下设置应上缴经费、应上缴建会筹备金等明细科目。

三、应付上级经费的主要账务处理如下：

（一）应上缴经费的处理。

收到工会经费，按下级工会经费收缴报告表中的相关金额或实际收到的总金额，借记“应收下级经费”、“银行存款”等科目，按规定属于本级工会的部分，贷记“拨缴经费收入”科目，按规定应上缴上级工会的部分，贷记本科目，按规定应转拨下级工会的部分，贷记“应付下级经费——应付下级转拨经费”科目。

实际上缴工会经费时，借记本科目，贷记“银行存款”科目。

（二）应上缴建会筹备金的处理。

收到建会筹备金，按实际收到的总金额，借记“银行存款”科目，按规定属于本级工会的部分，贷记“拨缴经费收入”科目，按规定应上缴上级工会的部分，贷记本科目，按规定应转拨下级工会或需返还筹建单位工会的部分，贷记“应付下级经费——应付建会筹备金”科目。

实际上缴上级工会的经费，借记本科目，贷记“银行存款”科目。

四、本科目期末贷方余额，反映工会应缴上级但尚未上缴的经费。

第 222 号科目　应付下级经费

一、本科目核算工会应付下级工会的各项补助以及应转拨下级工会的工会经费和建会筹备金。

二、工会可以根据需要在本科目下设置以下明细科目：

22201　应付下级补助：核算工会应拨付给下级工会的回拨、专项和超收等各项补助。

22202　应付下级转拨经费：核算工会采用税务代收、财政划拨的形式收缴工会经费的，收缴的金额中应划转给下级工会作为下级工会拨缴经费收入的部分。

22203　应付建会筹备金：核算工会采用税务代收、财政划拨的形式收缴建会筹备金的，收缴的金额中应划转给下级工会作为下级工会拨缴经费收入的部分和需返还给筹建单位工会的部分。

三、应付下级经费的主要账务处理如下：

（一）本级工会年末清算对下级工会的补助时，根据补助通知中的相关金额，借记“补助下级支出”科目，贷记本科目（应付下级补助）。

次年，实际拨付补助时，借记本科目（应付下级补助），贷记“银行存款”科目。

（二）采用税务代收、财政划拨方式收缴工会经费的：

1. 本级工会通过税务部门代收、财政部门划拨的工会经费，按实际收到的总金额，借记“银行存款”科目，按规定属于本级工会的部分，贷记“拨缴经费收入”科目，按规定应上缴上级工会的部分，贷记“应付上级经费”科目，按规定应转拨下级工会的部分，贷记本科目（应付下级转拨经费）。

实际转拨下级工会经费，借记本科目，贷记“银行存款”科目。

2. 本级工会收到上级工会通过财政部门划拨、税务部门代收的工会经费，按上级工会经费转拨通知中的金额或实际收到的总金额，借记“应收上级经费——应收上级转拨经费”、“银行存款”科目，按规定属于本级工会的部分，贷记“拨缴经费收入”科目，按规定应转拨下级工会的部分，贷记本科目（应付下级转拨经费）。

实际转拨下级工会的经费，借记本科目，贷记“银行存款”科目。

（三）采用税务代收、财政划拨方式收取建会筹备金的：

1. 本级工会通过税务部门代收、财政部门划拨的建会筹备金，按实际收到的总金额，借记“银行存款”

科目，按规定属于本级工会的部分，贷记“拨缴经费收入”科目，按规定应上缴上级工会的部分，贷记“应付上级经费”科目，按规定应转拨下级工会或需返还给筹建单位工会的部分，贷记本科目(应付建会筹备金)。

2. 本级工会收到上级工会通过财政部门划拨、税务部门代收的建会筹备金，按上级工会有关建会筹备金转拨通知中的金额或实际收到的总金额，借记“应收上级经费——应收建会筹备金”、“银行存款”科目，按规定属于本级工会的部分，贷记“拨缴经费收入”科目，按规定应转拨下级工会或需返还给筹建单位工会的部分，贷记本科目(应付建会筹备金)。

3. 对于需要返还基层单位工会的建会筹备金，借记本科目，贷记“银行存款”科目。

4. 对于不需返还基层单位的建会筹备金，借记本科目，按规定属于本级工会的部分，贷记“拨缴经费收入”科目，规定应上缴上级工会的部分，贷记“应付上级经费”科目。

四、本科目期末贷方余额，反映应拨付下级但尚未拨付的经费。

第225号科目 其他应付款

一、本科目核算工会除应付上下级经费之外的其他应付及暂存款项。

二、本科目应按对方单位或个人设置明细账，进行明细核算。

三、其他应付款的主要账务处理如下：

发生其他应付及暂存款项，借记“库存现金”、“银行存款”等科目，贷记本科目。支付款项时，借记本科目，贷记“银行存款”等科目。

四、本科目期末贷方余额，反映尚未支付的其他应付及暂存款项。

第231号科目 代管经费

一、本科目核算党团组织及单位行政委托工会代管的、有指定用途的、不属于工会收入的经费，如代管的党费、团费、职工互助金等。

二、本科目应按拨入代管经费的项目或单位设置明细账。

三、收到代管的经费时，借记“银行存款”科目，贷记本科目，实际支出时，借记本科目，贷记“银行存款”科目。

四、本科目期末贷方余额，反映尚未使用的代管经费。

三、净资产类科目

第301号科目 固定基金

一、本科目核算工会购入、调入、建造、盘盈、接受捐赠固定资产所形成的基金，以及拆除、盘亏、毁损、捐出固定资产等原因减少的固定基金。

二、固定基金的主要账务处理如下：

(一) 固定基金增加：

1. 购入、有偿调入固定资产，借记“固定资产”科目，贷记本科目，同时借记“资本性支出”等科目，贷记“银行存款”等科目。

2. 自行建造固定资产，发生基建支出时，借记“在建工程”科目，贷记“在建工程占用资金”科目，同时借记“资本性支出”科目，贷记“银行存款”科目。工程完工时，借记“固定资产”科目，贷记“在建工程”科目，同时借记“在建工程占用资金”科目，贷记本科目。

3. 无偿调入、接受捐赠固定资产，借记“固定资产”科目，贷记本科目。

4. 盘盈的固定资产，借记“固定资产”科目，贷记本科目。

(二) 固定基金减少：

1. 有偿调出、出售的固定资产，按账面原值，借记本科目，贷记“固定资产”科目；取得的收入扣减相关支出后的净额，借记“银行存款”等科目，贷记“其他收入”科目。

2. 毁损、报废的固定资产，按账面原值，借记本科目，贷记“固定资产”科目。同时，按清理过程中取得的收入，借记“库存现金”、“银行存款”等科目，按清理过程中发生的支出，贷记“库存现金”、“银行存款”等科目，按清理净收入(或净支出)，贷记“其他收入”科目或借记“其他支出”科目。

3. 以固定资产对外进行股权投资，按固定资产的评估价等，借记“投资”科目，贷记“投资基金”科目；同时，按投出固定资产的账面原值，借记本科目，贷记“固定资产”科目。

4. 盘亏的固定资产，按账面原值，借记本科目，贷记“固定资产”科目。

三、本科目期末贷方余额,反映工会拥有的固定基金总值。

第 302 号科目　在建工程占用资金

一、本科目核算工会在建工程完工前累计占用的资金。

二、本科目可按具体工程项目设置明细科目,进行明细核算。

三、在建工程占用资金的主要账务处理如下:

(一) 预付工程款时,按照实际支付的金额,借记“资本性支出”科目,贷记“银行存款”科目,同时借记“在建工程”科目,贷记本科目。

(二) 工程完工时,借记“固定资产”科目,贷记“在建工程”科目,同时借记本科目,贷记“固定基金”科目。

四、本科目的期末借方余额,反映工会尚未完工的各项在建工程发生的累计实际支出。

第 311 号科目　投资基金

一、本科目核算工会对外投资占用的基金。

二、投资基金的主要账务处理如下:

(一) 投资基金增加:

1. 购入国债等债券,借记“投资”科目,贷记“银行存款”等科目;同时,借记“结余”科目,贷记本科目。

2. 以货币资金对外进行股权投资,借记“投资”科目,贷记“银行存款”等科目;同时,借记“结余”科目,贷记本科目。

3. 以库存物品对外进行股权投资。对外投出库存物品,按库存物品的评估价等,借记“投资”科目,按库存物品账面价值,贷记“库存物品”科目,按评估价与账面价值的差额,借记或贷记本科目;同时,按库存物品的账面价值,借记“结余”科目,贷记本科目。

4. 以固定资产对外进行股权投资,按固定资产的评估价等,借记“投资”科目,贷记本科目;同时,按投出固定资产的账面原值,借记“固定基金”科目,贷记“固定资产”科目。

(二) 投资基金减少:

1. 投资出现损失,经确认无法收回的部分,按照工会呆账处理的有关规定进行账务核销,借记本科目,贷记“投资”科目。

已经核销的投资呆账,保留备查账簿,对投资失误者要追查责任。已经核销的投资呆账,重新收回的,借记“银行存款”科目,贷记“其他收入”科目。收回实物的,按公允价值入账。

2. 投资收回时,按照实际收到的价款,借记“银行存款”科目,按照本科目的账面价值,贷记“投资”科目,同时借记本科目,贷记“结余”科目,按照其差额,贷记或借记“投资收益”科目。

三、本科目的贷方余额,核算工会尚未收回的投资款项。

第 321 号科目　专用基金

一、本科目核算根据国家和全国总工会有关规定,依法提取和使用的有专门用途的基金。

二、本科目应按专用基金种类设置以下明细科目:

32101　增收留成基金:核算提取的增收留成基金。

32102　财务专用基金:核算提取的财务专用基金。

32103　权益保障金:核算提取的工会干部权益保障金。

三、专用基金的主要账务处理如下:

(一) 提取增收留成基金时,借记“其他支出”科目,贷记本科目(增收留成基金)。实际支出时,借记本科目(增收留成基金),贷记“银行存款”等科目。

(二) 提取财务专用基金时,借记“其他支出”科目,贷记本科目(财务专用基金)。实际支出时,借记本科目(财务专用基金),贷记“银行存款”等科目。

(三) 县级以上工会提取工会干部权益保障金时,借记“维权支出”科目,贷记本科目(权益保障金)。

接受社会募集、捐款增加工会干部权益保障金时,借记“库存现金”、“银行存款”等科目,贷记本科目(权益保障金)。

实际发放工会干部权益保障金时,借记本科目(权益保障金),贷记“库存现金”、“银行存款”等科目。

四、本科目期末贷方余额,反映工会专用基金的数额。

第322号科目 后备金

一、本科目核算县级以上工会按规定依法提取的特殊情况下使用的储备金。

二、后备金的主要账务处理如下：

(一) 提取后备金时，借记"结余"科目，贷记本科目。

(二) 按有关规定经批准动用后备金时，按实际支付的金额，借记本科目，贷记"银行存款"等科目。

三、本科目期末贷方余额，反映工会尚未动用的后备金数额。

第331号科目 结余

一、本科目核算工会各项收入与支出相抵后的余额。

二、结余的主要账务处理如下：

(一) 发生对外投资时，借记"投资"科目，贷记有关科目，同时，借记本科目，贷记"投资基金"科目。收回投资时，按照投资的账面价值，借记"投资基金"科目，贷记本科目。

(二) 期末结账时，将各收入类科目的余额转入本科目，借记"会费收入"、"拨缴经费收入"、"上级补助收入"、"政府补助收入"、"行政补助收入"、"事业收入"、"投资收益"、"其他收入"等科目，贷记本科目。

将各支出类科目的余额转入本科目，借记本科目，贷记"职工活动支出"、"维权支出"、"业务支出"、"行政支出"、"资本性支出"、"补助下级支出"、"事业支出"、"其他支出"等科目。

(三) 提取后备金时，借记本科目，贷记"后备金"科目。

三、本科目期末贷方余额，反映工会历年滚存的结余。

四、收入类科目

第401号科目 会费收入

一、本科目核算工会会员依照规定向工会组织缴纳的会费。

二、会费收入的主要账务处理如下：

(一) 取得会费时，借记"库存现金"、"银行存款"等科目，贷记本科目。

(二) 期末结转时，借记本科目，贷记"结余"科目。

三、本科目期末结转后无余额。

第402号科目 拨缴经费收入

一、本科目核算基层单位行政拨缴、下级工会按规定上缴及上级工会按规定转拨的工会经费中归属于本级工会的经费及建会筹备金。

二、工会可以根据需要在本科目下设置明细科目，进行明细核算。

三、拨缴经费收入的主要账务处理如下：

(一) 工会经费的处理

1. 采用自主收缴工会经费的：

收到工会经费，按下级工会经费收缴报告表中的相关金额或实际收到的总金额，借记"应收下级经费"、"银行存款"科目，按规定属于本级工会的部分，贷记本科目，按规定应上缴上级工会的部分，贷记"应付上级经费"科目。

2. 采用税务代收、财政划拨方式收取工会经费的：

(1) 本级工会通过税务部门代收、财政部门划拨的工会经费，按实际收到的总金额，借记"银行存款"科目，按规定属于本级工会的部分，贷记本科目，按规定应上缴上级工会的部分，贷记"应付上级经费"科目，按规定应转拨下级工会的部分，贷记"应付下级经费——应付下级转拨经费"科目。

(2) 本级工会收到上级工会转拨通过财政部门划拨、税务部门代收的工会经费，按上级工会经费转拨通知中的金额或实际收到的总金额，借记"应收上级经费——应收上级转拨经费"、"银行存款"科目，按规定属于本级工会的部分，贷记本科目，按规定属于下级工会的部分，贷记"应付下级经费——应付下级转拨经费"科目。

(二) 建会筹备金的处理

1. 采用自主收缴方式收取建会筹备金的：

本级工会收到建会筹备金，按实际收到的总金额，借记"银行存款"科目，按规定属于本级工会的部分，贷记本科目，按规定应上缴上级工会的部分，贷记"应付上级经费"科目，需返还给筹建单位工会的部分，贷记“应付下级经费——应付建会筹备金”科目。

2. 采用税务代收、财政划拨方式收取建会筹备金的：

(1) 本级工会通过税务部门代收、财政部门划拨的建会筹备金，按实际收到的总金额，借记“银行存款”科目，按规定属于本级工会的部分，贷记本科目，按规定应上缴上级工会的部分，贷记“应付上级经费”科目，按规定应转拨下级工会或需返还给筹建单位工会的部分，贷记“应付下级经费——应付建会筹备金”科目。

(2) 本级工会收到上级工会转拨通过财政部门划拨、税务部门代收的建会筹备金，按上级工会有关建会筹备金转拨通知中的金额或实际收到的总金额，借记“应收上级经费——应收建会筹备金”、“银行存款”科目，按规定属于本级工会的部分，贷记本科目，按规定属于下级工会或需返还给筹建单位工会的部分，贷记“应付下级经费——应付建会筹备金”科目。

3. (1) 筹建单位在期限内建立工会，本级工会返还建会筹备金的，按实际返还的金额，借记“应付下级经费——应付建会筹备金”科目，贷记“银行存款”科目。

(2) 筹建单位到期未建立工会，本级工会不需返还的建会筹备金，借记“应付下级经费——应付建会筹备金”科目，按规定属于本级工会的部分，贷记本科目，按规定应上缴上级工会的部分，贷记“应付上级经费”科目。

4. 筹建单位按期建立工会，所建工会收到返还的建会筹备金，借记“银行存款”科目，贷记本科目。

(三) 期末结转时，借记本科目，贷记“结余”科目。

四、本科目期末结转后无余额。

第403号科目　上级补助收入

一、本科目核算本级工会收到的上级工会补助的款项。

二、本科目应设置以下明细科目：

40301　回拨补助：核算上级工会按有关规定拨付的回拨补助。

40302　专项补助：核算上级工会拨付的指定专门用途的项目补助。

40303　超收补助：核算上级工会按有关超收增缴经费管理规定，拨付的超收补助。

40304　帮扶补助：核算上级工会拨付的帮扶困难职工的补助。

40305　送温暖补助：核算上级工会拨付的用于开展向困难职工和家庭送温暖活动的补助。

40306　救灾补助：核算上级工会拨付的用于慰问在自然灾害中经济财产遭受损失、生活遇到困难的职工和家庭的补助。

40307　其他补助：核算上级工会拨付的除上述明细科目所述内容以外的其他补助。

三、上级补助收入的主要账务处理如下：

(一) 按银行收款单或上级工会的补助通知书，借记“银行存款”、“应收上级经费——应收上级补助”科目，贷记本科目相关明细科目。

(二) 年末清算时，存在上级应付未付补助款项的，借记“应收上级经费——应收上级补助”科目，贷记本科目相关明细科目。

(三) 期末结转时，借记本科目，贷记“结余”科目。

四、本科目的余额要与上级工会的补助下级支出科目金额核对一致。

五、本科目期末结转后无余额。

第404号科目　政府补助收入

一、本科目核算各级人民政府按照《工会法》和国家的有关规定给予工会的补助款项。包括工会收到财政拨付的离退休人员离退休费和生活补贴、帮扶资金、送温暖经费、疗养事业补助、劳模补助、基建、维修及大型活动补助等。

二、工会可以根据需要在本科目下设置明细科目，进行明细核算。

三、政府补助收入的主要账务处理如下：

(一) 在实行国库集中支付的地区：

1. 收到财政直接支付的政府补助，根据财政国库支付执行机构委托代理银行转来的《财政直接支付入账通知书》及原始凭证入账，借记有关支出科目，贷记本科目。

2. 收到财政授权支付的政府补助，根据代理银行盖章的《授权支付到账通知书》与分月用款计划核对后记账，借记“零余额账户用款额度”科目，贷记本科目。

（二）未实行国库集中支付的地区，收到财政补助时，借记“银行存款”等科目，贷记本科目。

（三）期末结转时，借记本科目，贷记“结余”科目。

四、本科目期末结转后无余额。

第405号科目　行政补助收入

一、本科目核算工会取得的所在单位行政方面按照《工会法》和国家的有关规定给予工会的补助款项。包括工会收到行政拨付的劳动竞赛经费、工会开展活动的费用补助等。不包括行政方面按规定向工会拨缴的工会经费。

二、行政补助收入的主要账务处理如下：

（一）收到行政补助时，借记“银行存款”等科目，贷记本科目。

（二）期末结转时，借记本科目，贷记“结余”科目。

三、本科目期末结转后无余额。

第406号科目　事业收入

一、本科目核算独立核算的工会附属事业单位上缴的收入和非独立核算的附属事业单位的各项事业收入。

二、本科目应按缴款项目或缴款单位名称设明细账。

三、事业收入的主要账务处理如下：

（一）收到相关收入时，借记“银行存款”等科目，贷记本科目。

（二）期末结转时，借记本科目，贷记“结余”科目。

四、本科目期末结转后无余额。

第407号科目　投资收益

一、本科目核算工会对外投资发生的损益。

二、投资收益的主要账务处理如下：

（一）收到投资收益时，借记“银行存款”科目，贷记本科目。

（二）投资收回时，按照实际收到的价款，借记“银行存款”科目，按照本科目的账面价值，贷记“投资”科目，按照其差额，贷记或借记“投资收益”科目。同时借记“投资基金”科目，贷记“结余”科目。

三、本科目期末结转后无余额。

第408号科目　其他收入

一、本科目核算除上述收入以外的各项收入。如资产盘盈、固定资产处置净收入、接受捐赠收入、银行存款利息收入等。

二、其他收入的主要账务处理如下：

（一）取得其他收入时：

1. 取得银行存款利息收入，借记“银行存款”等科目，贷记本科目。

2. 接受捐赠，借记“银行存款”等科目，贷记本科目。

3. 盘盈的库存物品，借记“库存物品”科目，贷记本科目。

4. 有偿调出、出售的固定资产，按账面原值，借记“固定基金”科目，贷记“固定资产”科目，取得的收入扣减相关支出后的净额，借记“银行存款”等科目，贷记本科目。毁损、报废的固定资产，按账面原值，借记“固定基金”科目，贷记“固定资产”科目；清理过程中发生的净收入，借记“库存现金”、“银行存款”等科目，贷记本科目；清理过程中发生的净支出，借记“其他支出”科目，贷记“库存现金”、“银行存款”等科目。

（二）期末结转时，借记本科目，贷记“结余”科目。

三、本科目期末结转后无余额。

五、支出类科目

第501号科目　职工活动支出

一、本科目核算工会为会员及其他职工开展教育、文体、宣传等活动发生的支出。基层工会组织会员开展集体活动及会员特殊困难补助的费用，列入本科目核算。

二、本科目应设置以下明细科目：

50101 职工教育费:核算工会开展职工教育活动的各项支出。

50102 文体活动费:核算工会开展职工业余文体活动的各项支出。

50103 宣传活动费:核算工会开展职工宣传活动方面的各项支出。

50104 其他活动支出:核算基层工会支付的会员特殊困难补助的费用以及工会开展其他活动的各项支出。

三、职工活动费的主要账务处理如下:

(一) 发生职工活动支出时,借记本科目,贷记“库存现金”、“银行存款”等科目。

(二) 期末结转时,借记“结余”科目,贷记本科目。

四、本科目期末结转后无余额。

第502号科目 维权支出

一、本科目核算工会直接用于维护职工权益的支出。

二、本科目应设置以下明细科目:

50201 劳动关系协调费:核算工会在协调劳动关系争议中发生的支出。

50202 劳动保护费:核算工会开展职工劳动保护发生的支出。

50203 法律援助费:核算工会向职工群众提供法律咨询、法律服务等发生的支出。

50204 困难职工帮扶费:核算工会对困难职工帮扶发生的支出。

50205 送温暖费:核算工会向职工送温暖发生的支出。

50206 其他维权支出:核算以上各项维权活动之外的维权支出,如参与立法费等。

三、维权支出的主要账务处理如下:

(一) 发生维权、帮扶支出时,借记本科目,贷记“库存现金”、“银行存款”等科目。

(二) 县级以上工会提取工会干部权益保障金时,借记本科目,贷记“专用基金——权益保障金”科目。

(三) 期末结转时,借记“结余”科目,贷记本科目。

四、本科目期末结转后无余额。

第503号科目 业务支出

一、本科目核算工会培训工会干部、加强自身建设及开展业务工作发生的各项支出。

二、本科目应设置以下明细科目:

50301 培训费:核算工会干部、积极分子培训等支出。

50302 会议费:核算工会代表大会、委员会、经审会以及工会专业工作会议的各项支出。

50303 外事费:核算工会开展外事活动方面的费用。

50304 专项业务费:核算工会开展工会组织建设、考核表彰、建家活动、大型专题调研、经审专用经费等专项业务发生的支出。

50305 其他业务支出:不属于以上业务开支的其他费用。

三、业务支出主要账务处理如下:

(一) 发生业务支出时,借记本科目,贷记“库存现金”、“银行存款”等科目。

(二) 期末结转时,借记“结余”科目,贷记本科目。

四、本科目期末结转后无余额。

第504号科目 行政支出

一、本科目核算工会为行政管理、后勤保障等发生的各项日常支出。

二、本科目应设置以下明细科目:

50401 工资福利支出:核算工会开支的专职工作人员和聘用人员的各类劳动报酬,以及为上述人员缴纳的各项社会保险费等。包括:基本工资、津贴补贴、奖金、社会保障缴费、伙食补助费等。

50402 商品和服务支出:核算工会购买商品和服务的支出(不包括用于购置固定资产的支出)。包括:办公费、印刷费、咨询费、手续费、水费、电费、邮电费、物业管理费、交通费(燃料费、保险费、修理费、其他交通费)、差旅费(住宿费、旅费、伙食补助费、杂费)、维修(护)费、租赁费、招待费(餐费、其他招待费)、专用材料费、劳务费、委托业务费、工会经费、福利费等。

50403 对个人和家庭的补助:核算工会用于对个人和家庭的补助支出。包括:离休费、退休费、退职费、抚恤金、生活补助、医疗费、住房公积金、提租补贴、购房补贴等。

50404 其他行政支出:核算不能划分到上述经济科目的其他支出。

三、行政支出的主要账务处理如下:

(一) 支出人员经费时,借记本科目,贷记"应付工资(离退休费)"、"应付地方(部门)津贴补贴"、"应付其他个人收入"等科目;同时,借记"应付工资(离退休费)"、"应付地方(部门)津贴补贴"、"应付其他个人收入"等科目,贷记"银行存款"、"零余额账户用款额度"等科目。

(二) 支出公用经费时,借记本科目,贷记"库存现金"、"银行存款"等科目。

(三) 期末结转时,借记"结余"科目,贷记本科目。

四、本科目期末结转后无余额。

第 505 号科目 资本性支出

一、本科目核算工会从事建设工程、设备工具购置、大型修缮和信息网络购建而发生的实际支出。

二、本科目应设置以下明细科目:

50501 房屋建筑物购建:核算工会用于购买、自行建造办公用房、仓库、食堂等建筑物(含附属设施,如电梯、通讯线路、电缆、水气管道等)的支出。

50502 办公设备购置:核算工会购置纳入固定资产核算范围的办公家具和办公设备的支出。

50503 专用设备购置:核算工会购置具有专门用途、纳入固定资产核算范围的各类专用设备的支出。

50504 交通工具购置:核算工会用于购置各类交通工具的支出(含车辆购置税)。

50505 大型修缮:核算工会各类设备、建筑物等的大型修缮支出。

50506 信息网络购建:核算工会用于信息网络方面的支出。如计算机硬件、软件购置、开发、应用支出等。购建的计算机硬件、软件等不符合固定资产确认标准的,不在此科目核算。

50507 其他资本性支出:核算工会其他上述科目中未包括的资本性支出。

三、资本性支出的主要账务处理如下:

(一) 购置房屋建筑物等,借记本科目,贷记"银行存款"科目,同时借记"固定资产"科目,贷记"固定基金"科目。

(二) 自行建造房屋建筑物、大型修缮等,发生基建支出时,借记"在建工程"科目,贷记"在建工程占用资金"科目,同时借记本科目,贷记"银行存款"科目。工程完工时,借记"固定资产"科目,贷记"在建工程"科目,同时借记"在建工程占用资金"科目,贷记"固定基金"科目。

(三) 期末结转时,借记"结余"科目,贷记本科目。

四、本科目期末结转后无余额。

第 506 号科目 补助下级支出

一、本科目核算工会为解决下级工会经费不足或根据有关规定给予下级工会的各类补助款项。

二、本科目应设置以下明细科目:

50601 回拨补助:核算工会按有关规定给下级工会的回拨经费补助。

50602 专项补助:核算工会对下级工会指定项目的补助。

50603 超收补助:核算工会按有关超收增缴的规定对下级工会的超收补助。

50604 帮扶补助:核算工会按有关规定对下级工会的困难职工帮扶补助。

50605 送温暖补助:核算工会拨付下级工会用于开展送温暖活动的补助。

50606 救灾补助:核算工会拨付下级工会用于慰问在自然灾害中经济财产遭受损失、生活遇到困难的职工和家庭的补助。

50607 其他补助:核算工会拨付下级工会的除上述明细科目所述内容以外的其他补助。

三、补助下级支出的主要账务处理如下:

(一) 发生补助下级支出时,借记本科目相关明细科目,贷记"银行存款"等科目。

(二) 期末结转时,借记"结余"科目,贷记本科目。

四、本科目期末结转后无余额。

第 507 号科目 事业支出

一、本科目核算工会对独立核算的附属事业单位的补助和非独立核算的附属事业单位的各项支出。

二、本科目应按单位或部门设置明细账。

三、事业支出的主要账务处理如下：

(一) 发生相关支出时，借记本科目，贷记“银行存款”等科目。

(二) 期末结转时，借记“结余”科目，贷记本科目。

四、本科目期末结转后无余额。

第508号科目　其他支出

一、本科目核算各级工会以上支出项目以外的各项支出。如资产盘亏、固定资产处置净损失、捐赠支出以及按规定计提有关专用基金等。

二、其他支出的主要账务处理如下：

(一) 发生其他支出时：

1. 盘亏的库存物品，按照账面余额，借记本科目，贷记“库存物品”科目。

报废、毁损的库存物品，按照库存物品账面余额扣除可以收回的保险赔偿和过失人的赔偿等后的金额，借记本科目，按库存物品账面余额，贷记“库存物品”科目，按照可以收回的保险赔偿和过失人赔偿等，借记“库存现金”、“银行存款”、“其他应收款”等科目。

2. 毁损、报废的固定资产，按账面原值，借记“固定基金”科目，贷记“固定资产”科目。同时，按清理过程中取得的收入，借记“库存现金”、“银行存款”等科目，按清理过程中发生的支出，贷记“库存现金”、“银行存款”等科目，按清理净收入(或净支出)，贷记“其他收入”科目或借记本科目。

3. 对外捐赠支出，借记本科目，贷记“库存现金”、“银行存款”等科目。

4. 提取增收留成基金、财务专用基金时，借记本科目，贷记“专用基金——增收留成基金、财务专用基金”科目。

(二) 期末结转时，借记“结余”科目，贷记本科目。

三、本科目期末结转后无余额。

第四部分　会计报表格式

编　　号	会计报表名称	编　制　期
工会01表	资产负债表	月报、年报
工会02表	收入支出表	月报、年报
工会01表附表1	往来款项明细表	年报
工会02表附表1	经费收缴情况表	季报、年报

注：上述表格格式略。

第五部分　会计报表编制说明(略)

工会新旧会计制度有关衔接问题的处理规定

我部对中华全国总工会1998年颁布的《工会会计制度》(以下称原制度)进行了全面修订，制定了新版《工会会计制度》(以下称新制度)，自2010年1月1日起执行。为了做好新旧制度的衔接工作，现对工会执行新制度的有关衔接问题规定如下：

一、做好调账前的准备工作

工会在2009年12月31日及之前，仍应当按照原制度进行会计核算和编报会计报表。自2010年1月1日起，工会应当根据新制度设置新账目，将各会计科目2009年年末余额转入新账并作调整后，作为新制度各会计科目2010年的年初余额，并按照新制度编制2010年的年初资产负债表。在编制2010年度其他报表时，如有“上年数”一栏无法确定的，不要求填列。

工会应当在2009年年终决算前对本单位的资产和负债进行全面清查，对清查中发现的资产报废、毁损、盘盈、盘亏，按规定程序报经批准后，借记“其他支出”科目或贷记“其他收入”科目，贷记或借记相关资产科目。如有清查出的应入账而未入账的资产，按规定报经批准后，借记相关资产科目，贷记“结余”科目；如有应入账而未入账的负债，按规定报经批准后，借记“结余”科目，贷记相关负债科目。

新制度要求将财政拨款及其他政府补助纳入工会账内核算，工会应当对已收到的政府补助及相关支出进行清理,按规定报经批准后,增加相关资产科目和结余科目。新制度对"代管经费"科目的核算对象进行了重新限定,工会应当按照新制度中规定的代管经费核算内容使用本科目,不得滥用。

二、新旧会计科目结转

工会应当在上述资产、负债清理的基础上,将各会计科目2009年末余额转入2010年新账目。

资产类:

(一)"现金"科目

新制度设置了"库存现金"科目,其核算内容与原制度"现金"科目的核算内容相同。调账时,应将原账中"现金"科目的余额直接转入新账中"库存现金"科目。

(二)"银行存款"、"经费集中户存款"科目

新制度没有设置"经费集中户存款"一级科目,但仍设置有"银行存款"科目。调账时,可在新账中"银行存款"科目下设置"经费集中户存款"等明细科目,将原账中"银行存款"、"经费集中户存款"科目的余额分别转入新账中"银行存款"科目的相应明细科目。

(三)"有价证券"科目

新制度没有设置"有价证券"科目,但仍设置有"投资"科目。调账时,应将"有价证券"科目的余额转入新账中"投资"科目。

(四)"暂付款"科目

新制度没有设置"暂付款"科目,新设置了"其他应收款"科目,其核算内容包含原制度"暂付款"科目的核算内容。调账时,应将原账中"暂付款"科目的余额转入新账中"其他应收款"科目。

(五)"借出款"、"投资"、"固定资产"科目

新制度仍设置有"借出款"、"投资"、"固定资产"科目,其核算内容与原制度相应科目的核算内容基本相同。调账时,应将原账中以上科目的余额直接转入新账中相应科目。

(六)"库存材料"科目

新制度设置了"库存物品"科目,其核算内容与原制度"库存材料"科目的核算内容基本相同,调账时,应将原账中"库存材料"科目的余额直接转入新账中"库存物品"科目。

(七)"专项资金占用"科目

新制度没有设置"专项资金占用"科目,新设置了"在建工程"科目,其核算内容与原制度"专项资金占用"科目的核算内容基本相同。调账时,应将原账中"专项资金占用"科目的余额转入新账中"在建工程"科目。

(八)"应收上解经费"科目

新制度设置了"应收下级经费"科目,用于核算工会按规定应收下级工会的上缴工会经费和建会筹备金,其核算内容与原制度"应收上解经费"科目的核算内容基本相同。调账时,应将原账中"应收上解经费"科目的余额转入新账中"应收下级经费"科目。

(九)"应收上级补助"科目

新制度设置了"应收上级经费"科目,用于核算工会应收未收的上级工会应拨付(转拨)工会经费、建会筹备金和补助,该科目下设应收上级补助、应收上级转拨经费、应收建会筹备金三个明细科目,其"应收上级补助"明细科目的核算内容与原制度"应收上级补助"科目的核算内容基本相同。调账时,应将原账中"应收上级补助"科目的余额转入新账中"应收上级经费"科目(应收上级补助)。

(十)"拨出经费"科目

新制度没有设置"拨出经费"科目。采用本级工会与工会机关分账核算方式的县级以上工会,可以自行增设"拨出经费"科目,用于核算工会预拨给工会机关待核销的经费。调账时,应将原账中"拨出经费"科目的余额转入新账中"拨出经费"科目。

负债类:

(十一)"应付上解经费"科目

新制度设置了"应付上级经费"科目,用于核算工会按规定应上缴的工会经费及建会筹备金,其核算内容与原制度"应付上解经费"科目的核算内容基本相同。调账时,应将原账中"应付上解经费"科目的余额转入新账中"应付上级经费"科目。

（十二）“应付补助下级经费”科目

新制度设置了“应付下级经费”科目，用于核算工会应付下级工会的各项补助以及应转拨下级工会的工会经费和建会筹备金，该科目下设应付下级补助、应付下级转拨经费、应付建会筹备金三个明细科目，其“应付下级补助”明细科目的核算内容与原制度“应付补助下级经费”科目的核算内容基本相同。调账时，应将原账中“应付补助下级经费”科目的余额转入新账中“应付下级经费”科目（应付下级补助）。

（十三）“暂存款”科目

新制度没有设置“暂存款”科目，新设置了“其他应付款”科目。原制度“暂存款”科目中核算的工会干部权益保障金调整至新制度“专用基金”科目中；原制度“暂存款”科目中核算的其他内容调整至新制度“其他应付款”科目中。调账时，应将原账中“暂存款”科目中工会干部权益保障金的余额转入新账中“专用基金——权益保障金”科目，将余额中的其他金额转入“其他应付款”科目。

（十四）“借入款”科目

新制度仍设置有“借入款”科目，其核算内容与原制度“借入款”科目的核算内容基本相同。调账时，应将原账中“借入款”科目的余额直接转入新账中“借入款”科目。

（十五）“代管经费”科目

新制度仍设置有“代管经费”科目，但对“代管经费”科目的核算内容进行了严格限定。调账时，应对原账中“代管经费”科目的余额进行分析，将符合新制度规定的部分转入新账中“代管经费”科目；冲销余额中的其他金额，相应增加“结余”科目余额。

（十六）“拨入经费”科目

新制度没有设置“拨入经费”科目。采用本级工会与工会机关分账核算方式的县级以上工会，可以自行增设“拨入经费”科目，用于核算工会机关收到的由本级工会拨入的预算经费。调账时，应将原账中“拨入经费”科目的余额转入新账中“拨入经费”科目。

（十七）“拨入专项资金”科目

新制度没有设置“拨入专项资金”科目，新设置了“在建工程占用资金”科目。调账时，应将原账中“拨入专项资金”科目的余额转入新账中“在建工程占用资金”科目。

净资产类：

（十八）“固定基金”、“投资基金”科目

新制度仍设置有“固定基金”、“投资基金”科目，其核算内容与原制度相应科目的核算内容基本相同。调账时，应将原账中以上科目的余额直接转入新账中相应科目。

（十九）“专用基金”科目

新制度仍设置有“专用基金”科目，其核算内容比原制度“专用基金”科目的核算内容增加了工会干部权益保障金。调账时，应将原账中“专用基金”科目的余额分别转入新账中“专用基金”科目（增收留成基金、财务专用基金）。

（二十）“经费结余”科目

新制度设置了“结余”科目。调账时，应将原账中“经费结余”科目的余额转入新账中“结余”科目。

（二十一）“预算周转金”科目

新制度没有设置“预算周转金”科目。调账时，应冲销原账中“预算周转金”科目的余额，相应增加“结余”科目金额。

（二十二）“后备基金”科目

新制度设置了“后备金”科目，其核算内容与原制度“后备基金”科目的核算内容基本一致。调账时，应将原账中“后备基金”科目的余额直接转入新账中“后备金”科目。

收入支出类：

（二十三）“会费收入”、“拨交经费收入”、“上级补助收入”、“政府或行政补助收入”、“事业收入”、“投资收益”、“其他收入”、“工会行政费”、“补助下级支出”、“事业支出”、“其他支出”科目

由于原账中以上收入支出类科目年末无余额，不需要进行调账。自2010年1月1日起，应当按照新制度设置收入支出类科目进行会计处理。

（二十四）“上解经费支出”科目

新制度取消了“上解经费支出”科目。

(二十五)“会员活动费”、“职工活动费”科目

新制度没有设置“会员活动费”科目;新设置了“职工活动支出”科目,其核算内容涵盖了原制度“会员活动费”、“职工活动费”科目的核算内容。

(二十六)“专项资金支出”科目

新制度没有设置“专项资金支出”科目;新设置了“资本性支出”科目,其核算内容涵盖了原制度“专项资金支出”科目的核算内容且增加了其他核算内容。

附:工会新旧会计科目对照表(略)

十一、新型农村合作医疗基金会计制度

财政部关于印发《新型农村合作医疗基金会计制度》的通知

财会[2008]1号

各省、自治区、直辖市、计划单列市财政厅(局),新疆生产建设兵团财务局:

为了规范新型农村合作医疗基金的会计核算,根据《中华人民共和国会计法》、《新型农村合作医疗基金财务制度》以及有关法律、行政法规的规定,我部制定了《新型农村合作医疗基金会计制度》,现予印发。执行中有何问题,请及时反馈我部。

附件:新型农村合作医疗基金会计制度

新型农村合作医疗基金会计制度

第一章 总 则

第一条 为了规范新型农村合作医疗(以下简称新农合)基金的会计核算,根据《中华人民共和国会计法》、《新型农村合作医疗基金财务制度》以及有关法律、行政法规的规定,制定本制度。

第二条 本制度适用于新农合经办机构(以下简称经办机构)经办的新农合基金。

本制度所称新农合基金,是指各统筹地区根据国家有关规定设立的,通过参加新农合的农民(以下简称参合农民)个人缴纳、集体扶持、政府资助筹集的,用于对参合农民医药费用进行补偿的专项资金。

第三条 新农合基金应当作为独立的会计主体进行确认、计量和披露。新农合基金独立于经办机构的固有财产及其管理的其他财产,实行专款专用。

第四条 新农合基金的会计核算应当划分会计期间,分期结算账目和编制财务报表。会计期间分为年度、季度和月份。会计年度自公历1月1日起至12月31日止,季度、月份的起讫日期亦采用公历日期。

第五条 新农合基金的会计核算主要以收付实现制为基础。

第六条 新农合基金的会计记账采用借贷记账法。

第七条 新农合基金的会计核算应当遵循以下基本原则:

(一)新农合基金的会计核算应当以实际发生的业务为依据,如实反映新农合基金的财务状况和收支情况等信息,保证会计信息真实可靠、内容完整。

(二)新农合基金的会计核算应当采用规定的会计政策,确保会计信息口径一致、相互可比。

(三)新农合基金的会计核算应当及时进行,不得提前或者延后。

第八条 新农合基金会计机构设置、会计人员配备、内部会计监督与控制以及相关会计基础工作等,应当遵循《中华人民共和国会计法》、《会计基础工作规范》、《会计档案管理办法》及内部控制规范等相关法律、行政法规和制度。

第九条 本制度由中华人民共和国财政部负责解释,需要变更时,由财政部修订。

第十条 本制度自2008年1月1日起施行。

第二章 会计科目及使用说明

第十一条 经办机构应当根据本制度的规定设置和使用会计科目、编制会计凭证、登记会计账簿,对新农合基金进行会计核算。

在不违反本制度的前提下，经办机构可以根据核算和管理工作需要对明细科目的设置作必要的补充。

第十二条　会计科目名称和编号。

顺序号	编号	名称
一、资产类		
1	1001	现金
2	1002	财政专户存款
3	1003	收入户存款
4	1004	支出户存款
5	1101	暂付款
6	1201	缴存省级风险基金
二、负债类		
7	2001	暂收款
三、净资产类		
8	3001	统筹基金
9	3002	家庭账户基金 四、收入类
10	4001	农民个人缴费收入
11	4002	农村医疗救助资助收入
12	4003	集体扶持收入
13	4004	政府资助收入
14	4005	利息收入
15	4006	其他收入
五、支出类		
16	5001	统筹基金支出
17	5002	家庭账户基金支出

第十三条　会计科目使用说明。

1001　现金

一、本科目核算新农合基金的库存现金。

二、经办机构应严格按照国家有关现金管理的规定收支现金。

三、现金的核算内容如下：

（一）收到现金形式的收入时，借记本科目，贷记相关收入科目。将现金存入银行，借记“财政专户存款”、“收入户存款”科目，贷记本科目。

（二）从银行提取现金，借记本科目，贷记“支出户存款”科目。支出现金，借记“统筹基金支出”、“家庭账户基金支出”科目，贷记本科目。

四、本科目应设置“现金日记账”，由出纳人员根据收付款凭证，按照业务发生顺序，逐笔登记，每日终了，应计算当日的现金收入合计数、现金支出合计数和结余数，并将结余数与实际库存数进行核对，做到账款相符。

五、本科目期末借方余额，反映新农合基金的库存现金。

1002　财政专户存款

一、本科目核算新农合基金存入国有或国有控股商业银行财政专户的款项。

二、财政专户存款的核算内容如下：

（一）将现金存入财政专户，借记本科目，贷记“现金”科目。

（二）设置收入户的地区，按规定将收入户的资金划入财政专户，借记本科目，贷记“收入户存款”科目。

（三）收到直接缴入财政专户的基金收入，借记本科目，贷记“农民个人缴费收入”、“农村医疗救助资助收入”、“集体扶持收入”、“政府资助收入”、“其他收入”等科目。

（四）收到财政专户存款利息，借记本科目，贷记“利息收入”科目。

（五）由财政专户向支出户拨入资金，借记“支出户存款”科目，贷记本科目。

将支出户的存款利息按规定转入财政专户，借记本科目，贷记“支出户存款”科目。

（六）实行财政专户与医疗机构直接结算的地区，发生支出时，借记“统筹基金支出”、“家庭账户基金支出”等科目，贷记本科目。

（七）风险基金按规定由省级统一管理的，由经办机构本级财政专户缴入省级财政专户时，借记“缴存省级风险基金”科目，贷记本科目；风险基金由省级财政专户拨回经办机构本级财政专户时，借记本科目，贷记“缴存省级风险基金”科目。

三、本科目应按开户银行设置“财政专户存款日记账”，由出纳人员根据财政部门转来的财政专户缴拨凭证和加盖专用印章的原始凭证复印件，按照业务的发生顺序逐笔登记，每日终了应结出余额。“财政专户存款日记账”应定期与财政部门核对，至少每月核对一次。月份终了，财政专户存款账面结余与财政部门对账单余额之间如有差额，必须逐笔查明原因进行处理，并应按月编制“财政专户存款余额调节表”调节相符。

四、本科目期末借方余额，反映财政专户存款结余。

1003 收入户存款

一、本科目核算新农合基金按规定存入国有或国有控股商业银行收入户的款项。

基金收入直接缴入财政专户的，不设置本科目，通过“财政专户存款”科目核算。

二、收入户主要用于暂存尚未缴入财政专户的各项基金收入，应按期汇缴财政专户。收入户除向财政专户划转收入外，不得发生其他支付业务。

三、收入户存款的核算内容如下：

（一）设置收入户的地区，收取农民个人缴费、接收集体经济组织扶持资金、社会捐赠资金等款项时，借记本科目，贷记“农民个人缴费收入”、“集体扶持收入”、“其他收入”等科目。

（二）收到收入户的利息，借记本科目，贷记“利息收入”科目。

（三）按规定将收入户的资金划入财政专户时，借记“财政专户存款”科目，贷记本科目。

四、本科目应按开户银行设置“收入户存款日记账”，由出纳人员根据收付款凭证，按照业务的发生顺序逐笔登记，每日终了应结出余额。“收入户存款日记账”应定期与“银行对账单”核对，至少每月核对一次。月份终了，收入户存款账面结余与银行对账单余额之间如有差额，必须逐笔查明原因进行处理，并应按月编制“银行收入户存款余额调节表”，调节相符。

五、收入户存款月末余额必须按规定全部划入财政专户。划转后，本科目月末无余额。

1004 支出户存款

一、本科目核算新农合基金按规定存入国有或国有控股商业银行支出户的款项。

全部补偿支出实行财政专户与医疗机构直接结算的地区，可不设置本科目。

二、支出户主要用于接收财政专户拨入款项、支付基金支出款项、暂存该账户利息收入及将该账户利息收入缴入财政专户。除接收财政专户拨付款项与该账户利息收入外，不得发生其他收入业务。

三、支出户存款的核算内容如下：

（一）接收财政专户拨入的款项时，借记本科目，贷记“财政专户存款”科目。

（二）收到支出户的利息时，借记本科目，贷记“利息收入”科目；划拨支出户的利息到财政专户，借记“财政专户存款”科目，贷记本科目。

（三）支付基金支出时，借记“统筹基金支出”、“家庭账户基金支出”科目，贷记本科目。

四、本科目应按开户银行设置“支出户存款日记账”，由出纳人员根据收付款凭证，按照业务的发生顺序逐笔登记，每日终了应结出余额。“支出户存款日记账”应定期与“银行对账单”核对，至少每月核对一次。月份终了，支出户存款账面结余与银行对账单余额之间如有差额，必须逐笔查明原因进行处理，并应按月编制“银行支出户存款余额调节表”，调节相符。

五、本科目期末借方余额，反映支出户存款结余。

1101 暂付款

一、本科目核算新农合基金收支活动中形成的各种暂付款项，如经办机构向定点医疗机构和定点药店的预付款。

二、暂付款的核算内容如下：

（一）经办机构向定点医疗机构和定点药店预付的医药费，借记本科目，贷记“支出户存款”、“财政专户存款”科目。

（二）经办机构定期与定点医疗机构和定点药店结算医药费款项时，根据予以补偿的医药费支出数额，借记“统筹基金支出”、“家庭账户基金支出”科目，按已预付的医药费金额，贷记本科目，按医药费实际支出数额与已预付医药费金额的差额，贷记“支出户存款”、“财政专户存款”等科目。

（三）定点医疗机构和定点药店退回经办机构多付的预付医药费，按资金的原渠道，借记“财政专户存款”、“支出户存款”科目，贷记本科目。

三、本科目应按暂付款种类和对方单位设置明细账。

四、本科目期末借方余额，反映尚未结清的暂付款。

1201　缴存省级风险基金

一、本科目核算风险基金实行省级统一管理的统筹地区，新农合基金缴存省级财政专户的风险基金。

二、缴存省级风险基金的核算内容如下：

（一）风险基金按规定由省级统一管理的，由经办机构本级财政专户缴入省级财政专户时，借记本科目，贷记“财政专户存款”科目。

（二）风险基金由省级财政专户拨回经办机构本级财政专户时，借记“财政专户存款”科目，贷记本科目。

三、本科目期末借方余额，反映缴存省级统一管理的风险基金余额。

2001　暂收款

一、本科目核算新农合基金收支活动中形成的暂收款。

二、经办机构在本年度收到的参合农民缴纳的以后年度个人缴费以及收到的其他属于以后年度的基金收入，通过本科目核算，在本科目下相应设置“预收基金收入”明细科目及相关明细账。

三、暂收款的核算内容如下：

（一）收到属于以后年度的基金收入时，借记“现金”、“财政专户存款”、“收入户存款”等科目，贷记本科目（预收基金收入）。以后年度，将归属于该年度的各预收基金收入转入相关收入科目，借记本科目（预收基金收入），贷记相关收入科目。

（二）收到其他暂收款项时，借记“现金”、“财政专户存款”、“收入户存款”等科目，贷记本科目。偿付或退回款项时，借记本科目，贷记“现金”、“财政专户存款”、“支出户存款”等科目。

因债权人等特殊原因确实无法偿付的暂收款，经财政部门批准后，计入其他收入，借记本科目，贷记“其他收入”科目。

四、本科目应按暂收款的种类和对方单位设置明细账。

五、本科目期末贷方余额，反映尚未偿付的暂收款。

3001　统筹基金

一、本科目核算新农合统筹基金全部收入扣除全部支出后的滚存结余。

二、本科目应当设置“一般统筹基金”、“风险基金”两个明细科目，进行明细核算。

三、统筹基金的核算内容如下：

（一）期末（含月末，下同），按照新农合统筹补偿方案的要求，将各收入科目贷方余额中归属于统筹基金的金额转入本科目，借记相关收入科目，贷记本科目（一般统筹基金）。将“统筹基金支出”科目借方余额转入本科目，借记本科目（一般统筹基金），贷记“统筹基金支出”科目。

（二）按规定提取风险基金的，借记本科目（一般统筹基金），贷记本科目（风险基金）。

（三）当期因弥补基金非正常超支造成的基金临时周转困难等动用了风险基金的，借记本科目（风险基金），贷记本科目（一般统筹基金）。

四、本科目期末贷方余额，反映历年积存的新农合统筹基金结余。

3002　家庭账户基金

一、本科目核算新农合家庭账户基金全部收入扣除全部支出后的滚存结余。

不设家庭账户的统筹地区，不设置本科目。

二、经办机构根据统筹地区实际情况，可按乡（镇）、每户参合农民家庭等设置明细账。

三、家庭账户基金的核算内容如下：

期末，按照新农合统筹补偿方案的要求，将各收入科目贷方余额中归属于家庭账户基金的金额转入本科目，借记相关收入科目，贷记本科目。将"家庭账户基金支出"科目借方余额转入本科目，借记本科目，贷记"家庭账户基金支出"科目。

四、本科目期末贷方余额，反映历年积存的新农合家庭账户基金结余。

4001 农民个人缴费收入

一、本科目核算参合农民以家庭为单位按照规定的缴费标准缴纳的款项。

经办机构在本年度收到的参合农民缴纳的以后年度个人缴费，在"暂收款（预收基金收入）"科目核算，以后年度再转入本科目。

农村医疗救助资助收入、集体扶持收入、政府资助收入等比照上述原则处理。

二、农民个人缴费收入的核算内容如下：

（一）收到参合农民本年度个人缴费时，借记"财政专户存款"、"收入户存款"等科目，贷记本科目。

（二）在本年度收到的参合农民缴纳的以后年度个人缴费，借记"财政专户存款"、"收入户存款"等科目，贷记"暂收款（预收基金收入）"科目。以后年度，将归属于该年度的农民个人缴费转入本科目，借记"暂收款（预收基金收入）"科目，贷记本科目。

（三）期末，将本科目贷方余额转入相关基金科目。借记本科目，贷记"统筹基金（一般统筹基金）"、"家庭账户基金"科目。

三、本科目期末结转后无余额。

4002 农村医疗救助资助收入

一、本科目核算农村医疗救助资金代资助对象缴纳的款项。

二、农村医疗救助资助收入的核算内容如下：

（一）收到本年度农村医疗救助资助资金时，借记"财政专户存款"科目，贷记本科目。

（二）期末，将本科目贷方余额转入相关基金科目。借记本科目，贷记"统筹基金（一般统筹基金）"、"家庭账户基金"科目。

三、本科目期末结转后无余额。

4003 集体扶持收入

一、本科目核算乡（镇）、村等集体经济组织扶持新农合的款项。

二、集体扶持收入的核算内容如下：

（一）收到本年度集体经济组织扶持资金时，借记"财政专户存款"、"收入户存款"科目，贷记本科目。

（二）期末，将本科目贷方余额转入相关基金科目。借记本科目，贷记"统筹基金（一般统筹基金）"、"家庭账户基金"科目。

三、本科目期末结转后无余额。

4004 政府资助收入

一、本科目核算各级政府按照规定标准和参合农民人数资助新农合的款项等政府拨付的新农合补助资金。

二、经办机构根据统筹地区实际情况，可在本科目下设置"中央财政资助收入"、"省级财政资助收入"、"地（市）级财政资助收入"、"县级财政资助收入"等明细科目。

三、政府资助收入的核算内容如下：

（一）收到本年度政府补助资金时，借记"财政专户存款"科目，贷记本科目。

（二）期末，将本科目贷方余额转入相关基金科目。借记本科目，贷记"统筹基金（一般统筹基金）"等科目。

四、本科目期末结转后无余额。

4005 利 息 收 入

一、本科目核算新农合基金持有的资金存入银行取得的利息收入。

二、利息收入的核算内容如下：

（一）收到本年度财政专户利息收入时，直接计入财政专户，借记"财政专户存款"科目，贷记本科目。

（二）收到本年度支出户利息收入时，计入支出户存款，借记"支出户存款"科目，贷记本科目。将支出户利息收入转入财政专户时，借记"财政专户存款"科目，贷记"支出户存款"科目。

(三) 收到本年度收入户利息收入时,计入收入户存款,借记“收入户存款”科目,贷记本科目。

(四) 期末,将本科目贷方余额转入相关基金科目。借记本科目,贷记“统筹基金(一般统筹基金)”科目。

三、本科目期末结转后无余额。

4006　其他收入

一、本科目核算社会组织和个人对新农合基金的捐赠收入及经财政部门核准的其他收入。

二、其他收入的核算内容如下:

(一) 收到社会捐赠等其他收入时,借记“财政专户存款”、“收入户存款”等科目,贷记本科目。

(二) 期末,将本科目贷方余额转入相关基金科目。借记本科目,贷记“统筹基金(一般统筹基金)”等科目。

三、本科目期末结转后无余额。

5001　统筹基金支出

一、本科目核算应由统筹基金开支的对参合农民医药费用的补偿支出。

二、经办机构根据统筹地区实际情况,可在本科目下设置“住院支出”、“门诊支出”、“其他支出”等明细科目。

三、统筹基金支出的核算内容如下:

(一) 经办机构定期与定点医疗机构和定点药店结算医药费款项时,根据予以补偿的医药费支出数额,借记本科目,贷记“财政专户存款”、“支出户存款”科目;经办机构向定点医疗机构和定点药店预付医药费的,借记本科目,贷记“暂付款”科目。

(二) 采用其他结算方式支付的医药费补偿支出,根据经审核的医药费报销凭证,借记本科目,贷记“现金”、“支出户存款”等科目。

(三) 期末,将本科目借方余额转入统筹基金。借记“统筹基金(一般统筹基金)”科目,贷记本科目。

四、期末结转后,本科目应无余额。

5002　家庭账户基金支出

一、本科目核算设置家庭账户基金的地区用于参合农民门诊医药费用、住院自负费用和健康体检费用等支出。

不设家庭账户基金的统筹地区,不设置本科目。

二、经办机构根据统筹地区实际情况,按每户参合农民家庭设置明细账。

三、家庭账户基金支出的核算内容如下:

(一) 经办机构定期与定点医疗机构和定点药店结算医药费款项时,根据应由家庭账户开支的医药费支出数额,借记本科目,贷记“财政专户存款”、“支出户存款”科目;经办机构向定点医疗机构和定点药店预付医药费的,借记本科目,贷记“暂付款”科目。

(二) 采用其他结算方式支付的医药费补偿支出,根据经审核的医药费报销凭证,借记本科目,贷记“现金”、“支出户存款”等科目。

(三) 期末,将本科目借方余额转入家庭账户基金,借记“家庭账户基金”科目,贷记本科目。

四、期末结转后,本科目应无余额。

第三章　财务报表及编制说明

第十四条　经办机构应当根据本制度的规定编制新农合基金财务报表。

第十五条　新农合基金财务报表包括资产负债表、收支表、净资产变动表及附注。

资产负债表、收支表、净资产变动表按照本制度第十七条至第二十条的规定编报。

附注是对在资产负债表、收支表和净资产变动表中列示项目的文字描述或明细资料,以及对未能在这些报表中列示项目的说明等,包括收入明细表、支出明细表等相关附表。附注可由经办机构根据统筹地区具体要求自行编制。

第十六条　新农合基金财务报表应当至少按照月份、年度编制,做到数字真实、计算准确、手续完备、内容完整、编报及时。月度财务报表应于月份终了后8日内报出;年度财务报表应于年度终了后15日内报出。

第十七条　财务报表格式。

报表编号	财务报表名称	编　制　期
会农合医 01 表	资产负债表	月报、年报
会农合医 02 表	收支表	月报、年报
会农合医 03 表	净资产变动表	年报

资 产 负 债 表

会农合医 01 表

编制单位：　　　　　　年　月　日　　　　　　单位:元

资产	年初数	期末数	负债和净资产	年初数	期末数
现金			负债		
财政专户存款			暂收款		
支出户存款			负债合计		
暂付款			净资产		
缴存省级风险基金			统筹基金		
			其中:一般统筹基金		
			风险基金		
			家庭账户基金		
			净资产合计		
资产总计			负债和净资产总计		

收 支 表

会农合医 02 表

编制单位：　　　　　　年　月　　　　　　单位:元

项目		本月数	本年累计数
一、基金收入			
来源分类	1. 农民个人缴费收入		
	2. 农村医疗救助资助收入		
	3. 集体扶持收入		
	4. 政府资助收入		
	5. 利息收入		
	6. 其他收入		
性质分类	1. 统筹基金收入		
	2. 家庭账户基金收入		
二、基金支出			
(一) 统筹基金支出			
1. 住院支出			
2. 门诊支出			
3. 其他支出			
(二) 家庭账户基金支出			
三、本期基金结余			
(一) 统筹基金结余			
(二) 家庭账户基金结余			

净资产变动表

会农合医 03 表

编制单位：　　　　　　　　　　年度　　　　　　　　　　　单位：元

	年初结余	本年数		年末结余
		本年增加	本年减少	
统筹基金	(1)	(6)	(11)	(16)
其中：一般统筹基金	(2)	(7)	(12)	(17)
风险基金	(3)	(8)	(13)	(18)
家庭账户基金	(4)	(9)	(14)	(19)
合计	(5)	(10)	(15)	(20)

第十八条　资产负债表编制说明：

(一) 本表反映月末、年末等会计期间终了时新农合基金全部资产、负债及净资产的构成情况。

(二) 本表“年初数”栏各项数字，应根据上年末本表“期末数”所列数字填列。

(三) 本表各项目的内容和填列方法：

1. “现金”项目，反映库存现金余额。本项目应根据“现金”科目期末余额填列。

2. “财政专户存款”项目，反映财政专户存款的余额。本项目应根据“财政专户存款”科目期末余额填列。

3. “支出户存款”项目，反映支出户存款的余额。本项目应根据“支出户存款”科目期末余额填列。

4. “暂付款”项目，反映尚未结清的暂付款项。本项目应根据“暂付款”科目期末余额填列。

5. “缴存省级风险基金”项目，反映缴存省级统一管理的风险基金余额。本项目应根据“缴存省级风险基金”科目期末余额填列。

6. “暂收款”项目，反映尚未结转的预收款项和尚未偿付的暂收款项。本项目应根据“暂收款”科目期末余额填列。

7. “统筹基金”项目，反映截止到本期末历年积存的统筹基金结余。本项目应根据“统筹基金”科目期末余额填列。

(1) “一般统筹基金”项目，反映截止到本期末历年积存的一般统筹基金结余。本项目应根据“统筹基金(一般统筹基金)”明细科目期末余额填列。

(2) “风险基金”项目，反映截止到本期末历年积存的风险基金结余。本项目应根据“统筹基金(风险基金)”明细科目期末余额填列。

8. “家庭账户基金”项目，反映截止到本期末历年积存的家庭账户基金结余。本项目应根据“家庭账户基金”科目期末余额填列。

第十九条　收支表编制说明：

(一) 本表反映新农合基金在月份、年度等会计期间内的收入、支出和结余情况。

(二) 本表“本月数”栏反映各项目的本月实际发生数，在编报年度会计报表时，将“本月数”栏改成“上年累计数”栏，填列上年全年累计实际发生数。

本表“本年累计数”栏反映各项目自年初起至本月末止的累计实际发生数。

(三) 本表“本月数”栏各项目的内容及填列方法：

1. “基金收入”项目，反映当期基金收入总额。本项目应根据本表“农民个人缴费收入”、“农村医疗救助资助收入”、“集体扶持收入”、“政府资助收入”、“利息收入”及“其他收入”项目金额加总计算填列。

(1) 来源分类项目：

① “农民个人缴费收入”项目，反映参合农民当期按规定缴纳的款项。本项目应根据“农民个人缴费收入”科目贷方发生额填列。

② “农村医疗救助资助收入”项目，反映农村医疗救助当期代资助对象缴纳的款项。本项目应根据“农村医疗救助资助收入”科目贷方发生额填列。

③“集体扶持收入”项目，反映乡（镇）、村等集体经济组织当期扶持新农合的款项。本项目应根据“集体扶持收入”科目贷方发生额填列。

④“政府资助收入”项目，反映各级政府当期按照规定标准和参合农民人数资助新农合的款项等政府拨付的新农合补助资金。本项目应根据“政府资助收入”科目贷方发生额填列。

⑤“利息收入”项目，反映新农合基金存入银行所取得的当期利息收入。本项目应根据“利息收入”科目贷方发生额填列。

⑥“其他收入”项目，反映社会组织和个人对新农合的捐赠及经财政部门核准的其他收入。本项目应根据“其他收入”科目贷方发生额填列。

（2）性质分类项目：

①“统筹基金收入”项目，反映本期按规定计入统筹基金的各项收入总额。本项目应根据结转入“统筹基金（一般统筹基金）”明细科目贷方的各项收入总额填列。

②“家庭账户基金收入”项目，反映本期按规定计入家庭账户基金的各项收入总额。本项目应根据结转入“家庭账户基金”科目贷方的各项收入总额填列。不设置家庭账户的地区，不填列本项目。

2.“基金支出”项目，反映当期基金支出总额。本项目应根据本表“统筹基金支出”及“家庭账户基金支出”项目金额加总计算填列。

（1）“统筹基金支出”项目及其“住院支出”、“门诊支出”、“其他支出”明细支出项目，反映当期应由统筹基金开支的各项支出。本项目及其明细支出项目应根据“统筹基金支出”科目及其明细科目借方发生额填列。

（2）“家庭账户基金支出”项目，反映当期应由家庭账户基金开支的参合农民门诊医药费用、住院自负费用和健康体检费用等支出。本项目应根据“家庭账户基金支出”科目借方发生额填列。

3.“本期基金结余”项目，反映当期基金总收入扣除总支出后的结余。本项目应根据本表“基金收入”减去“基金支出”项目金额后的金额填列。

（1）“统筹基金结余”项目，反映统筹基金当期各项收入减去各项支出后的结余。本项目应根据本表“统筹基金收入”减去“统筹基金支出”项目金额后的金额填列。

（2）“家庭账户基金结余”项目。反映家庭账户基金当期各项收入减去各项支出后的结余。本项目应根据本表“家庭账户基金收入”减去“家庭账户基金支出”项目金额后的金额填列。

第二十条 净资产变动表编制说明：

（一）本表反映新农合基金的年初、年末结余及构成变动情况。

（二）本表各项目的内容及填列方法：

1.“年初结余”栏，反映基金（包括一般统筹基金、风险基金与家庭账户基金）的年初余额。

（1）项目，根据“统筹基金”科目年初贷方余额填列，与年度资产负债表中“统筹基金”项目年初金额一致。

（2）项目，根据“统筹基金（一般统筹基金）”明细科目年初贷方余额填列，与年度资产负债表中“一般统筹基金”项目年初金额一致。

（3）项目，根据“统筹基金（风险基金）”明细科目年初贷方余额填列，与年度资产负债表中“风险基金”项目年初金额一致。

（4）项目，根据“家庭账户基金”科目年初贷方余额填列，与年度资产负债表中“家庭账户基金”项目年初金额一致。

（5）项目，根据（1）项目与（4）项目金额加总填列，与年度资产负债表中“净资产合计”项目年初金额一致。

2.“本年增加”栏，反映基金当年取得收入增加的金额。

（6）项目，根据“统筹基金（一般统筹基金）”明细科目本年因结转收入产生的贷方发生额（即，本年度归属于统筹基金的各项收入总额）填列，与年度收支表中“统筹基金收入”项目本年累计数一致。

（7）项目，根据“统筹基金（一般统筹基金）”明细科目本年因结转收入产生的贷方发生额减去“统筹基金（风险基金）”明细科目本年贷方发生额后的余额（即，本年度归属于统筹基金的各项收入总额减去本年度按规定计提的风险基金）填列。

(8) 项目,根据“统筹基金(风险基金)”明细科目本年贷方发生额(即,本年度按规定计提的风险基金)填列。

(9) 项目,根据“家庭账户基金”科目本年贷方发生额(即,本年度归属于家庭账户基金的各项收入总额)填列,与年度收支表中“家庭账户基金收入”项目本年累计数一致。

(10) 项目,根据(6)项目与(9)项目金额加总填列,与年度收支表中“基金收入”项目本年累计数一致。

3. “本年减少”栏,反映基金当年发生支出减少的金额。

(11) 项目,根据“统筹基金(一般统筹基金)”明细科目本年因结转支出产生的借方发生额(即,本年度由统筹基金开支的各项支出总额)填列,与年度收支表中“统筹基金支出”项目本年累计数一致。

(12) 项目,根据“统筹基金(一般统筹基金)”明细科目本年因结转支出产生的借方发生额减去“统筹基金(风险基金)”明细科目本年借方发生额后的余额(即,本年度由统筹基金开支的各项支出总额减去本年度按规定动用的风险基金)填列。

(13) 项目,根据“统筹基金(风险基金)”明细科目本年借方发生额(即,本年度按规定动用的风险基金)填列。

(14) 项目,根据“家庭账户基金”科目本年借方发生额(即,本年度由家庭账户基金开支的各项支出总额)填列,与年度收支表中“家庭账户基金支出”项目本年累计数一致。

(15) 项目,根据(11)项目与(14)项目金额加总填列,与年度收支表中“基金支出”项目本年累计数一致。

4. “年末结余”栏,反映基金(包括一般统筹基金、风险基金与家庭账户基金)的年末余额。

(16) 项目,根据(1)项目加上(6)项目减去(11)项目金额后的结果填列。该金额应当与“统筹基金”科目年末贷方余额,以及年度资产负债表中“统筹基金”项目期末金额一致。

(17) 项目,根据(2)项目加上(7)项目减去(12)项目金额后的结果填列。该金额应当与“统筹基金(一般统筹基金)”明细科目年末贷方余额,以及年度资产负债表中“一般统筹基金”项目期末金额一致。

(18) 项目,根据(3)项目加上(8)项目减去(13)项目金额后的结果填列。该金额应当与“统筹基金(风险基金)”明细科目年末贷方余额,以及年度资产负债表中“风险基金”项目期末金额一致。

(19) 项目,根据(4)项目加上(9)项目减去(14)项目金额后的结果填列。该金额应当与“家庭账户基金”科目年末贷方余额,以及年度资产负债表中“家庭账户基金”项目期末金额一致。

(20) 项目,根据(16)项目与(19)项目金额加总填列,与年度资产负债表中“净资产合计”项目期末金额一致。

第二十二部分　行政事业单位会计制度配套法规

一、《财政总预算制度》暂行补充规定

关于《财政总预算会计制度》暂行补充规定的通知

财库[2001]63号

各省、自治区、直辖市、计划单列市财政厅(局)：

为了进一步规范中央财政总预算会计核算，适应预算和国库支付制度改革的需要，我部对现行《财政总预算会计制度》作了相应的补充，特此通知。

附件一：

《财政总预算会计制度》暂行补充规定

为了适应预算和国库收付制度改革的需要，进一步规范中央财政总预算会计核算，现对《财政总预算会计制度》作如下暂行补充规定(以下简称《补充规定》)：

一、财政总预算会计核算以收付实现制为主，但中央财政总预算会计的个别事项可以采用权责发生制。

二、中央财政总预算会计采用权责发生制的事项有：

1. 预算已经安排，由于政策性因素，当年未能实现的支出；

2. 预算已经安排，由于用款进度等原因，当年未能实现的支出；

3. 动支中央预备费安排，因国务院审批较晚，当年未能及时拨付的支出；

4. 为平衡预算需要，当年未能实现的支出；

5. 其他。

中央财政总预算会计采用权责发生制仅限于上述事项，除此之外其他事项均不得采用权责发生制。

三、财政总预算会计采用权责发生制对上述事项进行会计核算时，平时不作账务处理。待年终结账，经确认当年确实无法实现财政拨款，需结转下一年度支出时，应借记“一般预算支出”等科目，贷记“暂存款”科目；下年度实际支付时，借记“暂存款”科目，贷记“国库存款”等科目。

四、本《补充规定》自文发之日起施行。

附件二：

关于“《财政总预算会计制度》暂行补充规定”的说明

为了更好地贯彻落实《〈财政总预算会计制度〉暂行补充规定》(以下简称《补充规定》)，减少随意性，克服人为因素影响，特作如下说明：

一、《补充规定》仅适用于中央财政，地方各级财政不比照执行。

二、中央财政采用权责发生制的事项，仅限于《补充规定》中列示的五种情况，除此之外，其他任何事项均不得采用权责发生制。

(一) 预算已经安排，由于政策性因素，当年未能实现的支出。是指国债投资项目支出。年初中央财政预算总盘子中已经安排，执行中由于国家计委未能按预算足额下达投资计划等原因，需作结转处理。

(二) 预算已经安排，由于用款进度的原因，当年未能实现的支出。是指参加国库单一账户试点单位，由于用款进度的原因，年终有一部分资金留在财政总会计账上拨不出去，为了不虚增财政结余，需作结转处理。对于不实行国库单一账户试点的单位，财政总会计不得作结转处理。

(三) 动支中央预备费安排，因国务院审批较晚，当年未能及时拨付的支出。

(四) 为平衡预算需要，当年未能实现的支出。是指补充偿债基金支出。为了平衡预算，需要根据当年

赤字规模和债务收支情况，确定补充偿债基金的具体数额，作当年支出处理。

（五）其他。主要是指除上述情况之外，根据国务院领导批示精神，需作结转处理的事项。

三、由于年终结账前，才能最后确定当年应支未支的数额，因此对于采用权责发生制的事项，平时不作账务处理，待年终结账时，根据经确认的结转数额，再作账务处理。

二、行政事业单位会计决算报告制度

财政部关于下发《行政事业单位会计决算报告制度》的通知

财统[2002]4 号

党中央有关部门，国务院各部委、各直属机构，全国人大常委会办公厅，全国政协办公厅，高法院，高检院，各人民团体，有关中央管理企业（集团），各省、自治区、直辖市、计划单列市财政厅（局），新疆生产建设兵团财务局：

为进一步加强我国行政事业单位各项资金和会计信息管理工作，规范行政事业单位会计决算行为，提高会计信息质量，保证行政事业单位会计决算报告工作顺利进行，促进建立科学、规范的行政事业单位会计决算报告工作体系。

依据《中华人民共和国会计法》、《中华人民共和国预算法》以及行政事业单位财务会计管理的有关规章制度，我们制定了《行政事业单位会计决算报告制度》，现印发给你们，请认真遵照执行。

执行中如果遇到问题，请及时向我部反映。

附件：行政事业单位会计决算报告制度

中华人民共和国财政部

二〇〇二年二月五日

附件：

行政事业单位会计决算报告制度

第一章　总　　则

第一条　为进一步加强行政事业单位各项资金和会计信息管理工作，规范行政事业单位会计决算行为，保证会计决算信息质量，根据《中华人民共和国会计法》、《中华人民共和国预算法》、《行政单位会计制度》、《事业单位会计制度》、《行政单位财务规则》和《事业单位财务规则》等法律规章，制定本制度。

第二条　行政事业单位会计决算报告制度的主要内容包括行政事业单位会计决算报告的编制范围、编制内容、工作组织、填报审核、汇总上报、质量核查及数据资料管理等方面的工作规范。

第三条　本制度所称行政事业单位会计决算报告指行政事业单位在每个会计年度终了，根据财政部门决算编审要求，在日常会计核算的基础上编制的、综合反映本单位财务收支状况和各项资金管理状况的总结性文件。

第四条　通过建立行政事业单位会计决算报告制度，收集汇总行政事业单位财务收支、经费来源与运用、资产与负债、机构、人员与工资等方面的基本数据，全面、真实反映行政事业单位财务状况和预算执行结果，为财政部门审查批复决算和编制后续年度财政预算提供基本依据，并满足国家财务会计监管、各项资金管理以及宏观经济决策等信息需要。

第五条　本制度适用于所有执行行政事业单位会计制度的行政事业单位；对于不执行行政事业单位会计制度、但纳入财政预算范围、且与各级财政有经常性经费领拨款关系的其他单位也适用于本制度。

第二章　会计决算报告工作组织

第六条　行政事业单位会计决算报告工作按照“科学、规范、统一、高效”的原则，由财政部实施统一管理，各部门、各地区依据财务管理关系或预算管理关系分别组织实施。

第七条　财政部是行政事业单位决算报告工作的主管部门。其职责主要是：

（一）制定行政事业单位会计决算管理的规章制度。

（二）制定下发统一的行政事业单位会计决算报告格式和工作处理软件，并组织全国行政事业单位会计决算报表与软件培训。

（三）组织全国行政事业单位会计决算报表的收集、审核、汇总和分析工作。

（四）负责全国行政事业单位会计决算信息上报和对外提供工作，并对全国行政事业单位会计决算信息披露实施统一管理。

（五）组织全国行政事业单位会计决算报告编制质量的核查工作。

（六）建立全国行政事业单位会计决算数据库和网络管理体系。

第八条 中央各部门（含中共中央有关部门、国务院各部委和直属机构、全国人大常委会办公厅、全国政协办公厅、最高人民法院、最高人民检察院、各人民团体和有关中央直管企业集团，下同）按照全国统一的工作程序、编报规范和时间要求，组织实施本部门所属行政事业单位会计决算报告的编报工作。其职责主要是：

（一）组织本部门行政事业单位会计决算报表的布置与培训工作。

（二）组织本部门行政事业单位会计决算报表的收集、审核、汇总和上报工作。

（三）组织本部门行政事业单位会计决算报告编制质量的核查工作。

（四）负责建立和管理本部门行政事业单位会计决算数据分库。

第九条 各地区（含各省、自治区、直辖市和计划单列市，下同）的财政部门按照统一的工作程序、编报规范和时间要求，负责组织实施本地区行政事业单位会计决算报告的编报工作。其职责主要是：

（一）组织本地区行政事业单位会计决算报表的布置与培训工作。

（二）组织本地区行政事业单位会计决算报表的收集、审核、汇总、分析和上报工作。

（三）组织本地区行政事业单位会计决算报告编制质量的核查工作。

（四）负责建立和管理本地区行政事业单位会计决算数据分库。

第三章 会计决算报告的内容

第十条 行政事业单位会计决算报告的内容主要包括：行政事业单位决算报表、报表附注和财务分析。

第十一条 行政事业单位决算报表包括：

（一）报表封面。

（二）主表。

（三）补充指标表。

第十二条 行政事业单位决算报表封面内容主要包括：行政事业单位名称、单位负责人、财务负责人、填表人、联系方式等文字信息，以及单位统一代码、基本性质、财政预算代码、预算管理级次、隶属关系、报表类型等相关信息。

第十三条 行政事业单位决算报表主表、补充指标表内容主要包括：行政事业单位各类收支与结余情况、资产与负债情况、人员与工资情况及财政部门规定的其他应上报的内容。主表适用于所有行政事业单位，补充指标表仅适用于相关业务的行政事业单位。

第十四条 行政事业单位决算报表附注用于注明需特别说明的有关报表编制事项，主要包括：报表编制基础、编制依据、编制原则和方法，以及特殊事项的说明和有关重要项目的明细资料。

第十五条 行政事业单位财务分析是对本单位收入支出、资产负债、净资产等主要财务指标增减变动情况和原因的分析。

第十六条 行政事业单位会计决算报告应当同时记载在纸介质和磁盘介质（或光盘介质）上。

第四章 会计决算报告的编制

第十七条 行政事业单位会计决算报告的统一编制时间点为每年的 12 月 31 日。

第十八条 各部门、各地区应按照财务管理关系或预算管理级次确定行政事业单位会计决算报告的基本报告单位。行政事业单位会计决算报告的基本报告单位应同时具备下列条件：

（一）具有独立法人资格。

（二）独立编制会计报表。

第十九条 行政事业单位会计决算报告的基本报告单位原则上应实行逐户录入。对于确实不具备基本报告单位逐户录入条件的，可按照财政部每年统一确定的原则适当调整录入级次。

第二十条 各级行政事业单位应在全面清理核实资产、负债、收入、支出，并办理年终结账的基础上，编制会计决算报告。

(一) 应按照行政、事业单位财务会计制度规定及各级财政对单位预算的批复文件,及时清理收支账目、往来款项,核对年度预算收支和各项缴拨款项。各项收支应按规定要求进行年终结账。凡属本年的各项收入应及时入账,本年的各项应缴预算款和应缴财政专户的预算外资金应在年终前全部上缴。属于本年的各项支出,应按规定的支出渠道如实列报。

(二) 应根据登记完整、核对无误的账簿记录和其他有关会计核算资料编制会计决算报告,做到数字真实、计算正确、内容完整、账表相符、表表相符。

第二十一条 各级行政事业单位应根据财政部统一下发的报表格式、编制说明及软件操作要求,认真编制会计决算报告。

(一) 报表封面应按照国家统一标准和财政部统一规定如实填报。报表编制完毕后,须经单位负责人、财务负责人和报表编制人员审查、签字并盖章。单位公章应加盖单位行政公章,不得以财务专用章代替。

(二) 报表各项指标应严格按照财政部统一制订的报表编制说明、指标解释认真编制,做到表内项目之间、表与表之间、本期数据与上期数据之间相互衔接。

第二十二条 各级财政部门、主管会计单位核拨经费给其他不属于会计决算报告编制范围的单位,由拨款单位代编决算,具体应按照财政部代编决算的有关规定执行。

第五章 会计决算报告的审核

第二十三条 会计决算报告的编制单位必须认真做好会计决算报告的审核工作,确保上报数据资料真实、完整、准确。

第二十四条 行政事业单位会计决算报告审核的主要内容包括:

(一) 审核编制范围是否全面,是否有漏报和重复编报现象。

(二) 审核编制方法是否符合国家统一的财务会计制度,是否符合行政事业单位会计决算报告的编制要求。

(三) 审核编制内容是否真实、完整、准确,审核单位账簿与报表是否相符、金额单位是否正确,有无漏报、重报项目以及虚报和瞒报等弄虚作假现象。

(四) 审核报表中的相关数据是否衔接一致,包括表间数据之间、分户数据与汇总数据之间、报表数据与计算机录入数据之间是否衔接一致。

(五) 对报表与上年数据资料进行核对,审核数据变动是否合理。

第二十五条 会计决算报告审核的方法应采取人工审核与计算机审核相结合。

(一) 人工审核:包括政策性审核和规范性审核。政策性审核主要以现行财务制度和有关政策规定为依据,对重点指标进行审核;规范性审核侧重于报告编制的正确性和真实性及勾稽关系等方面的审核。

(二) 计算机审核:利用软件提供的数据审核功能,逐户审核报表的表内表间关系、检查数据的逻辑性及数据的完整性。

第二十六条 会计决算报告审核的工作方式可根据实际情况采取自行审核、集中会审、委托审核等多种形式。

(一) 自行审核:各级行政事业单位在上报会计决算报告前应自行将本单位报表、磁盘以及有关数据资料,按统一规定的审核内容进行逐项复核。

(二) 集中会审:各部门、各地区组织专门力量对行政事业单位编制的决算报表、磁盘及相关资料,按照统一的标准及要求进行集中对账或分户复核。

(三) 委托审核:委托中介机构对行政事业单位决算报表数据及相关资料进行审核。

第二十七条 各部门、各地区要认真做好行政事业单位会计决算报告的审核工作,凡发现报告编制不符合规定,存在漏报、虚报、瞒报、错报以及相关数据不衔接等错误和问题,应要求有关单位立即纠正,并限期重报。

第六章 会计决算报告的汇总与上报

第二十八条 各级行政事业单位应按照财务管理关系或预算管理级次,采取自下而上方式,按时层层汇总上报。

第二十九条 各地区的财政部门应对下级财政部门上报的汇总会计决算报表、本级汇总会计决算报表及本级代编经费决算报表进行汇总,并对有关收入支出、内部往来项目等汇总虚增进行调整和剔除后,形成本地区汇总会计决算报表,并作为各级财政总决算相关数据的来源。

第三十条 中央各部门应对所属各级行政事业单位上报的会计决算报表、部门本级会计决算报表和本级代编经费决算报表进行汇总,并对有关收入支出、内部往来项目等汇总虚增进行调整和剔除后,形成本部门汇总会计决算报表。

第三十一条 各部门、各地区汇总会计决算报表要以所属各级行政事业单位上报的数据为准,不得随意调整数据和科目,更不能虚报、瞒报和随意结转。

第三十二条 各部门、各地区编制的行政事业单位汇总会计决算报告,应于次年3月底前上报财政部。

第七章 会计决算报告编制质量核查

第三十三条 会计决算报告编制质量核查是行政事业单位会计决算报告管理部门为加强会计决算管理,促进提高会计决算信息质量,依法组织开展对行政事业单位会计决算报告编制的真实性和完整性进行的抽样核查。

第三十四条 会计决算报告编制质量核查工作采取统一管理、分级实施原则,全国行政事业单位会计决算报告编制质量的核查工作由财政部组织实施,各地区行政事业单位会计决算报告编制质量的核查工作由各地区财政部门按照统一的工作要求分级组织实施。

第三十五条 会计决算报告编制质量核查的样本采集依据"随机抽取、适当调整"的原则,采取随机抽取与定向选择相结合的方式。

(一)随机抽取:通过计算机随机确定核查样本。

(二)定向选择:对会计决算报告存在明显质量问题或以往年份核查不合格单位,列为核查样本。

第三十六条 会计决算报告编制质量核查的内容由财政部每年根据行政事业单位会计决算报告编制情况以及财政检查工作要求统一规定。基本内容包括:报告编制范围是否齐全、会计决算报表与单位账簿是否一致、报表编制口径与汇总方法是否正确、向不同部门提供的报表数据是否一致等。各地区可结合本地区实际情况对核查内容进行补充。

第三十七条 被选定为核查对象的单位必须依照有关法律、法规,接受财政部门依法实施的核查,应按照核查工作的统一要求如实、及时提供所需会计凭证、会计账簿等有关会计资料,并如实反映有关情况。

第三十八条 财政部门对核查结果实行及时通报制度,对于会计决算报告不符合要求的单位给予通报批评,责令限期改正,并依法追究相应工作责任。

第八章 会计决算数据资料管理

第三十九条 会计决算数据资料包括行政事业单位会计决算报告中以各种介质存放的各类报表、编制说明、分析报告、总结材料。

第四十条 中央各部门和各地区财政部门要对行政事业单位上报的会计决算数据资料进行归类整理、建档建库,并从计算机中传出备份保存。

第四十一条 中央各部门和各地区财政部门要严格按照《会计档案管理办法》妥善保存行政事业单位会计决算数据资料。

第四十二条 各级财政部门应指定专门机构对行政事业单位会计决算数据资料进行管理和维护,配备必要的计算机技术人员,明确管理职责。

第四十三条 对于行政事业单位上报的分户会计决算数据资料,以及涉及国防、安全等国家保密部门的会计决算数据资料,要严格实行密级管理。

第四十四条 对外提供行政事业单位汇总会计决算数据资料,应有公函请求,并报经有关领导批准后方可提供。

第四十五条 各级财政部门不得发布上级财政部门管理范围内的行政事业单位会计决算信息。

第四十六条 各级财政部门应当在做好会计决算数据密级管理的同时,充分利用现代计算机和网络等先进技术,认真做好会计决算资料的"数据共享",以提高会计决算信息的利用效率。

第四十七条 各级财政部门应加强会计决算信息专题研究分析,做好会计决算信息服务工作,按照规定的程序及时提供有关会计决算信息资料。

第九章 会计决算报告的工作责任

第四十八条 行政事业单位应当按照有关制度规定认真编制会计决算报告,全面、真实反映本单位会计决算信息。各单位负责人对本单位的会计工作和会计资料的真实性和完整性负责。

第四十九条　行政事业单位财务人员应当认真、如实编制会计决算报告，不得漏报、瞒报或因工作不认真错报有关会计决算信息，更不得编造虚假会计信息；行政事业单位负责人不得授意、指使、强令财务人员提供虚假会计决算信息，不得对拒绝、抵制编造虚假会计决算信息的人员进行打击报复。对于违反规定、提供虚假会计决算信息的单位及相关责任人，要按照《中华人民共和国会计法》等有关法律规定予以处理。

第五十条　各部门、各地区应当认真组织落实本部门、本地区行政事业单位会计决算报告工作。各级财政部门要加强对行政事业单位会计决算报告编制工作的考核，对在行政事业单位会计决算报告编制工作中成绩优秀的单位给予表彰；对因工作组织不力或不当，拖延报送会计决算报告或数据差错严重，给全国行政事业单位会计决算报告工作造成不良影响的单位，依据国家有关规定追究相关责任人的工作责任。

第十章　附　则

第五十一条　各部门、各地区可依据本制度，结合工作实际，制定相应实施细则，并报财政部备案。

第五十二条　本制度由财政部负责解释。

第五十三条　本制度自发布之日起施行。

三、关于政府收支分类改革后行政单位核算问题的通知

关于政府收支分类改革后行政单位核算问题的通知

财库[2006]26 号

一、“401 拨入经费”科目在基本支出和项目支出两个二级科目下，按《政府收支分类科目》中“支出功能分类科目”的“项”级科目设置明细账。

二、“404 预算外资金收入”科目在基本支出和项目支出两个二级科目下，按《政府收支分类科目》中“支出功能分类科目”的“项”级科目设置明细账。

三、“501 经费支出”科目在基本支出和项目支出两个二级科目下，按《政府收支分类科目》中“支出经济分类科目”的“款”级科目设置明细账。本通知自 2007 年 1 月 1 日起执行。执行中如果发现问题，请及时向财政部(国库司)反映。

四、财政部关于政府收支分类改革后事业单位核算问题的通知

关于政府收支分类改革后事业单位核算问题的通知

财会[2006]10 号

各省、自治区、直辖市、计划单列市财政厅(局)，新疆生产建设兵团财务局，国务院各部委、各直属机构，高法院，高检院，解放军总后勤部：

一、事业单位应在“财政补助收入”科目下设置“基本支出”和“项目支出”二级明细科目，并在二级明细科目下按照《2007 年政府收支分类科目》中“支出功能分类科目”的“项”级科目设置明细账，进行明细核算。

二、事业单位应在“事业支出”科目下设置“基本支出”和“项目支出”二级明细科目，并在二级明细科目下按照《2007 年政府收支分类科目》中“支出经济分类科目”的“款”级科目设置明细账，进行明细核算。

同时，事业单位应设置“财政拨款支出备查簿”，逐笔登记每一项财政拨款支出的具体情况，并反映每个会计期末的财政拨款结余情况。

三、执行《医院会计制度》、《测绘事业单位会计制度》、《高等学校会计制度》、《中小学校会计制度》、《科学事业单位会计制度》的事业单位，应按照上述方法作相应调整。

四、本通知自 2007 年 1 月 1 日起执行。今后政府收支分类科目如有变化，事业单位的会计核算应随之调整。

财政部

二〇〇六年四月十三日

五、财政部关于政府收支分类改革后财政总预算会计预算外资金财政专户会计核算问题的通知

财政部关于政府收支分类改革后财政总预算会计预算外资金财政专户会计核算问题的通知

财库[2006]25 号

一、财政总预算会计

（一）“305 基金预算结余”科目根据《政府收支分类科目》中“收入分类科目”下应列入基金预算收入的最低一级科目逐一反映各项基金的结余。

（二）“401 一般预算收入”科目根据《政府收支分类科目》中“收入分类科目”下应列入一般预算收入的类、款、项、目级科目分设相应明细账。

（三）“405 基金预算收入”科目根据《政府收支分类科目》中“收入分类科目”下应列入基金预算收入的项、目级科目分设相应明细账。

（四）“501 一般预算支出”科目根据《政府收支分类科目》中“支出功能分类科目”下应列入一般预算支出的类、款、项科目分设相应明细账。

（五）“505 基金预算支出”科目根据《政府收支分类科目》中“支出功能分类科目”下应列入基金预算支出的类、款、项科目分设相应明细账。

二、预算外资金财政专户会计

（一）取消净资产类、收入类、支出类相关会计科目。

取消净资产类“专项预算外资金结余”、“一般预算外资金结余”和“乡统筹资金结余”科目；

取消收入类“专项预算外资金收入”、“一般预算外资金收入”、“乡统筹资金收入”和“其他收入”科目；

取消支出类“行政事业支出”、“专项支出”、“基本建设支出”、“乡统筹资金支出”和“其他支出”科目。

（二）增设净资产类、收入类、支出类相关会计科目。

增设净资产类“预算外结余”科目；

增设收入类“一般预算外收入”科目；

增设支出类“一般预算外支出”科目。

（三）“预算外结余”科目编码为 301。

本科目核算财政专户中各项预算外资金结余。

年终转账时，应将“一般预算外收入”、“上级补助收入”科目余额转入本科目贷方，即借记“一般预算外收入”、“上级补助收入”科目，贷记本科目。将“一般预算外支出”、“政府调剂支出”、“补助下级支出”科目余额转入本科目借方，即借记本科目，贷记“一般预算外支出”、“政府调剂支出”、“补助下级支出”科目。本科目年终贷方余额，反映预算外资金累计结余数额，转入下年度。

本科目根据管理需要，按部门和单位进行明细核算。

（四）“一般预算外收入”科目编码为 401。

本科目核算部门和单位缴入财政专户的各项预算外资金，包括缴入财政专户但未纳入预算管理的行政事业性收费、彩票公益金、财政专户存款利息、乡统筹资金收入、主管部门集中收入等。

取得一般预算外收入时，借记“财政专户存款”，贷记本科目。

年终转账时，应将本科目余额全部转入“预算外结余”科目，借记本科目，贷记“预算外结余”科目。

本科目平时贷方余额，反映当年一般预算外收入累计数。

本科目应按《政府收支分类科目》中“收入分类科目”的类、款、项、目级科目依次设置明细账。同时，根据管理需要，按部门和单位进行明细核算。

（五）“一般预算外支出”科目编码为 501。

本科目核算各级财政部门用一般预算外收入安排的支出。

拨付款项时，借记本科目，贷记“财政专户存款”科目。

年终转账时，将本科目余额全部转入“预算外结余”科目，借记“预算外结余”科目，贷记本科目。

本科目平时借方余额，反映本年一般预算外支出累计数。

本科目应按《政府收支分类科目》中“支出功能分类”科目的类、款、项级科目依次设置明细账。同时，根据管理需要，按部门和单位进行明细核算。

(六) 关于新旧会计科目的衔接。

原“专项预算外资金结余”、“一般预算外资金结余”、“乡统筹资金结余”科目核算的内容，转入“预算外结余”科目核算。

原“专项预算外资金收入”、“一般预算外资金收入”、“乡统筹资金收入”和“其他收入”科目核算的内容，转入“一般预算外收入”科目核算。

原“行政事业支出”、“专项支出”、“基本建设支出”、“乡统筹资金支出”和“其他支出”科目核算的内容，转入“一般预算外支出”科目核算。

(七) 资产负债表、预算外资金财政专户收支情况表和预算外资金财政专户收支项目表作相应调整(具体格式见附件)。

本通知自 2007 年 1 月 1 日起执行。执行中如果发现问题，请及时向财政部(国库司)反映。

附件：

1. 资产负债表
2. 预算外资金财政专户收支情况表
3. 预算外资金财政专户收支项目表

中华人民共和国财政部
二〇〇六年四月十三日

附件 1：资产负债表(略)

附件 2：预算外资金财政专户收支情况表(略)

附件 3：预算外资金财政专户收支项目表(略)

六、事业单位住房补贴处理补充规定

事业单位住房补贴处理补充规定

财会[2003]28 号

事业单位收到财政预算拨入的住房补贴，借记“银行存款”科目，贷记“财政补助收入——住房补贴”科目；收到财政专户拨入的住房补贴，借记“银行存款”科目，贷记“事业收入——住房补贴”科目。事业单位支付的住房补贴，借记“事业支出——基本支出(住房补贴)”科目，贷记“银行存款”科目。

参加财政国库管理制度改革试点的事业单位，对财政直接支付的住房补贴，根据财政国库支付执行机构委托代理银行转来的《财政直接支付入账通知》及原始凭证，借记“事业支出——基本支出(住房补贴)”科目，贷记“财政补助收入——住房补贴”科目；对财政授权支付的住房补贴，事业单位根据代理银行盖章的《授权支付到账通知》与分月用款计划核对后记账，借记“零余额账户用款额度”科目，贷记“财政补助收入——住房补贴”科目；从零余额账户支付使用时，借记“事业支出——基本支出(住房补贴)”科目，贷记“零余额账户用款额度”科目。

年度结账时，事业单位将“财政补助收入——住房补贴”、“事业收入——住房补贴”、“事业支出——基本支出(住房补贴)”科目的余额全数转入“事业结余”科目，借记“财政补助收入——住房补贴”、“事业收入——住房补贴”科目，贷记“事业结余——住房补贴结余”科目；借记“事业结余——住房补贴结余”科目，贷记“事业支出——基本支出(住房补贴)”科目。

年度终了，事业单位将当年住房补贴收支相抵后的余额直接转入“事业基金——一般基金(住房补贴结余)”科目，借记“事业结余——住房补贴结余”科目，贷记“事业基金——一般基金(住房补贴结余)”科目(如果当年住房补贴支出大于收入，作相反会计分录)。

执行《医院会计制度》、《测绘事业单位会计制度》、《高等学校会计制度》、《中小学会计制度》、《科学事业单位会计制度》的事业单位，其住房补贴的会计核算按照上述方法作相应的调整。

除上述财政预算拨付和财政专户拨付的住房补贴外，事业单位其他住房资金收支，如自管住房出租收入、留归单位使用的售房收入、提取的住房公积金、住房资金利息收入、发放的购房补贴支出、自管房维修管理和改造支出等，仍在"专用基金——住房基金"科目核算。

七、事业单位住房基金和离退休经费会计核算规定

财政部关于印发《事业单位住房基金和离退休经费会计核算规定》的通知

财会字[1999]0032号

一、住房基金的会计核算

（一）事业单位按规定用于职工住房方面的资金，在"专用基金——住房基金"科目核算。

（二）事业单位收到财政预算和预算外资金专户拨付的住房公积金、住房补贴和住房建设资金，收到上级主管部门拨付的住房资金，收到自管住房出租收入，收到住房方面的其他资金以及取得的住房基金利息收入，借记"银行存款"等科目，贷记"专用基金——住房基金"科目。

事业单位出售职工住房，按取得的售房收入，借记"银行存款"科目，贷记"专和基金——住房基金"科目；同时，按出售的固定资产的原价，借记"固定基金"科目，贷记"固定资产"科目。事业单位应将已出售职工住房的原价、出售收入等情况在备查簿中进行登记。

事业单位按规定提取的住宅共用部位共用设施设备维修基金、职工住房公积金和其他建房资金，借记有关支出及成本费用类科目，贷记"专用基金——住房基金"科目。

（三）事业单位缴纳职工住房公积金，发放职工住房提租补贴或住房补贴，向物业管理企业划转已售住房共用部位共用设施设备维修费，支付自管住房维修、管理和改造费用，支付住房建设支出以及住房方面的其他支出，借记"专用基金——住房基金"科目，贷记"银行存款"等科目。

（四）事业单位应增设"住房基金"备查簿，所有住房基金的来源以及运用均应在"住房基金"备查簿中登记。事业单位取得的财政预算和预算外资金专户拨付的住房公积金、住房补贴和住房建设资金，自管住房出租收入，留归事业单位使用的住房收入，按规定提取的职工住房公积金和其他建设资金，从单位售房收入中提取的住宅共用部位共用设施设备维修基金，原划转的住房折旧、维修和大修理资金，上级主管部门拨付的住房资金，住房方面的其他资金以及利息收入等均应在"住房基金"备查簿的贷方登记；事业单位缴纳职工住房公积金，发放职工住房提租补贴或住房补贴，划转已售住房共用部位共用设施设备维修费，支付自管住房维修、管理和改造费用，住房建设以及住房方面的其他支出等，均应在"住房基金"备查簿的借方登记，"住房基金"备查簿的期末贷方余额，反映事业单位可用于住房方面的资金。

二、实行离退休经费归口管理的中央级事业单位离退休经费的会计核算

（一）执行《事业单位会计制度》的事业单位，会计核算规定如下：

1. 收到财政部门拨入的离退休经费，应在"财政补助收入"科目下增设"拨入离退休经费"明细科目进行核算；支付的离退休经费在"事业支出——社会保障费（离退休经费支出）"科目核算，并分别"拨入离退休经费支出"和"自筹离退休经费支出"进行明细核算。

2. 收到财政部门拨入的离退休经费，借记"银行存款"科目，贷记"财政补助收入——拨入离退休经费"科目。

支付各项离退休经费，借记"事业支出——社会保障费（离退休经费支出）"科目，贷记"现金"、"银行存款"科目。

3. 期末结账时，应将"财政补助收入——拨入离退休经费"科目余额转入"事业结余"科目，借记"财政补助收入——拨入离退休经费"科目，贷记"事业结余"科目；将"事业支出——社会保障费（离退休经费支出）"科目余额转入"事业结余"科目，借记"事业结余"科目，贷记"事业支出——社会保障费（离退休经费支出）"科目。

（二）执行《医院会计制度》的事业单位，应在"财政补助收入"科目下增设"拨入离退休经费"明细科目；在"医疗支出——社会保障费（离退休经费支出）"和"药品支出——社会保障费（离退休经费支出）"科目下分别"拨入离退休经费支出"和"自筹离退休经费支出"进行明细核算。以上科目的核算内容和方法同上。

（三）执行《测绘事业单位会计制度》的事业单位，应在"财政补助收入"科目下增设"拨入离退休经费"明细科目；在"事业支出——社会保障费（离退休经费支出）"科目下分别"拨入离退休经费支出"和"自筹离退休经费支出"科目进行明细核算。以上科目的核算内容和方法同上，但期末结账时的账务处理不同。

在"财政补助结存"科目下增设"拨入离退休经费结存"明细科目。期末结账时，应将"财政补助收入——拨入离退休经费"科目余额转入"财政补助结存——拨入离退休经费结存"科目，借记"财政补助收入——拨入离退休经费"科目，贷记"财政补助结存——拨入离退休经费结存"科目；将"事业支出——社会保障费（离退休经费支出）"科目中属于拨入离退休经费支出部分转入"财政补助结存——拨入离退休经费结存"科目，借记"财政补助结存——拨入离退休经费结存"科目，贷记"事业支出——社会保障费（离退休经费支出）"科目；将"事业支出——社会保障费（离退休经费支出）"科目中属于自筹离退休经费支出部分转入"事业结余"科目，借记"事业结余"科目，贷记"事业支出——社会保障费（离退休经费支出）"科目。

三、会计报表

（一）资产负债表：

1. 按规定实行离退休经费归口管理的中央级事业单位，执行《事业单位会计制度》的，对于收到的财政部门拨入的离退休经费，应在"财政补助收入"项目下增设"其中：拨入离退休经费"项目予以反映。本项目应根据"财政补助收入"科目所属"拨入离退休经费"明细科目期末余额填列。对于支付的离退休经费，应在"事业支出"项目下增设"其中：拨入离退休经费支出"项目予以反映。本项目应根据"事业支出——社会保障费（离退休经费支出）"科目所属"拨入离退休经费支出"明细科目期末余额填列。对于财政部门拨入的离退休经费结存，应在"事业结余"项目下增设"其中：拨入离退休经费结存"项目予以反映。本项目应根据"事业结余"科目的期末余额填列。

2. 按规定实行离退休经费归口管理的中央级事业单位，执行《医疗会计制度》的，应在"财政专项补助结余"项目下"待分配结余"项目上增设"拨入离退休经费结存"项目。本项目反映的内容和填列方法同上。

3. 按规定实行离退休经费归口管理的中央级事业单位，执行《测绘事业单位会计制度》的，应在"财政补助收入"项目下增设"其中：拨入离退休经费"项目；在"事业支出"项目下增设"其中：拨入离退休经费支出"项目；在"财政补助结存"项目下增设"其中：拨入离退休经费结存"项目。以上项目反映的内容和填列方法同上。

（二）收入支出总表（《测绘事业单位会计制度》称"收入支出表"）：

1. 按规定实行离退休经费归口管理的中央级事业单位，执行《事业单位会计制度》的，对于收到的财政部门拨入的离退休经费，应在"财政补助收入"项目下增设"其中：拨入离退休经费"项目予以反映。本项目应根据"财政补助收入"科目所属"拨入离退休经费"明细科目贷方发生额填列。对于支付的离退休经费，应在"事业支出"项目下增设"其中：拨入离退休经费支出"项目予以反映。本项目应根据"事业支出——社会保障费（离退休经费支出）"科目所属"拨入离退休经费支出"明细科目借方发生额填列。对于财政部门拨入的离退休经费结存，应在"事业结余"项目下增设"减：拨入离退休经费结存"项目予以反映。本项目应根据"其中：拨入离退休经费"项目与"其中：拨入离退休经费支出"项目的差额填列。

2. 按规定实行离退休经费归口管理的中央级事业单位，执行《医院会计制度》的，应在"财政补助收入"项目下增设"其中：拨入离退休经费"项目；在"医疗支出"项目下增设"其中：拨入离退休经费支出"项目；在"药品支出"项目下增设"其中：拨入离退休经费支出"项目；在"减：财政专项补助结余"项目下，"减：应缴超收款"项目上增设"减：拨入离退休经费结存"项目。以上项目反映的内容和填列方法同上。

3. 实行离退休经费归口管理的中央级事业单位，执行《测绘事业单位会计制度》的，应在"财政补助收入"项目下增设"其中：拨入离退休经费"项目；在"事业支出"项目下增设"其中：拨入离退休经费支出"项目。以上项目反映的内容和填列方法同上。

在"2. 本年财政补助结存（－）"项目下增设"其中：本年拨入离退休经费结存"项目；在"3. 结转以前年度财政补助结存（＋）"项目下增设"其中：结转以前年度拨入离退休经费结存"项目。"其中：本年拨入离退休经费结存”项目，应根据本年拨入离退休经费与从本年拨入离退休经费中开支的离退休经费支出的差额分析填列。“其中：结转以前年度拨入离退休经费结存”项目，应根据本年使用以前年度拨入离退休经费结存的数额分析填列。

八、行政事业单位工资和津贴补贴有关会计核算办法

行政事业单位工资和津贴补贴有关会计核算办法

财办库[2006]296号

第一条　为了进一步加强和规范行政事业单位工资和津贴补贴发放会计管理，全面、准确地核算工资和津贴补贴发放业务活动，制定本办法。

第二条　本办法适用于各级行政事业单位(以下简称单位)。

第三条　单位发放给职工的工资(离退休费)、地方(部门)津贴补贴及其他个人收入按本办法规定设立专门账簿，进行核算。

工资是指行政单位按国家统一规定发放给在职人员的职务工资、级别工资、年终一次性奖金，事业单位按国家统一规定发放给在职人员的岗位工资、薪级工资、绩效工资，以及经国务院或人事部、财政部批准设立的津贴补贴。离退休费是指按国家统一规定发放给离退休人员的离休、退休费及经国务院或人事部、财政部批准设立的津贴补贴。

地方(部门)津贴补贴是指各地区各部门各单位出台的津贴补贴。

其他个人收入是指按国家规定发给个人除上述以外的其他收入，包括误餐费、夜餐费，出差人员伙食补助费、市内交通费，出国人员伙食费、公杂费、个人国外零用费，发放给个人的一次性奖励等。

使用工会经费发放给职工的相关收入应当由单位工会单独记账，另行反映。

第四条　在《行政单位会计制度》和《事业单位会计度》负债类科目下增设“211应付工资(离退休费)”、“212地方(部门)津贴补贴”、“213应付其他个人收入”科目。“211应付工资(离退休费)”科目，核算向职工发放的工资或离退休费；“212应付地方(部门)津贴补贴”科目，核算向职工发放的各类地方(部门)津贴补贴；“213应付其他个人收入”科目，核算向职工发放除“211应付工资(离退休费)”、“212应付地方(部门)津贴补贴”以外的其他个人收入。相应的在资产负债表中“负债部类”下列示“211应付工资(离退休费)”、“212应付地方(部门)津贴补贴”、“213应付其他个人收入”项目。

在“211应付工资(离退休费)”、“212应付地方(部门)津贴补贴”和“213应付其他个人收入”科目下按“在职人员”、“离休人员”、“退休人员”设二级科目进行明细核算。

第五条　单位发放工资(离退休费)、地方(部门)津贴补贴、其他个人收入时，借记相关支出科目，贷记“211应付工资(离退休费)”、“212应付地方(部门)津贴补贴”或“213应付其他个人收入”科目。同时，借记“211应付工资(离退休费)”、“212应付地方(部门)津贴补贴”或“213应付其他个人收入”科目，贷记“银行存款”、“拨入经费(财政直接支付)”、“财政补助收入(财政直接支付)”、“零余额账户用款额度”或“现金”等科目。

第六条　增设上述科目后，《行政单位会计制度》“203暂存款”、《事业单位会计制度》“207其他应付款”科目不再核算新增科目核算的内容。

第七条　单位向职工发放工资(离退休费)、地方(部门)津贴补贴应以银行卡的形式发放，中央和省级单位一律以银行卡的形式发放，不得发放现金。

第八条　单位应当按照规定将发放工资(离退休费)、地方(部门)津贴补贴和其他个人收入情况在部门决算中单独反映。

第九条　对未按本办法核算、反映工资(离退休费)、地方(部门)津贴补贴和其他个人收入的单位和个人，依据《中华人民共和国会计法》和《财政违法行为处罚处分条例》(中华人民共和国国务院令第427号)处理。

第十条　本办法由财政部负责解释。

第十一条　本办法自2006年7月1日起执行。

九、关于中央预算单位财政拨款结余资金归集调整及会计核算等事项的通知

关于中央预算单位财政拨款结余资金归集调整及会计核算等事项的通知

财库[2008]78号

党中央有关部门，国务院各部委、各直属机构，总后勤部、武警总部，全国人大常委会办公厅，全国政协办公厅，高法院，高检院，有关人民团体：

为了进一步加强中央部门财政拨款结余资金的管理，规范中央部门财政拨款结余资金的使用，根据《财政部关于印发〈中央部门财政拨款结余资金管理办法〉的通知》（财预[2006]489号）、《行政单位会计制度》、《事业单位会计制度》及财政国库管理制度有关规定，现对财政拨款结余资金的归集调整与会计核算等事项通知如下：

一、财政拨款结余资金的归集调整主体和处理方式

中央部门是财政拨款结余资金归集和调整的主体。统筹使用财政拨款结余资金实行分类管理，按照以下方式处理：

（一）主管部门直接归集调整结余资金。对于结存于实有资金账户且在不同预算单位之间调整使用的，采取由主管部门负责归集调整并转拨资金的方式处理，即调出资金单位向主管部门上交结余资金，主管部门收到下属单位上交的结余资金，核对无误后向调入资金单位转拨。

（二）主管部门统一调整用款计划。实行国库集中支付的财政拨款结余资金在不同预算单位之间，在同一单位不同功能分类科目之间，以及财政直接支付结余在同一单位同一功能分类科目下不同项目之间调整使用的，采取由主管部门汇总上报调整用款计划的方式处理。

（三）预算单位直接调整账务。对于结存于实有资金账户且在同一预算单位内调整使用，或结存于同一预算单位零余额账户且在同一功能科目下的不同项目之间调整使用的，采取直接调整账务的方式处理。

二、有关会计科目的设置

在行政、事业单位会计科目中分别增设“405 财政调剂收入”、“420 财政调剂收入”一级会计科目，核算预算单位收到财政部批准统筹使用的财政拨款结余资金，并设置“调剂基本支出经费收入”和“调剂项目支出经费收入”两个二级明细科目，分别核算收到调剂使用的基本支出结余资金和项目支出净结余资金。二级明细科目要按照政府收支分类科目中“支出功能分类科目”的“项”级科目设置明细账，进行明细核算。年终，行政、事业单位分别将“财政调剂收入”科目贷方余额转入“结余”或“事业结余”科目的贷方。如果某项目或某类支出同时通过财政拨款结余资金和当年财政拨款两个来源安排，原则上财政拨款结余资金应优先确认和使用。

三、统筹使用财政拨款结余资金的账务处理

（一）调减结余的账务处理。预算单位在本通知第一条规定的三种处理方式下，上交结余资金、注销结余资金额度或直接调整账务等导致财政拨款结余资金减少时，行政单位借记“结余”会计科目，贷记“银行存款”、“零余额账户用款额度”或“财政应返还额度”等会计科目；事业单位借记“事业结余”或“事业基金”等会计科目，贷记“银行存款”、“零余额账户用款额度”或“财政应返还额度”等会计科目。

（二）确认财政调剂收入的账务处理。预算单位在本通知第一条规定的三种处理方式下，收到上级单位拨付统筹使用的结余资金、收到财政部下达的结余资金额度或直接调整账务等导致收入增加时，行政单位借记“银行存款”、“零余额账户用款额度”或“财政应返还额度”等会计科目，贷记“财政调剂收入”会计科目；事业单位借记“银行存款”、“零余额账户用款额度”或“财政应返还额度”等会计科目，贷记“财政调剂收入”会计科目。进行该项账务处理的具体时点，按照行政、事业单位会计制度及财政国库管理制度会计核算有关规定执行，其中对于实行财政直接支付的，在支出时，行政单位借记“经费支出”会计科目，贷记“财政调剂收入”会计科目；事业单位借记“事业支出”等会计科目，贷记“财政调剂收入”会计科目。

（三）负责归集和转拨财政拨款结余资金的一级预算单位和主管部门，收到资金时，行政单位借记“银行存款”会计科目，贷记“暂存款”会计科目；事业单位借记“银行存款”会计科目，贷记“其他应付款”会计科目。转拨资金时，作相反的会计分录。

四、其他事项

执行《医院会计制度》、《测绘事业单位会计制度》、《高等学校会计制度》、《中小学校会计制度》、《科学事业单位会计制度》的事业单位的会计科目设置及账务处理等事项，参照上述规定执行。

财　政　部
二〇〇八年十一月十八日

十、公务员医疗补助资金和离休干部医药费会计处理规定

财政部关于印发《公务员医疗补助资金和离休干部医药费会计处理规定》的通知

财会[2003]1号

国务院有关部门，各省、自治区、直辖市、计划单列市财政厅(局)：

为了规范公务员医疗补助资金和离休干部医药费的会计核算，根据《国务院办公厅转发劳动保障部、财政部关于实行国家公务员医疗补助意见的通知》(国办发[2000]37号)、《中共中央办公厅、国务院办公厅关于转发〈中央组织部、国家经贸委、财政部、人事部、劳动和社会保障部、卫生部关于落实离休干部离休费、医疗费的意见〉的通知》(厅字[2000]61号)的有关规定，我们制定了《公务员医疗补助资金和离休干部医药费会计处理规定》，现印发给你们，请布置有关单位，自2003年1月1日起执行。

由社会保险经办机构经办的公务员医疗补助资金和离休干部医药费，按照本规定执行；由其他机构经办的离休干部医药费，参照本规定执行。

附件：公务员医疗补助资金和离休干部医药费会计处理规定

公务员医疗补助资金和离休干部医药费会计处理规定

为了规范社会保险经办机构(以下简称“经办机构”)经办的国家公务员医疗补助资金和离休人员医药费统筹资金的会计核算，现规定如下：

一、国家公务员医疗补助资金

(一) 会计核算原则

由经办机构经办的国家公务员医疗补助资金，应专款专用、单独管理，与基本医疗保险基金分开核算。

(二) 会计科目设置

设置“101现金”、“102收入户存款”(经办机构设置收入户的)、“103支出户存款”、“104财政专户存款”、“111暂付款”、“211暂收款”、“301公务员医疗补助基金”、“401公务员医疗补助收入”、“501公务员医疗补助支出”等科目。

(三) 主要账务处理

1. 收到国家公务员医疗补助资金，借记“收入户存款”(经办机构设置收入户的)、“财政专户存款”(经办机构不设置收入户的)科目，贷记“公务员医疗补助收入”科目。

2. 将收入户的资金划入财政专户，借记“财政专户存款”科目，贷记“收入户存款”科目。

3. 收到银行存款利息，借记“收入户存款”、“支出户存款”、“财政专户存款”科目，贷记“公务员医疗补助收入”科目；将支出户的存款利息转入财政专户，借记“财政专户存款”科目，贷记“支出户存款”科目。

4. 向定点医疗机构和定点药店预付的国家公务员医疗补助资金，借“暂付款”科目，贷记“支出户存款”科目；按照规定的医疗补助范围和用途定期与定点医疗机构和定点药店结算医疗补助资金时，根据审核的医疗保险享受人员的医疗费支出数额，借记“公务员医疗补助支出”科目，贷记“暂付款”科目。采用其他结算方式支付医疗补助资金，借记“公务员医疗补助支出”科目，贷记“现金”、“支出户存款”科目。

5. 期末，将收入类科目的余额转入基金类科目，借记“公务员医疗补助收入”科目，贷记“公务员医疗补助基金”科目；将支出类科目的余额转入基金类科目，借记“公务员医疗补助基金”科目，贷记“公务员医疗补助支出”科目。结转后，有关收、支类科目应无余额。

(四) 会计报表

由经办机构经办的国家公务员医疗补助资金，应定期编制会计报表，报送同级财政部门、主管部门和社会保险基金监督组织，月份会计报表应于月份终了后8日内报出，年度会计报表应于年度终了后15日内

报出。

会计报表格式如下：

资产负债表

会医补01表

编制单位：　　　　　　年　月　日　　　　　　单位:元

项　目	行　次	年初数	期末数
一、资产：			
现金	1		
支出户存款	2		
财政专户存款	3		
暂付款	6		
资产合计	10		
二、负债：			
暂收款	11		
三、基金：			
公务员医疗补助基金	15		

公务员医疗补助基金收支表

会医补02表

编制单位：　　　　　　年　月　　　　　　单位:元

项　目	行　次	本月数	本年累计数
一、公务员医疗补助收入	1		
其中:财政拨款	2		
利息收入	3		
二、公务员医疗补助支出	6		
三、公务员医疗补助基金结余	9		

二、离休人员医药费统筹资金

（一）会计核算原则

由经办机构经办的离休干部医药费统筹资金，实行单独统筹，与基本医疗保险基金分开核算。

（二）会计科目设置

设置“101现金”、“102收入户存款”(经办机构设置收入户的)、“103支出户存款”、“104财政专户存款”、“111暂付款”、“211暂收款”、“301离休干部医药费统筹基金”、“401离休干部医药费收入”、“501离休干部医药费支出”等科目。

（三）主要账务处理

1. 收到同级财政部门拨入的行政单位和原享受公费医疗的事业单位离休干部的医药费，借记“收入户存款”(经办机构设置收入户的)、“财政专户存款”(经办机构不设置收入户的)科目，贷记“离休干部医药费收入”科目；收到企业和原未享受公费医疗的事业单位缴纳的离休干部医药费，借记“收入户存款”(经办机构设置收入户的)、“财政专户存款”(经办机构不设置收入户的)科目，贷记“离休干部医药费收入”科目。

2. 将收入户的资金划入财政专户，借记“财政专户存款”科目，贷记“收入户存款”科目。

3. 收到银行存款利息，借记“收入户存款”、“支出户存款”、“财政专户存款”科目，贷记“离休干部医药费收入”科目；将支出户存款利息转入财政专户，借记“财政专户存款”科目，贷记“支出户存款”科目。

4. 由财政专户向支出户拨入的资金，借记“支出户存款”科目，贷记“财政专户存款”科目。

5. 向定点医疗机构和定点药店预付离休干部医药费，借记“暂付款”科目，贷记“支出户存款”科目；经办机构按照规定的医疗补助范围和用途定期与定点医疗机构和定点药店结算离休干部就诊、用药等医疗费时，借记“离休干部医药费支出”科目，贷记“暂付款”科目。采用其他结算方式支付离休干部医疗费，借记“离休干部医药费支出”科目，贷记“现金”、“支出户存款”科目。

6. 期末，将收入类科目的余额转入基金类科目，借记“离休干部医药费收入”科目，贷记“离休干部医药费统筹基金”科目；将支出类科目的余额转入基金类科目，借记“离休干部医药费统筹基金”科目，贷记“离休干部医药费支出”科目。结转后，有关收、支类科目应无余额。

（四）会计报表

由经办机构经办的离休干部医药费统筹资金，应定期编制会计报表，报送同级财政部门、主管部门和社会保险基金监督组织，月份会计报表应于月份终了后8日内报出，年度会计报表应于年度终了后15日内报出。会计报表格式如下：

资产负债表

会医统01表

编制单位： 年 月 日 单位：元

项 目	行 次	年初数	期末数
一、资产：			
现金	1		
支出户存款	2		
财政专户存款	3		
暂付款	6		
资产合计	10		
二、负债：			
暂收款	11		
三、基金：			
离休干部医药费统筹基金	15		

离休干部医药费收支表

会医统02表

编制单位： 年 月 单位：元

项 目	行 次	本月数	本年累计数
一、离休干部医药费收入	1		
其中：财政拨款	2		
单位缴款	3		
利息收入	4		
二、离休干部医药费支出	7		
三、离休干部医药费统筹基金结余	10		

十一、预算外资金财政专户会计核算制度及其补充规定

财政部关于印发《预算外资金财政专户会计核算制度》的通知

财综字[1998]164号

各省、自治区、直辖市、计划单列市财政厅(局)：

为了加强预算外资金管理，进一步规范各级预算外资金财政专户会计核算，根据《国务院关于加强预算外资金管理的决定》、《中华人民共和国会计法》和《财政总预算会计制度》，我部制定了《预算外资金财政专户会计核算制度》，现印发给你们，请即组织贯彻落实。该制度从1999年1月1日起执行，对执行中发现的问题，请及时向我部反映。

附件：

预算外资金财政专户会计核算制度

第一章　核算及管理原则

第一条　为了加强预算外资金管理，规范各级财政部门预算外资金财政专户会计(以下简称“财政专户会计”)核算工作，根据《中华人民共和国会计法》、《国务院关于加强预算外资金管理的决定》和《财政总预算会计制度》，制定本制度。

第二条　本制度适用于各级财政部门预算外资金财政专户的核算和管理工作。

第三条　财政专户会计的基本任务是核算和反映预算外资金收支活动，监督预算外资金收支计划管理和执行情况。具体包括：

一、办理预算外资金日常收缴、拨付及往来款项的会计核算，做到账目清楚，内容真实，数字准确。

二、反映预算外资金收支计划执行情况，汇总编报年度预算外资金收支计划、决算、财政专户会计报表等。

三、监督部门和单位预算外资金收支计划执行情况，合理调度预算外资金。监督部门和单位及时、足额将预算外资金上缴财政专户，按批准的预算外资金收支计划，及时核拨资金。根据有关预算外资金管理法规和制度规定，参与做好预算外资金统筹调剂使用工作，提高预算外资金使用效益。

四、组织和指导本行政区域财政专户管理，负责检查下级财政专户会计工作，以及部门和单位预算外资金会计管理。

第四条　财政专户会计记账方法、会计期间、会计报表编制期间，以及记账货币及单位等，均按《财政总预算会计制度》中有关规定执行。

第五条　财政专户会计核算应当以实际发生的业务活动为依据，真实记录、反映财政专户的预算外资金收缴、拨付情况和结果。

第六条　财政专户会计提供的会计信息应当满足国家宏观经济管理和上级财政部门及本级政府对预算外资金管理的需要。

第七条　财政专户会计核算应当及时进行，会计处理方法前后各期应当一致，不得随意变更。如确有必要变更，应将变更情况、原因和对会计报表的影响在年度会计报告中予以说明。

第八条　财政专户会计核算和会计报表应当内容真实，数字准确。对于重要的业务活动，应当单独反映。

第九条　财政专户会计核算采用收付实现制。

第十条　各级财政部门应加强对财政专户资金的管理，并配置专门人员。财政专户资金应严格按规定用途使用。

第十一条　财政专户会计人员要严格执行国家有关会计电算化管理制度和办法，熟练掌握计算机在会计上的运用，实现会计操作技术的现代化。

第十二条　财政专户会计人员应加强对各项预算外资金的核算管理与会计监督，严格依法办事，对于不合法的会计事项，应及时予以纠正，及时向领导反映。

第二章 会计科目及使用说明

第十三条 会计科目是各级财政专户会计机构设置账户、确定核算内容的依据。各级财政专户会计必须按以下要求设置和使用会计科目：

一、各级财政专户会计机构应按本制度规定设置会计科目，没有相应会计事项的可以不设。

二、为便于编制会计凭证、登记账簿、查阅账目和实行会计电算化，本制度统一规定了会计科目编码，不得擅自变更或打乱科目编码。在各类会计科目之后留有空号，供各级财政专户会计根据需要增设会计科目及编号用。

三、会计人员在填制会计凭证、登记账簿时，应填列会计科目名称，或同时填列名称和编码，不得只填编码，不填名称。

第十四条 财政专户会计科目(略)。

第十五条 会计科目使用说明。

一、资 产 类

第101号科目 财政专户存款

1. 本科目核算财政部门在国有商业银行开设的财政专户中各项预算外资金存款。

2. 财政专户收到部门和单位上缴的各项预算外资金收入时，借记本科目，贷记相关收入科目。财政专户按财政部门批准的预算外资金收支计划拨付资金时，借记相关支出科目，贷记本科目。

3. 本科目期末借方余额，反映期末财政专户结存数。

4. 本科目应按开户银行设置“财政专户存款日记账”，由出纳人员根据收付款凭证，按照业务的发生顺序逐笔登记，每日终了应结出余额。

第103号科目 有价证券

1. 本科目核算财政专户以前年度用预算外资金结余购买的未变现国债等有价证券。

2. 有价证券到期变现时，按照实际收到的金额，借记“财政专户存款”科目，按照实际成本，贷记本科目，按其差额，借记或贷记相关收入科目。

3. 本科目期末余额，反映期末尚未变现的有价证券的实际成本。

4. 本科目按证券种类设置明细科目。

第105号科目 应收款

1. 本科目核算财政部门以前年度按有关规定有偿拨付有关部门和单位使用等应收回的预算外资金。

2. 收回资金时，按实际收到的金额借记“财政专户存款”科目，按应收的金额贷记本科目，按其差额贷记相关收入科目。

3. 本科目期末余额，反映期末财政专户有偿拨付的未收回的款项。

4. 本科目应按资金项目及部门和单位设置明细科目。

二、负 债 类

第201号科目 应缴代收上级财政专户款

1. 本科目核算财政部门代上级财政部门收取或应上缴上级财政专户的预算外资金。

2. 财政专户收到收入时，借记“财政专户存款”科目，贷记本科目。资金上缴时，借记本科目，贷记“财政专户存款”科目。

3. 本科目余额反映本级财政专户应缴未缴上级财政专户资金数额。

4. 本科目应按应缴部门和单位及代收或应缴预算外资金种类设置明细科目。

第203号科目 暂存款

1. 本科目核算财政专户收到的其他不明性质的待结算款项。

2. 收到不明性质资金时，借记“财政专户存款”科目，贷记本科目，资金拨出时，借记本科目，贷记“财政专户存款”科目。

3. 本科目应按相关部门和单位设置明细科目。

三、净 资 产 类

第301号科目 专项预算外资金结余

1. 本科目核算财政专户中专项用于公共工程和社会公共事业的基金、资金、附加等预算外资金结余。

2. 下年初建立新账时，应将“专项预算外资金收入”科目上年年末余额转入本科目贷方，借记“专项预算外资金收入”科目，贷记本科目。将“专项支出”科目上年年末余额转入本科目借方，借记本科目，贷记“专项支出”科目。

3. 本科目贷方余额，反映专项预算外资金累计结余数额。

4. 本科目应按部门和单位及专项预算外资金种类设置明细科目。

第 302 号科目　一般预算外资金结余

1. 本科目核算财政专户中除专项预算外资金以外的其他各项预算外资金结余，包括一般预算外资金收入、其他收入结余等。

2. 下年初建立新账时，应将“一般预算外资金收入”、“其他收入”科目上年年末余额结转到本科目，即借记“一般预算外资金收入”、“其他收入”科目，贷记本科目。将“行政事业支出”、“基本建设支出”、“政府调剂支出”及“其他支出”科目的上年年末余额转入本科目，即借记本科目，贷记“行政事业支出”、“基本建设支出”、“政府调剂支出”及“其他支出”科目。

如经批准将预算外资金转入财政预算内统筹使用时，应借记本科目，贷记“财政专户存款”科目。

3. 本科目贷方余额反映一般预算外资金累计结余数额。

4. 本科目应按“一般预算外资金收入”、“其他收入”设置明细科目，并按部门和单位进行明细核算。

第 303 号科目　乡统筹资金结余

1. 本科目核算财政专户中用于乡自筹资金和乡统筹资金支出的结余。

2. 下年初建立新账时，应将“乡统筹资金收入”科目上年年末余额结转到本科目，借记“乡统筹资金收入”科目，贷记本科目。将“乡统筹资金支出”科目上年年末余额转入本科目，借记本科目，贷记“乡统筹资金支出”科目。

如经批准将预算外资金转入财政预算内统筹使用时，应借记本科目，贷记“财政专户存款”科目。

3. 本科目贷方余额，反映乡统筹资金累计结余数额。

4. 本科目应按资金种类设置明细科目。

四、收　入　类

第 401 号科目　专项预算外资金收入

1. 本科目核算缴入财政专户中专项用于公共工程和社会公共事业的基金、资金、附加等预算外资金收入和专项预算外资金存款利息。

2. 取得基金、资金、附加等专项预算外资金收入时，借记“财政专户存款”科目，贷记本科目。

3. 下年初建立新账时，应将本科目上年年末余额全部转入“专项预算外资金结余”科目，即借记本科目，贷记“专项预算外资金结余”科目。

4. 本科目期末余额，反映本年度累计收取的专项预算外资金收入。

5. 本科目应按部门和单位及收入种类设置明细账。

第 402 号科目　一般预算外资金收入

本科目核算部门和单位缴入财政专户的预算外资金，包括部门和单位缴入财政专户的各项行政事业性收费及主管部门从所属单位集中的收入。

1. 行政事业性收费

(1) 取得收费收入时，借记“财政专户存款”科目，贷记本科目。

(2) 下年初建立新账时，应将本科目上年年末余额全部转入“一般预算外资金结余”科目，借记本科目，贷记“一般预算外资金结余”科目。

(3) 本科目期末余额，反映本年度累计收取的各种行政事业性收费收入。

(4) 本科目应按部门和单位设置明细账科目，并按收费项目进行明细核算。

2. 部门集中收入

(1) 主管部门从所属单位集中的资金缴入财政专户时，借记“财政专户存款”科目，贷记本科目。

(2) 下年初建立新账时，将本科目上年年末余额转入“一般预算外资金结余”科目，借记本科目，贷记“一般预算外资金结余”科目。

(3) 本科目期末余额，反映本年度累计收取的部门集中资金收入。

(4) 本科目应按部门和单位设置明细科目。

第404号科目 乡统筹资金收入

1. 本科目核算缴入财政专户的乡自筹资金和乡统筹资金。

2. 乡自筹和乡统筹资金缴入财政专户时,借记“财政专户存款”科目,贷记本科目。

3. 下年初建立新账时,将本科目上年年末余额转入“乡统筹资金结余”科目,借记本科目,贷记“乡统筹资金结余”科目。

4. 本科目期末余额,反映本年度累计收取的乡统筹资金收入。

5. 本科目应按收取的乡自筹和乡统筹资金收入种类设置明细科目。

第405号科目 其他收入

1. 本科目核算除专项预算外资金收入、一般预算外资金收入、乡统筹资金收入以外的未纳入预算,直接由各级财政专户管理的其他各种财政性资金。包括财政专户一般预算外资金存款利息、各种捐赠资金等。

2. 取得其他收入时,借记“财政专户存款”科目,贷记本科目。

3. 下年初建立新账时,本科目上年年末余额全部转入“一般预算外资金结余”科目,借记本科目,贷记“一般预算外资金结余”科目。

4. 本科目期末余额,反映本年累计收到的其他收入金额。

5. 本科目应按其他收入种类设置明细科目。

五、支　出　类

第501号科目 行政事业支出

1. 本科目核算财政部门核拨给部门和单位用于单位经费支出的预算外资金。

2. 拨付款项时,借记本科目,贷记“财政专户存款”科目。

3. 下年初建立新账时,将本科目上年年末余额全部转入“一般预算外资金结余”科目,借记“一般预算外资金结余”科目,贷记本科目。

4. 本科目期末余额,反映本年累计核拨的行政事业支出。

5. 本科目应按拨付款项的部门和单位设置明细科目。

第502号科目 专项支出

1. 本科目核算各级财政部门从财政专户中核拨给部门和单位专项用于公共工程和社会公共事业等专项支出。

2. 拨付款项时,借记本科目,贷记“财政专户存款”科目。

3. 下年初建立新账时,将本科目上年年末余额全部转入“专项预算外资金结余”科目,借记“专项预算外资金结余”科目,贷记本科目。

4. 本科目期末余额,反映本年累计核拨的专项支出。

5. 本科目应按部门和单位设置明细科目,并按资金用途进行明细核算。

第503号科目 基本建设支出

1. 本科目核算财政部门根据国家批准的基本建设投资计划,从财政专户中核拨的用于部门和单位基本建设的支出。

2. 拨付款项时,借记本科目,贷记“财政专户存款”科目。

3. 下年初建立新账时,本科目上年年末余额全部转入“一般预算外资金结余”科目,借记“一般预算外资金结余”科目,贷记本科目。

4. 本科目期末余额,反映本年累计核拨的基本建设支出。

5. 本科目应按部门和单位设置明细科目,并按基本建设项目进行明细核算。

第511号科目 乡统筹资金支出

1. 本科目核算财政专户中核拨的用于乡自筹资金和乡统筹资金支出。

2. 拨付款项时,借记本科目,贷记“财政专户存款”科目。

3. 下年初建立新账时,将本科目上年年末余额全部转到“乡统筹资金结余”科目,借记“乡统筹资金结余”科目,贷记本科目。

4. 本科目期末余额，反映本年累计核拨的乡统筹资金支出。

5. 本科目应按支出类种设置明细科目。

第 521 号科目　政府调剂支出

1. 本科目核算财政部门经批准从一般预算外资金中统筹安排的款项，包括调入财政预算内部分。

2. 统筹调剂拨出财政专户款项时，借记本科目，贷记“财政专户存款”科目。

3. 下年初建立新账时，将本科目上年年末余额全部转入“一般预算外资金结余”科目，借记“一般预算外资金结余”科目，贷记本科目。

4. 本科目期末余额，反映本年累计调剂使用预算外资金的数额。

5. 本科目应按调剂用途进行明细核算。

第 531 号科目　其他支出

1. 本科目核算除行政事业支出、专项支出、基本建设支出、乡统筹资金支出和政府调剂支出以外的其他支出，包括经批准支付的预算外资金管理费用等。

2. 发生支出时，借记本科目，贷记“财政专户存款”科目。

3. 下年初建立新账时，将本科目上年年末余额全部转入“一般预算外资金结余”等科目，借记“一般预算外资金结余”科目，贷记本科目。

4. 本科目期末余额，反映本年累计发生的其他支出。

5. 本科目应按其他支出类别设置明细科目进行核算。

第三章　会计结算、清算与会计报表

第十六条　财政专户会计应定期、及时地进行会计结账，结算期限为每月一次。结账的具体方法，按《会计基础工作规范》办理。

第十七条　财政专户会计在会计年度结束前，应当全面进行年终清理结算。年终清理结算的主要事项如下：

一、要在年度终了前，核对年度预算外资金收支计划执行情况。财政专户会计应将本级预算外资金收支总计划执行数与部门和单位上缴财政专户实际数核对清楚。

二、清理本年预算外资金收支。属本年度的预算外资金收入，年终前必须如数缴入财政专户。

财政专户会计对部门和单位的各项拨款支出，应与部门和单位的收入进行核对。由于部门和单位支出预算编制大，而造成部门和单位预算外资金支出户本年资金大量沉淀的，应在清算期内收回。收回的资金相应冲减本年预算外资金支出。

三、与开户银行进行对账。年度终了后，及时与各有关开户银行对账，发现问题，及时处理。

四、清理往来款项。财政专户的暂收、暂付等各种往来款项，要在年度终了前认真清理结算。应转作各项收入或各项支出的款项，要及时转入本年有关收支账户。

第十八条　经过年终清理和结算，把各项结算收支记入旧账后，即可办理年终结账。年终结账工作一般分为结清旧账和记入新账两个环节，依次作账。

一、结清旧账。将各项收入和支出账户的借方、贷方结出全年累计数，然后在下面划双红线，表示本账户全部结清。对年终有余额的账户，在“摘要”栏内注明“结转下年”字样，表示转入新账。

二、记入新账。将各账户上年余额直接记入新年度有关总账和明细账各账户预留空行的余额栏内，并在“摘要”栏注明“上年结转”字样，以区别新年度发生数。

决算经本级人民政府审查批准，批准数与上报的预算外资金决算数有差额时，在本年有关账户中进行相应处理。

第十九条　财政专户会计报表是预算外资金收支计划执行情况及其结果的定期书面报告，是各级政府和上级财政部门了解情况、掌握政策、指导预算外资金管理工作的重要资料，也是编制下年度预算外资金收支计划的基础。主要包括：资产负债表、预算外资金财政专户收支情况表和预算外资金财政专户收支项目表。

第二十条　财政专户会计报表要做到内容完整、数字准确，报送及时。

财政专户会计要严格按照统一规定的报表种类、格式、内容、方法填列报表。需要汇总报表的部门和单位，应按汇编范围汇总，防止漏报。

各级财政专户会计应定期编制和汇总预算外资金财政专户会计报表。

第二十一条　财政专户会计年报，反映年度预算外资金收支情况和年度收支计划的结果。各级财政专户会计在财政部门首长的领导下，负责组织决算草案编审工作。

第二十二条　各级财政专户会计应将汇总编制的本级决算草案及时报本级政府审定，并将经本级政府审定的本行政区域的预算外资金收支决算报上级财政备案。

第四章　附　则

第二十三条　各级财政专户会计应严格遵守和执行财政部《会计基础工作规范》、财政部和国家档案局《会计档案管理办法》中有关总会计的规则和规定，做好财政专户会计工作。

第二十四条　各省、自治区、直辖市和计划单列市的财政部门可结合本地区实际情况，制定补充规定，报财政部备案。

第二十五条　本制度由财政部负责解释。

第二十六条　本制度自1999年1月1日起执行。预算外资金财政专户会计核算中凡与本制度规定有抵触的，以本制度规定为准。

财政部办公厅关于印发《〈预算外资金财政专户会计核算制度〉补充规定》的通知

财办库[2002]36号

根据《财政部、中国人民银行关于印发〈预算外资金收入收缴管理制度改革方案〉的通知》(财库[2002]37号)和《财政部、中国人民银行关于印发〈中央单位预算外资金收入收缴管理改革试点办法〉的通知》(财库[2002]38号)的有关规定，为保证预算外资金收入收缴管理制度改革顺利实施，我部对现行《预算外资金财政专户会计核算制度》做了相应补充规定，特此通知。

附件：《预算外资金财政专户会计核算制度》补充规定

《预算外资金财政专户会计核算制度》补充规定

根据《财政部、中国人民银行关于印发〈预算外资金收入收缴管理制度改革方案〉的通知》(财库[2002]37号)和《财政部、中国人民银行关于印发〈中央单位预算外资金收入收缴管理改革试点办法〉的通知》(财库[2002]38号)的有关规定，为保证预算外资金收入收缴管理制度改革顺利实施，方便对账和统计分析，现对《预算外资金财政专户会计核算制度》做如下补充规定：

一、在预算外财政专户资产类增设"已结报收入"(编号106)一级会计科目，用于支付局会计核算缴入中央预算外资金收政专户的资金数；在负债类增设"代收款"(编号204)一级会计科目，用于核算缴入国库前暂存在中央预算外资金财政专户的预算内资金，本科目下参照预算收入科目设置明细科目。

二、国库支付局会计在收到代理银行报来的《代理银行非税收入信息核对单》及所附缴款信息后，根据缴款内容分别记账。

属于预算外的收入，

借：已结报收入

　　贷：一般预算外资金收入(专项预算外资金收入、其他收入等)

属于预算内的收入，

借：已结报收入

　　贷：代收款

属于尚未不能确认的收入，

借：已结报收入

　　贷：暂存款

年终，将已结报收入与一般预算外资金收入以及代收款等对冲。即，

借：一般预算外资金收入(专项预算外资金收入，其他收入等)或代收款

　　贷：已结报收入

三、本《补充规定》自发文之日起施行。

十二、财政部代理发行地方政府债券财政总预算会计核算办法

关于印发《财政部代理发行地方政府债券财政总预算会计核算办法》的通知

财库[2009]19 号

各省、自治区、直辖市、计划单列市财政厅(局):

为适应财政部代理发行地方政府债券管理的需要,我部研究制定了《财政部代理发行地方政府债券财政总预算会计核算办法》,现予印发,请遵照执行。执行中如有问题,请及时函告我部。

附件:财政部代理发行地方政府债券财政总预算会计核算办法

财政部代理发行地方政府债券财政总预算会计核算办法

第一条 为适应财政部代理发行地方政府债券管理需要,规范和加强财政部代理发行的地方政府债券会计核算,根据国务院有关规定、《2009 年地方政府债券预算管理办法》(财预[2009]21 号)、《财政部代理发行 2009 年地方政府债券发行兑付办法》(财库[2009]15 号)和《财政总预算会计制度》规定,制定本办法。

第二条 本办法适用于财政部代理发行的地方政府债券中地方财政总预算会计的账务处理。

第三条 在现行《财政总预算会计制度》中增设收入类科目“408 债务收入”、“409 债务转贷收入”;支出类科目“508 债务还本支出”、“509 债务转贷支出”。

第四条 “408 债务收入”科目,用于核算省级财政部门作为债务主体,发行地方政府债券收到的发行收入等。

省级财政部门实际收到地方政府债券发行收入时,借记“国库存款”科目,贷记本科目。

年终转账时,将本科目贷方余额全部转入“预算结余”科目,借记本科目,贷记“预算结余”科目。

本科目平时贷方余额,反映省级财政部门当年实际收到的地方政府债券发行收入累计数。

本科目应按照“政府收支分类科目”规定设置明细账。

第五条 “409 债务转贷收入”科目,用于核算省级以下财政部门(不含省级,下同)收到的来自上级财政部门转贷的债务收入。

省级以下财政部门实际收到债务转贷收入时,借记“国库存款”科目,贷记本科目。

年终转账时,将本科目贷方余额全部转入“预算结余”科目,借记本科目,贷记“预算结余”科目。

本科目平时贷方余额,反映省级以下财政部门当年实际收到的来自上级财政部门转贷的债务收入累计数。

本科目应按照“政府收支分类科目”规定设置明细账。

第六条 “508 债务还本支出”科目,用于核算各级财政部门发生的债务还本支出。

各级财政部门偿还债务本金时,借记本科目,贷记“国库存款”科目。

年终转账时,将本科目借方余额全部转入“预算结余”科目,借记“预算结余”科目,贷记本科目。

本科目平时借方余额,反映各级财政部门当年发生的债务还本支出累计数。

本科目应按照“政府收支分类科目”规定设置明细账。

第七条 “509 债务转贷支出”科目,用于核算地方各级财政部门对下级财政部门转贷的债务支出。

地方各级财政部门对下级财政部门进行债务转贷时,借记本科目,贷记“国库存款”科目。

年终转账时,应将本科目借方余额全部转入“预算结余”科目,借记“预算结余”科目,贷记本科目。

本科目平时借方余额,反映地方各级财政部门当年对下级财政部门转贷的债务支出累计数。

本科目应按照“政府收支分类科目”规定及下级财政部门设置明细账。

第八条 省级财政部门收到地方政府债券发行收入时,借记“国库存款”科目,贷记“债务收入——财政部代理发行地方政府债券收入”。

第九条 地方各级财政部门上缴本级承担的地方政府债券发行手续费时,借记“一般预算支出——国内外债务发行”科目,贷记“国库存款”科目。

第十条 地方各级财政部门将地方政府债券收入转贷给下级财政部门时,按照转出资金数,借记“债务转贷支出——转贷财政部代理发行地方政府债券支出”科目,贷记“国库存款”科目。

省级以下财政部门收到上级财政部门转贷的地方政府债券收入时，借记“国库存款”科目，贷记“债务转贷收入——转贷财政部代理发行地方政府债券收入”科目。

第十一条 地方各级财政部门将债务收入或债务转贷收入安排用于本级政府实际支出时，借记“一般预算支出”科目，贷记“国库存款”科目。

第十二条 地方各级财政部门上缴本级承担的地方政府债券付息资金时，借记“一般预算支出——财政部代理发行地方政府债券付息”科目，贷记“国库存款”科目。

第十三条 上级财政部门代收地方政府债券付息资金时，借记“国库存款”科目，贷记“暂存款——地方政府债券付息”科目。上缴代收的地方政府债券付息资金时，借记“暂存款——地方政府债券付息”科目，贷记“国库存款”科目。

上级财政部门垫付地方政府债券付息资金时，借记“暂付款——地方政府债券付息”科目，贷记“国库存款”科目。收到下级财政部门缴来的垫付地方政府债券付息资金时，借记“国库存款”科目，贷记“暂付款——地方政府债券付息”科目。

第十四条 地方各级财政部门上缴本级承担的地方政府债券还本资金时，借记“债务还本支出——财政部代理发行地方政府债券还本”科目，贷记“国库存款”科目。

第十五条 上级财政部门代收地方政府债券还本资金时，借记“国库存款”科目，贷记“暂存款——地方政府债券还本”科目。上缴代收的地方政府债券还本资金时，借记“暂存款——地方政府债券还本”科目，贷记“国库存款”科目。

上级财政部门垫付地方政府债券还本资金时，借记“暂付款——地方政府债券还本”科目，贷记“国库存款”科目。收到下级财政部门缴来的垫付地方政府债券还本资金时，借记“国库存款”科目，贷记“暂付款——地方政府债券还本”科目。

第十六条 地方各级财政部门未按时上缴地方政府债券本金，通过年终结算扣缴时，借记“暂付款——地方政府债券还本”科目，贷记“与上级往来”科目；列报支出时，对应由本级财政部门承担的还本支出，借记“债务还本支出——财政部代理发行地方政府债券还本”科目，贷记“暂付款——地方政府债券还本”科目。

上级财政部门年终结算扣缴时，借记“与下级往来”科目，贷记“暂存款——地方政府债券还本”或“暂付款——地方政府债券还本”科目。

第十七条 地方各级财政部门未按时上缴地方政府债券利息，通过年终结算扣缴利息时，借记“暂付款——地方政府债券付息”科目，贷记“与上级往来”科目；列报支出时，对应由本级财政部门承担的付息支出，借记“一般预算支出——财政部代理发行地方政府债券付息”科目，贷记“暂付款——地方政府债券付息”科目。

上级财政部门年终结算扣缴时，借记“与下级往来”科目，贷记“暂存款——地方政府债券付息”或“暂付款——地方政府债券付息”科目。

第十八条 地方各级财政部门未按时上缴地方政府债券发行手续费，通过年终结算扣缴时，借记“暂付款——地方政府债券发行手续费”科目，贷记“与上级往来”科目；列报支出时，对应由本级财政部门承担的发行手续费支出，借记“一般预算支出——国内外债务发行”科目，贷记“暂付款——地方政府债券发行手续费”科目。

上级财政部门年终结算扣缴时，借记“与下级往来”科目，贷记“暂存款——地方政府债券发行手续费”或“暂付款——地方政府债券发行手续费”科目。

第十九条 地方各级财政部门未按时上缴地方政府债券还本付息资金的，通过年终结算扣缴罚息时，借记“上解支出”科目，贷记“与上级往来”科目；上级财政部门借记“与下级往来”科目，贷记“上解收入”科目。

第二十条 地方各级财政部门应设置相应的辅助账，详细记录收到和转贷的地方政府债券金额、种类、期限、发行日、到期日、票面利率、偿还及付息情况等。

第二十一条 地方各级财政部门应于年末编制财政部代理发行的地方政府债券情况表（具体格式见附表）。

第二十二条 本办法自印发之日起执行。

附表：××××年度××财政部门财政部代理发行的地方政府债券情况表(表样)

附表：

××××年度××财政部门
财政部代理发行的地方政府债券情况表(表样)

填表单位： 单位：元

项目	年初地方政府债券余额	本年取得的地方政府债券收入	本年发生的地方政府债券转贷支出	本年发生的地方政府债券还本支出	年末地方政府债券余额
列次	1	2	3	4	5
省本级					
地市级					
县级					
合 计		—	—		

说明：1. 表内公式：5列＝1列＋2列－3列－4列

2. 本年取得的地方政府债券收入：省本级填列“债务收入”科目相关明细科目的本年贷方累计发生额，地市级、县级填列“债务转贷收入”科目相关明细科目的本年贷方累计发生额。

十三、其他行政事业单位会计法规

限于篇幅，现把常用的其他行政事业单位会计法规的名称和文号等信息提供给使用者。

法 规 名 称	文 号
《国有建设单位会计制度》	财会字[1995]45号
《监狱会计制度》	财农字(1997)14号
《国际农业发展基金会贷款项目会计核算暂行办法》	财外字[1998]117号
《社会保险基金会计制度》	财会字(1999)20号
《住房公积金会计核算办法》	财会字[1999]33号
《国际金融组织贷款转贷会计制度》	财际字(1999)165号
《世界银行贷款项目会计核算办法》	财际字(2000)0013号
《天然林保护工程财政资金会计处理规定》	财会[2000]23号
《中国人民银行基本养老保险基金会计核算办法》	银发[2001]13号
《彩票发行与销售机构会计制度》	财会[2001]63号
《外国政府赠款项目转赠会计核算办法(试行)》	财金[2002]179号
《中国人民银行国库资金清算业务处理手续(试行)》	银办发[2002]234号
《社会保险基金会计核算若干问题补充规定》	财会[2003]19号

第二十三部分　行政事业单位综合性财务管理法规

一、行政单位财务规则

行政单位财务规则

（1998年1月6日国务院批准　1998年1月19日财政部令第9号发布）

第一章　总　　则

第一条　为了规范行政单位的财务行为，加强行政单位的财务管理，保障行政单位工作任务的完成，制定本规则。

第二条　中华人民共和国境内各级行政机关和实行预算管理的其他机关、政党组织（以上统称行政单位）的财务活动，适用本规则。

第三条　行政单位财务管理的基本原则是：执行国家有关法律、法规和财务规章制度；厉行节约，制止奢侈浪费；量入为出，保证重点，兼顾一般；注重资金使用效益。

第四条　行政单位财务管理的基本任务是：

（一）合理编制行政单位预算，统筹安排、节约使用各项资金，保障行政单位正常运转的资金需要；

（二）定期编制财务报告，如实反映行政单位预算执行情况，进行财务活动分析；

（三）建立、健全内部财务管理制度，对行政单位财务活动进行控制和监督；

（四）加强行政单位国有资产管理，防止国有资产流失；

（五）对行政单位所属并归口行政财务管理的单位的财务活动实施指导、监督；

（六）加强对非独立核算机关后勤服务部门的财务管理，实行内部核算办法。

第五条　行政单位的财务活动在单位负责人领导下，由单位财务部门统一管理。

行政单位应当单独设置财务机构，配备专职财务会计人员，进行独立核算。人员编制少、财务工作量小的单位，可以实行单据报账制度。

第二章　单位预算管理

第六条　行政单位预算是行政单位根据其职责和工作任务编制的年度财务收支计划。

行政单位预算由收入预算和支出预算组成。

第七条　按照经费领拨关系和预算管理权限，行政单位预算管理分为下列级次：

（一）向同级财政部门报领经费，并对下一级预算单位核拨经费的行政单位，为主管预算单位；

（二）向上一级预算单位报领经费，并对下一级预算单位核拨经费的行政单位，为二级预算单位；

（三）向同级财政部门或者上一级预算单位报领经费，没有下级拨款单位的行政单位，为基层预算单位。

第八条　各级预算单位应当按照预算管理级次报领、核拨经费，并按照批准的预算组织实施，定期将预算执行情况向同级财政部门或者上一级预算单位报告。

第九条　财政部门对行政单位实行收支统一管理，定额、定项拨款，超支不补，结余留用的预算管理办法。

第十条　行政单位的各项收入和支出应当全部纳入单位预算统一管理，统筹安排使用。

行政单位的预算外资金收入和其他收入应当首先用于弥补经常性支出不足和必要的专项支出。

第十一条　行政单位预算依照下列程序编报和审批：

（一）行政单位根据年度工作计划和收支增减因素，提出收支概算，逐级汇总报送同级财政部门；

（二）财政部门参照行政单位提出的收支概算，审核分配单位预算指标；

（三）行政单位根据分配的单位预算指标正式编制年度预算，并逐级汇总报送同级财政部门；

（四）财政部门正式批复行政单位预算。

第十二条　行政单位应当严格执行预算，按照收支平衡的原则，合理安排各项资金，不得超预算安排支出。

行政单位年度预算执行中,财政部门核定的财政预算拨款收入和从财政专户核拨的预算外资金收入,原则上不予调整。因特殊情况确需调整的,行政单位应当按照规定程序逐级报送主管预算单位或者财政部门审批。非拨款收入部分发生变化,需要相应调整支出的,由行政单位自行调整并报送主管预算单位或者财政部门备案,主管预算单位或者财政部门批复决算时审核确认。

第三章 收入管理

第十三条 收入是指行政单位依法取得的非偿还性资金,包括财政预算拨款收入、预算外资金收入以及其他合法收入。

财政预算拨款收入,是指财政部门核拨给行政单位的财政预算资金。

预算外资金收入,是指财政部门从财政专户按照规定核拨给行政单位的预算外资金和经财政部门核准由行政单位按照计划使用,不上缴财政专户的少量预算外资金。

其他收入,是指行政单位依法取得本条第二款、第三款范围以外的收入。

行政单位的各项收入必须统一管理。

第十四条 行政单位各项收入的取得,应当符合国家规定,及时入账,并按照财务管理的要求,分项如实填报。

第十五条 行政单位依法取得的应当纳入财政预算的罚没收入、行政性收费收入和基金,以及应当缴入财政专户的预算外资金,不属于行政单位的收入,必须及时足额上缴。

第四章 支出管理

第十六条 支出是指行政单位为开展业务活动所发生的资金耗费。

第十七条 行政单位支出,包括经常性支出、专项支出和自筹基本建设支出。

经常性支出,是指行政单位为维持正常运转和完成日常工作任务发生的支出。

专项支出,是指行政单位为完成专项或者特定工作任务发生的支出。

自筹基本建设支出,是指行政单位经依法批准用财政预算拨款以外的资金安排的基本建设支出。

本条第二款、第三款支出,分别按其用途列入相应的预算科目。

第十八条 行政单位应当建立、健全各项支出的管理制度。各项支出由单位财务部门按照批准的预算和有关规定审核办理,防止多头审批和无计划开支。重大支出项目,应当集体讨论决定。各项资金的安排使用情况,应当按照财政部门的要求分别反映。

第十九条 行政单位的支出,应当严格执行国家规定的开支范围及开支标准,保证人员经费和单位正常运转必需的开支,并对节约潜力大、管理薄弱的支出项目实行重点管理和控制。

行政单位用于职工待遇方面的支出,不得超出国家规定的范围和标准。

第二十条 行政单位的专项支出,应当按照批准的项目和用途使用,并按照规定向主管预算单位或者财政部门报送专项支出情况表和文字报告,接受有关部门的检查、监督。

第二十一条 行政单位应当严格控制自筹基本建设支出。确需安排支出的,应当按照规定程序履行报批手续。核批后的自筹基本建设资金,纳入基本建设财务管理。

第五章 结余管理

第二十二条 结余是指行政单位收入和支出相抵后的余额。

第二十三条 行政单位结余不提取基金,全额结转下年使用;其中,已完成项目的专项经费结余,报经主管预算单位或者财政部门批准后,方可使用。

第六章 资产管理

第二十四条 资产是指行政单位占有或者使用的、能以货币计量的经济资源,包括流动资产和固定资产。

第二十五条 流动资产是指可以在一年以内变现或者耗用的资产,包括现金、银行存款、库存材料、暂付款等。

第二十六条 固定资产是指单位价值在规定标准以上,使用期限在一年以上,并且在使用过程中基本保持原有物质形态的资产,包括房屋及建筑物、一般设备、专用设备、文物和陈列品、图书、其他固定资产。

一般设备单位价值在500元以上,专用设备单位价值在800元以上,为固定资产。单位价值虽未达到规定标准,但是使用时间在一年以上的大批同类物资,按固定资产管理。

第二十七条 行政单位应当建立、健全资产管理制度,由财务部门统一建账、核算,由资产管理部门统一登记、管理。行政单位应当明确财务部门、资产管理部门以及使用部门的责任,定期或者不定期进行清查盘点,保证账账相符,账实相符。年度终了,应当进行全面清查盘点。

第二十八条 行政单位应当由财务部门统一开设和管理银行存款账户。

行政单位开设银行存款账户,应当报主管预算单位或者同级财政部门审批。

第二十九条 行政单位应当严格控制暂付款的规模,并及时进行清理,不得长期挂账。

第三十条 行政单位所需的固定资产,应当根据业务工作的需要和单位财力的可能,根据合理、节约、有效的原则,按照国家有关规定进行配置。

第三十一条 行政单位的固定资产增加时,应当及时登记入账;减少时,应当按照国有资产处置规定办理报批手续,进行账务处理。

行政单位的固定资产不计提折旧。

第三十二条 行政单位固定资产处置、出租收入,应当首先用于单位固定资产的更新改造。

第七章 应缴款项和暂存款项的管理

第三十三条 应缴款项是指行政单位依法取得并应当上缴国库的预算资金和应当缴入财政专户的预算外资金等款项,包括按照国家规定应当纳入预算管理的罚没收入、行政性收费、基金以及暂未纳入预算管理但应当缴入财政专户的预算外资金。

第三十四条 行政单位取得罚没收入、行政性收费、基金等收入,应当使用合法票据。

行政单位取得各种应缴款项,应当及时、足额上缴国库或者同级财政专户,不得挪用、截留或者坐支。

第三十五条 暂存款项是行政单位在业务活动中与其他单位或者个人发生的预收、代管等待结算的款项。

第三十六条 行政单位应当加强对暂存款项的管理,不得将应当纳入单位收入管理的款项列入暂存款项;对各种暂存款项应当及时清理、结算,不得长期挂账。

第八章 行政单位划转撤并的财务处理

第三十七条 行政单位划转撤并的财务处理,应当在财政部门、国有资产管理部门和主管预算单位的监督指导下进行。

划转撤并的行政单位应当全面清查资产,编制有关财务报表,提供资产目录以及往来款项清单,提出资产作价依据和往来款项的处理意见,办理国有资产的移交、接收、划转手续,并妥善处理各项遗留问题。

第三十八条 划转撤并的行政单位的资产经主管预算单位审核并上报财政部门和国有资产管理部门批准后,分别按照下列规定处理:

(一)转为事业单位和改变隶属关系的行政单位,其资产无偿移交,并相应调整、划转经费指标。

(二)转为企业的行政单位,其资产按照国有资产管理的有关规定进行评估作价后,转作企业的国家资本金。

(三)撤销的行政单位,其全部资产由财政部门或者财政部门授权的主管预算单位处理。

(四)合并的行政单位,其全部资产移交新组建单位;合并后多余的资产,由财政部门或者财政部门授权的主管预算单位处理。

第九章 财务报告和财务分析

第三十九条 财务报告是反映行政单位一定时期财务状况和预算执行结果的总结性书面文件。

第四十条 行政单位的财务报告,包括财务报表和财务情况说明书。

第四十一条 财务报表包括资产负债表、收入支出总表、支出明细表、基本数字表以及预算外资金收支明细表、专项支出情况表等有关附表。

财务情况说明书应当反映本期收入、支出、结余、专项经费使用及资产变动的情况,说明影响财务状况变化的重要事项,总结财务管理经验,对存在的问题提出改进意见等。

第四十二条 财务分析的内容包括预算执行、开支水平、人员增减、固定资产利用等。

财务分析的指标主要是:支出增长率、人均开支水平、专项支出占总支出比重、人员经费占总支出的比重、人车比例等。行政单位可以根据其业务特点,增加财务分析指标。

第四十三条 行政单位应当依据会计核算资料和有关文件,真实、准确、完整地编制财务报告,认真进行财务分析,并按照规定报送财政部门、主管预算单位和其他有关部门。

第十章　财务监督

第四十四条　财务监督是行政单位根据国家有关法律、法规和财务规章制度，对本单位及下级预算单位的财务活动进行审核、检查的行为。

第四十五条　行政单位财务监督的主要内容包括：

(一) 对预算的编制、执行和财务报告的真实性、准确性、完整性进行审核、检查；

(二) 对各项收入和支出的范围和标准进行审核、检查；

(三) 对有关资产管理要求和措施的落实情况进行检查督促；

(四) 对违反财务规章制度的问题进行检查纠正。

第四十六条　行政单位应当建立内部审计制度和岗位责任制，健全内部监督机制。

第十一章　附　则

第四十七条　行政单位的基本建设投资、外事经费、社会保障经费的财务管理，按照国家有关规定办理。

第四十八条　列为行政编制并接受财政拨款的社会团体和未列为行政编制但完全行使行政管理职能的单位在进行财务活动时，依照本规则执行。

行政单位所属独立核算的企业、事业单位分别执行相应的财务制度，不执行本规则。

第四十九条　本规则自发布之日起施行。

二、事业单位财务规则

中华人民共和国财政部令

（第 8 号）

《事业单位财务规则》已于 1996 年 10 月 5 日经国务院批准，现予发布，自 1997 年 1 月 1 日起施行。

部长　刘仲藜

一九九六年十月二十二日

事业单位财务规则

第一章　总　则

第一条　为了规范事业单位的财务行为，加强事业单位财务管理，提高资金使用效益，保障事业单位健康发展，制定本规则。

第二条　本规则适用于各级各类国有事业单位(以下简称事业单位)的财务活动。

第三条　事业单位财务管理的基本原则是：执行国家有关法律、法规和财务规章制度；坚持勤俭办事业的方针；正确处理事业发展需要和资金供给的关系，社会效益和经济效益的关系，国家、集体和个人三者利益的关系。

第四条　事业单位财务管理的主要任务是：合理编制单位预算，如实反映单位财务状况；依法组织收入，努力节约支出；建立健全财务制度，加强经济核算，提高资金使用效益；加强国有资产管理，防止国有资产流失；对单位经济活动进行财务控制和监督。

第五条　事业单位的财务活动在单位负责人的领导下，由单位财务部门统一管理。

第二章　单位预算管理

第六条　事业单位预算是指事业单位根据事业发展计划和任务编制的年度财务收支计划。

事业单位预算由收支预算和支出预算组成。

第七条　国家对事业单位实行核定收支、定额或者定项补助、超支不补、结余留用的预算管理办法。

定额或者定项补助标准根据事业特点、事业发展计划、事业单位收支状况以及国家财政政策和财力可能确定。定额或者定项补助可以为零。

少数非财政补助收入大于支出较多的事业单位，可以实行收入上缴办法。具体办法由财政部门会同有关主管部门制定。

第八条　事业单位参考以前年度预算执行情况，根据预算年度的收入增减因素和措施，测算编制收入预算；根据事业发展需要与财力可能，测算编制支出预算。

事业单位预算应当自求收支平衡，不得编制赤字预算。

第九条 事业单位根据年度事业计划，提出预算建议数，经主管部门审核汇总报财政部门核定（一级预算单位直接报财政部门，下同）。事业单位根据财政部门下达的预算控制数编制预算，由主管部门汇总报财政部门审核批复后执行。

第十条 事业单位预算在执行过程中，国家对财政补助收入和从财政专户核拨的预算外资金一般不予调整。但是，上级下达的事业计划有较大调整，或者根据国家有关政策增加或者减少支出，对预算执行影响较大时，事业单位可以报请主管部门或者财政部门调整预算；非财政补助收入部分需要调增或者调减的，由单位自行调整并报主管部门和财政部门备案。

收入预算调整后，相应调增或者调减支出预算。

第三章 收入管理

第十一条 收入是指事业单位为开展业务及其他活动依法取得的非偿还性资金。

第十二条 事业单位收入包括：

（一）财政补助收入，即事业单位从财政部门取得的各类事业经费。

（二）上级补助收入，即事业单位从主管部门和上级单位取得的非财政补助收入。

（三）事业收入，即事业单位开展专业业务活动及其辅助活动取得的收入，其中：按照国家有关规定应当上缴财政的资金和应当缴入财政专户的预算外资金，不计入事业收入；从财政专户核拨的预算外资金和部分经核准不上缴财政专户管理的预算外资金，计入事业收入。

（四）经营收入，即事业单位在专业业务活动及其辅助活动之外开展非独立核算经营活动取得的收入。

（五）附属单位上缴收入，即事业单位附属独立核算单位按照有关规定上缴的收入。

（六）其他收入，即上述规定范围以外的各项收入，包括投资收益、利息收入、捐赠收入等。

第十三条 事业单位的各项收入全部纳入单位预算，统一核算，统一管理。

第四章 支出管理

第十四条 支出是指事业单位开展业务活动及其他活动发生的资金耗费和损失。

第十五条 事业单位支出包括：

（一）事业支出，即事业单位开展专业业务活动及其辅助活动发生的支出，包括工资、补助工资、职工福利费、社会保障费、助学金、公务费、业务费、设备购置费、修缮费和其他费用。

（二）经营支出，即事业单位在专业业务活动及其辅助活动之外开展非独立核算经营活动发生的支出。

（三）对附属单位补助支出，即事业单位用财政补助收入之外的收入对附属单位补助发生的支出。

（四）上缴上级支出，即实行收入上缴办法的事业单位按照规定的定额或者比例上缴上级单位的支出。

第十六条 事业单位在开展非独立核算经营活动中，应当正确归集实际发生的各项费用数；不能归集的，应当按照规定的比例合理分摊。

经营支出应当与经营收入配比。

第十七条 事业单位从财政部门和主管部门取得的有指定项目和用途并且要求单独核算的专项资金，应当按照要求定期向财政部门或者主管部门报送专项资金使用情况；项目完成后，应当报送专项资金支出决算和使用效果的书面报告，接受财政部门或者主管部门的检查、验收。

第十八条 事业单位可以根据开展业务活动及其他活动的实际需要，实行内部成本核算办法。

第十九条 事业单位的支出应当严格执行国家有关财务规章制度规定的开支范围及开支标准；国家有关财务规章制度没有统一规定的，由事业单位规定，报主管部门和财政部门备案。事业单位的规定违反法律和国家政策的，主管部门和财政部门应当责令改正。

第五章 结余及其分配

第二十条 结余是指事业单位年度收入与支出相抵后的余额。

经营收支结余应当单独反映。

第二十一条 事业单位的结余（不含实行预算外资金结余上缴办法的预算外资金结余），除专项资金按照国家规定结转下一年度继续使用外，可以按照国家有关规定提取职工福利基金，剩余部分作为事业基金用于弥补以后年度单位收支差额；国家另有规定的，从其规定。

第六章 专用基金管理

第二十二条 专用基金是指事业单位按照规定提取或者设置的有专门用途的资金。

第二十三条　专用基金包括：

（一）修购基金，即按照事业收入和经营收入的一定比例提取，在修缮费和设备购置费中列支（各列50%），以及按照其他规定转入，用于事业单位固定资产维修和购置的资金。

（二）职工福利基金，即按照结余的一定比例提取以及按照其他规定提取转入，用于单位职工的集体福利设施、集体福利待遇等的资金。

（三）医疗基金，即未纳入公费医疗经费开支范围的事业单位，按照当地财政部门规定的公费医疗经费开支标准从收入中提取，并参照公费医疗制度有关规定用于职工公费医疗开支的资金。

（四）其他基金，即按照其他有关规定提取或者设置的专用资金。

第二十四条　各项基金的提取比例和管理办法，国家有统一规定的，按照统一规定执行；没有统一规定的，由主管部门会同同级财政部门确定。

第七章　资产管理

第二十五条　资产是指事业单位占有或者使用的能以货币计量的经济资源，包括各种财产、债权和其他权利。

第二十六条　事业单位的资产包括流动资产、固定资产、无形资产和对外投资等。

第二十七条　流动资产是指可以在一年以内变现或者耗用的资产，包括现金、各种存款、应收款项、预付款项和存货等。

前款所称存货是指事业单位在开展业务活动及其他活动中为耗用而储存的资产，包括材料、燃料、包装物和低值易耗品等。

事业单位应当建立、健全现金及各种存款的内部管理制度，应当对存货进行定期或者不定期的清查盘点，保证账实相符。对存货盘盈、盘亏应当及时调账。

第二十八条　固定资产是指一般设备单位价值在500元以上、专用设备单位价值在800元以上，使用期限在一年以上，并在使用过程中基本保持原有物质形态的资产。单位价值虽未达到规定标准，但是耐用时间在一年以上的大批同类物资，作为固定资产管理。

固定资产一般分为六类：房屋和建筑物；专用设备；一般设备；文物和陈列品；图书；其他固定资产。主管部门可以根据本系统具体情况制定各类固定资产明细目录。

第二十九条　事业单位固定资产报废和转让，一般经单位负责人批准后核销。大型、精密贵重的设备、仪器报废和转让，应当经过有关部门鉴定，报主管部门或者国有资产管理部门、财政部门批准。具体审批权限由财政部门会同国有资产管理部门规定。

固定资产的变价收入应当转入修购基金；但是，国家另有规定的除外。

第三十条　事业单位应当定期或者不定期地对固定资产清查盘点。年度终了前应当进行一次全面清查盘点。

第三十一条　无形资产是指不具有实物形态而能为使用者提供某种权利的资产，包括专利权、商标权、著作权、土地使用权、非专利技术、商誉以及其他财产权利。

事业单位转让无形资产，应当按照有关规定进行资产评估，取得的收入除国家另有规定的外计入事业收入。事业单位取得无形资产发生的支出，应当计入事业支出。

第三十二条　对外投资是指事业单位利用货币资金、实物、无形资产等方式向其他单位的投资。

事业单位对外投资，应当按照国家有关规定报经主管部门、国有资产管理部门和财政部门批准或者备案。

以实物、无形资产对外投资的，应当按照国家有关规定进行资产评估。

第八章　负债管理

第三十三条　负债是指事业单位所承担的能以货币计量，需要以资产或者劳务偿还的债务。

第三十四条　事业单位的负债包括借入款项、应付款项、暂存款项、应缴款项等。

应缴款项包括事业单位收取的应当上缴财政预算的资金和应当上缴财政专户的预算外资金、应缴税金以及其他按照国家有关规定应当上缴的款项。

第三十五条　事业单位应当对不同性质的负债分别管理，及时清理并按照规定办理结算，保证各项负债在规定期限内归还。

第九章 事业单位清算

第三十六条 事业单位发生划转撤并时,应当进行清算。

第三十七条 事业单位清算,应当在主管部门和财政部门、国有资产管理部门的监督指导下,对单位的财产、债权、债务等进行全面清理,编制财产目录和债权、债务清单,提出财产作价依据和债权、债务处理办法,做好国有资产的移交、接收、划转和管理工作,并妥善处理各项遗留问题。

第三十八条 划转撤并的事业单位清算结束后,经主管部门审核并报国有资产管理部门和财政部门批准,其资产分别按照下列办法处理:

(一)因隶属关系改变,成建制划转的事业单位,全部资产无偿移交,并相应划转事业经费指标。

(二)转为企业管理的事业单位,全部资产扣除负债后,转作国家资本金。

(三)撤销的事业单位,全部资产由主管部门和财政部门核准处理。

(四)合并的事业单位,全部资产移交接收单位或者新组建单位,合并后多余的国有资产由主管部门和财政部门核准处理。

第十章 财务报告和财务分析

第三十九条 财务报告是反映事业单位一定时期财务状况和经营成果的总结性书面文件。

事业单位应当定期向主管部门和财政部门以及其他有关的报表使用者提供财务报告。

第四十条 事业单位报送的年度财务报告包括资产负债表、收支情况表、有关附表以及财务情况说明书。

第四十一条 财务情况说明书,主要说明事业单位收入及其支出、结余及其分配、资产负债变动的情况,对本期或者下期财务状况发生重大影响的事项,以及需要说明的其他事项。

第四十二条 财务分析的内容包括预算执行、资产使用、支出状况等。

财务分析的指标包括经费自给率、人员支出与公用支出分别占事业支出的比率、资产负债率等。事业单位可以根据本单位的业务特点增加财务分析指标。

第十一章 附 则

第四十三条 国家对事业单位基本建设投资的财务管理,按照国家有关规定办理。

第四十四条 接受国家经常性资助的非国有事业单位和社会团体,依照本规则执行;其他非国有事业单位和社会团体,可以参照本规则执行。

第四十五条 下列事业单位或者事业单位的特定项目,执行《企业财务通则》和同行业或者相近行业企业财务制度,不执行本规则:

(一)纳入企业财务管理体系的事业单位和事业单位附属独立核算的生产经营单位;

(二)事业单位经营的接受外单位要求投资回报的项目;

(三)经主管部门和财政部门批准的具备条件的其他事业单位。

第四十六条 行业特点突出,需要制定行业事业单位财务管理办法的,由国务院财政部门会同有关主管部门根据本规则制定。省、自治区、直辖市人民政府可以根据本规则结合本地区实际情况制定具体财务管理办法。

第四十七条 本规则自1997年1月1日起施行。1989年1月5日国务院批准、1989年1月26日财政部发布的《关于事业单位财务管理的若干规定》同时废止。

附件:事业单位财务分析指标

事业单位财务分析指标

1. 经费自给率 衡量事业单位组织收入的能力和满足经常性支出的程度。计算公式为:

$$\text{经费自给率}=\frac{\text{事业收入}+\text{经营收入}+\text{附属单位上缴收入}+\text{其他收入}}{\text{事业支出}+\text{经营支出}}\times 100\%$$

支出中因特殊原因需要扣除的项目,应经财政部门批准。

2. 资产负债率 衡量事业单位利用债权人提供资金开展业务活动的能力,以及反映债权人提供资金的安全保障程度。计算公式为:

$$\text{资产负债率}=\frac{\text{负债总额}}{\text{资产总额}}\times 100\%$$

3. 人员支出、公用支出占事业支出的比率　衡量事业单位事业支出结构。计算公式为：

$$人员支出比率=\frac{人员支出}{事业支出}\times 100\%$$

$$公用支出比率=\frac{公用支出}{事业支出}\times 100\%$$

上述公式中人员支出包括工资、补助工资、职工福利费、社会保障费和助学金；公用支出包括公务费、业务费、设备购置费、修缮费和其他费用。

三、农业综合开发财务管理办法

财政部关于印发《农业综合开发财务管理办法》的通知

财发[2006]39 号

各省、自治区、直辖市、计划单列市财政厅(局)、农业综合开发办公室(局)、新疆生产建设兵团财务局、农业综合开发办公室，国土资源部、水利部、农业部、林业局：

为适应农业综合开发事业发展的需要，进一步规范农业综合开发财务管理工作，我部对 2000 年印发的《农业综合开发财务管理办法》进行了修订，现将修订后的《农业综合开发财务管理办法》印发给你们，请遵照执行。执行中有何问题，请及时反馈。

附件：农业综合开发财务管理办法

二〇〇六年七月二十七日

附件：

农业综合开发财务管理办法

第一章　总　　则

第一条　为规范农业综合开发财务行为，提高农业综合开发财务管理水平和资金使用效益，结合财政体制、财务会计制度的要求，依据《国家农业综合开发资金和项目管理办法》(财政部令第 29 号)及相关财务规则，制定本办法。

第二条　本办法适用于农业综合开发管理部门和建设单位的财务活动(不包括外资项目财务管理)。

第三条　农业综合开发财务管理的原则：以资金投入控制项目规模，按项目管理资金；专人管理、专账核算、专款专用；实行财政无偿资金县级报账制。

第四条　农业综合开发财务管理的主要任务：认真贯彻国家有关法规和政策；建立健全财务管理制度；合理编制年度财务计划，依法筹措和使用农业综合开发资金，确保资金专款专用；加强会计核算、财务预决算和资产管理工作，定期编制财务报告；强化财务监督检查。

第五条　各级农业综合开发管理部门和建设单位应当设置财务管理机构，配备具有会计从业资格的专业人员，做好农业综合开发资金财务管理工作。

第二章　财务计划管理

第六条　财务计划是指各级农业综合开发管理部门和建设单位编制的资金收支计划。包括资金筹措计划和项目用款计划。

第七条　资金筹措计划依据所承担的开发任务和现行政策规定编制。要合理确定各级财政配套资金和自筹资金额度，不得留有缺口。

第八条　项目用款计划根据批准的项目计划编制。按照项目建设进度和施工合同的要求确定拨款计划，各级财政部门不得滞留项目资金。

第九条　财务计划一经确定，不得随意调整，但在项目计划经批准调整后，财务计划也应随之进行调整。

第三章　资 金 筹 集

第十条　农业综合开发资金包括财政资金、自筹资金，以及采取投资参股、补贴、贴息、有偿扶持等多种形式吸引的金融资金、民间资本、工商资本等其他经过法定手续筹集的资金。

第十一条　农业综合开发财政资金由中央财政资金和地方财政资金组成。

农业综合开发财政资金列入各级财政年度预算。地方财政配套资金不得用其他支农专项资金抵顶。

第十二条　土地治理项目自筹资金是指经批准实施的项目建设所需的乡村集体自筹资金和农民的自筹现金、以物折资和投劳折资。其投入比例按照农业综合开发的有关规定执行。

产业化经营项目的自筹资金应不低于财政投资的50%。

第十三条　占用费收入是指财政部门按规定向财政有偿资金使用单位收取的资金使用费。

第十四条　其他收入是指银行存款利息收入以及农业综合开发投资形成资产的运营收入(不含参股经营的有关收入)。

第十五条　各级财政部门应当根据农业综合开发工作需要由财政预算单独安排农业综合开发事业费。

第四章　资金使用和支出管理

第十六条　农业综合开发资金必须严格按照国家农业综合开发资金和项目管理规定的范围使用。投资参股经营资金按照公司、企业法律制度和农业综合开发投资参股经营管理的有关规定使用。

第十七条　产业化经营项目财政无偿资金限用于项目可行性研究、初步设计或实施方案所需费用,新品种、新技术的引进、示范及培训所发生的费用,部分必要的公益性基础设施建设投入补助。

第十八条　土地治理项目和产业化经营项目可按财政资金的一定比例安排科技推广费。科技推广费的使用和管理分别执行两类项目的有关规定。

第十九条　贷款贴息是指农业综合开发财政资金单独安排的,对符合农业综合开发扶持范围的贷款项目的贴息支出。项目贷款未落实的,财政部门不予贴息。

第二十条　县级农发机构项目管理费按年度土地治理项目财政投资的一定比例提取使用:财政投资500万元以下的按3.5%提取,1 000万元以下的其超过500万元的部分按1.5%提取,超过1 000万元的其超过部分按0.5%提取。项目管理费从地方财政配套资金中列支,主要用于项目实地考察、检查验收、业务培训、项目及工程招标、资金和项目公示以及土地治理项目可行性研究、土地治理项目一般工程初步设计等方面的支出,不得用于人员工资、补贴、购置车辆等行政经费开支。地、省级农发机构和国家农发办由本级财政预算单独安排事业费用于项目管理各项支出,不得另提项目管理费。

部门项目中的土地治理类项目由相关的县级项目主管部门按财政投资的一定比例提取项目管理费,提取比例比照地方项目执行。相应取消列支前期工作费的有关规定。中型灌区节水配套改造项目建设管理费按有关规定执行。

第二十一条　工程监理费按照实施监理的土地治理项目单项工程财政年度投资总额的2%以内控制使用,从地方财政配套资金中列支,按实际支出数计入工程成本。

第二十二条　财政无偿资金实行县级报账制。县级财政部门负责报账资金的日常核算和管理,项目实施单位应严格按照规定的程序和手续及时办理报账。

实行财政国库管理制度改革的,财政无偿资金应当纳入改革实施范围,资金支付按照国库集中支付制度有关规定执行。

第二十三条　有偿资金债务必须落实借款人,按照"谁受益、谁负担,谁借款、谁还款"的原则,确保有偿资金的及时、足额回收。

由于遭受毁灭性自然灾害等原因,造成有偿资金无法归还或不能按期归还的,可按有关规定申请呆账核销或延期还款。

第二十四条　占用费支出包括支付借入财政有偿资金的占用费、委托银行贷款手续费、按规定从占用费收入中提取的业务费及必要的回收费用等。

第二十五条　其他支出包括资产的租赁、承包、出售所发生的费用支出(不含参股经营的有关支出)。

第五章　工程成本管理

第二十六条　农业综合开发建设单位对实施的土地治理项目所形成实物工程发生的全部费用要进行成本核算。

第二十七条　农业综合开发工程成本分为农业工程成本、水利工程成本、林业工程成本。

农业工程成本包括土地整治、修建田间机耕路、种子繁育基地建设、设施农业建设、草场建设等发生的费用；水利工程成本包括修建渠道工程、渠系建筑物工程、水源工程、小型水利水保工程等发生的费用；林业工程成本包括封禁治理，营造农田防护林、防风固沙林、水土保持林、水源涵养林、经果林及苗圃建设等发生的费用。

第二十八条　农业综合开发有形实体工程建设所发生的费用分为直接费用和间接费用。

直接费用是形成有形实体工程发生的费用。包括材料费、机械设备费、普工和技工及机械施工费、林木种苗费等。

间接费用是不形成有形实体工程，但对形成实体工程有紧密联系所必须发生的共同费用。包括工程监理费、勘察设计费、工程预决算审计费、材料损耗等。

第二十九条　项目工程竣工后，农业综合开发管理部门应审核或委托具有资质的中介机构审核施工单位编制的工程竣工决算。

第六章　资产管理

第三十条　资产是指农业综合开发管理部门和建设单位为实施农业综合开发项目建设所占有或使用的、能以货币计量的经济资源。包括现金、银行存款、应收款项、借出有偿资金、委托贷款、有偿资金放款、参股经营投资、转出参股经营资金、预付工程款、材料、待处理有偿资金、在建工程和竣工工程。

第三十一条　农业综合开发管理部门和建设单位要建立和健全现金、银行存款等货币资金的内部管理制度。对工程款项的支付要实行转账结算，现金收支要执行《现金管理暂行条例》，严格控制现金结算，严禁白条入账。

第三十二条　应收款项是指农业综合开发管理部门和建设单位应当收回的待结算款项。年终，要做好应收款项的清理结算工作，不得长期挂账。

第三十三条　借出有偿资金是指上级财政部门借给下级财政部门的有偿资金。有偿资金实行逐级承借，统借统还，按照批准的年度项目计划和借款合同发放。

第三十四条　委托贷款是指由财政部门提供资金，贷款人根据已确定的贷款对象、用途、金额、期限、占用费率等代为发放、监督使用并协助回收的款项。

第三十五条　有偿资金放款是指按年度项目计划借给用款单位或个人的应按时回收的财政有偿资金。

第三十六条　参股经营投资是指通过资产运营机构投入到参股经营项目的农业综合开发财政资金。

第三十七条　转出参股经营资金是指上级财政部门拨给下级财政部门的财政参股经营资金。

第三十八条　预付工程款是指按工程建设合同预先支付给施工单位用于购买材料、设备等的款项。

第三十九条　材料是指为农业综合开发工程建设而储存的各种物资。

第四十条　待处理有偿资金是指有偿资金放款和委托贷款超过约定还款期限，经审核批准，但尚未按规定程序报批列入呆账的有偿资金。待处理有偿资金的核销必须按规定的程序报批。

第四十一条　在建工程是尚未完工、需继续承建的农业综合开发实体项目工程。

第四十二条　竣工工程是指已经完工、符合项目建设要求并经验收合格的农业综合开发项目工程。

竣工工程验收前，由于质量问题发生的工程修复和返工费用，按有关合同规定办理。竣工工程验收后，在质量保证期内发生的工程修复和返工费用，从预留的质量保证金中列支或按合同有关规定办理。

第七章　负债管理

第四十三条　负债是指农业综合开发管理部门和建设单位为实施农业综合开发项目而形成的、需要以资产来偿还的债务。包括借入有偿资金、转入参股经营资金、应付工程款、应付质量保证金和其他应付款。

第四十四条　借入有偿资金是指下级财政部门从上级财政部门借入的财政有偿资金。

第四十五条　转入参股经营资金是指下级财政部门收到的上级财政部门参股经营资金。

第四十六条　应付工程款是指工程竣工结算或报账后，应付未付项目施工单位的工程款项。

第四十七条　应付质量保证金是指按规定预留的，应付给项目施工单位或工程监理单位的工程质量保证金。付给项目施工单位的质量保证金应按不高于工程合同金额的10%预留，待项目运行期满后，视运行情况及时清理结算。付给工程监理单位的质量保证金预留比例执行农业综合开发工程监理的有关规定，待项目验收合格后支付。

第四十八条　其他应付款是指应付工程款、应付质量保证金以外的应付未付的款项，主要是其他往来款项。

第八章 净资产管理

第四十九条 净资产包括本级有偿资金、竣工工程基金、完工项目结余、未完项目结存、本级参股经营资金、参股经营收益。

第五十条 本级有偿资金是指本级财政预算安排有偿使用的资金，以及占用费收支结余、其他收支结余和完工项目结余等转入的农业综合开发资金。

第五十一条 竣工工程基金是指已竣工但尚未正式移交给使用单位的项目工程资金。

第五十二条 完工项目结余是指完工工程在办理竣工决算后的资金结余。

第五十三条 未完项目结存是指农业综合开发财政资金专账当年收入数与拨款数之间的差额以及报账资金、工程资金专账当年收到的未完工项目资金。

第五十四条 本级参股经营资金是指本级财政预算安排的参股经营资金。

第五十五条 参股经营收益是指投入到参股经营项目的财政资金实际取得的收益。

第九章 财务监督

第五十六条 各级农业综合开发管理部门和建设单位要加强对农业综合开发资金筹集、管理和使用的监督检查，如有必要，还可委托社会中介机构参与，确保农业综合开发资金专款专用，提高资金使用效益。同时，密切配合审计部门和财政监督机构，定期对农业综合开发资金进行检查审计。

对截留、挪用农业综合开发资金等违纪违规问题，必须及时予以纠正，并严格按照有关规定进行处理和处罚。

第五十七条 要切实推行土地治理项目和资金公示制，在项目申报阶段、实施阶段和竣工验收后，以适当的方式将项目资金的筹集、使用情况向项目所在地乡(镇)、村公布，接受民主监督。

第十章 财务报告和财务分析

第五十八条 农业综合开发管理部门和建设单位要定期编制财务报告。财务报告包括资产负债表、资金收支情况表、资金支出明细表、净资产变动情况表、有偿资金情况表和财务情况说明书等。

第五十九条 财务情况说明书的主要内容：资金筹措和落实情况；财产物资的变动情况；资金拨借情况；有偿资金投放和回收情况；参股经营投资的变动及保值增值情况；对本期或下期财务状况发生重大影响的事项；其他需要说明的事项。

第六十条 财务评价指标包括：配套资金到位率、自筹资金到位率、有偿资金回收率、国有资产保值增值率等。

(一) 配套资金到位率。反映地方财政配套资金的到位情况。计算公式为：

$$配套资金到位率=\frac{配套资金实际到位数}{配套资金计划数}\times100\%$$

(二) 自筹资金到位率。反映农村集体或农民自筹资金到位情况。计算公式为：

$$自筹资金到位率=\frac{现金投资到位数+以物折资到位数+投劳折资到位数}{自筹资金计划数}\times100\%$$

(三) 有偿资金回收率。反映已到期有偿资金的回收情况。计算公式为：

$$有偿资金回收率=\frac{截至报告期已回收的有偿资金数}{截至报告期应回收的有偿资金数}\times100\%$$

(四) 国有资产保值增值率。反映农业综合开发财政参股经营资金投入形成的国有资产的保值增值情况。国有资产是指财政部门授权资产运营机构进行的农业综合开发财政参股投资以及投资收益形成的，或者依法认定为国有的企业所有者权益。计算公式为：

$$国有资产保值增值率=\frac{期末国有资产总额}{期初国有资产总额}\times100\%$$

第十一章 附 则

第六十一条 各省、自治区、直辖市财政厅(局)可根据本办法规定，结合当地实际情况制定实施细则，并报财政部备案。

第六十二条 中央农口部门农业综合开发项目财务管理按照本办法执行。

第六十三条 本办法自发布之日起执行，原《农业综合开发财务管理办法》(财发[2000]57号)同时废止。过去有关规定与本办法不一致的，以本办法为准。

四、测绘事业单位财务制度

财政部、国家测绘局关于印发《测绘事业单位财务制度》的通知

财工字[1997]第451号

各省、自治区、直辖市及计划单列市财政厅(局),各省、自治区测绘局、直辖市测绘管理办公室(处)、各直属单位,国务院各有关部门:

为贯彻落实《事业单位财务规则》(财政部令第8号),进一步规范测绘事业单位的财务行业,加强财务管理,保障和促进测绘事业发展,财政部和国家测绘局共同研究制定了《测绘事业单位财务制度》。现印发给你们,请遵照执行。

主题词:测绘　事业　财务　制度　通知

附件:测绘事业单位财务制度

测绘事业单位财务制度

第一章　总　　则

第一条　为了规范测绘事业单位的财务行为,加强财务管理和经济核算,提高资金使用效益,保障和促进测绘事业发展,根据《事业单位财务规则》,制定本制度。

第二条　本制度适用于纳入事业财务管理体系的各级各类国有测绘事业单位。

第三条　测绘事业单位财务管理的基本原则是:贯彻执行党和国家的有关方针政策和财经法律、法规以及财务规章制度;坚持勤俭办事业的方针;正确处理事业发展需要与资金供给的关系,社会效益与经济效益的关系,国家、单位和个人三者利益的关系。

第四条　测绘事业单位财务管理是单位经济管理的核心,应当充分发挥财务管理在单位经济管理中的预测、计划、控制、监督、核算、分析、考核和参与决策的职能。

第五条　测绘事业单位财务管理的主要任务是:合理编制单位财务收支计划,全面反映单位的收入和支出内容,科学配置资金;依法组织收入和筹集资金,努力节约支出;建立健全财务规章制度,做好财务管理基础工作,规范内部经济秩序;加强经济核算,挖掘潜力,合理、有效地利用各种经济资源,提高资金使用效益;加强国有资产管理,防止国有资产流失;如实反映单位财务状况,对单位经济活动进行财务控制和监督。

第六条　测绘事业单位的财务活动在单位负责人的领导下,由单位财务部门统一管理。

符合条件的测绘事业单位,应设置总会计师,协助单位主要负责人全面领导单位的财务工作。、

测绘事业单位必须单独设置财务机构,配备专职财会人员,单位财会主管人员的任免应当经过上一级财务主管部门的同意,不得任意调动或者撤换。财会人员的调入、调出、专业技术职称的评聘须由单位的人事部门协商财务部门后办理。

第二章　单位预算管理

第七条　测绘事业单位预算是测绘事业单位根据事业发展计划和任务编制的年度财务收支计划。

第八条　国家对测绘事业单位实行核定收支、定额或者定项补助、超支不补、结余留用的预算管理办法。

国家根据测绘事业基础性与公益性的特点、测绘事业发展计划、测绘事业单位所承担的国家测绘任务和收支状况,以及国家财政政策与财力可能确定定额或定项补助。

(一) 对主要从事国家基础测绘的测绘生产单位(队、院),实行人员经费和国家基础测绘任务经费相结合的定额补助。

(二) 对国家赋予管理职能和从事基础地理信息服务等专门业务的单位,实行定额补助。

(三) 对主要从事测绘应用工程和技术开发服务的单位以及其他事业单位,实行定项补助。定项补助可以为零。

第九条　少数非财政补助收入大于支出较多的测绘事业单位,可以实行收入上缴办法。具体办法由财政部门会同单位主管部门制定。

第十条 预算编制原则。

测绘事业单位编制预算必须坚持“量入为出、收支平衡”的总原则。收入预算坚持积极稳妥原则；支出预算坚持统筹兼顾、保证重点、勤俭节约的原则。单位预算应自求收支平衡，不得编制赤字预算。

第十一条 预算编制内容。

测绘事业单位预算由收入预算和支出预算组成。

收入预算包括：财政补助收入、上级补助收入、事业收入、经营收入、附属单位上缴收入和其他收入。支出预算包括：事业支出、经营支出、自筹基本建设支出、对附属单位补助支出、上缴上级支出和其他支出。单位预算必须全面反映单位收入和支出的内容。

第十二条 预算编制方法。

测绘事业单位预算应在单位负责人主持下，由财务部门会同有关业务部门编制。

（一）收入预算，应参考以前年度预算执行情况、根据预算年度的收入增减因素和措施测算编制。

（二）支出预算，应根据预算年度的事业发展需要和财力可能测算编制。测算编制支出预算，应在保证单位基本人员工资和正常运行开支的前提下，合理安排事业发展所需的支出。

第十三条 预算编报审批程序。

测绘事业单位应在每年第四季度初，根据预算年度事业发展计划和任务提出预算建议数，按照国家预算支出分类和管理权限报经主管部门审核汇总后报财政部门核定预算控制数。单位再根据下达的预算控制数编制预算，由主管部门汇总报财政部门审核批复后执行。

第十四条 预算的调整。

测绘事业单位预算在执行过程中，国家对财政补助收入和从财政专户核拨的预算外资金原则上不予调整。如果国家有关政策和测绘事业计划的调整对收支预算影响较大，确需调整预算时，单位可以报请主管部门或财政部门调整预算。其余收入部分需调整的，由单位自行调整并报主管部门和财政部门备案。

单位收入预算调整后，相应调增或调减支出预算。

第三章 收入管理

第十五条 收入是测绘事业单位开展测绘业务及其他活动依法取得的非偿还性资金，包括：

（一）财政补助收入，即单位从财政部门取得的测绘事业经费。

（二）上级补助收入，即单位从主管部门和上级单位取得的非财政性补助收入。

（三）事业收入，即单位开展对外测绘业务活动及其辅助活动取得的收入。其中按照国家有关规定应当上缴财政的资金和应当上缴财政专户的预算外资金，不计入事业收入；从财政专户核拨的预算外资金和部分经核准不上缴财政专户管理的预算外资金，计入事业收入。

（四）经营收入，即单位在测绘业务活动及其辅助活动之外开展非独立核算经营活动取得的收入。

（五）附属单位上缴收入，即单位附属独立核算单位按照有关规定上缴的收入。

（六）其他收入，即上述规定范围以外的各项收入，包括投资收益、利息收入、捐赠收入等。

第十六条 测绘事业单位的事业收入包括：

（一）测绘工程收入，即单位对外承接测绘工程价款收入、提供测绘劳务收入等。

1. 大地测量；

2. 摄影测量与遥感；

3. 地图编制与印刷；

4. 地图数字化及地理信息系统工程；

5. 界线测绘；

6. 工程测量；

7. 海洋测绘；

8. 其他测绘工程。

（二）测绘成果成图收入，即以纸质、拷贝、磁带等为载体的测绘数据、图件，提供用户使用所取得的价款收入。

（三）测绘科技收入，即单位对外承担的科技开发、技术转让、技术咨询、技术服务，以及测绘产品质量检验和测绘仪器检定等活动取得的收入。

第十七条　测绘事业单位经营收入，包括：

(一) 经营服务收入，即单位对外提供测绘仪器销售与维修、住宿、餐饮和交通运输等经营性服务活动取得的收入。

(二) 工程承包收入，即单位承揽安装、维修工程等取得的收入。

(三) 租赁收入，即单位将暂时闲置的仪器设备、房屋、场地出租取得的收入及与其他单位联建、联营的房屋出租收入。

(四) 其他经营收入，即单位取得上述以外的经营收入。

第十八条　测绘事业单位收入管理要求：

(一) 单位组织收入要严格遵守国家政策规定，各项收入的来源必须合理合法。

(二) 单位对外提供的各种服务必须严格执行国家规定的收费范围和标准。期间发生调整收费范围和标准，必须按有关规定程序报有关部门批准。

(三) 单位实现的各项收入必须按规定使用财政、税务部门统一印制的票据。

(四) 单位应当加强账户管理，各项收入要及时入账，防止收入流失。

(五) 单位的各项收入必须全部纳入单位预算，统一核算、统一管理。

第四章　支出及成本费用管理

第十九条　支出是测绘事业单位开展测绘业务及其他活动发生的资金耗费和损失，包括：

(一) 事业支出，即单位开展测绘业务活动及辅助活动而发生的支出，按用途分为基本工资、补助工资、其他工资、职工福利费、社会保障费、助学金、公务费、业务费、设备购置费、修缮费和其他费用。

(二) 经营支出，即单位在测绘业务活动及其辅助活动之外开展非独立核算经营活动的支出，按照用途分为基本工资、补助工资、其他工资、职工福利费、社会保障费、公务费、业务费、设备购置费、修缮费和其他费用。

(三) 自筹基本建设支出，即单位用财政补助收入以外的资金安排自筹基本建设发生的支出。经财政部门核批的自筹基本建设资金应纳入基本建设财务管理。

(四) 对附属单位补助支出，即单位用财政补助收入之外的收入对附属单位补助发生的支出。

(五) 上缴上级的支出，即实行收入上缴办法的单位按照规定的定额或比例上缴上级单位的支出。

(六) 其他支出，即上述规定范围外的各项支出，包括被没收的财物损失，支付的滞纳金、罚款、违约金、赔偿金以及赞助、捐赠支出等。

第二十条　测绘事业单位在开展测绘业务活动和非独立核算的经营活动中，应当正确归集实际发生的各项费用数；不能直接归集的，应当按照规定的比例合理分摊。

经营支出应当与经营收入配比。

第二十一条　测绘事业单位从财政部门和主管部门取得的有指定项目和用途并且要求单独核算的专项资金，应当在统一的会计账簿中专项予以核算，按照规定的用途开支，并按照要求定期向财政部门和主管部门报告专项资金使用情况；项目完成后，应当报送专项资金支出决算和使用效果的书面报告，接受财政部门和主管部门的检查、验收。

第二十二条　为加强支出管理，主要从事测绘生产、业务活动的单位，可根据业务及其辅助活动、生产经营活动以及经济管理的实际需要，实行内部成本费用核算办法。

第二十三条　实行内部成本费用核算办法的测绘事业单位，应该以大队(院)、中队(分院)、作业室(业务部门)等为核算单位，以测绘项目、测绘工序(产品)、科研课题等为基本核算对象，进行多层次的成本费用核算。

成本和费用开支划分为：

(一) 直接费用，即单位在生产、业务活动中直接耗用的材料、支付的工资、运输费和其他直接费用。直接费用直接计入测绘项目、测绘产品和科研课题等成本中。

1. 工资包括直接从事测绘生产、业务活动的人员的工资、津贴和补贴等。

2. 材料包括测绘生产、业务活动中实际耗用的各种原材料、辅助材料、备品配件、低值易耗品燃料和动力、勘测用具、测试检验用具、野外营具等。

3. 运输费包括测绘生产、业务活动中直接发生的仪器、器材的运输费，包括使用自备运输工具的消耗和外雇运输工具的费用。

自备运输工具的消耗包括:燃料、配件、车辆保险费、养路费、修理费及交纳的各种费用;

外雇运输费包括直接运输仪器、器材的车船运输、铁路航空运输及外雇人力、畜力搬运费等。

4. 其他直接支出包括直接从事测绘生产、业务人员的职工福利费、社会保障费、劳动保护费、资料费、设计费、外协费、仪器设备鉴定费、软件购置费、招标投标费、现场检验费、项目评审费等、信息咨询费、会议费、邮电通讯费、雇佣劳务费、差旅费、修理费、租赁费、青苗及占地补偿费、房租、水电燃料费、取暖费等。

(二) 间接费用,即单位的中队(分院、业务部门)等为组织管理测绘生产和业务活动所发生的各项费用支出。其中包括工资、津贴、补贴、职工福利费、社会保障费、劳动保护费、办公费、水电费、燃料费、取暖费、电算费、软件购置费、邮电通讯费、交通运输费、差旅费、修理费、质量检验费、会议费、学术交流费、低值易耗品摊销以及按比例提取的修购基金等。间接费用按一定比例分配计入测绘项目、测绘产品和科研课题等成本中。

(三) 期间费用,即单位行政管理部门为组织和管理测绘生产、业务和其他经营活动所发生的管理费用、销售费用、财务费用。

1. 管理费用包括管理人员的工资、津贴、补贴、职工福利费、社会保障费、离退休人员经费、工会经费、职工教育费、办公费、水电费、取暖费、差旅费、公用设备购置费、办公用房修缮费、劳动保护费、交纳的学会会费、环境治理和排污费、卫生绿化费、业务费、业务招待费、材料盘亏毁损和报废、呆账坏账损失、税金、按比例提取的修购基金及其他费用。

2. 销售费用是单位在销售测绘产品和提供劳务等过程中发生的各项费用以及专设销售机构的各项费用。其中包括由单位承担的运输费、装卸费、包装费、保险费、委托代销手续费、广告费、展览费、租赁费和销售服务费用;销售部门人员工资、职工福利费、差旅费、办公费、修理费、物料消耗、低值易耗品以及其他费用。

3. 财务费用包括单位为筹措资金发生的利息支出、汇兑损益、金融机构手续费以及为筹资发生的其他费用。

期间费用计入当期结余。

实行内部成本费用核算办法的单位,当年的测绘项目、测绘产品、科研课题,以实际完成时期为成本计算期。跨年度的测绘项目和科研课题以年度为成本计算期,核算当年实际完成的工作量。

第二十四条　为保证国家事业财务管理体系的统一性和完整性,实行内部成本费用核算办法的单位,其发生的成本和费用应当按照直接费用、间接费用、期间费用进行分类,并按支出用途分别归集到事业支出和经营支出中的基本工资、补助工资、其他工资、职工福利费、社会保障费、助学金、公务费、业务费、设备购置费、修缮费和其他费用之内。

成本按照支出用途归集时,应先区分事业支出和经营支出。成本中属经营性的,归集到经营支出;属事业性的,归集到事业支出;期间费用的归集方法与成本的归集方法相同,但对确实无法归集的期间费用,应按合理的比例摊入经营支出和事业支出。

第二十五条　测绘事业单位支出及成本费用管理要求:

(一) 必须严格按照国家政策要求和国家规定的支出范围和标准办理各项支出;国家没有统一规定的,由单位自行规定,报主管部门和财政部门备案。严格开支审批手续,各项支出要有合法凭证,并按经费审批权限,经单位负责人批准和财会部门审核后方能列支。

(二) 单位的支出应根据支出预算安排,对各职能部门的非生产性支出实行定额管理和指标控制。

(三) 单位的生产、物资、运输、劳资、行政等部门,应提供用于成本费用核算的真实、完整的原始记录和核算资料。

(四) 单位应当按照实际发生数列报支出。

第五章　结余及其分配

第二十六条　结余是指测绘事业单位年度收入与支出相抵后的余额。

测绘事业单位的经营收支结余应当单独反映。

经营收支结余可以按国家有关规定弥补以前年度经营亏损,其余部分并入单位的结余。

第二十七条　测绘事业单位的结余(不含实行预算外资金结余上缴办法的预算外资金结余),除专项资金按照国家规定结转下一年度继续使用外，可按照规定提取职工福利基金，剩余部分作为事业基金用于弥补以后年度单位收支差额；国家另有规定，从其规定。

第六章　专用基金管理

第二十八条　专用基金是测绘事业单位按照规定提取或设置的有专门用途的资金，包括：

（一）修购基金，即单位按照事业收入和经营收入的一定比例提取，在修缮费和设备购置费列支（各列50%）以及按照其他规定转入，用于固定资产维修和购置的资金。

修购基金提取的具体比例由单位主管部门确定，报财政部门备案。

（二）职工福利基金，即按照规定比例从结余中提取以及按照国家有关规定转入，用于单位职工福利设施、集体福利待遇等资金。

（三）医疗基金，即未纳入国家公费医疗经费开支范围的单位，按规定提取并参照公费医疗有关规定直接用于职工公费医疗开支的资金。

（四）其他基金，即按照国家有关规定提取或者设置的资金。

第二十九条　专用基金的管理应坚持先提后用，专款专用的原则。

各项基金的提取比例和管理办法，国家有统一规定的，按照统一规定执行；没有统一规定的，由主管部门会同财政部门确定。

第七章　资 产 管 理

第三十条　资产是指测绘事业单位占有或使用的能以货币计量的经济资源，包括财产、债权和其他权利。

第三十一条　测绘事业单位的资产包括流动资产、固定资产、无形资产和对外投资等。

第三十二条　流动资产是指可以在一年以内变现或者耗用的资产，包括现金、各种存款、应收及预付款项、存货等。

存货是单位在开展测绘业务活动及其他活动中为耗用或销售而储存的资产，包括产成品、在产品（未完测绘项目和在研项目）和各种材料、燃料、包装物及低值易耗品等。

单位应当加强流动资产管理，建立健全现金及各种存款的内部管理制度；对应收及预付款项应当及时清理结算，不得长期挂账，确实无法收回的应收及预付款项，要查明原因，分清责任，按规定程序批准后核销；对存货应当定期或者不定期的清查盘点，保证账实相符，存货的盘盈、盘亏、报废和毁损，应及时查明原因，按照规定处理。未完测绘项目和在研项目按照合同要求或者完成进度情况及时结算或结转。

第三十三条　固定资产是指一般设备单位价值在500元以上，专用设备单位价值在800元以上，使用期限在一年以上，并在使用过程中基本保持原有物质形态的资产。单位价值虽未达到规定标准，但耐用时间在一年以上的大批同类物资，作为固定资产管理。

测绘事业单位固定资产一般分为六类：房屋和建筑物，专用设备，交通运输工具，一般设备；图书；其他固定资产。单位应根据主管部门规定的固定资产明细分类，结合本单位的具体情况，制定各类固定资产的明细记录。

第三十四条　测绘事业单位固定资产报废和转让，一般经单位负责人批准后核销。大型、精密或者贵重的设备、仪器报废和转让，应当经过有关部门鉴定，报主管部门、国有资产管理部门和财政部门审批。具体审批权限按照国家规定执行。

固定资产的变价收入，应当转入修购基金，国家另有规定的除外。

第三十五条　测绘事业单位应当定期或者不定期地对固定资产进行清查盘点，年度终了前应当进行一次全面的清查盘点，做到账、卡、物相符；对固定资产的盘盈、盘亏应当按规定及时处理。

第三十六条　无形资产是指测绘事业单位拥有的、不具有实物形态而能为单位提供某种权利的资产，包括专利权和商标权、著作权、土地使用权、非专利技术、商誉以及其他财产权利。

单位应加强对无形资产保护。单位转让无形资产的所有权或者使用权，应当按照规定进行资产评估，取得的收入除国家另有规定外，计入事业收入。取得无形资产而发生的支出计入事业支出。

第三十七条　对外投资是指测绘事业单位利用货币资金、实物、无形资产等向其他单位的投资。

单位对外投资必须进行可行性论证，坚持投资回报的原则，确保国有资产保值增值，并按照国家规定报主管部门、国有资产管理部门和财政部门批准或备案。

单位以实物、无形资产对外投资的,应当按照国家规定进行资产评估。

单位对外投资兴办具有法人资格的经济实体,应按照有关规定,依法签订投资协议或合同,明确投资者、受益者与经营者之间的责任、权利和利益。

对外投资取得的收益除国家另有规定外,计入其他收入。

第八章　负债管理

第三十八条　负债是指测绘事业单位所承担的能以货币计量,需要以资产或者劳务偿还的债务。

第三十九条　测绘事业单位负债包括:

(一) 借入款项,即是单位为事业发展向财政部门、上级单位、金融机构和其他单位借入的款项。

(二) 合同预收款项,即单位与有关部门和其他用户签订测绘工程合同、技术服务合同以及其他经济合同后,按合同约定预收的款项。

(三) 应付款项,即单位应付而尚未支付的各种款项。

(四) 暂存款项,即单位从其他单位或个人收到并代为保管或用途不确定的款项。

(五) 应缴款项,即单位按照规定应缴而未缴的款项。包括应上缴财政预算的收入和上缴财政专户的预算外资金;应缴各种税金以及其他应缴款项。

第四十条　测绘事业单位应当对不同性质的负债分类管理。对借入款项要确保安全,按时清偿;对已完测绘项目或者阶段性已完测绘项目的合同预收款应及时结转为收入;对应付暂存款项,要按时清付;对各项应缴税金,应按国家规定及时足额计缴,其他应缴款也应及时清缴。

第九章　财务清算

第四十一条　测绘事业单位按照规定划转撤并时,应当对单位的财产、债权的债务进行清算。

第四十二条　测绘事业单位财务清算期间,应当成立财务清算机构,在主管部门和财政部门、国有资产管理部门的监督指导下,对单位的财产、债权、债务等进行全面清理,编制财产目录和债权、债务清单,提出财产作价依据和债权、债务处理办法,做好国有资产的移交、接收、划转和管理工作,并妥善处理各项遗留问题。

第四十三条　划转撤并的测绘事业单位财务清算结束后,经过主管部门审核并报国有资产管理部门和财政部门批准,其资产分别按照下列办法处理:

(一) 因隶属关系改变,成建制划转的单位。全部资产无偿移交,并相应划转事业经费指标。

(二) 转为企业管理的单位其全部资产扣除负债后,转作国家资本金。

(三) 撤销的单位,全部资产由主管部门和财政部门核准处理。

(四) 合并的单位,全部资产移交接收单位或者新组建单位,合并后多余的国有资产由主管部门和财政部门核准处理。

第十章　财务报告和财务分析

第四十四条　财务报告是反映测绘事业单位一定时期财务状况和经营成果的总结性书面文件。

测绘事业单位应当按照规定定期向主管部门和财政部门以及其他有关的报表使用者提供财务报告。

第四十五条　测绘事业单位的年度财务报告包括资产负债表、收支情况表、有关附表以及财务情况说明书。

有专项资金支出业务或其他规定用途的资金支出业务的单位,应根据上级主管部门及资金提供者要求编报专项资金收支报表。

第四十六条　财务情况说明书主要说明测绘事业单位收入及其支出、结余及其分配、资产负债变动的情况,财务收支变动对事业发展的影响,本期或者下期财务状况,财务收支变动对事业发展的影响,本期或者下期财务状况发生重大变化的事项,以及需要说明的其他事项等。

第四十七条　测绘事业单位的财务分析是财务管理工作的重要组成部分。财务分析的内容包括测绘生产、业务完成和预算执行情况,资产使用、收入、支出和专用基金变动以及财务管理情况,存在主要问题和改进措施等。

财务分析的指标包括经费自给率、人员支出与公用支出分别占事业支出的比率等。可以根据本单位的业务特点增加财务分析指标。

第十一章　附　则

第四十八条　测绘事业单位基本建设投资的财务管理,按照国家有关规定办理。

第四十九条　接受国家经常性资助的非国有测绘事业单位和社会团体，依照本制度执行；其他非国有测绘事业单位和社会团体，可以参照执行本制度。

第五十条　下列测绘事业单位不执行本制度。

（一）经主管部门和财政部门批准执行其他行业或相近行业财务制度的测绘事业单位。

（二）测绘事业单位附属独立核算的执行企业财务制度的生产经营单位。

第五十一条　测绘事业单位可根据《事业单位财务规则》和本制度的规定，结合本单位实际情况制定具体的财务管理办法，报主管部门备案。

第五十二条　本制度由财政部、国家测绘局负责解释和修订。

第五十三条　本制度自1997年1月1日起施行，以前规定凡与本制度规定不一致的，以本制度为准。

附件：测绘事业单位财务分析指标

1. 经费自给率　衡量测绘事业单位组织收入的能力和满足经常性支出的程度的指标，是综合反映测绘事业单位财务收支状况的最重要的分析评价指标。计算公式为：

$$经费自给率=\frac{事业收入+经营收入+附属单位上缴收入+其他收入}{事业支出+经营支出}\times100\%$$

为了使经费自给率具有连续性和可比性，在计算时，应对那些使经费自给率波动较大的临时性和一次性的特殊收支因素予以扣除，如一次性专项资金安排的设备购置支出等。

2. 人员支出与公用支出占事业支出的比率　衡量测绘事业单位事业支出结构的指标，利用该指标可以分析本单位支出结构及发展趋势是否合理，了解本单位与先进单位的差距。计算公式为：

$$人员支出比率=\frac{人员支出}{事业支出}\times100\%$$

$$公用支出比率=\frac{公用支出}{事业支出}\times100\%$$

人员支出包括基本工资、补助工资、其他工资职工福利费、社会保障金和助学金等；公用支出包括公务费、业务费、设备购置费、修缮费和其他费用等。

3. 资产负债率　衡量测绘事业单位利用债权人提供的资金开展业务活动的能力的指标，反映债权人提供资金的安全保障程度。计算公式为：

$$资产负债率=\frac{负债总额}{资产总额}\times100\%$$

为了更加合理地反映测绘事业单位资产负债的实际情况，单位在计算资产负债率时应将政府专项合同款从负债和资产总额中同时予以扣除。

4. 收入计划完成率　衡量测绘事业单位当年收入完成情况的指标。计算公式为：

$$收入计划完成率=\frac{当年总收入}{计划总收入}\times100\%$$

5. 收入增长率　衡量测绘事业单位收入增长水平的指标，是反映单位经济实力和经营能力的重要指标之一。计算公式为：

$$收入增长率=\frac{当年总收入-上年总收入}{上年总收入}\times100\%$$

6. 支出计划完成率　衡量测绘事业单位支出完成情况的指标。计算公式为：

$$支出计划完成率=\frac{当年实际支出数}{支出预算数}\times100\%$$

五、医疗机构财务会计内部控制规定（试行）

卫生部关于印发《医疗机构财务会计内部控制规定（试行）》的通知

2006年6月21日

为加强医疗机构财务管理，促进各医疗机构财务会计内部控制制度建设，提高医疗机构财务管理水平，依据国家有关财经法律法规，我们制定了《医疗机构财务会计内部控制规定（试行）》，现印发给你们，请遵照执行。执行中有何问题,请及时反馈我部。

附:医疗机构财务会计内部控制规定(试行)

医疗机构财务会计内部控制规定(试行)

第一章 总 则

第一条 为贯彻执行国家财经法律法规和规章制度,维护国有资产的安全与完整,堵塞管理漏洞,提高医疗机构财务管理水平和会计信息质量,依据《中华人民共和国会计法》、《中华人民共和国预算法》、财政部颁发的《内部会计控制规范》、《事业单位财务规则》、《事业单位国有资产管理暂行办法》及《医院财务制度》、《医院会计制度》等法规制度,制定本规定。

第二条 本规定适用于县级以上政府举办的各级各类医疗机构。其他医疗机构参照执行。

第三条 医疗机构负责人对本单位财务会计内部控制制度的建立和有效实施负责。医疗机构财务部门具体组织本单位财务会计内部控制制度的落实。

第二章 预 算 控 制

第四条 建立健全预算编制、审批、执行、调整、分析、考核等管理制度。单位一切收入、支出必须全部纳入预算管理。

第五条 建立严格的预算编制制度。根据单位总体发展规划和年度事业发展计划,科学合理地编制年度预算。建立由单位领导负责,财务部门牵头,相关部门参与,分工合作的预算管理工作机制。

第六条 预算按规定程序逐级上报,由上级预算管理部门审批。

第七条 医疗机构要按照批准的年度预算组织收入、安排支出,严格控制无预算支出。

第八条 年度预算一经批复,一般不予调整。因政策变化、突发事件等客观原因影响预算执行的,按规定程序报批。

第九条 定期分析预算执行情况,及时研究预算执行中的问题,采取改进措施,确保年度预算的完成。建立预算执行绩效考评制度。

第三章 收 入 控 制

第十条 建立健全收入、价格、医疗预收款、票据、退费管理制度及岗位责任制。明确相关岗位的职责、权限,确保提供服务与收取费用、价格管理与价格执行、收入票据保管与使用、办理退费与退费审批、收入稽核与收入经办等不相容职务相互分离,合理设置岗位,加强制约和监督。

第十一条 制定收入管理业务流程。明确收入、价格、票据、退费管理等环节的控制要求,重点控制门诊收入、住院结算收入。加强流程控制,防范收入流失,确保收入的全过程得到有效控制。

第十二条 各项收入的取得应符合国家有关法律法规和政策规定。取得的各项收入必须开具统一规定的票据。严格按照医疗机构财务会计制度规定确认、核算收入。

各项收入由财务部门统一核算,统一管理。其他任何部门、科室和个人不得收取款项。严禁设立账外账和"小金库"。

第十三条 各类收入票据由财务部门统一管理。明确票据的购买、印制、保管、领用、核销、遗失处理、清查、归档等环节的职责权限和程序,并设立票据登记簿进行详细记录,防止空白票据遗失、盗用。

第十四条 加强结算起止时间控制。统一规定门诊收入、住院收入的每日、每月结算起止时间,及时准确核算收入。

第十五条 建立退费管理制度。各项退费必须提供交费凭据及相关证明,核对原始凭证和原始记录,严格审批权限,完备审批手续,做好相关凭证的保存和归档工作。

第十六条 建立各项收入与票据存根的审查核对制度,确保收入真实完整。

第四章 支 出 控 制

第十七条 建立健全支出管理制度和岗位责任制。明确相关部门和岗位的职责、权限,确保支出的申请与审批、审批与执行、执行与审核、审核与付款结算等不相容职务相互分离,合理设置岗位,加强制约和监督。

第十八条 各项支出要符合国家有关财经法规制度。严格按照医疗机构财务会计制度的规定确认、核算支出。

第十九条　健全支出的申请、审批、审核、支付等管理制度，明确支出审批权限、责任和相关控制措施。

审批人必须在授权范围内审批，严禁无审批支出。

建立重大支出集体决策制度和责任追究制度。

第二十条　加强支出的审核控制。完善支出凭证控制手续和核算控制制度，及时编制支出凭证，保证核算的及时性、真实性和完整性。

第二十一条　加强成本核算与管理。严格控制成本费用支出，降低运行成本，提高效益。

第五章　货币资金控制

第二十二条　建立健全货币资金管理制度和岗位责任制。明确岗位的职责、权限，确保不相容职务相互分离，合理设置岗位，加强制约和监督。

出纳不得兼任稽核、票据管理、会计档案保管和收入、支出、债权、债务账目的登记工作。

医疗机构不得由一人办理货币资金业务的全过程。

第二十三条　办理货币资金业务的人员，要有计划地进行岗位轮换。医疗机构门诊和住院收费人员要具备会计基础知识和熟练操作计算机的能力。

第二十四条　建立严格的货币资金业务授权批准制度。明确被授权人的审批权限、审批程序、责任和相关控制措施，审批人员按照规定在授权范围内进行审批，不得超越权限。

第二十五条　按照规定的程序办理货币资金收入业务。货币资金收入必须开具收款票据，保证货币资金及时、完整入账。

第二十六条　货币资金支付必须按规定程序办理。

(一) 支付申请。用款时应当提交支付申请，注明款项的用途、金额、预算、支付方式等内容，并附有有效经济合同或相关证明及计算依据；

(二) 支付审批。审批人根据其职责、权限和相应程序对支付申请进行审批。对不符合规定的货币资金支付申请，审批人应当拒绝批准；

(三) 支付审核。财务审核人员负责对批准的货币资金支付申请进行审核，审核批准范围、权限、程序是否合规；手续及相关单证是否齐备；金额计算是否准确；支付方式、收款单位是否妥当等，经审核无误后签章；

(四) 支付结算。出纳人员根据签章齐全的支付申请，按规定办理货币资金支付手续，并及时登记现金日记账和银行存款日记账。签发的支票应进行备查登记。

第二十七条　按照《现金管理暂行条例》的规定办理现金的收支业务。不属于现金开支范围的业务应当通过银行办理转账结算。实行现金库存限额管理，超过限额的部分，必须当日送存银行并及时入账，不得坐支。

第二十八条　按照《支付结算办法》等有关规定加强银行账户的管理。严格按照规定开立账户、办理存款、取款和结算；定期检查、清理银行账户的开立及使用情况；加强对银行结算凭证的填制、传递及保管等环节的管理与控制。严禁出借银行账户。

第二十九条　加强银行存款对账控制。由出纳和编制收付款凭证以外的财会人员每月必须核对一次银行账户，并编制银行存款余额调节表，对调节不符、长期未达的账项应及时向有关负责人报告。

第三十条　加强银行预留印签的管理。医疗机构财务专用章必须由专人保管；个人印章要由本人或其授权人员保管；因特殊原因需他人暂时保管的必须有登记记录。

严禁一人保管支付款项所需的全部印章。

第三十一条　加强与货币资金相关的票据的管理，明确各种票据的购买、保管、领用、背书转让、注销等环节的职责权限和程序，并专设登记薄进行记录，防止空白票据的遗失和被盗用。

第三十二条　加强对现金业务的管理与控制。出纳人员每日要登记日记账、核对库存现金、编制货币资金日报表，做到日清月结。

第三十三条　建立货币资金盘点核查制度。随机抽查银行对账单、银行日记账及银行存款余额调节表，核对是否相符。不定期抽查库存现金、门诊和住院备用金，保证货币资金账账、账款相符。

第六章　药品及库存物资控制

第三十四条　建立健全药品及库存物资管理制度和岗位责任制。明确岗位职责、权限，确保请购与审批、询价与确定供应商、合同订立与审核、采购与验收、采购验收与会计记录、付款审批与付款执行等不相容职务相互分离，合理设置岗位，加强制约和监督。

医疗机构不得由同一部门或一人办理药品及库存物资业务的全过程。

第三十五条 制定科学规范的药品及库存物资管理流程。明确计划编制、审批、取得、验收入库、付款、仓储保管、领用发出与处置等环节的控制要求，设置相应凭证，完备请购手续、采购合同、验收证明、入库凭证、发票等文件和凭证的核对工作，确保全过程得到有效控制。

第三十六条 建立药品及库存物资请购审批制度。授予归口管理部门相应的请购权，明确其职责权限及相应的请购审批程序。

第三十七条 加强药品及库存物资采购业务的预算管理。具有请购权的部门按照预算执行进度办理请购手续。

第三十八条 健全药品及库存物资采购管理制度。药品和库存物资由单位统一采购。对采购方式确定、供应商选择、验收程序等做出明确规定。纳入政府采购和药品集中招标采购范围的，必须按照有关规定执行。

第三十九条 根据药品及库存物资的用量和性质，加强安全库存量与储备定额管理，根据供应情况及业务需求确定批量采购或零星采购：

（一）确定安全存量，实行储备定额计划控制；

（二）加强采购量的控制与监督，确定经济采购量；

（三）批量采购由采购部门、归口管理部门、财务部门、审计监督部门、专业委员会及使用部门共同参与，确保采购过程公开透明，切实降低采购成本；

（四）小额零星采购由经授权的部门对价格、质量、供应商等有关内容进行审查、筛选，按规定审批。

第四十条 加强药品及库存物资验收入库管理。根据验收入库制度和经批准的合同等采购文件，组织验收人员对品种、规格、数量、质量和其他相关内容进行验收并及时入库；所有药品及库存物资必须经过验收入库才能领用；不经验收入库，一律不准办理资金结算。

第四十一条 加强药品及库存物资核对管理。财务部门要根据审核无误的验收入库手续、批准的计划、合同协议、发票等相关证明及时记账；每月与归口管理部门核对账目，保证账账、账实相符。

第四十二条 药品及库存物资的储存与保管要实行限制接触控制。指定专人负责领用，制定领用限额或定额；建立高值耗材的领、用、存辅助账。

第四十三条 健全药品及库存物资缺损、报废、失效的控制制度和责任追究制度。完善盘点制度，库房每年盘点不得少于一次。药品及库存物资盘点时，财务、审计等相关部门要派员监盘。

第七章 固定资产控制

第四十四条 建立健全固定资产管理制度和岗位责任制。明确相关部门和岗位的职责、权限，确保购建计划编制与审批、验收取得与款项支付、处置的申请与审批、审批与执行、执行与相关会计记录等不相容职务相互分离，合理设置岗位，加强制约和监督。

医疗机构不得由同一部门或一人办理固定资产业务的全过程。

第四十五条 制定固定资产管理业务流程。明确取得、验收、使用、保管、处置等环节的控制要求，设置相应账卡，如实记录。

第四十六条 建立固定资产购建论证制度。按照规模适度、科学决策的原则，加强立项、预算、调整、审批、执行等环节的控制。

大型医用设备配置按照准入规定履行报批手续。

第四十七条 加强固定资产购建控制。固定资产购建应由归口管理部门、使用部门、财务部门、审计监督部门及专业人员等共同参与，确保购建过程公开透明，降低购建成本。

第四十八条 加强固定资产验收控制。取得固定资产要组织有关部门或人员严格验收，验收合格后方可交付使用，并及时办理结算，登记固定资产账卡。

第四十九条 建立固定资产维修保养制度。归口管理部门应当对固定资产进行定期检查、维修和保养，并作好详细记录。严格控制固定资产维修保养费用。

第五十条 加强固定资产使用变动控制。固定资产的对外投资、出租、出借必须按照国有资产管理的有关规定进行可行性论证，按照管理权限逐级审核报批后执行。

第五十一条　加强固定资产处置管理制度。明确固定资产处置（包括出售、出让、转让、对外捐赠、报损、报废等）的标准和程序，按照管理权限逐级审核报批后执行。

第五十二条　建立固定资产清查盘点制度。明确清查盘点的范围、组织程序和期限，年度终了前，需进行一次全面清查盘点，保证账、卡、物相符。

第八章　工程项目控制

第五十三条　建立健全工程项目管理制度和岗位责任制。明确相关部门和岗位的职责权限，确保项目建议和可行性研究与项目决策、概预算编制与审核、项目实施与价款支付、竣工决算与竣工审计等不相容职务相互分离，合理设置岗位，加强制约和监督。

医疗机构不得由同一部门或一人办理工程项目业务的全过程。

第五十四条　建立工程项目相关业务授权批准制度。明确被授权人的批准方式、权限、程序、责任及相关控制措施，规定经办人的职责范围和工作要求。严禁未经授权的机构或人员办理工程项目业务。

第五十五条　制定工程项目业务流程。明确项目决策、概预算编制、价款支付、竣工决算等环节的控制要求，并设置相应的记录或凭证，如实记载业务的开展情况，确保工程项目全过程得到有效控制。

第五十六条　加强工程项目决策控制。要按照决策科学化、民主化要求，采取专家评审、民主评议、结果公示等多种方式，广泛征求有关各方意见，实行集体决策。决策过程要有完整的书面记录。对工程项目的立项、可行性研究、项目决策程序等做出明确规定，确保项目决策科学、合理。

严禁任何个人单独决策工程项目或者擅自改变集体决策意见。

第五十七条　建立工程项目概预算控制制度。严格审查概预算编制依据、项目内容、工程量的计算和定额套用是否真实、完整、准确。

第五十八条　加强工程项目质量控制。工程项目要建立健全法人负责制、项目招投标制、工程建设监理制和工程合同管理制，确保工程质量得到有效控制。

第五十九条　建立工程价款支付控制制度。严格按工程进度或合同约定支付价款。明确价款支付的审批权限、支付条件、支付方式和会计核算程序。对工程变更等原因造成价款支付方式和金额发生变动的，相关部门必须提供完整的书面文件和资料，经财务、审计部门审核并按审批程序报批后支付价款。

第六十条　建立竣工决算控制制度。严格执行竣工清理、竣工决算、竣工审计、竣工验收的规定，确保竣工决算真实、完整、及时。未经竣工决算审计的工程项目，不得办理资产验收和移交。

第九章　对外投资控制

第六十一条　建立健全对外投资业务的管理制度和岗位责任制。明确相关部门和岗位的职责、权限，确保项目可行性研究与评估、决策与执行、处置的审批与执行等不相容职务相互分离，合理设置岗位，加强制约和监督。

医疗机构不得由同一部门或一人办理对外投资业务的全过程。

第六十二条　建立对外投资决策控制制度。加强投资项目立项、评估、决策环节的有效控制，防止国有资产流失。所有对外投资项目必须事先立项，组织由财务、审计、纪检等职能部门和有关专家或由有资质的中介机构进行风险性、收益性论证评估，经领导集体决策，按规定程序逐级上报批准。决策过程应有完整的书面记录及决策人员签字。严禁个人自行决定对外投资或者擅自改变集体决策意见。

第六十三条　加强无形资产的对外投资管理。医疗机构以无形资产对外投资的，必须按照国家有关规定进行资产评估、确认，以确认的价值进行对外投资。

第六十四条　严格对外投资授权审批权限控制，不得超越权限审批。建立对外投资责任追究制度。对出现重大决策失误、未履行集体审批程序和不按规定执行的部门及人员，应当追究相应的责任。

第六十五条　加强对外投资会计核算控制。建立账务控制系统，加强对外投资会计核算核对控制，对其增减变动及投资收益的实现情况进行相关会计核算。

第六十六条　建立对外投资项目的追踪管理制度。对出现的问题和风险及时采取应对措施，保证资产的安全与完整。

第六十七条　加强对外投资的收回、转让和核销等处置控制。对外投资的收回、转让、核销，应当实行集体决策，须履行评估、报批手续，经授权批准机构批准后方可办理。

第十章 债权和债务控制

第六十八条 建立健全债权和债务管理制度和岗位责任制。明确相关岗位的职责和权限，确保业务经办与会计记录、出纳与会计记录、业务经办与审批、总账与明细账核算、审查与记录等不相容职务相互分离，合理设置岗位，加强制约和监督。

医疗机构不得由一人办理债权或债务业务的全过程。

第六十九条 加强债权控制。明确债权审批权限，健全审批手续，实行责任追究制度，对发生的大额债权必须要有保全措施。建立清欠核对报告制度，定期清理，并进行债权账龄分析，采取函证、对账等形式加强催收管理和会计核算，定期将债权情况编制报表向医疗机构领导报告。

第七十条 建立健全应收款项、预付款项和备用金的催收、清理制度，严格审批，及时清理。

第七十一条 建立健全病人预交住院金、应收在院病人医药费、医疗欠费管理控制制度。

（一）每日进行住院结算凭证、住院结算日报表和在院病人医药费明细账卡的核对；

（二）每月核对预收医疗款的结算情况；

（三）加强应收医疗款的控制与管理，健全催收款机制，欠费核销按规定报批。

第七十二条 加强债务控制。要充分考虑资产总额及构成、还款能力、对医疗机构可持续发展的影响等因素，严格控制借债规模。大额债务发生必须经领导集体决策，审批人必须在职责权限范围内审批。

第七十三条 建立债务授权审批、合同、付款和清理结算的控制制度。定期进行债务清理，编制债务账龄分析报告，及时清偿债务，防范和控制财务风险。

第十一章 财务电子信息化控制

第七十四条 建立健全财务电子信息化管理制度和岗位责任制。应用专门的授权模块，明确相关部门和岗位的职责、权限，确保软件开发与系统操作、系统操作与维护、档案保管等不相容职务相互分离，合理设置岗位，加强制约和监督。

第七十五条 财务电子信息系统凡涉及到资金管理、物资管理、收入、成本费用等部分，其功能、业务流程、操作授权、数据结构和数据校验等方面必须符合财务会计内部控制的要求。

第七十六条 门诊收费和住院收费系统必须符合卫生部《医疗机构信息系统基本功能规范》的要求：

（一）实时监控收款员收款、交款情况；

（二）提供至少两种不同的方式统计数据；

（三）系统自动生成的日报表不得手工修改；

（四）预交款结算校验；

（五）票据稽核管理；

（六）欠费管理；

（七）价格管理；

（八）退款管理。

第七十七条 加强财务电子信息系统的应用控制。建立用户操作管理、上机守则、操作规程及上机记录制度。加强对操作员的控制，实行操作授权，严禁未经授权操作数据库。监控数据处理过程中各项操作的次序控制，数据防错、纠错有效性控制，修改权限和修改痕迹控制，确保数据输入、处理、输出的真实性、完整性、准确性和安全性。

第七十八条 加强数据、程序及网络安全控制。设置和使用等级口令密码控制，健全加密操作日志管理，操作员口令和操作日志加密存储，加强数据存储、备份与处理等环节的有效控制，做到任何情况下数据不丢失、不损坏、不泄漏、不被非法侵入；加强接触控制，定期监测病毒，保证程序不被修改、损坏，不被病毒感染；采用数据保密、访问控制、认证及网络接入口保密等方法，确保信息在内部网络和外部网络传输的安全。

第七十九条 建立财务电子信息档案管理制度，加强文件储存与保管控制。数据要及时双备份，专人保管，并存放在安全可靠的不同地点。

第十二章 监督检查

第八十条 建立财务会计内部控制监督检查制度。由内部审计机构或者指定专职人员具体负责财务会计内部财务控制制度执行情况的监督检查，确保财务会计内部控制制度的有效执行。

第八十一条 医疗机构可聘请中介机构或相关专业人员对本单位财务会计内部控制制度的建立健全及实施进行评价，并对财务会计内部控制中的重大缺陷提出书面报告。对发现的问题和薄弱环节，要采取有效措施，改进和完善内部控制制度。

第八十二条 卫生行政主管部门要对所属及本地区医疗机构财务会计内部控制制度的建立和执行情况进行监督检查。

第八十三条 建立财务会计内部控制制度问责制度和责任追究制度。

（一）医疗机构不按本规定要求制定本单位财务会计内部控制制度的，要限期整改；

（二）医疗机构违反财务会计内部控制制度规定，未造成严重后果的，要限期纠正，并对相关责任人予以通报批评；

（三）医疗机构违反财务会计内部控制制度规定，造成严重后果的，追究单位负责人的行政责任；对违反财经法规的，按照《财政违法行为处罚处分条例》给予处理、处罚；构成犯罪的，依法追究刑事责任。

第十三章 附 则

第八十四条 省级卫生行政主管部门要根据国家有关法律法规和本规定，结合本地实际制定实施意见，并报卫生部备案；医疗机构要结合本单位业务特点和实际情况，建立健全本单位的财务会计内部控制制度，并报上级卫生行政主管部门备案。

第八十五条 本规定由卫生部负责解释。

第八十六条 本规定自发布之日起实施。

六、中央预算单位银行账户管理暂行办法

中央预算单位银行账户管理暂行办法

财预字［1999］66 号

第一章 总 则

第一条 为进一步加强中央预算单位资金管理，严格控制并规范中央预算单位开立银行账户，根据有关财政、金融法律、法规，特制定本办法。

第二条 本办法适用于中央各部门及所属行政事业单位（以下统称“中央预算单位”）银行账户（包括人民币和外汇存款）的管理。

第三条 中央预算单位应当由本单位财务机构统一开立银行账户。单位内部其他机构确需开立银行账户的，须经财务机构审核后再按规定程序报批。

第四条 中央预算单位的银行账户，按照财务管理体制实行逐级审批。

第五条 中央预算单位应当在国有或国家控股的银行（以下简称银行）开立银行账户，存款利息按财政资金管理规定处理。

第二章 银行账户开立的一般条件

第六条 中央预算单位收取的应纳入政府一般预算管理的行政性收费，可由本单位财务机构在银行开设一个一般预算资金收入汇缴专用存款账户。该账户的资金只能上缴国库，不得用于本单位的支出。财政部拨付给中央预算单位纳入政府一般预算管理的资金，除经国务院、财政部明文规定需要单独开立专用存款账户外，可由本单位财务机构在银行开立一个一般预算资金支出基本存款账户。该账户办理一般预算资金的领取和支出。

第七条 中央预算单位收取的应纳入政府基金预算管理的资金，可由本单位财务机构在银行开立一个基金预算收入汇缴专用存款账户。该账户的资金只能上缴国库，不得用于本单位支出。财政部拨付给中央预算单位纳入政府基金预算管理的资金，可由本单位财务机构在银行开立一个基金预算支出专用存款账户。该账户办理基金预算资金的领取和支出。

第八条 中央预算单位收取的预算外资金，可由本单位财务机构在银行开立一个预算外资金收入汇缴专用存款账户。该账户的资金只能上缴财政部开立的中央财政专户，不得用于本部门的支出。财政部拨付给中央预算单位的预算外资金，可由本单位财务机构在银行开立一个预算外资金支出基本存款账户。该账

户办理预算外资金的领取和支出。

第九条 中央预算单位在上述资金来源之外所取得的其他资金，除有特殊要求者外（如世界银行贷款），应据其性质在上述相应账户中给予反映，不再单独开立银行账户。

第十条 中央预算单位可根据本单位实际情况，对上述需要开立的银行账户进行适当合并，但收入汇缴专用存款账户不得与支出专用存款账户合并。合并账户后，对不同性质的资金应设置明细账，分别核算。

第三章 银行账户的审批

第十一条 中央预算单位开立或撤销银行账户，须履行审批手续。中央各部门须向财政部申请，中央各部门所属行政事业单位须向其上级主管部门申请，经审核同意后，持财政部或其上级主管部门的批准文件向银行申请开立或撤销银行账户。

第十二条 银行依据有关金融法律、法规和有关部门的审批文件，审核中央预算单位的开户资格。中央预算单位在取得中国人民银行核发的开户许可证、国家外汇管理局核发的外汇账户使用证或开户通知书后，才能开立银行账户。

第十三条 中央各部门开立或撤销银行账户后，须抄送财政部备案。中央各部门所属行政事业单位开立或撤销银行账户后，须抄送其上级主管部门备案。

第四章 监督和检查

第十四条 财政部、中国人民银行、国家外汇管理局、审计署负责对中央预算单位银行账户的开立和管理进行监督和检查。中央各部门应加强对所属行政事业单位开立银行账户的监督管理，定期进行检查。

第十五条 财政部、中国人民银行、国家外汇管理局、审计署在检查中央预算单位银行账户情况时，受查单位应如实提供本单位及其下属单位银行账户的开立和管理情况，开户银行应如实提供受查单位银行账户的收付情况，不得隐瞒。

第十六条 不按规定开立和管理银行账户的，根据事实和情节，分别给予下列处罚：（一）由中国人民银行、国家外汇管理局撤销违规开设的银行账户；（二）由财政部或上级主管部门停拨有关单位的预算经费和中央财政专户款项；（三）由财政部、审计署、中国人民银行、国家外汇管理局视违规情况和性质，对有关单位和违规开户银行给予通报批评，或处以3万～5万元的罚款；（四）情节严重的，责成有关单位和开户银行对有关领导和其他责任人员给予行政处分。构成犯罪的，要依法追究刑事责任。

第五章 附 则

第十七条 中央预算单位在本办法下发前已开立的银行账户，应当按照本办法进行清理整顿。

第十八条 中央各部门可根据本办法，制定本部门及所属行政事业单位的银行账户管理办法，并抄送财政部中国人民解放军总后勤部、武装警察部队后勤部比照本办法制定本系统的银行账户管理办法，并抄送财政部。

第十九条 本办法自颁布之日起实施，由财政部、中国人民银行负责解释。

中华人民共和国财政部

中国人民银行

七、《中央预算单位银行账户管理暂行办法》补充规定

财政部 中国人民银行关于印发《〈中央预算单位银行账户管理暂行办法〉补充规定》的通知

财库[2006]96号

党中央有关部门，国务院各部委、各直属机构，全国人大常委会办公厅，全国政协办公厅，高法院，高检院，有关人民团体，新疆生产建设兵团，财政部驻各省、自治区、直辖市、计划单列市财政监察专员办事处，有关中央管理企业，各国有银行、国有控股银行：

为进一步加强和规范中央预算单位银行账户管理，针对银行账户管理中出现的一些新情况、新问题，经商监察部、审计署同意，财政部、中国人民银行制定了《〈中央预算单位银行账户管理暂行办法〉补充规定》，现印发给你们，请遵照执行。执行中有何问题，请及时向我们反映。

附件:《中央预算单位银行账户管理暂行办法》补充规定

附件:

《中央预算单位银行账户管理暂行办法》补充规定

为进一步加强和规范中央预算单位(以下简称预算单位)银行账户管理,针对预算单位银行账户审批中出现的一些新情况、新问题,根据《财政部、中国人民银行、监察部、审计署关于印发〈中央预算单位银行账户管理暂行办法〉的通知》(财库[2002]48 号)及《财政部、中国人民银行关于执行〈中央预算单位银行账户管理暂行办法〉的补充通知》(财库[2004]1 号)的规定,现将有关事项补充规定如下:

一、关于开户银行的选择

预算单位原则上应在国有银行、国有控股银行开立银行账户,确需在其他银行开立账户的基层预算单位,应在确保资金安全的前提下,对银行的资质、经营状况、资产质量等进行综合考量,并报上级主管单位审核同意后,按规定审批程序办理开户。

二、关于事业单位经营性资金账户的设置

实行企业管理的事业单位,确需开设经营性资金账户的,应从严控制,并经上级主管单位同意后,持营业执照及相关证明文件报中央财政部门(财政部或财政部驻各地财政监察专员办事处,下同)审批。

三、关于预算单位内部资金集中核算机构及结算成员单位相关账户的设置

中央财政预算单列的企业集团总公司、有关事业单位、政企合一等预算单位,为加强资金集中管理,提高资金整体使用效率,在系统或单位内部按照有关法定程序及政策规定成立资金管理中心、资金结算中心等资金集中核算机构的,应在加强管理、从严控制的前提下,开设相关账户。

(一)资金集中核算机构为法人单位的,经主管部门同意,并报中央财政部门审批后,可开设相关银行结算账户,用于归集、核算所属结算成员单位资金。

预算单位所属资金集中核算机构为非法人单位的,该预算单位可以预算单位名称加资金集中核算机构名称开设相关银行结算账户。

(二)预算单位所属结算成员单位可在资金集中核算机构开设内部结算账户;企业集团公司下设财务公司的,其所属结算成员单位可在财务公司开设内部结算账户。

(三)内部结算账户应由集团总公司及行业系统管理部门按照相关管理办法或规定自行规范管理。

四、关于预算单位所属医院及所属门诊部相关账户的设置

预算单位所属医院及所属门诊部,根据有关政策规定以及管理需要,经主管部门同意,并报中央财政部门审批后,按以下规定开设账户。

(一)预算单位所属医院为法人单位的,为方便病人使用银行卡以及资金结算,可开设一个"一般存款账户"或"专用存款账户",用于核算病人看病费用等结算资金。"专用存款账户"不得支取现金。

预算单位所属医院为非法人单位的,为方便病人看病费用结算,该预算单位可以预算单位名称后加所属医院名称开设一个"专用存款账户",该"专用存款账户"不得支取现金。

(二)预算单位所属门诊部,被当地劳动和社会保障部门确定为"基本医疗保险定点医疗机构"的,预算单位须持有"基本医疗保险定点医疗机构"服务协议书、营业执照及相关证明文件,以预算单位名称后加所属门诊部名称开设一个"专用存款账户",该"专用存款账户"不得支取现金。其他预算单位所属门诊部,不得开设账户,已开设的一律撤销。

五、关于预算单位实行属地管理资金账户的设置

预算单位按照国家有关政策规定,实行属地管理的住房改革资金、基本医疗保险基金等,确需开设相关账户进行核算的,由预算单位持地方政府或地方财政(国库)部门有关账户管理的文件,报中央财政部门审批后,开设相关账户。

六、加强协调配合,形成工作合力,做好预算单位银行账户管理工作

中央各主管部门应切实加强对所属预算单位银行账户的管理,按照中央预算单位银行账户管理有关规定,结合实际情况,建立健全和完善本系统银行账户管理制度,进一步明确银行账户管理的具体要求。

财政部驻各地财政监察专员办事处要充分发挥监管职能,加强管理,堵塞账户申报、审批和备案等各个环节的漏洞。要强化对账户管理的监督检查,加大违规处罚力度。对于预算单位出现的账户管理违规问题，财政监察专员办事处可会同中国人民银行有关机构，依据《财政违法行为处罚处分条例》（中华人民共和国国务院令第427号）、《财政部、中国人民银行、监察部、审计署关于印发〈中央预算单位银行账户管理暂行办法〉的通知》（财库[2002]48号）、《财政部、中国人民银行关于执行〈中央预算单位银行账户管理暂行办法〉的补充通知》（财库[2004]1号）等相关规定，对预算单位进行行政处罚。

银行账户管理相关部门要进一步加强协调配合，积极创造条件，逐步实现财政部、商业银行及相关部门账户管理系统信息共享和对预算单位银行账户实施动态监控。

八、中央部门财政拨款结余资金管理办法

财政部关于印发《中央部门财政拨款结余资金管理办法》的通知

财预[2006]489号

党中央有关部门，国务院各部委、各直属机构，总参谋部、总政治部、总后勤部、总装备部、武警总部，全国人大常委会办公厅，全国政协办公厅，高法院，高检院，有关人民团体，有关中央管理企业：

为了进一步加强中央部门财政拨款结余资金的管理，规范中央部门财政拨款结余资金使用，优化财政资源配置，提高财政资金使用效益，特制定《中央部门财政拨款结余资金管理办法》，现印发给你们，请遵照执行。

附件：中央部门财政拨款结余资金管理办法

二〇〇六年十二月七日

附件：

中央部门财政拨款结余资金管理办法

第一章　总　　则

第一条　为规范和加强中央部门财政拨款结余资金管理，优化财政资源配置，提高财政资金使用效益，根据《中华人民共和国预算法》、《中华人民共和国预算法实施条例》以及财政国库管理制度等有关规定，制定本办法。

第二条　中央部门财政拨款结余资金（以下简称部门结余资金），是指同中央财政有缴拨款关系的中央级行政、事业单位（含企业化管理的事业单位）、企业在预算年度内，按照财政部批复的本部门预算，当年尚未列支出的财政拨款资金。

第三条　部门结余资金按支出性质划分为基本支出结余和项目支出结余。

第四条　中央部门应当对部门结余资金中的基本支出结余和项目支出结余分别进行统计、核算，并与单位会计账表相关数字核对一致。

第五条　部门结余资金按形成时间划分为当年结余和累计结余。当年结余是指部门当年财政拨款形成的结余；累计结余是指部门截止到某一年度年底形成的累计财政拨款结余资金。本办法所指"下一年度"是指财政部发文确认部门财政拨款结余资金的下一年，即与财政部确认的结余资金形成年之间隔一预算年度。

第二章　基本支出结余的管理

第六条　部门基本支出结余包括中央级行政、事业单位人员经费结余和公用经费结余。基本支出结余原则上可以结转下年继续使用，用于增人增编等人员经费支出和日常公用经费支出，但人员经费和公用经费间不得挪用，不得用于提高人员经费开支标准。事业单位按现行财务管理制度规定，由财政拨款提取转为事业基金的结余，也纳入本办法关于基本支出结余资金的管理范围。

第七条　中央部门在编制下一年度支出预算时，如要求新增基本支出，应优先动用基本支出结余资金，结余资金不足以安排时再向财政部提出申请增加预算。

第八条　部门在预算执行中产生的零星增人增编等人员经费支出和日常公用经费支出，应首先通过部门基本支出结余资金来安排，并将基本支出结余资金动用情况报财政部备案。

第九条　对累计基本支出结余资金规模较大的中央部门，财政部可以按照一定比例对其结余资金进行

统筹,作为安排该部门下一年度基本支出预算的资金来源。

第三章　项目支出结余的管理

第十条　部门项目支出结余资金分为净结余资金和专项结余资金。

(一) 项目支出净结余资金包括:项目当年已完成形成的结余资金;由于受政策变化、计划调整等因素影响,项目中止或撤销形成的结余;某一预算年度安排的项目支出连续两年未动用、或者连续三年仍未使用完形成的结余。

(二) 项目支出专项结余资金是指项目当年已执行但尚未完成而形成的结余,或项目因故当年未执行,需要推迟到下年执行形成的结余资金。

第十一条　有项目支出净结余资金的中央部门,在申报下年预算时,应将净结余资金全部作为本部门下一年度预算的首要来源,统筹用于本部门重点项目支出。

第十二条　中央部门连续年度安排预算的延续项目,有专项结余资金的,在申报下一年度预算时,应结合项目进展情况主动统筹部分结余资金,再向财政部申请增加预算。对延续项目专项结余较多的部门,财政部在下一年度可适当减少有关项目支出预算。

第十三条　中央部门在年度预算执行过程中,动用净结余资金安排项目支出,或调整项目支出专项结余资金使用用途的,均应报财政部审批。

第十四条　部门基本建设项目结余资金,除按照《财政部关于印发基本建设财务管理规定的通知》(财建[2002]394号)有关规定执行外,还应执行本办法,其中:净结余资金的70%上交中央金库,30%部分按照本办法有关项目支出净结余资金规定条款执行,按照规定的范围使用,使用时报财政部审批。

第四章　结余资金消化的激励措施

第十五条　财政部建立部门消化累计结余资金的激励机制,即对部门累计结余资金比上午减少的部门,财政部允许其在不违反部门预算管理规定和财务制度的前提下,动用一定金额的净结余资金解决应由中央财政负担的本部门历史遗留问题的支出,具体动用时报财政部审批。

第十六条　对累计结余资金比上年增加较多的中央部门,财政部在下达"一下"控制数时,可以视部门结余资金增长情况,适当减小部门项目支出预算增幅或压缩部门财政拨款预算总额。

第五章　结余资金安排使用的程序

第十七条　预算编制阶段,部门结余资金使用按以下程序办理:

(一) 按照财政部关于编制部门预算的要求,中央部门在下一年度预算编制阶段,将本部门结余资金(包括基本支出结余和项目支出结余)结转下年安排使用计划,以及拟统筹动用本部门净结余资金安排下一年度有关项目支出预算情况,随部门"一上"预算报送财政部;

(二) 财政部根据中央财政预算平衡情况,结合部门"一上"预算、部门累计结余资金情况、部门提出的结余资金下一年度安排使用计划等情况,对部门结余资金安排使用计划进行审核,提出部门下一年度预算结余资金安排使用建议,并随"一下"预算控制数发中央部门;

(三) 中央部门根据财政部下达的"一下"预算控制数和结余资金安排使用建议数,调整编制基本支出和项目支出"二上"预算。

第十八条　预算执行中,中央部门需追加预算时,应结合本部门结余资金情况,优先动用其结余资金。结余资金不足以安排时,再向中央财政申请追加预算。

第六章　结余资金的报送及确认

第十九条　预算年度结束后,中央部门应对本部门和所属预算单位的结余资金情况逐级汇总,并对形成结余的原因进行分析说明,于下午2月底之前,将本部门《20××年度财政拨款结余资金情况表》(格式及填制说明见附1.2)和有关说明文件报送财政部。

第二十条　国库集中支付形成的结余资金,中央部门还须按照《财政部关于印发〈财政国库管理制度改革试点年终结余资金管理暂行规定〉的通知》(财库[2003]125号)有关规定,在1月20日之前,向财政部报送《财政国库管理制度实施单位年终预算结余资金申报核定表》

第二十一条　财政部负责对部门结余资金数额和有关项目完成情况进行审核确认,并于3月底前将审核意见通知中央部门。

第七章　结余资金使用的监督检查

第二十二条　财政部对部门结余资金管理情况进行定期和不定期的检查。

第二十三条 中央部门在结余资金管理中违反本办法的，财政部应当责成其进行纠正，并可以通过调减部门预算等方式将结余资金收回中央总预算。

第八章 附 则

第二十四条 中央部门可在本办法规定之内，结合部门实际情况，制定本部门结余资金的具体管理办法。中国人民解放军、武警部队可以参照本办法的原则，另行制定管理规定。

第二十五条 对纳入预算管理的各项政府性基金项目结余资金，按照各项基金管理的有关规定执行。

第二十六条 所有涉及财政拨款结余资金的预算管理均按本办法执行，本办法由财政部负责解释。

第二十七条 本办法自2007年1月1日起施行，原《中央部门财政拨款结余资金管理暂行规定》(财预[2005]46号)相应废止。

附件：

1. 20××年度财政拨款结余资金情况表(略)
2.《财政拨款结余资金情况表》填制说明(略)

九、中央预算单位公务卡管理暂行办法

财政部 中国人民银行关于印发《中央预算单位公务卡管理暂行办法》的通知

财库[2007]63号

党中央有关部门，国务院各部委、各直属机构，武警总部，全国人大常委会办公厅，全国政协办公厅，高法院，高检院，有关人民团体，新疆生产建设兵团财务局，国库集中支付各代理银行：

为进一步深化国库集中支付制度改革，方便预算单位用款，减少现金结算，提高支付透明度，加强预算执行监控管理，根据《财政国库管理制度改革试点方案》(财库[2001]24号)和《银行卡业务管理办法》(银发[1999]17号)、《支付结算办法》(银发[1997]393号)等有关规定，财政部、中国人民银行制定了《中央预算单位公务卡管理暂行办法》，现予印发，请遵照执行。执行中有何问题，请及时向财政部、中国人民银行反映。

各中央预算部门实施公务卡试点的时间等事项，财政部将另行通知。

附件：中央预算单位公务卡管理暂行办法

抄送：各省、自治区、直辖市、计划单列市财政厅(局)，中国人民银行上海总部，各分行、营业管理部、省会(首府)城市中心支行、副省级城市中心支行。

附件：

中央预算单位公务卡管理暂行办法

第一章 总 则

第一条 为进一步深化国库集中支付制度改革，规范中央预算单位财政授权支付业务，减少现金支付结算，提高支付透明度，加强财政监督，方便预算单位用款，根据《财政国库管理制度改革试点方案》(财库[2001]24号)和《银行卡业务管理办法》(银发[1999]17号)、《支付结算办法》(银发[1997]393号)等相关规定，制定本办法。

第二条 本办法所称公务卡，是指中央预算单位工作人员持有的，主要用于日常公务支出和财务报销业务的信用卡。

第三条 中央预算单位财政授权支付业务中原使用现金结算的公用经费支出，包括差旅费、会议费、招待费和5万元(以人民币为单位，下同)以下的零星购买支出等，一般应当使用公务卡结算。中央预算单位应根据银行卡受理环境等情况，积极扩大公务卡使用范围，尽量减少现金支出。

第四条 公务卡的发卡银行(以下简称发卡行)是指办理国库集中支付业务的代理银行，预算单位在确定的代理银行范围内，自行选择本单位公务卡发卡行。

第五条 与公务卡管理有关的信息维护、财务报销、银行划款和动态监控等业务，通过专门的公务卡支持系统辅助办理。

第六条　持有公务卡的工作人员(以下统称持卡人)应当妥善保管公务卡,规范使用公务卡办理公务支出的支付结算业务,并及时向所在单位财务部门申请办理报销手续。

第七条　预算单位财务部门应当依托公务卡支持系统,认真审核公务卡报销事项。对于批准报销的公务卡消费支出,应当按规定时间,通过零余额账户办理向公务卡的资金还款手续。

第二章　公务卡日常管理

第八条　公务卡由中央预算单位统一组织本单位工作人员向发卡行申办。公务卡申办成功后,经预算单位确认核实,由发卡行将持卡人姓名和卡号等信息统一录入公务卡支持系统管理。

第九条　预算单位在工作人员新增或调动、退休时,应及时组织办理公务卡的申领或停止使用等手续,并通知发卡行及时维护公务卡支持系统。现有工作人员涉及公务卡的相关信息变动时,应及时通知发卡行维护公务卡支持系统。

第十条　公务卡应当使用银联标准信用卡。试点阶段,公务卡原则上仅用于办理人民币支出结算业务。

第十一条　公务卡主要用于公务支出的支付结算。公务支出发生后,由持卡人及时向所在单位财务部门申请办理报销手续。公务卡也可用于个人支付结算业务,但不得办理财务报销手续,单位不承担私人消费行为引致的一切责任。

第十二条　公务卡的信用额度,由预算单位根据银行卡管理规定和业务需要,与发卡行协商设定。原则上每张公务卡的信用额度不超过5万元、不少于2万元。持卡人在规定的信用额度和免息还款期内先支付,后还款。

第十三条　发卡行可根据持卡人资信情况对其公务卡信用额度进行调整,并及时通知持卡人和持卡人所在单位财务部门。其中,调增信用额度的,须事前商持卡人所在单位财务部门同意。

第十四条　公务卡的卡片和密码均由个人负责保管。公务卡遗失或损毁后的补办等事项由个人自行到发卡行申请办理,并通过单位财务部门及时通知发卡行维护公务卡支持系统。

第十五条　发卡行应按月向持卡人提供公务卡对账单,并按照与持卡人约定的方式,及时向持卡人提供公务卡账户资金变动情况和还款提示等重要信息。

第十六条　持卡人对公务消费交易发生疑义,可按发卡行的相关规定等提出交易查询。

第三章　公务卡支付管理

第十七条　对于差旅、会议、购买等公务支出,使用公务卡结算的,应在公务卡信用额度内,先通过公务卡结算,并须取得发票等财务报销凭证和有关银行卡消费凭证。持卡人所在单位财务部门对于公务支出有事前审批要求的,持卡人应事先按要求履行相关审批手续。

第十八条　原则上同一持卡人信用消费单笔不得超过2万元,月透支余额不得超过5万元。

第十九条　特殊情况下公务卡信用额度不能满足公务支付需要时,持卡人可通过单位财务部门提前向发卡行申请临时增加信用额度,增加的额度和使用期限等具体事项,按照发卡行有关规定执行。

第二十条　持卡人在执行公务中原则上不允许通过公务卡提取现金。确有特殊需要,应当事前经过单位财务部门批准,未经批准的提现业务,提现手续费等费用由持卡人承担。

第四章　公务卡财务报销管理

第二十一条　持卡人使用公务卡消费结算的各项公务支出,必须在发卡行规定的免息还款期内,到所在单位财务部门报销。因个人报销不及时造成的罚息、滞纳金等相关费用,由持卡人承担;因持卡人所在单位报销不及时造成的利息等费用,以及由此带来的对个人资信影响等责任,由单位承担。

第二十二条　持卡人办理公务卡消费支出报销业务时,应当按照所在单位财务部门要求填写报销审批单,并附有关财务报销凭证及公务卡消费凭证,按照单位规定的财务报销程序报请审批。

第二十三条　确因工作需要,持卡人不能在规定的免息还款期内返回单位办理报销手续的,可由持卡人或其所在单位相关人员向单位财务部门提供持卡人姓名、交易日期和每笔交易金额的明细信息,办理相关借款手续,经财务部门审核批准,于免息还款期之前,先将资金转入公务卡,持卡人返回单位后按财务部门规定时间补办报销手续。

第二十四条 单位财务人员登录公务卡支持系统，根据持卡人提供的姓名、交易日期和消费金额等信息，查询核对公务消费的真实性，审核确认后批准报销。

第二十五条 单位财务人员对批准报销的公务卡消费支出，按以下规定办理报销还款手续：

（一）通过公务卡支持系统，编制“还款明细表”，生成“还款汇总表”，并以电子文档形式将“还款汇总表”及“还款明细表”提交发卡行。

（二）签发财政授权支付指令（支票等支付凭证），附加盖单位财务公章的“还款汇总表”，通知发卡行向指定的公务卡还款。

（三）原则上应在公务卡免息还款期的前三个工作日内，统一办理报销资金的还款手续；对于确需提前还款的业务，预算单位可及时签发财政授权支付指令办理公务卡报销还款手续。

第二十六条 “还款明细表”应包含流水号、预算单位组织机构代码、零余额账户账号、持卡人姓名、公务卡号、交易日期、交易金额、报销金额、商户名称、预算管理类型、预算科目（功能分类和经济分类）、支出类型、用途、创建用户、创建时间、复核用户、复核时间、处理状态等要素。

第二十七条 “还款汇总表”在“还款明细表”基础上生成，应包含还款记录序号、持卡人姓名、公务卡号、报销金额、预算科目（功能分类）、支票号码、汇总还款金额等要素。

第二十八条 “还款汇总表”电子信息与纸质信息必须确保一致。预算单位提交发卡行的“还款汇总表”必须从公务卡支持系统直接打印，不得使用另行编辑或下载修改的“还款汇总表”。

第二十九条 中央预算单位填写所有用于公务卡还款的财政授权支付指令时，国库集中支付制度原规定必须填写的12位连续代码中的后四位代码（3位经济分类代码和1位支出类型代码），改为统一填写“3000”代码。“还款明细表”中经济分类代码和支出类型代码，填写规定不变。财政授权支付指令收款人统一填写持卡人所在单位名称。

第三十条 代理银行根据预算单位签发的支付指令和“还款汇总表”信息，于收到支付指令的当日，将资金支付到公务卡账户。

第三十一条 因特殊原因导致发卡行当日无法将资金划转到公务卡账户，发卡行应于第二个工作日上午与预算单位沟通核实并重新划款。3个工作日内仍无法完成划款的，须及时通知预算单位，由预算单位按照财政授权支付业务流程，签发《财政授权支付更正（退回）通知书》，向零余额账户办理资金退回手续。

第三十二条 因向供应商退货等原因导致已报销资金退回公务卡的，持卡人应及时将相应款项退回所在单位财务部门，并由单位财务部门及时退回零余额账户。持卡人退款的财务审核手续按所在单位内部财务制度规定执行。

第三十三条 预算单位办理公务卡报销和资金退回等业务的账务处理，按照《财政部关于印发〈财政国库管理制度改革试点会计核算暂行办法〉的通知》（财库[2001]54号）等规定执行。

第三十四条 发卡行应当按财政部要求，向财政部动态监控系统实时、全面、准确反馈零余额账户向公务卡还款的支付信息，以及该笔报销业务所对应的公务卡明细消费信息。

第三十五条 发卡行应以纸质或电子形式按月向预算单位提供公务卡报销信息对账单。对账单区分预算科目，按日期、姓名、卡号、报销金额、退回金额等内容编制。

第五章 管理职责

第三十六条 财政部在公务卡管理工作中的主要职责是：

（一）会同中国人民银行组织制定公务卡管理的有关制度规定，组织管理中央预算单位公务卡试点和实施工作。

（二）指导和督促发卡行按照双方签署的协议，做好公务卡实施的系统建设、信息传递和资金还款等工作。

（三）管理国库动态监控系统，对中央预算单位公务卡项下的公务消费支出和报销事项进行监控管理，对重大问题进行调研或组织核查。

（四）协调有关部门，解决公务卡实施中的有关政策衔接问题，并协同推动银行卡受理环境的改善和银行卡产业发展。

第三十七条 中国人民银行在公务卡管理中的主要职责是：

（一）配合财政部组织制定公务卡管理的有关制度规定，共同推进公务卡实施工作。

（二）加强对发卡行在公务卡应用推广方面的指导和管理，引导推动发卡行不断加强公务卡应用方面的软、硬件设施建设。

（三）加强与有关方面的协调配合，落实与公务卡有关的配套措施建设，推动有关方面共同创造良好的公务卡用卡环境。

第三十八条　预算单位在公务卡管理工作中的主要职责是：

（一）选择本单位公务卡发卡行，签订公务卡服务协议。

（二）组织本单位工作人员统一办理公务卡，做好新增、调动、退休等人员的公务卡管理工作。

（三）督促本单位持卡人及时办理公务卡项下公务消费支出的财务报销手续。协助发卡行向本单位有逾期欠款的持卡人催收欠款。

（四）通过公务卡支持系统，审核本单位持卡人提请报销的公务卡消费信息，及时办理公务卡报销还款和资金退回等业务，及时下载保存报销还款信息，做好相关账务处理工作，并按月与发卡行就公务卡报销还款情况进行对账。

（五）配合财政部做好公务卡监督管理等有关工作。

第三十九条　发卡行在公务卡管理工作中的主要职责是：

（一）加强与公务卡管理有关的内部制度规范和信息系统建设，积极扩大银行卡机具布设范围，规范有关银行卡机具使用和银行卡消费信息的收集、存储、传送等方面的管理，提供良好的公务卡应用环境。

（二）按照与财政部所签订协议的要求定制公务卡，在试点初期开发维护或协助维护公务卡支持系统，及时、准确为财政部传送零余额账户资金支付及公务卡中的公务消费支出等动态监控信息，并确保信息传送的及时性、准确性和保密性。

（三）按照与预算单位签订的公务卡服务协议，为预算单位工作人员办理公务卡，维护公务卡支持系统，为公务卡报销、审核与支付还款业务提供及时、准确、规范、便捷的服务。

（四）按照本办法规定，与预算单位协商设定公务卡信用额度，为持卡人提供公务卡使用、挂失、注销等方面的便捷优质服务，并及时向持卡人反馈资金还款信息。

第四十条　中央预算单位工作人员除有涉密任务外，原则上均应在单位统一组织下申请办理公务卡。持卡人的主要职责是：

（一）按规定申请办理公务卡，妥善保管卡片和密码，并承担因个人保管不善等原因引起的公务卡有关费用。

（二）执行公务所需支出，原则上应使用公务卡结算和报销，并接受财政部门和所在单位财务部门对公务支出的监控管理。

（三）及时归还公务卡项下银行欠款。因离职、退休等原因离开所在单位，应按单位要求清理公务卡项下债权债务，停止公务卡的使用。

（四）遵守国家关于银行卡使用管理的法律法规和本办法有关规定，规范使用公务卡。

第四十一条　严禁预算单位将非本单位工作人员纳入公务卡管理范围、违规办理公务卡报销业务或查询、泄漏本单位公务卡持卡人的私人交易信息；严禁持卡人违规使用公务卡、恶意透支、拖欠还款或将非公务支出用于公务报销；严禁发卡行对外泄漏与公务卡支出有关的各种数据资料。违反规定的，追究单位负责人和直接责任人的行政责任，情节严重涉嫌犯罪的，移交司法机关，依法追究刑事责任。

第六章　附　　则

第四十二条　试点阶段，发卡行应为预算单位零余额账户的开户行。

第四十三条　试点阶段，对于特殊情况的，经单位财务部门审核同意，工作人员可向单位财务预借现金支付，并按现行财务规定办理报销手续。

第四十四条　中央预算单位财务部门应根据本办法规定，结合单位财务内部控制规范，制定本单位公务卡报销管理细则，加强财务管理，并认真做好对本单位持卡人的宣传培训等工作。

第四十五条　本办法未尽事宜，有相关规定的，按相关规定执行，没有相关规定的，由财政部会同中国人民银行负责解释。

第四十六条　本办法自印发之日起执行。

十、其他行政事业单位财务管理办法

行政事业单位财务管理法规非常多，绝大部分是财政部单独或者联合其他部委发布的。以下是本书编者搜集整理的法规名称和文号，需要运用相关法规的读者可以上网查询法规全文。

法 规 名 称	文 号
地方财政实施财政国库管理制度改革年终预算结余资金处理的暂行规定	财库[2003]126号
财政部关于切实加强政府投资项目代建制财政财务管理有关问题的指导意见	财建[2004]300号
中央预算内固定资产投资贴息资金财政财务管理暂行办法	财建[2005]354号
关于切实落实城镇廉租住房保障资金的通知	财综[2006]25号
关于财政拨付中央企业资金实行国库集中支付有关事项的通知	财库[2006]85号
中央政法补助专款管理办法	财行[2006]277号
中央国家机关和事业单位差旅费管理办法	财行[2006]313号
危机矿山接替资源找矿专项资金管理暂行办法	财建[2006]367号
中央国家机关会议费管理办法	国管财[2006]426号
可再生能源建筑应用专项资金管理暂行办法	财建[2006]460号
行政事业性收费标准管理暂行办法	发改价格[2006]532号
电信普遍服务资金使用管理暂行办法	财建[2006]1005号
《中央单位政府集中采购管理实施办法》	财库[2007]3号
关于延续农网还贷资金等17项政府性基金政策问题的通知	财综[2007]3号
关于印发行政事业单位资产清查工作中有关问题解答的通知	财办行[2007]7号
全球环境基金赠款项目管理办法	财际[2007]45号
廉租住房保障资金管理办法	财综[2007]64号
中央财政补助地方劳动力市场建设专项资金管理暂行办法	财社[2007]70号
财政部关于中央单位2008年深化国库集中支付改革若干问题的通知	财库[2007]101号
民族文字出版专项资金管理暂行办法	财教[2007]258号
生物能源和生物化工非粮引导奖励资金管理暂行办法	财建[2007]282号
完善退耕还林政策补助资金管理办法	财农[2007]339号
高等学校本科教学质量与教学改革工程专项资金管理暂行办法	财教[2007]376号
现代农业产业技术体系建设专项资金管理试行办法	财教[2007]410号
国家机关办公建筑和大型公共建筑节能专项资金管理暂行办法	财教[2007]558号
驻外机构国有资产管理暂行实施办法	财行[2007]559号
屠宰环节病害猪无害化处理财政补贴资金管理暂行办法	财建[2007]608号
民族特需商品生产补助资金管理暂行办法	财建[2007]640号
城镇污水处理设施配套管网以奖代补资金管理暂行办法	财建[2007]730号
新农村现代流通服务网络工程专项资金管理暂行办法	财建[2007]821号
中央财政促进服务业发展专项资金管理暂行办法	财建[2007]853号

（续表）

法　规　名　称	文　号
中央分成新增建设用地土地有偿使用费使用指南(暂行)	财建[2007]861 号
电子信息产业发展基金管理办法	财建[2007]866 号
淘汰落后产能中央财政奖励资金管理暂行办法	财建[2007]873 号
农村饮水安全项目建设资金管理办法	财建[2007]917 号
国际农业发展基金项目管理办法	财际[2008]16 号
新型农村合作医疗补助资金国库集中支付管理暂行办法	财库[2008]33 号
汶川地震灾后恢复重建资金(基金)预算管理办法	财预[2008]389 号

第二十四部分　行政事业单位基本建设相关财务管理法规

一、基本建设财务管理规定

财政部关于印发《基本建设财务管理规定》的通知

财建[2002]394号

党中央有关部门、国务院各部委、各直属机构，全国人大常委会办公厅，全国政协办公厅，高法院，高检院，各人民团体，中央管理企业，各省、自治区、直辖市、计划单列市财政厅(局)，新疆生产建设兵团财务局：

为了适应新形势下基本建设财务管理的需要，有利于各部门、各地区及项目建设单位加强基本建设财务管理，有效节约建设资金，控制建设成本，提高投资效益，针对基本建设财务管理中反映出的问题，我部对《基本建设财务管理若干规定》(财基字[1998]4号)的有关内容进行了修订。现印发你们，请认真贯彻执行。并结合各部门、各地区的实际情况，及时贯彻落实到建设单位。

附件：基本建设财务管理规定

二〇〇二年九月二十七日

附件：

基本建设财务管理规定

第一条　为了适应社会主义市场经济体制和投融资体制改革的需要，规范基本建设投资行为，加强基本建设财务管理和监督，提高投资效益，根据《中华人民共和国预算法》、《会计法》和《政府采购法》等法律、行政法规、规章，制定本规定。

第二条　本规定适用于国有建设单位和使用财政性资金的非国有建设单位，包括当年安排基本建设投资、当年虽未安排投资但有在建工程、有停缓建项目和资产已交付使用但未办理竣工决算项目的建设单位。其他建设单位可参照执行。

实行基本建设财务和企业财务并轨的单位，不执行本规定。

第三条　基本建设财务管理的基本任务是：贯彻执行国家有关法律、行政法规、方针政策；依法、合理、及时筹集、使用建设资金；做好基本建设资金的预算编制、执行、控制、监督和考核工作，严格控制建设成本，减少资金损失和浪费，提高投资效益。

第四条　各级财政部门是主管基本建设财务的职能部门，对基本建设的财务活动实施财政财务管理和监督。

第五条　使用财政性资金的建设单位，在初步设计和工程概算获得批准后，其主管部门要及时向同级财政部门提交初步设计的批准文件和项目概算，并按照预算管理的要求，及时向同级财政部门报送项目年度预算，待财政部门审核确认后，作为安排项目年度预算的依据。

建设项目停建、缓建、迁移、合并、分立以及其他主要变更事项，应当在确立和办理变更手续之日起30日内，向同级财政部门提交有关文件、资料的复制件。

第六条　建设单位要做好基本建设财务管理的基础工作，按规定设置独立的财务管理机构或指定专人负责基本建设财务工作；严格按照批准的概预算建设内容，做好账务设置和账务管理，建立健全内部财务管理制度；对基本建设活动中的材料、设备采购、存货、各项财产物资及时做好原始记录；及时掌握工程进度，定期进行财产物资清查；按规定向财政部门报送基建财务报表。

主管部门应指导和督促所属的建设单位做好基本建设财务管理的基础工作。

第七条　经营性项目，应按照国家关于项目资本金制度的规定，在项目总投资(以经批准的动态投资计算)中筹集一定比例的非负债资金作为项目资本金。

本规定中有关经营性项目和非经营性项目划分，由财政部门根据国家有关规定确认。

第八条　经营性项目筹集的资本金，须聘请中国注册会计师验资并出具验资报告。投资者以实物、工业产权、非专利技术、土地使用权等非货币资产投入项目的资本金，必须经过有资格的资产评估机构依照法律、行政法规评估作价。

经营性项目筹集的资本金，在项目建设期间和生产经营期间，投资者除依法转让外，不得以任何方式抽走。

第九条　经营性项目收到投资者投入项目的资本金，要按照投资主体的不同，分别以国家资本金、法人资本金、个人资本金和外商资本金单独反映。项目建成交付使用并办理竣工财务决算后，相应转为生产经营企业的国家资本金、法人资本金、个人资本金、外商资本金。

第十条　凡使用国家财政投资的建设项目应当执行财政部有关基本建设资金支付的程序，财政资金按批准的年度基本建设支出预算到位。

实行政府采购和国库集中支付的基本建设项目，应当根据政府采购和国库集中支付的有关规定办理资金支付。

第十一条　经营性项目对投资者实际缴付的出资额超出其资本金的差额（包括发行股票的溢价净收入）、接受捐赠的财产、外币资本折算差额等，在项目建设期间，作为资本公积金，项目建成交付使用并办理竣工财务决算后，相应转为生产经营企业的资本公积金。

第十二条　建设项目在建设期间的存款利息收入计入待摊投资，冲减工程成本。

第十三条　经营性项目在建设期间的财政贴息资金，作冲减工程成本处理。

第十四条　建设项目在编制竣工财务决算前要认真清理结余资金。应变价处理的库存设备、材料以及应处理的自用固定资产要公开变价处理，应收、应付款项要及时清理，清理出来的结余资金按下列情况进行财务处理。

经营性项目的结余资金，相应转入生产经营企业的有关资产。非经营性项目的结余资金，首先用于归还项目贷款。如有结余，30%作为建设单位留成收入，主要用于项目配套设施建设、职工奖励和工程质量奖，70%按投资来源比例归还投资方。

第十五条　项目建设单位应当将应交财政的竣工结余资金在竣工财务决算批复后30日内上交财政。

第十六条　建设成本包括建筑安装工程投资支出、设备投资支出、待摊投资支出和其他投资支出。

第十七条　建筑安装工程投资支出是指建设单位按项目概算内容发生的建筑工程和安装工程的实际成本，其中不包括被安装设备本身的价值以及按照合同规定支付给施工企业的预付备料款和预付工程款。

第十八条　设备投资支出是指建设单位按照项目概算内容发生的各种设备的实际成本，包括需要安装设备、不需要安装设备和为生产准备的不够固定资产标准的工具、器具的实际成本。

需要安装设备是指必须将其整体或几个部位装配起来，安装在基础上或建筑物支架上才能使用的设备；不需要安装设备是指不必固定在一定位置或支架上就可以使用的设备。

第十九条　待摊投资支出是指建设单位按项目概算内容发生的，按照规定应当分摊计入交付使用资产价值的各项费用支出，包括：建设单位管理费、土地征用及迁移补偿费、土地复垦及补偿费、勘察设计费、研究试验费、可行性研究费、临时设施费、设备检建费、负荷联合试车费、合同公证及工程质量监理费、（贷款）项目评估费、国外借款手续费及承诺费、社会中介机构审计（查）费、招投标费、经济合同仲裁费、诉讼费、律师代理费、土地使用税、耕地占用税、车船使用税、汇兑损益、报废工程损失、坏账损失、借款利息、固定资产损失、器材处理亏损、设备盘亏及毁损、调整器材调拨价格折价、企业债券发行费用、航道维护费、航标设施费、航测费、其他待摊投资等。

建设单位要严格按照规定的内容和标准控制待摊投资支出，不得将非法的收费、摊派等计入待摊投资支出。

第二十条　其他投资支出是指建设单位按项目概算内容发生的构成基本建设实际支出的房屋购置和基本畜禽、林木等购置、饲养、培育支出以及取得各种无形资产和递延资产发生的支出。

第二十一条　建设单位管理费是指建设单位从项目开工之日起至办理竣工财务决算之日止发生的管理性质的开支。包括：不在原单位发工资的工作人员工资、基本养老保险费、基本医疗保险费、失业保险费，办公费、差旅交通费、劳动保护费、工具用具使用费、固定资产使用费、零星购置费、招募生产工人费、技术图书资料费、印花税、业务招待费、施工现场津贴、竣工验收费和其他管理性质开支。

业务招待费支出不得超过建设单位管理费总额的10%。

施工现场津贴标准比照当地财政部门制定的差旅费标准执行。

第二十二条 建设单位管理费实行总额控制，分年度据实列支。

建设单位管理费的总额控制数以项目审批部门批准的项目投资总概算为基数，并按投资总概算的不同规模分档计算。具体计算方法见附件一(略)。

特殊情况确需超过上述开支标准的，须事前报同级财政部门审核批准。

第二十三条 建设单位发生单项工程报废，必须经有关部门鉴定。报废单项工程的净损失经财政部门批准后，作增加建设成本处理，计入待摊投资。

第二十四条 非经营性项目发生的江河清障、航道清淤、飞播造林、补助群众造林、退耕还林(草)、封山(沙)育林(草)、水土保持、城市绿化、取消项目可行性研究费、项目报废及其他经财政部门认可的不能形成资产部分的投资，作待核销处理。在财政部门批复竣工决算后，冲销相应的资金。形成资产部分的投资，计入交付使用资产价值。

第二十五条 非经营性项目为项目配套的专用设施投资，包括专用道路、专用通讯设施、送变电站、地下管道等，产权归属本单位的，计入交付使用资产价值；产权不归属本单位的，作转出投资处理，冲销相应的资金。

经营性项目为项目配套的专用设施投资，包括专用铁路线、专用公路、专用通讯设施、送变电站、地下管道、专用码头等，建设单位必须与有关部门明确界定投资来源和产权关系。由本单位负责投资但产权不归属本单位的，作无形资产处理；产权归属本单位的，计入交付使用资产价值。

第二十六条 建设项目隶属关系发生变化时，应及时进行财务关系划转，要认真做好各项资产和债权、债务清理交接工作，主要包括各项投资来源、已交付使用的资产、在建工程、结余资金、各项债权和债务等，由划转双方的主管部门报同级财政部门审批，并办理资产、财务划转手续。

第二十七条 基建收入是指在基本建设过程中形成的各项工程建设副产品变价净收入、负荷试车和试运行收入以及其他收入。

(一) 工程建设副产品变价净收入包括：煤炭建设中的工程煤收入，矿山建设中的矿产品收入，油(汽)回钻井建设中的原油(汽)收入和森工建设中的路影材收入等。

(二) 经营性项目为检验设备安装质量进行的负荷试车或按合同及国家规定进行试运行所实现的产品收入包括：水利、电力建设移交生产前的水、电、热费收入，原材料、机电轻纺、农林建设移交生产前的产品收入，铁路、交通临时运营收入等。

(三) 其他收入包括：(1)各类建设项目总体建设尚未完成和移交生产，但其中部分工程简易投产而发生的营业性收入等；(2)工程建设期间各项索赔以及违约金等其他收入。

第二十八条 各类副产品和负荷试车产品基建收入按实际销售收入扣除销售过程中所发生的费用和税金确定。负荷试车费用计入建设成本。

试运行期间基建收入以产品实际销售收入减去销售费用及其他费用和销售税金后的纯收入确定。

第二十九条 试运行期按照以下规定确定：引进国外设备项目按建设合同中规定的试运行期执行；国内一般性建设项目试运行期原则上按照批准的设计文件所规定期限执行。个别行业的建设项目试运行期需要超过规定试运行期的，应报项目设计文件审批机关批准。

第三十条 建设项目按批准的设计文件所规定的内容建成，工业项目经负荷试车考核(引进国外设备项目合同规定试车考核期满)或试运行期能够正常生产合格产品，非工业项目符合设计要求，能够正常使用时，应及时组织验收，移交生产或使用。凡已超过批准的试运行期，并已符合验收条件但未及时办理竣工验收手续的建设项目，视同项目已正式投产，其费用不得从基建投资中支付，所实现的收入作为生产经营收入，不再作为基建收入。试运行期一经确定，各建设单位应严格按规定执行，不得擅自缩短或延长。

第三十一条 各项索赔、违约金等收入，首先用于弥补工程损失，结余部分按本规定第三十二条处理。

第三十二条 基建收入应依法缴纳企业所得税，税后收入按以下规定处理：

经营性项目基建收入的税后收入，相应转为生产经营企业的盈余公积。

非经营性项目基建收入的税后收入，相应转入行政事业单位的其他收入。

第三十三条 试生产期间一律不得计提固定资产折旧。

第三十四条　建设单位应当严格执行工程价款结算的制度规定，坚持按照规范的工程价款结算程序支付资金。建设单位与施工单位签订的施工合同中确定的工程价款结算方式要符合财政支出预算管理的有关规定。工程建设期间，建设单位与施工单位进行工程价款结算，建设单位必须按工程价款结算总额的5%预留工程质量保证金，待工程竣工验收一年后再清算。

第三十五条　基本建设项目竣工时，应编制基本建设项目竣工财务决算。建设周期长、建设内容多的项目，单项工程竣工，具备交付使用条件的，可编制单项工程竣工财务决算。建设项目全部竣工后应编制竣工财务总决算。

第三十六条　基本建设项目竣工财务决算是正确核定新增固定资产价值，反映竣工项目建设成果的文件，是办理固定资产交付使用手续的依据。各编制单位要认真执行有关的财务核算办法，严肃财经纪律，实事求是地编制基本建设项目竣工财务决算，做到编报及时，数字准确，内容完整。

第三十七条　建设单位及其主管部门应加强对基本建设项目竣工财务决算的组织领导，组织专门人员，及时编制竣工财务决算。设计、施工、监理等单位应积极配合建设单位做好竣工财务决算编制工作。建设单位应在项目竣工后三个月内完成竣工财务决算的编制工作。在竣工财务决算未经批复之前，原机构不得撤销，项目负责人及财务主管人员不得调离。

第三十八条　基本建设项目竣工财务决算的依据，主要包括：可行性研究报告、初步设计、概算调整及其批准文件；招投标文件（书）；历年投资计划；经财政部门审核批准的项目预算；承包合同、工程结算等有关资料；有关的财务核算制度、办法；其他有关资料。

第三十九条　在编制基本建设项目竣工财务决算前，建设单位要认真做好各项清理工作。清理工作主要包括基本建设项目档案资料的归集整理、账务处理、财产物资的盘点核实及债权债务的清偿，做到账账、账证、账实、账表相符。各种材料、设备、工具、器具等，要逐项盘点核实，填列清单，妥善保管，或按照国家规定进行处理，不准任意侵占、挪用。

第四十条　基本建设项目竣工财务决算的内容，主要包括以下两个部分：

（一）基本建设项目竣工财务决算报表

主要有以下报表（表式见附件二，略）：

1. 封面
2. 基本建设项目概况表
3. 基本建设项目竣工财务决算表
4. 基本建设项目交付使用资产总表
5. 基本建设项目交付使用资产明细表

（二）竣工财务决算说明书

主要包括以下内容：

1. 基本建设项目概况
2. 会计账务的处理、财产物资清理及债权债务的清偿情况
3. 基建结余资金等分配情况
4. 主要技术经济指标的分析、计算情况
5. 基本建设项目管理及决算中存在的问题、建议
6. 决算与概算的差异和原因分析
7. 需说明的其他事项

第四十一条　基本建设项目的竣工财务决算，按下列要求报批：

（一）中央级项目

1. 小型项目

属国家确定的重点项目，其竣工财务决算经主管部门审核后报财政部审批，或由财政部授权主管部门审批；其他项目竣工财务决算报主管部门审批。

2. 大、中型项目

中央级大、中型基本建设项目竣工财务决算，经主管部门审核后报财政部审批。

（二）地方级项目

地方级基本建设项目竣工财务决算的报批，由各省、自治区、直辖市、计划单列市财政厅（局）确定。

第四十二条 财政部对中央级大中型项目、国家确定的重点小型项目竣工财务决算的审批实行"先审核、后审批"的办法，即先委托投资评审机构或经财政部认可的有资质的中介机构对项目单位编制的竣工财务决算进行审核，再按规定批复。对审核中审减的概算内投资，经财政部审核确认后，按投资来源比例归还投资方。

第四十三条 基本建设项目竣工财务决算大中小型划分标准。经营性项目投资额在 5 000 万元(含 5 000 万元)以上、非经营性项目投资额在 3 000 万元(含 3 000 万元)以上的为大中型项目。其他项目为小型项目。

第四十四条 已具备竣工验收条件的项目，3 个月内不办理竣工验收和固定资产移交手续的，视同项目已正式投产，其费用不得从基建投资中支付，所实现的收入作为生产经营收入，不再作为基建收入管理。

第四十五条 各省、自治区、直辖市、计划单列市财政厅(局)可以根据本规定，结合本地区建设项目的实际，制定实施细则并报财政部备案。

第四十六条 本规定自发布之日起 30 日后施行。财政部 1998 年印发的《基本建设财务管理若干规定》(财基字[1998]4 号文)同时废止。

二、财政部关于解释《基本建设财务管理规定》执行中有关问题的通知

财政部关于解释《基本建设财务管理规定》执行中有关问题的通知

财建[2003]724 号

党中央有关部门，国务院各部委、各直属机构，全国人大常委会办公厅，全国政协办公厅，高法院，高检院，各人民团体，中央管理企业，各省、自治区、直辖市、计划单列市财政厅(局)，新疆生产建设兵团财务局：

我部印发《基本建设财务管理规定》以来，有关部门和地方来函来电要求对基本建设财务制度有关问题作进一步解释。经研究，现就有关问题答复如下：

一、在建项目执行新旧基建财务制度如何衔接。根据基本建设项目的特点，凡在 2002 年 10 月后开工的在建项目执行《基本建设财务管理规定》(财建[2002]394 号)，2002 年 10 月前开工的在建项目可继续执行原基建财务制度，直至项目竣工。

二、实行基本建设财务和企业财务并轨的单位，其建设项目财务管理能否执行基本建设财务制度。

目前，对基建财务和企业财务并轨的试点，只批准在个别行业进行，具体基本建设项目，按并轨要求一时还难以做到的，经主管部门同意，仍可比照基本建设财务制度进行管理和核算。

三、关于财政性资金的具体范围。基本建设项目使用的财政性资金是指财政预算内和财政预算外资金，主要包括：

1. 财政预算内基本建设资金；

2. 财政预算内其他各项支出中用于基本建设项目投资的资金；

3. 纳入财政预算管理的专项建设基金中用于基本建设项目投资的资金；

4. 财政预算外资金中用于基本建设项目投资的资金；

5. 其他财政性基本建设资金。

四、一个建设单位同时承建多个建设项目可否统一核算。根据基本建设有关规定，每个基本建设项目都必须单独建账、单独核算；同一个建设项目，不论其建设资金来源性质，原则上必须在同一账户核算和管理。

五、经营性项目和非经营性项目能否统一划分标准。目前，单从项目所属行业和性质难以划分清楚并做出明确规定。同类项目在不同地区、不同时期，可以分别划分为经营性项目和非经营性项目。因此，只能在项目完工后，由同级财政部门根据项目的具体情况和主管部门意见判断确定。

六、对基本建设项目实行政府采购和国库集中支付的具体要求和规定应明确在基建财务制度中。因基本建设项目政府采购和国库集中支付试点工作正在逐步开展，有些做法尚未成熟，还需要不断修改完善，目前还不宜将具体要求和规定写入基建财务制度。

七、财政部门是否可以预留项目工程尾款。基建财务制度规定建设单位必须按工程价款结算总额的 5%预留工程质量保证金，但没有明确财政性资金是留在建设单位账上还是财政国库上，各地可根据实际情

况掌握；同时5%是最低比例，资金的具体预留比例和时间，有关各方可根据规定或合同(协议)确定。

八、项目存款利息的处理。项目存款是指建设项目的所有建设资金，包括财政拨款、银行贷款等，其产生的利息收入一律冲减项目建设工程成本。

九、非经营性项目建设期间的财政贴息资金如何处理。非经营性项目建设期间的财政贴息资金比照经营性项目建设期间的财政贴息资金处理办法进行处理，即冲减工程成本。

十、建设单位按规定留成的非经营性项目的结余资金，主要用于项目配套设施建设、职工奖励和工程质量奖，使用时，是否需报同级财政部门审批。

基建财务制度已明确建设单位留成资金的使用范围，财政部门可对其使用情况进行监督，但不必再进行审批。

十一、建设单位管理费开支的起止时间和计算基数。基本建设财务制度明确建设单位管理费是指建设单位从项目开工之日起至办理竣工财务决算之日止发生的管理性质开支。考虑到不少建设项目前期筹建期间管理性开支没有渠道，建设单位管理费修改为：建设单位从筹建之日起至办理竣工财务决算之日止发生的管理性质开支，建设单位管理费以项目投资总概算为计算基数。

十二、建设单位单项工程报废处理。建设单位单项工程报废是指建设单位原因造成的报废，施工单位施工造成的单项工程报废由施工单位承担责任。单项工程报废净损失按项目财务隶属关系由同级财政部门批准后，计入待摊投资。

十三、基本建设项目年度财务决算与竣工财务决算审批问题。

为减少审批，财政部对基本建设项目年度财务决算不再审批，地方或主管部门是否审批，由地方或主管部门自行决定；项目竣工财务决算按基本建设财务制度规定审批。

十四、经营性项目为项目配套的专用设施投资，产权不归属本单位的，如何处理。根据基本建设制度规定，经营性项目为项目配套的专用设施投资，产权不归属本单位的作无形资产处理。考虑到资产重复计算等因素，本次修改明确为：产权不归属本单位的，经项目主管部门及同级财政部门核准作转出投资处理。

十五、关于项目试运期、竣工验收条件标准问题。因各行业基本建设项目差别较大，不可能制定统一的项目试运期、竣工验收标准。有关主管部门应尽快制定分行业、分规模的项目试运期、竣工验收条件等规范标准，报财政部备案，以利项目竣工财务决算的编报和批复。

十六、中央级项目和地方级项目如何划分。按项目财务隶属关系划分，凡是财务关系在中央部门的，属中央级项目，凡财务关系在地方的，属地方级项目。

十七、建设项目投资包干责任制问题。建设项目实行《招投标法》和《政府采购法》后，财政部门取消了投资包干责任制的做法，各部门自行实施投资包干责任制的，财政部门不予认可。

十八、建设项目收尾工程如何确定。可根据项目投资总概算5%掌握。尾工工程超过项目投资总概算5%，不能编制项目竣工财务决算。

十九、违反基本建设财务制度如何处理。对没有严格执行基本建设财务制度，或违反基本建设财务制度的行为，各级主管部门和财政部门可根据国务院《关于违反财政法规处罚的暂行规定》，通过口头警告限期纠正、通报批评、停止拨款、收回拨款、撤销项目和对直接责任人行政处分等手段进行处罚。

二十、实行代建制的建设项目，如何执行基本建设财务制度。目前，我部正在根据基本建设财务制度和代建制项目的特点，研究制定加强代建制建设项目财政财务管理指导意见，实行代建制的建设项目可按此执行。

抄送：财政部驻各省、自治区、直辖市、计划单列市财政监察专员办事处。

三、财政部关于进一步加强中央基本建设项目竣工财务决算工作的通知

财办建[2008]91号

党中央有关部门办公厅(室)，国务院各部委、各直属机构办公厅(室)，全国人大常委会办公厅秘书局，全国政协办公厅秘书局，高法院办公厅，高检院办公厅，有关人民团体办公厅(室)，有关中央管理企业：

为进一步加强基本建设项目竣工财务决算管理，根据《财政部关于印发〈基本建设财务管理规定〉的通

知》(财建[2002]394 号)等规定,经研究,现就中央基本建设项目竣工财务决算编报及审核工作有关问题进一步明确如下:

一、基本建设项目竣工财务决算编制依据

(一) 国家有关法律法规及制度;

(二) 经批准的可行性研究报告、初步设计、概算及调整文件;

(三) 历年下达的年度投资计划、项目支出预算;

(四) 会计核算及财务管理资料;

(五) 招投标文件,项目合同(协议)、工程结算等有关资料;

(六) 其他有关资料等。

二、基本建设项目竣工财务决算编报要求

(一) 时限要求

项目建设单位应在项目竣工后三个月内完成竣工财务决算的编制工作,并报主管部门审核。主管部门收到竣工财务决算报告后,对于按规定由主管部门审批的项目,应及时审核批复,并报财政部备案;对于按规定报财政部审批的项目,一般应在收到决算报告后一个月内完成审核工作,并将经其审核后的决算报告报财政部(经济建设司)审批。

以前年度已竣工尚未编报竣工财务决算的基建项目,主管部门应督促项目建设单位抓紧编报。

(二) 组织管理要求

主管部门应督促项目建设单位加强对基本建设项目竣工财务决算的组织领导,组织专门人员,及时编制竣工财务决算。设计、施工、监理等单位应积极配合建设单位做好竣工财务决算编制工作。在竣工财务决算未经批复之前,原机构不得撤销,项目负责人及财务主管人员不得调离。

(三) 编报内容要求

1. 基本建设项目竣工财务决算报表:

主要有以下报表(表式见附件 1):

(1) 封面;

(2) 基本建设项目概况表(建竣决 01 表);

(3) 基本建设项目竣工财务决算表(建竣决 02 表);

(4) 基本建设项目交付使用资产总表(建竣决 03 表);

(5) 基本建设项目交付使用资产明细表(建竣决 04 表)。

2. 竣工财务决算说明书,主要包括以下内容:

(1) 基本建设项目概况;

(2) 会计账务处理、财产物资清理及债权债务的清偿情况;

(3) 基本建设支出预算、投资计划和资金到位情况;

(4) 基建结余资金形成等情况;

(5) 概算、项目预算执行情况及分析,主要分析决算与概算的差异及原因;

(6) 尾工及预留费用情况;

(7) 历次审计、核查、稽察及整改情况;

(8) 主要技术经济指标的分析、计算情况;

(9) 基本建设项目管理经验、问题和建议;

(10) 预备费动用情况;

(11) 招投标情况、工程政府采购情况、合同(协议)履行情况;

(12) 征地拆迁补偿情况、移民安置情况;

(13) 需说明的其他事项;

(14) 编表说明。

3. 项目立项、可研及初步设计批复文件(复印件);

4. 项目历年投资计划及中央财政预算文件(复印件);

5. 经有关部门或单位进行决(结)算审计或审核的,需附完整的审计审核报告,报告内容应详实,其主要内容应包括：工程概况、资金来源、审核说明、审核依据、审核结果、意见和建议，并附有项目竣工决（结）算审核汇总表（见附件2）、待摊投资明细表（见附件3）、转出投资明细表（参考）（见附件4）、待摊投资分配明细表（参考）（见附件5）；

6. 其他与项目决算相关的资料。

三、加强项目竣工财务决算审核管理

主管部门应对项目建设单位报送的项目竣工财务决算认真审核，严格把关。审核的重点内容：项目是否按规定程序和权限进行立项、可研和初步设计报批工作；项目建设超标准、超规模、超概算投资等问题审核；项目竣工财务决算金额的正确性审核；项目竣工财务决算资料的完整性审核；项目建设过程中存在主要问题的整改情况审核等。

对于报财政部审批的项目竣工财务决算需附主管部门对项目竣工财务决算的审核意见及项目建设过程中存在主要问题的处理意见。

四、财政部按规定对中央级大中型项目、国家确定的重点小型项目竣工财务决算的审批实行“先审核、后审批”的办法，即对需先审核后审批的项目，先委托财政投资评审机构或经财政部认可的有资质的中介机构对项目单位编制的竣工财务决算进行审核，再按规定批复项目竣工财务决算。

二〇〇八年七月二十二日

附件1：基本建设项目竣工财务决算报表（略）

附件2：基本建设工程决算审核情况汇总表（略）

附件3：待摊投资明细表（略）

附件4：转出投资明细表（参考）（略）

附件5：待摊投资分配明细表（参考）（略）

四、建设工程价款结算暂行办法

财政部建设部关于印发《建设工程价款结算暂行办法》的通知

财建[2004]369号

党中央有关部门，国务院各部委、各直属机构，有关人民团体，各中央管理企业，各省、自治区、直辖市、计划单列市财政厅（局）、建设厅（委、局），新疆生产建设兵团财务局：

为了维护建设市场秩序，规范建设工程价款结算活动，按照国家有关法律、法规，我们制订了《建设工程价款结算暂行办法》。现印发给你们，请贯彻执行。

附件：建设工程价款结算暂行办法

中华人民共和国财政部

中华人民共和国建设部

二〇〇四年十月二十日

附件：

建设工程价款结算暂行办法

第一章　总　　则

第一条　为加强和规范建设工程价款结算，维护建设市场正常秩序，根据《中华人民共和国合同法》、《中华人民共和国建筑法》、《中华人民共和国招标投标法》、《中华人民共和国预算法》、《中华人民共和国政府采购法》、《中华人民共和国预算法实施条例》等有关法律、行政法规制订本办法。

第二条　凡在中华人民共和国境内的建设工程价款结算活动，均适用本办法。国家法律法规另有规定的，从其规定。

第三条　本办法所称建设工程价款结算（以下简称“工程价款结算”），是指对建设工程的发承包合同价款进行约定和依据合同约定进行工程预付款、工程进度款、工程竣工价款结算的活动。

第四条　国务院财政部门、各级地方政府财政部门和国务院建设行政主管部门、各级地方政府建设行政主管部门在各自职责范围内负责工程价款结算的监督管理。

第五条 从事工程价款结算活动，应当遵循合法、平等、诚信的原则，并符合国家有关法律、法规和政策。

第二章 工程合同价款的约定与调整

第六条 招标工程的合同价款应当在规定时间内，依据招标文件、中标人的投标文件，由发包人与承包人（以下简称“发、承包人”）订立书面合同约定。

非招标工程的合同价款依据审定的工程预（概）算书由发、承包人在合同中约定。

合同价款在合同中约定后，任何一方不得擅自改变。

第七条 发包人、承包人应当在合同条款中对涉及工程价款结算的下列事项进行约定：

（一）预付工程款的数额、支付时限及抵扣方式；

（二）工程进度款的支付方式、数额及时限；

（三）工程施工中发生变更时，工程价款的调整方法、索赔方式、时限要求及金额支付方式；

（四）发生工程价款纠纷的解决方法；

（五）约定承担风险的范围及幅度以及超出约定范围和幅度的调整办法；

（六）工程竣工价款的结算与支付方式、数额及时限；

（七）工程质量保证（保修）金的数额、预扣方式及时限；

（八）安全措施和意外伤害保险费用；

（九）工期及工期提前或延后的奖惩办法；

（十）与履行合同、支付价款相关的担保事项。

第八条 发、承包人在签订合同时对于工程价款的约定，可选用下列一种约定方式：

（一）固定总价。合同工期较短且工程合同总价较低的工程，可以采用固定总价合同方式。

（二）固定单价。双方在合同中约定综合单价包含的风险范围和风险费用的计算方法，在约定的风险范围内综合单价不再调整。风险范围以外的综合单价调整方法，应当在合同中约定。

（三）可调价格。可调价格包括可调综合单价和措施费等，双方应在合同中约定综合单价和措施费的调整方法，调整因素包括：

1. 法律、行政法规和国家有关政策变化影响合同价款；

2. 工程造价管理机构的价格调整；

3. 经批准的设计变更；

4. 发包人更改经审定批准的的施工组织设计（修正错误除外）造成费用增加；

5. 双方约定的其他因素。

第九条 承包人应当在合同规定的调整情况发生后 14 天内，将调整原因、金额以书面形式通知发包人，发包人确认调整金额后将其作为追加合同价款，与工程进度款同期支付。发包人收到承包人通知后 14 天内不予确认也不提出修改意见，视为已经同意该项调整。

当合同规定的调整合同价款的调整情况发生后，承包人未在规定时间内通知发包人，或者未在规定时间内提出调整报告，发包人可以根据有关资料，决定是否调整和调整的金额，并书面通知承包人。

第十条 工程设计变更价款调整

（一）施工中发生工程变更，承包人按照经发包人认可的变更设计文件，进行变更施工，其中，政府投资项目重大变更，需按基本建设程序报批后方可施工。

（二）在工程设计变更确定后 14 天内，设计变更涉及工程价款调整的，由承包人向发包人提出，经发包人审核同意后调整合同价款。变更合同价款按下列方法进行：

1. 合同中已有适用于变更工程的价格，按合同已有的价格变更合同价款；

2. 合同中只有类似于变更工程的价格，可以参照类似价格变更合同价款；

3. 合同中没有适用或类似于变更工程的价格，由承包人或发包人提出适当的变更价格，经对方确认后执行。如双方不能达成一致的，双方可提请工程所在地工程造价管理机构进行咨询或按合同约定的争议或纠纷解决程序办理。

（三）工程设计变更确定后 14 天内，如承包人未提出变更工程价款报告，则发包人可根据所掌握的资料决定是否调整合同价款和调整的具体金额。重大工程变更涉及工程价款变更报告和确认的时限由发承包双方协商确定。

收到变更工程价款报告一方，应在收到之日起 14 天内予以确认或提出协商意见，自变更工程价款报告送达之日起 14 天内，对方未确认也未提出协商意见时，视为变更工程价款报告已被确认。

确认增(减)的工程变更价款作为追加(减)合同价款与工程进度款同期支付。

第三章　工程价款结算

第十一条　工程价款结算应按合同约定办理，合同未作约定或约定不明的，发、承包双方应依照下列规定与文件协商处理：

(一) 国家有关法律、法规和规章制度；

(二) 国务院建设行政主管部门、省、自治区、直辖市或有关部门发布的工程造价计价标准、计价办法等有关规定；

(三) 建设项目的合同、补充协议、变更签证和现场签证，以及经发、承包人认可的其他有效文件；

(四) 其他可依据的材料。

第十二条　工程预付款结算应符合下列规定：

(一) 包工包料工程的预付款按合同约定拨付，原则上预付比例不低于合同金额的 10%，不高于合同金额的 30%，对重大工程项目，按年度工程计划逐年预付。计价执行《建设工程工程量清单计价规范》(GB50500—2003)的工程，实体性消耗和非实体性消耗部分应在合同中分别约定预付款比例。

(二) 在具备施工条件的前提下，发包人应在双方签订合同后的一个月内或不迟于约定的开工日期前的 7 天内预付工程款，发包人不按约定预付，承包人应在预付时间到期后 10 天内向发包人发出要求预付的通知，发包人收到通知后仍不按要求预付，承包人可在发出通知 14 天后停止施工，发包人应从约定应付之日起向承包人支付应付款的利息(利率按同期银行贷款利率计)，并承担违约责任。

(三) 预付的工程款必须在合同中约定抵扣方式，并在工程进度款中进行抵扣。

(四) 凡是没有签订合同或不具备施工条件的工程，发包人不得预付工程款，不得以预付款为名转移资金。

第十三条　工程进度款结算与支付应当符合下列规定：

(一) 工程进度款结算方式：

1. 按月结算与支付。即实行按月支付进度款，竣工后清算的办法。合同工期在两个年度以上的工程，在年终进行工程盘点，办理年度结算。

2. 分段结算与支付。即当年开工、当年不能竣工的工程按照工程形象进度，划分不同阶段支付工程进度款。具体划分在合同中明确。

(二) 工程量计算：

1. 承包人应当按照合同约定的方法和时间，向发包人提交已完工程量的报告。发包人接到报告后 14 天内核实已完工程量，并在核实前 1 天通知承包人，承包人应提供条件并派人参加核实，承包人收到通知后不参加核实，以发包人核实的工程量作为工程价款支付的依据。发包人不按约定时间通知承包人，致使承包人未能参加核实，核实结果无效。

2. 发包人收到承包人报告后 14 天内未核实完工程量，从第 15 天起，承包人报告的工程量即视为被确认，作为工程价款支付的依据，双方合同另有约定的，按合同执行。

3. 对承包人超出设计图纸(含设计变更)范围和因承包人原因造成返工的工程量，发包人不予计量。

(三) 工程进度款支付：

1. 根据确定的工程计量结果，承包人向发包人提出支付工程进度款申请，14 天内，发包人应按不低于工程价款的 60%，不高于工程价款的 90%向承包人支付工程进度款。按约定时间发包人应扣回的预付款，与工程进度款同期结算抵扣。

2. 发包人超过约定的支付时间不支付工程进度款，承包人应及时向发包人发出要求付款的通知，发包人收到承包人通知后仍不能按要求付款，可与承包人协商签订延期付款协议，经承包人同意后可延期支付，协议应明确延期支付的时间和从工程计量结果确认后第 15 天起计算应付款的利息(利率按同期银行贷款利率计)。

3. 发包人不按合同约定支付工程进度款，双方又未达成延期付款协议，导致施工无法进行，承包人可停止施工，由发包人承担违约责任。

第十四条 工程完工后，双方应按照约定的合同价款及合同价款调整内容以及索赔事项，进行工程竣工结算。

（一）工程竣工结算方式。

工程竣工结算分为单位工程竣工结算、单项工程竣工结算和建设项目竣工总结算。

（二）工程竣工结算编审：

1. 单位工程竣工结算由承包人编制，发包人审查；实行总承包的工程，由具体承包人编制，在总包人审查的基础上，发包人审查。

2. 单项工程竣工结算或建设项目竣工总结算由总（承）包人编制，发包人可直接进行审查，也可以委托具有相应资质的工程造价咨询机构进行审查。政府投资项目，由同级财政部门审查。单项工程竣工结算或建设项目竣工总结算经发、承包人签字盖章后有效。

承包人应在合同约定期限内完成项目竣工结算编制工作，未在规定期限内完成的并且提不出正当理由延期的，责任自负。

（三）工程竣工结算审查期限。

单项工程竣工后，承包人应在提交竣工验收报告的同时，向发包人递交竣工结算报告及完整的结算资料，发包人应按以下规定时限进行核对（审查）并提出审查意见。

	工程竣工结算报告金额	审查时间
1	500 万元以下	从接到竣工结算报告和完整的竣工结算资料之日起 20 天
2	500 万元至 2 000 万元	从接到竣工结算报告和完整的竣工结算资料之日起 30 天
3	2 000 万元至 5 000 万元	从接到竣工结算报告和完整的竣工结算资料之日起 45 天
4	5 000 万元以上	从接到竣工结算报告和完整的竣工结算资料之日起 60 天

建设项目竣工总结算在最后一个单项工程竣工结算审查确认后 15 天内汇总，送发包人后 30 天内审查完成。

（四）工程竣工价款结算。

发包人收到承包人递交的竣工结算报告及完整的结算资料后，应按本办法规定的期限（合同约定有期限的，从其约定）进行核实，给予确认或者提出修改意见。发包人根据确认的竣工结算报告向承包人支付工程竣工结算价款，保留 5%左右的质量保证（保修）金，待工程交付使用一年质保期到期后清算（合同另有约定的，从其约定），质保期内如有返修，发生费用应在质量保证（保修）金内扣除。

（五）索赔价款结算。

发承包人未能按合同约定履行自己的各项义务或发生错误，给另一方造成经济损失的，由受损方按合同约定提出索赔，索赔金额按合同约定支付。

（六）合同以外零星项目工程价款结算。

发包人要求承包人完成合同以外零星项目，承包人应在接受发包人要求的 7 天内就用工数量和单价、机械台班数量和单价、使用材料和金额等向发包人提出施工签证，发包人签证后施工，如发包人未签证，承包人施工后发生争议的，责任由承包人自负。

第十五条 发包人和承包人要加强施工现场的造价控制，及时对工程合同外的事项如实纪录并履行书面手续。凡由发、承包双方授权的现场代表签字的现场签证以及发、承包双方协商确定的索赔等费用，应在工程竣工结算中如实办理，不得因发、承包双方现场代表的中途变更改变其有效性。

第十六条 发包人收到竣工结算报告及完整的结算资料后，在本办法规定或合同约定期限内，对结算报告及资料没有提出意见，则视同认可。

承包人如未在规定时间内提供完整的工程竣工结算资料，经发包人催促后 14 天内仍未提供或没有明确答复，发包人有权根据已有资料进行审查，责任由承包人自负。

根据确认的竣工结算报告，承包人向发包人申请支付工程竣工结算款。发包人应在收到申请后 15 天内支付结算款，到期没有支付的应承担违约责任。承包人可以催告发包人支付结算价款，如达成延期支付协议，承包人应按同期银行贷款利率支付拖欠工程价款的利息。如未达成延期支付协议，承包人可以与发包人协商将该工程折价,或申请人民法院将该工程依法拍卖,承包人就该工程折价或者拍卖的价款优先受偿。

第十七条 工程竣工结算以合同工期为准,实际施工工期比合同工期提前或延后,发、承包双方应按合同约定的奖惩办法执行。

第四章 工程价款结算争议处理

第十八条 工程造价咨询机构接受发包人或承包人委托,编审工程竣工结算,应按合同约定和实际履约事项认真办理,出具的竣工结算报告经发、承包双方签字后生效。当事人一方对报告有异议的,可对工程结算中有异议部分,向有关部门申请咨询后协商处理,若不能达成一致的,双方可按合同约定的争议或纠纷解决程序办理。

第十九条 发包人对工程质量有异议,已竣工验收或已竣工未验收但实际投入使用的工程,其质量争议按该工程保修合同执行;已竣工未验收且未实际投入使用的工程以及停工、停建工程的质量争议,应当就有争议部分的竣工结算暂缓办理,双方可就有争议的工程委托有资质的的检测鉴定机构进行检测,根据检测结果确定解决方案,或按工程质量监督机构的处理决定执行,其余部分的竣工结算依照约定办理。

第二十条 当事人对工程造价发生合同纠纷时,可通过下列办法解决:

(一) 双方协商确定;

(二) 按合同条款约定的办法提请调解;

(三) 向有关仲裁机构申请仲裁或向人民法院起诉。

第五章 工程价款结算管理

第二十一条 工程竣工后,发、承包双方应及时办清工程竣工结算,否则,工程不得交付使用,有关部门不予办理权属登记。

第二十二条 发包人与中标的承包人不按照招标文件和中标的承包人的投标文件订立合同的,或者发包人、中标的承包人背离合同实质性内容另行订立协议,造成工程价款结算纠纷的,另行订立的协议无效,由建设行政主管部门责令改正,并按《中华人民共和国招标投标法》第五十九条进行处罚。

第二十三条 接受委托承接有关工程结算咨询业务的工程造价咨询机构应具有工程造价咨询单位资质,其出具的办理拨付工程价款和工程结算的文件,应当由造价工程师签字,并应加盖执业专用章和单位公章。

第六章 附 则

第二十四条 建设工程施工专业分包或劳务分包,总(承)包人与分包人必须依法订立专业分包或劳务分包合同,按照本办法的规定在合同中约定工程价款及其结算办法。

第二十五条 政府投资项目除执行本办法有关规定外,地方政府或地方政府财政部门对政府投资项目合同价款约定与调整、工程价款结算、工程价款结算争议处理等事项,如另有特殊规定的,从其规定。

第二十六条 凡实行监理的工程项目,工程价款结算过程中涉及监理工程师签证事项,应按工程监理合同约定执行。

第二十七条 有关主管部门、地方政府财政部门和地方政府建设行政主管部门可参照本办法,结合本部门、本地区实际情况,另行制订具体办法,并报财政部、建设部备案。

第二十八条 合同示范文本内容如与本办法不一致,以本办法为准。

第二十九条 本办法自公布之日起施行。

五、财政部关于加强和改进政府性基金年度财务决算和中央大中型基建项目竣工财务决算审批的通知

财政部关于加强和改进政府性基金年度财务决算和中央大中型基建项目竣工财务决算审批的通知

财建[2002]26 号

党中央有关部门,国务院各部委、各直属机构,中央管理企业:

为了进一步做好政府性基金年度财务决算和中央大中型基建项目竣工财务决算的审批工作,经研究,

决定对政府性基金年度财务决算和中央大中型基建项目竣工财务决算实行“先审核,后审批”的办法,即先委托财政部投资评审中心等机构审核,再按规定程序进行批复。现将决算审批有关事项通知如下:

一、政府性基金和中央大中型基建项目主管部门(含中央直管企业,下同)应按规定及时向财政部部门管理司报送政府性基金年度财务决算和中央大中型基建项目竣工财务决算。

二、为了做好政府性基金年度财务决算和中央大中型基建项目竣工财务决算的审批工作,财政部将委托财政投资评审机构对政府性基金年度财务决算和中央大中型基建项目竣工财务决算进行审核。财政投资评审机构按有关制度及委托要求对政府性基金年度财务决算和中央大中型基建项目竣工财务决算的合法性、合规性,财务收支的准确性等进行审核并提交审核报告,财政部依据财政投资评审机构提交的审核报告批复决算。

三、各主管部门应主动协助和配合财政投资评审机构做好有关决算审核工作,督促项目单位及时提供决算审核所需的有关资料。

四、财政部批复的中央大中型基建项目竣工财务决算作为主管部门或项目单位办理固定资产移交及产权登记的依据。

五、委托财政投资评审机构进行决算审核的经费,由财政部按照“谁委托、谁付费”原则处理,评审机构不向主管部门或项目单位收取审核费用。

六、本通知自下发之日起执行。

六、财政部关于加强和改进政府性基金年度财务决算和中央大中型基建项目竣工财务决算审批的补充通知

财政部关于加强和改进政府性基金年度财务决算和中央大中型基建项目竣工财务决算审批的补充通知

财建[2002]150号

党中央有关部门,国务院各部委、各直属机构,中央管理企业:

《财政部关于加强和改进政府性基金年度财务决算和中央大中型基建项目竣工财务决算审批的通知》(财建[2002]26号)下发后,有关部门来电、来函询问有关决算审批的具体事项。经研究,现就有关共性问题的处理意见通知如下:

一、关于政府性基金年度财务决算

政府性基金是指经国务院或财政部批准设立的政府性基金。政府性基金年度财务决算随主管部门的部门年度决算一同上报。政府性基金年度财务决算按财政部对各项政府性基金的有关决算编报的规定和格式编制。

二、关于中央大中型基本建设项目竣工财务决算

1. 财政投资包括基本建设预算拨款、财政专项拨款、国债专项资金、政府性基金、纳入财政专户管理的预算外资金等财政性资金。

2. 中央基本建设项目是指中央国家机关、中央直管企事业单位、社会团体及组织的基本建设项目。

3. 中央大中型基本建设项目的界定(又称限上项目)。中央经营性项目的投资额在5 000万元(含5 000万元)以上、非经营性项目的投资额在3 000万元(含3 000万元)以上的基本建设项目为中央大中型基本建设项目。限上项目的竣工财务决算,按《基本建设财务管理若干规定》(财基字[1998]4号)报财政部审批。

中央小型基建项目(又称限下项目)分类处理:属国家确定的重点项目,其竣工财务决算经主管部门审核后报财政部审批,或由财政部授权主管部门审批;其他限下项目由项目单位编制竣工财务决算报主管部门审批,主管部门同时将批复抄送财政部备案。

4. 中央大中型基建项目(含应报财政部审批的限下项目,下同)的竣工财务决算报送审批时间。项目竣工后由项目建设单位在2个月内按规定编报决算,主管部门审核后在1个月内将项目竣工财务决算报送

财政部部门管理司。

5. 国家电力公司、中国石油天然气集团公司等单位已经财政部批准其基建财务与生产经营财务合并，项目竣工财务决算可不再单独上报，其他单位的项目竣工财务决算均应按规定上报。

6. 中央大中型基建项目竣工财务决算如已经审计部门或社会中介机构审计，请将审计报告随决算一并上报。

7. 未尽事项，按财政部制定的基本建设财务制度有关规定执行。

鉴于基本建设财务制度正在修订之中，本通知内容如与修订后的基本建设财务制度有不一致的，以修订后的基本建设财务制度为准。

第二十五部分　行政事业单位国有资产管理相关法规

一、全国人大行政单位国有资产管理暂行实施办法

财政部　全国人大常委会办公厅关于印发《全国人大行政单位国有资产管理暂行实施办法》的通知

财行[2007]632 号

全国人大各行政单位：

为了规范和加强全国人大行政单位国有资产管理，根据《行政单位国有资产管理暂行办法》(财政部令第 35 号)和国家有关规定，我们制定了《全国人大行政单位国有资产管理暂行实施办法》。现印发给你们，请遵照执行。执行中有何问题，请及时向我们反映。

附件：全国人大行政单位国有资产管理暂行实施办法

附件：

全国人大行政单位国有资产管理暂行实施办法

第一章　总　　则

第一条　为了规范和加强全国人大行政单位国有资产管理，维护国有资产的安全和完整，合理配置国有资产，提高国有资产使用效益，保障全国人大行政单位履行职能，根据《行政单位国有资产管理暂行办法》(财政部令第 35 号)和国家有关规定，制定本办法。

第二条　本办法适用于全国人大行政单位的国有资产管理行为。

本办法所称全国人大行政单位，包括全国人大机关行政本级、法制工作委员会、离退休干部局等独立核算的行政单位(以下统称人大机关)。

第三条　本办法所称人大机关国有资产，是指由人大机关占有、使用的，依法确认为国家所有，能以货币计量的各种经济资源的总称，即人大机关的国有(公共)财产。

人大机关国有资产包括人大机关用国家财政性资金形成的资产，国家调拨给人大机关的资产，人大机关按照国家规定组织收入形成的资产，以及接受捐赠和其他经法律确认为国家所有的资产，其表现形式为固定资产、流动资产和无形资产等。

第四条　人大机关国有资产管理的主要任务是：

(一) 建立和健全各项规章制度；

(二) 推动国有资产的合理配置和有效使用；

(三) 保障国有资产的安全和完整；

(四) 监管尚未脱钩的经济实体的国有资产，实现国有资产的保值增值。

第五条　人大机关国有资产管理的内容包括：资产配置、资产使用、资产处置、资产评估、产权界定、产权纠纷调处、产权登记、资产清查、资产统计报告和监督检查等。

第六条　人大机关国有资产管理活动，应当遵循以下原则：

(一) 资产管理与预算管理相结合；

(二) 资产管理与财务管理相结合；

(三) 实物管理与价值管理相结合。

第七条　人大机关国有资产管理，实行国家统一所有，财政部、全国人大常委会办公厅机关事务管理局(以下简称人大管理局)监管，单位占有、使用的管理体制。

第二章　管理机构及职责

第八条　财政部是负责中央行政单位国有资产管理的职能部门，对中央行政单位国有资产实行综合管

理。其主要职责是：

（一）贯彻执行国家有关国有资产管理的法律、法规和政策；

（二）根据国家国有资产管理的有关规定，会同有关部门制定中央行政单位国有资产管理的规章制度，并对执行情况进行监督检查；

（三）负责会同有关部门研究制定国有资产配置标准，负责资产配置事项的审批，按规定进行资产处置和产权变动事项的审批，会同有关部门组织产权界定、产权纠纷调处、资产评估、资产清查等工作；

（四）负责中央行政单位出租、出借国有资产的审批，会同有关部门负责对与中央行政单位尚未脱钩的经济实体的国有资产实施监督管理；

（五）负责中央行政单位国有资产收益的监督、管理；

（六）对中央行政单位国有资产管理工作进行监督检查。

第九条　人大管理局根据有关规定负责人大机关国有资产管理的工作。其主要职责是：

（一）贯彻执行国家有关国有资产管理的法律、法规和规章制度；

（二）组织实施人大机关国有资产管理办法，并对执行情况进行监督检查；

（三）负责具体组织人大机关国有资产的产权界定、产权纠纷调处等工作；

（四）负责对人大机关资产配置事项进行审核或审批；

（五）负责对人大机关出租、出借国有资产进行审核，对附属机关服务中心等后勤服务单位以及与人大机关尚未脱钩的经济实体的国有资产实施监督管理；

（六）负责对人大机关房屋、土地、车辆及规定权限内的资产处置事项进行审核或审批；

（七）按规定向财政部报告国有资产监督管理情况。

第十条　人大机关对占有、使用的国有资产实施具体管理。其主要职责是：

（一）根据行政单位国有资产管理的规定，负责制定本单位国有资产管理具体办法并组织实施；

（二）负责本单位国有资产的账卡管理、清查登记、统计报告及日常监督检查等工作；

（三）负责本单位国有资产的采购、验收、维修和保养等日常管理工作，保障国有资产的安全完整；

（四）负责办理本单位国有资产的配置、处置、出租、出借等事项的报批手续；

（五）负责对与本单位尚未脱钩的经济实体的国有资产实施具体监督管理并承担保值增值的责任；

（六）向人大管理局负责，并报告本单位国有资产管理、使用情况。

第十一条　人大机关应当明确国有资产管理的机构和人员，加强本单位国有资产管理工作。

第三章　资 产 配 置

第十二条　人大机关国有资产配置应当遵循以下原则：

（一）严格执行法律、法规和有关规章制度；

（二）与本单位履行职能需要相适应；

（三）科学合理，优化资产结构；

（四）勤俭节约，从严控制。

第十三条　对国家或相关主管部门规定有配备标准的资产，人大机关应当按照标准进行配备；对没有规定配备标准的资产，人大机关应当从实际需要出发，从严控制，合理配备。

对人大机关要求配置的资产，能通过调剂解决的，原则上不批准重新购置。

第十四条　人大机关房屋的配置，按国家有关基本建设管理的规定办理。所需支出需要使用财政性资金的，必须纳入部门预算报财政部审批。

第十五条　人大机关土地的配置，按照国家有关土地管理的规定办理。所需支出需要使用财政性资金的，必须纳入部门预算报财政部审批。

第十六条　人大机关公务用车的配置，按国家有关公务用车管理的规定办理。

部长级干部专车，由人大管理局配备或批准配备，所需经费纳入部门预算报财政部审批。

副部长级干部工作用车和其他公务用车，实行编制管理，按照国家规定的配备标准和车辆编制数配备，所需经费纳入部门预算报财政部审批。

第十七条　除房屋、土地、车辆外，人大机关购置其他有规定配备标准的资产，应当按下列程序报批：

（一）人大机关的资产管理部门会同财务部门审核资产存量，提出拟购置资产的品目、数量，测算经费额度，经单位负责人审核同意后报人大管理局审核，并按照财政部的要求提交相关材料；

（二）人大管理局对人大机关上报的国有资产购置事项进行审核，提出意见，报财政部审批；

（三）财政部根据人大机关国有资产状况和人大管理局的审核意见进行审批；

（四）经财政部审批同意后，人大机关可以将资产购置事项列入单位年度部门预算，并在编制年度部门预算时将批复文件和相关材料一并报财政部，作为审批部门预算的依据。未经批准，不得列入部门预算，也不得列入单位经费支出。

第十八条　人大机关经批准召开重大会议、举办大型活动等需要购置资产的，按照本办法第十七条规定程序报批。

第十九条　人大机关购置纳入政府采购范围的资产，依法实施政府采购。

第二十条　人大机关资产管理部门应当对购置的资产进行验收、登记，财务部门应当及时进行账务处理。

第四章　资产使用

第二十一条　人大机关应当建立健全国有资产使用管理制度，规范国有资产使用行为。

第二十二条　人大机关应当认真做好国有资产的使用管理工作，做到物尽其用，充分发挥国有资产的使用效益；保障国有资产的安全完整，防止国有资产使用中的不当损失和浪费。

第二十三条　人大机关对所占有、使用的国有资产应当定期清查盘点，做到家底清楚，账、卡、实相符，防止国有资产流失。

第二十四条　人大机关应当建立严格的国有资产管理责任制，将国有资产管理责任落实到人。

第二十五条　人大机关不得用国有资产对外担保。

第二十六条　人大机关不得以任何形式用占有、使用的国有资产举办经济实体。在本办法印发前已经用占有、使用的国有资产举办经济实体的，应当按照国家关于党政机关与所办经济实体脱钩的规定进行脱钩。脱钩之前，人大机关应当按照国家有关规定对其经济实体的经济效益、收益分配及使用情况等进行严格监管。

财政部、人大管理局应当对其经济效益、收益分配及使用情况进行监督检查。

第二十七条　人大机关拟将占有、使用的国有资产对外出租、出借的，必须事先履行审批程序：

（一）人大机关拟将占有、使用的国有资产对外出租、出借的，经单位负责人审核同意后报人大管理局审核，并按照财政部的要求提交相关材料；

（二）人大管理局对人大机关上报的国有资产出租、出借事项进行审核，提出意见，报财政部审批；

（三）财政部根据人大机关国有资产状况和人大管理局的审核意见进行审批；

（四）经财政部审批同意后，人大机关方可进行国有资产的出租、出借事项。

第二十八条　人大机关出租、出借的国有资产，其所有权性质不变，仍归国家所有；所形成的收入，按照政府非税收入管理及财政国库收缴管理的规定上缴中央财政，实行“收支两条线”管理。

第二十九条　对人大机关超标配置、低效运转或者长期闲置的国有资产，由人大管理局商财政部予以调剂使用或者处置。

第五章　资产处置

第三十条　人大机关国有资产处置，是指人大机关国有资产产权的转移及核销。包括各类国有资产的无偿转让、出售、置换、报损、报废等。

第三十一条　人大机关国有资产处置的范围包括：

（一）闲置资产；

（二）因技术原因并经过科学论证，确需报废、淘汰的资产；

（三）因单位分立、撤销、合并、改制、隶属关系改变等原因发生的产权或者使用权转移的资产；

（四）盘亏、呆账及非正常损失的资产；

（五）已超过使用年限无法使用的资产；

（六）依照国家有关规定需要进行资产处置的其他情形。

第三十二条　人大机关处置国有资产应当严格履行审批手续，未经批准不得处置。

第三十三条　资产处置应当由单位资产管理部门会同财务部门、技术部门审核鉴定，提出意见，按审批权限报送审批。

第三十四条　资产处置审批权限：

（一）房屋处置，按国家有关房屋管理的规定办理，报财政部备案。

（二）土地处置，按国家有关土地管理的规定办理，报财政部备案。

（三）车辆处置，由人大管理局审核提出处理意见，报财政部审批。

（四）单位价值或批量价值200万元以上（含200万元）的其他国有资产的处置，由人大管理局审核提出处理意见，报财政部审批。

单位价值或批量价值200万元以下的资产的处置，由人大管理局审批。具体办法由人大管理局制定，报财政部备案。

（五）人大机关划转撤并时处置资产，及向其他部门、向地方调拨资产的，应当报人大管理局、财政部审批。

第三十五条　人大机关国有资产处置应当按照公开、公正、公平的原则进行。资产的出售与置换应当采取拍卖、招投标、协议转让及国家法律、行政法规规定的其他方式进行。

第三十六条　人大机关国有资产处置的变价收入和残值收入，按照政府非税收入管理及财政国库收缴管理的规定上缴中央财政，实行"收支两条线"管理。

第三十七条　人大机关分立、撤销、合并、改制及隶属关系发生改变时，应当对其占有、使用的国有资产进行清查登记，编制清册，报送人大管理局、财政部审批、处置，并及时办理资产转移手续。

第三十八条　人大机关联合召开重大会议、举办大型活动等临时购置的国有资产，由主办单位在会议、活动结束时按照本办法规定报批后处置。

第六章　资 产 评 估

第三十九条　人大机关有下列情形之一的，应当对相关资产进行评估：

（一）人大机关取得的没有原始价格凭证的资产；

（二）拍卖、有偿转让、置换国有资产；

（三）依照国家有关规定需要进行资产评估的其他情形。

第四十条　财政部会同人大管理局组织人大机关国有资产评估工作。

第四十一条　人大机关国有资产评估项目实行核准制和备案制。实行核准制和备案制的项目范围、权限由财政部另行规定。

第四十二条　人大机关国有资产评估工作应当委托有资产评估资质的资产评估机构进行。

第四十三条　人大机关进行资产评估，应当如实提供有关情况和资料，并对所提供的情况和资料的客观性、真实性和合法性负责，不得以任何形式干预评估机构独立执业。

第七章　产权纠纷调处

第四十四条　产权纠纷是指由于财产所有权、经营权、使用权等产权归属不清而发生的争议。

第四十五条　人大机关与其他行政单位之间发生的产权纠纷，由当事人协商解决。协商不能解决的，由人大管理局、财政部商有关部门、地方调解、裁定。必要时，报国务院裁定。

第四十六条　人大机关与非行政单位、组织或者个人之间发生的产权纠纷，由人大机关提出处理意见，并报经人大管理局、财政部同意后，与对方当事人协商解决。协商不能解决的，依照司法程序处理。

第八章　资产统计报告

第四十七条　人大机关应当建立资产登记档案，并严格按照财政部规定的格式、时间等要求，定期将本单位资产的增减变动情况向人大管理局做出报告，经人大管理局审核、汇总后，报送财政部。

财政部、人大机关应当建立和完善资产管理信息系统，对国有资产实行动态管理。

第四十八条　人大机关报送资产统计报告，应当做到真实、准确、及时、完整，并对国有资产占有、使用、变动、处置等情况做出文字分析说明。

第四十九条　财政部应当对人大机关报送的年度资产统计报告进行审核批复，必要时可以委托有关单位进行审计。

经财政部审核批复的统计报告，应当作为预算管理和资产管理的依据和基础。

第五十条　财政部可以根据工作需要，组织开展资产清查工作。进行资产清查的具体实施办法，由财政部制定。

第九章　监督检查

第五十一条　财政部、人大管理局、人大机关及其工作人员，应当认真履行国有资产管理职责，依法维护国有资产的安全、完整。

第五十二条　财政部、人大管理局、人大机关应当加强国有资产管理和监督，坚持单位内部监督与财政监督、审计监督相结合，事前监督、事中监督、事后监督相结合，日常监督与专项检查相结合。

第十章　附　则

第五十三条　人大机关所属参照公务员法管理、执行行政单位财务和会计制度的事业单位和社会团体的国有资产管理，依照本办法执行；其他事业单位和社会团体的国有资产管理，执行事业单位国有资产管理的有关规定。

人大机关所属独立核算的企业执行企业国有资产管理的有关规定。

第五十四条　本办法自2008年1月1日起施行。此前制定的有关人大机关国有资产管理的规定，凡与本办法不一致的，以本办法为准。

二、全国政协行政单位国有资产管理暂行实施办法

财政部　政协全国委员会办公厅关于印发《全国政协行政单位国有资产管理暂行实施办法》的通知

财行[2007]545号

全国政协各行政单位：

为了规范和加强全国政协行政单位国有资产管理，根据《行政单位国有资产管理暂行办法》(财政部令第35号)和国家有关规定，我们制定了《全国政协行政单位国有资产管理暂行实施办法》。现印发给你们，请遵照执行。执行中有何问题，请及时向我们反映。

附件：全国政协行政单位国有资产管理暂行实施办法

附件：

全国政协行政单位国有资产管理暂行实施办法

第一章　总　则

第一条　为了规范和加强全国政协行政单位国有资产管理，维护国有资产的安全和完整，合理配置国有资产，提高国有资产使用效益，保障全国政协行政单位履行职能，根据《行政单位国有资产管理暂行办法》(财政部令第35号)和国家有关规定，制定本办法。

第二条　本办法适用于全国政协行政单位的国有资产管理行为。

本办法所称全国政协行政单位，包括政协全国委员会办公厅、黄埔同学会、欧美同学会、中华职教社等(以下统称政协机关)。

第三条　本办法所称政协机关国有资产，是指由政协机关占有、使用的，依法确认为国家所有，能以货币计量的各种经济资源的总称，即政协机关的国有(公共)财产。

政协机关国有资产包括政协机关用国家财政性资金形成的资产，国家调拨给政协机关的资产，政协机关按照国家规定组织收入形成的资产，以及接受捐赠和其他经法律确认为国家所有的资产，其表现形式为固定资产、流动资产和无形资产等。

第四条　政协机关国有资产管理的主要任务是：

(一) 建立和健全各项规章制度；

(二) 推动国有资产的合理配置和有效使用；

(三) 保障国有资产的安全和完整；

(四) 监管尚未脱钩的经济实体的国有资产，实现国有资产的保值增值。

第五条　政协机关国有资产管理的内容包括：资产配置、资产使用、资产处置、资产评估、产权界定、产

权纠纷调处、产权登记、资产清查、资产统计报告和监督检查等。

第六条　政协机关国有资产管理活动，应当遵循以下原则：

（一）资产管理与预算管理相结合；

（二）资产管理与财务管理相结合；

（三）实物管理与价值管理相结合。

第七条　政协机关国有资产管理，实行国家统一所有，财政部、政协全国委员会办公厅机关事务管理局（以下简称政协管理局）监管，单位占有、使用的管理体制。

第二章　管理机构及职责

第八条　财政部是负责中央行政单位国有资产管理的职能部门，对中央行政单位国有资产实行综合管理。其主要职责是：

（一）贯彻执行国家有关国有资产管理的法律、法规和政策；

（二）根据国家国有资产管理的有关规定，会同有关部门制定中央行政单位国有资产管理的规章制度，并对执行情况进行监督检查；

（三）负责会同有关部门研究制定国有资产配置标准，负责资产配置事项的审批，按规定进行资产处置和产权变动事项的审批，会同有关部门组织产权界定、产权纠纷调处、资产评估、资产清查等工作；

（四）负责中央行政单位出租、出借国有资产的审批，会同有关部门负责对与中央行政单位尚未脱钩的经济实体的国有资产实施监督管理；

（五）负责中央行政单位国有资产收益的监督、管理；

（六）对中央行政单位国有资产管理工作进行监督检查。

第九条　政协管理局依据有关规定负责政协机关国有资产管理的工作。其主要职责是：

（一）贯彻执行国家有关国有资产管理的法律、法规和规章制度；

（二）组织实施政协机关国有资产管理办法，并对执行情况进行监督检查；

（三）负责具体组织政协机关国有资产的产权界定、产权纠纷调处等工作；

（四）负责对政协机关资产配置事项进行审核或审批；

（五）负责对政协机关出租、出借国有资产进行审核，对政协机关附属机关服务中心等后勤服务单位以及与政协机关尚未脱钩的经济实体的国有资产实施监督管理；

（六）负责对政协机关房屋、土地、车辆及规定权限内的资产处置事项进行审核或审批；

（七）按规定向财政部报告国有资产监督管理情况。

第十条　政协机关对占有、使用的国有资产实施具体管理。其主要职责是：

（一）根据行政单位国有资产管理的规定，负责制定本单位国有资产管理具体办法并组织实施；

（二）负责本单位国有资产的账卡管理、清查登记、统计报告及日常监督检查等工作；

（三）负责本单位国有资产的采购、验收、维修和保养等日常管理工作，保障国有资产的安全完整；

（四）负责办理本单位国有资产的配置、处置、出租、出借等事项的报批手续；

（五）负责对与本单位尚未脱钩的经济实体的国有资产实施具体监督管理并承担保值增值的责任；

（六）向政协管理局负责，并报告本单位国有资产管理、使用情况。

第十一条　政协机关应当明确国有资产管理的机构和人员，加强本单位国有资产管理工作。

第三章　资 产 配 置

第十二条　政协机关国有资产配置应当遵循以下原则：

（一）严格执行法律、法规和有关规章制度；

（二）与本单位履行职能需要相适应；

（三）科学合理，优化资产结构；

（四）勤俭节约，从严控制。

第十三条　对国家或相关主管部门规定有配备标准的资产，政协机关应当按照标准进行配备；对没有规定配备标准的资产，政协机关应当从实际需要出发，从严控制，合理配备。

对政协机关要求配置的资产，能通过调剂解决的，原则上不批准重新购置。

第十四条　政协机关房屋的配置，按国家有关基本建设管理的规定办理。所需支出需要使用财政性资金的,必须纳入部门预算报财政部审批。

第十五条 政协机关土地的配置,按照国家有关土地管理的规定办理。所需支出需要使用财政性资金的,必须纳入部门预算报财政部审批。

第十六条 政协机关公务用车的配置,按国家有关公务用车管理的规定办理。

部长级干部专车,由政协管理局配备或批准配备,所需经费纳入部门预算报财政部审批。

副部长级干部工作用车和其他公务用车,实行编制管理,按照国家规定的配备标准和车辆编制数配备,所需经费纳入部门预算报财政部审批。

第十七条 除房屋、土地、车辆外,政协机关购置其他有规定配备标准的资产,应当按下列程序报批:

(一) 政协机关的资产管理部门会同财务部门审核资产存量,提出拟购置资产的品目、数量,测算经费额度,经单位负责人审核同意后报政协管理局审核,并按照财政部的要求提交相关材料;

(二) 政协管理局对政协机关上报的国有资产购置事项进行审核,提出意见,报财政部审批;

(三) 财政部根据政协机关国有资产状况和政协管理局的审核意见进行审批;

(四) 经财政部审批同意后,政协机关可以将资产购置事项列入单位年度部门预算,并在编制年度部门预算时将批复文件和相关材料一并报财政部,作为审批部门预算的依据。未经批准,不得列入部门预算,也不得列入单位经费支出。

第十八条 政协机关经批准召开重大会议、举办大型活动等需要购置资产的,按照本办法第十七条规定程序报批。

第十九条 政协机关购置纳入政府采购范围的资产,依法实施政府采购。

第二十条 政协机关资产管理部门应当对购置的资产进行验收、登记,财务部门应当及时进行账务处理。

第四章 资产使用

第二十一条 政协机关应当建立健全国有资产使用管理制度,规范国有资产使用行为。

第二十二条 政协机关应当认真做好国有资产的使用管理工作,做到物尽其用,充分发挥国有资产的使用效益;保障国有资产的安全完整,防止国有资产使用中的不当损失和浪费。

第二十三条 政协机关对所占有、使用的国有资产应当定期清查盘点,做到家底清楚,账、卡、实相符,防止国有资产流失。

第二十四条 政协机关应当建立严格的国有资产管理责任制,将国有资产管理责任落实到人。

第二十五条 政协机关不得用国有资产对外担保。

第二十六条 政协机关不得以任何形式用占有、使用的国有资产举办经济实体。在本办法颁布前已经用占有、使用的国有资产举办经济实体的,应当按照国家关于党政机关与所办经济实体脱钩的规定进行脱钩。脱钩之前,政协机关应当按照国家有关规定对其经济实体的经济效益、收益分配及使用情况等进行严格监管。

财政部、政协管理局应当对其经济效益、收益分配及使用情况进行监督检查。

第二十七条 政协机关拟将占有、使用的国有资产对外出租、出借的,必须事先履行审批程序:

(一) 政协机关拟将占有、使用的国有资产对外出租、出借的,经单位负责人审核同意后报政协管理局审核,并按照财政部的要求提交相关材料;

(二) 政协管理局对政协机关上报的国有资产出租、出借事项进行审核,提出意见,报财政部审批;

(三) 财政部根据政协机关国有资产状况和政协管理局的审核意见进行审批;

(四) 经财政部审批同意后,政协机关方可进行国有资产的出租、出借事项。

第二十八条 政协机关出租、出借的国有资产,其所有权性质不变,仍归国家所有;所形成的收入,按照政府非税收入管理及财政国库收缴管理的规定上缴中央财政,实行"收支两条线"管理。

第二十九条 对政协机关超标配置、低效运转或者长期闲置的国有资产,由政协管理局商财政部予以调剂使用或者处置。

第五章 资产处置

第三十条 政协机关国有资产处置,是指政协机关国有资产产权的转移及核销。包括各类国有资产的无偿转让、出售、置换、报损、报废等。

第三十一条　政协机关国有资产处置的范围包括：

（一）闲置资产；

（二）因技术原因并经过科学论证，确需报废、淘汰的资产；

（三）因单位分立、撤销、合并、改制、隶属关系改变等原因发生的产权或者使用权转移的资产；

（四）盘亏、呆账及非正常损失的资产；

（五）已超过使用年限无法使用的资产；

（六）依照国家有关规定需要进行资产处置的其他情形。

第三十二条　政协机关处置国有资产应当严格履行审批手续，未经批准不得处置。

第三十三条　资产处置应当由单位资产管理部门会同财务部门、技术部门审核鉴定，提出意见，按审批权限报送审批。

第三十四条　资产处置审批权限：

（一）房屋处置，按国家有关房屋管理的规定办理，报财政部备案。

（二）土地处置，按国家有关土地管理的规定办理，报财政部备案。

（三）车辆处置，由政协管理局审核提出处理意见，报财政部审批。

（四）单位价值或批量价值 200 万元以上（含 200 万元）的其他国有资产的处置，由政协管理局审核提出处理意见，报财政部审批。

单位价值或批量价值 200 万元以下的资产的处置，由政协管理局审批。具体办法由政协管理局制定，报财政部备案。

（五）政协机关划转撤并时处置资产，及向其他部门、向地方调拨资产的，应当报政协管理局、财政部审批。

第三十五条　政协机关国有资产处置应当按照公开、公正、公平的原则进行。资产的出售与置换应当采取拍卖、招投标、协议转让及国家法律、行政法规规定的其他方式进行。

第三十六条　政协机关国有资产处置的变价收入和残值收入，按照政府非税收入管理及财政国库收缴管理的规定上缴中央财政，实行“收支两条线”管理。

第三十七条　政协机关分立、撤销、合并、改制及隶属关系发生改变时，应当对其占有、使用的国有资产进行清查登记，编制清册，报送政协管理局、财政部审批、处置，并及时办理资产转移手续。

第三十八条　政协机关联合召开重大会议、举办大型活动等而临时购置的国有资产，由主办单位在会议、活动结束时按照本办法规定报批后处置。

第六章　资 产 评 估

第三十九条　政协机关有下列情形之一的，应当对相关资产进行评估：

（一）政协机关取得的没有原始价格凭证的资产；

（二）拍卖、有偿转让、置换国有资产；

（三）依照国家有关规定需要进行资产评估的其他情形。

第四十条　财政部会同政协管理局组织政协机关国有资产评估工作。

第四十一条　政协机关国有资产评估项目实行核准制和备案制。实行核准制和备案制的项目范围、权限由财政部另行规定。

第四十二条　政协机关国有资产评估工作应当委托有资产评估资质的资产评估机构进行。

第四十三条　政协机关进行资产评估，应当如实提供有关情况和资料，并对所提供的情况和资料的客观性、真实性和合法性负责，不得以任何形式干预评估机构独立执业。

第七章　产权纠纷调处

第四十四条　产权纠纷是指由于财产所有权、经营权、使用权等产权归属不清而发生的争议。

第四十五条　政协机关与其他行政单位之间发生的产权纠纷，由当事人协商解决。协商不能解决的，由政协管理局、财政部商有关部门、地方调解、裁定。必要时，报国务院裁定。

第四十六条　政协机关与非行政单位、组织或者个人之间发生的产权纠纷，由政协机关提出处理意见，并报经政协管理局、财政部同意后，与对方当事人协商解决。协商不能解决的，依照司法程序处理。

第八章　资产统计报告

第四十七条　政协机关应当建立资产登记档案，并严格按照财政部规定的格式、时间等要求，定期将本单位资产的增减变动情况向政协管理局做出报告，经政协管理局审核、汇总后，报送财政部。

财政部、政协机关应当建立和完善资产管理信息系统，对国有资产实行动态管理。

第四十八条 政协机关报送资产统计报告，应当做到真实、准确、及时、完整，并对国有资产占有、使用、变动、处置等情况做出文字分析说明。

第四十九条 财政部应当对政协机关报送的年度资产统计报告进行审核批复，必要时可以委托有关单位进行审计。

经财政部审核批复的统计报告，应当作为预算管理和资产管理的依据和基础。

第五十条 财政部可以根据工作需要，组织开展资产清查工作。进行资产清查的具体实施办法，由财政部制定。

第九章 监督检查

第五十一条 财政部、政协管理局、政协机关及其工作人员，应当认真履行国有资产管理职责，依法维护国有资产的安全、完整。

第五十二条 财政部、政协管理局、政协机关应当加强国有资产管理和监督，坚持单位内部监督与财政监督、审计监督相结合，事前监督、事中监督、事后监督相结合，日常监督与专项检查相结合。

第十章 附 则

第五十三条 政协机关所属参照公务员法管理、执行行政单位财务和会计制度的事业单位和社会团体的国有资产管理，依照本办法执行。其他事业单位和社会团体的国有资产管理，执行事业单位国有资产管理的有关规定，不执行本办法。

政协机关所属独立核算的企业执行企业国有资产管理的有关规定。

第五十四条 本办法自2008年1月1日起施行。此前颁布的有关政协机关国有资产管理的规定，凡与本办法不一致的，以本办法为准。

三、中央垂直管理系统行政单位国有资产管理暂行实施办法

财政部关于印发《中央垂直管理系统行政单位国有资产管理暂行实施办法》的通知

财行[2007]647号

国务院有关部委、有关直属机构：

为了规范和加强中央垂直管理系统行政单位国有资产管理，根据《行政单位国有资产管理暂行办法》（财政部令第35号）和国家有关规定，我们制定了《中央垂直管理系统行政单位国有资产管理暂行实施办法》。现印发给你们，请遵照执行。执行中有何问题，请及时向我部反映。

附件：1. 央垂直管理系统行政单位国有资产管理暂行实施办法

2. 中央垂直管理系统行政单位名单（略）

附件1：

中央垂直管理系统行政单位国有资产管理暂行实施办法

第一章 总 则

第一条 为了规范和加强中央垂直管理系统行政单位国有资产管理，维护国有资产的安全和完整，合理配置国有资产，提高国有资产使用效益，保障中央垂直管理系统行政单位履行职能，根据《行政单位国有资产管理暂行办法》（财政部令第35号）和国家有关规定，制定本办法。

第二条 本办法适用于中央垂直管理系统行政单位（以下简称垂管单位）的国有资产管理行为。

第三条 垂管单位国有资产是指由垂管单位占有、使用的，依法确认为国家所有，能以货币计量的各种经济资源的总称，即垂管单位的国有（公共）财产。

垂管单位国有资产包括垂管单位用国家财政性资金形成的资产、国家调拨给垂管单位的资产、垂管单位按照国家规定组织收入形成的资产，以及接受捐赠和其他经法律确认为国家所有的资产，其表现形式为

固定资产、流动资产和无形资产等。

第四条 垂管单位国有资产管理的主要任务是：

（一）建立和健全各项规章制度；

（二）推动国有资产的合理配置和有效使用；

（三）保障国有资产的安全和完整；

（四）监管尚未脱钩的经济实体的国有资产，实现国有资产的保值增值。

第五条 垂管单位国有资产管理的内容包括：资产配置、资产使用、资产处置、资产评估、产权界定、产权纠纷调处、产权登记、资产清查、资产统计报告和监督检查等。

第六条 垂管单位国有资产管理活动，应当遵循以下原则：

（一）资产管理与预算管理相结合；

（二）资产管理与财务管理相结合；

（三）实物管理与价值管理相结合。

第七条 垂管单位国有资产管理，实行国家统一所有，财政部、中央垂直管理系统的主管部门（以下简称主管部门）监管，单位占有、使用的管理体制。

第二章 管理机构及职责

第八条 财政部是负责中央行政单位国有资产管理的职能部门，对垂管单位国有资产实行综合管理。其主要职责是：

（一）贯彻执行国家有关国有资产管理的法律、法规和政策；

（二）根据国家国有资产管理的有关规定，会同有关部门制定垂管单位国有资产管理的规章制度，并对执行情况进行监督检查；

（三）负责会同有关部门研究制定国有资产配置标准，负责资产配置事项的审批，按规定进行资产处置和产权变动事项的审批，会同有关部门组织产权界定、产权纠纷调处、资产统计报告、资产评估、资产清查等工作；

（四）会同有关部门负责对与垂管单位尚未脱钩的经济实体的国有资产实施监督管理；

（五）负责垂管单位国有资产收益的监督、管理；

（六）对垂管单位国有资产管理工作进行监督检查。

第九条 主管部门依据有关规定负责对本系统所属行政单位国有资产实施监督管理。其主要职责是：

（一）贯彻执行有关国有资产管理的法律、法规和规章制度；

（二）制定本系统所属行政单位资产管理具体办法，并组织实施和监督检查；

（三）负责组织本系统所属行政单位国有资产的产权界定、产权纠纷调处、资产清查、统计汇总、资产评估管理及日常监督检查工作；

（四）负责对本系统所属行政单位资产配置事项进行审核或审批；

（五）负责本系统所属行政单位出租、出借国有资产的审批，对本系统所属行政单位附属机关服务中心等后勤服务单位以及尚未脱钩的经济实体的国有资产实施监督管理；

（六）负责对本系统所属行政单位的资产处置及产权变动事项进行审核或审批；

（七）按规定向财政部报告国有资产监督管理情况。

第十条 垂管单位对本单位占有、使用的国有资产实施具体管理。其主要职责是：

（一）根据行政单位国有资产管理的规定，负责制定本单位国有资产管理具体办法并组织实施；

（二）负责本单位国有资产的账卡管理、清查登记、统计报告及日常监督检查等工作；

（三）负责本单位国有资产的采购、验收、维修和保养等日常管理工作；

（四）负责办理本单位国有资产配置、处置、出租、出借等事项的报批手续；

（五）负责对与本单位尚未脱钩的经济实体的国有资产的具体监督管理工作并承担保值增值的责任；

（六）向上级单位负责，并报告本单位国有资产管理、使用情况。

第十一条 垂管单位应当明确国有资产管理的机构和人员，加强国有资产管理工作。

第三章 资产配置

第十二条 垂管单位国有资产配置应当遵循以下原则：

（一）严格执行法律、法规和有关规章制度；

（二）与垂管单位履行职能需要相适应；

（三）科学合理配置，优化资产结构；

（四）勤俭节约，从严控制。

第十三条 对国家或相关主管部门规定有配备标准的资产，垂管单位应当按照标准进行配备；对没有规定配备标准的资产，垂管单位应当从实际需要出发，从严控制，合理配备。

对垂管单位要求配置的资产，能通过调剂解决的，原则上不批准重新购置。

第十四条 垂管单位房屋的配置，按国家有关基本建设管理的规定办理。所需支出需要使用财政性资金的，必须纳入部门预算报财政部审批。

第十五条 垂管单位土地的配置，按照国家有关土地管理的规定办理。所需支出需要使用财政性资金的，必须纳入部门预算报财政部审批。

第十六条 除房屋、土地外，垂管单位购置车辆和其他有规定配备标准的资产，应当按下列程序报批：

（一）垂管单位审核资产存量，提出拟购置资产的品目、数量，测算经费额度，逐级汇总上报；

（二）主管部门对所属垂管单位上报的资产配置事项进行审核，提出初步审核意见，连同相关材料一并报送财政部；

（三）财政部根据垂管单位资产状况和主管部门的初步审核意见进行核准；

（四）经财政部核准后，垂管单位可以将资产购置项目列入单位年度部门预算，并在编制年度部门预算时将核准文件和相关材料一并报财政部，作为审批部门预算的依据。未经批准，不得列入部门预算，也不得列入单位经费支出。

第十七条 垂管单位配置本办法第十四、十五、十六条以外的资产，由主管部门制定有关审批权限和报批程序的办法，并报财政部备案。

第十八条 垂管单位经批准召开重大会议、举办大型活动等需要购置资产的，由主办单位按照本办法第十六条规定程序报批。

第十九条 垂管单位购置纳入政府采购范围的资产，依法实施政府采购。

第二十条 垂管单位应当对购置的资产进行验收、登记，并及时进行账务处理。

第四章 资产使用

第二十一条 垂管单位应当建立健全国有资产使用管理制度，规范国有资产使用行为。

第二十二条 垂管单位应当认真做好国有资产的使用管理工作，做到物尽其用，充分发挥国有资产的使用效益；保障国有资产的安全完整，防止国有资产使用中的不当损失和浪费。

第二十三条 垂管单位对所占有、使用的国有资产应当定期清查盘点，做到家底清楚，账、卡、实相符，防止国有资产流失。

第二十四条 垂管单位应当建立严格的国有资产管理责任制，将国有资产管理责任落实到人。

第二十五条 垂管单位不得用国有资产对外担保，法律另有规定的除外。

第二十六条 垂管单位不得以任何形式用占有、使用的国有资产举办经济实体。在本办法印发前已经用占有、使用的国有资产举办经济实体的，应当按照国家关于党政机关与所办经济实体脱钩的规定进行脱钩。脱钩之前，垂管单位应当按照国家有关规定对其经济实体的经济效益、收益分配及使用情况等进行严格监管。

主管部门、财政部应当对其经济效益、收益分配及使用情况进行监督检查。

第二十七条 垂管单位拟将占有、使用的国有资产对外出租、出借的，由主管部门根据国有资产管理有关规定严格控制，从严审批，审批情况定期报送财政部备案。主管部门根据本系统所属行政单位实际情况制定具体审批办法，报财政部备案。

第二十八条 垂管单位出租、出借的国有资产，其所有权性质不变，仍归国家所有；所形成的收入，按照政府非税收入管理及财政国库收缴管理的规定上缴中央财政，实行“收支两条线”管理。

第二十九条 对垂管单位超标配置、低效运转或者长期闲置的国有资产，由主管部门商财政部予以调剂使用或者处置。

第五章 资产处置

第三十条 垂管单位国有资产处置，是指垂管单位国有资产产权的转移及核销。包括各类国有资产的无偿转让、出售、置换、报损、报废等。

第三十一条　垂管单位国有资产处置的范围包括：

（一）闲置资产；

（二）因技术原因并经过科学论证，确需报废、淘汰的资产；

（三）因单位分立、撤销、合并、改制、隶属关系改变等原因发生的产权或者使用权转移的资产；

（四）盘亏、呆账及非正常损失的资产；

（五）已超过使用年限无法使用的资产；

（六）依照国家有关规定需要进行资产处置的其他情形。

第三十二条　垂管单位处置国有资产应当严格履行审批手续，未经批准不得处置。

第三十三条　资产处置应当由垂管单位资产管理部门会同财务部门、技术部门审核鉴定，提出意见，按审批权限报送审批。

第三十四条　资产处置审批权限：

（一）房屋处置，由主管部门审核提出处理意见，报财政部同意后，按国家有关房屋管理的规定办理。

（二）土地处置，由主管部门审核提出处理意见，报财政部同意后，按国家有关土地管理的规定办理。

（三）车辆处置，由主管部门审核提出处理意见，报财政部审批。

（四）单位价值或批量价值200万元以上（含200万元）的其他国有资产的处置，由主管部门审核提出处理意见，报财政部审批。

单位价值或批量价值200万元以下的资产的处置，由主管部门制定有关审批权限和报批程序的办法，并报财政部备案。

（五）垂管单位划转撤并时处置资产，以及向其他部门、向地方调拨资产的，应当报主管部门、财政部审批。

第三十五条　垂管单位国有资产处置应当按照公开、公正、公平的原则进行。资产的出售与置换应当采取拍卖、招投标、协议转让及国家法律、行政法规规定的其他方式进行。

第三十六条　垂管单位国有资产处置的变价收入和残值收入，按照政府非税收入管理及财政国库收缴管理的规定上缴中央财政，实行“收支两条线”管理。

第三十七条　垂管单位分立、撤销、合并、改制及隶属关系发生改变时，应当对其占有、使用的国有资产进行清查登记，编制清册，报送主管部门、财政部审批后处置，并及时办理资产转移手续。

第三十八条　垂管单位联合召开重大会议、举办大型活动等而临时购置的国有资产，由主办单位在会议、活动结束时按照本办法规定报批后处置。

第六章　资产评估

第三十九条　垂管单位有下列情形之一的，应当对相关资产进行评估：

（一）垂管单位取得的没有原始价格凭证的资产；

（二）拍卖、有偿转让、置换国有资产；

（三）依照国家有关规定需要进行资产评估的其他情形。

第四十条　主管部门、财政部根据工作需要，组织开展垂管单位国有资产评估工作。

第四十一条　垂管单位国有资产评估项目实行核准制和备案制。实行核准制和备案制的项目范围、权限由财政部另行规定。

第四十二条　垂管单位国有资产评估工作应当委托具有资产评估资质的资产评估机构进行。

第四十三条　垂管单位进行资产评估，应当如实提供有关情况和资料，并对所提供的情况和资料的客观性、真实性和合法性负责，不得以任何形式干预评估机构独立执业。

第七章　产权纠纷调处

第四十四条　产权纠纷是指由于财产所有权、经营权、使用权等产权归属不清而发生的争议。

第四十五条　垂管单位之间以及垂管单位与其他行政单位之间发生的产权纠纷，由当事人协商解决。协商不能解决的，由主管部门、财政部商有关部门、地方调解、裁定。必要时，报国务院裁定。

第四十六条　垂管单位与非行政单位、组织或者个人之间发生的产权纠纷，由垂管单位提出处理意见，并报经主管部门、财政部同意后，与对方当事人协商解决。协商不能解决的，依照司法程序处理。

第八章　资产统计报告

第四十七条　垂管单位应当建立资产登记档案，并严格按照规定格式、时间等要求，定期将资产增减变动情况做出报告。

财政部、主管部门和垂管单位应当建立和完善资产管理信息系统，对国有资产实行动态管理。

第四十八条　垂管单位报送资产统计报告，应当做到真实、准确、及时、完整，并对国有资产占有、使用、变动、处置等情况做出文字分析说明。

财政部、主管部门和垂管单位应当对国有资产实行绩效管理，监督资产使用的有效性。

第四十九条　垂管单位报送的年度资产汇总统计报告，由主管部门审核、汇总后，纳入部门决算报送财政部。

财政部应当对主管部门报送的垂管单位年度资产汇总统计报告进行审核批复，必要时可以委托有关单位进行审计。

经财政部审核批复的统计报告，应当作为预算管理和资产管理的依据和基础。

第五十条　财政部可以根据工作需要，组织开展垂管单位资产清查工作。资产清查的实施办法，由财政部另行制定。

第九章　监督检查

第五十一条　财政部、主管部门、垂管单位及其工作人员，应当认真履行国有资产管理职责，依法维护国有资产的安全、完整。

第五十二条　财政部、主管部门、垂管单位应当加强国有资产管理和监督，坚持单位内部监督与财政监督、审计监督、社会监督相结合，事前监督、事中监督、事后监督相结合，日常监督与专项检查相结合。

第十章　附　　则

第五十三条　中央垂直管理系统所属参照公务员法管理、执行行政单位财务和会计制度的事业单位和社会团体的国有资产管理，依照本办法执行。

第五十四条　中央垂直管理系统的主管部门国有资产管理，执行中央和国家机关国有资产管理实施办法。

第五十五条　垂管单位所属独立核算的非参照公务员法管理的事业单位执行事业单位国有资产管理的有关规定，独立核算的企业执行企业国有资产管理的有关规定。

第五十六条　中央垂直管理系统的主管部门可以根据本办法的规定，制定本系统所属行政单位国有资产管理的具体办法，报财政部备案。

第五十七条　本办法自 2008 年 1 月 1 日起施行。此前印发的有关垂管单位国有资产管理的规定，凡与本办法不一致的，以本办法为准。

四、行政单位国有资产管理暂行办法

行政单位国有资产管理暂行办法

财政部令第 35 号

第一章　总　　则

第一条　为了规范和加强行政单位国有资产管理，维护国有资产的安全和完整，合理配置国有资产，提高国有资产使用效益，保障行政单位履行职能，根据国务院有关规定，制定本办法。

第二条　本办法适用于各级党的机关、人大机关、行政机关、政协机关、审判机关、检察机关和各民主党派机关（以下统称行政单位）的国有资产管理行为。

第三条　本办法所称的行政单位国有资产，是指由各级行政单位占有、使用的，依法确认为国家所有，能以货币计量的各种经济资源的总称，即行政单位的国有（公共）财产。

行政单位国有资产包括行政单位用国家财政性资金形成的资产、国家调拨给行政单位的资产、行政单位按照国家规定组织收入形成的资产，以及接受捐赠和其他经法律确认为国家所有的资产，其表现形式为固定资产、流动资产和无形资产等。

第四条 行政单位国有资产管理的主要任务是：

（一）建立和健全各项规章制度；

（二）推动国有资产的合理配置和有效使用；

（三）保障国有资产的安全和完整；

（四）监管尚未脱钩的经济实体的国有资产，实现国有资产的保值增值。

第五条 行政单位国有资产管理的内容包括：资产配置、资产使用、资产处置、资产评估、产权界定、产权纠纷调处、产权登记、资产清查、资产统计报告和监督检查等。

第六条 行政单位国有资产管理活动，应当遵循以下原则：

（一）资产管理与预算管理相结合；

（二）资产管理与财务管理相结合；

（三）实物管理与价值管理相结合。

第七条 行政单位国有资产管理，实行国家统一所有，政府分级监管，单位占有、使用的管理体制。

第二章 管理机构及职责

第八条 各级财政部门是政府负责行政单位国有资产管理的职能部门，对行政单位国有资产实行综合管理。其主要职责是：

（一）贯彻执行国家有关国有资产管理的法律、法规和政策；

（二）根据国家国有资产管理的有关规定，制定行政单位国有资产管理的规章制度，并对执行情况进行监督检查；

（三）负责会同有关部门研究制定本级行政单位国有资产配置标准，负责资产配置事项的审批，按规定进行资产处置和产权变动事项的审批，负责组织产权界定、产权纠纷调处、资产统计报告、资产评估、资产清查等工作；

（四）负责本级行政单位出租、出借国有资产的审批，负责与行政单位尚未脱钩的经济实体的国有资产的监督管理；

（五）负责本级行政单位国有资产收益的监督、管理；

（六）对本级行政单位和下级财政部门的国有资产管理工作进行监督、检查；

（七）向本级政府和上级财政部门报告有关国有资产管理工作。

第九条 行政单位对本单位占有、使用的国有资产实施具体管理。其主要职责是：

（一）根据行政单位国有资产管理的规定，负责制定本单位国有资产管理具体办法并组织实施；

（二）负责本单位国有资产的账卡管理、清查登记、统计报告及日常监督检查等工作；

（三）负责本单位国有资产的采购、验收、维修和保养等日常管理工作，保障国有资产的安全完整；

（四）负责办理本单位国有资产的配置、处置、出租、出借等事项的报批手续；

（五）负责与行政单位尚未脱钩的经济实体的国有资产的具体监督管理工作并承担保值增值的责任；

（六）接受财政部门的指导和监督，报告本单位国有资产管理情况。

第十条 财政部门根据工作需要，可以将国有资产管理的部分工作交由有关单位完成。有关单位应当完成所交给的国有资产管理工作，向财政部门负责，并报告工作的完成情况。

第十一条 各级财政部门和行政单位应当明确国有资产管理的机构和人员，加强行政单位国有资产管理工作。

第三章 资 产 配 置

第十二条 行政单位国有资产配置应当遵循以下原则：

（一）严格执行法律、法规和有关规章制度；

（二）与行政单位履行职能需要相适应；

（三）科学合理，优化资产结构；

（四）勤俭节约，从严控制。

第十三条 对有规定配备标准的资产，应当按照标准进行配备；对没有规定配备标准的资产，应当从实际需要出发，从严控制，合理配备。

财政部门对要求配置的资产，能通过调剂解决的，原则上不重新购置。

第十四条　购置有规定配备标准的资产，除国家另有规定外，应当按下列程序报批：

（一）行政单位的资产管理部门会同财务部门审核资产存量，提出拟购置资产的品目、数量，测算经费额度，经单位负责人审核同意后报同级财政部门审批，并按照同级财政部门要求提交相关材料；

（二）同级财政部门根据单位资产状况对行政单位提出的资产购置项目进行审批；

（三）经同级财政部门审批同意，各单位可以将资产购置项目列入单位年度部门预算，并在编制年度部门预算时将批复文件和相关材料一并报同级财政部门，作为审批部门预算的依据。未经批准，不得列入部门预算，也不得列入单位经费支出。

第十五条　经批准召开重大会议、举办大型活动等需要购置资产的，由会议或者活动主办单位按照本办法规定程序报批。

第十六条　行政单位购置纳入政府采购范围的资产，依法实施政府采购。

第十七条　行政单位资产管理部门应当对购置的资产进行验收、登记，并及时进行账务处理。

第四章　资 产 使 用

第十八条　行政单位应当建立健全国有资产使用管理制度，规范国有资产使用行为。

第十九条　行政单位应当认真做好国有资产的使用管理工作，做到物尽其用，充分发挥国有资产的使用效益；保障国有资产的安全完整，防止国有资产使用中的不当损失和浪费。

第二十条　行政单位对所占有、使用的国有资产应当定期清查盘点，做到家底清楚，账、卡、实相符，防止国有资产流失。

第二十一条　行政单位应当建立严格的国有资产管理责任制，将国有资产管理责任落实到人。

第二十二条　行政单位不得用国有资产对外担保，法律另有规定的除外。

第二十三条　行政单位不得以任何形式用占有、使用的国有资产举办经济实体。在本办法颁布前已经用占有、使用的国有资产举办经济实体的，应当按照国家关于党政机关与所办经济实体脱钩的规定进行脱钩。脱钩之前，行政单位应当按照国家有关规定对其经济实体的经济效益、收益分配及使用情况等进行严格监管。

财政部门应当对其经济效益、收益分配及使用情况进行监督检查。

第二十四条　行政单位拟将占有、使用的国有资产对外出租、出借的，必须事先上报同级财政部门审核批准。未经批准，不得对外出租、出借。

同级财政部门应当根据实际情况对行政单位国有资产对外出租、出借事项严格控制，从严审批。

第二十五条　行政单位出租、出借的国有资产，其所有权性质不变，仍归国家所有；所形成的收入，按照政府非税收入管理的规定，实行“收支两条线”管理。

第二十六条　对行政单位中超标配置、低效运转或者长期闲置的国有资产，同级财政部门有权调剂使用或者处置。

第五章　资 产 处 置

第二十七条　行政单位国有资产处置，是指行政单位国有资产产权的转移及核销，包括各类国有资产的无偿转让、出售、置换、报损、报废等。

第二十八条　行政单位需处置的国有资产范围包括：

（一）闲置资产；

（二）因技术原因并经过科学论证，确需报废、淘汰的资产；

（三）因单位分立、撤销、合并、改制、隶属关系改变等原因发生的产权或者使用权转移的资产；

（四）盘亏、呆账及非正常损失的资产；

（五）已超过使用年限无法使用的资产；

（六）依照国家有关规定需要进行资产处置的其他情形。

第二十九条　行政单位处置国有资产应当严格履行审批手续，未经批准不得处置。

第三十条　资产处置应当由行政单位资产管理部门会同财务部门、技术部门审核鉴定，提出意见，按审批权限报送审批。

第三十一条　行政单位国有资产处置的审批权限和处置办法，除国家另有规定外，由财政部门根据本办法规定。

第三十二条　行政单位国有资产处置应当按照公开、公正、公平的原则进行。资产的出售与置换应当采取拍卖、招投标、协议转让及国家法律、行政法规规定的其他方式进行。

第三十三条　行政单位国有资产处置的变价收入和残值收入，按照政府非税收入管理的规定，实行"收支两条线"管理。

第三十四条　行政单位分立、撤销、合并、改制及隶属关系发生改变时，应当对其占有、使用的国有资产进行清查登记，编制清册，报送财政部门审核、处置，并及时办理资产转移手续。

第三十五条　行政单位联合召开重大会议、举办大型活动等而临时购置的国有资产，由主办单位在会议、活动结束时按照本办法规定报批后处置。

第六章　资 产 评 估

第三十六条　行政单位有下列情形之一的，应当对相关资产进行评估：

（一）行政单位取得的没有原始价格凭证的资产；

（二）拍卖、有偿转让、置换国有资产；

（三）依照国家有关规定需要进行资产评估的其他情形。

第三十七条　行政单位国有资产评估项目实行核准制和备案制。实行核准制和备案制的项目范围、权限由财政部门另行规定。

第三十八条　行政单位国有资产评估工作应当委托具有资产评估资质的资产评估机构进行。

第三十九条　进行资产评估的行政单位，应当如实提供有关情况和资料，并对所提供的情况和资料的客观性、真实性和合法性负责，不得以任何形式干预评估机构独立执业。

第七章　产权纠纷调处

第四十条　产权纠纷是指由于财产所有权、经营权、使用权等产权归属不清而发生的争议。

第四十一条　行政单位之间的产权纠纷，由当事人协商解决。协商不能解决的，由财政部门或者同级政府调解、裁定。

第四十二条　行政单位与非行政单位、组织或者个人之间发生产权纠纷，由行政单位提出处理意见，并报经财政部门同意后，与对方当事人协商解决。协商不能解决的，依照司法程序处理。

第八章　资产统计报告

第四十三条　行政单位应当建立资产登记档案，并严格按照财政部门的要求做出报告。

财政部门、行政单位应当建立和完善资产管理信息系统，对国有资产实行动态管理。

第四十四条　行政单位报送资产统计报告，应当做到真实、准确、及时、完整，并对国有资产占有、使用、变动、处置等情况做出文字分析说明。

财政部门与行政单位应当对国有资产实行绩效管理，监督资产使用的有效性。

第四十五条　财政部门应当对行政单位资产统计报告进行审核批复，必要时可以委托有关单位进行审计。

经财政部门审核批复的统计报告，应当作为预算管理和资产管理的依据和基础。

第四十六条　财政部门可以根据工作需要，组织开展资产清查工作。进行资产清查的实施办法，由县级以上人民政府财政部门另行制定。

第四十七条　财政部门可以根据国有资产统计工作的需要，开展行政单位国有资产产权登记工作。产权登记办法，由开展产权登记的财政部门制定并负责组织实施。

第九章　监督检查和法律责任

第四十八条　财政部门、行政单位及其工作人员，应当认真履行国有资产管理职责，依法维护国有资产的安全、完整。

第四十九条　财政部门、行政单位应当加强国有资产管理和监督，坚持单位内部监督与财政监督、审计监督、社会监督相结合，事前监督、事中监督、事后监督相结合，日常监督与专项检查相结合。

第五十条　财政部门、行政单位及其工作人员违反本办法的规定，擅自占有、使用、处置国有资产的，按照《财政违法行为处罚处分条例》处理。

违反国家国有资产管理规定的其他行为，按国家有关法律法规处理。

第十章　附　　则

第五十一条　参照公务员制度管理的事业单位和社会团体的国有资产管理依照本办法执行。

第五十二条 行政单位所属独立核算的非公务员管理的事业单位执行事业单位国有资产管理的有关规定，独立核算的企业执行企业国有资产管理的有关规定，不执行本办法。

第五十三条 地方财政部门可以根据本办法及上级财政部门有关国有资产管理的规定，制定本地区和本级行政单位国有资产管理的规章制度，并报上一级财政部门备案。

第五十四条 行政单位境外国有资产管理办法由财政部另行制定。

中央级行政单位的国有资产管理实施办法，由财政部会同有关部门根据本办法制定。

第五十五条 中国人民解放军等特定单位占有、使用的国有资产的管理办法，由解放军总后勤部等有关部门会同财政部另行制定。

第五十六条 本办法自2006年7月1日起施行。此前颁布的有关行政单位国有资产管理的规章制度，凡与本办法相抵触的，以本办法为准。

五、中央级事业单位国有资产管理暂行办法

中央级事业单位国有资产管理暂行办法

财教[2008]13号

第一章 总 则

第一条 为加强中央级事业单位国有资产管理，合理配置和有效利用国有资产，保障和促进各项事业发展，根据《事业单位国有资产管理暂行办法》(财政部令第36号)，制定本办法。

第二条 本办法适用于执行事业单位财务和会计制度的中央级各类事业单位。

第三条 本办法所称的中央级事业单位国有资产，是指中央级事业单位占有、使用的，依法确认为国家所有，能以货币计量的各种经济资源的总称。

中央级事业单位国有资产包括：国家拨给中央级事业单位的资产，中央级事业单位按照国家政策规定运用国有资产组织收入形成的资产，以及接受捐赠和其他经法律确认为国家所有的资产，其表现形式为流动资产、固定资产、无形资产和对外投资等。

第四条 中央级事业单位国有资产管理活动，应当坚持资产管理与预算管理相结合的原则，推行实物费用定额制度，促进事业资产整合与共享共用，实现资产管理和预算管理的紧密统一；应当坚持所有权和使用权相分离的原则；应当坚持资产管理与财务管理、实物管理与价值管理相结合的原则。

第五条 中央级事业单位国有资产实行国家统一所有，财政部、中央级事业单位主管部门(以下简称主管部门)监管，单位占有、使用的管理体制。

第二章 管理机构及其职责

第六条 财政部是负责中央级事业单位国有资产管理的职能部门，对中央级事业单位国有资产实施综合管理。其主要职责是：

(一) 贯彻执行国家有关国有资产管理的法律、行政法规和政策；

(二) 根据国家有关国有资产管理的规定，制定中央级事业单位国有资产管理的规章制度，并组织实施和监督检查；

(三) 研究制定中央级事业单位实物资产配置标准和相关的费用标准，负责中央级事业单位国有资产的产权登记、产权界定、产权纠纷调处、资产评估监管、资产清查、统计报告等基础管理工作；

(四) 按照规定权限审批中央级事业单位有关资产购置、处置和利用国有资产对外投资、出租、出借等事项，组织中央级事业单位长期闲置、低效运转和超标准配置资产的跨部门调剂工作，建立中央级事业单位国有资产整合、共享和共用机制；

(五) 结合事业单位分类改革，推进有条件的中央级事业单位实现国有资产管理的市场化、社会化，加强中央级事业单位转企改制工作中国有资产的监督管理；

(六) 负责中央级事业单位国有资产收益的监督管理；财政部驻各地财政监察专员办事处(以下简称专员办)负责当地中央级事业单位国有资产处置收入的监缴等工作；

(七) 建立中央级事业单位国有资产管理信息系统，对中央级事业单位国有资产实行动态监管；

（八）研究建立中央级事业单位国有资产安全性、完整性和使用有效性的评价方法、评价标准和评价机制，对中央级事业单位国有资产的配置、使用和处置等实行绩效管理，盘活存量，调控增量，提高资产使用效益；

（九）监督、指导中央级事业单位及其主管部门的国有资产管理工作。

第七条 主管部门负责对本部门所属事业单位的国有资产实施监督管理。其主要职责是：

（一）贯彻执行国家有关国有资产管理的法律、行政法规和政策；

（二）根据财政部有关国有资产管理的规定，制定本部门所属事业单位国有资产管理的实施办法，并组织实施和监督检查；

（三）组织本部门所属事业单位国有资产的清查、登记、统计汇总及日常监督检查工作；

（四）按规定权限审核或者审批所属事业单位有关资产配置、处置事项以及利用国有资产对外投资、出租、出借等事项，负责本部门所属事业单位长期闲置、低效运转和超标准配置资产的调剂工作，优化事业单位国有资产配置，推动事业单位国有资产共享、共用；

（五）督促本部门所属事业单位按规定缴纳国有资产收益；

（六）按照财政部有关规定，组织实施本部门所属事业单位国有资产管理的绩效考评；

（七）接受财政部的监督、指导，并报告有关事业单位国有资产管理工作。

第八条 中央级事业单位负责对本单位占有、使用的国有资产实施具体管理。其主要职责是：

（一）贯彻执行国家有关国有资产管理的法律、行政法规和政策；

（二）根据财政部、主管部门有关国有资产管理的规定，制定本单位国有资产管理的具体办法并组织实施；

（三）负责本单位资产购置、验收入库、维护保管等日常管理，负责本单位资产的账卡管理、清查登记、统计报告及日常监督检查工作；

（四）办理本单位国有资产配置、处置和对外投资、出租、出借等事项的报批手续；根据主管部门授权，审批本单位有关国有资产配置、处置和对外投资、出租、出借等事项；

（五）负责本单位用于对外投资、出租、出借等资产的保值增值，按照规定及时、足额缴纳国有资产收益；

（六）负责本单位存量资产的有效利用，参与大型仪器、设备等资产的共享、共用和公共研究平台建设工作；

（七）接受主管部门和财政部的监督、指导，并报告有关国有资产管理工作。

第九条 财政部、主管部门和中央级事业单位应当按照本办法的规定，明确相关管理机构和工作人员，做好中央级事业单位国有资产管理工作。

第三章 资产配置及使用

第十条 中央级事业单位国有资产配置是指财政部、主管部门、中央级事业单位等根据中央级事业单位履行职能的需要，按照国家有关法律、行政法规和规章制度规定的程序，通过购置或者调剂等方式为中央级事业单位配备资产的行为。

第十一条 中央级事业单位国有资产配置应当符合以下条件：

（一）现有资产无法满足中央级事业单位履行职能的需要；

（二）难以与其他单位共享、共用相关资产；

（三）难以通过市场购买服务方式实现，或者采取市场购买方式成本过高。

第十二条 中央级事业单位国有资产配置应当符合规定的配置标准；没有规定配置标准的，应当从严控制，合理配置。

第十三条 对于中央级事业单位长期闲置、低效运转或者超标准配置的资产，原则上由主管部门进行调剂，并报财政部备案；跨部门的资产调剂须报财政部批准。法律、行政法规另有规定的，依照其规定。

第十四条 中央级事业单位向财政部申请用财政性资金购置？规定限额以上资产的，除国家另有规定外，按照下列程序报批：

（一）中央级事业单位的资产管理部门应会同财务部门根据资产的存量情况、使用及其绩效情况，提出拟新购置资产的品目、数量和所需经费的资产购置计划，经单位领导批准后报主管部门审核；

（二）主管部门根据所属事业单位资产存量状况、人员编制和有关资产配置标准等，对其资产购置计划进行审核后，报财政部审批；

（三）经财政部批准的资产购置计划，按照部门预算管理的相关要求列入主管部门年度部门预算。

第十五条 中央级事业单位用非财政性资金购置规定限额以上资产的，报主管部门审批；主管部门应当于批复之日起15个工作日内将批复文件报财政部备案。

第十六条 中央级事业单位购置纳入政府采购范围的资产，应当按照政府采购管理的有关规定实施政府采购。

第十七条 中央级事业单位国有资产的使用包括单位自用和对外投资、出租、出借等方式。

第十八条 中央级事业单位应当建立健全资产购置、验收、保管、使用等内部管理制度。

中央级事业单位应当对实物资产进行定期清查，做到账账、账卡、账实相符，加强对本单位专利权、商标权、著作权、土地使用权、非专利技术等无形资产的管理，防止无形资产流失。

第十九条 中央级事业单位对外投资、出租、出借等，应当符合国家有关法律、行政法规的规定，遵循投资回报、风险控制和跟踪管理等原则，并进行可行性论证，实现国有资产的保值增值。

第二十条 中央级事业单位申报国有资产对外投资、出租、出借等事项，应当附可行性论证报告和拟签订的协议（合同）等相关材料，按以下方式履行审批手续：单项价值在800万元以下的，由财政部授权主管部门进行审批，主管部门应当于批复之日起15个工作日内将审批文件（一式三份）报财政部备案；800万元以上（含800万元）的，经主管部门审核后报财政部审批。

第二十一条 中央级事业单位应当对本单位对外投资、出租、出借的资产实行专项管理，同时在单位财务会计报告中对相关信息进行披露。

第二十二条 中央级事业单位对外投资收益以及利用国有资产出租、出借等取得的收入应当纳入单位预算，统一核算，统一管理。

第四章 资 产 处 置

第二十三条 中央级事业单位国有资产处置，是指中央级事业单位对其占有、使用的国有资产进行产权转让或者注销产权的行为。处置方式包括出售、出让、转让、对外捐赠、报废、报损以及货币性资产损失核销等。

第二十四条 中央级事业单位国有资产处置应遵循公开、公正、公平的原则，严格履行审批手续，未经批准不得擅自处置。

第二十五条 中央级事业单位处置国有资产时，应根据财政部规定附相关材料，按以下方式履行审批手续：单位价值或批量价值在800万元以下的，由财政部授权主管部门进行审批，主管部门应当于批复之日起15个工作日内将批复文件（三份）报财政部备案；800万元以上（含）的，经主管部门审核后报财政部审批。

第二十六条 财政部、主管部门对中央级事业单位国有资产处置事项的批复，以及中央级事业单位按规定处置资产报主管部门备案的文件，是财政部安排中央级事业单位有关资产配置预算项目的参考依据，中央级事业单位应当依据其办理产权变动和进行账务处理。

第二十七条 中央级事业单位出售、出让、转让资产数量较多或者价值较高的，应当通过拍卖等市场竞价方式公开处置。

第二十八条 中央级事业单位国有资产处置收入属于国家所有，应当按照政府非税收入管理和财政国库收缴管理的规定上缴中央财政，实行"收支两条线"管理。

第二十九条 财政部批复资产处置的相关文件，应当抄送中央级事业单位所在地专员办。

第五章 产权登记与产权纠纷处理

第三十条 中央级事业单位国有资产产权登记是国家对中央级事业单位占有、使用的国有资产进行登记，依法确认国有资产所有权和中央级事业单位对国有资产占有、使用权的行为。

第三十一条 中央级事业单位国有资产产权登记主要包括：

（一）单位名称、住所、法定负责人及成立时间；

（二）单位性质、主管部门；

（三）单位资产总额、国有资产总额、主要实物资产金额及其使用状况、对外投资情况；

（四）其他需要登记的事项。

第三十二条　财政部根据国有资产管理工作的需要，开展中央级事业单位国有资产产权登记工作。

第三十三条　产权纠纷是指由于国有资产所有权、经营权、使用权等产权归属不清而发生的争议。

第三十四条　中央级事业单位与其他国有单位和国有企业之间发生国有资产产权纠纷的，由当事人双方协商解决，协商不能解决的，可以向主管部门申请调解；主管部门调解不成的，由主管部门报财政部调解或者依法裁定，必要时报国务院裁定。

第三十五条　中央级事业单位与非国有单位和非国有企业或者个人之间发生产权纠纷的，中央级事业单位应当提出拟处理意见，经主管部门审核并报财政部同意后，与对方当事人协商解决，协商不能解决的，依照司法程序处理。

第六章　资产评估与资产清查

第三十六条　中央级事业单位有下列情形之一的，应当对相关国有资产进行评估：

（一）整体或者部分改制为企业；

（二）以非货币性资产对外投资；

（三）合并、分立、清算；

（四）资产拍卖、转让、置换；

（五）整体或者部分资产租赁给非国有单位；

（六）确定涉讼资产价值；

（七）法律、行政法规规定的其他需要进行评估的事项。

第三十七条　中央级事业单位有下列情形之一的，可以不进行资产评估：

（一）中央级事业单位整体或者部分资产无偿划转；

（二）中央级行政、事业单位下属的事业单位之间的合并、资产划转、置换和转让；

（三）其他不影响国有资产权益的特殊产权变动行为，报经财政部确认可以不进行资产评估的。

第三十八条　中央级事业单位国有资产评估工作应当依据《国有资产评估管理办法》（国务院令第91号）委托具有资产评估资格证书的评估机构进行。中央级事业单位应当如实向资产评估机构提供有关情况和资料，并对所提供的情况和资料的客观性、真实性和合法性负责。

中央级事业单位不得以任何形式干预资产评估机构独立执业。

第三十九条　中央级事业单位国有资产评估项目实行核准制和备案制。核准和备案工作按照国家有关国有资产评估项目核准和备案管理的规定执行。

第四十条　中央级事业单位进行资产清查，应当提出申请，经主管部门审核同意后实施，主管部门应将相关材料报财政部备案。根据国家要求进行的资产清查除外。资产清查工作按照财政部《行政事业单位资产清查暂行办法》（财办[2006]52号）、《行政事业单位资产核实暂行办法》（财办[2007]19号）有关规定执行。

第七章　资产信息管理与报告

第四十一条　中央级事业单位应当按照国有资产管理信息化的要求，及时将资产变动信息录入管理信息系统，对本单位资产实行动态管理，并在此基础上做好国有资产统计和信息报告工作。

第四十二条　中央级事业单位国有资产信息报告是中央级事业单位财务会计报告的重要组成部分。中央级事业单位应当按照财政部规定的年度部门决算报表的格式、内容及要求，对其占有、使用的国有资产状况做出报告。

第四十三条　财政部、主管部门应当充分利用资产管理信息系统和资产信息报告，全面、动态地掌握中央级事业单位国有资产的占有、使用和处置状况，并作为编制和安排中央级事业单位预算的重要参考依据。

第八章　监督检查

第四十四条　财政部、主管部门、中央级事业单位应当各司其职，建立健全科学合理的中央级事业单位国有资产监督管理责任制，将资产监督、管理的责任落实到具体部门、单位和个人，依法维护中央级事业单位国有资产的安全完整，提高国有资产使用效益。

专员办就地对中央级事业单位资产管理情况进行监督检查。

第四十五条　中央级事业单位国有资产监督应当坚持单位内部监督与财政监督、审计监督、社会监督相结合，事前监督与事中监督、事后监督相结合，日常监督与专项检查相结合。

第四十六条　主管部门及其事业单位违反本办法规定的，财政部依据《财政违法行为处罚处分条例》的规定进行处罚、处分、处理，并视情节轻重暂停或取消其年度资产购置计划的申报资格。

第九章　附　则

第四十七条　参照《中华人民共和国公务员法》管理、执行事业单位财务和会计制度的中央级事业单位和社会团体的国有资产管理，依照本办法执行；执行《民间非营利组织会计制度》的中央级社会团体及民办非企业单位中占有、使用国有资产的，参照本办法执行。

第四十八条　实行企业化管理并执行企业财务和会计制度的中央级事业单位，以及中央级事业单位所办的全资企业和控股企业，按照企业财务及国有资产管理的有关规定实施监督管理。

第四十九条　经国家批准特定中央级事业单位的国有资产管理办法，由有关主管部门会同财政部另行制定。

第五十条　主管部门可以根据本办法和部门实际情况，制定本部门所属事业单位的国有资产管理实施办法，报财政部备案。

中央级事业单位应当根据本办法和主管部门的有关要求，制定本单位的(包括驻外机构)资产管理办法，报主管部门备案。

第五十一条　对涉及国家安全的中央级事业单位国有资产的配置、使用、处置等管理活动，要按照国家有关保密制度的规定，做好保密工作，防止失密和泄密。

第五十二条　中央级事业单位资产配置、资产使用、资产处置、产权登记、产权纠纷处理等具体管理办法，由财政部根据本办法制定。

第五十三条　本办法自2008年3月15日起施行。此前颁布的有关中央级事业单位国有资产管理的规定与本办法相抵触的，按照本办法执行。

六、中央级事业单位国有资产处置管理暂行办法

关于印发《中央级事业单位国有资产处置管理暂行办法》的通知

财教[2008]495号

党中央有关部门，国务院各部委、各直属机构，全国人大常委会办公厅，全国政协办公厅，高法院，高检院，有关人民团体，有关中央管理企业，新疆生产建设兵团财务局：

为进一步加强中央级事业单位的国有资产管理，根据《事业单位国有资产管理暂行办法》(财政部令第36号)、《中央级事业单位国有资产管理暂行办法》(财教[2008]13号)的有关规定，我们制定了《中央级事业单位国有资产处置管理暂行办法》。现印发给你们，请遵照执行。

附件：中央级事业单位国有资产处置管理暂行办法

财　政　部

二〇〇八年十二月十六日

附件：

中央级事业单位国有资产处置管理暂行办法

第一章　总　则

第一条　为规范中央级事业单位国有资产处置行为，维护国有资产的安全和完整，保障国家所有者权益，根据《事业单位国有资产管理暂行办法》(财政部令第36号)和《中央级事业单位国有资产管理暂行办法》(财教[2008]13号)，制定本办法。

第二条　本办法适用于执行事业单位财务和会计制度的中央级各类事业单位。

第三条　本办法所称的中央级事业单位国有资产处置，是指中央级事业单位对其占有、使用的国有资产，进行产权转让或注销产权的行为。

第四条　中央级事业单位国有资产处置应遵循公开、公正、公平和竞争、择优的原则，严格履行审批手续，未经批准不得擅自处置。

第五条 财政部、中央级事业单位主管部门(以下简称主管部门)按照规定权限对中央级事业单位国有资产处置事项进行审批(审核)或备案。

第六条 财政部、主管部门对中央级事业单位国有资产处置事项的批复,以及中央级事业单位按规定处置国有资产报主管部门备案的文件,是财政部安排中央级事业单位有关资产配置预算项目的参考依据,中央级事业单位应当依据其办理产权变动和进行账务处理。账务处理按照现行事业单位财务和会计制度的有关规定执行。

第七条 中央级事业单位拟处置的国有资产权属应当清晰。权属关系不明确或者存在权属纠纷的资产,须待权属界定明确后予以处置;被设置为担保物的国有资产处置,应当符合《中华人民共和国担保法》、《中华人民共和国物权法》等法律的有关规定。

第二章 处置范围和基本程序

第八条 中央级事业单位国有资产处置的范围包括:闲置资产,报废、淘汰资产,产权或使用权转移的资产,盘亏、呆账及非正常损失的资产,以及依照国家有关规定需要处置的其他资产。按资产性质分为流动资产、固定资产、无形资产、对外投资等。

处置方式包括无偿调拨(划转)、对外捐赠、出售、出让、转让、置换、报废报损、货币性资产损失核销等。

第九条 中央级事业单位国有资产处置按以下权限予以审批:

(一)中央级事业单位一次性处置单位价值或批量价值(账面原值,下同)在800万元人民币(以下简称规定限额)以上(含800万元)的国有资产,经主管部门审核后报财政部审批;

(二)中央级事业单位一次性处置单位价值或批量价值在规定限额以下的国有资产,由财政部授权主管部门进行审批。主管部门应当于批复之日起15个工作日内,将批复文件(一式三份)报财政部备案。

第十条 财政部批复的中央级事业单位国有资产处置文件,应当抄送财政部驻当地财政监察专员办事处(以下简称专员办);中央级事业单位收到主管部门国有资产处置的批复文件后,将复印件报当地专员办备案。

第十一条 中央级事业单位处置规定限额以上的国有资产,应当按以下程序办理:

(一)单位申报。中央级事业单位处置国有资产,须填写《中央级事业单位国有资产处置申请表》,并附相关材料,以正式文件向主管部门申报。

(二)主管部门审核。主管部门对中央级事业单位的申报处置材料进行合规性、真实性等审核后,报财政部审批。

(三)财政部审批。财政部对主管部门报送的国有资产处置事项进行审核批复。数量较大的国有资产处置,财政部可委托专员办对国有资产处置有关情况进行实地核查。

(四)评估备案与核准。中央级事业单位根据财政部的批复,委托具有资产评估资质的评估机构对国有资产进行评估,评估结果报财政部或主管部门备案。评估结果按照国家有关规定须经核准的,报财政部核准。

(五)公开处置。中央级事业单位对申报处置的国有资产进行公开处置。

中央级事业单位处置规定限额以下的国有资产,按照单位申报—主管部门审批—评估备案与核准—公开处置的程序,由主管部门审批后,报财政部备案。

第三章 无偿调拨(划转)和捐赠

第十二条 无偿调拨(划转)是指在不改变国有资产性质的前提下,以无偿转让的方式变更国有资产占有、使用权的行为。

第十三条 无偿调拨(划转)的资产包括:

(一)长期闲置不用、低效运转、超标准配置的资产;

(二)因单位撤销、合并、分立而移交的资产;

(三)隶属关系改变,上划、下划的资产;

(四)其他需调拨(划转)的资产。

第十四条 无偿调拨(划转)应当按以下程序办理:

(一)同一部门所属事业单位之间、事业单位与行政单位之间以及事业单位对企业的国有资产无偿调拨(划转),按规定限额审批。

（二）跨部门国有资产的无偿调拨（划转）。划出方和接收方协调一致（附意向性协议），分别报主管部门审核同意后，由划出方主管部门报财政部审批，并附接收方主管部门同意无偿调拨（划转）的有关文件

（三）跨级次国有资产的无偿调拨（划转）。中央级事业单位国有资产无偿调拨（划转）给地方的，应附省级主管部门和财政部门同意接收的相关文件，由中央级事业单位主管部门报财政部审批；地方单位国有资产无偿调拨（划转）给中央级事业单位的，经地方单位同级财政部门审批后，办理国有资产无偿调拨（划转）手续。中央级事业单位应将接收资产的有关情况报主管部门备案。主管部门应在15个工作日内报财政部备案。

第十五条 中央级事业单位申请国有资产无偿调拨（划转），应提交以下材料：

（一）无偿调拨（划转）申请文件；

（二）《中央级事业单位国有资产处置申请表》；

（三）资产价值凭证及产权证明，如购货发票或收据、工程决算副本、国有土地使用权证、房屋所有权证、股权证等凭据的复印件（加盖单位公章）；

（四）因单位撤销、合并、分立而移交资产的，需提供撤销、合并、分立的批文；

（五）拟无偿调拨（划转）国有资产的名称、数量、规格、单价等清单；

（六）其他相关材料。

第十六条 对外捐赠是指中央级事业单位依照《中华人民共和国公益事业捐赠法》，自愿无偿将其有权处分的合法财产赠与给合法的受赠人的行为，包括实物资产捐赠、无形资产捐赠和货币性资产捐赠等。

第十七条 中央级事业单位国有资产对外捐赠，应提交以下材料：

（一）对外捐赠申请文件；

（二）《中央级事业单位国有资产处置申请表》；

（三）捐赠报告，包括：捐赠事由、途径、方式、责任人、资产构成及其数额、交接程序等；

（四）捐赠单位出具的捐赠事项对本单位财务状况和业务活动影响的分析报告，使用货币资金对外捐赠的，应提供货币资金的来源说明等；

（五）主管部门、中央级事业单位决定捐赠事项的有关文件；

（六）能够证明捐赠资产价值的有效凭证，如购货发票或收据、工程决算副本、记账凭证、固定资产卡片及产权证明等凭据的复印件（加盖单位公章）；

（七）其他相关材料。

第十八条 实际发生的对外捐赠，应当依据受赠方出具的同级财政部门或主管部门统一印（监）制的捐赠收据或者捐赠资产交接清单确认；对无法索取同级财政部门或主管部门统一印（监）制的捐赠收据的，应当依据受赠方所在地城镇街道、乡镇等基层政府组织出具的证明确认。

第十九条 中央级事业单位接受捐赠的国有资产，应及时办理入账手续，并报主管部门备案。主管部门应在15个工作日内报财政部备案。

第四章 出售、出让、转让和置换

第二十条 出售、出让、转让是指变更中央级事业单位国有资产所有权或占有、使用权并取得相应收益的行为。

第二十一条 中央级事业单位国有资产出售、出让、转让，应当通过产权交易机构、证券交易系统、协议方式以及国家法律、行政法规规定的其他方式进行。中央级事业单位国有资产出售、出让、转让应当严格控制产权交易机构和证券交易系统之外的直接协议方式。

第二十二条 中央级事业单位国有资产出售、出让、转让，以按规定权限由财政部、主管部门备案或核准的资产评估报告所确认的评估价值作为市场竞价的参考依据，意向交易价格低于评估结果90%的，应当按规定权限报财政部或主管部门重新确认后交易。

第二十三条 中央级事业单位申请出售、出让、转让国有资产，应提交以下材料：

（一）出售、出让、转让申请文件；

（二）《中央级事业单位国有资产处置申请表》；

（三）资产价值凭证及产权证明，如购货发票或收据、工程决算副本、国有土地使用权证、房屋所有权证、股权证等凭据的复印件（加盖单位公章）；

（四）出售、出让、转让方案，包括资产的基本情况，处置的原因、方式等；

（五）出售、出让、转让合同草案，属于股权转让的，还应提交股权转让可行性报告；

（六）其他相关材料。

第二十四条　置换是指中央级事业单位与其他单位以非货币性资产为主进行的交换。这种交换不涉及或只涉及少量的货币性资产（即补价）。

第二十五条　中央级事业单位申请国有资产置换，应提交以下材料：

（一）置换申请文件；

（二）《中央级事业单位国有资产处置申请表》；

（三）资产价值凭证及产权证明，如购货发票或收据、工程决算副本、国有土地使用权证、房屋所有权证、股权证等凭据的复印件（加盖单位公章）；

（四）对方单位拟用于置换资产的基本情况说明、是否已被设置为担保物等；

（五）双方草签的置换协议；

（六）对方单位的法人证书或营业执照的复印件（加盖单位公章）；

（七）中央级事业单位近期的财务报告；

（八）其他相关材料。

第五章　报废报损和核销

第二十六条　报废是指按有关规定或经有关部门、专家鉴定，对已不能继续使用的资产，进行产权注销的资产处置行为。

第二十七条　报损是指由于发生呆账损失、非正常损失等原因，按有关规定对资产损失进行产权注销的资产处置行为。

第二十八条　中央级事业单位申请国有资产报废、报损，应提交以下材料：

（一）报废、报损申请文件；

（二）《中央级事业单位国有资产处置申请表》；

（三）能够证明盘亏、毁损以及非正常损失资产价值的有效凭证。如购货发票或收据、工程决算副本、记账凭证、固定资产卡片、盘点表及产权证明等凭据的复印件（加盖单位公章）；

（四）报废、报损价值清单；

（五）非正常损失责任事故的鉴定文件及对责任者的处理文件；（六）因房屋拆除等原因需办理资产核销手续的，提交相关职能部门的房屋拆除批复文件、建设项目拆建立项文件、双方签定的房屋拆迁补偿协议；

（七）其他相关材料。

第二十九条　中央级事业单位国有资产对外投资、担保（抵押）发生损失申请损失处置的，应提交以下材料：

（一）对外投资、担保（抵押）损失处置申请文件；

（二）《中央级事业单位国有资产处置申请表》；

（三）被投资单位的清算审计报告及注销文件；

（四）债权或股权凭证、形成呆坏账的情况说明和具有法定依据的证明材料；

（五）申请仲裁或提起诉讼的，提交相关法律文书；

（六）其他相关材料。

第三十条　货币性资产损失核销是指单位按现行财务与会计制度，对确认形成损失的货币性资产（现金、银行存款、应收账款、应收票据等）进行核销的行为。

第三十一条　中央级事业单位申请货币性资产损失核销，应提交以下材料：

（一）货币性资产损失核销申请文件；

（二）《中央级事业单位国有资产处置申请表》；

（三）债务人已被依法宣告破产、撤销、关闭，用债务人清算财产清偿后仍不能弥补损失的，提供宣告破产的民事裁定书以及财产清算报告、注销工商登记或吊销营业执照的证明、政府有关部门决定关闭的文件；

（四）债务人死亡或者依法被宣告失踪、死亡的，提供其财产或遗产不足清偿的法律文件；

（五）涉及诉讼的，提供判决裁定申报单位败诉的人民法院生效判决书或裁定书，或虽胜诉但因无法执行被裁定终止执行的法律文件。

第六章　处置收入和支出管理

第三十二条　处置收入是指在出售、出让、转让、置换、报废报损等处置国有资产过程中获得的收入，包括出售实物资产和无形资产的收入、置换差价收入、报废报损残值变价收入、保险理赔收入、转让土地使用权收益等。

第三十三条　中央级事业单位国有资产处置收入，在扣除相关税金、评估费、拍卖佣金等费用后，按照政府非税收入管理和财政国库收缴管理的规定上缴中央国库，实行"收支两条线"管理。

土地使用权转让收益，按照《财政部关于将中央单位土地收益纳入预算管理的通知》（财综[2006]63号）规定，上缴中央国库，实行"收支两条线"管理。

出售实物资产和无形资产收入、置换差价收入、报废报损残值变价收入、保险理赔收入等上缴中央国库，实行"收支两条线"管理。

科技成果转化（转让）收入，按照《国务院办公厅转发科技部等部门关于促进科技成果转化若干规定的通知》（国办发[1999]29号）的有关规定，在扣除奖励资金后上缴中央国库。

国家另有规定的，从其规定。

第三十四条　中央级事业单位利用国有资产对外投资形成的股权（权益）的出售、出让、转让收入，按以下规定办理：

（一）利用现金对外投资形成的股权（权益）的出售、出让、转让，属于中央级事业单位收回对外投资，股权（权益）出售、出让、转让收入纳入单位预算，统一核算，统一管理。

（二）利用实物资产、无形资产对外投资形成的股权（权益）的出售、出让、转让收入，按以下情形分别处理：

1. 收入形式为现金的，扣除投资收益，以及税金、评估费等相关费用后，上缴中央国库，实行"收支两条线"管理；投资收益纳入单位预算，统一核算，统一管理。

2. 收入形式为资产和现金的，现金部分扣除投资收益，以及税金、评估费等相关费用后，上缴中央国库，实行"收支两条线"管理。

（三）利用现金、实物资产、无形资产混合对外投资形成的股权（权益）的出售、出让、转让收入，按照本条第（一）、（二）项的有关规定分别管理。

第三十五条　中央级事业单位应上缴的国有资产处置收入和应上缴的利用国有资产对外投资形成的股权（权益）的出售（出让、转让）收入，根据实际情况，按以下方式上缴：

（一）已开设中央财政汇缴专户的预算单位，按照财政部非税收入收缴制度有关规定，在取得处置收入后2个工作日内，全额缴入中央财政汇缴专户。

（二）未开设中央财政汇缴专户的预算单位，应按下列不同情况上缴国有资产处置收入：

1. 一级预算单位。由财政部为其开设中央财政汇缴专户，一级预算单位在取得处置收入后2个工作日内，全额缴入其中央财政汇缴专户。

2. 二级预算单位。其主管一级预算单位为行政事业单位的，二级预算单位如无下属预算单位，由财政部为其主管一级预算单位开设中央财政汇缴专户，二级预算单位在取得处置收入后2个工作日内，全额直接缴入一级预算单位的中央财政汇缴专户；二级预算单位如有下属预算单位，由财政部为二级预算单位开设中央财政汇缴专户，二级预算单位在取得处置收入后2个工作日内，全额直接缴入其中央财政汇缴专户。其主管部门为企业集团的，由财政部为二级预算单位开设中央财政汇缴专户，二级预算单位在取得处置收入后2个工作日内，全额直接缴入其中央财政汇缴专户。

3. 三级及三级以下预算单位。由财政部为其主管二级预算单位开设中央财政汇缴专户，三级及三级以下预算单位在取得处置收入后2个工作日内，全额直接缴入其主管二级预算单位的中央财政汇缴专户。

第三十六条　中央级事业单位上缴的国有资产处置收入，纳入预算管理。事业单位因事业发展产生的资产配置需求，在编制部门预算时由财政部根据有关资产配置标准及中央财力情况统筹安排。

第七章　监督检查和法律责任

第三十七条　财政部对主管部门在授权范围内审批的中央级事业单位国有资产处置情况进行监督，可定期或不定期对中央级事业单位国有资产处置情况开展专项检查。

专员办对所在地的中央级事业单位国有资产处置情况进行监督检查。

第三十八条　主管部门应建立国有资产处置事后检查制度，定期或不定期对所属事业单位资产处置情况进行监督检查。

第三十九条　主管部门和中央级事业单位在国有资产处置过程中不得有下列行为：

（一）未按规定程序申报，擅自越权对规定限额以上的国有资产进行处置；

（二）对不符合规定的申报处置材料予以审批；

（三）串通作弊、暗箱操作，压价处置国有资产；

（四）截留资产处置收入；

（五）其他造成单位资产损失的行为。

第四十条　财政部、主管部门、中央级事业单位和个人违反本办法规定的，应根据《财政违法行为处罚处分条例》（国务院令第427号）等国家有关规定追究法律责任。

第八章　附　　则

第四十一条　执行《民间非营利组织会计制度》的中央级社会团体及民办非企业单位涉及国有资产处置的，参照本办法执行。

第四十二条　主管部门可根据本办法的规定，结合本部门实际情况，制定本部门所属事业单位国有资产处置管理办法。主管部门可以根据实际工作需要，授权所属事业单位一定限额的国有资产处置权限，报财政部备案。

第四十三条　对涉及国家安全和秘密的中央级事业单位国有资产处置，应当按照国家有关保密制度的规定，做好保密工作，防止失密和泄密。

第四十四条　事业单位所办全资企业及控股企业的国有资产处置，按照《企业财务通则》（财政部令第41号）、《企业国有资本与财务管理暂行办法》（财企[2001]325号）、《企业国有产权转让管理暂行办法》（国资委 财政部令第3号）等有关规定，由财政部实施监督管理。

第四十五条　本办法自2009年1月1日起施行。此前颁布的有关规定与本办法不一致的，以本办法为准。

附：中央级事业单位国有资产处置申请表（略）

七、事业单位国有资产管理暂行办法

事业单位国有资产管理暂行办法

财政部令第36号

第一章　总　　则

第一条　为了规范和加强事业单位国有资产管理，维护国有资产的安全完整，合理配置和有效利用国有资产，保障和促进各项事业发展，建立适应社会主义市场经济和公共财政要求的事业单位国有资产管理体制，根据国务院有关规定，制定本办法。

第二条　本办法适用于各级各类事业单位的国有资产管理活动。

第三条　本办法所称的事业单位国有资产，是指事业单位占有、使用的，依法确认为国家所有，能以货币计量的各种经济资源的总称，即事业单位的国有（公共）财产。

事业单位国有资产包括国家拨给事业单位的资产，事业单位按照国家规定运用国有资产组织收入形成的资产，以及接受捐赠和其他经法律确认为国家所有的资产，其表现形式为流动资产、固定资产、无形资产和对外投资等。

第四条　事业单位国有资产管理活动，应当坚持资产管理与预算管理相结合的原则，推行实物费用定额制度，促进事业资产整合与共享共用，实现资产管理和预算管理的紧密统一；应当坚持所有权和使用权相分离的原则；应当坚持资产管理与财务管理、实物管理与价值管理相结合的原则。

第五条　事业单位国有资产实行国家统一所有，政府分级监管，单位占有、使用的管理体制。

第二章 管理机构及其职责

第六条 各级财政部门是政府负责事业单位国有资产管理的职能部门，对事业单位的国有资产实施综合管理。其主要职责是：

（一）根据国家有关国有资产管理的规定，制定事业单位国有资产管理的规章制度，并组织实施和监督检查；

（二）研究制定本级事业单位实物资产配置标准和相关的费用标准，组织本级事业单位国有资产的产权登记、产权界定、产权纠纷调处、资产评估监管、资产清查和统计报告等基础管理工作；

（三）按规定权限审批本级事业单位有关资产购置、处置和利用国有资产对外投资、出租、出借和担保等事项，组织事业单位长期闲置、低效运转和超标准配置资产的调剂工作，建立事业单位国有资产整合、共享、共用机制；

（四）推进本级有条件的事业单位实现国有资产的市场化、社会化，加强事业单位转企改制工作中国有资产的监督管理；

（五）负责本级事业单位国有资产收益的监督管理；

（六）建立和完善事业单位国有资产管理信息系统，对事业单位国有资产实行动态管理；

（七）研究建立事业单位国有资产安全性、完整性和使用有效性的评价方法、评价标准和评价机制，对事业单位国有资产实行绩效管理；

（八）监督、指导本级事业单位及其主管部门、下级财政部门的国有资产管理工作。

第七条 事业单位的主管部门（以下简称主管部门）负责对本部门所属事业单位的国有资产实施监督管理。其主要职责是：

（一）根据本级和上级财政部门有关国有资产管理的规定，制定本部门事业单位国有资产管理的实施办法，并组织实施和监督检查；

（二）组织本部门事业单位国有资产的清查、登记、统计汇总及日常监督检查工作；

（三）审核本部门所属事业单位利用国有资产对外投资、出租、出借和担保等事项，按规定权限审核或者审批有关资产购置、处置事项；

（四）负责本部门所属事业单位长期闲置、低效运转和超标准配置资产的调剂工作，优化事业单位国有资产配置，推动事业单位国有资产共享、共用；

（五）督促本部门所属事业单位按规定缴纳国有资产收益；

（六）组织实施对本部门所属事业单位国有资产管理和使用情况的评价考核；

（七）接受同级财政部门的监督、指导并向其报告有关事业单位国有资产管理工作。

第八条 事业单位负责对本单位占有、使用的国有资产实施具体管理。其主要职责是：

（一）根据事业单位国有资产管理的有关规定，制定本单位国有资产管理的具体办法并组织实施；

（二）负责本单位资产购置、验收入库、维护保管等日常管理，负责本单位资产的账卡管理、清查登记、统计报告及日常监督检查工作；

（三）办理本单位国有资产配置、处置和对外投资、出租、出借和担保等事项的报批手续；

（四）负责本单位用于对外投资、出租、出借和担保的资产的保值增值，按照规定及时、足额缴纳国有资产收益；

（五）负责本单位存量资产的有效利用，参与大型仪器、设备等资产的共享、共用和公共研究平台建设工作；

（六）接受主管部门和同级财政部门的监督、指导并向其报告有关国有资产管理工作。

第九条 各级财政部门、主管部门和事业单位应当按照本办法的规定，明确管理机构和人员，做好事业单位国有资产管理工作。

第十条 财政部门根据工作需要，可以将国有资产管理的部分工作交由有关单位完成。

第三章 资产配置及使用

第十一条 事业单位国有资产配置是指财政部门、主管部门、事业单位等根据事业单位履行职能的需要，按照国家有关法律、法规和规章制度规定的程序，通过购置或者调剂等方式为事业单位配备资产的行为。

第十二条　事业单位国有资产配置应当符合以下条件：

（一）现有资产无法满足事业单位履行职能的需要；

（二）难以与其他单位共享、共用相关资产；

（三）难以通过市场购买产品或者服务的方式代替资产配置，或者采取市场购买方式的成本过高。

第十三条　事业单位国有资产配置应当符合规定的配置标准；没有规定配置标准的，应当从严控制，合理配置。

第十四条　对于事业单位长期闲置、低效运转或者超标准配置的资产，原则上由主管部门进行调剂，并报同级财政部门备案；跨部门、跨地区的资产调剂应当报同级或者共同上一级的财政部门批准。法律、行政法规另有规定的，依照其规定。

第十五条　事业单位向财政部门申请用财政性资金购置规定限额以上资产的（包括事业单位申请用财政性资金举办大型会议、活动需要进行的购置），除国家另有规定外，按照下列程序报批：

（一）年度部门预算编制前，事业单位资产管理部门会同财务部门审核资产存量，提出下一年度拟购置资产的品目、数量，测算经费额度，报主管部门审核；

（二）主管部门根据事业单位资产存量状况和有关资产配置标准，审核、汇总事业单位资产购置计划，报同级财政部门审批；

（三）同级财政部门根据主管部门的审核意见，对资产购置计划进行审批；

（四）经同级财政部门批准的资产购置计划，事业单位应当列入年度部门预算，并在上报年度部门预算时附送批复文件等相关材料，作为财政部门批复部门预算的依据。

第十六条　事业单位向主管部门或者其他部门申请项目经费的，有关部门在下达经费前，应当将所涉及的规定限额以上的资产购置事项报同级财政部门批准。

第十七条　事业单位用其他资金购置规定限额以上资产的，报主管部门审批；主管部门应当将审批结果定期报同级财政部门备案。

第十八条　事业单位购置纳入政府采购范围的资产，应当按照国家有关政府采购的规定执行。

第十九条　事业单位国有资产的使用包括单位自用和对外投资、出租、出借、担保等方式。

第二十条　事业单位应当建立健全资产购置、验收、保管、使用等内部管理制度。

事业单位应当对实物资产进行定期清查，做到账账、账卡、账实相符，加强对本单位专利权、商标权、著作权、土地使用权、非专利技术、商誉等无形资产的管理，防止无形资产流失。

第二十一条　事业单位利用国有资产对外投资、出租、出借和担保等应当进行必要的可行性论证，并提出申请，经主管部门审核同意后，报同级财政部门审批。法律、行政法规另有规定的，依照其规定。

事业单位应当对本单位用于对外投资、出租和出借的资产实行专项管理，并在单位财务会计报告中对相关信息进行充分披露。

第二十二条　财政部门和主管部门应当加强对事业单位利用国有资产对外投资、出租、出借和担保等行为的风险控制。

第二十三条　事业单位对外投资收益以及利用国有资产出租、出借和担保等取得的收入应当纳入单位预算，统一核算，统一管理。国家另有规定的除外。

第四章　资 产 处 置

第二十四条　事业单位国有资产处置，是指事业单位对其占有、使用的国有资产进行产权转让或者注销产权的行为。处置方式包括出售、出让、转让、对外捐赠、报废、报损以及货币性资产损失核销等。

第二十五条　事业单位处置国有资产，应当严格履行审批手续，未经批准不得自行处置。

第二十六条　事业单位占有、使用的房屋建筑物、土地和车辆的处置，货币性资产损失的核销，以及单位价值或者批量价值在规定限额以上的资产的处置，经主管部门审核后报同级财政部门审批；规定限额以下的资产的处置报主管部门审批，主管部门将审批结果定期报同级财政部门备案。法律、行政法规另有规定的，依照其规定。

第二十七条　财政部门或者主管部门对事业单位国有资产处置事项的批复是财政部门重新安排事业单位有关资产配置预算项目的参考依据，是事业单位调整相关会计账目的凭证。

第二十八条　事业单位国有资产处置应当遵循公开、公正、公平的原则。

事业单位出售、出让、转让、变卖资产数量较多或者价值较高的，应当通过拍卖等市场竞价方式公开处置。

第二十九条 事业单位国有资产处置收入属于国家所有，应当按照政府非税收入管理的规定，实行“收支两条线”管理。

第五章 产权登记与产权纠纷处理

第三十条 事业单位国有资产产权登记（以下简称产权登记）是国家对事业单位占有、使用的国有资产进行登记，依法确认国家对国有资产的所有权和事业单位对国有资产的占有、使用权的行为。

第三十一条 事业单位应当向同级财政部门或者经同级财政部门授权的主管部门（以下简称授权部门）申报、办理产权登记，并由财政部门或者授权部门核发《事业单位国有资产产权登记证》（以下简称《产权登记证》）。

第三十二条 《产权登记证》是国家对事业单位国有资产享有所有权，单位享有占有、使用权的法律凭证，由财政部统一印制。

事业单位办理法人年检、改制、资产处置和利用国有资产对外投资、出租、出借、担保等事项时，应当出具《产权登记证》。

第三十三条 事业单位国有资产产权登记的内容主要包括：

（一）单位名称、住所、负责人及成立时间；

（二）单位性质、主管部门；

（三）单位资产总额、国有资产总额、主要实物资产额及其使用状况、对外投资情况；

（四）其他需要登记的事项。

第三十四条 事业单位应当按照以下规定进行国有资产产权登记：

（一）新设立的事业单位，办理占有产权登记；

（二）发生分立、合并、部分改制，以及隶属关系、单位名称、住所和单位负责人等产权登记内容发生变化的事业单位，办理变更产权登记；

（三）因依法撤销或者整体改制等原因被清算、注销的事业单位，办理注销产权登记。

第三十五条 各级财政部门应当在资产动态管理信息系统和变更产权登记的基础上，对事业单位国有资产产权登记实行定期检查。

第三十六条 事业单位与其他国有单位之间发生国有资产产权纠纷的，由当事人协商解决。协商不能解决的，可以向同级或者共同上一级财政部门申请调解或者裁定，必要时报有管辖权的人民政府处理。

第三十七条 事业单位与非国有单位或者个人之间发生产权纠纷的，事业单位应当提出拟处理意见，经主管部门审核并报同级财政部门批准后，与对方当事人协商解决。协商不能解决的，依照司法程序处理。

第六章 资产评估与资产清查

第三十八条 事业单位有下列情形之一的，应当对相关国有资产进行评估：

（一）整体或者部分改制为企业；

（二）以非货币性资产对外投资；

（三）合并、分立、清算；

（四）资产拍卖、转让、置换；

（五）整体或者部分资产租赁给非国有单位；

（六）确定涉讼资产价值；

（七）法律、行政法规规定的其他需要进行评估的事项。

第三十九条 事业单位有下列情形之一的，可以不进行资产评估：

（一）经批准事业单位整体或者部分资产无偿划转；

（二）行政、事业单位下属的事业单位之间的合并、资产划转、置换和转让；

（三）发生其他不影响国有资产权益的特殊产权变动行为，报经同级财政部门确认可以不进行资产评估的。

第四十条 事业单位国有资产评估工作应当委托具有资产评估资质的评估机构进行。事业单位应当如实向资产评估机构提供有关情况和资料，并对所提供的情况和资料的客观性、真实性和合法性负责。

事业单位不得以任何形式干预资产评估机构独立执业。

第四十一条　事业单位国有资产评估项目实行核准制和备案制。核准和备案工作按照国家有关国有资产评估项目核准和备案管理的规定执行。

第四十二条　事业单位有下列情形之一的，应当进行资产清查：

（一）根据国家专项工作要求或者本级政府实际工作需要，被纳入统一组织的资产清查范围的；

（二）进行重大改革或者整体、部分改制为企业的；

（三）遭受重大自然灾害等不可抗力造成资产严重损失的；

（四）会计信息严重失真或者国有资产出现重大流失的；

（五）会计政策发生重大更改，涉及资产核算方法发生重要变化的；

（六）同级财政部门认为应当进行资产清查的其他情形。

第四十三条　事业单位进行资产清查，应当向主管部门提出申请，并按照规定程序报同级财政部门批准立项后组织实施，但根据国家专项工作要求或者本级政府工作需要进行的资产清查除外。

第四十四条　事业单位资产清查工作的内容主要包括基本情况清理、账务清理、财产清查、损溢认定、资产核实和完善制度等。资产清查的具体办法由财政部另行制定。

第七章　资产信息管理与报告

第四十五条　事业单位应当按照国有资产管理信息化的要求，及时将资产变动信息录入管理信息系统，对本单位资产实行动态管理，并在此基础上做好国有资产统计和信息报告工作。

第四十六条　事业单位国有资产信息报告是事业单位财务会计报告的重要组成部分。事业单位应当按照财政部门规定的事业单位财务会计报告的格式、内容及要求，对其占有、使用的国有资产状况定期做出报告。

第四十七条　事业单位国有资产占有、使用状况，是主管部门、财政部门编制和安排事业单位预算的重要参考依据。各级财政部门、主管部门应当充分利用资产管理信息系统和资产信息报告，全面、动态地掌握事业单位国有资产占有、使用状况，建立和完善资产与预算有效结合的激励和约束机制。

第八章　监督检查与法律责任

第四十八条　财政部门、主管部门、事业单位及其工作人员，应当依法维护事业单位国有资产的安全完整，提高国有资产使用效益。

第四十九条　财政部门、主管部门和事业单位应当建立健全科学合理的事业单位国有资产监督管理责任制，将资产监督、管理的责任落实到具体部门、单位和个人。

第五十条　事业单位国有资产监督应当坚持单位内部监督与财政监督、审计监督、社会监督相结合，事前监督与事中监督、事后监督相结合，日常监督与专项检查相结合。

第五十一条　事业单位及其工作人员违反本办法，有下列行为之一的，依据《财政违法行为处罚处分条例》的规定进行处罚、处理、处分：

（一）以虚报、冒领等手段骗取财政资金的；

（二）擅自占有、使用和处置国有资产的；

（三）擅自提供担保的；

（四）未按规定缴纳国有资产收益的。

第五十二条　财政部门、主管部门及其工作人员在上缴、管理国有资产收益，或者下拨财政资金时，违反本办法规定的，依据《财政违法行为处罚处分条例》的规定进行处罚、处理、处分。

第五十三条　主管部门在配置事业单位国有资产或者审核、批准国有资产使用、处置事项的工作中违反本办法规定的，财政部门可以责令其限期改正，逾期不改的予以警告。

第五十四条　违反本办法有关事业单位国有资产管理规定的其他行为，依据国家有关法律、法规及规章制度进行处理。

第九章　附　　则

第五十五条　社会团体和民办非企业单位中占有、使用国有资产的，参照本办法执行。参照公务员制度管理的事业单位和社会团体，依照国家关于行政单位国有资产管理的有关规定执行。

第五十六条　实行企业化管理并执行企业财务会计制度的事业单位，以及事业单位创办的具有法人资格的企业，由财政部门按照企业国有资产监督管理的有关规定实施监督管理。

第五十七条 地方财政部门制定的本地区和本级事业单位的国有资产管理规章制度，应当报上一级财政部门备案。

中央级事业单位的国有资产管理实施办法，由财政部会同有关部门根据本办法制定。

第五十八条 境外事业单位国有资产管理办法由财政部另行制定。中国人民解放军、武装警察部队以及经国家批准的特定事业单位的国有资产管理办法，由解放军总后勤部、武装警察部队和有关主管部门会同财政部另行制定。

行业特点突出，需要制定行业事业单位国有资产管理办法的，由财政部会同有关主管部门根据本办法制定。

第五十九条 本办法中有关资产配置、处置事项的"规定限额"由省级以上财政部门另行确定。

第六十条 本办法自2006年7月1日起施行。此前颁布的有关事业单位国有资产管理的规定与本办法相抵触的，按照本办法执行。

八、行政事业单位资产清查暂行办法

财政部关于印发《行政事业单位资产清查暂行办法》的通知

财办[2006]52号

党中央有关部门，国务院有关部委、有关直属机构，全国人大常委会办公厅，全国政协办公厅，高法院，高检院，有关人民团体，各省、自治区、直辖市、计划单列市财政厅(局)，新疆生产建设兵团财务局：

为加强行政事业单位国有资产监督管理，规范行政事业单位资产清查工作，我们制定了《行政事业单位资产清查暂行办法》。现印发给你们，请遵照执行。执行中有何问题，请及时向我部反映。

附件:行政事业单位资产清查暂行办法

二〇〇六年十二月十三日

附件：

行政事业单位资产清查暂行办法

第一章 总 则

第一条 为加强行政事业单位国有资产监督管理，规范行政事业单位资产清查工作，真实反映行政事业单位的资产及财务状况，完善资产管理制度，提高资产使用效益，根据《行政单位国有资产管理暂行办法》(财政部令第35号)、《事业单位国有资产管理暂行办法》(财政部令第36号)和国家相关规定，制定本办法。

第二条 本办法适用于占有使用国有资产的各级各类行政事业单位的资产清查工作。

第三条 本办法所称行政事业单位资产清查，是指财政部门、主管部门或行政事业单位，根据各级政府及其财政部门专项工作要求或者特定经济行为需要，按照规定的政策、工作程序和方法，对行政事业单位进行账务清理、财产清查，依法认定各项资产损益，真实反映行政事业单位国有资产占有使用状况的工作。

第四条 行政事业单位有下列情形之一的，应当进行资产清查：

(一) 根据各级政府及其财政部门专项工作要求，纳入统一组织的资产清查范围的；

(二) 进行重大改革或者改制的；

(三) 遭受重大自然灾害等不可抗力造成资产严重损失的；

(四) 会计信息严重失真或者国有资产出现重大流失的；

(五) 会计政策发生重大变更，涉及资产核算方法发生重要变化的；

(六) 财政部门认为应当进行资产清查的其他情形。

第五条 行政事业单位资产清查工作由财政部门、主管部门或行政事业单位按照"统一政策、分级管理"的原则组织实施。

第二章 机构及其职责

第六条 财政部门是行政事业单位资产清查工作的综合管理部门。主要职责是：

(一) 根据国家及上级财政部门有关行政事业单位资产清查的规定和工作要求,制定本地区和本级行政事业单位资产清查规章制度,并组织实施和监督检查;

(二) 负责批复本级行政事业单位资产清查立项申请;

(三) 负责本级行政事业单位资产清查中有关资产损益的认定和资产清查结果的核实;

(四) 根据工作需要,负责汇总本地区和本级行政事业单位资产清查结果,并向上级财政部门及时报告工作情况;

(五) 指导下级财政部门开展行政事业单位资产清查工作。

第七条 主管部门按照财务隶属关系负责组织本部门所属行政事业单位的资产清查工作。主要职责是:

(一) 负责审核或提出本部门所属行政事业单位资产清查立项申请;

(二) 负责制订本部门所属行政事业单位资产清查实施方案,并对所属行政事业单位资产清查工作进行监督检查;

(三) 负责审核汇总本部门所属行政事业单位资产清查工作结果,并向同级财政部门报送资产清查工作结果报告;

(四) 根据同级财政部门出具的资产核实批复文件,组织本部门所属行政事业单位进行账务处理。

第八条 行政事业单位负责本单位资产清查工作的具体实施。主要职责是:

(一) 向主管部门和财政部门提出本单位资产清查立项申请;

(二) 负责制定本单位资产清查实施方案,具体组织开展资产清查工作,并向主管部门报送资产清查工作结果;

(三) 根据同级财政部门资产清查资产核实批复文件,进行账务处理,并报主管部门和同级财政部门备案;

(四) 负责办理相关资产管理手续。

第九条 财政部门、主管部门或行政事业单位组织开展行政事业单位资产清查工作,应当设立或明确资产清查工作机构。

第三章 资产清查工作程序

第十条 行政事业单位进行资产清查,应当向主管部门提出申请,并按照规定程序报同级财政部门批准立项后组织实施,但根据各级政府及其财政部门专项工作要求进行的资产清查除外。

行政事业单位资产清查申请报告应当说明资产清查的原因、范围以及工作基准日等内容。

第十一条 行政事业单位资产清查工作除国家另有规定外,按照下列程序进行:

(一) 行政事业单位在主管部门、同级财政部门的监督指导下设立或明确资产清查工作机构,制订本单位资产清查工作实施方案;

(二) 行政事业单位按照资产清查工作实施方案,实施自查;

(三) 除涉及国家安全的特殊单位和特殊事项外,行政事业单位的自查结果须委托社会中介机构进行专项审计及相关工作;

(四) 行政事业单位向主管部门报送资产清查工作结果报告,经主管部门审核后报同级财政部门;

(五) 同级财政部门对有关资产损益进行认定,对资产清查结果进行核实;

(六) 根据同级财政部门资产核实批复文件及时进行账务处理,并办理相关资产管理手续;

(七) 根据资产清查工作情况,建立完善各项规章制度。

第十二条 财政部门组织开展的资产清查工作,由财政部门统一委托社会中介机构进行专项审计及相关工作。

主管部门组织或行政事业单位因特定经济行为需要开展的资产清查工作,由主管部门或行政事业单位自行委托社会中介机构进行专项审计及相关工作;财政部门认为必要时,也可直接委托。

第十三条 承担资产清查专项审计及相关工作的社会中介机构应当是依法设立的,并具备与所承担工作相适应的专业人员和专业执业能力。

第十四条 资产清查工作专项审计费用,按照"谁委托,谁付费"的原则,由委托方承担。

第十五条 行政事业单位资产清查工作结果报告主要包括下列内容:

(一) 工作报告。主要反映本单位的资产清查工作基本情况和结果,包括:本单位资产清查的基准日、范围、内容、结果,以及基准日资产及财务状况。

(二) 数据报表。按规定格式和软件填报的资产清查报表及相关材料。

(三) 证明材料。需申报处理的资产损益和资金挂账等情况,相关材料应当单独汇编成册,并附有关凭证资料和具有法律效力的证明材料。

(四) 审计报告。社会中介机构对行政事业单位资产清查的结果,出具经注册会计师签字的资产清查专项审计报告。

(五) 其他需提供的备查材料。

第四章 资产清查工作内容

第十六条 资产清查工作内容包括:单位基本情况清理、账务清理、财产清查、损益认定、资产核实和完善制度等。

第十七条 单位基本情况清理是指根据资产清查工作的需要,对应当纳入资产清查工作范围的所属单位户数、编制和人员状况等基本情况的全面清理。

第十八条 账务清理是指对行政事业单位的各种银行账户、会计核算科目、各类库存现金、有价证券以及各项资金往来等基本账务情况进行全面核对和清理。

第十九条 财产清查是指对行政事业单位的各项资产进行全面的清理、核对和查实。

行政事业单位对清查出的各种资产盘盈和盘亏、报废及坏账等损失按照资产清查要求进行分类,提出相关处理建议。

第二十条 损益认定是指财政部门在行政事业单位进行基本情况清理、账务清理、财产清查的基础上,依据有关规定,对清理出来的有关资产盘盈、资产损失和资金挂账进行认证。

第二十一条 资产核实是指财政部门在损益认定的基础上,依据有关规定,对行政事业单位资产清查结果予以审核批复。

第二十二条 完善制度是指针对资产清查工作中发现的问题,进行全面总结、认真分析,提出相应整改措施和实施计划,建立健全资产管理制度。

第二十三条 对于资产清查中发现的,已使用但尚未办理竣工决算手续的基本建设项目,行政事业单位应当按照基本建设财务管理规定及时办理竣工决算手续。

第二十四条 行政事业单位对在资产清查中新形成的资料,要分类整理形成档案,按照《会计档案管理办法》[(84)财预字第85号]进行管理,并接受国家有关部门的监督。

第五章 监督和管理

第二十五条 财政部门应当加强对行政事业单位资产清查工作的组织领导和监督检查,加强对社会中介机构开展资产清查专项审计及相关工作的监督检查。

第二十六条 财政部门对行政事业单位有关资产损益的认定和资产清查工作结果的审核,应当严格执行国家有关法律、法规、规章和有关财务、会计制度规定,依法办事,严格把关,严肃工作纪律。

第二十七条 主管部门要在行政事业单位资产清查工作的基础上,组织力量进行认真复核,保证资产清查结果的全面、真实、准确。

第二十八条 行政事业单位进行资产清查,要做到账账、账实相符,不重不漏,查清资产来源、去向和管理情况,找出管理中存在的问题,完善制度、堵塞管理漏洞。

第二十九条 社会中介机构应当按照独立、客观、公正的原则,履行必要的程序,认真核实单位各项资产清查材料,并按规定进行实物盘点和账务核对;对单位资产损益按照国家资产清查政策和有关财务、会计制度规定的损益确定标准,在充分调查论证的基础上进行职业推断和客观评判,出具鉴证意见。

行政事业单位应当配合社会中介机构的工作,提供进行专项审计及相关工作必需的资料和线索。任何单位和个人不得干预社会中介机构的正常执业。

第三十条 财政部门可以结合实际情况组织相关专业人员或委托社会中介机构,对行政事业单位资产清查工作结果进行检查或抽查。

第六章 工作纪律

第三十一条 行政事业单位和主管部门在资产清查中违反本办法规定程序的,不组织或不积极组织,未按时完成资产清查工作的，由财政部门责令其限期完成；对资产清查工作质量不符合规定要求的，由财政部门责令其重新组织开展资产清查工作；对拒不完成资产清查工作的单位，财政部门予以通报批评。

第三十二条　行政事业单位在资产清查中有意瞒报、弄虚作假、提供虚假会计资料的，由财政部门责令其改正，并依据《中华人民共和国会计法》、《财政违法行为处罚处分条例》(国务院令第427号)等有关法律、法规规定予以处罚；单位负责人和直接责任人由财政部门会同有关部门依法查处；构成犯罪的，依法追究刑事责任。

第三十三条　单位负责人和有关工作人员在资产清查中，采取私分、低价变卖、虚报损失等手段侵吞、转移国有资产的，由财政部门会同有关部门依法查处；构成犯罪的，依法追究刑事责任。

第三十四条　行政事业单位负责人对申报的资产清查工作结果真实性、完整性承担责任；社会中介机构对单位资产清查专项审计报告的准确性、可靠性承担责任。

第三十五条　社会中介机构及有关当事人在资产清查中与单位相互串通，弄虚作假、提供虚假鉴证材料的，由财政部门会同有关部门依法查处；构成犯罪的，依法追究刑事责任。

第三十六条　财政部门工作人员在对单位资产清查工作结果进行审核过程中徇私舞弊，造成重大后果的，由有关部门依法给予行政处分或纪律处分；构成犯罪的，依法追究刑事责任。

第七章　附　则

第三十七条　各省、自治区、直辖市和计划单列市财政部门可根据本办法，结合本地区实际，制订具体的实施细则，并报财政部备案。

第三十八条　行政单位附属未脱钩企业，执行企业财务和会计制度的事业单位，以及事业单位兴办的具有法人资格的企业，按照财政部有关企业清产核资的规定执行。

第三十九条　行政事业单位资产清查中有关资产损益认定和资产核实工作，按照《行政事业单位资产核实暂行办法》的规定执行。

《行政事业单位资产核实暂行办法》由财政部另行制订。

第四十条　本办法由财政部负责解释。

第四十一条　本办法自发布之日起施行。

九、行政事业单位资产核实暂行办法

财政部关于印发《行政事业单位资产核实暂行办法》的通知

财办[2007]19号

党中央有关部门，国务院有关部委、有关直属机构，全国人大常委会办公厅，全国政协办公厅，高法院，高检院，有关人民团体，各省、自治区、直辖市、计划单列市财政厅(局)，新疆生产建设兵团财务局：

为加强行政事业单位国有资产管理，规范行政事业单位资产核实工作，我们制定了《行政事业单位资产核实暂行办法》。现印发给你们，请遵照执行。执行中遇到的问题，请及时向我部反映。

附件：行政事业单位资产核实暂行办法

二〇〇七年四月三日

附件：

行政事业单位资产核实暂行办法

第一章　总　则

第一条　为加强行政事业单位国有资产管理，规范行政事业单位资产核实工作，真实反映行政事业单位的资产和财务状况，根据《行政事业单位资产清查暂行办法》(财办[2006]52号)和国家有关规定，制定本办法。

第二条　本办法适用于占有使用国有资产的各级各类行政事业单位。

第三条　行政事业单位资产核实，是指财政部门根据国家资产清查政策和有关财务、会计制度，对行政事业单位资产清查工作中的资产盘盈、资产损失和资金挂账进行认定批复，并对资产总额进行确认的工作。

第四条 财政部门、主管部门和行政事业单位，按照“防止流失，兼顾实际”的原则，在规定权限内对资产损益进行处理，国家另有规定的从其规定。

第五条 行政事业单位(以下简称单位)资产核实工作一般按照以下程序进行：

(一) 单位清理。单位根据国家资产清查政策、有关财务、会计制度和单位内部控制制度，对资产清查中清理出的资产盘盈、资产损失和资金挂账，分别提出处理意见，并编制报表和撰写工作报告。

(二) 专项审计。接受委托的会计师事务所根据《中国注册会计师审计准则》和国家其他有关规定，对资产清查结果进行审核，并出具专项审计报告。

(三) 部门审核。主管部门对单位申报的资产清查材料(含专项审计报告)进行归纳、整理、汇总，并提出审核意见。

(四) 财政审批。财政部门对主管部门报送的资产清查材料进行审核，并对清查结果予以批复。

第六条 单位对资产清查中的损益事项应提供合法证据，单位负责人对所提供的资产清查材料的真实性、完整性负责。

第二章 资产盘盈

第七条 资产盘盈是指单位在资产清查基准日无账面记载，但单位实际占有使用的能以货币计量的经济资源。包括货币资金盘盈、存货盘盈、有价证券盘盈、对外投资盘盈、固定资产盘盈、无形资产盘盈、往来款项盘盈等。

已投入使用但尚未办理竣工决算手续的，按照基本建设财务管理规定及时办理竣工决算有关手续，不作为资产盘盈。

第八条 货币资金盘盈是指单位清查出的无账面记载或反映的现金和各类存款等。

(一) 现金盘盈，根据现金保管人确认的现金盘点表(包括倒推至基准日的记录)和现金保管人对于现金盘盈的说明等进行认定。

(二) 存款盘盈，根据银行对账单和银行存款余额调节表进行认定。

(三) 清理出的“小金库”和账外收入比照货币资金盘盈处理。

第九条 存货盘盈是指单位清查出无账面记载或反映的库存材料、材料和产成品等。

存货盘盈，根据存货盘点表、经济鉴证证明和其他材料(保管人对于盘盈的情况说明、价值确定依据等)进行认定。

第十条 有价证券盘盈是指单位清查出的无账面记载或反映的有价证券。

有价证券盘盈，根据有价证券盘点表、盘盈情况说明、经济鉴证证明、有价证券的价值确定依据等进行认定。

第十一条 对外投资盘盈是指单位清查出的无账面记载或反映的单位对外投资。

对外投资盘盈，根据对外投资合同(协议)、经济鉴证证明、情况说明等进行认定。

第十二条 固定资产盘盈是指单位清查出的无账面记载或反映的固定资产。

固定资产盘盈，根据固定资产盘点表、盘盈情况说明、经济鉴证证明、盘盈价值确定依据(同类资产的市场价格、类似资产的购买合同、发票或竣工决算资料)等进行认定。难以确认价值的，委托中介机构评估确定。

(一) 单位清理出的账外固定资产，若产权属于部门内其他单位而被本单位长期无偿占用，且不属于纪检、监察部门规定清退范围的，当事双方协商一致并按规定程序报批后，按账面价值申报无偿划拨；若产权属于部门外单位的，当事双方应对占用资产按市场价值签订转让或租赁合同，并按规定程序上报。纳入资产清查范围的对方单位按本办法第三章规定处理。

(二) 清查出的因历史原因而无法入账的无主财产，根据《民法通则》等有关规定，依法确认为国有资产的，要及时入账，纳入国有资产管理范围。

第十三条 无形资产盘盈是指单位清查出的无账面记载或反映的无形资产。

无形资产盘盈，根据无形资产盘点表、盘盈情况说明、经济鉴证证明、盘盈价值确定依据(同类资产的市场价格、类似资产的购买合同、发票或自行开发资料)等进行认定。难以确认价值的，委托中介机构评估确定。

第十四条 暂付款、应收账款等往来款项盘盈是指单位清查出的无账面记载或反映的暂付款、应收账款等往来款项。

暂付款、应收账款等往来款项盘盈，根据盘盈情况说明、经济鉴证证明、与对方单位的对账单或询证函等进行认定。

第三章　资产损失

第十五条　资产损失是指单位在资产清查基准日有账面记载，但不归本单位占有、使用或丧失使用价值的，能以货币计量的经济资源。包括货币资金损失、坏账损失、存货损失、有价证券损失、对外投资损失、固定资产损失、无形资产损失等。

第十六条　单位清查出的资产损失应逐项清理，取得合法证据后，对损失项目及金额按规定进行核实认定。对已取得具有法律效力的外部证据，而无法确定损失金额的，根据中介机构的经济鉴证证明进行认定。

第十七条　货币资金损失是指单位清查出的现金短缺和各类存款损失等。

现金短缺，在扣除责任人赔偿后，根据现金盘点表(包括倒推至基准日的记录)、经济鉴证证明、短款说明及核准文件、赔偿责任认定及说明、司法涉案材料等进行认定。各类存款损失比照执行。

第十八条　坏账损失是指单位不能收回的各项应收款项造成的损失。清查出的各项坏账，应分析原因，对有合法证据证明确实不能收回的应收款项，按以下方式处理：

(一) 因债务单位破产、被撤销、注销、吊销营业执照或者被政府责令关闭等无法收回的应收款项，根据法院的破产公告、破产清算文件、工商部门注销吊销证明、政府部门有关文件等进行认定。对已经清算的，扣除清偿部分后不能收回的款项认定为损失。

(二) 债务人失踪、死亡的应收款项，根据公安机关出具的证明进行认定。债务人财产不足清偿或无法追偿债务的，可以根据中介机构出具的经济鉴证证明认定损失。

(三) 因战争、国际政治事件及自然灾害等不可抗力因素无法收回的应收款项，由单位做出专项说明，可以根据中介机构出具的经济鉴证证明认定损失。

(四) 其他逾期不能收回的应收款项，一般应当根据生效的法院判决书、裁定书认定损失。但以下三种情况可以按照下述方式认定损失：

逾期三年以上、单笔数额较小、不足以弥补清收成本的，由单位做出专项说明，可以根据中介机构出具的经济鉴证证明认定损失；

逾期三年以上、有依法催收记录、债务人资不抵债且连续三年亏损或停止经营三年以上、确实不能收回的，可以根据中介机构出具的经济鉴证证明认定损失；

逾期三年以上、债务人在境外及港澳台地区、依法催收确实不能收回的，可以根据中介机构出具的有关证明或者我国驻外使(领)馆、驻外商务机构出具的有关证明认定损失。

(五) 单位为减少坏账损失而与债务人协商，对逾期三年以上的应收款项，按原值一定比例折扣后收回(含收回的实物资产)的，根据双方签订的有效协议、资金回收证明和中介机构出具的经济鉴证证明(或评估报告)，对折扣部分可以认定为损失。

第十九条　存货损失是指单位库存材料、材料、产成品等因盘亏、毁损、报废、被盗等原因造成的损失。

(一) 盘亏的存货，扣除责任人赔偿后的部分，可以根据存货盘点表、社会中介机构的经济鉴证证明、盘亏情况说明、盘亏的价值确定依据、赔偿责任认定说明和内部核批文件等认定损失；

(二) 报废、毁损的存货，扣除残值及保险赔偿或责任人赔偿后的部分，可以根据国家有关技术鉴定部门或具有技术鉴定资格的中介机构出具的技术鉴定证明(涉及保险索赔的应有保险公司理赔情况说明)、毁损报废说明、赔偿责任认定说明和内部核批文件等认定损失；

(三) 被盗的存货，扣除保险理赔及责任人赔偿后的部分，可以根据公安机关的结案证明、责任认定及赔偿情况说明(涉及保险索赔的应有保险公司理赔情况说明)认定损失。

第二十条　有价证券及对外投资损失，应分析原因，有合法证据证明不能收回的，可以认定损失。

(一) 因被投资单位破产、被撤销、注销、吊销营业执照或者被政府责令关闭等情况造成难以收回的不良投资，可以根据法院的破产公告或者破产清算的清偿文件、工商部门的注销吊销文件、政府有关部门的行政决定等认定损失。

已经清算的，扣除清算资产清偿后的差额部分，可以认定为损失；

尚未清算的,被投资单位剩余资产确实不足清偿投资的差额部分,根据中介机构出具的经济鉴证证明,可以认定为损失。

(二)对事业单位参股投资项目较小,被投资单位已资不抵债且连续停止经营三年以上的,根据中介机构出具的经济鉴证证明,对确实不能收回的部分,可以认定为损失。

(三)行政单位有价证券、事业单位证券等短期投资,未进行交割或清理的,不能认定损失。

第二十一条 固定资产损失是指单位房屋及建筑物、交通运输工具、通用设备、专用设备等因盘亏、毁损、报废、被盗等原因造成的损失。

(一)盘亏的固定资产,扣除责任人赔偿后的差额部分,可以根据固定资产盘点表、盘亏情况说明、盘亏的价值确定依据、社会中介机构的经济鉴证证明、赔偿责任认定说明和内部核批文件等认定损失;

(二)报废、毁损的固定资产,扣除残值、保险赔偿和责任人赔偿后的差额部分,可以根据国家有关技术鉴定部门或具有技术鉴定资格的中介机构出具的技术鉴定证明(涉及保险索赔的应有保险公司理赔情况说明)、毁损报废说明、赔偿责任认定说明和内部核批文件等认定损失;因不可抗力(自然灾害、意外事故)造成固定资产毁损、报废的,应当有相关部门出具的鉴定报告。包括:事故处理报告、车辆报损证明、房屋拆除证明、受灾证明等;

(三)被盗的固定资产,扣除保险理赔及责任人赔偿后的部分,可以根据公安机关的结案证明、责任认定及赔偿情况说明(涉及保险索赔的应有保险公司理赔情况说明)认定损失。

第二十二条 无形资产损失是指无形资产因被其他新技术所代替或已经超过了法律保护的期限、丧失了使用价值和转让价值等所造成的损失。

无形资产损失,可以根据有关技术部门的鉴定材料,或者已经超过了法律保护期限的证明文件等认定损失。

第二十三条 单位经批准核销的不良债权等损失,实行"账销案存"并进行清理和追索;经批准核销的实物资产损失应分类清理,对有利用价值或残值的,应积极处理,降低损失。

第四章 资金挂账

第二十四条 资金挂账是指单位在资产清查基准日应按损益、收支进行确认处理,但挂账未确认的资金(资产)数额。

第二十五条 对于清查出的资金挂账,按照真实客观反映经济状况的原则进行认定。中介机构对单位申报的资金挂账应当重点审计。

第二十六条 特殊资金挂账按以下方式处理:

(一)属于按国家规定组织实施住房制度改革,职工住房账面价值、固定基金应冲减而未冲减的挂账,在按国家规定办理房改有关合法手续、移交产权后,按规定核销。

(二)属于对外投资中由于所办企业按国家要求脱钩等政策性因素造成的损失挂账,在取得国家关于企业脱钩的文件和产权划转文件后,可在办理资产核实手续时申报核销处理。

(三)属于基本建设项目实际投资支出超过基本建设概算的,作为自筹基建支出列为暂付款的挂账,应按基本建设程序进行概算调整,基本建设项目实际支出应纳入项目建设成本,并根据竣工财务决算批复转增固定资产。

(四)转制为企业的,因固定资产未按规定核定净值、造成固定资产账面价值和实际价值背离较大的,按照使用年限和已使用年限对固定资产净值进行重新估价。

第五章 损益证据

第二十七条 单位申报的各项资产盘盈、资产损失和资金挂账,必须提供具有法律效力的外部证据、社会中介机构的经济鉴证证明和特定事项的单位内部证据。

第二十八条 具有法律效力的外部证据是指单位收集到的与本单位资产损益相关的具有法律效力的书面文件。主要包括:单位的撤销、合并公告及清偿文件;政府部门有关文件;司法机关的判决或者裁定;公安机关的结案证明;工商管理部门出具的注销、吊销及停业证明;专业技术部门的鉴定报告;保险公司的出险调查单和理赔计算单;企业的破产公告及破产清算的清偿文件;符合法律规定的其他证明等。

第二十九条 社会中介机构的经济鉴证证明是指社会中介机构按照独立、客观、公正的原则,对单位的某项经济事项出具的专项经济鉴证证明或鉴证意见书。社会中介机构包括:会计师事务所、资产评估机构、律师事务所、专业鉴定机构等。

第三十条　特定事项的单位内部证据是指单位对涉及资产盘盈、盘亏或者实物资产报废、毁损及相关资金挂账等情况的内部证明和内部鉴定意见书等。主要包括:有关会计核算资料和原始凭证;单位的内部核批文件及情况说明;资产盘点表;单位内部技术鉴定小组或内部专业技术部门的鉴定文件或资料;因经营管理责任造成的损失的责任认定意见及赔偿情况说明;相关经济行为的业务合同等。

第六章　审核批复

第三十一条　中央级单位的固定资产损失,按照以下权限处理:

(一) 单项固定资产损失低于50万元的,根据中介机构的审计意见,经本单位负责人批准后核销,并报主管部门、财政部备案;

(二) 单项固定资产损失超过50万元(含50万元),低于200万元的,由单位提出处理意见,报经主管部门批准后核销,并报财政部备案;

(三) 单项固定资产损失超过200万元(含200万元)的,逐级上报,经财政部批准后核销。

第三十二条　中央级单位的货币资金损失、坏账损失、存货损失、有价证券损失、对外投资损失、无形资产损失等其他类资产损失,分类损失额低于50万元的,由单位提出处理意见,报经主管部门批准后核销,并报财政部备案;分类损失额50万元(含50万元)以上的,逐级上报,经财政部批准后核销。

第三十三条　单位对于清理出的各项资产盘盈(含账外资产),应按照财务、会计制度的有关规定确定价值,并在资产清查工作报告中予以说明,按规定权限核实批复。

中央级单位的资产盘盈审批权限,比照本办法第三十一条、第三十二条执行。

第三十四条　地方单位资产盘盈、资产损失的审批权限,根据资产清查工作的实际需要,由各级财政部门自行确定,并报上级财政部门备案。

第三十五条　单位的资金挂账,按照规定程序上报,经财政部门批准后调整有关账目。

第三十六条　根据各级政府及其财政部门专项工作要求开展的资产清查工作,有关资产损益的审批权限,可以根据资产清查工作的实际需要另行确定。

第七章　账务处理

第三十七条　资产损益确认后,按照以下原则进行账务处理:

(一) 财政部门批复、备案前的资产盘盈(含账外资产)可以按照财务、会计制度的有关规定暂行入账。待财政部门批复、备案后,进行账务调整和处理。

(二) 财政部门批复、备案前的资产损失和资金挂账,单位不得自行进行账务处理。待财政部门批复、备案后,进行账务处理。

第三十八条　资产盘盈、资产损失和资金挂账按规定权限审批后,按国家统一的会计制度进行账务处理。

第三十九条　资产核实审批后,单位在30个工作日内将账务处理结果报主管部门、财政部门备案。未按规定调账的,应详细说明情况并附相关证明材料。

第四十条　单位需要办理产权变更登记手续的,在资产核实审批后,按有关规定办理相关手续。单位下属企业注册资本发生变动的,应在规定时间内办理工商变更登记手续。

第八章　附　　则

第四十一条　各省、自治区、直辖市和计划单列市财政部门可根据本办法,结合本地区实际,制订具体的实施细则,并报财政部备案。

第四十二条　占有使用国有资产的各级各类社会团体的资产核实工作依照本办法执行。

第四十三条　行政单位附属未脱钩企业,执行企业财务和会计制度的事业单位,以及事业单位兴办的具有法人资格的企业,按照财政部有关企业清产核资的规定执行。

第四十四条　单位改制为企业或执行企业会计制度,按国家有关规定应进行价值重估、核实国家资本金等工作的,按照财政部有关企业清产核资的规定执行。

第四十五条　住房公积金管理中心管理的住房公积金的资产核销按照财政部有关规定执行。

第四十六条　本办法由财政部负责解释。

第四十七条　本办法自发布之日起施行。

第二十六部分　行政事业单位会计人员管理法规

一、中央国家机关会计从业资格管理实施办法

国务院机关事务管理局关于印发《中央国家机关会计从业资格管理实施办法》的通知

国管财[2005]246号

国务院各部委、各直属机构、中央管理的企业(集团)：

为了加强中央国家机关会计从业资格管理，规范会计人员行为，根据财政部重新颁布的《会计从业资格管理办法》(2005年财政部令第26号)的规定，结合中央国家机关实际，我们修订了《中央国家机关会计从业资格管理实施办法》，现印发你们，请遵照执行。在执行中有什么问题，请及时告我局。

二〇〇五年六月二十三日

中央国家机关会计从业资格管理实施办法

第一章　总　　则

第一条　为了加强中央国家机关会计从业资格管理，规范会计人员行为，根据《中华人民共和国会计法》(以下简称《会计法》)和财政部颁发的《会计从业资格管理办法》(财政部令[2005]第26号)的规定，结合中央国家机关实际，制定本办法。

第二条　本办法适用于国务院各部委、各直属机构，全国人大常委会办公厅，全国政协办公厅，最高人民法院，最高人民检察院，各人民团体，中央管理的企业(集团)及其所属在京单位(以下简称各部门，财政部另有规定的除外)。

第三条　在各部门从事下列会计工作的人员必须取得会计从业资格：

(一) 会计机构负责人(会计主管人员)；

(二) 出纳；

(三) 稽核；

(四) 资本、基金核算；

(五) 收入、支出、债权债务核算；

(六) 工资、成本费用、财务成果核算；

(七) 财产物资的收发、增减核算；

(八) 总账；

(九) 财务会计报告编制；

(十) 会计电算化；

(十一) 会计机构内会计档案管理。

第四条　各部门不得任用(聘用)不具备会计从业资格的人员从事会计工作。

不具备会计从业资格的人员，不得参加会计专业技术资格考试或评审、会计专业职务的聘任、申请取得会计人员荣誉证书。

第二章　会计从业资格管理部门

第五条　国务院机关事务管理局(以下简称国管局)负责各部门会计从业资格管理及会计从业资格证书颁发工作。

第六条　各部门应指定机构和人员负责本部门会计从业资格管理的具体实施工作，建立本部门会计人员档案信息库，归集上报会计人员注册登记资料和变更事项。

第七条　各部门未被其他单位聘用的离退休人员会计从业资格管理的具体事务性工作，由原所在部门

负责；临时聘用人员的会计从业资格管理由现所在部门负责。

第三章　会计从业资格考试

第八条　国家实行会计从业资格考试制度。

第九条　申请参加会计从业资格考试的人员，应当符合下列基本条件：

（一）遵守会计和其他财经法律、法规；

（二）具备良好的道德品质；

（三）具备会计专业基础知识和技能。

因有《会计法》第四十二条、第四十三条、第四十四条所列违法情形，被依法吊销会计从业资格证书的人员，自被吊销之日起5年内（含5年）不得参加会计从业资格考试，不得重新取得会计从业资格证书。

因有提供虚假财务会计报告，做假账，隐匿或者故意销毁会计凭证、会计账簿、财务会计报告，贪污、挪用公款，职务侵占等与会计职务有关的违法行为，被依法追究刑事责任的人员，不得参加会计从业资格考试，不得取得或者重新取得会计从业资格证书。

第十条　申请人符合本实施办法第九条规定且具备国家教育行政主管部门认可的中专以上（含中专，下同）会计类专业学历（或学位）的，自毕业之日起2年内（含2年），免试会计基础、初级会计电算化。

会计类专业包括：会计学、会计电算化、注册会计师专门化、审计学、财务管理和理财学。

第十一条　会计从业资格考试科目为：财经法规与会计职业道德、会计基础、初级会计电算化。

第十二条　国管局负责组织实施会计从业资格考试的下列事项：

（一）制定考试考务规则；

（二）公布考试报名条件、报考办法、考试科目、考务规则及考试相关要求；

（三）根据财政部会计从业资格考试大纲组织实施统一命题、统一印制试卷、统一制定标准答案和评分标准、统一阅卷等相关考务工作；

（四）落实考场和考务人员，监督检查考试纪律；

（五）考试结束后30日内，将会计从业资格考试试题报财政部备案。

第十三条　会计从业资格考试原则上每年进行两次，上半年1月份报名，5月份考试，下半年8月份报名，10月份考试。单科考试成绩合格者，其合格成绩当年有效，逾期成绩自行作废。

第十四条　报名参加会计从业资格考试的人员（以下简称考试人员），要填写《中央国家机关会计从业资格证书考试报名表》，在规定的时间内到国管局指定的地点报名。

第十五条　考试人员（除符合本办法第十条规定可免试科目外），其财经法规与会计职业道德、会计基础、初级会计电算化必须全部合格，才能申请取得会计从业资格证书。

第十六条　会计从业资格考试收费标准按照国家物价管理部门的有关规定执行。

第四章　会计从业资格的取得

第十七条　会计从业资格考试全科合格，申请取得会计从业资格证书的，应填写《中华人民共和国会计从业资格证书申请表》（以下简称《申请表》）；各部门应当对申请人提交的《申请表》进行审查，确认填写内容真实后加盖主管部门公章。

申请人申请办理会计从业资格证书应持下列材料：

（一）《申请表》；

（二）考试成绩合格证明；

（三）有效身份证件原件及复印件；

（四）学历或学位证书原件及复印件；

（五）专业技术职称证书原件及复印件；

（六）近期同一底片一寸免冠彩色证件照片两张。

香港特别行政区、澳门特别行政区、台湾地区居民及外国居民及出国留学人员的学历或学位须经中华人民共和国教育行政主管部门认可。

第十八条　申请人可以通过委托代理人申请会计从业资格证书。申请人应当对其申请材料实质内容的真实性负责。

第十九条　申请人的申请材料齐全、符合规定形式的，应当当场受理；申请材料不齐全或者不符合规定形式的，当场或者5日内向申请人出具《办理中央国家机关会计从业资格证书不予受理告知书》，一次性告知申请人需要补正的全部内容，并注明日期，加盖中央国家机关会计从业资格证书专用印章。逾期不告知的，自收到申请材料之日起即为受理。

第二十条　国管局能够当场作出决定的，当场决定颁发会计从业资格证书；不能当场作出决定的，自受理之日起20日内对申请人提交的申请材料进行审查，并作出是否颁发会计从业资格证书的决定。

第二十一条　国管局作出准予颁发会计从业资格证书的决定，自作出决定之日起10日内向申请人颁发会计从业资格证书。

作出不予颁发会计从业资格证书的决定，对申请人说明理由，出具《不予颁发中央国家机关会计从业资格证书通知书》，并告知申请人享有依法申请行政复议或者提起行政诉讼的权利。

第二十二条　会计从业资格证书由国管局根据财政部统一规定的样式和编号规则，进行印制、编号、颁发。并于次年1月30日前将上年度会计从业资格证书颁发情况报财政部备案。

第二十三条　会计从业资格证书是具备会计从业资格的证明文件，在全国范围内有效。持有会计从业资格证书的人员（以下简称“持证人员”）不得涂改、转让会计从业资格证书。

第五章　会计从业资格管理

第二十四条　会计从业资格证书实行注册登记制度。

第二十五条　持证人员从事会计工作，应当自从事会计工作之日起90日内，填写《中华人民共和国会计从业资格注册、变更、调转登记表》（以下简称《登记表》），并持会计从业资格证书和所在单位出具的从事会计工作的证明，到国管局办理注册登记。持证人员离开会计工作岗位超过6个月的，应当填写《登记表》，并持会计从业资格证书，向国管局备案。

第二十六条　持证人员因工作变动等原因在国管局管辖范围内调转工作单位，且继续从事会计工作的，应当自离开原工作单位之日起90日内，填写《登记表》，持会计从业资格证书及调入单位开具的从事会计工作的证明，办理调转登记。

持证人员调离国管局管辖范围，到其他会计从业资格管理机构管辖范围且继续从事会计工作的，填写《登记表》，持会计从业资格证书，及时向国管局办理转出手续；并自办理转出手续之日起90日内，持会计从业资格证书、《登记表》和调入单位开具的从事会计工作证明，向调入单位所在地区的会计从业资格管理机构办理转入手续。

持证人员由其他会计从业资格管理机构管辖范围调转到国管局管辖范围且继续从事会计工作的，填写《登记表》，持会计从业资格证书，及时向原注册登记的会计从业资格管理机构办理转出手续；并自办理转出手续之日起90日内，持会计从业资格证书、《登记表》和调入单位开具的从事会计工作证明以及《申请表向国管局办理转入手续。

第二十七条　国管局负责建立持证人员从业档案信息系统，及时记载、定期更新持证人员下列信息：

（一）持证人员相关基础信息和注册、变更、调转登记情况；

（二）持证人员从事会计工作情况；

（三）持证人员接受继续教育情况；

（四）持证人员受到表彰奖励情况；

（五）持证人员因违反会计法律、法规、规章和会计职业道德被处罚情况。

持证人员的学历或学位、会计专业技术职务资格以及前款第（一）至第（五）项内容发生变更的，可以持相关有效证明和会计从业资格证书，向国管局办理从业档案信息变更手续，原则上每年11月集中办理。

各部门在次年1月30日前向国管局报送所属单位《持证人员信息年度统计表》。

第二十八条　国管局将申请会计从业资格证书和办理会计从业资格证书注册、变更、调转登记的条件、程序、期限以及需要提交的材料和相关申请登记表格示范文本等在办公场所公示。相关申请登记表格置放于办公场所，免费提供。申请人也可以从国管局网站 www.ggj.gov.cn 下载。

第二十九条　国管局对下列情况实施监督检查：

（一）从事会计工作的人员持有会计从业资格证书并注册登记情况；

（二）持证人员从事会计工作和执行国家统一的会计制度情况；

(三) 持证人员遵守会计职业道德情况;

(四) 持证人员接受继续教育情况。

国管局在实施监督检查时,各部门及持证人员应当如实提供有关材料,予以配合。

第三十条 单位和个人对违反本办法规定的行为有权检举,国管局负责及时核实、处理,并为检举人保密。

第六章 会计人员继续教育

第三十一条 持证人员应当接受继续教育,提高业务素质和会计职业道德水平。持证人员每年参加继续教育培训时间不得少于24小时。

第三十二条 国管局按照财政部公布的继续教育大纲,制定继续教育培训规划并组织实施。

第三十三条 国管局负责对继续教育工作的组织、监督、指导。各部门应鼓励持证人员按培训规划要求参加继续教育,保证学习时间,提供必要的学习条件。

第三十四条 国管局负责对开展会计人员继续教育培训单位进行监督和指导,督促培训单位严格培训纪律,优化培训服务,确保培训质量,并按有关规定如实上报培训信息。

第七章 法律责任

第三十五条 参加会计从业资格考试舞弊的,取消其该科目的考试成绩,情节严重的,取消其全部考试成绩。

第三十六条 用假学历、假证书等手段得以免试考试科目并取得会计从业资格证书的,一经发现,撤销其会计从业资格。

第三十七条 持证人员未按照本办法规定办理注册、调转登记的,责令其限期改正;逾期不改正的,予以公告。

第三十八条 持证人员有《会计法》第四十二条、第四十三条、第四十四条所列违法违纪情形之一,按照《会计法》的规定予以处理并向社会公告。

第三十九条 国管局发现各部门任用(聘用)未经注册、调转登记的人员从事会计工作的,责令其限期改正;逾期不改正的,予以公告。

单位任用(聘用)没有会计从业资格证书人员从事会计工作的,依据《会计法》第四十二条的规定处理。

第四十条 会计从业资格管理机构及工作人员在实施会计从业资格管理中滥用职权、玩忽职守、徇私舞弊的,依法给予行政处分。

第四十一条 会计从业资格管理机构工作人员违反本办法第三十条规定,将检举人姓名和检举材料转给被检举单位和被检举人个人的,由所在单位依法给予行政处分。

第八章 附 则

第四十二条 本办法由国管局负责解释。

第四十三条 本办法自印发之日起施行。国管局2001年2月14日印发的《中央国家机关会计从业资格管理实施办法》(国管财字[2001]19号)同时废止。

二、中央国家机关会计人员继续教育管理实施办法

国务院机关事务管理局关于印发《中央国家机关会计人员继续教育管理实施办法》的通知

国管财[2007]68号

国务院各部委、各直属机构,中央管理的在京企业(集团):

为进一步推进中央国家机关会计人员继续教育工作,根据财政部《会计人员继续教育规定》(财会[2006]19号),结合中央国家机关实际,我们制定了《中央国家机关会计人员继续教育管理实施办法》,现印发你们,请按照执行。

二〇〇七年三月一日

中央国家机关会计人员继续教育管理实施办法

第一章 总 则

第一条 为推进中央国家机关会计人员继续教育科学化、制度化、规范化，培养造就高素质的会计队伍，提高会计人员专业胜任能力，促进会计工作水平提高，根据《中华人民共和国会计法》和财政部《会计人员继续教育规定》(财会[2006]19号)，结合中央国家机关实际情况，制定本办法。

第二条 本办法适用于国务院各部委、各直属机构，全国人大常委会办公厅，全国政协办公厅，最高人民法院，最高人民检察院，各人民团体(以下简称各部门，财政部另有规定的除外)取得并持有会计从业资格证书的人员。

第三条 会计人员继续教育是会计管理工作的重要组成部分，必须紧密结合经济社会和会计行业发展要求，统筹规划，分类指导，强化服务，注重质量，全面推进会计人才队伍建设，为经济社会和会计行业发展提供人才保证和智力支持。

第四条 会计人员继续教育坚持以人为本，按需施教；突出重点，提高能力；加强指导，创新机制的原则，主要内容如下：

(一) 把握会计行业发展趋势和会计人员从业基本要求，突出提升会计人员专业胜任能力，引导会计人员更新知识、拓展技能，提高解决实际问题的能力。

(二) 会计人员继续教育面向会计队伍，创造人人皆受教育、人人皆可成才的环境，全面提高会计人员整体素质。同时，突出高层次会计人才培养和提高综合能力培训，进一步改善会计队伍人才结构和知识结构。

(三) 要统筹规划，有效利用各种教育资源，不断创新继续教育内容，改进继续教育方式，提高继续教育质量，逐步形成主管部门规划指导、培训单位积极参与、用人单位支持督促的会计人员继续教育新格局。

第二章 继续教育管理部门

第五条 国务院机关事务管理局(以下简称国管局)是中央国家机关会计人员继续教育工作的主管部门。负责制定会计人员继续教育培训规划并组织实施；确定各部门对会计人员继续教育的职责和管理权限；组织推荐适合中央国家机关会计人员继续教育教材，或者选用财政部统一组织开发、推荐的全国会计人员继续教育重点教材；组织各类会计人才培训和会计人员继续教育师资培训；指导、监督会计人员继续教育工作，规范会计培训秩序。

第六条 各部门负责本部门会计人员继续教育的管理工作，应当遵循教育、考核、使用相结合的原则，支持、督促并组织本部门会计人员参加继续教育，保证学习时间，提供必要的学习条件。并将每年的工作情况于年末以书面形式报国管局。

第三章 继续教育对象

第七条 会计人员享有参加继续教育的权利和接受继续教育的义务。

第八条 会计人员继续教育分为高级、中级、初级。

(一) 高级会计人员继续教育的对象为取得或者受聘高级会计专业技术资格(职称)及具备相当水平的会计人员；

(二) 中级会计人员继续教育的对象为取得或者受聘中级会计专业技术资格(职称)及具备相当水平的会计人员；

(三) 初级会计人员继续教育的对象为取得或者受聘初级会计专业技术资格(职称)的会计人员，以及取得会计从业资格证书但未取得或者受聘初级会计专业技术资格(职称)的会计人员。

第四章 继续教育的内容

第九条 会计人员继续教育的内容主要包括会计理论、政策法规、业务知识、技能训练和职业道德等。

(一) 会计理论继续教育，重点加强会计基础理论和应用理论的培训，提高会计人员用理论指导实践的能力；

(二) 政策法规继续教育，重点加强会计法规制度及其他相关法规制度的培训，提高会计人员依法理财的能力；

（三）业务知识培训和技能训练，重点加强履行岗位职责所必备的专业知识和经营管理、内部控制、信息化等方面的培训，提高会计人员的业务技能和实际工作能力；

（四）职业道德继续教育，重点加强会计职业道德的培训，提高会计人员职业道德水平。

第五章 继续教育的形式

第十条 会计人员继续教育的形式以接受培训为主。在职自学是会计人员继续教育的重要补充。

会计人员可以自愿选择参加国管局认可的接受培训的形式：

（一）参加在国管局备案并予认可和公布的会计人员继续教育培训单位组织的会计培训；

（二）参加国管局组织的会计人员继续教育师资培训和高级会计人员的专业培训；

（三）参加国管局认可的会计人员所在单位组织的会计类脱产培训；

（四）参加会计、审计、统计、经济专业技术资格考试，以及注册会计师、注册资产评估师、注册税务师考试并成绩合格的；

（五）国管局认可的其他形式。

第十一条 鼓励会计人员参加在职自学。在职自学形式包括：

（一）在普通院校或成人教育院校接受国家承认的会计专业学历教育；

（二）进行会计专业课题研究并取得研究成果；

（三）在省、部级以上（含省、部级）经济类报刊上发表财会类专业论文和文章；

（四）系统接受会计业务相关的远程教育和网上培训；

（五）国管局认可的其他形式。

各部门应当对会计人员在职自学提出要求，并提供必要的条件。

第十二条 会计人员每年接受培训（面授）的时间累计不应少于 24 小时。培训时间的计算以实际教学时间为准，当年接受多次培训的，可累计计算，但不能跨年度计算。

会计人员由于病假、在境外工作、生育等原因，无法达到当年接受培训时间要求的，可由本人提供有效证明，经所在部门核实盖章，报国管局审核确认后，其参加继续教育时间可以顺延至以后年度完成。

会计人员退休后不再继续从事会计工作，可自愿参加会计人员继续教育。

第十三条 开展会计人员继续教育应当根据会计人员的特点，综合运用讲授式、研究式、案例式、模拟式、体验式等教学方法，提高培训效果和质量。

第十四条 推广网络教育、远程教育、电化教育，提高会计人员继续教育教学和管理的信息化水平。

第六章 继续教育培训单位

第十五条 加强会计人员继续教育培训单位建设，构建分工明确、优势互补、布局合理、竞争有序的会计人员继续教育网络。充分发挥国家会计学院、会计学术团体等教育资源在会计人员继续教育中的主渠道作用，鼓励、引导高等院校、科研院所等社会办学单位参与会计人员继续教育工作。

第十六条 对承担中央国家机关会计人员继续教育培训的单位，实行备案登记制度。

（一）凡承担中央国家机关会计人员继续教育培训的单位，均须填写《中央国家机关会计人员继续教育培训单位登记备案表》，并提供相关材料，于每年一月份报国管局备案。国管局审查无误后，于每年三月公布会计人员继续教育培训单位名称等相关信息。

（二）培训单位于每年会计人员继续教育培训工作结束后 20 天内，将本年度的培训情况以书面形式（附电子版）上报国管局。

第十七条 会计人员继续教育培训单位必须同时符合下列条件：

（一）具备承担与培训工作相适应且固定的教学场所和较为完善的教学设施；

（二）拥有与承担培训工作相适应的较为稳定的师资队伍和专职从事会计人员继续教育管理的工作人员；

（三）能够完成所承担的培训任务，保证培训质量，注重社会效益，不以盈利为目的，接受国管局的指导、监督和检查。

第十八条 会计人员继续教育培训单位应当根据会计人员继续教育统一规划，改进培训方式，科学设置培训内容，加强教学管理，提高教学水平。

第七章　继续教育师资

第十九条　从事会计人员继续教育工作的师资，应当具有良好的职业道德修养、较高的理论政策水平、扎实的专业知识基础，有一定的实际工作经验，掌握现代成人教育培训理论和方法，具备较高的专业技能和教学水平，并熟悉现阶段会计工作的发展状况，分别具备以下条件：

（一）承担高级会计人员继续教育任务的教学人员，应具备经济类专业教授职称、高级专业技术资格，或者为具备相应水平的专家。

（二）承担中级会计人员继续教育任务的教学人员，应具备经济类专业副教授以上（含副教授）职称、高级专业技术资格，或者为具备相应水平的专家。

（三）承担初级会计人员继续教育任务的教学人员，一般应具备会计类专业讲师以上（含讲师）职称、中级以上（含中级）专业技术资格，或者为具备相应水平的专家。

第八章　继续教育教材

第二十条　加强会计人员继续教育教材建设，逐步形成会计人员继续教育教材体系，以适应不同级别会计人员继续教育的需要。

第二十一条　坚持会计人员继续教育教材的开发与利用相结合，按照统一的会计人员继续教育大纲，做到一纲多本、编审分开。加强教材开发的针对性和实用性。

第二十二条　国管局对会计人员继续教育教材的编写、评估、推荐、出版、发行、使用情况进行管理和监督。

第二十三条　参加继续教育的会计人员自愿选择会计人员继续教育教材。任何部门、单位和个人不得向会计人员强行推销、搭售培训教材。

第九章　继续教育考核登记

第二十四条　各部门要加强对会计人员参加继续教育情况的考核，并将考核结果作为评选先进会计工作者、颁发会计人员荣誉证书等的依据之一。

对未按规定参加继续教育或者未完成接受培训时间的会计人员，各部门督促其接受继续教育；对无正当理由仍不参加继续教育的，国管局可采取适当方式向社会公布。

第二十五条　各部门应当将会计人员参加继续教育情况作为会计人员任职、晋升的依据之一。

第二十六条　会计人员继续教育实行登记管理制度。会计人员按照要求接受培训，经考核合格并取得相关证明后，应在30天内持《会计从业资格证书》及相关证明到国管局办理继续教育事项登记（可委托培训单位代办）。

加强会计人员业务档案、诚信档案建设，如实记载会计人员接受继续教育情况。

第十章　继续教育监督检查

第二十七条　国管局定期对承担中央国家机关会计人员继续教育培训单位的继续教育情况进行检查、评估，并将检查、评估结果以适当方式进行公布。

第二十八条　会计人员继续教育培训单位有下列情形之一的，责令其限期整改；逾期不改正的，由国管局予以通报；情节严重的，从下一继续教育年度起三年内不予备案登记：

（一）采取虚假、欺诈等手段招揽生源的；

（二）以会计人员继续教育名义组织境内外公费旅游或者进行其他高消费活动的；

（三）违反国家有关规定擅自印发学历或学位证书、资格证书或培训证书的；

（四）违反本办法的其他行为。

第二十九条　各部门会计人员继续教育情况将列入《会计法》执行情况检查、会计从业资格情况检查的内容。

第十一章　附　　则

第三十条　中央管理的在京企业（集团）及其所属单位取得并持有会计从业资格证书的人员依照本办法执行。

第三十一条　本办法由国管局负责解释。

第三十二条　本办法自发布之日起施行。此前印发的《中央国家机关会计人员继续教育暂行办法》（国管财字[1999]105 号)同时废止。

1. 财政部会计准则委员会已经发布《高等学校会计制度》(征求意见稿),近期将公布实施,请读者及时了解相关信息,因此本法规汇编提供的内容也相应有所简略。

2. 财政部已经公布《医院会计制度》(征求意见稿),近期将发布实施,请读者及时关注相关信息,本法规汇编在收录时有所简略。

3. 同时适用于企业、行政事业单位会计人员管理的法规在本书第一编,请读者需用时查阅。